CW00496597

गीतोपनिषद्

BHAGAVAD-GĪTĀ

KOKIA JI YRA

Rinktiniai posmai

Kaip įkūnytoji siela, būdama dar šiame kūne, visą laiką keliauja iš vaikystės į jaunystę ir senatvę, taip ir po mirties ji pereina į naują kūną. Tokie pokyčiai blaiviai mąstančio žmogaus neklaidina. (2.13)

Kaip žmogus užsivelka naujus drabužius, nusimetęs sudėvėtus, taip ir siela gauna naujus materialius kūnus, palikusi senus ir nebenaudingus. (2.22)

Kaip žmogus man atsiduoda, taip Aš jam ir atlyginu. Kiekvienas visais atžvilgiais seka Mano keliu, o Pṛthos sūnau. (4.11)

Nieko nėra šiame pasaulyje, kas būtų kilniau ir tyriau už transcendentinį žinojimą. Transcendentinis žinojimas – tai brandus viso misticizmo vaisius. O pasiekusiam pasiaukojimo tarnystės tobulumą šis žinojimas ilgainiui atsiskleis vidujai. (4.38)

Kai žmogų nutvieskia žinojimas, išsklaidantis neišmanymą, jam viskas atsiveria – taip dieną viską apšviečia saulė. (5.16)

Išmintingas žmogus apeina kančių židinius, kurie atsiveria susilietus su materialiom juslėm. O Kuntī sūnau, šie malonumai turi ir pradžią, ir pabaigą, todėl išminčius juose neieško džiaugsmo. (5.22)

Tobulumo pakopoje, kuri vadinama transu, arba samādhi, žmogaus protas yogos praktikos dėka visiškai atsiriboja nuo materialios proto veiklos. Toks tobulumas apibūdinamas kaip sugebėjimas grynu protu suvokti savąjį „aš" ir vidujai išgyventi malonumą bei džiaugsmą. Kas pasiekia šį džiaugsmingą būvį, kai transcendentiniais jutimais patiriama beribė transcendentinė laimė, tas niekad nenukrypsta nuo tiesos ir mano, kad nėra aukštesnio laimėjimo. Pasiekusiojo tokią padėtį nesukrečia net ir pačios didžiausios negandos. Iš tiesų tai ir yra tikroji laisvė nuo visų kančių, kylančių dėl sąlyčio su materija. (6.20–23)

Kas regi Mane visur ir viską regi Manyje, tas niekada nepraras Manęs ir Aš taip pat niekada neprarasiu jo. (6.30)

Iš visų yogų tas, kuris su didžiu tikėjimu visad gyvena Manyje, galvoja apie Mane ir tarnauja Man su transcendentine meile, yra artimiausiai susijęs su Manimi yogos ryšiais ir visų aukščiausias. Tokia Mano nuomonė. (6.47)

O turtų užkariautojau, nėra tiesos, aukštesnės už Mane. Viską laikau Aš, kaip suvertus perlus laiko siūlas. (7.7)

O Kuntī sūnau, Aš – vandens skonis, saulės ir mėnulio šviesa, Vedų mantrų skiemuo „oṁ". Aš – garsas eteryje, Aš – žmogaus gebėjimai. Aš – pirminis žemės kvapas. Aš – ugnies kaitra. Aš – visų gyvųjų gyvybė ir visų asketų askezė. (7.8–9)

Aukščiausiasis Dievo Asmuo tarė: Aš – laikas, didysis pasaulių griovėjas. (11.32)

Tiktai su pasiaukojimu tarnaujant Man ir į nieką kitą nenukrypstant, galima pažinti Mane tokį, koks stoviu priešais tave, ir tiesiogiai Mane išvysti. Tik taip galima atskleisti Mano pažinimo paslaptį. (11.54)

Turintys amžinybės regėjimą supranta, kad nemari siela yra transcendentali, amžina ir nepavaldi gamtos guņoms. Net ir susilietusi su materialiu kūnu, o Arjuna, siela nieko neveikia ir niekas jos nesaisto. (13.32)

Praradę save ir neturintys nuovokos, demonai atlieka piktybinius, siaubingus darbus, kurių tikslas – sunaikinti pasaulį. (16.9)

Jei visada galvosi apie Mane, Mano malone įveiksi visas sąlygoto gyvenimo kliūtis. Tačiau jei negalvosi apie Mane, bet vadovausiesi klaidinga savimone neklausydamas Manęs – pražūsi. (18.58)

JO DIEVIŠKOSIOS KILNYBĖS
A. C. BHAKTIVEDANTOS SVAMIO PRABHUPĀDOS
KNYGOS LIETUVIŲ KALBA

Bhagavad-gītā, kokia ji yra

Śrīmad-Bhāgavatam, 1–10 giesmės

Kṛṣṇa, Aukščiausiasis Dievo Asmuo

Viešpaties Caitanyos mokymas

Atsidavimo nektaras

Savęs pažinimo mokslas

Śrī Īśopaniṣada

Anapus laiko ir erdvės

Pamokymų nektaras

Yogos tobulybė

Akistata su mirtimi

Kelionė į savęs atradimą

Anapus gimimo ir mirties

Tobuli klausimai, tobuli atsakymai

गीतोपनिषद्

BHAGAVAD-GĪTĀ
KOKIA JI YRA

Pilnas leidimas

su sanskrito tekstais, lotyniška
transliteracija, pažodiniu bei literatūriniu
vertimais ir išsamiais komentarais

Jo Dieviškoji Kilnybė
A.C. Bhaktivedanta Svamis Prabhupāda

Tarptautinės Krišnos sąmonės bendrijos įkūrėjas-ācārya

THE BHAKTIVEDANTA BOOK TRUST

Skaitytojus, susidomėjusius knyga, Tarptautinė Krišnos sąmonės
bendrija kviečia rašyti arba apsilankyti centruose:

ISKCON
Raugyklos g. 23-1, 01140, Vilnius • tel. +370-5-2135218
www.gauranga.lt

ISKCON
Savanorių pr. 37, 44255, Kaunas • tel. +370-37-222574
krsna.info@gmail.com • www.nitaigauracandra.lt

Kauno Vedų kultūros centras
Panerių g. 187, 48437, Kaunas • tel. +370-37-360710
info@veducentras.lt • www.veducentras.lt

Vilniaus vaišnavų kultūros centras
Trinapolio g. 9a, 08337, Vilnius • tel. +370-646-41306
vaisnavukultura@gmail.com • www.vilniausvkc.lt

Klaipėdos vaišnavų kultūros centras
H. Manto g. 31a-4, 92236, Klaipėda • tel. +370-650-58777
vaisnavukc@gmail.com • www.kvkc.lt

Ši knyga yra antrosios „Bhagavad-gītos, kokia ji yra" redakcijos
vertimas. Detalesnė informacija pateikta knygos 841 p.

www.bbt.se
www.bbtmedia.com
www.bbt.org
www.krishna.com

ISBN 978-91-7769-010-8

Bhagavad-gītā As It Is (Lithuanian)

Knyga atspausdinta 2017 m.

Elektroninę knygą nemokamai galima atsisiųsti
iš www.bbtmedia.com. Knygos kodas: EB16LT94772P

Skiriu
Śrīlai Baladevai Vidyābhūṣaṇai,
Govinda-bhāṣyos, nuostabių
Vedāntos filosofijos
komentarų, autoriui

Turinys

Leidėjų žodis *xvii*

Angliškojo leidimo pratarmė *xxi*

Įvadas 1

1 SKYRIUS

Kurukšetros mūšio lauke 37

Priešininkų armijoms išsirikiavus mūšiui, galingasis karžygys Arjuna abiejose pusėse išvysta savo artimus giminaičius, mokytojus ir draugus, pasirengusius kautis ir paaukoti savo gyvybes. Apimtas sielvarto ir gailesčio, Arjuna sutrinka, jį apleidžia jėgos ir pasiryžimas kautis.

2 SKYRIUS

Gītos turinio apžvalga 73

Arjuna nusilenkė Viešpačiui Kṛṣṇai kaip Jo mokinys, ir Kṛṣṇa pradeda mokyti Arjuną, paaiškindamas esminį skirtumą tarp laikino materialaus kūno ir amžinos dvasinės sielos. Viešpats paaiškina persikūnijimo procesą, nesavanaudiškos tarnystės Aukščiausiajam prigimtį, apibūdina save suvokusį žmogų.

3 SKYRIUS

Karma-yoga 161

Kiekvienas materialiame pasaulyje turi užsiimti kokia nors

veikla. Veiksmai arba susaisto žmogų su šiuo pasauliu, arba
išlaisvina iš jo. Veikdamas Aukščiausiojo džiaugsmui, be sava-
naudiškų motyvų, žmogus gali išsivaduoti nuo *karmos* dėsnio
(veiksmo ir atoveikio) įtakos ir įgyti transcendentinį žinojimą
apie savąjį „aš" ir Aukščiausiąjį.

4 SKYRIUS

Transcendentinis žinojimas 209

Transcendentinis žinojimas – tai dvasinis žinojimas apie sielą,
Dievą bei jų tarpusavio ryšį. Jis apvalo ir išlaisvina. Toks žinoji-
mas – tai nesavanaudiškos pasiaukojimo veiklos (*karma-yogos*)
vaisius. Viešpats pasakoja senovinę *Gītos* istoriją, atsklei-
džia Savo periodiškų nužengimų į materialų pasaulį reikšmę
ir tikslą, kalba apie būtinumą kreiptis į *guru* – dvasiškai
susivokusį mokytoją.

5 SKYRIUS

Karma-yoga – veikla įsisąmoninus Kṛṣṇą 265

Išoriškai atlikdamas veiksmus, tačiau širdyje atsisakydamas
jų rezultatų, išmintingas žmogus, apvalytas transcendentinio
žinojimo ugnies, tampa ramus, neprisirišęs, pakantus, dvasiš-
kai praregi ir pasiekia palaimą.

6 SKYRIUS

Dhyāna-yoga 299

Aṣṭāṅga-yoga, arba mechaninės meditacijos praktika, suvaldo
protą bei jusles ir sutelkia dėmesį į Paramātmą (Supersielą,
Viešpaties formą, glūdinčią širdyje). Šią praktiką vainikuoja
samādhi, visiškas Aukščiausiojo įsisąmoninimas.

7 SKYRIUS
Absoliuto pažinimas 353

Viešpats Kṛṣṇa yra Aukščiausioji Tiesa, aukščiausia priežastis ir jėga, palaikanti visa, kas materialu ir visa, kas dvasiška. Dvasiškai pažengusios sielos visiškai Jam atsiduoda, o nedoros nukreipia savo mintis į kitus garbinimo objektus.

8 SKYRIUS
Aukščiausiojo pasiekimas 401

Su pasiaukojimu visą gyvenimą, o ypač mirties akimirką, galvojant apie Viešpatį Kṛṣṇą, galima pasiekti Jo aukščiausiąją buveinę, esančią anapus materialaus pasaulio.

9 SKYRIUS
Slaptingiausias žinojimas 435

Viešpats Kṛṣṇa yra Aukščiausiasis Dievo Asmuo ir aukščiausias garbinimo objektas. Transcendentinė tarnystė (*bhakti*) sielą amžinai susieja su Juo. Atgaivinus savo tyrą pasiaukojimą, sugrįžtama pas Kṛṣṇą, į dvasinę karalystę.

10 SKYRIUS
Absoliuto turtingumas 489

Visi nuostabūs reiškiniai, įkūnijantys jėgą, grožį, didingumą ar kilnumą tiek materialiame, tiek dvasiniame pasaulyje, tėra dalinės dieviškosios Kṛṣṇos energijos ir Jo turtingumo apraiškos. Kaip aukščiausia visų priežasčių priežastis ir visa ko esmė bei atrama, Kṛṣṇa yra aukščiausias visų būtybių garbinimo objektas.

11 SKYRIUS
Visatos pavidalas 537

Viešpats Kṛṣṇa apdovanoja Arjuną dievišku regėjimu ir pasi-

rodo Jam Savo įspūdingu beribiu pavidalu, kaip kosminė
visata. Taip Jis galutinai įrodo Savo dieviškumą. Kṛṣṇa paaiš-
kina, kad Jo pavidalas, turintis nepaprastai gražaus žmogaus
išvaizdą, ir yra pirminis Dievo pavidalas. Suvokti šį pavidalą
galima tik tyrai, su pasiaukojimu tarnaujant.

12 SKYRIUS

Pasiaukojimo tarnystė 593

Bhakti-yoga, arba pasiaukojimo Viešpačiui Kṛṣṇai tarnystė –
tai aukščiausias ir tinkamiausias būdas pasiekti tyrą meilę
Kṛṣṇai, kuri yra aukščiausias dvasinės būties tikslas. Einantieji
šiuo aukščiausiu keliu išsiugdo dieviškas savybes.

13 SKYRIUS

Gamta, besimėgaujantis subjektas ir sąmonė 617

Tas, kuris suvokia skirtumą tarp kūno, sielos ir Supersielos,
esančios virš jų, išsivaduoja iš materialaus pasaulio.

14 SKYRIUS

Trys materialios gamtos guṇos 661

Visas įkūnytas sielas valdo trys *guṇos,* t.y. materialios gamtos
ypatybės: dorybė, aistra ir neišmanymas. Viešpats Kṛṣṇa aiš-
kina, kokios yra tos *guṇos,* kaip jos mus veikia, kaip virš jų
pakylama, nurodo požymius tų, kurie pasiekė transcendentinį
būvį.

15 SKYRIUS

Aukščiausiojo Asmens yoga 689

Galutinis Vedų žinojimo tikslas – ištrūkti iš materialaus pasau-
lio pančių ir suvokti Viešpatį Kṛṣṇą, kaip Aukščiausiąjį Dievo
Asmenį. Kas suvokia, kad Kṛṣṇa yra Aukščiausioji Asmenybė,
tas atsiduoda Jam ir ima su pasiaukojimu Jam tarnauti.

16 SKYRIUS

Dieviškos ir demoniškos prigimtys   717

Turintieji demoniškų savybių ir pataikaujantys savo užgaidoms, nesilaikantieji šventraščių nurodymų, gimsta žemesnėse gyvybės rūšyse ir juos dar labiau susaisto materija. Tuo tarpu turintieji dieviškų savybių ir gyvenantieji pagal autoritetingų šventraščių nurodymus palaipsniui pasiekia dvasinį tobulumą.

17 SKYRIUS

Tikėjimo atmainos   745

Yra trijų tipų tikėjimas, kuris atitinka tris materialios gamtos *guṇas* ir iš jų kyla. Veiksmai žmonių, kurie tiki iš tamsumo ar aistros, teikia tik laikinus, materialius rezultatus, o dorybės *guṇos* veiksmai, atitinkantys šventraščių nurodymus, apvalo širdį ir pažadina tyrą tikėjimą į Viešpatį Kṛṣṇą bei pasiaukojimą Jam.

18 SKYRIUS

Atsižadėjimo tobulumas   771

Kṛṣṇa aiškina atsižadėjimo reikšmę ir trijų gamtos *guṇų* poveikį žmogaus sąmonei bei veiklai. Jis aiškina, kas yra Brahmano pažinimas, atskleidžia „Bhagavad-gītos" didingumą ir galutinę *Gītos* išvadą: aukščiausias religijos kelias – tai absoliutus, besąlygiškas pasiaukojimas Viešpačiui Kṛṣṇai iš meilės. Jis nuplauna visas nuodėmes, suteikia visišką prašviesėjimą ir leidžia grįžti į amžiną ir dvasinę Kṛṣṇos buveinę.

Apie antrą angliškąjį leidimą	841
Apie autorių	843
Žodynėlis	847
Kaip tarti sanskritą	857
Abėcėlinė-dalykinė rodyklė	861

Leidėjų žodis

Nors „Bhagavad-gītā" plačiai publikuojama ir skaitoma kaip savarankiškas kūrinys, iš tikrųjų ji yra „Mahābhāratos" – sanskrito epo, pasakojančio praeities amžių istoriją, epizodas. „Mahābhāratos" įvykiai aprėpia laikotarpį nuo seniausių laikų iki mūsų dienų, Kali amžiaus. Kali-yugos pradžioje, maždaug prieš penkis tūkstančius metų, Viešpats Kṛṣṇa perteikė „Bhagavad-gītą" Savo draugui ir bhaktui Arjunai.

Viešpaties Kṛṣṇos ir Arjunos pokalbis – vienas didingiausių filosofinių ir religinių dialogų, žinomų žmogui, įvyko prieš didįjį brolžudišką karą, kuriame vieni prieš kitus stojo šimtas Dhṛtarāṣṭros sūnų ir jų pusbroliai – Pāṇḍavai, Pāṇḍu sūnūs.

Dhṛtarāṣṭra ir Pāṇḍu buvo broliai ir priklausė Kuru dinastijai, kilusiai iš karaliaus Bharatos, tolimoje senovėje valdžiusio Žemę. Jo vardu ir buvo pavadinta „Mahābhārata". Kadangi vyresnysis brolis, Dhṛtarāṣṭra, gimė aklas, sostą, turėjusį atitekti jam, paveldėjo jaunesnysis brolis, Pāṇḍu.

Anksti mirus Pāṇḍu, penkis jo sūnus – Yudhiṣṭhirą, Bhīmą, Arjuną, Nakulą ir Sahadevą – imasi globoti Dhṛtarāṣṭra, po brolio mirties tapęs valdovu. Dhṛtarāṣṭros ir Pāṇḍu sūnūs auga vienoje karališkoje šeimoje. Ir vienus, ir kitus auklėja gerbiamas genties senolis Bhīṣma, o karo meno moko prityręs karžygys Droṇa.

Nepaisant to, Dhṛtarāṣṭros sūnūs, ypač vyresnysis Duryodhana, nekentė Pāṇḍavų ir jiems pavydėjo. O piktos valios neregys Dhṛtarāṣṭra troško, kad karalystę paveldėtų ne Pāṇḍavai, o jo sūnūs.

Duryodhana, Dhṛtarāṣṭrai pritariant, sumano nužudyti jaunuosius Pāṇḍu sūnus, ir tiktai dėdės Viduros ir jų pusbrolio Viešpaties Kṛṣṇos rūpestingai globojami, Pāṇḍavai išvengia mirties, tykojusios juos ne vieną kartą.

Viešpats Kṛṣṇa nėra paprastas žmogus, o Patsai Aukščiausiasis Dievas, nužengęs į žemę ir ėmęsis vienos karališkos dinastijos valdovo vaidmens. Šiame vaidmenyje Jis – taip pat ir Pāṇḍu žmonos (Kuntī, ar Pṛthos), Pāṇḍavų motinos, sūnėnas. Taigi ir kaip giminaitis, ir kaip amžinas religijos globėjas, Kṛṣṇa palaikė teisiuosius Pāṇḍu sūnus ir juos gynė.

Galiausiai gudrusis Duryodhana metęs iššūkį priverčia Pāṇḍavus lošti. Lemtingo žaidimo metu ištikima, skaisčios sielos Pāṇḍavų žmona Draupadī tampa Duryodhanos ir jo brolių nuosavybe, kurie įžeidžiamai pamėgina išrengti ją susirinkusių karalių ir princų akivaizdoje. Draupadī išgelbsti dieviškas Kṛṣṇos įsikišimas, tačiau apgavikiško lošimo metu Pāṇḍavai netenka savo karalystės ir pasmerkiami trylikos metų tremčiai.

Grįžę iš tremties, Pāṇḍavai reikalauja iš Duryodhanos grąžinti jų teisėtas valdas, tačiau jis atvirai atsisako tai daryti. Gimę princais, broliai Pāṇḍavai privalėjo valdyti, todėl jie nusileidžia ir sutinka valdyti tik penkis kaimus, tačiau Duryodhana įžūliai atsako, kad neduosiąs jiems žemės ir adatai įbesti.

Visą tą laiką Pāṇḍavai buvo pakantūs ir atlaidūs, bet dabar karas rodėsi bus neišvengiamas.

Sukilo viso pasaulio valdovai – vieni jungėsi prie Dhṛtarāṣṭros sūnų, kiti prie Pāṇḍavų. Patsai Kṛṣṇa imasi Pāṇḍavų pasiuntinio vaidmens ir vyksta į Dhṛtarāṣṭros rūmus prašyti taikos. Kai prašymas buvo atmestas, tapo aišku – karo neišvengti.

Pāṇḍavai, labai aukštos moralės žmonės, priešingai nei nedori Dhṛtarāṣṭros sūnūs, pripažino Kṛṣṇą Aukščiausiuoju Dievo Asmeniu. Vis dėlto Kṛṣṇa pasiūlo, kad Jis dalyvaus kare taip, kaip to norės priešininkai. Kaip Dievas, Jis Pats nekovosiąs, tačiau viena pusė tegu pasirenka Jo kariuomenę, o kita – Jį Patį, kaip patarėją ir pagalbininką. Duryodhana, tikras politikas, tuoj pat renkasi Kṛṣṇos kariuomenę, o Pāṇḍavai ne mažiau trokšta Paties Kṛṣṇos.

Paėmęs į Savo rankas Arjunos, legendinio lankininko, kovos vežimo vadžias, Kṛṣṇa tampa jo vežėju. Čia mes prieiname tą vietą, kuria prasideda „Bhagavad-gītā": dvi kariuomenės pasiruošė mūšiui, ir Dhṛtarāṣṭra su nerimu klausia savo patarėjo Sañjayos: „Ką jie veikia?"

Taigi mes jau susipažinome su visais įvykių dalyviais, telieka tarti keletą žodžių apie šį *Gītos* vertimą bei komentarus.

Tendencijai, kurios laikėsi dauguma „Bhagavad-gītos" vertėjų į anglų kalbą, būdingas siekimas nustumti į šalį Kṛṣṇos asmenybę ir iškelti į pirmą vietą savo koncepcijas ir filosofines idėjas. „Maha-bhārātos" siužetas traktuojamas kaip žavi mitologija, o Kṛṣṇa virsta poetine priemone išreikšti nežinomo genijaus idėjoms, arba, geriausiu atveju, nereikšmingu istoriniu personažu.

Tačiau, jei tikėsime tuo, ką apie save kalba pati „Bhagavad-gītā", Kṛṣṇa yra ir jos tikslas, ir esmė. O šis vertimas bei komentarai kaip tik ir kreipia skaitytoją į Kṛṣṇą, o ne nuo Jo. Tuo požiūriu „Bhagavad-gītā, kokia ji yra" unikali. Unikalu ir tai, jog šios aplinkybės dėka „Bhagavad-gītā" tampa darniu, aiškiu kūriniu. Kṛṣṇa – *Gītos* pasakotojas, o taip pat galutinis jos tikslas, todėl „Bhagavad-gītā, kokia ji yra" – neišvengiamai vienintelis vertimas, teisingai perteikiantis šį didį kūrinį.

Pratarmė

Iš pradžių mano parašytoji „Bhagavad-gītā, kokia ji yra" turėjo dabartinę formą. Deja, leidžiant knygą pirmąjį kartą, originalo rankraštis buvo sutrumpintas beveik iki 400 puslapių, neliko iliustracijų, daugelis sanskrito tekstų neturėjo paaiškinimų. Visose kitose savo knygose – „Śrīmad-Bhāgavatam", „Śrī Īśopaniṣadoje" etc. – laikiausi tokios sistemos: pirmiausiai pateikiu sanskrito tekstą, paskui – anglišką jo transliteraciją, pažodinį bei literatūrinį vertimą ir pagaliau – komentarą. Tai suteikia knygai autentiškumo ir moksliškumo, o tekstų prasmė tampa aiški. Todėl manęs toli gražu nedžiugino būtinybė sutrumpinti pradinį rankraštį. Bet vėliau, kai „Bhagavad-gītos, kokia ji yra" poreikis smarkiai išaugo, nemažas būrys mokslininkų ir bhaktų paprašė pateikti visą knygą. Taigi dabar skaitytojui siūlomas šios didžios pažinimo knygos originalas su išsamiais *paramparos* paaiškinimais. Tai daroma tam, kad Kṛṣṇos sąmonės judėjimas įgautų platesnį užmojį ir tvirtą pagrindą.

Mūsų Kṛṣṇos sąmonės judėjimas – autentiškas, istoriškai autorizuotas, atitinkantis žmogaus prigimtį ir transcendentinis, nes pagrįstas „Bhagavad-gītā, kokia ji yra". Tolydžio jis tampa pačiu populiariausiu judėjimu pasaulyje, ypač tarp jaunimo. Tačiau ir vyresniosios kartos žmonės vis labiau ir labiau juo domisi, ir tas susidomėjimas išaugo tiek, kad mano mokinių tėvai ir seneliai įkvepia mus tolesnei veiklai, tapdami nuolatiniais mūsų didžios Tarptautinės Kṛṣṇos sąmonės bendrijos nariais. Los Andžele daugelis tėvų apsilankydavo pas mane, norėdami padėkoti, kad propaguoju

Kṛṣṇos sąmonės judėjimą visame pasaulyje. Kai kurie jų teigė, jog amerikiečiams labai pasisekė, kad pradėjau Kṛṣṇos sąmonės judėjimą būtent Amerikoje. Tačiau tikrasis jo pradininkas – Patsai Viešpats Kṛṣṇa, nes judėjimas iš tikrųjų prasidėjo labai seniai ir pasiekė žmonių visuomenę mokinių seka. Jeigu man ir priskiriami kai kurie jo organizavimo nuopelnai, tai iš tikrųjų jie priklauso mano amžinam dvasiniam mokytojui Jo Dieviškajai Kilnybei Oṁ Viṣṇupādai Paramahaṁsai Parivrājakācāryai Aṣṭottara-śatai Śrī Śrīmad Bhaktisiddhāntai Sarasvačiui Gosvāmiui Mahārājai Prabhupādai.

Aš pats padariau tik tiek, kad pasistengiau pateikti „Bhagavad-gītą" tokią, kokia ji yra, neiškreipdamas tikrosios jos prasmės. Iki mano išleistosios „Bhagavad-gītos, kokia ji yra" beveik visi angliški „Bhagavad-gītos" leidimai pataikavo kažkieno asmeninėms ambicijoms, tuo tarpu mes stengėmės parodyti, kokia yra Aukščiausiojo Dievo Asmens, Kṛṣṇos, misija. Mūsų užduotis – persakyti Paties Kṛṣṇos, o ne kokio nors pasaulietiškai samprotaujančio politiko, filosofo ar mokslininko valią, nes jie, nors ir gerai išmano kitus dalykus, menkai tepažįsta Kṛṣṇą. Kai Kṛṣṇa sako: *man-manā bhava mad-bhakto mad-yājī māṁ namaskuru* ir t.t., mes, priešingai nei vadinamieji mokslininkai, neatsiejame Kṛṣṇos nuo Jo vidinės dvasios. Nėra jokio skirtumo tarp Kṛṣṇos vardo, Kṛṣṇos pavidalo, Kṛṣṇos savybių, Jo pramogų etc., nes Kṛṣṇa – Absoliutas. Šią Kṛṣṇos, kaip Absoliuto, padėtį sunkiai suvokia tas, kuris nėra Kṛṣṇos bhaktas ir nepriklauso *paramparai* (mokinių sekai). Paprastai tariami mokslininkai, politikai, filosofai ir *svāmiai* gerai nesupranta Kṛṣṇos, todėl rašydami komentarus „Bhagavad-gītai" stengiasi išstumti Jį iš knygos, palaidoti. Tokie neautorizuoti „Bhagavad-gītos" komentarai vadinami *Māyāvāda-bhāṣya,* ir Viešpats Caitanya įspėjo mus saugotis jų autorių. Jis aiškiai sakė, kad kiekvienas, bandantis suvokti „Bhagavad-gītą", kaip ją traktuoja *māyāvādžiai,* skaudžiai apsiriks. Dėl to suklaidintasis greičiausiai neteisingai pasirinks dvasinį vadovą ir nebegalės grįžti namo, atgal pas Dievą.

Mes siekiame vieno – pateikti „Bhagavad-gītą" tokią, kokia ji yra, kad nukreiptume materijos sąlygotą mokinį į tą tikslą, dėl kurio kartą per Brahmos dieną, kartą per 8 600 000 000 metų, Kṛṣṇa nužengia į mūsų planetą. Tą tikslą nurodo ir pati „Bhagavad-gītā", o mes turime priimti ją tokią, kokia ji yra; kitaip stengtis suvokti „Bhagavad-gītą" ir jos autorių, Viešpatį Kṛṣṇą, nėra jokios prasmės. Pirmiausia Viešpats Kṛṣṇa perteikė „Bhagavad-gītą" Saulės dievui prieš keletą šimtų milijonų metų. Mes turime pripažinti šį faktą pasikliaudami Kṛṣṇos autoritetu ir, atmetę klaidingas interpretacijas, suprasti istorinę „Bhagavad-gītos" reikšmę. Aiškinti „Bhagavad-gītą" neatsižvelgiant į Kṛṣṇos valią – didžiausias įžeidimas, todėl norint jo išvengti reikia suvokti Viešpatį kaip Aukščiausiąjį Dievo Asmenį – taip, kaip tiesiogiai Jį suvokė Arjuna, pirmasis Viešpaties Kṛṣṇos mokinys. Toks „Bhagavad-gītos" suvokimas yra iš tiesų naudingas ir autorizuotas; jis atneš žmonijai gėrį, padės įvykdyti gyvenimo misiją.

Kṛṣṇos sąmonės judėjimas žmonijai yra būtinas, nes nurodo, kaip pasiekti gyvenimo tobulumo viršūnę. „Bhagavad-gītā" nuodugniai tai paaiškina. Deja, kai kurie pasauliečiai, mėgėjai pasiginčyti, naudojasi šia knyga kaip priedanga įskiepyti žmonėms savo demoniškus polinkius ir trukdo teisingai suvokti elementariausius gyvenimo principus. Kiekvienas žmogus turi žinoti apie Dievo, t.y. Kṛṣṇos, didybę, suvokti tikrąją gyvųjų esybių padėtį; kiekvienas turi žinoti, kad gyvoji esybė – amžinas tarnas. Netarnaujantis Kṛṣṇai tarnauja iliuzijai, jį valdo įvairios trijų materialios gamtos *gunų* atmainos, ir jis amžinai klaidžioja gimimo ir mirties rate. Netgi tariamai išsivadavusiam mąstytojui *māyāvādžiui* tenka praeiti šį procesą. „Bhagavad-gītos" išmintis – didis mokslas, ir visos be išimties gyvosios būtybės privalo išklausyti ją savo pačių labui.

Paprastus žmones, ypač Kali amžiuje, žavi išorinė Kṛṣṇos energija, ir jie klaidingai mano, kad atras laimę didindami materialią gerovę. Jie nenutuokia, kokia galinga ta materiali, arba išorinė, gamta, nes yra stipriai supančioti materialios gamtos dėsnių. Gyvoji esybė yra palaiminga Viešpaties neatskiriama dalelė, todėl tikroji jos paskirtis – tiesiogiai Jam tarnauti. Pakerėti iliuzijos mes visaip bandome jusliškai pasitenkinti, tačiau taip niekada nerasime laimės. Užuot tenkinę savo materialias jusles, privalome tenkinti Viešpaties jausmus. Tokia yra gyvenimo tobulumo viršūnė. Viešpats to nori ir reikalauja. Būtina suvokti šią pagrindinę „Bhagavad-gītos" tiesą. Mūsų Kṛṣṇos sąmonės judėjimas neša ją viso pasaulio žmonėms. Kadangi mes neiškreipiame pagrindinės „Bhagavad-gītos, kokia ji yra" minties, kiekvienas, kuris tikrai nori gauti naudos studijuodamas „Bhagavad-gītą", pagalbos turi kreiptis į Kṛṣṇos sąmonės judėjimą. Tik šitaip, tiesiogiai Viešpaties vadovaujamas, jis praktiškai suvoks jos tiesas. Tikimės, kad jūsų dėmesiui pateikta „Bhagavad-gītā, kokia ji yra" atneš žmonėms didžiausią naudą, ir jeigu nors vienas iš jų taps tyru Viešpaties bhaktu – vadinasi, mūsų pastangos nenuėjo veltui.

A.C. Bhaktivedanta Svamis
1971 m. gegužės 12
Sidnėjus, Australija

Įvadas

oṁ ajñāna-timirāndhasya · jñānāñjana-śalākayā
cakṣur unmīlitaṁ yena · tasmai śrī-gurave namaḥ

śrī-caitanya-mano-'bhīṣṭaṁ · sthāpitaṁ yena bhū-tale
svayaṁ rūpaḥ kadā mahyaṁ · dadāti sva-padāntikam

Aš gimiau tamsiausiu neišmanėliu, bet mano dvasinis mokytojas,
pašvietęs žinojimo žiburiu, atvėrė man akis. Su didžiausia pagarba
jam lenkiuosi.

O, kada gi pagaliau Śrīla Rūpa Gosvāmis Prabhupāda, šiame
pasaulyje ėmęsis misijos patenkinti Viešpaties Caitanyos troškimą,
suteiks man prieglobstį prie savo lotosinių pėdų?

vande 'ham śrī-guroḥ śrī-yuta-pada-kamalaṁ śrī-gurūn vaiṣṇavāṁś ca
śrī-rūpaṁ sāgrajātaṁ saha-gaṇa-raghunāthānvitaṁ taṁ sa-jīvam
sādvaitaṁ sāvadhūtaṁ parijana-sahitaṁ kṛṣṇa-caitanya-devaṁ
śrī-rādhā-kṛṣṇa-pādān saha-gaṇa-lalitā-śrī-viśākhānvitāṁś ca

Aš pagarbiai lenkiuosi savo dvasinio mokytojo ir visų *vaiṣṇavų*
lotosinėms pėdoms. Su didžiausia pagarba lenkiuosi Śrīlos Rūpos
Gosvāmio bei vyresniojo jo brolio Sanātanos Gosvāmio, taip pat
Raghunāthos Dāsos, Raghunāthos Bhaṭṭos, Gopālos Bhaṭṭos ir
Śrīlos Jīvos Gosvāmio lotosinėms pėdoms. Su didžiausia pagarba
lenkiuosi Viešpačiui Kṛṣṇai Caitanyai ir Viešpačiui Nityānandai, o
taip pat Advaitai Ācāryai, Gadādharai, Śrīvāsai ir kitiems Jų paly-

1

dovams. Su didžiausia pagarba lenkiuosi Śrīmatī Rādhārāṇī ir Śrī Kṛṣṇai, Jų palydovėms Śrī Lalitai ir Viśākhai.

he kṛṣṇa karuṇā-sindho · dīna-bandho jagat-pate
gopeśa gopikā-kānta · rādhā-kānta namo 'stu te

O mano brangusis Kṛṣṇa, Tu – nelaimingųjų draugas ir kūrinijos šaltinis. Tu – *gopių* valdovas ir Rādhārāṇī mylimasis. Pagarbiai Tau lenkiuosi.

tapta-kāñcana-gaurāṅgi · rādhe vṛndāvaneśvari
vṛṣabhānu-sute devi · praṇamāmi hari-priye

Reiškiu savo didžiausią pagarbą Rādhārāṇī, Vṛndāvanos karalienei, valdovo Vṛṣabhānu dukteriai, kurios kūnas yra lydyto aukso spalvos – esi ypač brangi Viešpačiui Kṛṣṇai.

vāñchā-kalpatarubyaś ca · kṛpā-sindhubhya eva ca
patitānāṁ pāvanebhyo · vaiṣṇavebhyo namo namaḥ

Pagarbiai lenkiuosi visiems *vaiṣṇavams,* pasiaukojusiems Viešpaties pasekėjams, kurie yra kupini užuojautos puolusioms sieloms ir lyg troškimų medžiai gali išpildyti visų troškimus.

śrī-kṛṣṇa-caitanya · prabhu-nityānanda
śrī-advaita gadādhara · śrīvāsādi-gaura-bhakta-vṛnda

Pagarbiai lenkiuosi Śrī Kṛṣṇai Caitanyai, Prabhu Nityānandai, Śrī Advaitai, Gadādharai, Śrīvāsai bei kitiems, kurie eina pasiaukojimo keliu.

hare kṛṣṇa hare kṛṣṇa · kṛṣṇa kṛṣṇa hare hare
hare rāma hare rāma · rāma rāma hare hare

„Bhagavad-gītā" žinoma taip pat ir „Gītopaniṣados" vardu. Ji – Vedų žinojimo esmė ir viena svarbiausių *Upaniṣadų* visuose Vedų raštuose. „Bhagavad-gītai" parašyta daug komentarų anglų kalba, ir skaitytojas gali suabejoti, ar reikalingas dar vienas. Šio leidinio būtinumą paaiškintų toks pavyzdys. Neseniai viena amerikietė paprašė manęs rekomenduoti jai kurį nors „Bhagavad-gītos" anglišką vertimą. Aišku, Amerikos skaitytojui prieinama daug „Bhagavad-gītos" angliškų vertimų, tačiau nė vieno tų leidinių, su kuriais man teko susipažinti – ne tiktai Amerikoje, bet ir Indijoje – griežtai tariant, negalima pavadinti autoritetingais, nes beveik visi komentatoriai juose reiškia tik savo požiūrį, neperteikdami „Bhagavad-gītos" tokios, kokia ji yra, dvasios.

„Bhagavad-gītos" dvasią atskleidžia jos pačios tekstas. Čia tiktų analogija: jei norime vartoti kokius vaistus, turime laikytis nurodymų, išspausdintų etiketėje. Vaistų negalima vartoti savo nuožiūra ar patarus draugui. Jie vartojami pagal etiketės nurodymus ar gydytojo paskyrimą. Analogiškai „Bhagavad-gītą" reikia suvokti taip, kaip nurodė jos autorius. O „Bhagavad-gītą" pateikė Viešpats Śrī Kṛṣṇa. Kiekvienane „Bhagavad-gītos" puslapyje Śrī Kṛṣṇa vadinamas Aukščiausiuoju Dievo Asmeniu, Bhagavānu. Žinoma, kartais žodis *bhagavān* nurodo kokią nors galingą asmenybę ar pusdievį, ir šiuo atveju, be abejo, žodis *bhagavān* turi tokią reikšmę, tačiau turime žinoti, kad Viešpats Śrī Kṛṣṇa – visų pirma Aukščiausiasis Dievo Asmuo. Tai liudija visi didieji ācaryos (dvasiniai mokytojai): Śaṅkarācārya, Rāmānujācārya, Madhvācārya, Nimbārka Svāmis, Śrī Caitanya Mahāprabhu ir daugelis kitų pripažintų Indijoje Vedų žinovų. „Bhagavad-gītoje" Viešpats Pats teigia esąs Aukščiausiasis Dievo Asmuo. Apie Jį – kaip apie Aukščiausiąjį Dievo Asmenį – kalba „Brahma-saṁhitā" bei visos *Purāṇos*, o daugiausia „Śrīmad-Bhāgavatam", dar vadinama „Bhāgavata Purāṇa" (*kṛṣṇas tu bhagavān svayam*). Todėl „Bhagavad-gītą" turėtume suvokti taip, kaip nurodo Pats Dievo Asmuo.

Ketvirtame *Gītos* skyriuje (4.1–3) Viešpats sako:

imaṁ vivasvate yogaṁ · proktavān aham avyayam
vivasvān manave prāha · manur ikṣvākave 'bravīt

evaṁ paramparā-prāptam · imaṁ rājarṣayo viduḥ
sa kāleneha mahatā · yogo naṣṭaḥ parantapa

sa evāyaṁ mayā te 'dya · yogaḥ proktaḥ purātanaḥ
bhakto 'si me sakhā ceti · rahasyaṁ hy etad uttamam

Šiais žodžiais Viešpats paskelbia Arjunai, kad *yogos* sistema, apibūdinta „Bhagavad-gītoje", pirmiausia buvo atskleista Saulės dievui, Saulės dievas išaiškino ją Manu, Manu persakė Ikṣvāku, ir šitaip, mokinių seka, perduodamas iš lūpų į lūpas keliavo mokymas apie *yogos* sistemą. Tačiau ilgainiui jis buvo prarastas. Todėl Viešpats turėjo skelbti jį iš naujo, šį kartą Arjunai Kurukṣetros mūšio lauke.

Viešpats kalba Arjunai, kad pačią didžiausią paslaptį patikįs jam, nes pastarasis esąs Jo draugas ir bhaktas. Šį Aukščiausiojo Dievo Asmens poelgį galima taip paaiškinti: „Bhagavad-gītos" traktatas yra skirtas visų pirma Viešpaties bhaktui. Yra trys transcendentalistų rūšys – *jñāniai, yogai* ir bhaktai, arba impersonalistai, meditutojai ir pasiaukoję Viešpaties pasekėjai. Viešpats aiškiai sako pasirenkąs Arjuną naujos *paramparos* (mokinių sekos) pradininku, nes senoji nutrūko. Žodžiu, Viešpats panoro pradėti kitą *paramparą,* ištikimą minties tradicijai, kurią Saulės dievas perdavė mokinių kartoms. Vėl skleisti Savo mokymą Viešpats patiki Arjunai. Jis nori, kad Arjuna taptų autoritetingu „Bhagavad-gītos" žinovu. Taigi Kṛṣṇa moko Arjuną „Bhagavad-gītos" tiesų pirmiausiai todėl, kad Arjuna yra Viešpaties bhaktas, tiesioginis mokinys ir artimas draugas. Vadinasi, „Bhagavad-gītą" geriausiai suvoks savo savybėmis Arjunai artimas žmogus, bhaktas, palaikantis tiesioginius ryšius su Viešpačiu. Tiesioginiai ryšiai su Aukščiausiuoju užsimezga išsyk, kai tik tampama Jo bhaktu. Paliesta tema labai sudėtinga, tačiau trumpai apibūdinant dalyko esmę galima pasakyti, kad įmanomas penkių tipų ryšys su Aukščiausiuoju Dievo Asmeniu:

1. Galima būti pasyviu bhaktu.
2. Galima būti aktyviu bhaktu.
3. Galima būti bhaktu – draugu.
4. Galima būti bhaktu – tėvu ar motina.
5. Galima būti bhaktu – mylinčiu sutuoktiniu.

Arjuną su Kṛṣṇa jungė draugystės saitai. Žinoma, jų draugystę ir materialiam pasauliui būdingą draugystę skiria praraja. Tai transcendentinė draugystė, ir ne kiekvienam ji prieinama. Be abejo, tam tikrus ryšius su Viešpačiu turi kiekvienas, ir jie išryškėja tobulėjant pasiaukojimo tarnystei. Bet dabar esame pamiršę ne tik Aukščiausiąjį Viešpatį, bet ir savo amžiną ryšį su Juo. Kiekvieną iš daugybės milijardų ar net trilijonų gyvųjų būtybių sieja saviti, amžini ryšiai su Viešpačiu, vadinami *svarūpa*. Pasiaukojimo tarnystės metodu galime atkurti *svarūpą*, ir tai vadinsis *svarūpa-siddhi* – mūsų prigimtinio būvio tobulumas. Taigi Arjuna – bhaktas, ir jį siejo su Aukščiausiuoju Viešpačiu draugystė.

Verta priminti, kaip nusiteikęs Arjuna išklausė „Bhagavad-gītą". Apie tai pasakojama dešimtame skyriuje (10.12–14):

arjuna uvāca
param brahma param dhāma · pavitram paramam bhavān
puruṣam śāśvatam divyam · ādi-devam ajam vibhum

āhus tvām ṛṣayaḥ sarve · devarṣir nāradas tathā
asito devalo vyāsaḥ · svayam caiva bravīṣi me

sarvam etad ṛtam manye · yan mām vadasi keśava
na hi te bhagavan vyaktim · vidur devā na dānavāḥ

„Arjuna tarė: Tu – Aukščiausiasis Dievo Asmuo, galutinė buveinė ir skaisčiausiasis, Absoliuti Tiesa. Tu – amžina, transcendentinė ir pirminė asmenybė, negimęs, didžiausiasis. Visi didieji išminčiai – Nārada, Asita, Devala ir Vyāsa patvirtino, jog tai tiesa, o dabar tą patį man byloji Tu Pats. O Kṛṣṇa, viską, ką man bylojai, laikau tiesa. Nei pusdieviai, nei demonai, o Viešpatie, negali perprasti Tavo asmenybės."

Išklausęs „Bhagavad-gītą" iš Aukščiausiojo Dievo Asmens, Arjuna pripažino Kṛṣṇą *paraṁ brahma,* Aukščiausiuoju Brahmanu. Kiekviena gyvoji būtybė yra Brahmanas, tačiau pati aukščiausia gyvoji būtybė, Aukščiausiasis Dievo Asmuo – Aukščiausiasis Brahmanas. *Paraṁ dhāma* reiškia, kad Jis – aukščiausias prieglobstis, visa ko buveinė; *pavitram* – kad Jis skaistus, neužsiteršęs materija; *puruṣam* nurodo, kad Jis yra aukščiausias besimėgaujantis subjektas; *śāśvatam* – pirminis; *divyam* – transcendentinis; *ādidevam* – Aukščiausiasis Dievo Asmuo; *ajam* – negimęs; *vibhum* – didžiausias.

Galima būtų pagalvoti, kad Arjuna visa tai sako meilikaudamas Kṛṣṇai, nes Kṛṣṇa yra jo draugas, tačiau Arjuna – kad „Bhagavad-gītos" skaitytojams tokia mintis net nešautų į galvą – neginčijamais įrodymais pagrindžia savo pagiriamąjį žodį, kitame posme sakydamas, kad Kṛṣṇą Aukščiausiuoju Dievo Asmeniu pripažįsta ne tiktai jis, bet ir tokie autoritetai, kaip Nārada, Asita, Devala ir Vyāsadeva. Visi jie – didžios asmenybės, skleidžiančios Vedų žinojimą tokį, kokį pripažįsta visi *ācāryos.* Todėl Arjuna sako Kṛṣṇai kiekvieną Jo žodį laikąs absoliučiai tobulu. *Sarvam etad ṛtaṁ manye* – „Viską, ką man bylojai, laikau tiesa." Arjuna teigia ir tai, kad suvokti Dievo Asmenybę yra labai sunku, to negali net ir didieji pusdieviai. Tai reiškia, kad Viešpaties negali suvokti net už žmogų aukštesnės asmenybės. Tad ar gali Viešpatį Śrī Kṛṣṇą suvokti žmogus, kuris nėra Jo bhaktas?

Todėl „Bhagavad-gītą" skaityti reikėtų su pasiaukojimo dvasia. Nereikia manyti, kad esi lygus Kṛṣṇai, nereikia laikyti Kṛṣṇos ir paprastu žmogumi ar net labai didžia asmenybe. Viešpats Śrī Kṛṣṇa – Aukščiausiasis Dievo Asmuo. Taigi remdamiesi „Bhagavad-gītos" teiginiais arba Arjunos – žmogaus, mėginančio suvokti „Bhagavad-gītą", teiginiais, mes turėtume, bent teoriškai, pripažinti Śrī Kṛṣṇą Aukščiausiuoju Dievo Asmeniu. Su tokia nuolankumo dvasia mes galėsime suvokti „Bhagavad-gītą". Jeigu skaitysime „Bhagavad-gītą" be nuolankumo, suvokti ją bus labai sunku, nes ji – didi paslaptis.

Kas gi iš tiesų yra „Bhagavad-gītā"? „Bhagavad-gītos" tikslas – išgelbėti žmoniją nuo neišmanymo, kurio priežastis – materiali būtis. Kiekvienas iš mūsų susiduriame su įvairiausiais sunkumais. Štai ir Arjuna turi dalyvauti Kurukṣetros mūšyje, o tai jam neįmanomai sunku. Arjuna atsidavė Śrī Kṛṣṇai, ir todėl buvo paskelbta „Bhagavad-gītā". Ne tik Arjuną, bet ir visus mus slegia materialios būties rūpesčiai. Tikrąją mūsų būtį supa nebūtis. Iš esmės mes egzistuojame ne tam, kad kęstume nebūties baimę. Esame amžini, tačiau šiaip ar taip pakliuvome į asat būklę. Asat nurodo tai, ko nėra.

Iš daugybės kenčiančių žmonių vos keletas išties susimąsto apie savo padėtį, nori suvokti, kas jie yra, kodėl jų būklė tokia nedėkinga ir t.t. Kol žmogus neprabunda tiek, kad imtų klausti apie savo kančių priežastį, kol nesupranta, kad nori ne kentėti, o atsikratyti visų kančių – jo negalima laikyti pilnaverčiu žmogumi. Žmogus tampa žmogumi tada, kai ima kelti tokius klausimus. „Brahma-sūtroje" šie klausimai vadinami brahma-jijñāsā. Athāto brahma-jijñāsā. Kol žmogus nepradeda domėtis Absoliuto prigimtimi, bet koks jo veiksmas laikytinas niekam tikusiu. Todėl tik tie, kurie klausia, kodėl jie kenčia, iš kur atėjo ir kur eis po mirties, sugebės studijuoti ir suprasti „Bhagavad-gītą". Be to, nuoširdus mokinys turi labai gerbti Aukščiausiąjį Dievo Asmenį. Kaip tik toks mokinys ir buvo Arjuna.

Viešpats Kṛṣṇa nužengia į žemę visų pirma tam, kad primintų tikrąjį gyvenimo tikslą, kai žmogus jį užmiršta. Tačiau netgi tada iš daugelio prabudusiųjų atsirastų gal tik vienas žmogus, kuris visa savo esybe suvoktų, kokia jo padėtis, – štai jam ir pasakojama „Bhagavad-gītā". Teisybę sakant, visi esame neišmanymo tigrės nasruose, bet Viešpats yra labai maloningas gyvosioms esybėms, ypač žmonėms. Todėl Jis ir išdėsto „Bhagavad-gītą" pasirinkęs mokiniu Savo draugą Arjuną.

Arjuna – artimas Viešpačiui Kṛṣṇai asmuo, todėl jis aukščiau bet kokio neišmanymo. Tačiau Kurukṣetros mūšio lauke jis buvo pastūmėtas į neišmanymą, kad klausdamas apie būties problemas sudarytų Viešpačiui Kṛṣṇai progą jas išaiškinti visų ateities kartų labui ir nužymėti joms gyvenimo gaires. Tada žmogus galėtų atitinkamai elgtis ir įvykdyti gyvenimo misiją.

„Bhagavad-gītos" turinys padeda suvokti penkias fundamentalias tiesas. Visų pirma, joje dėstomas Dievo mokslas, vėliau apibrėžiamas prigimtinis gyvųjų esybių, *jīvų,* būvis. *Iśvara* – tai valdovas, o *jīvos* – Jo kontroliuojamos gyvosios esybės. Jei gyvoji esybė teigia esanti nekontroliuojama, laisva – ji nepilno proto. Gyvoji būtybė visapusiškai kontroliuojama, bent jau savo sąlygotame gyvenime. Taigi „Bhagavad-gītā" sutelkia dėmesį į *iśvarą,* aukščiausiąjį valdovą, ir *jīvas* – Jo kontroliuojamas gyvąsias būtybes. Knygoje taip pat aptariami *prakṛti* (materiali gamta), laikas (visatos, arba išreikštos materialios gamtos, egzistavimo trukmė) ir *karma* (veikla). Kosmose verda įvairiausia veikla. Į vienokią ar kitokią veiklą yra įsitraukusi kiekviena gyvoji esybė. Iš „Bhagavad-gītos" turime sužinoti, kas yra Dievas, gyvosios esybės, *prakṛti,* materialus kosmosas ir kaip jis pavaldus laikui, bei kokia yra gyvųjų esybių veikla.

Šios penkios fundamentalios „Bhagavad-gītos" tiesos įrodo, kad Aukščiausiasis Dievas – Kṛṣṇa, Brahmanas, aukščiausiasis valdovas, ar Paramātmā (galite vartoti bet kurį jums patinkantį vardą), yra visų didžiausias. Kokybės prasme gyvosios būtybės tapačios su aukščiausiuoju valdovu. Apie tai, kaip Viešpats kontroliuoja visus kosminius materialios gamtos reiškinius, bus aiškinama tolimesniuose „Bhagavad-gītos" skyriuose. Materiali gamta yra priklausoma, ji veikia pagal Aukščiausiojo Viešpaties valią. Kaip sako Viešpats Kṛṣṇa: *māyādhyakṣeṇa prakṛtiḥ sūyate sa-carācaram* – „materiali gamta veikia Man vadovaujant." Regėdami nuostabą keliančius kosmoso reiškinius, turime žinoti, kad už jų slypi valdovas. Niekas negali atsirasti be kūrėjo ir valdovo. Ignoruoti valdovo egzistavimą tiesiog vaikiška. Pavyzdžiui, vaikui gali atrodyti, kad automobilis stebuklingas, nes jis rieda nežraukiamas arklio ar kito kinkomo gyvulio, bet sveikai protaujantis žmogus supranta automobilio veikimo principą. Jis gerai žino, kad mechanizmą visad valdo žmogus, vairuotojas. Taip ir Aukščiausiasis Viešpats yra kaip vairuotojas – viskas veikia Jam vadovaujant. O *jīvas*, ar gyvąsias esybes, kaip pastebėsime tolimesniuose „Bhagavad-gītos" skyriuose, Viešpats pripažįsta neatskiriamomis Savo dalelėmis. Aukso smiltis – irgi auksas, o lašas vandenyno vandens toks pat sūrus kaip ir vandenynas. Taip ir mes – gyvosios esybės, neatskiriamos aukščiausiojo valdovo, *īśvaros*, arba Bhagavāno, Viešpaties Śrī Kṛṣṇos dalelės, turime visas Aukščiausiojo Viešpaties savybes, tik mažais kiekiais, nes esame mikroskopiniai, pavaldūs *īśvaros*. Mes bandome kontroliuoti gamtą, antai šiuo metu žmogus mėgina užkariauti kosmosą ir kitas planetas, o polinkį valdyti turime, nes jį turi ir Kṛṣṇa. Nors ir turime polinkį valdyti materialią gamtą, nevalia pamiršti, kad ne mes aukščiausieji valdovai. Tai aiškinama „Bhagavad-gītoje".

Kas yra materiali gamta? Šis klausimas *Gītoje* irgi atskleistas. Materiali gamta apibūdinama kaip žemesnioji *prakṛti*, žemesnioji gamta, o gyvosios esybės kaip aukštesnioji *prakṛti*. *Prakṛti* yra visada kontroliuojama – ir aukštesnioji, ir žemesnioji. *Prakṛti* – moteris, ją Viešpats kontroliuoja taip, kaip žmonos veiksmus kontroliuoja vyras. *Prakṛti* visada priklausoma, pavaldi Viešpačiui, kuris yra dominuojantis subjektas. Ir gyvąsias esybes, ir materialią gamtą valdo ir kontroliuoja Aukščiausiasis Viešpats. Pasak *Gītos*, gyvosios esybės, nors yra neatskiriamos Aukščiausiojo Viešpaties dalelės, laikytinos *prakṛti*. Apie tai aiškiai kalbama septintame „Bhagavad-gītos" skyriuje. *Apareyam itas tv anyām prakṛtiṁ viddhi me parām/ jīva-bhūtam* – „Materiali gamta yra Mano žemesnioji *prakṛti*, bet be jos yra ir kita *prakṛti* – *jīva-bhūtām*, gyvoji esybė."

Materialią gamtą sudaro trys savybės: dorybės *guṇa*, aistros *guṇa* ir neišmanymo *guṇa*. Viršum tų *guṇų* – amžinasis laikas, o šių gamtos *guṇų* jungimasis, kontroliuojant ir prižiūrint amžinajam laikui, sukuria veiklą, kuri vadinasi *karma*. Mes veikiame

nuo neatmenamų laikų ir ragaujame tos veiklos vaisius – džiaugia-
mės arba kenčiame. Tarkime, pavyzdžiui, kad aš – komersantas ir
per didelius vargus sumaniu darbu susikroviau nemenką kapitalą.
Tokiu atveju galiu mėgautis savo veiklos vaisiais. Bet štai, verslas
sužlunga, ir aš netenku visų pinigų – tada man tenka kentėti. Taip
ir gyvenime, kiekvienoje jo srityje, mes mėgaujamės savo veiklos
rezultatais arba dėl jų kenčiame. Tai vadinasi *karma*.

Īśvarą (Aukščiausiąjį Viešpatį), *jīvą* (gyvąją esybę), *prakṛti*
(gamtą), *kālą* (amžiną laiką) bei *karmą* (veiklą) – visą tai aiškina
„Bhagavad-gītā". Iš šių penkių tiesų amžinos yra: Viešpats, gyvo-
sios esybės, materiali gamta bei laikas. *Prakṛti* – nors ir laikina, bet
reali. Kai kurie filosofai teigia, kad materialios gamtos apraiška
nereali, tačiau „Bhagavad-gītos", ar *vaiṣṇavų* filosofijos supratimu
taip nėra. Gavęs išraišką pasaulis nėra nerealus, jis – realus, bet
laikinas. Jį galima palyginti su debesiu, plaukiančiu dangumi, ar
liūčių sezonu, kuris subrandina javus. Pasibaigus liūčių sezonui ir
išsisklaidžius debesims, lietaus subrandintos varpos tuoj sudžiūva.
Taip pat ir materialus pasaulis: tam tikru metu jis atsiranda, kurį
laiką egzistuoja ir po to išnyksta. Taip veikia *prakṛti*, ir šis ciklas
vyksta amžinai. Vadinasi, *prakṛti* – amžina, negalima teigti, kad
ji nereali. Viešpats vadina ją „Manoji *prakṛti*". Materiali gamta –
atsieta Aukščiausiojo Viešpaties energija, kaip ir gyvosios esybės,
kurios irgi yra Viešpaties energija, tik ne atsieta, o amžinai susijusi
su Viešpačiu. Taigi Viešpats, gyvoji esybė, materiali gamta ir laikas
yra tarpusavyje susiję ir amžini. Tačiau kita tiesa – *karma* – nėra
amžina. *Karmos* pasekmių ištakos gali siekti nepaprastai tolimą
praeitį. Mes patiriame kančią ar džiaugsmą dėl veiklos, kurios
pasekmės atlydi mus iš amžių glūdumos, bet mūsų *karmos,* t.y.
veiklos, rezultatus galime pakeisti – tai priklauso nuo mūsų žino-
jimo lygio. Esame įsitraukę į pačią įvairiausią veiklą ir, be abejo,
nežinome, kokios veiklos turėtume imtis, kad išsivaduotume iš jos
atoveikio. Tačiau „Bhagavad-gītoje" ir tai paaiškinta.

Īśvara, Aukščiausiasis Viešpats, pagal Savo padėtį – aukščiau-
sioji sąmonė. *Jīvos*, t.y. gyvosios esybės, neatskiriamos Aukščiausio-

jo Viešpaties dalelės, irgi turi sąmonę. Ir gyvoji esybė, ir materiali gamta skiriamos prie *prakṛti,* Aukščiausiojo Viešpaties energijos, bet iš jų tik *jīvai* yra būdinga sąmonė. Kita *prakṛti* – nesąmoninga. Tuo jos ir skiriasi. Todėl *jīva-prakṛti* vadinama aukštesniąja energija, nes *jīvos* sąmonė analogiška Viešpaties sąmonei. Tačiau Viešpaties sąmonė – aukščiausia ir nevalia kalbėti apie tai, kad *jīva,* gyvoji esybė, turi aukščiausią sąmonę. Kad ir kokia tobula būtų gyvoji būtybė, ji negali turėti aukščiausios sąmonės. Todėl teorija, teigianti, jog tai įmanoma – klaidinga. Taip, gyvoji būtybė turi sąmonę, tačiau toji sąmonė nėra nei tobula, nei aukščiausia.

Jīvos ir *īśvaros* skirtingumas, apie kurį kalbame, bus aptartas tryliktame „Bhagavad-gītos" skyriuje. Viešpats yra *kṣetra-jña,* t.y. Jis kaip ir gyvoji būtybė yra sąmoningas, tačiau gyvosios esybės sąmonė išplitusi tik savame kūne, o Viešpaties sąmonė apima visus kūnus. Viešpats gyvena visų gyvųjų būtybių širdyse, todėl Jis žino kiekvienos konkrečios *jīvos* mintis ir jausmus. Mums nevalia to pamiršti. Be to, knygoje aiškinama, kad Paramātmā, Aukščiausiasis Dievo Asmuo, glūdi kiekvieno širdyje kaip *īśvara* – valdovas, ir nurodo, kaip gyvajai esybei veikti pagal jos pačios troškimus. Gyvoji esybė pamiršta, ką turi veikti. Iš pradžių ji nutaria atlikti tam tikrą veiksmą, o vėliau susipainioja savo susikurtos *karmos* atoveikiuose. Palikusi vieną kūną, ji persikelia į kitą lygiai taip, kaip mes užsivelkame ir nusimetame drabužius. Keliaudama iš vieno kūno į kitą, siela kenčia ankstesnės savo veiklos atoveikius. Pakeisti veiklos pobūdį gyvoji būtybė gali tiktai pasiekusi dorybės *guną,* būdama sveiko proto, suvokdama, kokios veiklos privalo imtis. Jeigu jai tai pavyksta, tuomet gali pasikeisti visi jos ankstesnės veiklos atoveikiai. Vadinasi, *karma* neamžina. Todėl mes ir teigiame, jog iš penkių tiesų (*īśvara, jīva, prakṛti,* laikas ir *karma*) amžinos yra keturios pirmosios, o *karma* – laikina.

Īśvara, turintis aukščiausią sąmonę, gyvai esybei tapatus tuo, kad ir Viešpaties, ir gyvosios esybės sąmonė – transcendentinė. Būtų klaidinga manyti, kad sąmonė atsirado materijos jungimosi procese. Tai – klaidinga idėja. „Bhagavad-gītā" atmeta teoriją, jog sąmonė išsivystė iš tam tikromis sąlygomis besijungiančių materijos pradmenų. Kaip spalvotas stiklas nudažo kokia nors spalva pro jį krintančią šviesą, taip materialių sąlygų apdangalas iškreipia sąmonę; tačiau Viešpaties sąmonei materija nedaro jokios įtakos. Viešpats Kṛṣṇa sako: *mayādhyakṣeṇa prakṛtiḥ*. Viešpačiui nužengus į materialią visatą, materija Jo sąmonei nedaro jokios įtakos. Jeigu materija veiktų Viešpatį, Jis negalėtų kalbėti apie tuos transcendentinius dalykus, kuriuos apreiškė „Bhagavad-gītoje". Su materijos užteršta sąmone apie transcendentinį pasaulį negalėsi ničnieko pasakyti. Taigi Viešpats neužsiteršia materija. O mūsų sąmonė šiuo momentu *yra* užteršta. „Bhagavad-gītā" moko, kad turime valyti materijos suterštą sąmonę. Kai sąmonė taps tyra, mūsų poelgiai derinsis su *īśvaros* valia, ir tai padarys mus laimingus. Netiesa, kad mes turime visiškai atsisakyti veiklos, veikiau turime ją gryninti. Gryna veikla vadinama *bhakti*. Iš pirmo žvilgsnio *bhakti* veikla panaši į bet kurią kitą, tačiau iš tikrųjų ji – švari. Nenusimanančiam žmogui bhakto veiksmai ir darbai gali būti panašūs į įprastą veiklą, tačiau toks menką žinių kraitį turintis žmogus tiesiog nežino, kad Viešpaties ir Jo bhaktų poelgių nesutepa negryna sąmonė, t.y. materija. Jie transcendentalūs trims materialios gamtos *guṇoms*. Tačiau mes turime žinoti, jog dabar mūsų sąmonė yra užteršta.

Kai mus yra užteršusi materija, vadinamės „sąlygotomis sielomis". Mūsų sąmonę iškreipia įspūdis, kad „aš – materialios gamtos padarinys". Tai vadinama „klaidinga savimone". Tas, kuris mąsto kūniškomis kategorijomis, nesuvokia savo padėties. „Bhagavad-gītā" buvo išsakyta siekiant padėti žmogui atsikratyti kūniškos būties sampratos. Arjuna imasi neišmanėlio vaidmens norėdamas, kad Viešpats suteiktų šį žinojimą. Reikia atsikratyti kūniškos būties sampratos, transcendentalistui – tai pirmiausias uždavinys. Kas nori būti laisvas, nori išsivaduoti, tas visų pirma privalo patirti, jog jis nėra materialus kūnas. Išsivaduoti, pasiekti *mukti* – tai nepriklausyti nuo materialios sąmonės. „Śrīmad-Bhāgavatam" pateikiamas išsivadavimo apibrėžimas. *Muktir hitvānyathā-rūpaṁ svarūpeņa vyavasthitiḥ*: pasiekti *mukti* – tai „išsikovoti nepriklausomybę nuo materialaus pasaulio suterštos sąmonės ir grįžti į gryną sąmoningumą". Visi „Bhagavad-gītos" pamokymai yra skirti tam, kad pažadinti tyrą sąmonę. Todėl ir baigiamoje *Gītos* pamokymų dalyje mes girdime, kaip Kṛṣṇa klausia Arjunos, ar jis jau atgavo tyrą sąmonę. Turėti išgrynintą sąmonę – reiškia veikti pagal Viešpaties nurodymus. Tokia yra „išgrynintos sąmonės" sąvokos esmė. Mes turime sąmonę, nes esame neatskiriamos Aukščiausiojo Viešpaties dalelės, tačiau mums visada gresia pavojus pakliūti žemesniųjų gamtos *guṇų* įtakon. Viešpačiui toks pavojus negresia, nes Jis – Aukščiausiasis. Tuo Aukščiausiasis Viešpats ir skiriasi nuo mažų individualių sielų.

Kas yra toji sąmonė? Sąmonė – tai suvokimas, kad „aš esu". O kas tasai „aš"? Turint užterštą sąmonę, „aš esu" reiškia „aš – valdovas to, ką regiu aplink" ir „aš – besimėgaujantis subjektas". Gyvenimo ratas sukasi, nes kiekviena gyvoji būtybė galvoja esanti materialaus pasaulio valdovė bei kūrėja. Materiali sąmonė turi dvi psichines savybes: viena – žmogus mano „aš kūrėjas", kita – „aš besimėgaujantis subjektas". Bet iš tiesų ir kūrėjas, ir besimėgaujantis subjektas yra Aukščiausiasis Viešpats, o gyvoji esybė, kaip neatskiriama Aukščiausiojo Viešpaties dalelė, nėra nei kūrėja, nei besimėgaujantis subjektas, ji tik talkina Viešpačiui. Ji – sukurta, ir ji – džiaugsmo objektas. Pavyzdžiui, mechanizmo dalis dalyvauja bendrame mechanizmo darbe, o kūno organas – bendroje organizmo veikloje. Rankos, kojos, akys ir t.t. – kūno dalys, jos negali pačios pasisotinti. Skrandis – gali. Kojos neša kūną, rankos ima maistą, dantys jį kramto. Visos kūno dalys darniai rūpinasi skrandžiu, nes skrandis – svarbiausias organas, maitinantis visą kūno struktūrą. Todėl viskas atiduodama skrandžiui. Medis gauna maisto, kai mes laistome jo šaknis, kūnas pasisotina, kai pripildomas skrandis; kad kūnas būtų sveikas, visos jo dalys, kartu veikdamos, turi tiekti maistą skrandžiui. Taip ir mūsų, pavaldžių gyvųjų būtybių, paskirtis – sutartinai teikti džiaugsmą Aukščiausiajam Viešpačiui, besimėgaujančiam subjektui ir kurejui. Toks bendradarbiavimas visiems mums naudingas, kaip naudingas visoms kūno dalims į skrandį patekęs maistas. Jei pirštai sumanytų pasmaguriauti patys, užuot atidavę maistą skrandžiui, jiems ničnieko neišeitų. Centrinė kūrinijos figūra ir besimėgaujantis subjektas – Aukščiausiasis Viešpats, o gyvosios esybės tėra Jo talkininkės. Tarpininkaudamos jos patiria pasitenkinimą. Ryšys tarp Aukščiausiojo Viešpaties ir gyvosios būtybės yra toks, koks jis būna tarp šeimininko ir tarno. Jei visiškai patenkintas šeimininkas, patenkintas ir tarnas. Analogiškai, nors gyvosioms esybėms ir būdingas sugebėjimas kurti bei mėgautis materialiu pasauliu, kurį jos perėmė iš Aukščiausiojo Viešpaties, suteikusio išraišką kosminiam pasauliui, tenkinamas turi būti Aukščiausiasis Viešpats.

Taigi iš „Bhagavad-gītos" sužinosime, kad išbaigtą visumą sudaro aukščiausiasis valdovas, pavaldžios gyvosios esybės, materialus kosmosas, amžinas laikas bei *karma,* arba veikla. Tekstas aiškina visas šias tiesas, kurios kartu paėmus sudaro išbaigtą visumą, ir toji išbaigta visuma vadinasi Aukščiausioji Absoliuti Tiesa. Išbaigta visuma ir išbaigta Absoliuti Tiesa – tai išbaigtas Dievo Asmuo, Śrī Kṛṣṇa. Visas apraiškas sukuria skirtingos Jo energijos. Jis Pats *yra* išbaigta visuma.

Gītoje toliau kalbama, jog beasmenis Brahmanas taip pat yra pavaldus išbaigtam Aukščiausiajam Asmeniui (*brahmaṇo hi pratiṣṭhāham*). Brahmanas, kaip plačiau aiškina „Brahma-sūtra", yra tarsi saulės spinduliai. Beasmenis Brahmanas – tai Aukščiausiojo Dievo Asmens švytintys spinduliai. Beasmenio Brahmano, kaip ir Paramātmos, pažinimas neatveria pilno absoliučios visumos vaizdo. Iš penkiolikto skyriaus sužinosime, kad Aukščiausiojo Dievo Asmens, Puruṣottamos, pažinimas pranoksta tiek beasmenio Brahmano, tiek Paramātmos pažinimą, kuris irgi yra nepilnas. Aukščiausiasis Dievo Asmuo yra vadinamas *sad-cid-ānanda-vigraha.* „Brahma-saṁhitā" prasideda tokiais žodžiais: *īśvaraḥ paramaḥ kṛṣṇaḥ sac-cid-ānanda-vigrahaḥ/ anādir ādir govindaḥ sarva-kāraṇa-kāraṇam.* „Govinda, Kṛṣṇa, yra visų priežasčių priežastis. Jis – pirminė priežastis, įkūnijanti amžiną būtį, žinojimą bei palaimą." Beasmenio Brahmano pažinimas atskleidžia Viešpaties *sat* (amžinybės) aspektą. O Paramātmos pažinimas – tai *sat-cit* (amžino žinojimo) aspekto pažinimas. Tiktai pažinus Dievo Asmenį, Kṛṣṇą, pažįstami visi transcendentiniai aspektai: *sat, cit* ir *ānanda* (amžinybė, žinojimas ir palaima), įkūnijami išbaigto *vigrahos* (pavidalo).

Menkos nuovokos žmonėms Aukščiausioji Tiesa atrodo beasmenė. Tačiau visi Vedų raštai liudija, kad Aukščiausioji Tiesa – transcendentinė asmenybė. *Nityo nityānāṁ cetanaś cetanānāṁ* („Kaṭha Upaniṣada" 2.2.13). Kaip mes, gyvosios būtybės, esame individualios asmenybės, taip ir Aukščiausioji Absoliuti Tiesa galiausiai yra asmenybė, o Dievo Asmens pažinimas atskleidžia visus Jo išbaigto pavidalo transcendentinius aspektus. Išbaigta visuma nėra beformė. Jei Dievo Asmuo – beformis arba už ką nors menkesnis, tai Jis negali būti išbaigta visuma. Išbaigta visuma privalo apimti visa, kas prieinama mūsų patyrimui, ir tai, kas nepatiriama. Antraip ji nebus išbaigta.

Išbaigtos visumos, Dievo Asmens, galios neribotos (*parāsya śaktir vividhaiva śrūyate*). „Bhagavad-gītoje" taip pat aiškinama, kaip Kṛṣṇa veikia panaudodamas Savo skirtingas galias. Reiškinių, arba materialus pasaulis, kuriame gyvename, irgi pats sau išbaigtas, nes dvidešimt keturi pradmenys (jų laikino pasireiškimo rezultatas, *sāṅkhyos* filosofijos supratimu, ir yra mūsų materiali visata) tobulai pritaikyti tiekti visus būtinus resursus, reikalingus visatai palaikyti ir egzistuoti. Visatoje nėra nei pertekliaus, nei trūkumo. Ši apraiška turi aukščiausios visumos energijos nustatytą egzistavimo trukmę, ir kai baigsis jai skirtas laikas, ji bus sunaikinta pagal tobulą išbaigtos visumos tvarką. Mažiems išbaigtiems vienetams, t.y. gyvosioms esybėms, sudarytos puikiausios sąlygos pažinti visumą, o visi netobulumai matomi dėl nepilno visumos pažinimo. Taigi į „Bhagavad-gītą" sudėta visa Vedų išmintis.

Visas Vedų žinojimas yra tobulas ir be klaidų, tai pripažįsta kiekvienas induistas. Pavyzdžiui, karvės mėšlas – gyvulio išmatos; pagal *smṛti,* Vedų nurodymą, prisilietus prie gyvulio išmatų reikia išsimaudyti, kad apsivalytum. Tačiau karvės mėšlą Vedų raštai laiko valančia priemone. Šiuo atveju galima įžvelgti prieštaravimą, tačiau šį nurodymą turime pripažinti, nes taip sako Vedos, ir mes neapsiriksime. Šiuolaikinis mokslas iš tiesų įrodė, kad karvės mėšlas pasižymi antiseptinėmis savybėmis. Taigi Vedų žinojimas tobulas, nes yra aukščiau bet kokių abejonių ir klaidų, o „Bhagavad-gītā" – tai viso Vedų žinojimo esmė.

Vedų žinojimas įgyjamas ne tyrinėjimo būdu. Mūsų tiriamasis darbas netobulas, nes atliekamas netobulomis juslėmis. Mes turime perimti tobulą žinojimą, kuris, „Bhagavad-gītos" tvirtinimu, perduodamas mums per *paramparą* (mokinių seką). Jį įgyti reikia iš patikimo šaltinio – asmenybės, kuri priklauso *paramparai*, prasidedančiai aukščiausiu dvasiniu mokytoju, Pačiu Viešpačiu, iš kurio žinojimas keliauja dvasinių mokytojų seka. Arjuna, Viešpaties Śrī Kṛṣṇos mokinys, sutinka su visais savo mokytojo žodžiais nesiginčydamas. Negalima dalį „Bhagavad-gītos" teiginių pripažinti, o dalį atmesti. „Bhagavad-gītą" reikia priimti jos neinterpretuojant, nebraukant ir be savavališkų pataisymų. *Gītą* reikia laikyti tobuliausiai Vedų žinojimą perteikiančiu veikalu. Vedų žinojimas yra gautas iš transcendentinių šaltinių, pirmąjį jų žodį ištarė Pats Viešpats. Viešpaties žodžiai – *apauruṣeya*, t.y. jie skiriasi nuo materialaus pasaulio gyventojo, turinčio keturias ydas, žodžių. Pirma jo yda – jis būtinai klysta. Antra – iliuzija neišvengiamai jam daro įtaką, trečia – jis linkęs apgaudinėti kitus, ketvirta – jis ribojamas netobulų juslių. Neatsikračius šių keturių netobulumų, neįmanoma perduoti tobulos informacijos, kurią suteikia visa apimantis žinojimas.

Vedų žinojimą perteikė ne tokios netobulos gyvosios esybės. Tas žinojimas buvo perkeltas į pirmosios sukurtos gyvosios būtybės, Brahmos, širdį, o Brahmā savo ruožtu jį paskleidė sūnums bei mokiniams tokį, kokį gavo iš Viešpaties. Viešpats yra *pūrṇam* – absoliučiai tobulas, ir Jam materialios gamtos dėsniai negali daryti jokios įtakos. Todėl žmogui turėtų pakakti išminties suprasti, kad Viešpats – vienintelis viso to, kas yra visatoje, savininkas, pirminis kūrėjas, sukūręs ir Brahmą. Vienuoliktame skyriuje į Viešpatį kreipiamasi žodžiu *prapitāmaha,* nes žodžiu *pitāmaha* – prosenis, kreipiamasi į Jo sukurtąjį Brahmą. Taigi mums nepriklauso niekas, galime imti tiktai tuos daiktus, kuriuos Viešpats skiria mums kaip mūsų pragyvenimui skirtą dalį.

Yra daug pavyzdžių, kaip mes turėtume naudotis tuo, ką mums skiria Viešpats. Apie tai taip pat pasakojama „Bhagavad-gītoje". Iš pradžių Arjuna nutarė, kad Kurukṣetros mūšyje jam kautis nedera. Toks buvo jo savarankiškas sprendimas. Arjuna pareiškė Viešpačiui negalėsiąs džiaugtis karalyste, įgyta giminaičių kraujo kaina. Toks sprendimas buvo padiktuotas kūno, nes kūną jis laikė pačiu savimi, o tuos, kurie susiję su kūnu – savo broliais, sūnėnais, pusbroliais, seneliais ir t.t. Vadinasi, jis norėjo patenkinti savo kūniškus poreikius. Viešpats paskelbė „Bhagavad-gītą", norėdamas pakeisti tokį Arjunos požiūrį. Galų gale Arjuna ryžosi kovoti vadovaujamas Viešpaties; jis tarė: *kariṣye vacanaṁ tava* – „Nuo šiol veiksiu paklusdamas Tavo žodžiui."

Žmonės materialiame pasaulyje turėtų gyventi ne tam, kad rietųsi kaip katės ir šunys. Žmonėms turi pakakti išminties, kad jie suprastų žmogaus gyvenimo svarbą ir nesielgtų kaip paprasti gyvūnai. Žmogus privalo suvokti savo gyvenimo tikslą, o kaip tai padaryti, byloja visi Vedų raštai, kurių esmė išdėstyta „Bhagavad-gītoje". Vedų raštai skirti žmonėms, o ne gyvūnams. Žudydami vienas kitą, gyvūnai neužsitraukia nuodėmės, bet jei žmogus, pataikaudamas savo nekontroliuojamiems pomėgiams, nužudo gyvūną, jis privalo atsakyti už gamtos dėsnių laužymą. „Bhagavad-gītoje" išsamiai paaiškinta, kad veikla yra trijų rūšių ir atitinka tris gamtos *guṇas*: dorybę, aistrą ir neišmanymą. Maistas irgi yra trijų rūšių: dorybės, aistros ir neišmanymo *guṇų.* Apie tai plačiai rašoma „Bhagavad-gītoje", ir jeigu mes tinkamai pasinaudosime jos patarimais, tai visas mūsų gyvenimas taps švaresnis ir galop įstengsime pasiekti buveinę, slypinčią anapus materialaus dangaus (*yad gatvā na nivartate tad dhāma paramaṁ mama*).

Ta buveinė – amžinas, t.y. *sanātana,* dvasinis dangus. Mes

matome, kad viskas materialiame pasaulyje laikina: atsiranda, kurį laiką egzistuoja, sukuria tam tikrus šalutinius produktus, vysta ir galiausiai išnyksta. Toks jau materialaus pasaulio dėsnis, ar imtume pavyzdžiu kūną, ar vaisių, ar dar ką nors. Tačiau turime žinių ir apie kitą pasaulį, esantį anapus šio, laikinojo. Tą pasaulį sudaro visiškai kitokia gamta, jis yra *sanātana*, amžinas. Vienuoliktame „Bhagavad-gītos" skyriuje ir *jīva*, ir Viešpats taip pat apibūdinami kaip amžini, *sanātana*. Mes glaudžiai susiję su Viešpačiu, o kadangi *sanātana-dhāma*, t.y. dangus, *sanātana* Aukščiausiasis Dievo Asmuo bei *sanātana* gyvosios esybės kokybiškai nesiskiria, tai pagrindinis „Bhagavad-gītos" tikslas yra atgaivinti mūsų *sanātana* veiklą, *sanātana-dharmą* – gyvosios esybės amžiną užsiėmimą. Laikinai mes atliekame tam tikrą veiklą, kurią galime išgryninti, jeigu atsisakę laikinos veiklos pradėsime veikti pagal Aukščiausio Viešpaties nurodymus. Tokia tyro gyvenimo esmė.

Ir Aukščiausiasis Viešpats, ir Jo transcendentinė buveinė, ir visos gyvosios esybės yra *sanātana*, o gyvųjų esybių susijungimas su Viešpačiu Jo *sanātana* buveinėje – žmogaus būties tobulumas. Viešpats labai maloningas gyvosioms esybėms, nes jos – Jo vaikai. Viešpats Kṛṣṇa garsiai paskelbia „Bhagavad-gītoje": *sarva-yoniṣu ... ahaṁ bīja-pradaḥ pitā* – „Aš esu visų tėvas". Žinoma, egzistuoja įvairių tipų gyvosios esybės, įvairi jų *karma,* bet cituotame posme Viešpats tvirtina esąs visų jų tėvas. Todėl Viešpats nužengia į žemę, kad padėtų puolusioms sąlygotoms sieloms pasitaisyti ir pakviestų jas atgal į amžiną *sanātana* dangų, kad *sanātana* gyvosios esybės atgautų savo amžiną, *sanātana* padėtį ir amžinai bendrautų su Viešpačiu. Siekdamas išgelbėti sąlygotas sielas Viešpats nužengia įvairiomis Savo inkarnacijomis arba atsiunčia Savo artimus tarnus kaip Savo sūnus, palydovus, *ācāryas.*

Todėl *sanātana-dharma* nėra kažkoks sektantiškas religinis judėjimas. Tai amžinų gyvųjų esybių amžinos pareigos amžino Aukščiausiojo Viešpaties atžvilgiu. *Sanātana-dharma,* kaip jau minėjome anksčiau, nurodo amžiną gyvosios esybės veiklą. Śrīpāda Rāmānujācārya žodį *sanātana* aiškina taip: „tai, kas neturi nei pradžios, nei pabaigos". Tad kai mes kalbame apie *sanātana-dharmą,* pasikliaudami Śrīpādos Rāmānujācāryos autoritetu patikėkime, kad ji neturi nei pradžios, nei pabaigos.

Žodis *religija* turi kiek kitokią reikšmę, negu *sanātana-dharma.* Religija išreiškia tikėjimo idėją, o tikėjimas gali kisti. Galime įtikėti vieną kurį procesą, vėliau patikėti kažkuo kitu, tačiau *sanātana-dharma* nurodo veiklą, kurios neįmanoma pakeisti. Kaip negalima, pavyzdžiui, atsieti šilumą nuo ugnies, o skystumą nuo vandens, lygiai taip amžina gyvoji esybė yra neatsiejama nuo savo amžinų pareigų. *Sanātana-dharma* – amžina gyvosios esybės savasties dalis. Taigi kalbėdami apie *sanātana-dharmą,* turime pasikliauti Śrīpados Rāmānujācāryos autoritetu ir neabejoti, kad ji neturi nei pradžios, nei pabaigos. Tai, kas neprasideda ir nesibaigia, negali būti ribota, nes begalybės neįmanoma įsprausti į jokius rėmus. Kokio nors sektantiško tikėjimo išpažinėjas gali palaikyti *sanātana-dharmą* irgi ribota, tačiau įsigilinę į dalyko esmę ir pažvelgę į šią problemą šiuolaikinio mokslo požiūriu pamatysime, jog *sanātana-dharma* – tai viso pasaulio žmonių, teisingiau, visų gyvųjų visatos esybių reikalas.

Religinio tikėjimo, neturinčio ryšio su *sanātana,* ištakas galima atsekti žmonijos istorijos metraščiuose, tačiau *sanātana-dharmos* istorija neturi pradžios, nes ji – amžina gyvųjų esybių dalis. O kalbėdamos apie gyvąsias esybes, autoritetingos *šastros* tvirtina, kad gyvosios esybės nei gimsta, nei miršta. *Gītoje* teigiama, kad gyvoji esybė niekada negimsta ir niekada nemiršta, yra amžina ir nesunaikinama, o kai suyra jos laikinas materialus kūnas, ji pati gyvena toliau. Palietę *sanātana-dharmos* koncepciją, pamėginkime išsiaiškinti religijos sąvoką šio sanskrito žodžio šaknies pagrindu. *Dharma* yra tai, kas neatsiejama nuo tam tikro objekto. Šviesa ir šiluma – neatsiejamos nuo ugnies. Be šviesos ir šilumos žodis „ugnis" netenka prasmės. Analogiškai turėtume aiškintis, kas esmingiausia gyvojoje būtybėje, kokia savybė yra neatskiriama jos dalis. Toji neatskiriama dalis, amžina savybė – tai jos amžinoji religija.

Kai Sanātana Gosvāmis paklausė Śrī Caitanyos Mahāprabhu apie kiekvienos gyvosios būtybės *svarūpą,* Viešpats atsakė, kad gyvosios būtybės *svarūpa,* t.y. prigimtinis būvis – tarnauti Aukščiausiajam Dievo Asmeniui. Paanalizavę šį Viešpaties Caitanyos teiginį, tuojau pat pastebėsime, jog visos gyvosios būtybės nuolatos viena kitai tarnauja. Gyvoji būtybė tarnauja įvairiais būdais ir taip semiasi gyvenimo džiaugsmo. Pavyzdžiui, menkiau išsivystę gyvūnai tarnauja žmonėms kaip tarnas savo šeimininkui. A tarnauja šeimininkui B, B tarnauja šeimininkui C, C – šeimininkui D ir t.t. Analogiškai, draugas tarnauja draugui, motina – sūnui, žmona – vyrui, vyras – žmonai ir pan. Jei ir toliau analizuosime ta kryptimi, paaiškės, kad gyvųjų būtybių visuomenėje visi be išimties tarnauja. Politinis veikėjas, skelbdamas savo manifestą visuomenei, siekia įtikinti ją savo sugebėjimu tarnauti. Manydami, kad politikas deramai pasitarnaus visuomenei, rinkėjai atiduoda jam savo balsus. Paklusdamas amžinam amžinos gyvosios būtybės poreikiui tarnauti, parduotuvės savininkas tarnauja pirkėjui, amatininkas – kapitalistui, kapitalistas – šeimai, o šeima – valstybei. Taigi, matome, kad nė viena gyvoji būtybė neišvengia tarnavimo kitai gyvajai būtybei, tad galima drąsiai daryti išvadą, kad tarnystė neatskiriamai susijusi su gyvąja būtybe, yra jos amžinoji religija.

Nepaisant to, žmonės, priklausomai nuo laiko ir aplinkybių, teigia priklausą kokiam nors tikėjimui ir skelbiasi esą induistai, musulmonai, krikščionys, budistai ar dar kokios kitos sektos atstovai, nors šie įvardijimai su *sanātana-dharma* neturi nieko bendro. Induistas gali pakeisti savo tikėjimą ir tapti musulmonu, musulmonas – atsiversti į induizmą, krikščionis taip pat gali pakeisti savo tikėjimą ir pan. Tačiau tikėjimo pakeitimas neatšaukia gyvosios būtybės amžinos paskirties tarnauti kitiems. Ir induistas, ir musulmonas, ir krikščionis bet kokiomis aplinkybėmis yra kažkieno tarnas. Todėl išpažinti tam tikrą tikėjimą – dar nereiškia išpažinti ir savo *sanātana-dharmą. Sanātana-dharma* yra tarnystė.

Iš tikrųjų su Aukščiausiuoju Viešpačiu mus sieja tarnystė. Aukščiausiasis Viešpats – aukščiausias besimėgaujantis subjektas, o mes, gyvosios esybės, esame Jo tarnai. Mes sukurti Jo džiaugsmui ir patys tampame laimingi, jeigu prisijungiame prie Aukščiausiojo Dievo Asmens amžino džiaugsmo akto. Kitaip laimės nepatirsime. Negalime būti laimingi atsiskyrę nuo Viešpaties, lygiai kaip ir bet kuri kūno dalis, atskirta nuo skrandžio, negali justi pasitenkinimo. Gyvoji būtybė negali būti laiminga, jei ji netarnauja Aukščiausiajam Viešpačiui su transcendentine meile.

„Bhagavad-gītoje" nepritariama įvairiausių pusdievių garbinimui bei tarnavimui jiems. Septinto skyriaus dvidešimtame posme teigiama:

kāmais tais tair hṛta-jñānāḥ · prapadyante 'nya-devatāḥ
taṁ taṁ niyamam āsthāya · prakṛtyā niyatāḥ svayā

„Tie, kurių intelektą pasiglemžė materialūs troškimai, atsiduoda pusdieviams ir laikosi tam tikrų, jų prigimtį atitinkančių garbinimo taisyklių." Cituotame posme paprastai ir aiškiai pasakyta, jog tie, kuriuos valdo geismas, garbina pusdievius, o ne Aukščiausiąjį Viešpatį Kṛṣṇą. Vardą Kṛṣṇa mes vartojame ne kažkokia sektantiška prasme: *kṛṣṇa* – tai „aukščiausioji palaima". Aukščiausiasis Viešpats, pasak *śāstrų*, yra visos palaimos šaltinis ir lobynas. Visi trokštame malonumų. *Ānanda-mayo 'bhyāsāt* („Vedānta-sūtra" 1.1.12). Kaip ir Viešpats, gyvosios esybės turi pilnavertę sąmonę, todėl siekia laimės. Viešpats amžinai laimingas, ir jei gyvosios esybės bendrauja su Viešpačiu, Jam talkininkauja ir su Juo draugauja, tuomet ir jos patiria laimę.

Į šį mirtingąjį pasaulį Viešpats nužengia, kad parodytų Savo kupinas džiaugsmo pramogas Vṛndāvanoje. Kai Viešpats Śrī Kṛṣṇa buvo Vṛndāvanoje, džiugesiu spinduliavo visa Jo veikla: draugystė su piemenukais, meilė piemenaitėms, Vṛndāvanos gyventojams ir karvėms. Visų iki vieno Vṛndāvanos gyventojų mintis valdė tik Kṛṣṇa. Kṛṣṇa net Savo tėvą Nandą Mahārāją atkalbėjo garbinti pusdievį Indrą, nes norėjo parodyti žmonėms, kad nėra jokio reikalo garbinti pusdievius. Žmonės turi garbinti tik Aukščiausiąjį Viešpatį, nes galutinis jų tikslas – sugrįžti į Jo buveinę.

Viešpaties Śrī Kṛṣṇos buveinė aprašyta „Bhagavad-gītos" penkiolikto skyriaus šeštame posme:

na tad bhāsayate sūryo · na śaśāṅko na pāvakaḥ
yad gatvā na nivartante · tad dhāma paramaṁ mama

„Mano aukščiausiosios buveinės neapšviečia nei saulė, nei mėnuo. Nereikia jai nei ugnies, nei elektros šviesos. Kas ją pasiekia, tas jau niekada nebesugrįžta į šį materialųjį pasaulį."

Šis posmas aprašo amžinąjį dangų. Žinoma, dangų mes suvokiame materialiai ir neįsivaizduojame jo be saulės, mėnulio, žvaigždžių ir t.t., bet šiuo posmu Viešpats teigia, jog amžiname danguje nereikalinga nei saulė, nei mėnulis, nei elektra, nei ugnis ar koks kitas šviesos šaltinis, nes dvasinį dangų apšviečia *brahmajyoti* – iš Aukščiausiojo Viešpaties sklindantys spinduliai. Su didžiausiu vargu mėginame pasiekti kitas planetas, tačiau suvokti Aukščiausiojo Viešpaties buveinę yra visiškai nesunku. Ji vadinasi Goloka, ir yra gražiai aprašyta „Brahma-saṁhitoje" (5.37): *goloka eva nivasaty akhilātma-bhūtaḥ*. Viešpats amžinai gyvena Savo buveinėje Golokoje, tačiau priartėti prie Jo galime jau šiame pasaulyje, juk būtent tam Viešpats ir apsireiškia mums Savo tikruoju *sac-cid-ānanda-vigrahos* pavidalu. Jam apsireiškus šiuo pavidalu, mums jau nebereikia spėlioti, kaip Jis atrodo. Viešpats nužengia į žemę kaip Śyāmasundara – pasirodo toks, koks yra iš tikrųjų, kad padarytų galą visokiems prasimanymams apie Jį. Deja, menkos nuovokos žmonės išjuokia Jį, nes Jis ateina tarsi būtų vienas iš mūsų ir elgiasi kaip žmogus. Tačiau tai ne pagrindas laikyti Viešpatį vienu iš mūsų. Tik Savo visagalybės dėka Viešpats pasirodo mums Savo tikruoju pavidalu ir apreiškia Savo pramogas, kurios tiksliai atkartoja Jo buveinėje vykstančias pramogas.

Akinančiame dvasinio dangaus spindesyje plaukioja nesuskaičiuojama daugybė planetų. *Brahmajyoti* šviesa sklinda iš aukščiausios buveinės – Kṛṣṇalokos, o toje šviesoje plauko nematerialios *ānanda-maya, cin-maya* planetos. Viešpats nurodo: *na tad bhā-*

sayate sūryo na śaśāṅko na pāvakaḥ/ yad gatvā na nivartante tad dhāma paramaṁ mama. Pasiekusiam dvasinį dangų nebereikia grįžti atgal į materialų pasaulį. Materialiame danguje, net jeigu mes nukeliautume į aukščiausią planetą (Brahmaloką), o ką jau kalbėti apie Mėnulį, atrasime tas pačias gyvenimo sąlygas: gimimą, mirtį, ligas bei senatvę. Nėra tokios planetos materialiame pasaulyje, kurioje negaliotų šie keturi materialios būties dėsniai.

Gyvosios esybės keliauja iš vienos planetos į kitą, bet tai nereiškia, kad mes galime nuvykti į bet kokią mums patikusią planetą mechaninėmis priemonėmis. Jeigu mes norime patekti į kitas planetas, tam yra specialus metodas. Apie tai irgi kalbama: *yānti deva-vratā devān pitṝn yānti pitṛ-vratāḥ.* Tarpplanetinei kelionei įgyvendinti nereikia jokių mechaninių priemonių. *Gītā* moko: *yānti devā-vratā devān.* Mėnulis, Saulė bei aukštesniosios planetos vadinamos „Svargaloka". Planetos yra trijų skirtingų lygių: aukštesnės, vidurinės ir žemesnės. Žemė priklauso vidurinių planetų sistemai. „Bhagavad-gītā" mums nurodo, kad patekti į aukštesnių planetų sistemas (Devalokas) galima pasinaudojus labai paprasta formule: *yānti deva-vratā devān.* Pakanka garbinti norimoje planetoje viešpataujantį pusdievį, ir kelias į Mėnulį, Saulę ar bet kurią aukštesniąją planetų sistemą – atviras.

Vis dėlto „Bhagavad-gītā" nepataria keliauti į jokią materialaus pasaulio planetą, kadangi pasinaudoję kokiu nors mechaniniu įtaisu, kelionėje užtrukę keturiasdešimt tūkstančių metų (kas gi nugyvens tokį amžių?) ir patekę į aukščiausią iš jų – Brahmaloką, susidursime su tomis pačiomis materialaus pasaulio bėdomis: gimimu, mirtimi, ligomis bei senatve. Bet tas, kuris siekia patekti į aukštesniąją planetą Kṛṣṇaloką ar bet kurią kitą dvasinio dangaus planetą, nepatirs tokių materialių sunkumų. Viena iš dvasinio dangaus planetų yra aukščiausia, ji vadinasi Goloka Vṛndāvana. Tai – pirminė planeta pirminio Aukščiausiojo Dievo Asmens Śrī Kṛṣṇos buveinėje. Apie tai pasakojama „Bhagavad-gītoje", iš jos sužinome, kaip ištrūkti iš materialaus pasaulio ir pradėti tikrai palaimingą gyvenimą dvasiniame danguje.

Bhagavad-gītā, kokia ji yra

Penkioliktame „Bhagavad-gītos" skyriuje piešiamas realus materialaus pasaulio vaizdas. Ten pasakyta:

ūrdhva-mūlam adhaḥ-śākham · aśvatthaṁ prāhur avyayam
chandāṁsi yasya parṇāni · yas taṁ veda sa veda-vit

Šiame posme materialus pasaulis palyginamas su medžiu, kurio šaknys viršuje, o šakos apačioje. Visi esame matę medį, kurio šaknys yra viršuje: atsistoję ant upės kranto ar prie bet kokio vandens telkinio, pamatysime jame aukštyn kojomis atsispindinčius medžius. Jų šakos leidžiasi žemyn, o šaknys kyla į viršų. Lygiai taip ir materialus pasaulis yra dvasinio pasaulio atspindys. Materialus pasaulis tėra realybės šešėlis. Šešėlyje nėra realybės ar substanciškumo, bet iš jo galime spėti apie realybės ir substancijos egzistavimą. Dykumoje nėra vandens, tačiau miražas suponuoja vandens egzistavimą. Materialiame pasaulyje nėra vandens, nėra laimės – realūs tikrosios laimės šaltiniai trykšta ten, dvasiniame pasaulyje.

Viešpats siūlo mums siekti dvasinio pasaulio tokiu būdu („Bhagavad-gītā" 15.5):

nirmāna-mohā jita-saṅga-doṣā
  adhyātma-nityā vinivṛtta-kāmāḥ
dvandvair vimuktāḥ sukha-duḥkha-saṁjñair
  gacchanty amūḍhāḥ padam avyayaṁ tat

Tą *padam avyayam*, „amžinąją karalystę", gali pasiekti tik tas, kuris yra *nirmāna-moha*. Ką tai reiškia? Visi esame įvardijimų vergai. Vienas nori tapti „seru", kitas „lordu", trečias prezidentu, turtuoliu, karaliumi ar dar kuo nors. Kol juntame potraukį įvardijimams, tol būsime priklausomi nuo kūno, nes jie – susiję su kūnu. Bet mes nesame kūnai, toks suvokimas – pirmasis dvasinio pažinimo žingsnis. Mes susiję su trimis materialios gamtos *guṇomis,* tačiau per pasiaukojimo tarnystę Viešpačiui privalome ištrūkti iš jų įtakos. Jei nesame pasinėrę į pasiaukojimo tarnystę Viešpačiui, nepajėgsime atsispirti materialios gamtos *guṇų* poveikiui. Įvardiji mus bei prisirišimus mums primeta geismai ir norai, polinkis viešpatauti materialioje gamtoje. Kol neatsisakysime polinkio valdyti materialią gamtą, tol neturėsime galimybių grįžti į Aukščiausiojo karalystę – *sanātana-dhāmą*. Prie šios amžinos, nesunaikinamos karalystės gali priartėti tik tas, kuris atsispiria apgaulingų materialių malonumų žavesiui ir tarnauja Aukščiausiajam Viešpačiui. Tokiam žmogui nesunku priartėti prie aukščiausios buveinės.

Viename *Gītos* posmų (8.21) sakoma:

avyakto 'kṣara ity uktas · tam āhuḥ paramāṁ gatim
yaṁ prāpya na nivartante · tad dhāma paramaṁ mama

Avyakta – tai neišreikštumas. Net ir materialų pasaulį mes matome ne visą. Mūsų juslės yra tokios netobulos, kad regime tiktai dalį materialios visatos žvaigždynų. Iš Vedų raštų skaitytojas gali pasisemti nemaža žinių apie kitas planetas, o tikėti jomis ar ne, yra mūsų pačių reikalas. Vedų raštai, ypač „Śrīmad-Bhāgavatam", aprašo svarbiausias planetas. Dvasinis pasaulis, esantis anapus materialaus dangaus, apibūdintas kaip *avyakta* – neišreikštas. Turime karštai siekti šios aukščiausiosios karalystės, nes iš ten nereikės grįžti į šį materialų pasaulį.

Gali kilti klausimas kaip patekti į šią Aukščiausiojo Viešpaties buveinę? Į šį klausimą atsakoma aštuntame skyriuje. Ten pasakyta:

anta-kāle ca mām eva · smaran muktvā kalevaram
yāḥ prayāti sa mad-bhāvaṁ · yāti nāsty atra saṁśayaḥ

„Kas gyvenimo pabaigoje, atsiskirdamas nuo kūno, atsimena Mane, tas iškart pasiekia Mano būtį, tuo tikrai nereikia abejoti." („Bhagavad-gītā" 8.5) Kas mirties akimirką galvoja apie Kṛṣṇą, tas eina pas Kṛṣṇą. Reikia visuomet prisiminti Kṛṣṇos pavidalą; kas Jį atmena mirties akimirką, tas tikrai pasiekia dvasinę karalystę. *Mad-bhāvam* nurodo aukščiausiąjį Aukščiausiosios Būtybės būtį. Aukščiausioji Būtybė yra *sac-cid-ānanda-vigraha* – Jos pavidalas amžinas, kupinas žinojimo ir palaimos. Dabartinis mūsų kūnas nėra *sac-cid-ānanda*. Jis – *asat*, o ne *sat*, t.y. jis – laikinas, o ne amžinas. Jis kupinas ne *cit* – žinojimo, o neišmanymo. Apie dvasinę karalystę nežinome nieko, išsamių žinių neturime net apie šį materialų pasaulį, kur tiek daug mums nežinoma. Kūnas taip pat yra *nir-ānanda* – užuot teikęs džiaugsmą, jis sukelia kančią. Visas kančias, kurias patiriame materialiame pasaulyje, sukelia kūnas, tačiau tas, kuris palieka kūną galvodamas apie Viešpatį Kṛṣṇą – Aukščiausiąjį Dievo Asmenį, išsyk gauna *sac-cid-ānanda* kūną.

Materialiame pasaulyje iš vieno kūno į kitą pereinama pagal tam tikrus dėsnius. Žmogus miršta tada, kai būna nuspręsta, kokios formos kūną jis turės kitą gyvenimą. Tačiau šį sprendimą daro ne gyvoji esybė, o aukštesniosios jėgos. Nuo to, kaip gyvename šį gyvenimą, priklauso, ar mes pakilsime, ar patirsime nuopuolį. Dabartinis gyvenimas – tai pasirengimas būsimajam. Jei deramai pasiruošime grįžti į Dievo karalystę šiame gyvenime, nėra abejonių – atsiskyrę nuo savo materialaus kūno, įgysime dvasinį, tokį kaip Viešpaties kūną.

Anksčiau jau buvo aiškinta, kad yra skirtingų rūšių transcendentalistai: *brahma-vādžiai, paramātma-vādžiai* ir bhaktai; ir, kaip minėta, *brahmajyoti,* t.y. dvasiniame danguje, yra nesuskaičiuojama daugybė dvasinių planetų. Jų skaičius nepalyginamai didesnis už bendrą materialaus pasaulio planetų skaičių. Sakoma, kad materialus pasaulis sudaro tik ketvirtadalį visos kūrinijos (*ekāṁśena sthito jagat*). Tame materialiame ketvirtadalyje išsitenka milijonai ir milijardai visatų su trilijonais planetų ir saulių, žvaigždžių ir mėnulių. Bet materialus pasaulis – tik dalis visos kūrinijos. Didžioji kūrinijos dalis yra dvasiniame danguje. Kas trokšta įsilieti į Aukščiausiojo Brahmano būtį, tas tą pačią akimirką pereina į Aukščiausiojo Viešpaties *brahmajyoti* ir taip pasiekia dvasinį dangų. Bhaktas, norintis bendrauti su Viešpačiu, įžengia į Vaikuṇṭhos planetas, kurių yra nesuskaičiuojama daugybė, ir Aukščiausiasis Viešpats per Savo pilnutinius skleidinius – keturrankį Nārāyaṇą, žinomą Pradyumnos, Aniruddhos, Govindos ir kitais vardais, suteikia jam galimybę su Juo bendrauti. Todėl prieš mirtį transcendentalistai mąsto apie *brahmajyoti,* Paramātmą arba Aukščiausiąjį Dievo Asmenį, Śrī Kṛṣṇą. Visi jie įžengia į dvasinį dangų, tačiau tiktai bhaktas patenka į Vaikuṇṭhos planetas arba į Goloka Vṛndāvanos planetą, nes jis turi asmenišką kontaktą su Aukščiausiuoju Viešpačiu. Viešpats priduria: „Tuo nereikia abejoti." Privalome tvirtai tikėti Jo žodžiais. Negalima atmesti to, ko neaprėpia mūsų vaizduotė, nusiteikime kaip Arjuna: „Tikiu visu tuo, ką man pasakei." Žodžiu, kai Viešpats sako, jog tas, kuris mirties valandą mąsto apie Jį kaip Brahmaną, Paramātmą ar Dievo Asmenį, būtinai įžengia į dvasinį dangų, – nereikia tuo abejoti, nes nėra jokio pagrindo netikėti Jo žodžiais.

„Bhagavad-gītoje" (8.6) aiškinamas bendras principas, kaip įžengti į dvasinę karalystę – mirties akimirką mąstyti apie Aukščiausiąjį:

yaṁ yaṁ vāpi smaran bhāvaṁ · tyajaty ante kalevaram
taṁ tam evaiti kaunteya · sadā tad-bhāva-bhāvitaḥ

„Kokį būvį žmogus prisimena palikdamas dabartinį kūną, tokiame ir atsiduria kitą gyvenimą." Pirmiausiai mes turime suprasti, kad materiali gamta – tai vienos iš Aukščiausiojo Viešpaties energijų apraiška. „Viṣṇu Purāṇa" (6.7.61) taip apibrėžia Aukščiausiojo Viešpaties energijų rūšis:

viṣṇu-śaktiḥ parā proktā · kṣetra-jñākhyā tathā parā
avidyā-karma-saṁjñānyā · tṛtīyā śaktir iṣyate

Aukščiausiasis Viešpats valdo nesuskaičiuojamą daugybę energijų, kurių mes nesuvokiame, ir vis dėlto didieji išminčiai, išsivadavusios sielos, tyrinėjo ir suskirstė jas į tris tipus. Visų tipų energijos priklauso *viṣṇu-śakti* kategorijai, kitaip sakant, jos yra įvairios Viešpaties Viṣṇu galios. Pirmoji energija *parā,* transcendentinė. Kaip jau buvo aiškinta, gyvosios esybės irgi priklauso aukštesniajai energijai. Kitas, t.y materialias energijas, valdo neišmanymo *guṇa.* Mirties akimirką galime pasirinkti, ar liksime žemesnės energijos viešpatijoje, materialiame pasaulyje, ar eisime į dvasinio pasaulio energijos viešpatiją. Todėl „Bhagavad-gītā" (8.6) sako:

yaṁ yaṁ vāpi smaran bhāvaṁ · tyajaty ante kalevaram
taṁ tam evaiti kaunteya · sadā tad-bhāva-bhāvitaḥ

„Kokį būvį žmogus prisimena palikdamas dabartinį kūną, tokiame ir atsiduria kitą gyvenimą."

Mes įpratę galvoti arba apie materialią, arba apie dvasinę energiją. O kaip atitraukti mintis nuo materialios energijos ir nukreipti į dvasinę energiją? Literatūra, kuri mūsų sąmonę užpildo materialia energija – laikraščiai, žurnalai, romanai etc. – labai plati. Mūsų mintis, kurios pastaruoju metu yra užvaldytos tokios literatūros, reikia nukreipti į Vedas. Tam reikalui didieji išminčiai ir paliko plačios apimties Vedų raštus – pavyzdžiui, *Purāṇas. Purāṇos* nėra fantazijos vaisius, tai istorijos metraščiai. „Caitanya-caritāmṛtoje" (*Madhya* 20.122) yra toksai posmas:

māyā-mugdha jīvera nāhi svataḥ kṛṣṇa-jñāna
jīvere kṛpāya kailā kṛṣṇa veda-purāṇa

Užmaršios gyvosios esybės, ar sąlygotos sielos, pamiršo savo ryšį su Aukščiausiuoju Viešpačiu, jų mintys sukasi tik apie materialią veiklą. Siekdamas nukreipti jų minties energiją dvasinio dangaus link, Kṛṣṇa-dvaipāyana Vyāsa paliko plačios apimties Vedų raštus. Pirmiausia jis padalino Vedas į keturias dalis, po to paaiškino jas *Purāṇose,* o ne tokiems pagauliems žmonėms parašė „Mahābhāratą", į kurios tekstą įtraukta „Bhagavad-gītā". Tuomet visus Vedų raštus autorius apibendrino „Vedānta-sūtroje" ir ateities kartoms „Vedānta-sūtros" prasmę plačiau nušvietė jos komentare „Śrīmad-Bhāgavatam". Mes visi turime užimti savo protą Vedų raštų skaitymu. Kaip materialistai neatsitraukia nuo laikraščių, žurnalų ir visokios materialistinės literatūros, taip ir mes turime neatsitraukdami skaityti tą literatūrą, kurią mums paliko Vyāsadeva. Tada mirties valandą įstengsime atsiminti Aukščiausiąjį Viešpatį. Tai vienintelis kelias, kurį siūlo Viešpats, o rezultatą Jis garantuoja: „Neabejok."

tasmāt sarveṣu kāleṣu · mām anusmara yudhya ca
mayy arpita-mano-buddhir · mām evaiṣyasy asaṁśayaḥ

„Todėl, Arjuna, nuolat atmink Mane, Kṛṣṇą, ir toliau kovok – vykdyk savo nurodytą pareigą. Man paaukojęs savo veiklą, į Mane nukreipęs protą bei intelektą, tikrai ateisi pas Mane." („Bhagavad-gītā" 8.7)

Viešpats nepataria Arjunai mesti savo pareigos ir vien tiktai mąstyti apie Jį. Jokiu būdu. Jis niekada nepasiūlys to, kas neįvykdoma. Materialiame pasaulyje, kad pamaitintume kūną, reikia dirbti. Pagal veiklą, žmonių visuomenė skyla į keturis luomus: brahmanus, *kṣatriyus, vaiśyus, śūdras.* Brahmanų klasės atstovai, t.y. inteligentija, atlieka vienokį darbą, *kṣatriyai,* arba administratorių klasė – kitokį, prekijų bei darbininkų klasės linkusios atlikti savo specifines pareigas. Žmonių visuomenėje – ar tu esi darbininkas, prekijas, administratorius, žemdirbys, ar aukščiausios klasės atstovas – literatas, mokslininkas ar teologas – kad pragyventum, privalai dirbti. Todėl Viešpats pataria Arjunai ne atsisakyti pareigų, bet jas vykdant atsiminti Kṛṣṇą (*mām anusmara*). Jei jis nesipratins atminti Kṛṣṇą kovodamas už būvį, nesugebės Jo atminti ir mirties valandą. Tą pataria daryti ir Viešpats Caitanya. Jis sako: *kīrtanīyaḥ sadā hariḥ* – reikia stengtis be perstojo kartoti Viešpaties vardus. Viešpaties vardai ir Jo asmenybė yra viena ir tas pat. Tad Viešpaties Kṛṣṇos nurodymas Arjunai „atmink Mane" ir Viešpaties Caitanyos paliepimas „visad kartok Viešpaties Kṛṣṇos vardus" niekuo nesiskiria. Jie nesiskiria, nes Kṛṣṇa ir Kṛṣṇos vardas yra viena ir tas pat. Absoliučioje plotmėje nėra skirtumo tarp sąvokos ir ja nusakomo objekto. Todėl kartodami Viešpaties vardus turime išmokti atminti Jį visada, dvidešimt keturias valandas per parą, ir taip organizuoti savo gyvenimą, kad niekada jo nepamirštume.

Kaip tai įgyvendinti? *Ācāryos* pateikia tokį pavyzdį. Jeigu ištekėjusi moteris susižavi kitu vyru, arba vedęs vyras pajunta potraukį kitai moteriai – vadinasi jų jausmas labai stiprus. Tokį stiprų potraukį turintis žmogus nuolat galvoja apie mylimąjį. Moteris, besiilginti savo meilužio, net ruošdamasi namuose svajoja apie judviejų susitikimą. Iš tikrųjų visus darbus ji nudirba geriau nei paprastai, kad tik vyras ko neįtartų. Panašiai ir mes nuolat turime atminti aukščiausią mylimąjį, Śrī Kṛṣṇą, ir tuo pat metu puikiai atlikti savo materialias pareigas. Tam būtinas stiprus meilės jausmas. Jei turime stiprų meilės jausmą Aukščiausiajam Viešpačiui, galime atlikti savo pareigą ir kartu atminti Jį. Bet tokį meilės jausmą turime ugdyti. Pavyzdžiui, Arjuna nepaliaujamai galvojo apie Kṛṣṇą: jis buvo nuolatinis Kṛṣṇos palydovas ir kartu – karys. Kṛṣṇa nepataria Savo mokiniui atsisakyti kovos ir, pasitraukus į mišką, atsidėti meditacijai. Kai Viešpats Kṛṣṇa apibūdina Arjunai *yogos* sistemą, šis prisipažįsta nepajėgsiąs jos praktikuoti.

arjuna uvāca
yo 'yaṁ yogas tvayā proktaḥ · sāmyena madhusūdana
etasyāhaṁ na paśyāmi · cañcalavāt sthitiṁ sthirām

„Arjuna tarė: O Madhusūdana, *yogos* sistema, kurią Tu apibūdinai, atrodo man neįgyvendinama ir neparanki, nes protas labai nepastovus ir nenustygsta vietoje." („Bhagavad-gītā" 6.33).

Bet Viešpats sako:

yoginām api sarveṣāṁ · mad-gatenāntarātmanā
śraddhāvān bhajate yo māṁ · sa me yuktatamo mataḥ

„Iš visų *yogų* tas, kuris su didžiu tikėjimu visad gyvena Manyje, galvoja apie Mane ir tarnauja Man su transcendentine meile, yra artimiausiai susijęs su Manimi *yogos* ryšiais ir visų aukščiausias. Tokia Mano nuomonė." („Bhagavad-gītā" 6.47) Taigi tas, kuris visad mąsto apie Aukščiausiąjį Viešpatį, tuo pačiu metu yra didžiausias *yogas,* nepranokstamas *jñānis* ir neprilygstamas bhaktas. Toliau Viešpats sako Arjunai, jog kaip *kṣatriyas,* Arjuna negali atsisakyti kovos, o jeigu jis kausis atmindamas Kṛṣṇą – atsimins

Jį ir mirties valandą. Kad taip įvyktų, reikia visiškai atsiduoti Viešpačiui, tarnaujant Jam su transcendentine meile.

Iš tikrųjų mes veikiame ne kūnu, o protu bei intelektu. Jeigu protas ir intelektas bus nuolat užimti mintimis apie Aukščiausiąjį Viešpatį, savaime Jam tarnaus ir juslės. Pati juslių veikla nepasikeis, bent jau išoriškai, bet pasikeis sąmonė. „Bhagavad-gītā" moko, kaip protą ir intelektą priversti nuolat mąstyti apie Viešpatį. Pasinėrimas mintimis į Viešpatį atveria kelią į Jo karalystę. Jei Kṛṣṇai tarnauja protas, juslės norom nenorom Jam irgi tarnaus. Tai tikras menas, ir tame slypi „Bhagavad-gītos" paslaptis – visiškas pasinėrimas į Śrī Kṛṣṇą mintimis.

Šių dienų žmogus padėjo daug pastangų, kad pasiektų Mėnulį, bet visiškai nesistengia tobulėti dvasiškai. Jei prieš akis dar liko penkiasdešimt gyvenimo metų, paskirkime šį trumpą laiko tarpą praktikai, kurios esmę sudaro Aukščiausiojo Dievo Asmens atminimas. Ta praktika yra pasiaukojimo procesas:

śravaṇaṁ kīrtanaṁ viṣṇoḥ · smaraṇaṁ pāda-sevanam
arcanaṁ vandanaṁ dāsyaṁ · sakhyam ātma-nivedanam

(„Śrīmad-Bhāgavatam" 7.5.23)

Minėti devyni pasiaukojimo tarnystės būdai, kurių lengviausias – *śravaṇam,* t.y. išgirsti „Bhagavad-gītos" mokymą iš dvasiškai susivokusios asmenybės lūpų, paskatina žmogų susimąstyti apie Aukščiausiąją Būtybę. Susimąstymas perauga į nuolatinį Aukščiausio Viešpaties atminimą ir, palikus dabartinį kūną, padeda įgyti dvasinį kūną, tinkamą bendrauti su Aukščiausiuoju Viešpačiu.

Toliau Viešpats kalba:

abhyāsa-yoga-yuktena · cetasā nānya-gāminā
paramaṁ puruṣaṁ divyaṁ · yāti pārthānucintayan

„Kas medituoja Mane, Aukščiausiąjį Dievo Asmenį, nenukrypdamas mintimis į nieką kitą, nuolatos atmena Mane, tas, o Arjuna, neabejotinai ateis pas Mane." („Bhagavad-gītā" 8.8)

Tai nėra itin sudėtingas metodas, tačiau mokytis jo reikia

iš patyrusio asmens. *Tad vijñānārthaṁ sa gurum evābhigacchet*: reikia kreiptis į asmenį, kuris jau turi praktinės patirties. Mintys nuolat blaškosi nuo vieno objekto prie kito, todėl reikia stengtis kaskart susikoncentruoti į Aukščiausiojo Viešpaties Śrī Kṛṣṇos pavidalą arba į Jo vardo garsą. Nors proto prigimtis nerami, jis blaškosi šen ir ten, nusiraminimą jis gali atrasti Kṛṣṇos vardo garse. Todėl reikia meditatuoti *paramaṁ puruṣam* – Aukščiausiąjį Dievo Asmenį dvasinėje karalystėje, dvasiniame danguje, ir tokiu būdu Jį pasiekti. Priemonės ir keliai galutinei pažinimo pakopai, galutiniam tikslui pasiekti yra nurodyti „Bhagavad-gītoje", o durys į šį žinojimą atviros visiems. Niekam neužginta įeiti. Visų klasių žmonės gali prisiartinti prie Viešpaties Kṛṣṇos, galvodami apie Jį, nes kiekvienas gali klausytis ir galvoti apie Kṛṣṇą.

Toliau Viešpats sako („Bhagavad-gītā" 9.32–33):

māṁ hi pārtha vyapāśritya · ye 'pi syuḥ pāpa-yonayaḥ
striyo vaiśyās tathā śūdrās · te 'pi yānti parāṁ gatim

kiṁ punar brāhmaṇāḥ puṇyā · bhaktā rājarṣayas tathā
anityam asukhaṁ lokam · imaṁ prāpya bhajasva mām

Taigi Viešpats sako, kad net prekijas, puolusi moteris, darbininkas ar net žemiausios padermės žmonės gali pasiekti Aukščiausiąjį. Tam nereikalingas itin išvystytas intelektas: kiekvienam, kuris praktikuoja *bhakti-yogą* ir Aukščiausiąjį Viešpatį laiko gyvenimo *summum bonum,* aukščiausiu objektu bei galutiniu tikslu, kelias pas Viešpatį į dvasinį dangų yra atviras. Sekdamas „Bhagavad-gītos" tiesomis žmogus gali savo gyvenimą padaryti tobulą bei kartą ir visiems laikams išspręsti visas gyvenimo problemas. Tokia „Bhagavad-gītos" esmė.

Baigiant reikia pasakyti, kad „Bhagavad-gītā" – transcendentinis kūrinys, kurį reikia skaityti labai atidžiai. *Gīta-śāstram idaṁ puṇyaṁ yaḥ paṭhet prayataḥ pumān* – jeigu tinkamai laikomasi „Bhagavad-gītos" nurodymų, galima atsikratyti visų gyvenimo negandų ir rūpesčių. *Bhaya-śokādi-varjitaḥ.* Žmogus atsikratys visų baimių dabartiniame gyvenime, o kitas jo gyvenimas bus dvasinis („Gītā-māhātmya" 1).

Gītā turi ir kitų privalumų:

gītādhyāyana-śīlasya · prāṇāyama-parasya ca
naiva santi hi pāpāni · pūrva-janma-kṛtāni ca

„Jeigu žmogus skaito Bhagavad-gītą labai nuoširdžiai ir rimtai, Viešpaties malone jis nesusilauks atoveikio už savo praeities piktadarybes." („Gītā-māhātmya" 2). Baigiamojoje „Bhagavad-gītos" dalyje (18.66) Viešpats Śrī Kṛṣṇa garsiai pareiškia:

sarva-dharmān parityajya · mām ekaṁ śaraṇaṁ vraja
ahaṁ tvāṁ sarva-pāpebhyo · mokṣayiṣyāmi mā śucaḥ

„Atmesk visų atmainų religijas ir tiesiog atsiduok Man. Aš išgelbėsiu tave nuo atoveikio už visas nuodėmes. Nesibaimink." Tad Viešpats prisiima visą atsakomybę už tą, kuris atsiduoda Jam, ir išperka atoveikį už visas to asmens nuodėmes.

maline mocanaṁ puṁsāṁ · jala-snānaṁ dine dine
sakṛd gītāmṛta-snānaṁ · saṁsāra-mala-nāśanam

„Galima rūpintis švara kasdien nusiprausiant vandeniu, tačiau žmogus, bent sykį nusimaudęs šventuose kaip Ganga Bhagavad-gītos vandenyse, visiškai nusiplauna materialaus gyvenimo nešvarybes." („Gītā-māhātmya" 3)

gītā su-gītā kartavyā · kim anyaiḥ śāstra-vistaraiḥ
yā svayaṁ padmanābhasya · mukha-padmād viniḥsṛtā

Kadangi „Bhagavad-gītą" paskelbė Aukščiausiasis Asmuo, nėra jokio būtinumo skaityti kokius nors kitus Vedų raštus. Reikia tik įdėmiai ir reguliariai klausytis „Bhagavad-gītos" ir ją skaityti. Mūsų laikais žmonės yra taip įsitraukę į žemišką veiklą, kad visų Vedų raštų perskaityti tiesiog nepajėgtų. Bet tai ir nebūtina. Pakanka vienos „Bhagavad-gītos", nes ši knyga – visų Vedų raštų esmė, o svarbiausia, ją paskelbė Aukščiausiasis Dievo Asmuo ("Gītā-māhātmya" 4).

Pasakyta:

bhāratāmṛta-sarvasvaṁ · viṣṇu-vaktrād viniḥsṛtam
gītā-gaṅgodakaṁ pītvā · punar janma na vidyate

"Kas atsigeria Gangos vandens, tas gauna išsigelbėjimą, tad ką kalbėti apie tą, kuris ragauja Bhagavad-gītos nektarą? Bhagavad-gītā – tai saldžiausias Mahābhāratos nektaras, ją paskelbė Patsai Viešpats Kṛṣṇa, pirminis Viṣṇu." ("Gītā-māhātmya" 5)

"Bhagavad-gītā" pradžią gauna iš Aukščiausiojo Dievo Asmens lūpų, o Ganga, kaip žinoma, išteka iš Jo lotosinių pėdų. Žinoma, nėra skirtumo tarp Aukščiausiojo Viešpaties lūpų ir Jo pėdų, tačiau pažvelgę iš šalies suprasime, kad "Bhagavad-gītā" svarbesnė ir už Gangos vandenį.

sarvopaniṣado gāvo · dogdhā gopāla-nandanaḥ
pārtho vatsaḥ su-dhīr bhoktā · dugdhaṁ gītāmṛtaṁ mahat

"Gītopaniṣada, Bhagavad-gītā – tai visų *Upaniṣadų* esmė, ji yra nelyginant karvė, o Viešpats Kṛṣṇa – tai melžiantis ją piemenėlis. Arjuna – lyg veršelis, o nektariškas Bhagavad-gītos pienas – gėrimas, skirtas didiems išminčiams ir tyriems bhaktams gerti." ("Gītā-māhātmya" 6)

ekaṁ śāstraṁ devakī-putra-gītam · eko devo devakī-putra eva
eko mantras tasya nāmāni yāni · karmāpy ekaṁ tasya devasya sevā

("Gītā-māhātmya" 7)

Mūsų dienomis žmonės trokšta turėti vieną šventraštį, vieną Dievą, vieną religiją ir vieną bendrą reikalą. Todėl *ekaṁ śāstraṁ devakī-putra-gītam*: tebūnie vienas vienintelis šventraštis, kuris būtų bendras visam pasauliui – "Bhagavad-gītā". *Eko devo devakī-putra eva*: tebūnie vienas Dievas visam pasauliui – Śrī Kṛṣṇa. *Eko mantras tasya nāmāni*: ir tebūnie vienas himnas, viena *mantra,* viena malda – Jo vardo kartojimas: Hare Kṛṣṇa, Hare Kṛṣṇa, Kṛṣṇa

Kṛṣṇa, Hare Hare/ Hare Rāma, Hare Rāma, Rāma Rāma, Hare Hare. *Karmāpy ekaṁ tasya devasya sevā*: tebūnie vienas bendras visų reikalas – tarnauti Aukščiausiajam Dievo Asmeniui.

MOKINIŲ SEKA

evaṁ paramparā-prāptam · imaṁ rājarṣayo viduḥ

„Šis aukščiausias mokslas buvo perduodamas mokinių seka, ir taip jį patirdavo šventieji karaliai…" („Bhagavad-gītā" 4.2).

„Bhagavad-gītā, kokia ji yra" perteikta tokia mokinių seka:

1. Kṛṣṇa
2. Brahmā
3. Nārada
4. Vyāsa
5. Madhva
6. Padmanābha
7. Nṛharis
8. Mādhava
9. Akṣobhya
10. Jaya Tīrtha
11. Jñānasindhu
12. Dayānidhis
13. Vidyānidhis
14. Rājendra
15. Jayadharma
16. Puruṣottama
17. Brahmaṇya Tīrtha
18. Vyāsa Tīrtha
19. Lakṣmīpatis
20. Mādhavendra Puris
21. Īśvara Puris, (Nityānanda, Advaita)
22. Viešpats Caitanya
23. Rūpa, (Svarūpa, Sanātana)
24. Raghunātha, Jīva
25. Kṛṣṇadāsa
26. Narottama
27. Viśvanātha
28. (Baladeva), Jagannātha
29. Bhaktivinoda
30. Gaurakiśora
31. Bhaktisiddhānta Sarasvatis
32. A. C. Bhaktivedanta Svamis Prabhupāda

1 skyrius

Kurukṣetros mūšio lauke

1.1

धृतराष्ट्र उवाच
धर्मक्षेत्रे कुरुक्षेत्रे समवेता युयुत्सवः ।
मामकाः पाण्डवाश्चैव किमकुर्वत सञ्जय ॥ १ ॥

dhṛtarāṣṭra uvāca
dharma-kṣetre kuru-kṣetre · samavetā yuyutsavaḥ
māmakāḥ pāṇḍavāś caiva · kim akurvata sañjaya

dhṛtarāṣṭraḥ uvaca – karalius Dhṛtarāṣṭra tarė; *dharma-kṣetre* – šventoje vietoje; *kuru-kṣetre* – vietovėje, kuri vadinasi Kurukṣetra; *samavetāḥ* – susirinkę; *yuyutsavaḥ* – trokštantys kautis; *māmakāḥ* – manoji pusė (sūnūs); *pāṇḍavāḥ* – Pāṇḍu sūnūs; *ca* – ir; *eva* – tikrai; *kim* – ką; *akurvata* – darė; *sañjaya* – o Sañjaya.

Dhṛtarāṣṭra tarė: O Sañjaya, ką veikė susirinkę į šventą Kurukṣetros lauką trokštantys kautis mano ir Pāṇḍu sūnūs?

Komentaras. „Bhagavad-gītā" – tai plačiai skaitomas teistinio mokslo tekstas, apibendrintas „Gītā-māhātmyoje" („Gītos pašlovinime"). Šis kūrinys „Bhagavad-gītą" pataria skaityti labai atidžiai, padedant Śrī Kṛṣṇos bhaktui ir mėginant suvokti ją be subjektyvių interpretacijų. Beje, pačioje „Bhagavad-gītoje" parodyta, kaip teisingai suvokti ją Arjunos, kuris *Gītą* išgirdo iš Patiès Viešpaties,

37

pavyzdžiu. Kam pavyks suvokti „Bhagavad-gītą" tokia mokinių sekos dvasia, savaip jos neinterpretuojant, tas patirs daug daugiau, negu išstudijavęs visą Vedų išmintį ir visus pasaulio šventraščius. „Bhagavad-gītoje" galima rasti viską, kas yra kituose šventraščiuose, ir ne tik tai; skaitytojas aptiks joje ir tas žinias, kurių niekur kitur nėra. Tai specifinis *Gītos* bruožas. Teistinis mokslas, kurį ji perteikia, yra tobulas, nes jį Savo lūpomis ištarė Aukščiausiasis Dievo Asmuo, Viešpats Śrī Kṛṣṇa.

Dhṛtarāṣtros ir Sañjayos dialogas „Mahābhāratoje" sudaro šios didžios filosofijos branduolį. Ji išaiškinta Kurukṣetros mūšio lauke, kuris vediškoje visuomenėje nuo neatmenų laikų laikytas šventa vieta. Ją išsakė Viešpats, nužengęs mūsų planeton grąžinti žmoniją į doros kelią.

Žodis *dharma-kṣetra* (vieta, kurioje atliekamos religinės apeigos) reikšmingas tuo, kad Kurukṣetros mūšio lauke Aukščiausiasis Dievo Asmuo buvo Arjunos pusėje. Dhṛtarāṣtra, Kauravų tėvas, labai abejojo savo sūnų galimybe laimėti. Dvejodamas jis teiraujasi savo patarėjo Sañjayos: „Ką jie veikia?" Jis įsitikinęs, kad ir jo, ir jaunesniojo brolio Pāṇḍu sūnus susirinko į Kurukṣetros mūšio lauką nusiteikę kautis. Ir vis dėlto jo klausimas yra daug reiškiantis. Jis nepageidauja jokio kompromiso tarp pusbrolių ir brolių, nori aiškiai žinoti, kas lemta jo sūnums mūšio lauke. Kadangi kautynėms buvo pasirinktas Kurukṣetros laukas, kurį Vedos vadina garbinimo vieta, verta net ir dangaus gyventojų, Dhṛtarāṣtra labai baiminosi dėl galimos šventos vietos įtakos kautynių baigčiai. Jisai neabejojo, kad Arjunai ir Pāṇḍu sūnums ši aplinkybė turės teigiamos įtakos, nes jie doro būdo. Sañjaya – Vyāsos mokinys, todėl, Vyāsos malone, Sañjaya galėjo regėti Kurukṣetros mūšio lauką iš Dhṛtarāṣtros menių. Tai žinodamas Dhṛtarāṣtra klausia jo apie padėtį mūšio lauke.

Dhṛtarāṣtros klausimas atskleidžia jo kėslus, mat, tiek Pāṇḍavai, tiek ir Dhṛtarāṣtros sūnūs yra iš tos pačios giminės, o jis sąmoningai Kuru ainiais pavadina tiktai savo sūnus, tuo atskirdamas Pāṇḍu sūnus nuo giminės paveldo. Tad išaiškėja ypatinga

Dhṛtarāṣtros pozicija, kurią jis buvo užėmęs santykiuose su savo sūnėnais, Pāṇḍu sūnumis. Taigi, jau nuo pasakojimo pradžios juntama, kad šventame Kurukṣetros lauke, dalyvaujant pačiam religijos tėvui Śrī Kṛṣṇai, it piktžolės ryžių lauke su šaknimis bus išrauti kenksmingi augalai – tokie, kaip Dhṛtarāṣtros sūnus Duryodhana bei kiti į jį panašūs, ir Viešpačiui padedant jų vietą užims tikrai religingi žmonės su Yudhiṣṭhira priešakyje. Tokia žodžių *dharma-kṣetre* bei *kuru-kṣetre* svarba, nenagrinėjant jų reikšmės istorijos ir vediškosios kultūros atžvilgiu.

सञ्जय उवाच 1.2

दृष्ट्वा तु पाण्डवानीकं व्यूढं दुर्योधनस्तदा ।
आचार्यमुपसङ्गम्य राजा वचनमब्रवीत् ॥ २ ॥

sañjaya uvāca
dṛṣṭvā tu pāṇḍavānīkaṁ · vyūḍhaṁ duryodhanas tadā
ācāryam upasaṅgamya · rājā vacanam abravīt

sañjayaḥ uvāca – Sañjaya tarė; *dṛṣṭvā* – apžvelgęs; *tu* – bet; *pāṇḍava-anikam* – Pāṇḍavų karius; *vyūḍham* – išsirikiavusius falangomis; *duryodhanaḥ* – karalius Duryodhana; *tadā* – tada; *ācāryam* – prie mokytojo; *upasaṅgamya* – prieidamas; *rājā* – karalius; *vacanam* – žodžius; *abravīt* – pasakė.

Sañjaya tarė: O valdove, apžvelgęs kariuomenę, kurios dalinius išdėstė Pāṇḍu sūnūs, karalius Duryodhana prisiartino prie savo mokytojo ir prabilo į jį tokiais žodžiais.

Dhṛtarāṣtra buvo aklas nuo gimimo. Deja, jis neturėjo ir dvasinio matymo. Karalius gerai žinojo, kad tokie pat akli religijos reikaluose ir jo sūnūs; jis buvo įsitikinęs, kad jie niekada neras bendros kalbos su dorovingos prigimties Pāṇḍavais. Jam vis nedavė ramybės mintis dėl šventos vietos įtakos. Sañjaya suvokė motyvus, paskatinusius Dhṛtarāṣtrą domėtis padėtimi mūšio lauke. Norėdamas padrąsinti prislėgtą karalių, Sañjaya patikina, jog jo sūnūs nesirengia daryti jokių nuolaidų, nepaisant šventos vietos įtakos. Todėl

Sañjaya ir pasakoja karaliui, kaip jo sūnus Duryodhana apžvelgė Pāṇḍavų karines pajėgas ir tučtuojau nuskubėjo pas kariuomenės vadą Droṇācāryą pranešti apie tikrąją padėtį. Nors, kaip sako posmas, Duryodhana – karalius, tačiau padėties rimtumas verčia jį kreiptis į kariuomenės vadą. Ši aplinkybė rodo jį esant gerą politiką. Tačiau išorinis diplomato šaunumas negalėjo nuslėpti baimės, kuri apėmė Duryodhaną išvydus išdėstytas Pāṇḍavų karines pajėgas.

पश्यैतां पाण्डुपुत्राणामाचार्य महतीं चमूम् ।   1.3
व्यूढां द्रुपदपुत्रेण तव शिष्येण धीमता ॥ ३ ॥

paśyaitāṁ pāṇḍu-putrāṇām · ācārya mahatīṁ camūm
vyūḍhāṁ drupada-putreṇa · tava śiṣyeṇa dhīmatā

paśya – pažvelk; *etām* – į šias; *pāṇḍu-putrāṇām* – Pāṇḍu sūnų; *ācārya* – o mokytojau; *mahatīm* – milžiniškas; *camūm* – karines pajėgas; *vyūḍhām* – išdėstytas; *drupada-putreṇa* – Drupados sūnaus; *tava* – tavo; *śiṣyeṇa* – mokinio; *dhī-matā* – labai sumanaus.

O mano mokytojau, pažvelki į didžiulę Pāṇḍu sūnų kariuomenę, kurią taip meistriškai išdėstė tavo sumanusis mokinys, Drupados sūnus.

Apsukrusis diplomatas Duryodhana norėjo parodyti didžiajam brahmanui, kariuomenės vadui Droṇācāryai pastarojo neapdairumą. Droṇācārya kažkokiu politiniu klausimu susikivirčijo su karaliumi Drupada, Arjunos sutuoktinės Draupadī tėvu. Įpykęs Drupada atliko didžiulį aukų atnašavimą ir gavo palaiminimą sulaukti sūnaus, kuris galės nukauti Droṇācāryą. Droṇācārya puikiai tai žinojo, ir vis dėlto jis, kilniadvasis brahmanas, nedvejodamas atskleidė visas savo karines paslaptis Drupados sūnui Dhṛṣṭadyumnai, kai jam buvo patikėta tą jaunuolį mokyti karybos. Dabar Kurukṣetros mūšio lauke Dhṛṣṭadyumna stoja Pāṇḍavų pusėn ir rikiuoja falangas, išmokęs šio meno iš Droṇācāryos. Duryodhana

nurodo Droṇācāryos klaidą, norėdamas, kad pastarasis būtų bud-
rus ir nepalenkiamas mūšyje. Parodydamas Droṇācāryos klaidą jis
nori pabrėžti, kad Droṇācārya neturėtų nuolaidžiauti ir kautynėse
su Pāṇḍavais, kurie kaip ir Dhṛṣṭadyumna buvo jo numylėti moki-
niai. Droṇācāryos mylimiausias ir gabiausias mokinys buvo Arjuna,
tad Duryodhana taip pat įspėja, jog toks nuolaidžiavimas gresia
pralaimėjimu.

अत्र शूरा महेष्वासा भीमार्जुनसमा युधि ।
युयुधानो विराटश्च द्रुपदश्च महारथः ॥ ४ ॥

1.4

atra śūrā maheṣv-āsā · bhīmārjuna-samā yudhi
yuyudhāno virāṭaś ca · drupadaś ca mahā-rathaḥ

atra – čia; *śūraḥ* – didvyriai; *mahā-iṣu-āsāḥ* – galingi lankinin-
kai; *bhīma-arjuna* – Bhīmai ir Arjunai; *samāḥ* – lygūs; *yudhi* –
kovoje; *yuyudhānaḥ* – Yuyudhāna; *virāṭaḥ* – Virāṭa; *ca* – taip pat;
drupadaḥ – Drupada; *ca* – taip pat; *mahā-rathaḥ* – didis karys.

**Šioje kariuomenėje daug didvyriškų lankininkų, mūšyje lygių
Bhīmai ir Arjunai, tai didieji karžygiai Yuyudhāna, Virāṭa bei
Drupada.**

Nors prityrusiam karybos žinovui Droṇācāryai pats Dhṛṣṭadyumna
nebuvo itin rimtas priešininkas, tačiau senam kariui vertėjo pasi-
saugoti daugelio kitų. Duryodhanos žodžiais, jie – didelė kliū-
tis siekiant pergalės, nes kiekvienas jų ne mažiau grėsmingas už
Bhīmą ir Arjuną. Jis žinojo Bhīmos ir Arjunos galybę, todėl ir
palygino kitus karius su jais.

धृष्टकेतुश्चेकितानः काशिराजश्च वीर्यवान् ।
पुरुजित्कुन्तिभोजश्च शैब्यश्च नरपुङ्गवः ॥ ५ ॥

1.5

dhṛṣṭaketuś cekitānaḥ · kāśirājaś ca vīryavān
purujit kuntibhojaś ca · śaibyaś ca nara-puṅgavaḥ

dhṛṣṭaketuḥ – Dhṛṣṭaketu; *cekitānaḥ* – Cekitāna; *kāśirājaḥ* – Kāśi-rāja; *ca* – taip pat; *vīrya-vān* – labai stiprus; *purujit* – Puruji-tas; *kuntibhojaḥ* – Kuntibhoja; *ca* – ir; *śaibyaḥ* – Śaibya; *ca* – ir; *nara-puṅgavaḥ* – didvyris tarp žmonių.

Tarp jų – didvyriai Dhṛṣṭaketu, Cekitāna, Kāśirāja, Purujitas, Kuntibhoja bei Śaibya – narsūs galiūnai karžygiai.

युधामन्युश्च विक्रान्त उत्तमौजाश्च वीर्यवान् ।
सौभद्रो द्रौपदेयाश्च सर्व एव महारथाः ॥ ६ ॥

1.6

yudhāmanyuś ca vikrānta · uttamaujāś ca vīryavān
saubhadro draupadeyāś ca · sarva eva mahā-rathāḥ

yudhāmanyuḥ – Yudhāmanyu; *ca* – ir; *vikrāntaḥ* – galingasis; *utta-maujāḥ* – Uttamaujā; *ca* – ir; *vīrya-vān* – stipruolis; *saubhadraḥ* – Subhadros sūnus; *draupadeyāḥ* – Draupadī sūnūs; *ca* – ir; *sarve* – visi; *eva* – tikrai; *mahā-rathāḥ* – įgudę kovos vežimų kariai.

Jų gretose galingasis Yudhāmanyu, stipruolis Uttamaujā, Sub-hadros sūnus bei Draupadī sūnūs. Visi jie – įgudę kovos vežimų kariai.

अस्माकं तु विशिष्टा ये तान्निबोध द्विजोत्तम ।
नायका मम सैन्यस्य संज्ञार्थं तान् ब्रवीमि ते ॥ ७ ॥

1.7

asmākaṁ tu viśiṣṭā ye · tān nibodha dvijottama
nāyakā mama sainyasya · saṁjñārthaṁ tān bravīmi te

asmākam – mūsų; *tu* – bet; *viśiṣṭāḥ* – ypač galingi; *ye* – kurie; *tān* – į juos; *nibodha* – atkreipki dėmesį, žinok; *dvija-uttama* – o geriau-sias iš brahmanų; *nāyakāḥ* – karvedžiai; *mama* – mano; *sainyasya* – karių; *saṁjñā-artham* – kad žinotum; *tān* – juos; *bravīmi* – aš sakau; *te* – tau.

Bet pirmiausia, o geriausias iš brahmanų, leiski paminėti tuos karvedžius, kurie ypač tinka vadovauti mano karinems pajėgoms.

भवान् भीष्मश्च कर्णश्च कृपश्च समितिंजयः ।
अश्वत्थामा विकर्णश्च सौमदत्तिस्तथैव च ॥ ८ ॥

1.8

bhavān bhīṣmaś ca karṇaś ca · kṛpaś ca samitiṁ-jayaḥ
aśvatthāmā vikarṇaś ca · saumadattis tathaiva ca

bhavān – tu pats; *bhīṣmaḥ* – senolis Bhīṣma; *ca* – taip pat; *karṇaḥ* – Karṇa; *ca* – ir; *kṛpaḥ* – Kṛpa; *ca* – ir; *samitiṁ-jayaḥ* – visad nugalintys mūšyje; *aśvatthāmā* – Aśvatthāmā; *vikarṇaḥ* – Vikarṇa; *ca* – o taip pat; *saumadattiḥ* – Somadattos sūnus; *tathā* – o taip pat; *eva* – tikrai; *ca* – taip pat.

Tai tu pats, o taip pat Bhīṣma, Karṇa, Kṛpa, Aśvatthāmā, Vikarṇa, Somadattos sūnus vardu Bhūriśravā – visad nugalintys mūšyje.

Duryodhana išvardija neeilinius, visad pasiekiančius pergalę kovoje didvyrius. Vikarṇa – tai Duryodhanos brolis, Aśvatthāmā – Droṇācāryos sūnus, o Saumadattis (dar vadinamas Bhūriśravā) – Bāhlīkų karaliaus sūnus. Karṇa yra Arjunos įbrolis, mat jis gimė Kuntī prieš jos sutuoktuves su karaliumi Pāṇḍu. Kṛpācāryos sesuo dvynė ištekėjo už Droṇācāryos.

अन्ये च बहवः शूरा मदर्थे त्यक्तजीविताः ।
नानाशस्त्रप्रहरणाः सर्वे युद्धविशारदाः ॥ ९ ॥

1.9

anye ca bahavaḥ śūrā · mad-arthe tyakta-jīvitāḥ
nānā-śastra-praharaṇāḥ · sarve yuddha-viśāradāḥ

anye – kitų; *ca* – taip pat; *bahavaḥ* – labai daug; *śūrāḥ* – didvyrių; *mat-arthe* – dėl manęs; *tyakta-jīvitāḥ* – pasiryžę rizikuoti savo gyvybėmis; *nānā* – daugeliu; *śastra* – ginklų; *praharaṇaḥ* – apsiginklavę; *sarve* – visi jie; *yuddha-viśāradāḥ* – gerai išmano karo mokslą.

Ten daug ir kitų didvyrių, pasiryžusių paguldyti už mane galvas. Visi jie puikiai apsiginklavę įvairiausiais ginklais ir gerai išmano karo mokslą.

O dėl kitų karžygių: Jayadrathos, Kṛtavarmos ar Śalyos, tai visi jie buvo kupini ryžto atiduoti gyvybę už Duryodhaną. Kitaip sakant, jiems lemta žūti Kurukṣetros mūšyje, nes stojo nusidėjėlio Duryodhanos pusėn. Duryodhana, be abejo, tiki pasieksiąs pergalę minėtų savo draugų suvienytomis pajėgomis.

अपर्याप्तं तदस्माकं बलं भीष्माभिरक्षितम् ।   1.10
पर्याप्तं त्विदमेतेषां बलं भीमाभिरक्षितम् ॥१०॥

aparyāptaṁ tad asmākaṁ · balaṁ bhīṣmābhirakṣitam
paryāptaṁ tv idam eteṣāṁ · balaṁ bhīmābhirakṣitam

aparyāptaṁ – neišmatuojama; *tat* – ta; *asmākam* – mūsų; *balam* – galybė; *bhīṣma* – senolio Bhīṣmos; *abhirakṣitam* – patikimai saugoma; *paryāptam* – ribota; *tu* – tačiau; *idam* – visa ta; *eteṣām* – Pāṇḍavų; *balam* – stiprybė; *bhīma* – Bhīmos; *abhirakṣitam* – rūpestingai saugoma.

Mūsų stiprybė neišmatuojama, be to, mus patikimai saugo senolis Bhīṣma, o išgalės Pāṇḍavų, rūpestingai saugomų Bhīmos, ribotos.

Šiame posme Duryodhana palygina ir įvertina jėgas. Jis mano, kad jo ginkluotųjų pajėgų galybė neišmatuojama, nes ypač pasikliauja milžinišką patirtį turinčio karvedžio, senolio Bhīṣmos apsauga. Kita vertus, jis įsitikinęs, kad Pāṇḍavų jėgos ribotos, nes juos gina mažiau įgudęs karvedys Bhīma – gana menkas, lyginant jį su Bhīṣma. Duryodhana visada nekentė Bhīmos, nes puikiai žinojo, kad jeigu žus, tai tik nuo jo rankos.Vis dėlto jis tvirtai tiki savo pergale, nes kautynėse dalyvauja žymiai už Bhīmą pranašesnis karvedys Bhīṣma. Iš tiesų, Duryodhana turėjo pagrindo tikėtis laimėti šį mūšį.

अयनेषु च सर्वेषु यथाभागमवस्थिताः ।   1.11
भीष्ममेवाभिरक्षन्तु भवन्तः सर्व एव हि ॥११॥

ayaneṣu ca sarveṣu · yathā-bhāgam avasthitāḥ
bhīṣmam evābhirakṣantu · bhavantaḥ sarva eva hi

ayaneṣu – strateginėse vietose; *ca* – taip pat; *sarveṣu* – visose; *yathā-bhāgam* – įvairiai išrikiuoti; *avasthitāḥ* – būdami; *bhīṣmam* – senoliui Bhīṣmai; *eva* – tikrai; *abhirakṣantu* – turite padėti; *bhavantaḥ* – jūs; *sarve* – visi iš eilės; *eva hi* – tikrai.

O dabar kiekvienas jūsų turite visomis išgalėmis paremti senolį Bhīṣmą, užėmę jums skirtas strategines vietas kariuomenės falangose.

Duryodhana, išaukštinęs Bhīṣmos narsą, susigriebia ir norėdamas, kad kiti karvedžiai nepasijustų mažiau vertinami, su jam būdingu diplomatiškumu aukščiau minėtais žodžiais stengiasi atitaisyti padėtį. Jis pabrėžia, jog Bhīṣmadeva, be abejonių, yra didžiausias didvyris, tačiau jis nebejaunas, todėl kiekvienas turėtų gerai pagalvoti, kaip patikimai apsaugoti jį iš visų pusių. Senoliui įsitraukus į kovą, priešas gali tuo pasinaudoti ir pulti neapsaugotą užnugarį. Todėl labai svarbu, kad kiti didvyriai nepaliktų savo strateginių pozicijų ir neleistų priešininkui suardyti rikiuotės. Duryodhana gerai supranta, kad Kauravų pergalė priklauso nuo to, ar dalyvaus Bhīṣmadeva kautynėse, ar ne. Jis yra įsitikinęs, kad sulauks visapusiškos Bhīṣmadevos ir Droṇācāryos paramos mūšyje, nes gerai prisimena, kaip viešame susirinkime abu nė žodeliu neužtarė Arjunos žmonos Draupadī, kuri, patekusi į beviltišką padėtį, prievarta nurenginėjama visų didžiųjų karvedžių akivaizdoje, meldė jų pagalbos. Žinodamas, kad abu karo vadai simpatizuoja Pāṇḍavams, Duryodhana vis dėlto vylėsi, jog dabar jie visiškai pamirš savo jausmus, kaip tai buvo nutikę azartinio žaidimo kauliukais metu.

तस्य सञ्जनयन् हर्षं कुरुवृद्धः पितामहः ।
सिंहनादं विनद्योच्चैः शङ्खं दध्मौ प्रतापवान् ॥१२॥

1.12

tasya sañjanayan harṣaṁ · kuru-vṛddhaḥ pitāmahaḥ
siṁha-nādaṁ vinadyoccaiḥ · śaṅkhaṁ dadhmau pratāpavān

tasya – jo; *sañjanayan* – augantis; *harṣam* – džiugesys; *kuru-vṛddhaḥ* – seniausias iš Kuru dinastijos (Bhīṣma); *pitāmahaḥ* – senolis; *siṁha-nādam* – garsą, primenantį liūto riaumojimą; *vinadya* – skleisdamas; *uccaiḥ* – labai garsiai; *śaṅkham* – kriauklę; *dadhmau* – papūtė; *pratāpa-vān* – narsusis.

Tada narsusis Kuru dinastijos senolis Bhīṣma griausmingai papūtė savo kriauklę, kuri suriaumojo it liūtas ir labai nudžiugino Duryodhaną.

Kuru dinastijos protėvis suvokė vidinį savo vaikaičio Duryodhanos nusiteikimą ir iš gilios užuojautos, norėdamas jį padrąsinti, labai garsiai sutrimitavo savo kriaukle, tarsi patvirtindamas, jog neveltui yra lyginamas su liūtu. Netiesiogiai, pasinaudodamas kriauklės garso simbolika, jis duoda ženklą savo prislėgtam vaikaičiui Duryodhanai, kad šis neturi jokių šansų nugalėti, nes Aukščiausiasis Viešpats Kṛṣṇa yra priešininko pusėje. Tačiau nepaisant visko, jo, kaip kario, pareiga reikalauja grumtis, negailėti jėgų.

ततः शङ्खाश्च भेर्यश्च पणवानकगोमुखाः ।   1.13
सहसैवाभ्यहन्यन्त स शब्दस्तुमुलोऽभवत् ॥१३॥

tataḥ śaṅkhāś ca bheryaś ca · paṇavānaka-gomukhāḥ
sahasaivābhyahanyanta · sa śabdas tumulo 'bhavat

tataḥ – po to; *śaṅkhāḥ* – kriauklės; *ca* – taip pat; *bheryaḥ* – dideli būgnai; *ca* – ir; *paṇava-ānaka* – būgneliai ir litaurai; *go-mukhāḥ* – ragai; *sahasā* – netikėtai; *eva* – tikrai; *abhyahanyanta* – vienu metu sugaudė; *saḥ* – šis; *śabdaḥ* – bendras garsas; *tumulaḥ* – triukšmingas; *abhavat* – kilo.

Po to, vienu kartu netikėtai sugaudė kriauklės, litaurai, būgnai, trimitai bei ragai ir sukėlė baisingą triukšmą.

तत: श्वेतैर्हयैर्युक्ते महति स्यन्दने स्थितौ ।   1.14
माधव: पाण्डवश्चैव दिव्यौ शङ्खौ प्रदध्मतु: ॥१४॥

tataḥ śvetair hayair yukte · mahati syandane sthitau
mādhavaḥ pāṇḍavaś caiva · divyau śaṅkhau pradadhmatuḥ

tataḥ – po to; *śvetaiḥ* – baltais; *hayaiḥ* – žirgais; *yukte* – pakin-
kytame; *mahati* – didingame; *syandane* – kovos vežime; *sthitau* –
būdami; *mādhavaḥ* – Kṛṣṇa (sėkmės deivės sutuoktinis); *pāṇḍa-
vaḥ* – Arjuna (Pāṇḍu sūnus); *ca* – taip pat; *eva* – tikrai; *divyau* –
transcendentines; *śaṅkhau* – kriaukles; *pradadhmatuḥ* – ėmė pūsti.

**O kitoje lauko pusėje, Viešpats Kṛṣṇa ir Arjuna didingame
baltais žirgais kinkytame kovos vežime ėmė pūsti savo transcen-
dentines kriaukles.**

Kriauklės Kṛṣṇos ir Arjunos rankose – priešingai tai, kuria trimi-
tavo Bhīṣmadeva – pavadintos transcendentinėmis. Transcendenti-
nės kriauklės suskambo kaip ženklas, kad priešininkas pasmerktas
pralaimėti, nes Kṛṣṇa – Pāṇḍavų pusėje. *Jayas tu pāṇḍu-putrāṇām
yeṣām pakṣe janārdanaḥ.* Pergalė visada yra su tokiais žmonėmis
kaip Pāṇḍu sūnus, nes su jais Viešpats Kṛṣṇa. Kad ir kur būtų Vieš-
pats, visur ir visada šalia Jo bus sėkmės deivė, nes Ji nė per žingsnį
nesitraukia nuo savo vyro. Vadinasi, pergalė ir pasisekimas laukė
Arjunos – tokią žinią paskelbė Viṣṇu, arba Viešpaties Kṛṣṇos,
kriauklės transcendentinis gausmas. Be to, kovos vežimą, kuriame
abu bičiuliai sėdėjo, Arjunai dovanojo Agnis (ugnies dievas), o
tai reiškė, kad juo galima pergalingai skintis kelią per visus tris
pasaulius.

पाञ्चजन्यं हृषीकेशो देवदत्तं धनञ्जय: ।   1.15
पौण्ड्रं दध्मौ महाशङ्खं भीमकर्मा वृकोदर: ॥१५॥

pāñcajanyam hṛṣīkeśo · devadattam dhanañjayaḥ
pauṇḍram dadhmau mahā-śaṅkham · bhīma-karmā vṛkodaraḥ

pāñcajanyam – kriauklę, vadinamą Pāñcajanya; *hṛṣīka-īśaḥ* – Hṛṣīkeśa (Kṛṣṇa, Viešpats, valdantis Savo bhaktų jusles); *devadattam* – kriauklę, vadinamą Devadatta; *dhanam-jayaḥ* – Dhanañjaya (Arjuna, turtų laimėtojas); *pauṇḍram* – kriauklę, vadinamą Pauṇḍra; *dadhmauḥ* – pūtė; *mahā-śaṅkham* – didžiąją kriauklę; *bhīma-karmā* – pagarsėjęs titaniškais žygiais; *vṛka-udaraḥ* – besotis (Bhīma).

Viešpats Kṛṣṇa pūtė Savo kriauklę Pāñcajanyą, Arjuna pūtė savąją Devadattą, o Bhīma, titaniškais žygiais pagarsėjęs besotis, pūtė savo didžiąją Pauṇḍrą.

Viešpats Kṛṣṇa šiame posme pavadintas Hṛṣīkeśa, nes Jis – visų juslių savininkas. Gyvosios esybės yra neatskiriamos Jo dalelės, todėl jų juslės taip pat yra neatskiriama Jo juslių dalis. Impersonalistai negali paaiškinti gyvųjų esybių juslių fenomeno, todėl jie visada stengiasi vaizduoti visas gyvąsias esybes bejausmes, beasmenes. Viešpats, glūdintis visų gyvųjų esybių širdyse, valdo jų jusles. Bet valdo jis tokiu laipsniu, kokiu gyvoji esybė atsiduoda Jo valiai, o tyro bhakto jusles Jis valdo tiesiogiai. Čia, Kurukṣetros mūšio lauke, Viešpats tiesiogiai valdo transcendentines Arjunos jusles, todėl šioje situacijoje Jis ir pavadintas Hṛṣīkeśa. Viešpats turi daug įvairių vardų, duotų pagal skirtingus Jo žygius. Pavyzdžiui, Viešpatį vadiname Madhusūdana todėl, kad Jis nudobė demoną Madhu; Govinda – nes Jis teikia džiaugsmą karvėms ir juslėms; Vāsudeva – nes atėjo Vasudevos sūnumi; Devakī-nandana – todėl, kad Devakī Jis pasirinko Savo motina; Yaśodā-nandana – dėl to, kad Yaśodai paskyrė Savo vaikystės žaidimus Vṛndāvanoje; Pārthasārathiu – todėl, kad buvo Savo bičiulio Arjunos vežėju. Lygiai taip Jis vadinamas ir Hṛṣīkeśa, nes vadovavo Arjunai Kurukṣetros mūšio lauke.

Arjuna šiame posme pavadintas Dhanañjaya, nes jis padėjo savo vyresniajam broliui, karaliui, įgyti nesuskaičiuojamus turtus, kurių prireikė įvairių aukų atnašavimų išlaidoms. Bhīma gavo Vṛkodaros vardą, nes jo apetitas buvo toks pat neįtikėtinas kaip ir titaniški žygiai, pavyzdžiui, demono Hiḍimbos nužudymas. Taigi visų Pāṇḍavų bendražygių kriauklių gaudimas, o pirmiausiai Viešpaties kriauklės garsas, įkvėpė karius kovai. Priešininko pusė neturėjo tokių privalumų; su jais nebuvo nei aukščiausiojo valdovo, Viešpaties Kṛṣṇos, nei sėkmės deivės. Žodžiu, mūšyje jiems buvo lemta pralaimėti – tokią žinią skelbė kriauklių garsai.

अनन्तविजयं राजा कुन्तीपुत्रो युधिष्ठिरः ।
नकुलः सहदेवश्च सुघोषमणिपुष्पकौ ॥१६॥

1.16–18

काश्यश्च परमेष्वासः शिखण्डी च महारथः ।
धृष्टद्युम्नो विराटश्च सात्यकिश्चापराजितः ॥१७॥

द्रुपदो द्रौपदेयाश्च सर्वशः पृथिवीपते ।
सौभद्रश्च महाबाहुः शङ्खान्दध्मुः पृथक्पृथक् ॥१८॥

ananta-vijayaṁ rājā · kuntī-putro yudhiṣṭhiraḥ
nakulaḥ sahadevaś ca · sughoṣa-maṇipuṣpakau

kāśyaś ca parameṣv-āsaḥ · śikhaṇḍī ca mahā-rathaḥ
dhṛṣṭadyumno virāṭaś ca · sātyakiś cāparājitaḥ

drupado draupadeyāś ca · sarvaśaḥ pṛthivī-pate
saubhadraś ca mahā-bāhuḥ · śaṅkhān dadhmuḥ pṛthak pṛthak

ananta-vijayam – kriauklę, vadinamą Anantavijaya; *rājā* – karalius; *kuntī-putraḥ* – Kuntī sūnus; *yudhiṣṭhiraḥ* – Yudhiṣṭhira; *nakulaḥ* – Nakula; *sahadevaḥ* – Sahadeva; *ca* – ir; *sughoṣa-maṇipuṣpakau* – kriaukles Sughoṣą ir Maṇipuṣpaką; *kāśyaḥ* – Kāśio (Vārāṇasio) karalius; *ca* – ir; *parama-iṣu-āsaḥ* – didysis lankininkas; *śikhaṇḍī* – Śikhaṇḍis; *ca* – taip pat; *mahā-rathaḥ* – galintis kautis vienas prieš tūkstančius karių; *dhṛṣṭadyumnaḥ* – Dhṛṣṭadyumna (karaliaus Drupados sūnus); *virāṭaḥ* – Virāṭa (karalaitis, suteikęs Pāṇḍavams prieglobstį jiems besislapstant); *ca* – taip pat; *sātyakiḥ* – Sātyakis (Viešpaties Kṛṣṇos vežėjas, dar vadinamas Yuyudhāna); *ca* – ir; *aparājitaḥ* – nenugalimasis; *drupadaḥ* – Drupada,

Pāñcālos karalius; *draupadeyāḥ* – Draupadī sūnūs; *ca* – taip pat; *sarvaśaḥ* – visi; *pṛthivī-pate* – o valdove; *saubhadraḥ* – Abhimanyu, Subhadros sūnus; *ca* – taip pat; *mahā-bāhuḥ* – tvirtarankis; *śaṅkhān* – kriaukles; *dadmuḥ* – ėmė pūsti; *pṛthak pṛthak* – kiekvienas atskirai.

Karalius Yudhiṣṭhira, Kuntī sūnus, papūtė savąją kriauklę Anantavijayą, Nakula ir Sahadeva – Sughoṣą ir Maṇipuṣpaką. Didysis lankininkas Kāśio karalius, grėsmingas karys Śikhandis, Dhṛṣṭadyumna, Virāṭa bei nenugalimasis Sātyakis, taip pat Drupada, Draupadī sūnūs ir kiti didvyriai, tokie kaip puikiai apsiginklavęs Subhadros sūnus – visi, o valdove, ėmė pūsti savo kriaukles.

Sañjaya labai taktiškai užsimena Dhṛtarāṣṭrai, kad neišmintinga karaliaus politika – bandymas apgauti Pāṇḍu sūnus ir iškelti į karalystės sostą savo sūnus – toli gražu neverta pagyrų. Ženklai aiškiai rodo visos Kuru dinastijos pražūtį didžiajame mūšyje. Nuo prosenio Bhīṣmos iki anūko Abhimanyu ir kitų karžygių, įskaitant daugelio pasaulio kraštų valdovus – visi buvo čia ir visi buvo pasmerkti. Kalčiausias dėl šios tragedijos – karalius Dhṛtarāṣtra, kurstęs savo sūnų politiką.

स घोषो धार्तराष्ट्राणां हृदयानि व्यदारयत् ।   1.19
नभश्च पृथिवीं चैव तुमुलोऽभ्यनुनादयन् ॥१९॥

sa ghoṣo dhārtarāṣṭrāṇāṁ · hṛdayāni vyadārayat
nabhaś ca pṛthivīṁ caiva · tumulo 'bhyanunādayan

saḥ – tas; *ghoṣaḥ* – gausmas; *dhārtarāṣṭrāṇām* – Dhṛtarāṣṭros sūnų; *hṛdayāni* – širdis; *vyadārayat* – sudrebino; *nabhaḥ* – dangų; *ca* – taip pat; *pṛthivīm* – žemės paviršių; *ca* – taip pat; *eva* – tikrai; *tumulaḥ* – triukšmingas; *abhyanunādayan* – nuaidėjęs.

Įvairiausių kriauklių garsai susiliejo į vientisą gausmą, nuo žemės iki dangaus, ir suvirpėjo Dhṛtarāṣtros sūnų širdys.

Kai Bhīṣma ir kiti Duryodhanos sąjungininkai papūtė savo kriauk-
les, jų garsas neįvarė siaubo Pāṇḍavams. Tekste tai neminima, o štai
Dhṛtarāṣṭros sūnų širdys, sakoma posme, suvirpėjo nuo kriauklių
gausmo, nuaidėjusio virš Pāṇḍavų stovyklos. To priežastis – Pāṇ-
ḍavai ir jų tikėjimas Viešpačiu Kṛṣṇa. Kas randa prieglobstį Aukš-
čiausiajame Viešpatyje, tas nesibaimina net pakliuvęs į didžiausią
negandą.

अथ व्यवस्थितान्दृष्ट्वा धार्तराष्ट्रान् कपिध्वजः ।   1.20
प्रवृत्ते शस्त्रसम्पाते धनुरुद्यम्य पाण्डवः ।
हृषीकेशं तदा वाक्यमिदमाह महीपते ॥२०॥

atha vyavasthitān dṛṣṭvā · dhārtarāṣṭrān kapi-dhvajaḥ
pravṛtte śastra-sampāte · dhanur udyamya pāṇḍavaḥ
hṛṣīkeśaṁ tadā vākyam · idam āha mahī-pate

atha – po to; *vyavasthitān* – įsitaisęs; *dṛṣṭvā* – žvelgdamas;
dhārtarāṣṭrān – į Dhṛtarāṣṭros sūnus; *kapi-dhvajaḥ* – tas, kurio
vėliava pažymėta Hanumāno ženklu; *pravṛtte* – pasirengęs; *śastra-
sampāte* – leisti strėles; *dhanuḥ* – lanką; *udyamya* – pakėlęs; *pāṇḍa-
vaḥ* – Pāṇḍu sūnus (Arjuna); *hṛṣīkeṣam* – Viešpačiui Kṛṣṇai; *tadā* –
tada; *vākyam* – žodžius; *idam* – šiuos; *āha* – ištarė; *mahī-pate* – o
valdove.

**Tada Pāṇḍu sūnus Arjuna, sėdintis kovos vežime, virš kurio
plaikstėsi vėliava su Hanumāno atvaizdu, pakėlė lanką ir pasi-
ruošė leisti strėles. O valdove, pažvelgęs į Dhṛtarāṣṭros sūnus
kautynių rikiuotėje, Arjuna prabilo į Viešpatį Kṛṣṇą tokiais
žodžiais.**

Artinosi mūšio pradžia. Ankstesnis tekstas rodo, kad Dhṛtarāṣṭ-
ros sūnūs šiek tiek apniuko, pamatę netikėtai išdėstytas Pāṇḍavų
karines pajėgas. Pastarieji kautynių lauke vadovavosi tiesioginiais
Viešpaties Kṛṣṇos nurodymais. Hanumāno atvaizdas Arjunos

vėliavoje – dar vienas pergalės ženklas, nes Hanumānas padėjo nugalėti Viešpačiui Rāmai kautynėse su Rāvaṇa. O dabar jie abu, Rāma ir Hanumānas – Arjunos kovos vežime, pasiryžę jam pagelbėti. Viešpats Kṛṣṇa – tai Pats Rāma, o kur Viešpats Rāma, ten Jo amžinasis tarnas Hanumānas ir amžinoji sutuoktinė, sėkmės deivė Sītā. Tad Arjunai nebaisūs jokie priešai. Maža to, Pats juslių valdovas Viešpats Kṛṣṇa jam vadovauja. Taigi Arjuna lengvai gali gauti gerą patarimą bet kokiu kautynių strategijos ir taktikos klausimu. Tokios palankios sąlygos, kurias Viešpats sudaro Savo amžinam bhaktui – tikros pergalės ženklas.

अर्जुन उवाच   1.21–22
सेनयोरुभयोर्मध्ये रथं स्थापय मेऽच्युत ।
यावदेतान्निरीक्षेऽहं योद्धुकामानवस्थितान् ॥२१॥

कैर्मया सह योद्धव्यमस्मिन् रणसमुद्यमे ॥२२॥

arjuna uvāca
senayor ubhayor madhye · rathaṁ sthāpaya me 'cyuta
yāvad etān nirīkṣe 'haṁ · yoddhu-kāmān avasthitān

kair mayā saha yoddhavyam · asmin raṇa-samudyame

arjunaḥ uvāca – Arjuna tarė; *senayoḥ* – kariaunų; *ubhayoḥ* – abiejų; *madhye* – viduryje; *ratham* – kovos vežimą; *sthāpaya* – prašau pastatyki; *me* – mano; *acyuta* – o Patikimasis; *yāvat* – kolei; *etān* – visus juos; *nirīkṣe* – apžvelgsiu; *aham* – aš; *yoddhu-kāmān* – trokštančius kautis; *avasthitān* – išsirikiavusius kautynių lauke; *kaiḥ* – su kuriais; *mayā* – man; *saha* – drauge; *yoddhavyam* – teks susikauti; *asmin* – šiame; *raṇa* – kovos; *samudyame* – išmėginime.

Arjuna tarė: O Patikimasis, pastatyki mano kovos vežimą tarp dviejų kariaunų, kad regėčiau čia susirinkusius, geidžiančius kautynių – su jais man lemta sukryžiuoti ginklus šiame didingame mūšyje.

Nors Viešpats Kṛṣṇa yra Aukščiausiasis Dievo Asmuo, tačiau iš nepriežastinio gailestingumo Jis tarnauja Savo bičiuliui. Jis visuomet palankus Savo bhaktams, todėl Arjuna šiame posme kreipiasi į Jį – Patikimasis. Būdamas vežėju, Viešpats privalėjo vykdyti Arjunos įsakymus, o kadangi juos vykdė nesvyruodamas, tai ir buvo pavadintas Patikimuoju. Nors Viešpats ir ėmėsi vežėjo vaidmens vardan Savo bhakto, Jo, kaip Aukščiausiojo, padėtis nekelia abejonių. Bet kokiomis aplinkybėmis Jis – Aukščiausiasis Dievo Asmuo, Hṛṣīkeśa, visų juslių Valdovas. Viešpatį ir Jo tarną sieja labai švelnūs ir transcendentiniai ryšiai. Kaip Viešpaties tarnas kiekvieną minutę yra pasirengęs Jam tarnauti, taip ir Viešpats visad ieško progos padaryti kokią nors paslaugą bhaktui. Kai tyras bhaktas, užimdamas pranašesnę padėtį Jam įsakinėja, Jis patiria daug didesnį pasitenkinimą, negu jei įsakinėtų Pats. Jis – valdovas, visi yra Jo įsakymų valdžioje, ir nėra nieko aukštesnio, kas drįstų Jam įsakinėti. Bet jeigu įsako tyras bhaktas, Viešpats dėl to patiria tiktai transcendentinę palaimą, nors Jis Pats yra visų aplinkybių šeimininkas.

Arjuna – tyras Viešpaties bhaktas, todėl jis nenori kovoti su savo pusbroliais ir broliais, bet užsispyrus Duryodhanai ir nepriėmus taikių derybų, jis priverstas stoti į mūšį. Štai kodėl Arjunai rūpi, kas iš vadų atvyko į kautynių lauką. Apie pastangas sudaryti taiką kautynių lauke negalėjo būti nė kalbos – karžygys tiesiog panoro dar kartą pamatyti visus ir įsitikinti, ar stiprus jų noras pradėti šį nepageidaujamą karą.

योत्स्यमानानवेक्षेऽहं य एतेऽत्र समागताः ।   **1.23**
धार्तराष्ट्रस्य दुर्बुद्धेर्युद्धे प्रियचिकीर्षवः ॥२३॥

yotsyamānān avekṣe 'haṁ · ya ete 'tra samāgatāḥ
dhārtarāṣṭrasya durbuddher · yuddhe priya-cikīrṣavaḥ

yotsyamānān — į tuos, kurie kausis; *avekṣe* — noriu pažvelgti; *aham* — aš; *ye* — kurie; *ete* — tie; *atra* — čia; *samāgatāḥ* — susirinkę;

dhārtarāṣṭrasya – Dhṛtarāṣṭros sūnui; *durbuddheḥ* – piktavaliui; *yuddhe* – kautynėse; *priya* – gero; *cikīrṣavaḥ* – linkintys.

Aš noriu pažvelgti į tuos, kurie atvyko kautis su mumis, norėdami įsiteikti piktavaliui Dhṛtarāṣṭros sūnui.

Niekam nebuvo paslaptis, kad Duryodhana kūrė piktus planus ir su savo tėvu Dhṛtarāṣṭra sudarė sandėrį, norėdamas pasiglemžti Pāṇḍavų karalystę. Visi palaikiusieji Duryodhanos pusę – to paties lizdo paukščiai. Arjuna trokšta pamatyti juos mūšio lauke, prieš prasidedant kovai, bet nė neketina siūlyti taikių derybų, o tik nori patirti, kas jie. Karys, aišku, nori dar kartą išvysti priešą, kad įvertintų jėgą, su kuria teks susiremti. Tačiau jis visiškai įsitikinęs pergale, nes greta jo sėdi Kṛṣṇa.

सञ्जय उवाच   1.24
एवमुक्तो हृषीकेशो गुडाकेशेन भारत ।
सेनयोरुभयोर्मध्ये स्थापयित्वा रथोत्तमम् ॥२४॥

sañjaya uvāca
evam ukto hṛṣīkeśo · guḍākeśena bhārata
senayor ubhayor madhye · sthāpayitvā rathottamam

sañjayaḥ uvāca – Sañjaya tarė; *evam* – šitaip; *uktaḥ* – paprašytas; *hṛṣīkeśaḥ* – Viešpats Kṛṣṇa; *guḍākeśena* – Arjunos; *bhārata* – o Bharatos aini; *senayoḥ* – kariaunų; *ubhayoḥ* – abiejų; *madhye* – viduryje; *sthāpayitvā* – pastatęs; *ratha-uttamam* – puikųjį kovos vežimą.

Sañjaya tarė: O Bharatos aini, Arjunos paprašytas Viešpats Kṛṣṇa pastatė puikųjį kovos vežimą tarp abiejų kariuomenių.

Šiame posme Arjuna pavadintas Guḍākeśa. Guḍākā – tai miegas, o tą, kuris nugalėjo miegą, vadina *guḍākeśa*. Miegas taip pat reiškia neišmanymą. Taigi draugystė su Kṛṣṇa padėjo Arjunai įveikti ir miegą, ir neišmanymą. Kaip didis Kṛṣṇos bhaktas, jis negalėjo

Jo užmiršti nė akimirkai. Tokia bhakto prigimtis. Ir būdraudamas, ir sapnuodamas Viešpaties bhaktas be perstojo mąsto apie Kṛṣṇos vardą, pavidalą, savybes bei pramogas. Taip, nuolat galvodamas tik apie Kṛṣṇą, bhaktas įveikia ir miegą, ir neišmanymą. Tai ir yra Kṛṣṇos sąmonė, arba *samādhi*. Kṛṣṇa, kaip Hṛṣīkeśa, t.y. kiekvienos gyvosios esybės juslių ir minčių valdovas, suprato, kodėl Arjuna nori, kad kovos vežimas būtų sustabdytas tarp dviejų kariuomenių. Jis išpildė prašymą ir ištarė šiuos žodžius.

भीष्मद्रोणप्रमुखतः सर्वेषां च महीक्षिताम् ।   1.25
उवाच पार्थ पश्यैतान् समवेतान् कुरूनिति ॥२५॥

bhīṣma-droṇa-pramukhataḥ · sarveṣāṁ ca mahī-kṣitām
uvāca pārtha paśyaitān · samavetān kurūn iti

bhiṣma – senolio Bhīṣmos; *droṇa* – mokytojo Droṇos; *pramukhataḥ* – akivaizdoje; *sarveṣām* – visų; *ca* – taip pat; *mahī-kṣitām* – pasaulio valdovų; *uvāca* – tarė; *pārtha* – o Pṛthos sūnau; *paśya* – tik pažvelki; *etān* – į visus juos; *samavetān* – susirinkusius; *kurūn* – Kuru dinastijos palikuonis; *iti* – taigi.

Bhiṣmos, Droṇos ir kitų pasaulio valdovų akivaizdoje Viešpats prašneko: Pažvelki, o Pārtha, į visus čia susirinkusius Kuru dinastijos palikuonis.

Viešpats Kṛṣṇa – kiekvienos gyvosios esybės Supersiela – skaitė Arjunos mintis. Žodis „Hṛṣīkeśa", vartojamas šiame kontekste, rodo, kad Jis žino viską. Toks pat svarbus žodis ir „Pārtha", kuriuo kreipiamasi į Arjuną. Tai reiškia „Kuntī, ar Pṛthos, sūnau". Viešpats kaip draugas nori pasakyti Arjunai, kad sutiko būti jo vežėju, nes Arjuna – Pṛthos, kuri yra Kṛṣṇos tėvo Vasudevos sesuo, sūnus. O ką gi Kṛṣṇa turi galvoje sakydamas: „Pažvelk į Kauravus"? Gal Arjuna nori sustoti ir atsisakyti kovos? Kṛṣṇa niekada nesitikėjo, kad Jo tetos Pṛthos sūnus galėtų taip padaryti. Su draugiška pašaipa Viešpats parodo numanąs Arjunos mintis.

तत्रापश्यत्स्थितान् पार्थः पितॄनथ पितामहान् । 1.26
आचार्यान्मातुलान् भ्रातॄन् पुत्रान् पौत्रान् सर्खींस्तथा ।
श्वशुरान् सुहृदश्चैव सेनयोरुभयोरपि ॥२६॥

tatrāpaśyat sthitān pārthaḥ · pitṝn atha pitāmahān
ācāryān mātulān bhrātṝn · putrān pautrān sakhīṁs tathā
śvaśurān suhṛdaś caiva · senayor ubhayor api

tatra – tenai; *apaśyat* – jis išvydo; *sthitān* – stovinčius; *pārthaḥ* –
Arjuna; *pitṝn* – tėvus; *atha* – taip pat; *pitāmahān* – senelius; *ācār-*
yān – mokytojus; *mātulān* – dėdes iš motinos pusės; *bhrātṝn* –
brolius; *putrān* – sūnus; *pautrān* – vaikaičius; *sakhīn* – draugus;
tathā – taip pat; *śvaśurān* – uošvius; *suhṛdaḥ* – geranorius žmones;
eva – tikrai; *senayoḥ* – kariaunų; *ubhayoḥ* – abiejų pusių; *api* –
esančius.

Ir išvydo Arjuna abiejose kariuomenėse savo tėvus, senelius,
mokytojus, dėdes iš motinos pusės, brolius, sūnus, vaikaičius,
draugus, o taip pat savo uošvius bei geranorius žmones.

Kautynių lauke Arjuna išvydo visus savo giminaičius. Jis regėjo
Bhūriśravą ir kitus tėvo bendraamžius, matė savo senelius Bhīṣmą
ir Somadattą, mokytojus Droṇācāryą ir Kṛpācāryą, dėdes iš moti-
nos pusės – Śalyą ir Śakunį, brolį Duryodhaną, sūnų Lakṣmaṇą,
draugą Aśvatthāmą, geranorį Kṛtavarmą etc. Abiejų armijų gretose
jis taip pat matė daugelį savo draugų.

तान् समीक्ष्य स कौन्तेयः सर्वान् बन्धूनवस्थितान् । 1.27
कृपया परयाविष्टो विषीदन्निदमब्रवीत् ॥२७॥

tān samīkṣya sa kaunteyaḥ · sarvān bandhūn avasthitān
kṛpayā parayāviṣṭo · viṣīdann idam abravīt

tān – visus juos; *samīkṣya* – pamatęs; *saḥ* – jis; *kaunteyaḥ* – Kuntī
sūnus; *sarvān* – visokius; *bandhūn* – giminaičius; *avasthitān* – esan-
čius; *kṛpayā* – užuojautos; *parayā* – labai stiprios; *āviṣṭaḥ* – apimtas;
viṣīdan – sielodamasis; *idam* – taip; *abravīt* – prašneko.

**Kai Kuntī sūnus Arjuna išvydo visus savo draugus bei giminai-
čius, gailestis suspaudė jo širdį, ir jis taip prašneko.**

अर्जुन उवाच   1.28
दृष्ट्वेमं स्वजनं कृष्ण युयुत्सुं समुपस्थितम् ।
सीदन्ति मम गात्राणि मुखं च परिशुष्यति ॥२८॥

arjuna uvāca
dṛṣṭvemaṁ sva-janaṁ kṛṣṇa · yuyutsuṁ samupasthitam
sīdanti mama gātrāṇi · mukhaṁ ca pariśuṣyati

arjunaḥ uvāca – Arjuna tarė; *dṛṣṭvā* – išvydus; *imam* – visus šiuos;
sva-janam – giminaičius; *kṛṣṇa* – o Kṛṣṇa; *yuyutsum* – visus karin-
gos dvasios; *samupasthitam* – esančius; *sīdanti* – virpa; *mama* –
mano; *gātrāṇi* – kūno dalys; *mukham* – burna; *ca* – taip pat;
pariśuṣyati – džiūsta.

**Arjuna tarė: Mano brangusis Kṛṣṇa, kai regiu priešais save taip
karingai nusiteikusius draugus bei giminaičius, jaučiu virpulį
visame kūne ir man džiūsta burna.**

Kiekvienas Viešpačiui nuoširdžiai pasiaukojęs žmogus turi visas
gerąsias savybes, kurios būdingos dievotoms asmenybėms arba
pusdieviams, o štai nebhaktui, nepaisant visų jo materialių savy-
bių, įgytų mokslu bei išsiauklėjimu – gerų savybių stinga. Pamačius
kautynių lauke savo gentainius, draugus bei artimuosius, Arjunos
širdį suspaudė gailestis tiems, kurie pasiryžo kovoti tarpusavy. Dėl
savo karių jis nerimavo nuo pradžių, bet dabar gailisi net priešų,
nuspėdamas neišvengiamą jų žūtį. Nuo tokių minčių sudrebėjo jo
kūnas, perdžiūvo burna. Jį nustebino priešininkų karingumas. Iš
tikrųjų prieš Arjuną pakilo visa bendruomenė, visi kraujo gimi-
naičiai. Tai sukrėtė Arjuną – geraširdį bhaktą. Nors šiame posme
apie tai neužsiminta, nesunku įsivaizduoti, kad Arjuną krėtė ne
tik drebulys, džiūvo burna, bet ir iš akių ritosi gailesčio ašaros.
Tokia Arjunos reakcija rodo ne silpnumą, bet jautrią širdį – savybę
būdingą tyram Viešpaties bhaktui. Todėl pasakyta:

yasyāsti bhaktir bhagavaty akiñcanā
  sarvair guṇais tatra samāsate surāḥ
harāv abhaktasya kuto mahad-guṇā
  mano-rathenāsati dhāvato bahiḥ

„Tas, kuris su nepalaužiamu pasiaukojimu tarnauja Dievo Asmeniui, turi visas gerąsias pusdievių savybes. O žmogus, kuris nėra Viešpaties bhaktas, pasižymi tik materialiomis savybėmis, bet jos, kaip žinia, menkavertės. Taip yra dėl to, kad jis blaškosi proto lygyje ir pasmerktas tapti materialios energijos blizgesio auka." („Śrīmad-Bhāgavatam" 5.18.12)

वेपथुश्च शरीरे मे रोमहर्षश्च जायते ।   1.29
गाण्डीवं स्रंसते हस्तात्त्वक्चैव परिदह्यते ॥२९॥

vepathuś ca śarīre me · roma-harṣaś ca jāyate
gāṇḍivaṁ sraṁsate hastāt · tvak caiva paridahyate

vepathuḥ – kūno virpulys; *ca* – taip pat; *śarīre* – kūno; *me* – mano; *roma-harṣaḥ* – plaukų šiaušimasis; *ca* – taip pat; *jāyate* – vyksta; *gāṇḍivam* – Arjunos lankas; *sraṁsate* – slysta; *hastāt* – iš rankos; *tvak* – oda; *ca* – taip pat; *eva* – tikrai; *paridahyate* – dega.

Drebulys krečia visą mano kūną, šiaušiasi plaukai, iš rankos slysta Gāṇḍivos lankas, dega oda.

Dėl dviejų priežasčių kūną krečia drebulys ir dėl dviejų priežasčių šiaušiasi plaukai. Tokie reiškiniai vyksta didelės dvasinės ekstazės metu arba iš didelės baimės, kurią sukelia materialios aplinkybės. Pažinus transcendenciją baimės pojūtis išnyksta. Šioje situacijoje Arjunai pasireiškusius simptomus sukėlė materiali baimė, būtent, mirties baimė. Tai rodo ir kiti požymiai: jis taip susijaudina, kad iš rankų slysta garsus Gāṇḍivos lankas, jaučia, kaip liepsnojanti širdis degina jo odą. Visus šiuos simptomus sukelia materiali būties samprata.

न च शक्नोम्यवस्थातुं भ्रमतीव च मे मनः ।
निमित्तानि च पश्यामि विपरीतानि केशव ॥३०॥

1.30

na ca śaknomy avasthātuṁ · bhramatīva ca me manaḥ
nimittāni ca paśyāmi · viparītāni keśava

na – nei; *ca* – taip pat; *śaknomi* – aš pajėgiu; *avasthātum* –
likti; *bhramati* – užsimiršdamas; *iva* – kaip; *ca* – ir; *me* – mano;
manaḥ – protas; *nimittāni* – priežastis; *ca* – taip pat; *paśyāmi* – aš
matau; *viparītāni* – visiškai priešingas; *keśava* – o demono Keśio
nugalėtojau (Kṛṣṇa).

**Negaliu daugiau čia pasilikti. Temsta mano sąmonė, galvoje
pinasi mintys. O Kṛṣṇa, demono Keśio nugalėtojau, priešais regiu
tiktai nelaimes.**

Nerimo apimtas Arjuna jau nebepajėgė toliau būti kautynių lauke,
dėl dvasios silpnumo aptemo jo sąmonė. Pernelyg stiprus potrau-
kis materialiems dalykams įstumia žmogų į tokią sumaištį. *Bha-
yaṁ dvitīyābhiniveśataḥ syāt*: baimė ir proto pusiausvyros nebuvi-
mas būdingas tiems žmonėms, kurie pasiduoda materialių sąlygų
poveikiui („Śrīmad-Bhāgavatam" 11.2.37). Kautynių laukas žada
Arjunai vien skausmingas netektis – karys numano, kad nebus lai-
mingas net įveikęs priešą. Reikšmingi šio posmo žodžiai: *nimittāni
viparītāni*. Kai žmogus regi žlungant visas savo viltis, jis pagalvoja:
„Kodėl aš čia?" Kiekvienas rūpinasi savimi ir savo gerove. Aukš-
čiausias „Aš" nerūpi niekam. Kṛṣṇos valia Arjuna parodo nesu-
prantąs, kas iš tikrųjų jam naudinga. Tikroji nauda yra susijusi su
Viṣṇu, arba Kṛṣṇa. Sąlygota siela patiria materialias kančias, nes
pamiršo tai. Arjuna mano, kad pergalė mūšyje gali sukelti jam
tiktai širdgėlą.

न च श्रेयोऽनुपश्यामि हत्वा स्वजनमाहवे ।
न काङ्क्षे विजयं कृष्ण न च राज्यं सुखानि च ॥३१॥

1.31

na ca śreyo 'nupaśyāmi · hatvā sva-janam āhave
na kāṅkṣe vijayaṁ kṛṣṇa · na ca rājyaṁ sukhāni ca

na – nei; *ca* – taip pat; *śreyaḥ* – gėrį; *anupaśyāmi* – aš įžvelgiu; *hatvā* – žudydamas; *sva-janam* – savo gentainius; *āhave* – kovoje; *na* – nei; *kāṅkṣe* – aš trokštu; *vijayam* – pergalės; *kṛṣṇa* – o Kṛṣṇa; *na* – nei; *ca* – taip pat; *rājyam* – karalystės; *sukhāni* – laimės iš jos; *ca* – taip pat.

Nesuprantu, ką gero gali duoti gentainių žudymas šiame mūšyje. Tokia kaina, mano brangusis Kṛṣṇa, aš netrokštu nei pergalės, nei karalystės, nei laimės.

Sąlygotos sielos nežino, kad didžiausia nauda joms – tai tarnauti Viṣṇu (arba Kṛṣṇai). Jas suvilioja kūniški ryšiai ir jos tikisi per juos patirti laimę. Šitaip aklai suvokdamos gyvenimą, jos net neatmena, kokios yra materialios laimės priežastys. Atrodo, kad Arjuna bus pamiršęs ir dorovinį *kṣatriyo* kodeksą. Pasakyta, kad į akinančiai spindinčią Saulės planetą, kurios galia neišmatuojama, verti patekti dviejų rūšių žmonės: *kṣatriyai,* Kṛṣṇos įsakymu kritę mūšio lauke, ir atsižadėjusieji pasaulio bei visiškai pasišventę dvasiniam tobulėjimui asmenys. Arjuna nenori žudyti net savo priešų, jau nekalbant apie giminaičius. Jis mano, kad nukovęs savo gentainius neberas laimės gyvenime, ir nenori grumtis mūšyje, kaip ir alkio nejaučiantis žmogus nenori gamintis maisto. Jis nutaria pasitraukti į mišką ir gyventi ten vienas su savo neviltimi. Bet jam, *kṣatriyui,* norinčiam pragyventi, reikia valdyti karalystę, nes *kṣatriyas* negali daryti nieko kito. Bet Arjuna neturi karalystės. Vienintelis būdas ją išsikovoti – kautis su pusbroliais, broliais, ir jėga atgauti iš tėvo paveldėtas valdas. Tačiau to daryti jis nenori. Todėl jis mano, kad reikia pasitraukti į mišką ir vienišam ten kentėti.

किं नो राज्येन गोविन्द किं भोगैर्जीअवितेन वा ।
येषामर्थे काङ्क्षितं नो राज्यं भोगाः सुखानि च ॥३२॥

1.32–35

त इमेऽवस्थिता युद्धे प्राणांस्त्यक्त्वा धनानि च ।
आचार्याः पितरः पुत्रास्तथैव च पितामहाः ॥३३॥

मातुलाः श्वशुराः पौत्राः श्यालाः सम्बन्धिनस्तथा ।
एतान्न हन्तुमिच्छामि घ्नतोऽपि मधुसूदन ॥३४॥

अपि त्रैलोक्यराज्यस्य हेतोः किं नु महीकृते ।
निहत्य धार्तराष्ट्रान्नः का प्रीतिः स्याज्जनार्दन ॥३५॥

kiṁ no rājyena govinda · kiṁ bhogair jīvitena vā
yeṣām arthe kāṅkṣitaṁ no · rājyaṁ bhogāḥ sukhāni ca

ta ime 'vasthitā yuddhe · prāṇāṁs tyaktvā dhanāni ca
ācāryāḥ pitaraḥ putrās · tathaiva ca pitāmahāḥ

mātulāḥ śvaśurāḥ pautrāḥ · śyālāḥ sambandhinas tathā
etān na hantum icchāmi · ghnato 'pi madhusūdana

api trailokya-rājyasya · hetoḥ kiṁ nu mahī-kṛte
nihatya dhārtarāṣṭrān naḥ · kā prītiḥ syāj janārdana

kim – ko verta; *naḥ* – mums; *rājyena* – karalystė; *govinda* – o Kṛṣṇa; *kim* – koks; *bhogaiḥ* – malonumas; *jīvitena* – gyvenant; *vā* – arba; *yeṣām* – kurių; *arthe* – labui; *kāṅkṣitam* – trokštama; *naḥ* – mūsų; *rājyam* – karalystė; *bhogāḥ* – materialūs malonumai; *sukhāni* – visiška laimė; *ca* – taip pat; *te* – visi jie; *ime* – šie; *avasthitāḥ* – esantys; *yuddhe* – šiame mūšio lauke; *prāṇān* – gyvybes; *tyaktvā* – atiduodantys; *dhanāni* – turtus; *ca* – taip pat; *ācāryāḥ* – mokytojai; *pitaraḥ* – tėvai; *putrāḥ* – sūnūs; *tathā* – o taip pat; *eva* – tikrai; *ca* – taip pat; *pitāmahāḥ* – seneliai; *mātulāḥ* – dėdės iš motinos pusės; *śvaśurāḥ* – uošviai; *pautrāḥ* – vaikaičiai; *śyālāḥ* – svainiai; *samban-dhinaḥ* – giminaičiai; *tathā* – o taip pat; *etān* – visus juos; *na* – niekada; *hantum* – nužudyti; *icchāmi* – noriu aš; *ghnataḥ* – nužudytas; *api* – netgi; *madhusūdana* – o demono Madhu nugalėtojau (Kṛṣṇa); *api* – net jeigu; *trai-lokya* – trijų pasaulių; *rājyasya* – karalystės; *hetoḥ* – mainais; *kim nu* – nekalbant jau; *mahī-kṛte* – žemės labui; *nihatya* – nužudžius; *dhārtarāṣṭrān* – Dhṛtarāṣṭros sūnus; *naḥ* –

61

mūsų; *kā* – koks; *pritiḥ* – džiaugsmas; *syāt* – bus; *janārdana* – o visų gyvųjų esybių globėjau.

O Govinda, ko verta karalystė, laimė, o ir pats gyvenimas, jei visi, dėl kurių to vertėtų geisti, išsirikiavo šiame kautynių lauke? O Madhusūdana, kodėl turėčiau linkėti mirties priešais stovintiems mokytojams, tėvams, sūnums, seneliams, dėdėms, uošviams, svainiams bei kitiems giminaičiams, pasiryžusiems aukoti savo gyvybes ir turtus, net jeigu ir pats žūčiau nuo jų rankos? O visų gyvųjų esybių globėjau, negaliu su jais kautis, net jei mainais už tai pelnyčiau tris pasaulius, o ką jau kalbėti apie šią žemę. Kokį džiaugsmą gali suteikti mums Dhṛtarāṣṭros sūnų žudynės?

Arjuna kreipėsi į Viešpatį Kṛṣṇą – „Govinda", nes karvėms ir jausmams Kṛṣṇa – džiaugsmo objektas. Kreipdamasis tokiu giliaprasmiu žodžiu, Arjuna tarsi parodo, kad Kṛṣṇa supranta, kas numaldys jo jausmus. Govinda neprivalo tenkinti mūsų jausmų, bet jeigu mes stengsimės tenkinti Jo jausmus, tuo pačiu pasitenkinsime ir patys. Materialiame gyvenime kiekvienas geidžia juslinių malonumų ir nori, kad Dievas pildytų jo įgeidžius. Viešpats pildo gyvųjų esybių troškimus pagal jų nuopelnus, o ne pagal pageidavimus. Jeigu pasirenkamas priešingas kelias, stengiamasi tenkinti Govindos jausmus, nesiekiant tenkinti savųjų – tada Govindos malone išsipildo visi gyvosios esybės troškimai. Stiprią Arjunos meilę bendruomenei ir šeimos nariams, kas ryšku posme, iš dalies lemia suprantama užuojauta artimiesiems. Todėl jis dar nepasiruošęs kovai. Kiekvienas nori pasipuikuoti savo turtais prieš draugus ir gimines, tad Arjuna ir nuogąstauja, kad giminaičiams bei draugams kritus kautynių lauke, po pergalės nebus su kuo pasidalyti kovos laimikiu. Tai būdinga materialiai gyvensenai mintis. Tačiau transcendentinis gyvenimas pagrįstas kitais principais. Kadangi bhaktas siekia patenkinti Viešpaties norus, jis, Viešpačiui panorėjus, sutiks valdyti didžiausius turtus, kad Jam pasitarnautų, o jeigu Viešpats nenorės, jis nepriims nė skatiko. Arjuna netroško savo artimųjų mirties, ir vis dėlto, jeigu jie turėjo žūti, jis pageidavo, kad Kṛṣṇa nužudytų juos Savo rankomis. Tuomet Arjuna dar nežinojo, kad Kṛṣṇa jau pasmerkė juos myriop dar prieš įžengiant į kautynių lauką, kad iš jo tereikalaujama tapti įrankiu Kṛṣṇos rankose. Tai atskleidžia tolimesni skyriai. Arjuna, Viešpaties bhaktas iš prigimties, nenori keršyti savo niekšingiems pusbroliams ir broliams, bet pagal Viešpaties numatymą jie turėjo žūti. Viešpaties bhaktas nekeršija skriaudėjui, bet Viešpats neatleidžia niekšams net ir mažiausios bhaktui padarytos skriaudos. Viešpats atleis žmogui, nusikaltusiam Jam asmeniškai, tačiau niekuomet neatleis tam, kuris kenkia Jo bhaktams. Taigi nors Arjuna ir buvo linkęs atleisti nenaudėliams, Viešpats nusprendė juos nužudyti.

पापमेवाश्रयेदस्मान् हत्वैतानाततायिनः । **1.36**
तस्मान्नार्हा वयं हन्तुं धार्तराष्ट्रान् सबान्धवान् ।
स्वजनं हि कथं हत्वा सुखिनः स्याम माधव ॥३६॥

pāpam evāśrayed asmān · hatvaitān ātatāyinaḥ
tasmān nārhā vayaṁ hantuṁ · dhārtarāṣṭrān sa-bāndhavān
sva-janaṁ hi kathaṁ hatvā · sukhinaḥ syāma mādhava

pāpam – nuodėmės; *eva* – tikrai; *āśrayet* – užsitrauktume; *asmān* – mes; *hatvā* – žudydami; *etān* – visus juos; *ātatāyinaḥ* – agresorius; *tasmāt* – todėl; *na* – niekad; *arhāḥ* – nedera; *vayam* – mums; *hantum* – žudyti; *dhārtarāṣṭrān* – Dhṛtarāṣṭros sūnus; *sa-bāndhavān* – kartu ir draugus; *sva-janam* – gentainius; *hi* – tikrai; *katham* – kaip; *hatvā* – žudydami; *sukhinaḥ* – laimingi; *syāma* – būsime; *mādhava* – o Kṛṣṇa, sėkmės deivės sutuoktini.

Susidoroję su tais agresoriais, užsitrauksime nuodėmę. Todėl nedera mums žudyti Dhṛtarāṣṭros sūnų bei savo draugų. Ką gi mes laimėsime, o Kṛṣṇa, sėkmės deivės sutuoktini, argi būsime laimingi nužudę savo giminaičius?

Pasak Vedų, agresoriai yra šešių rūšių: (1) nuodytojai, (2) padegėjai, (3) užpuolikai, grasinantys mirtinu ginklu, (4) turto grobstytojai, (5) svetimų žemių užkariautojai, (6) žmonų pagrobėjai. Visus minėtus agresorius reikia žudyti vietoje – jų mirtis neužtraukia nuodėmės. Eiliniam žmogui šitaip susidoroti su agresoriumi yra visai normalu, tačiau Arjuna – ne eilinis, o švento būdo žmogus, ir su priešu nori pasielgti, kaip dera šventajam. Deja, toks šventumas netinka *kṣatriyui*. Nors atsakingas valdžios atstovas ir privalo pasižymėti šventumu, jis neturi būti silpnadvasis. Pavyzdžiui, Viešpats Rāma buvo tokio švento būdo, kad žmonės dar ir dabar tebetrokšta gyventi Jo karalystėje (*rāma-rājya*), bet silpnadvasiškumas Viešpačiui Rāmai svetimas. Rāvaṇa padarė piktadarystę – pagrobė Rāmos žmoną Sītą, ir Viešpats Rāma pamokė pagrobėją taip, kaip dar nėra mačiusi pasaulio istorija. Arjunos atvejis neįprastas, nereikia pamiršti, kad agresoriai – tai jo senelis, mokytojas, draugai, sūnūs, vaikaičiai ir kiti artimieji. Būtent dėl to Arjuna manė neturįs teisės griebtis pačių rūsčiausių priemonių, naudojamų prieš įprastus agresorius. Be to, šventai asmenybei rekomenduojama atleisti, ir ši rekomendacija jai svarbesnė už bet kokią politinę būtinybę. Arjuna mano, kad religijos ir dorovės sumetimais geriau atleisti savo gentainiams skriaudą, o ne žudyti juos dėl politinių priežasčių. Vadinasi, jis nelaikė pateisinamomis tokių žudynių, kurios veda tik į trumpalaikę kūnišką laimę. Juk šitaip įgytos karalystės ir malonumai laikini, tad ar verta rizikuoti gyvybe ir amžinu išsigelbėjimu, žudant savo giminę? Arjunos kreipimasis į Kṛṣṇą „Mādhava", t.y. „sėkmės deivės sutuoktini", čia irgi labai reikšmingas. Jis nori atkreipti Kṛṣṇos dėmesį į tai, kad Jis, kaip sėkmės deivės sutuoktinis, neturėtų skatinti tokiems darbams, kurie galų gale atsigręš nelaimėmis. Tačiau Kṛṣṇa niekad niekam neatneša nelaimių, o juo labiau Savo bhaktams.

यद्यप्येते न पश्यन्ति लोभोपहतचेतसः ।
कुलक्षयकृतं दोषं मित्रद्रोहे च पातकम् ॥३७॥

कथं न ज्ञेयमस्माभिः पापादस्मान्निवर्तितुम् ।
कुलक्षयकृतं दोषं प्रपश्यद्भिर्जनार्दन ॥३८॥

1.37–38

yady apy ete na paśyanti · lobhopahata-cetasaḥ
kula-kṣaya-kṛtaṁ doṣaṁ · mitra-drohe ca pātakam

kathaṁ na jñeyam asmābhiḥ · pāpād asmān nivartitum
kula-kṣaya-kṛtaṁ doṣaṁ · prapaśyadbhir janārdana

yadi – jeigu; *api* – netgi; *ete* – jie; *na* – ne; *paśyanti* – mato; *lobha* –
godumo; *upahata* – apimtos; *cetasaḥ* – jų širdys; *kula-kṣaya* –
žudant šeimą; *kṛtam* – padarytą; *doṣam* – kaltę; *mitra-drohe* – susi-
vaidijus su draugais; *ca* – taip pat; *pātakam* – atoveikį už nuodėmes;
katham – kodėl; *na* – ne; *jñeyam* – turėtų būti žinoma; *asmābhiḥ* –
mums; *pāpāt* – dėl nuodėmių; *asmāt* – šių; *nivartitum* – nustoti;
kula-kṣaya – dinastijos naikinimą; *kṛtam* – atliktas; *doṣam* – nusi-
kaltimas; *prapaśyadbhiḥ* – tų, kurie gali matyti; *janārdana* – o
Kṛṣṇa.

**O Janārdana, nors šiems godumo apakintiems žmonėms ir neat-
rodo, kad šeimos narių žudymas ir vaidai su draugais – nuo-
dėmė, kodėl mes, suvokiantys, kad naikinti šeimą – nusikaltimas,
turėtume atlikti tokius nuodėmingus darbus?**

Kṣatriyas, iškviestas varžovo, negali atsisakyti kovos ar lošimo.
Sąlygojamas savo padėties, Arjuna negalėjo nesikauti, nes jam
metė iššūkį Duryodhanos pusė. Arjuna mano, kad priešininkas ko
gero apako ir nesuvokia pražūtingo iššūkio pasekmių. Tačiau jis
aiškiai numano, kuo visa tai baigsis, ir negali priimti iššūkio. Įsi-
pareigojimai saisto tik tada, kai jų pasekmės geros, bet kai pasek-
mės blogos, jie negalioja. Pasvėręs visus „už" ir „prieš", Arjuna
nusprendžia nesikauti.

कुलक्षये प्रणश्यन्ति कुलधर्माः सनातनाः ।   **1.39**
धर्मे नष्टे कुलं कृत्स्नमधर्मोऽभिभवत्युत ॥३९॥

kula-kṣaye pranaśyanti · kula-dharmāḥ sanātanāḥ
dharme naṣṭe kulaṁ kṛtsnam · adharmo 'bhibhavaty uta

kula-kṣaye – sunaikinus giminę; *praṇaśyanti* – išnyksta; *kula-dharmāḥ* – giminės tradicija; *sanātanāḥ* – amžina; *dharme* – religiją; *naṣṭe* – sunaikinus; *kulam* – giminė; *kṛtsnam* – visa; *adharmaḥ* – bedievystė; *abhibhavaty* – virsta; *uta* – pasakyta.

Žlugus dinastijai, sunyksta amžinoji giminės tradicija, o likusioji giminės dalis puola į bedievystę.

Varṇāśramos institucija gausi religijos tradicijų, kurios padeda teisingai auklėti šeimos narius ir diegti jiems dvasinių vertybių poreikį. Už apsivalymo procesą, kuris trunka nuo gimimo iki mirties, šeimoje atsakingi vyresnieji šeimos nariai. Vyresniesiems šeimos nariams žuvus šeimos apsivalymo tradicijos būtų apleistos, ir nedorus įpročius išsiugdžiusi jaunuomenė prarastų galimybę dvasiškai išsigelbėti. Tad jokiu būdu negalima žudyti giminės vyresniųjų.

अधर्माभिभवात्कृष्ण प्रदुष्यन्ति कुलस्त्रियः ।   **1.40**
स्त्रीषु दुष्टासु वार्ष्णेय जायते वर्णसङ्करः ॥४०॥

adharmābhibhavāt kṛṣṇa · praduṣyanti kula-striyaḥ
strīṣu duṣṭāsu vārṣṇeya · jāyate varṇa-saṅkaraḥ

adharma – bedievystei; *abhibhavāt* – ėmus vyrauti; *kṛṣṇa* – o Kṛṣṇa; *praduṣyanti* – užsiteršia; *kula-striyaḥ* – giminės moterys; *strīṣu* – moterystei; *duṣṭāsu* – užteršus; *vārṣṇeya* – o Vṛṣṇio aini; *jāyate* – pasaulį išvysta; *varṇa-saṅkaraḥ* – nepageidaujami palikuonys.

Kai giminėje viešpatauja bedievystė, o Kṛṣṇa, jos moterys užsiteršia. Sunykus moterystei, o Vṛṣṇio aini, pasaulį išvysta nepageidaujami palikuonys.

Dori žmonės – pagrindinis visuomenės gyvenimo taikos, klestėjimo ir dvasinės pažangos variklis. *Varṇāśramos* religiniai principai sumanyti taip, kad gyventojų daugumą sudarytų dorieji – kas lemia visų valstybės ar bendruomenės narių dvasinę pažangą. Visuomenės dora priklauso nuo jos moteriškosios dalies skaistumo ir ištikimybės. Vaikai labai lengvai pasiduoda blogai įtakai, lengvai paslysta ir moterys. Todėl ir vaikams, ir moterims reikalinga vyresniųjų šeimos narių globa. Įsitraukusi į plačią religinę veiklą moteris nebus linkusi svetimauti. Pasak Cāṇakyos Paṇḍito, moteris paprastai nepasižymi dideliu intelektu, todėl ji nėra patikima. Taigi moterys nuolat turėtų užsiimti religine veikla pagal giminės papročius. Tada jos, ištikimos ir pasiaukojusios, gimdys dorus palikuonis, kurie tinkamai įsijungs į *varṇāśramos* sistemos gyvenimą. Suprantama, žlugus *varṇāśrama-dharmai,* moterys ima laisvai, nevaržomai bendrauti su vyrais, o tai sudaro sąlygas svetimauti, iškyla grėsmė gimti nepageidaujamiems palikuonims. Neatsakingi vyrai irgi provokuoja visuomenės palaidumą. Tuo būdu žmoniją užplūsta nepageidaujami vaikai, keliantys karų bei epidemijų pavojų.

सङ्करो नरकायैव कुलघ्नानां कुलस्य च ।   **1.41**
पतन्ति पितरो ह्येषां लुप्तपिण्डोदकक्रियाः ॥४१॥

saṅkaro narakāyaiva · kula-ghnānāṁ kulasya ca
patanti pitaro hy eṣāṁ · lupta-piṇḍodaka-kriyāḥ

saṅkaraḥ – tie nepageidaujami vaikai; *narakāya* – paverčia gyvenimą pragaru; *eva* – tikrai; *kula-ghnānām* – giminės naikintojams; *kulasya* – giminės; *ca* – taip pat; *patanti* – patiria nuopuolį; *pitaraḥ* – protėviai; *hi* – tikrai; *eṣām* – jų; *lupta* – nutraukus; *piṇḍa* – maisto aukų; *udaka* – ir vandens; *kriyāḥ* – atnašavimą.

Pagausėjus nepageidaujamų palikuonių, pragaru virsta visos giminės ir jos papročių laužytojų gyvenimas. Tokių pagedusių šeimų protėviai patiria nuopuolį, nes maisto ir vandens aukos jiems daugiau nebeatnašaujamos.

Pagal karminės veiklos taisykles periodiškai reikia aukoti maistą bei vandenį šeimos protėviams. Auka įvyksta, jei pagarbinamas Viṣṇu, nes valgant Jam paaukoto maisto likučius galima visiškai išvengti nuodėmingų veiksmų pasekmių. Kartais protėviai kenčia įvairių nuodėmių atoveikį, o kartais kai kurie jų negali gauti net grubaus materialaus kūno ir taip priversti pasilikti subtiliuose kūnuose tampa vaiduokliais. Tačiau ainiai, pasotinę protėvius *prasādam* maisto likučiais, išgelbėja juos nuo vaiduokliško gyvenimo ir kitokių apgailėtinų egzistavimo formų. Tokia pagalba protėviams – tai giminės tradicija, ir tie, kurie su pasiaukojimu netarnauja Viešpačiui, turi atlikti šiuos ritualus. Bhaktui tai nėra būtina. Šimtus tūkstančių protėvių nuo visokiausių negandų galima išvaduoti tiesiog atliekant pasiaukojimo tarnystę. *Bhāgavatam* (11.5.41) tvirtinama:

devarṣi-bhūtāpta-nṛṇāṁ pitṝṇām
na kiṅkaro nāyam ṛṇī ca rājan
sarvātmanā yaḥ śaraṇaṁ śaraṇyaṁ
gato mukundaṁ parihṛtya kartam

„Kas rado prieglobstį prie Mukundos, dovanojančio išsivadavimą, lotosinių pėdų, atsisakė visų pasaulietinių įsipareigojimų ir pasirinko šį kelią su didžiu rimtumu, tas nebeturi nei pareigų, nei skolų, nei įsipareigojimų pusdieviams, išminčiams, gyvosioms esybėms, šeimos nariams, žmonijai ar protėviams." Pasiaukojimo tarnystės Aukščiausiajam Dievo Asmeniui atlikimas savaime išpildo visus įsipareigojimus.

दोषैरेतैः कुलघ्नानां वर्णसङ्करकारकैः । 1.42
उत्साद्यन्ते जातिधर्माः कुलधर्माश्च शाश्वताः ॥४२॥

doṣair etaiḥ kula-ghnānāṁ · varṇa-saṅkara-kārakaiḥ
utsādyante jāti-dharmāḥ · kula-dharmāś ca śāśvatāḥ

doṣaiḥ – dėl šių kalčių; *etaiḥ* – visų šių; *kula-ghnānām* – šeimos naikintojų; *varṇa-saṅkara* – nepageidaujamų vaikų; *kārakaiḥ* – kurie yra priežastis; *utsādyante* – sužlugdomi; *jāti-dharmāḥ* – bendruomenės planai; *kula-dharmāḥ* – šeimos tradicijos; *ca* – taip pat; *śaśvatāḥ*   amžinos.

Žmonių, griaunančių šeimos tradicijas ir tuo skatinančių nepageidaujamų palikuonių gausėjimą, piktadarybės žlugdo visus bendruomenės planus ir darbus, skirtus šeimos gerovei.

Bendruomenės planai, skirti keturiems žmonių visuomenės sluoksniams, o taip pat šeimos labdaringi darbai – kaip tai nustato *sanātana-dharmos,* arba *varṇāśrama-dharmos,* institucija – organizuojami taip, kad padėtų žmogui siekti galutinio išsivadavimo. Neatsakingiems vadovams pažeidus *sanātana-dharmos* tradicijas, visuomenėje kyla suirutė ir žmonės pamiršta, kad jų gyvenimo tikslas – Viṣṇu. Tokie vadovai yra akli ir savo pasekėjus neišvengiamai stumia į chaosą.

उत्सन्नकुलधर्माणां मनुष्याणां जनार्दन ।   **1.43**
नरके नियतं वासो भवतीत्यनुशुश्रुम ॥४३॥

utsanna-kula-dharmāṇām · manuṣyāṇām janārdana
narake niyataṁ vāso · bhavatīty anuśuśruma

utsanna – sugadinta; *kula-dhārmaṇām* – turinčių giminės tradicijas; *manuṣyāṇām* – tokių žmonių; *janārdana* – o Kṛṣṇa; *narake* – pragare; *niyatam* – visada; *vāsaḥ* – buveinė; *bhavati* – taip būna; *iti* – taip; *anuśuśruma* – girdėjau iš mokinių sekos.

O Kṛṣṇa, žmonių globėjau, iš mokinių sekos aš girdėjau, kad tie, kurių šeimos tradicijos sunaikintos, niekada neištrūksta iš pragaro.

Arjuna savo argumentus grindžia ne asmeniniu patyrimu, bet autoritetų liudijimais. Tai ir yra būdas tikrajam žinojimui gauti. Siekiant tikrojo žinojimo neapsieinama be žmogaus, kuris jau turi tą žinojimą. *Varṇāśramos* institucijoje egzistuoja tvarka, pagal kurią prieš mirtį apsivaloma nuo nuodėmių. Kas paskendęs nuodėmėse, tas turi pereiti apsivalymo nuo nuodėmių procesą, vadinamą *prāyaścitta.* To nepadaręs gali neabejoti, kad dėl savo nuodėmingų poelgių pateksi į pragaro planetas ir gyvensi ten kupiną kančių gyvenimą.

अहो बत महत्पापं कर्तुं व्यवसिता वयम् ।
यद्राज्यसुखलोभेन हन्तुं स्वजनमुद्यताः ॥४४॥

1.44

aho bata mahat pāpaṁ · kartuṁ vyavasitā vayam
yad rājya-sukha-lobhena · hantuṁ sva-janam udyatāḥ

aho – deja; *bata* – kaip keista; *mahat* – dideles; *pāpam* – nuo-
dėmes; *kartum* – padaryti; *vyavasitāḥ* – nutarėme; *vayam* – mes;
yat – kadangi; *rājya-sukha-lobhena* – godžiai siekdami karališkų
džiaugsmų; *hantum* – nužudyti; *sva-janam* – gentainius; *udyatāḥ* –
mėginame.

**Kad ir kaip keista, bet mes, deja, pasirengę didžiai nusi-
dėti. Trokšdami karališkų džiaugsmų mes ketiname žudyti savo
gentainius.**

Iš savanaudiškų paskatų žmogus gali ryžtis net tokiems nuodėmin-
giems poelgiams, kaip žudyti savo brolį, tėvą ar motiną. Pasaulio
istorija žino nemažai tokių pavyzdžių. Bet Arjuna, tyras Viešpaties
bhaktas, visada ištikimas dorovės principams, rūpestingai stengiasi
išvengti tokių poelgių.

यदि मामप्रतीकारमशस्त्रं शस्त्रपाणयः ।
धार्तराष्ट्रा रणे हन्युस्तन्मे क्षेमतरं भवेत् ॥४५॥

1.45

yadi mām apratīkāram · aśastraṁ śastra-pāṇayaḥ
dhārtarāṣṭrā raṇe hanyus · tan me kṣema-taraṁ bhavet

yadi – net jei; *mām* – mane; *apratīkāram* – nesipriešinantį; *aśas-
tram* – beginklį; *śastra-pāṇayaḥ* – tie, su ginklais rankose; *dhār-
tarāṣṭrāḥ* – Dhṛtarāṣṭros sūnūs; *raṇe* – mūšio lauke; *hanyuḥ* –
nužudytų, *tat* – tai, *me* – man; *kṣema-taram* – gėriau; *bhavet* – butų.

Tegul geriau Dhṛtarāṣṭros sūnūs su ginklu rankose nukaus mane mūšio lauke beginklį ir nesipriešinantį.

Pagal *kṣatriyų* kovos taisykles, sudėjęs ginklus ir nesirengiantis kautis priešas nepuolamas. Tačiau Arjuna nutarė nesipriešinti, net jeigu priešas pultų jį tokioje keblioje padėtyje. Jam nė motais, kad priešinga pusė ryžtingai nusiteikusi susiremti. Visa tai rodo Arjunos širdies jautrumą, kylantį iš visiško pasiaukojimo Viešpačiui.

सञ्जय उवाच   1.46

एवमुक्त्वार्जुनः सङ्ख्ये रथोपस्थ उपाविशत् ।
विसृज्य सशरं चापं शोकसंविग्नमानसः ॥४६॥

sañjaya uvāca
evam uktvārjunaḥ saṅkhye · rathopastha upāviśat
visṛjya sa-śaram cāpaṁ · śoka-saṁvigna-mānasaḥ

sañjayaḥ uvāca – Sañjaya tarė; *evam* – taip; *uktvā* – kalbėdamas; *arjunaḥ* – Arjuna; *saṅkhye* – mūšio lauke; *ratha* – kovos vežimo; *upasthe* – ant pasostės; *upāviśat* – vėl atsisėdo; *visṛjya* – padėjęs į šalį; *sa-śaram* – kartu su strėlėmis; *cāpam* – lanką; *śoka* – iš sielvarto; *saṁvigna* – kentėdamas; *mānasaḥ* – mintyse.

Sañjaya tarė: Mūšio lauke Arjuna ištarė šiuos žodžius, nubloškė į šalį lanką su strėlėmis ir sielvartingų minčių prislėgtas susmuko ant pasostės.

Žvalgydamas priešininko pozicijas Arjuna stovėjo kovos vežime, tačiau jo sielvartas buvo toks didelis, kad nubloškęs į šalį lanką su strėlėmis, jis atsisėdo. Dvasinio žinojimo vertas būtent toks kilniadvasis, jautrios širdies žmogus, su pasiaukojimu tarnaujantis Viešpačiui.

Taip Bhaktivedanta baigia komentuoti pirmą „Śrīmad Bhagavad-gītos" skyrių, pavadintą „Kurukṣetros mūšio lauke".

2 skyrius

Gītos turinio apžvalga

सञ्जय उवाच   2.1
तं तथा कृपयाविष्टमश्रुपूर्णाकुलेक्षणम् ।
विषीदन्तमिदं वाक्यमुवाच मधुसूदनः ॥ १ ॥

sañjaya uvāca
taṁ tathā kṛpayāviṣṭam · aśru-pūrṇākulekṣaṇam
viṣīdantam idaṁ vākyam · uvāca madhusūdanaḥ

sañjayaḥ uvāca – Sañjaya tarė; *tam* – Arjunai; *tathā* – tokiu būdu; *kṛpayā* – gailesčio; *āviṣṭam* – apimtam; *aśru-pūrṇa-ākula* – ašarų pilnomis; *īkṣaṇam* – akimis; *viṣīdantam* – liūdinčiam; *idam* – šiuos; *vākyam* – žodžius; *uvāca* – ištarė; *madhu-sūdanaḥ* – Madhu žudikas.

Sañjaya tarė: Matydamas gailesčio apimtą, labai prislėgtą Arjuną, jo pilnas ašarų akis, Madhusūdana, Kṛṣṇa, ištarė tokius žodžius.

Materiali užuojauta, sielvartas ir ašaros – visa tai rodo savo tikrojo „aš" nesuvokimą. Savęs pažinimas – tai užuojauta amžinai sielai. Šiame posme reikšmingas žodis „Madhusūdana". Viešpats

73

Kṛṣṇa kadaise nukovė demoną Madhu, ir dabar Arjuna nori, kad Kṛṣṇa nudobtų klydimo demoną, apsėdusį jį atliekant savo pareigą. Niekas nežino ko derėtų gailėtis. Gailėti skęstančiojo drabužių – neprotinga. Negalėsime išgelbėti žmogaus, įpuolusio į neišmanymo vandenyną, vien tik ištraukę jo viršutinius drabužius – grubųjį materialų kūną. Tas, kuris šito nežino ir sielvartauja dėl drabužių, vadinasi *śūdra*, ar sielvartaujantis be jokio pagrindo. Arjuna buvo *kṣatriyas*, ir todėl toks jo elgesys – labai netikėtas. Tačiau Viešpačiui Kṛṣṇai nesunku išsklaidyti neišmanėlio sielvartą, dėl to Jis ir perteikė „Bhagavad-gītą". Šiame skyriuje aukščiausias autoritetas – Viešpats Śrī Kṛṣṇa moko mus suvokti save analitiškai studijuojant materialų kūną ir dvasinę sielą. Toks suvokimas įmanomas, kai žmogus veikia neprisirišdamas prie savo veiklos rezultatų ir aiškiai suvokia savo tikrąjį „aš".

श्रीभगवानुवाच 2.2
कुतस्त्वा कश्मलमिदं विषमे समुपस्थितम् ।
अनार्यजुष्टमस्वर्ग्यमकीर्तिकरमर्जुन ॥ २ ॥

śrī-bhagavān uvāca
kutas tvā kaśmalam idam · viṣame samupasthitam
anārya-juṣṭam asvargyam · akīrti-karam arjuna

śrī bhagavān uvāca – Aukščiausiasis Dievo Asmuo tarė; *kutaḥ* – iš kur; *tvā* – tavyje; *kaśmalam* – nešvara; *idam* – tas sielvartas; *viṣame* – šią sunkią valandą; *samupasthitam* – atsirado; *anārya* – žmonėms, nežinantiems gyvenimo vertės; *juṣṭam* – priimtinas; *asvargyam* – kas neveda į aukštesnes planetas; *akīrti* – nešlovės; *karam* – priežastis; *arjuna* – o Arjuna.

Aukščiausiasis Dievo Asmuo tarė: Mano brangusis Arjuna, kaip galėjo tave apnikti tos nešvarios mintys? Nepritinka jos tam, kuris žino gyvenimo vertę. Ne į aukštesnes planetas, o į nešlovę jos veda.

Kṛṣṇa ir Aukščiausiasis Dievo Asmuo yra viena ir tas pat. Todėl visame *Gītos* tekste į Viešpatį Kṛṣṇą kreipiamasi žodžiu „Bhagavān". Bhagavānas – tai galutinė Absoliuti Tiesa. Absoliuti Tiesa suvokiama trimis aspektais: kaip Brahmanas, ar beasmenė visa persmelkianti dvasia; Paramātmā – Aukščiausiasis lokalizuotu aspektu, glūdintis visų gyvųjų esybių širdyse, ir Bhagavānas – Aukščiausiasis Dievo Asmuo, Viešpats Kṛṣṇa. „Śrīmad-Bhāgavatam" (1.2.11) ta Absoliučios Tiesos koncepcija aiškinama šitaip:

vadanti tat tattva-vidas · tattvaṁ yaj jñānam advayam
brahmeti paramātmeti · bhagavān iti śabdyate

„Absoliučios Tiesos žinovas suvokia Ją trimis pažinimo aspektais, kurie yra lygiaverčiai. Trys Absoliučios Tiesos aspektai – tai Brahmanas, Paramātmā ir Bhagavānas."

Minėtus tris dieviškuosius aspektus iliustruoja saulės pavyzdys. Saulė irgi turi tris skirtingus aspektus: šviesą, saulės paviršių bei pačią planetą. Studijuojantis tik saulės šviesą yra pradedantis tyrinėtojas. Toliau pažengė tas, kuris pažįsta saulės paviršių. Tačiau pažinimo viršūnę pasiekia tas, kuris prasiskverbia į patį saulės rutulį. Paprasti tyrinėtojai, kuriems užtenka pažinti tik saulės šviesą, jos sugebėjimą visur prasismelkti ir akinantį beasmenį spindėjimą – panašūs į tuos, kurie įstengia suvokti tiktai Absoliučios Tiesos Brahmano aspektą. Tyrinėtojas, pasiekęs aukštesnę pažinimo pakopą, pažįsta jau saulės diską. Toks pažinimas tolygus Absoliučios Tiesos Paramātmos aspekto pažinimui. O tyrinėtojas, pajėgiantis prasiskverbti į pačias saulės planetos gelmes, lyginamas su tuo, kuris patyrė Aukščiausios Absoliučios Tiesos asmenybės bruožus. Todėl bhaktai, ar transcendentalistai, patyrę Absoliučios Tiesos Bhagavāno bruožus – tai aukščiausio lygio transcendentalistai, nors visų Absoliučios Tiesos tyrinėtojų objektas yra vienas. Saulės šviesa, saulės diskas ir procesai, vykstantys saulės rutulio viduje – neatskiriami. Bet vis dėlto šių trijų skirtingų aspektų tyrinėtojų negalima priskirti vienai kategorijai.

Sanskrito žodį *bhagavān* paaiškino didis autoritetas, Vyāsadevos tėvas Parāśara Munis. Aukščiausioji Asmenybė, valdanti visus turtus, galybę, šlovę, grožį, žinojimą ir atsižadėjimą, vadinasi Bhagavānas. Daug yra labai turtingų, galingų, gražių, garsių, išprususių ir atsižadėjusių žmonių, tačiau nė vienas jų negali tvirtinti, jog jam priklauso absoliučiai visi turtai, visa galybė etc. Šitaip teigti turi teisę tiktai Kṛṣṇa, nes Jis – Aukščiausiasis Dievo Asmuo. Jokia gyvoji esybė, net ir Brahmā, Viešpats Śiva arba Nārāyaṇa negali valdyti visų turtų ir galybės taip, kaip valdo Kṛṣṇa. Tuo remdamasis pats Viešpats Brahmā „Brahma-saṁhitoje" daro išvadą, kad Viešpats Kṛṣṇa – Aukščiausiasis Dievo Asmuo. Jam lygių ar aukštesnių už Jį nėra. Jis – pirmapradis Viešpats, arba Bhagavānas, taip pat vadinamas Govinda. Jis – aukščiausioji visų priežasčių priežastis.

īśvaraḥ paramaḥ kṛṣṇaḥ · sad-cid-ānanda-vigrahaḥ
anādir ādir govindaḥ · sarva-kāraṇa-kāraṇam

„Daug asmenybių turi Bhagavāno savybių, tačiau Kṛṣṇa visų aukščiausias, nes Jo pranokti negali niekas. Jis – Aukščiausiasis Asmuo, o Jo amžinas kūnas kupinas žinojimo bei palaimos. Jis – pirmapradis Viešpats Govinda, visų priežasčių priežastis." („Brahma-saṁhitā" 5.1)

Bhāgavatam pateikiamas ilgas Aukščiausiojo Dievo Asmens inkarnacijų sąrašas, bet Kṛṣṇa šventraštyje vadinamas pirminiu Dievo Asmeniu, kuris skleidžia daugybę inkarnacijų ir Dievo Asmenų:

ete cāṁśa-kalāḥ puṁsaḥ · kṛṣṇas tu bhagavān svayam
indrāri-vyakulaṁ lokaṁ · mṛḍayanti yuge yuge

„Visos suminėtos Aukščiausiojo Dievo Asmens inkarnacijos yra arba Jo pilnutinės ekspansijos, arba pilnutinių Jo ekspansijų dalys, tačiau Kṛṣṇa yra Pats Aukščiausiasis Dievo Asmuo." („Śrīmad-Bhāgavatam" 1.3.28)

Taigi Kṛṣṇa – pirminis Aukščiausiasis Dievo Asmuo, Absoliuti Tiesa, Supersielos ir beasmenio Brahmano šaltinis.

Aukščiausiojo Dievo Asmens akivaizdoje Arjunai tikrai nederėjo sielvartauti dėl savo gentainių, todėl Kṛṣṇa išreiškia Savo nuostabą žodžiu *kutaḥ* – „iš kur?" Tokių nešvarių minčių niekaip negalima buvo tikėtis iš žmogaus, priklausančio civilizuotų žmonių klasei – arijams. Arijais tinka pavadinti žmones, kurie žino gyvenimo vertę ir savo civilizaciją grindžia dvasiniu pažinimu. O tie, kurie vadovaujasi materialia būties samprata, nežino, jog gyvenimo tikslas – suvokti Absoliučią Tiesą, Viṣṇu, ar Bhagavāną. Juos pakeri išorinės materialaus pasaulio savybės, ir todėl jie nežino, kas yra išsivadavimas. Žmonės, kurie nežino, kaip išsivaduoti iš materijos nelaisvės, nėra arijai. Arjuna – *kṣatriyas,* tad, atsisakydamas kautis, jis vengia jam nurodytų pareigų. Šitoks menkadvasiškas poelgis arijams nebūdingas. Vengimas atlikti pareiga stabdo dvasinę pažangą ir net nepadeda pagarsėti materialiame pasaulyje. Viešpats Kṛṣṇa nepritaria tariamai Arjunos užuojautai savo gentainiams.

क्लैब्यं मा स्म गमः पार्थ नैतत्त्वय्युपपद्यते ।   2.3
क्षुद्रं हृदयदौर्बल्यं त्यक्त्वोत्तिष्ठ परन्तप ॥ ३ ॥

*klaibyaṁ mā sma gamaḥ pārtha · naitat tvayy upapadyate
kṣudraṁ hṛdaya-daurbalyaṁ · tyaktvottiṣṭha paran-tapa*

klaibyam – silpnybė; *mā sma* – ne; *gamaḥ* – persiimk; *pārtha* – o Pṛthos sūnau; *na* – niekada; *etat* – ji; *tvayi* – tau; *upapadyate* – tinka; *kṣudram* – menką; *hṛdaya* – širdies; *daurbalyam* – silpnumą; *tyaktvā* – atmetęs; *uttiṣṭha* – pakilki; *param-tapa* – o priešų baudėjau.

O Pṛthos sūnau, nepasiduoki žeminančiai negaliai. Ji tau nepritinka. Nugalėk šį širdies silpnumą ir pakilk, o priešų baudėjau.

Kṛṣṇa šiame posme į Arjuną kreipiasi „Pṛthos sūnau". Pṛthā – Kṛṣṇos tėvo Vasudevos sesuo. Taigi Arjuną su Kṛṣṇa sieja kraujo giminystė. Jei *kṣatriyo sūnus vengia kautynių, jis kṣatriyas* tik vadinasi, o jeigu brahmano sūnus elgiasi nedorai, jis brahmanas taip pat tik pagal vardą. Tokie *kṣatriyai* ir brahmanai – neverti savo tėvų sūnūs. Taigi Kṛṣṇa nenori, kad ir Arjuna taptų nevertu *kṣatriyo* sūnumi. Arjuna buvo pats artimiausias Kṛṣṇos draugas, ir Kṛṣṇa jam tiesiogiai vadovavo sėdėdamas kovos vežime; jei Arjuna, nepaisydamas jam suteiktos garbės, pasitrauktų iš kovos lauko, jis pasielgtų negarbingai. Todėl Kṛṣṇa sako, kad toks Arjunos nusiteikimas daro jam gėdą. Arjuna galėtų prieštarauti, kad kovos su garbingiausiuoju Bhīṣma bei savo giminaičiais jis atsisakąs iš kilniadvasiškumo, tačiau Kṛṣṇos nuomone, tai paprasčiausias bailumas. Tokio netikro kilniadvasiškumo nepateisina jokie autoritetai. Todėl minėto kilniadvasiškumo arba vadinamo „smurto nenaudojimo" turėtų atsisakyti tie, kuriems, kaip ir Arjunai, tiesiogiai vadovauja Kṛṣṇa.

अर्जुन उवाच   2.4
कथं भीष्ममहं सङ्ख्ये द्रोणं च मधुसूदन ।
इषुभिः प्रतियोत्स्यामि पूजार्हावरिसूदन ॥ ४ ॥

arjuna uvāca
kathaṁ bhīṣmam ahaṁ saṅkhye · droṇaṁ ca madhusūdana
iṣubhiḥ pratiyotsyāmi · pūjārhāv ari-sūdana

arjunaḥ uvāca – Arjuna tarė; *katham* – kaip; *bhīṣmam* – Bhīṣmai; *aham* – aš; *saṅkhye* – kovoje; *droṇam* – Droṇai; *ca* – taip pat; *madhu-sūdana* – o Madhu žudike; *iṣubhiḥ* – strėlėmis; *pratiyotsyāmi* – pasipriešinsiu; *pūjā-arhau* – vertiems garbinimo; *ari-sūdana* – o priešų naikintojau.

Arjuna tarė: O priešų naikintojau, o Madhu žudike, kaip aš galiu mūšyje strėlėmis atsakyti Bhīṣmai ir Droṇai – tiems, kuriuos turėčiau garbinti?

Garbingi vyresnieji, tokie, kaip senolis Bhīṣma ir mokytojas Droṇ-ācārya, visada verti pagarbos. Net jeigu jie pirmieji pradeda puolimą, nedera suduoti atsakomąjį smūgį. Pagal visuotinai pripažįstamą etiketą, su vyresniaisiais nevalia susikirsti net žodžiu. O jeigu jie kartais ir šiurkščiai elgiasi, mums nederėtų atsakyti tuo pačiu. Tad ar galėjo Arjuna į jų smūgį atsakyti smūgiu? Ar išdrįstų Kṛṣṇa užpulti Savo senelį Ugrasena ar Savo mokytoją Sāndīpanį Munį? Tai yra keletas argumentų, kuriuos Kṛṣṇai pateikė Arjuna.

गुरूनहत्वा हि महानुभावान्   2.5
  श्रेयो भोक्तुं भैक्ष्यमपीह लोके ।
हत्वार्थकामांस्तु गुरूनिहैव
  भुञ्जीय भोगान् रुधिरप्रदिग्धान् ॥ ५ ॥

gurūn ahatvā hi mahānubhāvān
  śreyo bhoktuṁ bhaikṣyam apīha loke
hatvārtha-kāmāṁs tu gurūn ihaiva
  bhuñjīya bhogān rudhira-pradigdhān

gurūn – vyresniųjų; *ahatvā* – nežudant; *hi* – tikrai; *mahā-anubhāvān* – didžiųjų sielų; *śreyaḥ* – geriau jau; *bhoktum* – mėgautis gyvenimu; *bhaikṣyam* – elgetaujant; *api* – net; *iha* – šiame gyvenime; *loke* – šiame pasaulyje; *hatvā* – žudant; *artha* – naudos; *kāmān* – trokštant; *tu* – bet; *gurūn* – vyresniuosius; *iha* – šiame pasaulyje; *eva* – tikrai; *bhuñjīya* – turi mėgautis; *bhogān* – maloniais dalykais; *rudhira* – krauju; *pradigdhān* – suteptais.

Geriau elgetaujant stumti dienas šiame pasaulyje, negu gyventi didžiųjų sielų – savo mokytojų gyvybės kaina. Nors juos užvaldęs žemiškas godulys, bet jie vyresnieji. Jeigu jie žus, viskas, kuo mėgausimės, bus sutepta krauju.

Dvasinio gyvenimo kodeksas liepia atsisakyti mokytojo, kuris bjauriai pasielgė ir neskiria gera nuo bloga. Bhīṣma ir Droṇa buvo priversti stoti Duryodhanos pusėn, nes jis rėmė juos pinigais, tačiau jiems nederėjo taip elgtis vien dėl finansinio išskaičiavimo. Taip jie prarado teisę būti gerbiami kaip mokytojai. Tačiau Arjuna juos tebelaiko pagarbos vertais vyresniaisiais ir mano, kad juos nužudžius įgytas laimikis bus suteptas krauju.

न चैतद्विद्मः कतरन्नो गरीयो 2.6
यद्वा जयेम यदि वा नो जयेयुः ।
यानेव हत्वा न जिजीविषाम-
स्तेऽवस्थिताः प्रमुखे धार्तराष्ट्राः ॥ ६ ॥

na caitad vidmaḥ kataran no garīyo
yad vā jayema yadi vā no jayeyuḥ
yān eva hatvā na jijīviṣāmas
te 'vasthitāḥ pramukhe dhārtarāṣṭrāḥ

na – ne; *ca* – taip pat; *etat* – tatai; *vidmaḥ* – žinome; *katarat* – kas; *naḥ* – mums; *garīyaḥ* – geriau; *yat vā* – ar; *jayema* – mes nugalėsime; *yadi* – jeigu; *vā* – ar; *naḥ* – mus; *jayeyuḥ* – jie nugalės; *yān* – tuos, kuriuos; *eva* – tikrai; *hatvā* – nužudę; *na* – niekada; *jijīviṣāmaḥ* – mes norėsime gyventi; *te* – visus juos; *avasthitāḥ* – esančius; *pramukhe* – priešais; *dhārtarāṣṭrāḥ* – Dhṛtarāṣṭros sūnus.

Dar nežinia, kas geriau: ar nugalėti juos, ar patiems pralaimėti. Jeigu išžudytume Dhṛtarāṣṭros sūnus, mūsų gyvenimas nebetektų prasmės. O juk tai jie dabar stovi prieš mus kautynių lauke.

Arjuna dvejoja: ar jam kautis, rizikuojant panaudoti nereikalingą prievartą, nes kariauti – *kṣatriyų* pareiga, ar atsisakyti kovos ir gyventi iš išmaldos. Jeigu jis neįveiks priešo, išmalda bus vienintelis jo pragyvenimo šaltinis. Dėl pergalės jis nebuvo tikras: juk pasiekti ją gali abi pusės. Net jeigu jiems ir lemta laimėti (juk kovojama už teisų reikalą), vis tiek, Dhṛtarāṣṭros sūnums kritus kautynėse, gyvenimas be jų taptų nepakeliamas. Taip pergalė taptų pralaimėjimu. Tokios Arjunos dvejonės aiškiai rodo, kad jis – ne tik didis Viešpaties bhaktas, bet ir labai apsišvietęs, visiškai suvaldęs protą bei jusles žmogus. Tai, jog būdamas karališkos kilmės, jis ketina gyventi iš išmaldos, dar vienas atsižadėjimo požymis. Visos šios savybės, taip pat tikėjimas pamokančiais Śrī Kṛṣṇos, jo dvasinio mokytojo, žodžiais, rodo jo dorumą. Todėl galime daryti išvadą, jog Arjuna jau vertas išsivaduoti. Nesuvaldžius juslių, neįmanoma pasiekti žinojimo lygmens, o be žinių ir pasiaukojimo neįmanoma išsivaduoti. Be daugybės materialių jo savybių, Arjuna dar buvo apdovanotas ir visomis minėtomis dorybėmis.

कार्पण्यदोषोपहतस्वभावः   2.7
    पृच्छामि त्वां धर्मसम्मूढचेताः ।
यच्छ्रेयः स्यान्निश्चितं ब्रूहि तन्मे
    शिष्यस्तेऽहं शाधि मां त्वां प्रपन्नम् ॥ ७ ॥

kārpaṇya-doṣopahata-svabhāvaḥ
  pṛcchāmi tvāṁ dharma-sammūḍha-cetāḥ
yac chreyaḥ syān niścitaṁ brūhi tan me
  śiṣyas te 'haṁ śādhi māṁ tvāṁ prapannam

kārpaṇya – apgailėtino; *doṣa* – silpnumo; *upahata* – apimtas; *svabhāvaḥ* – prigimties; *pṛcchāmi* – aš teiraujuosi; *tvām* – Tavęs; *dharma* – dėl religijos; *sammūḍha* – suglumusia; *cetāḥ* – širdimi; *yat* – kas; *śreyaḥ* – visų geriausia; *syāt* – galėtų būti; *niścitam* – aiškiai; *brūhi* – sakyk; *tat* – tatai; *me* – man; *śiṣyaḥ* – mokinys; *te* – Tavo; *aham* – aš esu; *śādhi* – pamokyk; *mām* – mane; *tvām* – Tau; *prapannam* – atsidavusį.

Dėl apgailėtino silpnumo visai praradęs savitvardą, aš nebesuprantu savo pareigos. Todėl aiškiai sakyk, kas man visų geriausia? Nuo šiol, aš – Tavo mokinys, Tau patikėjęs savo sielą. Malonėk pamokyti mane.

Taip jau sutvarkyta gamta, kad pati materiali veikla yra mūsų problemų priežastis. Jos kyla kiekviename žingsnyje, ir todėl būtų protingiausia kreiptis į *bona fide* dvasinį mokytoją, kuris gali teisingai nurodyti, kaip pasiekti gyvenimo tikslą. Visi Vedų raštai pataria mums kreiptis į *bona fide* dvasinį mokytoją, kuris padės išspręsti gyvenimo problemas, kylančias prieš mūsų valią, kaip savaime užsiplieskiantis miško gaisras. Pasaulis tarytum tas miško gaisras: gyvenimo bėdos užgriūva nepriklausomai nuo mūsų norų. Niekas nenori gaisro, bet jis kyla ir pridaro mums bėdos. Todėl norint išspręsti gyvenimo problemas ir sužinoti to sprendimo paslaptis, Vedų išmintis pataria kreiptis į mokinių sekai priklausantį dvasinį mokytoją. Manoma, kad žmogus, klausantis *bona fide* dvasinio mokytojo, žino viską. Todėl, užuot tūpčiojus prie neišsprendžiamų materialių problemų, geriau kreiptis į dvasinį mokytoją. Tokia šio posmo prasmė.

O kas patiria materialius sunkumus? Juos patiria tas, kuris nesuvokia tikrųjų gyvenimo problemų. „Bṛhad-āraṇyaka Upaniṣadoje" (3.8.10) rūpesčių prislėgtas žmogus apibūdinamas šitaip: *yo vā etad akṣaraṁ gārgy aviditvāsmāl lokāt praiti sa kṛpaṇaḥ.* „Šykštuolis tas, kuris neišsprendžia gyvenimo problemų kaip dera žmogui, ir pasitraukia iš šio pasaulio tartum koks šuo ar katė – nesupratęs savęs pažinimo mokslo." Žmogaus gyvybės forma – vertingiausia dovana gyvajai esybei, kuria ji gali naudotis spręsdama gyvenimo problemas; todėl tas, kuris ja nesinaudoja, yra tikrų tikriausias šykštuolis. Brahmanas, priešingai, yra toks žmogus, kuris išmintingai pasinaudoja esamu kūnu visoms gyvenimo problemoms spręsti. *Ya etad akṣaraṁ gārgi viditvāsmāl lokāt praiti sa brāhmaṇaḥ.*

Kṛpaṇos, ar šykštuoliai, švaisto savo laiką, nes pernelyg prisirišę prie šeimos, visuomenės, krašto etc. ir vadovaujasi materialia būties samprata. Prie šeimyninio gyvenimo – prie žmonos, vaikų bei kitų šeimos narių paprastai prisirišama dėl „kailio ligos". *Kṛpaṇa* tariasi apsaugosiąs nuo mirties savo artimuosius arba yra įsitikinęs, kad jį patį nuo atsėlinančios mirties apgins šeima ar visuomenė. Prie šeimos prisirišę ir žemesnio, gyvūnijos pasaulio atstovai, kurie irgi rūpinasi savo palikuoniais. Arjuna buvo išmintingas ir suprato, kad jo vargų priežastis – meilė giminaičiams ir noras apsaugoti juos nuo mirties. Nors jis ir žinojo, kad privalu kovoti, tačiau apgailėtinas silpnumas trukdė įvykdyti pareigas. Todėl jis laukia iš Viešpaties Kṛṣṇos – aukščiausiojo dvasinio mokytojo – galutinio sprendimo. Save jis patiki Kṛṣṇai, tampa Jo mokiniu ir nori užbaigti draugiškas šnekas. Mokytojas su mokiniu kalba apie rimtus dalykus, ir dabar Arjuna trokšta tikrai rimto pokalbio su pripažintu dvasiniu mokytoju. Taigi Kṛṣṇa – pirmasis dvasinis mokytojas, mokantis „Bhagavad-gītos", o Arjuna – pirmasis mokinys, kuris stengiasi *Gītą* suvokti. Apie tai, kaip Arjuna supranta „Bhagavad-gītą", pasakojama pačioje *Gītoje,* ir vis dėlto kvaili pasaulietiški mokslinčiai aiškina, jog reikia lenktis ne Kṛṣṇos asmenybei, o „negimusiam, kuris yra Kṛṣṇoje". Tačiau juk nėra jokio skirtumo tarp Kṛṣṇos vidaus ir išorės. Nesupratus šios minties, labai kvaila stengtis suvokti „Bhagavad-gītą".

न हि प्रपश्यामि ममापनुद्याद्   2.8
    यच्छोकमुच्छोषणमिन्द्रियाणाम् ।
अवाप्य भूमावसपत्नमृद्धं
    राज्यं सुराणामपि चाधिपत्यम् ॥ ८ ॥

na hi prapaśyāmi mamāpanudyād
  yac chokam ucchoṣaṇam indriyāṇām
avāpya bhūmāv asapatnam ṛddhaṁ
  rājyaṁ surāṇām api cādhipatyam

na – ne; *hi* – tikrai; *prapaśyāmi* – aš regiu; *mama* – mano; *apanudyāt* – gali pašalinti; *yat* – tai kas; *śokam* – širdgėlą; *ucchoṣaṇam* – džiovinančią; *indriyāṇām* – jusles; *avāpya* – pasiekus; *bhūmau* – žemėje; *asapatnam* – neturinčią sau lygių; *ṛddham* – klestinčią; *rājyam* – karalystę; *surāṇām* – pusdievių; *api* – net; *ca* – taip pat; *ādhipatyam* – aukščiausią valdžią.

Neišmanau, kaip numaldyti jusles džiovinančią širdgėlą. Ji nenuslops, net jeigu laimėčiau klestinčią, žemėje neturinčią sau lygių karalystę su pačia aukščiausia valdžia, kokią pusdieviai turi danguje.

Nors Arjuna ir pateikia daugybę argumentų, kurie pagrįsti religijos principų bei moralės normų išmanymu, paaiškėja, kad jis nepajėgia išspręsti realiai iškilusios problemos be dvasinio mokytojo Viešpaties Śrī Kṛṣṇos pagalbos. Jis suprato, kad vadinamasis jo „išmanymas" nepadės atsikratyti problemų, kurios drasko jo širdį, jis nesugebės jų išspręsti be dvasinio mokytojo, Viešpaties Kṛṣṇos, pagalbos. Akademinės žinios, erudicija, aukšta padėtis etc. neturi vertės, kai sprendžiamos būties problemos: padėti tegali tik toks dvasinis mokytojas, koks yra Kṛṣṇa. Todėl galima daryti išvadą, jog dvasinis mokytojas, iki galo įsisąmoninęs Kṛṣṇą, yra *bona fide,* nes jis gali išspręsti gyvenimo problemas. Viešpats Caitanya sakė, kad tik Kṛṣṇos sąmonės mokslo žinovas, kad ir kokia jo socialinė padėtis, yra tikrasis mokytojas.

kibā vipra, kibā nyāsī, śūdra kene naya
yei kṛṣṇa-tattva-vettā, sei 'guru' haya

„Visiškai nesvarbu, ar žmogus – *vipra* (didelis Vedų išminties žinovas), ar žemos kilmės, ar atsižadėjęs pasaulio – jeigu tik jis įsisavino mokslą apie Kṛṣṇą, yra tobulas *bone fide* dvasinis mokytojas." („Caitanya- caritāmṛta", *Madhya* 8.128) Taigi, neperpratus Kṛṣṇos sąmonės mokslo, negalima būti *bone fide* dvasiniu mokytoju. Vedų raštai taip pat sako:

saṭ-karma-nipuṇo vipro · mantra-tantra-viśāradaḥ
avaiṣṇavo gurur na syād · vaiṣṇavaḥ śva-paco guruḥ

„Išprusęs brahmanas, gerai išmanantis visas Vedų žinojimo sritis, nevertas tapti dvasiniu mokytoju, jeigu jis nėra *vaiṣṇava,* t.y. jeigu neperprato Kṛṣṇos sąmonės mokslo. *Vaiṣṇava,* tas, kuris įsisąmonino Kṛṣṇą, gali būti dvasiniu mokytoju, net jeigu jis kilęs iš žemesnei kastai priklausančios šeimos." („Padma Purāṇa")

Materialios būties problemų – gimimo, senatvės, ligų bei mirties – nepavyks išvengti kaupiant turtus ar vystant ekonomiką. Pasaulyje nemažai valstybių, kuriose gyvenimo sąlygos yra kuo palankiausios: jos ir turtingos, ir ekonomiškai išsivysčiusios, ir vis dėlto materialios būties problemos jose tokios pat opios. Šios valstybės įvairiais būdais siekia taikos, tačiau tikra laimė bus įmanoma tik tuomet, kai patarimo jos kreipsis į Kṛṣṇą arba „Bhagavad-gītą" bei „Śrīmad-Bhāgavatam" (mokslo apie Kṛṣṇą šaltinius) per Kṛṣṇos *bona fide* atstovą – Kṛṣṇą įsisąmoninusį žmogų.

Jeigu ekonomikos vystymas bei materialūs patogumai galėtų pašalinti sielvartą, kuris kyla dėl suirutės šeimoje, visuomenėje, tautoje ar tarptautinėje arenoje, tai Arjuna nebūtų sakęs, kad net karalystė, neturinti žemėje sau lygių, ar aukščiausioji pusdievių valdžia dangaus planetose negalės išblaškyti jo sielvarto. Todėl jis siekė Kṛṣṇos sąmonės, nes Kṛṣṇos sąmonė – vienintelis teisingas kelias į taiką ir harmoniją. Materialios gamtos kataklizmai kiekvieną akimirką gali sugriauti ekonomikos vystymą ir netrukdomą žmogaus viešpatavimą žemėje. Kiekvieną akimirką gali nutrūkti pastangos pasikelti į aukštesnes planetas, pavyzdžiui, Mėnulį, į kurį pastaruoju metu taip veržiamasi. „Bhagavad-gītā" patvirtina šį teiginį: *kṣīṇe puṇye martya-lokaṁ viśanti* – „Kai išsenka dorų poelgių rezultatai, nuo laimės viršūnės vėl puolama į patį būties dugną." Daugybė mūsų pasaulio politikų tokį nuopuolį patyrė savo kailiu. Jis atneša vien naujas kančias.

Taigi, jeigu norime visiems laikams atsikratyti sielvarto, turime kreiptis prieglobsčio į Kṛṣṇą – kaip tai daro Arjuna. Arjuna paprašė Kṛṣṇos padėti išspręsti savo problemą kartą ir visiems laikams. Toks yra Kṛṣṇos sąmonės kelias.

सञ्जय उवाच   **2.9**
एवमुक्त्वा हृषीकेशं गुडाकेशः परन्तप: ।
न योत्स्य इति गोविन्दमुक्त्वा तूष्णीं बभूव ह ॥ ९ ॥

sañjaya uvāca
evam uktvā hṛṣīkeśaṁ · guḍākeśaḥ paran-tapaḥ
na yotsya iti govindam · uktvā tūṣṇīṁ babhūva ha

sañjayaḥ uvāca – Sañjaya tarė; *evam* – šitaip; *uktvā* – kalbėdamas; *hṛṣīkeśam* – Kṛṣṇai, juslių valdovui; *guḍākeśaḥ* – Arjuna, pažabojęs neišmanymą; *parantapaḥ* – priešų baudėjas; *na yotsye* – aš nesikausiu; *iti* – taip; *govindam* – Kṛṣṇai, teikiančiam džiaugsmą juslėms; *uktvā* – sakydamas; *tūṣṇīm* – tylus; *babhūva* – tapo; *ha* – tikrai.

Sañjaya tarė: Pasakęs šiuos žodžius, Arjuna, priešų baudėjas, tarė Kṛṣṇai – „Govinda, aš nesikausiu", ir nutilo.

Dhṛtarāṣṭra, matyt, labai nudžiugo sužinojęs, kad Arjuna nė nesirengia kautis, kad nori pasitraukti iš mūšio lauko ir ketina elgetauti. Tačiau Sañjaya tuojau jį nuliūdina, nes prabyla apie Arjuną, kaip apie pajėgų susidoroti su priešu (*parantapaḥ*). Nors Arjuną trumpam apima netikra širdgėla, kurią sukelia meilės jausmas giminaičiams, jis atsiduoda aukščiausiajam dvasiniam mokytojui, Kṛṣṇai, kaip mokinys mokytojui. Toks buvo pranašingas ženklas, kad netrukus jis atsikratys netikro sielvarto, kurį sukėlė prisirišimas prie šeimos, gaus tobulų žinių apie savęs pažinimą, arba Kṛṣṇos sąmonę, ir tada būtinai kausis. Taigi Dhṛtarāṣṭrai lemta džiūgauti neilgai, nes Kṛṣṇa apšvies Arjunos protą, ir šis kovos iki galo.

तमुवाच हृषीकेशः प्रहसन्निव भारत ।   **2.10**
सेनयोरुभयोर्मध्ये विषीदन्तमिदं वचः ॥१०॥

tam uvāca hṛṣīkeśaḥ · prahasann iva bhārata
senayor ubhayor madhye · viṣīdantam idaṁ vacaḥ

tam – jam; *uvāca* – tarė; *hṛṣīkeśaḥ* – juslių valdovas Kṛṣṇa; *prahasan* – šypsodamasis; *iva* – kaip; *bhārata* – o Dhṛtarāṣṭra, Bharatos aini; *senayoḥ* – kariuomenių; *ubhayoḥ* – abiejų pusių; *madhye* – viduryje; *viṣīdantam* – sielvarto palaužtam; *idam* – šiuos; *vacaḥ* – žodžius.

O Bharatos aini, tuomet Kṛṣṇa, stovėdamas abiejų kariuomenių viduryje, šypsodamasis taip tarė sielvarto palaužtam Arjunai.

Kalbasi artimi draugai – Hṛṣīkeśa ir Guḍākeśa. Jie draugai, todėl abu lygūs, bet vienas jų savo noru tampa kito mokiniu. Kṛṣṇa šypsosi, nes draugas nusprendžia būti Jo mokiniu. Viešpats, kaip visa ko valdovas, visada užima aukščiausią padėtį. Bet vis dėlto Jis sutinka tapti bhakto draugu, sūnumi ar mylimuoju, jei tik šis pageidauja Jį tokį matyti. Kai tik Arjuna pripažino, kad Viešpats – mokytojas, Kṛṣṇa nedelsdamas ėmėsi šio vaidmens ir rimtai, kaip ir dera tokiais atvejais, pradėjo kalbėtis su Savo mokiniu. Iš konteksto galima suprasti, jog mokytojo ir mokinio pokalbis vyko atvirai, girdint abejoms kariuomenėms – kad naudos iš jo galėtų turėti visi susirinkusieji. Taigi „Bhagavad-gītos" dialogai skirti ne kokiam nors vienam asmeniui, visuomenei ar grupei, bet visiems – ir draugai, ir priešai turi lygią teisę juos girdėti.

श्रीभगवानुवाच   2.11

अशोच्यानन्वशोचस्त्वं प्रज्ञावादांश्च भाषसे ।
गतासूनगतासूंश्च नानुशोचन्ति पण्डिताः ॥११॥

śrī-bhagavān uvāca
aśocyān anvaśocas tvaṁ · prajñā-vādāṁś ca bhāṣase
gatāsūn agatāsūṁś ca · nānuśocanti paṇḍitāḥ

śrī-bhagavān uvāca – Aukščiausiasis Dievo Asmuo tarė; *aśocyān* – dėl ko neverta sielvartauti; *anvaśocaḥ* – sielvartauji; *tvam* – tu; *prajñā-vādān* – išmintingą kalbą; *ca* – taip pat; *bhāṣase* – kalbi; *gata* – prarasto; *asūn* – gyvenimo; *agata* – nepraėjusio; *asūn* – gyvenimo; *ca* – taip pat; *na* – niekada; *anuśocanti* – liūdi; *paṇḍitāḥ* – mokytieji.

Aukščiausiasis Dievo Asmuo tarė: Protingi tavo žodžiai, tiktai kremtiesi tu dėl to, dėl ko sielvartauti neverta. Išmintingieji neaprauda nei gyvųjų, nei mirusiųjų.

Viešpats iš karto užima mokytojo poziciją ir subara mokinį, netiesiogiai pavadindamas jį kvailiu. Viešpats pasakė: „Kalbi tu kaip

mokytas žmogus, bet nežinai, kad išmintingasis supranta, kas yra
kūnas, o kas – siela; jis nesielvartauja dėl kūno – gyvo ar mirusio."
Kiti skyriai aiškiai parodys, kad žinojimas – tai materijos, sielos
ir jų valdovo pažinimas. Arjuna teigė, jog religijos principams turi
būti teikiama daugiau svarbos, negu politikai ar sociologijai, bet
jis nežinojo, kad materijos, sielos ir Aukščiausiojo pažinimas daug
svarbesnis ir už mechanišką religijos normų laikymąsi. Jei jis šito
nesuvokė, tai jam ir nederėjo dėtis dideliu išminčiumi. Toks jis ir
nebuvo, todėl krimtosi dėl to, dėl ko neverta sielvartauti. Kūnas
gimsta, ir jam lemta išnykti – jei ne šiandien, tai rytoj, vadinasi,
siela už kūną svarbesnė. Žinantis šią tiesą – tikrai mokytas žmogus,
ir jis nesielvartauja, kad ir kokia būtų materialaus kūno būklė.

न त्वेवाहं जातु नासं न त्वं नेमे जनाधिपाः ।
न चैव न भविष्यामः सर्वे वयमतः परम् ॥१२॥

2.12

na tv evāhaṁ jātu nāsaṁ · na tvaṁ neme janādhipāḥ
na caiva na bhaviṣyāmaḥ · sarve vayam ataḥ param

na – niekada; *tu* – tačiau; *eva* – tikrai; *aham* – Aš; *jātu* – kada nors;
na – ne; āsam – egzistavau; *na* – ne; *tvam* – tu; *na* – ne; *ime* –
visi šie; *jana-adhipāḥ* – karaliai; *na* – niekada; *ca* – taip pat; *eva* –
tikrai; *na* – ne; *bhaviṣyāmaḥ* – egzistuosime; *sarve vayam* – visi mes;
ataḥ-param – ateityje.

**Niekada nebuvo taip, kad neegzistuočiau Aš, tu ir visi šie kara-
liai, ir niekad nebus taip, kad mes nustosime buvę.**

Vedose, „Kaṭha Upaniṣadoje", bei „Śvetāśvatara Upaniṣadoje"
pasakyta, kad Aukščiausiasis Dievo Asmuo palaiko nesuskaičiuo-
jamą daugybę gyvųjų esybių, atsižvelgdamas į skirtingą jų padėtį,
individualią veiklą bei tos veiklos pasekmes. Be to, Aukščiausiasis
Dievo Asmuo Savo pilnutiniais skleidiniais egzistuoja visų gyvųjų
esybių širdyse. Tiktai šventieji, reginantys vieną nedalomą Aukščiau-

siąjį Viešpatį visur ir anapus visko, išties pasiekia tobulą ir amžiną rimtį.

nityo nityānām cetanaś cetanānām
  eko bahūnām yo vidadhāti kāmān
tam ātma-stham ye 'nupaśyanti dhīrās
  teṣām śāntiḥ śāśvatī netareṣām

(„Kaṭha Upaniṣada")

Ši Vedų tiesa perteikiama visiems pasaulio žmonėms – ne tiktai Arjunai, bet ir tiems, kurie dedasi labai mokytais, nors iš tikrųjų jų žinių kraitis labai menkas. Viešpats aiškiai sako, kad Jis Pats, Arjuna ir visi valdovai, susirinkę mūšio lauke – amžinos individualios būtybės, ir kad Viešpats visada palaiko individualias gyvąsias esybes, ar jos yra sąlygoto, ar išlaisvinto būvio. Aukščiausiasis Dievo Asmuo – aukščiausia individuali asmenybė, Arjuna – amžinasis Viešpaties palydovas, o visi susirinkę valdovai – individualios amžinos asmenybės. Neteisinga būtų manyti, kad jie neegzistavo praeityje kaip individai, ir kad jie – tik laikini. Jie buvo individualybės praeityje ir bus tokie ateityje – visada ir per amžius. Todėl nėra priežasties liūdėti.

Aukščiausias autoritetas Viešpats Kṛṣṇa čia neparemia *māyā-vādos* teorijos, kuri teigia, kad *māyos,* iliuzijos, skraisčių atskirta individuali siela po išsivadavimo įsilies į beasmenį Brahmaną ir praras savo individualią egzistenciją. Teorija, teigianti, kad tik dėl savo sąlygotumo kalbame apie individualią būtį, čia irgi nesusilaukia pritarimo. Kṛṣṇa aiškiai sako, ir tai patvirtina *Upaniṣados,* kad tiek Viešpaties, tiek visų likusiųjų individualybės egzistuos amžinai. Šis Kṛṣṇos tvirtinimas – autoritetingas, nes Kṛṣṇos negali paveikti iliuzija. Jeigu individualybė objektyviai neegzistuotų, tai ir Kṛṣṇa taip pabrėžtinai nebūtų sakęs: „per amžius". *Māyāvā-dos* teorijos šalininkai gali pateikti kitą argumentą: esą individualybė, apie kurią kalba Krsna – ne dvasinė, o materiali. Net jei ir sutiktume su šiuo materialios individualybės argumentu, tai kaipgi išskirti Kṛṣṇos individualybę? Kṛṣṇa teigia, kad Jis buvo individualybė praeityje ir bus individualybė ateityje. Jis visaip, kaip tik gali patvirtina Savo individualybę ir skelbia, kad beasmenis Brahmanas yra Jam pavaldus. Kṛṣṇa visada yra dvasinė individualybė. Jeigu Jį laikyti paprasta sąlygota siela, turinčia individualią sąmonę, tuomet Jo „Bhagavad-gītā" prarastų autoritetingo šventraščio vertę. Paprastas žmogus su keturiomis ydomis, būdingomis žmogiškai prigimčiai, negali išmokyti ko nors, kas būtų verta dėmesio. *Gītā* yra aukščiau už tokius „mokymus". Nė viena pasaulietiška knyga negali prilygti „Bhagavad-gītai". Jeigu Kṛṣṇą laikytume paprastu žmogumi, išblėstų *Gītos* svarba. *Māyāvādžiai* tvirtina, kad daugiskaita šiame posme vartojama sąlygiškai ir yra susijusi tik su kūnu. Tačiau ankstesnieji posmai jau smerkė kūnišką sampratą. Ar galėjo Kṛṣṇa, sykį pasmerkęs kūniškąją gyvųjų esybių gyvenimo sampratą, tuojau pat vėl kelti tą plačiai įsigalėjusią klaidingą prielaidą dėl kūno? Taigi individualybė turi dvasinį pagrindą – tai patvirtina Śrī Rāmānuja bei kiti didieji *ācāryos*. Daugelis *Gītos* vietų aiškiai nurodo, kad dvasinį individualumą tegali suvokti Viešpaties bhaktai. Tiems, kurie pavydi Kṛṣṇai, kad Jis – Aukščiausiasis Dievo Asmuo, šio didžio kūrinio tikroji prasmė nesuvokiama. Nebhaktas, mėginantis suvokti *Gītą,* panašus į bitę, bandančią paragauti medaus iš uždaryto stiklainio. Neatidar, ręs stiklainio, medaus neparagausi. Taip ir slėpiningoji „Bhagavad-gītos" prasmė tampa aiški tiktai bhaktams ir niekam kitam, – tvirtinama šios knygos ketvirtajame skyriuje. Kas pavydi Viešpačiui, kitaip sakant, nepripažįsta Jo egzistavimo, tas neturėtų *Gītos* net į rankas imti. Todėl, *māyāvādžių* pateikiami *Gītos* aiškinimai – didžiausias joje pateiktos tiesos iškraipymas. Viešpats Caitanya uždraudė mums skaityti *māyāvādžių* komentarus ir perspėjo, kad tas, kuris sutinka su *māyāvādos* filosofija, nebegali suvokti *Gītos* paslapties. Jeigu individualybė priklausytų tik materialiam pasauliui, tuomet Viešpaties mokymas taptų nereikalingas. Individuali siela visada skirtinga nuo Viešpaties, tai amžinas faktas, kurį, kaip ankščiau buvo minėta, patvirtina *Vedos.*

देहिनोऽस्मिन् यथा देहे कौमारं यौवनं जरा ।   **2.13**
तथा देहान्तरप्राप्तिर्धीरस्तत्र न मुह्यति ॥१३॥

dehino 'smin yathā dehe · kaumāraṁ yauvanaṁ jarā
tathā dehāntara-prāptir · dhīras tatra na muhyati

dehinaḥ – įkūnytojo; *asmin* – šiame; *yathā* – kaip; *dehe* – kūne; *kaumāram* – vaikystė; *yauvanam* – jaunystė; *jarā* – senatvė; *tathā* – taip ir; *deha-antara* – kito kūno; *prāptiḥ* – gavimas; *dhīraḥ* – blaiviai mąstantį; *tatra* – dėl to; *na* – niekada; *muhyati* – klaidina.

Kaip įkūnytoji siela, būdama dar šiame kūne, visą laiką keliauja iš vaikystės į jaunystę ir senatvę, taip ir po mirties ji pereina į naują kūną. Tokie pokyčiai blaiviai mąstančio žmogaus neklaidina.

Kiekviena gyvoji esybė – individuali siela, todėl kas akimirką ji vis keičia savo kūną: įgyja tai vaiko, tai jaunuolio, tai senio išorę. Bet pati dvasinė siela nesikeičia. Ši individuali siela mirties akimirką galutinai nusimeta turimą kūną ir pereina į kitą. Kadangi dar kartą gimusi ji gaus kitą kūną – materialų arba dvasinį – Arjunai nebuvo pagrindo sielvartauti nei dėl Bhīṣmos, nei dėl Droṇos mirties. O dėl jų Arjuna labai krimtosi. Veikiausiai jis galėjo tik pasidžiaugti, kad jie, pakeitę senus kūnus naujais, gaus naujų jėgų. Įgydami naują kūną, mes iš naujo gauname kuo plačiausias galimybes džiaugtis arba kentėti, priklausomai nuo to, kaip elgėmės ankstesniame gyvenime. Todėl tokios taurios sielos, kaip Bhīṣma ir Droṇa, kitą gyvenimą greičiausiai gaus dvasinius kūnus, o blogiausiu atveju – galimybę gyventi dangiškais kūnais ir patirti pačius aukščiausius materialios būties malonumus. Taigi, šiaip ar taip, nebuvo jokių priežasčių sielvartauti.

Kiekvienas žmogus, tobulai išmanantis individualios sielos, Supersielos ir gamtos (tiek materialios, tiek dvasinės) prigimtį, vadinamas *dhīra* – protingiausiu žmogumi. Tokio žmogaus nesuklaidina nesiliaujanti kūnų kaita.

Māyāvādžių mokymas apie dvasinės sielos vienovę yra nepriimtinas, nes dvasinė siela nedaloma į fragmentines daleles. Aukščiausiojo skaidymas į skirtingas individualias sielas padarytų Jį dalomą ir kintamą, kas prieštarauja Aukščiausiosios Sielos nekintamumo principui. *Gītos* tvirtinimu, fragmentinės Aukščiausiojo dalelės egzistuoja amžinai (*sanātana*) ir vadinasi *kṣara,* kitaip sakant, jos linkusios nupulti į materialią gamtą. Fragmentinės dalelės yra amžinos, ir netgi išsivadavusi siela nekinta – ji lieka fragmentinė dalelė. Bet sykį išsivadavusi, ji amžinai gyvena kupiną palaimos bei išminties gyvenimą kartu su Dievo Asmeniu. Pasitelkę atspindžio teoriją galime paaiškinti Supersielą, Paramātmą, kuri glūdi kiekviename individualiame kūne ir skiriasi nuo individualios gyvosios esybės. Vandenyje, kuris atspindi dangų, matomi saulė, mėnuo bei žvaigždės. Žvaigždes galima palyginti su gyvosiomis esybėmis, o saulę arba mėnulį – su Aukščiausiuoju Viešpačiu. Individuali fragmentinė dvasinė siela – tai Arjuna, o Aukščiausia Siela – Dievo Asmuo Śrī Kṛṣṇa. Ketvirtojo skyriaus pradžia rodo, kad jie skirtingo lygio. Jeigu Arjuna būtų to paties lygio kaip ir Kṛṣṇa, o Kṛṣṇa nebūtų pranašesnis už Arjuną, tai mokytojo ir mokinio santykiai, kurie juos sieja, prarastų prasmę. Jeigu jie abu būtų suklaidinti iliuzinės energijos (*māyos*), tada nebūtų jokios prasmės vienam mokyti, o kitam – mokytis. Toksai mokymas būtų bevertis, nes autoritetingu mokytoju negali būti tas, kuris yra *māyos* gniaužtuose. Todėl reikia pripažinti, kad Viešpats Kṛṣṇa – Aukščiausiasis Viešpats, pagal Savo padėtį aukštesnis už gyvąją esybę, Arjuną, užmaršią *māyos* suklaidintą sielą.

मात्रास्पर्शास्तु कौन्तेय शीतोष्णसुखदुःखदाः ।   **2.14**
आगमापायिनोऽनित्यास्तांस्तितिक्षस्व भारत ॥१४॥

mātrā-sparśās tu kaunteya · śītoṣṇa-sukha-duḥkha-dāḥ
āgamāpāyino 'nityās · tāṁs titikṣasva bhārata

mātrā-sparśāḥ – juslinis patyrimas; *tu* – tiktai; *kaunteya* – o Kuntī sūnau; *śīta* – žiemą; *uṣṇa* – vasarą; *sukha* – laimę; *duḥkha* – il skausmą; *dāḥ* – duodantis; *āgama* – ateinančius; *apāyinaḥ* – praeinančius; *anithyāḥ* – laikinus; *tān* – visus juos; *titikṣasva* – stenkis pakęsti; *bhārata* – o Bharatos aini.

O Kuntī sūnau, laimė ir kančia, kaip žiema ir vasara, trumpam ateina ir vėl praeina. Šiuos pojūčius sukelia juslinis patyrimas, o Bharatos aini, ir reikia mokytis netrikdomam juos pakęsti.

Norintieji tinkamai įvykdyti pareigą, turi mokytis pakęsti trumpalaikių laimės ir kančios pojūčių kaitą.Vedos nurodo, kad maudytis ankstų rytą reikia net Māghos (sausio-vasario) mėnesį. Tuo metu būna labai šalta, bet žmogus, gyvenantis pagal religijos principus, nepaiso šalčio ir nedvejodamas maudosi. Taip ir moteris karščiausiu vasaros metu – gegužės ir birželio mėnesiais be jokių dvejonių šeimininkauja virtuvėje. Savo pareigas reikia vykdyti, kad ir kokios nepalankios būtų klimatinės sąlygos. Pavyzdžiui, *kṣatriyo* religinė priedermė – kovoti. Net jeigu tektų susiremti su draugu ar giminaičiu, jis neturi vengti jam nurodytos pareigos. Žmogus privalo laikytis nurodytų religinių taisyklių, kad pakiltų iki žinojimo lygmens, nes tiktai žinojimas ir pasišventimas padės išsivaduoti iš *māyos* (iliuzijos) gniaužtų.

Svarbią reikšmę turi du vardai, kuriais Kṛṣṇa pavadina Arjuną. Kreipinys „Kaunteya" pabrėžia aukštą Arjunos kilmę motinos linija, o „Bhārata" rodo tėvo giminės didybę. Iš abiejų tėvų jis turėjo paveldėti daug dorybių. Aukšta kilmė įpareigoja jį tinkamai vykdyti savo pareigas, todėl jis negali išvengti kovos.

यं हि न व्यथयन्त्येते पुरुषं पुरुषर्षभ ।   **2.15**
समदुःखसुखं धीरं सोऽमृतत्वाय कल्पते ॥१५॥

yaṁ hi na vyathayanty ete · puruṣaṁ puruṣarṣabha
sama-duḥkha-sukhaṁ dhīram · so 'mṛtatvāya kalpate

yam – tą, kurio; *hi* – tikrai; *na* – niekada; *vyathayanti* – netrikdo; *ete* – visi tie; *puruṣam* – asmenį; *puruṣa-ṛṣabha* – o geriausias tarp žmonių; *sama* – vienodas; *duḥkha* – kančioje; *sukham* – ir laimėje; *dhīram* – kantrus; *saḥ* – jis; *amṛtatvāya* – išsivadavimui; *kalpate* – laikomas tinkamu.

O geriausias tarp žmonių [Arjuna], tas, kurio netrikdo laimė ir kančia, kuris išlieka tvirtas jas patyręs – iš tikro vertas išsivaduoti.

Kas tvirtai pasiryžo pasiekti aukštą dvasinio pažinimo pakopą ir kas vienodai pakenčia laimės ir kančios antplūdžius, tas tikrai yra vertas išsivaduoti. Sunkiausias išbandymas *varṇāśramos* institucijoje – ketvirtasis gyvenimo etapas, gyvenimas atsižadėjus pasaulio (*sannyāsa*). Tačiau tas, kuris rimtai nusprendė pasiekti gyvenimo tobulumą, nepaisydamas visų sunkumų būtinai duos *sannyāsos* įžadus. Sunkumai paprastai iškyla, kai reikia nutraukti šeimyninius ryšius, atsisakyti žmonos ir vaikų. Bet tas, kuris pajėgia atlaikyti šiuos išbandymus, nėra abejonės, dvasinio pažinimo kelią nueis iki galo. Taip ir Arjunai patariama atkakliai vykdyti *kṣatriyo* pareigas, net jeigu jam ir sunku kovoti su savo giminaičiais, kitais mylimais žmonėmis. Viešpats Caitanya davė *sannyāsos* įžadus sulaukęs dvidešimt keturių metų, nors Jo jaunutė žmona bei senyva motina liko be paramos – neteko vienintelio globėjo. Vis dėlto aukščiausio tikslo vardan jis tapo *sannyāsiu* ir atkakliai vykdė Savo aukščiausiąją pareigą. Toks yra išsivadavimo iš materialios nelaisvės kelias.

नासतो विद्यते भावो नाभावो विद्यते सतः ।
उभयोरपि दृष्टोऽन्तस्त्वनयोस्तत्त्वदर्शिभिः ॥१६॥

2.16

nāsato vidyate bhāvo · nābhāvo vidyate sataḥ
ubhayor api dṛṣṭo 'ntas · tv anayos tattva-darśibhiḥ

na – niekada; *asataḥ* – neegzistuojančiojo; *vidyate* – yra; *bhāvaḥ* – buvimas; *na* – niekada; *abhavaḥ* – kintamumas; *vidyate* – yra;

satah – amžino; *ubhayoh* – abiejų; *api* – tikrai; *dṛṣṭaḥ* – pastebėta; *antaḥ* – išvada; *tu* – tikrai; *anayoḥ* – jų; *tattva* – tiesą; *darśibhiḥ* – reginčiųjų.

Regintieji tiesą priėjo išvadą, kad tai, kas neegzistuoja [materialus kūnas] – nepastovu, o tai, kas amžina [siela] – nekinta. Šią išvadą jie padarė ištyrinėję abiejų reiškinių esmę.

Nuolatos besikeičiantis kūnas – laikinas. Šių laikų medicina pripažįsta, kad dėl įvairiausių ląstelių veiklos kūnas kinta kas akimirką – jis auga ir sensta. Tačiau dvasinė siela egzistuoja nuolatos, visada yra tokia pati; jai nedaro įtakos jokie kūno bei proto pokyčiai. Tuo materija ir skiriasi nuo dvasios. Pagal prigimtį kūnas nepastovus, o siela – amžina. Šią išvadą prieina visi regintys tiesą: ir impersonalistai, ir personalistai. „Viṣṇu Purāṇoje" (2.12.38) teigiama, kad Viṣṇu ir Jo buveinės pačios savaime skleidžia dvasinės būties šviesą (*jyotīṁṣi viṣṇur bhuvanāni viṣṇuḥ*). Žodžiai *tai, kas egzistuoja* ir *tai, kas neegzistuoja* gali nurodyti tiktai dvasią ir materiją. Tokios nuomonės laikosi visi regintieji tiesą.

Taip Viešpats pradeda mokyti gyvąsias esybes, kurioms klaidinantį poveikį daro neišmanymas. Neišmanymas pašalinamas atkuriant amžiną ryšį tarp garbintojo ir garbinamo objekto ir suvokiant skirtumą tarp Aukščiausiojo Dievo Asmens ir Jo sudėtinių dalelių – gyvųjų esybių. Aukščiausiojo prigimtį galime suvokti nuodugniai tyrinėdami save, savo santykį su Juo suvokdami kaip dalies santykį su visuma. „Vedānta-sūtroje" bei „Śrīmad-Bhāgavatam" Aukščiausiasis vadinamas visų emanacijų šaltiniu. Šias emanacijas galima pažinti per aukštesniosios bei žemesniosios gamtos reiškinius. Gyvosios esybės priklauso aukštesniajai gamtai, – tai bus atskleista septintame skyriuje. Nors energija ir energijos šaltinis nesiskiria, tačiau šaltinis laikomas Aukščiausiuoju, o energija ar gamta – pavaldžia Jam. Taigi gyvosios esybės visada pavaldžios Aukščiausiam Viešpačiui kaip tarnas – šeimininkui, o mokinys – mokytojui. Kai užvaldo neišmanymas, šių akivaizdžių tiesų suvokti tampa neįmanoma, todėl siekdamas išsklaidyti neišmanymą bei apšviesti protą visų laikų visoms gyvosioms esybėms, Viešpats dėsto „Bhagavad-gītą".

अविनाशि तु तद्विद्धि येन सर्वमिदं ततम् ।   2.17
विनाशमव्ययस्यास्य न कश्चित्कर्तुमर्हति ॥१७॥

avināśi tu tad viddhi · yena sarvam idaṁ tatam
vināśam avyayasyāsya · na kaścit kartum arhati

avināśi – nesunaikinama; *tu* – tačiau; *tat* – tai; *viddhi* – žinoki; *yena* – kuo; *sarvam* – visas kūnas; *idam* – šis; *tatam* – persmelktas; *vināśam* – sunaikinimą; *avyayasya* – amžinosios; *asya* – šitos; *na kaścit* – niekas; *kartum* – padaryti; *arhati* – gali.

Žinok, jog tai, kas persmelkia visą kūną – nesunaikinama. Niekas negali sunaikinti amžinosios sielos.

Posmas dar plačiau paaiškina visą kūną persmelkiančios sielos tikrąją esmę. Kiekvienam aišku, kas būtent pasklidę po visą kūną. Tai – sąmonė. Visi jaučiame skausmą ar malonumą, tai atskiroje kūno dalyje, tai visame kūne. Sąmonės išplitimas ribojasi vienu konkrečiu kūnu. Vieno kūno skausmai ar malonumai nežinomi kitam. Vadinasi, kiekvienas atskiras kūnas – individualios sielos buveinė, o sielos buvimo požymis – individuali sąmonė. Teigiama, kad sielos dydis – viena dešimt tūkstantoji plauko galiuko dalis. „Śvetāśvatara Upaniṣada" (5.9) patvirtina šį teiginį:

bālāgra-śata-bhāgasya · śatadhā kalpitasya ca
bhāgo jīvaḥ vijñeyaḥ · sa cānantyāya kalpate

„Jei plauko galiuką padalintum į šimtą dalių, o tą dalį dar kartą dalintum į šimtą – kiekviena gauta dalelė būtų dvasinės sielos dydžio." Kitame analogiškame posme sakoma:

keśāgra-śata-bhāgasya · śatāṁśaḥ sādṛśātmakaḥ
jīvaḥ sūkṣma svarūpo 'yaṁ saṅkhyātīto hi cit kaṇaḥ

„Yra nesuskaičiuojama daugybė dvasinių atomų, kurių dydis lygus vienai dešimt tūkstantajai plauko galiuko daliai."

Vadinasi, individualioji dalelė, dvasinė siela – tai dvasinis atomas, mažesnis net už materialius atomus, ir tokių dvasinių atomų – nesuskaičiuojama daugybė. Be galo maža dvasinė kibirkštis – materialaus kūno fundamentalus pradas, o dvasinės kibirkšties poveikis jaučiamas visame kūne, kaip kokio nors vaisto aktyviosios dalies veikimas jaučiamas visame organizme. Sielos poveikis visam kūnui pasireiškia sąmone, o sąmonė – tai sielos buvimo įrodymas. Net nenusimanantis žmogus supranta, kad materialus kūnas be sąmonės – negyvas, ir kad lavonui sąmonės negrąžins jokios materialios priemonės. Vadinasi, sąmonės šaltinis nėra kažkoks, kad ir be galo ilgas, materijos elementų jungimosi procesas, o dvasinė siela. „Muņḍaka Upaniṣadoje" (3.1.9) be galo mažos dvasinės sielos dydis dar patikslinamas:

eșo 'ņur ātmā cetasā veditavyo
  yasmin prāṇaḥ pañcadhā samviveśa
prāņaiś cittam sarvam otam prajānām
  yasmin viśuddhe vibhavaty eṣa ātmā

„Siela yra maža kaip atomas. Ją gali suvokti tobulas intelektas. Atomo dydžio siela sklando penkių rūšių ore (*prāṇa, apāna, vyāna, samāna ir udāna*), glūdi širdyje ir daro poveikį visam įkūnytosios gyvosios esybės kūnui. Kai siela apsivalo nuo penkių rūšių materialaus oro sutepties, tada išryškėja jos dvasinis poveikis."

Haṭha-yogos sistemos tikslas – įvairių sėdėjimo pozų pagalba suvaldyti penkių rūšių orą, kuris supa tyrą sielą. Tai daroma ne dėl kokios materialios naudos, bet siekiant išvaduoti mikroskopinę sielą iš materialios aplinkos spąstų.

Taigi visuose Vedų raštuose kalbama apie atomo dydžio sielos prigimtį, ir kiekvienas blaiviai mąstantis žmogus tai žino iš praktinio patyrimo. Tiktai beprotis atomo dydžio sielą gali laikyti visa persmelkiančia *viṣṇu-tattva.*

Atomo dydžio siela daro poveikį vienam konkrečiam kūnui.

„Muṇḍaka Upaniṣadoje" nurodoma, kad atomo dydžio siela yra kiekvienos gyvosios būtybės širdyje, bet dėl jos mažumo mokslininkai materialistai negali jos aptikti, ir kai kurie jų absurdiškai teigia, esą sielos nėra. Tačiau aišku, kad individuali atomo dydžio siela drauge su Supersiela glūdi širdyje, todėl iš šios kūno dalies ir sklinda visos energijos, reikalingos kūno veiklai. Kraujo kūneliai, išnešiojantys deguonį iš plaučių, semiasi energijos iš sielos. Kai siela palieka savo buveinę, kraujo apytakos resursai išsenka. Medicina pripažįsta raudonųjų kraujo kūnelių svarbą, bet nepatvirtina, kad energijos šaltinis – siela. Tačiau medicina pripažįsta, kad visų kūno energijų centras – širdis.

Šios atomo dydžio dvasinės visumos dalelės lyginamos su saulės šviesos dalelėmis. Saulė išspinduliuoja nesuskaičiuojamą daugybę šviesos dalelių. Analogiškai ir Aukščiausio Viešpaties fragmentinės dalys – tai Aukščiausiojo Viešpaties spindulių atomo dydžio kibirkštys, kurios vadinasi *prabhā*, ar aukštesnioji energija. Taigi, nei Vedų, nei šiuolaikinio mokslo pasekėjai negali paneigti, kad kūne egzistuoja dvasinė siela, o mokslą apie sielą „Bhagavadgītoje" išsamiai pateikia Pats Dievo Asmuo.

अन्तवन्त इमे देहा नित्यस्योक्ताः शरीरिणः ।　　　　　　**2.18**
अनाशिनोऽप्रमेयस्य तस्माद्युध्यस्व भारत ॥१८॥

antavanta ime dehā · nityasyoktāḥ śarīriṇaḥ
anāśino 'prameyasya · tasmād yudhyasva bhārata

anta-vantaḥ – netvarūs; *ime* – visi šie; *dehāḥ* – materialūs kūnai; *nityasya* – amžinai egzistuojančios; *uktāḥ* – sakoma; *śarīriṇaḥ* – įkūnytos sielos; *anāśinaḥ* – niekada nesunaikinamos; *aprameyasya* – neišmatuojamos; *tasmāt* – todėl; *yudhyasva* – kovok; *bhārata* – o Bharatos aini.

Nesunaikinamos, neišmatuojamos ir amžinos gyvosios esybės materialus kūnas pasmerktas žūti, todėl kovok, o Bharatos aini.

Pagal prigimtį materialus kūnas – netvarus. Ar jis sunyks tuojau, ar po šimto metų – tai tik laiko klausimas. Išsaugoti kūną neapibrėžtam laikui neįmanoma. Tuo tarpu dvasinė siela tokia maža, kad joks priešas negali jos net pamatyti, o ką jau kalbėti apie sunaikinimą. Kaip minėta ankstesniame posme, ji tokia maža, kad niekas nežino, kaip išmatuoti jos dydį. Gyvąją esybę, tokią, kokia ji yra, sunaikinti neįmanoma, o materialaus kūno neįmanoma išsaugoti amžinai ir net išlaikyti ilgesnį laiką – todėl ir šiuo, ir kitu požiūriu nėra dėl ko sielotis. Mikroskopinė dvasinės visumos dalelė užsitarnauja materialų kūną savo darbais, todėl reikia laikytis religijos principų. „Vedānta-sūtroje" gyvoji esybė apibrėžiama kaip šviesa, nes ji – sudėtinė aukščiausios šviesos dalelė. Kaip saulės šviesa palaiko visos visatos egzistavimą, taip sielos šviesa palaiko materialų kūną. Kai tik dvasinė siela išeina iš materialaus kūno, pastarasis ima irti. Vadinasi, ne kas kita, o būtent dvasinė siela palaiko materialaus kūno egzistavimą. Pats kūnas nieko vertas. Arjunai patariama kautis ir neišduoti religijos materialiais, kūniškais sumetimais.

य एनं वेत्ति हन्तारं यश्चैनं मन्यते हतम् ।
उभौ तौ न विजानीतो नायं हन्ति न हन्यते ॥१९॥

2.19

ya enaṁ vetti hantāraṁ · yaś cainaṁ manyate hatam
ubhau tau na vijānīto · nāyaṁ hanti na hanyate

yaḥ – tas, kuris; *enam* – šitą; *vetti* – žino kaip; *hantāram* – žudiką; *yaḥ* – tas, kuris; *ca* – taip pat; *enam* – šitą; *manyate* – galvoja esant; *hatam* – nužudytą; *ubhau* – abu; *tau* – jie; *na* – niekada; *vijānītaḥ* – žinantys; *na* – niekada; *ayam* – ši; *hanti* – žudo; *na* – nei; *hanyate* – žūva.

Žinojimo neturi nei tas, kuris mano, jog gyvoji esybė gali ką nors nužudyti, nei tas, kuris mano, kad ji pati gali būti nužudyta – nes „aš" nei žudo, nei pats žūva.

Privalome žinoti, kad įkūnyta gyvoji esybė nežūva, kai jos kūnas sužeidžiamas mirtinais ginklais. Dvasinė siela tokia maža, kad jos neįmanoma sunaikinti jokiu materialiu ginklu, ką akivaizdžiai parodys tolesni posmai. Jau dėl savo dvasinės prigimties gyvoji esybė negali būti nužudyta. Sunaikinti arba manyti esant sunaikinamą galima tik kūną. Suprantama, tai jokiu būdu nėra skatinimas žudyti. Vedose nurodyta: *mā hiṁsyāt sarvā bhūtāni* – niekada ir prieš nieką nenaudok smurto. Gyvosios esybės nemirtingumo irgi neturime suvokti taip, lyg būtų skatinama skersti gyvūnus. Savavališkas bet kokio kūno nužudymas vertas pasibjaurėjimo, ir už jį baudžia valstybės bei Viešpaties įstatymai. Tačiau Arjuna žudo ne tenkindamas savo įgeidžius, bet gindamas religijos principus.

न जायते म्रियते वा कदाचिन्   2.20
   नायं भूत्वा भविता वा न भूयः ।
अजो नित्यः शाश्वतोऽयं पुराणो
   न हन्यते हन्यमाने शरीरे ॥२०॥

na jāyate mriyate vā kadācin
   nāyaṁ bhūtvā bhavitā vā na bhūyaḥ
ajo nityaḥ śāśvato 'yaṁ purāṇo
   na hanyate hanyamāne śarīre

na – niekada; *jāyate* – gimsta; *mriyate* – miršta; *vā* – arba; *kadācit* – bet kuriuo laiku (praeityje, dabartyje ir ateityje); *na* – niekada; *ayam* – šitas; *bhūtvā* – atsirado; *bhavitā* – atsiras; *vā* – ar; *na* – ne; *bhūyaḥ* – ar vėl atsiras; *ajaḥ* – negimęs; *nityaḥ* – amžinas; *śāśvataḥ* – visad esantis; *ayam* – šitas; *purāṇaḥ* – seniausias; *na* – niekada ne; *hanyate* – žūva; *hanyamāne* – nužudžius; *śarīre* – kūną.

Siela niekada negimsta ir nemiršta. Ji neatsirado praeityje, neatsiranda dabar ir neatsiras ateityje. Ji – negimusi, amžina, visad esanti, seniausia. Ji nežūva nužudžius kūną.

Be galo maža Aukščiausios Dvasios fragmentinė dalelė kokybiškai tapati Aukščiausiajam. Ji nekinta taip, kaip kinta kūnas. Sielą kartais vadina pastovia, *kūṭa-stha.* Kūnas patiria šešis pokyčius. Jis gimsta iš motinos įsčių, kurį laiką egzistuoja, auga, palieka tam tikrus padarinius, palengva vysta ir pagaliau nugrimzta į užmarštį. O štai siela tokių pokyčių nepatiria. Materialus kūnas gimsta todėl, kad jame įsikuria siela, bet pati siela negimsta. Siela neužgimsta su kūnu, taip pat ji ir nemiršta. Miršta tas, kuris gimsta. Kadangi siela negimsta, praeitis, dabartis ir ateitis jai neegzistuoja. Ji amžina, visados egzistuojanti ir seniausia. Kitaip sakant, nėra istorinių jos atsiradimo pėdsakų, nors mes ir norime juos rasti, turėdami galvoje kūną. Siela niekada nesensta, kaip sensta kūnas. Todėl vadinamasis senis išlaiko tą pačią vaikystės ir jaunystės dvasią. Kūno pokyčiai sielai neturi jokios įtakos. Ji nesunyksta kaip medis, kaip visa, kas materialu. Siela nesukuria ir šalutinių produktų. Vaikai, kūno sukurti šalutiniai padariniai, irgi yra skirtingos individualios sielos; tik dėl kūno mums atrodo, kad jie yra kažkokio žmogaus palikuonys. Kūnas vystosi, nes jame glūdi siela, tačiau pati siela neturi atžalų ir nesikeičia. Todėl siela ir nepatiria kūnui būdingų šešių pokyčių.

„Kaṭha Upaniṣados" (1.2.18) analogiškoje citatoje skaitome:

na jāyate mriyate vā vipaścin
   nāyaṁ kutaścin na babhūva kaścit
ajo nityaḥ śāśvato 'yaṁ purāṇo
   na hanyate hanyamāne śarīre

Šio posmo esmė ta pati, kaip ir „Bhagavad-gītos", tačiau jame pavartotas vienas ypatingas žodis – *vipaścit,* reiškiantis „mokytas" arba „turintis žinių".

Siela – kupina žinojimo, kitaip sakant, ji visada ir visiškai sąmoninga. Taigi sąmonė – sielos požymis. Net jeigu negalime aptikti sielos širdyje, kur ji glūdi, vien jau sąmonės buvimas padeda suvokti egzistuojant sielą. Kartais saulės nematyti dėl debesų ar dėl kitos priežasties, bet jos šviesą matome ir dėl to žinome, kad dabar – diena. Vos tik ankstyvą rytą nušvinta padangė, mums jau aišku, kad pateka saulė. Analogiškai, matydami sąmonę kūne –

ar žmogaus, ar gyvūno, suvokiame jame slypint sielą. Tačiau ta sielos sąmonė skiriasi nuo Aukščiausiojo sąmonės, nes aukščiausioji sąmonė yra žinojimas, apimantis viską: praeitį, dabartį ir ateitį. Individualiai sielai yra būdinga užmarštis. Siela, pamiršusi savo tikrąją prigimtį, gali pasisemti mokslo ir šviesos iš aukščiausiųjų Kṛṣṇos pamokymų. Tačiau Kṛṣṇa nepanašus į užmaršią sielą, kitaip Jo mokymas „Bhagavad-gītoje" neturėtų jokios vertės.

Yra dviejų rūšių sielos: siela – mikroskopinė dalelytė (*aṇu-ātmā*) ir Supersiela (*vibhu-ātmā*). Šis teiginys „Kaṭha Upaniṣa-doje" (1.2.20) patvirtinamas taip:

aṇor aṇīyān mahato mahīyān
   ātmāsya jantor nihito guhāyām
tam akratuḥ paśyati vīta-śoko
   dhātuḥ prasādān mahimānam ātmanaḥ

„Ir Supersiela (Paramātmā), ir atomo dydžio siela (*jīvātmā*) yra tame pačiame kūno medyje, toje pačioje gyvosios būtybės širdyje, ir tik tas, kuris atsikratė visų materialių troškimų ir niekuo nesiskundžia, Aukščiausiojo malone gali patirti sielos didybę." Tolimesni skyriai parodys, kad Kṛṣṇa yra taip pat ir Supersielos šaltinis, o Arjuna – tai atomo dydžio siela, užmiršusi savo tikrąją prigimtį, todėl jai reikalinga Kṛṣṇos arba Jo *bona fide* atstovo (dvasinio mokytojo) pamokymų šviesa.

वेदाविनाशिनं नित्यं य एनमजमव्ययम् । **2.21**
कथं स पुरुष: पार्थ कं घातयति हन्ति कम् ॥२१॥

vedāvināśinaṁ nityaṁ · ya enam ajam avyayam
kathaṁ sa puruṣaḥ pārtha · kaṁ ghātayati hanti kam

veda – žino; *avināśinam* – nesunaikinamą; *nityam* – visad egzistuojančią; *yaḥ* – tas, kuris; *enam* – tą (sielą); *ajam* – negimusią; *avyayam* – nekintamą; *katham* – kaip; *saḥ* – šis; *puruṣaḥ* – žmogus;

pārtha – o Pārtha (Arjuna); *kam* – ką; *ghātayati* – verčia padaryti pikta; *hanti* – žudo; *kam* – ką.

**O Pārtha, kaip gali žmogus, suprantantis, kad siela nesunaiki-
nama, amžina, negimusi ir nekintama, ką nors nužudyti arba
priversti žudyti?**

Viskas turi savo paskirtį ir žmogus, turintis tobulą žinojimą,
išmano, kaip ir kur panaudoti daiktus pagal jų tikrąją paskirtį.
Prievarta irgi turi savo paskirtį, tiktai reikia žinoti, kada ją panau-
doti. Negalima smerkti teisėjo, taikos metu paskyrusio mirties
bausmę kaltinamajam žmogžudyste, nes teisėjas sankcionuoja prie-
vartą prieš kitą asmenį, remdamasis baudžiamuoju kodeksu.
„Manu-saṁhitoje", įstatymų sąvade žmonijai, pritariama nuomo-
nei, kad žmogžudys turi būti pasmerktas myriop, tuomet kitą gyve-
nimą jam neteks kentėti už didelę nuodėmę, kurią jis padarė. Todėl
valdovas, pakardamas žmogžudį, iš tiesų daro jam gera. Analogiš-
kai, kai Kṛṣṇa liepia kovoti, aišku, jog prievarta bus naudojama
aukščiausiojo teisingumo vardan, todėl Arjuna ir privalo kautis,
kaip jam nurodoma, gerai suvokdamas, kad prievarta kovojant dėl
Kṛṣṇos – išvis jokia prievarta, nes, šiaip ar taip, žmogaus, o teisin-
giau – sielos, neįmanoma nužudyti. Taigi įgyvendinant teisingumą
vadinamoji prievarta leistina. Chirurginės operacijos tikslas – ne
žudyti pacientą, o jį išgydyti. Todėl Arjuna, paklusęs Kṛṣṇos įsaky-
mui stoti į kovą, pasielgtų kaip žmogus, turintis tobulą žinojimą, ir
nesusilauktų nuodėmingų veiklos pasekmių.

वासांसि जीर्णानि यथा विहाय 2.22
नवानि गृह्णाति नरोऽपराणि ।
तथा शरीराणि विहाय जीर्णा-
न्यन्यानि संयाति नवानि देही ॥२२॥

*vāsāṁsi jīrṇāni yathā vihāya
navāni gṛhṇāti naro 'parāṇi*

tathā śarīrāṇi vihāya jīrṇāny
  anyāni saṁyāti navāni dehī

vāsāṁsi – drabužius; *jīrṇāni* – senus ir sudėvėtus; *yathā* – lygiai kaip; *vihāya* – palikęs; *navāni* – naujus drabužius; *gṛhṇāti* – gauna; *naraḥ* – žmogus; *aparāṇi* – kitus; *tathā* – taip pat; *śarīrāṇi* – kūnus; *vihāya* – palikęs; *jīrṇani* – senus ir niekam tikusius; *anyāni* – kitus; *saṁyāti* – tikrai gauna; *navāni* – naujus; *dehī* – įkūnytasis.

Kaip žmogus užsivelka naujus drabužius, nusimetęs sudėvėtus, taip ir siela gauna naujus materialius kūnus, palikusi senus ir nebenaudingus.

Tai, kad atomo dydžio individuali siela keičia kūnus – pripažintas faktas. Net šiuolaikiniai mokslininkai, netikintys sielos buvimu, bet kartu ir negalintys paaiškinti, kodėl iš širdies sklinda energija, turi pripažinti, kad kūnas nuolat kinta: kūdikis tampa vaiku, vaikas – jaunuoliu, o jaunuolis – seneliu. Praėjus senatvei, tokie pokyčiai iš naujo atsikartoja – tiktai jau kitame kūne. Tai paaiškinta viename ankstesniųjų posmų (2.13).

Sąlygas persikelti į kitą kūną atomo dydžio individualiai sielai sudaro Supersiela. Ji išpildo atomo dydžio sielos troškimą taip, kaip draugas išpildo draugo troškimą. Vedos, būtent „Muṇḍaka Upaniṣada" bei „Śvetāśvatara Upaniṣada", palygina sielą ir Supersielą su dviem vienas kitam artimais paukščiais, tupinčiais viename medyje. Vienas tų paukščių (individuali atomo dydžio siela) lesa medžio vaisius, o kitas (Kṛṣṇa) tiesiog stebi Savo draugą. Vienas iš paukščių – nors kokybės prasme jie tapatūs – susigundo materialaus medžio vaisiais, o kitas tiesiog stebi Savo draugo veiklą. Kṛṣṇa – stebintis paukštis, o Arjuna – lesantis. Nors jie ir draugai, vienas jų – šeimininkas, o kitas – tarnas. Kadangi atomo dydžio siela pamiršta šį ryšį, jai tenka nuolat persikelti iš vieno medžio į kitą, t.y. keisti kūnus. *Jīva,* siela, labai vargsta materialaus kūno medyje, bet kai tik ji, pavaldusis paukštis, antrąjį paukštį pasirenka aukščiausiu dvasiniu mokytoju – kaip pasielgė Arjuna, laisva valia

atsidavęs Kṛṣṇai ir išklausęs Jo pamokymų, ji tuojau pat atsi-
krato sielvarto. Tai liudija ir „Muṇḍaka Upaniṣada" (3.1.2), ir
„Śvetāśvatara Upaniṣada" (4.7):

samāne vṛkṣe puruṣo nimagno
  'nīśayā śocati muhyamānaḥ
juṣṭaṁ yadā paśyaty anyam īśam
  asya mahimānam iti vīta-śokaḥ

„Nors abu paukščiai tupi viename medyje, lesantis paukštis yra
prislėgtas rūpesčių bei liūdesio, nes jis ragauja to medžio vaisius.
Bet pakanka kenčiančiam paukščiui atsigręžti į savo draugą, Vieš-
patį, ir išvysti Jo didybę, kai tą pačią akimirką jis atsikrato visų
rūpesčių." Arjuna atsigręžia veidu į savo amžiną draugą – Kṛṣṇą,
ir iš Jo išgirsta „Bhagavad-gītą". Klausydamasis Kṛṣṇos, jis suvokia
aukščiausiąją Viešpaties didybę ir atsikrato sielvarto.

Čia Viešpats pataria Arjunai nesisieloti dėl to, kad ir jo žilas
senolis, ir jo mokytojas pakeis kūnus. Veikiau Arjuna turėtų tik
pasidžiaugti, kad teisingame mūšyje nužudęs jų kūnus, jis suteiks
jiems galimybę iš karto apsivalyti nuo atoveikio už įvairiausią
kūnišką veiklą. Gyvybę dedantis ant aukuro ar atiduodantis ją
teisingame mūšyje akimirksniu apsivalo nuo atoveikio už kūnišką
veiklą ir pasikelia į aukštesnę būties pakopą. Taigi sielvartauti
Arjuna neturėjo pagrindo.

नैनं छिन्दन्ति शस्त्राणि नैनं दहति पावकः ।   **2.23**
न चैनं क्लेदयन्त्यापो न शोषयति मारुतः ॥२३॥

nainaṁ chindanti śastrāṇi · nainaṁ dahati pāvakaḥ
na cainaṁ kledayanty āpo · na śoṣayati mārutaḥ

na – niekada; *enam* – šią sielą; *chindanti* – gali sukapoti į dalis;
śastrāṇi – ginklai; *na* – niekada; *enam* – šią sielą; *dahati* – sude-
gina; *pāvakaḥ* – ugnis; *na* – niekada; *ca* – taip pat; *enam* – šią sielą;

kledayanti – permerkia; *āpaḥ* – vanduo; *na* – niekada; *śoṣayati* – išdžiovina; *mārutaḥ* – vėjas.

Sielos negali sukapoti į dalis joks ginklas, negali sudeginti ugnis, permerkti vanduo, išdžiovinti vėjas.

Jokiais ginklais – nei kardu, nei liepsna, nei liūtimi, nei viesulu etc. – negalima sunaikinti dvasinės sielos. Pasirodo, jog be šiuolaikinių ugnies ginklų būta įvairiausių rūšių ginklų, sukurtų iš žemės, vandens, oro, eterio etc. Šių dienų branduolinis ginklas priskirtinas prie ugnies ginklų, o seniau jų būta ir kitokių, sukurtų iš visų kitų materijos elementų. Ugnies ginklus neutralizuodavo vandens ginklai, kurių nūdienis mokslas nė nežino. Mūsų dienų mokslininkai nieko nenumano ir apie viesulo galią panaudojančius ginklus. Vis dėlto sielos neįmanoma suskaldyti arba sunaikinti jokiais, net tobuliausios konstrukcijos ginklais.

Māyāvādžiai negali paaiškinti, kokiu būdu (neva dėl neišmanymo) individuali siela atsirado ir buvo užvaldyta iliuzinės energijos. Individuali siela yra atskira Aukščiausiosios Sielos dalis per amžius, ir niekada nebuvo taip, kad ji tapo atskirta nuo pirminės Aukščiausiosios Sielos. Kadangi amžinai (*sanātana*) egzistuojančios individualios sielos yra be galo mažos, jos yra linkusios pasiduoti iliuzinės energijos įtakai. Taip jos praranda galimybę artimai bendrauti su Aukščiausiuoju Viešpačiu; jos tarsi kibirkštys, kurios kokybiškai nesiskiria nuo ugnies, bet užgęsta, vos tik iš jos išlekia. „Varāha Purāṇoje" gyvosios esybės apibūdintos kaip atsietos sudėtinės Aukščiausiojo dalelės. Tokios jos yra amžinai, – ta mintis patvirtinama ir „Bhagavad-gītoje". Taigi, net išsivadavusi iš iliuzijos, gyvoji esybė išsaugo savo identiškumą – ką rodo Viešpaties pamokymai Arjunai. Perėmęs žinias iš Kṛṣṇos, Arjuna išsivadavo, tačiau jokiu būdu nesusivienijo su Kṛṣṇa.

अच्छेद्योऽयमदाह्योऽयमक्लेद्योऽशोष्य एव च ।   2.24
नित्यः सर्वगतः स्थाणुरचलोऽयं सनातनः ॥२४॥

acchedyo 'yam adāhyo 'yam · akledyo 'śoṣya eva ca
nityaḥ sarva-gataḥ sthāṇur · acalo 'yaṁ sanātanaḥ

acchedyaḥ – nedaloma; *ayam* – ši siela; *adāhyaḥ* – nesudeginama; *ayam* – ši siela; *akledyaḥ* – netirpi; *aśoṣyaḥ* – neišdžiovinama; *eva* – tikrai; *ca* – ir; *nityaḥ* – amžina; *sarva-gataḥ* – visa persmelkianti; *sthāṇuḥ* – pastovi; *acalaḥ* – nepajudinama; *ayam* – ši siela; *sanātanaḥ* – amžinai ta pati.

Ši individuali siela yra nedaloma ir netirpi, neįmanoma jos nei sudeginti, nei išdžiovinti. Ji amžina, visur esanti, pastovi, nepajudinama, amžinai ta pati.

Šios atomo dydžio sielos savybės akivaizdžiai rodo, kad individuali siela – amžinas, be galo mažas dvasinės visumos atomas, ir kad ji nekinta – amžinai yra tas pats atomas. Šiuo atveju monizmo teoriją pritaikyti labai sunku, nes individualios sielos iš principo niekada negali susilieti į vientisą visumą. Išsivadavusi iš materijos nešvaros, atomo dydžio siela kaip dvasinė kibirkštis gali likti (jeigu jai tai svarbiau) Aukščiausiojo Dievo Asmens švytėjime, tačiau išmintingos sielos keliauja į dvasines planetas, kur bendrauja su Dievo Asmeniu.

Žodis *sarva-gata* („visa persmelkianti") – reikšmingas, nes nėra abejonių, kad gyvosios esybės išsibarsčiusios po visą Dievo kūriniją. Jos gyvena ant žemės paviršiaus, taip pat vandenyje, ore, žemėje, net ugnyje. Negalima pripažinti, kad ugnyje jos žūsta, nes šie posmai aiškiai nurodo, jog siela nedega. Todėl neabejotina, kad gyvųjų būtybių taip pat esama ir Saulės planetoje, o jų kūnai pritaikyti gyventi tos planetos sąlygomis. Jeigu Saulė būtų neapgyvendinta, žodis *sarva-gata* – „visur gyvenanti" – netektų prasmės.

अव्यक्तोऽयमचिन्त्योऽयमविकार्योऽयमुच्यते ।
तस्मादेवं विदित्वैनं नानुशोचितुमर्हसि ॥२५॥   2.25

avyakto 'yam acintyo 'yam · avikāryo 'yam ucyate
tasmād evaṁ viditvainaṁ · nānuśocitum arhasi

avyaktaḥ – nematoma; *ayam* – ši siela; *acintyaḥ* – nesuvokiama;
ayam – ši siela; *avikāryaḥ* – nekintama; *ayam* – ši siela; *ucyate* –
pasakyta; *tasmāt* – todėl; *evam* – taip; *viditvā* – gerai žinodamas;
enam – šią sielą; *na* – ne; *anuśocitum* – sielotis; *arhasi* – tau verta.

Pasakyta, kad siela nematoma, nesuvokiama ir nekintama. Tai
žinant, nederėtų sielotis dėl kūno.

Kaip anksčiau buvo aiškinta, siela mūsų materialiais skaičiavimais
tokia maža, kad jos nepamatysi net pačiu galingiausiu mikroskopu,
todėl galima teigti, kad ji nematoma. O įrodyti sielos egzistavimą
eksperimentiškai – neįmanoma. Vienintelis įrodymas – *śruti,* t.y.
Vedų išmintis. Mes turime patikėti ta tiesa, nes nėra kito šaltinio,
kuris padėtų paaiškinti egzistuojant sielą, nors mes ir juntame ją
esant. Daug yra dalykų, kuriuos mums tenka pripažinti remian-
tis vien tik aukštesnio autoriteto liudijimu. Pavyzdžiui, be motinos
niekas kitas nepasakys, kas tavo tėvas. Nėra kito patikimo šaltinio –
tik motinos autoritetas. Taip ir Vedos – vienintelis šaltinis, kurį stu-
dijuodami mes galime suvokti sielą. Kitaip sakant, ji nepatiriama
žmonių eksperimentinio mokslo pagalba. Siela – tai sąmonė, ji yra
sąmoninga – toks kitas Vedų teiginys, ir mums belieka tik su juo
sutikti. Skirtingai, negu kūnas, siela nesikeičia. Būdama amžinai
nekintama, ji, palyginus su begaline Aukščiausiąja Siela, yra maža
tarsi atomas. Aukščiausioji Siela – be galo didelė, o atomo dydžio
siela – be galo maža. Taigi be galo maža siela, būdama nekintama,
negali prilygti begalinei sielai – Aukščiausiajam Dievo Asmeniui.
Kartojant šią mintį įvairiausiais variantais Vedose siekiama vieno –
pabrėžti sielos sampratos pastovumą. Ta pati mintis vis kartojama,
kad aptariamą klausimą suvoktume teisingai ir iki galo.

अथ चैनं नित्यजातं नित्यं वा मन्यसे मृतम् ।   **2.26**
तथापि त्वं महाबाहो नैनं शोचितुमर्हसि ॥२६॥

atha cainaṁ nitya-jātaṁ · nityaṁ vā manyase mṛtam
tathāpi tvaṁ mahā-bāho · nainaṁ śocitum arhasi

atha – tačiau jeigu; *ca* – taip pat; *enam* – ši siela; *nitya-jātam* – nuolat gimsta; *nityam* – visą laiką; *vā* – arba; *manyase* – tu taip manai; *mṛtam* – miršta; *tathā api* – vis tiek; *tvam* – tu; *mahā-bāho* – o tvirtaranki; *na* – niekada; *enam* – dėl sielos; *śocitum* – sielvartauti; *arhasi* – verta.

Tačiau jeigu tu, o tvirtaranki, vis dėlto manai, kad siela [ar gyvybės požymiai] vis gims ir mirs amžiams, vis tiek nėra dėl ko sielvartauti.

Visais laikais būna filosofų, kurie, lygiai kaip ir budistai, netiki, kad siela gali egzistuoti atskirai be kūno. Yra žinoma, kad tokių filosofų būta ir tais laikais, kai Viešpats Kṛṣṇa perteikė „Bhagavad-gītą". Jie vadinosi *lokāyatikos* ir *vaibhāṣikos*. Šios pakraipos filosofai tvirtina, kad gyvybės simptomai pasireiškia tam tikrame brandžiame materijos elementų jungimosi etape. Panašiai mąsto ir šių laikų mokslininkai bei filosofai materialistai. Pasak jų, kūnas yra fizinių elementų junginys, o gyvybės požymiai jame atsiranda tam tikros fizinių bei cheminių elementų tarpusavio sąveikos metu. Šia idėja pagrįstas antropologijos mokslas. Šiuo metu šios filosofijos laikosi daugelis pseudoreligijų, sparčiai populiarėjančių Amerikoje, bei nihilistinės budizmo sektos, kurioms yra svetima pasiaukojimo Viešpačiui dvasia.

Jeigu Arjuna ir netikėtų egzistuojant sielą (o toks požiūris atitinka *vaibhāṣikos* filosofiją), vis tiek jis neturėtų jokio pagrindo sielvartauti. Ar verta krimstis, jei bus prarasta kažkiek tai cheminių medžiagų? Argi galima dėl to nebevykdyti savo pareigos? O juk šiuolaikinio mokslo ir karo reikalams – kad tik pavyktų nugalėti priešą – sunaudojamos tonos chemikalų. *Vaibhāṣikos* filosofija teigia, kad vadinamoji siela, *ātmā*, pražūva kartu su kūnu. Taigi, ar Arjuna pritartų Vedų išvadoms dėl atomo dydžio sielos egzistavimo, ar netikėtų jos buvimu, sielvartauti nėra pagrindo. *Vaibhā-*

ṣikos filosofija teigia, kad kiekvieną akimirką materija generuoja didelį kiekį gyvųjų esybių ir kiekvieną akimirką gausybė jų žūva, taigi neverta nė pergyventi dėl tokių niekų. O jeigu jau sielai negresia joks atgimimas, tai Arjunai ir nereikia bijoti jokio atpildo už savo nuodėmę – senelio ir mokytojo nužudymą. Tuo pat metu Kṛṣṇa sarkastiškai pavadina Arjuną *mahā-bāhu,* tvirtarankiu, nes jis bent jau nepripažįsta *vaibhāṣikų* teorijos, kuri prieštarauja Vedų išminčiai. Kaip *kṣatriyas,* Arjuna priklauso vediškajai kultūrai, todėl jam ir derėtų laikytis šios kultūros principų.

जातस्य हि ध्रुवो मृत्युर्ध्रुवं जन्म मृतस्य च ।   2.27
तस्मादपरिहार्येऽर्थे न त्वं शोचितुमर्हसि ॥२७॥

jātasya hi dhruvo mṛtyur · dhruvaṁ janma mṛtasya ca
tasmād aparihārye 'rthe · na tvaṁ śocitum arhasi

jātasya – to, kuris gimė; *hi* – tikrai; *dhruvaḥ* – faktas; *mṛtyuḥ* – mirtis; *dhruvam* – taip pat faktas; *janma* – gimimas; *mṛtasya* – mirusiojo; *ca* – taip pat; *tasmāt* – todėl; *aparihārye* – dėl neišvengiamo; *arthe* – dalyko; *na* – ne; *tvam* – tu; *śocitum* – sielvartauti; *arhasi* – verta.

Kas gimė, tas tikrai numirs, o po mirties jis būtinai vėl atgims. Todėl nesielvartauk ir vykdyk savo pareigą – jos neišvengsi.

Gyvenimo poelgiai nulemia gimimo sąlygas. Pasibaigus vienam aktyvumo periodui mirštame, kad gimę vėl atnaujintume savo veiklą. Taip sukamės gimimo ir mirties rate ir negalime išsivaduoti. Tačiau sukimasis gimimo ir mirties rate nėra pagrindas beprasmiškai žudyti, laikyti skerdyklas ir kelti karus. Nors, kita vertus, prievarta ir karai – tai neišvengiami faktoriai, lemiantys teisėtumą ir tvarką žmonių visuomenėje.

    Kurukṣetros mūšis, kaip Aukščiausiojo valios išraiška, buvo neišvengiamas, o kovoti už teisų reikalą – *kṣatriyo* pareiga. Tad ar turėtų Arjuną gąsdinti bei skaudinti giminaičių mirtis – juk jis vykdo teisėtą pareigą? Jis nenusižengia įstatymui, tad nesulauks ir nuodėmingos veiklos atoveikio, kuris jį taip gąsdina. Vengdamas teisėtos pareigos, jis vis tiek neatitolins savo giminaičių mirties, o tiktai gali pats degraduoti, nes pasirinko neteisingą veiklos kryptį.

अव्यक्तादीनि भूतानि व्यक्तमध्यानि भारत ।　　　　2.28
अव्यक्तनिधनान्येव तत्र का परिदेवना ॥२८॥

avyaktādīni bhūtāni · vyakta-madhyāni bhārata
avyakta-nidhanāny eva · tatra kā paridevanā

avyakta-ādīni – pradžioje neišreikšta; *bhūtāni* – visa, kas yra sukurta; *vyakta* – išreikšta; *madhyāni* – viduryje; *bhāratā* – o Bharatos aini; *avyakta* – neišreikšta; *nidhanāni* – po sunaikinimo; *eva* – taip yra; *tatra* – todėl; *kā* – koks; *paridevanā* – sielvartas.

Pradžioje visos sukurtos būtybės esti neišreikštos, tarpiniame būvyje jos įgyja išreikštą pavidalą, o po naikinimo vėl tampa neišreikštos. Tad ar yra dėl ko sielotis?

Jeigu teigsime, kad egzistuoja dviejų rūšių filosofai – tikintys esant sielą ir netikintys, tai ir vieni, ir kiti sielvartauti neturi jokio pagrindo. Tuos, kurie netiki sielos egzistavimu, Vedų išminties pasekėjai vadina ateistais. Tarkime, jog mes pripažįstame ateistinę teoriją – net ir šiuo atveju pergyventi nėra dėl ko. Net ir nepaisant to, kad siela egzistuoja atskirai, turime suvokti, kad prieš visatos sukūrimą materijos pradmenys esti dar neišreikšti. Kaip iš eterio atsiranda oras, iš oro – ugnis, iš ugnies – vanduo, o iš vandens – žemė, taip iš subtilaus neišreikšto būvio randasi išreikšti daiktai. Iš žemės sudaromi patys įvairiausi daiktai. Imkime, pavyzdžiui, daugiaaukštį dangoraižį, pastatytą iš žemės. Kai dangoraižis sugriaunamas, jis vėl praranda išreikštą būvį ir egzistuoja atomų pavidalu kaip buvo iš pradžių. Energijos tvermės dėsnis galioja kaip galiojęs, tiktai skirtumas toks, kad bėgant laikui daiktai įgauna išreikštą arba

111

neišreikštą pavidalą. Tad ar verta sielvartauti dėl kokio daikto – ar jis būtų išreikšto pavidalo, ar būtų neišreikštas? Šiaip ar taip, net ir tai, kas neišreikšta, niekur neišnyksta. Pradmenys būna neišreikšti ir pradžioje, ir pabaigoje; jie įgyja išreikštą pavidalą tiktai tarpiniame būvyje ir materialia prasme tai nesudaro esminio skirtumo.

O jeigu mes pripažįstame „Bhagavad-gītoje" pateiktą Vedų teiginį, kuris skelbia, kad materialūs kūnai ilgainiui suyra (*antavanta ime dehāḥ*) ir tik siela išlieka amžinai (*nityasyoktāḥ śarīriṇaḥ*), mes turime visada atminti, jog kūnas – tai drabužis, tad ar verta sielotis keičiant rūbą? Amžinos sielos požiūriu materialus kūnas faktiškai neegzistuoja, jo būtis – tarytum sapnas. Sapne mes galime skraidyti padebesiais ar sėdėti karietoje kaip karaliai, bet nubudę matome, kad mes nei danguje, nei karietoje. Vedų išmintis skatina pažinti save remiantis tuo principu, kad materialus kūnas neegzistuoja. Taigi ar tikime sielos buvimu, ar ne – abiem atvejais nėra priežasties sielvartauti dėl prarasto kūno.

आश्चर्यवत्पश्यति कश्चिदेन-
माश्चर्यवद्वदति तथैव चान्यः ।
आश्चर्यवच्चैनमन्यः शृणोति
श्रुत्वाप्येनं वेद न चैव कश्चित् ॥२९॥

2.29

āścarya-vat paśyati kaścid enam
āścarya-vad vadati tathaiva cānyaḥ
āścarya-vac cainam anyaḥ śṛṇoti
śrutvāpy enaṁ veda na caiva kaścit

āścarya-vat – kaip stebuklą; *paśyati* – mato; *kaścit* – kai kurie; *enam* – šią sielą; *āścarya-vat* – kaip apie stebuklą; *vadati* – kalba; *tathā* – tuo būdu; *eva* – tikrai; *ca* – taip pat; *anyaḥ* – kiti; *āścarya-vat* – irgi kaip apie stebuklą; *ca* – taip pat; *enam* – šią sielą; *anyaḥ* – kiti; *śṛṇoti* – klauso; *śrutvā* – išgirdę apie; *api* – net; *enam* – šią sielą; *veda* – žino; *na* – niekada; *ca* – ir, *eva* – tikrai, *kaścit* – kas nors.

Vieni į sielą žvelgia kaip į stebuklą, kiti kalba apie ją kaip apie stebuklą, treti girdi apie ją pasakojant kaip apie stebuklą, bet yra ir tokių, kurie net išgirdę niekaip nepajėgia jos suprasti.

Kadangi „Gītopaniṣada" daugiausiai yra grindžiama *Upaniṣadų* principais, visai nekeista, kad „Kaṭha Upaniṣadoje" (1.2.7) randame tokį ketureilį:

śravaṇāyāpi bahubhir yo na labhyaḥ
  śṛṇvanto 'pi bahavo yaṁ na vidyuḥ
āścaryo vaktā kuśalo 'sya labdhā
  āścaryo 'sya jñātā kuśalānuśiṣṭaḥ

Nuostabiausia, kad atomo dydžio siela yra ir milžiniško gyvūno kūne, ir milžiniškame banjano medyje, o taip pat ir mikroskopinėse bakterijose, kurių milijonai milijardų telpa mažiausioje erdvėje. Turintys menką žinių kraitį ir neasketiški žmonės negali suvokti individualios atomo dydžio dvasinės kibirkšties stebuklo, nors jį paaiškina didžiausias autoritetas pažinimo klausimais, mokęs net Brahmą – pirmą gyvąją būtybę visatoje. Primityvus, materialistiškas dalykų esmės supratimas trukdo daugumai mūsų amžiaus žmonių įsivaizduoti, kad toji maža dalelė gali būti ir tokia didi, ir tokia maža. Žmonės sielą laiko tikrų tikriausiu stebuklu – tiek dėl jos sandaros, tiek ir dėl išorinių savybių. Materialios energijos suklaidinti žmonės taip įsitraukia į materialius reikalus, susijusius su jusliniu pasitenkinimu, kad jiems lieka labai mažai laiko aiškintis savęs pažinimo klausimus, nors akivaizdu, kad savęs nepažinus visos jų pastangos kovoje už būvį galų gale baigiasi pralaimėjimu. Ko gero jie net nenumano, kad mąstant apie sielą galima išspręsti materialių kančių problemą.

Kai kuriems žmonėms patinka klausytis apie sielą, jie gal ateina ir į paskaitas tokia tema, bendrauja su gera draugija, bet kartais dėl neišmanymo klysta – sutapatina Supersielą su atomo dydžio siela, nesuvokdami jų dydžio skirtumo. Iš tiesų sunku sutikti žmogų, kuris tobulai suvokia Supersielos ir atomo dydžio sielos padėtį, jų atitinkamas funkcijas, tarpusavio ryšį bei kitas svarbesnes ir mažiau svarbias detales. Dar sunkiau surasti tą, kuris tikrai įsisąmonino žinių apie sielą naudą ir gali sielos padėtį nusakyti skirtingais aspektais. Bet jeigu žmogus, šiaip ar taip, sugeba suprasti mokslą apie sielą, jo gyvenimas tampa sėkmingas.

Tačiau lengviausias būdas suprasti savąjį „aš" – patikėti teiginiais, kuriuos „Bhagavad-gītoje" išdėstė didžiausias autoritetas, Viešpats Kṛṣṇa, ir nenukrypti į kitas teorijas. Visgi, pripažinti Kṛṣṇą Aukščiausiuoju Dievo Asmeniu įstengs tik tas, kuris šiame ar ankstesniuose savo gyvenimuose atliko dideles askezes ir aukas. Pažinti Kṛṣṇą tokį, koks Jis yra, galima tiktai tyro bhakto nepriežastine malone ir niekaip kitaip.

देही नित्यमवध्योऽयं देहे सर्वस्य भारत ।
तस्मात्सर्वाणि भूतानि न त्वं शोचितुमर्हसि ॥३०॥

2.30

dehī nityam avadhyo 'yaṁ · dehe sarvasya bhārata
tasmāt sarvāṇi bhūtāni · na tvaṁ śocitum arhasi

dehī – materialaus kūno savininkas; *nityam* – amžinas; *avadhyaḥ* – nenužudomas; *ayam* – ši siela; *dehe* – kūne; *sarvasya* – kiekvieno; *bhārata* – o Bharatos aini; *tasmāt* – todėl; *sarvāṇi* – visų; *bhūtāni* – gyvųjų esybių (gimusių); *na* – niekada; *tvam* – tau; *śocitum* – sielvartauti; *arhasi* – verta.

O Bharatos aini, kūne esantysis – nenužudomas. Tad neverta sielotis dėl gyvųjų būtybių.

Viešpats užbaigia Savo pamokymų apie nekintančią dvasinę sielą skyrių. Įvairiausiais aspektais apibūdindamas nemirtingą sielą, Viešpats Kṛṣṇa argumentuotai įrodo, kad ji – amžina, o kūnas – laikinas. Todėl Arjuna, *kṣatriyas*, privalo nevengti savo pareigos ir nesibaiminti, kad jo senelis Bhīṣma bei mokytojas Droṇa kautynėse žus. Pasikliaujant Śrī Kṛṣṇos autoritetu reikia tikėti, kad egzistuoja skirtinga nuo materialaus kūno siela, o ne tuo, kad jos nėra, ar kad gyvybės požymiai pasireiškia tam tikrame materijos raidos etape kaip cheminių medžiagų tarpusavio sąveikos pasekmė. Nors siela ir nemirtinga, jokiu būdu negalima skatinti prievartos. Kai prievarta iš tiesų būtina (sakykime, karo atveju), ją galima naudoti tiktai Viešpačiui leidus, teisėtai, o ne pačiam įsigeidus.

स्वधर्ममपि चावेक्ष्य न विकम्पितुमर्हसि ।   2.31
धर्म्याद्धि युद्धाच्छ्रेयोऽन्यत्क्षत्रियस्य न विद्यते ॥३१॥

sva-dharmam api cāvekṣya · na vikampitum arhasi
dharmyād dhi yuddhāc chreyo 'nyat · kṣatriyasya na vidyate

sva-dharmam – savus religijos principus; *api* – taip pat; *ca* – tikrai; *avekṣya* – turint omenyje; *na* – niekada; *vikampitum* – dvejoti; *arhasi* – tau verta; *dharmyāt* – dėl religijos principų; *hi* – tikrai; *yuddhāt* – už kovą; *śreyaḥ* – geresnio užsiėmimo; *anyat* – jokio kito; *kṣatriyasya* – kṣatriyui; *na* – ne; *vidyate* – egzistuoja.

O dėl savo kṣatriyo pareigos, žinoki, nėra tau geresnio darbo už kovą ginant religijos principus. Todėl nedvejok.

Kṣatriyais vadinami antrosios iš keturių socialinių grupių atstovai, kurių užduotis – tinkamai organizuoti valdymą. *Kṣat* reiškia „žeisti". Ginantysis nuo skriaudėjų yra *kṣatriya* (*trāyate* – ginti). *Kṣatriyai* žudyti mokomi miške. Apsiginklavę vien kardu jie eina į mišką ir vienas prieš vieną susiremia su tigru. Nudobtas tigras sudeginamas su karališkomis iškilmėmis. Džaipuro valstijos karaliai *kṣatriyai* laikosi šio papročio dar ir dabar. *Kṣatriyus* neatsitiktinai mokė kaip iškviesti priešininką į kovą ir jį nugalėti, nes kai kuriais atvejais prievarta būtina religijos principams ginti. Todėl *kṣatriyai* neturi duoti *sannyāsio* įžadų, t.y. atsižadėti pasaulio. Prievartos nenaudojimas politikoje gali būti diplomatinis manevras, bet jos nereikia paversti principu. Religijos įstatymų rinkinyje teigiama:

āhaveṣu mitho 'nyonyaṁ · jighāṁsanto mahī-kṣitaḥ
yuddhamānāḥ paraṁ śaktyā · svargaṁ yānty aparāṅ-mukhāḥ

yajñeṣu paśavo brahman · hanyante satataṁ dvijaiḥ
saṁskṛtāḥ kila mantraiś ca · te 'pi svargam avāpnuvan

„Karalius arba *kṣatriyas,* kuris žūva kautynių lauke kovodamas su priešišku jam karaliumi, po mirties vertas gyventi dangaus planetose. To paties nusipelno ir brahmanas, atnašaujantis gyvūnus aukuro ugnyje." Taigi žudymas kautynėse ginant religijos principus ir gyvūnų atnašavimas aukuro ugnyje jokiu būdu nelaikomi prievartos aktu, nes visi gauna naudos iš to, kas susiję su religijos principais. Paaukotas gyvūnas iškart gauna gyvenimą žmogaus kūne, ir jam nebereikia laipsniškai evoliucionuoti iš vienos gyvybės formos į kitą. O *kṣatriyai,* žuvę kautynių lauke, ir brahmanai, atnašaujantys aukas, patenka į dangaus planetas.

Yra dviejų rūšių *sva-dharmos,* nurodytos pareigos. Kol nesi išsivadavęs, reikia vykdyti pareigas, numatytas kūnui, kuriame įsikūnijai. Norint išsivaduoti, tos pareigos neturi prasilenkti su religijos principais. Išsivadavus *sva-dharma* (nurodyta pareiga) tampa dvasinė ir išeina už materialios kūniškos sampratos ribų. Materiali būties samprata numato specifines pareigas tiek brahmanams, tiek *kṣatriyams,* ir tos pareigos neišvengiamos. *Sva-dharmą* nustato Viešpats – tai išsamiai nušvies ketvirtasis skyrius. Kūno lygiu atliekama *sva-dharma* vadinasi *varṇāśrama-dharma,* arba žmogaus dvasinio pažinimo pamatinis akmuo. Žmonių civilizacija prasideda *varṇāśrama-dharmos* stadija. *Varṇāśrama-dharma* – tai specifinės pareigos, kurias nulemia tai, kokios gamtos *guṇos* valdo įgytą kūną. Vykdydamas savo nurodytas pareigas bet kokioje veiklos srityje ir sekdamas aukštesniųjų autoritetų nurodymais žmogus pasikelia į aukštesnę būties pakopą.

यदृच्छया चोपपन्नं स्वर्गद्वारमपावृतम् ।
सुखिनः क्षत्रियाः पार्थ लभन्ते युद्धमीदृशम् ॥२.३२॥

2.32

yadṛcchayā copapannaṁ · svarga-dvāram apāvṛtam
sukhinaḥ kṣatriyāḥ pārtha · labhante yuddham īdṛśam

yadṛcchayā – savaime; *ca* – taip pat; *upapannam* – atvykę prie;
svarga – dangaus planetų; *dvāram* – vartų; *apāvṛtam* – plačiai
atvertų; *sukhinaḥ* – labai laimingi; *kṣatriyāḥ* – karališkojo luomo
atstovai; *pārtha* – o Pṛthos sūnau; *labhante* – pasiekia; *yuddham* –
mūšį; *īdṛśam* – kaip šis.

**O Pārtha, laimingi tie kṣatriyai, kuriems netikėtai pasitaiko
tokios kautynės, atveriančios jiems dangaus planetų vartus.**

Vyriausias pasaulio mokytojas Viešpats Kṛṣṇa pasmerkia Arju-
nos nusiteikimą, kurį atspindi jo žodžiai: „Nieko gero nežada šitos
kautynės. Dėl jų aš niekada neištrūksiu iš pragaro." Tik nieko neiš-
manydamas jis ir tegalėjo šitaip tvirtinti. Jis norėjo nenaudoda-
mas prievartos vykdyti savo specifinę pareigą, tačiau tą *kṣatriyą*,
kuris kautynėse ketina išvengti prievartos, galima pavadinti kvailiu.
„Parāśara-smṛti" – religijos įstatymų kodekse, kurį sudarė didysis
išminčius Vyāsadevos tėvas Parāśara, pasakyta:

kṣatriyo hi prajā rakṣan · śastra-pāṇiḥ pradaṇḍayan
nirjitya para-sainyādi · kṣitiṁ dharmeṇa pālayet

„Kṣatriyo pareiga – ginti piliečius nuo visų negandų, ir jis turi nau-
doti prievartą, kai ji būtina palaikant įstatymus ir tvarką. Todėl jis
privalo triuškinti priešiškų valdovų karius ir valdyti pasaulį pagal
religijos principus."
   Gerai viską pasvėręs, Arjuna neturėjo jokio pagrindo trauktis iš
kovos. Jeigu jis nugalės priešus – valdys karalystę, o jei mūšyje žus –
pasikels į dangaus planetas, kurių vartai jam bus plačiai atverti.
Šiaip ar taip, kautynės jam atneš tiktai naudą.

अथ चेत्त्वमिमं धर्म्यं सङ्ग्रामं न करिष्यसि ।   2.33
ततः स्वधर्मं कीर्तिं च हित्वा पापमवाप्स्यसि ॥३३॥

atha cet tvam imaṁ dharmyaṁ · saṅgrāmaṁ na kariṣyasi
tataḥ sva-dharmaṁ kīrtiṁ ca · hitvā pāpam avāpsyasi

atha – todėl; *cet* – jeigu; *tvam* – tu; *imam* – šią; *dharmyam* – kaip religinę pareigą; *saṅgrāmam* – kovą; *na* – ne; *kariṣyasi* – atliksi; *tataḥ* – tuomet; *sva-dharmam* – savo religinės pareigos; *kīrtim* – garbės; *ca* – taip pat; *hitvā* – netekęs; *pāpam* – atoveikį už nuodėmes; *avāpsyasi* – gausi.

O jeigu tu nevykdysi savo religinės pareigos – nesikausi, tuomet dėl pareigos nepaisymo tikrai užsitrauksi nuodėmę ir sutepsi kario garbę.

Arjuna buvo garsus karys, o šlovę jis pelnė nugalėjęs daugelį didžiųjų pusdievių, net ir patį Viešpatį Śivą. Susikovęs su Viešpačiu Śiva, kuris persirengė medžiotoju, ir jį įveikęs, Arjuna suteikė malonumą Viešpačiui. Todėl gavo dovanų ginklą, kuris vadinasi *pāśupata-astra*. Visi žinojo, jog Arjuna – didis karys. Pats Droṇācārya palaimino jį ir apdovanojo ypatingu ginklu, kuriuo karys galėjo nukauti net ir savo mokytoją. Taigi daugelis didvyrių ir jo įtėvis dangaus karalius Indra įvertino jo sugebėjimą kautis. Tačiau jeigu Arjuna pasitrauktų iš kautynių lauko, jis ne tik neįvykdytų jam skirtos pareigos, bet prarastų šlovę bei gerą vardą ir tiesiu keliu keliautų į pragarą. Kitaip sakant, jis eitų į pragarą ne dėl to, kad dalyvavo kautynėse, bet todėl, kad jų vengė.

अकीर्तिं चापि भूतानि कथयिष्यन्ति तेऽव्ययाम् ।   2.34
सम्भावितस्य चाकीर्तिर्मरणादतिरिच्यते ॥३४॥

akīrtiṁ cāpi bhūtāni · kathayiṣyanti te 'vyayām
sambhāvitasya cākīrtir · maraṇād atiricyate

akīrtim – gėdą; *ca* – taip pat; *api* – be to; *bhūtāni* – visi žmonės; *kathayiṣyanti* – kalbės; *te* – apie tave; *avyayām* – amžinai; *sambhāvitasya* – garbingam žmogui; *ca* – taip pat; *akīrtiḥ* – nešlovė; *maraṇāt* mirtį; *atiricyate* – pranoksta.

Žmonės nuolat minės tavo gėdą, o garbingam žmogui negarbė net už mirtį baisesnė.

Viešpats Kṛṣṇa, kaip Arjunos draugas ir kaip filosofas, pastarajam atsisakant kovoti pareiškia Savo galutinę nuomonę. Viešpats sako: „Arjuna, jei pasitrauksi iš kautynių lauko kautynėms dar neprasidėjus, žmonės pavadins tave bailiu. O jei manai, kad pabėgęs iš kautynių lauko išgelbėsi savo gyvybę, ir tegu žmonės tave vadina kaip tik nori, tai paklausyk Mano patarimo: geriau jau žūk kautynėse. Tokiam gerbiamam žmogui, kaip tu, nešlovė baisesnė už mirtį. Todėl nepritinka tau bėgti drebant dėl savo gyvybės – verčiau žūti kovoje. Taip išsaugosi savo gerą vardą visuomenėje ir išvengsi piktų kalbų, kad piktnaudžiavai Mano draugyste."

Žodžiu, galutinė Viešpaties nuomonė tokia: Arjuna verčiau turi mirti, bet nepasitraukti iš mūšio lauko.

भयाद्रणादुपरतं मंस्यन्ते त्वां महारथाः । 2.35
येषां च त्वं बहुमतो भूत्वा यास्यसि लाघवम् ॥३५॥

bhayād raṇād uparataṁ · maṁsyante tvāṁ mahā-rathāḥ
yeṣāṁ ca tvam bahu-mato · bhūtvā yāsyasi lāghavam

bhayāt – iš baimės; *raṇāt* – iš mūšio lauko; *uparatam* – pasitraukusį; *maṁsyante* – pamanys esant; *tvām* – tave; *mahā-rathāḥ* – didieji karvedžiai; *yeṣām* – kuriems; *ca* – taip pat; *tvam* – tu; *bahu-mataḥ* – labai vertinamas; *bhūtvā* – buvęs; *yāsyasi* – būsi; *lāghavam* – praradęs vertę.

Didieji karvedžiai, labai vertinę tavo vardą ir šlovę, nutars, kad vien baimė paskatino tave pasitraukti iš mūšio lauko, ir laikys tave menkysta.

Viešpats Kṛṣṇa Arjunai toliau dėsto Savo samprotavimus: „Negalvok, kad didieji karvedžiai – Duryodhana, Karṇa bei kiti tavo amžininkai nutars, jog iš mūšio lauko tu pasitraukei gailėdamas brolių ir senolio. Jie manys, kad pabėgai drebėdamas dėl savo gyvybės, ir visa tavo šlovė nueis vėjais."

अवाच्यवादांश्च बहून् वदिष्यन्ति तवाहिताः ।   2.36
निन्दन्तस्तव सामर्थ्यं ततो दुःखतरं नु किम् ॥३६॥

avācya-vādāṁś ca bahūn · vadiṣyanti tavāhitāḥ
nindantas tava sāmarthyaṁ · tato duḥkha-taraṁ nu kim

avācya – nemielus; *vādān* – užgaulius žodžius; *ca* – taip pat; *bahūn* – daug; *vadiṣyanti* – sakys; *tava* – tavo; *ahitāḥ* – priešai; *nindantaḥ* – šmeiždami; *tava* – tavo; *sāmarthyam* – sugebėjimus; *tataḥ* – už tai; *duḥkha-taram* – daug skaudžiau; *nu* – žinoma; *kim* – kas yra.

Daug užgaulių žodžių svies tavo priešai, su panieka menkindami tavo sugebėjimus. Kas gali būti tau skaudžiau?

Iš pradžių Viešpats Kṛṣṇa nustebo, išgirdęs Arjuną ne vietoje raginantį būti gailestingiems. Viešpats pasakė, kad toks gailestingumas arijams netinka, ir dabar išsamiai pagrindžia Savo tvirtinimą, nukreiptą prieš Arjunos tariamą gailestingumą.

हतो वा प्राप्स्यसि स्वर्गं जित्वा वा भोक्ष्यसे महीम् ।   2.37
तस्मादुत्तिष्ठ कौन्तेय युद्धाय कृतनिश्चयः ॥३७॥

hato vā prāpsyasi svargaṁ · jitvā vā bhokṣyase mahīm
tasmād uttiṣṭha kaunteya · yuddhāya kṛta-niścayaḥ

hataḥ – žuvęs; *vā* – arba; *prāpsyasi* – tu gausi; *svargam* – dangaus karalystę; *jitvā* – nugalėjęs; *vā* – arba; *bhokṣyase* – tu mėgausiesi; *mahīm* – pasauliu; *tasmāt* – todėl; *uttiṣṭha* – pakilk; *kaunteya* – o Kuntī sūnau; *yuddhāya* – į kovą; *kṛta* – pasiryžęs; *niścayaḥ* – užtikrintas.

O Kuntī sūnau, arba tu žūsi mūšio lauke ir laimėsi dangaus planetas, arba nugalėsi ir džiaugsiesi žemės karalyste. Tad kelkis ir ryžtingai stok į kovą.

Nors Arjuna ir nebuvo tikras dėl pergalės, jis vis tiek privalėjo kovoti; net jei ir žūtų kovoje, jis pasikeltų į dangaus planetas.

सुखदुःखे समे कृत्वा लाभालाभौ जयाजयौ ।   **2.38**
ततो युद्धाय युज्यस्व नैवं पापमवाप्स्यसि ॥३८॥

sukha-duḥkhe same kṛtvā · lābhālābhau jayājayau
tato yuddhāya yujyasva · naivaṁ pāpam avāpsyasi

sukha – laimėje; *duḥkhe* – ir kančioje; *same* – pusiausvyroje; *kṛtvā* – taip elgdamasis; *lābha-alābhau* – ir gavęs, ir netekęs; *jaya-ajayau* – pasiekęs pergalę ir pralaimėjęs; *tataḥ* – nuo šios akimirkos; *yuddhāya* – vardan kovos; *yujyasva* – užsiimk (kovok); *na* – niekada; *evam* – taip; *pāpam* – atoveikį už nuodėmes; *avāpsyasi* – tu gausi.

Kovoki dėl pačios kovos ir nesirūpink nei laime, nei kančia, nei praradimu, nei įgijimu, nei pergale, nei pralaimėjimu. Šitaip niekada neužsitrauksi nuodėmės.

Dabar Viešpats Kṛṣṇa tiesiai sako, kad Arjuna turi kautis dėl kovos, kurios trokšta Pats Kṛṣṇa. Kṛṣṇos sąmonės veikloje nepaisoma nei džiaugsmo ar skausmo, nei įgijimo ar naudos, nei pergalės ar pralaimėjimo. Daryti viską Kṛṣṇos vardan – tai transcendentinė sąmonė, veikiant su tokia sąmone materiali veikla nesukelia jokio atoveikio. Tas, kuris veikia siekdamas asmeninio juslinio pasitenkinimo – ar skatinamas dorybės, ar iš aistros – susilauks geresnio ar blogesnio atoveikio už savo veiksmus. Bet visiškai atsidavęs Viešpačiui žmogus, kuris veikia įsisąmoninęs Kṛṣṇą, daugiau niekam nebeskolingas ir nieko neprivalo – priešingai, negu įprastai veikiantis. Pasakyta:

devarṣi-bhūtāpta-nṛṇāṁ pitṝṇāṁ
na kiṅkaro nāyam ṛṇī ca rājan

sarvātmanā yaḥ śaraṇaṁ śaraṇyaṁ
  gato mukundaṁ parihṛtya kartam

„Kiekvienas, kuris atmetė kitas pareigas ir visiškai atsidavė Kṛṣṇai, Mukundai, daugiau niekam nebeskolingas ir niekuo neįpareigotas nei pusdieviams, nei išminčiams, nei paprastiems žmonėms, nei žmonijai, nei giminaičiams, nei protėviams." („Śrīmad-Bhāgavatam" 11.5.41) Šiuo posmu Kṛṣṇa bendrais bruožais nusako Arjunai tai, apie ką išsamiau kalbės tolesniuose posmuose.

एषा तेऽभिहिता साङ्ख्ये बुद्धियोंगे त्विमां शृणु ।   2.39
बुद्ध्या युक्तो यया पार्थ कर्मबन्धं प्रहास्यसि ॥३९॥

eṣā te 'bhihitā sāṅkhye · buddhir yoge tv imāṁ śṛṇu
buddhyā yukto yayā pārtha · karma-bandhaṁ prahāsyasi

eṣā – visa tai; *te* – tau; *abhihitā* – aiškinau; *sāṅkhye* – analitiniu tyrinėjimu; *buddhiḥ* – intelektas; *yoge* – veikloje be karminio rezultato; *tu* – tačiau; *imām* – tai; *śṛṇu* – išklausyk; *buddhyā* – intelektu; *yuktaḥ* – susietą; *yayā* – kurio dėka; *pārtha* – o Pṛthos sūnau; *karma-bandham* – iš atoveikių pančių; *prahāsyasi* – tu ištrūksi.

Iki šiol aiškinau tau šį žinojimą pasitelkęs analitinio tyrinėjimo būdą. Dabar paklausyk, kaip jį paaiškinsiu veiklos be karminių rezultatų požiūriu. O Pṛthos sūnau, kai veiksi šitai išmanydamas, tu sutrauksi veiklos pančius.

Anot Vedų žodyno *Nirukti, saṅkhyā* yra „tai, kas smulkiai nusako reiškinius", be to, žodis *sāṅkhya* nurodo filosofiją, kurios objektas – tikroji sielos prigimtis. *Yogos* sąvoka apima juslių suvaldymą. Arjunos ketinimas nesikauti buvo pagrįstas siekimu jusliškai patitenkinti. Užmiršęs savo pirmutinę pareigą, jis norėjo išsisukti nuo kautynių, nes manė, jog išgelbėjęs savo giminaičių bei gentainių gyvybes, bus laimingesnis, negu valdydamas karalystę, kurią gautų nugalėjęs savo pusbrolius ir brolius – Dhṛtarāṣṭros sūnus. Ir vienu, ir kitu atveju pagrindinis jo poelgių motyvas – juslinis pasitenkinimas. Ir to laimės jausmo, kurį teikia pergalė prieš gentainius, ir tos laimės, kai matytų juos gyvus, pagrindas yra asmeninis juslinis pasitenkinimas. Jo vardan aukojama net išmintis ir pareiga. Todėl Kṛṣṇa ir norėjo pasakyti Arjunai, kad jisai, nužudęs savo senolio kūną, nenužudys pačios sielos, taip pat Jis paaiškino, jog visos individualios asmenybės, neaplenkiant nė Paties Viešpaties – amžinos individualybės. Jos buvo individualybės praeityje, yra individualybės dabar ir bus individualybės ateityje, nes visi mes – individualios sielos per amžius. Mes tiesiog keičiame įvairiausius kūnus tarsi drabužius, tačiau išsaugome savo individualumą net ir išsivadavę iš materialių drabužių nelaisvės. Viešpats Kṛṣṇa vaizdžiai paaiškino analitinį sielos ir kūno tyrinėjimo būdą. Pažinimas, visapusiškai nagrinėjantis sielą ir kūną, čia vadinamas *sāṅkhya* – pagal tai, kaip ši sąvoka traktuojama *Nirukti* žodyne. Minėtoji *sāṅkhya* neturi nieko bendro su ateisto Kapilos *sāṅkhyos* filosofija. Gerokai anksčiau prieš apsišaukėlį Kapilą, *sāṅkhyos* filosofiją „Śrīmad-Bhāgavatam" Savo motinai Devahūti išdėstė tikrasis Viešpats Kapila, Viešpaties Kṛṣṇos inkarnacija. Jis aiškiai nurodė, kad *puruṣa*, t.y. Aukščiausiasis Viešpats, yra aktyvusis pradas, ir Jis kuria nužvelgdamas *prakṛti*. Šiam teiginiui pritaria Vedos ir *Gītā*. Vedose rašoma, kad Viešpats, nužvelgė *prakṛti*, gamtą, ir apvaisino ją atomo dydžio individualiomis sielomis. Visos jos veikia materialiame pasaulyje, siekdamos juslinio pasitenkinimo, ir, materialios energijos užburtos, galvoja esą besimėgaujantys subjektai. Tokia mąstysena išlaikoma iki paskutinės išsivadavimo akimirkos, kai gyvoji esybė nori susivienyti su Viešpačiu. Tai paskutiniai *māyos*, t.y. iliuzijos, skatinančios juslinį pasitenkinimą, spąstai, ir tiktai po daugelio gyvenimų, atiduotų jusliniams džiaugsmams, didi siela atsiduoda Vāsudevai, Viešpačiui Kṛṣṇai, ir taip užbaigia galutinės tiesos ieškojimus.

Atsidavęs Kṛṣṇai Arjuna jau pripažino Jį dvasiniu mokytoju: *śiṣyas te 'haṁ śādhi māṁ tvāṁ prapannam*. Vadinasi, dabar Kṛṣṇa jam kalbės apie veiklą pagal *buddhi-yogos*, arba *karma-yogos*, principus, kitaip sakant, apie pasiaukojimo tarnystės praktiką, kuria tesiekiama patenkinti Viešpaties jausmus. Dešimto skyriaus dešimtame posme paaiškinta, kad *buddhi-yoga* – tai tiesioginis bendravimas su Viešpačiu, esančiu visų širdyse Paramātmos pavidalu. Tačiau toks ryšys neužsimezga be pasiaukojimo tarnystės. Tas, kuris su pasiaukojimu ar transcendentine meile tarnauja Viešpačiui, kitais žodžiais tariant, yra Kṛṣṇos sąmonės, ypatinga Viešpaties malone pasiekia *buddhi-yogos* pakopą. Todėl Viešpats sako, jog tiktai tiems, kurie iš transcendentinės meilės nuolat pasiaukojamai Jam tarnauja, Jis dovanoja gryną žinojimą apie pasiaukojimą su meile. Šitokiu būdu bhaktas be vargo pasiekia Dievą amžinos palaimos kupinoje Jo karalystėje.

Taigi *buddhi-yoga*, apie kurią užsimenama šiame posme, tai pasiaukojimo tarnystė Viešpačiui, o jame pavartotas žodis *sāṅkhya* neturi nieko bendra su ateistine *sāṅkhya-yoga*, kurią skelbė apsišaukėlis Kapila. Taigi klaidinga būtų manyti, jog čia minėta *sāṅkhya-yoga* turi kokį ryšį su ateistine *sāṅkhya*. Ta filosofija kalbamuoju laikotarpiu nebuvo bent kiek plačiau paplitusi, o Viešpats Kṛṣṇa nebūtų matęs reikalo minėti šiuos bedieviškus filosofinius prasimanymus. Tikrąją *sāṅkhyos* filosofiją Viešpats Kapila išdėstė „Śrīmad-Bhāgavatam", tačiau net ir ji nesusijusi su dabar aptariamais dalykais. Čia *sāṅkhya* reiškia analitinį sielos ir kūno apibūdinimą. Viešpats Kṛṣṇa analitiškai apibūdino sielą, norėdamas padėti Arjunai pasiekti *buddhi-yogos*, ar *bhakti-yogos*, lygį. Todėl Viešpaties Kṛṣṇos *sāṅkhya* ir *Bhāgavatam* išdėstyta Viešpaties Kapilos *sāṅkhya* yra viena ir tas pat – *bhakti-yoga*. Viešpats todėl ir sakė, jog tik menkos nuovokos žmonės mato skirtumą tarp *sāṅkhya-yogos* ir *bhakti-yogos* (*sāṅkhya-yogau pṛthag bālāḥ pravadanti na paṇḍitāḥ*).

Žinoma, ateistinė *sāṅkhya-yoga* nieko bendra neturi su *bhakti-yoga*, ir vis tik neišmanėliai teigia, kad „Bhagavad-gītoje" kalbama apie ją.

Vadinasi, reikia suprasti, jog *buddhi yoga* tai veikla su Kṛṣṇos sąmone, arba palaimos ir žinojimo kupina pasiaukojimo tarnystė. Tas, kuris dirba tenorėdamas patenkinti Viešpatį, kad ir koks sunkus būtų darbas, laikosi *buddhi-yogos* principų ir visada jaučia transcendentinę palaimą. Atlikdamas tokią transcendentinę veiklą, Viešpaties malone žmogus savaime įgyja visapusišką transcendentinį supratimą ir tokiu būdu, netgi nesistengdamas kaupti žinių, jis visiškai išsivaduoja. Veikla įsisąmoninus Kṛṣṇą labai skiriasi nuo karminės veiklos, ypač tai matyti juslinių malonumų, susijusių su šeimynine ar materialia laime, srityje. Taigi *buddhi-yogo* atliekama veikla yra transcendentinė.

नेहाभिक्रमनाशोऽस्ति प्रत्यवायो न विद्यते ।
स्वल्पमप्यस्य धर्मस्य त्रायते महतो भयात् ॥४०॥

2.40

nehābhikrama-nāśo 'sti · pratyavāyo na vidyate
sv-alpam apy asya dharmasya · trāyate mahato bhayāt

na – nėra; *iha* – šioje yogoje; *abhikrama* – stengiantis; *nāśaḥ* – praradimo; *asti* – yra; *pratyavāyaḥ* – sumažėjimo; *na* – niekada; *vidyate* – yra; *su-alpam* – truputis; *api* – nors; *asya* – šios; *dharmasya* – pareigos; *trāyate* – išvaduoja; *mahataḥ* – iš didžiausio; *bhayāt* – pavojaus.

Tos pastangos nieko neatima ir nesumažina, ir net mažas žingsnelis šiame kelyje apsaugos nuo pačios didžiausios baimės.

Kṛṣṇos sąmonės veikla, ar veiksmai Kṛṣṇos labui, nelaukiant juslinio pasitenkinimo – aukščiausia transcendentinė veikla. Net darant pačius pirmuosius tokios veiklos žingsnius nesusiduriama su kliūtimis, ir net pačios menkiausios pastangos niekada nepražūva. Bet kokį materialiu lygiu pradėtą darbą reikia užbaigti, antraip visos pastangos nueis perniek. O kiekvienas darbas, kuriuo siekiama patenkinti Kṛṣṇą, turi amžinus rezultatus, net jeigu jis neužbaigtas. Tokį darbą atliekantysis ničnieko nepraranda, net jeigu savo darbo ir neužbaigia. Jeigu veikla su Kṛṣṇos sąmone tesudaro vieną procentą, jos rezultatai neprapuls, ir kitą kartą darbas vėl bus pradėtas nuo to, kas pasiekta; tuo tarpu materiali veikla be šimtaprocentinio pasisekimo neatneša jokios naudos. Pavyzdžiui, Ajāmila savo pareigas Kṛṣṇos sąmonės srityje vykdė gana menkai, tačiau Viešpaties malone jis galų gale pasiekė šimtaprocentinį rezultatą. „Śrīmad-Bhāgavatam" (1.5.17) šiuo atveju pateikiamas puikus posmas:

tyaktvā sva-dharmaṁ caraṇāmbujaṁ harer
  bhajann apakvo 'tha patet tato yadi
yatra kva vābhadram abhūd amuṣya kiṁ
  ko vārtha āpto 'bhajatāṁ sva-dharmataḥ

„Jeigu kas nors atsisako jam nustatytų pareigų ir veikia su Kṛṣṇos sąmone, tačiau suklumpa nebaigęs tos veiklos – ką gi jis praranda? Ir ką jis laimi, net tobuliausiai atlikdamas savo materialią veiklą?" Arba anot krikščionių: kokia nauda žmogui, jeigu jis laimės visą pasaulį, bet praras savo amžinąją sielą?

Materiali veikla ir jos rezultatai išnyksta drauge su kūnu. Tačiau Kṛṣṇos sąmonės veikla suteiks galimybę sugrįžti į Kṛṣṇos sąmonę net ir po to, kai jis paliks kūną. Jis būtinai gaus galimybę kitą gyvenimą vėl gimti žmogumi aukštos kultūros brahmano arba turtingų aristokratų šeimoje, ir toks gimimas jam suteiks galimybę toliau tobulėti. Tuo unikali Kṛṣṇos sąmonės veikla.

व्यवसायात्मिका बुद्धिरेकेह कुरुनन्दन ।   2.41
बहुशाखा ह्यनन्ताश्च बुद्धयोऽव्यवसायिनाम् ॥४१॥

vyavasāyātmikā buddhir · ekeha kuru-nandana
bahu-śākhā hy anantāś ca · buddhayo 'vyavasāyinām

vyavasāya-ātmikā – tvirtai sutelktas į Kṛṣṇą; *buddhiḥ* – intelektas; *ekā* – vienintelis; *iha* – šiame pasaulyje; *kuru-nandana* – o mylimasis Kuru aini; *bahu-śākhāḥ* – išsišakojęs; *hi* – tikrai; *anantāḥ* – beribis; *ca* – taip pat; *buddhayaḥ* – intelektas; *avyavasāyinām* – tų, kurie neįsisąmonino Kṛṣṇos.

Žengiančiųjų šiuo keliu ketinimai tvirti, jų tikslas vienas. O mylimasis Kuru aini, tuo tarpu neryžtingųjų intelektas plačiai išsišakojęs.

Tvirtas tikėjimas, kad Kṛṣṇos sąmonės dėka bus pasiekta aukščiausia būties tobulumo pakopa, vadinasi *vyavasāyātmikā* intelektu. „Caitanya-caritāmṛta" (*Madhya* 22.62) teigia:

'śraddhā'-śabde – viśvāsa kahe sudṛḍha niścaya
kṛṣṇe bhakti kaile sarva-karma kṛta haya

Tikėjimas – tai tvirtas pasikliovimas tuo, kas iškilnu. Kai žmogus vykdo Kṛṣṇos sąmonės pareigas, jis neprivalo derintis prie materialaus pasaulio su jo įsipareigojimais šeimos tradicijoms, žmoniškumui ar tautiškumui. Veikti dėl pasitenkinimo esame sąlygojami ankstesnių gerų ar blogų darbų. Tačiau tas, kuriame nubudo Kṛṣṇos sąmonė, nebeprivalo savo veikla siekti teigiamų rezultatų. Kṛṣṇą įsisąmoninęs žmogus veikia absoliučiu lygiu, nes gėrio ir blogio priešybės jo veiksmams jau nebeturi įtakos. Aukščiausia Kṛṣṇos sąmonės tobulumo pakopa – materialios būties sampratos atsižadėjimas. Tokia būsena pasiekiama savaime laipsniškai vystantis Kṛṣṇos sąmonei.

Kṛṣṇą įsisąmoninusio žmogaus ketinimų tvirtumas pagrįstas žinojimu. *Vāsudevaḥ sarvam iti sa mahātmā su-durlabhaḥ:* Kṛṣṇą įsisąmoninęs žmogus yra reta, kilni siela, kuri tobulai žino, jog Vāsudeva ar Kṛṣṇa – visų matomų priežasčių pagrindas. Kaip laistant medžio šaknis vandens gauna lapai ir šakos, taip ir veikiant su Kṛṣṇos sąmone didžiausia paslauga padaroma visiems – pačiam sau, šeimai, visuomenei, kraštui, žmonijai etc. Jeigu žmogaus veiksmais patenkintas Kṛṣṇa – tai ir visi kiti bus patenkinti.

Tačiau geriausiai tarnystė Kṛṣṇos sąmonės srityje atliekama vadovaujant dvasiniam mokytojui – *bona fide* Kṛṣṇos atstovui, suprantančiam įgimtas mokinio savybes ir galinčiam jo veiksmus nukreipti reikiama Krsnos sąmonės kryptimi. Norint gerai perprasti Kṛṣṇos sąmonę, reikia veikti ryžtingai ir paklusti Kṛṣṇos atstovui. *Bona fide* dvasinio mokytojo nurodymus būtina suprasti kaip savo gyvenimo misiją. Śrila Viśvanātha Cakravartis Ṭhākura savo garsiose maldose, skirtose dvasiniam mokytojui, moko mus:

yasya prasādād bhagavat prasādo
  yasyāprasādān na gatiḥ kuto 'pi
dhyāyan stuvaṁs tasya yaśas tri sandhyaṁ
  vande guroḥ śrī-caraṇāravindam

„Patenkindami dvasinį mokytoją, kartu patenkiname ir Aukščiausiąjį Dievo Asmenį, o jeigu to nedarysime – neturėsime galimybių pakilti iki Kṛṣṇos sąmonės lygio. Todėl triskart per dieną medituodamas turiu melsti savo dvasinio mokytojo malonės ir su pagarba jam lenktis."

Tačiau visą šį procesą lemia nesusijęs su kūniškąja samprata tobulas žinojimas apie sielą – ne teorinis, bet praktinis, pašalinantis visas galimybes tenkinti jusles karmine veikla. Nestabilaus proto žmogų vilioja įvairių rūšių karminė veikla.

यामिमां पुष्पितां वाचं प्रवदन्त्यविपश्चितः ।   2.42–43
वेदवादरताः पार्थ नान्यदस्तीति वादिनः ॥४२॥

कामात्मानः स्वर्गपरा जन्मकर्मफलप्रदाम् ।
क्रियाविशेषबहुलां भोगैश्वर्यगतिं प्रति ॥४३॥

yām imāṁ puṣpitāṁ vācam · pravadanty avipaścitaḥ
veda-vāda-ratāḥ pārtha · nānyad astīti vādinaḥ

kāmātmānaḥ svarga-parā · janma-karma-phala-pradām
kriyā-viśeṣa-bahulāṁ · bhogaiśvarya-gatiṁ prati

yām imām – visus šiuos; *puṣpitāṁ* – puošnius; *vācam* – žodžius; *pravadanti* – sako; *avipaścitaḥ* – menko išmanymo žmonės; *veda-vāda-ratāḥ* – tariamieji Vedų pasekėjai; *pārtha* – o Pṛthos sūnau; *na* – niekada; *anyat* – kas nors kita; *asti* – yra; *iti* – taip; *vādinaḥ* – šalininkai; *kāma ātmānaḥ* – trokštantys juslinių malonumų;

128

svarga-parāḥ – norintys pasiekti dangaus planetas; *janma-karma-phala-pradām* – duodančios gerą gimimą ir kitas karmines pasekmes; *kriyā-viśeṣa* – prašmatnios ceremonijos; *bahulām* – įvairios; *bhoga* – jusliniai malonumai; *aiśvarya* – ir turtai; *gatim* – ėjimas; *prati* – link.

Menko išmanymo žmonės žavisi puošniais Vedų žodžiais, siūlančiais atlikti įvairią karminę veiklą, kad būtų galima pasikelti į dangaus planetas, užsitarnauti gerą gimimą, valdžią ar gauti kitokios materialios naudos. Geisdami juslinių malonumų bei prabangaus gyvenimo, jie teigia, kad už tai nėra nieko aukštesnio.

Didžioji dauguma žmonių – ne itin protingi, dėl neišmanymo labai prisirišę prie karminės veiklos, kurią rekomenduoja Vedų *karma-kāṇḍos* skyriai. Tokie žmonės nesidomi niekuo, išskyrus tai, kas žada juslinius malonumus: gyvenimo džiaugsmus danguje, kur lengvai prieinamas vynas bei moterys ir kur materialūs turtai – įprastas dalykas. Norintiems pasikelti į dangaus planetas Vedos siūlo įvairius aukų atnašavimus, ypač – *jyotiṣtomos* aukojimą. Ten pasakyta, kad norintis patekti į dangaus planetas privalo atnašauti tokias aukas, todėl žmonės su menku žinių kraičiu mano, kad toks visos Vedų išminties tikslas. Tokiems neprityrusiems žmonėms labai sunku ryžtingai veikti su Kṛṣṇos sąmone. Kaip kvailiai susižavi nuodingų augalų žiedais, nenumanydami tokio susižavėjimo pasekmių, taip ir neišmanėlius patraukia dangaus turtai ir jų teikiami jusliniai malonumai.

Vedų *karma-kāṇḍos* dalyje pasakyta: *apāma somam amṛtā abhūma* ir *akṣayyaṁ ha vai cāturmasya-yājinaḥ sukṛtaṁ bhavati.* Kitais žodžiais tariant, tie, kurie atlieka keturis mėnesius trunkančias askezes, gauna teisę gerti *soma-rasos* gėrimus, kad taptų nemirtingi ir amžinai laimingi. Kai kas dar šioje žemėje trokšta paragauti *soma-rasos,* kad gautų stiprybės ir galėtų patirti didžiulius juslinius malonumus. Tokie žmonės netiki, kad galima išsivaduoti iš materijos nelaisvės, ir labai žavisi puošniomis Vedose aprašytomis aukojimo ceremonijomis. Tai daugiausiai jausminiai žmonės, tegeidžiantys dangiškų gyvenimo malonumų. Yra žinoma, kad dangaus planetose veša „Nandana-kānanos" sodai, kuriuose yra puikiausios galimybės bendrauti su angeliško grožio moterimis; ten upėmis liejasi *soma-rasos* vynas. Tokie kūniški džiaugsmai, be abejonės, jusliški. Jų vaikosi žmonės, jaučiantys potraukį tiktai materialiai, laikinai laimei, nes jie tariasi esą materialaus pasaulio viešpačiai.

भोगैश्वर्यप्रसक्तानां तयापहृतचेतसाम् ।   2.44
व्यवसायात्मिका बुद्धिः समाधौ न विधीयते ॥४४॥

bhogaiśvarya-prasaktānāṁ · tayāpahṛta-cetasām
vyavasāyātmikā buddhiḥ · samādhau na vidhīyate

bhoga – prie materialių malonumų; *aiśvarya* – ir turtų; *prasaktānām* – prisirišusiems; *tayā* – šių dalykų; *apahṛta-cetasām* – suklaidintas protas; *vyavasāya-ātmikā* – tvirtas ryžtas; *buddhiḥ* – pasiaukojimo tarnystei Viešpačiui; *samādhau* – suvaldytu protu; *na* – niekada; *vidhīyate* – atsiranda.

Kas pernelyg prisirišęs prie juslinių malonumų bei materialių gėrybių ir dėl to pameta galvą, tam negimsta tvirtas pasiryžimas pasiaukojus tarnauti Aukščiausiajam Viešpačiui.

Samādhi reiškia „sutelktos mintys". Vedų žodynas *Nirukti* teigia: *samyag ādhīyate 'sminn ātma-tattva-yāthātmyam* – „Būsena, kai mintys sutelktos savajam „aš" pažinti, vadinasi *samādhi.*" *Samādhi* niekada nepasieks tie, kurie domisi tik jusliniais malonumais; nepasieks jos ir tie, kuriuos sutrikdo tokie laikini dalykai. Tokius žmones vienaip ar kitaip nubaudžia pati materiali energija.

त्रैगुण्यविषया वेदा निस्त्रैगुण्यो भवार्जुन ।   2.45
निर्द्वन्द्वो नित्यसत्त्वस्थो निर्योगक्षेम आत्मवान् ॥४५॥

trai-guṇya-viṣayā vedā · nistrai-guṇyo bhavārjuna
nirdvandvo nitya-sattva-stho · niryoga-kṣema ātmavān

trai-guṇya – susijusi su trijų materialios gamtos *guṇų; viṣayāḥ* – dalykais; *vedāḥ* – Vedų raštija; *nistrai-guṇyaḥ* – transcendentalus trims materialios gamtos *guṇoms; bhava* – būk; *arjuna* – o Arjuna; *nirdvandvaḥ* – be dualizmo; *nitya-sattva-sthaḥ* – tyroje dvasinės egzistencijos būsenoje; *niryoga-kṣemaḥ* – nesiekdamas įgyti ar išsaugoti; *ātma-vān* – susitelkęs savajame „aš".

Vedos daugiausiai kalba apie tris materialios gamtos guṇas. O Arjuna, tapk transcendentalus guṇų atžvilgiu, laisvas nuo visų priešybių, atsisakyk siekių kažką laimėti ar išsaugoti šiame pasaulyje ir susitelk savajame „aš".

Materiali veikla – tai trijų materialios gamtos *guṇų* veiksmai ir jų atoveikiai. Ja siekiama kokių nors rezultatų, o tai ir yra mūsų vergijos materialiame pasaulyje priežastis. Vedos labai daug kalba apie karminę veiklą, kad padėtų plačiajai visuomenei tolydžio pakilti iš juslinio pasitenkinimo srities į transcendentinę plotmę. Viešpats Kṛṣṇa pataria Savo mokiniui ir draugui Arjunai pakilti iki transcendentinės *Vedāntos* filosofijos lygio, kurio pirmoji pakopa – *brahma–jijñāsā,* klausimai apie aukščiausiąją transcendenciją. Visos materialaus pasaulio gyvosios esybės nuožmiai kovoja už būvį. Viešpats, sukūręs materialų pasaulį, dovanojo joms Vedų išmintį ir nurodė, kaip gyventi ir ištrūkti iš materijos pančių. Kai baigiame juslinio pasitenkinimo veiklą – užverčiame *karma-kāṇḍos* skyrių, tuomet *Upaniṣadų* forma mums yra suteikiama dvasinio pažinimo galimybė. *Upaniṣados* – tai įvairių Vedų dalys, o „Bhagavad-gītā" yra penktosios Vedos, „Mahābhāratos" dalis. *Upaniṣados* žymi transcendentinio gyvenimo pradžią.

Kol egzistuoja materialus kūnas, tol egzistuoja materialių *guṇų* sąlygojami veiksmai ir atoveikiai. Priešybių – laimės ir kančios, šalčio ir karščio – akivaizdoje reikia mokytis pakantumo, o išmokę tas priešybes pakęsti, atsikratome rūpesčių, susijusių su praradimu ir įgijimu. Toks transcendentinis lygmuo pasiekiamas visiškai išsiugdžius Kṛṣṇos sąmonę, kai visiškai pasikliaujama gera Kṛṣṇos valia.

यावानर्थ उदपाने सर्वतः सम्प्लुतोदके ।　　　　　**2.46**
तावान् सर्वेषु वेदेषु ब्राह्मणस्य विजानतः ॥४६॥

yāvān artha uda-pāne · sarvataḥ samplutodake
tāvān sarveṣu vedeṣu · brāhmaṇasya vijānataḥ

yāvān – visa kas; *arthaḥ* – naudingo; *uda-pāne* – vandens šulinyje;
sarvataḥ – visais atžvilgiais; *sampluta-udake* – dideliame vandens
telkinyje; *tāvān* – lygiai taip ir; *sarveṣu* – visuose; *vedeṣu* – Vedų
raštuose; *brāhmaṇasya* – žmogui, kuris yra patyręs Aukščiausiąjį
Brahmaną; *vijānataḥ* – tam, kuris turi visišką žinojimą.

**Visas reikmes, kurias patenkina mažas šulinys, gali patenkinti
ir didelis vandens telkinys. Taip ir žinantis galutinį Vedų tikslą
pasiekia visus kitus jų tikslus.**

Ritualai bei aukojimai, minimi Vedų raštų *karma-kāṇḍos* skyriuje,
skatina laipsniškai siekti savęs pažinimo. O savęs pažinimo tiks-
las yra aiškiai apibrėžtas penkioliktame „Bhagavad-gītos" skyriuje
(15.15): Vedų studijavimo tikslas – pažinti Viešpatį Kṛṣṇą, pirma-
pradę visa ko priežastį. Taigi pažinti save – tai pažinti Kṛṣṇą ir
amžinus savitarpio ryšius su Juo. Apie gyvųjų esybių ir Kṛṣṇos ryšį
užsimenama ir penkioliktame „Bhagavad-gītos" skyriuje (15.7).
Gyvosios esybės – sudėtinės Kṛṣṇos dalelės, todėl Vedų pažinimo
viršūnė – atgaivinti individualių gyvųjų esybių Kṛṣṇos sąmonę. Tai
patvirtinta „Śrīmad-Bhāgavatam" (3.33.7):

aho bata śva-paco 'to garīyān
　yaj-jihvāgre vartate nāma tubhyam
tepus tapas te juguvuḥ sasnur āryā
　brahmānūcur nāma gṛṇanti ye te

„O mano Viešpatie, tas, kuris kartoja Tavo šventąjį vardą, net jei
jis žemos kilmės, gimęs *caṇḍālos* (šunėdžio) šeimoje – yra pasie-
kęs aukščiausiąjį dvasinės savivokos lygį. Toks žmogus bus atli-
kęs visų rūšių askezes bei aukas pagal Vedose nurodytus ritualus,

daug kartų išstudijavęs Vedų raštus, o prieš tai nusimaudęs visose šventose vietose. Jis laikomas geriausiu tarp arijų."

Taigi reikia būti pakankamai išmintingiems ir suprasti Vedų paskirtį, o nesižavėti tiktai ritualais ir trokšti pasikelti į dangaus karalystes, kuriose aukštesnis juslinio pasitenkinimo lygis. Mūsų laikų paprastas žmogus tiesiog neįstengtų laikytis visų Vedų ritualams nustatytų taisyklių, nuodugniai išstudijuoti visą *Vedāntą* ir *Upaniṣadas*. Norėdami pasiekti visus Vedų tikslus, turėtume tam skirti daug laiko, jėgų, išmanymo bei išteklių. Vargu ar mūsų laikais tai įmanoma. Tuo tarpu pagrindinį vediškosios kultūros tikslą galima pasiekti kartojant šventąjį Viešpaties vardą – kaip tai rekomenduoja daryti visų puolusių sielų gelbėtojas Viešpats Caitanya. Kai didysis Vedų žinovas Prakāśānanda Sarasvatis paklausė Viešpaties Caitanyos, kodėl Jis tarsi koks sentimentalus žmogus kartoja šventąjį Viešpaties vardą, užuot studijavęs *Vedāntos* filosofiją, Viešpats atsakė, kad Jo dvasinis mokytojas laikęs Jį didžiausiu kvailiu ir liepęs kartoti šventąjį Kṛṣṇos vardą. Jis darė kaip palieptas, ir Jį užvaldė beprotiška ekstazė. Dabartiniame Kali amžiuje dauguma žmonių kvaili ir nepakankamai išsilavinę, kad suvoktų *Vedāntos* filosofiją. Aukščiausias *Vedāntos* filosofijos tikslas pasiekiamas be įžeidimų kartojant šventąjį Viešpaties vardą. *Vedānta* – Vedų išminties aukščiausia viršūnė, o *Vedāntos* filosofijos autorius bei žinovas – Viešpats Kṛṣṇa. Didžiausias *vedāntistas* – tai tokia didi siela, kuri jaučia malonumą kartodama šventąjį Viešpaties vardą. Toks yra aukščiausias Vedų misticizmo tikslas.

कर्मण्येवाधिकारस्ते मा फलेषु कदाचन ।
मा कर्मफलहेतुर्भूर्मा ते सङ्गोऽस्त्वकर्मणि ॥४७॥   2.47

karmaṇy evādhikāras te · mā phaleṣu kadācana
mā karma-phala-hetur bhūr · mā te saṅgo 'stv akarmaṇi

karmaṇi – nurodytoms pareigoms; *eva* – tikrai; *adhikāraḥ* – teisė; *te* – tavo; *mā* – niekada; *phaleṣu* – vaisiams; *kadācana* – bet kada;

mā – niekada; *karma-phala* – veiklos rezultatų; *hetuḥ* – priežastis; *bhūḥ* – būk; *ma* – niekada; *te* – tavo; *saṅgaḥ* – prisirišimas; *astu* – turi būti; *akarmaṇi* – nurodytų pareigų neatlikimui.

Tu gali vykdyti nurodytą pareigą, bet nesisavink tos veiklos vaisių. Niekada nelaikyk savęs veiklos rezultatų priežastimi ir neįprask neatlikti savo pareigos.

Čia aptariami trys dalykai: nurodytos pareigos, veikla pagal įgeidžius ir neveiklumas. Nurodytos pareigos – tai veikla, kurią diktuoja materialios gamtos *guṇos,* veikiančios žmogų. Veikla pagal savo įgeidžius – tai autoriteto nesankcionuoti veiksmai, o neveiklumas – nurodytų savo pareigų nevykdymas. Viešpats nesiūlo Arjunai atsisakyti veiklos, bet pataria vykdyti nurodytą pareigą ir neprisirišti prie rezultatų. Tas, kuris junta potraukį savo veiklos rezultatams, pats tampa veiksmo priežastimi. Todėl jis dėl savo veiklos rezultatų patiria džiaugsmą ar kančią.

Nurodytas pareigas galima suskirstyti į tris grupes: kasdieninis darbas, veikla ypatingomis aplinkybėmis ir troškimus atitinkanti veikla. Kasdieninė veikla yra atliekama iš pareigos pagal šventraščių nurodymus, negeidžiant rezultatų, ir priklauso dorybės *guṇai.* Veikla, sukurianti rezultatus, pančioja, todėl ji nepalanki. Kiekvienas žmogus turi neatimamą teisę vykdyti nurodytas pareigas, tačiau veikti jis privalo netrokšdamas rezultatų. Šitaip nesavanaudiškai atliekamos nurodytos pareigos, be abejonės, atveria kelią į išsivadavimą.

Todėl Viešpats pataria Arjunai kovoti suvokiant pareigą, bet negalvojant apie rezultatus. Nedalyvauti kautynėse – vėlgi savotiškas prisirišimas. Toks prisirišimas neleidžia pasukti į išsivadavimo kelią. Prisirišimas, tiek pozityvus, tiek negatyvus, yra nelaisvės priežastis. Neveiklumas – nuodėmė. Todėl vienintelis išsigelbėjimo kelias Arjunai – kovoti suvokiant pareigą.

योगस्थः कुरु कर्माणि सङ्गं त्यक्त्वा धनञ्जय ।
सिद्ध्यसिद्ध्योः समो भूत्वा समत्वं योग उच्यते ॥४८॥

2.48

yoga-sthaḥ kuru karmāṇi · saṅgaṁ tyaktvā dhanañjaya
siddhy-asiddhyoḥ samo bhūtvā · samatvaṁ yoga ucyate

yoga-sthaḥ – pusiausvyroje; *kuru* – atlik; *karmāṇi* – savo pareigas; *saṅgam* – prisirišimą; *tyaktvā* – atmetęs; *dhanañjaya* – o Arjuna; *siddhi-asiddhyoḥ* – sėkmėje ir nesėkmėje; *samaḥ* – vienodas; *bhūtvā* – būdamas; *samatvam* – pusiausvyra; *yogaḥ* – yoga; *ucyate* – vadinasi.

Vykdyk savo pareigą, o Arjuna, išlaikydamas pusiausvyrą, neprisirišęs prie sėkmės ar nesėkmės. Tokia pusiausvyros būsena vadinasi yoga.

Kṛṣṇa nurodo Arjunai veikti pagal *yogą*. Kas yra toji *yoga*? *Yoga* – tai proto sutelkimas į Aukščiausiąjį, suvaldant visad nerimstančias jusles. O kas yra Aukščiausiasis? Aukščiausiasis – tai Viešpats, ir jeigu Jis Pats įsako Arjunai kautis, tai Arjuna neatsako už tos kovos pasekmes. Laimėjimas ar pergalė – tai Kṛṣṇos rūpestis, o Arjunai tiesiog patariama veikti paklūstant Kṛṣṇos valiai. Vykdyti Kṛṣṇos nurodymus – štai kas yra tikroji *yoga*. Procesas, kai vykdomi Kṛṣṇos nurodymai, vadinasi Kṛṣṇos sąmonė. Tiktai Kṛṣṇos sąmonės dėka įmanoma atsikratyti nuosavybės jausmo. Reikia tapti Kṛṣṇos tarnu, arba Kṛṣṇos tarno tarnu. Toks yra teisingas būdas vykdyti Kṛṣṇos sąmonės pareigas, tai savaime padeda atlikti veiksmus laikantis *yogos* principų.

Būdamas *kṣatriya*, Arjuna yra *varṇāśrama-dharmos* institucijos dalis. „Viṣṇu Purāṇoje" yra teigiama, jog pagrindinis ir vienintelis *varṇāśrama-dharmos* tikslas – patenkinti Viṣṇu. Reikia stengtis ne patiems pasitenkinti, kaip paprastai daroma materialiame pasaulyje, bet tenkinti Kṛṣṇą. Taigi, netenkinant Kṛṣṇos, nebus tiksliai laikomasi *varṇāśrama-dharmos* principų. Kṛṣṇa netiesiogiai pataria Arjunai daryti taip, kaip Jis liepia.

दूरेण ह्यवरं कर्म बुद्धियोगाद्धनञ्जय ।
बुद्धौ शरणमन्विच्छ कृपणाः फलहेतवः ॥४९॥

2.49

dūreṇa hy avaraṁ karma · buddhi-yogād dhanañjaya
buddhau śaraṇam anviccha · kṛpaṇāḥ phala-hetavaḥ

dūreṇa – laikykis toli; *hi* – tikrai; *avaram* – nuo pasibjaurėtinos;
karma – veiklos; *buddhi-yogāt* – veikdamas vardan Kṛṣṇos; *dha-nañjaya* – o turtų užkariautojau; *buddhau* – su tokia sąmone; *śaraṇam* – visiško atsidavimo; *anviccha* – siek; *kṛpaṇāḥ* – šykštuoliai;
phala-hetavaḥ – siekiantys savo darbo vaisių.

O Dhanañjaya, vykdydamas pasiaukojimo tarnystę apsisaugok nuo pasibjaurėtinos veiklos ir su tokia sąmone atsiduok Viešpačiui. Šykštuoliai tie, kurie nori mėgautis savo darbo vaisiais.

Kas iš tikrųjų suvokė savo prigimtinį būvį, kas suvokė esąs amži-nas Viešpaties tarnas, tas atsisako visų užsiėmimų išskyrus veiklą su Kṛṣṇos sąmone. Jau aiškinta, kad *buddhi-yoga* – tai transcen-dentinė meilės tarnystė Viešpačiui. Tokia pasiaukojimo tarnystė – teisingai pasirinkta gyvosios esybės veiklos kryptis. Tik šykštuo-liai trokšta naudotis savo darbo vaisiais, kad dar labiau įsipainiotų į materijos nelaisvę. Bet kokia veikla, išskyrus veiklą su Kṛṣṇos sąmone, yra smerktina, nes ji kaskart nubloškia jos atlikėją į gimimo ir mirties ratą. Todėl nereikia norėti būti veiklos priežas-timi, viską reikia daryti įsisąmoninus Kṛṣṇą – Kṛṣṇai patenkinti. Šykštuoliai nežino, kaip teisingai naudotis galimybėmis, kurias suteikia likimo valia ar alinančiu darbu įgyti turtai. Visą savo ener-giją reikia atiduoti veiklai su Kṛṣṇos sąmone, ir tada gyvenimas bus nugyventas sėkmingai. Nes tiktai nelaimingi žmonės, tartum šykštuoliai, nepanaudoja savo žmogiškosios energijos tarnystėje Viešpačiui.

बुद्धियुक्तो जहातीह उभे सुकृतदुष्कृते ।   **2.50**
तस्माद्योगाय युज्यस्व योगः कर्मसु कौशलम् ॥५०॥

buddhi-yukto jahātīha · ubhe sukṛta-duṣkṛte
tasmād yogāya yujyasva · yogaḥ karmasu kauśalam

buddhi-yuktaḥ – tas, kuris atlieka pasiaukojimo tarnystę; *jahāti* – gali atsikratyti; *iha* – šiame gyvenime; *ubhe* – abiejų; *sukṛta-duṣkṛte* – ir gerų, ir blogų pasekmių; *tasmāt* – todėl; *yogāya* – pasiaukojimo tarnystės vardan; *yujyasva* – būk tam atsidėjęs; *yogaḥ* – Kṛṣṇos sąmonė; *karmasu* – visos veiklos; *kauśalam* – menas.

Žmogus, atsidėjęs pasiaukojimo tarnystei, dar šiame gyvenime atsikrato tiek gerų, tiek blogų pasekmių. Todėl siek yogos – meno tobulai veikti.

Veikdama nuo neatmenamų laikų, kiekviena gyvoji esybė sukaupia daugybę gerų ir blogų darbų reakcijų. Dėl to ji niekaip negali suvokti savo prigimtinio būvio. Jos neišmanymą gali išsklaidyti „Bhagavad-gītos" nurodymai, raginantys visiškai atsiduoti Viešpačiui Śrī Kṛṣṇai ir taip išvengti gyvenimas po gyvenimo mus pančiojančios veiksmų bei jų atoveikių virtinės. Todėl Arjunai patariama veikti su Kṛṣṇos sąmone, t.y. praktikuoti apsivalymo procesą, kuris padeda išvengti veiklos pasekmių.

कर्मजं बुद्धियुक्ता हि फलं त्यक्त्वा मनीषिणः ।   **2.51**
जन्मबन्धविनिर्मुक्ताः पदं गच्छन्त्यनामयम् ॥५१॥

karma-jaṁ buddhi-yuktā hi · phalaṁ tyaktvā manīṣiṇaḥ
janma-bandha-vinirmuktāḥ · padaṁ gacchanty anāmayam

karma-jam – gimusių iš karminės veiklos; *buddhi-yuktāḥ* – atliekantys pasiaukojimo tarnystę; *hi* – tikrai; *phalam* – rezultatų; *tyaktvā* – atsisakydami; *manīṣiṇaḥ* – didieji išminčiai arba bhaktai; *janma-bandha* – iš gimimo ir mirties nelaisvės; *vinirmuktāḥ* – išsivadavę; *padam* – padėtį; *gacchanti* – jie pasiekia; *anāmayam* – be kančių.

Didieji išminčiai, ar bhaktai, su pasiaukojimu tarnaudami Viešpačiui išsilaisvina iš veiklos materialiame pasaulyje pasekmių.

Taip jie ištrūksta iš gimimo ir mirties rato ir pasiekia būvį be kančių [sugrįždami atgal pas Dievą].

Išsivadavusių gyvųjų esybių namai ten, kur nėra materialių kančių. *Bhāgavatam* (10.14.58) sako:

samāṣritā ye pada-pallava-plavaṁ
mahat-padaṁ puṇya-yaśo murāreḥ
bhavāmbudhir vatsa-padaṁ paraṁ padaṁ
padaṁ padaṁ yad vipadāṁ na teṣām

„Viešpats – materialaus kosmoso prieglobstis, Jis žinomas Mukundos, suteikiančiojo *mukti,* vardu. Todėl tam, kuris sėdo į Jo lotosinių pėdų laivą, materialaus pasaulio vandenynas sumažėja iki balutės, kuri telkšo veršelio pėdsake. Tokio žmogaus tikslas – pasiekti *paraṁ padam,* Vaikuṇṭhą, – šalį, kur nėra materialių kančių, jis nesiveržia ten, kur kiekviename žingsnyje tyko pavojai.“

Tiktai neišmanymas trukdo suprasti, kad materialus pasaulis – kančių šalis, kad jame kas žingsnis tyko pavojai. Tik dėl neišmanymo menkos nuovokos žmonės atlieka karminę veiklą ir bando prisitaikyti prie aplinkybių, manydami, kad karminės veiklos vaisiai padarys juos laimingus. Jie nė nenumano, kad niekur visatoje nėra tokio materialaus kūno, kuris galėtų užtikrinti gyvenimą be kančių. Gyvenimo bėdos – gimimas, mirtis, senatvė ir ligos – būdingos visam materialiam pasauliui. Tačiau suvokiantis savo tikrąją, prigimtinę amžino Viešpaties tarno padėtį, suvokia ir Dievo Asmens padėtį, todėl atsideda transcendentinei meilės tarnystei Viešpačiui. Dėl to jis gauna teisę įžengti į Vaikuṇṭhos planetas, kuriose gyvenimas nematerialus, nėra kančių, mirtis ir laikas neturi įtakos. Įsisąmoninti savo prigimtinį būvį – tai suvokti Dievo didybę. Klysta tas, kuris galvoja, kad gyvoji esybė ir Viešpats – vienodo lygio. Toks žmogus gyvena tamsoje ir negali su pasiaukojimu tarnauti Viešpačiui. Jis pats sau tampa dievu ir pasmerkia save nuolatos gimti ir mirti. Bet tas, kuris suvokia, kad jo pašaukimas – tarnauti, ir ima tarnauti Viešpačiui, iškart tampa vertas Vaikuṇṭhalokos. Tarnavimas Viešpaties labui vadinasi *karma-yoga,* arba *buddhi-yoga,* arba, paprasčiau tariant – pasiaukojimo tarnystė.

यदा ते मोहकलिलं बुद्धिर्व्यतितरिष्यति ।
तदा गन्तासि निर्वेदं श्रोतव्यस्य श्रुतस्य च ॥५२॥

2.52

yadā te moha-kalilaṁ · buddhir vyatitariṣyati
tadā gantāsi nirvedaṁ · śrotavyasya śrutasya ca

yadā – kai; *te* – tavo; *moha* – iliuzijos; *kalilam* – miško tankmę; *buddhiḥ* – transcendentinė tarnystė, pasitelkus intelektą; *vyatita-riṣyati* – pranoks; *tadā* – tada; *gantā asi* – tu tapsi; *nirvedam* – abejingu; *śrotavyasya* – tam, ką turi išgirsti; *śrutasya* – tam, ką jau išgirdai; *ca* – taip pat.

Kai tavo intelektas išsigaus iš iliuzijos tankynės, tapsi abejingu ir tam, ką jau girdėjai, ir tam, ką dar išgirsi.

Didžiųjų Viešpaties bhaktų gyvenimo pavyzdys rodo, kad per pasiaukojimo Viešpačiui tarnystę jie tampa abejingi Vedų ritualams. Kai žmogus iš tikrųjų suvokia Kṛṣṇą, savo ryšį su Kṛṣṇa, jis natūraliai visiškai nustoja domėtis apeigomis, kurios siejasi su karmine veikla, net jeigu jis yra patyręs brahmanas. Śrī Mādhavendra Puris, didis bhaktas ir *ācārya,* bhaktų sekos atstovas, sako:

sandhyā-vandana bhadram astu
  bhavati bhoḥ snāna tubhyaṁ namo
bho devāḥ pitaraś ca tarpaṇa-
  vidhau nāham kṣamaḥ kṣamyatām

yatra kvāpi niṣadya yādava-
  kalottamasya kaṁsa-dviṣaḥ
smāraṁ smāram aghaṁ harāmi
  tad alaṁ manye kim anyena me

„Būkit pagarbintos mano maldos, kurias kalbu triskart per dieną. Būki pagarbintas, o apsiplovime. O pusdieviai! O protėviai! Atleiskite man už tai, kad nesugebu išreikšti jums pagarbos. Kur dabar būčiau, visur atsimenu didįjį Yadu dinastijos ainį [Kṛṣṇā], Kaṁsos priešą, ir taip atsikratau nuodėmių naštos. Manau, kad man to pakanka."

Vedų ritualai ir apeigos privalomi neofitams. Tai įvairios maldos, kalbamos triskart per dieną, apsiplovimas ankstų rytą, nusilenkimas protėviams etc. Tačiau žmogus, visiškai pasinėręs į Kṛṣṇos sąmonę ir su transcendentine meile tarnaujantis Viešpačiui, tampa abejingas minėtiems reguliatyviesiems principams, nes jis jau pasiekė tobulumą. Jeigu tarnaujantis Aukščiausiajam Viešpačiui Kṛṣṇai žmogus pasiekia pažinimo lygmenį, jis nebeprivalo atlikti įvairių askezių ir atnašauti aukų, kurias rekomenduoja apreikštieji raštai. Jeigu žmogus nesuvokia, kad Vedų tikslas – pasiekti Kṛṣṇą, ir tiktai atlieka apeigas etc., jis tuščiai švaisto laiką tokiai veiklai. Kṛṣṇą įsisąmoninę žmonės pakyla virš *śabda-brahmos*, t.y Vedų ir *Upaniṣadų* nurodymų.

श्रुतिविप्रतिपन्ना ते यदा स्थास्यति निश्चला । 2.53
समाधावचला बुद्धिस्तदा योगमवाप्स्यसि ॥५३॥

śruti-vipratipannā te · yadā sthāsyati niścalā
samādhāv acalā buddhis · tadā yogam avāpsyasi

śruti – Vedų apreiškime; *vipratipannā* – siūlomos materialios naudos nepaveiktas; *te* – tavo; *yadā* – kai; *sthāsyati* – išlieka; *niścalā* – nepajudinamas; *samādhau* – transcendentinės sąmonės, arba Kṛṣṇos sąmonės; *acalā* – nepalaužiamas; *buddhiḥ* – intelektas; *tadā* – tada; *yogam* – savęs pažinimą; *avāpsyasi* – tu pasieksi.

Kai tavo proto daugiau nebetrikdys puošni Vedų kalba, kai jis nuolatos bus paniręs į savęs pažinimo transą, tada tu pasieksi dievišką sąmonę.

Sakyti, kad žmogus pasiekė *samādhi* – tai teigti, kad jis jau pasiekė visišką Kṛṣṇos sąmonę, tai yra, pasiekti visišką *samādhi* – tai pažinti Brahmaną, Paramātmą ir Bhagavāną. Aukščiausias savęs pažinimo tobulumas – suprasti, kad esi amžinas Kṛṣṇos tarnas, kad tavo vienintelis užsiėmimas – vykdyti Kṛṣṇos sąmonės pareigas. Įsisąmoninusio Kṛṣṇą žmogaus, ar Viešpaties ištikimo bhakto, neturėtų išmušti iš vėžių puošni Vedų kalba, ir jis neturėtų įsipainioti į karminę veiklą, norėdamas pasikelti į dangaus karalystę. Įsisąmoninus Kṛṣṇą užsimezga tiesioginis ryšys su Kṛṣṇa, ir pasiekus tokią transcendentinę būklę suvokiami visi Kṛṣṇos nurodymai. Kṛṣṇos sąmonės veikla neabejotinai duos rezultatus ir suteiks išbaigtas žinias. Tereikia vykdyti Kṛṣṇos arba Jo atstovo – dvasinio mokytojo paliepimus.

अर्जुन उवाच   2.54
स्थितप्रज्ञस्य का भाषा समाधिस्थस्य केशव ।
स्थितधीः किं प्रभाषेत किमासीत व्रजेत किम् ॥५४॥

arjuna uvāca
sthita-prajñasya kā bhāṣā · samādhi-sthasya keśava
sthita-dhīḥ kiṁ prabhāṣeta · kim āsīta vrajeta kim

arjunaḥ uvāca – Arjuna tarė; *sthita-prajñasya* – to, kuris yra tvirtos Kṛṣṇos sąmonės; *kā* – kokia; *bhāṣā* – kalba; *samādhi-sthasya* – esančio transe; *keśava* – o Kṛṣṇa; *sthita-dhīḥ* – pasiekęs tvarią Kṛṣṇos sąmonę; *kim* – ką; *prabhāṣeta* – šneka; *kim* – kaip; *āsīta* – sėdi; *vrajeta* – vaikšto; *kim* – kaip.

Arjuna tarė: O Kṛṣṇa, kaip atpažinti tą, kurio sąmonė panirusi į transcendenciją? Kaip jis šneka ir kokia jo kalba? Kaip jis sėdi ir kaip vaikšto?

Kaip kiekvienam žmogui konkrečioje situacijoje būdingi tam tikri bruožai, taip Kṛṣṇą įsisąmoninusiam žmogui būdinga tam tikra kalbėsena, eisena, mąstysena, jausena etc. Kaip turtingame žmoguje pagal jam būdingus požymius atpažinsi turtuolį, ligotame –

ligonį, kaip mokytam žmogui būdingi saviti požymiai, taip žmogus su transcendentine Kṛṣṇos sąmone atpažįstamas iš požymių, būdingų jo elgesiui. Tie ypatingi požymiai nurodomi „Bhagavadgītoje". Svarbiausia, kas rodo, kad žmogus įsisąmonino Kṛṣṇą – kalba, nes ji – pati pagrindinė bet kurio žmogaus savybė. Sakoma, kvailio nepažinsi, kol jis nekalba. Iš tiesų, sunku atpažinti kvailį, kol jis dailiai apsitaisęs, bet pakanka kvailiui atverti burną ir jis tuoj išsiduoda. Geriausiai Kṛṣṇos sąmonės žmogų charakterizuoja tai, kad jis kalba tiktai apie Kṛṣṇą ir su Juo susijusius dalykus. Po to savaime išryškėja ir kitos savybės, apie kurias pasakoja kiti posmai.

श्रीभगवानुवाच   2.55
प्रजहाति यदा कामान् सर्वान् पार्थ मनोगतान् ।
आत्मन्येवात्मना तुष्टः स्थितप्रज्ञस्तदोच्यते ॥५५॥

śrī-bhagavān uvāca
prajahāti yadā kāmān · sarvān pārtha mano-gatān
ātmany evātmanā tuṣṭaḥ · sthita-prajñas tadocyate

śrī-bhagavān uvāca – Aukščiausiasis Dievo Asmuo tarė; *prajahāti* – atsisako; *yadā* – kai; *kāmān* – troškimų jusliškai tenkintis; *sarvān* – visokiausių; *pārtha* – o Pṛthos sūnau; *manaḥ-gatān* – proto išgalvotų; *ātmani* – tyroje sielos būsenoje; *eva* – tikrai; *ātmanā* – apvalytu protu; *tuṣṭaḥ* – patenkintas; *sthita-prajñāḥ* – paniręs į transcendenciją; *tadā* – tada; *ucyate* – sakoma.

Aukščiausiasis Dievo Asmuo tarė: O Pārtha, kai žmogus atsisako visų troškimų jusliškai tenkintis, kuriuos prasimano protas, ir kai šitaip apsivalęs jo protas pasitenkina vien savuoju „aš", sakoma, kad jo sąmonė tapo grynai transcendentinė.

Bhāgavatam teigiama, kad kiekvienas žmogus, iki galo išsiugdęs Kṛṣṇos sąmonę, t.y. įsitraukęs į pasiaukojimo tarnystę Viešpačiui, pasižymi geriausiomis didžių išminčių savybėmis, o tas, kuris nepasieke tokios transcendentinės būklės, gerų savybių neturi, nes be atvangos ieško atsparos tik savo prasimanymuose. Vadinasi, teisingai šiame posme teigiama, jog reikia atsisakyti visų troškimų jusliškai tenkintis, kuriuos gimdo į prasimanymus linkęs protas. Juslių troškimų dirbtinai sutramdyti neįmanoma, bet, kai tarnaujama Kṛṣṇos labui, juslių troškimai be ypatingų pastangų atslūgsta patys. Todėl be svyravimų reikia įsitraukti į Kṛṣṇos sąmonės veiklą, nes pasiaukojimo tarnystė iš karto padeda pakilti iki transcendentinio sąmoningumo lygio. Dvasiškai pažengusi siela visada atranda pasitenkinimą savyje, nes suvokia esanti amžinas Aukščiausiojo Viešpaties tarnas. Tokią transcendentinę būklę pasiekęs žmogus neturi juslinių troškimų, kuriuos kursto siauros materialistinės pažiūros. Priešingai, jis yra visad laimingas savo natūralioje padėtyje – amžinoje tarnystėje Aukščiausiajam Viešpačiui.

दुःखेष्वनुद्विग्नमनाः सुखेषु विगतस्पृहः ।
वीतरागभयक्रोधः स्थितधीर्मुनिरुच्यते ॥५६॥

2.56

duḥkheṣv anudvigna-manāḥ · sukheṣu vigata-spṛhaḥ
vīta-rāga-bhaya-krodhaḥ · sthita-dhīr munir ucyate

duḥkheṣu – trejopų kančių; *anudvigna-manāḥ* – nesujaudintu protu; *sukheṣu* – laimės; *vigata-spṛhaḥ* – nesudomintas; *vīta* – be; *rāga* – prisirišimų; *bhaya* – baimės; *krodhaḥ* – ir pykčio; *sthita-dhīḥ* – kurio protas tvirtas; *muniḥ* – išminčiumi; *ucyate* – vadinamas.

Kieno proto nesudrumsčia net trejopos kančios, kas nedžiūgauja laimėje, kas atsikratė prisirišimo, baimės bei pykčio, tas vadinamas tvirto proto išminčiumi.

Munis yra tas, kuris sugeba sužadinti savo protą įvairiais spekuliatyviais samprotavimais, bet neprieina tikrų išvadų. Sakoma, kad kiekvienas *munis* turi savitą požiūrį, ir jei vieno *munio* pozicija nesiskiria nuo visų kitų, jis nėra *munis* tikrąja to žodžio prasme. *Na cāsāv ṛṣir yasya mataṁ na bhinnam* („Mahābhārata", *Vana-parva*

313.117). Tačiau *sthita-dhīr munis,* apie kurį čia kalba Viešpats, skiriasi nuo įprasto *munio. Sthita-dhīr munis* niekada neužmiršta Kṛṣṇos, nes jis išsėmė visas savo proto spekuliacijų galias. Jis vadinasi *praśānta-niḥśeṣa-mano-rathāntara* („Stotra-ratna" 43) – tai reiškia, kad jis pranoko spekuliatyvių samprotavimų lygį ir priėjo išvadą, kad Viešpats Śrī Kṛṣṇa, arba Vāsudeva, yra viskas (*vāsudevaḥ sarvam iti sa mahātmā su-durlabhaḥ*). Toks žmogus vadinamas *muniu* su pastoviu protu. Jis yra visiškos Kṛṣṇos sąmonės, ir jo nesudrumsčia trejopų kančių antplūdžiai, nes visas savo negandas jis suvokia kaip Viešpaties malonę ir mano, kad dėl savo ankstesnių piktybių jis vertas dar didesnių vargų. Jis mato, kad Viešpaties malone jo vargai sumažėjo iki minimumo. Analogiškai ir savo laimės priežastis jis kildina iš Viešpaties malonės, nes jaučiasi tos laimės nevertas. Jis suvokia, kad tiktai Viešpaties malonės dėka jam sudarytos palankios sąlygos geriau tarnauti Viešpačiui. Tarnaudamas Viešpačiui, jis visada drąsus ir aktyvus, jo neveikia prisirišimas bei pasibjaurėjimas. Prisirišimas – tai daiktų naudojimas jusliškai pasitenkinti, o atsižadėjimas – tokio prisirišimo priešingybė. Tačiau tas, kuris tvirtai laikosi Kṛṣṇos sąmonės, nei prisiriša prie ko, nei vengia, nes jo gyvenimas paskirtas tarnauti Viešpačiui. Todėl jis nepyksta, jeigu jo pastangos neatneša sėkmės. Visada – ir sėkmėje, ir nesėkmėje – Kṛṣṇą įsisąmoninusio žmogaus ryžtas tvirtas.

य: सर्वत्रानभिस्नेहस्तत्तत्प्राप्य शुभाशुभम् ।   **2.57**
नाभिनन्दति न द्वेष्टि तस्य प्रज्ञा प्रतिष्ठिता ॥५७॥

yaḥ sarvatrānabhisnehas · tat tat prāpya śubhāśubham
nābhinandati na dveṣṭi · tasya prajñā pratiṣṭhitā

yaḥ – tas, kuris; *sarvatra* – visur; *anabhisnehaḥ* – be prieraišumo; *tat* – tą; *tat* – tą; *prāpya* – gaudamas; *śubha* – gėrį; *aśubham* – blogį; *na* – niekada; *abhinandati* – giria; *na* – niekada; *dveṣṭi* – peikia; *tasya* – jo; *prajñā* – tobulas žinojimas; *pratiṣṭhitā* – tvirtas.

Kas materialiame pasaulyje neprisiriša prie gėrio ar blogio, kas susidūręs su jais nei giria juos, nei peikia, to žinojimas yra tvirtas ir tobulas.

Materialiame pasaulyje nuolat vyksta kokie nors audringi pasikeitimai – geri ar blogi. Tas, kurio nedrumsčia audringi materialūs pasikeitimai ir kurio nepaveikia nei gėris, nei blogis, pasiekė tvarią Kṛṣṇos sąmonę. Gyvenant materialiame pasaulyje visada susiduri su gėriu ar blogiu, nes šis pasaulis sudarytas iš priešybių. Bet žmogaus su tvaria Kṛṣṇos sąmone neveikia nei gėris, nei blogis, nes jam rūpi Kṛṣṇa, absoliutus visa apimantis gėris. Įsisąmoninęs Kṛṣṇą žmogus atsiduria tobuloje transcendentinėje padėtyje, kuri vadinama specialiu terminu – *samādhi*.

यदा संहरते चायं कूर्मोऽङ्गानीव सर्वशः ।
इन्द्रियाणीन्द्रियार्थेभ्यस्तस्य प्रज्ञा प्रतिष्ठिता ॥५८॥   2.58

yadā saṁharate cāyaṁ · kūrmo 'ṅgānīva sarvaśaḥ
indriyāṇīndriyārthebhyas · tasya prajñā pratiṣṭhitā

yadā – kai; *saṁharate* – atitraukia; *ca* – taip pat; *ayam* – jis; *kūrmaḥ* – vėžlys; *aṅgāni* – galūnes; *iva* – kaip; *sarvaśaḥ* – visas; *indriyāṇi* – jusles; *indriya-arthebhyaḥ* – nuo juslių objektų; *tasya* – jo; *prajñā* – sąmonė; *pratiṣṭhitā* – tvirta.

Kas sugeba savo jusles atitraukti nuo juslių objektų taip, kaip vėžlys įtraukia šarvan savo galūnes, tas yra tvirtos ir tobulos sąmonės.

Yogą, bhaktą ar save suvokusią sielą galima atpažinti pagal sugebėjimą valdyti jusles taip, kaip jis nori. Tačiau dauguma žmonių – juslių vergai, paklūstantys juslių diktatui. Toks atsakymas į klausimą, kokia yra *yogo* padėtis. Juslės lyginamos su nuodingomis gyvatėmis, jos trokšta neribotos veikimo laisvės. *Yogas,* ar bhaktas, turi būti labai stiprus, kad tarytum gyvačių kerėtojas įstengtų suvaldyti jusles ir niekada neduotų joms laisvės veikti. Apreikštuose šventraščiuose sutinkame daugybę nurodymų: vieni iš jų draudžia, kiti – rekomenduoja kokią nors veiklą. Tas, kuris nesilaiko šių draudžiančių ir leidžiančių nurodymų ir neatsisako juslinių malonumų, negali pasiekti tvarios Kṛṣṇos sąmonės. Geriausias juslių sulaikymo pavyzdys pateikiamas šiame posme – tai vėžlys. Vėžlys gali bet kada įtraukti savo galūnes ir, esant reikalui, bet kada jas vėl iškišti. Taip ir Kṛṣṇą įsisąmoninęs žmogus panaudoja savo jusles tik tam tikram tikslui – tarnauti Viešpačiui, kitam jų nenaudoja. Arjunai patariama naudoti savo jusles tarnystėje Viešpačiui, o ne savo malonumams. Juslės, visą laiką tarnaujančios Viešpačiui, primena vėžlio galūnes, kurias šis laiko įtraukęs į šarvą.

विषया विनिवर्तन्ते निराहारस्य देहिनः । 2.59
रसवर्जं रसोऽप्यस्य परं दृष्ट्वा निवर्तते ॥५९॥

viṣayā vinivartante · nirāhārasya dehinaḥ
rasa-varjaṁ raso 'py asya · paraṁ dṛṣṭvā nivartate

viṣayāḥ – nuo juslinio malonumo objektų; *vinivartante* – įpranta susilaikyti; *nirāhārasya* – apribojimais; *dehinaḥ* – įkūnytas; *rasa-varjam* – atsisakydamas skonio; *rasaḥ* – malonumo skonis; *api* – nors ir yra; *asya* – jo; *param* – daug aukštesnius dalykus; *dṛṣṭvā* – patirdamas; *nivartate* – liaujasi.

Įkūnyta siela gali susilaikyti nuo juslinių malonumų, bet skonis juslių objektams išlieka. Tačiau patyrusi tobulesnį skonį ji pažaboja potraukį juslių objektams ir įgyja tvirtą sąmonę.

Nepasiekus transcendentinio būvio, juslinių malonumų atsisakyti neįmanoma. Riboti juslinius malonumus taisyklėmis yra tas pats, kas drausti ligoniui tam tikrus valgius. Pacientui nepatinka tie draudimai, be to, valgių skonis jį ir toliau traukia. Juslės irgi ribojamos taikant tam tikrą dvasinį metodą, pavyzdžiui, *aṣṭāṅga-yogą*, sudarytą iš *yamos, niyamos, āsanos, prāṇāyāmos, pratyāhāros, dhāraṇos, dhyānos* etc. Tai rekomenduojama menkos nuovokos žmonėms, nežinantiems nieko geresnio. Tačiau tam, kuris puoselėdamas Kṛṣṇos sąmonę patyrė Aukščiausiojo Viešpaties Kṛṣṇos grožį, apkarsta tai, kas negyva, materialu. Todėl apribojimai yra skirti dvasinį tobulėjimą menkai teišmanantiems neofitams, be to, jie tinka tik iki žmogus nepajaučia skonio Kṛṣṇos sąmonės praktikai. Tikrai įsisąmoninus Kṛṣṇą, savaime išnyksta polinkis blankybėms.

यततो ह्यपि कौन्तेय पुरुषस्य विपश्चितः ।
इन्द्रियाणि प्रमाथीनि हरन्ति प्रसभं मनः ॥६०॥

2.60

yatato hy api kaunteya · puruṣasya vipaścitaḥ
indriyāṇi pramāthīni · haranti prasabhaṁ manaḥ

yatataḥ – besistengiančio; *hi* – tikrai; *api* – nors; *kaunteya* – o Kuntī sūnau; *puruṣasya* – žmogaus; *vipaścitaḥ* – žinių dėka gebančio atskirti; *indriyāṇi* – juslės; *pramāthīni* – sužadintos; *haranti* – nubloškia; *prasabham* – jėga; *manaḥ* – protą.

Juslės tokios stiprios ir veržlios, o Arjuna, kad per prievartą užvaldo net įžvalgaus, besistengiančio jas valdyti žmogaus protą.

Daug išminčių, filosofų bei transcendentalistų bando nugalėti savo jusles, tačiau nepaisant jų pastangų, kartais ir didžiausi jų dėl neramaus proto tampa materialių juslinių malonumų aukomis. Net Višvāmitrą, didį išminčių ir tobulą *yogą*, suvedžiojo moteris – Menakā, nors jis ir stengėsi pažaboti jusles rūsčiomis askezėmis bei *yogos* praktika. Pasaulio istorija žino daugybę analogiškų atvejų. Taigi, visiškai neįsisąmoninus Kṛṣṇos, labai sunku suvaldyti protą ir jusles. Nesutelkus proto į Kṛṣṇą, neįmanoma atsisakyti materialios veiklos. Didis šventasis ir bhaktas Śrī Yāmunācārya patvirtina tai praktiniu pavyzdžiu. Jis sako:

yad-avadhi mama cetaḥ kṛṣṇa-padāravinde
nava-nava-rasa-dhāmany udyataṁ rantum āsīt

147

tad-avadhi bata nārī-saṅgame smaryamāne
  bhavati mukha-vikāraḥ suṣṭhu niṣṭhīvanaṁ ca

„Nuo tos akimirkos, kai mano protas ėmė tarnauti Viešpaties Kṛṣṇos lotosinėms pėdoms, ir kai tarnaudamas patiriu vis stiprėjančią transcendentinę palaimą, užtenka pagalvoti apie lytinį gyvenimą su moterimi – nusipurtau tos minties ir nusispjaunu."

Kṛṣṇos sąmonė – tokia transcendentiškai puiki, kad materialūs malonumai savaime praranda patrauklumą. Tai tas pat, kaip alkstančiam numalšinti alkį iki valios privalgant sočių valgių. Mahārāja Ambarīṣa įveikė didį *yogą* Durvāsą Munį irgi vien todėl, kad savo protą buvo sutelkęs į Kṛṣṇos sąmonę (*sa vai manaḥ kṛṣṇa-padāravindayor vacāṁsi vaikuṇṭha-guṇānuvarṇane*).

तानि सर्वाणि संयम्य युक्त आसीत मत्परः ।
वशे हि यस्येन्द्रियाणि तस्य प्रज्ञा प्रतिष्ठिता ॥६१॥

2.61

tāni sarvāṇi saṁyamya · yukta āsīta mat-paraḥ
vaśe hi yasyendriyāṇi · tasya prajñā pratiṣṭhitā

tāni – tas jusles; *sarvāṇi* – visas; *saṁyamya* – valdydamas; *yuktaḥ* – užsiėmęs; *āsīta* – turi būti; *mat-paraḥ* – susietas su Manimi; *vaśe* – visiškai suvaldytos; *hi* – tikrai; *yasya* – tas, kurio; *indriyāṇi* – juslės; *tasya* – jo; *prajñā* – sąmonė; *pratiṣṭhitā* – tvirta.

Tvirto intelekto žmogumi laikomas tas, kuris suturi savo jusles visiškai jas valdydamas, o sąmonę sutelkia į Mane.

Aukščiausias *yogos* tobulumas – Kṛṣṇos sąmonė. Tai aiškiai sako posmas. Neįsisąmoninus Kṛṣṇos, juslių suvaldyti neįmanoma. Aukščiau buvo pasakota, kad didis išminčius Durvāsā Munis, be jokio pagrindo didžiuodamasis, susipyko su Mahārāja Ambarīṣa ir negalėjo suvaldyti savo jausmų. Kita vertus, nors karalius nebuvo toks galingas *yogas,* kaip išminčius, tačiau būdamas Viešpaties bhaktas, jis kentė neteisingus kaltinimus nepratardamas nė žodžio, todėl ir laimėjo. Karalius sugebėjo susivaldyti, nes pasižymėjo savybėmis, kurios yra aprašytos „Śrīmad-Bhāgavatam" (9.4.18–20):

sa vai manaḥ kṛṣṇa-padāravindayor
  vacāṁsi vaikuṇṭha-guṇānuvarṇane
karau harer mandira-mārjanādiṣu
  śrutiṁ cakārācyuta-sat-kathodaye

mukunda liṅgālaya-darśane dṛśau
  tad-bhṛtya-gātra-sparśe 'ṅga-saṅgamam
ghrāṇaṁ ca tat-pāda-saroja-saurabhe
  śrīmat-tulasyā rasanāṁ tad-arpite

pādau hareḥ kṣetra-padānusarpaṇe
  śiro hṛṣīkeśa-padābhivandane
kāmaṁ ca dāsye na tu kāma-kāmyayā
  yathottamaśloka janāśrayā ratiḥ

„Karalius Ambarīṣa sutelkė visas savo mintis į Viešpaties Kṛṣṇos lotosines pėdas, kalbą skyrė Viešpaties buveinei apibūdinti, rankomis tvarkė Viešpaties šventyklą, ausimis jis klausėsi pasakojimų apie Viešpaties pramogas, akimis žvelgė į Viešpaties pavidalą, kūnu liesdavo bhakto kūną, nosimi uodė Viešpaties lotosinėms pėdoms paaukotų gėlių aromatą, liežuviu ragavo Viešpačiui pasiūlytų *tulasī* lapelių skonį, kojomis keliaudavo į šventą vietą, kurioje buvo Viešpaties šventykla, galvą lenkdavo prieš Viešpatį, o visus savo norus susiejo su Viešpaties norais… Visos šios savybės leido jam tapti Viešpaties *mat-para* bhaktu."

Šiuo atveju labai svarbus žodis *mat-para*. Kaip galima tapti *mat-para,* rodo Mahārojos Ambarīṣos gyvenimas. Didis eruditas ir *ācārya,* priklausęs *mat-para* linijai, Śrīla Baladeva Vidyābhūṣaṇa pastebi: *mad-bhakti-prabhāvena sarvendriya-vijaya-pūrvikā svātma dṛṣṭiḥ sulabheti bhāvaḥ.* „Visiškai suvaldyti jusles įmanoma tiktai pasiaukojimo tarnystės Kṛṣṇai jėga." Todėl tai iliustruojant kartais pateikiamas toks pavyzdys: kaip ugnis viską sudegina kambaryje, taip ir Viešpats Viṣṇu, glūdintis *yogo* širdyje, sudegina visas ten esančias nešvarybes. Beje, ir „Yoga-sūtroje" nurodoma medituoti Viṣṇu, o ne tuštumą. Tariamieji *yogai*, kurie nemedituoja Viṣṇu lygio objektų, tik tuščiai švaisto savo laiką, bergždžiai siekdami išvysti kokią nors fantasmagoriją. Mes privalome įsisąmoninti Kṛṣṇą – būti atsidavę Dievo Asmeniui. Toksai tikrosios *yogos* tikslas.

ध्यायतो विषयान् पुंसः सङ्गस्तेषूपजायते ।   **2.62**
सङ्गात्सञ्जायते कामः कामात्क्रोधोऽभिजायते ॥६२॥

dhyāyato viṣayān puṁsaḥ · saṅgas teṣūpajāyate
saṅgāt sañjāyate kāmaḥ · kāmāt krodho 'bhijāyate

dhyāyataḥ – kontempliuojant į; *viṣayān* – juslių objektus; *puṁsaḥ* – žmogaus; *saṅgaḥ* – prisirišimas; *teṣu* – juslių objektams; *upajāyate* – išsivysto; *saṅgāt* – iš prisirišimo; *sañjāyate* – išsivysto; *kāmaḥ* – troškimas; *kāmāt* – iš troškimo; *krodhaḥ* – pyktis; *abhijāyate* – pasireiškia.

Žmogui kontempliuojant į juslių objektus, išsivysto prisirišimas prie jų. Prisirišimas pagimdo geismą, o geismas sukelia pyktį.

Kai žmogus, kuris neįsisąmonino Kṛṣṇos, mąsto apie juslių objektus, jį užvaldo materialūs troškimai. Juslėms visuomet reikia ką nors veikti ir jeigu jos neįtrauktos į transcendentinę meilės tarnystę Viešpačiui, tai, be abejonės, ieškos užsiėmimo materialioje srityje. Materialiame pasaulyje kiekvienas, net ir Viešpats Śiva bei Viešpats Brahmā – o ką jau kalbėti apie kitus dangaus planetų pusdievius – pasiduoda juslių objektų poveikiui. Vienintelis būdas išsigauti iš materialios būties labirinto – įsisąmoninti Kṛṣṇą. Viešpats Śiva buvo giliai pasinėręs į meditaciją, tačiau, kai Pārvatī sužadino jame juslinio malonumo troškimą, Śiva sutiko su jos pasiūlymu, ir šitaip gimė Kārtikeya. Kai Haridāsa Ṭhākura dar buvo jaunas Viešpaties bhaktas, jį panašiai mėgino sugundyti Māya-devī inkarnacija, tačiau besąlygiškai pasiaukojęs Viešpačiui Kṛṣṇai jis lengvai atlaikė išbandymą. Anksčiau cituotas Śrī Yāmunācāryos posmas byloja, kad nuoširdus Viešpaties bhaktas sugeba išvengti visų materialių juslinių malonumų, nes bendraudamas su Viešpačiu patyrė aukštesnį dvasinio malonumo skonį. Tokia yra sėkmės paslaptis. Todėl tas, kuris neįsisąmonino Kṛṣṇos, kad ir kaip dirbtinai užgniaužtų jausmus, stengdamasis juos suvaldyti, galų gale neišvengiamai pralaimės, nes net menkiausia mintis apie juslinius malonumus sužadins norą patenkinti savo troškimus.

क्रोधाद्भवति सम्मोहः सम्मोहात्स्मृतिविभ्रमः ।
स्मृतिभ्रंशाद् बुद्धिनाशो बुद्धिनाशात्प्रणश्यति ॥६३॥   2.63

krodhād bhavati sammohaḥ · sammohāt smṛti-vibhramaḥ
smṛti-bhraṁśād buddhi-nāśo · buddhi-nāśāt praṇaśyati

krodhāt – iš pykčio; *bhavati* – kyla; *sammohaḥ* – visiška iliuzija; *sammohāt* – iš iliuzijos; *smṛti* – atminties; *vibhramaḥ* – užtemimas; *smṛti-bhraṁśāt* – aptemus atminčiai; *buddhi-nāśaḥ* – intelekto praradimas; *buddhi nāśāt* – praradus intelektą; *praṇaśyati* – patiriamas nuopuolis.

Pyktis visiškai paklaidina, o paklydimas aptemdo atmintį. Kai atmintis aptemsta, dingsta intelektas, o dingus intelektui vėl puolama į materijos liūną.

Śrīla Rūpa Gosvāmis mums nurodo:

prāpañcikatayā buddhyā · hari-sambandhi-vastunaḥ
mumukṣubhiḥ parityāgo · vairāgyaṁ phalgu kathyate

(„Bhakti-rasāmṛta-sindhu" 1.2.258)

Ugdant Kṛṣṇos sąmonę aiškėja, kad viską galima panaudoti Viešpaties tarnystei. Neišmanantys Kṛṣṇos sąmonės dirbtinai mėgina išvengti materialių objektų. Nors jie ir trokšta išsivaduoti iš materijos nelaisvės, tobulo atsižadėjimo pakopos nepasiekia. Tariamas jų atsižadėjimas vadinasi *phalgu,* nepilnavertis. O tas, kuris jau pasiekė Kṛṣṇos sąmonę, žino, kaip viską panaudoti tarnaujant Viešpačiui, todėl jis netampa materialios sąmonės auka. Pavyzdžiui, impersonalistas mano, kad Viešpats, arba Absoliutas, būdamas beasmenis negali valgyti. Impersonalistas stengiasi atsisakyti gardžių patiekalų, o bhaktas supranta, jog Kṛṣṇa – aukščiausiasis besimėgaujantis subjektas, kad Jis valgo viską, kas su pasiaukojimu Jam pasiūloma. Todėl, paaukojęs gardų maistą Viešpačiui, bhaktas vaišinasi jo likučiais, kurie vadinasi *prasādam.* Taip viskas sudvasinama ir nelieka pavojaus nupulti. Kṛṣṇą įsisąmoninęs bhaktas valgo *prasādam,* tuo tarpu nebhaktas atsisako maisto, laikydamas jį materialiu. Dirbtinis atsižadėjimas trukdo impersonalistui džiaugtis gyvenimu. Dėl šios priežasties pakanka protui šiek tiek susijaudinti, ir toks žmogus vėl smunka į materialios būties liūną. Sakoma, kad netgi tada, kai tokia siela išsivaduoja, ji vėl patiria nuopuolį, nes neturi pasiaukojimo tarnystės paramos.

रागद्वेषविमुक्तैस्तु विषयानिन्द्रियैश्चरन् ।
आत्मवश्यैर्विधेयात्मा प्रसादमधिगच्छति ॥६४॥

2.64

rāga-dveṣa-vimuktais tu · viṣayān indriyaiś caran
ātma-vaśyair vidheyātmā · prasādam adhigacchati

rāga – iš potraukio; *dveṣa* – iš pasibjaurėjimo; *vimuktaiḥ* – išsivadavusio; *tu* – tačiau; *viṣayān* – juslių objektų; *indriyaiḥ* – juslėmis; *caran* – veikdamas; *ātma-vaśyaiḥ* – tas, kuris kontroliuoja; *vidheya-ātmā* – besilaikantis laisvę reguliuojančių principų; *prasādam* – Viešpaties malonę; *adhigacchati* – pasiekia.

O kas, nesaistomas potraukio ar pasibjaurėjimo, gali valdyti jusles, laikydamasis principų, reguliuojančių laisvę, tas gali pelnyti visišką Viešpaties malonę.

Jau buvo aiškinta, kad jusles galima išoriškai valdyti kokiu nors dirbtiniu metodu, tačiau jeigu jusles transcendentiškai netarnauja

Viešpačiui, visada lieka galimybė vėl nupulti. Nors tvarią Kṛṣṇos sąmonę pasiekęs žmogus ir gali atrodyti esąs juslinio lygio, tačiau jis neturi potraukio juslinei veiklai, nes įsisąmonino Kṛṣṇą. Vienintelis tokio žmogaus rūpestis – patenkinti Kṛṣṇą, daugiau jis nieko nesiekia. Todėl jis yra transcendentinis potraukio ar pasibjaurėjimo atžvilgiu. Jei tik Kṛṣṇa pageidauja, bhaktas gali atlikti viską, kas įprastiniu požiūriu nepageidautina, o jeigu Kṛṣṇa nenori, jis nedarys ir to, kas paprastai teikia jam pasitenkinimą. Todėl jis pats sprendžia veikti ar neveikti, nes jis vykdo tik Kṛṣṇos nurodymus. Tokia sąmonė – nepriežastinės Viešpaties malonės išraiška. Bhaktas gali ją pasiekti, net jei vis dar trokštų veikti juslių lygmenyje.

प्रसादे सर्वदुःखानां हानिरस्योपजायते ।
प्रसन्नचेतसो ह्याशु बुद्धिः पर्यवतिष्ठते ॥६५॥

2.65

prasāde sarva-duḥkhānāṁ · hānir asyopajāyate
prasanna-cetaso hy āśu · buddhiḥ paryavatiṣṭhate

prasāde – pelnius nepriežastinę Viešpaties malonę; *sarva* – visų; *duḥkhānām* – materialių kančių; *hāniḥ* – sunaikinimas; *asya* – jo; *upajāyate* – įvyksta; *prasanna-cetasaḥ* – džiaugus proto; *hi* – tikrai; *āśu* – labai greitai; *buddhiḥ* – intelektas; *pari* – pakankamai; *avatiṣṭhate* – sutvirtėja.

Kas patenkintas savo būviu [Kṛṣṇos sąmone], tam jau neegzistuoja trejopos materialios būties kančios. Intelektas to, kuris yra tokios džiugios sąmonės, netrukus įgyja pastovumą.

नास्ति बुद्धिरयुक्तस्य न चायुक्तस्य भावना ।
न चाभावयतः शान्तिरशान्तस्य कुतः सुखम् ॥६६॥

2.66

nāsti buddhir ayuktasya · na cāyuktasya bhāvanā
na cābhāvayataḥ śāntir · aśāntasya kutaḥ sukham

2 skyrius

na asti – negali būti; *buddhiḥ* – transcendentinis intelektas; *ayuk-tasya* – to, kuris nesusijęs (su Kṛṣṇos sąmone); *na* – ne; *ca* – ir; *ayuktasya* – neturinčio Kṛṣṇos sąmonės; *bhāvanā* – sutelktas protas (laimėje); *na* – ne; *ca* – ir; *abhāvayataḥ* – neįsitvirtinusio; *śāntiḥ* – ramybė; *aśāntasya* – neramiam; *kutaḥ* – kur; *sukham* – laimė.

Kas [per Kṛṣṇos sąmonę] nesusijęs su Aukščiausiuoju, tas neturi nei transcendentinio intelekto, nei sutelkto proto – o be jų neįmanoma ramybė. O be ramybės ar galima laimė?

Neišsiugdžiusiam Kṛṣṇos sąmonės ramybė nepasiekiama. Tai patvirtinama penktame skyriuje (5.29) – tikrąją ramybę tegalima patirti suvokus, kad visais teigiamais aukų atnašavimo ir askezės rezultatais mėgaujasi tiktai Kṛṣṇa, kad Jis – visų visatos apraiškų savininkas ir tikrasis visų gyvųjų esybių draugas. Todėl to, kuris neišsiugdė Kṛṣṇos sąmonės, protas neranda galutinio tikslo. Nerimastis kankina, kai nežinomas galutinis tikslas, o kai tampa aišku, kad Kṛṣṇa yra besimėgaujantis subjektas, visa ko savininkas ir visų mūsų draugas – tada, protui nurimus, galima patirti ramybę. Todėl nesiejantis savo veiklos su Kṛṣṇa iš tikrųjų visada būna nelaimingas ir neturi ramybės, net jeigu jam ir pavyksta sukurti ramybės bei dvasinio tobulėjimo regimybę. Jau pati Kṛṣṇos sąmonė – ramybės buveinė, kurią galima pasiekti tiktai per ryšį su Kṛṣṇa.

इन्द्रियाणां हि चरतां यन्मनोऽनुविधीयते ।
तदस्य हरति प्रज्ञां वायुर्नावमिवाम्भसि ॥६७॥

2.67

indriyāṇāṁ hi caratāṁ · yan mano 'nuvidhīyate
tad asya harati prajñām · vāyur nāvam ivāmbhasi

indriyāṇām – iš juslių; *hi* – tikrai; *caratām* – besiblaškančią; *yat* – kuria; *manaḥ* – protas; *anuvidhīyate* – būna visada užimtas; *tat* – ta; *asya* – jo; *harati* – pasiglemžia; *prajñām* – intelektą; *vāyuḥ* – vėjas; *nāvam* – laivelį; *iva* – tartum; *ambhasi* – vandeny.

Kaip stiprus vėjas nuneša vandenyje plūduriuojantį laivelį, taip ir viena nerimstanti juslė, užvaldžiusi protą, pasiglemžia intelektą.

Jeigu visos juslės netarnauja Viešpačiui, tai net viena jų, nukrypusi į juslinį pasitenkinimą, gali sutrukdyti bhaktui žengti transcendentinio tobulėjimo keliu. Mahārājos Ambarīṣos gyvenimo istorija rodo, kad į Kṛṣṇos sąmonę turi būti įtrauktos visos juslės, nes tik tokia yra teisinga proto kontrolės metodika.

तस्माद्यस्य महाबाहो निगृहीतानि सर्वशः ।   2.68
इन्द्रियाणीन्द्रियार्थेभ्यस्तस्य प्रज्ञा प्रतिष्ठिता ॥६८॥

tasmād yasya mahā-bāho · nigṛhītāni sarvaśaḥ
indriyāṇīndriyārthebhyas · tasya prajñā pratiṣṭhitā

tasmāt – todėl; *yasya* – kieno; *mahā-bāho* – o tvirtaranki; *nigṛhī-tāni* – šitaip sutramdytos; *sarvaśaḥ* – visokeriopai; *indriyāṇi* – juslės; *indriya-arthebhyaḥ* – nuo juslinių objektų; *tasya* – jo; *prajñā* – intelektas; *prtatiṣṭhitā* – tvirtas.

Todėl, o tvirtaranki, tas, kuris atitraukė jusles nuo jų objektų, turi tikrai tvirtą intelektą.

Potraukį tenkinti jusles galima sutramdyti tik Kṛṣṇos sąmonės priemonėmis, visas jusles įtraukiant į transcendentinę meilės tarnystę Viešpačiui. Kaip priešus galima nugalėti galingesne jėga, taip ir jusles galima suvaldyti ne žmogaus pastangomis, bet įtraukiant jas į nuolatinę tarnystę Viešpačiui. Tas, kuris suprato, kad tik per Kṛṣṇos sąmonę galima įgyti intelekto pastovumą ir kad įsisavinti šį meną derėtų vadovaujant *bona fide* dvasiniam mokytojui, vadinamas *sādhaka,* arba vertu išsivaduoti.

या निशा सर्वभूतानां तस्यां जागर्ति संयमी ।   2.69
यस्यां जाग्रति भूतानि सा निशा पश्यतो मुनेः ॥६९॥

yā niśā sarva-bhūtānām · tasyām jāgarti samyamī
yasyām jāgrati bhūtāni · sā niśā paśyato muneḥ

yā – kas; *niśā* – yra naktis; *sarva* – visoms; *bhūtānām* – gyvosioms esybėms; *tasyām* – tame; *jāgarti* – yra prabudęs; *samyamī* – save sutvardęs; *yasyām* – kame; *jāgrati* – prabudę; *bhūtāni* – visos būtybės; *sā* – tai yra; *niśā* – naktis; *paśyataḥ* – į save įsigilinusiam; *muneḥ* – išminčiui.

Tai, kas visoms būtybėms yra naktis, susitvardžiusiajam – būdravimo metas. O visų būtybių būdravimas yra naktis įsigilinusiam į save išminčiui.

Yra dviejų kategorijų sumanūs žmonės. Vieni sumaniai siekia juslinio pasitenkinimo materialioje veikloje, o kiti gilinasi į save ir prabunda savęs pažinimui. Materijos užvaldytiems žmonėms save stebinčio išminčiaus ar giliai mąstančio žmogaus veikla – tarsi naktis. Tokią naktį materialistiški žmonės miega, nes nieko neišmano apie savęs pažinimą. Kai materialistui ateina „naktis", į save įsigilinęs išminčius lieka budrus. Išminčius jaučia transcendentinį malonumą tolydžio keldamas dvasios kultūrą, o žmogus, pasinėręs į materialistinę veiklą, negali prabusti savęs pažinimui ir sapnuoja įvairiausius juslinius malonumus. Tokio miego būsenoje jis kartais jaučiasi laimingas, o kartais kenčia. Į save įsigilinęs žmogus visad abejingai žvelgia į materialistišką laimę ir nelaimę. Jis toliau tęsia savęs pažinimo praktiką ir materijos įtaka jo netrikdo.

आपूर्यमाणमचलप्रतिष्ठं 2.70
    समुद्रमापः प्रविशन्ति यद्वत् ।
तद्वत्कामा यं प्रविशन्ति सर्वे
    स शान्तिमाप्नोति न कामकामी ॥७०॥

āpūryamāṇam acala-pratiṣṭham
    samudram āpaḥ praviśanti yadvat
tadvat kāmā yam praviśanti sarve
    sa śāntim āpnoti na kāma-kāmī

āpūryamāṇam – į visada kupiną; *acala-pratiṣṭham* – ramų; *samu-dram* – vandenyną; *āpaḥ* – vandenys; *praviśanti* – patenka; *yadvat* – kaip; *tadvat* – taip; *kāmāḥ* – troškimai; *yam* – kurį; *pravi-ṣanti* – užplūsta; *sarve* – visi; *saḥ* – tas žmogus; *śāntim* – ramybę; *āpnoti* – pasiekia; *na* – ne; *kāmā-kāmī* – norintysis patenkinti savo troškimus.

Ramybę pasieks tik tas, kurio netrikdo troškimai, – be paliovos plūstantys lyg upės į vandenyną, nuolat pasipildantį vandenimis, bet išliekantį ramų, – o ne tas, kuris stengiasi patenkinti tokius troškimus.

Nors į vandenyną nuolatos įteka daug vandens ir ypač jo padaugėja liūčių sezono metu, jis išlieka ramus kaip buvęs – neįsisiūbsta ir neišsilieja iš krantų. Tą patį galima pasakyti ir apie žmogų, kuris pasiekė tvarią Kṛṣṇos sąmonę. Kol turime materialų kūną, tol neišnyks kūno poreikis tenkinti jusles. Tačiau bhakto nejaudina tokie troškimai, nes jis yra visiškai patenkintas. Kṛṣṇą įsisąmoninusiam žmogui nieko netrūksta, nes Viešpats patenkina visus jo materialius poreikius. Toks žmogus tarsi vandenynas, kuris visada pilnas savęs. Troškimai gali užplūsti jį kaip upės, srūvančios į vandenyną, tačiau jis išlaiko pastovumą savo veikloje. Jo nė kiek netrikdo troškimai, susiję su jusliniu pasitenkinimu. Kad žmogus yra įsisąmoninęs Kṛṣṇą, įrodo tai, kad jo jau netraukia materialus juslinis pasitenkinimas, nors troškimai ir neišnykę. Jis atranda pasitenkinimą su transcendentine meile tarnaudamas Viešpačiui, todėl gali išlikti stabilus tarsi vandenynas ir džiaugiasi visiška ramybe. Tačiau tie, kurie norėdami tenkinti troškimus siekia materialios sėkmės ar net nori išsivaduoti, niekada neranda ramybės. *Karmiai,* siekiantys savo veiklos vaisių, *jñāniai,* siekiantys išsivadavimo, o taip pat *yogai,* siekiantys mistinių jėgų – visi yra nelaimingi, nes jų troškimai neišsipildo. O Kṛṣṇą įsisąmoninęs žmogus laimingas tarnaudamas Viešpačiui, sau jis nieko netrokšta. Tiesą sakant, jis net nenori išsivaduoti iš vadinamosios materijos nelaisvės. Kṛṣṇos bhaktai pasiekia tobulą ramybę, nes neturi jokių materialių troškimų.

विहाय कामान् यः सर्वान् पुमांश्चरति निःस्पृहः ।　　　　2.71
निर्ममो निरहङ्कारः स शान्तिमधिगच्छति ॥७१॥

vihāya kāmān yaḥ sarvān · pumāṁś carati niḥspṛhaḥ
nirmamo nirahaṅkāraḥ · sa śāntim adhigacchati

vihāya – atmetęs; *kāmān* – materialius juslinių malonumų siekius; *yaḥ* – kas; *sarvān* – visus; *pumān* – žmogus; *carati* – gyvena; *niḥspṛhaḥ* – be troškimų; *nirmamaḥ* – be nuosavybės jausmo; *nirahaṅkāraḥ* – be klaidingos savimonės; *saḥ* – jis; *śāntim* – visišką ramybę; *adhigacchati* – pasiekia.

Kas atsisakė noro tenkinti jusles, gyvena neturėdamas troškimų, visiškai atsikratė nuosavybės jausmo ir neturi klaidingos savimonės – tik tas pasieks tikrą ramybę.

Neturėti troškimų – tai nesiekti to, kas teikia juslinį pasitenkinimą. Kitaip sakant, tikrasis troškimų nebuvimas – tai troškimas įsisąmoninti Kṛṣṇą. Tobulą Kṛṣṇos sąmonės pakopą pasiekė tas, kuris suvokė savo tikrąją padėtį – suprato, kad yra amžinas Kṛṣṇos tarnas, klaidingai nelaiko savęs materialiu kūnu ir neklysta manydamas, kad kažkas šiame pasaulyje jam priklauso. Pasiekusieji šią tobulumo pakopą žino, kad viskas reikalinga Kṛṣṇai patenkinti, nes Jis – visa ko savininkas. Pataikaudamas savo jutimams Arjuna nenorėjo kautis, tačiau kai visiškai įsisąmonino Kṛṣṇą, jis stojo į mūšį, nes Kṛṣṇa pageidavo kautynių. Kautis dėl savęs karys nenorėjo, bet vardan Kṛṣṇos Arjuna kovėsi kaip tiktai sugebėjo. Tikrasis troškimų nebuvimas – tai siekimas patenkinti Kṛṣṇą, o ne dirbtinės pastangos užgniaužti troškimus. Gyvoji esybė negali neturėti norų ir būti bejausmė – ji turi kokybiškai transformuoti troškimus. Žmogus, neturintis materialių troškimų, iš tikrųjų žino, kad viskas priklauso Kṛṣṇai (*išāvāsyam idaṁ sarvam*), todėl jis į nieką nereiškia nuosavybės teisių. Toks transcendentinis žinojimas grindžiamas savęs pažinimu, t.y. tobulu žinojimu, kad kiekviena gyvoji esybė dvasinio identiškumo prasme yra amžina neatskiriama Kṛṣṇos dalelė, todėl pagal savo padėtį niekada neprilygs Kṛṣṇai ir

Jo nepranoks. Toks Kṛṣṇos sąmonės supratimas yra fundamentalus tikrosios ramybės principas.

एषा ब्राह्मी स्थितिः पार्थ नैनां प्राप्य विमुह्यति ।   2.72
स्थित्वास्यामन्तकालेऽपि ब्रह्मनिर्वाणमृच्छति ॥७२॥

eṣā brāhmī sthitiḥ pārtha · nainām prāpya vimuhyati
sthitvāsyām anta-kāle 'pi · brahma-nirvāṇam ṛcchati

eṣā – tai; *brāhmī* – dvasinė; *sthitiḥ* – padėtis; *pārtha* – o Pṛthos sūnau; *na* – niekada; *enām* – ją; *prāpya* – pasiekęs; *vimuhyati* – žmogus paklysta; *sthitvā* – būdamas; *asyām* – joje; *anta-kāle* – gyvenimo pabaigoje; *api* – taip pat; *brahma-nirvāṇam* – dvasinę Dievo karalystę; *ṛcchati* – pasiekia.

Šitoks yra dvasinio ir dieviško gyvenimo kelias. Stojęs į tą kelią žmogus nepaklysta. Jeigu žmogus yra tame kelyje net mirties valandą, jis gali pasiekti Dievo karalystę.

Pasiekti Kṛṣṇos sąmonę, dievišką gyvenimą, galima iššyk, akimirksniu, bet galima prie tokio būties būvio nepriartėti ir po milijonų gimimų. Svarbiausia, ar mes tai suprantame ir pripažįstame. Atsiduodamas Kṛṣṇai Khaṭvāṅga Mahārāja pasiekė tą būties būvį likus vos kelioms minutėms iki mirties. *Nirvāṇa* – tai materialistinio gyvenimo proceso nutraukimas. Budistų filosofija teigia, kad pasibaigus materialiam gyvenimui laukia tuštuma, tačiau „Bhagavad-gītā" moko kitaip. Pasibaigus materialiam gyvenimui prasideda tikrasis gyvenimas. Primityvus materialistas apsiriboja mintimi, kad derėtų sustabdyti tokią materialistinę gyvenseną, tačiau dvasiškai pažengusieji supranta, kad materialiam gyvenimui pasibaigus prasideda kitas gyvenimas. Jeigu pavyksta įsisąmoninti Kṛṣṇą dar prieš gyvenimo pabaigą, iš karto pasiekiama *brahma-nirvāṇos* stadija. Dievo karalystė ir pasiaukojimo tarnystė Viešpačiui niekuo nesiskiria. Kadangi ir Dievo karalystė, ir pasiaukojimo tarnystė yra absoliučios, tai tarnauti Viešpačiui su transcendentine meile tolygu laimėti dvasinę karalystę. Materialaus pasaulio veiklos tikslas – siekti juslinio pasitenkinimo, o dvasinio pasaulio veikla vyksta su Kṛṣṇos sąmone. Įgyti Kṛṣṇos sąmonę dar šiame gyvenime – tai tuojau pat pasiekti Brahmaną. Neabejotina, kad Kṛṣṇą įsisąmoninęs žmogus jau įžengė į Dievo karalystę.

Brahmanas yra tiesioginė materijos priešingybė. Todėl *brāhmī sthiti* reiškia „anapus materialios veiklos". Pasiaukojimo tarnystė Viešpačiui „Bhagavad-gītoje" yra traktuojama kaip išsivadavimo stadija (*sa gūṇān samatītyaitān brahma-bhūyāya kalpate*). Taigi *brāhmī-sthiti* – tai išsivadavimas iš materijos nelaisvės.

Śrīla Bhaktivinoda Ṭhākura reziumavo, kad antras „Bhagavad-gītos" skyrius glaustai perteikia visos knygos turinį. „Bhagavad-gītoje" aptariama *karma-yoga, jñāna-yoga* ir *bhakti-yoga.* Antrame skyriuje nuodugniai apibūdinta *karma-yoga* ir *jñāna-yoga,* taip pat trumpai paliesta *bhakti-yoga* – taigi apžvelgtas visos knygos turinys.

Taip Bhaktivedanta baigia komentuoti antrą „Śrīmad Bhagavad-gītos" skyrių, pavadintą „Gītos turinio apžvalga".

3 skyrius

Karma-yoga

अर्जुन उवाच
ज्यायसी चेत्कर्मणस्ते मता बुद्धिर्जनार्दन ।
तत्किं कर्मणि घोरे मां नियोजयसि केशव ॥ १ ॥

arjuna uvāca
jyāyasī cet karmaṇas te · matā buddhir janārdana
tat kiṁ karmaṇi ghore mām · niyojayasi keśava

arjunaḥ uvāca – Arjuna tarė; *jyāyasī* – geriau; *cet* – jeigu; *karma-ṇaḥ* – negu karminė veikla; *te* – Tavo; *matā* – nuomone; *buddhiḥ* – intelektas; *janārdana* – o Kṛṣṇa; *tat* – tad; *kim* – kodėl; *karmaṇi* – į veiklą; *ghore* – siaubingą; *mām* – mane; *niyojayasi* – Tu įtrauki; *keśava* – o Keśava.

Arjuna tarė: O Janārdana, o Keśava! Kodėl Tu nori įtraukti mane į šį siaubingą karą, jeigu intelektą vertini labiau už karminę veiklą?

Norėdamas išgelbėti Savo artimą draugą Arjuną, skęstantį materia-laus sielvarto vandenyne, Aukščiausiasis Dievo Asmuo Śrī Kṛṣṇa

161

ankstesniame skyriuje išsamiai nusakė sielos prigimtį ir rekomen-
davo savęs pažinimo kelią – *buddhi-yogą,* t.y. Kṛṣṇos sąmonę. Kar-
tais Kṛṣṇos sąmonė neteisingai suprantama kaip pasyvumas. Netei-
singai ją supratęs žmogus dažnai pasitraukia į nuošalią vietą, kad
tenai kartodamas šventąjį Viešpaties Kṛṣṇos vardą įgytų visišką
Kṛṣṇos sąmonę. Tačiau neperpratus Kṛṣṇos sąmonės filosofijos,
kartoti šventąjį Kṛṣṇos vardą atokioje vietoje nepatartina, taip
tegalima pelnyti pigų naivios publikos garbinimą. Arjunai irgi
atrodė, jog Kṛṣṇos sąmonė, t.y. *buddhi-yoga,* ar dvasinis žinių
gilinimas intelektu – tai lyg ir aktyvaus gyvenimo atsisakymas,
asketizmo praktika atokioje vietoje. Kitaip sakant, sumaniai teisin-
damasis Kṛṣṇos sąmone, jis norėjo išvengti kovos. Vis dėlto, kaip
nuoširdus mokinys, jis apsakė dalyko esmę savo mokytojui Kṛṣṇai,
prašydamas paaiškinti, kokią veiklos taktiką geriausia pasirinkti.
Atsakydamas į klausimą šiame, trečiame skyriuje, Viešpats Kṛṣṇa
nuodugniai paaiškino *karma-yogą,* t.y. veiklą įsisąmoninus Kṛṣṇą.

व्यामिश्रेणेव वाक्येन बुद्धिं मोहयसीव मे ।　　　　　**3.2**
तदेकं वद निश्चित्य येन श्रेयोऽहमाप्नुयाम् ॥ २ ॥

vyāmiśreṇeva vākyena · buddhiṁ mohayasīva me
tad ekaṁ vada niścitya · yena śreyo 'ham āpnuyām

vyāmiśreṇa – dviprasmiškais; *iva* – tikrai; *vākyena* – žodžiais; *bud-
dhim* – intelektą; *mohayasi* – Tu klaidini; *iva* – tikrai; *me* – mano;
tat – todėl; *ekam* – vienui vieną; *vada* – prašau pasakyk; *niścitya* –
apibrėžtai; *yena* – kurio dėka; *śreyaḥ* – tikrą naudą; *aham* – aš;
āpnuyām – galiu turėti.

**Dviprasmiški Tavo nurodymai trikdo mano intelektą. Todėl
prašau aiškiai tarti, kas man geriausia?**

Ankstesniame skyriuje, tarsi „Bhagavad-gītos" įžangoje, aprašyti
įvairūs keliai: *sāṅkhya-yoga, buddhi-yoga,* juslių valdymas inte-
lektu, nesavanaudiška veikla bei neofito padėtis. Šios žinios buvo
pateiktos nesusistemintos. Kad jas taikytume ir suprastume, būtini

nuoseklesni jų apmatai. Todėl Arjuna stengėsi suvokti tuos, iš pažiūros painius klausimus, norėdamas, kad kiekvienas paprastas žmogus suprastų juos teisingai. Nors Kṛṣṇa ir neketino klaidinti Arjunos žodžių žaismu, Arjuna nepajėgė suvokti, kaip derėtų taikyti Kṛṣṇos sąmonės metodą – liekant pasyviu arba aktyviai veikiant. Kitaip sakant, jo klausimai paruošia kelią į Kṛṣṇos sąmonę tiems, kurie rimtai trokšta išsiaiškinti „Bhagavad-gītos" paslaptį.

श्रीभगवानुवाच 3.3
लोकेऽस्मिन्द्विविधा निष्ठा पुरा प्रोक्ता मयानघ ।
ज्ञानयोगेन साङ्ख्यानां कर्मयोगेन योगिनाम् ॥ ३ ॥

śrī-bhagavān uvāca
loke 'smin dvi-vidhā niṣṭhā · purā proktā mayānagha
jñāna-yogena sāṅkhyānāṁ · karma-yogena yoginām

śrī-bhagavān uvāca – Aukščiausiasis Dievo Asmuo tarė; *loke* – pasaulyje; *asmin* – šiame; *dvi-vidhā* – dviejų rūšių; *niṣṭhā* – tikėjimas; *purā* – anksčiau; *proktā* – buvo išsakytas; *mayā* – Mano; *anagha* – o nesusitepęs nuodėme; *jñāna-yogena* – jungiančiu žinojimo procesu; *sāṅkhyānām* – filosofų empirikų; *karma-yogena* – jungiančiu pasiaukojimo procesu; *yoginām* – bhaktų.

Aukščiausiasis Dievo Asmuo tarė: O nesusitepęs nuodėme, Arjuna, Aš jau paaiškinau, kad yra dvi kategorijos žmonių, kurie stengiasi suvokti savąjį „aš". Vieni linkę jį suvokti empiriniais filosofiniais samprotavimais, kiti – pasiaukojimo tarnyste.

39-tame antro skyriaus posme Viešpats nusakė du pažinimo kelius: *sāṅkhya-yogą* bei *karma-yogą,* dar vadinamą *buddhi-yoga.* Šiuo posmu Viešpats aiškiau nušviečia tą patį klausimą. *Sāṅkhya-yoga,* ar analitinis dvasios bei materijos tyrinėjimas, yra sritis tų, kurie linkę samprotauti ir pažinti daiktus eksperimentiniu mokslu bei filosofija. O kita žmonių kategorija, kaip nurodo 61-as antro skyriaus posmas, veikia įsisąmoninę Kṛṣṇą, 39-ame posme Viešpats aiškino, kad veikiant pagal *buddhi-yogos,* arba Kṛṣṇos sąmonės, principus galima sutraukyti veiklos pančius, maža to, minėtas metodas neturi trūkumų. 61-ame posme jis nušviestas dar ryškiau: praktikuoti *buddhi-yogą* – reiškia visiškai priklausyti nuo Aukščiausiojo (tiksliau – nuo Kṛṣṇos) valios. Šitaip be didelio vargo galima suvaldyti visas jusles. Žodžiu, šios *yogos* abipusiškai susijusios kaip religija ir filosofija. Religija be filosofijos – tik sentimentai, o kartais net ir fanatizmas, o filosofija be religijos – tik spekuliatyvūs samprotavimai. Galutinis pažinimo tikslas – Kṛṣṇa, nes filosofai, nuoširdžiai ieškantys Absoliučios Tiesos, galų gale prieina Kṛṣṇos sąmonę. Taip teigiama ir „Bhagavad-gītoje". Metodo esmę sudaro tikrosios savojo „aš" padėties suvokimas Super „Aš" atžvilgiu. Filosofinių samprotavimų kelias – aplinkinis, palengva jis irgi gali atvesti prie Kṛṣṇos sąmonės, bet kito kelio esmė – viską tiesiogiai susieti su Kṛṣṇa. Iš jų geresnis Kṛṣṇos sąmonės kelias, nes jis nereikalauja išgryninti juslių filosofijos metodais. Kṛṣṇos sąmonė pati savaime yra apsivalymo procesas, tai – tiesioginis pasiaukojimo tarnystės metodas, todėl šis kelias lengvas ir tuo pat metu iškilnus.

न कर्मणामनारम्भान्नैष्कर्म्यं पुरुषोऽश्नुते ।   3.4
न च सन्न्यसनादेव सिद्धिं समधिगच्छति ॥ ४ ॥

na karmaṇām anārambhān · naiṣkarmyaṁ puruṣo 'śnute
na ca sannyasanād eva · siddhiṁ samadhigacchati

na – ne; *karmaṇām* – nurodytų pareigų; *anārambhāt* – nevykdant; *naiṣkarmyam* – išsivadavimą nuo atoveikio; *puruṣaḥ* – žmogus; *aśnute* – pasiekia; *na* – ne; *ca* – taip pat; *sannyasanāt* – atsižadėjimo dėka; *eva* – vien tik; *siddhim* – sėkmę; *samadhigacchati* – pasiekia.

Neįmanoma išvengti atoveikio vien susilaikant nuo veiklos, kaip neįmanoma vien atsižadant pasiekti tobulumą.

Atsižadėti pasaulio galima tiktai tada, kai apsivaloma vykdant nurodytas pareigas, kurios ir yra skirtos išgryninti materialistiškų žmonių širdis. Neapsivalius skubotas perėjimas į ketvirtąją gyve nimo pakopą (*sannyāsą*) nebus sėkmingas. Filosofų empirikų nuomone, pakanka vien tik tapti *sannyāsiu*, t.y. atsisakyti karminės veiklos, ir esą tuojau prilygsi Nārāyaṇai. Tačiau Viešpats Kṛṣṇa nepritaria šiam principui. Neapvalius širdies, *sannyāsa* yra vien visuomeninės santvarkos pažeidinėjimas. Kita vertus, jeigu žmogus, tegu ir neatlikdamas nurodytų pareigų, įsijungia į transcendentinę tarnystę Viešpačiui (*buddhi-yogą*), net menkiausią pažangą šiame kelyje Viešpats įvertina. *Sv-alpam apy asya dharmasya trāyate mahato bhayāt.* Net ir nedidelė pažanga šiame kelyje padeda įveikti didžiausius sunkumus.

न हि कश्चित्क्षणमपि जातु तिष्ठत्यकर्मकृत् ।   3.5
कार्यते ह्यवशः कर्म सर्वः प्रकृतिजैर्गुणैः ॥ ५ ॥

na hi kaścit kṣaṇam api · jātu tiṣṭhaty akarma-kṛt
kāryate hy avaśaḥ karma · sarvaḥ prakṛti-jair guṇaiḥ

na – ne; *hi* – tikrai; *kaścit* – kas nors; *kṣaṇam* – akimirką; *api* – taip pat; *jātu* – kada nors; *tiṣṭhati* – lieka; *akarma-kṛt* – neveiklus; *kāryate* – priverstas atlikti; *hi* – tikrai; *avaśaḥ* – bejėgis; *karma* – darbą; *sarvaḥ* – visą; *prakṛti-jaiḥ* – materialios gamtos pagimdytomis; *guṇaiḥ* – savybėmis.

Nepriklausomai nuo mūsų valios, kiekvieną priverčia veikti tos savybės, kurias jis įgyja dėl materialios gamtos guṇų įtakos. Todėl niekas net akimirksnį negali išbūti ko nors neveikdamas.

Nuolatinį sielos aktyvumą sąlygoja jos pačios prigimtis, o ne ta aplinkybė, kad ji gavo kūną. Be dvasinės sielos materialus kūnas judėti negali. Kūnas – tiktai negyvas mechanizmas, kurį valdo visada aktyvi, nė akimirkai nenurimstanti dvasinė siela. Todėl ji turi atlikti gerus Kṛṣṇos sąmonės darbus, nes antraip jos veiklą lems iliuzinė energija. Sąveikaudama su materialia energija, dvasinė siela susyja su materialiom guṇom, o kad sielą nuo tokios „giminystės" apvalytume, būtina vykdyti *śāstrų* nurodytas pareigas. Tačiau jei siela atlieka savo natūralią funkciją – veikia su

Kṛṣṇos sąmone, kad ir ką ji bedarytų, viskas bus jai į gerą. „Śrīmad-Bhāgavatam" (1.5.17) patvirtina tą mintį:

tyaktvā sva-dharmaṁ caraṇāmbujaṁ harer
  bhajann apakvo 'tha patet tato yadi
yatra kva vābhadram abhūd amuṣya kiṁ
  ko vārtha āpto 'bhajatāṁ sva-dharmataḥ

„Jeigu žmogus įsijungia į Kṛṣṇos sąmonę – net jeigu jis nevykdo *śāstrų* nurodytų pareigų ar deramai neatlieka pasiaukojimo tarnystės, ar net iš viso pasitraukia iš šio kelio – jis nei praranda ką nors, nei nukenčia. Tačiau ką jis laimės, tegul ir vykdydamas visus *śāstrų* nurodymus apsivalyti, jeigu jis neįsisąmonino Kṛṣṇos?" Žodžiu, apsivalymo procesas reikalingas tam, kad pasiekti Kṛṣṇos sąmonės lygmenį. Todėl ir *sannyāsa*, ir kiekvienas kitas apsivalymo procesas turi padėti siekiant galutinio tikslo – Kṛṣṇos sąmonės, be kurios kiekvieną laimėjimą reikia laikyti nesėkme.

कर्मेन्द्रियाणि संयम्य य आस्ते मनसा स्मरन् ।   3.6
इन्द्रियार्थान् विमूढात्मा मिथ्याचार: स उच्यते ॥ ६ ॥

karmendriyāṇi saṁyamya · ya āste manasā smaran
indriyārthān vimūḍhātmā · mithyācāraḥ sa ucyate

karma-indriyāṇi – penkis veikiančiuosius organus; *saṁyamya* – valdydamas; *yaḥ* – tas, kuris; *āste* – lieka; *manasā* – protu; *smaran* – galvodamas apie; *indriya-arthān* – juslių objektus; *vimūḍha* – kvaila; *ātmā* – siela; *mithyā-ācāraḥ* – apsimetėliu; *saḥ* – jis; *ucyate* – vadinamas.

Tas, kuris suturi savo jusles nuo veiklos, tačiau minčių nuo juslių objektų atplėšti nepajėgia, tikrai pats save apgaudinėja ir yra vadinamas apsimetėliu.

Daug yra apsimetėlių, kurie užuot veikę su Kṛṣṇos sąmone dedasi medituojančiais, nors iš tiesų jų mintys sukasi apie juslinius malonumus. Tokie apsimetėliai postringauja filosofinėmis temomis, norėdami apgauti savo rafinuotus pasekėjus, tačiau, pasak šio posmo, jie – didžiausi apgavikai. Siekdamas juslinių malonumų žmogus gali atlikti bet kurio socialinio sluoksnio funkcijas, tačiau paisydamas jo sluoksniui galiojančių regulų palengva apsivalytų. Tas, kuris dedasi *yogu*, o iš tikro dairosi juslinio pasitenkinimo objektų, vertas vadintis didžiausiu apgaviku, nors retkarčiais ir filosofuoja. Jo žinios neturi vertės, nes visa, ką tokiam nusidėjėliui duoda jo išprusimas, pasiglemžia iliuzinė Viešpaties energija. Tokio apsimetėlio protas visuomet būna užterštas, todėl jo parodomoji *yogos* meditacija neturi jokios vertės.

यस्त्विन्द्रियाणि मनसा नियम्यारभतेऽर्जुन ।
कर्मेन्द्रियैः कर्मयोगमसक्तः स विशिष्यते ॥ ७ ॥
3.7

yas tv indriyāṇi manasā · niyamyārabhate 'rjuna
karmendriyaiḥ karma-yogam · asaktaḥ sa viśiṣyate

yaḥ – kas; *tu* – bet; *indriyāṇi* – jusles; *manasā* – proto dėka; *niyamya* – valdyti; *ārabhate* – pradeda; *arjuna* – o Arjuna; *karma-indriyaiḥ* – veikiančiaisiais organais; *karma-yogam* – pasiaukojimą; *asaktaḥ* – be prisirišimo; *saḥ* – jis; *viśiṣyate* – žymiai pranašesnis.

Kita vertus, jeigu žmogus nuoširdžiai stengiasi protu suvaldyti veikiančias jusles ir be prisirišimo imasi karma-yogos [įsisąmoninęs Kṛṣṇą], jo padėtis žymiai aukštesnė.

Užuot buvus pseudotranscendentalistu, beprasmiškai gyvenančiu ir besivaikančiu juslinių malonumų, verčiau dirbti savo darbą ir siekti gyvenimo tikslo – išsilaisvinti iš materijos nelaisvės ir eiti į Dievo karalystę. Pirmutinis *svārtha-gati*, arba mūsų asmeninius interesus išreiškiantis tikslas – pasiekti Viṣṇu. *Varnų* bei *āśramų* institucija tam ir sumanyta, kad padėtų pasiekti šį gyvenimo tikslą. Šeimos žmogus irgi gali jį pasiekti reglamentuotos Kṛṣṇos sąmonės tarnystės dėka. Norint save suvokti, reikia gyventi ribojant savo poreikius, kaip rekomenduoja *śāstros,* be prisirišimo tęsti savo darbą ir šitaip tobulėti. Žmogaus, nuosekliai besivadovaujančio šiuo metodu, padėtis žymiai geresnė negu melagio apsimetėlio, demonstruojančio pigų parodomąjį dvasingumą, kad apgautų naivią publiką. Sąžiningas gatvių šlavėjas žymiai vertesnis už šarlataną, kuris medituoja norėdamas vieno – užsidirbti pragyvenimui.

नियतं कुरु कर्म त्वं कर्म ज्यायो ह्यकर्मणः ।   3.8
शरीरयात्रापि च ते न प्रसिध्येदकर्मणः ॥ ८ ॥

niyataṁ kuru karma tvaṁ · karma jyāyo hy akarmaṇaḥ
śarīra-yātrāpi ca te · na prasidhyed akarmaṇaḥ

niyatam – nurodytas; *kuru* – vykdyk; *karma* – pareigas; *tvam* – tu; *karma* – darbas; *jyāyaḥ* – geriau; *hi* – tikrai; *akarmaṇaḥ* – nei neveikimas; *śarīra* – kūno; *yātrā* – palaikymas; *api* – net; *ca* – taip pat; *te* – tavo; *na* – niekada; *prasiddhyet* – atliekamas; *akarmaṇaḥ* – be darbo.

Vykdyk nurodytą pareigą, nes tai geriau negu nedirbti. Nedirbdamas net savo fizinio kūno negalėsi išlaikyti.

Yra daug pseudomedituotojų, nepagrįstai vadinančių save kilmingų tėvų vaikais, ir sumanių profesionalių skaitovų, kurie dedasi viską paaukoję dvasinio tobulėjimo vardan. Viešpats Kṛṣṇa nenorėjo, kad Arjuna veidmainiautų. Priešingai, Jis troško, kad Arjuna vykdytų nurodytas *kṣatriyams* pareigas. Arjuna buvo šeimos žmogus bei karvedys, todėl geriausia buvo nekeisti savo padėties ir toliau vykdyti nurodytas šeimą turinčio *kṣatriyo* religines pareigas. Tokia veikla palaipsniui išgrynina paprasto žmogaus širdį, apvalo nuo materijos nešvaros. Nei Viešpats, nei jokie religiniai raštai nepritaria tariamam atsižadėjimui, kuriuo siekiama materialiai apsirūpinti. Juk tam, kad palaikytum gyvybę, reikia ką nors dirbti. Nereikia pataikaujant savo užgaidoms atsisakyti darbo, neišgryninus materialistinių polinkių. Kiekvienas materialaus pasaulio gyventojas tikrai turi blogą polinkį viešpatauti materialioje gamtoje, kitaip sakant, polinkį į juslinius malonumus. Tokius nešvarius polinkius reikia apvalyti atliekant nurodytas pareigas. To nepadarius nederėtų atsisakyti darbo ir apsimesti transcendentalistu, gyvenant kitų sąskaita.

यज्ञार्थात्कर्मणोऽन्यत्र लोकोऽयं कर्मबन्धनः ।   3.9
तदर्थं कर्म कौन्तेय मुक्तसङ्गः समाचर ॥ ९ ॥

yajñārthāt karmaṇo 'nyatra · loko 'yaṁ karma-bandhanaḥ
tad-arthaṁ karma kaunteya · mukta-saṅgaḥ samācara

yajña-arthāt – atliktas tiktai vardan Yajños, t.y. Viṣṇu; *karmaṇaḥ* – nei darbas; *anyatra* – kitoks; *lokaḥ* – pasaulyje; *ayam* – šiame; *karma-bandhanaḥ* – veiklos pančiai; *tat* – Jo; *artham* – vardan; *karma* – darbą; *kaunteya* – o Kuntī sūnau; *mukta-saṅgaḥ* – išsivadavęs nuo prisirišimų; *samācara* – daryk tobulai.

Veikla turi būti atliekama kaip auka Viṣṇu, kitaip ji bus vergystės materialiame pasaulyje priežastis. Todėl, o Kuntī sūnau, atlik savo nurodytas pareigas siekdamas Jį patenkinti ir visada būsi laisvas.

Norėdami išlaikyti kūną, visi turime dirbti; nurodytos pareigos, atitinkančios tam tikrą socialinę padėtį ir savybes, sumanytos taip, kad būtų pasiektas šis tikslas. *Yajña* reiškia „Viešpatį Viṣṇu" arba „aukojimo apeigas". Visos aukojimo apeigos yra skirtos patenkinti Viešpatį Viṣṇu. Vedos sako: *yajño vai viṣṇuḥ.* Kitaip sakant, į tikslą veda ir nurodytų *yajñų* atlikimas, ir tiesioginė tarnystė Viešpačiui Viṣṇu. Todėl ir Kṛṣṇos sąmonė yra *yajña,* kurią rekomenduoja šis posmas. Varṇāśramos institucijos tikslas irgi – patenkinti Viešpatį Viṣṇu. *Varṇāśramacāravatā puruṣena paraḥ pumān/ viṣṇur ārādhyate* („Viṣṇu Purāṇa" 3.8.8).

Todėl kiekvienas turi dirbti siekdamas patenkinti Visnu. Kitokia veikla materialiame pasaulyje bus vergystės priežastis, nes ir geri, ir blogi darbai sukelia atoveikį, o atoveikis – nesvarbu, koks jis būtų – supančioja veikėją. Todėl siekiant patenkinti Kṛṣṇą (arba Viṣṇu), turime veikti įsisąmoninę Kṛṣṇą. Kai šitaip veikiame, esame išsivadavę. Veikti įsisąmoninus Kṛṣṇą – didis menas; kad jo išmoktume, iš pradžių reikia prityrusio vadovo. Turime uoliai darbuotis vadovaujami prityrusio Viešpaties Kṛṣṇos bhakto arba paklusti tiesioginiams Viešpaties Kṛṣṇos nurodymams (tokią galimybę gavo Arjuna). Reikia viską daryti ne dėl juslinio pasitenkinimo, bet siekiant patenkinti Kṛṣṇą. Tai ne tik išgelbės nuo veiklos atoveikio, bet ir tolydžio pakylės iki transcendentinės meilės tarnystės Viešpačiui, o ji – vienintelis kelias į Dievo karalystę.

सहयज्ञाः प्रजाः सृष्ट्वा पुरोवाच प्रजापतिः ।   3.10
अनेन प्रसविष्यध्वमेष वोऽस्त्विष्टकामधुक् ॥१०॥

saha-yajñāḥ prajāḥ sṛṣṭvā · purovāca prajāpatiḥ
anena prasaviṣyadhvam · eṣa vo 'stv iṣṭa-kāma-dhuk

saha – drauge su; *yajñāḥ* – aukų atnašomis; *prajāḥ* – kartas; *sṛṣṭvā* – sukūręs; *purā* – senovėje; *uvāca* – tarė; *prajā-patiḥ* – būtybių Viešpats; *anena* – jos dėka; *prasaviṣyadhvam* – vis labiau klestėkite; *eṣaḥ* – ši; *vaḥ* – jūsų; *astu* – tebūnie; *iṣṭa* – visų troškimų; *kāma-dhuk* – išpildytoja.

Pasaulio kūrimo pradžioje visų būtybių Viešpats sukūrė žmones ir pusdievius su aukų atnašomis Viṣṇu ir palaimino juos tardamas: „Būkite laimingi šia yajña [aukos atnaša], nes ji suteiks jums visus trokštamus dalykus, reikalingus laimingai gyventi bei išsivaduoti."

Visų būtybių Viešpats (Viṣṇu) sukuria materialų pasaulį tam, kad suteiktų sąlygotoms sieloms galimybę grįžti namo – atgal pas Dievą. Materiali gamta sąlygoja visas materialios kūrinijos gyvąsias esybes, nes jos užmiršo savo ryšį su Viṣṇu, arba Kṛṣṇa, Aukščiau-

siuoju Dievo Asmeniu. Vedų nurodymai yra skirti padėti mums
suprasti tą amžiną ryšį, arba kaip teigia „Bhagavad-gītā": *vedaiś
ca savair aham eva vedyaḥ.* Viešpats sako, jog Vedų tikslas –
pažinti Jį. O vienas Vedų himnų skelbia: *patiṁ viśvasyātmeśva-
ram.* Iš to matyti, kad gyvųjų esybių Viešpats yra Aukščiausiasis
Dievo Asmuo, Viṣṇu. Beje, ir „Śrīmad-Bhāgavatam" (2.4.20) Śrīla
Śukadeva Gosvāmis daug kartų vadina Viešpatį *pati:*

śriyaḥ patir yajña-patiḥ prajā-patir
*   dhiyāṁ patir loka-patir dharā-patiḥ*
patir gatiś cāndhaka-vṛṣṇi-sātvatām
*   prasīdatāṁ me bhagavān satāṁ patiḥ*

Prajā-pati – tai Viešpats Viṣṇu, kuris yra visų gyvųjų būtybių,
visų pasaulių, visų grožybių Viešpats ir visų mūsų gynėjas. Vieš-
pats sukūrė materialų pasaulį, kad sąlygotos sielos išmoktų atlikti
yajñas (aukų atnašas), skirtas patenkinti Viṣṇu, ir patogiai, be
rūpesčių gyventų materialiame pasaulyje, o susidėvėjus jų mate-
rialiems kūnams eitų į Dievo karalystę. Štai visa sąlygotos sielos
veiklos programa. Atlikdamos *yajñas* sąlygotos sielos tolydžio įsisą-
monina Kṛṣṇą ir tampa visiškai dievotos. Kali amžiuje Vedų raštai
rekomenduoja *saṅkīrtana-yajñą* (Dievo vardų giedojimą). Šį trans-
cendentinį metodą įdiegė Viešpats Caitanya, norėdamas išgelbėti
visus mūsų laikų žmones. *Saṅkīrtana-yajña* ir Kṛṣṇos sąmonė pui-
kiai dera viena prie kitos. Apie bhaktu apsireiškusį Viešpatį Kṛṣṇą,
Viešpatį Caitanyą, užsimenama „Śrīmad-Bhāgavatam" (11.5.32),
ypač siejant Jį su *saṅkīrtana-yajña:*

kṛṣṇa-varṇaṁ tviṣākṛṣṇaṁ · sāṅgopāṅgāstra-pārṣadam
yajñaiḥ saṅkīrtana-prāyair · yajanti hi su-medhasaḥ

„Kali amžiuje visi išmintimi apdovanoti žmonės *saṅkīrtana-yajña*
garbina Viešpatį, lydimą bendražygių." Kali amžiuje nelengva
atlikti kitas Vedų raštų nurodytas *yajñas,* o štai *saṅkīrtana-yajña*
nesudėtinga ir išaukštinta, pravarti visiems tikslams. Ji rekomen-
duojama ir „Bhagavad-gītoje" (9.14).

देवान् भावयतानेन ते देवा भावयन्तु वः ।
परस्परं भावयन्तः श्रेयः परमवाप्स्यथ ॥११॥

3.11

devān bhāvayatānena · te devā bhāvayantu vaḥ
parasparaṁ bhāvayantaḥ · śreyaḥ param avāpsyatha

devān – pusdievius; *bhāvayata* – patenkinę; *anena* – šia auka; *te* – tie; *devāḥ* – pusdieviai; *bhāvayantu* – patenkins; *vaḥ* – jus; *parasparam* – abipusiškai; *bhāvayantaḥ* – tenkindami vienas kitą; *śreyaḥ* – palaiminimą; *param* – aukščiausią; *avāpsyatha* – jūs pasieksite.

Aukomis patenkinti pusdieviai atlygins tuo pačiu. Tokių santykių tarp žmonių ir pusdievių dėka įsivyraus visuotinė gerovė.

Pusdieviai – tai įgalinti valdininkai, tvarkantys materialaus pasaulio reikalus. Oro, šviesos, vandens bei kitų gėrybių, reikalingų kiekvienos gyvosios esybės gyvybei palaikyti, tiekimas patikėtas pusdieviams – dideliam būriui Aukščiausiojo Dievo Asmens pagalbininkų, kurie yra įvairiose Jo kūno dalyse. Jų džiaugsmas ir nepasitenkinimas priklauso nuo to, kaip žmogus atlieka *yajñas*. Kai kurios *yajños* skirtos tam tikriems pusdieviams patenkinti, tačiau ir tuo atveju visas *yajñas* galų gale gauna jų metu garbinamas Viešpats Viṣṇu. „Bhagavad-gītoje" irgi nurodoma, kad Pats Kṛṣṇa yra visų *yajñų* objektas: *bhoktāraṁ yajña tapasām*. Vadinasi, pagrindinis visų *yajñų* tikslas – patenkinti *yajñą-patį*. Kai jos deramai atliekamos, atsakingi už įvairius tiekimo barus pusdieviai, suprantama, lieka patenkinti ir aprūpina visais reikalingais gamtos produktais.

Yajñų atlikimas teikia ir daug kitokios naudos, tačiau galų gale jis padeda išsivaduoti iš materijos nelaisvės. Atliekant *yajñas* apvalomi visi veiksmai, – teigiama Vedose: *āhāra-śuddhau sattva-śuddhiḥ sattva-śuddhau dhruvā smṛtiḥ smṛti-lambhe sarva-granthīnāṁ vipramokṣaḥ*. Atliekant *yajñą* pašventinamas maistas, o valgant pašventintą maistą valosi žmogaus būtis. Kai būtis tampa švari, skaidrėja subtilieji atminties audiniai, ir tuomet, nušvitus atminčiai, žmogus susimąsto apie išsivadavimo kelią. Visa tai veda į Kṛṣṇos sąmonę, kurios taip stinga šių dienų visuomenei.

इष्टान् भोगान् हि वो देवा दास्यन्ते यज्ञभाविताः ।
तैर्दत्तानप्रदायैभ्यो यो भुङ्क्ते स्तेन एव सः ॥१२॥

3.12

iṣṭān bhogān hi vo devā · dāsyante yajña-bhāvitāḥ
tair dattān apradāyaibhyo · yo bhuṅkte stena eva saḥ

iṣṭān – trokštamas; *bhogān* – gyvenimo reikmes; *hi* – tikrai; *vaḥ* – jums; *devāḥ* – pusdieviai; *dāsyante* – duos; *yajña-bhāvitāḥ* – patenkinti atnašaujamomis aukomis; *taiḥ* – jų; *dattān* – duotais dalykais; *apradāya* – neaukodamas; *ebhyaḥ* – tiems pusdieviams; *yaḥ* – tas, kuris; *bhuṅkte* – mėgaujasi; *stenaḥ* – vagis; *eva* – tikrai; *saḥ* – jis.

Pusdieviai, atsakingi už įvairias gyvenimo reikmes, patenkinti yajños [aukos atnašavimo] atlikimu apdovanos jus būtiniausiais dalykais. Bet tas, kuris pats naudojasi šiomis dovanomis, neaukodamas jų pusdieviams, yra tikrų tikriausias vagis.

Aukščiausias Dievo Asmuo, Viṣṇu, įgalioja pusdievius suteikti būtiniausius dalykus, todėl juos reikia tenkinti nurodytomis aukomis. Įvairiems pusdieviams patenkinti Vedose prisakoma atnašauti įvairiausias aukas, tačiau visos jos galiausiai tenka Aukščiausiajam Dievo Asmeniui. Tiems, kurie negali suvokti Dievo Asmenybės, rekomenduojama atnašauti aukas pusdieviams. Vedose siūlomos skirtingos *yajños* pagal konkrečių asmenybių materialias savybes. Tuo pačiu pagrindu, t.y. pagal skirtingas garbintojų savybes, garbinami įvairūs pusdieviai. Pavyzdžiui, mėsėdžiams siūloma garbinti deivę Kālī – šiurpią materialios gamtos formą, kuriai aukojami gyvūnai. O štai žmonėms, sąlygotiems dorybės *guṇos*, rekomenduojamas transcendentinis Viṣṇu garbinimas. Tačiau, iš esmės, visos *yajños* yra skirtos tam, kad tolydžio pasistūmėti transcendentinio tikslo kryptimi. Paprasti žmonės turi atnašauti bent penkias *yajñas*, kurios vadinasi *pañca-mahā-yajña*.

Tačiau būtina žinoti, kad visus žmonių visuomenės egzistavimui būtinus dalykus teikia Viešpaties tarpininkai – pusdieviai. Patys žmonės ničnieko sukurti negali. Panagrinėkime, pavyzdžiui, tai, ką jie valgo. Tai grūdai, vaisiai, daržovės, pienas, cukrus etc. –

173

skirti žmonėms, kurie yra dorybės *guṇos,* ir nevegetarų maistas, pavyzdžiui, mėsa, – nė vieno iš šių produktų žmogus negali pasigaminti pats. Arba štai šiluma, šviesa, vanduo, oras ir kiti gyvybiškai svarbūs dalykai – nieko iš to, kas išvardinta, žmonių visuomenė sukurti negali. Jei nebūtų Aukščiausiojo Viešpaties – nei saulė, nei mėnulis dosniai neskleistų spindulių, nelytų lietus, nepūstų vėjas ir gyventi būtų neįmanoma. Akivaizdu, kad mūsų gyvenimas priklauso nuo Viešpaties teikiamų gėrybių. Net ir mūsų pramonės įmonės reikalauja milžiniško kiekio žaliavų: metalo, sieros, gyvsidabrio, mangano bei kitų svarbių medžiagų, o visas jas tiekia Viešpaties tarpininkai – kad teisingai naudodamiesi siunčiamomis gėrybėmis palaikytume sveikatą ir galėtume siekti savęs pažinimo, vedančio į galutinį gyvenimo tikslą – išsivaduoti iš materialios kovos už būvį. Šis gyvenimo tikslas pasiekiamas atliekant *yajñas.* Jei, pamiršdami vardan ko gyvena žmogus, mes naudojamės Viešpaties tarpininkų tiekiamomis gėrybėmis vien savo jusliniams malonumams ir vis labiau grimztame į materialią būtį (juk pasaulis sukurtas visai ne tam) – mes esame tikrų tikriausi vagys, ir todėl mus baudžia materialios gamtos įstatymai. Vagių visuomenė niekada nebus laiminga, nes vagys neturi gyvenimo tikslo. Primityvūs materialistai, vagys, gyvena be aukštesnių siekių, ieško tiktai juslinių malonumų ir nenutuokia, kaip atlikti *yajñas.* Tačiau Viešpats Caitanya įvedė lengviausią *yajñą* – *sankīrtaną-yajñą,* kurią gali atlikti kiekvienas pasaulio gyventojas, pripažįstantis Kṛṣṇos sąmonės principus.

यज्ञशिष्टाशिनः सन्तो मुच्यन्ते सर्वकिल्बिषैः ।   3.13
भुञ्जते ते त्वघं पापा ये पचन्त्यात्मकारणात् ॥१३॥

yajña-śiṣṭāśinaḥ santo · mucyante sarva-kilbiṣaiḥ
bhuñjate te tv aghaṁ pāpā · ye pacanty ātma-kāraṇāt

yajña-śiṣṭa – maisto, kuriuo vaišinamasi atlikus *yajñą; aśinaḥ* – valgytojai; *santaḥ* – bhaktai; *mucyante* – atsikrato; *sarva* – visų rūšių; *kilbiṣaiḥ* – nuodėmių; *bhuñjate* – mėgaujasi; *te* – jie; *tu* – bet; *agham* – baisiom nuodėmėm; *pāpāḥ* – nusidėjėliai; *ye* – kurie; *pacanti* – ruošia maistą; *ātma-kāraṇāt* – jusliniam malonumui.

Viešpaties bhaktams atleidžiamos visos nuodėmės, nes jie valgo paaukotą maistą. O tie, kurie ruošia maistą savo juslių malonumui, iš tiesų minta tiktai nuodėme.

Aukščiausiojo Viešpaties bhaktai, ar Kṛṣṇą įsisąmoninę žmonės, vadinami *santomis*. „Brahma-saṁhitoje" (5.38) rašoma, kad jie visada kupini meilės Viešpačiui: *premāñjana-cchurita-bhakti-vilo-cenana santaḥ sadaiva hṛdayeṣu vilokayanti*. *Santos* nevalgo to, kas nebuvo paaukota Aukščiausiajai Asmenybei, nes su Aukščiausiuoju Dievo Asmeniu – Govinda (teikiančiu visus malonumus), Mukunda (teikiančiu išsivadavimą) ar Kṛṣṇa (visų patraukliausia asmenybe), juos sieja amžini meilės saitai. Todėl bhaktai nuolat atlieka *yajñą* įvairiais pasiaukojimo tarnystės būdais: pavyzdžiui, *śravaṇam, kīrtanam, smaraṇam, arcanam* etc. Šių *yajñų* atlikimas neleidžia jiems susiteršti nuodėmingais materialaus pasaulio ryšiais. O tie, kurie gamina maistą tik sau, t.y. norėdami jusliškai pasitenkinti, ne tik vagia, bet ir minta įvairiausiomis nuodėmėmis. Ar gali būti laimingas vagis ir nusidėjėlis? Ne, negali. Taigi, tam kad žmonės taptų iš tiesų laimingi, juos reikia mokyti nesudėtingo *saṅkīrtana-yajños* metodo, visiškos Kṛṣṇos sąmonės. Antraip pasaulyje nebus nei taikos, nei laimės.

अन्नाद्भवन्ति भूतानि पर्जन्यादन्नसम्भवः ।   3.14
यज्ञाद्भवति पर्जन्यो यज्ञः कर्मसमुद्भवः ॥१४॥

annād bhavanti bhūtāni · parjanyād anna-sambhavaḥ
yajñād bhavati parjanyo · yajñaḥ karma-samudbhavaḥ

annāt – iš grūdų; *bhavanti* – auga; *bhūtāni* – materialūs kūnai; *parjanyāt* – iš lietaus; *anna* – maistinių grūdų; *sambhavaḥ* –

gamyba; *yajñāt* – iš aukų atnašavimo; *bhavati* – randasi; *parjanyaḥ* – lietus; *yajñaḥ* – *yajños* atnašavimas; *karma* – nurodytų pareigų; *samudbhavaḥ* – pagimdytas.

Visos gyvosios būtybės minta javais, kuriuos išaugina lietus. Lietų sukelia aukų atnašavimas [yajña], o yajña gimsta iš nurodytų pareigų.

Puikus „Bhagavad-gītos" komentatorius Śrīla Baladeva Vidyābhūṣaṇa rašo: *ye indrādy-aṅgatayāvasthitaṁ yajñaṁ sarveśvaraṁ viṣṇum abhyarcya tac-cheṣam aśnanti tena tad deha-yātrāṁ sampādayanti, te santaḥ sarveśvarasya yajña-puruṣasya bhaktāḥ sarva-kilbiṣair anādi-kāla-vivṛddhair ātmānubhava-prati-bandhakair nikhilaiḥ pāpair vimucyante.* Aukščiausiasis Viešpats, žinomas *yajña-puruṣos,* t.y. asmeniškai priimančio visas aukas, vardu, valdo visus pusdievius, kurie tarnauja Jam, kaip atskiros kūno dalys tarnauja visam kūnui. Indra, Candra, Varuṇa bei kiti pusdieviai – tai Jo pareigūnai, kurie tvarko materialaus pasaulio reikalus. Vedos nurodo aukoti pusdieviams, kad jie malonėtų teikti pakankamai oro, šviesos bei vandens maistiniams grūdams auginti. Garbinant Viešpatį Kṛṣṇą, savaime pagerbiami ir pusdieviai, nes jie – įvairios Viešpaties kūno dalys. Todėl atskirai garbinti pusdievius nėra jokio reikalo. Dėl šios priežasties Kṛṣṇą įsisąmoninę bhaktai aukoja maistą Kṛṣṇai ir tik po to jį valgo – tai būdas dvasiškai pasotinti kūną. Jį taikant sunaikinamas ne tik atoveikis už ankstesniąsias nuodėmes, bet pats kūnas tampa atsparus ir jo nebeveikia materialios gamtos nešvara. Antiseptinė vakcina per epidemiją apsaugo žmogų nuo užkrėtimo. Taip ir paaukotas Viešpačiui Viṣṇu maistas, kurį suvalgome, teikia atsparumo prieš materialios gamtos įtaką, o tas, kuris visada valgo tik tokį maistą, vadinasi Viešpaties bhaktu. Taigi Kṛṣṇą įsisąmoninęs žmogus, valgantis tiktai Kṛṣṇai paaukotą maistą, nugali buvusių „materialių infekcijų" pasekmes, kurios trukdo tobulėti ir suvokti save. Kita vertus, tas, kuris taip nedaro, kaupia nuodėmes ir tuo pačiu ruošia sau kitą kūną – šuns ar kiaulės – kaip atpildą už visas praeities nuodėmes. Materialiame pasaulyje apstu nešvaros, tačiau tas, kuris valgydamas Viešpaties *prasādam* (maistą, paaukotą Višnu) įgyja imunitetą, yra saugus. O kas Viešpačiui maisto neaukoja, tas užsiteršia.

Maistiniai grūdai bei daržovės – tikrasis maistas. Žmogui skirta valgyti įvairius grūdus, daržoves, vaisius etc., o gyvūnai ėda maistinių grūdų bei daržovių atliekas, žolę, augalus etc. Žmonės, įpratę valgyti mėsą, taip pat priklauso nuo augalijos, nes be jos neįmanoma auginti gyvulių maistui. Tad, visų pirma mes priklausome nuo laukų produkcijos, bet ne nuo stambių fabrikų. Derlių augina lietus, o jį siunčia Indra, Saulės, Mėnulio bei kiti pusdieviai.Visi jie – Viešpaties tarnai. Viešpatį galima patenkinti aukomis, o jų neatliekantis žmogus patirs nepriteklių – toksai gamtos dėsnis. Todėl *yajña*, o ypač *sānkirtana-yajña*, kuri yra skirta mūsų epochai, turi būti atliekama bent jau tam, kad nestigtų maisto.

कर्म ब्रह्मोद्भवं विद्धि ब्रह्माक्षरसमुद्भवम् ।   3.15
तस्मात्सर्वगतं ब्रह्म नित्यं यज्ञे प्रतिष्ठितम् ॥१५॥

karma brahmodbhavaṁ viddhi · brahmākṣara-samudbhavam
tasmāt sarva-gataṁ brahma · nityaṁ yajñe pratiṣṭhitam

karma – darbas; *brahma* – iš Vedų; *udbhavam* – kilęs; *viddhi* – žinoki; *brahma* – Vedos; *akṣara* – Aukščiausiojo Brahmano (Dievo Asmens); *samudbhavam* – tiesiogiai apreikštos; *tasmāt* – todėl; *sarva-gatam* – visa persmelkianti; *brahma* – transcendencija; *nityam* – amžinai; *yajñe* – aukos atnašoje; *pratiṣṭhitam* – glūdi.

Reguliuojamą veiklą atlikti nurodo Vedos, o jos radosi tiesiog iš Aukščiausiojo Dievo Asmens. Todėl viską persmelkianti Transcendencija amžinai glūdi aukojimo veiksme.

Posmas dar aiškiau pabrėžia *yajñārtha-karmos* darbo, skirto vien tik patenkinti Kṛṣṇą, būtinumą. Jeigu dirbame siekdami patenkinti *yajña-puruṣą* – Visnu, tai ir darbo kryptį privalome nusistatyti remdamiesi Brahmanu, t.y. transcendentinėmis Vedomis.

Vedos – tai veiklos krypčių kodeksas. Darbai, atliekami prasilenkiant su Vedų nurodymais, vadinasi *vikarma* – autoritetų nepatvirtinta, nuodėminga veikla. Todėl norėdami išsigelbėti nuo veiklos atoveikio, turime remtis Vedų nurodymais. Kaip kasdieninis gyvenimas remiasi valstybės įstatymais, taip reikia laikytis ir Viešpaties aukščiausios valstybės įstatymų. Vedų nurodymus iškvėpė Aukščiausiasis Dievo Asmuo. Pasakyta: *asya mahato bhūtasya niśvasitam etad yad ṛg-vedo yajur-vedaḥ sāma-vedo 'tharvāṅgirasaḥ.* „Keturios Vedos – „Ṛg Veda", „Yajur Veda", „Sāma Veda" bei „Atharva Veda" sklinda iš didžiojo Dievo Asmens kvėpavimo." („Bṛhad-āraṇyaka Upaniṣada" 4.5.11) Viešpats, būdamas visagalis, gali kalbėti kvėpavimu, nes, kaip tvirtina „Brahma-saṁhitā", kiekvienas Jo jutimo organas gali atlikti visų kitų organų darbą, kitaip sakant, Viešpats gali kalbėti Savo kvėpavimu ir apvaisinti žvilgsniu. Iš tiesų *śāstros* teigia, jog Jis pradėjo gyvąsias esybes, žvilgsniu nužvelgęs materialią gamtą. Sukūręs pasaulį, ar apvaisinęs materialios gamtos įsčias sąlygotomis sielomis, Vedų išminties forma Jis nurodė joms, kaip grįžti namo, atgal pas Dievą. Mes turime nuolat atminti, kad visos sąlygotos sielos materialiame pasaulyje aistringai trokšta materialių malonumų. Tačiau Vedų nurodymai parengti taip, kad galėtume patenkinti savo iškreiptus troškimus, o vėliau, atsisakę tariamų malonumų, sugrįžtume namo pas Dievą. Tai galimybė sąlygotoms sieloms išsivaduoti, todėl sąlygotos sielos turėtų įsijungti į *yajños* procesą įsisąmonindamos Kṛṣṇą. Kṛṣṇos sąmonės principus gali įsisavinti net ir Vedų nurodymų nesilaikę žmonės – šie principai jiems atstos vediškąsias *yajñas* ar karminę veiklą.

एवं प्रवर्तितं चक्रं नानुवर्तयतीह यः ।   3.16
अघायुरिन्द्रियारामो मोघं पार्थ स जीवति ॥१६॥

evaṁ pravartitaṁ cakraṁ · nānuvartayatīha yaḥ
aghāyur indriyārāmo · moghaṁ pārtha sa jīvati

evam – tuo būdu; *pravartitam* – Vedų įteisintu; *cakram* – ciklu; *na* – ne; *anuvartayati* – vadovaujasi; *iha* – šiame gyvenime; *yaḥ* – tas, *agha-āyuḥ* – kurio gyvenimas kupinas nuodėmių; *indriya-ārāmaḥ* – kuris mėgaujasi jusliniais malonumais; *mogham* – veltui; *pārtha* – o Pṛthos sūnau (Arjuna); *saḥ* – jis; *jīvati* – gyvena.

Mano brangus Arjuna, kas gimė žmogumi ir neatlieka Vedų nustatyto aukų atnašavimo ciklo, tas iš tiesų gyvena nuodėmingai. Vien tik jusles tenkinantis, gyvena veltui.

Šiuo posmu Viešpats pasmerkia mamonistų filosofiją: sunkiai dirbk ir tenkink jusles. Tiems, kurie nori mėgautis materialiu pasauliu, absoliučiai būtina atlikti aukščiau minėtąjį *yajñų* ciklą. Nesilaikantis šių regulų žmogus smarkiai rizikuoja, nes vis labiau apsunkina savo padėtį. Gamtos dėsniai lemia, kad žmogaus gyvybės forma pirmiausia skirta savęs pažinimui – tam tinka vienas iš trijų kelių: *karma-yoga, jñāna-yoga* arba *bhakti-yoga.* Transcendentalistai, pakilę virš dorybės bei ydų, neprivalo griežtai atlikti nurodytas *yajñas,* bet tenkinantiems jusles reikia apsivalyti atliekant aukščiau minėtą *yajñų* ciklą. Veikla yra įvairių rūšių. Kṛṣṇos nesuvokusio žmogaus mintys neišvengiamai sukasi apie juslinius malonumus – todėl jis turi atlikti dorus darbus. *Yajños* sistema sumanyta taip, kad tokie žmonės galėtų numaldyti savo troškimus, išvengdami atoveikio už darbą, atliekamą dėl jutiminio pasitenkinimo. Pasaulio gerovė priklauso ne nuo mūsų pastangų, bet nuo pirmapradės tvarkos, kurią nustatė Aukščiausiasis Viešpats ir kurią betarpiškai įgyvendina pusdieviai. Todėl *yajños* yra tiesiogiai skirtos konkretiems Vedose minimiems pusdieviams. Tai netiesioginė Kṛṣṇos sąmonės praktika, nes žmogus, išmokęs atnašauti *yajñas,* būtinai įsisąmonins Kṛṣṇą. O jeigu *yajñų* atlikimas neišugdo Kṛṣṇos sąmonės, tai šie veiksmai laikytini paprastu dorovės kodekso laikymusi. Todėl nedera stabdyti tobulėjimo ir apsiriboti vien dorovės kodeksu – reikia peržengti jo ribas ir pasiekti Kṛṣṇos sąmonę.

यस्त्वात्मरतिरेव स्यादात्मतृप्तश्च मानवः ।
आत्मन्येव च सन्तुष्टस्तस्य कार्यं न विद्यते ॥१७॥

3.17

yas tv ātma-ratir eva syād · ātma-tṛptaś ca mānavaḥ
ātmany eva ca santuṣṭas · tasya kāryaṁ na vidyate

yaḥ – tas, kuris; *tu* – bet; *ātma-ratiḥ* – semdamasis malonumo sava-
jame „aš"; *eva* – tikrai; *syāt* – lieka; *ātma-tṛptaḥ* – dvasiškai nušvi-
tęs; *ca* – ir; *mānavaḥ* – žmogus; *ātmani* – savyje; *eva* – tiktai; *ca* – ir;
santuṣṭaḥ – visiškai patenkintas; *tasya* – jo; *kāryam* – pareiga; *na* –
ne; *vidyate* – egzistuoja.

**O tas žmogus, kuris semiasi malonumo savajame „aš", kurio
gyvenimas skirtas suvokti save, kuris tik savyje randa pasitenki-
nimą, savyje junta pilnatvę – tas neturi jokių pareigų.**

Tam, kuris *visiškai* įsisąmonino Kṛṣṇą ir yra visiškai patenkintas
savo Kṛṣṇos sąmonės darbais, nebereikia atlikti kitų pareigų. Dėl
to, kad jis įsisąmonino Kṛṣṇą, jo širdis akimirksniu apsivalo nuo
nedorybių – pasiekiamas rezultatas, kurį suteikia tūkstančiai tūks-
tančių *yajñų*. Taip išgryninęs sąmonę žmogus puikiai suvokia savo
amžinąjį ryšį su Aukščiausiuoju. Viešpaties malone jo priedermė
savaime išaiškėja, todėl jam atkrinta pareiga vykdyti Vedų palie-
pimus. Toks Kṛṣṇą įsisąmoninęs žmogus nebesidomi materialia
veikla, jo netraukia vynas, moterys bei kitos materialios pagundos.

नैव तस्य कृतेनार्थो नाकृतेनेह कश्चन ।
न चास्य सर्वभूतेषु कश्चिदर्थव्यपाश्रयः ॥१८॥

3.18

naiva tasya kṛtenārtho · nākṛteneha kaścana
na cāsya sarva-bhūteṣu · kaścid artha-vyapāśrayaḥ

na – niekada; *eva* – tikrai; *tasya* – jo; *kṛtena* – vykdant pareigas;
arthaḥ – tikslas; *na* – nei; *akṛtena* – nevykdant pareigų; *iha* – šiame
pasaulyje; *kaścana* – bet kuris; *na* – niekad; *ca* – ir; *asya* – jo;
sarva-bhūteṣu – tarp visų gyvųjų būtybių; *kaścit* – bet koks; *artha* –
tikslas; *vyapāśrayaḥ* – rasti prieglobstį.

Save suvokęs žmogus atlikdamas nurodytas pareigas nesiekia jokio tikslo, nemato reikalo ir jų neatlikti. Jam nebereikia kitos gyvosios būtybės paramos.

Suvokęs save žmogus neprivalo atlikti jokių nurodytų pareigų, išskyrus veiklą su Kṛṣṇos sąmone. Kṛṣṇos sąmonė jokiu būdu nėra neveiklumas, kaip paaiškins kiti posmai. Žmogus, įsisąmoninęs Kṛṣṇą, į nieką nesikreipia užtarimo – nei į žmogų, nei į pusdievį. Kad ir ką jis veiktų Kṛṣṇos sąmonės srityje, to visiškai pakanka, kad jį laikytume įvykdžiusiu savo pareigas.

तस्मादसक्तः सततं कार्यं कर्म समाचर ।   3.19
असक्तो ह्याचरन् कर्म परमाप्नोति पूरुषः ॥१९॥

tasmād asaktaḥ satataṁ · kāryaṁ karma samācara
asakto hy ācaran karma · param āpnoti pūruṣaḥ

tasmāt – todėl; *asaktaḥ* – be prisirišimo; *satatam* – nuolat; *kāryam* – kaip pareigą; *karma* – darbą; *samācara* – atlieka; *asaktaḥ* – neprisirišęs; *hi* – tikrai; *ācaran* – atlikdamas; *karma* – darbą; *param* – Aukščiausiąjį; *āpnoti* – pasiekia; *pūruṣaḥ* – žmogus.

Todėl žmogus turi veikti iš pareigos, netrokšdamas savo veiklos vaisių, nes be potraukio veikiant pasiekiamas Aukščiausiasis.

Bhaktams Aukščiausiasis – tai Dievo Asmuo, o impersonalistams – išsivadavimas. Todėl žmogus, dirbantis Kṛṣṇai, t.y. įsisąmoninęs Kṛṣṇą, turintis tinkamą vadovą ir neprisirišęs prie darbo rezultatų, iš tiesų artėja prie aukščiausio gyvenimo tikslo. Arjunai buvo liepta kautis Kurukṣetros mūšyje vardan Kṛṣṇos, nes to pageidavo Kṛṣṇa. Būti geru, prievartos nenaudojančiu žmogumi – irgi asmeninis prisirišimas, o veikti Aukščiausiojo vardu – tai veikti neprisirišant prie rezultatų. Toks veiksmas tobuliausias, jį rekomenduoja Aukščiausiasis Dievo Asmuo, Śrī Kṛṣṇa.

Vedų ritualai, pavyzdžiui, nurodyti aukojimai, atliekami siekiant išgryninti nedorą veiklą, kurios sfera buvo juslinis pasitenkinimas. Tačiau veikla su Kṛṣṇos sąmone transcendentiška ir gerų, ir blogų darbų atoveikiui. Žmogus, įsisąmoninęs Kṛṣṇą, neturi potraukio veiklos rezultatams ir veikia tiktai vardan Kṛṣṇos. Jo veikla labai įvairiapusiška, bet jis visiškai prie jos neprisiriša.

कर्मणैव हि संसिद्धिमास्थिता जनकादयः । 3.20
लोकसङ्ग्रहमेवापि सम्पश्यन् कर्तुमर्हसि ॥२०॥

karmaṇaiva hi saṁsiddhim · āsthitā janakādayaḥ
loka-saṅgraham evāpi · sampaśyan kartum arhasi

karmaṇā – darbu; *eva* – net; *hi* – tikrai; *saṁsiddhim* – tobulumą; *āsthitāḥ* – yra pasiekę; *janaka-ādayaḥ* – Janaka bei kiti valdovai; *loka-saṅgraham* – apie visus žmones; *eva api* – irgi; *sampaśyan* – galvodamas; *kartum* – veikti; *arhasi* – tu privalai.

Tokie valdovai, kaip Janaka, tapo tobuli vien atlikdami nurodytas pareigas. Todėl privalai dirbti savo darbą bent jau tam, kad mokytum paprastus žmones.

Tokie valdovai, kaip Janaka – tai save suvokusios sielos, vadinasi, jos neįpareigotos atlikti Vedose nurodytas pareigas. Vis dėlto jie atlikdavo nurodytus veiksmus, kad rodytų pavyzdį paprastiems žmonėms. Janaka buvo Sītos tėvas ir Viešpaties Śrī Rāmos uošvis. Jo, kaip didžio Viešpaties bhakto, padėtis – transcendentinė, tačiau būdamas Mithilos (Biharo provincijos Indijoje sritis) valdovas, jis privalėjo mokyti valdinius atlikti nurodytas pareigas. Viešpačiui Kṛṣṇai ir Jo amžinam draugui Arjunai nebuvo jokio reikalo dalyvauti Kurukṣetros mūšyje, bet jie stojo į kovą norėdami parodyti paprastiems žmonėms, kad prievarta neišvengiama, kai įtikinėjimai nepadeda. Prieš Kurukṣetros mūšį buvo dedamos visokeriopos pastangos išvengti karo – to siekė net Aukščiausiasis Dievo Asmuo – tačiau priešinga pusė buvo ryžtingai nusiteikusi kautis. Už teisingą reikalą būtina kovoti. Nors Kṛṣṇą įsisąmoninusiam žmogui ir nerūpi jokie žemiški dalykai, tačiau jis vis dėlto dirba, savo pavyzdžiu rodydamas visuomenei, kaip dera gyventi ir elgtis. Patyrę Kṛṣṇos sąmonės srityje žmonės sugeba elgtis taip, kad jais pasektų aplinkiniai; apie tai kalba kitas posmas.

यद्यदाचरति श्रेष्ठस्तत्तदेवेतरो जनः ।   3.21
स यत्प्रमाणं कुरुते लोकस्तदनुवर्तते ॥२१॥

yad yad ācarati śreṣṭhas · tat tad evetaro janaḥ
sa yat pramāṇaṁ kurute · lokas tad anuvartate

yat yat – kad ir ką; *ācarati* – daro; *śreṣṭhaḥ* – gerbiamas vadovas; *tat* – tai; *tat* – ir tiktai; *eva* – tikrai; *itaraḥ* – paprastas; *janaḥ* – žmogus; *saḥ* – jis; *yad* – kad ir kokį; *pramāṇam* – pavyzdį; *kurute* – parodo; *lokaḥ* – visas pasaulis; *tat* – tuo; *anuvartate* – seka.

Kaip pasielgia didis žmogus, taip elgiasi ir paprasti žmonės. Kokį pavyzdį jis parodo, tokiu ir seka visas pasaulis.

Paprastiems žmonėms visada reikalingas lyderis, mokantis savo gyvenimo pavyzdžiu. Lyderis neatpratins žmonių rūkyti, jeigu pats rūko. Viešpats Caitanya nurodė, kad prieš pradėdamas mokyti kitus, mokytojas pats pirmiausia turi tinkamai elgtis. Tas, kuris moko savo pavyzdžiu, vadinasi *ācārya*, t.y. idealiu mokytoju. Norėdamas išauklėti paprastus žmones, mokytojas privalo laikytis *śāstrų* (šventraščių) principų. Mokytojas negali išgalvoti taisyklių, kurios prasilenktų su apreikštųjų šventraščių principais. „Manusaṁhitā" bei kiti apreikštieji šventraščiai yra normų rinkiniai, kuriais turi vadovautis visuomenė. Taigi lyderio pamokymai turi būti grindžiami tokių šventraščių principais. Norintis tobulėti laikosi nustatytų taisyklių, kurių laikėsi ir didieji mokytojai. „Śrīmad-Bhāgavatam" irgi pritaria tai minčiai, kad reikia sekti didžiųjų bhaktų pėdomis; šitaip žengiama pirmyn dvasinio pažinimo kelyje.

Valdovas ar valstybės vadovas, tėvas ar mokytojas laikomi natūraliais paprastų žmonių lyderiais. Visiems jiems tenka didelė atsakomybė už savo pavaldinius. Todėl jie privalo būti gerai susipažinę su šventraščiais, kuriuose dėstomos dorovinės bei dvasinės normos.

न मे पार्थास्ति कर्तव्यं त्रिषु लोकेषु किञ्चन ।　　　　　**3.22**
नानवाप्तमवाप्तव्यं वर्त एव च कर्माणि ॥२२॥

na me pārthāsti kartavyaṁ · triṣu lokeṣu kiñcana
nānavāptam avāptavyaṁ · varta eva ca karmaṇi

na – ne; *me* – Man; *pārtha* – o Pṛthos sūnau; *asti* – yra; *kartavyam* – nurodyta pareiga; *triṣu* – trijose; *lokeṣu* – planetų sistemose; *kiñcana* – bet kokia; *na* – niekas; *anavāptam* – norima; *avāptavyam* – tai, ką reikia gauti; *varte* – Aš vykdau; *eva* – tikrai; *ca* – taip pat; *karmaṇi* – nurodytas pareigas.

O Pṛthos sūnau, visose trijose planetų sistemose nėra tokio darbo, kurį Aš privalėčiau atlikti. Man nieko netrūksta, Aš nieko nenoriu, tačiau vis dėlto Aš vykdau nurodytas pareigas.

Aukščiausiasis Dievo Asmuo Vedų raštuose yra apibūdintas taip:

tam īśvarāṇāṁ paramaṁ maheśvaraṁ
taṁ devatānāṁ paramaṁ ca daivatam
patiṁ patīnāṁ paramaṁ parastād
vidāma devaṁ bhuvaneśam īḍyam

na tasya kāryaṁ karaṇaṁ ca vidyate
na tat-samaś cabhyadhikaś ca dṛśyate
parāsya śaktir vividhaiva śrūyate
svābhāvikī jñāna-bala-kriyā ca

„Aukščiausiasis Viešpats – valdovų valdovas, Jis – vyriausias visų planetų vadovas. Kiekvienas Jam pavaldus. Visoms esybėms Aukščiausiasis Viešpats suteikia tam tikrus įgaliojimus valdyti. Jos pačios neturi aukščiausios valdžios. Jį garbina visi pusdieviai, Jis aukščiausias visų valdytojų valdytojas. Todėl Jis yra transcendentalus įvairiausių materialiųjų lyderių bei valdovų atžvilgiu, ir Jį garbina visi. Niekas nėra aukštesnis už Jį, Jis yra aukščiausioji visų priežasčių priežastis."

„Jo kūnas kitoks, negu paprastos gyvosios esybės ir niekuo nesiskiria nuo Jo sielos. Jis – absoliutus. Visos Jo juslės – transcendentinės, ir kiekviena jų gali atlikti kitos darbą. Vadinasi, niekas nėra aukštesnis už Jį ir Jam neprilygsta. Jo galios visapusiškos, todėl Jo darbai – savaiminė natūrali Jo norų pasekmė." („Śvetāśvatara Upaniṣada" 6.7–8)

Kadangi Dievo Asmenyje viskas egzistuoja kaip pilnatvė ir išbaigta tiesa, Aukščiausiasis Dievo Asmuo neturi jokių pareigų. Tas, kuriam svarbūs jo darbų rezultatai, turi ir apibrėžtas pareigas, bet kas ničnieko nesiekia visose trijose planetų sistemose, tas, be abejo, niekuo neįpareigotas. Vis dėlto Viešpats Kṛṣṇa dalyvauja Kurukṣetros mūšyje ir vadovauja *kṣatriyams,* nes *kṣatriyai* susieti pareigos – ginti kenčiančius. Nors Jis yra virš apreikštųjų šventraščių regulų, bet niekuo joms nenusižengia.

यदि ह्यहं न वर्तेयं जातु कर्मण्यतन्द्रितः ।   3.23
मम वर्त्मानुवर्त्तन्ते मनुष्याः पार्थ सर्वशः ॥२३॥

yadi hy ahaṁ na varteyaṁ · jātu karmaṇy atandritaḥ
mama vartmānuvartante · manuṣyāḥ pārtha sarvaśaḥ

yadi – jeigu; *hi* – tikrai; *aham* – Aš; *na* – ne; *varteyam* – taip darysiu; *jātu* – kada nors; *karmaṇi* – atlikdamas nurodytas pareigas; *atandritaḥ* – labai rūpestingai; *mama* – Mano; *vartma* – keliu; *anuvartante* – paseks; *manuṣyāḥ* – visi žmonės; *pārtha* – o Pṛthos sūnau; *sarvaśaḥ* – visais atžvilgiais.

Mat, jeigu Aš kada nors nustočiau vykdyti Savo pareigas, o Pārtha, visi žmonės tikrai pasektų Mano pavyzdžiu.

Siekiant palaikyti visuomenės ramybę, reikalingą dvasinei pažangai, yra sukurti šeimos papročiai, kurių turėtų laikytis kiekvienas civilizuotas žmogus. Nors minėtos taisyklės yra skirtos sąlygotoms sieloms, o ne Viešpačiui Kṛṣṇai, Jis vis dėlto laikėsi nurodytų taisyklių, nes nužengė į žemę tam, kad įtvirtinti religijos principus. Kitaip paprasti žmonės sektų Jo pėdomis, nes Jis – aukščiausias autoritetas. Iš „Śrīmad-Bhāgavatam" sužinome, kad Viešpats Kṛṣṇa, kaip ir dera šeimos žmogui, atlikdavo visas religines pareigas ir namuose, ir kitur.

उत्सीदेयुरिमे लोका न कुर्यां कर्म चेदहम् ।
सङ्करस्य च कर्ता स्यामुपहन्यामिमाः प्रजाः ॥२४॥

3.24

*utsīdeyur ime lokā · na kuryāṁ karma ced aham
saṅkarasya ca kartā syām · upahanyām imāḥ prajāḥ*

utsīdeyuḥ – bus sunaikinti; *ime* – visi šie; *lokāḥ* – pasauliai; *na* – ne; *kuryām* – vykdysiu; *karma* – nurodytas pareigas; *cet* – jeigu; *aham* – Aš; *saṅkarasya* – nepageidaujamų gyventojų; *ca* – ir; *kartā* – kūrėjas; *syām* – būsiu; *upahanyām* – sunaikinsiu; *imāḥ* – visas šias; *prajāḥ* – gyvąsias esybes.

Jeigu Aš neatlikčiau nurodytų pareigų, visi šie pasauliai pražūtų. Dėl Mano kaltės gimtų nepageidaujami gyventojai, ir taip Aš sudrumsčiau visų gyvųjų būtybių ramybę.

Varṇa-saṅkara – tai nepageidaujami gyventojai, drumsčiantys visuomenės ramybę. Kad būtų užkirstas kelias viešosios ramybės pažeidinėjimams, yra nustatytos tam tikros taisyklės, kurių laikydamiesi gyventojai norom nenorom tampa taikūs ir pasirengę dvasiškai tobulėti. Viešpats Kṛṣṇa, nužengęs į žemę, žinoma, laikosi šių taisyklių, parodydamas jų svarbą ir būtinumą. Viešpats – visų gyvųjų esybių tėvas, ir jeigu gyvosios esybės išklysta iš kelio – netiesiogiai už tai atsako ir Jis. Todėl, kai plačiai pradedama nepaisyti reguliuojamųjų principų, Viešpats kiekvieną kartą nužengia Pats ir pataiso visuomenę. Tačiau reikia gerai įsidėmėti, kad nors mes ir turime sekti Viešpaties pėdomis, Jo mėgdžioti nevalia. Sekimas ir mėgdžiojimas – ne viena ir tas pat. Mums neišcia mėgdžioti

Viešpaties, kuris pakėlė Govardhanos kalvą dar būdamas vaikas.
Toks poelgis – ne žmogaus jėgoms. Turime laikytis Jo nurodymų,
bet niekada Jo neimituoti. „Śrīmad-Bhāgavatam" (10.33.30–31)
tvirtina:

naitat samācarej jātu · manasāpi hy anīśvaraḥ
vinaśyaty ācaran mauḍhyād · yathā 'rudro ' bdhi-jaṁ viṣam

īśvarāṇaṁ vacaḥ satyaṁ · tathaivācaritaṁ kvacit
teṣāṁ yat sva-vaco yuktaṁ · buddhimāṁs tat samācaret

„Reikia paprasčiausiai laikytis Viešpaties bei Jo įgalintų tarnų
nurodymų. Jų pamokymai suteikia mums vien gėrį, ir kiekvie-
nas išmintingas žmogus elgsis kaip liepiamas. Tačiau nereikia
mėgdžioti jų darbų. Neverta mėginti išgerti nuodų vandenyną,
mėgdžiojant Viešpatį Śivą."

Īśvaras ar būtybes, sugebančias kontroliuoti Saulės ir Mėnu-
lio judėjimą, visada turime laikyti aukštesnėmis už mus. Neturin-
tis tokios jėgos negalės imituoti *īśvarų*, turinčių antgamtinę galią.
Viešpats Śiva išgėrė nuodus – visą jų okeaną – bet jeigu paprastas
žmogus nurytų jų bent lašelį, jis žūtų. Didelis būrys netikrų Vieš-
paties Śivos pasekėjų rūko *gañją* (marihuaną) bei kitas narkotines
medžiagas, bet užmiršta, kad šitaip mėgdžiodami Viešpaties Śivos
veiksmus jie tesišaukia greitos mirties. Analogiškai grupė Vieš-
paties Kṛṣṇos pseudobhaktų imituoja Jo *rāsą-līlą,* ar meilės šokį,
užmiršę, kad nesugeba pakelti Govardhanos kalvos. Todėl verčiau
ne mėgdžioti galinguosius, o paprasčiausiai laikytis jų pamokymų;
stokojant tinkamos kvalifikacijos nederėtų ir stengtis užimti jų
vietą. Daugybė apsišaukėlių skelbiasi esą Dievo „inkarnacijos",
tačiau Aukščiausiojo Dievo galybės jie neturi.

सक्ताः कर्मण्यविद्वांसो यथा कुर्वन्ति भारत ।   **3.25**
कुर्याद्विद्वांस्तथासक्तश्चिकीर्षुर्लोकसङ्ग्रहम् ॥२५॥

saktāḥ karmaṇy avidvāṁso · yathā kurvanti bhārata
kuryād vidvāṁs tathāsaktaś · cikīrṣur loka-saṅgraham

saktāḥ – prisirišę; *karmaṇi* – prie nurodytų pareigų; *avidvāṁ-saḥ* – neišmanėliai; *yathā* – tiek kiek; *kurvanti* – jie daro; *bhā-rata* – o Bharatos aini; *kuryāt* – turi daryti; *vidvān* – išmintingasis; *tathā* – taip; *asaktaḥ* – be prisirišimo; *cikīrṣuḥ* – siekiantis vesti; *loka-saṅgraham* – visus žmones.

Neišmanėliai atlieka savo pareigas vildamiesi rezultatų, o išmintingasis taip elgiasi be jokio prisirišimo – jis tesiekia vesti žmones teisingu keliu.

Įsisąmoninęs Kṛṣṇą žmogus skiriasi nuo nepasiekusio Kṛṣṇos sąmonės žmogaus savo norais. Kṛṣṇą įsisąmoninęs žmogus nedaro nieko, kas trukdytų Kṛṣṇos sąmonės vystymuisi. Jo veikla gali būti panaši į neišmanėlio, pernelyg prisirišusio prie materialios veiklos, tačiau vienas tuo užsiima norėdamas patenkinti savo jusles, o kitas siekia patenkinti Kṛṣṇą. Taigi Kṛṣṇą įsisąmoninęs žmogus privalo parodyti žmonėms, kaip reikia veikti ir kaip panaudoti tos veiklos rezultatus Kṛṣṇos sąmonės tikslams.

न बुद्धिभेदं जनयेदज्ञानां कर्मसङ्गिनाम् ।
जोषयेत्सर्वकर्माणि विद्वान् युक्तः समाचरन् ॥२६॥   3.26

na buddhi-bhedaṁ janayed · ajñānāṁ karma-saṅginām
joṣayet sarva-karmāṇi · vidvān yuktaḥ samācaran

na – ne; *buddhi-bhedam* – proto drumstimą; *janayet* – jis turi kelti; *ajñānām* – kvailių; *karma-saṅginām* – prisirišusių prie karminės veiklos; *joṣayet* – jis turi susieti; *sarva* – visus; *karmāṇi* – darbus; *vidvān* – išmintingasis; *yuktaḥ* – užsiėmęs; *samācaran* – praktikuojantis.

Nenorėdamas drumsti proto neišmanėliams, prisirišusiems prie nurodytos veiklos rezultatų, išmintingasis neturi jų skatinti mesti darbą; veikiau, dirbdamas pasiaukojimo dvasia, jis turėtų įtraukti juos į plačiausią veiklą [siekdamas tolydžio ugdyti jų Kṛṣṇos sąmonę].

Vedaiś ca sarvair aham eva vedyaḥ. Toks visų vediškųjų ritualų tikslas. Ritualai, aukų atnašavimai, visa tai, kas yra Vedose, kartu su nurodymais materialiai veiklai – skirta pažinti Kṛṣṇą, galutinį gyvenimo tikslą. Kadangi sąlygotoms sieloms be juslinio pasitenkinimo niekas daugiau nerūpi, tai ir Vedas jos studijuoja vien tuo tikslu. Tačiau jei karminę veiklą ir juslinį pasitenkinimą reguliuoja Vedų ritualai, tai įgalina palengva pakilti iki Kṛṣṇos sąmonės. Todėl dvasiškai susivokusi, Kṛṣṇą įsisąmoninusi siela neturėtų kliudyti veikti kitoms sieloms ar drumsti jų ramybę, bet privalo savo pavyzdžiu rodyti, kaip galima savo veiklos vaisius panaudoti tarnaujant Kṛṣṇai. Mokytas, Kṛṣṇą įsisąmoninęs žmogus veikia taip, kad dirbantys dėl juslinio pasitenkinimo tamsuoliai galėtų išmokti tinkamai elgtis ir gyventi. Taigi, nereikėtų trikdyti neišmanėlių veiklos, tačiau net ir nedaug Kṛṣṇą įsisąmoninusį žmogų galima iš karto užimti tarnyste Viešpačiui, neieškant kitų Vedose rekomenduojamų metodų. Tokiam laimingajam nereikia atlikti Vedose nurodytų ritualų, nes tiesioginiu Kṛṣṇos sąmonės metodu jis gauna viską, ką pelnytų vykdydamas nurodytas pareigas.

प्रकृतेः क्रियमाणानि गुणैः कर्माणि सर्वशः ।   3.27
अहङ्कारविमूढआत्मा कर्तांहमिति मन्यते ॥२७॥

prakṛteḥ kriyamāṇāni · guṇaiḥ karmāṇi sarvaśaḥ
ahaṅkāra-vimūḍhātmā · kartāham iti manyate

prakṛteḥ – materialios gamtos; *kriyamāṇāni* – atliekama; *guṇaiḥ* – *guṇų; karmāṇi* – veikla; *sarvaśaḥ* – visa; *ahaṅkāra-vimūḍha* – suklaidinta klaidingos savimonės; *ātmā* – dvasinė siela; *kartā* – veikėjа; *aham* – aš; *iti* – šitaip; *manyate* – ji mano.

Klaidingos savimonės apgauta dvasinė siela mano, kad ji pati atlieka veiksmus, kuriuos iš tiesų vykdo trys materialios gamtos guṇos.

Gali pasirodyti, kad du, panašią veiklą atliekantys žmonės, kurių vienas – Kṛṣṇos, o kitas – materialios sąmonės, veikia vienodai, tačiau iš tikrųjų jų padėtis labai skiriasi. Klaidingas ego įtikina žmogų su materialia sąmone, kad visus veiksmus atlieka jis pats. Jis nesupranta, jog kūno mechanizmą sukūrė materiali gamta, kurios judėjimą valdo Aukščiausiasis Viešpats. Materialistas net nenumano, kad iš esmės jį kontroliuoja Kṛṣṇa. Klaidingos savimonės veikiamas žmogus įsivaizduoja, kad jo veikla nepriklausoma, ir visus nuopelnus jis skiria sau, o tai kalba apie jo neišmanymą. Jis nesuvokia, kad jo grubųjį bei subtilųjį kūnus sukuria materiali gamta pagal Aukščiausiojo Dievo Asmens įsakymą, todėl jo kūnas bei protas turi tarnauti Kṛṣṇai, išsiugdžius Kṛṣṇos sąmonę. Neišmanėlis pamiršta, kad Aukščiausiasis Dievo Asmuo – Hṛṣīkeśa, materialaus kūno juslių valdovas. Jis ilgą laiką neteisingai naudojosi juslėmis, siekdamas juslinio pasitenkinimo, todėl jį lengvai apgauna klaidinga savimonė ir priverčia užmiršti jo amžiną ryšį su Kṛṣṇa.

तत्त्वविनु महाबाहो गुणकर्मविभागयो: ।   3.28
गुणा गुणेषु वर्तन्त इति मत्वा न सज्जते ॥२८॥

tattva-vit tu mahā-bāho · guṇa-karma-vibhāgayoḥ
guṇā guṇeṣu vartanta · iti matvā na sajjate

tattva-vit – žinantis Absoliučią Tiesą; *tu* – bet; *mahā-bāho* – o tvirtaranki; *guṇa-karma* – sąlygojančios veiklos; *vibhāgayoḥ* – skirtumus; *guṇāḥ* – juslės; *guṇeṣu* – jusliniu pasitenkinimu; *vartante* – užimtos; *iti* – taip; *matvā* – galvodamas apie; *na* – niekad; *sajjate* – prisiriša.

Žinantis Absoliučią Tiesą, o tvirtaranki, nesidomi jokiais jusliniais džiaugsmais, nes puikiai supranta skirtumą tarp darbo, grindžiamo pasiaukojimu, ir karminės veiklos.

Absoliučios Tiesos žinovas jau įsitikino, kokia kebli yra jo padėtis materialioje aplinkoje. Jis supranta esąs sudėtinė Aukščiausiojo Dievo Asmens, Kṛṣṇos, dalelė, kuriai ne vieta materialioje kūrinijoje. Jis suvokia tikrąjį savo – neatskiriamos Aukščiausiojo, įkūnijančio amžiną palaimą bei žinojimą, dalelės – prigimtį ir aiškiai regi, kad, šiaip ar taip, jį užvaldė materiali būties samprata. Grynosios jo būties paskirtis – per pasiaukojimo tarnystę savo veiklą susieti su Aukščiausiuoju Dievo Asmeniu, Kṛṣṇa. Todėl, įsitraukęs į Kṛṣṇos sąmonės veiklą, jis savaime netenka potraukio materialiai juslių veiklai, kuri yra laikina ir atsitiktinė. Jis žino, kad materialias jo gyvenimo sąlygas visapusiškai kontroliuoja Viešpats, todėl jo netrikdo jokios rūšies materialus atoveikis, kurį jis laiko Viešpaties malone. Pasak „Śrīmad-Bhāgavatam“, pažinusieji Absoliučią Tiesą trimis skirtingais aspektais – kaip Brahmaną, Paramātmą ir Aukščiausiąjį Dievo Asmenį – vadinami *tattva-vit,* nes jie suvokia savo tikrąją padėtį Aukščiausiojo atžvilgiu.

प्रकृतेर्गुणसम्मूढाः सज्जन्ते गुणकर्मसु ।   3.29
तानकृत्स्नविदो मन्दान् कृत्स्नविन्न विचालयेत् ॥२९॥

prakṛter guṇa-sammūḍhāḥ · sajjante guṇa-karmasu
tān akṛtsna-vido mandān · kṛtsna-vin na vicālayet

prakṛteḥ – materialios gamtos; *guṇa* – guṇų; *sammūḍhāḥ* – kurie apsigavo tapatindami save su materija; *sajjante* – jie užsiima; *guṇa-karmasu* – materialia veikla; *tān* – tuos; *akṛtsna-vidaḥ* – žmones su menku žinių kraičiu; *mandān* – vangius savęs pažinimui; *kṛtsna-vit* – turintis tikras žinias; *na* – ne; *vicālayet* – turi mėginti juos trikdyti.

Materialios gamtos guṇų suklaidinti tamsuoliai visa galva pasineria į materialią veiklą ir prisiriša prie jos. Bet išminčius neturi jų trikdyti, net jei tamsuolių atliekamos pareigos yra menkesnės dėl žinių stokos.

Neišmanantys žmonės klaidingai tapatina save su „grubiąja“ materialia sąmone, ir jų mąstymas kupinas materialių įvardijimų. Kūnas – tai materialios gamtos dovana. Tas, kuris prisirišęs prie kūniškos sąmonės, vadinamas *manda,* t.y. tinginiu, nieko nenutuokiančiu apie dvasinę sielą. Neišmanėlis savo kūną laiko savuoju

„aš", o kūniškus ryšius su kitais žmonėmis vadina giminystės saitais; jis garbina žemę, kurioje gavo kūną, o formalūs religiniai ritualai jam atrodo savitiksliai. Visuomeninė veikla, nacionalizmas, altruizmas – štai kelios žmonių su materialia sąmone veiklos sritys. Užburti skambių įvardijimų jie nuolat darbuojasi materialios veiklos srityje, o dvasinis pažinimas jiems atrodo mitas, kuriuo neverta domėtis. Tačiau išmanantis dvasinį gyvenimą žmogus neturėtų drumsti tokių užkietėjusių materialistų ramybės. Geriau ramiai atlikti savo dvasines pareigas. O tie paklydėliai verčiau tesilaiko pagrindinių dorovės principų – tegu nenaudoja prievartos ir užsiima materialia labdara.

Tamsuoliai nesugeba deramai įvertinti Kṛṣṇos sąmonės veiklos, todėl Viešpats Kṛṣṇa pataria negaišti brangaus laiko ir nedrumsti jų ramybės. Tačiau Viešpaties bhaktai yra maloningesni ir už Jį Patį, nes supranta, ko Viešpats siekia. Todėl jie nebijo rizikuoti ir netgi bendrauja su neišmanėliais, stengdamiesi įtraukti juos į Kṛṣṇos sąmonės veiklą, kuri yra absoliučiai būtina žmogui.

मयि सर्वाणि कर्माणि सन्न्यस्याध्यात्मचेतसा ।
निराशीर्निर्ममो भूत्वा युध्यस्व विगतज्वरः ॥३०॥   **3.30**

mayi sarvāṇi karmāṇi · sannyasyādhyātma-cetasā
nirāśīr nirmamo bhūtvā · yudhyasva vigata-jvaraḥ

mayi – Man; *sarvāṇi* – visus; *karmāṇi* – veiksmus; *sannyasya* – visiškai atmesdamas; *adhyātma* – visiškai suvokiančia savąjį „aš"; *cetasā* – su sąmone; *nirāśīḥ* – nesiekdamas naudos; *nirmamaḥ* – nereikšdamas į nieką nuosavybės teisių; *bhūtvā* – būdamas toks; *yudhyasva* – kovok; *vigata-jvaraḥ* – nebūdamas apatiškas.

Todėl, o Arjuna, paskyręs Man visus savo darbus, visiškai Mane suvokęs, nelaukdamas jokios naudos ir nereikšdamas į nieką nuosavybės teisių, nugalėk apatiją ir kovok.

Šis posmas aiškiai nusako „Bhagavad-gītos" tikslą. Viešpats moko, jog reikia visiškai įsisąmoninti Kṛṣṇą, kad vykdytum pareigas taip kruopščiai, kaip tai daroma kariuomenėje. Vykdant šį paliepimą, gali iškilti sunkumų, bet vis dėlto reikia atlikti savo pareigas ir pasikliauti Kṛṣṇa: toks gyvosios esybės prigimtinis būvis. Gyvoji esybė negali būti laiminga, nepriklausydama nuo Aukščiausiojo Viešpaties, nes jos amžina tikroji paskirtis – paklusti Viešpaties norams. Todėl Śrī Kṛṣṇa ir įsakė Arjunai kautis, tarytum būtų jo karo vadas. Reikia viską paaukoti Aukščiausiojo Viešpaties labui ir tuo pat metu vykdyti nurodytas pareigas, nereiškiant į nieką nuosavybės teisių. Arjuna neturėjo svarstyti Viešpaties įsakymo, jam tereikėjo jį vykdyti. Aukščiausiasis Viešpats – visų sielų siela, todėl tą, kuris visa savo esybe be asmeninių išskaičiavimų pasikliauja Aukščiausiąja Siela, kitaip sakant, tą, kuris visiškai įsisąmonino Kṛṣṇą, vadina *adhyātma-cetas*. *Nirāśīḥ* reiškia, kad reikia veikti pagal savo valdovo įsakymą, nesitikint mėgautis savo veiklos vaisiais. Kasininkas perskaičiuoja milijonus savo darbdavio dolerių, bet iš jų nepasisavina nė cento. Taip ir mes turime suprasti, kad niekas pasaulyje nepriklauso pavieniui asmeniui, bet viskas yra Aukščiausiojo Viešpaties nuosavybė. Tokia tikroji žodžio *mayi*, „Man", prasmė. Jeigu žmogus veikia su Kṛṣṇos sąmone, tai tikrai į nieką nereikš nuosavybės teisių. Tokia sąmonė vadinasi *nirmama,* t.y. „niekas man nepriklauso". Jeigu kyla noras nevykdyti tokio griežto paliepimo, kuris nepaiso vadinamųjų kūniškų „giminystės ryšių", šį norą reikia užgniaužti. Šitaip galima tapti *vigata-jvara,* t.y. atsikratyti nerimasties ir tingulio. Kiekvienam yra skiriamas tam tikras darbas, atitinkantis jo savybes bei padėtį. Kaip aukščiau buvo kalbėta, visas savo pareigas galima vykdyti įsisąmoninus Kṛṣṇą, ir tada atsivers kelias į išsivadavimą.

ये मे मतमिदं नित्यमनुतिष्ठन्ति मानवाः ।
श्रद्धावन्तोऽनसूयन्तो मुच्यन्ते तेऽपि कर्मभिः ॥३१॥

3.31

ye me matam idaṁ nityam · anutiṣṭhanti mānavāḥ
śraddhāvanto 'nasūyanto · mucyante te 'pi karmabhiḥ

ye – tie, kurie; *me* – Mano; *matam* – nurodymus; *idam* – šiuos; *nityam* – kaip amžiną priedermę; *anutiṣṭhanti* – reguliariai vykdo; *mānavāḥ* – žmonės; *śraddhā-vantaḥ* – su tikėjimu ir pasiaukojimu; *anasūyantaḥ* – nepavydūs; *mucyante* – išsivaduoja; *te* – visi jie; *api* – netgi; *karmabhiḥ* – iš karminės veiklos nelaisvės.

Tie, kurie atlieka savo pareigas pagal Mano nurodymus ir seka šiuo mokymu tikėdami ir be pavydo, sutrauko karminės veiklos pančius.

Aukščiausiojo Dievo Asmens Kṛṣṇos nurodymai – visos Vedų išminties esmė, todėl jie visuomet be jokių išlygų teisingi. Kṛṣṇos sąmonės tiesa amžina, kaip ir pačios Vedos. Reikia tvirtai tikėti šiais Viešpaties paliepimais Jam nepavydint. Daug filosofų rašo komentarus „Bhagavad-gītā", netikėdami Kṛṣṇa. Todėl jie niekada nesutraukys karminės veiklos pančių. Tačiau paprastas žmogus, giliai tikintis amžinais Viešpaties nurodymais, net ir nesugebantis vykdyti visų Jo įsakymų, vis tiek išsivaduoja iš *karmos* dėsnio nelaisvės. Tas, kuris žengia pirmuosius Kṛṣṇos sąmonės žingsnius, gal ir nepajėgia laikytis visų Viešpaties paliepimų, tačiau jeigu jis nemaištauja prieš juos ir veikia nuoširdžiai, nekreipdamas dėmesio į nesėkmes ir nepuldamas į neviltį, tikrai pasieks tyrą Kṛṣṇos sąmonės lygį.

ये त्वेतदभ्यसूयन्तो नानुतिष्ठन्ति मे मतम् ।
सर्वज्ञानविमूढांस्तान् विद्धि नष्टान्चेतसः ॥३२॥

3.32

ye tv etad abhyasūyanto · nānutiṣṭhanti me matam
sarva-jñāna-vimūḍhāṁs tān · viddhi naṣṭān acetasaḥ

ye – tie; *tu* – tačiau; *etat* – šį; *abhyasūyantaḥ* – iš pavydo; *na* – ne; *anutiṣṭhanti* – reguliariai vykdo; *me* – Mano; *matam* – nurodymą; *sarva-jñāna* – visų žinių rūšių; *vimūḍhān* – visiškai apkvailinti; *tān* – jie yra; *viddhi* – gerai žinok; *nāṣṭān* – sužlugę; *acetasaḥ* – be Kṛṣṇos sąmonės.

Tačiau tie, kurie iš pavydo niekina šiuos pamokymus ir jais neseka, prarado bet kokį išmanymą ir yra apkvailinti, o jų bandymai tobulėti sužlugę.

Čia aiškiai nurodoma, kad Kṛṣṇos sąmonės stygius – yda. Kaip yra numatyta bausmė nepaklūstantiems aukščiausios vykdomosios valdžios atstovui, taip, be abejo, egzistuoja ir bausmė nepaisantiems Aukščiausiojo Dievo Asmens valios. Kad ir kokia didi būtų nepaklusni asmenybė, tačiau ji nieko neišmano apie savąjį „aš", Aukščiausiąjį Brahmaną, Paramātmą bei Dievo Asmenį, nes tokio žmogaus širdis tuščia. Todėl pasiekti gyvenimo tobulumą jam nėra vilties.

सदृशं चेष्टते स्वस्याः प्रकृतेर्ज्ञानवानपि ।　　　　　　3.33
प्रकृतिं यान्ति भूतानि निग्रहः किं करिष्यति ॥३३॥

sadṛśaṁ ceṣṭate svasyāḥ · prakṛter jñānavān api
prakṛtiṁ yānti bhūtāni · nigrahaḥ kiṁ kariṣyati

sadṛśam – atitinkamai; *ceṣṭate* – elgiasi; *svasyāḥ* – pagal savo paties; *prakṛteḥ* – gamtos *guṇas*; *jñāna-vān* – išminčius; *api* – nors; *prakṛtim* – prigimtį; *yānti* – eina; *bhūtāni* – visos gyvosios esybės; *nigrahaḥ* – slopinimas; *kim* – ką; *kariṣyati* – gali padaryti.

Net ir išmanantis žmogus elgiasi pagal savo prigimtį, kurią visos gyvosios esybės gauna iš trijų guṇų. Tai ką gi laimėsi slopindamas savo prigimtį?

Septintame skyriuje (7.14) Viešpats teigia, kad neįmanoma išvengti materialios gamtos *guṇų* įtakos, kol nepasieksi transcendentinio Kṛṣṇos sąmonės lygmens. Todėl net puikiausiai pasaulietiškai išsilavinęs žmogus nepajėgs ištrūkti iš *māyos* žabangų, jei remsis vien teorinėmis žiniomis, t.y. sugebėjimu skirti sielą ir kūną. Egzistuoja daugybė vadinamųjų dvasiškų žmonių, besidedančių labai mokytais, kurių vidinį gyvenimą visiškai valdo gamtos *guṇos*, ir jų įtakos nugalėti jie nesugeba. Žmogus gali turėti labai gerą akademinį išsilavinimą, tačiau ilgalaikis kontaktas su materialia gamta jį supančioja. Kṛṣṇos sąmonė padeda ištrūkti iš materijos pančių net ir tada, kai dar atliekame nurodytas pareigas, atitinkančias mūsų padėtį materialiame pasaulyje. Tad neišsiugdžius visiškos Kṛṣṇos sąmonės, nevalia mesti savo pareigų pagal veiklos pobūdį. Niekam nevalia ūmai mesti nurodytų pareigų ir dirbtinai tapti *yogu* ar transcendentalistu. Kur kas geriau nekeičiant savo padėties ir labiau pažengusiųjų vadovaujamam stengtis pasiekti Kṛṣṇos sąmonę. Šitaip galima ištrūkti iš Kṛṣṇos *māyos* gniaužtų.

इन्द्रियस्येन्द्रियस्यार्थे रागद्वेषौ व्यवस्थितौ ।   3.34
तयोर्न वशमागच्छेत्तौ ह्यस्य परिपन्थिनौ ॥३४॥

indriyasyendriyasyārthe · rāga-dveṣau vyavasthitau
tayor na vaśam āgacchet · tau hy asya paripanthinau

indriyasya – juslių; *indriyasya arthe* – prie juslių objektų; *rāga* – prisirišimas; *dveṣau* – ir priešiškumas; *vyavasthitau* – reguliuojamas; *tayoḥ* – jų; *na* – niekada; *vaśam* – valdžion; *āgacchet* – reikia patekti; *tau* – tos; *hi* – tikrai; *asya* – jo; *paripanthinau* – kliūtys.

Yra principai, padedantys reguliuoti tiek prisirišimą, tiek priešiškumą, kylančius juslėms susilietus su jų objektais. Nederėtų patekti tokio prisirišimo ir priešiškumo valdžion, nes tai yra rimta kliūtis savęs pažinimo kelyje.

Kṛṣṇą įsisąmoninę žmonės savaime nusigręžia nuo materialių juslinių malonumų. Tačiau tie, kurie nėra tokios sąmonės, privalo laikytis apreikštųjų šventraščių taisyklių. Nevaržomi jusliniai malonumai įkalina mus materialiame pasaulyje, o tie, kurie laikosi minėtų taisyklių, nepatenka į juslių objektų žabangas. Pavyzdžiui, lytiniai malonumai – sąlygotos sielos poreikis, jį įteisina vedybiniai saitai. Šventraščiai draudžia lytiškai santykiauti su moterimis, išskyrus savo žmoną. Į visas kitas moteris reikia žiūrėti kaip į savo motiną. Bet nors ir egzistuoja tokios nuostatos, vyras vis tiek linkęs svetimoteriauti. Tokius polinkius reikia tramdyti, kitaip jie taps rimta kliūtimi savęs pažinimo kelyje. Kol egzistuoja materialus kūnas, tol leidžiama tenkinti jo poreikius, suprantama, neperžengiant taisyklių ribų. Vis dėlto neturėtume pernelyg pasikliauti tokiais leidimais. Taisyklių reikia laikytis neprisirišant prie jų, nes ir nustatyta tvarka tenkinant jusles galima suklupti – nelaimė gali įvykti ir geriausiame kelyje. Net ir kruopščiausiai prižiūrimas kelias nebūna visiškai saugus. Dėl ilgo materialaus bendravimo mumyse labai gaji juslių tenkinimo dvasia. Todėl netgi tada, kai juslinį pasitenkinimą reguliuojame, lieka nuolatinis pavojus pulti. Taigi reikia visomis jėgomis priešintis, kad neprisirištume net ir prie reguliuojamo juslinio pasitenkinimo. O potraukis Kṛṣṇos sąmonei, meilės kupinai pastoviai tarnystei Kṛṣṇai, atitraukia nuo juslinės veiklos. Todėl bet kokioje gyvenimo stadijoje reikia neatitrūkti nuo Kṛṣṇos sąmonės.Tikrasis visų juslinių prisirišimų atsižadėjimo tikslas – pasiekti Kṛṣṇos sąmonės lygmenį.

श्रेयान् स्वधर्मो विगुणः परधर्मात्स्वनुष्ठितात् ।
स्वधर्मे निधनं श्रेयः परधर्मो भयावहः ॥३५॥

3.35

śreyān sva-dharmo viguṇaḥ · para-dharmāt sv-anuṣṭhitāt
sva-dharme nidhanaṁ śreyaḥ · para-dharmo bhayāvahaḥ

śreyān – žymiai geriau; *sva-dharmaḥ* – sava nurodyta pareiga; *viguṇaḥ* – net ir netobula; *para-dharmāt* – negu pareigos, skirtos kitiems; *su-anuṣṭhitāt* – puikiai atliktos; *sva-dharme* – nurodytos pareigos; *nidhanam* – pražūtis; *śreyaḥ* – geriau; *para-dharmaḥ* – pareigos, skirtos kitiems; *bhaya-āvahaḥ* – pavojingos.

Daug geriau, nors ir nevykusiai, atlikti savo pareigas, negu puikiai – svetimas. Geriau pražūti atliekant savo pareigas, negu vykdyti svetimas, nes eiti kito keliu – pavojinga.

Taigi geriau atlikti savo nurodytas pareigas visiškai įsisąmoninus Kṛṣṇą, negu daryti tai, kas nurodyta kitiems. Materialia prasme nurodytos pareigos – tai pareigos, kurios skiriamos atsižvelgiant į psichinę ir fizinę asmens būklę pagal materialios gamtos *guṇas*.

Dvasinės pareigos – tai dvasinio mokytojo nurodymai transcendentinės tarnystės Kṛṣṇai klausimais. Nesvarbu, ar pareiga materiali, ar dvasinė – geriau neapleisti iki mirties savo nurodytų pareigų, negu pamėgdžioti kitus. Pareigos materialiu ir dvasiniu lygiu gali būti skirtingos, tačiau pats sekimo autoritetingu nurodymu principas visada bus naudingas jas vykdančiajam. Jeigu žmogų dar veikia materialios gamtos *guṇos,* jis turi laikytis taisyklių, skirtų jo luomui, ir nemėgdžioti kitų. Pavyzdžiui, dorybės *guṇos* sąlygotas brahmanas negali naudoti prievartos, tuo tarpu *kṣatriyui* – jis yra aistros *guṇos* – prievarta leidžiama. Todėl *kṣatriyui* geriau žūti kovoje, negu mėgdžioti brahmaną, kuris laikosi prievartos nenaudojimo principo. Širdies išgryninimas – laipsniškas, o ne staigus procesas. Tačiau kai žmogus pakyla virš materialios gamtos *guṇų* ir įgyja visišką Kṛṣṇos sąmonę, *bona fide* dvasinio mokytojo vadovaujamas jis gali atlikti pačius įvairiausius veiksmus. Šioje galutinėje Kṛṣṇos sąmonės stadijoje *kṣatriyas* gali veikti taip, kaip brahmanas, o brahmanas – kaip *kṣatriyas.* Transcendentinėje stadijoje materialaus pasaulio skirtybės negalioja. Viśvāmitra, pavyzdžiui, iš pradžių buvo *kṣatriyas,* bet paskui jis elgėsi kaip brahmanas, o Paraśurāma, kuris buvo brahmanas, vėliau veikė kaip *kṣatriyas.* Jie jau galėjo taip elgtis, nes buvo pasiekę transcendentinį lygį. Tačiau jei žmogus dar materialiame lygmenyje, jis privalo vykdyti pareigas paklusdamas materialios gamtos *guṇoms.* Tuo pat metu jis turi aiškiai suvokti, kas yra Kṛṣṇos sąmonė.

अर्जुन उवाच   3.36

अथ केन प्रयुक्तोऽयं पापं चरति पूरुषः ।
अनिच्छन्नपि वार्ष्णेय बलादिव नियोजितः ॥३६॥

arjuna uvāca
atha kena prayukto 'yaṁ · pāpaṁ carati pūruṣaḥ
anicchann api vārṣṇeya · balād iva niyojitaḥ

arjunaḥ uvāca – Arjuna tarė; *atha* – tada; *kena* – kieno; *prayuktaḥ* – paskatintas, *ayam* – tas, *pāpam* – nuodėmę; *carati* – padaro; *pūru-*

ṣaḥ – žmogus; *anicchan* – prieš savo norą; *api* – nors; *vārṣṇeya* – o Vṛṣṇio aini; *balāt* – per jėgą; *iva* – tartum; *niyojitaḥ* – įtrauktas.

Arjuna tarė: O Vṛṣṇio aini, kas verčia žmogų nusidėti net prieš savo valią, tartum jį veiktų kažkokia jėga?

Gyvoji esybė, būdama neatskiriama Aukščiausiojo dalelė, iš prigimties yra dvasiška, tyra, neužteršta materijos nešvaros. Todėl pagal prigimtį materialaus pasaulio nuodėmės jos negali sutepti. Bet kontaktuodama su materialia gamta ji nesusimąstydama atlieka daugybę nuodėmingų poelgių, kartais net ir prieš savo valią. Arjuna klausia Kṛṣṇą apie nenatūralų gyvajai esybei polinkį nusidėti, ir tas klausimas – ypač aktualus. Nors kartais gyvoji esybė ir nenorėtų nusidėti, tačiau ji priversta tai padaryti. Į nuodėmę ją stumia ne širdyje glūdinti Supersiela, bet visiškai kita jėga, apie kurią Viešpats pasakoja kitame posme.

श्रीभगवानुवाच 3.37
काम एष क्रोध एष रजोगुणसमुद्भवः ।
महाशनो महापाप्मा विद्ध्येनमिह वैरिणम् ॥३७॥

śrī-bhagavān uvāca
kāma eṣa krodha eṣa · rajo-guṇa-samudbhavaḥ
mahāśano mahā-pāpmā · viddhy enam iha vairiṇam

śrī-bhagavān uvāca – Dievo Asmuo tarė; *kāmaḥ* – geismas; *eṣaḥ* – tas; *krodhaḥ* – pyktis; *eṣaḥ* – tas; *rajaḥ-guṇa* – iš aistros *guṇos; samudbhavaḥ* – gimęs; *mahā-aśanaḥ* – visa ryjantis; *mahā-pāpmā* – didžiai nuodėmingas; *viddhi* – žinoki; *enam* – šis; *iha* – materialiame pasaulyje; *vairiṇam* – didžiausias priešas.

Aukščiausiasis Dievo Asmuo tarė: Tai – geismas, Arjuna. Jis gimsta susilietus su materialiąja aistros guṇa, o paskui virsta pykčiu. Jisai – nuodėmingasis, viską šiame pasaulyje ryjantis priešas.

Kai gyvoji esybė susiliečia su materialia kūrinija, amžina gyvosios esybės meilė Kṛṣṇai, susidūrusi su aistros *guṇa,* virsta geismu. Kitaip sakant, meilės Dievui jausmas virsta geismu, kaip pienas, įmaišius į jį rūgštaus tamarindo – jogurtu. Nepatenkintas geismas perauga į įniršį, įniršis – į iliuziją, o iliuzija pratęsia materialųjį egzistavimą. Taigi geismas – mirtinas gyvosios esybės priešas, tiktai jis verčia tyrą gyvąją esybę kalėti materialiame pasaulyje. Pykčiu ir jo pasekmėm reiškiasi neišmanymo *guṇa.* Jeigu laikydamasis nurodytų gyvenimo ir elgesio normų žmogus neleidžia aistros *guṇai* degraduoti iki neišmanymo, bet pakyla iki dorybės, jis pajunta dvasinio gyvenimo skonį ir gali išsigelbėti nuo pykčio ir jį lydinčio nuosmukio.

Aukščiausiasis Dievo Asmuo išsklinda daugybe ekspansijų, siekdamas plėtoti nuolat augančią Savo dvasinę palaimą, ir gyvosios esybės yra neatskiriamos tos dvasinės palaimos dalelytės. Jos irgi iš dalies nepriklausomos, bet neteisingai pasinaudojus nepriklausomybe, kai polinkis tarnauti virsta noru tenkinti jusles, jas užvaldo geismas. Šį materialųjį pasaulį Viešpats sukūrė duodamas sąlygotoms sieloms galimybę tenkinti savo geidulingus polinkius; kai ilgalaikė, geismų sąlygota veikla atves gyvąsias esybes į aklavietę, jos ims teirautis, kokia tikroji jų padėtis.

Tokiu teiginiu ir prasideda „Vedānta-sūtra", kurioje yra sakoma: *athāto brahma-jijñāsā* – reikia teirautis apie Aukščiausiąjį. O Aukščiausiasis „Śrīmad-Bhāgavatam" nusakomas kaip *janmādy asya yato ' nvayād itarataś ca* – „Visa ko pradžia yra Aukščiausiasis Brahmanas." Taigi Aukščiausiajame slypi ir geismo pradas. Bet jeigu geismas paverčiamas meile Aukščiausiajam, Kṛṣṇos sąmone, kitaip sakant, troškimu patenkinti Kṛṣṇą – tai ir geismą, ir pyktį galima sudvasinti. Hanumānas, Viešpaties Rāmos didis tarnas, išliejo savo pyktį sudegindamas Rāvaṇos aukso miestą, bet to dėka tapo didžiausiu Viešpaties bhaktu. Čia, „Bhagavad-gītoje", Viešpats Kṛṣṇa irgi skatina Arjuną nukreipti pyktį į priešus ir tuo patenkinti Viešpatį. Taigi net geismas ir pyktis, panaudoti Kṛṣṇos labui, iš priešų virsta mūsų draugais.

धूमेनाव्रियते वह्निर्यथादर्शो मलेन च ।   3.38
यथोल्बेनावृतो गर्भस्तथा तेनेदमावृतम् ॥३८॥

dhūmenāvriyate vahnir · yathādarśo malena ca
yatholbenāvṛto garbhas · tathā tenedam āvṛtam

dhūmena – dūmų; *āvriyate* – apgaubta; *vahniḥ* – ugnis; *yathā* – kaip;
ādarśaḥ – veidrodis; *malena* – dulkių; *ca* – taip pat; *yathā* – kaip;
ulbena – įsčių; *āvṛtaḥ* – apgaubtas; *garbhaḥ* – gemalas; *tathā* – taip;
tena – geismo; *idam* – ta; *āvṛtam* – apgaubta.

**Kaip ugnį gaubia dūmai, veidrodį – dulkės, o gemalą – įsčios, taip
ir gyvąją esybę gaubia įvairaus stiprumo geismas.**

Gyvųjų esybių tyrą sąmonę gali aptraukti trijų skirtingų lygių
apvalkalai. Tas apvalkalas yra niekas kitas, kaip įvairiopai pasi-
reiškiantis geismas: čia panašus į dūmus, gaubiančius ugnį, čia į
nusėdusias ant veidrodžio dulkes, čia į įsčias, slepiančias gemalą.
Geismą lyginant su dūmais turima galvoje, kad gyvosios kibirkš-
tys vos rusena. Kitaip sakant, gyvąją esybę su nežymiai išreikšta
Kṛṣṇos sąmone galima palyginti su rūkstančia ugnimi. Nors nėra
dūmų be ugnies, tačiau pradžioje atvira liepsna dar nepasirodo.
Tai panašu į Kṛṣṇos sąmonės pradžią. Dulkėto veidrodžio pavyz-
dys nurodo į proto „veidrodžio" valymą, atliekamą daugybe dvasi-
nių metodų. Geriausias iš procesų – kartoti šventuosius Viešpaties
vardus. Gemalas įsčiose – tai analogija, iliustruojanti bejėgišką
padėtį, nes vaisius įsčiose toks bejėgis, kad negali net pajudėti.
Šitoks gyvenimas panašus į medžių egzistenciją. Medžiai – irgi
gyvosios esybės. Jų gyvenimo sąlygas sukūrė geismas, pasireiškęs
taip audringai, kad medžiai beveik neturi sąmonės. Dulkėtas veid-
rodis lyginamas su paukščiais ir žvėrimis, o dūmų gaubiama ugnis –
su žmogumi. Žmogaus pavidalą įgijusi gyvoji esybė gali atgaivin-
ti Kṛṣṇos sąmonę, ir jeigu ji tobulės, dvasinio gyvenimo ugnis įsi-
liepsnos dar šiame gyvenime. Jeigu atsargiai pūsime rūkstančią
kibirkštį, galų gale ją įsiliepsnos. Taigi žmogaus gyvybės forma
gyvajai esybei – tai galimybė ištrūkti iš materialios būties žabangų.

Pasinaudojusi žmogaus gyvybės forma ji gali įveikti priešą – geismą, jei sumaniai vadovaujama ugdys Kṛṣṇos sąmonę.

आवृतं ज्ञानमेतेन ज्ञानिनो नित्यवैरिणा ।   **3.39**
कामरूपेण कौन्तेय दुष्पूरेणानलेन च ॥३९॥

āvṛtaṁ jñānam etena · jñānino nitya-vairiṇā
kāma-rūpeṇa kaunteya · duṣpūreṇānalena ca

āvṛtam – aptemdyta; *jñānam* – tyra sąmonė; *etena* – šio; *jñāninaḥ* – to, kuris žino; *nitya-vairiṇā* – amžino priešo; *kāma-rūpeṇa* – geismo pavidalu; *kaunteya* – o Kuntī sūnau; *duṣpūreṇa* – nepasotinamo; *analena* – ugnies; *ca* – taip pat.

Taip tyrą išmintingos gyvosios esybės sąmonę aptemdo jos amžinas priešas geismas, nepasotinamas ir liepsnojantis tarsi ugnis.

„Manu-smṛti" pasakyta, kad jokiais jusliniais malonumais nenumaldysi geismo, kaip neužgesinsi ugnies, nuolat ją kurstydamas. Materialaus pasaulio veiklos centras yra seksas, todėl materialus pasaulis ir vadinamas *maithunya-āgāra* – „lytinio gyvenimo grandinės". Įprastame kalėjime nusikaltėliai tūno už grotų, o Dievo įstatymus pažeidusius nusikaltėlius surakina lytinio gyvenimo grandinės. Materiali civilizacija, kuri vystosi juslinio pasitenkinimo pagrindu, prailgina gyvosios esybės materialią egzistenciją. Todėl geismas yra neišmanymo, laikančio gyvąją esybę materialiame pasaulyje, simbolis. Jusliniai malonumai gali sukelti šiokį tokį laimės jausmą, tačiau tariamasis laimės jausmas – mirtinas tokių malonumų besivaikančiojo priešas.

इन्द्रियाणि मनो बुद्धिरस्याधिष्ठानमुच्यते ।   **3.40**
एतैर्विमोहयत्येष ज्ञानमावृत्य देहिनम् ॥४०॥

indriyāṇi mano buddhir · asyādhiṣṭhānam ucyate
etair vimohayaty eṣa · jñānam āvṛtya dehinam

indriyāṇi – juslės; *manaḥ* – protas; *buddhiḥ* – intelektas; *asya* – to geismo; *adhiṣṭhānam* – buvimo vieta; *ucyate* – vadinasi; *etaiḥ* – visų tų; *vimohayati* – klaidina; *eṣaḥ* – tas geismas; *jñānam* – išmanymą; *āvṛtya* – aptemdo; *dehinam* – įkūnyto.

Geismo buveinė – juslės, protas ir intelektas. Jų padedamas, geismas aptemdo tikrąjį gyvosios esybės išmanymą ir ją paklaidina.

Priešas užgrobė visas strategines pozicijas sąlygotos sielos kūne, ir Viešpats Kṛṣṇa jas nurodo, kad norintysis nugalėti priešą žinotų, kur jo ieškoti. Protas – juslinės veiklos centras, todėl klausantis apie juslių objektus būtent prote kyla visos juslinių malonumų idėjos, taip protas ir juslės tampa savotiška geismo saugykla. Vėliau tų geidulingų polinkių sankaupa tampa intelekto sritis. Intelektas yra artimiausias dvasinės sielos kaimynas. Geismo apimtas intelektas primeta dvasinei sielai klaidingą savimonę ir priverčia tapatinti save su materija, taigi ir su protu bei juslėmis. Dvasinė siela vis labiau atsiduoda materialiems jusliniams malonumams ir klaidingai laiko juos tikrąja laime. Toks neteisingas dvasinės sielos susitapatinimas su materija puikiai aprašytas „Śrīmad-Bhāgavatam" (10.84.13):

yasyātma-buddhiḥ kuṇape tri-dhātuke
  sva-dhīḥ kalatrādiṣu bhauma ijya-dhīḥ
yat-tīrtha-buddhiḥ salile na karhicij
  janeṣv abhijñeṣu sa eva go-kharaḥ

„Žmogus, kuris kūną, sudarytą iš trijų pradmenų, tapatina su savuoju „aš" ir kuris šalutinius kūno produktus laiko savo giminaičiais, kuris garbina gimtąją žemę ir lanko šventas vietas tik norėdamas apsiplauti, o ne tam, kad susitiktų su žmonėmis, turinčiais transcendentinių žinių, – prilygsta asilui ar karvei."

तस्मात्त्वमिन्द्रियाण्यादौ नियम्य भरतर्षभ ।
पाप्मानं प्रजहि ह्येनं ज्ञानविज्ञाननाशनम् ॥४१॥

3.41

tasmāt tvam indriyāṇy ādau · niyamya bharatarṣabha
pāpmānaṁ prajahi hy enaṁ · jñāna-vijñāna-nāśanam

tasmāt – todėl; *tvam* – tu; *indriyāṇi* – jusles; *ādau* – iš pradžių; *niyamya* – reguliuodamas; *bharata-ṛṣabha* – o geriausias iš Bharatos ainių; *pāpmānam* – didįjį nuodėmės simbolį; *prajahi* – pažaboki; *hi* – tikrai; *enam* – šį; *jñāna* – išmanymo; *vijñāna* – ir mokslinio grynosios sielos pažinimo; *nāśanam* – naikintoją.

Todėl, o Arjuna, geriausias iš Bharatų, nuo pat pradžių valdyk jusles ir taip pažabosi didįjį nuodėmės simbolį [geismą], tą išmanymo ir savęs pažinimo naikintoją.

Viešpats pataria Arjunai visų pirma išmokti valdyti jusles, kad sutramdytų didžiausią priešą, didžiausią nusidėjėlį – geismą, kuris naikina poreikį suvokti save ir žinias apie savąjį „aš". *Jñāna* – tai savojo „aš", kuris skiriasi nuo „ne-aš", pažinimas, kitaip sakant, tai – žinojimas, kad dvasinė siela nėra kūnas. *Vijñāna* nurodo ypatingą išmanymą apie prigimtinį dvasinės sielos būvį ir apie jos ryšį su Aukščiausiąja Siela. „Śrīmad-Bhāgavatam" (2.9.31) tai paaiškinama tokiais žodžiais:

jñānaṁ parama-guhyaṁ me · yad vijñāna-samanvitam
sa-rahasyaṁ tad-aṅgaṁ ca · gṛhāṇa gaditaṁ mayā

„Savojo „aš" ir Aukščiausiojo „Aš" pažinimas – slaptas ir mįslingas, tačiau galima įgyti žinių ir ypatingos rūšies patyrimą, jei Pats Viešpats paaiškins skirtingus šio pažinimo aspektus." „Bhagavadgītā" pateikia mums ir bendras, ir smulkias žinias apie savąjį „aš". Gyvosios esybės – sudėtinės Viešpaties dalelės, ir todėl vienintelis jų uždavinys – tarnauti Viešpačiui. Tokia sąmonė vadinasi Kṛṣṇos sąmonė. Todėl nuo pat gyvenimo pradžios reikia mokytis Kṛṣṇos sąmonės, kad visiškai išsiugdytum ją ir pagal ją veiktum.

Geismas tėra iškreiptas meilės Dievui, kuri prigimta kiekvienai gyvajai esybei, atspindys. Jeigu nuo vaikystės žmogus auklėjamas Kṛṣṇos sąmonės dvasia, ta prigimta meilė Dievui negali pavirsti į geismą. Kai meilė Dievui išsigimsta į geismą, ją labai sunku grąžinti į normalią būklę. Vis dėlto Kṛṣṇos sąmonė tokia galinga, kad net pavėluotai stojęs į šį kelią, laikydamasis reguliuojamųjų pasiaukojimo tarnystės principų gali pamilti Dievą. Žodžiu, bet kuriame gyvenimo etape arba nuo tos akimirkos, kai suvokei neatidėliotiną to būtinumą, gali pradėti kontroliuoti savo jusles įsisąmoninęs Kṛṣṇą, su pasiaukojimu tarnaudamas Viešpačiui, ir šitokiu būdu geismą paversti meile Dievui, aukščiausiu žmogaus gyvenimo tikslu.

इन्द्रियाणि पराण्याहुरिन्द्रियेभ्यः परं मनः ।　　　　　　3.42
मनसस्तु परा बुद्धियों बुद्धेः परतस्तु सः ॥४२॥

indriyāṇi parāny āhur · indriyebhyaḥ paraṁ manaḥ
manasas tu parā buddhir · yo buddheḥ paratas tu saḥ

indriyāṇi – juslės; *parāṇi* – aukščiau; *āhuḥ* – sakoma; *indriyebhyaḥ* – virš juslių; *param* – aukščiau; *manaḥ* – protas; *manasaḥ* – virš proto; *tu* – taip pat; *parā* – aukščiau; *buddhiḥ* – intelektas; *yaḥ* – kuri; *buddheḥ* – už intelektą; *parataḥ* – aukštesnė; *tu* – bet; *saḥ* – ji.

Veikliosios juslės aukščiau už negyvą materiją, protas aukščiau už jusles, intelektas dar aukščiau už protą, o ji [siela] aukščiau ir už intelektą.

Juslės – tai savotiški geismo išėjimo kanalai. Geismas glūdi kūne, o išsilieja per jusles. Todėl juslės yra aukščiau už kūną kaip visumą. Tais „kanalais" nesinaudojama esant aukštesnei sąmonei, arba Kṛṣṇos sąmonei. Įsisąmoninus Kṛṣṇą, siela užmezga tiesioginį ryšį su Aukščiausiuoju Dievo Asmeniu, todėl kūno funkcijų hierarchijos, kaip apibūdina šis posmas, viršuje – Aukščiausioji Siela. Kūno veikla – tai įvairių juslių veikla, tad sustabdžius juslių veiklą visas kūnas tampa neveiklus. Bet protas visada lieka aktyvus, jis veikia net ir tada, kai kūnas nejuda ir ilsis – taip būna sapnuojant. Tačiau virš proto su savo kryptingumu iškyla intelektas, o virš

intelekto – pati siela. Todėl jeigu siela tiesiogiai susieta su Aukš-
čiausiuoju, visos jos subordinacijos – intelektas, protas bei juslės –
irgi bus Jam pavaldžios. „Kaṭha Upaniṣadoje" yra analogiškas frag-
mentas, kuriame teigiama, kad juslinio pasitenkinimo objektai yra
aukščiau juslių, o protas aukščiau juslių objektų. Todėl jei protas
nuolatos tiesiogiai tarnauja Viešpačiui, tai ir juslės negalės veikti
kita kryptimi. Apie tokią proto nuostatą jau buvo kalbėta. *Paraṁ
dṛṣṭvā nivartate.* Jeigu protas transcendentiškai tarnauja Viešpa-
čiui, jis negali pasiduoti žemesniems polinkiams. „Kaṭha Upani-
ṣadoje" siela vadinama *mahān* – didžiąja. Vadinasi, siela aukščiau
visko – juslių objektų, pačių juslių, proto bei intelekto. Todėl visos
problemos sprendimas – suvokti pačios sielos prigimtinį būvį.

Intelektas turi ieškoti atsakymo į klausimą, koks sielos prigim-
tinis būvis, o suradęs atsakymą, visą laiką kreipti protą Kṛṣṇos
sąmonėn. Tai išsprendžia problemą. Pradedančiajam dvasinį gyve-
nimą paprastai patariama šalintis juslių objektų. Be to, naujo-
kas turi įgauti proto pastovumo per intelektą. Jei intelektu protas
nukreiptas į Kṛṣṇos sąmonę, visiškai atsiduodant Aukščiausiajam
Dievo Asmeniui, jis savaime įgauna pastovumo; nors juslės tebėra
gajos it gyvatės, pakenkti jos gali ne labiau už gyvatę be nuodingų
dantų. Nepaisant to, kad siela valdo intelektą, protą bei jusles,
pavojus prarasti proto pusiausvyrą ir patirti nuopuolį visad egzis-
tuos tol, kol ji neįgaus pastovumo bendraudama su Kṛṣṇa per
Kṛṣṇos sąmonę.

एवं बुद्धेः परं बुद्ध्वा संस्तभ्यात्मानमात्मना ।
जहि शत्रुं महाबाहो कामरूपं दुरासदम् ॥४३॥
3.43

*evaṁ buddheḥ paraṁ buddhvā · saṁstabhyātmānam ātmanā
jahi śatruṁ mahā-bāho · kāma-rūpaṁ durāsadam*

evam – tuo būdu; *buddheḥ* – už intelektą; *param* – aukštesnį; *bud-
dhvā* – žinodamas; *saṁstabhya* – nuramindamas; *ātmānam* – protą;
atmana – brandžiu intelektu; *jahi* – nugalėk; *śatrum* – priešą; *mahā-*

bāho – o tvirtaranki; *kāma-rūpam* – geismo pavidalu; *durāsadam* – siaubingą.

Suvokus save kaip transcendentišką materialioms juslėms, protui bei intelektui, o tvirtaranki Arjuna, reikia įgyti proto pastovumą brandžiu dvasiniu intelektu [Kṛṣṇos sąmone], ir šitaip, su dvasine tvirtybe, nugalėti nepasotinamą priešą – geismą.

Trečias „Bhagavad-gītos" skyrius ryžtingai nukreipia į Kṛṣṇos sąmonę per saves, kaip Aukščiausiojo Dievo Asmens amžino tarno, suvokimą, o apie beasmenę tuštumą, kaip galutinį gyvenimo tikslą, jame net neužsimenama. Be abejonės žmogui materialiame gyvenime turi įtakos geismas ir noras glemžtis materialios gamtos resursus. Troškimas viešpatauti ir atsiduoti jusliniams malonumams – didžiausias sąlygotos sielos priešas, tačiau Kṛṣṇos sąmonės galybė padeda suvaldyti materialias jusles, protą bei intelektą. Visai nebūtina staiga mesti darbą, neatlikti nurodytų pareigų – verčiau pamažu ugdyti Kṛṣṇos sąmonę ir pasiekti transcendentinę padėtį, kai sutvirtėjęs intelektas nukreipiamas į savo grynąjį „aš", ir materialiosios juslės bei protas nebedaro jokios įtakos. Tokia šio skyriaus esmė. Kol žmogus gyvena materialiai ir yra dvasiškai nesubrendęs, tol jokie filosofiniai samprotavimai bei dirbtinės pastangos *yogos* pozų „praktika" suvaldyti jusles jo nenukreips dvasinio gyvenimo link. Jį reikia mokyti gyventi įsisąmoninus Kṛṣṇą, pasitelkus aukščiausiąjį intelektą.

Taip Bhaktivedanta baigia komentuoti trečią „Śrīmad Bhagavad-gītos" skyrių, pavadintą „Karma-yoga" arba „Kaip atlikti nurodytas pareigas įsisąmoninus Kṛṣṇą".

Transcendentinis žinojimas

श्रीभगवानुवाच   4.1

इमं विवस्वते योगं प्रोक्तवानहमव्ययम् ।

विवस्वान्मनवे प्राह मनुरिक्ष्वाकवेऽब्रवीत् ॥ १ ॥

śrī-bhagavān uvāca

imaṁ vivasvate yogaṁ · proktavān aham avyayam

vivasvān manave prāha · manur ikṣvākave 'bravīt

śrī-bhagavān uvāca – Aukščiausiasis Dievo Asmuo tarė; *imam* – šį; *vivasvate* – Saulės dievui; *yogam* – mokslą apie savitarpio santykius su Aukščiausiuoju; *proktavān* – išdėsčiau; *aham* – Aš; *avyayam* – amžiną; *vivasvān* – Vivasvānas (Saulės dievo vardas); *manave* – žmonijos tėvui (vardu Vaivasvata); *prāha* – persakė; *manuḥ* – žmonijos tėvas; *ikṣvākave* – karaliui Ikṣvāku; *abravīt* – pasakė.

Dievo Asmuo, Viešpats Śrī Kṛṣṇa, tarė: Aš išdėsčiau šį amžiną yogos mokslą Saulės dievui Vivasvānui, Vivasvānas – žmonijos tėvui Manu, o Manu savo ruožtu persakė jį Ikṣvāku.

4 skyrius

Šiame posme skaitome „Bhagavad-gītos" istoriją, atsektą nuo senų senovės, kai ji buvo perteikta visų planetų valdovams, o pirmiausiai – Saulės planetos valdovui. Pagrindinis visų planetų valdovų uždavinys – ginti savo gyventojus, todėl karalių luomas turi žinoti „Bhagavad-gītos" mokslą, kad mokėtų valdyti savo piliečius ir apsaugotų juos nuo materialiųjų geismų nelaisvės. Žmogaus gyvenimas yra skirtas ugdyti dvasinį žinojimą, suvokti amžiną ryšį su Aukščiausiuoju Dievo Asmeniu, todėl visų valstybių bei planetų vyriausių vykdomosios valdžios atstovų pareiga švietimo, kultūros bei religijos priemonėmis diegti šią mintį gyventojų sąmonėn. Kitaip sakant, visų valstybių vadovų funkcija – propaguoti Kṛṣṇos sąmonės mokslą, siekiant, kad žmonės susipažintų su šiuo didžiu mokslu ir žengtų sėkmės keliu, naudodamiesi galimybe, kurią teikia žmogiškoji gyvybės forma.

Šioje epochoje Saulės dievas, Saulės valdovas, yra žinomas Vivasvāno vardu. Saulė – visų Saulės sistemos planetų motina. „Brahma-saṁhitoje" (5.52) pasakyta:

yac-cakṣur eṣa savitā sakala-grahāṇāṁ
 rājā samasta-sura-mūrtir aśeṣa-tejāḥ
yasyājñayā bhramati sambhṛta-kāla-cakro
 govindam ādi-puruṣaṁ tam ahaṁ bhajāmi

„Tebūna pagarbinta, – tarė Viešpats Brahmā, – pirminė asmenybė, Aukščiausiasis Dievo Asmuo, Govinda [Kṛṣṇa], kurio nurodymu planetų valdovė Saulė gauna neišsenkamą galybę ir kaitrą. Saulė – Viešpaties akis. Ji skrieja savo orbita, paklusdama Jo įsakymui."

Saulė – planetų valdovė, o valdo Saulės planetą, be kurios šilumos ir šviesos negali egzistuoti kitos planetos, Saulės dievas (dabar Vivasvānas). Ji skrieja savo orbita paklusdama Kṛṣṇos įsakymui. Būtent Vivasvāną Viešpats Kṛṣṇa neatmenamais laikais pasirinko pirmuoju Savo mokiniu, kuriam ir perdavė „Bhagavad-gītos" mokslą. Todėl *Gīta* – tai ne koks spekuliatyvus traktatas, skirtas eiliniam mokslininkui, o autoritetinga knyga, pasiekusi mus iš amžių glūdumos.

Atsekti *Gītos* istoriją galima iš tokių „Mahābhāratos" (*Śanti-parva* 348.51–52) eilučių:

tretā-yugādau ca tato · vivasvān manave dadau
manuś ca loka-bhṛty-artham · sutāyekṣvākave dadau

ikṣvākuṇā ca kathito · vyāpya lokān avasthitaḥ

„Epochos, kuri vadinasi Tretā-yuga, pradžioje šį mokslą apie savitarpio santykius su Aukščiausiuoju Vivasvānas perteikė Manu. Žmonijos tėvas Manu perdavė jį savo sūnui Mahārājai Ikšvāku, Žemės planetos valdovui ir Raghu dinastijos, kurioje apsireiškė Viešpats Rāmacandra, protėviui." Vadinasi, „Bhagavad-gītā" yra žinoma žmonių visuomenei nuo Mahārājos Ikšvāku laikų.

Jau praslinko penki Kali-yugos tūkstantmečiai; iš viso ji trunka 432 000 metų. Prieš ją buvo Dvāpara-yuga (800 000 metų), o dar anksčiau – Tretā-yuga (1 200 000 metų). Taigi maždaug prieš 2 005 000 metų Manu perteikė „Bhagavad-gītą" savo sūnui ir mokiniui, Žemės planetos karaliui Mahārājai Ikšvāku. Dabartinio Manu gyvenimo trukmė 305 300 000 metų, iš jų 120 400 000 jis jau pragyveno. Atsižvelgiant į tai, kad *Gītą* Savo mokiniui, Saulės dievui Vivasvānui, Viešpats persakė dar prieš Manu gimimą – tai įvyko (labai apytikriu apskaičiavimu) mažų mažiausiai prieš 120 400 000 metų, o žmonių visuomenėje ji žinoma apie du milijonus metų. Viešpats pakartojo ją Arjunai maždaug prieš penkis tūkstantmečius. Tokia bendrais bruožais yra *Gītos* istorija, jei tikėsime pačia *Gīta* ir jos autoriaus Viešpaties Śrī Kṛṣṇos žodžiais. Ji buvo perteikta Saulės dievui Vivasvānui, nes jis irgi *kṣatriyas*, visų *sūrya-vamśa kṣatriyų*, t.y. Saulės dievo ainių *kṣatriyų* protėvis. Kadangi „Bhagavad-gītā" prilygsta Vedoms (juk išsakė ją Aukščiausiasis Dievo Asmuo), šios žinios yra *apauruṣeya* – antžmogiškos. Vedų mokymas suvokiamas toks, koks jis yra, be žmogaus interpretacijų, todėl ir *Gītā* privalo būti suvokta atsisakant žemiškų interpretacijų. Tuščių disputų mėgėjai gali ją interpretuoti savaip, bet tada ji nebebus „Bhagavad-gītā" tokia, kokia ji yra. „Bhagavad-gītą" reikia suvokti tokią, kokia ji yra pagal mokinių seką. Šiame posme ir pasakojama, kaip Viešpats išsakė ją Saulės dievui, Saulės dievas perdavė ją savo sūnui Manu, o Manu perteikė savo sūnui Ikšvāku.

एवं परम्पराप्राप्तमिमं राजर्षयो विदुः ।   4.2
स कालेनेह महता योगो नष्टः परन्तप ॥ २ ॥

evaṁ paramparā-prāptam · imaṁ rājarṣayo viduḥ
sa kāleneha mahatā · yogo naṣṭaḥ paran-tapa

evam – šitaip; *paramparā* – iš mokinių sekos; *prāptam* – gautą; *imam* – šį mokslą; *rāja-ṛṣayaḥ* – šventieji karaliai; *viduḥ* – suvokė; *saḥ* – šios žinios; *kālena* – laiko tėkmėje; *iha* – šiame pasaulyje; *mahatā* – didžiojo; *yogaḥ* – mokslas apie savitarpio santykius su Aukščiausiuoju; *naṣṭaḥ* – prarastas; *parantapa* – o Arjuna, priešų nugalėtojau.

Šis aukščiausias mokslas buvo perduodamas mokinių seka ir taip jį patirdavo šventieji karaliai. Tačiau ilgainiui seka nutrūko, todėl pirminė mokslo esmė dabar, atrodo, bus prarasta.

Posme aiškiai pasakyta, jog *Gītā* visų pirma buvo skirta šventiems karaliams, kurie turėjo įgyvendinti jos tikslus valdydami žmones. „Bhagavad-gītā", be abejo, skirta ne demoniškoms natūroms, kurios iššvaistytų jos turtus, niekam neatnešdamos naudos, ir kurtų įvairiausias interpretacijas vadovaudamosi tik savo įgeidžiais. Kai tik nesąžiningi komentatoriai asmeniniais motyvais iškraipė pirminę jos prasmę, iškilo būtinybė atkurti mokinių seką. Prieš penkis tūkstančius metų Pats Viešpats nustatė, kad mokinių seka iširo, ir paskelbė, kad tikrasis *Gītos* tikslas užmirštas. Pastaruoju metu taip pat egzistuoja gausybė *Gītos* redakcijų (ypač gausu jų anglų kalba), bet beveik visos jos neatitinka autorizuotos mokinių sekos traktuotės. Įvairūs pasauliečiai mokslininkai yra pateikę galybę interpretacijų, bet beveik visi jie nepripažįsta Aukščiausiojo Dievo Asmens Kṛṣṇos, nors iš Jo žodžių jie neblogai pasipelno.

Toks požiūris būdingas demonams, kurie netiki Dievu, o tik naudojasi tuo, kas priklauso Aukščiausiajam. Kadangi labai reikalingas *Gītos* – tokios, kokia ji buvo perimta *paramparos* (mokinių sekos) sistema – leidimas anglų kalba, tai šiuo darbu mėginama užpildyti esamą spragą. „Bhagavad-gītā", kai ji suvokiama tokia, kokia ji yra – didžiai naudinga žmonijai, bet jeigu ji bus laikoma filosofinių išvedžiojimų traktatu, tai gilintis į ją – reiškia tuščiai švaistyti laiką.

स एवायं मया तेऽद्य योगः प्रोक्तः पुरातनः ।
भक्तोऽसि मे सखा चेति रहस्यं ह्येतदुत्तमम् ॥ ३ ॥

4.3

sa evāyaṁ mayā te 'dya · yogaḥ proktaḥ purātanaḥ
bhakto 'si me sakhā ceti · rahasyaṁ hy etad uttamam

saḥ – tas pats; *eva* – tikrai; *ayam* – šis; *mayā* – Mano; *te* – tau; *adya* – šiandien; *yogaḥ* – yogos mokslas; *proktaḥ* – išsakytas; *purātanaḥ* – labai senas; *bhaktaḥ* – bhaktas; *asi* – esi; *me* – Mano; *sakhā* – draugas; *ca* – taip pat; *iti* – todėl; *rahasyam* – paslaptis; *hi* – tikrai; *etat* – ta; *uttamam* – transcendentinė.

Šiandien Aš skelbiu tau šį senovinį mokslą apie savitarpio santykius su Aukščiausiuoju, nes tu – Mano bhaktas ir draugas, todėl pajėgsi perprasti transcendentinę šio mokslo paslaptį.

Yra dviejų kategorijų žmonės: bhaktai ir demonai. Viešpats pasirinko Arjuną didžio mokslo perėmėju, nes pastarasis – Viešpaties bhaktas. Demonui neįmanoma suvokti šio mokslo paslapties. Yra daugybė šios didžios išminties knygos leidimų. Vienus iš jų komentuoja bhaktai, kitus – demonai. Bhaktų komentarai – teisingi, o demonų komentarai neturi jokios vertės. Arjuna laiko Śrī Kṛṣṇą Aukščiausiuoju Dievo Asmeniu, ir toks *Gītos* komentavimas sekant Arjuna – tai tikras pasitarnavimas šio didžio mokslo reikalui. Demonai nesuvokia Viešpaties Kṛṣṇos tokio, koks Jis yra.

Užuot mėginę Jį suprasti, jie prasimano visokių dalykų apie Kṛṣṇą ir nukreipia skaitytojus ne tuo keliu, kurį nurodė Kṛṣṇa. Šioje knygoje skaitytojai įspėjami dėl tokių klaidingų kelių pavojaus. Reikia imti pavyzdį iš mokinių sekos, kuri prasideda nuo Arjunos, tuomet didysis „Śrīmad Bhagavad-gītos" mokslas duos naudos.

अर्जुन उवाच   4.4
अपरं भवतो जन्म परं जन्म विवस्वतः ।
कथमेतद्विजानीयां त्वमादौ प्रोक्तवानिति ॥ ४ ॥

arjuna uvāca
aparaṁ bhavato janma · paraṁ janma vivasvataḥ
katham etad vijānīyāṁ · tvam ādau proktavān iti

arjuna uvāca – Arjuna tarė; *aparam* – jaunesnis; *bhavataḥ* – Tavo; *janma* – gimimas; *param* – vyresnis; *janma* – gimimas; *vivasvataḥ* – Saulės dievo; *katham* – kaip; *etat* – tai; *vijānīyām* – aš turiu suprasti; *tvam* – Tu; *ādau* – pradžioje; *proktavān* – mokei; *iti* – taip.

Arjuna tarė: Saulės dievas Vivasvānas gimė anksčiau už Tave. Kaip suprasti, jog Tu kitados jam išdėstei šį mokslą?

Arjuna – pripažintas Viešpaties bhaktas, tad kaip jis galėjo nepatikėti Kṛṣṇos žodžiais? Iš tiesų Arjuna klausinėja ne dėl savęs, bet dėl netikinčių Aukščiausiąjį Dievo Asmenį, kuriems mintis, kad Kṛṣṇa yra Aukščiausiasis Dievo Asmuo, nepriimtina. Vien tiktai jų labui Arjuna užduoda šį klausimą, tarytum pats ničnieko nežinotų apie Dievo Asmenį, Kṛṣṇą. Dešimtas skyrius parodys, kad Arjuna puikiai žinojo, jog Kṛṣṇa – Aukščiausiasis Dievo Asmuo, visa ko pirmasis šaltinis ir aukščiausia transcendencijos viršūnė. Bet teisybė ir tai, kad Kṛṣṇa apsireiškė žemėje Devakī sūnumi. Paprastam žmogui sunku suvokti, kaip Kṛṣṇa, gimęs Devakī sūnumi, išliko tuo pačiu Aukščiausiuoju Dievo Asmeniu – amžina pirmine asmenybe. Norėdamas nušviesti šiuos dalykus, Arjuna ir klausia

Kṛṣṇos, kad jam atsakydamas Viešpats tartų Savo autoritetingą žodį. Visas pasaulis nuo neatmenamų laikų iki šių dienų pripažįsta Kṛṣṇą aukščiausiuoju autoritetu, ir tiktai demonai Jį neigia. Kad ir kaip būtų, Kṛṣṇa yra visų pripažintas autoritetas, todėl Arjuna pateikia Jam šį klausimą, kad Jis apibūdintų Save Pats ir neleistų to daryti demonams, kurie tik jiems ir jų pasekėjams suprantamu būdu iškraipo tiesą apie Jį. Būtina, kad kiekvienas savo labui išmanytų Kṛṣṇos mokslą. Todėl tai, kad Kṛṣṇa kalba apie Save, naudinga visam pasauliui. Demonams tokie Kṛṣṇos aiškinimai gali atrodyti keisti, nes jie visada studijuoja Kṛṣṇą vadovaudamiesi savo pažiūromis, tačiau bhaktai širdingai sveikina Paties Kṛṣṇos skelbiamus žodžius. Bhaktai visada gerbs autoritetingus Kṛṣṇos žodžius, nes jie trokšta sužinoti apie Jį kaskart vis daugiau. Ateistai, laikantys Kṛṣṇą paprastu žmogumi, Kṛṣṇai kalbant apie Save gali suvokti, kad Jis – antžmogis, kad Jis – *sac-cid-ānanda-vigraha* – amžinos palaimos ir žinojimo įsikūnijimas, kad Jis transcendentinis, nepavaldus materialios gamtos *guṇų* įtakai, anapus laiko ir erdvės. Toks Kṛṣṇos bhaktas, kaip Arjuna, be abejonės, puikiai žino, kad Kṛṣṇos padėtis transcendentinė. Tai, kad Arjuna pateikia šį klausimą Viešpačiui, reikia suvokti kaip bhakto siekimą išsklaidyti ateistų teiginius, vaizduojančius Kṛṣṇą paprastu, pavaldžiu materialios gamtos *guṇoms* žmogumi.

श्रीभगवानुवाच   4.5
बहूनि मे व्यतीतानि जन्मानि तव चार्जुन ।
तान्यहं वेद सर्वाणि न त्वं वेत्थ परन्तप ॥ ५ ॥

śrī-bhagavān uvāca
bahūni me vyatītāni · janmāni tava cārjuna
tāny ahaṁ veda sarvāṇi · na tvaṁ vettha paran-tapa

śrī-bhagavān uvāca – Dievo Asmuo tarė; *bahūni* – daug; *me* – Mano; *vyatītāni* – praėjo; *janmāni* – gimimų; *tava* – tavo; *ca* – taip pat; *arjuna* – o Arjuna; *tāni* – tuos; *aham* – Aš; *veda* – žinau; *sar-vāṇi* – visus; *na* – ne; *tvam* – tu; *vettha* – žinai; *parantapa* – o priešų baudėjau.

Dievo Asmuo tarė: Daugybę gyvenimų mes pragyvenome – tiek Aš, tiek tu. Aš atmenu juos visus, o tu jų atminti negali, o priešų baudėjau!

„Brahma-saṁhitoje" (5.33) sutinkame informaciją apie daugelį Viešpaties inkarnacijų. Joje pasakyta:

advaitam acyutam anādim ananta-rūpam
ādyaṁ purāṇa-puruṣaṁ nava-yauvanaṁ ca
vedeṣu durlabham adurlabham ātma-bhaktau
govindam ādi-puruṣaṁ tam ahaṁ bhajāmi

„Aš garbinu Aukščiausiąjį Dievo Asmenį, Govindą (Kṛṣṇą), pir-minę asmenybę – absoliučią, neklystančią, bepradę. Nors apsireiš-kęs daugybe pavidalų, Jis nepakinta, yra pirminis, seniausias ir visada jaunystės grožiu trykštantis asmuo. Nors amžinus, palaimin-gus, visa žinančius Viešpaties pavidalus gali suvokti tik geriausi Vedų žinovai, tyriems, besąlygiškai pasiaukojusiems bhaktams jie yra visada apreikšti."

„Brahma-saṁhitoje" (5.39) taip pat pasakyta:

rāmādi-mūrtiṣu kalā-niyamena tiṣṭhan
nānāvatāram akarod bhuvaneṣu kintu
kṛṣṇaḥ svayaṁ samabhavat paramaḥ pumān yo
govindam ādi-puruṣaṁ tam ahaṁ bhajāmi

„Aš garbinu Aukščiausiąjį Dievo Asmenį, Govindą (Kṛṣṇą), kuris visados egzistuoja Rāmos, Nṛsiṁhos ir daugeliu kitų inkarnacijų ir dalinių įsikūnijimų, tačiau Jis Pats yra pirminis Dievo Asmuo, Kṛṣṇa, asmeniškai nužengiantis į šį pasaulį."

Vedose taip pat nurodoma, kad Viešpats, būdamas vienas vienintelis, apsireiškia nesuskaičiuojama daugybe pavidalų. Jis primena *vaiduryos* brangakmenį, kuris keisdamas spalvas pats nesikeičia. Visus nesuskaičiuojamus Viešpaties pavidalus patiria tyri, besąlygiškai pasiaukoję bhaktai, tačiau tų pavidalų neįmanoma suvokti tik studijuojant Vedas (*vedeṣu durlabham adurlabham ātma-bhaktau*). Tokie bhaktai, kaip Arjuna – nuolatiniai Viešpaties palydovai, ir kai Viešpats nužengia į šį pasaulį, Jo patikėtiniai bhaktai įsikūnija drauge, kad patarnautų Viešpačiui įvairiausiais būdais. Arjuna – vienas iš tokių bhaktų, ir šis posmas paaiškina, kad prieš keletą milijonų metų, kai Viešpats Kṛṣṇa perteikė „Bhagavad-gītą" Saulės dievui Vivasvānui, Arjuna taip pat ten dalyvavo, tiesa, jis turėjo kitą kūną. Bet Viešpats tuo ir skiriasi nuo Arjunos, kad Jis prisimena šį įvykį, o Arjuna – ne. Tuo gyvosios esybės, neatskiriamos Aukščiausiojo dalelės, skiriasi nuo Aukščiausiojo Viešpaties. Nors posme Kṛṣṇa kreipiasi į Arjuną kaip didvyrį, pajėgų įveikti priešus, tačiau to nepakanka, kad jis prisimintų ankstesniuosius savo gyvenimus. Vadinasi, kad ir kokia galinga materialiu požiūriu būtų gyvoji esybė, ji niekada neprilygs Aukščiausiajam Viešpačiui. Nuolatos Viešpatį lydintis bhaktas, be abejonės, yra išsivadavusi asmenybė, bet neprilygsta Viešpačiui. „Brahma-saṁhitoje" Viešpats pavadintas nepuolančiu (*acyuta*). Tai reiškia, jog Jis niekada neužšimiršta, net ir kontaktuodamas su materija. Todėl Viešpats ir gyvoji esybė niekad nebus visais atžvilgiais lygūs, net jeigu gyvoji esybė ir pasiektų tokį išsivadavimo laipsnį, kokį pasiekė Arjuna. Nors Arjuna – Viešpaties bhaktas, kartais ir jis pamiršta Viešpaties prigimtį, bet dieviškąja malone bhaktas išsyk suvokia, kad Viešpats yra nepuolantis, tuo tarpu nebhaktas ar demonas negali suvokti tos transcendentinės prigimties. Vadinasi, demoniški protai nesuvoks *Gītos* pateikiamų tiesų. Kṛṣṇa atsimena, ką Jis darė prieš milijonus metų, o Arjuna – ne, nors pagal savo prigimtį ir Kṛṣṇa, ir Arjuna amžini. Čia reikia pažymėti, kad gyvoji esybė pamiršta viską, nes keičia kūną, o Viešpats yra *sac-cid-ānanda-vigraha* – Jo kūnas nekinta. Jis – *advaita*, tai reiškia, kad tarp Jo kūno ir Jo Paties nėra skirtumo. Viskas, kas su Juo susiję, yra dvasia, tuo tarpu sąlygota siela skiriasi nuo savo materialaus kūno. Kadangi Viešpaties kūnas ir Jo „Aš" – tapatūs, Jis visada, net jeigu ir nužengia į materialią plotmę, yra kitoks nei paprasta gyvoji esybė. Demonai negali pripažinti transcendentinės Viešpaties prigimties, kurią Pats Viešpats apibūdina kitame posme.

अजोऽपि सन्नव्ययात्मा भूतानामीश्वरोऽपि सन् ।　　　　　　4.6
प्रकृतिं स्वामधिष्ठाय सम्भवाम्यात्ममायया ॥ ६ ॥

ajo 'pi sann avyayātmā · bhūtānām īśvaro 'pi san
prakṛtiṁ svām adhiṣṭhāya · sambhavāmy ātma-māyayā

ajaḥ – negimęs; *api* – nors; *san* – būdamas toks; *avyaya* – neyrantis; *ātmā* – kūnas; *bhūtānām* – visų gimusiųjų; *īśvaraḥ* – Aukščiausiasis Viešpats; *api* – nors; *san* – būdamas toks; *prakṛtim* – transcendentiniu pavidalu; *svām* – Savo; *adhiṣṭhāya* – likdamas; *sambhavāmi* – Aš nužengiu; *ātma-māyayā* – per Savo vidinę energiją.

Nors Aš negimstu ir Mano transcendentinis kūnas niekada neyra, nors esu visų gyvųjų esybių Viešpats, vis dėlto kiekvieną epochą Aš nužengiu Savo pirmapradžiu transcendentiniu pavidalu.

Viešpats kalba apie Savo gimimo savitumą: nors Jis ir pasirodąs kaip paprastas žmogus, Jis prisimena visus daugybės ankstesniųjų „gimimų" įvykius, o paprastas žmogus neatsimena net ką daręs prieš keletą valandų. Jeigu kieno nors paklaustume, kas vyko vakar lygiai tą pačią minutę, paprastas žmogus negalėtų iš karto atsakyti. Jam greičiausiai reikėtų įtempti savo atmintį, kad prisimintų, ką būtent darė vakar tuo pačiu laiku. Vis dėlto dažnai žmogus drįsta pasiskelbti esąs Dievas, ar Kṛṣṇa. Nereikia tikėti tokiais beprasmiais tvirtinimais. Toliau posme Viešpats ir vėl paaiškina Savo *prakṛti*, t.y. Savo pavidalą. Žodis *prakṛti* reiškia prigimtį, kaip, beje ir *svarūpa*, t.y. „nuosavas pavidalas". Viešpats sako, kad Jis apsireiškia Savo Paties kūnu. Jis nekeičia kūnų kaip paprasta gyvoji esybė. Sąlygota siela šį gyvenimą gali turėti vienokį kūną, o kitą gyvenimą – kitokį. Materialiame pasaulyje gyvoji esybė neturi nuolatinio kūno, ji keliauja iš vieno kūno į kitą. Tuo tarpu Viešpats nepereina iš vieno kūno į kitą. Kad ir kada Jis ateitų, Savo vidinės energijos dėka Jis ateina tuo pačiu, pirminiu kūnu. Kitaip sakant, Kṛṣṇa nužengia į materialų pasaulį pirmapradžiu amžinu dvirankiu pavidalu, su fleita rankose. Jis apsireiškia Savo amžinu, materialaus pasaulio nesuteršiamu kūnu. Nors Jis apsireiškia nekintamu transcendentiniu kūnu ir yra visatos Viešpats, vis dėlto gali atrodyti, kad Jis gimsta taip, kaip ir paprasta gyvoji esybė. Nors Jo kūnas neyra, kaip materialūs kūnai, atrodo, kad Viešpats Kṛṣṇa išauga iš vaikiško amžiaus ir tampa paaugliu, o po to jaunuoliu. Tačiau nuostabiausia, kad pasiekęs jaunystę Jis jau nebesensta. Kurukṣetros mūšio metu Jis jau turėjo anūkų būrį, materialiu požiūriu buvo pasiekęs gana brandų amžių, bet atrodė kaip dvidešimties – dvidešimt penkerių metų jaunuolis. Niekada nepamatysime, kad Kṛṣṇa būtų vaizduojamas senas, nes Jis nesensta, kaip senstame mes, nors praeityje, dabar ir ateityje Jis yra seniausias visoje kūrinijoje. Nesunyksta ir nepakinta nei Jo kūnas, nei intelektas. Todėl aišku, kad būdamas materialiame pasaulyje, Jis apsireiškia tuo pačiu negimusiu, amžinu pavidalu, įkūnijančiu žinojimą bei palaimą, o Jo transcendentinis kūnas ir intelektas nekinta. Jo nužengimas ir pasitraukimas primena saulės patekėjimą, judėjimą dangaus skliautu ir saulės laidą. Kai saulės nesimato, manome, kad ji nusileido, o kai ji suspindi prieš mūsų akis, sakome, kad ji patekėjo virš horizonto. Iš tikrųjų saulė yra visada savo vietoje, bet netobulos mūsų juslės verčia manyti, kad ji teka ir leidžiasi. O kadangi Viešpaties Kṛṣṇos nužengimas ir pasitraukimas nė iš tolo nepanašus į paprastos gyvosios esybės „gimimą" ir „mirtį", visiškai aišku, kad dėl Savo vidinės galios Jis yra amžinas palaimingas žinojimas ir kad Jo neteršia materiali gamta. Vedos taip pat teigia, kad Aukščiausiasis Dievo Asmuo negimsta, nors daugybė Jo apsireiškimų lyg ir rodo Jį gimstant. Literatūroje, papildančioje Vedas, pasakyta, kad nors Viešpats

4 skyrius

„gimsta", Jo kūnas nekinta. *Bhāgavatam* pasakojama, kad Savo motinai Jis apsireiškė kaip keturrankis Nārāyaṇa, papuoštas visomis šešiomis vertenybėmis. Jo pasirodymas pirmapradžiu amžinu pavidalu – nepriežastinė malonė, kuria apdovanojamos gyvosios esybės, kad jos galėtų sutelkti mintis į Aukščiausiąjį Viešpatį tokį, koks Jis yra, o ne į pramanytus įsivaizduojamus pavidalus, kuriuos impersonalistai klaidingai priskiria Viešpačiui. Pagal „Viśva-kośos" žodyną, žodis *māyā* arba *ātma-māyā* nurodo nepriežastinę Viešpaties malonę. Viešpats atsimena visus Savo ankstesnius nužengimus ir pasitraukimus, o paprasta gyvoji esybė pamiršta ryšius su ankstesniuoju kūnu, vos tik gauna kitą. Kṛṣṇa yra visų gyvųjų esybių Viešpats, nes būdamas žemėje atlieka įstabius, antžmogiškus žygius. Viešpats – tai nekintama Absoliuti Tiesa, o Jo pavidalas ir Jo „Aš" nesiskiria, kaip nesiskiria Jo kūnas nuo Jo savybių. Gali kilti klausimas, kodėl Viešpats ateina į pasaulį, o vėliau iš jo pasitraukia. Į šį klausimą atsako kitas posmas.

यदा यदा हि धर्मस्य ग्लानिर्भवति भारत । 4.7
अभ्युत्थानमधर्मस्य तदात्मानं सृजाम्यहम् ॥ ७ ॥

yadā yadā hi dharmasya · glānir bhavati bhārata
abhyutthānam adharmasya · tadātmānaṁ sṛjāmy aham

yadā yadā – kai tik kur; *hi* – tikrai; *dharmasya* – religijos; *glā-niḥ* – nukrypimai; *bhavati* – pasireiškia; *bhārata* – o Bharatos aini; *abhyutthānam* – vyravimas; *adharmasya* – bedievybės; *tadā* – tada; *ātmānam* – savo „aš"; *sṛjāmi* – parodau; *aham* – Aš.

Kai tik religija kur nors ima nykti ir įsivyrauja bedievybė, Aš nužengiu Pats, o Bharatos aini.

Posme didelė reikšmė tenka žodžiui *sṛjāmi*. *Sṛjāmi* negali būti vartojamas reikšme „kūrimas", nes ankstesnis posmas nurodo, kad Viešpaties pavidalas, t.y. kūnas, nėra kuriamas ir kad visi Jo pavidalai egzistuoja amžinai. Todėl *sṛjāmi* nurodo, kad Viešpats apsi-

220

reiškia toks, koks Jis yra. Nors Viešpats nužengia į žemę numatytu laiku, kartą į Brahmos dieną, septintojo Manu dvidešimt aštuntą epochą, Dvāpara-yugos pabaigoje, Jis neįpareigotas laikytis šių taisyklių, nes yra visiškai laisvas ir gali elgtis kaip tinkamas. Tad Jis pasirodo Savo Paties valia, kai tik pasaulyje įsivyrauja bedievybė ir nyksta tikroji religija. Religijos principus nustato Vedos, ir Vedų taisyklių deramai nesilaikantis žmogus tampa bedieviu. *Bhāgavatam* tvirtinama, jog religijos principai – tai Viešpaties įstatymai. Tiktai Viešpats gali sukurti religijos sistemą. Be to laikoma, kad kūrimo pradžioje Pats Viešpats perdavė Vedas Brahmai per širdį. Vadinasi *dharmos,* arba religijos, principai – tai tiesioginiai Aukščiausiojo Dievo Asmens nurodymai (*dharmaṁ tu sākṣād bhagavat-praṇītām*). Šie principai labai aiškiai apibūdinti „Bhagavad-gītoje". Vedų tikslas – įgyvendinti Aukščiausiojo Viešpaties nurodytus principus, o Jis Pats *Gītos* pabaigoje liepia atsiduoti tiktai Jam ir niekam kitam, nes toks yra aukščiausiasis religijos principas. Vedų principai skatina visiškai atsiduoti Viešpačiui; kai juos įgyvendinti kliudo demoniški asmenys, apsireiškia Viešpats. Iš *Bhāgavatam* sužinome, jog Viešpats Buddha – tai Kṛṣṇos inkarnacija, kuri pasirodė tuo metu, kai pasaulyje sparčiai plito materializmas ir kai materialistai siekė savo tikslų dangstydamiesi Vedų autoritetu. Nors Vedų taisyklės ribojo gyvulių aukojimą, tačiau demoniškų polinkių žmonės, juos aukodami, nesilaikė draudimų. Viešpats Buddha nužengė, kad sustabdytų tuos beprotiškus veiksmus ir įgyvendintų Vedose nurodytą prievartos nenaudojimo principą. Todėl kiekviena be išimties *avatāra,* Viešpaties inkarnacija, turi savo misiją. Visos *avatāros* apibūdintos apreikštuose raštuose, todėl niekam nevalia vadintis *avatāra,* jeigu jo nepripažįsta šventraščiai. Neteisinga manyti, jog Viešpats nužengia tik į Indiją. Jis gali pasirodyti bet kur ir bet kada, kai tik to panori. Nužengęs Jis kiekvienąsyk kalba religijos klausimais tiek, kiek tomis aplinkybėmis pajėgia suvokti to meto žmonės. Bet Jo misijos tikslas visada vienas – vesti žmones į Dievo sąmonę, mokyti juos paklusnumo religijos principams. Kartais Jis nužengia Pats, o kartais atsiunčia

Savo *bona fide* atstovą kaip Savo sūnų ar tarną, arba pasirodo Pats, prisidengęs kokiu nors pavidalu.

„Bhagavad-gītos" tiesos buvo išdėstytos Arjunai, o per jį – kitoms iškilnioms asmenybėms, nes dvasiškai Arjuna buvo toliau pažengęs už įprastus žmones, gyvenančius kitose pasaulio dalyse. Du plius du lygu keturi – veiksmas teisingas ir aritmetikoje, ir aukštojoje matematikoje. Vis dėlto egzistuoja ne tik paprasta aritmetika, bet ir aukštoji matematika. Todėl visomis Savo inkarnacijomis Viešpats moko tų pačių tiesų, bet, pagal aplinkybes, jos būna pateikiamos aukštesniu arba žemesniu lygiu. Toliau bus paaiškinta, kad aukštesnių religijos principų pradedama laikytis įvedus socialinio gyvenimo keturių luomų ir keturių statusų sistemą. Tikrasis visų inkarnacijų tikslas – visur atgaivinti Kṛṣṇos sąmonę. O ar ta sąmonė pasireikš, ar nepasireikš – priklausys tik nuo aplinkybių.

परित्राणाय साधूनां विनाशाय च दुष्कृताम् ।
धर्मसंस्थापनार्थाय सम्भवामि युगे युगे ॥ ८ ॥

4.8

paritrāṇāya sādhūnāṁ · vināśāya ca duṣkṛtām
dharma-saṁsthāpanārthāya · sambhavāmi yuge yuge

paritrāṇāya – išvaduoti; *sādhūnām* – bhaktus; *vināśāya* – sunaikinti; *ca* – ir; *duṣkṛtām* – piktadarius; *dharma* – religijos principus; *saṁsthāpana-arthāya* – atkurti; *sambhavāmi* – Aš apsireiškiu; *yuge* – epocha; *yuge* – po epochos.

Kad išlaisvinčiau doruosius ir sunaikinčiau piktadarius, o taip pat atkurčiau religijos principus, epocha po epochos Aš apsireiškiu Pats.

„Bhagavad-gītos" teigimu, *sādhu* (šventas žmogus) yra tas, kuris turi Kṛṣṇos sąmonę. Žmogus gali atrodyti bedievis, bet jeigu jis turi Kṛṣṇos sąmonės savybes, jį reikia laikyti *sādhu.* Žodis *duṣkṛtām* taikomas tiems, kuriems Kṛṣṇos sąmonė nė kiek nerūpi. Tokie piktadariai, ar *duṣkṛtām* vadinami kvailais, žemiausiais iš

žmonių, net jei žemiška prasme jie ir išsilavinę, o žmonės, netu-
rintys jokio išsilavinimo ir išsiauklėjimo, bet visa savo esybe įsi-
traukę į Kṛṣṇos sąmonės veiklą – laikomi *sādhu*. O dėl ateistų, tai
Aukščiausiasis Viešpats nebūtinai turi ateiti Pats, kad sunaikin-
tų juos, kaip sunaikino demonus Rāvaṇą ir Kaṁsą. Viešpats turi
daugybę pagalbininkų, kurie gali patys susidoroti su demonais. Jis
nužengia, kad atneštų ramybę Savo besąlygiškai pasiaukojusiems
bhaktams, kuriuos demonai nuolat persekioja. Demonas nepalieka
ramybėje bhakto, net jeigu tas yra jo giminaitis. Prahlāda Mahā-
rāja buvo Hiraṇyakaśipu sūnus, tačiau tėvas jį persekiojo. Kṛṣṇos
motina Devakī buvo Kaṁsos sesuo, bet ir ji su vyru Vasudeva ken-
tėjo persekiojami Kaṁsos dėl to, kad jiems turėjo gimti Kṛṣṇa.
Taigi Viešpats Kṛṣṇa atėjo veikiau norėdamas išgelbėti Devakī,
negu susidoroti su Kaṁsa, nors atliko abu darbus. Todėl posme
ir sakoma, kad Viešpats pasirodo įvairiomis inkarnacijomis, kad
išgelbėtų bhaktus ir sunaikintų nenaudėlius demonus.

Kṛṣṇadāsos Kavirājos „Caitanya-caritāmṛtos" (*Madhya*
20.263–264) posmai glaustai apibūdina inkarnacijos požymius:

sṛṣṭi-hetu yei mūrti prapañce avatare
sei īśvara-mūrti 'avatāra' nāma dhare

māyātīta paravyome sabāra avasthāna
viśve avatari' dhare 'avatāra' nāma

„*Avatāra,* arba Dievo inkarnacija, nužengia iš Dievo karalystės į
materialų pasaulį. Tas Dievo Asmens pavidalas, kuriuo Jis nužen-
gia, vadinamas inkarnacija, arba *avatāra.* Visos inkarnacijos gyvena
dvasiniame pasaulyje, Dievo karalystėje. *Avatāros* vardą jos gauna
nužengusios į materialią kūriniją."

Yra įvairių rūšių *avatāros,* tai – *puruṣāvataros, guṇāvatāros, līlā-
vatāros, śakty-āveśa avatāros, manvantara-avatāros* ir *yugāvatāros.*
Jos nužengia nustatytu laiku įvairiose visatos vietose. Tačiau Vieš-
pats Kṛṣṇa yra pirmapradis Viešpats, visų *avatārų* pirmasis šaltinis.
Viešpats Śrī Kṛṣṇa nužengia, kad numalšintų tyrų bhaktų troškimą

išvysti Jo originalias transcendentines pramogas Vṛndāvanoje. Taigi svarbiausias Kṛṣṇos apsireiškimo šiame pasaulyje tikslas – patenkinti besąlygiškai pasiaukojusius Jam bhaktus.

Viešpats sako nužengiąs asmeniškai kiekvieną epochą. Taigi Jis ateina ir Kali amžiuje. „Śrīmad-Bhāgavatam" teigiama, kad Viešpaties inkarnacija Kali-yugoje yra Viešpats Caitanya Mahāprabhu, kuris paskleidė Kṛṣṇos garbinimą, pradėjęs *saṅkīrtanos* judėjimą (kolektyvinį šventųjų vardų giedojimą), ir išplatino Kṛṣṇos sąmonę visoje Indijoje. Jis išpranašavo, kad *saṅkīrtanos* kultūra bus skelbiama visame pasaulyje, plis iš miesto į miestą, iš kaimo į kaimą. Apie Viešpatį Caitanyą, kaip apie Dievo Asmens Kṛṣṇos inkarnaciją, netiesiogiai kalbama slėpiningose apreikštų šventraščių dalyse: *Upaniṣadose*, „Mahābhāratoje" ir *Bhāgavatam*. Viešpaties Kṛṣṇos bhaktus labai traukia Viešpaties Caitanyos *saṅkīrtanos* judėjimas. Ši Viešpaties *avatāra* nesusidoroja su nenaudėliais fiziškai, bet gelbsti juos Savo nepriežastine malone.

जन्म कर्म च मे दिव्यमेवं यो वेत्ति तत्त्वतः ।
त्यक्त्वा देहं पुनर्जन्म नैति मामेति सोऽर्जुन ॥ ९ ॥

4.9

janma karma ca me divyam · evaṁ yo vetti tattvataḥ
tyaktvā dehaṁ punar janma · naiti mām eti so 'rjuna

janma – gimimą; *karma* – veiklą; *ca* – taip pat; *me* – Mano; *divyam* – transcendentinę; *evam* – kaip šią; *yaḥ* – kiekvienas, kuris; *vetti* – žino; *tattvataḥ* – iš tiesų; *tyaktvā* – palikęs nuošaly; *deham* – šį kūną; *punaḥ* – vėl; *janma* – į gimimą; *na* – niekad; *eti* – eina; *mām* – pas Mane; *eti* – ateina; *saḥ* – jis; *arjuna* – o Arjuna.

Kas suvokia transcendentinę Mano atėjimo ir žygių esmę, tas palikęs kūną daugiau negimsta materialiame pasaulyje, bet eina į amžinąją Mano buveinę, o Arjuna.

Viešpaties nužengimas iš Savo transcendentinės buveinės jau buvo aprašytas 6 ame posme. Tas, kuris žino tiesą apie Dievo Asmens nužengimą, jau išsivadavęs iš materijos nelaisvės – palikęs materialų kūną jis grįžta į Dievo karalystę. Bet ištrūkti iš materijos vergijos gyvajai esybei nėra lengva. Impersonalistai ir *yogai* išsivaduoja tik patyrę daug vargo, po daugelio gimimų. Bet ir tas išsivadavimas įsiliejant į beasmenę Viešpaties *brahmajyoti* – tik dalinis, neapsaugantis nuo pavojaus grįžti į materialų pasaulį. O štai bhaktas vien todėl, kad suvokia transcendentinę Viešpaties kūno bei žygių prigimtį, palikęs kūną eina į Viešpaties buveinę, nerizikuodamas grįžti į materialų pasaulį. „Brahma-saṁhitoje" (5.33) yra pasakyta, kad Viešpats turi daugybę pavidalų bei inkarnacijų: *advaitam acyutam anādim ananta-rūpam*. Nors Viešpats ir egzistuoja daugybe transcendentinių pavidalų, visi jie – vienas ir tas pats Aukščiausiasis Dievo Asmuo. Reikia įsisąmoninti šią tiesą ir ja patikėti, nepaisant to, kad jos nesugeba suprasti pasauliečiai eruditai bei filosofai empirikai. Vedose („Puruṣa-budhinī Upaniṣadoje") sakoma:

eko devo nitya-lilānurakto · bhakta vyāpī hṛdy antar-ātmā

„Vienas ir tas pats Aukščiausiasis Dievo Asmuo amžinai egzistuoja daugybe transcendentinių pavidalų, kad galėtų palaikyti ryšius su besąlygiškai pasiaukojusiais Jam bhaktais." Šį Vedų požiūrį Pats Viešpats patvirtina aukščiau minėtu *Gītos* posmu. Kas pasikliaudamas Vedų bei Aukščiausiojo Dievo Asmens autoritetu pripažįsta šią tiesą ir nešvaisto laiko filosofiniams samprotavimams, tas pasiekia aukščiausią išsivadavimo pakopą. Pakanka patikėti šia tiesa ir, be jokių abejonių, pasieksi išsivadavimą. Šiuo atveju tiktų *Vedų* aforizmas *tat tvam asi*. Kas suvokia Viešpatį Kṛṣṇą esant Aukščiausiuoju ar kreipiasi į Jį žodžiais: „Tu būtent ir esi Aukščiausiasis Brahmanas, Aukščiausiasis Dievo Asmuo", iš karto išsivaduoja; taigi jam garantuota galimybė transcendentiškai bendrauti su Viešpačiu. Kitaip sakant, ištikimas Viešpačiui bhaktas tampa tobulas, ir tai patvirtinama šiuo Vedų posmu:

tam eva viditvāti mṛtyum eti · nānyaḥ panthā vidyate 'yanāya

„Kad pasiektum tobulą išsivadavimą iš gimimo ir mirties, pakanka suvokti Viešpatį, Aukščiausiąjį Dievo Asmenį. Kito kelio į šį tobulumą nėra." („Švetāśvatara Upaniṣada" 3.8) Teigimas, kad nėra alternatyvos išsivadavimui, reiškia, kad žmogų, kuris nesuvokia Kṛṣṇos, kaip Aukščiausiojo Dievo Asmens, iš tikro veikia neišmanymo *guṇa* – jis neišsigelbės interpretuodamas „Bhagavad-gītą" pagal pasaulietines mokslo normas, arba, vaizdžiai tariant, iš išorės laižydamas medaus stiklainį. Materialiame pasaulyje tokie filosofai empirikai gal ir labai įtakingi, tačiau tai nereiškia, kad jie verti išsivaduoti. Vienintelė viltis pasipūtusiems pasauliečiams eruditams – tai nepriežastinė Viešpaties bhakto malonė. Taigi tikėjimu ir žinojimu reikia ugdyt Kṛṣṇos sąmonę ir taip tapti tobulais.

वीतरागभयक्रोधा मन्मया मामुपाश्रिताः ।   **4.10**
बहवो ज्ञानतपसा पूता मद्भावमागताः ॥१०॥

vīta-rāga-bhaya-krodhā · man-mayā mām upāśritāḥ
bahavo jñāna-tapasā · pūtā mad-bhāvam āgatāḥ

vīta – išsivadavę nuo; *rāga* – potraukio; *bhaya* – baimės; *krodhāḥ* – ir pykčio; *mat-mayā* – visiškai Manyje; *mām* – Manyje; *upāśritāḥ* – būdami visiškai; *bahavaḥ* – daugelis; *jñāna* – žinojimo; *tapasā* – askeze; *pūtāḥ* – apsivalę; *mat-bhāvam* – transcendentinę meilę Man; *āgatāḥ* – pasiekė.

Įveikę potraukius, baimę bei pyktį, visiškai panirę į Mane ir Manyje atradę prieglobstį, daugelis praeityje gyvenusių žmonių apsivalė pažinę Mane ir užsidegė transcendentine meile Man.

Anksčiau buvo minėta, kad tam žmogui, kuris turi per didelį materialų potraukį, nepaprastai sunku suvokti Aukščiausiąją Absoliučią Tiesą kaip asmenybę. Pernelyg prisirišę prie kūniškos būties sampratos žmonės taip įklimpo į materializmą, kad beveik nesuvokia, jog Aukščiausiasis gali būti asmenybė. Jiems sunku įsivaizduoti, kad egzistuoja transcendentinis kūnas, kuris neyra, yra kupinas žinojimo ir amžinos palaimos. Materialus kūnas dūlus, kupinas neišmanymo ir kančių. Todėl paprasti žmonės, kai jiems kalbama apie asmenišką Viešpaties pavidalą, įsivaizduoja jį įprastiniu kūnišku lygiu. Tokiems materialistams milžiniškas materialusis pasaulis – aukščiausia forma. Jie galvoja, jog Aukščiausiasis – beasmenis. O kadangi jie giliai įklimpę į materializmą, juos gąsdina mintis apie asmenybės sugebėjimą išlikti, išsivadavus iš materijos. Kai jie sužino, kad ir dvasinis gyvenimas individualus bei asmeniškas, jie bijo vėl tapti asmenybėmis ir todėl linkę pasirinkti kitą išeitį – įsilieti į beasmenę tuštumą. Paprastai jie gyvąsias esybes lygina su okeane pasirodančiais ir vėl išnykstančiais vandens burbulais. Štai toks yra aukščiausias dvasinės būties tobulumas, kurį galima pasiekti atsisakius individualumo, asmenybės. Toks gyvenimas – tai savotiška baimės būklė, kai tobulai nesuvokiama dvasinė būtis. Maža to, daug kas net neįsivaizduoja, kad dvasinė būtis apskritai galima. Tokie žmonės, išmušti iš vėžių daugybės skirtingų teorijų bei prieštaringų filosofinių samprotavimų, pajunta kartėlį, įpyksta ir padaro neprotingą išvadą, kad nėra jokios aukščiausios priežasties, o pati esatis galų gale tiktai tuštuma. Tai ligoniai, kurių ligos priežastis – sąlygotas gyvenimas. Kai kurie žmonės pernelyg materialiai prisirišę ir todėl neskiria dėmesio dvasiniam gyvenimui, kai kurie jų nori įsilieti į aukščiausiąją dvasinę priežastį, treti apskritai prarado viltį ir netiki niekuo, nes juos erzina įvairiausių samprotavimų dvasiniais klausimais srautas. Pastarieji ima naudoti kokias nors svaiginančias medžiagas, o savo liguistas haliucinacijas kartais palaiko dvasiniais regėjimais. Reikia vengti materialaus pasaulio prisirišimų, kurie yra trijų lygių: ignoruoti dvasinį gyvenimą, bijoti būti dvasine asmenybe ir prisilaikyti tuštumos koncepcijos, kurią gimdo gyvenimo nesėkmės. Norint atsikratyti materialios būties sampratos, besireiškiančios šiais trimis lygiais, reikia visiškai atsiduoti Viešpaties globai, vadovaujant *bona fide* dvasiniam mokytojui, ir laikytis pasiaukojimo tarnystės taisyklių. Aukščiausia pasiaukojamo gyvenimo pakopa vadinasi *bhāva* – transcendentinė meilė Dievui.

„Bhakti-rasāmṛta-sindhu" (1.4.15–16), apibūdinant pasiaukojimo tarnystės mokslą, sakoma:

ādau śraddhā tataḥ sādhu- · saṅgo 'tha bhajana-kriyā
tato 'nartha-nivṛttiḥ syāt · tato niṣṭhā rucis tataḥ

athāsaktis tato bhāvas · tataḥ premābhyudañcati
sādhakānām ayaṁ premṇaḥ · prādurbhāve bhavet kramaḥ

„Visų pirma reikia turėti nors silpną norą pažinti save. Jis paskatins daugiau bendrauti su dvasiškai pažengusiais žmonėmis. Tolesnė pakopa – iniciacija, suteikta dvasios aukštumų pasiekusio dvasinio mokytojo. Jo vadovaujamas neofitas bhaktas pradeda pasiaukojimo tarnystės kelią. Atliekant pasiaukojimo tarnystę, kuriai vadovauja dvasinis mokytojas, atsikratoma materialių prisirišimų, pasiekiamas pastovumas savęs pažinimo procese ir pajuntamas pasakojimų apie Aukščiausiąjį Dievo Asmenį, Śrī Kṛṣṇą skonis. Tas skonis dar labiau sustiprina potraukį Kṛṣṇos sąmonei, kuri subręsta *bhāvoje* – pradinėje transcendentinės meilės Dievui pakopoje. Tikroji meilė Dievui vadinasi *prema,* aukščiausioji gyvenimo tobulumo pakopa." Pasiekusieji *premos* pakopą be atvangos su transcendentine meile tarnauja Viešpačiui. Žodžiu, laipsniškai, pasiaukojimo tarnystės procese, vadovaujant *bona fide* dvasiniam mokytojui ir atsikračius materialių prisirišimų, baimės būti individualia dvasine asmenybe bei nusivylimų, kurie pagimdo tuštumos filosofiją, – pasiekiama aukščiausia tobulumo pakopa. Tada atsiveria kelias į Aukščiausiojo Viešpaties buveinę.

ये यथा मां प्रपद्यन्ते तांस्तथैव भजाम्यहम् ।   **4.11**
मम वर्त्मानुवर्तन्ते मनुष्याः पार्थ सर्वशः ॥११॥

ye yathā māṁ prapadyante · tāṁs tathaiva bhajāmy aham
mama vartmānuvartante · manuṣyāḥ pārtha sarvaśaḥ

ye – visi, kas; *yathā* – kaip; *mām* – Man; *prapadyante* – atsiduoda; *tan* – jiems; *tatha* – taip; *eva* – tikrai; *bhajamı* – atlyginu; *aham* – As;

mama – Mano; *vartma* – keliu; *anuvartante* – seka; *manuṣyāḥ* – visi žmonės; *pārtha* – o Pṛthos sūnau; *sarvaśaḥ* – visais atžvilgiais.

Kaip žmogus man atsiduoda, taip Aš jam ir atlyginu. Kiekvienas visais atžvilgiais seka Mano keliu, o Pṛthos sūnau.

Kiekvienas ieško Kṛṣṇos įvairiuose Jo pasireiškimo aspektuose. Kṛṣṇą, Aukščiausiąjį Dievo Asmenį, iš dalies pažįstame Jo beasmeniu aspektu (kaip *brahmajyoti* spindesį) ir visa persmelkiančia Supersiela, kuri glūdi visur, net atomo dalelėse. Bet visiškai Kṛṣṇą pažinti tegali Jo tyri bhaktai. Vadinasi, Kṛṣṇa yra visų mūsų pažinimo objektas, ir kiekvienam Jis suteikia galimybę bendrauti su Juo taip, kaip žmogus to nori. Transcendentiniame pasaulyje Kṛṣṇa su tyru bhaktu taip pat palaiko tokius transcendentinius santykius, kokių bhaktas trokšta. Vienas bhaktas panūsta matyti Kṛṣṇą savo aukščiausiuoju valdovu, kitas trokšta matyti Jį savo asmeniniu draugu, trečias – sūnumi, ketvirtas – mylimuoju. Kṛṣṇa vienodai atlygina visiems bhaktams pagal jų meilės jausmo stiprumą. Materialiame pasaulyje irgi egzistuoja analogiški abipusiški jausmų mainai – Viešpats atitinkamai atsiliepia į Savo įvairių garbintojų jausmus. Tyri bhaktai bendrauja su Juo ir asmeniškai Jam tarnauja tiek materialiame pasaulyje, tiek transcendentinėje buveinėje, ir taip su meile tarnaudami patiria transcendentinę palaimą. O dėl impersonalistų, kurie siekia sunaikinti savo individualumą, tuo atlikdami dvasinę savižudybę, tai Kṛṣṇa padeda ir jiems, leisdamas ištirpti Savo spindesyje. Impersonalistai nenori pripažinti amžinojo palaimingojo Dievo Asmens – užgniaužę savo individualumą jie nebegali patirti transcendentinės asmeniško tarnavimo Viešpačiui palaimos. Kai kurie iš jų, nepajėgę įsitvirtinti net beasmenėje egzistencijoje, grįžta į materialios veiklos sritį, įgyvendindami savo snaudžiančius troškimus. Jie neįleidžiami į dvasines planetas, tačiau gauna galimybę veikti materialiose planetose. *Karmiams,* siekiantiems savo veiklos vaisių, Viešpats, būdamas *yajñeśvara,* suteikia tai, ko jie troško atlikdami nurodytas pareigas; to, ko siekė, gauna ir mistinių galių trokštantys *yogai.* Kitaip sakant, mūsų sėkmė priklauso tik nuo Jo malonės, o visi dvasiniai metodai – ne kas kita, kaip tos sėkmės etapai viename ir tame pačiame kelyje. Kol nebus pasiektas aukščiausias tobulumas – Kṛṣṇos sąmonė, visi siekiai yra netobuli; tai patvirtinama ir „Śrīmad-Bhāgavatam" (2.3.10):

akāmaḥ sarva-kāmo vā · mokṣa-kāma udāra-dhīḥ
tīvreṇa bhakti-yogena · yajeta puruṣaṁ param

„Nesvarbu ar žmogus nieko netrokšta [bhaktų būvis], ar nori mėgautis savo veiklos vaisiais, ar nori išsivaduoti – visomis išgalėmis jis turi stengtis garbinti Aukščiausiąjį Dievo Asmenį, kad pasiektų visišką tobulumą, kurio kulminacija – Kṛṣṇos sąmonė."

काङ्क्षन्तः कर्मणां सिद्धिं यजन्त इह देवताः ।   4.12
क्षिप्रं हि मानुषे लोके सिद्धिर्भवति कर्मजा ॥१२॥

kāṅkṣantaḥ karmaṇām siddhim · yajanta iha devatāḥ
kṣipram hi mānuṣe loke · siddhir bhavati karma-jā

kāṅkṣantaḥ – trokšdami; *karmaṇām* – karminės veiklos; *siddhim* – tobulumo; *yajante* – jie garbina aukomis; *iha* – materialiame pasaulyje; *devatāḥ* – pusdievius; *kṣipram* – labai greitai; *hi* – tikrai; *mānuṣe* – žmonių visuomenėje; *loke* – šiame pasaulyje; *siddhiḥ* – sėkmė; *bhavati* – ateina; *karma-jā* – iš karminės veiklos.

Žmonės šiame pasaulyje trokšta pasisekimo karminėje veikloje, todėl jie ir garbina pusdievius. Žinoma, jie greitai sulaukia tokios veiklos rezultatų.

Yra įsivyravusi neteisinga nuomonė dėl šio pasaulio dievų, t.y. pusdievių. Menkos nuovokos žmonės, nors ir pripažįstami dideliais eruditais, tuos pusdievius laiko įvairiomis Aukščiausiojo Viešpaties formomis. Iš tiesų pusdieviai – ne kokios nors skirtingos Dievo formos, bet įvairios neatskiriamos Dievo dalelės. Dievas – vienas, o Jo neatskiriamų dalelių – daug. Vedos sako: *nityo nityānām* – Dievas yra vienas. *Īśvaraḥ paramaḥ kṛṣṇaḥ*. Aukščiausiasis Dievas vienas – Kṛṣṇa, o pusdieviai yra apdovanoti galiomis tik tam, kad galėtų valdyti materialų pasaulį. Visi pusdieviai – gyvosios esybės (*nityānām*), vieni turi didesnę, kiti mažesnę materialią galią. Jie negali būti lygūs Aukščiausiajam Dievui – Nārāyaṇai, Viṣṇu arba Kṛṣṇai. O tas, kuris mano, jog Dievas ir pusdieviai – vienodo lygio būtybės, yra ateistas, *pāṣaṇḍis*. Netgi didžiausi pusdieviai – Brahmā ir Śiva – negali lygintis su Aukščiausiuoju Viešpačiu. Tiesą sakant, tokie pusdieviai, kaip Brahmā ir Śiva, patys garbina Viešpatį (*śiva-viriñci-nutam*). Nepaisant to, nors ir kaip tai būtų keista, dažnas žmonių lyderis yra garbinamas siaurapročių, kurie tiki klaidingomis antropomorfizmo bei zoomorfizmo teorijomis. *Iha deva-tāḥ* nurodo į galingą šio materialaus pasaulio žmogų ar pusdievį. Bet Nārāyāṇa, Viṣṇu, ar Kṛṣṇa – Aukščiausiasis Dievo Asmuo – ne šio pasaulio būtybė. Jis virš materialios kūrinijos, transcendentalus jos atžvilgiu. Net impersonalistų lyderis Śrīpāda Śaṅkarācārya tvirtina, kad Nārāyaṇa, t.y Kṛṣṇa, yra anapus materialios kūrinijos. Tačiau neišmanėliai (*hṛta-jñāna*) garbina pusdievius, nes siekia greitų rezultatų, ir juos gauna, bet nesuvokia, jog šitaip pasiekti rezultatai – laikini ir skirti menkos nuovokos žmonėms. Protingas žmogus yra įsisąmoninęs Kṛṣṇą ir nemato reikalo garbinti nereikšmingus pusdievius dėl skubios, laikinos naudos. Tiek materialaus pasaulio pusdieviai, tiek ir jų garbintojai išnyks kartu su pasauliu. Pusdievių dovanotos malonės – materialios ir laikinos. O materialūs pasauliai ir jų gyventojai, net ir pusdieviai bei jų garbintojai – tik kosminio vandenyno burbuliukai. Visgi šiame pasaulyje žmonių visuomenė kraustosi iš proto dėl laikinų materialių turtų – žemės, šeimos ir viso to, kas teikia malonumą. Laikinų gėrybių trokštantys žmonės garbina pusdievius arba visuomenės galinguosius. Jeigu įsiteikęs politiniam lyderiui žmogus tampa vyriausybės ministru, tai laikoma didžiausiu pasiekimu. Todėl žmonės keliaklupsčiauja prieš vadinamuosius vadovus arba „šio pasaulio didžiūnus", kad gautų laikinų gėrybių, ir jas iš tiesų gauna. Tokie kvaili žmonės nesidomi Kṛṣṇos sąmone, kurios dėka galima visiems laikams įveikti materialiai būčiai būdingus sunkumus. Jie siekia juslinių malonumų, ir dėl menkiausios galimybės jusliškai pasitenkinti mielai garbina įgalintas gyvąsias esybes – pusdievius. Posmas nurodo, jog retas kuris domisi Kṛṣṇos sąmone. Daugumai terūpi materialūs malonumai, ir todėl žmonės garbina galingas gyvąsias esybes.

चातुर्वर्ण्यं मया सृष्टं गुणकर्मविभागशः ।   **4.13**
तस्य कर्तारमपि मां विद्धयकर्तारमव्ययम् ॥१३॥

cātur-varṇaṁ mayā sṛṣṭaṁ · guṇa-karma-vibhāgaśaḥ
tasya kartāram api mām · viddhy akartāram avyayam

cātuḥ-varṇyam – keturi žmonių visuomenės luomai; *mayā* – Mano; *sṛṣṭam* – sukurti; *guṇa* – pagal savybes; *karma* – ir darbą; *vibhāga-śaḥ* – padalinant; *tasya* – to; *kartāram* – tėvą; *api* – nors; *mām* – Mane; *viddhi* – žinoki; *akartāram* – kaip neveikiantį; *avyayam* – nekintantį.

Pagal tris materialios gamtos guṇas ir su jomis susijusį darbą Aš sukūriau keturis žmonių visuomenės luomus. Nors Aš esu šios sistemos kūrėjas, žinok, jog būdamas nekintantis, Aš nieko neveikiu.

Viską sukūrė Viešpats. Viskas gimė iš Jo, Jis viską palaiko ir po sunaikinimo viskas ilsisi Jame. Taigi Jis yra ir keturių visuomeninės santvarkos luomų kūrėjas. Pirmasis iš jų – brahmanai, inteligentijos klasė, jie yra dorybės *guṇos*. Antrasis, administracinis – *kṣatriyų* klasė, jie yra aistros *guṇos*. Prekijai, kurie vadinami *vaiśyais*, yra aistros bei neišmanymo *guṇos*, o *śūdros,* darbininkų klasė – materialios gamtos neišmanymo *guṇos*. Nors Viešpats Kṛṣṇa sukūrė keturis žmonių visuomenės luomus, tačiau Pats nė vienam iš jų nepriklauso, nes Jis nėra iš tų sąlygotųjų sielų, kurios sudaro žmonių visuomenę. Žmonių visuomenė panaši į bet kurią gyvūnų šeimą. Tam, kad žmonės iškiltų aukščiau gyvūnų bei galėtų sistemingai ugdyti Kṛṣṇos sąmonę, Viešpats ir sukūrė aukščiau minėtus luomus. Individualų žmogaus polinkį vienam ar kitam darbui nulemia tos materialios gamtos *gunos,* su kuriomis jis yra susijęs. Įvairių materialios gamtos *gunų* poveikis žmogaus gyvenimui aprašomas aštuonioliktame šios knygos skyriuje. Kṛṣṇą įsisąmoninęs žmogus yra aukštesnis ir už brahmaną. Nors brahmanas pagal savo savybes turėtų suvokti Brahmaną, Aukščiausiąją Absoliučią Tiesą, tačiau dauguma jų tesiekia beasmenio Brahmano, Viešpaties Kṛṣṇos apraiškos, pažinimo. Bet tas, kuris pranoksta ribotą brahmanų žinojimą ir suvokia Aukščiausiąjį Dievo Asmenį, Viešpatį Śrī Kṛṣṇą, įgyja Kṛṣṇos sąmonę, kitaip sakant, tampa *vaiṣṇavu.* Kṛṣṇos sąmonė apima įvairių Kṛṣṇos pilnutinių skleidinių – Rāmos, Nṛsiṁhos,Varāhos etc. – suvokimą. Kaip Kṛṣṇa yra transcendentalus minėtai keturių žmonių visuomenės luomų sistemai, taip ir Kṛṣṇą įsisąmoninęs žmogus transcendentalus visiems žmonių visuomenės padaliniams – ar imtume skirstymą pagal bendruomenės, nacijos ar pagal rasės požymius.

न मां कर्माणि लिम्पन्ति न मे कर्मफले स्पृहा ।
इति मां योऽभिजानाति कर्मभिर्न स बध्यते ॥१४॥

4.14

na māṁ karmāṇi limpanti · na me karma-phale spṛhā
iti māṁ yo 'bhijānāti · karmabhir na sa badhyate

na – niekad; *mām* – Man; *karmāṇi* – visos veiklos rūšys; *limpanti* – daro poveikį; *na* – ne; *me* – Mano; *karma-phale* – karminėje veikloje; *spṛhā* – siekiai; *iti* – taip; *mām* – Mane; *yaḥ* – tas, kuris; *abhijānāti* – žino; *karmabhiḥ* – tokios veiklos atoveikiais; *na* – niekada; *saḥ* – jis; *badhyate* – susipančioja.

Nėra tokios veiklos, kuri darytų Man įtaką, nesiekiu Aš ir veiklos vaisių. Suvokiantis šią tiesą apie Mane neįklimpsta į savo karminės veiklos pasekmes.

Materialiame pasaulyje galioja nerašytas įstatymas, kad karalius negali neteisingai elgtis, arba kitais žodžiais sakant, pačiam karaliui valstybės įstatymai negalioja. Taip ir Viešpaties nė kiek neveikia materialiame pasaulyje vykstanti veikla, nors Jis – šio pasaulio kūrėjas. Jis sukuria pasaulį, tačiau Pats yra anapus Savo kūrinijos, tuo tarpu gyvąsias esybes supančioja jų pačių materialios veiklos atoveikiai, nes jos geidžia valdyti materijos resursus. Įmonės savininkas neatsako už gerus ar blogus savo darbininkų poelgius, už juos atsako patys darbininkai. Gyvosios esybės atlieka veiklą, per kurią jos siekia juslinio pasitenkinimo, nors Viešpats tokių veiksmų neliepia atlikti. Vis labiau siekdamos juslinių malonumų gyvosios esybės triūsia šiame pasaulyje ir svajoja apie pomirtinę laimę danguje. Viešpats, būdamas Pats Sau pakankamas, nė kiek nesižavi tariama dangiškąja laime. Dangaus pusdieviai – tik Jo tarnai. Savininkas niekada nesiveržia prie žemų džiaugsmų, kurių siekia jo darbininkai. Viešpats yra anapus materialių veiksmų ir atoveikių. Pavyzdžiui, lietus neatsako už įvairių rūšių augmeniją, dygstančią žemėje, tačiau be lietaus augmenija suvešėti negali. Tai patvirtinta *smṛti* raštuose:

nimitta-mātram evāsau · sṛjyānāṁ sarga-karmaṇi
pradhāna-kāraṇī-bhūtā · yato vai sṛjya-śaktayaḥ

„Viešpats yra vienintelė materialių visatų aukščiausioji priežastis. Tiesioginė jų priežastis – materiali gamta, kurios dėka kosmoso apraiškos įgauna regimą pavidalą." Sukurtos būtybės yra pačių įvairiausių rūšių: pusdieviai, žmonės, gyvūnai – visos jos atsako už savo ankstesnių gyvenimų gerus ir blogus darbus. Viešpats paprasčiausiai suteikia joms galimybę tuos darbus atlikti ir jas valdyti paveda gamtos *guṇoms,* tačiau Pats Jis nėra atsakingas už ankstesnius ir dabartinius jų veiksmus. „Vedānta-sūtroje" (2.1.34) sakoma: *vaiṣamya-nairghṛṇye na sāpekṣatvāt* – Viešpats nešališkas gyvosioms esybėms. Gyvoji esybė pati atsako už savo poelgius. Viešpats tiktai teikia jai galimybę tarpininkaujant materialiai gamtai, išorinei energijai. Išmanančio šiuos sudėtingus *karmos,* arba karminės veiklos dėsnius žmogaus neveikia tos veiklos pasekmės. Kitaip sakant, kas suvokia transcendentinę Viešpaties prigimtį, tas jau yra Kṛṣṇą įsisąmoninęs, patirtį turintis žmogus. Karmos dėsniai jo nebeveikia. O kas nežino transcendentinės Viešpaties prigimties ir mano, kad Viešpats, kaip ir paprastos gyvosios esybės, trokšta mėgautis Savo veiklos vaisiais, tas būtinai susipainioja savo veiklos atoveikiuose. Tačiau Aukščiausiąją Tiesą pažinęs jau yra išlaisvinta siela, įgijusi tvarią Kṛṣṇos sąmonę.

एवं ज्ञात्वा कृतं कर्म पूर्वैरपि मुमुक्षुभिः ।
कुरु कर्मैव तस्मात्त्वं पूर्वैः पूर्वतरं कृतम् ॥१५॥

4.15

evaṁ jñātvā kṛtaṁ karma · pūrvair api mumukṣubhiḥ
kuru karmaiva tasmāt tvaṁ · pūrvaiḥ pūrva-taraṁ kṛtam

evam – šitaip; *jñātvā* – gerai žinant; *kṛtam* – buvo atliktas; *karma* – darbas; *pūrvaiḥ* – praeities autoritetų; *api* – tikrai; *mumukṣubhiḥ* – išsivadavusių; *kuru* – tiesiog vykdyk; *karma* – nurodytą pareigą; *eva* – tikrai; *tasmāt* – todėl; *tvam* – tu; *pūrvaiḥ* – pirmtakų; *pūrva-taram* – senovėje; *kṛtam* – kaip buvo atlikta.

Šitaip suvokdamos transcendentinę Mano prigimtį, senovėje veikė visos išvaduotos sielos. Todėl tu irgi privalai vykdyti savo pareigą, sekdamas jų pėdomis.

Yra dviejų kategorijų žmonės. Vienų širdyse knibžda nešvarūs materialūs siekiai, o kiti jų neturi. Kṛṣṇos sąmonė išganinga ir vieniems, ir kitiems. Žmonės su užterštomis širdimis gali pasirinkti Kṛṣṇos sąmonę ir, laikydamiesi reguliuojamųjų pasiaukojimo tarnystės principų, tolydžio apsivalyti. O apsivaliusieji gali tęsti Kṛṣṇos sąmonės veiklą, savo pavyzdžiu įkvėpdami aplinkinius, kurie iš to gautų naudos. Neišmanėliai ir Kṛṣṇos sąmonės neofitai, kurie dar neperprato Kṛṣṇos sąmonės esmės, dažnai nori atsisakyti veiklos. Viešpats nepritaria Arjunos ketinimams atsisakyti veiksmų kovos lauke. Reikia veikti, tiktai būtina žinoti kaip. Nederėtų atsisakyti Kṛṣṇos sąmonės veiklos ir sėdėti nuošalyje, prisidengiant Kṛṣṇos sąmone, geriau jau atlikti realią veiklą vardan Kṛṣṇos. Šiame posme Kṛṣṇa pataria Arjunai veikti įsisąmoninus

Kṛṣṇā, sekti ankstesniųjų Viešpaties mokinių pėdomis, pavyzdžiui, jau minėtuoju Saulės dievu Vivasvānu. Aukščiausiasis Viešpats prisimena ir visus Savo ankstesnius poelgius, ir visus poelgius tų žmonių, kurie praeityje veikė su Kṛṣṇos sąmone. Todėl Jis skatina sekti Saulės dievo, kurį prieš milijonus metų šio meno išmokė Pats Viešpats, pavyzdžiu. Apie tokius Viešpaties Kṛṣṇos mokinius šiame posme kalbama kaip apie seniai išsivadavusias sielas, vykdančias Kṛṣṇos nurodytas pareigas.

किं कर्म किमकर्मेति कवयोऽप्यत्र मोहिताः ।   **4.16**
तत्ते कर्म प्रवक्ष्यामि यज्ज्ञात्वा मोक्ष्यसेऽशुभात् ॥१६॥

kiṁ karma kim akarmeti · kavayo 'py atra mohitāḥ
tat te karma pravakṣyāmi · yaj jñātvā mokṣyase 'śubhāt

kim – kas yra; *karma* – veiksmas; *kim* – kas yra; *akarma* – neveikimas; *iti* – šitaip; *kavayaḥ* – išminčiai; *api* – taip pat; *atra* – šiuo klausimu; *mohitāḥ* – suklaidinti; *tat* – tą; *te* – tau; *karma* – darbą; *pravakṣyāmi* – paaiškinsiu; *yat* – apie kurį; *jñātvā* – žinodamas; *mokṣyase* – išsivaduosi; *aśubhāt* – nuo visų nelaimių.

Net ir išmintingasis susipainioja, bandydamas apibrėžti, kas yra veiksmas, o kas – neveikimas. Dabar Aš paaiškinsiu, kas yra veiksmas. Tai žinodamas tu išsivaduosi nuo visų nelaimių.

Veikti su Kṛṣṇos sąmone reikia pagal anksčiau gyvenusių *bona fide* bhaktų pavyzdžius. Tai rekomenduojama penkioliktame posme. Tolesniame tekste bus paaiškinta, kodėl negalima veikti savo nuožiūra.

Šio skyriaus pradžioje buvo paaiškinta, kad norintysis veikti su Kṛṣṇos sąmone turi paklusti įgaliotiems vadovams, kurie priklauso mokinių sekai. Kṛṣṇos sąmonės sistema pirmiausiai buvo apibūdinta Saulės dievui, Saulės dievas ją persakė savo sūnui Manu, o Manu – sūnui Ikṣvāku, taigi Kṛṣṇos sąmonės sistema žemėje žinoma nuo senų senovės. Todėl reikia sekti praeities autoritetų, priklausančių mokinių sekai, pavyzdžiu. Kitaip net patys išmintingiausieji niekad nesutars, kokia turi būti tikroji Kṛṣṇos sąmonės veikla. Todėl Viešpats ir nutarė tiesiogiai mokyti Arjuną Kṛṣṇos sąmonės. Kas seks Arjunos pavyzdžiu, tas tikrai nedarys klaidų, nes Arjuna tiesioginius nurodymus gavo iš Paties Viešpaties.

Sakoma, kad jokie eksperimentai neįrodys religijos teisingumo, nes eksperimentinis mokslas – netobulas. Iš tikrųjų religijos principus tegali nustatyti tik Pats Dievas. *Dharmaṁ tu sākṣād bhagavat-praṇītam* („Śrīmad-Bhāgavatam" 6.3.19). Religijos principų negalima išgalvoti ribotais samprotavimais. Reikia sekti didžiaisiais autoritetais: Brahma, Śiva, Nārada, Manu, Kumārais, Kapila, Prahlāda, Bhīṣma, Śukadeva Gosvāmiu, Yamarāja, Janaka ir Mahārāja Baliu. Spekuliatyvūs samprotavimai nepadės sužinoti, kas yra religija arba savęs pažinimas. Todėl iš nepriežastinės malonės Savo bhaktams, Viešpats tiesiogiai aiškina Arjunai, kas yra veiksmas, o kas – neveikimas. Tik Kṛṣṇos sąmonės veikla gali išgelbėti žmogų iš materialios būties spąstų.

कर्मणो ह्यपि बोद्धव्यं बोद्धव्यं च विकर्मणः ।
अकर्मणश्च बोद्धव्यं गहना कर्मणो गतिः ॥१७॥

4.17

karmaṇo hy api boddhavyaṁ · boddhavyaṁ ca vikarmaṇaḥ
akarmaṇaś ca boddhavyaṁ · gahanā karmaṇo gatiḥ

karmaṇaḥ – darbo; *hi* – tikrai; *api* – taip pat; *boddhavyam* – turi būti suvoktas; *boddhavyam* – turi būti suvoktas; *ca* – taip pat; *vikarmaṇaḥ* – uždrausto darbo; *akarmaṇaḥ* – neveikimo; *ca* – taip pat; *boddhavyam* – turi būti suvoktas; *gahanā* – sunkiai suvokiama; *karmaṇaḥ* – darbo; *gatiḥ* – eiga.

Veiklos vingrybes perprasti labai sunku. Todėl būtina teisingai suvokti, kas yra veiksmas, koks veiksmas draudžiamas, ir kas yra neveikimas.

Jeigu iš tiesų norima išsivaduoti iš materijos nelaisvės, būtina suvokti veiklos, neveikimo ir autoritetų draudžiamo veiksmo skirtumus. Veiksmą, atoveikį bei draudžiamus veiksmus analizuoti būtina, nes šis klausimas – labai sudėtingas. Norint suprasti Kṛṣṇos sąmonę ir veiklą pagal įvairius jos aspektus, reikia patirti savo santykį su Aukščiausiuoju. Kas įgijo tobulą žinojimą, tas supranta, kad kiekviena gyvoji esybė – tai amžinas Viešpaties tarnas, ir todėl ji turi veikti su Kṛṣṇos sąmone. Visas „Bhagavad-gītos" turinys skatina padaryti tokią išvadą. Kitokios išvados, neigiančios šią sąmonę ir su ja susijusią veiklą, yra *vikarma* – draudžiama veikla. Norintysis šiuos dalykus suvokti turi bendrauti su autoritetingais Kṛṣṇos sąmonės atstovais ir iš jų sužinoti šią paslaptį; tai lygiai tas pat, kaip tiesiogiai mokytis iš Viešpaties. Kitaip net pats išmintingiausias žmogus atsidurs aklavietėje.

कर्मण्यकर्म यः पश्येदकर्मणि च कर्म यः ।
स बुद्धिमान्मनुष्येषु स युक्तः कृत्स्नकर्मकृत् ॥१८॥   4.18

karmaṇy akarma yaḥ paśyed · akarmaṇi ca karma yaḥ
sa buddhimān manuṣyeṣu · sa yuktaḥ kṛtsna-karma-kṛt

karmaṇi – veikloje; *akarma* – neveikimą; *yaḥ* – tas, kuris; *paśyet* – regi; *akarmaṇi* – neveikime; *ca* – taip pat; *karma* – karminę veiklą; *yaḥ* – tas, kuris; *saḥ* – jis; *buddhi-mān* – yra išminčius; *manuṣyeṣu* – tarp žmonių; *saḥ* – jis; *yuktaḥ* – transcendentinėje padėtyje; *kṛtsna-karma-kṛt* – nors ir atlieka įvairiausią veiklą.

Kas neveikimą mato veikloje, o veiklą – neveikime, tas išminčius tarp žmonių. Jo padėtis transcendentinė, nors jis ir atlieka pačią įvairiausią veiklą.

Natūralu, kad žmogaus, veikiančio su Kṛṣṇos sąmone, nepančioja *karma*. Jis viską daro tiktai Kṛṣṇai, todėl dėl savo darbų pasekmių jis nei džiaugiasi, nei kenčia. Taigi jis – išmintingiausias žmonių visuomenėje, nors ir atlieka vardan Kṛṣṇos pačius įvairiausius darbus. *Akarma* reiškia „be veiklos pasekmių". Impersonalistas atsisako karminės veiklos baimindamasis, kad ji netaptų kliuviniu savęs pažinimo kelyje, o personalistas puikiai žino esąs amžinas Aukščiausiojo Dievo Asmens tarnas, todėl atsideda Kṛṣṇos sąmonės veiklai. O kadangi jis viską daro vardan Kṛṣṇos, tarnaudamas jis patiria tikrą transcendentinę laimę. Yra žinoma, kad pasirinkusieji šį kelią netrokšta juslinio pasitenkinimo. Jie suvokia esą amžini Kṛṣṇos tarnai, todėl yra visada apsaugoti nuo įvairiausių veiklos pasekmių.

यस्य सर्वे समारम्भाः कामसङ्कल्पवर्जिताः ।   **4.19**
ज्ञानाग्निदग्धकर्माणं तमाहुः पण्डितं बुधाः ॥१९॥

yasya sarve samārambhāḥ · kāma-saṅkalpa-varjitāḥ
jñānāgni-dagdha-karmāṇam · tam āhuḥ paṇḍitaṁ budhāḥ

yasya – kurio; *sarve* – visos; *samārambhāḥ* – pastangos; *kāma* – pagrįsto noru jusliškai pasitenkinti; *saṅkalpa* – ryžto; *varjitāḥ* – neturi; *jñāna* – tobulo žinojimo; *agni* – ugnimi; *dagdha* – sudegintas; *karmāṇam* – kieno darbas; *tam* – tą; *āhuḥ* – skelbia; *paṇḍitam* – išminčiumi; *budhāḥ* – žinantieji.

Tasai vadinamas tobulai žinančiu, kurio pastangos nenukreiptos į juslinį pasitenkinimą. Išminčiai teigia, kad jo darbų pasekmes jau sudegino tobulo žinojimo ugnis.

Tiktai pasiekus visišką žinojimą galima suvokti Kṛṣṇą įsisąmoninusio žmogaus poelgius. Kadangi toks žmogus nesiekia juslinių malonumų, sakoma, kad tobulas žinojimas, t.y. suvokimas, kad jo tikroji padėtis – būti Aukščiausiojo Dievo Asmens amžinu tarnu, jau sudegino jo darbų pasekmes. Pasiekęs tokį tobulą žinojimą yra iš tiesų mokytas. Gilinti supratimą apie amžiną tarnystę Viešpačiui – tai panašu į ugnies įsiliepsnojimą. Tereikia įžiebti tokią ugnį, ir ji sudegins visos veiklos pasekmes.

त्यक्त्वा कर्मफलासङ्गं नित्यतृप्तो निराश्रयः । 4.20
कर्मण्यभिप्रवृत्तोऽपि नैव किञ्चित्करोति सः ॥२०॥

tyaktvā karma-phalāsaṅgaṁ · nitya-tṛpto nirāśrayaḥ
karmaṇy abhipravṛtto 'pi · naiva kiñcit karoti saḥ

tyaktvā – atmetęs; *karma-phala-āsaṅgam* – prisirišimą prie savo veiklos vaisių; *nitya* – nuolat; *tṛptaḥ* – patenkintas; *nirāśrayaḥ* – be jokio prieglobsčio; *karmaṇi* – veikla; *abhipravṛttaḥ* – visiškai užsiėmęs; *api* – nepaisant; *na* – ne; *eva* – tikrai; *kiñcit* – ką nors; *karoti* – daro; *saḥ* – jis.

Tas, kuris atsikratė bet kokio prisirišimo prie savo veiklos vaisių, visada patenkintas ir nepriklausomas, jis neatlieka karminės veiklos, nors ir yra pasinėręs į visokiausius darbus.

Išvengti veiklos pančių galima tiktai veikiant su Kṛṣṇos sąmone, kai viskas daroma Kṛṣṇai. Kṛṣṇą įsisąmoninusio žmogaus poelgius įkvepia tyra meilė Aukščiausiajam Dievo Asmeniui, todėl veiklos rezultatai jo nevilioja. Jam ne itin rūpi net ir savęs išlaikymas, nes visus savo reikalus jis patiki Kṛṣṇai. Kṛṣṇą įsisąmoninęs žmogus nesivaiko naujų daiktų ir nesistengia išsaugoti jam priklausančių. Jis stengiasi kuo geriau vykdyti savo pareigas, o kitką palieka Kṛṣṇos valiai. Toks atsižadėjęs žmogus visad nepriklausomas nuo gėrio, blogio ir jų pasekmių, tartum jokių veiksmų ir neatliktų. Tai *akarmos* – „veiksmų be atoveikio" požymis. Todėl visa ne Kṛṣṇai skirta veikla supančioja veikėją; toks ir yra, kaip buvo aiškinta, realus *vikarmos* poveikis.

निराशीर्यतचित्तात्मा त्यक्तसर्वपरिग्रहः । 4.21
शारीरं केवलं कर्म कुर्वन्नाप्नोति किल्बिषम् ॥२१॥

nirāśīr yata-cittātmā · tyakta-sarva-parigrahaḥ
śārīraṁ kevalaṁ karma · kurvan nāpnoti kilbiṣum

nirāśīḥ – netrokšdamas rezultatų; *yata* – suvaldytu; *citta-ātmā* –
protu bei intelektu; *tyakta* – atmetęs; *sarva* – visą; *parigrahaḥ* –
nuosavybės jausmą; *śārīram* – palaikantį gyvybę; *kevalam* – tiktai;
karma – darbą; *kurvan* – atlikdamas; *na* – niekada; *āpnoti* – gauna;
kilbiṣam – atoveikį už nuodėmes.

**Toksai išmintingas žmogus veikia visiškai suvaldęs protą bei inte-
lektą, jis atsisako nuosavybės jausmo ir dirba tik tam, kad gautų
kas būtiniausia pragyvenimui. Taip elgdamasis jis nepatiria
atoveikio už nuodėmes.**

Žmogus, įsisąmoninęs Kṛṣṇą, iš savo veiklos nelaukia nei gerų, nei
blogų rezultatų. Jo protas bei intelektas visiškai suvaldyti. Jis žino
esąs neatskiriama Aukščiausiojo dalelė, ir veiklą, kurią jis atlieka
kaip neatskiriama visumos dalis, pasirenka ne jis pats; šitaip per
jį veikia Aukščiausiasis. Ranka juda ne pati savaime, o viso kūno
pastangų dėka. Žmogus, įsisąmoninęs Kṛṣṇą, visad derinasi prie
Aukščiausiojo norų, nes netrokšta sau juslinių malonumų. Atlik-
damas veiksmą, jis panašus į mašinos detalę. Norint normaliai eks-
ploatuoti detalę, reikia ją tepti ir valyti; taip ir Kṛṣṇą įsisąmoninęs
žmogus dirba ir palaiko kūną tam, kad užtektų jėgų transcenden-
tiškai su meile tarnauti Viešpačiui. Todėl jis apsaugotas nuo ato-
veikio už savo poelgius. Kaip ir gyvulio atveju – net jo kūnas jam
nepriklauso. Žiaurus šeimininkas nudobia savo gyvulį, o tas nė
nesipriešina. Gyvulys neturi tikros nepriklausomybės. Kṛṣṇą įsi-
sąmoninęs žmogus visiškai atsidėjo savęs pažinimui ir praktiškai
turi labai mažai laiko domėtis materialiais daiktais. Kad palaikytų
savo gyvybę, jis nesinaudoja nešvariais pasipelnymo būdais, todėl
nesusitepa nuodėme ir nepatiria atoveikio už savo veiklą.

यदृच्छालाभसन्तुष्टो द्वन्द्वातीतो विमत्सरः ।   4.22
समः सिद्धावसिद्धौ च कृत्वापि न निबध्यते ॥२२॥

*yadṛcchā-lābha-santusto · dvandvātīto vimatsaraḥ
samaḥ siddhāv asiddhau ca · kṛtvāpi na nibadhyate*

yadṛcchā – savaime; *lābha* – gaudamas; *santuṣṭaḥ* – patenkintas; *dvandva* – dualizmą; *atītaḥ* – įveikęs; *vimatsaraḥ* – nepavydus; *samaḥ* – tvirtas; *siddhau* – sėkmėje; *asiddhau* – nesėkmėje; *ca* – taip pat; *kṛtvā* – veikiąs; *api* – nors; *na* – niekada; *nibadhyate* – susipainioja.

Kas išvengia dualizmo ir pavydo, išlieka tvirtas tiek sėkmėje, tiek nelaimėje, ir pasitenkina tuo, kas savaime gaunama – tas niekuomet nesusipainioja, nors ir atlieka įvairius veiksmus.

Kṛṣṇą įsisąmoninęs žmogus net ir rūpindamasis savo kūnu nededa daug pastangų. Jis pasitenkina tuo, kas įgyjama savaime. Jis neelgetauja ir nesiskolina pinigų, bet sąžiningai dirba, kiek leidžia jėgos, ir pasitenkina tuo, ką gauna savo sąžiningu darbu. Taigi pragyvenimo rūpesčiai nevaržo jo nepriklausomybės. Jis niekada netarnaus kam nors, jei tai trukdytų jam pačiam tarnauti Kṛṣṇai. Tačiau norėdamas pasitarnauti Viešpačiui, jis atliks bet kokią veiklą, nors jo paties materialaus pasaulio dualizmas nepaveikia. Materialaus pasaulio dualizmas pasireiškia karščiu ir šalčiu, vargu ir laime. Kṛṣṇą įsisąmoninęs žmogus yra aukščiau dualizmo, nes jis nedvejodamas padarys viską, kad patenkintų Kṛṣṇą. Todėl jis išlieka tvirtas ir sėkmėje, ir nelaimėje. Šie požymiai išryškėja, kai žmogus įgyja visišką transcendentinį žinojimą.

गतसङ्गस्य मुक्तस्य ज्ञानावस्थितचेतसः । 4.23
यज्ञायाचरतः कर्म समग्रं प्रविलीयते ॥२३॥

gata-saṅgasya muktasya · jñānāvasthita-cetasaḥ
yajñāyācarataḥ karma · samagraṁ pravilīyate

gata-saṅgasya – neprisirišusio prie materialios gamtos *guṇų; muktasya* – išsivadavusio; *jñāna-avasthita* – transcendentinė; *cetasaḥ* – kieno išmintis; *yajñāya* – Yajños (Kṛṣṇos) labui; *ācarataḥ* – atliekamas; *karma* – darbas; *samagram* – į visumą; *pravilīyate* – įsilieja visiškai.

Veikla žmogaus, kuris yra neprisiriśęs prie materialios gamtos gunų ir pasiekė visišką transcendentinį žinojimą, įsilieja į transcendenciją.

Visiškai įsisąmonindamas Kṛṣṇą, žmogus išvengia priešybių poveikio ir tuo pačiu apsivalo nuo jį teršiančių materijos *gunų*. Jis gali išsivaduoti, nes žino savo prigimtinę padėtį Kṛṣṇos atžvilgiu, ir dėl to jo proto neįmanoma nukreipti nuo Kṛṣṇos sąmonės. Todėl, kad ir ką dirbtų, jis dirba Kṛṣṇai – pirminiam Viṣṇu. Taigi visą jo veiklą reikia laikyti auka, nes auka siekiama patenkinti Aukščiausiąjį Asmenį, Viṣṇu, arba Kṛṣṇą. Be abejonės tokios veiklos rezultatai įsilieja į transcendenciją, nesukeldami materialių pasekmių.

ब्रह्मार्पणं ब्रह्म हविर्ब्रह्माग्रौ ब्रह्मणा हुतम् ।   4.24
ब्रह्मैव तेन गन्तव्यं ब्रह्मकर्मसमाधिना ॥२४॥

brahmārpaṇaṁ brahma havir · brahmāgnau brahmaṇā hutam
brahmaiva tena gantavyaṁ · brahma-karma-samādhinā

brahma – dvasinės prigimties; *arpaṇam* – indėlis; *brahma* – Aukščiausiasis; *haviḥ* – sviestas; *brahma* – dvasinėje; *agnau* – aukuro ugnyje; *brahmaṇā* – dvasinės sielos; *hutam* – paaukotas; *brahma* – dvasinė karalystė; *eva* – tikrai; *tena* – jo; *gantavyam* – bus pasiekta; *brahma* – dvasinėje; *karma* – veikloje; *samādhinā* – visiškai pasinėrus.

Visiškai paniręs į Kṛṣṇos sąmonę žmogus būtinai eis į dvasinę karalystę, nes jis visiškai atsideda dvasinei veiklai, kurioje ir aukojimas yra absoliutus, ir tai, kas aukojama, yra tokios pat dvasinės prigimties.

Posmas teigia, kad Kṛṣṇos sąmonės veikla galų gale atves į dvasinį tikslą. Kṛṣṇos sąmonės praktikos metu atliekami įvairūs veiksmai, kurie bus apibūdinti tolesniuose posmuose. Dabar kalbama apie patį Kṛṣṇos sąmonės principą. Sąlygota sicla, panirusi į materijos nešvarybes, priversta veikti materialioje aplinkoje, bet jai vis dėlto būtina iš jos ištrūkti. Kṛṣṇos sąmonė – toks metodas, kurio pagalba sąlygotoji siela gali ištrūkti iš materialios aplinkos. Pavyzdžiui, ligonį, susirgusį žarnyno liga dėl piktnaudžiavimo pieno produktais, galima pagydyti vėlgi pieno produktu – rūgpieniu. Šis *Gītos* posmas teigia, kad materijos užvaldytą sąlygotą sielą galima pagydyti Kṛṣṇos sąmone. Paprastai šis metodas vadinasi *yajña*, ar veikla (auka), kurios vienintelis tikslas – patenkinti Viṣṇu, arba Kṛṣṇą. Kuo daugiau materialiame pasaulyje veikiama įsisąmoninus Kṛṣṇą, t.y. tik vardan Viṣṇu, tuo dvasingesnė tampa aplinka – visiško įsiliejimo į transcendenciją dėka. Žodis *brahma* (Brahmanas) reiškia „dvasinis". Viešpats yra dvasinis, o Jo transcendentinio kūno spinduliai vadinasi *brahmajyoti* – dvasinis spindėjimas. Visa, kas egzistuoja, skendi *brahmajyoti*, tačiau kai *jyoti* aptraukia iliuzija (*māyā*), ar juslinis pasitenkinimas, jis vadinamas materialiu. Kṛṣṇos sąmonė iš karto nutraukia šitą materialų šydą; todėl auka Kṛṣṇos sąmonės labui, tos aukos arba duoklės vartotojas, vartojimo procesas, aukotojas bei rezultatas – visa tai drauge paėmus ir yra Brahmanas, arba Absoliuti Tiesa. Materija vadinama *māyos* skraiste aptraukta Absoliuti Tiesa. Kai materija panaudojama Absoliučios Tiesos labui, ji atgauna savo dvasinę kokybę. Kṛṣṇos sąmonė – iliuzinės sąmonės atsivertimo į Brahmaną, Aukščiausiąjį, procesas. Tokia proto būsena, kai visos mintys sutelktos į Kṛṣṇą, vadinama *samādhi* – transu. Visa, kas daroma su tokia transcendentine sąmone, vadinasi *yajña* – auka Absoliutui. Tokį dvasinės sąmonės būvį pasiekęs aukotojas, auka, vartojimo procesas, žynys atnašaujantis auką arba vadovaujantysis aukos atnašavimui ir rezultatas, t.y. galutinis pasiekimas – visa tai tampa viena Absoliute, Aukščiausiajame Brahmane. Toks yra Kṛṣṇos sąmonės metodas.

दैवमेवापरे यज्ञं योगिनः पर्युपासते ।
ब्रह्माग्नावपरे यज्ञं यज्ञेनैवोपजुह्वति ॥२५॥   **4.25**

daivam evāpare yajñaṁ · yoginaḥ paryupāsate
brahmāgnāv apare yajñaṁ · yajñenaivopajuhvati

daivam – garbindami pusdievius; *eva* – šitaip; *apare* – kiti; *yajñam* –
aukas; *yoginah* – mistikai; *paryupāsate* – tobulai garbina; *brahma* –
Absoliučios Tiesos; *agnau* – ugnyje; *apare* – kiti; *yajñam* – auką;
yajñena – per auką; *eva* – šitaip; *upajuhvati* – atnašauja.

**Vieni yogai nepriekaištingai garbina pusdievius, aukodami jiems
įvairias aukas, o kiti atnašauja aukas Aukščiausiojo Brahmano
ugnyje.**

Anksčiau buvo aiškinta, kad žmogus, su Kṛṣṇos sąmone vykdan-
tis savo pareigas, yra tobulas *yogas* arba aukštos klasės mistikas.
Tačiau yra ir kitų *yogų* – vieni atlieka įvairias aukas garbindami
pusdievius, kiti aukoja Aukščiausiajam Brahmanui, kuris yra beas-
menis Aukščiausiojo Viešpaties aspektas. Taigi aukos skirstomos
pagal kategorijas. Įvairių kategorijų aukoms ir įvairių tipų auko-
tojams būdingi tik išoriniai skirtumai. Tikroji aukos prasmė –
patenkinti Aukščiausiąjį Viešpatį, Viṣṇu, dar žinomą ir Yajños
vardu. Šias įvairias aukas galima suskirstyti į dvi pagrindines
grupes: žemiškų turtų aukojimą ir aukojimą siekiant transcenden-
tinių žinių. Kṛṣṇą įsisąmoninę žmonės aukoja materialius turtus,
kad patenkintų Aukščiausiąjį Viešpatį, o norintieji laikinos mate-
rialios laimės atnašauja savo materialius turtus įsiteikdami Indrai,
Saulės dievui etc. Dar kiti – impersonalistai, aukoja savo individua-
lybę, įsiliedami į beasmenio Brahmano būtį. Pusdieviai – tai galin-
gos gyvosios esybės, kurias Aukščiausiasis Viešpats skyrė palaikyti
pasaulį ir vadovauti visoms materialioms funkcijoms: teikti visatai
šilumą, vandenį ir šviesą. Siekiantieji materialių gėrybių garbina
pusdievius, atnašaudami jiems aukas pagal Vedose nurodytus ritu-
alus. Tokie žmonės vadinami *bahv-īśvara-vādžiais* – tikinčiais dau-
geliu dievų. Kiti, kurie garbina beasmenį Absoliučios Tiesos
aspektą ir laiko pusdievius laikinais, aukoja savo individualųjį „aš"
aukščiausioje ugnyje ir užbaigia savo individualią egzistenciją įsi-
liedami į Aukščiausiojo būtį. Tokie impersonalistai aukoja savo
laiką filosofiniams samprotavimams, bandydami suvokti transcen-
dentinę Aukščiausiojo prigimtį. Kitaip sakant, *karmiai* aukoja

materialius turtus mainais į materialius malonumus, o impersona-
listai aukoja viską, kas materialu, tikėdamiesi įsilieti į Aukščiau-
siojo būtį. Impersonalisto aukuras – Aukščiausiasis Brahmanas, o
jis pats – Brahmano ugnyje sudeginta auka. Tačiau žmogus, įsisą-
moninęs Kṛṣṇą – toks, kaip Arjuna, viską aukoja Kṛṣṇai, kad Jį
patenkintų, todėl ir jo materiali nuosavybė, ir jis pats – viskas paau-
kojama Kṛṣṇai. Todėl jis tampa geriausiu *yogu,* bet nepraranda
savo individualios egzistencijos.

श्रोत्रादीनीन्द्रियाण्यन्ये संयमाग्निषु जुह्वति ।   **4.26**
शब्दादीन् विषयानन्य इन्द्रियाग्निषु जुह्वति ॥२६॥

śrotrādīnīndriyāṇy anye · saṁyamāgniṣu juhvati
śabdādīn viṣayān anya · indriyāgniṣu juhvati

śrotra-ādīni – pradedant nuo klausos ir kitas; *indriyāṇi* – jusles;
anye – kiti; *saṁyama* – suvaldymo; *agniṣu* – ugnyje; *juhvati* – atna-
šauja; *śabda-ādīn* – garso virpesius ir kitus; *viṣayān* – juslinio pasi-
tenkinimo objektus; *anye* – kiti; *indriya* – juslių organų; *agniṣu* –
ugnyse; *juhvati* – jie atnašauja.

**Kai kas [tyri brahmacāriai] aukoja klausymosi procesą bei jusles
proto suvaldymo ugnyje, o kiti [gyvenantys reglamentuotą šeimy-
ninį gyvenimą] juslių ugnyje atnašauja juslių objektus.**

Žmogaus gyvenimą sudaro keturios pakopos; jų atstovams – *brah-
macāriams, gṛhasthoms, vānaprasthoms* bei *sannyāsiams* keliamas
vienas uždavinys – tapti tobulais *yogais* arba transcendentalistais.
Kadangi žmogus ne gyvūnas, ir gyventi jis turi ne dėl juslinio
pasitenkinimo, tai keturios žmogaus gyvenimo pakopos organizuo-
tos taip, kad jis pasiektų dvasinio gyvenimo tobulumą. *Brahmacā-
riai,* t.y. mokiniai, kuriuos globoja *bona fide* dvasinis mokytojas,
kontroliuoja savo protą susilaikydami nuo juslių tenkinimo. *Brah-
macāris* klauso tik tokių žodžių, kurie susiję su Kṛṣṇos sąmone;
klausymas – suvokimo pagrindas, todėl tyras *brahmacāris* visiš-
kai atsideda *harer nāmānukīrtanam* – klausosi pasakojimų apie

Viešpaties šlovę ir pats Jį šlovina. Jis neklauso materialaus garso virpesių, jo klausa nukreipta į transcendentinius garso virpesius: Hare Kṛṣṇa, Hare Kṛṣṇa. Taip ir šeimos žmonės, kuriems juslinis pasitenkinimas iš dalies leidžiamas, tokius veiksmus privalo stipriai riboti. Lytinis gyvenimas, svaigalų vartojimas bei mėsos valgymas – į tokius dalykus linksta žmonių visuomenė, tačiau reglamentuojamą šeiminį gyvenimą gyvenantis žmogus susilaiko nuo palaido lytinio gyvenimo bei kitokių juslinių malonumų. Pagrįstos religinio gyvenimo normomis jungtuvės yra paplitusios kiekvienoje civilizuotoje žmonių visuomenėje, nes šitaip apribojamas lytinis gyvenimas.Toks susilaikymas irgi yra viena *yajños* rūšių, nes apribojęs jusles, šeimos žmogus savo natūralų polinkį jusliškai tenkintis aukoja vardan kilnesnio transcendentinio gyvenimo.

सर्वाणीन्द्रियकर्माणि प्राणकर्माणि चापरे ।   4.27
आत्मसंयमयोगाग्नौ जुह्वति ज्ञानदीपिते ॥२७॥

sarvāṇīndriya-karmāṇi · prāṇa-karmāṇi cāpare
ātma-saṁyama-yogāgnau · juhvati jñāna-dīpite

sarvāṇi – visų; *indriya* – juslių; *karmāṇi* – veiklą; *prāṇa-karmāṇi* – gyvybės orų funkcijas; *ca* – taip pat; *apare* – kiti; *ātma-saṁyama* – proto suvaldymo; *yoga* – jungties proceso; *agnau* – ugnyje; *juhvati* – atnašauja; *jñāna-dīpite* – trokšdami pažinti save.

Dar vieni, kurie nori suvokti save valdydami protą ir jusles, visų juslių veiklą ir gyvybės orą atnašauja kaip auką valdomo proto ugnyje.

Posme kalbama apie Patañjalio *yogos* sistemą. Patañjalis savo „Yoga-sūtroje" sielą vadina *pratyag-ātma* ir *parāg-ātma*. Kol siela yra prisirišusi prie juslinių malonumų, ji – *parāg-ātmā*, bet kai toji siela atsiriboja nuo tokių juslinių malonumų, ji tampa *pratyag-ātma*. Sielai turi įtakos dešimties orų cirkuliacija kūne, tai suvokiama kvėpavimo sistemos dėka. Patañjalio *yogos* sistema moko, kaip valdyti kūno oro funkcijas fiziniais pratimais, kad kūne esančio oro funkcionavimas teigiamai veiktų ir apvalytų sielą nuo materialių prisirišimų. Pagal šią *yogos* sistemą, galutinis tikslas – pasiekti *pratyag-ātmos* būvį. *Pratyag-ātmā* susilaiko nuo materialios veiklos. Juslės sąveikauja su juslių objektais. Pavyzdžiui, ausys klauso, akys žiūri, nosis uodžia, liežuvis ragauja, rankos lyti, taigi visų jų veikla nukreipta į išorę nuo savojo „aš". Visa tai vadinama *prāṇa-vāyu* veikla. *Apāna-vāyu* leidžiasi žemyn, *vyāna-vāyu* suspaudžia ir plečia, *udāna-vāyu* kyla į viršų. Prašviesėjęs žmogus šiais procesais siekia savęs pažinimo.

द्रव्ययज्ञास्तपोयज्ञा योगयज्ञास्तथापरे ।
स्वाध्यायज्ञानयज्ञाश्च यतयः संशितव्रताः ॥२८॥

4.28

dravya-yajñās tapo-yajñā · yoga-yajñās tathāpare
svādhyāya-jñāna-yajñāś ca · yatayaḥ saṁśita-vratāḥ

dravya-yajñāḥ – paaukodami savo nuosavybę; *tapaḥ-yajñāḥ* – auka per asketizmą; *yoga-yajñāḥ* – auka per aštuonialypį misticizmą; *tathā* – šitaip; *apare* – kiti; *svādhyāya* – auka per Vedų studijavimą; *jñāna-yajñāḥ* – auka per transcendentinį pažinimą; *ca* – taip pat; *yatayaḥ* – nušvitusieji; *saṁśita-vratāḥ* – davę griežtus įžadus.

Davę griežtus įžadus, vieni prašviesėja aukodami savo turtus, kiti – atlikdami rūsčias askezes, aštuonialypės mistinės yogos praktika arba Vedų studijomis, kuriomis siekiama transcendentinio pažinimo.

Minėtąsias aukas galima suskirstyti į keletą grupių. Yra žmonių, savo nuosavybę aukojančių įvairiai labdaringai veiklai. Turtingi Indijos prekijai bei karališkųjų šeimų nariai steigia labdaringas įstaigas: *dharma-śālas, anna-kṣetras, atithi-śālas, anāthālayas* ir *vidyā-pīṭhas*. Kitose šalyse taip pat veikia daug ligoninių, senelių prieglaudų bei kitokių labdaringų organizacijų, dalijančių maistą neturtingiems, išrūpinančių jiems galimybę mokytis bei teikiančių nemokamą medicinos pagalbą. Tokia labdaringa veikla vadinama *dravyamaya-yajña.* Yra ir tokių, kurie siekdami geresnio gyvenimo ar norėdami pasikelti į aukštesnes visatos planetas, savo noru atlieka tokias askezes, kaip *candrāyaṇa* ir *cāturmāsya.* Šie metodai reikalauja rūsčių įžadų, gyvenimą tenka tvarkyti pagal griežtas taisykles. Pavyzdžiui, davęs *cāturmāsyos* įžadus žmogus nesiskuta keturis mėnesius per metus (nuo liepos iki spalio), valgo tik kartą per dieną tam tikrą maistą, neišeina iš namų. Toks patogumų atsisakymas vadinamas *tapomaya-yajña.* Dar kiti praktikuoja įvairias mistines *yogas,* pavyzdžiui, Patañjalio sistemą (kad įsilietų į Absoliuto būtį) ar *haṭha-yogą* bei *aṣṭāṅga-yogą* (kad pasiektų tam tikros tobulybės). O kiti keliauja po visas šventąsias vietas. Visi šie metodai vadinasi *yoga-yajña* – auka, kuri padeda siekti tam tikrų tobulumų materialiame pasaulyje. Yra ir tokių, kurie studijuoja įvairius Vedų raštus, dažniausiai *Upaniṣadas,* „Vedānta-sūtrą" ar *sāṅkhyos* filosofiją. Tai *svādhyāya-yajña* – auka studijuojant. Visi minėtieji *yogai* uoliai atnašauja įvairias aukas ir siekia aukštesnio būties statuso. Tačiau Kṛṣṇos sąmonė skiriasi nuo tokios praktikos. Kṛṣṇos sąmonė – tiesioginė tarnystė Aukščiausiajam Viešpačiui. Jos negalima išsiugdyti nė vienu minėtu būdu – ji pasiekiama tik Viešpaties ir Jo *bona fide* bhaktų malone. Todėl Kṛṣṇos sąmonė yra transcendentinė.

अपाने जुह्वति प्राणं प्राणेऽपानं तथापरे ।   **4.29**
प्राणापानगती रुद्ध्वा प्राणायामपरायणाः ।
अपरे नियताहाराः प्राणान् प्राणेषु जुह्वति ॥२९॥

apāne juhvati prāṇaṁ · prāṇe 'pānaṁ tathāpare
prāṇāpāna-gatī ruddhvā · prāṇāyāma-parāyaṇāḥ
apare niyatāhārāḥ · prāṇān prāṇeṣu juhvati

apāne – srūvančiame žemyn ore; *juhvati* – aukoja; *prāṇam* – orą, srūvantį į išorę; *prāṇe* – ore, srūvančiame į išorę; *apānam* – orą, srūvantį žemyn; *tathā* – taip pat; *apare* – kiti; *prāṇa* – oro, srūvančio į išorę; *apāna* – ir oro, srūvančio žemyn; *gatī* – judėjimą; *ruddhvā* –

sustabdydami; *prāṇa-āyāma* – į transą, sukeltą sulaikius kvėpavimą; *parāyaṇāḥ* – linkę; *apare* – kiti; *niyata* – suvaldę; *āhārāḥ* – valgymą; *prāṇān* – išeinantį orą; *prāṇeṣu* – išeinančiam orui; *juhvati* – aukoja.

O dar kiti yra linkę siekti transo kvėpavimo sulaikymu. Iškvėpiamą orą aukodami įkvėpiamam, o įkvėpiamą – iškvėpiamam, jie sustabdo kvėpavimą ir šitaip galų gale pasiekia transą. Kai kurie riboja maistą ir kaip auką atnašauja iškvėpiamą orą jam pačiam.

Ši *yogos* sistema skirta kvėpavimo procesui valdyti ir vadinama *prāṇāyāma;* nuo seno ji buvo praktikuojama *haṭha-yogos* sistemoje įvairiomis sėdėjimo pozomis. Tokie metodai rekomenduojami kaip priemonė kontroliuoti jusles ir dvasiškai tobulėti. Pagal šį metodą, orus suvaldome taip, kad juos galima būtų nukreipti priešinga kryptimi. *Apānos* oras leidžiasi žemyn, o *prāṇos* oras kyla aukštyn. *Prāṇāyāma-yogas* atlieka priešpriešinį kvėpavimą tol, kol oro srovės neutralizuoja viena kitą, t.y. pasiekia *pūraką* – pusiausvyrą. Iškvėpiamo oro aukojimas įkvėpiamam vadinasi *recaka*. Būsena, kada abi oro srovės visiškai sustoja, vadinasi *kumbhaka-yoga*. *Kumbhaka-yogos* praktika prailgina gyvenimą, tuo padėdama siekiant dvasinio pažinimo. Išmintingas *yogas* nori pasiekti tobulumą per vieną gyvenimą, nelaukdamas kito, o praktikuodamas *kumbhaka-yogą* jis žymiai prailgina gyvenimą. Tačiau Kṛṣṇą įsisąmoninusio žmogaus, nuolat su transcendentine meile tarnaujančio Viešpačiui, juslės paklūsta jam savaime. Jo juslės visada tarnauja Kṛṣṇai, tad neturi progos nukrypti į kitą objektą. Todėl natūralu, kad gyvenimui pasibaigus jis pakyla į transcendentinę plotmę, Viešpaties Kṛṣṇos pasaulį; todėl jis ir nesistengia prailginti savo amžiaus. „Bhagavad-gītoje" (14.26) tvirtinama, kad jis iš karto pakyla iki išsivadavimo lygio:

māṁ ca yo 'vyabhicāreṇa · bhakti-yogena sevate
sa guṇān samatītyaitān · brahma-bhūyāya kalpate

„Kas besąlygiškai pasiaukojęs tarnauja Viešpačiui, tas iškyla aukš-
čiau materialios gamtos *gunų* ir iš karto pasiekia dvasinį lygį."
Jau pirmieji Kṛṣṇą įsisąmoninusio žmogaus žingsniai yra transcen-
dentiniai, ir jis visada yra transcendentinės sąmonės. Todėl jam
neegzistuoja galimybė nupulti, ir galų gale jis tikrai patenka į Vieš-
paties buveinę. Maisto poreikis sumažėja savaime, kai valgomas
tik *kṛṣṇa-prasādam* – maistas, kuris pirmiausiai paaukojamas Vieš-
pačiui. Valgio ribojimas padeda suvaldyti jusles. O nesuvaldžius
juslių, neįmanoma ištrūkti iš materijos pinklių.

सर्वेऽप्येते यज्ञविदो यज्ञक्षपितकल्मषाः ।   **4.30**
यज्ञशिष्टामृतभुजो यान्ति ब्रह्म सनातनम् ॥३०॥

sarve 'py ete yajña-vido · yajña-kṣapita-kalmaṣāḥ
yajña-śiṣṭāmṛta-bhujo · yānti brahma sanātanam

sarve – visi; *api* – nors iš pažiūros skirtingi; *ete* – šie; *yajña-vidaḥ* –
gerai išmanantys aukų atnašavimo prasmę; *yajña-kṣapita* – apsivalę
aukomis; *kalmaṣāḥ* – nuo atoveikio už nuodėmes; *yajña-śiṣṭa* –
yajñų atnašavimo rezultatų; *amṛta-bhujaḥ* – paragavusieji to nek-
taro; *yānti* – pasiekia; *brahma* – aukščiausią; *sanātanam* – amžiną
aplinką.

**Visi šie aukotojai, suvokiantys aukos prasmę, apsivalo nuo ato-
veikio už nuodėmes ir, paragavę aukos vaisių nektaro, pakyla į
aukščiausią amžiną aplinką.**

Ankstesni paaiškinimai apie įvairių rūšių aukas (būtent, asmeninės
nuosavybės aukojimą, Vedų bei filosofinių doktrinų studijavimą
ir *yogos* praktiką) išryškina bendrą jų tikslą – suvaldyti jusles.
Pagrindinė materialios būties priežastis – juslinis pasitenkinimas,
todėl, kol žmogus neatsikratys juslinio pasitenkinimo, tol jis netu-
rės jokių galimybių pasiekti amžino, visiško žinojimo, palaimos ir
pilnavertės būties lygmens. Šis lygmuo – amžina, t.y. Brahmano,

aplinka. Visos aukščiau minėtos aukos padeda žmogui nusiplauti materialios būties atoveikį už nuodėmes. Dvasiškai tobulėjant žmogus ne tik patiria laimę ir praturtina save šiame gyvenime, bet galiausiai įžengia į amžiną Dievo karalystę – arba įsilieja į beasmenį Brahmaną, arba džiaugiasi bendravimu su Aukščiausiuoju Dievo Asmeniu – Kṛṣṇa.

नायं लोकोऽस्त्ययज्ञस्य कुतोऽन्यः कुरुसत्तम ॥३१॥ **4.31**

nāyaṁ loko 'sty ayajñasya · kuto 'nyaḥ kuru-sattama

na – niekada; *ayam* – ši; *lokaḥ* – planeta; *asti* – yra; *ayajña-sya* – tam, kuris neatnašauja aukų; *kutaḥ* – kur yra; *anyaḥ* – kita; *kuru-sat-tama* – o geriausias iš Kuru giminės.

O geriausias iš Kuru giminės, neįmanoma šioje planetoje ir šiame gyvenime patirti laimės, jei neatnašaujamos aukos, o ką ir kalbėti apie kitą gyvenimą.

Kad ir kokį kūną gyvoji būtybė įgytų materialiame pasaulyje, ji nesuvokia savo tikrosios padėties. Kitaip sakant, gyvenimas materialiame pasaulyje – tai daugkartinė mūsų nuodėmingų gyvenimų pasekmė. Neišmanymas – nuodėmingo gyvenimo priežastis, o nuodėmingas gyvenimas yra nesibaigiančios materialios būties priežastis. Žmogaus gyvybės forma – vienintelė spraga, pro kurią galima ištrūkti iš šių spąstų. Todėl Vedos suteikia mums galimybę išsigelbėti, nurodydamos religijos, ekonominės gerovės, reguliuojamo juslinio pasitenkinimo kelius ir, galiausiai, būdą kaip visiškai ištrūkti iš šios apgailėtinos padėties. Religijos kelias, arba aukščiau rekomenduotas įvairių aukų atnašavimas, iš karto išsprendžia mūsų ekonomines problemas. Atlikdami *yajñą,* mes turėsime pakankamai maisto, pieno etc., net jei, tarkim, sparčiai imtų didėti gyventojų skaičius. Natūralu, kad po to, kai kūnas viskuo aprūpintas, atsiranda poreikis tenkinti jusles. Todėl Vedos nurodo sudaryti šventintas jungtuves, kad juslinis pasitenkinimas taptų reguliuoja mas. Šitaip žmogus palaipsniui išsivaduoja iš materialios nelaisvės, o išvaduotas gyvenimas tampa visiškai tobulas bendraujant su Aukščiausiuoju Viešpačiu. Tobulumas pasiekiamas atliekant *yajñą* (auką), kaip buvo aprašyta anksčiau. Jeigu žmogus nelinkęs atlikti *yajñą* taip, kaip reikalauja Vedos, ar gali jis tikėtis laimingai gyventi šiame kūne, nekalbant jau apie gyvenimą kitame kūne ir kitoje planetoje? Skirtingose dangaus planetose skirtingas ir materialių patogumų lygis, bet visais atvejais žmonių, kurie atnašauja *yajñas,* laukia neišmatuojama laimė. Tačiau pati didžiausia žmogui įmanoma laimė – pasikelti į dvasines planetas Kṛṣṇos sąmonės praktikos dėka. Taigi gyvenimas įsisąmoninus Kṛṣṇą išsprendžia visas materialios būties problemas.

एवं बहुविधा यज्ञा वितता ब्रह्मणो मुखे ।   **4.32**
कर्मजान् विद्धि तान् सर्वानेवं ज्ञात्वा विमोक्ष्यसे ॥३२॥

evaṁ bahu-vidhā yajñā · vitatā brahmaṇo mukhe
karma-jān viddhi tān sarvān · evaṁ jñātvā vimokṣyase

evam – taip; *bahu-vidhāḥ* – įvairiausių rūšių; *yajñāḥ* – aukos; *vita-tāḥ* – plačiai išplitusios; *brahmaṇaḥ* – Vedų; *mukhe* – iš burnos; *karma-jān* – gimusios iš darbo; *viddhi* – žinoki; *tān* – jas; *sarvān* – visas; *evam* – taip; *jñātvā* – žinodamas; *vimokṣyase* – tu išsivaduosi.

Visoms išvardintoms aukoms pritaria Vedos, ir kiekvieną jų sukuria tam tikra veikla. Tai suprasdamas, tu išsivaduosi.

Aukščiau buvo minėta, kad Vedos nurodo įvairių rūšių aukas, skirtas tam tikriems žmonių tipams. Kadangi žmones visiškai užvaldo kūniška būties samprata, minėtos aukos sumanytos taip, kad jas atnašaudamas žmogus galėtų užimti kūną, protą arba intelektą. Tačiau iš esmės jos rekomenduojamos, kad būtų galima galutinai išsivaduoti iš kūno. Ši tiesa čia patvirtinama Paties Viešpaties lūpomis.

श्रेयान्द्रव्यमयाद्यज्ञाज्ज्ञानयज्ञः परन्तप ।   4.33
सर्वं कर्माखिलं पार्थ ज्ञाने परिसमाप्यते ॥३३॥

śreyān dravya-mayād yajñāj · jñāna-yajñaḥ paran-tapa
sarvaṁ karmākhilam pārtha · jñāne parisamāpyate

śreyān – didesnė; *dravya-mayāt* – už materialios nuosavybės;
yajñāt – auką; *jñāna-yajñaḥ* – aukų atnašavimas su išmanymu;
parantapa – o priešų baudėjau; *sarvam* – visa; *karma* – veikla;
akhilam – apskritai; *pārtha* – o Pṛthos sūnau; *jñāne* – žinojimu;
parisamāpyate – vainikuojama.

**O priešų baudėjau, atnašauti auką su išmanymu geriau, nei tie-
siog aukoti materialią nuosavybę. Juk galų gale, o Pṛthos sūnau,
visas veiksmo aukas vainikuoja transcendentinis žinojimas.**

Visų aukų tikslas – pasiekti visiško žinojimo būvį, o po to atsi-
kratyti materialių negandų ir galiausiai atsidėti transcendentinei
meilės tarnystei Aukščiausiajam Viešpačiui (Kṛṣṇos sąmonei). Vis
dėlto šios įvairių rūšių aukos apgaubtos paslaptimi, ir ją reikia
žinoti. Kartais aukos skiriasi forma, kurią lemia aukotojo tikė-
jimas. Kai žmogaus tikėjimas pasiekia transcendentinio žinojimo
stadiją, jis laikomas dvasiškai toliau pažengusiu nei tas, kuris
aukoja tik materialius dalykus, bet neturi transcendentinio žino-
jimo, nes be jo aukos lygiavertės materialiems veiksmams ir nete-
kia jokios dvasinės naudos. Tikrojo žinojimo kulminacija yra
Kṛṣṇos sąmonė – aukščiausia transcendentinio žinojimo stadija.
Kai atnašaujant aukas nepuoselėjamas žinojimas, tai tėra tik mate-
riali veikla. Tačiau aukojant su transcendentiniu žinojimu, atnaša-
vimo veikla tampa dvasine. Priklausomai nuo aukotojo sąmonės
būvio, atnašavimas vadinasi arba *karma-kāṇḍa* (karminė veikla),
arba *jñāna-kāṇḍa* (pažinimas vardan tiesos). Geriau, kai aukos
tikslas – žinojimas.

तद्विद्धि प्रणिपातेन परिप्रश्नेन सेवया ।   4.34
उपदेक्ष्यन्ति ते ज्ञानं ज्ञानिनस्तत्त्वदर्शिनः ॥३४॥

tad viddhi praṇipātena · pariprasnena sevayā
upadekṣyanti te jñānaṁ · jñāninas tattva-darsinaḥ

tat – tas žinias apie įvairias aukas; *viddhi* – pasistenk suvokti; *pra-*
ṇipātena – kreipdamasis į dvasinį mokytoją; *pariprasnena* – nuo-
lankiai klausinėdamas; *sevayā* – tarnaudamas; *upadekṣyanti* – jie
atskleis; *te* – tau; *jñānam* – žinojimą; *jñāninaḥ* – save pažinusieji;
tattva – tiesą; *darsinaḥ* – regintieji.

Pasistenk sužinoti tiesą iš dvasinio mokytojo. Nuolankiai jo tei-
raukis ir jam tarnauk. Save suvokusios sielos gali suteikti tau
žinių, nes jos regi tiesą.

Dvasinio pažinimo kelias, be abejo, sunkus. Todėl Viešpats pataria
kreiptis į *bona fide* dvasinį mokytoją, priklausantį mokinių sekai,
kurią pradėjo Pats Viešpats. *Bona fide* dvasiniu mokytoju negali
būti asmuo, kuris nesilaiko mokinių sekos principo. Viešpats – pir-
minis dvasinis mokytojas, o mokinių sekai priklausantis mokyto-
jas tik persako savo mokiniui Viešpaties žinią tokią, kokia ji yra.
Neįmanoma savo išgalvotu būdu pasiekti dvasinio pažinimo, kaip
tai daro kvaili apsimetėliai. *Bhāgavatam* (6.3.19) sako: *dharmaṁ*
tu sākṣād bhagavat-praṇītam – religijos kelią nurodo Pats Dievas.
Todėl spekuliatyvūs samprotavimai ir sausi argumentai neparodys
teisingo kelio. Dvasiškai tobulėti nepadės ir savarankiškas paži-
nimo knygų studijavimas. Žinių reikia kreiptis į *bona fide* dvasinį
mokytoją, visiškai atsiduoti Jo valiai ir tapti nuolankiu Jo tarnu,
užmiršus savo netikrą prestižą. Save pažinusio dvasinio mokytojo
patenkinimas – dvasinio tobulėjimo paslaptis. Teiravimasis ir klus-
numas, papildydami vienas kitą, skatina dvasinį supratimą. Išsila-
vinusio dvasinio mokytojo klausinėjimas neduos reikiamo efekto,
jei nebus jam paklūstama ir tarnaujama. Dvasinis mokytojas
išbando mokinį ir, kai įsitikina jo siekių nuoširdumu, būtinai
suteikia mokiniui palaiminimą, apdovanodamas tikruoju dvasi-
niu supratimu. Šiame posme smerkiamas tiek aklas sekimas, tiek
beprasmiai klausimai. Reikia ne tik nuolankiai klausytis dvasinio

mokytojo žodžių, bet ir klusnumu, tarnavimu bei teiravimusi siekti aiškaus supratimo. Iš prigimties *bona fide* dvasinis mokytojas – labai geras mokiniui, ir jeigu mokinys klusnus ir visada pasirengęs tarnauti, tai tarpusavio pasikeitimas „klausimai – žinios" tampa tobulas.

यज्ज्ञात्वा न पुनर्मोहमेवं यास्यसि पाण्डव ।   4.35
येन भूतान्यशेषाणि द्रक्ष्यस्यात्मन्यथो मयि ॥३५॥

yaj jñātvā na punar moham · evaṁ yāsyasi pāṇḍava
yena bhūtāny aśeṣāṇi · drakṣyasy ātmany atho mayi

yat – kurias; *jñātvā* – žinodamas; *na* – niekada; *punaḥ* – vėl; *moham* – į iliuziją; *evam* – kaip ši; *yāsyasi* – pateksi; *pāṇḍava* – o Pāṇḍu sūnau; *yena* – kurių dėka; *bhūtāni* – gyvąsias esybes; *aśeṣāṇi* – visas; *drakṣyasi* – tu išvysi; *ātmani* – Aukščiausioje Sieloje; *atha u* – arba kitaip sakant; *mayi* – Manyje.

Gavęs tikrųjų žinių iš save pažinusios sielos, tu jau niekad nepulsi į iliuziją, nes šis žinojimas leis tau pamatyti, kad visos gyvosios būtybės – ne kas kita, kaip Aukščiausiojo dalis, kitaip sakant, jos priklauso Man.

Gauti žinių iš save pažinusios sielos arba iš to, kuris žino tikrąją dalykų padėtį, reiškia, sužinoti, kad visos gyvosios būtybės – Aukščiausiojo Dievo Asmens, Viešpaties Śrī Kṛṣṇos, neatskiriamos dalelės. Egzistavimo atsietai nuo Kṛṣṇos pojūtis vadinamas *māyā* (*mā* – „ne", *yā* – „tai"). Kai kas mano, kad mes su Kṛṣṇa neturime nieko bendra, kad Kṛṣṇa – tai didi istorinė asmenybė, o Absoliutas – beasmenis Brahmanas. „Bhagavad-gītoje" nurodyta, kad iš tikrųjų beasmenis Brahmanas yra Paties Kṛṣṇos spindesys. Kṛṣṇa, Aukščiausiasis Dievo Asmuo – visa ko priežastis. „Brahma-saṁhitoje" aiškiai sakoma, kad Kṛṣṇa yra Aukščiausiasis Dievo Asmuo, visų priežasčių priežastis. Milijonai Jo inkarnacijų tėra tik įvairios Jo ekspansijos. Gyvosios esybės – irgi Kṛṣṇos ekspansijos. Māyāvādos filosofijos šalininkai klaidingai mano, kad išsiskleidęs daugybe ekspansijų Kṛṣṇa liaujasi egzistavęs, bet tai visiškai materialistiška mintis. Materialaus pasaulio patirtis mus moko, kad į mažas dalis padalytas daiktas praranda pradinį identiškumą. Tačiau *māyāvādžiai* negali suvokti, jog absoliutas reiškia: vienas plius vienas lygu vienas, o vienas minus vienas irgi lygu vienas. Toks absoliutaus pasaulio dėsnis.

Stokojant absoliutaus mokslo žinių, mus aptraukia iliuzija, ir mes manome, kad esame atskiri nuo Kṛṣṇos. Nors mes – atsietos Kṛṣṇos dalelės, tačiau nuo Jo nesiskiriame. Gyvųjų esybių kūnų skirtumai yra *māyā*, nerealūs. Mes pašaukti tenkinti Kṛṣṇą. *Māyā*, ir tiktai ji, privertė Arjuną manyti, jog laikini kūniški ryšiai su savo giminaičiais svarbesni už jo amžiną dvasinį ryšį su Kṛṣṇa. Visas *Gītos* mokymas kreipia į šią išvadą: gyvoji būtybė, kaip amžinas Kṛṣṇos tarnas, neatskiriama nuo Kṛṣṇos, o savęs, kaip atsietos nuo Kṛṣṇos esybės, suvokimas vadinasi *māyā*. Gyvosios esybės, būdamos atsietos neatskiriamos Aukščiausiojo dalys, turi savo paskirtį; nuo neatmenamų laikų, užmiršusios tą paskirtį, jos glūdi žmonių, gyvūnų, pusdievių ir kitokiuose kūnuose. Tokius kūnų skirtumus lemia tai, kad užmirštama transcendentinė tarnystė Viešpačiui. Tačiau kai žmogus atlieka transcendentinę tarnystę su Kṛṣṇos sąmone, iliuzija iš karto išsisklaido. Grynasis supratimas apie gyvosios esybės padėtį gaunamas iš *bona fide* dvasinio mokytojo – taip išvengiama klaidingos minties, kad gyvoji esybė prilygsta Kṛṣṇai. Tobulas žinojimas – tai supratimas, kad Aukščiausioji Siela, Kṛṣṇa, yra aukščiausiasis visų gyvųjų esybių prieglobstis ir kad nuo Jos nusigręžusias gyvąsias esybes apgauna materiali energija ir tuomet jos mano turinčios atskirą egzistenciją. Šitaip sutapatinusios save su įvairiais materialiais kūnais, jos pamiršta Kṛṣṇą. Tačiau kai šios suklaidintos gyvosios esybės pakyla į Kṛṣṇos sąmonę, tai reiškia, kad jos išsivadavimo kelyje; tai patvirtinama *Bhāgavatam* (2.10.6): *muktir hitvānyathā-rūpaṁ svarūpeṇa vyavasthitiḥ*. Išsivaduoti – tai reiškia būti prigimtinėje padėtyje, amžinai tarnauti Kṛṣṇai (įgyti Kṛṣṇos sąmonę).

अपि चेदसि पापेभ्यः सर्वेभ्यः पापकृत्तमः ।   **4.36**
सर्वं ज्ञानप्लवेनैव वृजिनं सन्तरिष्यसि ॥३६॥

api ced asi pāpebhyaḥ · sarvebhyaḥ pāpa-kṛt-tamaḥ
sarvaṁ jñāna-plavenaiva · vṛjinaṁ santariṣyasi

api – net; *cet* – jeigu; *asi* – esi; *pāpebhyaḥ* – nusidėjėlių; *sarve-bhyaḥ* – visų; *pāpa-kṛt-tamaḥ* – didžiausias nusidėjėlis; *sarvam* – visus atoveikius už nuodėmes; *jñāna-plavena* – transcendentinio pažinimo laivu; *eva* – tikrai; *vṛjinam* – negandų vandenyną; *santariṣyasi* – tu perplauksi visą.

Net jeigu tu ir esi pats didžiausias iš visų nusidėjėlių – įlipęs į transcendentinio pažinimo laivą perplauksi negandų vandenyną.

Teisingas savosios prigimtinės padėties Kṛṣṇos atžvilgiu supratimas toks puikus, kad iš karto išgelbėja nuo kovos už būvį, nuolat vykstančios neišmanymo vandenyne. Šis materialus pasaulis kartais lyginamas su neišmanymo vandenynu, o kartais – su liepsnojančiu mišku. Net ir geriausias plaukikas, atsidūręs vienas vandenyno platybėse, turės iš visų jėgų kovoti už būvį. Jeigu kas nors atskuba į pagalbą ir išgelbėja besigrumiantį su stichija plaukiką, padaro jam didžiausią paslaugą. Tobulas žinojimas, perimtas iš Aukščiausiojo Dievo Asmens – tai kelias į išsivadavimą. Kṛṣṇos sąmonės laivas – tai labai paprasta, bet kartu ir labai iškilnu.

यथैधांसि समिद्धोऽग्निर्भस्मसात्कुरुतेऽर्जुन ।   **4.37**
ज्ञानाग्निः सर्वकर्माणि भस्मसात्कुरुते तथा ॥३७॥

yathaidhāṁsi samiddho 'gnir · bhasma-sāt kurute 'rjuna
jñānāgniḥ sarva-karmāṇi · bhasma-sāt kurute tathā

yathā – kaip; *edhāṁsi* – malkas; *samiddhaḥ* – liepsnojanti; *agniḥ* – ugnis; *bhasma-sāt* – pelenais; *kurute* – paverčia; *arjuna* – o Arjuna; *jñāna-agniḥ* – žinojimo ugnis; *sarva karmāṇi* – visus materialios veiklos atoveikius; *bhasma-sāt* – pelenais; *kurute* – paverčia; *tathā* – taip pat.

Kaip ugnies liežuviai malkas paverčia pelenais, taip, o Arjuna, žinojimo ugnis pelenais paverčia visus materialios veiklos atoveikius.

Tobulas savojo „aš", Aukščiausiojo „Aš" ir judviejų savitarpio ryšių suvokimas šiame posme lyginamas su ugnimi. Ta ugnis sudegina ne tiktai visus nedorų poelgių atoveikius, bet ir visų dorų poelgių atoveikius, paversdama juos pelenais. Atoveikis gali būti skirtingo išsivystymo lygio: besimezgantis atoveikis, vaisius duodantis atoveikis, patirtas atoveikis ir atoveikis *a priori*. Tačiau suvokimas apie gyvosios esybės prigimtinį būvį visa tai paverčia pelenais. Įgijus visišką žinojimą, bet koks atoveikis – tiek *a priori,* tiek *a pasteriori* – sunaikinamas. Vedose („Bṛhad-āraṇyaka Upaniṣada" 4.4.22) pasakyta: *ubhe uhaivaiṣa ete taraty amṛtaḥ sādhv-asādhūnī* – žmogus įveikia ir dorų, ir nedorų darbų atoveikį.

न हि ज्ञानेन सदृशं पवित्रमिह विद्यते ।   **4.38**
तत्स्वयं योगसंसिद्धः कालेनात्मनि विन्दति ॥३८॥

na hi jñānena sadṛśaṁ · pavitram iha vidyate
tat svayaṁ yoga-saṁsiddhaḥ · kālenātmani vindati

na – niekas; *hi* – tikrai; *jñānena* – su žinojimu; *sadṛśam* – palyginus; *pavitram* – šventas; *iha* – šiame pasaulyje; *vidyate* – egzistuoja; *tat* – tą; *svayam* – pats; *yoga* – pasiaukojimo; *saṁsiddhaḥ* – pasiekęs tobulumą; *kālena* – ilgainiui; *ātmani* – savyje; *vindati* – patiria.

Nieko nėra šiame pasaulyje, kas būtų kilniau ir tyriau už transcendentinį žinojimą. Transcendentinis žinojimas – tai brandus viso misticizmo vaisius. O pasiekusiam pasiaukojimo tarnystės tobulumą šis žinojimas ilgainiui atsiskleis viduje.

Kalbėdami apie transcendentinį žinojimą, turime omenyje dvasinį supratimą. Todėl nėra nieko aukščiau ir gryniau už transcendentinį žinojimą. Neišmanymas – mūsų nelaisvės, o žinojimas – išsivadavimo priežastis. Šis transcendentinis žinojimas – brandus pasiaukojimo tarnystės vaisius. Jį įgijusiam žmogui nereikia kur nors ieškoti ramybės, nes jis pasiekė vidinę ramybę. Kitaip sakant, aukščiausia transcendentinio žinojimo ir ramybės viršūnė – Kṛṣṇos sąmonė. Tokia „Bhagavad-gītos" išvada.

श्रद्धावॉल्ल्लभते ज्ञानं तत्परः संयतेन्द्रियः ।
ज्ञानं लब्ध्वा परां शान्तिमचिरेणाधिगच्छति ॥३९॥

4.39

śraddhāvāl̐ labhate jñānaṁ · tat-paraḥ saṁyatendriyaḥ
jñānaṁ labdhvā parāṁ śāntim · acireṇādhigacchati

śraddhā-vān – tikintysis; *labhate* – pasiekia; *jñānam* – žinojimą; *tat-paraḥ* – labai prie jo prisiriśęs; *saṁyata* – suvaldęs; *indriyaḥ* – jusles; *jñānām* – žinojimą; *labdhvā* – įgavęs; *parām* – transcendentinę; *śāntim* – ramybę; *acireṇa* – netrukus; *adhigacchati* – pasiekia.

Tikintysis, kuris yra visiškai pasišventęs transcendentiniam pažinimui ir suvaldo savo jusles, yra vertas įgyti tokį žinojimą ir, jį pasiekęs, netrukus patiria aukščiausią dvasinę ramybę.

Transcendentinį Kṛṣṇos sąmonės žinojimą įgyja tvirtai Kṛṣṇą tikįs žmogus. Tikinčiuoju vadinamas tas, kuris mano, kad norint pasiekti aukščiausiąjį tobulumą pakanka veikti su Kṛṣṇos sąmone. Toks tikėjimas įgaunamas tarnaujant su pasiaukojimu ir kartojant: Hare Kṛṣṇa, Hare Kṛṣṇa, Kṛṣṇa Kṛṣṇa, Hare Hare/ Hare Rāma, Hare Rāma, Rāma Rāma, Hare Hare, – tai išvalo širdį nuo materialios nešvaros. Be to reikia išmokti valdyti savo jusles. Tikintis Kṛṣṇa ir valdantis jusles gali lengvai ir greitai pasiekti žinojimo Kṛṣṇos sąmonės srityje tobulumą.

अज्ञश्चाश्रद्दधानश्च संशयात्मा विनश्यति ।
नायं लोकोऽस्ति न परो न सुखं संशयात्मनः ॥४०॥

4.40

ajñaś cāśraddadhānaś ca · saṁśayātmā vinaśyati
nāyaṁ loko 'sti na paro · na sukhaṁ saṁśayātmanaḥ

ajñaḥ – kvailys, neišmanantis šventraščių; *ca* – ir; *aśraddadhānaḥ* –
netikintis apreikštais šventraščiais; *ca* – taip pat; *saṁśaya* – abe-
jonių; *ātmā* – žmogus; *vinaśyati* – patiria nuopuolį; *na* – niekada;
ayam – šiame; *lokaḥ* – pasaulyje; *asti* – yra; *na* – nei; *paraḥ* –
kitame gyvenime; *na* – ne; *sukham* – laimė; *saṁśaya* – abejojančio;
ātmanaḥ – žmogaus.

**Tačiau tamsūs ir netikintys žmonės, abejojantys apreikštais
šventraščiais, neįgauna Dievo sąmonės – jie patiria nuopuolį.
Abejojanti siela neatras laimės nei šiame, nei kitame pasaulyje.**

Iš daugelio visuotinai pripažintų, autoritetingų apreikštųjų švent-
raščių geriausias yra „Bhagavad-gītā". Žmonės, gyvenantys it gyvū-
nai, jų nesupranta ir jais netiki. Nors kai kurie ir susipažino su
apreikštais šventraščiais, ir net cituoja jų fragmentus, tačiau iš tik-
rųjų jų žodžiais netiki. Net jei kas ir tiki šventraščiais, tokiais, kaip
„Bhagavad-gītā", tačiau jie netiki Dievo Asmenį, Śrī Kṛṣṇą, ir Jo
negarbina. Tokie žmonės nesugeba ilgai palaikyti Kṛṣṇos sąmonės.
Galų gale jie patiria nuopuolį. Iš aukščiau minėtųjų jokios pažan-
gos nepadaro tie, kurie netiki ir nuolatos abejoja. Žmonės, neti-
kintys Dievą ir Jo apreikštą žodį, nepatiria laimės nei šiame, nei
kitame pasaulyje. Jie iš viso nežino, kas yra laimė. Todėl reikia su
tikėjimu laikytis apreikštųjų šventraščių principų ir pakilti iki žino-
jimo lygmens. Tiktai tokios žinios gali padėti pasiekti transcenden-
tinį dvasinio supratimo lygmenį. Kitaip sakant, abejojantys žmonės
negali pasiekti dvasinio išsivadavimo. Todėl reikia sekti didžiųjų
ācāryų, priklausančių mokinių sekai, pėdomis ir taip sulaukti
sėkmės.

योगसंन्यस्तकर्माणं ज्ञानसंछिन्नसंशयम् ।
आत्मवन्तं न कर्माणि निबध्नन्ति धनञ्जय ॥४१॥

4.41

yoga-sannyasta-karmāṇaṁ · jñāna-sañchinna-saṁśayam
ātmavantaṁ na karmāṇi · nibadhnanti dhanañjaya

yoga – pasiaukojimo tarnystės (atliekant *karma-yogą*) dėka; *sannyasta* – tas, kuris atsižadėjo; *karmāṇam* – veiklos vaisių; *jñāna* – žinojimu; *sañchinna* – nukirto; *saṁśayam* – abejones; *ātmavantam* – esantį savajame „aš"; *na* – niekada; *karmāṇi* – darbai; *nibadhnanti* – supančioja; *dhanañjaya* – o turtų užkariautojau.

Tas, kuris atlieka pasiaukojimo tarnystę, atsisakydamas savo veiklos vaisių, ir kurio abejones sunaikino transcendentinis žinojimas – iš tiesų suvokia savąjį „aš". Veiklos pasekmės Jo nebepančioja, o turtų užkariautojau.

Kas vykdo „Bhagavad-gītos" nurodymus, kuriuos davė Viešpats, Pats Dievo Asmuo, atsikrato abejonių, nes jis įgijo transcendentinį žinojimą. Jis, kaip neatskiriama Viešpaties dalelė, visiškai įsisąmoninusi Kṛṣṇą, jau pažino savąjį „aš" ir todėl, be abejonės, veiksmai jo nebepančioja.

तस्मादज्ञानसम्भूतं हृत्स्थं ज्ञानासिनात्मनः ।
छित्त्वैनं संशयं योगमातिष्ठोत्तिष्ठ भारत ॥४२॥

4.42

tasmād ajñāna-sambhūtaṁ · hṛt-sthaṁ jñānāsinātmanaḥ
chittvainaṁ saṁśayaṁ yogam · ātiṣṭhottiṣṭha bhārata

tasmāt – todėl; *ajñāna-sambhūtam* – neišmanymo pagimdytą; *hṛt-stham* – esančią širdyje; *jñāna* – žinojimo; *asinā* – ginklu; *ātmanaḥ* – savojo „aš"; *chittvā* – nukirtęs; *enam* – šią; *saṁśayam* – abejonę; *yogam* – yogoje; *ātiṣṭha* – būk; *uttiṣṭha* – pakilki kovai; *bhārata* – o Bharatos aini.

Todėl žinojimo ginklu nukauki abejones, kurias neišmanymas pagimdė tavo širdyje. Apsiginklavęs yoga, o Bhārata, pakilki ir kovoki.

Yogos sistema, kurios mokoma šiame skyriuje, vadinasi *sanātana-yoga*, arba gyvosios esybės amžina veikla. Šiai *yogai* būdingos dvi aukojamosios veiklos formos: pirma – materialių gėrybių aukojimas, antra – savojo „aš" pažinimas, o tai – gryna dvasinė veikla. Jeigu materialių gėrybių aukojimas nėra susiejamas su dvasiniu pažinimu, tai tokia auka – materiali. Bet kai atnašaujama su dvasiniu tikslu, t.y. atliekama pasiaukojimo tarnystė, auka įgyja savo tikrąją prasmę. Nagrinėdami dvasinę veiklą pastebėsime, kad ji būna dviejų rūšių: savojo „aš" (ar savo prigimtinio būvio) ir tiesos apie Aukščiausiąjį Dievo Asmenį suvokimas. Kas eina „Bhagavad-gītos", kokia ji yra, nurodytu keliu, lengvai suvokia šiuos du svarbius dvasinio pažinimo aspektus. Jam nesunku tobulai suvokti savąjį „aš" kaip neatskiriamą Viešpaties dalelę. Toks suvokimas naudingas žmogui, nes padeda suprasti transcendentinius Viešpaties žygius. Skyriaus pradžioje Pats Aukščiausiasis Viešpats aiškina Savo transcendentinius žygius. Nesuvokiantis *Gītos* pamokymų yra netikintysis, jis neteisingai naudojasi daline nepriklausomybe, kurią jam dovanojo Viešpats. Tas, kuris nepaisant šių pamokymų, nesupranta tikrosios Viešpaties prigimties, nesuvokia Jį esant amžiną, palaimingą, visą žinantį Dievo Asmenį – iš tiesų yra didžiausias kvailys. Neišmanymas įveikiamas laipsniškai perimant Kṛṣṇos sąmonės principus. Kṛṣṇos sąmonė pažadinama per įvairias aukas pusdieviams, Brahmanui, per lytinio susilaikymo auką, reglamentuotą šeimyninį gyvenimą, juslių suvaldymą, mistinės *yogos* praktiką, askezę, materialių turtų atsisakymą, Vedų studijavimą, dalyvavimą *varṇāśrama-dharmos* socialinės institucijos gyvenime. Visa tai laikoma auka ir grindžiama reglamentuota veikla. Tačiau svarbiausias visų minėtųjų veiksmų faktorius yra savęs pažinimas. Kas siekia *šio* tikslo, yra tikrasis „Bhagavad-gītos" pasekėjas, o abejojąs Kṛṣṇos autoritetu patiria nuopuolį. Todėl yra patartina „Bhagavad-gītą" ar bet kurį kitą šventraštį studijuoti vadovaujant *bona fide* dvasiniam mokytojui ir su atsidavimu jam tarnaujant. *Bona fide* dvasinis mokytojas priklauso mokinių sekai, kurios pradžia siekia amžinybę, jis nė kiek nenukrypsta nuo Aukščiausiojo

4 skyrius

Viešpaties nurodymų, išsakytų prieš milijonus metų Saulės dievui ir per jį „Bhagavad-gītos" pamokymų forma atėjusių į žemės karalystę. Todėl reikia eiti „Bhagavad-gītos" nurodytu keliu, kaip tai rekomenduojama pačioje *Gītoje,* vengiant šlovės siekiančių savanaudžių, kurie kitus nuvilioja nuo teisingo kelio. Viešpats, be jokių abejonių, yra Aukščiausioji Asmenybė, o Jo veiksmai transcendentalūs. Šią tiesą suvokęs jau yra išsivadavęs, net jei dar tik pradeda studijuoti „Bhagavad-gītą".

Taip Bhaktivedanta baigia komentuoti ketvirtą „Śrīmad Bhagavadgītos" skyrių, pavadintą „Transcendentinis žinojimas".

5 skyrius

Karma-yoga – veikla įsisąmoninus Kṛṣṇą

अर्जुन उवाच   5.1
सन्न्यासं कर्मणां कृष्ण पुनर्योगं च शंससि ।
यच्छ्रेय एतयोरेकं तन्मे ब्रूहि सुनिश्चितम् ॥ १ ॥

arjuna uvāca
sannyāsaṁ karmaṇāṁ kṛṣṇa · punar yogaṁ ca śaṁsasi
yac chreya etayor ekaṁ · tan me brūhi su-niścitam

arjunaḥ uvāca – Arjuna tarė; *sannyāsam* – atsižadėjimą; *karma-ṇām* – visos veiklos; *kṛṣṇa* – o Kṛṣṇa; *punaḥ* – vėl; *yogam* – pasiau-kojimo tarnystę; *ca* – taip pat; *śaṁsasi* – Tu aukštini; *yat* – kuris; *śreyaḥ* – geresnis; *etayoḥ* – iš šių dviejų; *ekam* – vieną; *tat* – tą; *me* – man; *brūhi* – prašau pasakyti; *su-niścitam* – tiksliai.

Arjuna tarė: O Kṛṣṇa, pirma Tu liepi man atsižadėti veiklos, o vėliau patari pasiaukojus veikti. Būki maloningas ir dabar aiškiai man pasakyk, kuris šių dviejų kelių geresnis?

265

5 skyrius

Penktame „Bhagavad-gītos" skyriuje Viešpats sako, kad pasiauko-
jimo tarnystės darbas geriau negu sausi samprotavimai. Pasiauko-
jimo tarnystė yra lengvesnė už sausus samprotavimus, nes būdama
transcendentinės prigimties, gelbsti žmogų nuo atoveikio už jo
veiklą. Antrame skyriuje buvo pateiktos pradinės žinios apie sielą,
pasakojama, kaip ji patenka į materialaus kūno nelaisvę. Ten pat
aiškinama, kad per *buddhi-yogą*, t.y. pasiaukojimo tarnystę, galima
išsivaduoti iš materialaus kalėjimo. Trečiame skyriuje kalbama,
kad žinojimo lygį pasiekusi asmenybė jau neturi jokių pareigų, o
ketvirtame skyriuje Viešpats sako Arjunai, kad įvairią aukojamąją
veiklą vainikuoja žinojimas, tačiau šio skyriaus pabaigoje Arjunai
Viešpats pataria pabusti ir vadovaujantis tobulu žinojimu kautis.
Taigi vienodai teigdamas ir pasiaukojimo veiklos, ir žinojimu grin-
džiamo neveikimo svarbą, Kṛṣṇa suglumina Arjuną ir pakerta jo
ryžtingumą. Arjuna supranta, kad žinojimu grindžiamas atsižadė-
jimas reiškia nutraukti juslinio pasitenkinimo veiklą. Tačiau kaip
nutraukia veiklą tas, kuris pasiaukojęs dirba Viešpačiui? Kitaip
sakant, Arjuna galvoja, kad *sannyāsa* – žinojimu grindžiamas atsi-
žadėjimas – siūlo apskritai neveikti, nes veikla ir atsižadėjimas jam
atrodo nesuderinami. Matyt jis nesuprato, kad darbas, grindžia-
mas visišku žinojimu, nesukelia jokio atoveikio ir todėl yra tolygus
neveikimui. Todėl Arjuna ir klausia, ar jis turėtų visiškai atsisakyti
veiklos, ar veikti, tačiau remdamasis visišku žinojimu.

श्रीभगवानुवाच   5.2
सन्न्यासः कर्मयोगश्च निःश्रेयसकरावुभौ ।
तयोस्तु कर्मसन्न्यासात्कर्मयोगो विशिष्यते ॥ २ ॥

śrī-bhagavān uvāca
sannyāsaḥ karma-yogaś ca · niḥśreyasa-karāv ubhau
tayos tu karma-sannyāsāt · karma-yogo viśiṣyate

śrī-bhagavān uvāca – Dievo Asmuo tarė; *sannyāsaḥ* – veiklos
atsižadėjimas; *karma-yogaḥ* – veikla su pasiaukojimu; *ca*   taip

pat; *niḥśreyasa-karau* – vedantys išsivadavimo keliu; *ubhau* – abu; *tayoḥ* – iš jų dviejų; *tu* – bet; *karma-sannyāsāt* – palyginus su karminės veiklos atsižadėjimu; *karma-yogaḥ* – veikla su pasiaukojimu; *viśiṣyate* – yra geresnė.

Dievo Asmuo atsakė: Ir veiklos atsižadėjimas, ir veikla su pasiaukojimu padeda išsivaduoti. Vis dėlto geriau dirbti pasiaukojant Viešpačiui, negu atsižadėti darbo.

Karminė veikla (siekiant juslinio pasitenkinimo) yra materialios nelaisvės priežastis. Kol žmogus veikia siekdamas vis didesnių patogumų savo kūnui, tol jis būtinai keliauja per įvairiausius kūnus ir amžinai pasilieka materijos vergijoje. Tą mintį patvirtina „Śrīmad-Bhāgavatam" (5.5.4–6):

nūnaṁ pramattaḥ kurute vikarma
  yad indriya-prītaya āpṛṇoti
na sādhu manye yata ātmano 'yam
  asann api kleśa-da āsa dehaḥ

parābhavas tāvad abodha-jāto
  yāvan na jijñāsata ātma-tattvam
yāvat kriyās tāvad idaṁ mano vai
  karmātmakaṁ yena śarīra-bandhaḥ

evaṁ manaḥ karma-vaśaṁ prayuṅkte
  avidyayātmany upadhīyamāne
prītir na yāvan mayi vāsudeve
  na mucyate deha-yogena tāvat

„Dėl juslinių malonumų žmonės eina iš proto. Jie nežino, kad dabartinis, kančių draskomas kūnas yra jų karminės veiklos praeityje rezultatas. Nors kūnas laikinas, jis nuolatos kelia mums įvairiausių rūpesčių. Todėl nedera siekti juslinių malonumų. Jei žmogus nebando išsiaiškinti kas esąs, jo gyvenimas beprasmis. O kol jis nesuvokia tikrosios savo esmės, jis priverstas pasinerti į karminę veiklą ir siekti juslinių malonumų. Kol jo sąmonę yra užvaldžiusi juslinio pasitenkinimo idėja, jis visą laiką pereina iš vieno kūno į kitą. Net jei mintys sukasi apie karminę veiklą ir protas yra paveiktas neišmanymo, žmogus turi ugdyti pomėgį pasiaukojamai tarnauti Vāsudevai. Tik šitaip tegalima ištrūkti iš materialios būties nelaisvės."

Taigi norint išsivaduoti vien *jñānos* (arba suvokimo, kad esi ne materialus kūnas, o dvasinė siela) nepakanka. Reikia *veikti* kaip dvasinei sielai, antraip neįmanoma išsilaisvinti iš materijos vergijos. Veikla su Kṛṣṇos sąmone nėra tolygi karminio lygio veiklai. Su visišku išmanymu atliekama veikla spartina tikrojo žinojimo raidą. Paprasčiausias karminės veiklos atsižadėjimas (be Kṛṣṇos sąmonės) neapvalo sąlygotos sielos širdies, o kol širdis netyra, žmogus priverstas užsiimti karmine veikla. Tačiau Kṛṣṇos sąmonės veikla savaime padeda išvengti karminės veiklos rezultatų, ir žmogui nebetenka nusileisti ligi materialaus lygmens. Todėl veikla įsisąmoninus Kṛṣṇą visaip pranašesnė už atsižadėjimą, kur visuomet slypi nuopuolio pavojus. Atsižadėjimas be Kṛṣṇos sąmonės yra nepilnas, tai patvirtina ir Śrīla Rūpa Gosvāmis savo „Bhakti-rasāmṛta-sindhu" (1.2.258):

prāpañcikatayā buddhyā · hari-sambandhi-vastunaḥ
mumukṣubhiḥ parityāgo · vairāgyaṁ phalgu kathyate

„Jei trokštantis išsivaduoti žmogus atsižada su Aukščiausiuoju Dievo Asmeniu susijusių daiktų, manydamas, kad jie materialūs, jo atsižadėjimas nepilnas." Atsižadėjimas pilnas tik tada, kai žmogus suvokia, jog visa, kas egzistuoja, priklauso Viešpačiui, ir kad niekas į nieką negali reikšti nuosavybės teisių. Reikėtų suprasti, kad iš tikrųjų niekam niekas nepriklauso. Kokia tada gali būti kalba apie atsižadėjimą? Kas suvokia, jog viskas yra Kṛṣṇos nuosavybė, tas iš tiesų yra atsižadėjęs. Kadangi viskas priklauso Kṛṣṇai, tai viską ir reikia panaudoti Jam tarnaujant. Šiai tobulai veiklos įsisąmoninus Kṛṣṇą formai neprilygsta joks dirbtinis *māyāvādos* mokyklos *sannyasio* atsizadėjimas.

ज्ञेयः स नित्यसन्न्यासी यो न द्वेष्टि न काङ्क्षति ।
निर्द्वन्द्वो हि महाबाहो सुखं बन्धात्प्रमुच्यते ॥ ३ ॥

5.3

jñeyaḥ sa nitya-sannyāsī · yo na dveṣṭi na kāṅkṣati
nirdvandvo hi mahā-bāho · sukhaṁ bandhāt pramucyate

jñeyaḥ – derėtų žinoti; saḥ – tas; nitya – visada; sannyāsī – atsiža-
dėjęs; yaḥ – kas; na – niekada; dveṣṭi – bjaurisi; na – nei; kāṅkṣati –
trokšta; nirdvandvaḥ – atsikratęs visų priešybių; hi – tikrai; mahā-
bāho – o tvirtaranki; sukham – laimingai; bandhāt – iš pančių;
pramucyate – visiškai išsivaduoja.

**Kas nei trokšta savo veiklos vaisių, nei jais bjaurisi, tas visada
atsižadėjęs. Toks žmogus, išvengęs visų priešybių, lengvai
sutrauko materijos pančius ir visiškai išsivaduoja, o tvirtaranki
Arjuna.**

Kas pilnai išsiugdė Kṛṣṇos sąmonę, tas visada bus atsižadėjęs, nes
jis nejaučia nei pasibjaurėjimo savo veiklos rezultatais, nei potrau-
kio jiems. Toks atsižadėjęs ir pasišventęs transcendentinei Vieš-
paties meilės tarnystei žmogus yra gerai apsiginklavęs žinojimu,
nes suvokia savo prigimtinę padėtį Kṛṣṇos atžvilgiu. Jis labai gerai
žino, kad Kṛṣṇa – tai visuma, o jis pats – neatskiriama Kṛṣṇos
dalelė. Toks žinojimas tobulas, nes ir kokybės, ir kiekybės prasme
jis yra teisingas. Vienovės su Kṛṣṇa koncepcija neteisinga, nes
dalis negali būti lygi visumai. Suvokimas, kad kokybiškai esi tapa-
tus Aukščiausiajam, bet kiekybiškai nuo Jo skiriesi – tai teisingas
transcendentinis žinojimas. Jis suteikia žmogui pilnatvę, tuomet
nebėra nei ko siekti, nei ką apgailėti. Tokios asmenybės protas nėra
blaškomas dualizmo, nes viską, ką jis daro, daro Kṛṣṇai. Ištrūkęs iš
priešybių įtakos, žmogus išsivaduoja dar šiame pasaulyje.

साङ्ख्ययोगौ पृथग्बालाः प्रवदन्ति न पण्डिताः ।
एकमप्यास्थितः सम्यगुभयोर्विन्दते फलम् ॥ ४ ॥

5.4

sāṅkhya-yogau pṛthag bālāḥ · pravadanti na paṇḍitāḥ
ekam apy āsthitaḥ samyag · ubhayor vindate phalam

sāṅkhya – analitinis materialaus pasaulio tyrinėjimas; *yogau* –
darbas su pasiaukojimu; *pṛthak* – skirtingi; *bālāḥ* – menkos nuovo-
kos; *pravadanti* – sako; *na* – niekad; *paṇḍitāḥ* – išsilavinę; *ekam* –
viename; *api* – net jei; *āsthitaḥ* – esantis; *samyak* – visą; *ubhayoḥ* –
abiejų; *vindate* – pasiekia; *phalam* – rezultatą.

**Tik neišmanėliai kalba, kad pasiaukojimo tarnystė [karma-yoga]
skiriasi nuo analitinio materialaus pasaulio tyrinėjimo [sāṅk-
hyos]. Tikrai išmintingi sako, kad tas, kuris ryžtingai stoja į vieną
iš tų kelių, pasiekia abiejų rezultatus.**

Analitiškai nagrinėjant materialų pasaulį, siekiama rasti egzisten-
cijos sielą. Materialiojo pasaulio siela yra Viṣṇu, arba Supersiela.
Pasiaukojimo tarnystė Viešpačiui apima ir tarnystę Supersielai.
Pirmasis metodas – aptikti medžio šaknis, o antrasis – jas laistyti.
Tikrasis *sāṅkhyos* filosofijos pasekėjas aptinka materialaus pasau-
lio šaknis – Viṣṇu, ir tuomet, nušviestas tobulo žinojimo, ima tar-
nauti Viešpačiui. Todėl iš esmės šie du keliai nesiskiria, nes jų
abiejų tikslas – Viṣṇu. Kas nesuvokia galutinio tikslo, tas sako, kad
sāṅkhya ir *karma-yoga* skiriasi, tačiau išmintingasis žino, kad šiuos
skirtingus kelius vienija bendras tikslas.

यत्साङ्ख्यैः प्राप्यते स्थानं तद्योगैरपि गम्यते । 5.5
एकं साङ्ख्यं च योगं च यः पश्यति स पश्यति ॥ ५ ॥

yat sāṅkhyaiḥ prāpyate sthānam · tad yogair api gamyate
ekaṁ sāṅkhyaṁ ca yogaṁ ca · yaḥ paśyati sa paśyati

yat – kokia; *sāṅkhyaiḥ* – *sāṅkhyos* filosofijos priemonėmis;
prāpyate – pasiekiama; *sthānam* – padėtis; *tat* – šią; *yogaiḥ* – pasiau-
kojimo tarnystės dėka; *api* – taip pat; *gamyate* – galima pasiekti;
ekam – vieną; *sāṅkhyam* – analitinį tyrinėjimą; *ca* – ir, *yogum* –

pasiaukojimo veiklą; *ca* – ir; *yaḥ* – tas, kuris; *paśyati* – regi; *saḥ* – jis; *paśyati* – mato iš tikrųjų.

Kas žino, kad analitinio tyrinėjimo priemonėmis pasiektą padėtį galima laimėti ir pasiaukojimo tarnyste, ir todėl supranta, kad analitinis tyrinėjimas ir pasiaukojimo tarnystė yra to paties lygio, tas mato dalykus tokius, kokie jie yra.

Tikrieji filosofiniai ieškojimai turi atskleisti galutinį gyvenimo tikslą. Kadangi galutinis gyvenimo tikslas – savęs pažinimas, tai šiais dviem keliais pasiekiamas galutinis rezultatas niekuo nesiskiria. *Sāṅkhyos* filosofiniai tyrinėjimai leidžia suvokti, kad gyvoji esybė – ne materialaus pasaulio, o aukščiausios dvasinės visumos neatskiriama dalelė. Todėl dvasinė siela neturi nieko bendra su materialiu pasauliu ir jos veikla turėtų būti siejama su Aukščiausiuoju. Veikdama su Kṛṣṇos sąmone ji iš tikrųjų užima savo prigimtinę padėtį. Pagal pirmojo – *sāṅkhyos* metodo reikalavimus, reikia neprisirišti prie materialių dalykų, o pasiaukojimo *yogos* metodas reikalauja išsiugdyti potraukį veiklai su Kṛṣṇos sąmone. Iš tikrųjų abu šie procesai nesiskiria, nors iš pirmo žvilgsnio atrodo, kad vienas teigia neprisirišimą, o kitas – prisirišimą. Tačiau neprisirišti prie materialių dalykų ir prisirišti prie Kṛṣṇos iš esmės yra viena ir tas pat. Kas tai supranta, mato dalykus tokius, kokie jie yra.

सन्न्यासस्तु महाबाहो दुःखमाप्तुमयोगतः ।   5.6
योगयुक्तो मुनिर्ब्रह्म न चिरेणाधिगच्छति ॥ ६ ॥

sannyāsas tu mahā-bāho · duḥkham āptum ayogataḥ
yoga-yukto munir brahma · na cireṇādhigacchati

sannyāsaḥ – gyvenimas atsižadėjus; *tu* – bet; *mahā-bāho* – o tvirtaranki; *duḥkham* – kančią; *āptum* – suteikia; *ayogataḥ* – be pasiaukojimo tarnystės; *yoga-yuktaḥ* – užsiėmęs pasiaukojimo tarnyste; *muniḥ* – mąstytojas; *brahma* – Aukščiausiąjį; *na cireṇa* – netrukus; *adhigacchati* – pasiekia.

5 skyrius

Jei žmogus su pasiaukojimu netarnauja Viešpačiui, jis netaps laimingas vien atsižadėdamas veiklos. Tuo tarpu išmintingasis, atsidėjęs pasiaukojimo tarnystei, netrukus pasiekia Aukščiausiąjį.

Yra dvi *sannyāsių* – žmonių, davusių atsižadėjimo įžadus, kategorijos. *Māyāvādos* mokyklos *sannyāsiai* nagrinėja *sāṅkhyos* filosofiją, o *vaiṣṇavų sannyāsiai* studijuoja *Bhāgavatam* filosofiją, pateikiančią teisingus „Vedānta-sūtros" komentarus. *Māyāvādžiai sannyāsiai* taip pat studijuoja „Vedāntą-sūtrą", bet jie naudojasi savais komentarais – „Śārīraka-bhāṣya", kuriuos parašė Śaṅkarācārya. *Bhāgavatos* mokyklos pasekėjai su pasiaukojimu tarnauja Viešpačiui pagal *pāñcarātrikī* regulas, ir todėl transcendentinė *vaiṣṇavų sannyāsių* tarnystė Viešpačiui įvairi ir daugialypė. *Vaiṣṇavų sannyāsių* veiksmai neturi nieko bendra su materialia veikla, ir vis dėlto, su pasiaukojimu tarnaudami Viešpačiui, jie atlieka plačią veiklą. O *māyāvādžiai sannyāsiai*, atsidėję *sāṅkhyos* ir *Vedāntos* studijoms bei spekuliatyviems samprotavimams, nepatiria transcendentinės tarnystės Viešpačiui džiaugsmo. Nuobodžių savo studijų bei samprotavimų apie Brahmaną išvarginti, jie kartais kreipiasi į *Bhāgavatam,* tačiau jos teisingai nesupranta. Todėl jiems studijuoti „Śrīmad-Bhāgavatam" – didelis vargas. Sausi samprotavimai bei impersonalistinės interpretacijos dirbtinos ir neduoda jokios naudos *māyāvādžių sannyāsiams. Vaiṣṇavų sannyāsiai,* su pasiaukojimu tarnaujantys Viešpačiui, yra laimingi atlikdami transcendentines savo pareigas, ir visiškai neabejotina, kad galų gale eis į Dievo karalystę. *Māyāvādžiai sannyāsiai* kartais iš savęs pažinimo kelio vėl nukrypsta į filantropinę ar altruistinę veiklą – tačiau tai tik materialūs užsiėmimai. Todėl peršasi išvada, kad veikiantys su Kṛṣṇos sąmone pranoksta tuos *sannyāsius,* kurie vien tik spekuliatyviai samprotauja, kas yra Brahmanas ir kas – ne Brahmanas, nors ir pastarieji po daugelio gimimų ateina į Kṛṣṇos sąmonę.

योगयुक्तो विशुद्धात्मा विजितात्मा जितेन्द्रियः ।   5.7
सर्वभूतात्ममूतात्मा कुर्वन्नपि न लिप्यते ॥ ७ ॥

yoga-yukto viśuddhātmā · vijitātmā jitendriyaḥ
sarva-bhūtātma-bhūtātmā · kurvann api na lipyate

yoga-yuktaḥ – atliekanti pasiaukojimo tarnystę; *viśuddha-ātmā* – apsivaliusi siela; *vijita-ātmā* – susitvardžiusi; *jita-indriyaḥ* – nugalėjusi jusles; *sarva-bhūta* – visas gyvąsias esybes; *ātma-bhūta-ātmā* – užjaučianti; *kurvan api* – nors dirbdama; *na* – niekada; *lipyate* – įsipainioja.

Kas dirba su pasiaukojimu, kieno sąmonė tyra ir kas valdo protą bei jusles, tas brangus visiems, ir visi jam brangūs. Nors jis nuolatos veikia, toks žmogus niekados nesusipančioja.

Kas eina Kṛṣṇos sąmonės keliu į išsivadavimą, tas brangus visoms gyvosioms būtybėms, ir kiekviena gyvoji būtybė brangi jam. Tai – Kṛṣṇos įsisąmoninimo rezultatas. Tokiam žmogui visos gyvosios būtybės neatsiejamos nuo Kṛṣṇos, kaip medžio lapai bei šakos neatskiriami nuo medžio. Jis puikiai žino, kad laistant šaknis visos medžio šakos ir visi jo lapai gauna vandens – lygiai taip į skrandį pakliuvęs maistas suteikia stiprybės visam kūnui. Kas veikia su Kṛṣṇos sąmone, tas yra visų tarnas, todėl visiems jis labai brangus. Kadangi visi patenkinti jo veikla, jo sąmonė – tyra, o kai sąmonė yra tyra, protas visiškai kontroliuojamas. Kai kontroliuojamas protas, paklūsta juslės. Kadangi jo protas visada sutelktas į Kṛṣṇą, toks žmogus niekada nepamiršta Kṛṣṇos, o ir jo juslės negali užsiimti jokia kita veikla, išskyrus tarnystę Viešpačiui. Tokiam žmogui nepatinka kalbos, nesusijusios su Kṛṣṇa; jis nemėgsta maisto, nepaaukoto Kṛṣṇai; jis nepageidauja niekur eiti, jei tai nesusiję su tarnyste Kṛṣṇai. Vadinasi jo juslės suvaldytos. O jusles valdantis žmogus negali niekam padaryti bloga. Kam nors kils klausimas: „Tad kodėl Arjuna naudojo smurtą mūšio metu? Argi jis nebuvo įsisąmoninęs Kṛṣṇos?" Tačiau tik iš pirmo žvilgsnio jis pakenkė mūšio lauke susirinkusiems kariams, nes visi jie ir toliau egzistavo kaip individualybės (tai buvo išaiškinta antrame skyriuje), kadangi sielos nužudyti neįmanoma. Dvasine prasme

Kurukṣetros mūšyje nežuvo nei viena būtybė. Kṛṣṇos, asmeniš-
kai dalyvavusio kautynėse, nurodymu buvo pakeisti tik jų apda-
rai. Taigi, kovodamas Kurukṣetros mūšio lauke, Arjuna iš tikrųjų
visai nesikovė, jis tiesiog vykdė Kṛṣṇos įsakymus sutelkęs sąmonę
į Jį. Taip besielgiančio žmogaus niekada nepančioja jo veiklos
pasekmės.

नैव किञ्चित्करोमीति युक्तो मन्येत तत्त्ववित् ।   5.8–9
पश्यञ्शृण्वन् स्पृशञ्जिघ्रन्नश्नन् गच्छन् स्वपन् श्वसन् ॥ ८ ॥

प्रलपन् विसृजन् गृह्णन्नुन्मिषन्निमिषन्नपि ।
इन्द्रियाणीन्द्रियार्थेषु वर्तन्त इति धारयन् ॥ ९ ॥

naiva kiñcit karomīti · yukto manyeta tattva-vit
paśyañ śṛṇvan spṛśañ jighrann · aśnan gacchan svapañ śvasan

pralapan visṛjan gṛhṇann · unmiṣan nimiṣann api
indriyāṇīndriyārtheṣu · vartanta iti dhārayan

na – niekada; *eva* – tikrai; *kiñcit* – ką nors; *karomi* – aš darau;
iti – taip; *yuktaḥ* – paniręs į dievišką sąmonę; *manyeta* – galvoja;
tattva-vit – kas žino tiesą; *paśyan* – regėdamas; *śṛṇvan* – girdėda-
mas; *spṛśan* – lytėdamas; *jighran* – uosdamas; *aśnan* – valgyda-
mas; *gacchan* – eidamas; *svapan* – sapnuodamas; *śvasan* – kvėpuoda-
mas; *pralapan* – kalbėdamas; *visṛjan* – tuštindamasis; *gṛhṇan* – pri-
imdamas; *unmiṣan* – atsimerkdamas; *nimiṣan* – užsimerkdamas;
api – nepaisant; *indriyāṇi* – juslės; *indriya-artheṣu* – jusliniu pasi-
tenkinimu; *vartante* – tegul jos būna užimtos; *iti* – taip; *dhārayan* –
galvodamas.

Dieviškos sąmonės žmogus, nors jis mato, girdi, liečia, uodžia,
valgo, juda, miega ir kvėpuoja, visada vidujai supranta, kad iš
tiesų ničnieko neveikia, nes kalbėdamas, tuštindamasis ar pasi-
sotindamas, atsimerkdamas ar užsimerkdamas, jis žino, kad tal

tik materialios juslės sąveikauja su savo objektais, o pats jis yra nuošalyje.

Kṛṣṇą įsisąmoninusio žmogaus būtis tyra, ir jis neturi nieko bendra su veikla, kurią skatina penkios tiesioginės ir antraeilės priežastys: veikėjas, pats darbas, situacija, pastangos bei pasisekimas – nes jis su meile transcendentiškai tarnauja Kṛṣṇai. Nors gali atrodyti, kad jis veikia kūnu bei juslėmis, tačiau visad suvokia veikiąs dvasiškai, suvokia, jog tokia tikroji jo padėtis. Žmogaus su materialia sąmone juslės padeda jusliškai pasitenkinti, tačiau, veikiant su Kṛṣṇos sąmone, juslės tenkina Kṛṣṇos jausmus. Todėl Kṛṣṇą įsisąmoninęs žmogus visada laisvas, nors atrodo, kad yra įsitraukęs į veiklą, susijusią su jusliniais dalykais. Rega ir klausa – tai pažinimo juslių funkcija, tuo tarpu judėjimas, kalba, tuštinimasis etc., yra vykdomųjų organų funkcija. Tačiau Kṛṣṇos sąmonės žmogui juslių veikla neturi įtakos. Jis supranta esąs amžinas Kṛṣṇos tarnas ir negali atlikti jokio veiksmo, kuris nebūtų skirtas Viešpačiui.

ब्रह्मण्याधाय कर्माणि सङ्गं त्यक्त्वा करोति यः ।
लिप्यते न स पापेन पद्मपत्रमिवाम्भसा ॥१०॥

5.10

brahmaṇy ādhāya karmāṇi · saṅgaṁ tyaktvā karoti yaḥ
lipyate na sa pāpena · padma-patram ivāmbhasā

brahmaṇi – Aukščiausiajam Dievo Asmeniui; *ādhāya* – atiduodamas; *karmāṇi* – visus darbus; *saṅgam* – prisirišimą; *tyaktvā* – atmesdamas; *karoti* – atlieka; *yaḥ* – kas; *lipyate* – paliečiamas; *na* – niekada; *saḥ* – jis; *pāpena* – nuodėmės; *padma-patram* – lotoso lapas; *iva* – kaip; *ambhasā* – vandens.

Kas be prisirišimo atlieka savo pareigą, rezultatus paskirdamas Aukščiausiajam Viešpačiui, tas nesusitepa nuodėme. Jis kaip lotoso lapas, kurio nepermerkia vanduo.

Čia *brahmaṇi* reiškia „įsisąmoninus Kṛṣṇą". Materialus pasaulis – tai visuminė trijų gamtos *guṇų* apraiška, vadinama specialiu terminu *pradhāna*. Vedų himnai *sarvaṁ hy etad brahma* („Māṇḍūkya Upaniṣada" 2), *tasmād etat brahma nāma-rūpam annaṁ ca jāyate* („Muṇḍaka Upaniṣada" 1.2.10), *mama yonir mahad brahma* („Bhagavad-gītā" 14.3) nurodo, kad materialiame pasaulyje viskas yra Brahmano apraiška, ir nors pasekmės būna labai įvairios, jos nesiskiria nuo priežasties. „Īśopaniṣadoje" pasakyta, kad viskas susiję su Aukščiausiuoju Brahmanu, Kṛṣṇa, ir todėl tik Jam vienam priklauso. Natūralu, kad žmogaus, kuris giliai suvokia, jog viskas priklauso Kṛṣṇai, jog Jis yra visko savininkas ir todėl viskas panaudojama tarnystėje Viešpačiui, neveikia tiek dorų, tiek nuodėmingų jo poelgių pasekmės. Net materialusis kūnas, kuris yra Viešpaties dovana tam tikrai veiklai atlikti, gali būti panaudotas Kṛṣṇos sąmonei. Tada kūno nebesutepa nuodėmių reakcijos, kaip lotoso lapas, net ir būdamas vandenyje, nepermirksta. Viešpats Kṛṣṇa *Gītoje* (3.30) sako: *mayi sarvāṇi karmāṇi sannyasya* – Visus savo darbus skirk Man. Iš to kyla išvada: to, kuris neturi Kṛṣṇos sąmonės, veiklą sąlygoja materialusis kūnas bei juslės, o Kṛṣṇą įsisąmoninęs žmogus veikia žinodamas, kad kūnas yra Kṛṣṇos nuosavybė ir todėl turi būti panaudotas tarnaujant Kṛṣṇai.

कायेन मनसा बुद्ध्या केवलैरिन्द्रियैरपि ।   5.11
योगिनः कर्म कुर्वन्ति सङ्गं त्यक्त्वात्मशुद्धये ॥११॥

kāyena manasā buddhyā · kevalair indriyair api
yoginaḥ karma kurvanti · saṅgaṁ tyaktvātma-śuddhaye

kāyena – kūnu; *manasā* – protu; *buddhyā* – intelektu; *kevalaiḥ* – apvalytomis; *indriyaiḥ* – juslėmis; *api* – netgi; *yoginaḥ* – žmonės, įsisąmoninę Kṛṣṇą; *karma* – veiksmus; *kurvanti* – atlieka; *saṅgam* – prisirišimų; *tyaktvā* – atsisakydami; *ātma* – savo „aš"; *śuddhaye* – apsivalymo tikslu.

Yogai, atmetę prisirišimus, veikia kūnu, protu, intelektu ir net juslėmis vien tam, kad apsivalytų.

Kai veikiama įsisąmoninus Kṛṣṇą, Kṛṣṇos jausmams patenkinti, bet koks veiksmas, ar jis atliktas kūnu, protu, intelektu, ar netgi juslėmis, yra grynas, nesuteptas materijos nešvarybių. Kṛṣṇą įsisąmoninusio žmogaus veikla nesukelia materialaus atoveikio. Todėl išgrynintus veiksmus, kurie paprastai vadinami *sad-ācāra,* lengviausia yra atlikti veikiant pagal Kṛṣṇos sąmonės principus. Śrī Rūpa Gosvāmis tai aprašo savo „Bhakti-rasāmṛta-sindhu" (1.2.187):

īhā yasya harer dāsye · karmaṇā manasā girā
nikhilāsv apy avasthāsu · jīvan-muktaḥ sa ucyate

„Žmogus, veikiantis su Kṛṣṇos sąmone (kitaip sakant, tarnaujantis Kṛṣṇai) kūnu, protu, intelektu ir kalba – net jeigu jis užsiima materialia veikla – jau materialiame pasaulyje yra išsivadavęs." Jis neturi klaidingos savimonės, nes jis nelaiko savęs nei materialiuoju kūnu, nei jo savininku. Jis žino, kad nėra kūnas, kad kūnas jam nepriklauso. Ir jis pats, ir jo kūnas priklauso Kṛṣṇai. Kai viską, kas sukurta kūno, proto, intelekto, kalbos, gyvybinės jėgos, turtų etc. – viską, kas jo valioje – žmogus paaukoja tarnaudamas Kṛṣṇai, jis susijungia su Kṛṣṇa. Jis ir Kṛṣṇa – viena; jis neturi klaidingos savimonės, verčiančios tapatinti save su kūnu etc. Tokia yra tobulos Kṛṣṇos sąmonės pakopa.

युक्तः कर्मफलं त्यक्त्वा शान्तिमाप्नोति नैष्ठिकीम् ।
अयुक्तः कामकारेण फले सक्तो निबध्यते ॥१२॥

5.12

yuktaḥ karma-phalaṁ tyaktvā · śāntim āpnoti naiṣṭhikīm
ayuktaḥ kāma-kāreṇa · phale sakto nibadhyate

yuktaḥ – atliekantis pasiaukojimo tarnystę; *karma-phalam* – visos veiklos vaisių; *tyaktvā* – atsisakydamas; *śāntim* – tobulą ramybę;

āpnoti – pasiekia; *naiṣṭhikīm* – nesudrumsčiamą; *ayuktaḥ* – nesantis Kṛṣṇos sąmonės; *kāma-kāreṇa* – kad pasitenkintų darbo vaisiais; *phale* – prie rezultatų; *saktaḥ* – prisirišęs; *nibadhyate* – susipainioja.

Ištikima ir pasiaukojusi siela pasiekia nesudrumsčiamą ramybę, nes aukoja Man visus savo veiklos vaisius. Tuo tarpu žmogus, nesusijungęs su Dievu ir godžiai siekiantis savo darbo vaisių, susipainioja.

Kṛṣṇos sąmonės žmogus skiriasi nuo kūniškos sąmonės žmogaus tuo, kad pirmasis jaučia potraukį Kṛṣṇai, o antrasis – savo veiklos vaisiams. Kas prisirišęs prie Kṛṣṇos ir dirba vien dėl Jo, tas, be abejonės, yra išvaduota asmenybė ir nesirūpina savo veiklos vaisiais. *Bhāgavatam* aiškinama, kad aistringą veiklos rezultatų siekimą nulemia dualizmo samprata, t.y. jo priežastis – Absoliučios Tiesos nežinojimas. Kṛṣṇa yra Aukščiausia Absoliuti Tiesa, Dievo Asmuo. Kṛṣṇą įsisąmoninusiam žmogui nėra dualizmo. Visa, kas egzistuoja – tai Kṛṣṇos energijos padarinys, o Kṛṣṇa – viso gėrio šaltinis. Vadinasi, veikla įsisąmoninus Kṛṣṇą vyksta absoliučiu lygmeniu, ji transcendentinė ir nesukelia jokių materialių pasekmių. Todėl Kṛṣṇą įsisąmoninęs žmogus yra visiškai ramus. O tas, kuris skaičiuoja pelną, skirtą jusliškai pasitenkinti, ramybės neatras. Ramybės ir bebaimiškumo pagrindas – tai suvokimas, kad nėra nieko, kas nebūtų susiję su Kṛṣṇa. Tokia Kṛṣṇos sąmonės paslaptis.

सर्वकर्माणि मनसा सव्न्यस्यास्ते सुखं वशी ।　　　　　　5.13
नवद्वारे पुरे देही नैव कुर्वन्न कारयन् ॥१३॥

sarva-karmāṇi manasā · sannyasyāste sukhaṁ vaśī
nava-dvāre pure dehī · naiva kurvan na kārayan

sarva – visų; *karmāṇi* – veiksmų; *manasā* – protu; *sannyasya* – atsisakydamas; *āste* – išlieka; *sukham* – laimėje; *vaśī* – kas susitvardęs; *nava-dvare* – devynerių vartų; *pure* – mieste; *dehī* – įkūnyta siela, *na* – niekad; *eva* – tikrai; *kurvan* – veikia ką nors; *na* – ne; *kārayan* – verčia veikti.

Kai įkūnyta gyvoji būtybė suvaldo savąją prigimtį ir mintimis atsižada veiklos, ji laiminga gyvena devynerių vartų mieste [materialiame kūne] ir nei pati veikia, nei priverčia veikti kitus.

Įkūnyta siela gyvena devynerių vartų mieste. Kūno – arba vaizdžiai tariant, miesto – veikla yra automatiška, ją reguliuoja tam tikros gamtos *guṇos*. Nors siela ir priklauso nuo tų sąlygų, kurias jai primeta kūnas, panorėjusi ji gali pakilti virš jų. Ji tapatina save su materialiu kūnu ir kenčia vien tik todėl, kad pamiršo savo aukštesniąją prigimtį. Kṛṣṇos sąmonės dėka ji vėl gali užimti savo tikrąją padėtį, ir taip ištrūkti iš kūno kalėjimo. Todėl žmogus, kuris įsijungia į Kṛṣṇos sąmonę, atsiduria nuošaly kūno veiklos. Susivaldęs, su pakitusia pasaulėžiūra, jis laimingas gyvena devynerių vartų mieste. Štai kaip aprašomi devyneri vartai:

nava-dvāre pure dehī · haṁso lelayate bahiḥ
vaśī sarvasya lokasya · sthāvarasya carasya ca

„Aukščiausiasis Dievo Asmuo, kuris gyvena gyvosios esybės kūne, yra visų visatos gyvųjų esybių valdovas. Kūnas turi devynerius vartus [dvi akis, dvi šnerves, dvi ausis, burną, išeinamąją angą bei lytinius organus]. Sąlygoto būvio gyvoji esybė laiko save kūnu, tačiau supratusi savo tapatumą su vidujai glūdinčiu Viešpačiu ji dar šiame kūne tampa tokia pat laisva, kaip ir Viešpats." („Śvetāśvatara Upaniṣada" 3.18)

Taigi Kṛṣṇą įsisąmoninusiam žmogui nedaro įtakos nei išorinės, nei vidinės materialaus kūno funkcijos.

न कर्तृत्वं न कर्माणि लोकस्य सृजति प्रभुः ।
न कर्मफलसंयोगं स्वभावस्तु प्रवर्तते ॥१४॥

5.14

na kartṛtvaṁ na karmāṇi · lokasya sṛjati prabhuḥ
na karma-phala-saṁyogaṁ · svabhāvas tu pravartate

na – niekada; *kartṛtvam* – nuosavybę; *na* – nei; *karmāṇi* – veiklą; *lokasya* – žmonių; *sṛjati* – sukuria; *prabhuḥ* – kūno miesto valdovas; *na* – nei; *karma-phala* – su veiklos rezultatais; *saṁyogam* – sąryšį; *svabhāvaḥ* – materialios gamtos *guṇos; tu* – bet; *pravartate* – veikia.

Įkūnyta dvasia – miesto, kuris vadinasi kūnas, valdovė – nei pati veikia, nei skatina veikti žmones, nei sukuria veiklos vaisius. Visą tai atlieka materialios gamtos guṇos.

Septintame skyriuje bus aiškinama, kad gyvoji esybė – tai viena Aukščiausiojo Viešpaties energijų, ir ji skiriasi nuo materijos, kuri irgi yra Viešpaties energija, tik žemesnė. Aukštesnioji energija (gyvoji esybė) dar neatmenamais laikais tam tikru būdu susijo su materialia gamta. Jos įgytas laikinas kūnas, materiali gyvenamoji vieta – tai įvairiausios veiklos bei jos pasekmių priežastis. Gyvendamas tokioje aplinkoje, kuri jį sąlygoja, žmogus iš neišmanymo tapatina save su kūnu ir kenčia dėl kūno veiklos rezultatų. Kūno kančių ir nelaimių priežastis yra neišmanymas, kuris kaupėsi nuo neatmenamų laikų. Kai gyvoji esybė tampa nesusijusi su kūno veikla, ji išsivaduoja ir iš tos veiklos pasekmių. Kol gyvoji esybė gyvena mieste, vadinamame kūne, ji atrodo esanti jo valdovė, tačiau iš tikrųjų nėra nei kūno savininkė, nei jo veiksmų bei tų veiksmų atoveikio lėmėja. Gyvoji esybė tiesiog kovoja už būvį materijos vandenyno viduryje. Vandenyno bangos blaško ją tai šen, tai ten, o ji negali joms atsispirti. Geriausia išeitis gyvajai esybei – išsigauti iš vandenyno transcendentinės Kṛṣṇos sąmonės pagalba. Tiktai Kṛṣṇos sąmonė išgelbės ją nuo visos šios sumaišties.

नादत्ते कस्यचित्पापं न चैव सुकृतं विभुः ।
अज्ञानेनावृतं ज्ञानं तेन मुह्यन्ति जन्तवः ॥१५॥

5.15

nādatte kasyacit pāpaṁ · na caiva sukṛtaṁ vibhuḥ
ajñānenāvṛtaṁ jñānaṁ · tena muhyanti jantavaḥ

na – niekada; *ādatte* – pasiima; *kasyacit* – kieno nors; *pāpam* – nuodėmę; *na* – nei; *ca* – taip pat; *eva* – tikrai; *su-kṛtam* – doringą veiklą; *vibhuḥ* – Aukščiausiasis Viešpats; *ajñānena* – neišmanymo; *āvṛtam* – apgaubtas; *jñānam* – žinojimas; *tena* – šiuo; *muhyanti* – suklaidintos; *jantavaḥ* – gyvosios esybės.

Aukščiausiasis Viešpats neatsako nei už nuodėmingus, nei už doringus gyvųjų būtybių poelgius. Vis dėlto kūne įkalintas būtybes klaidina neišmanymas, kuris užgožia jų tikrąjį žinojimą.

Sanskrito žodis *vibhu* reiškia Aukščiausiąjį Viešpatį, kuris kupinas neriboto žinojimo, turtų, galios, šlovės, grožio bei atsižadėjimo. Jis visada vidujai patenkintas. Jo ramybės nesudrumsčia nei nuodėmingi, nei doringi poelgiai. Jis nesukuria jokių konkrečių aplinkybių gyvajai esybei – tai ji pati, neišmanymo suklaidinta, trokšta būti įtraukta į tam tikras gyvenimo sąlygas. Tada ir prasideda veiksmų ir atoveikių virtinė. Pagal savo aukštesniąją prigimtį gyvoji esybė yra kupina žinojimo, bet dėl ribotos galios ji visgi linkusi pasiduoti neišmanymo poveikiui. Viešpats – visagalis, o gyvoji esybė – ne. Viešpats – *vibhu*, visa žinantis, o gyvoji esybė – *aṇu*, atomo dydžio. Ji yra gyva siela, todėl laisva valia gali ko nors norėti. Tačiau jos norus išpildyti tegali tik visagalis Viešpats. Todėl kai gyvoji esybė susipainioja savo noruose, Viešpats leidžia juos įgyvendinti, tačiau Jis neatsako už būtybės veiksmus ir pasekmes situacijoje, kurios trokšta gyvoji būtybė. Susipainiojusi įkūnyta siela sutapatina save su materialiu kūnu, kurį jai lėmė aplinkybės, ir ją užgriūva laikinos gyvenimo kančios bei džiaugsmai. Paramātmos, arba Supersielos, pavidalu Viešpats nuolat lydi gyvąją esybę, todėl jis žino individualios sielos troškimus lygiai taip, kaip žmogus būdamas šalia gėlės užuodžia jos aromatą. Troškimas – tai subtili gyvosios esybės nelaisvės forma. Viešpats išpildo gyvosios esybės troškimus tiek, kiek ji to verta: žmogus planuoja, o Dievas disponuoja. Taigi pats individas nėra visagalis ir negali įgyvendinti savo troškimų, o Viešpats gali išpildyti juos visus. Visiems neutralus Viešpats palieka mažoms savarankiškoms gyvosioms esybėms pačioms spręsti, ko jos nori. Tačiau kai žmogus trokšta Krsnos, Viešpats ypatingai rūpinasi juo, ir skatina tokį jo troškimą, padedantį ateiti pas Jį ir būti amžinai laimingu. Todėl Vedų himnai ir skelbia: *eṣa u hy eva sādhu karma kārayati taṁ yam ebhyo lokebhya unninīṣate. eṣa u evāsādhu karma kārayati yam adho ninīṣate* – Viešpats suteikia gyvajai esybei galimybę doringai veikti, kad ji pasikeltų į dangų. Viešpats suteikia jai galimybę nusidėti ir eiti į pragarą. ("Kauṣītakī Upaniṣada" 3.8)

ajño jantur anīśo 'yam · ātmanaḥ sukha-duḥkhayaoḥ
īśvara-prerito gacchet · svargaṁ vāśv abhram eva ca

"Ir laimėje, ir kančioje gyvoji esybė yra visiškai priklausoma. Aukščiausiojo valia, kaip vėjo genamas debesis ji gali eiti į dangų arba į pragarą."

Tad nuo amžių gyvas įkūnytos sielos troškimas išvengti Kṛṣṇos sąmonės yra jos pačios klydimų priežastis. Nors siela pagal savo prigimtį yra amžina, palaiminga ir kupina žinojimo, būdama be galo maža ji pamiršta savo prigimtinę Viešpaties tarno padėtį ir pakliūva į neišmanymo pinkles. Tik dėl neišmanymo gyvoji esybė teigia, kad už jos sąlygotą būtį atsakingas Viešpats. Tai patvirtina ir "Vedānta-sūtra" (2.1.34): *vaiṣamya-nairghṛṇye na sāpekṣatvāt tathā hi darśayati* – Viešpats nei neapkenčia ko, nei myli, nors gal būtent šitaip ir atrodo.

ज्ञानेन तु तदज्ञानं येषां नाशितमात्मनः ।   **5.16**
तेषामादित्यवज्ज्ञानं प्रकाशयति तत्परम् ॥१६॥

jñānena tu tad ajñānaṁ · yeṣāṁ nāśitam ātmanaḥ
teṣām āditya-vaj jñānam · prakāśayati tat param

jñānena – žinojimo; *tu* – bet; *tat* – šis; *ajñānam* – neišmanymas; *yeṣām* – kurių; *nāśitam* – yra sunaikintas; *ātmanaḥ* – gyvosios esybės; *teṣām* – jų; *āditya-vat* – lyg tekanti saulė; *jñānam* – žinojimas; *prakāśayati* – atveria; *tat param* – Kṛṣṇos sąmonę.

Tačiau kai žmogų nutvieskia žinojimas, išsklaidantis neišmanymą, jam viskas atsiveria – taip dieną viską apšviečia saulė.

Be abejo, tas yra paklydęs, kas užmiršo Kṛṣṇą, o ne tas, kuris įsisąmonino Kṛṣṇą. „Bhagavad-gītoje" teigiama: *sarvaṁ jñāna-plavena,
jñānāgniḥ sarva-karmāṇi* ir *na hi jñānena sadṛśam.* Žinojimas
visais laikais buvo didžiai vertinamas. O kas yra žinojimas? Tobulas žinojimas pasiekiamas atsidavus Kṛṣṇai. Tai teigia 19-as septinto skyriaus posmas: *bahūnāṁ janmanām ante jñānavān māṁ
prapadyate.* Kai po daugelio gimimų žmogus, apšviestas tobulo
žinojimo, atsiduoda Kṛṣṇai, t.y. pasiekia Kṛṣṇos sąmonę, jam
viskas atsiveria taip, kaip dieną viskas tampa matoma šviečiant
saulei. Gyvoji esybė turi daug galimybių suklysti. Pavyzdžiui, jeigu
ji turi tiek įžūlumo manyti, jog ji yra Dievas, vadinasi, ji pateko
į paskutines neišmanymo žabangas. Bet jeigu gyvoji esybė būtų
Dievas, ar galėtų ją supainioti neišmanymas? Ar gali neišmanymas paveikti Dievą? Jei taip, vadinasi, neišmanymas, šėtonas, už Jį
galingesnis. Tikrąjį žinojimą galima perimti iš žmogaus, pasiekusio
Kṛṣṇos sąmonės tobulumą. Todėl reikia susirasti *bona fide* dvasinį
mokytoją ir jam vadovaujant perprasti Kṛṣṇos sąmonę, nes Kṛṣṇos
sąmonė, be jokių abejonių, išsklaidys neišmanymą, kaip saulė
išsklaido tamsą. Net ir suvokiant, kad tu nesi materialus kūnas
ir kad esi transcendentalus jo atžvilgiu, ne visada galima atskirti
sielą nuo Supersielos. Viską puikiai suvoksime, jei kreipsimės į
tobulą *bona fide* Kṛṣṇos sąmonės mokytoją. Pažinti Dievą ir savo
ryšius su Juo įmanoma tik susitikus su Dievo atstovu. Dievo atstovas nesiskelbia esąs Dievas, nors jam reiškiama tokia pat pagarba,
kaip ir Dievui, kadangi jis turi žinių apie Dievą. Reikia išmokti
skirti Dievą nuo gyvosios esybės. Apie tai Viešpats Śrī Kṛṣṇa antrame skyriuje (2.12) sako, kad kiekviena gyvoji būtybė yra individuali, ir kad Viešpats taip pat yra individualus. Visos gyvosios
būtybės buvo individualios praeityje, yra individualios dabar ir
bus individualios ateityje, netgi jei išsivaduos. Naktį, tamsoje,
mums viskas akyse susilieja, tačiau dieną, patekėjus saulei, prieš
mūsų akis atsiveria tikras realybės vaizdas. Kai suvokiame, kad
ir dvasiniame gyvenime esame individualybės, pasiekiame tikrąjį
žinojimą.

तद्बुद्धयस्तदात्मानस्तन्निष्ठास्तत्परायणाः । 5.17
गच्छन्त्यपुनरावृत्तिं ज्ञाननिर्धूतकल्मषाः ॥१७॥

tad-buddhayas tad-ātmānas · tan-niṣṭhās tat-parāyaṇāḥ
gacchanty apunar-āvṛttiṁ · jñāna-nirdhūta-kalmaṣāḥ

tat-buddhayaḥ – tie, kurių intelektas nuolat nukreiptas į Aukščiausiąjį; *tat-ātmānaḥ* – tie, kurių protas nuolat sutelktas į Aukščiausiąjį; *tat-niṣṭhāḥ* – tie, kurių tikėjimas skirtas tik Aukščiausiajam; *tat-parāyaṇāḥ* – kas randa prieglobstį vien Jame; *gacchanti* – eina; *apunaḥ-āvṛttim* – į išsivadavimą; *jñāna* – žinojimu; *nirdhūta* – apsivalę; *kalmaṣāḥ* – nuo nuogąstavimų.

Kai savo intelektą, protą ir tikėjimą žmogus sutelkia į Aukščiausiąjį ir Jame atranda prieglobstį, visiško žinojimo dėka išnyksta visi jo nuogąstavimai ir jis tiesiausiu keliu eina išsivaduoti.

Aukščiausia Transcendentinė Tiesa yra Viešpats Kṛṣṇa. „Bhagavad-gītos" ašis – tai teigimas, kad Kṛṣṇa yra Aukščiausiasis Dievo Asmuo. Tokia visų Vedų raštų traktuotė. *Para-tattva* reiškia Aukščiausią Realybę, kurią išmanantieji Aukščiausiąjį suvokia kaip Brahmaną, Paramātmą ir Bhagavāną. Bhagavānas, Aukščiausiasis Dievo Asmuo, yra aukščiausias Absoliuto aspektas. Už jį nėra nieko aukščiau. Viešpats sako: *mattaḥ parataraṁ nānyat kiñcid asti dhanañjaya.* Beasmenio Brahmano pagrindas irgi Kṛṣṇa: *brahmaṇo hi pratiṣṭhāham.* Todėl Kṛṣṇa visais atžvilgiais yra Aukščiausioji Realybė. Tas, kurio protas, intelektas, tikėjimas ir viltys visada nukreipti į Kṛṣṇą, kitaip sakant, tas, kuris pilnai įsisąmonino Kṛṣṇą – tikrai atsikrato visų nuogąstavimų ir tobulai pažįsta viską, kas susiję su transcendencija. Kṛṣṇą įsisąmoninęs žmogus gerai supranta, kad Kṛṣṇa – dualistiškas (vienu metu Jis yra visa kam tapatus ir individualus). Apsiginklavęs tokiu transcendentiniu žinojimu žmogus tvirtai žengia į priekį išsivadavimo keliu.

विद्याविनयसम्पन्ने ब्राह्मणे गवि हस्तिनि । 5.18
शुनि चैव श्वपाके च पण्डिताः समदर्शिनः ॥१८॥

vidyā-vinaya-sampanne · brāhmaṇe gavi hastini
śuni caiva śva-pāke ca · paṇḍitāḥ sama-darśinaḥ

vidyā – išsilavinimu; *vinaya* – ir nuolankumu; *sampanne* – pasi-
žymintys; *brāhmaṇe* – brahmano kūne; *gavi* – karvėje; *hastini* –
dramblyje; *śuni* – šunyje; *ca* – ir; *eva* – tikrai; *śva-pāke* – šun-
ėdoje (neliečiamajame); *ca* – taip pat; *paṇḍitāḥ* – išmintingieji;
sama-darśinah – vienodai regintys.

**Nuolankūs išminčiai tikro žinojimo dėka vienodai žvelgia į
mokytą romų brahmaną, į karvę, dramblį, šunį bei šunėdą [nelie-
čiamąjį].**

Kṛṣṇą įsisąmoninęs žmogus nemato nei rūšių, nei kastų skir-
tumo. Socialiniu požiūriu brahmanas ir neliečiamasis skiriasi lygiai
taip, kaip rūšies požiūriu skiriasi šuo, karvė ir dramblys, tačiau
išmanančio transcendentalisto akimis tokie kūnų skirtumai neturi
jokios reikšmės. Taip yra dėl to, kad visos gyvosios būtybės susi-
jusios su Aukščiausiuoju, nes Aukščiausiasis Viešpats Savo pil-
nutiniu skleidiniu glūdi kiekvieno širdyje kaip Paramātmā. Šitoks
Aukščiausiojo supratimas ir yra tikrasis žinojimas. O kai dėl kūnų,
priklausančių skirtingoms kastoms ir gyvybės rūšims, tai Viešpats
visiems lygiai maloningas, nes Jis kiekvieną gyvąją būtybę laiko
draugu ir glūdi visų širdyse kaip Paramātmā, nepriklausomai nuo
tų aplinkybių, kuriose gyvosios esybės yra atsidūrusios. Paramāt-
mos pavidalu Viešpats yra tiek neliečiamojo, tiek brahmano šir-
dyje, nors brahmano ir neliečiamojo kūnai – skirtingi. Kūnai –
įvairių materialios gamtos *guṇų* padariniai, tuo tarpu tiek siela,
tiek Supersiela, glūdinčios juose, turi vienodą dvasinę prigimtį. Bet
sielos ir Supersielos kokybinis panašumas nesulygina jų kiekybiš-
kai, nes individuali siela yra tik viename konkrečiame kūne, o
Paramātmā – visuose be išimties. Kṛṣṇą įsisąmoninęs žmogus tai
tobulai išmano, todėl jis yra iš tikrųjų išsilavinęs ir į visus žvelgia
vienodai. Siela bei Supersiela panašios tuo, kad abi jos sąmonin-
gos, amžinos ir kupinos palaimos, o skiriasi tuo, kad individualios

sielos sąmonė apima tik ribotą kūną, o Supersielos sąmonė apima visus kūnus ir yra visuose juose be išimties.

इहैव तैर्जितः सर्गो येषां साम्ये स्थितं मनः ।   **5.19**
निर्दोषं हि समं ब्रह्म तस्माद् ब्रह्मणि ते स्थिताः ॥१९॥

ihaiva tair jitaḥ sargo · yeṣāṁ sāmye sthitaṁ manaḥ
nirdoṣaṁ hi samaṁ brahma · tasmād brahmaṇi te sthitāḥ

iha – šiame gyvenime; *eva* – tikrai; *taiḥ* – jų; *jitaḥ* – nugalėtas; *sargaḥ* – gimimas ir mirtis; *yeṣām* – tų, kurių; *sāmye* – pusiausvyroje; *sthitam* – esti; *manaḥ* – protas; *nirdoṣam* – nepriekaištingi; *hi* – tikrai; *samam* – pusiausvyroje; *brahma* – kaip Aukščiausiasis; *tasmāt* – todėl; *brahmaṇi* – Aukščiausiajame; *te* – jie; *sthitāḥ* – yra.

Tie, kurių protas įgavo vienodumą ir pusiausvyrą, jau įveikė gimimą ir mirtį. Jie, kaip ir Brahmanas, neturi trūkumų, todėl jau yra Jame.

Jau buvo minėta, kad proto pusiausvyra yra savęs pažinimo požymis. Tas, kuris iš tiesų pasiekė šį lygį, yra nugalėjęs materialias sąlygas, būtent – gimimą ir mirtį. Kol žmogus tapatina save su kūnu, jis laikomas sąlygota siela, tačiau pakanka jam suvokiant save pasiekti proto pusiausvyros būvį, ir jis išsivaduoja iš sąlygoto gyvenimo. Kitaip sakant, jam nebereikia gimti materialiame pasaulyje, ir po mirties jis eina į dvasinį dangų. Viešpats neturi trūkumų, nes nejaučia nei potraukio, nei neapykantos. Taip ir gyvoji esybė, kai ji nebeturi potraukio ir neapykantos, atsikrato visų trūkumų ir tampa verta dvasinio dangaus. Tokius žmones – jų požymiai aprašomi žemiau – reikia vadinti išsivadavusiais.

न प्रहृष्येत्प्रियं प्राप्य नोद्विजेत्प्राप्य चाप्रियम् ।   **5.20**
स्थिरबुद्धिरसम्मूढओ ब्रह्मविद् ब्रह्मणि स्थितः ॥२०॥

na prahṛṣyet priyaṁ prāpya · nodvijet prāpya cāpriyam
sthira-buddhir asammūḍho · brahma-vid brahmaṇi sthitaḥ

na – niekada; *prahṛṣyet* – džiūgauja; *priyam* – malonų; *prāpya* – pasiekęs; *na* – ne; *udvijet* – jaudinasi; *prāpya* – įgijęs; *ca* – taip pat; *apriyam* – nemalonų; *sthira-buddhiḥ* – kurio intelektas nukreiptas į savąjį „aš"; *asammūḍhaḥ* – nesuklaidintas; *brahma-vit* – tobulai suprantąs Aukščiausiąjį; *brahmaṇi* – transcendencijoje; *sthitaḥ* – yra.

Kas nedžiūgauja, kai atsitinka kas nors malonaus, ir nesielvartauja patyręs nemalonumus, kieno intelektas nukreiptas į savąjį „aš", kas neklysta ir pažino mokslą apie Dievą – tas jau pasiekė transcendenciją.

Čia aprašomi save pažinusio žmogaus požymiai. Pirmasis požymis: jis neapgautas iliuzijos ir netapatina kūno su savo tikruoju „aš". Jis gerai žino, kad yra ne kūnas, o fragmentinė Aukščiausiojo Dievo Asmens dalelė. Todėl jis nei džiaugiasi pasiekęs tai, kas susiję su kūnu, nei liūdi tai praradęs.Toks proto tvirtumas vadinamas *sthira-buddhi* – intelektu, nukreiptu į savąjį „aš". Todėl toks žmogus nepainioja savo grubaus kūno su siela, nelaiko jo amžinu ir pripažįsta egzistuojant sielą. Toks žinojimas pakylėja jį iki lygmens, kur visiškai atsiveria mokslas apie Absoliučią Tiesą – Brahmaną, Paramātmą ir Bhagavāną. Todėl žmogus, gerai žinantis savo prigimtinį būvį, neapgaudinėja savęs ir nebando visais atžvilgiais prilygti Aukščiausiajam. Tai ir yra Brahmano arba savęs pažinimas. Tokia tvirta sąmonė ir vadinasi Kṛṣṇos sąmonė.

बाह्यस्पर्शेष्वसक्तात्मा विन्दत्यात्मनि यत्सुखम् ।
स ब्रह्मयोगयुक्तात्मा सुखमक्षयमश्नुते ॥२१॥

5.21

bāhya-sparśeṣv asaktātmā · vindaty ātmani yat sukham
sa brahma-yoga-yuktātmā · sukham akṣayam aśnute

bāhya-sparśeṣu – prie išoriškų juslinių malonumų; *asakta-ātmā* – kas nėra prisirišęs; *vindati* – patiria; *ātmani* – savyje; *yat* – kurią; *sukham* – laimę; *saḥ* – jis; *brahma-yoga* – susikaupimu į Brahmaną;

yukta-ātmā – savąjį „aš" susiejęs su; *sukham* – laime; *akṣayam* – beribę; *aśnute* – džiaugiasi.

Išvaduoto žmogaus nevilioja materialūs jusliniai malonumai. Jis visada yra apimtas transo, semdamasis džiaugsmo vidujai. Taip save pažinusi asmenybė patiria beribę laimę, nes ji susitelkusi į Aukščiausiąjį.

Śri Yāmunācārya, didis Kṛṣṇos sąmonės bhaktas sakė:

yad-avadhi mama cetaḥ kṛṣṇa-padāravinde
  nava-nava-rasa-dhāmany udyataṁ rantum āsīt
tad-avadhi bata nārī-saṅgame smaryamāne
  bhavati mukha-vikāraḥ suṣṭhu niṣṭhīvanaṁ ca

„Nuo tada, kai pradėjau su transcendentine meile tarnauti Kṛṣṇai, atrasdamas Jame neišsenkamą palaimą, vos tik pagalvoju apie lytinius malonumus – pasibjaurėjimas iškreipia mano lūpas ir aš nusispjaunu." Praktikuojantis *brahmą-yogą*, arba Kṛṣṇos sąmonę, taip pasineria į meilės tarnystę Viešpačiui, kad visiškai praranda potraukį materialiems jusliniams malonumams. Materialiu požiūriu, didžiausias malonumas – lytinis. Jo kerams šiame pasaulyje niekas negali atsispirti – be minties apie seksą materialistas iš viso negali dirbti. Tačiau Kṛṣṇą įsisąmoninęs žmogus, apsieidamas be lytinių malonumų ir jų vengdamas, dirba su dar didesniu įkvėpimu. Toks yra dvasinio pažinimo kriterijus. Dvasinis pažinimas ir lytiniai malonumai niekaip nesiderina. Kṛṣṇą įsisąmoninęs žmogus – tai išsivadavusi siela, todėl jo nebevilioja jokie jusliniai malonumai.

ये हि संस्पर्शजा भोगा दुःखयोनय एव ते ।
आद्यन्तवन्तः कौन्तेय न तेषु रमते बुधः ॥२२॥

5.22

ye hi saṁsparśa-jā bhogā · duḥkha-yonaya eva te
ādy-antavantaḥ kaunteya · na teṣu ramate budhaḥ

ye – tie; *hi* – tikrai; *saṁsparśa-jāḥ* – dėl sąlyčio su materialiomis juslėmis; *bhogāḥ* – malonumai, *duḥkha* – kančios; *yonayaḥ* – ištakos;

eva – tikrai; *te* – jie yra; *ādi* – pradžiai; *anta* – pabaigai; *vantaḥ* – pavaldūs; *kaunteya* – o Kuntī sūnau; *na* – niekada; *teṣu* – juose; *ramate* – ieško malonumų; *budhaḥ* – išmintingasis.

Išmintingas žmogus apeina kančių židinius, kurie atsiveria susilietus su materialiom juslėm. O Kuntī sūnau, šie malonumai turi ir pradžią, ir pabaigą, todėl išminčius juose neieško džiaugsmo.

Materialūs jusliniai malonumai yra kontaktų su materialiom juslėm pasekmė. Jie laikini, nes laikinas pats kūnas. Išsivadavusios sielos nedomina niekas, kas laikina. Ar gali išsivadavusi siela, patyrusi transcendentinius malonumus, tenkintis netikrais malonumais? „Padma Purāṇoje" pasakyta:

ramante yogino 'nante · satyānande cid-ātmani
iti rāma-padenāsau · paraṁ brahmābhidhīyate

„Mistikai semiasi neribotų transcendentinių malonumų iš Absoliučios Tiesos. Todėl Aukščiausioji Absoliuti Tiesa, Dievo Asmuo, dar žinomas kaip Rāma."

„Śrīmad-Bhāgavatam" (5.5.1) taip pat pasakyta:

nāyaṁ deho deha-bhājāṁ nṛ-loke
kaṣṭān kāmān arhate viḍ-bhujāṁ ye
tapo divyaṁ putrakā yena sattvaṁ
śuddhyed yasmād brahma-saukhyaṁ tv anantam

„Mano brangieji sūnūs, gavus žmogaus kūną nėra prasmės išsijuosus dirbti dėl juslinio pasitenkinimo – tokie malonumai prieinami netgi išmatas ėdantiems gyvūnams [kiaulėms]. Šį gyvenimą jums dera askezėmis gryninti savo būtį, tuomet galėsite pasisemti beribės transcendentinės palaimos."

Todėl tikrieji *yogai* ir apsišvietę transcendentalistai nesusigundo jusliniais malonumais, kurie yra nesibaigiančios materialios būties priežastis. Juo labiau žmogus linkęs į materialius malonumus, juo smarkiau jį apninka materialios bėdos.

शक्नोतीहैव यः सोढंऽु प्राक्शरीरविमोक्षणात् ।   5.23
कामक्रोधोद्भवं वेगं स युक्तः स सुखी नरः ॥२३॥

śaknotīhaiva yaḥ soḍhuṁ · prāk śarīra-vimokṣaṇāt
kāma-krodhodbhavaṁ vegaṁ · sa yuktaḥ sa sukhī naraḥ

śaknoti – sugeba; *iha eva* – šiame kūne; *yaḥ* – tas, kuris; *soḍhum* – iškęsti; *prāk* – prieš; *śarīra* – kūną; *vimokṣaṇāt* – palikdamas; *kāma* – troškimus; *krodha* – ir pyktį; *udbhavam* – kilusius iš; *vegam* – paskatų; *saḥ* – jis; *yuktaḥ* – transe; *saḥ* – jis; *sukhī* – laimingas; *naraḥ* – žmogus.

Jeigu dar būdamas šiame kūne žmogus sugeba iškęsti materialių juslių poreikius ir pažaboti savo troškimų bei pykčio jėgą, jis gyvena teisingai ir jau šiame pasaulyje yra laimingas.

Norint daryti nuolatinę pažangą savęs pažinimo kelyje, reikia stengtis kontroliuoti materialių juslių poreikius, t.y. poreikį kalbėti, pykti, taip pat proto, skrandžio, lytinių organų ir liežuvio poreikius. Tas, kuris sugeba kontroliuoti visų juslių poreikius vadinamas *gosvāmiu,* arba *svāmiu. Gosvāmiai* gyvena griežtai apribotą gyvenimą ir pilnai kontroliuoja juslių poreikius. Nepatenkinti materialūs troškimai sukursto pyktį, ir tuomet pykčiu užsiplieskia protas, akys ir krūtinė. Todėl reikia mokytis susitvardyti dar prieš paliekant šį materialųjį kūną. Tas, kuris sugeba susitvardyti, jau pažino save, todėl yra laimingas. Transcendentalisto pareiga – visomis jėgomis stengtis suvaldyti troškimus bei pyktį.

योऽन्तःसुखोऽन्तरारामस्तथान्तज्र्योतिरेव यः ।   5.24
स योगी ब्रह्मनिर्वाणं ब्रह्मभूतोऽधिगच्छति ॥२४॥

yo 'ntaḥ-sukho 'ntar-ārāmas · tathāntar-jyotir eva yaḥ
sa yogī brahma-nirvāṇaṁ · brahma-bhūto 'dhigacchati

yaḥ – tas, kuris; *antaḥ-sukhaḥ* – laimingas viduje; *antaḥ-ārāmaḥ* – semiasi džiaugsmo savyje; *tatha* – kaip ir; *antaḥ-jyotiḥ* – žvelgiąs vidujai; *eva* – tikrai; *yaḥ* – bet kas; *saḥ* – jis; *yogī* – mistikas; *brahma-nirvāṇam* – išsivadavimas patyrus Aukščiausiąjį; *brahma-bhūtaḥ* – pažinęs save; *adhigacchati* – pasiekia.

Kas laimingas vidujai, kas veiklus ir semiasi džiaugsmo savyje ir kas žvelgia savo vidun, tas išties tobulas mistikas. Jis išsivaduoja patirdamas Aukščiausiąjį ir galiausiai Jį pasiekia.

Ar galima atsisakyti išorinės veiklos, kuria siekiama paviršutiniškos laimės, jei nesugebama patirti laimės vidujai? Išsivadavęs žmogus patiria tikrą laimę, todėl jis gali bet kur tykiai laikytis ir gyventi pilnavertį vidinį gyvenimą. Išsilaisvinęs žmogus nebetrokšta paviršutiniškos materialios laimės. Toks būvis vadinamas *brahma-bhūta,* ir jį pasiekus galima būti tikram, kad grįši namo, atgal pas Dievą.

लभन्ते ब्रह्मनिर्वाणमृषयः क्षीणकल्मषाः ।   5.25
छिन्नद्वैधा यतात्मानः सर्वभूतहिते रताः ॥२५॥

labhante brahma-nirvāṇam · ṛṣayaḥ kṣīṇa-kalmaṣāḥ
chinna-dvaidhā yatātmānaḥ · sarva-bhūta-hite ratāḥ

labhante – pasiekia; *brahma-nirvāṇam* – išsivadavimas patyrus Aukščiausiąjį; *ṛṣayaḥ* – tie, kurie veiklūs viduje; *kṣīṇa-kalmaṣāḥ* – neturintys nuodėmių; *chinna* – atsiplėšę nuo; *dvaidhāḥ* – priešybių; *yata-ātmānaḥ* – siekiantys savęs pažinimo; *sarva-bhūta* – visų gyvųjų būtybių; *hite* – gerovei skirta veikla; *ratāḥ* – užsiėmę.

Tie, kurie pakilo virš priešybių, kurias gimdo dvejonės, kurių protas atgręžtas vidun, kurie visada triūsia visų gyvųjų būtybių labui ir yra be nuodėmės, išsivaduoja patirdami Aukščiausiąjį.

Tik apie žmogų, pasiekusį tvarią Kṛṣṇos sąmonę, galima sakyti, kad jis dirba visų gyvųjų esybių labui. Kai žmogus giliai suvokia, jog Kṛṣṇa yra visa ko pirminis šaltinis, ir veikia tokia dvasia – jis iš tiesų dirba visų labui. Žmonija kenčia, nes ji užmiršo, jog Kṛṣṇa – aukščiausiasis besimėgaujantis subjektas, aukščiausiasis savininkas ir geriausias draugas. Todėl pastangos atgaivinti tą suvokimą visoje žmonių visuomenėje yra didžiausia labdara. Neišsivadavus ir nepatyrus Aukščiausiojo, šios aukščiausio lygio labdaros neįmanoma atlikti. Kṛṣṇą įsisąmoninęs žmogus neabejoja aukščiausia Kṛṣṇos valdžia. Jo nekamuoja dvejonės, nes jis yra visiškai be nuodėmės. Toks dieviškos meilės būvis.

Žmogus, kuris rūpinasi tik materialia žmonių visuomenės gerove, iš tikrųjų niekam negali padėti. Laikinas palengvėjimas, kurį gauna išorinis kūnas ir protas, yra nepakankamas. Tikroji visų sunkumų nuožmioje kovoje už būvį priežastis ta, kad užmirštamas ryšys su Aukščiausiuoju Viešpačiu. Kai žmogus iki galo suvokia savo ryšį su Kṛṣṇa, iš tikrųjų jis jau yra išvaduota siela, nors dar tebėra laikiname materialiame kūne.

कामक्रोधविमुक्तानां यतीनां यतचेतसाम् ।   5.26
अभितो ब्रह्मनिर्वाणं वर्तते विदितात्मनाम् ॥२६॥

kāma-krodha-vimuktānāṁ · yatīnāṁ yata-cetasām
abhito brahma-nirvāṇaṁ · vartate viditātmanām

kāma – iš troškimų; *krodha* – ir pykčio; *vimuktānām* – išsivadavusiems; *yatīnām* – šventiesiems; *yata-cetasām* – kurie visiškai suvaldė protą; *abhitaḥ* – netrukus; *brahma-nirvāṇam* – išsivadavimas patyrus Aukščiausiąjį; *vartate* – yra; *vidita-ātmanām* – tiems, kurie pažino save.

Kas neturi pykčio ir įveikė visus materialius troškimus, kas suvokė ir sudrausmino save, kas nuolat siekia tobulumo, tas netrukus išsivaduos, patirdamas Aukščiausiąjį.

Iš šventų asmenybių, visada siekiančių išsivaduoti, geriausia ta, kuri įsisąmonino Kṛṣṇą. *Bhāgavatam* patvirtina šią tiesą (4.22.39):

yat-pāda-paṅkaja-palāśa-vilāsa-bhaktyā
karmāśayaṁ grathitam udgrathayanti santaḥ
tadvan na rikta-matayo yatayo 'pi ruddha-
sroto-gaṇās tam uruṇaṁ bhaja vasudevam

„Stenkis garbinti Vāsudevą, Aukščiausiąjį Dievo Asmenį, su pasiaukojimu tarnaudamas Jam. Netgi didieji išminčiai nepajėgia valdyti juslių taip sėkmingai, kaip tie, kurie tarnaudami Viešpaties lotosinėms pėdoms patiria transcendentinę palaimą, taip pakirsdami giliai įsišaknijusį karminės veiklos troškimą."

Troškimas mėgautis karminės veiklos rezultatais taip giliai įsišaknijęs sąlygotoje sieloje, kad net didieji išminčiai, nepaisant didžių pastangų, sunkiai užgniaužia tokius norus. Tačiau Viešpaties bhaktas, nuolat su pasiaukojimu tarnaujantis Kṛṣṇai ir daug pasiekęs savęs pažinimo srityje, netrukus išsivaduoja, patirdamas Aukščiausiąjį. Jis visada skendi transe, nes perprato savęs pažinimo mokslą. Galima pacituoti dar vieną posmą, analogišką ankstesniajam:

darśana-dhyāna-saṁsparśair · matsya-kūrma-vihaṅgamāḥ
svāny apatyāni puṣṇanti · tathāham api padma-ja

„Kad užaugintų savo palikuonis, žuvims, vėžliams ir paukščiams pakanka žvilgsnio, minties, prisilietimo. Taip ir Aš elgiuosi, o Padmaja!"

Kad užaugintų savo palikuonis, žuvims pakanka žiūrėti į juos. Vėžliui pakanka apie savuosius galvoti. Vėžlys padeda kiaušinius sausumoje, o pats vandenyje vis prisimena juos. Taip Kṛṣṇą įsisąmoninęs bhaktas, nors ir būdamas labai toli nuo Viešpaties buveinės, gali pasikelti į ją nuolatos galvodamas apie Viešpatį, t.y. atlikdamas Kṛṣṇos sąmonės veiklą. Materialios bėdos jo nekankina; toks būties būvis vadinamas *brahma-nirvāṇa*, o tai reiškia, kad žmogui, nuolat mintimis panirusiam į Aukščiausiąjį, materialios kančios nebeegzistuoja.

स्पर्शान् कृत्वा बहिर्बाह्यांश्चक्षुश्चैवान्तरे भ्रुवोः । 5.27–28
प्राणापानौ समौ कृत्वा नासाभ्यन्तरचारिणौ ॥२७॥

यतेन्द्रियमनोबुद्धिर्मुनिर्मोक्षपरायणः ।
विगतेच्छाभयक्रोधो यः सदा मुक्त एव सः ॥२८॥

sparśān kṛtvā bahir bāhyāṁś · cakṣuś caivāntare bhruvoḥ
prāṇāpānau samau kṛtvā · nāsābhyantara-cāriṇau

yatendriya-mano-buddhir · munir mokṣa-parāyaṇaḥ
vigatecchā-bhaya-krodho · yaḥ sadā mukta eva saḥ

sparśān – juslių objektus, tokius kaip garsas; *kṛtvā* – laikydamas; *bahiḥ* – išorinius; *bāhyān* – nereikalingais; *cakṣuḥ* – akis; *ca* – ir; *eva* – tikrai; *antare* – tarp; *bhruvoḥ* – antakių; *prāṇa-apānau* – aukštyn ir žemyn judančio oro; *samau* – sulaikymą; *kṛtvā* – atlikdamas; *nāsa-abhyantara* – šnervėse; *cāriṇau* – dvelkiančio; *yata* – suvaldęs; *indriya* – jusles; *manaḥ* – protą; *buddhiḥ* – intelektą; *muniḥ* – transcendentalistas; *mokṣa* – išsivadavimo; *parāyaṇaḥ* – siekiantis; *vigata* – atmetęs; *icchā* – troškimus; *bhaya* – baimę; *krodhaḥ* – pyktį; *yaḥ* – tas, kuris; *sadā* – visada; *muktaḥ* – išsivadavęs; *eva* – tikrai; *saḥ* – jis yra.

Išsivaduoti siekiąs transcendentalistas atsiriboja nuo išorinių juslių objektų, žvilgsnį sukaupia tarp antakių, šnervėse sulaiko įkvėpimą ir iškvėpimą. Taip valdydamas protą, jusles ir intelektą, jis atsikrato troškimų, baimės ir pykčio. Kas visada yra tokio būvio, tas neabejotinai išsivadavęs.

Veikdamas su Kṛṣṇos sąmone, žmogus greitai suvokia savo dvasinį „aš", ir tada jis gali pažinti Aukščiausiąjį Viešpatį pasiaukojimo tarnystės būdu. Kai pasiaukojimo tarnystė įgyja tvirtumo, pasiekiama transcendentinė padėtis, kuri leidžia pajusti Viešpatį visose savo veiklos srityse. Ši ypatinga padėtis vadinama išsivadavimu pasiekus Aukščiausiąjį.

Išaiškinęs aukščiau minėtus išsivadavimo pasiekus Aukščiausiąjį principus, Viešpats dėsto Arjunai, kaip šią padėtį pasiekti praktikuojant misticizmą, t.y. *yogą*, vadinamą *aṣṭāṅga-yoga*, kurią sudaro aštuonios pakopos: *yama, niyama, āsana, prāṇāyāma, pratyāhāra, dhāraṇā, dhyāna ir samādhi*. *Yogos* klausimas detaliai išnagrinėtas šeštame skyriuje – penktojo pabaigoje jis nušviestas tik bendrais bruožais. *Pratyāhāros* metodu reikia atsiriboti nuo juslių objektų – garso, lytėjimo, pavidalo, skonio, kvapo – ir nukreipus žvilgsnį tarp antakių, pusiau atmerktomis akimis, susikoncentruoti į nosies galiuką. Visiškai akių užmerkti nereikia, nes galima užmigti. Neparanku ir visiškai jas atmerkti – tada kyla pavojus, kad dėmesį patrauks juslių objektai. Šnervėse kvėpavimas sulaikomas supriešinant aukštyn ir žemyn kūne judantį orą. Praktikuojant šią *yogą*, suvaldomos juslės, atsiribojama nuo išorinių juslinių objektų, taip pasiruošiama išsivaduoti ir pasiekti Aukščiausiąjį.

Šis *yogos* metodas padeda žmogui atsikratyti visų baimių bei pykčio ir pasiekus transcendentinę padėtį pajusti Supersielos buvimą. Kitaip sakant, Kṛṣṇos sąmonė yra lengviausias būdas pritaikyti *yogos* principus. Nuodugniai tai bus aiškinama kitame skyriuje. Kṛṣṇą įsisąmoninęs žmogus, visą laiką su pasiaukojimu tarnaudamas, išvengia pavojaus, kad juslės susiras sau kitokį užsiėmimą. Toks juslių valdymo būdas pranašesnis už *aṣṭāṅga-yogą*.

भोक्तारं यज्ञतपसां सर्वलोकमहेश्वरम् ।
सुहृदं सर्वभूतानां ज्ञात्वा मां शान्तिमृच्छति ॥२९॥

5.29

bhoktāraṁ yajña-tapasāṁ · sarva-loka-maheśvaram
suhṛdaṁ sarva-bhūtānāṁ · jñātvā māṁ śāntim ṛcchati

bhoktāram – tas, kuriam skirti rezultatai; *yajña* – aukų; *tapasām* – ir atgailų bei askezių; *sarva-loka* – visų planetų ir jų pusdievių; *mahā-īśvaram* – Aukščiausiasis Viešpats; *su-hṛdam* – geradaris; *sarva* – visų; *bhūtānām* – gyvųjų esybių; *jñātvā* – žinodamas tai; *mām* – Mane (Viešpatį Kṛṣṇą); *śāntim* – išsivadavimą iš materialių skausmų; *ṛcchati* – tas pasiekia.

Kas visiškai įsisąmonino Mane, žinodamas, kad Man skirti visų aukų ir askezių rezultatai, kad Aš esu visų planetų bei pusdievių Aukščiausiasis Viešpats ir visų gyvųjų esybių draugas, linkintis joms gera, to nebekankina materialios negandos.

Sąlygotos sielos, patekusios į iliuzinės energijos gniaužtus, atkakliai siekia ramybės materialiame pasaulyje. Tačiau jos nežino taikos (ramybės) formulės, kuri yra pateikiama šiame „Bhagavad-gītos" skyriuje. Geriausia taikos formulė tokia: visos žmonijos veiklos vaisiai skiriami Kṛṣṇai. Žmonės turėtų viską skirti transcendentinei Viešpaties tarnystei, nes Jis – planetų ir gyvenančių jose pusdievių savininkas. Jo niekas nepranoksta, net patys didžiausi pusdieviai – Viešpats Śiva ir Viešpats Brahmā. Vedose („Śvetāśvatara Upaniṣada" 6.7) Aukščiausiasis Viešpats apibūdinamas taip: *tam īśvarāṇāṁ paramaṁ maheśvaram.* Iliuzijos apkerėtos gyvosios esybės stengiasi tapti visko, ką tik aprėpia jų žvilgsnis, valdovėmis, tačiau iš tikrųjų sąlygas joms diktuoja materiali Viešpaties energija. Viešpats – materialios gamtos valdovas, o sąlygotos sielos pavaldžios griežtiems jos dėsniams. Kol nesuprasime tos paprastos tiesos, nepasieksime taikos pasaulyje nei vieni patys, nei visi kartu. Kṛṣṇos sąmonės esmė tokia: Viešpats Kṛṣṇa yra aukščiausias dominuojantis subjektas, o visos gyvosios esybės kartu su didžiausiais pusdieviais yra Jo valdiniai. Visišką ramybę galima rasti tik pasiekus Kṛṣṇos sąmonės aukštumas.

Penktasis skyrius argumentuotai išaiškina Kṛṣṇos sąmonę, kuri paprastai vadinama *karma-yoga.* Jis atsako ir į klausimą iš spekuliatyvių samprotavimų srities, kaip praktikuojant *karma-yogą* galima išsivaduoti. Veikti Kṛṣṇos sąmonės dvasia – tai veikti aiškiai įsisąmoninus Viešpaties viršenybę savo atžvilgiu. Tokia veikla nesiskiria nuo transcendentinio žinojimo. Tiesioginė Kṛṣṇos sąmonė yra *bhakti-yoga,* o *jñāna-yoga* – tai kelias, vedantis į *bhakti-yogą.* Kṛṣṇos sąmonė – tai veikla visiškai suvokiant savo ryšį su Aukščiausiuoju Absoliutu, o aukščiausias tos sąmonės lygis – visiškai suvokti Kṛṣṇą, Aukščiausiąjį Dievo Asmenį. Tyra siela – amžinas Dievo tarnas, fragmentinė ir neatsiejama Jo dalelė. Sąlyčiui su *māya* (iliuzija) sielą paskatina noras ją valdyti – tai ir yra daugelio sielos kančių priežastis. Kol siela kontaktuoja su materija, ji dirba verčiama materialaus būtinumo. Tačiau Kṛṣṇos sąmonė netgi materijos valdomą sielą grąžina į dvasinį gyvenimą, per veiklą atgaivindama dvasinį gyvosios esybės būvį dar materialiame pasaulyje. Kuo labiau pažengęs žmogus, tuo labiau jis vaduojasi iš materijos gniaužtų. Viešpats nėra kam nors šališkas. Viskas priklauso nuo to, kaip praktiškai įgyvendinamos Kṛṣṇos sąmonės pareigos, kurios padeda visiškai valdyti jusles, nugalėti troškimų bei pykčio jėgą. Turint tvirtą Kṛṣṇos sąmonės pagrindą ir kontroliuojant anksčiau minėtas aistras, realiai pasiekiamas transcendentinis lygmuo, t.y. *brahma-nirvāṇa.* Kṛṣṇos sąmonės praktika savaime apima ir aštuonialypę mistinę *yogą,* nes pasiekiamas ir jos galutinis tikslas. Galimas ir laipsniško tobulėjimo kelias, kai praktikuojama *yama, niyama, āsana, prāṇāyāma, pratyāhāra, dhāraṇā, dhyāna, samādhi,* tačiau visa tai – tik pirmas žingsnis į tobulumą, kuris pasiekiamas pasiaukojus tarnaujant. Tik pasiaukojimo tarnystė suteikia žmogui ramybę. Toks yra aukščiausias gyvenimo tobulumas.

Taip Bhaktivedanta baigia komentuoti penktą „Śrīmad Bhagavad-gītos" skyrių, pavadintą „Karma yoga – veikla įsisąmoninus Kṛṣṇą".

6 skyrius

Dhyāna-yoga

श्रीभगवानुवाच　　　　　　　　　　　　　　　　6.1
अनाश्रितः कर्मफलं कार्यं कर्म करोति यः ।
स सन्न्यासी च योगी च न निरग्निर्न चाक्रियः ॥ १ ॥

śrī-bhagavān uvāca
anāśritaḥ karma-phalaṁ · kāryaṁ karma karoti yaḥ
sa sannyāsī ca yogī ca · na niragnir na cākriyaḥ

śrī-bhagavān uvāca – Viešpats tarė; *anāśritaḥ* – be prieglobsčio; *karma-phalam* – darbo rezultatų; *kāryam* – būtiną; *karma* – veiklą; *karoti* – atlieka; *yaḥ* – tas, kuris; *saḥ* – jis; *sannyāsī* – yra atsižadėjęs; *ca* – taip pat; *yogī* – mistikas; *ca* – taip pat; *na* – ne; *niḥ* – be; *agniḥ* – ugnies; *na* – nei; *ca* – taip pat; *akriyaḥ* – be pareigos.

Aukščiausiasis Dievo Asmuo tarė: Ne tas yra atsižadėjęs ir ne tas tikrasis mistikas, kuris neužkuria aukuro ir neatlieka pareigos, o tas, kuris nelaukdamas savo darbo vaisių, atlieka darbą, kurį atlikti privalo.

Šiame skyriuje Viešpats aiškina, jog aštuonialypės *yogos* sistema skirta kontroliuoti protą ir jusles. Tačiau paprastiems žmonėms praktikuoti šią *yogą* pernelyg sunku, ypač Kali amžiuje. Nors šiame skyriuje ir rekomenduojama aštuonialypės *yogos* praktika, Viešpats pabrėžia, kad *karma-yogos* kelias, veikla įsisąmoninus Kṛṣṇą, geresnis. Kiekvienas šiame pasaulyje dirba, kad išlaikytų šeimą ir ūkį, bet neatsiras nė vieno, kuris egocentriškai, ar egoekstensyviai neturėtų savų išskaičiavimų ir kaip nors nesiektų pasitenkinti. Kriterijus, pagal kurį galima spręsti, kiek tobulas žmogus, yra tai, ar jis veikia Kṛṣṇos labui, ar siekia mėgautis savo darbo vaisiais. Veikti su Kṛṣṇos sąmone – kiekvienos gyvosios esybės pareiga, nes pagal savo prigimtį visos jos yra neatskiriamos Aukščiausiojo dalelės. Kiekviena kūno dalis veikia viso kūno labui. Galūnės funkcionuoja ne save patenkindamos, o tam, kad tenkintų bendrą visumą. Taip ir gyvoji esybė, kuri veikia aukščiausios visumos vardan, o ne tam, kad tenkintų save, yra tobulas *sannyāsis,* tobulas *yogas.*

Kartais *sannyāsiai* klaidingai mano, kad jie atleisti nuo materialių pareigų, todėl jie nebeatlieka *agnihotra yajñų* (deginamųjų aukų). Tačiau iš tikrųjų jie yra savanaudžiai, nes jų tikslas – susivienyti su beasmeniu Brahmanu. Toks troškimas daug aukštesnis už visus materialius troškimus, tačiau ir jis turi savanaudiškumo elementų. Taip ir *yogai* mistikai, visiškai nutraukę materialią veiklą ir praktikuojantys *yogą* sėdėdami pusiau atmerktomis akimis, trokšta patenkinti savąjį „aš". Tačiau Kṛṣṇą įsisąmoninęs žmogus nesavanaudiškai veikia vardan visumos. Jis netrokšta pasitenkinimo sau. Jo tikslas – patenkinti Kṛṣṇą, todėl toks žmogus – tobulas *sannyāsis,* tobulas *yogas.* Viešpats Caitanya, aukščiausias tikro atsižadėjimo pavyzdys, meldžiasi taip:

na dhanaṁ na janaṁ na sundarīṁ
  kavitāṁ vā jagad-īśa kāmaye
mama janmani janmanīśvare
  bhavatād bhaktir ahaitukī tvayi

„O Visagali Viešpatie, netrokštu aš nei turtų, nei gražių moterų. Nereikia man ir pasekėjų būrio. Vieno prašau – suteikti man nepriežastinę malonę pasiaukojus tarnauti Tau gyvenimas po gyvenimo."

यं सन्न्यासमिति प्राहुर्योगं तं विद्धि पाण्डव । 6.2
न ह्यसन्न्यस्तसङ्कल्पो योगी भवति कश्चन ॥ २ ॥

yaṁ sannyāsam iti prāhur · yogaṁ taṁ viddhi pāṇḍava
na hy asannyasta-saṅkalpo · yogī bhavati kaścana

yam – ką; *sannyāsam* – atsižadėjimu; *iti* – tuo būdu; *prāhuḥ* – jie vadina; *yogam* – jungtis su Aukščiausiuoju; *tam* – tai; *viddhi* – žinoki; *pāṇḍava* – o Pāṇḍu sūnau; *na* – niekada; *hi* – tikrai; *asannyasta* – neatmesdamas; *saṅkalpaḥ* – troškimo pasitenkinti; *yogī* – mistiku transcendentalistu; *bhavati* – tampa; *kaścana* – bet kuris.

Žinok, o Pāṇḍu sūnau, kad tai, kas vadinama atsižadėjimu, ir yra yoga, arba jungtis su Aukščiausiuoju, nes žmogus, neatsižadėjęs troškimo tenkinti jusles, netaps yogu.

Tikroji *sannyāsa-yoga,* arba *bhakti* – tai suvokti savo, kaip gyvosios esybės, prigimtinį būvį ir atitinkamai elgtis. Gyvoji esybė negali egzistuoti atskirai ir būti savarankiška. Ji yra Aukščiausiojo ribinė energija. Patekusi į materialios energijos spąstus, gyvoji esybė tampa sąlygota, o įsisąmoninusi Kṛṣṇą, t.y. pažinusi dvasinę energiją, ji atgauna savo tikrąją, natūralią padėtį. Todėl turint visišką žinojimą, nutraukiamas materialus juslinis pasitenkinimas, arba atsižadama bet kokios veiklos juslėms patenkinti. Tokį metodą praktikuoja *yogai,* kurie neleidžia juslėms pakliūti į materialių objektų valdžią. Bet Kṛṣṇą įsisąmoninęs žmogus neturi galimybės užimti jusles veikla, kuri nesusijusi su Kṛṣṇa. Taigi jis kartu yra ir *sannyāsis,* ir *yogas.* Tikslas, kurio siekiama žinojimu ir juslių suvaldymu, kaip tai nurodo *jñānos* ir *yogos* procesai, savaime pasiekiamas puoselėjant Kṛṣṇos sąmonę. Jei žmogus nesugeba atsižadėti savanaudiškos veiklos, *jñāna* ir *yoga* jam nepadės. Tikrasis gyvosios esybės tikslas – būti pasirengusiam tenkinti Aukščiausiąjį ir atsisakyti malonumų sau. Kṛṣṇą įsisąmoninęs žmogus nenori jokių malonumų sau – jis tegalvoja, kaip suteikti džiaugsmo Aukščiausiajam. Kas neturi žinių apie Aukščiausiąjį, tas priverstas tenkinti vien savo norus, nes nieko neveikti neįmanoma. Visus tuos tikslus puikiausiai įgyvendina Kṛṣṇos sąmonės praktika.

आरुरुक्षोर्मुनेर्योगं कर्म कारणमुच्यते ।   6.3
योगारूढस्यास्य तस्यैव शमः कारणमुच्यते ॥ ३ ॥

ārurukṣor muner yogaṁ · karma kāraṇam ucyate
yogārūḍhasya tasyaiva · śamaḥ kāraṇam ucyate

ārurukṣoḥ – ką tik pradėjusio praktikuoti *yogą; muneḥ* – išminčiaus; *yogam* – aštuonialypės *yogos* sistema; *karma* – darbas; *kāraṇam* – priemonė; *ucyate* – sakoma, kad yra; *yoga* – aštuonialypę *yogą; ārūḍhasya* – tas, kuris pasiekė; *tasya* – jo; *eva* – tikrai; *śamaḥ* – materialios veiklos nutraukimas; *kāraṇam* – priemonė; *ucyate* – sakoma, yra.

Pasakyta, kad pradedančiam aštuonialypės yogos praktiką darbas yra priemonė, o priemonė pasiekusiam yogos aukštumų – atsisakyti bet kokios materialios veiklos.

Jungties su Aukščiausiuoju procesas vadinasi *yoga.* Jį galima palyginti su laiptais, vedančiais į dvasinio pažinimo viršūnę. Laiptai prasideda žemiausiu gyvosios esybės būviu – materialia būtimi ir kyla į tobulą savęs pažinimą bei gryną dvasinį gyvenimą. Tam tikroms laiptų pakopoms duoti skirtingi vardai, atitinkantys skirtingą pakilimo aukštį. Bet patys laiptai vadinami *yoga* ir skirstomi į tris dalis: *jñāna-yogą, dhyāna-yogą* ir *bhakti-yogą.* Laiptų pradžia – *yogārurukṣu* stadija, o aukščiausias laiptelis – *yogārūḍha.*

O dėl aštuonialypės *yogos,* tai pirmieji bandymai medituoti laikantis gyvenimą reguliuojančių principų ir atliekant įvairias sėdėjimo pozas (kurios šiaip ar taip tėra fiziniai pratimai) vertinami kaip materiali karminė veikla. Tokia veikla padeda pasiekti visišką proto pusiausvyrą ir šitaip suvaldyti jusles. Įvaldžius meditacijos techniką, protas nurimsta.

Kṛṣṇą įsisąmoninęs žmogus nuo pat pradžių yra pasiekęs meditacijos lygį, nes jis nuolat galvoja apie Kṛṣṇą. Jis visada tarnauja Kṛṣṇai, todėl ir yra sakoma, kad jis nustojo materialiai veikti.

यदा हि नेन्द्रियार्थेषु न कर्मस्वनुषज्जते ।
सर्वसङ्कल्पसन्यासी योगारूढस्तदोच्यते ॥ ४ ॥

6.4

yadā hi nendriyārtheṣu · na karmasv anuṣajjate
sarva-saṅkalpa-sannyāsī · yogārūḍhas tadocyate

yadā – kada; *hi* – tikrai; *na* – ne; *indriya-artheṣu* – juslių tenkinimu; *na* – niekada; *karmasu* – karmine veikla; *anuṣajjate* – būtinai užsiima; *sarva-saṅkalpa* – visų materialių troškimų; *sannyāsī* – atsižadėjęs; *yoga-ārūḍhaḥ* – pasiekęs *yogos* aukštumą; *tadā* – tuo metu; *ucyate* – sakoma, yra.

Pasakyta, kad žmogus yra pasiekęs yogos aukštumų, kai jis, atsižadėjęs visų materialių troškimų, nieko nebedaro juslėms tenkinti ir nebeatlieka karminės veiklos.

Žmogus, visiškai atsidėjęs transcendentinei meilės tarnystei Viešpačiui, laimingas vidujai, todėl jis atsisako juslių tenkinimo, t.y. karminės veiklos. Priešingu atveju jis neišvengiamai tenkina jusles, nes gyventi nieko neveikiant neįmanoma. Neturint Kṛṣṇos sąmonės, neišvengiamai ieškoma egocentrinio arba egoekstensyvaus užsiėmimo. Tuo tarpu Kṛṣṇą įsisąmoninęs žmogus viską daro Kṛṣṇos džiaugsmui ir tampa visiškai abejingas jusliniams malonumams. Jeigu nesi tokio lygio, teks mechaniškai vengti materialių norų kol nepakilsi iki aukščiausio *yogos* laiptelio.

उद्धरेदात्मनात्मानं नात्मानमवसादयेत् ।
आत्मैव ह्यात्मनो बन्धुरात्मैव रिपुरात्मनः ॥ ५ ॥

6.5

uddhared ātmanātmānaṁ · nātmānam avasādayet
ātmaiva hy ātmano bandhur · ātmaiva ripur ātmanaḥ

uddharet – privalo išgelbėti; *ātmanā* – protu; *ātmānam* – sąlygotą
sielą; *na* – niekada; *ātmānam* – sąlygotą sielą; *avasādayet* –
pasmerkti nuopuoliui; *ātmā* – protas; *eva* – be abejonės; *hi* – tikrai;
ātmanaḥ – sąlygotos sielos; *bandhuḥ* – draugas; *ātmā* – protas; *eva* –
be abejonės; *ripuḥ* – priešas; *ātmanaḥ* – sąlygotos sielos.

**Protas turi padėti žmogui išsigelbėti, o ne pražudyti save. Protas –
sąlygotos sielos draugas ir priešas.**

Priklausomai nuo aplinkybių žodis *ātmā* gali reikšti tiek kūną, tiek
protą, tiek sielą. *Yogos* sistemoje protui ir sąlygotai sielai tenka ypa-
tingai svarbus vaidmuo. Protui *yogos* praktika skiria centrinę vietą,
todėl šiame posme žodis *ātmā* nurodo protą. *Yogos* sistemos tiks-
las – suvaldyti protą ir atplėšti jį nuo juslių objektų. Čia ypač pažy-
mima, kad protą reikia ištreniruoti taip, kad jis galėtų ištraukti
sąlygotą sielą iš neišmanymo liūno. Materialioje būtyje gyvąją
esybę veikia protas ir juslės. Iš tiesų, tyra siela pakliūva į mate-
rialų pasaulį dėl to, kad jos protas patiria trokštančios viešpatauti
materialioje gamtoje klaidingos savimonės poveikį. Todėl protą
reikia ištreniruoti taip, kad jo nežavėtų materialios gamtos bliz-
gesys – tik šitaip sąlygota siela gali būti išgelbėta. Nevalia vaiky-
tis juslių objektų ir taip stumti save į pražūtį. Kuo labiau žmogų
traukia juslių objektai, tuo labiau jis įsipainioja į materialią būtį.
Geriausias būdas išsigauti iš jos – protą visada pajungti Kṛṣṇos
sąmonei. Būtent taip ir turi elgtis žmogus – šią tezę patvirtina
tekste pavartotas žodis *hi*. Taip pat pasakyta:

mana eva manuṣyāṇāṁ · kāraṇaṁ banda-mokṣayoḥ
bandhāya viṣayāsaṅgo · muktyai nirviṣayaṁ manaḥ

„Žmogaus protas – ir vergijos, ir išsivadavimo priežastis. Juslių
objektų užvaldytas protas žmogų pavergia, o atsitraukęs nuo tų
objektų protas – jį išvaduoja." („Amṛta-bindu Upaniṣada" 2)

Todėl visada pajungtas Kṛṣṇos sąmonei protas yra aukščiausiojo išsivadavimo priežastis.

बन्धुरात्मात्मनस्तस्य येनात्मैवात्मना जितः ।
अनात्मनस्तु शत्रुत्वे वर्तेतात्मैव शत्रुवत् ॥ ६ ॥

6.6

bandhur ātmātmanas tasya · yenātmaivātmanā jitaḥ
anātmanas tu śatrutve · vartetātmaiva śatru-vat

bandhuḥ – draugas; *ātmā* – protas; *ātmanaḥ* – gyvosios esybės; *tasya* – tos; *yena* – kurios; *ātmā* – protas; *eva* – tikrai; *ātmanā* – gyvosios esybės; *jitaḥ* – nugalėtas; *anātmanaḥ* – to, kuris neįstengė suvaldyti proto; *tu* – bet; *śatrutve* – dėl priešiškumo; *varteta* – lieka; *ātmā eva* – tas pats protas; *śatru-vat* – kaip priešas.

Tam, kuris nugalėjo protą, jis yra geriausias draugas, o kas nesugebėjo to padaryti, tam protas – didžiausias priešas.

Aštuonialypės *yogos* praktikos tikslas – kontroliuoti protą, kad šis taptų draugu ir padėtų įgyvendinti žmogaus gyvenimo misiją. Kol protas nepažabotas, parodomoji *yogos* praktika yra tiesiog tuščias laiko švaistymas. Nepažabojęs proto žmogus visada yra kartu su didžiausiu priešu, todėl jo gyvenimo tikslas, o ir pats gyvenimas nueina perniek. Prigimtinė gyvosios esybės padėtis – vykdyti nurodymus iš aukščiau. Kol protas – neįveiktas priešas, tol žmogus paklūsta aistros, pykčio, godulio, iliuzijos etc. diktatui. Nugalėjus protą, savanoriškai paklūstama Dievo Asmens, kuris glūdi kiekvieno širdyje Paramātmos pavidalu, valiai. Tikros *yogos* praktika leidžia užmegzti ryšį su Paramātma širdyje ir paklusti Jos valiai. Tas, kuris tiesiogiai įsijungia į Kṛṣṇos sąmonę, tuo pačiu iki galo atsiduoda ir Viešpaties valiai.

जितात्मनः प्रशान्तस्य परमात्मा समाहितः ।
शीतोष्णसुखदुःखेषु तथा मानापमानयोः ॥ ७ ॥

6.7

jitātmanaḥ praśāntasya · paramātmā samāhitaḥ
śītoṣṇa-sukha-duḥkheṣu · tathā mānāpamānayoḥ

jita-ātmanaḥ – to, kuris nugalėjo protą; *praśāntasya* – kuris suvaldęs protą rado ramybę; *parama-ātmā* – Supersiela; *samāhitaḥ* –
visiškai pasiekė; *śīta* – šaltyje; *uṣṇa* – karštyje; *sukha* – laimėje; *duḥkheṣu* – ir kančioje; *tathā* – taip pat; *māna* – garbėje;
apamā-nayoḥ – negarbėje.

**Kas nugalėjo protą, tas pasiekė Supersielą, nes jis jau surado
ramybę. Laimė ar kančia, karštis ar šaltis, garbė ar negarbė jam
vis tiek.**

Iš tikrųjų, kiekviena gyvoji esybė pašaukta gyventi paklusdama
Aukščiausiojo Dievo Asmens, kuris kaip Paramātmā glūdi kiekvieno širdyje, valiai. Išorinei iliuzinei energijai suklaidinus protą,
įsiveliama į materialią veiklą. Todėl tą, kuris kokios nors *yogos*
sistemos pagalba suvaldė protą, reikia laikyti jau pasiekusiu savo
tikslą. Reikia gyventi paklūstant vadovavimui iš aukščiau. Kai
protas sutelktas į aukščiausią būtį, nebelieka nieko kito, kaip atsiduoti Aukščiausiojo valiai. Protas turi pripažinti vadovavimą iš
aukščiau ir jam paklusti. Suvaldęs protą žmogus savaime paklūsta
Paramātmos, t.y. Supersielos, nurodymams. Kadangi Kṛṣṇą įsisąmoninęs žmogus iššyk pasiekia tokią transcendentinę padėtį, Viešpaties bhaktų nepaveikia materialios būties priešybės: laimė ar
kančia, karštis ar šaltis etc. Toks būvis ir yra tikroji *samādhi,* arba
panirimas į Aukščiausiąjį.

ज्ञानविज्ञानतृप्तात्मा कूटस्थो विजितेन्द्रियः ।   **6.8**
युक्त इत्युच्यते योगी समलोष्ट्राश्मकाञ्चनः ॥ ८ ॥

jñāna-vijñāna-tṛptātmā · kūṭa-stho vijitendriyaḥ
yukta ity ucyate yogī · sama-loṣṭrāśma-kāñcanaḥ

jñāna – įgytomis žiniomis; *vijñāna* – ir suvoktomis žiniomis; *tṛpta* –
patenkinta; *atma* – gyvoji esybė; *kuṭa-sthaḥ* – dvasiniame buvyje;

vijita-indriyaḥ – suvaldžiusi jusles; *yuktaḥ* – turintis pilną teisę suvokti save; *iti* – tuo būdu; *ucyate* – sakoma; *yogī* – mistikas; *sama* – vienodas; *loṣṭra* – žvyrui; *aśma* – akmeniui; *kāñcanaḥ* – auksui.

Pasakyta, kad tas laikomas tikrai save suvokusiu ir vadinamas yogu [arba mistiku], kuris įgytų ir įsisavintų žinių dėka yra visiškai patenkintas savo padėtimi. Toks žmogus jau pasiekė transcendenciją ir suvaldė save. Žvyras, akmenys ar auksas – jam viena ir tas pat.

Jei dar nepažinta Aukščiausioji Tiesa, vadovėlių žinios bus nieko nevertos. Ši mintis išreiškiama tokiais žodžiais:

ataḥ śrī-kṛṣṇa-nāmādi · na bhaved grāhyam indriyaiḥ
sevonmukhe hi jihvādau · svayam eva sphuraty adaḥ

„Niekas nepažins transcendentinės Śrī Kṛṣṇos vardo, pavidalo, savybių ir pramogų prigimties materijos užterštomis juslėmis. Tik tada, kai transcendentinės tarnystės Viešpačiui dėka žmogus dvasiškai pasisotina, jam atsiskleidžia transcendentinė Viešpaties vardo, pavidalo, Jo savybių ir pramogų esmė." („Bhakti-rasāmṛta-sindhu" 1.2.234)

„Bhagavad-gītā" – tai mokslas apie Kṛṣṇos sąmonę. Žemiškasis mokymas nepadės įsisąmoninti Kṛṣṇos. Laimingi tie, kurie turi galimybę bendrauti su tyros sąmonės žmogumi. Kṛṣṇą įsisąmoninęs žmogus Kṛṣṇos malone yra dvasiškai susivokęs, nes jis gauna pasitenkinimą iš tyros pasiaukojimo tarnystės. Tų žinių dėka jis tampa tobulas. Transcendentinis žinojimas padeda žmogui būti tvirtų įsitikinimų – tuo tarpu teoriniu žinojimu pasižymintį žmogų menami prieštaravimai gali lengvai supainioti arba suklaidinti. Tik dvasiškai susivokusi siela yra iš tikrųjų susivaldžiusi, nes ji atsidavė Kṛṣṇai. Ji transcendentali, nes neturi nieko bendra su žemišku mokytumu. Žemiškas mokytumas ir spekuliatyvūs samprotavimai, kuriuos kiti vertina aukso kaina, jai atrodo nė kiek nevertesni už žvyrą ar akmenis.

सुहृन्मित्रार्युदासीनमध्यस्थद्वेष्यबन्धुषु ।   6.9
साधुष्वपि च पापेषु समबुद्धिर्विशिष्यते ॥ ९ ॥

suhṛn-mitrāry-udāsīna- · madhyastha-dveṣya-bandhuṣu
sādhuṣv api ca pāpeṣu · sama-buddhir viśiṣyate

su-hṛt – iš prigimties gera linkintiems; *mitra* – mylintiems geradariams; *ari* – priešams; *udāsīna* – besilaikantiems neutraliai tarp kariaujančių pusių; *madhya-stha* – tarpininkaujantiems kariaujančioms pusėms; *dveṣya* – pavyduoliams; *bandhuṣu* – ir giminaičiams ar linkintiems gera; *sādhuṣu* – doringiems; *api* – taip, kaip; *ca* – ir; *pāpeṣu* – nusidėjėliams; *sama-buddhiḥ* – vienodu intelektu; *viśiṣyate* – toli pažengęs.

Dar didesnę pažangą yra padaręs tas, kuris lygiai vertina jam nuoširdžiai gero linkinčius, mylinčius geradarius, taip pat žmones išliekančius neutraliais, tarpininkaujančius priešiškoms pusėms, pavyduolius, draugus ir priešus, doringuosius bei nusidėjėlius.

योगी युञ्जीत सततमात्मानं रहसि स्थितः ।   6.10
एकाकी यतचित्तात्मा निराशीरपरिग्रहः ॥१०॥

yogī yuñjīta satatam · ātmānaṁ rahasi sthitaḥ
ekākī yata-cittātmā · nirāśīr aparigrahaḥ

yogī – transcendentalistas; *yuñjīta* – turi sutelkti mintis į Kṛṣṇą; *satatam* – nuolat; *ātmānam* – pats (kūnu, protu ir savuoju „aš"); *rahasi* – nuošalioje vietoje; *sthitaḥ* – būdamas; *ekākī* – vienas; *yata-citta-ātmā* – visada būdamas dėmesingo proto; *nirāśīḥ* – nesižavintis nieku kitu; *aparigrahaḥ* – atsikratęs nuosavybės jausmo.

Transcendentalistas savo kūno, proto ir savojo „aš" veiklą visada turi sieti su Aukščiausiuoju. Jis turi gyventi vienas nuošalioje

vietoje ir visada atidžiai valdyti savo protą. Jis turi atsikratyti troškimų bei nuosavybės jausmo.

Kṛṣṇą galima pažinti skirtingu lygiu: suvokti Jį kaip Brahmaną, Paramātmą arba kaip Aukščiausiąjį Dievo Asmenį. Trumpai tariant, Kṛṣṇos sąmonė – tai nuolatinė transcendentinė meilės tarnystė Viešpačiui. Tačiau tie, kuriuos labiau traukia beasmenis Brahmanas arba lokalizuota Supersiela, iš dalies irgi įsisąmonino Kṛṣṇą, nes beasmenis Brahmanas – tai dvasinis Kṛṣṇos spindėjimas, o Supersiela – visa persmelkianti dalinė Kṛṣṇos ekspansija. Taigi ir impersonalistas, ir medituotojas, nors ir ne tiesiogiai, bet vis dėlto yra įsisąmoninęs Kṛṣṇą. Didžiausias transcendentalistas yra tas, kuris tiesiogiai įsisąmonino Kṛṣṇą, nes toks bhaktas žino, apie ką kalbama, kai sakoma „Brahmanas" ir „Paramātmā". Jis tobulai išmano Absoliučią Tiesą, o tuo tarpu impersonalistas ir *yogas* medituotojas dar ne iki galo įsisąmonino Kṛṣṇą.

Vis dėlto čia jiems nurodoma ir toliau siekti užsibrėžto tikslo, kad anksčiau ar vėliau kiekvienas jų prieitų aukščiausią tobulumą. Svarbiausia transcendentalistui – visą laiką sutelkti mintis į Kṛṣṇą. Reikia visada mąstyti apie Kṛṣṇą ir nė akimirkai Jo neužmiršti. Proto sutelkimas į Aukščiausiąjį vadinasi *samādhi,* arba transas. Norint sutelkti protą, reikia visą laiką gyventi nuošalioje vietoje ir šalintis dėmesį blaškančių išorės objektų. Reikia atidžiai vengti nepalankių sąlygų, kurios gali turėti įtakos dvasinei savivokai, ir pasirinkti palankias. Žmogus labai ryžtingai turi atsisakyti nereikalingų materialių daiktų, kurie saisto jį skatindami nuosavybės jausmą.

Visi tie tobulumai ir atsargumo priemonės iki galo įgyvendinami, kai žmogus tiesiogiai kreipiasi į Kṛṣṇos sąmonę, nes tiesioginė Kṛṣṇos sąmonė – tai savęs atsisakymas, kas beveik neleidžia prabilti materialios nuosavybės instinktui. Śrīla Rūpa Gosvāmis Kṛṣṇos sąmonę apibūdina taip:

anāsaktasya viṣayān · yathārham upayuñjataḥ
nirbandhaḥ kṛṣṇa-sambandhe · yuktaṁ vairāgyam ucyate

prāpañcikatayā buddhyā · hari-sambandhi-vastunaḥ
mumukṣubhiḥ parityāgo · vairāgyaṁ phalgu kathyate

„Kas prie nieko neprisirišęs, bet tuo pat metu viską panaudoja
tarnaudamas Kṛṣṇai, tas tikrai iškilo aukščiau nuosavybės jausmo.
Kita vertus, nevisiškai atsižadėjęs yra tas, kuris atmeta visus
daiktus, nenutuokdamas apie jų ryšį su Kṛṣṇa." („Bhakti-rasāmṛta-
sindhu" 2.255–256)

Kṛṣṇą įsisąmoninęs žmogus puikiai žino, jog viskas priklauso
Kṛṣṇai, todėl jis neturi nuosavybės jausmo ir nieko negeidžia sau.
Jis moka pasirinkti tai, kas naudinga Kṛṣṇos sąmonei, ir atmesti
tai, kas jai nepalanku. Toks žmogus visada yra nuošaly nuo mate-
rijos, nes gyvena transcendentiškai. Jis visada vienas, nes jo ničnie-
kas nesieja su žmonėmis, kurie nepasiekė Kṛṣṇos sąmonės. Todėl
Kṛṣṇą įsisąmoninęs žmogus – tobulas *yogas.*

शुचौ देशे प्रतिष्ठाप्य स्थिरमासनमात्मनः ।
नात्युच्छ्रितं नातिनीचं चैलाजिनकुशोत्तरम् ॥११॥

तत्रैकाग्रं मनः कृत्वा यतचित्तेन्द्रियक्रियः ।
उपविश्यासने युञ्ज्याद्योगमात्मविशुद्धये ॥१२॥

6.11–12

śucau deśe pratiṣṭhāpya · sthiram āsanam ātmanaḥ
nāty-ucchritaṁ nāti-nīcaṁ · cailājina-kuśottaram

tatraikāgraṁ manaḥ kṛtvā · yata-cittendriya-kriyaḥ
upaviśyāsane yuñjyād · yogam ātma-viśuddhaye

śucau – šventoje; *deśe* – žemėje; *pratiṣṭhāpya* – padėjęs; *sthiram* –
tvirtą; *āsanam* – vietą sėdėti; *ātmanaḥ* – savo; *na* – nei; *ati* – per
daug; *ucchritam* – aukštą; *na* – nei; *ati* – per daug; *nīcam* – žemą;
caila-ajina – minkštu audeklu ir elnio kailiu; *kuśa* – bei kuśos
žole; *uttaram* – užklotą; *tatra* – po to; *eka-agram* – sukoncentruoto
dėmesio; *manaḥ* – protą; *kṛtvā* – padaręs; *yata-citta* – valdydamas

protą; *indriya* – jusles; *kriyaḥ* – ir veiklą; *upaviśya* – sėdėdamas; *āsane* – ant pakylos; *yuñjyāt* – turi atlikti; *yogam* – yogos praktiką; *ātma* – širdį; *viśuddhaye* – išskaistinti.

Norint praktikuoti yogą reikia išeiti į nuošalią vietą, pasitiesti ant žemės kuśos žolės, užkloti ją elnio kailiu ir minkštu audeklu. Vieta sėdėti turi būti ne per aukšta, ne per žema ir būtinai šventoje vietoje. Patogiai ant jos įsitaisęs yogas turi praktikuoti yogą, kad suvaldęs protą, jusles bei veiklą ir sutelkęs mintis į vieną tašką, apvalytų širdį.

„Šventa vieta" – tai vieta, kurioje lankosi maldininkai. Indijoje *yogai,* transcendentalistai ar bhaktai, palieka namus ir apsigyvena šventose vietose: Prayāgoje, Mathuroje, Vṛndāvanoje, Hṛṣīkeśoje ir Hardvare; atsiskyrę jie praktikuoja *yogą* ten, kur teka šventos upės – Yamunā ir Ganga. Tačiau dažnai šitai yra neįmanoma, ypač Vakarų gyventojams. Vadinamosios didmiesčių *yogos* draugijos gal ir atneša kokią materialią naudą, tačiau jos visiškai netinka tikrajai *yogos* praktikai. Kas nesusivaldęs, kieno protas neramus, tas negali praktikuoti meditacijos. Todėl „Bṛhan-nāradīya Purāṇoje" pasakyta, kad Kali-yugoje (dabartinėje *yugoje,* t.y. amžiuje), kai žmonės gyvena trumpai, kai jų dvasinis tobulėjimas vangus ir juos visą laiką slegia įvairūs rūpesčiai, geriausia dvasinio pažinimo priemonė – kartoti šventąjį Viešpaties vardą.

harer nāma harer nāma · harer nāmaiva kevalam
kalau nāsty eva nāsty eva · nāsty eva gatir anyathā

„Šiame vaidų bei veidmainystės amžiuje vienintelis būdas išsivaduoti – giedoti šventąjį Viešpaties vardą. Kito kelio nėra. Kito kelio nėra. Kito kelio nėra."

समं कायशिरोग्रीवं धारयन्नचलं स्थिरः ।   6.13–14
सम्प्रेक्ष्य नासिकाग्रं स्वं दिशश्चानवलोकयन् ॥१३॥

प्रशान्तात्मा विगतभीर्ब्रह्मचारिव्रते स्थितः ।
मनः संयम्य मच्चित्तो युक्त आसीत मत्परः ॥१४॥

samaṁ kāya-śiro-grīvaṁ · dhārayann acalaṁ sthiraḥ
sampreksya nāsikāgraṁ svaṁ · diśaś cānavalokayan

praśāntātmā vigata-bhīr · brahmacāri-vrate sthitaḥ
manaḥ saṁyamya mac-citto · yukta āsīta mat-paraḥ

samam – tiesiai; *kāya* – kūną; *śiraḥ* – galvą; *grīvam* – ir kaklą; *dhā-rayan* – laikydamas; *acalam* – nejudrus; *sthiraḥ* – ramus; *sampre-ksya* – žiūrėdamas; *nāsikā* – į nosies; *agram* – galiuką; *svam* – savo; *diśaḥ* – į visas puses; *ca* – taip pat; *anavalokayan* – nesidairydamas; *praśānta* – nesujaudintas; *ātmā* – protas; *vigata-bhīḥ* – be baimės; *brahmacāri-vrate* – celibato įžadų; *sthitaḥ* – besilaikantis; *manaḥ* – protą; *saṁyamya* – visiškai nugalėjęs; *mat* – į Mane (Kṛṣṇą); *cittaḥ* – sutelkęs protą; *yuktaḥ* – tikras *yogas; āsita* – turi sėdėti; *mat* – Mane; *paraḥ* – padaręs galutiniu tikslu.

Jo kūnas, kaklas ir galva turi eiti vertikalia linija, o žvilgsnis visada turi būti nukreiptas į nosies galiuką. Šitaip su nesujaudinamu ir pažabotu protu, atsikratęs baimės ir visiškai atsisakęs lytinio gyvenimo, jis turi medituoti Mane savo širdyje ir padaryti Mane galutiniu gyvenimo tikslu.

Gyvenimo tikslas – pažinti Kṛṣṇą, kuris Paramātmos, keturrankio Viṣṇu pavidalu, glūdi kiekvienos gyvosios būtybės širdyje. *Yogos* praktika skirta išvysti lokalizuotą Viṣṇu pavidalą, jokio kito tikslo nėra. Lokalizuota *viṣṇu-mūrti* – tai pilnutinė Kṛṣṇos reprezenta-cija, glūdinti kiekvieno širdyje. Jei žmogus nėra užsibrėžęs tikslo patirti šią *viṣṇu-mūrti*, tokia *yogos* praktika tėra parodija ir todėl aišku, kad jis tuščiai švaisto savo laiką. Kṛṣṇa – galutinis gyvenimo tikslas, o *viṣṇu-mūrti,* esanti kiekvienos gyvosios būtybės širdyje – *yogos* praktikos objektas. Norint patirti *viṣṇu-mūrti* savo širdyje reikia visiškai susilaikyti nuo lytinio gyvenimo – dėl to tenka palikti namus ir gyventi vienam nuošalioje vietoje medituojant tokia poza,

kuri buvo anksčiau aprašyta. Negalima tapti *yogu* lankant vadina-
mosios *yogos* pamokas ir užsiiminėjant seksu, nesvarbu, ar namie,
ar kur kitur. Reikia mokytis tramdyti protą ir vengti juslinių malo-
numų bet kokiomis formomis, kurių pagrindinė – lytinis gyveni-
mas. Celibato taisyklės, kurias surašė didis išminčius Yājñavalkya,
skelbia:

karmaṇā manasā vācā · sarvāvasthāsu sarvadā
sarvatra maithuna-tyāgo · brahmacaryaṁ pracakṣate

„*Brahmacaryos* įžadai skirti padėti visiškai susilaikyti nuo sekso
visur, visada ir bet kokiomis aplinkybėmis – tiek veiksmuose, tiek
žodžiuose, tiek mintyse." Negalima praktikuoti tikrąją *yogą*, gyve-
nant lytinį gyvenimą. Todėl *brahmacaryos* principų mokoma nuo
pat vaikystės, kol dar neturima lytinio gyvenimo patirties. Penkerių
metų vaikai siunčiami į *guru-kulas*, ar dvasinio mokytojo namus,
ir berniukus mokytojas moko griežtos *brahmacārio* disciplinos. Be
tokio auklėjimo jokia *yoga* – nei *dhyāna*, nei *jñāna*, nei *bhakti* –
nepadės pažengti į priekį. Vedęs vyras irgi vadinamas *brahma-
cāriu*, jeigu jis laikosi santuokinio gyvenimo taisyklių ir lytiškai
gyvena tik su savo žmona (ir tai neperžengdamas tam tikrų ribų).
Bhakti mokykla pripažįsta, kad susilaikiusį šeimos žmogų galima
vadinti *brahmacāriu*, o *jñānos* ir *dhyānos* mokyklos to nepripažįsta.
Jos be išlygų reikalauja visiško susilaikymo. *Bhakti-yogos* mokykla
šeimos žmogui *brahmacāriui* leidžia kontroliuojamą lytinį gyve-
nimą, nes *bhakti-yoga* yra toks galingas procesas, jog kiekvie-
nas, pradėjęs aukščiausią tarnystę – tarnystę Viešpačiui – savaime
netenka lytinio potraukio. „Bhagavad-gītoje" (2.59) sakoma:

viṣayā vinivartante · nirāhārasya dehinaḥ
rasa-varjaṁ raso 'py asya · paraṁ dṛṣṭvā nivartate

Viešpaties bhaktas nuo juslinių malonumų susilaiko savaime, nes
patyrė tobulesnį skonį, tuo tarpu kitiems *yogams* reikalingos valios
pastangos. Tas skonis pažįstamas tiktai bhaktams ir niekam
daugiau.

Vigata-bhīḥ. Neįmanoma atsikratyti baimės, nepasiekus visiškos Kṛṣṇos sąmonės. Sąlygota siela baimę jaučia, kai sunyksta atmintis, kai siela užmiršta savo amžiną ryšį su Kṛṣṇa. *Bhāgavatam* (11.2.37) sako: *bhayaṁ dvitīyābhiniveśataḥ syād īśād apetasya viparyayo 'smṛtiḥ.* Vienintelis bebaimiškumo pagrindas – Kṛṣṇos sąmonė. Todėl tik tas, kuris įsisąmonino Kṛṣṇą, gali deramai praktikuoti *yogą.* O kadangi galutinis *yogos* tikslas – vidujai išvysti Viešpatį, Kṛṣṇą įsisąmoninęs žmogus jau yra geriausias iš visų *yogų.* Čia minimi *yogos* sistemos principai skiriasi nuo tų, kuriuos skelbia šiuo metu populiarios vadinamosios *yogos* draugijos.

युञ्जन्नेवं सदात्मानं योगी नियतमानसः । 6.15
शान्तिं निर्वाणपरमां मत्संस्थामधिगच्छति ॥१५॥

yuñjann evaṁ sadātmānaṁ · yogī niyata-mānasaḥ
śāntiṁ nirvāṇa-paramāṁ · mat-saṁsthām adhigacchati

yuñjan – praktikuodamas; *evam* – kaip aprašyta aukščiau; *sadā* – nuolatos; *ātmānam* – kūną, protą ir sielą; *yogī* – mistikas transcendentalistas; *niyata-mānasaḥ* – suvaldytu protu; *śāntim* – ramybę; *nirvāṇa-paramām* – materialios būties nutraukimą; *mat-saṁsthām* – dvasinį dangų (Dievo karalystę); *adhigacchati* – pasiekia.

Taip nuolatos kontroliuodamas kūną, protą ir veiklą, transcendentalistas mistikas – jo protas jau suvaldytas – nutraukia materialią egzistenciją ir pasiekia Dievo karalystę [Kṛṣṇos buveinę].

Galutinis *yogos* praktikos tikslas dabar visiškai aiškus. *Yogos* praktikos tikslas nėra kokių nors materialių dalykų siekimas. Jos užduotis – nutraukti materialią būtį. Pasak „Bhagavad-gītos", tas, kuris nori pagerinti sveikatą ar siekia materialių tobulumų, nėra *yogas.* Materialios būties nutraukimas visiškai nereiškia, kad patenkama į „tuštumą". „Tuštuma" – tai tik mitas. Niekur visoje Viešpaties kūrinijoje nerasime tuštumos. Priešingai, materialios būties nutraukimas suteikia galimybę patekti į dvasinį dangų, Viešpaties buveinę. „Bhagavad-gītoje", be to, aiškiai sakoma, kad Viešpaties buveinė – tai pasaulis, kur nereikia nei saulės, nei mėnulio, nei elektros. Visos dvasinės karalystės planetos šviečia pačios iš savęs, kaip materialaus dangaus saulė. Dievo karalystė yra visur, tačiau tiktai dvasinis dangus ir dvasinės planetos vadinamos *param dhama* – aukščiausiomis buveinėmis.

Tikrasis *yogas,* iki galo suvokiantis Viešpatį Kṛṣṇą – kaip čia aiškiai sako Patsai Viešpats (*mat-cittaḥ, mat-paraḥ, mat-saṁsthām*), – atranda tikrąją ramybę ir galiausiai pasiekia aukščiausią Jo buveinę – Kṛṣṇaloką, dar vadinamą Goloka Vṛndāvana. „Brahma-saṁhitoje" (5.37) aiškiai pasakyta: *goloka eva nivasaty akhilātma-bhūtaḥ* – Viešpats, nors visada gyvena Golokoje – Savo buveinėje, Savo aukštesniųjų dvasinių energijų dėka Jis yra ir viską persmelkiantis Brahmanas, ir lokalizuota Paramātmā. Niekas negali pasiekti dvasinio dangaus (Vaikuṇṭhos) arba įžengti į amžiną Viešpaties buveinę (Goloką Vṛndāvaną), teisingai nesuvokęs Kṛṣṇos bei Jo pilnutinės ekspansijos – Viṣṇu. Vadinasi, žmogus, veikiantis su Kṛṣṇos sąmone, yra tobulas *yogas,* nes jo mintis užvaldė Kṛṣṇos žygiai (*sa vai manaḥ kṛṣṇa-padāravindayoḥ*). Iš Vedų sužinome ir tai, kad „ištrūkti iš gimimo ir mirties rato galima tik suvokus Aukščiausiąjį Dievo Asmenį, Kṛṣṇą" – *tam eva viditvāti mṛtyum eti* („Śvetāśvatara Upaniṣada" 3.8). Kitaip sakant, *yogos* sistemos tobulumas – tai išsivadavimas iš materialios būties, o ne sugebėjimas rodyti kokias magiškas išdaigas ar gimnastikos triukus ir kvailinti naivuolius.

नात्यश्नतस्तु योगोऽस्ति न चैकान्तमनश्नतः ।
न चातिस्वप्नशीलस्य जाग्रतो नैव चार्जुन ॥१६॥

6.16

nāty-aśnatas tu yogo 'sti · na caikāntam anaśnataḥ
na cāti-svapna-śīlasya · jāgrato naiva cārjuna

na – niekada; *ati* – per daug; *aśnataḥ* – to, kuris valgo; *tu* – bet; *yogaḥ* – ryšys su Aukščiausiuoju; *asti* – yra; *na* – nei; *ca* – taip pat; *ekāntam* – pernelyg; *anaśnataḥ* – to, kuris susilaiko nuo valgio; *na* – nei; *ca* – taip pat; *ati* – per daug; *svapna-śīlasya* – to, kuris miega; *jāgrataḥ* – ar to, kuris naktimis per daug būdrauja; *ṇa* – ne; *eva* – kada nors; *ca* – ir; *arjuna* – o Arjuna.

Kas valgo per daug ar per mažai, kas miega per ilgai ar nepakankamai, tas negali tapti yogu, o Arjuna.

Čia Kṛṣṇa nurodo *yogams* reguliuoti mitybą bei miegą. Valgyti per daug – reiškia valgyti daugiau, negu reikia gyvybei palaikyti. Nėra jokio būtinumo, kad žmogus maistui vartotų gyvulius, kadangi pakanka grūdų, daržovių, vaisių ir pieno. Pasak „Bhagavad-gītos", šis paprastas maistas priklauso dorybės *guṇai*. Gyvulinės kilmės maistą vartoja tie, kurie yra neišmanymo *guṇos*. Todėl žmonės, valgantys gyvulinį maistą, vartojantys svaigalus, rūkantys ir valgantys nepaaukotą Kṛṣṇai maistą, patirs atoveikį, nes jų valgis nešvarus. *Bhuñjate te tv aghaṁ pāpā ye pacanty ātma-kāraṇāt.* Kas valgo norėdamas patirti juslinį malonumą ar gamina valgį sau, neaukodamas jo Kṛṣṇai, tas minta vien nuodėme. O kas minta nuodėme ir valgo daugiau, negu jam skirta, tas negali tinkamai praktikuoti *yogos*. Geriausia, jeigu žmogus valgo tiktai Kṛṣṇai aukoto maisto likučius. Kṛṣṇą įsisąmoninęs žmogus nevalgo to, kas nepaaukota Kṛṣṇai, todėl tik jis gali pasiekti *yogos* praktikos tobulumą. *Yogos* negali praktikuoti ir tas, kuris dirbtinai susilaiko nuo valgio, išgalvoja savo badavimo sistemą. Kṛṣṇą įsisąmoninęs žmogus pasninkauja pagal šventraščių rekomendacijas. Jis nebadauja ir nevalgo daugiau negu reikia, todėl gali praktikuoti *yogą*. Tačiau tas, kuris valgo daugiau negu būtina, miegodamas daug sapnuos – taigi miegos ilgiau negu reikalinga. Miegoti reikia ne daugiau šešių valandų per parą. Tas, kuris miegui skiria daugiau kaip šešias valandas per parą, be abejonių, yra veikiamas neišmanymo *guṇos*. Žmogus, kuris yra neišmanymo *guṇos,* tingus ir linkęs ilgiau miegoti. Jis negali praktikuoti *yogos.*

युक्ताहारविहारस्य युक्तचेष्टस्य कर्मसु ।　　　　　　6.17
युक्तस्वप्नावबोधस्य योगो भवति दुःखहा ॥१७॥

yuktāhāra-vihārasya · yukta-ceṣṭasya karmasu
yukta-svapnāvabodhasya · yogo bhavati duḥkha-hā

yukta – reguliuojamas; *āhāra* – valgymas; *vihārasya* – poilsis;
yukta – reguliuojamas; *ceṣṭasya* – to, kuris dirba dėl pragy-
venimo; *karmasu* – atlikdamas pareigas; *yukta* – reguliuojamas;
svapna-avabodhasya – miegas ir būdravimas; *yogaḥ* – *yogos*
praktika; *bhavati* – tampa; *duḥkha-hā* – skausmų malšintoja.

**Kas saikingai maitinasi, miega, ilsisi ir dirba, tas praktikuo-
damas yogos sistemą gali numaldyti visas materialias kančias.**

Nesaikingas miego, valgymo, gynimosi ir poravimosi – kūno porei-
kių tenkinimas gali sustabdyti *yogos* praktikos pažangą. O dėl mity-
bos, tai ją galima reguliuoti tik tuomet, kai valgomas *prasādam* –
pašventintas maistas. Pasak „Bhagavad-gītos" (9.26) Viešpačiui
Kṛṣṇai aukojamos daržovės, vaisiai, gėlės, grūdai, pienas etc. Vadi-
nasi Kṛṣṇos sąmonę puoselėjantis žmogus savaime įpranta neval-
gyti maisto, kuris žmogui neskirtas, t.y. maisto, kuris nepriklauso
dorybės kategorijai. O dėl miego galima pasakyti tiek, kad Kṛṣṇą
įsisąmoninęs žmogus visada pasiruošęs atlikti savo Kṛṣṇos sąmo-
nės pareigas, todėl kiekviena tuščiai pramiegota minutė – didžiau-
sias praradimas. *Avyartha-kālātvam*: Kṛṣṇą įsisąmoninęs žmogus
nenori praleisti nė akimirkos Jam netarnaudamas, todėl miegą jis
riboja iki minimumo. Tokiam žmogui idealas – Śrīla Rūpa Gosvā-
mis, kuris kiekvieną gyvenimo akimirką tarnavo Kṛṣṇai ir miegojo
ne ilgiau dviejų valandų per parą, o kartais dar mažiau. Ṭhākura
Haridāsa neliesdavo *prasādam* ir nesumerkdavo akių tol, kol nepa-
kartodavo maldos karoliais dienos normos – tris šimtus tūkstančių
kartų neištardavo šventojo vardo. O dėl darbo, tai Kṛṣṇą įsisą-
moninęs žmogus nedaro to, kas nėra susiję su Kṛṣṇos interesais,
todėl jo veikla visada yra sureguliuota ir nesutepta troškimo jus-
liškai pasitenkinti. Jis nesiekia juslinių malonumų sau, todėl nė

akimirkos nenori skirti materialioms pramogoms. Jis žino saiką kalbėti, dirbti, miegoti, būdrauti ir atlikti kitą fizinę veiklą, todėl materialios kančios jam neegzistuoja.

यदा विनियतं चित्तमात्मन्येवावतिष्ठते ।   **6.18**
निस्पृहः सर्वकामेभ्यो युक्त इत्युच्यते तदा ॥१८॥

yadā viniyataṁ cittam · ātmany evāvatiṣṭhate
nispṛhaḥ sarva-kāmebhyo · yukta ity ucyate tadā

yadā – kai; *viniyatam* – itin drausmingas; *cittam* – protas ir jo veikla; *ātmani* – transcendenciją; *eva* – tikrai; *avatiṣṭhate* – pasiekia; *nispṛhaḥ* – be troškimų; *sarva* – visų rūšių; *kāmebhyaḥ* – materialiam juslių tenkinimui; *yuktaḥ* – tvirtas *yogoje; iti* – tuo būdu; *ucyate* – sakoma yra; *tadā* – tada.

Kai yogos praktika sudrausminęs proto veiklą yogas tampa transcendentalus – be jokių materialių troškimų – jis, sakoma, pasiekia yogos pastovumą.

Charakteringas bruožas, skiriantis *yogą* nuo paprasto žmogaus, yra tas, kad jis atsižadėjo materialių troškimų, kurių svarbiausias – seksas. Tobulas *yogas* taip gerai sudrausmina savo proto veiklą, kad jo daugiau nebegali sujaudinti materialūs troškimai. „Śrīmad-Bhāgavatam" (9.4.18–20) tvirtinama, kad Kṛṣṇą įsisąmoninęs žmogus savaime pasiekia šią tobulumo pakopą:

sa vai manaḥ kṛṣṇa-padāravindayor
*   vacāṁsi vaikuṇṭha-guṇānuvarṇane*
karau harer mandira-mārjanādiṣu
*   śrutiṁ cakārācyuta-sat-kathodaye*

mukunda-liṅgālaya-darśane dṛśau
*   tad-bhṛtya-gātra-sparśe 'ṅga-saṅgamam*
ghrāṇaṁ ca tat-pāda-saroja-saurabhe
*   śrīmat-tulasyā rasanāṁ tad arpite*

pādau hareḥ kṣetra-padānusarpaṇe
  śiro hṛṣīkeśa-padābhivandane
kāmaṁ ca dāsye na tu kāma-kāmyayā
  yathottama-śloka-janāśrayā ratiḥ

„Karalius Ambarīṣa pirmiausiai nukreipė mintis į Viešpaties Kṛṣṇos lotosines pėdas, po to paeiliui žodžius paskyrė transcendentinėms Viešpaties savybėms apibūdinti, rankas – Viešpaties šventyklai plauti, ausis – klausytis apie Viešpaties žygius, akis – transcendentinėms Viešpaties formoms regėti, kūną – Viešpaties bhaktams lytėti, nosį – uosti Viešpačiui aukotų lotoso žiedų kvapus, liežuvį – ragauti *tulasī* lapelį, paaukotą Viešpaties lotosinėms pėdoms, kojas – lankyti šventas vietas bei Viešpaties šventyklą, galvą – pagarbiai nusilenkti Viešpačiui, troškimus – Viešpaties misijai vykdyti. Ši transcendentinė veikla visiškai pritinka tyram bhaktui.“

Impersonalizmo pasekėjams šis transcendentinis būvis atrodo nenusakomas ir nepasiekiamas, bet (kaip rodo aukščiau cituotas Mahārājos Ambarīṣos veiklos aprašymas) jis yra lengvai pasiekiamas Kṛṣṇą įsisąmoninusiam žmogui. Tokia transcendentinė veikla atrodo neįgyvendinama tol, kol mintys nesutelktos į Viešpaties lotosines pėdas, nuolat Jį prisimenant. Nurodyta pasiaukojimo tarnystės veikla vadinama *arcana,* arba visų juslių panaudojimas tarnaujant Viešpačiui. Juslėms ir protui reikia veiklos. Jų slopinimas nieko gero neduos. Todėl paprastiems žmonėms, o ypač tiems, kurie neatsižadėjo pasaulio, transcendentaliai užimti protą ir jusles kaip anksčiau aprašyta – tai geriausias būdas siekti transcendentinių aukštumų. „Bhagavad-gītoje“ šis būdas vadinamas *yukta.*

यथा दीपो निवातस्थो नेङ्गते सोपमा स्मृता ।   **6.19**
योगिनो यतचित्तस्य युञ्जतो योगमात्मनः ॥१९॥

yathā dīpo nivāta-stho · neṅgate sopamā smṛtā
yogino yata-cittasya · yuñjato yogam ātmanaḥ

yathā – kaip; *dīpaḥ* – žibintas; *nivāta-sthaḥ* – užuovėjoje; *na* – ne; *iṅgate* – virpa; *sā* – šis; *upamā* – palyginimas; *smṛtā* – taikomas; *yoginaḥ* – *yogui;* *yata-cittasya* – kurio protas suvaldytas; *yuñjataḥ* – nuolatos užimtas; *yogam* – meditacija; *ātmanaḥ* – į transcendenciją.

Kaip žibinto liepsna nevirpa užuovėjoje, taip ir protą suvaldęs transcendentalistas nuolat medituoja į transcendentinį „Aš".

Tikrai įsisąmoninęs Kṛṣṇą žmogus visada panires į transcendenciją, o nepaliaujama jo meditacija į dievinamą Viešpatį tokia rami, kaip žibinto liepsna užuovėjoje.

यत्रोपरमते चित्तं निरुद्धं योगसेवया ।
यत्र चैवात्मनात्मानं पश्यन्नात्मनि तुष्यति ॥२०॥

6.20–23

सुखमात्यन्तिकं यत्तद् बुद्धिग्राह्यमतीन्द्रियम् ।
वेत्ति यत्र न चैवायं स्थितश्चलति तत्त्वतः ॥२१॥

यं लब्ध्वा चापरं लाभं मन्यते नाधिकं ततः ।
यस्मिन् स्थितो न दुःखेन गुरुणापि विचाल्यते ॥२२॥

तं विद्याद् दुःखसंयोगवियोगं योगसंज्ञितम् ॥२३॥

yatroparamate cittaṁ · niruddhaṁ yoga-sevayā
yatra caivātmanātmānaṁ · paśyann ātmani tuṣyati

sukham ātyantikaṁ yat tad · buddhi-grāhyam atīndriyam
vetti yatra na caivāyaṁ · sthitaś calati tattvataḥ

yaṁ labdhvā cāparaṁ lābhaṁ · manyate nādhikaṁ tataḥ
yasmin sthito na duḥkhena · guruṇāpi vicālyate

taṁ vidyād duḥkha-saṁyoga- · viyogaṁ yoga-saṁjñitam

yatra – būsena, kai; *uparamate* – nutrūksta (nes pajuntama transcendentinė laimė); *cittam* – proto veikla; *niruddham* – atsiribojus nuo materijos; *yoga-sevayā* – praktikuojant *yogą; yatra* – kai; *ca* – taip pat; *eva* – tikrai; *ātmanā* – grynu protu; *ātmānam* – savojo „aš";

paśyan – suvokdamas padėtį; *ātmani* – vidujai; *tuṣyati* – jaučia pasitenkinimą; *sukham* – laimę; *ātyantikam* – aukščiausią; *yat* – kurią; *tat* – tą; *buddhi* – intelektu; *grāhyam* – apčiuopiamą; *atīndriyam* – transcendentinę; *vetti* – žino; *yatra* – kur; *na* – niekada; *ca* – taip pat; *eva* – tikrai; *ayam* – jis; *sthitaḥ* – būdamas; *calati* – atsitraukia; *tattvataḥ* – nuo tiesos; *yam* – tą, kurią; *labdhvā* – pasiekęs; *ca* – taip pat; *aparam* – bet kurį kitą; *lābham* – pasiekimą; *manyate* – laiko; *na* – niekada; *adhikam* – geresniu; *tataḥ* – už tą; *yasmin* – kurioje; *sthitaḥ* – būdamas; *na* – niekada; *duḥkhena* – vargų; *guruṇā api* – net ir labai sunkių; *vicālyate* – yra sukrečiamas; *tam* – tą; *vidyāt* – turi žinoti; *duḥkha-saṁyoga* – kančių, kylančių dėl sąlyčio su materija; *viyogam* – sunaikinimas; *yoga-saṁjñitam* – vadinamas *yogos* transo būsena.

Tobulumo pakopoje, kuri vadinama transu, arba samādhi, žmogaus protas yogos praktikos dėka visiškai atsiriboja nuo materialios proto veiklos. Toks tobulumas apibūdinamas kaip sugebėjimas grynu protu suvokti savąjį „aš" ir vidujai išgyventi malonumą bei džiaugsmą. Kas pasiekia šį džiaugsmingą būvį, kai transcendentiniais jutimais patiriama beribė transcendentinė laimė, tas niekad nenukrypsta nuo tiesos ir mano, kad nėra aukštesnio laimėjimo. Pasiekusiojo tokią padėtį nesukrečia net ir pačios didžiausios negandos. Iš tiesų tai ir yra tikroji laisvė nuo visų kančių, kylančių dėl sąlyčio su materija.

Praktikuojant *yogą*, palengva atsisakoma materialių sampratų. Tai pirmoji charakteringa *yogos* ypatybė. Po to atsiduriama transe, arba *samādhi* – tai reiškia, kad *yogas* transcendentiniu protu ir intelektu patiria Supersielą, išvengdamas pavojaus sutapatinti savąjį „aš" su Super „Aš". *Yogos* praktika daugiau ar mažiau pagrįsta Patañjalio sistemos principais. Kai kurie neautorizuoti komentatoriai stengiasi sutapatinti individualiąją sielą su Supersiela, o monistai mano tatai esant išsivadavimu, tačiau jie nesupranta tikrojo Patañjalio *yogos* sistemos tikslo. Patañjalio *yogos* sistema pripažįsta egzistuojant transcendentinį malonumą, bet

monistai šio transcendentinio malonumo nepripažįsta baiminda-
miesi, kad bus suabejota „vienovės" teorija. Monistai atmeta paži-
nimo objekto ir pažįstančio objekto dualumą, tačiau šiame posme
transcendentinis džiaugsmas (patiriamas transcendentiniais juti-
mais) pripažįstamas. Šiai minčiai pritaria ir Patañjalis Munis –
garsusis *yogos* sistemos atstovas. Savo „Yoga-sūtrose" (3.34) didis
išminčius tvirtina: *puruṣārtha-śūnyānāṁ guṇānāṁ pratiprasavaḥ
kaivalyaṁ svarūpa-pratiṣṭhā vā citi-śaktir iti.*

Citi-śakti, vidinė galia, yra transcendentinė. *Puruṣārtha –*
„materialiai orientuotas religingumas, materialinės gerovės plėto-
jimas, jusliniai malonumai ir pagaliau – pastangos susivienyti su
Aukščiausiuoju". „Vienovę su Aukščiausiuoju" monistai vadina
kaivalyam, tačiau anot Patañjalio, *kaivalyam* yra vidinė, t.y. trans-
cendentinė, galia, padedanti gyvajai esybei suvokti savo prigimtinį
būvį. Viešpaties Caitanyos žodžiais šis būvis yra *ceto-darpaṇa-
mārjanam,* t.y. proto dulkėto veidrodžio valymas. „Valymas" –
iš tikrųjų išsivadavimas, ar *bhava-mahā-dāvāgni-nirvāpaṇam.* Šią
nuostatą atitinka ir *nirvāṇos,* kuri taip pat yra tik pradinė pakopa,
sąvoka. *Bhāgavatam* (2.10.6) ji vadinama *svarūpeṇa vyavasthitiḥ.* Šis
„Bhagavad-gītos" posmas irgi tvirtina tą patį.

Po *nirvāṇos* (nutraukus materialią veiklą) pradedama veikti
dvasiškai, t.y. pasiaukojamai tarnauti Viešpačiui. Ši veikla vadi-
nasi Kṛṣṇos sąmonė. *Bhāgavatam* žodžiais, tai yra tikrasis gyvosios
esybės gyvenimas – *svarūpeṇa vyavasthitiḥ. Māyā,* arba iliuzija –
tai dvasinis gyvenimas, apimtas materialios infekcijos. Atsikratyti
šios materialios infekcijos – nereiškia panaikinti pirminę amžiną
gyvosios esybės padėtį. Šį faktą pripažįsta ir Patañjalis, kai tvir-
tina: *kaivalyaṁ svarūpa-pratiṣṭhā vā citi-śaktir iti. Citi-śakti,* trans-
cendentinis malonumas, ir yra tikrasis gyvenimas. „Vedanta-sūtra"
(1.1.12) šį teiginį patvirtina tokiais žodžiais: *ānanda-mayo 'bhyā-
sat.* Prigimtinis transcendentinis malonumas ir yra galutinis *yogos*
tikslas. Jį nesunku pasiekti praktikuojant pasiaukojimo tarnystę,
t.y. *bhakti-yogos* pagalba. *Bhakti-yoga* bus smulkiai aiškinama
septintame „Bhagavad-gītos" skyriuje.

Šiame skyriuje jau buvo rašyta, kad *yogos* sistemoje skiriamos dviejų rūšių *samādhi*: *samprajñāta-samādhi* ir *asamprajñāta-samādhi*. Kai transcendentinė padėtis pasiekiama filosofiniais ieškojimais, ji vadinasi *samprajñāta-samādhi*. *Asamprajñāta-samādhi* jau neturi jokio ryšio su žemiškais malonumais, nes tas, kuris ją pasiekė, yra transcendentalus bet kokiems juslių teikiamiems džiaugsmams. Jeigu *yogas* pasiekia šią transcendentinę būklę, jis jau niekada iš jos neišeina. *Yogas* laikoma nevykėliu, jei neįstengia pasiekti tos būklės. Šiuolaikinė „jogos praktika", kuri nedraudžia juslinių malonumų, prieštarauja pati sau. *Yogas,* leidžiantis sau lytinius malonumus ir vartojantis svaigalus – tai pasityčiojimas iš *yogos*. Negeresni ir tie *yogai,* kurie *yogos* procese susižavi *siddhi* (tobulybėmis). Jeigu *yogas* vilioja antraeiliai *yogos* pasiekimai, jie nepasieks tobulumo lygmens, – teigiama šiame posme. Todėl praktikuojantis *yogą* tam, kad pademonstruotų stulbinančius gimnastikos sugebėjimus arba *siddhi,* privalo žinoti, kad iš tiesų nukrypo nuo *yogos* tikslo.

Labiausiai mūsų amžiui tinkantis *yogos* metodas yra Kṛṣṇos sąmonė – beje, jis nesudėtingas. Kṛṣṇą įsisąmoninusiam žmogui jo praktika suteikia tokią laimę, kad jis ir nesvajoja apie jokią kitą. Daug kliūčių iškyla norint praktikuoti *haṭha-yogą, dhyāna-yogą* ir *jñāna-yogą,* ypač šiame veidmainystės amžiuje, bet kalbant apie *karma-yogos* ir *bhakti-yogos* praktiką ta problema neegzistuoja.

Kol turime materialų kūną, reikia tenkinti jo poreikius – valgyti, miegoti, gintis ir poruotis. Tačiau žmogus, pasiekęs tyrą *bhakti-yogos* būseną, t.y. Kṛṣṇos sąmonę, kūno poreikius tenkina anaiptol ne audrindamas jusles. Veikiau, jis naudojasi tuo, kas būtiniausia pragyvenimui, taip sakant, iš blogo sandėrio išgaudamas didžiausią naudą, ir patiria transcendentinę laimę praktikuodamas Kṛṣṇos sąmonę. Jis abejingas atsitiktiniams įvykiams – avarijoms, ligoms, nepritekliui ar netgi labai brangaus giminaičio mirčiai. Bet jis visada yra pasirengęs atlikti savo Kṛṣṇos sąmonės pareigas, t.y. *bhakti-yogą*. Nelaimingi atsitikimai nesutrukdo jam atlikti savo pareigos. „Bhagavad-gītoje" (2.14) pasakyta: *āgamāpāyino 'nityās*

tāṁs titikṣasva bhārata. Jo nepalaužia jokie atsitiktinumai, nes jis
žino, kad jie laikini ir nesusiję su jo pareigomis. Šitaip jis pasiekia
aukščiausią *yogos* praktikos tobulumą.

स निश्चयेन योक्तव्यो योगोऽनिर्विण्णचेतसा ।   6.24
सङ्कल्पप्रभवान् कामांस्त्यक्त्वा सर्वानशेषतः ।
मनसैवेन्द्रियग्रामं विनियम्य समन्ततः ॥२४॥

sa niścayena yoktavyo · yogo 'nirviṇṇa-cetasā
saṅkalpa-prabhavān kāmāṁs · tyaktvā sarvān aśeṣataḥ
manasaivendriya-grāmaṁ · viniyamya samantataḥ

saḥ – ši; *niścayena* – su tvirtu ryžtu; *yoktavyaḥ* – turi būti prakti-
kuojama; *yogaḥ* – yogos sistema; *anirviṇṇa-cetasā* – be nukrypimų;
saṅkalpa – noro tenkintis; *prabhavān* – pagimdytus; *kāmān* – mate-
rialius troškimus; *tyaktvā* – atmetant; *sarvān* – visus; *aśeṣataḥ* –
visiškai; *manasā* – protu; *eva* – tikrai; *indriya-grāmam* – visas jusles;
viniyamya – valdant; *samantataḥ* – visapusiškai.

**Reikia ryžtingai, su tikėjimu atsidėti yogos praktikai ir neiš-
krypti iš pasirinkto kelio. Būtina atmesti visus be išimties mate-
rialius troškimus gimusius iš noro tenkintis ir protu visapusiškai
valdyti jusles.**

Yogas turi būti ryžtingas, turi kantriai ir nenukrypstamai tęsti savo
praktiką. Jis privalo tikėti galutine sėkme, atkakliai eiti pasirinktu
keliu ir nenuleisti rankų, net jei ir nepavyksta iš karto pasiekti
sėkmę. Nepalenkiamam *yogos* praktikuotojui sėkmė garantuota.
Rūpa Gosvāmis taip kalba apie *bhakti-yogos* praktiką:

utsāhān niścayād dhairyāt · tat-tat-karma-pravartanāt
saṅga-tyāgāt sato vṛtteḥ · ṣaḍbhir bhaktiḥ prasidhyati

„*Bhakti-yogos* praktika bus sėkminga, jei žmogus atsidės jai visa
širdimi ir su įkvėpimu, bus atkaklus ir ryžtingas, jeigu atliks nuro-
dytas pareigas bhaktų draugijoje ir atliks tik dorybės veiklą."
(„Upadeśāmṛta" 3)

O dėl ryžto, tai pamokančiu pavyzdžiu gali būti žvirblis, kurio kiaušinėlius nusinešė vandenyno bangos. Jis padėjo kiaušinėlius ant vandenyno kranto, bet plačiojo vandenyno bangos juos pasiglemžė. Žvirblis labai nuliūdo ir paprašė vandenyno grąžinti kiaušinėlius. Vandenynas abejingai tylėjo. Tuomet paukštelis nusprendė ligi dugno išgerti vandenyną. Mažu snapeliu jis puolė lesti vandenį, o visi aplinkui juokėsi iš jo ryžto siekiant neįmanomo tikslo. Galų gale žinia apie paukštelio pastangas pasiekė milžinišką paukštį Garudą, Viešpaties Višnu nešėją. Gailestis užliejo Garudos širdį, jis atskubėjo pas savo mažąją seserį. Sužavėtas paukštelio ryžto, Garuda pažadėjo padėti. Jis pareikalavo, kad vandenynas tučtuojau grąžintų kiaušinėlius, antraip grasino pats pabaigsiąs darbą, kurį pradėjo žvirblis. Vandenynas pabūgo ir sugrąžino kiaušinėlius. Taip Garudos malone žvirblis vėl atgavo gyvenimo džiaugsmą.

Toks pat sunkus darbas gali pasirodyti ir *yogos* praktika, o ypač su Kršnos sąmone atliekama *bhakti-yoga*. Tačiau jei žmogus ryžtingai laikosi jos reikalavimų, nėra abejonių, kad jis būtinai susilauks Viešpaties pagalbos, juk sakoma: stenkis pats, tai ir Dievas padės.

शनैः शनैरुपरमेद् बुद्ध्या धृतिगृहीतया ।   6.25
आत्मसंस्थं मनः कृत्वा न किञ्चिदपि चिन्तयेत् ॥२५॥

śanaiḥ śanair uparamed · buddhyā dhṛti-gṛhītayā
ātma-saṁsthaṁ manaḥ kṛtvā · na kiñcid api cintayet

śanaiḥ – palengva; *śanaiḥ* – žingsnis po žingsnio; *uparamet* – žmogus turi sulaikyti; *buddhyā* – intelektu; *dhṛti-gṛhītayā* – su įsitikinimu; *ātma-saṁstham* – patalpintą į transcendenciją; *manaḥ* – protą; *kṛtvā* – padaręs; *na* – ne; *kiñcit* – apie ką kita; *api* – net; *cintayet* – turi galvoti.

Palengva, žingsnis po žingsnio, reikia eiti į transą, pasitelkus tam intelektą, paremtą tvirtu įsitikinimu. Taip protas turi būti sutelktas vien į savąjį „aš" ir nenukrypti į nieką daugiau.

Su intelektu ir tvirtu įsitikinimu žmogus laipsniškai nutraukia juslių veiklą. Tai vadinasi *pratyāhāra*. Įsitikinimas, meditacija ir juslių veiklos nutraukimas suvaldo protą, ir protas įeina į transą, arba *samādhi*. Tada nebelieka jokio pavojaus atsidurti materialios būties sampratos valdžioje. Kitaip sakant, nors žmogus ir priverstas (kol turi materialų kūną) kontaktuoti su materija, jam nederėtų galvoti apie juslinius malonumus. Nevalia galvoti apie jokius malonumus, išskyrus viena – kaip patenkinti Aukščiausiojo „Aš". Tokia būklė lengvai pasiekiama tiesiogiai praktikuojant Kṛṣṇos sąmonę.

यतो यतो निश्चलति मनश्चञ्चलमस्थिरम् ।
ततस्ततो नियम्यैतदात्मन्येव वशं नयेत् ॥२६॥

6.26

yato yato niścalati · manaś cañcalam asthiram
tatas tato niyamyaitad · ātmany eva vaśaṁ nayet

yataḥ yataḥ – kad ir kur; *niścalati* – tikrai nuklystų; *manaḥ* – protas; *cañcalam* – permainingas; *asthiram* – nepastovus; *tataḥ tataḥ* – iš ten; *niyamya* – valdant; *etat* – jis; *ātmani* – savojo „aš"; *eva* – tikrai; *vaśam* – valdžion; *nayet* – turi būti sugrąžintas.

Kad ir kur nuklystų iš prigimties permainingas, nepastovus protas, būtina jį grąžinti savojo „aš" valdžion.

Protas yra permainingos ir nepastovios prigimties. Tačiau save pažinęs *yogas* turi valdyti protą, o ne protas jį. Kas pažabojo protą, taigi ir jusles, vadinamas *gosvāmiu*, ar *svāmiu*, o savojo proto vergas vadinamas *go-dāsa* – juslių tarnu. *Gosvāmis* žino, kokia iš tikrųjų turėtų būti juslinė laimė. Transcendentinė juslinė laimė – tai būsena, kai juslės tarnauja Hṛṣīkeśai, t.y. aukščiausiajam juslių šeimininkui – Kṛṣṇai. Tarnystė Kṛṣṇai išgrynintais jutimais vadinasi Kṛṣṇos sąmone. Taip galima visiškai suvaldyti jusles. Maža to, toks yra aukščiausias *yogos* praktikos tobulumas.

प्रशान्तमनसं ह्येनं योगिनं सुखमुत्तमम् ।
उपैति शान्तरजसं ब्रह्मभूतमकल्मषम् ॥२७॥

6.27

praśānta-manasaṁ hy enaṁ · yoginaṁ sukham uttamam
upaiti śānta-rajasaṁ · brahma-bhūtam akalmaṣam

praśānta – ramus, sukauptas į Kṛṣṇos lotosines pėdas; *manasam* – kurio protas; *hi* – tikrai; *enam* – tas; *yoginam* – *yogas*; *sukham* – laimę; *uttamam* – aukščiausią; *upaiti* – pasiekia; *śānta-rajasam* – nuraminęs aistrą; *brahma-bhūtam* – išsivadavimą tapatinant save su Absoliutu; *akalmaṣam* – atleidžiamas nuo atoveikio už visas praeities nuodėmes.

Yogas, kurio protas sutelktas į Mane, iš tiesų pasiekia aukščiausią transcendentinę laimę. Jis yra aukščiau aistros guṇos, suvokia savo kokybinį tapatumą su Aukščiausiuoju ir todėl yra atleidžiamas nuo atoveikio už visus praeities darbus.

Brahma-bhūta – tai būsena, kai žmogus yra apsivalęs nuo materijos nešvarybių ir transcendentaliai tarnauja Viešpačiui. *Mad-bhaktiṁ labhate parām* („Bhagavad-gītā" 18.54). Kai protas nesukauptas į Viešpaties lotosines pėdas, neįmanoma išlaikyti Brahmano (Absoliuto) kokybės. *Sa vai manaḥ kṛṣṇa-padāravindayoḥ*. Kas visada su transcendentine meile tarnauja Viešpačiui, kitaip sakant, įsisąmonino Kṛṣṇą, tas iš tikrųjų išsivadavo iš aistros *guṇos* įtakos ir nusiplovė materijos nešvarybes.

युञ्जन्नेवं सदात्मानं योगी विगतकल्मषः ।
सुखेन ब्रह्मसंस्पर्शमत्यन्तं सुखमश्नुते ॥२८॥

6.28

yuñjann evaṁ sadātmānaṁ · yogī vigata-kalmaṣaḥ
sukhena brahma-saṁsparśam · atyantaṁ sukham aśnute

yuñjan – praktikuodamas *yogą*; *evam* – tuo būdu; *sadā* – visada; *ātmānam* – save; *yogī* – tas, kuris turi ryšį su Aukščiausiuoju „Aš"; *vigata* – išsivadavęs; *kalmaṣaḥ* – nuo visų materijos nešvarybių; *sukhena* – transcendentinėje laimėje; *brahma-saṁsparśam* – turintis pastovų ryšį su Aukščiausiuoju; *atyantam* – aukščiausią; *sukham* – laimę; *aśnute* – pasiekia.

Save suvaldęs yogas, nuolat praktikuodamas yogą, nusiplauna materijos nešvarybes ir su transcendentine meile tarnaudamas Viešpačiui pasiekia aukščiausią visiškos laimės būseną.

Pažinti save – reiškia suvokti savo prigimtinę padėtį Aukščiausiojo atžvilgiu. Individuali siela – neatskiriama Aukščiausiojo dalelė, todėl ji pašaukta transcendentaliai tarnauti Viešpačiui. Toks transcendentinis ryšys su Aukščiausiuoju vadinamas *brahma-saṁsparśa*.

सर्वभूतस्थमात्मानं सर्वभूतानि चात्मनि ।   6.29
ईक्षते योगयुक्तात्मा सर्वत्र समदर्शनः ॥२९॥

sarva-bhūta-stham ātmānaṁ · sarva-bhūtāni cātmani
īkṣate yoga-yuktātmā · sarvatra sama-darśanaḥ

sarva-bhūta-stham – glūdinčią visose būtybėse; *ātmānam* – Super-sielą; *sarva* – visas; *bhūtāni* – būtybes; *ca* – taip pat; *ātmani* – savajame „aš"; *īkṣate* – mato; *yoga-yukta-ātmā* – tas, kuris pasišven-tęs Kṛṣṇos sąmonei; *sarvatra* – visur; *sama-darśanaḥ* – žvelgiantis nešališkai.

Tikras yogas regi Mane visose būtybėse ir visas būtybes regi Manyje. Iš tiesų save suvokęs žmogus mato Mane, vieną ir tą patį Aukščiausiąjį Viešpatį, visur.

Kṛṣṇą įsisąmoninęs *yogas* turi tobulą matymą, nes jis regi Kṛṣṇą, Aukščiausiąjį, glūdint visų širdyse Supersielos (Paramātmos) pavi-dalu. *Īśvaraḥ sarva-bhūtānāṁ hṛd-deśe 'rjuna tiṣṭhati*. Paramātmos aspektu Viešpats yra ir šuns, ir brahmano širdy. Tobulas *yogas* žino, jog Viešpats amžinai transcendentalus – materija nedaro Jam įtakos, ar Jis būtų šuns, ar brahmano kūne. Taip pasireiškia aukš-čiausias Viešpaties nešališkumas. Individuali siela taip pat glūdi širdyje, tačiau vienoje konkrečioje, o ne visose kartu. Tuo indivi-duali siela ir skiriasi nuo Supersielos. Jei kaip pridera nepraktikuosime *yogos,* neturėsime tokio aiškaus matymo. Kṛṣṇą įsisąmoninęs žmogus mato Kṛṣṇą ir tikinčiojo, ir bedievio širdyse. *Smṛti* liudija: *ātatatvāc ca mātṛtvāc ca ātmā hi paramo hariḥ.* Viešpats, būdamas visų gyvųjų būtybių pradžia, yra tarsi motina ir globėjas. Kaip motinai visi vaikai lygūs, taip lygūs jie ir aukščiausiajam tėvui (ar motinai). Taigi Supersiela visada yra kiekvienoje gyvoje būtybėje.

Visas gyvąsias būtybes supa Viešpaties energija. Septintame skyriuje bus aiškinama, kad iš esmės Viešpats valdo dvi energijas: dvasinę (aukštesnę) ir materialią (žemesnę). Nors gyvoji esybė yra aukštesniosios Viešpaties energijos dalelė, ją sąlygoja žemesnioji energija; gyvoji esybė visada yra Viešpaties energijoje. Visos gyvosios esybės šiaip ar taip glūdi Jame.

Yogo akimis visos gyvosios esybės lygios, ir nepaisant skirtingos jų padėties, kurią nulemia karminės veiklos rezultatai, jos bet kokiomis aplinkybėmis yra Dievo tarnai. Materialioje energijoje gyvoji esybė tarnauja materialioms juslėms, o dvasinėje energijoje – tiesiogiai Aukščiausiajam Viešpačiui. Ir tuo, ir kitu atveju ji – Dievo tarnas. Tobuliausiai gyvųjų esybių lygybę regi įsisąmoninęs Kṛṣṇą žmogus.

यो मां पश्यति सर्वत्र सर्वं च मयि पश्यति ।   **6.30**
तस्याहं न प्रणश्यामि स च मे न प्रणश्यति ॥३०॥

yo māṁ paśyati sarvatra · sarvaṁ ca mayi paśyati
tasyāhaṁ na praṇaśyāmi · sa ca me na praṇaśyati

yaḥ – kas; *mām* – Mane; *paśyati* – mato; *sarvatra* – visur; *sarvam* – viską; *ca* – ir; *mayi* – Manyje; *paśyati* – mato; *tasya* – jam; *aham* – Aš; *na* – ne; *praṇaśyāmi* – prarastas; *saḥ* – jis; *ca* – taip pat; *me* – Man; *na* – nei; *praṇaśyati* – prarastas.

Kas regi Mane visur ir viską regi Manyje, tas niekada nepraras Manęs ir Aš taip pat niekada neprarasiu jo.

Nėra abejonių, kad Kṛṣṇą įsisąmoninęs žmogus visur mato Viešpatį Kṛṣṇą ir viską mato Kṛṣṇoje. Gali pasirodyti, kad tokiam žmogui įvairūs daiktai yra atskiros materialios gamtos apraiškos, tačiau kiekvienu be išimties atveju jis visur mato Kṛṣṇą, žinodamas, kad viskas – Kṛṣṇos energijos pasireiškimas. Niekas negali egzistuoti be Kṛṣṇos, Kṛṣṇa yra visa ko Viešpats – toks fundamentalus Kṛṣṇos sąmonės principas. Kṛṣṇos sąmonės puoselėjimas padeda ugdyti savyje meilę Kṛṣṇai kuri yra transcendentali net ir išsivadavimui iš materijos. Šioje Kṛṣṇos sąmonės pakopoje, kuri aukštesnė net už savęs pažinimą, bhaktas susivienija su Kṛṣṇa, t.y. Kṛṣṇa jam tampa viskas, ir jis gyvena vien meile Kṛṣṇai. Tuomet tarp bhakto ir Kṛṣṇos užsimezga intymus ryšys. Dabar gyvosios esybės jau niekas negali sunaikinti, ir Dievo Asmuo jau visad yra apreikštas bhakto akims. Įsilieti į Kṛṣṇą reiškia susinaikinti dvasiškai. Bet bhaktas taip nerizikuoja. „Brahma-saṁhitoje" (5.38) pasakyta:

premāñjana-cchurita-bhakti-vilocanena
santaḥ sadaiva hṛdayeṣu vilokayanti
yaṁ śyāmasundaram acintya-guṇa-svarūpaṁ
govindam ādi-puruṣam tam ahaṁ bhajāmi

„Lenkiuosi pirmapradžiui Viešpačiui Govindai, kurį Jo bhaktas meilės balzamo suvilgytomis akimis nuolatos regi savo širdyje amžinu Śyāmasundaros pavidalu."

Tuomet nei Viešpats Kṛṣṇa neišnyksta iš bhakto regėjimo lauko, nei pats bhaktas neišleidžia Viešpaties iš akių. Tą patį galima pasakyti ir apie *yogą*, kuris širdyje regi Viešpatį Paramātmos pavidalu. Toks *yogas* virsta tyru bhaktu ir jau nė mirksnio negali išbūti nematydamas Viešpaties savyje.

सर्वभूतस्थितं यो मां भजत्येकत्वमास्थितः ।
सर्वथा वर्तमानोऽपि स योगी मयि वर्तते ॥३१॥   **6.31**

sarva-bhūta-sthitaṁ yo mām · bhajaty ekatvam āsthitaḥ
sarvathā vartamāno 'pi · sa yogī mayi vartate

sarva-bhūta-sthitam – glūdinčiam kiekvieno širdyje; *yaḥ* – tas, kuris; *mām* – Man; *bhajati* – pasiaukojamai tarnauja; *ekatvam* – vienovėje; *āsthitaḥ* – esančiam; *sarvathā* – visais atžvilgiais; *vartamānaḥ* – esantis; *api* – nepaisant to; *saḥ* – jis; *yogī* – transcendentalistas; *mayi* – Manyje; *vartate* – lieka.

Toks yogas, kuris garbina Supersielą ir Jai tarnauja, žinodamas, kad Aš ir Supersiela esame viena, visada ir bet kokiomis aplinkybėmis yra Manyje.

Yogas, medituojantis Supersielą, vidujai regi pilnutinę Kṛṣṇos dalį – keturrankį Viṣṇu, laikantį rankose kriauklę, diską, vėzdą ir lotoso žiedą. *Yogas* turėtų žinoti, kad Viṣṇu nesiskiria nuo Kṛṣṇos. Supersielos pavidalu Kṛṣṇa esti kiekvienos būtybės širdyje. Maža to, nesuskaičiuojama daugybė Supersielų, kurios yra gyvųjų esybių širdyse, nesiskiria viena nuo kitos. Taip pat nesiskiria ir Kṛṣṇą įsisąmoninęs žmogus, su transcendentine meile nuolat tarnaujantis Kṛṣṇai, nuo *yogo,* kuris pasiekė tobulumą medituodamas Supersielą. Kṛṣṇą įsisąmoninęs *yogas* (net jei šiame materialiame pasaulyje jam tenka atlikti pačią įvairiausią veiklą) visuomet gyvena Kṛṣṇoje. Tai patvirtinama Śrīlos Rūpos Gosvāmio „Bhakti-rasāmṛta-sindhu" (1.2.187): *nikhilāsv apy avasthāsu jīvan-muktaḥ sa ucyate.* Viešpaties bhaktas, visada veikdamas su Kṛṣṇos sąmone, jau išsivadavo. „Nārada-pañcarātroje" ta mintis patvirtinta tokiais žodžiais:

dik-kālādy-anavacchinne · kṛṣṇe ceto vidhāya ca
tan-mayo bhavati kṣipraṁ · jivo brahmaṇi yojayet

„Kṛṣṇa yra visa persmelkiantis, egzistuoja anapus laiko ir erdvės. Sukaupus dėmesį į Jo transcendentinį pavidalą mintimis pasineriama į Kṛṣṇą ir pasiekiamas džiaugsmingas transcendentinio bendravimo su Juo būvis."

Kṛṣṇos sąmonė – tai aukščiausias transo būvis *yogos* praktikoje. Patsai supratimas, kad Kṛṣṇa Paramātmos pavidalu glūdi kiekvienos būtybės širdyje, daro *yogą* trūkumų neturinčiu žmogumi.

Vedos („Gopāla-tāpanī Upaniṣada" 1.21) patvirtina, kad Viešpats turi nesuvokiamą galią: *eko 'pi san bahudhā yo 'vabhāti*. „Nors Viešpats – vienas, Jis gyvena nesuskaičiuojamoje daugybėje širdžių daugeliu." Analogiškai kalbama ir *smṛti-śāstroje*:

eka eva paro viṣṇuḥ · sarva-vyāpī na saṁśayaḥ
aiśvaryād rūpam ekaṁ ca · sūrya-vat bahudheyate

„Viṣṇu – vienas ir vis dėlto Jis visa persmelkiantis. Savo nesuvokiama galia, nors Jo pavidalas vienas, Jis prasiskverbia visur, kaip saulė, vienu metu pasirodanti daugelyje vietų."

आत्मौपम्येन सर्वत्र समं पश्यति योऽर्जुन ।   **6.32**
सुखं वा यदि वा दुःखं स योगी परमो मतः ॥३२॥

ātmaupamyena sarvatra · samaṁ paśyati yo 'rjuna
sukhaṁ vā yadi vā duḥkhaṁ · sa yogī paramo mataḥ

ātma – su savuoju „aš"; *aupamyena* – lygindamas; *sarvatra* – visur; *samam* – lygiai; *paśyati* – žvelgia; *yaḥ* – tas, kuris; *arjuna* – o Arjuna; *sukham* – į laimę; *vā* – arba; *yadi* – jeigu; *vā* – arba; *duḥkham* – į kančią; *saḥ* – toks; *yogī* – transcendentalistas; *paramaḥ* – tobulas; *mataḥ* – yra laikomas.

Tas yra tobulas yogas, kas visas būtybes lygindamas su savuoju „aš" mato, kad iš tiesų jos lygios tiek savo laimėje, tiek kančioje, o Arjuna.

Žmogus, įsisąmoninęs Kṛṣṇą, yra tobulas *yogas*. Jis jautrus kitų būtybių laimei ir kančioms, nes viską yra patyręs pats. Gyvosios esybės kančių priežastis ta, kad ji užmiršo savo ryšį su Dievu. O jos laimės šaltinis – tai supratimas, kad Kṛṣṇa – visa žmogaus veikla besimėgaujantis aukščiausiasis subjektas, visų žemių bei planetų savininkas ir tikrasis visų gyvųjų esybių draugas. Tobulas *yogas* suvokia, kad materialios gamtos *guṇų* sąlygota gyvoji būtybė užmiršo savo ryšį su Kṛṣṇa ir todėl tapo pasmerkta trejopoms materialioms kančioms. Kṛṣṇą įsisąmoninęs žmogus laimingas, todėl jis stengiasi plačiai propaguoti Kṛṣṇos mokslą. Kadangi tobulas *yogas* stengiasi papasakoti visiems apie Kṛṣṇos įsisąmoninimo svarbą, jis yra didžiausias labdarys pasaulyje ir brangiausias Viešpaties tarnas. *Na ca tasmān manuṣyeṣu kaścin me priya-kṛttamaḥ* („Bhagavad-gītā" 18.69). Kitaip sakant, Viešpaties bhaktas nuolatos rūpinasi visų gyvųjų esybių gerove, todėl jis – tikras visų mūsų draugas. Kartu jis didžiausias *yogas,* nes nesiekia tobulumo sau pačiam, bet stengiasi dėl kitų. Jis nepavydi savo broliams – gyvosioms esybėms. Tuo ir skiriasi tyras Viešpaties bhaktas nuo *yogo,* besirūpinančio tik savo paties tobulėjimu. *Yogas,* kuris pasitraukia į atokią vietą, kad jam gerai sektųsi medituoti, nebūtinai yra toks tobulas, kaip bhaktas, kuris iš visų jėgų stengiasi kiekvieną žmogų atvesti į Kṛṣṇos sąmonę.

अर्जुन उवाच   6.33

योऽयं योगस्त्वया प्रोक्तः साम्येन मधुसूदन ।
एतस्याहं न पश्यामि चञ्चलत्वात्स्थितिं स्थिराम् ॥३३॥

arjuna uvāca
yo 'yaṁ yogas tvayā proktaḥ · sāmyena madhusūdana
etasyāhaṁ na paśyāmi · cañcalatvāt sthitiṁ sthirām

arjunaḥ uvāca – Arjuna tarė; *yaḥ ayam* – ši sistema; *yogaḥ* – misticizmo; *tvayā* – Tavo; *proktaḥ* – apibūdinta; *sāmyena* – bendrais bruožais; *madhu-sūdana* – o demono Madhu nugalėtojau; *etasya* – šios; *aham* – aš; *na* – ne; *paśyāmi* – matau; *cañcalatvāt* – dėl to, kad [protas] neramus; *sthitim* – padėtis; *sthirām* – tvirta.

Arjuna tarė: O Madhusūdana, yogos sistema, kurią Tu glaustai išdėstei, atrodo neparanki. Ji ne mano jėgoms, nes permainingas ir neramus mano protas.

Šiame posme Arjuna atmeta Viešpaties Kṛṣṇos pasiūlytą misticizmo sistemą, kurią Kṛṣṇa pradėjo dėstyti žodžiais *śucau deśe* ir baigė – *yogī paramaḥ,* nes jaučia, kad jos neįveiks. Dabartiniame Kali amžiuje paprastam žmogui neįmanoma palikti namus, išeiti į kalnus ar džiungles ir ten atsidėti *yogai*. Charakteringas šio amžiaus bruožas – nuožmi kova už būvį, o gyvenimas itin trumpas. Žmonėms beveik nerūpi savęs pažinimas, jie vengia net paprastų ir praktiškų priemonių, o ką jau kalbėti apie sudėtingą *yogos* sistemą, kuri nustato gyvenimo būdą, nurodo sėdėjimo pozą bei vietą ir reikalauja atitraukti protą nuo materialios veiklos. Kaip praktiškas žmogus, Arjuna suprato, kad tokia *yogos* sistema ne jo jėgoms, nors jis ir buvo dosniai apdovanotas įvairiomis malonėmis. Arjuna buvo kilęs iš karališkos šeimos ir pasižymėjo daugeliu kilnių savybių. Jis buvo didis karys, gavęs ilgaamžiškumą, o svarbiausia, artimiausias Aukščiausiojo Dievo Asmens, Viešpaties Kṛṣṇos, draugas. Prieš penkis tūkstančius metų Arjuna turėjo kur kas palankesnes sąlygas, negu mes dabar, ir vis dėlto jis atsisakė tokios *yogos* sistemos. Tiesą sakant, istoriniuose šaltiniuose net neužfiksuota, kad Arjuna kada nors būtų mėginęs ją praktikuoti. Todėl reikia manyti, kad plačiai praktikuoti Kali amžiuje šią *yogos* sistemą yra neįmanoma. Žinoma, vienam kitam, bet labai retam žmogui ji įkandama, tačiau paprastiems žmonėms ši *yogos* sistema neįveikiama. Jei tokia padėtis buvo jau prieš penkis tūkstančius metų, ką jau kalbėti apie šiandieną? Žmonės, imituojantys šią *yogą* įvairiose *yogos* „mokyklose" bei „draugijose", nors ir patenkinti savimi, iš tikrųjų tik tuščiai švaisto laiką. Jie nė nenumano, koks tikrasis *yogos* tikslas.

चञ्चलं हि मनः कृष्ण प्रमाथि बलवद् दृढम् ।
तस्याहं निग्रहं मन्ये वायोरिव सुदुष्करम् ॥३४॥   **6.34**

cañcalaṁ hi manaḥ kṛṣṇa · pramāthi balavad dṛḍham
tasyāhaṁ nigrahaṁ manye · vāyor iva su-duṣkaram

cañcalam – nenustygstantis; *hi* – tikrai; *manaḥ* – protas; *kṛṣṇa* – o Kṛṣṇa; *pramāthi* – susijaudinantis; *bala-vat* – stiprus; *dṛḍham* – užsispyręs; *tasya* – jo; *aham* – aš; *nigraham* – pažabojimas; *manye* – galvoju; *vāyoḥ* – vėjo; *iva* – lyg; *su-duṣkaram* – sunkus.

Mat protas toks neramus, audringas, užsispyręs ir valdingas, o Kṛṣṇa, kad, atrodo, jį sutramdyti sunkiau negu suvaldyti vėją.

Protas toks valdingas ir užsispyręs, kad kartais nugali intelektą, nors atrodo turėtų būti jam pavaldus. Žmogui, kuriam kasdieniniame darbe tenka susidurti su daugeliu priešų, išties labai sunku suvaldyti protą. Žinoma, galima dirbtinai išlaikyti proto pusiausvyrą tiek draugų, tiek priešų atžvilgiu, ir vis dėlto nė vienas paprastas žmogus negali šito padaryti, nes tai sunkiau, negu sulaikyti šėlstantį vėją. Vedų raštuose („Kaṭha Upaniṣada" 1.3.3–4) teigiama:

ātmānaṁ rathinaṁ viddhi · śarīraṁ ratham eva ca
buddhiṁ tu sārathiṁ viddhi · manaḥ pragraham eva ca

indriyāṇi hayān āhur · viṣayāṁs teṣu go-carān
ātmendriya-mano-yuktaṁ · bhoktety āhur manīṣiṇaḥ

„Individualusis „aš" yra vežimo – materialaus kūno, keleivis. Intelektas – jo vežikas. Protas – vadžios, o juslės – žirgai. Savasis „aš", kai jis susyja su protu ir juslėmis, patiria džiaugsmą ir kančią. Taip mano didieji mąstytojai." Intelektas turėtų vadovauti protui, bet protas toks valdingas ir užsispyręs, kad dažnai įveikia net ir intelektą – taip stipri infekcija kartais nugali vaistų veikimą. Valdingą protą reikia tramdyti *yogos* praktika, tačiau „pasauliečiui" – Arjunai praktiškai tai padaryti neįmanoma. Tad ką jau kalbėti apie šiandienos žmogų? Posmas pateikia tinkamą analogiją: „vėjo nesulaikysi". Tačiau dar sunkiau sulaikyti audringą protą. Viešpats Caitanya siūlė lengviausią būdą protui suvaldyti – nuolankiai kartoti „Hare Kṛṣṇa", didžiąją išsivadavimo *mantrą*. Nurodytas metodas yra toks: *sa vai manaḥ kṛṣṇa-padāravindayoḥ* – visas mintis reikia sutelkti į Kṛṣṇą, tik tuomet neliks veiklos, kuri įaudrintų protą.

श्रीभगवानुवाच　　　　　　　　　　　　　　　　6.35
असंशयं महाबाहो मनो दुर्निग्रहं चलम् ।
अभ्यासेन तु कौन्तेय वैराग्येण च गृह्यते ॥३५॥

śrī-bhagavān uvāca
asaṁśayaṁ mahā-bāho · mano durnigrahaṁ calam
abhyāsena tu kaunteya · vairāgyeṇa ca gṛhyate

śrī-bhagavān uvāca – Dievo Asmuo tarė; *asaṁśayam* – be abejo-
nės; *mahā-bāho* – o tvirtaranki; *manaḥ* – protas; *durnigraham* –
sunkiai sutramdomas; *calam* – nenustygstantis; *abhyāsena* – prak-
tikos dėka; *tu* – bet; *kaunteya* – o Kuntī sūnau; *vairāgyeṇa* –
atsižadėjimu; *ca* – taip pat; *gṛhyate* – galima suvaldyti.

**Viešpats Śrī Kṛṣṇa tarė: O tvirtaranki Kuntī sūnau, pažaboti
nerimstantį protą, be abejonės, labai sunku, ir vis dėlto tai
įmanoma atitinkamos praktikos ir atsižadėjimo dėka.**

Dievo Asmuo pritaria Arjunai, jog suvaldyti užsispyrusį protą labai
sunku, bet čia pat sako, kad tai įmanoma praktikos ir atsižadėjimo
dėka. Kokia tai praktika? Šiais laikais niekas nesugeba laikytis
griežtų taisyklių, pavyzdžiui, apsigyventi šventoje vietoje, sutelkti
protą į Supersielą, pažaboti jusles ir protą, laikytis skaistybės
įžadų, gyventi vienam etc. O praktikuojantis Kṛṣṇos sąmonę žmo-
gus naudojasi devyniais pasiaukojimo tarnystės Viešpačiui būdais.
Pirmiausias ir svarbiausias būdas – klausytis pasakojimų apie
Kṛṣṇą. Toks transcendentinis metodas labai veiksmingas išvarant
iš proto visas netinkamas mintis. Kuo daugiau žmogus išgirsta apie
Kṛṣṇą, tuo labiau jis prašviesėja ir tuo lengviau atsižada viso to, kas
atitraukia protą nuo Kṛṣṇos. Neleidžiant protui atlikti veiklos, kuri
nesusijusi su Viešpačiu, lengvai išmokstama *vairāgyos*. *Vairāgya* –
tai atsižadėjimas materialaus ir proto pajungimas dvasioje. Dva-
siškai atsižadėti beasmenės sampratos pagrindu žymiai sunkiau,
negu sužavėti protą Kṛṣṇos žygiais. Klausytis apie Kṛṣṇą praktiška,
nes klausant apie Jį savaime susižavima Aukščiausiąja Dvasia.
Toks susižavėjimas vadinamas *pareśānubhūti* – „dvasiniu pasiten-
kinimu". Jis primena tą pasitenkinimo jausmą, kurį patiria alkanas
žmogus sulig kiekvienu nurytu kąsniu. Kuo daugiau valgo alka-
nas žmogus, tuo didesnį pasitenkinimą ir jėgų antplūdį jis jaučia.

Analogiškai, atliekant pasiaukojimo tarnystę patiriamas transcendentinis pasitenkinimas, nes protas atsižada materialių siekių. Tai tarytum pasveikti nuo ligos, gavus teisingą gydymą ir laikantis atitinkamos dietos. Klausytis apie transcendentinius Viešpaties Kṛṣṇos žygius – tai teisingas būdas gydyti pašėlusį protą, o valgyti Kṛṣṇai paaukotą maistą – tinkama dieta kenčiančiam ligoniui. Toks gydymas ir yra Kṛṣṇos sąmonės procesas.

असंयतात्मना योगो दुष्प्राप इति मे मतिः ।　　　　　6.36
वश्यात्मना तु यतता शक्यो ऽवाप्तुमुपायतः ॥३६॥

asaṁyatātmanā yogo · duṣprāpa iti me matiḥ
vaśyātmanā tu yatatā · śakyo 'vāptum upāyataḥ

asaṁyata – nepažabotu; *ātmanā* – protu; *yogaḥ* – savęs pažinimas; *duṣprāpaḥ* – sunkiai pasiekiamas; *iti* – tokia; *me* – Mano; *matiḥ* – nuomonė; *vaśya* – suvaldytu; *ātmanā* – protu; *tu* – bet; *yatatā* – stengiantis; *śakyaḥ* – įmanomas; *avāptum* – pasiekti; *upāyataḥ* – atitinkamomis priemonėmis.

Savęs pažinimas sunkus darbas tam, kurio protas nepažabotas, tačiau suvaldžiusiam protą ir siekiančiam tikslo tinkamomis priemonėmis, sėkmė užtikrinta. Tokia Mano nuomonė.

Aukščiausiasis Dievo Asmuo skelbia, jog žmogui, atsisakančiam tinkamo gydymo – neleidžiančiam, kad protas atsižadėtų materialios veiklos – vargu ar pasiseks pažinti save. Bandyti praktikuoti *yogą* ir tuo pat metu galvoti apie materialius džiaugsmus – tai stengtis įžiebti ugnį, tuo pat metu liejant ugniavietę vandeniu. *Yogos* praktika nevaldant proto – tuščias laiko gaišimas. Tokia *yogos* parodija gal ir duos materialios naudos, bet ji beprasmė dvasinio pažinimo požiūriu. Todėl protą reikia valdyti nuolatos užimant jį transcendentine meilės tarnyste Viešpačiui. Jei žmogus neįsijungia į Kṛṣṇos sąmonę, jis negali tvirtai suimti į rankas proto. Kṛṣṇą įsisąmoninęs žmogus lengvai pasiekia *yogos* rezultatų be papildomų pastangų, tuo tarpu tas, kuris praktikuoja *yogą* neįsisąmoninęs Kṛṣṇos, nepatirs sėkmės.

अर्जुन उवाच   6.37
अयतिः श्रद्धयोपेतो योगाच्चलितमानसः ।
अप्राप्य योगसंसिद्धिं कां गतिं कृष्ण गच्छति ॥३७॥

arjuna uvāca
ayatiḥ śraddhayopeto · yogāc calita-mānasaḥ
aprāpya yoga-saṁsiddhiṁ · kāṁ gatiṁ kṛṣṇa gacchati

arjunaḥ uvāca – Arjuna tarė; *ayatiḥ* – nevykėlis transcendentalistas; *śraddhayā* – su tikėjimu; *upetaḥ* – užsiėmęs; *yogāt* – nuo mistinio ryšio; *calita* – nukrypęs; *mānasaḥ* – kurio protas; *aprāpya* – negalintis pasiekti; *yoga-saṁsiddhim* – aukščiausios misticizmo tobulybės; *kām* – kokį; *gatim* – tikslą; *kṛṣṇa* – o Kṛṣṇa; *gacchati* – pasiekia.

Arjuna tarė: O Kṛṣṇa, kas laukia nevykėlio transcendentalisto, kuris su tikėjimu stoja į savęs pažinimo kelią, bet vėliau dėl žemiškos mąstysenos iš jo pasitraukia ir nepasiekia misticizmo aukštumų?

„Bhagavad-gītoje" aprašytas savęs pažinimo, arba misticizmo kelias. Fundamentalus savęs pažinimo principas – žinoti, kad gyvoji esybė nėra materialus kūnas, kad ji skirtinga nuo kūno, o jos laimė – tai amžinas gyvenimas, palaima ir žinojimas. Amžinas gyvenimas, palaima ir žinojimas – transcendentalios kategorijos, anapus kūno ir proto. Savęs pažinimo siekiama per žinias, aštuonialypės *yogos* sistemos praktika arba per *bhakti-yogą*. Praktikuojant kiekvieną iš šių procesų būtina suvokti prigimtinę gyvosios esybės padėtį ir jos ryšį su Dievu, išsiaiškinti, kokios veiklos reikia imtis norint atgauti prarastą ryšį ir pasiekti aukščiausią tobulybę – Kṛṣṇos sąmonę. Naudojantis vienu iš trijų aukščiau minėtų metodų, anksčiau ar vėliau būtinai pasiekiamas aukščiausias tikslas. Antrame skyriuje Viešpats tvirtino, kad net ir menkos pastangos pažengti į priekį transcendentiniame kelyje suteikia didžiulę išsivadavimo viltį. Šiam amžiui tinkamiausias iš šių trijų metodų yra *bhakti-yoga*, nes ji yra tiesiausias kelias pažinti Dievą. Norėdamas tuo dar kartą įsitikinti Arjuna prašo, kad Viešpats Kṛṣṇa patvirtintų anksčiau sakytus žodžius. Galima stoti į savęs pažinimo kelią, turint kuo geriausius ketinimus, tačiau gilinti žinias ir praktikuoti aštuonialypę *yogos* sistemą šiame amžiuje pernelyg sudėtinga. Todėl nepaisant nuolatinių pastangų, galima patirti nesėkmę dėl daugelio priežasčių, o pirmiausia dėl to, kad ne visiškai rimtai žiūrima į šį procesą. Eiti transcendentiniu keliu – reiškia paskelbti karą iliuzinei energijai. Todėl kai tiktai žmogus ketina ištrūkti iš iliuzinės energijos letenų, ši visokiais gundymais stengiasi jį nugalėti. Sąlygotą sielą jau apžavėjo materialios energijos *guṇos,* ir labai tikėtina, kad praktikuodama transcendentines disciplinas ji vėl pasiduos pagundai. Kai sąlygota siela pasiduoda pagundai, tatai vadinasi *yogāc calita mānasaḥ:* nukrypimas nuo transcendentinio kelio. Arjunai įdomu sužinoti, kas laukia nukrypus nuo savęs pažinimo kelio.

कच्चिन्नोभयविभ्रष्टश्छिन्नाभ्रमिव नश्यति ।   **6.38**
अप्रतिष्ठो महाबाहो विमूढो ब्रह्मणः पथि ॥३८॥

kaccin nobhaya-vibhraṣṭaś · chinnābhram iva naśyati
apratiṣṭho mahā-bāho · vimūḍho brahmaṇaḥ pathi

kaccit – ar; *na* – ne; *ubhaya* – abiejų; *vibhraṣṭaḥ* – nutolęs nuo; *chinna* – atplėštas; *abhram* – debesis; *iva* – lyg; *naśyati* – išnyksta; *apratiṣṭhaḥ* – be vietos; *mahā-bāho* – o tvirtaranki Kṛṣṇa; *vimūḍhaḥ* – išklydęs iš; *brahmaṇaḥ* – transcendencijos; *pathi* – kelio.

O tvirtaranki Kṛṣṇa, ar žmogus, išklydęs iš transcendencijos kelio, nepatirs nesėkmės ir dvasiškai, ir materialiai, ar neišnyks jis lyg vėjo draskomas debesis, nei šen, nei ten nerasdamas sau vietos?

Yra du tobulėjimo keliai. Materialistams nerūpi transcendencija, jiems žymiai svarbiau spartinti materialią pažangą vystant ekonomiką, arba atliekant tam tikrą veiklą siekti aukštesnių planetų. Stojus į transcendencijos kelią, reikia atsisakyti bet kokios materialios veiklos ir paaukoti savo vadinamą materialią laimę, nesvarbu, kad ir kokias formas ji turėtų. Kai transcendentalisto pastangas ištinka nesėkmė, jis patiria dvigubą netektį. Kitaip sakant, transcendentalistas nesuranda nei materialios laimės, nei susilaukia dvasinės sėkmės. Jis neranda sau vietos ir panašus į vėjo išdraikytą debesį. Kartais matyti, kaip danguje nuo mažo debesies atplyšta lopinėlis ir prikimba prie didelio. Tačiau kartais debesėlį pasigauna vėjas, ir jis ištirpsta dangaus platybėse. *Brahmaṇaḥ pathi* – tai transcendencijos pažinimo kelias, suvokiant save kaip dvasinę esmę, neatskiriamą Aukščiausiojo Viešpaties, kuris pasireiškia kaip Brahmanas, Paramātmā ir Bhāgavanas, dalelę. Viešpats Śrī Kṛṣṇa – pilniausias Aukščiausios Absoliučios Tiesos pasireiškimas, todėl transcendentalistas, kuris atsiduoda Aukščiausiajam Asmeniui, patiria sėkmę. Norint pasiekti gyvenimo tikslą per Brahmano ir Paramātmos pažinimą reikia daugybės gyvenimų (*bahūnāṁ janmanām ante*). Todėl pats geriausias ir tiesiausias transcendencijos pažinimo kelias – tai *bhakti-yoga*, arba Kṛṣṇos sąmonė.

एतन्मे संशयं कृष्ण छेत्तुमर्हस्यशेषतः ।
त्वदन्यः संशयस्यास्य छेत्ता न ह्युपपद्यते ॥३९॥

6.39

etan me saṁśayaṁ kṛṣṇa · chettum arhasy aśeṣataḥ
tvad-anyaḥ saṁśayasyāsya · chettā na hy upapadyate

etat – tai yra; *me* – mano; *saṁśayam* – dvejonė; *kṛṣṇa* – o Kṛṣṇa; *chettum* – išsklaidyti; *arhasi* – Tu esi prašomas; *aśeṣataḥ* – visiškai; *tvat* – be Tavęs; *anyaḥ* – kitas; *saṁśayasya* – dvejonės; *asya* – šios; *chettā* – panaikintojas; *na* – niekada; *hi* – tikrai; *upapadyate* – gali būti surastas.

Štai mano dvejonė, o Kṛṣṇa, prašau Tavęs ją visiškai išsklaidyti. Nes niekas, išskyrus Tave, negali to padaryti.

Kṛṣṇa puikiai žino praeitį, dabartį ir ateitį. „Bhagavad-gītos" pradžioje Viešpats sakė, kad gyvosios esybės kaip individualybės egzistavo praeityje, egzistuoja dabar ir išlaikys savo individualybę ateityje, netgi išsivadavusios iš materijos pinklių. Taigi Jis jau išaiškino klausimą dėl individualios gyvosios esybės ateities. Dabar Arjuna nori sužinoti nevykėlio transcendentalisto likimą. Niekas neprilygsta Kṛṣṇai, juo labiau Jo nepranoksta, ir, be abejonių, vadinamieji „didieji" išminčiai bei filosofai, priklausantys nuo materialios gamtos malonės, negali lygintis su Juo. Todėl Kṛṣṇos nuomonė – tai galutinis ir išsamus atsakymas, išsklaidantis visas abejones, nes Jis puikiai žino praeitį, dabartį bei ateitį, o Jo nepažįsta niekas. Tik Kṛṣṇa ir Jį įsisąmoninę bhaktai težino, kur glūdi tiesa.

श्रीभगवानुवाच   6.40
पार्थ नैवेह नामुत्र विनाशस्तस्य विद्यते ।
न हि कल्याणकृत्कश्चिद् दुर्गतिं तात गच्छति ॥४०॥

śrī-bhagavān uvāca
pārtha naiveha nāmutra · vināśas tasya vidyate
na hi kalyāṇa-kṛt kaścid · durgatiṁ tāta gacchati

śrī-bhagavān uvāca – Aukščiausiasis Dievo Asmuo tarė; *pārtha* – o Pṛthos sūnau; *na eva* – niekada taip nebūna; *iha* – šiame materialiame pasaulyje; *na* – niekada; *amutra* – kitame gyvenime; *vināśaḥ* – pražūtis; *tasya* – jo; *vidyate* – yra; *na* – niekada; *hi* – tikrai; *kalyāṇa-kṛt* – atsidėjęs gera lemiančiai veiklai; *kaścit* – bet kuris; *durgatim* – į nuopuolį; *tāta* – Mano drauge; *gacchati* – eina.

Aukščiausiasis Dievo Asmuo tarė: Pṛthos sūnau, transcendentalistas, atliekantis gera lemiančią veiklą, nepražus nei šiame, nei

dvasiniame pasaulyje. Kas kuria gėrį, Mano drauge, to niekada neįveikia blogis.

„Śrīmad-Bhāgavatam" (1.5.17) Śrī Nārada Munis taip moko Vyāsadevą:

tyaktvā sva-dharmaṁ caraṇāmbhujaṁ harer
  bhajann apakvo 'tha patet tato yadi
yatra kva vābhadram abhūd amuṣya kiṁ
  ko vārtha āpto 'bhajatāṁ sva-dharmataḥ

„Jei kas atsižada visų materialių siekių ir visiškai atsiduoda Aukščiausiojo Dievo Asmens globai, tas jokiu būdu nieko nepraranda ir nepatiria nuopuolio. Kita vertus, nebhaktas gali kuo puikiausiai atlikti savo nurodytas pareigas ir vis tiek nieko nelaimėti." Materialiems planams įgyvendinti yra daug tiek įprastinių būdų, tiek ir atitinkančių šventraščių nurodymus. Bet iš transcendentalisto reikalaujama atsisakyti bet kokios materialios veiklos vardan dvasinio tobulėjimo su Kṛṣṇos sąmone. Gal kas prieštaraus, kad puoselėjant Kṛṣṇos sąmonę aukščiausią tobulumą galima pasiekti tik tada, kai pasirinktuoju keliu nuosekliai eini iki galo, o nepasiekus tokio tobulumo pakopos, bus pralaimėta ir materialiu, ir dvasiniu požiūriu. Šventraščiai nurodo, kad už neatliktas nurodytas pareigas reikia atkentėti, todėl tas, kuris deramai nevykdo savo transcendentinių pareigų, susilaukia atpildo. *Bhāgavatam* tikina, kad nevykėliui transcendentalistui nėra pagrindo nerimauti. Jeigu jis ir susilauks atoveikio dėl netobulai atliktų nurodytų pareigų, jis vis tiek nieko nepralaimės, nes gera lemianti Kṛṣṇos sąmonė neprarandama – kas ją turi dabar, turės ją ir kitą gyvenimą, net jei ir gims žemos kilmės. Kita vertus, žmogus, tiksliai vykdantis nurodytas pareigas, nebūtinai gauna teigiamus rezultatus, jeigu jis nėra įsisąmoninęs Kṛṣṇos.

Pasakytų žodžių prasmė tokia: žmoniją galima padalyti į dvi grupes – tuos, kurie laikosi reguliuojamųjų principų, ir tuos, kurie jų nesilaiko. Tie, kurie paprasčiausiai gyvuliškai tenkina jusles ir nieko neišmano apie kitą gyvenimą bei dvasinį išsigelbėjimą, skiriami prie nesilaikančių reguliuojamųjų principų. O tie, kurie laikosi šventrašč̌uose nurodytų principų, priklauso antrajai grupei. Kad ir kokie būtų pirmosios grupės žmonės – civilizuoti ar necivilizuoti, išsilavinę ar ne, stiprūs ar silpni – juos valdo vien gyvuliški polinkiai. Jų veiksmai nežada nieko gera, nes jie, tenkindami gyvuliškus polinkius (valgyti, miegoti, poruotis ir gintis) amžinai lieka kančių perpildytoje materialioje būtyje. O tie, kurie gyvenimą tvarko pagal šventrašč̌ių nurodymus ir palengva artėja prie Kṛṣṇos sąmonės, be abejonės, daro gyvenime pažangą.

Einantys geros lemties keliu gali būti suskirstyti į tokias tris grupes: (1) tie, kurie laikosi šventrašč̌ių taisyklių ir yra pasiekę materialią gerovę, (2) tie, kurie stengiasi galutinai išsivaduoti iš materialios būties, ir (3) Kṛṣṇą įsisąmoninę bhaktai. Tie, kurie siekdami materialios laimės laikosi šventrašč̌ių taisyklių, skirstomi dar į dvi grupes: tuos, kurie siekia mėgautis savo veiklos rezultatais, ir tuos, kurie nesiekia savo veiklos vaisių. Pirmieji gali pasiekti aukštesnį pragyvenimo lygį, pakilti net į aukštesnes planetas, ir vis dėlto jie neištrūksta iš materialios būties, todėl kelias, kuriuo jie eina, nėra gera lemiantis. Iš tikrųjų gera lemianti veikla yra ta, kuri veda į išsivadavimą, o veikla, kurios tikslas nėra savęs pažinimas, t.y. atsisakymas materialios, kūniškos gyvenimo sampratos, apskritai nieko gera nežada. Gera lemianti veikla yra tiktai veikla su Kṛṣṇos sąmone, todėl kiekvieną, kuris savo valia pakelia visus kūno nepatogumus vardan tobulėjimo Kṛṣṇos sąmonės kelyje, galima pavadinti tikru transcendentalistu, pasirinkusiu griežtą asketišką gyvenimą. O kadangi aštuonialypės *yogos* sistema galų gale nukreipia žmogų perprasti Kṛṣṇos sąmonę, ją praktikuoti taip pat palanku, ir jei šiam reikalui atiduodamos visos jėgos, nuopuolio bijoti nereikia.

प्राप्य पुण्यकृतां लोकानुषित्वा शाश्वतीः समाः । **6.41**
शुचीनां श्रीमतां गेहे योगभ्रष्टोऽभिजायते ॥४१॥

prāpya puṇya-kṛtāṁ lokān · uṣitvā śāśvatīḥ samāḥ
śucīnāṁ śrīmatāṁ gehe · yoga-bhraṣṭo 'bhijāyate

prāpya – pasiekęs; *puṇya-kṛtām* – tų, kurie atliko doringą veiklą; *lokān* – planetas; *uṣitvā* – nugyvenęs; *śāśvatīḥ* – daug; *samāḥ* – metų; *śucīnām* – doringųjų; *śrī-matām* – klestinčiųjų; *gehe* – namuose; *yoga-bhraṣṭaḥ* – pasitraukęs iš savęs pažinimo kelio; *abhijāyate* – gimsta.

Po daugybės laimingo gyvenimo metų doringų gyvųjų esybių planetose, nevykėlis yogas gimsta teisuolių arba turtingoje aristokratų šeimoje.

Nevykėliai *yogai* skiriami į dvi grupes. Vienai priklauso tie, kurie patyrė nuopuolį žengę vos pirmuosius žingsnius, o kitai – tie, kurie puolė po ilgai trukusios *yogos* praktikos. Patyrę nuopuolį po neilgų *yogos* bandymų eina į aukštesniąsias planetas, kuriose leidžiama gyventi doringoms gyvosioms esybėms. Po ilgų gyvenimo metų aukštesnėse planetose gyvoji esybė grąžinama į šią planetą gimti teisiojo brahmano *vaiṣṇavo* ar aristokratiškoje prekijo šeimoje.

Paskutiniame šio skyriaus posme paaiškinta, kad tikrasis *yogos* tikslas – pasiekti aukščiausią tobulumą, Kṛṣṇos sąmonę. Tačiau materialių pagundų suviliotieji ir nepakankamai ištvermingi žmonės, patyrę nesėkmę, gauna Viešpaties malonę iki galo patenkinti savo materialius polinkius. O po to jie gauna galimybę gyventi klestinčiose teisuolių ar aristokratų šeimose. Gimusieji tokiose šeimose gali pasinaudoti visomis turimomis galimybėmis ir pasistengti pakilti į visišką Kṛṣṇos sąmonę.

अथ वा योगिनामेव कुले भवति धीमताम् । 6.42
एतद्धि दुर्लभतरं लोके जन्म यदीदृशम् ॥४२॥

atha vā yoginām eva · kule bhavati dhīmatām
etad dhi durlabha-taraṁ · loke janma yad īdṛśam

atha vā – arba; *yoginām* – išprususių transcendentalistų; *eva* – tikrai; *kule* – šeimoje; *bhavati* – gimsta; *dhī-matām* – apdovanotų didžia išmintimi; *etat* – tas; *hi* – tikrai; *durlabha-taram* – labai retas; *loke* – šiame pasaulyje; *janma* – gimimas; *yat* – kuris; *īdṛśam* – kaip tas.

Arba [jei po ilgai trukusios yogos praktikos ištinka nesėkmė] jis gimsta retos išminties transcendentalistų šeimoje. Bet, žinoma, mažai kam šiame pasaulyje tenka toks gimimas.

Posmas išaukština gimimą retos išminties *yogų* ar transcendentalistų šeimoje, nes kūdikis, išvydęs pasaulį tokioje šeimoje, jau pačioje gyvenimo pradžioje gauna dvasinį impulsą. Ypač tai tinka pasakyti apie *ācāryų* ir *gosvāmių* šeimas. Tokių šeimų nariai dėl deramo auklėjimo bei ištikimybės tradicijoms yra labai išsilavinę ir pamaldūs, todėl jie tampa dvasiniais mokytojais. Indijoje yra daug tokių *ācāryų* šeimų, bet šiais laikais jos išsigimė dėl auklėjimo ir švietimo stokos. Vis dėlto Viešpaties malone dar yra šeimų, kuriose iš kartos į kartą išauginami transcendentalistai. Gimti tokiose šeimose – tikrai didžiulė laimė. Mūsų dvasiniam mokytojui Oṁ Viṣṇupādai Śrī Śrīmad Bhaktisidhāntai Sarasvačiui Gosvāmiui Mahārājai ir nuolankiam jūsų tarnui Viešpaties malone nusišypsojo laimė gimti transcendentalistų šeimoje. Nuo pat vaikystės mus abu mokė pasiaukojimo tarnystės Viešpačiui. Vėliau transcendentinio pasaulio dėsniai lėmė mums susitikti.

तत्र तं बुद्धिसंयोगं लभते पौर्वदेहिकम् ।   6.43
यतते च ततो भूयः संसिद्धौ कुरुनन्दन ॥४३॥

tatra taṁ buddhi-saṁyogaṁ · labhate paurva-dehikam
yatate ca tato bhūyaḥ · saṁsiddhau kuru-nandana

tatra – tada; *tam* – tą; *buddhi-saṁyogam* – sąmonės atgaivinimą; *labhate* – gauna; *paurva-dehikam* – iš ankstesnio kūno; *yatate* – jis siekia; *ca* – taip pat; *tataḥ* – po to; *bhūyaḥ* – vėl; *saṁsiddhau* – tobulybės; *kuru-nandana* – o Kuru sūnau.

6 skyrius

Gimus tokioje šeimoje, atgyja jo praeito gyvenimo dieviška sąmonė, ir jis vėl stengiasi žengti į priekį iki visiškos sėkmės, o Kuru sūnau.

Karalius Bharata, kuris trečiąkart išvydo pasaulį doro brahmano šeimoje – puikus pavyzdys, rodantis, kaip galima atgaivinti ankstesniąją transcendentinę sąmonę. Karalius Bharata buvo pasaulio valdovas – nuo jo viešpatavimo laikų mūsų planeta pusdievių vadinta Bhārata-varṣa. Ankščiau ji vadinta Ilāvṛta-varṣa. Siekdamas dvasinio tobulėjimo imperatorius, nors dar buvo gana jaunas, pasitraukė iš savo pareigų, tačiau užsibrėžto tikslo pasiekti jam nepavyko. Kitą gyvenimą jis gimė doro brahmano šeimoje ir buvo žinomas Jaḍa Bharatos vardu, nes visą laiką šalinosi aplinkinių ir su niekuo nekalbėjo. Vėliau karalius Rahūgaṇa atpažino jame didžiausią transcendentalistą. Bharatos gyvenimas rodo, jog transcendentinės pastangos, t.y. *yogos* praktika, niekada nenueina veltui. Viešpaties malone transcendentalistas gauna pakartotiną galimybę pasiekti visišką Kṛṣṇos sąmonės tobulumą.

पूर्वाभ्यासेन तेनैव ह्रियते ह्यवशोऽपि सः । 6.44
जिज्ञासुरपि योगस्य शब्दब्रह्मातिवर्तते ॥४४॥

pūrvābhyāsena tenaiva · hriyate hy avaśo 'pi saḥ
jijñāsur api yogasya · śabda-brahmātivartate

pūrva – ankstesne; *abhyāsena* – praktika; *tena* – ta; *eva* – tikrai; *hriyate* – susižavi; *hi* – žinoma; *avaśaḥ* – savaime; *api* – taip pat; *saḥ* – jis; *jijñāsuḥ* – trokštantis žinių; *api* – netgi jei; *yogasya* – apie yogą; *śabda-brahma* – ritualinius šventraščių principus; *ativartate* – pranoksta.

Iš ankstesnio gyvenimo paveldėtos dieviškos sąmonės dėka jis savaime susižavi yogos principais, net jų neieškodamas. Toks žinių trokštantis transcendentalistas visuomet yra aukščiau šventraščių ritualinių taisyklių.

Toli pažengusius *yogus* ne itin žavi ritualai, aprašyti šventraš-
čiuose, tačiau savaime sužavi *yogos* principai, galintys juos pakylėti
į visišką Kṛṣṇos sąmonę – aukščiausią *yogos* tobulumą. Štai kaip
daug pasiekusių transcendentalistų abejingumas Vedų ritualams
paaiškinamas „Śrīmad-Bhāgavatam" (3.33.7):

aho bata śva-paco 'to garīyān
  yaj-jihvāgre vartate nāma tubhyam
tepus tapas te juhuvuḥ sasnur āryā
  brahmānūcur nāma gṛṇanti ye te

„O mano Viešpatie! Kas kartoja šventuosius Tavo Šviesybės
vardus, labai daug pasiekė dvasiniame gyvenime, net jeigu jis gimė
šunėdų šeimoje. Be abejonių, jis jau atliko visas askezes ir aukas,
išsimaudė visose šventose vietose ir išstudijavo visus šventraščius."

  Ryškų to pavyzdį parodė Viešpats Caitanya, kuris laikė Ṭhā-
kurą Haridāsą vienu svarbiausių savo mokinių. Nors Ṭhākura
Haridāsa gimė musulmonų šeimoje, Viešpats Caitanya iškėlė jį į
nāmācāryas, nes mokinys griežtai laikėsi savo įžado kasdien po
tris šimtus tūkstančių kartų ištarti šventąjį Viešpaties vardą: Hare
Kṛṣṇa, Hare Kṛṣṇa, Kṛṣṇa Kṛṣṇa, Hare Hare/ Hare Rāma, Hare
Rāma, Rāma Rāma, Hare Hare. Jis be perstojo kartojo šventąjį
Viešpaties vardą, o tai reiškia, kad ankstesniame gyvenime jis jau
atliko visas Vedų nurodytas ritualines apeigas, vadinamas *śabda-
brahma.* Tačiau kol žmogus neapsivalė, jis negalės laikytis Kṛṣṇos
sąmonės principų ir kartoti šventąjį Viešpaties vardą, Hare Kṛṣṇa.

प्रयत्नाद्यतमानस्तु योगी संशुद्धकिल्बिषः ।   6.45
अनेकजन्मसंसिद्धस्ततो याति परां गतिम् ॥४५॥

prayatnād yatamānas tu · yogī saṁśuddha-kilbiṣaḥ
aneka-janma-saṁsiddhas · tato yāti parāṁ gatim

prayatnāt – griežtos praktikos dėka; *yatamānaḥ* – stengdamasis;
tu – ir; *yogī* – toks transcendentalistas; *saṁśuddha* – nuplautos;
kilbiṣaḥ – kurio visos nuodėmės; *aneka* – po didelės daugybės;

janma – gimimų; *saṁsiddhaḥ* – pasiekęs tobulybę; *tataḥ* – po to; *yāti* – pasiekia; *parām* – aukščiausią; *gatim* – tikslą.

Kai yogas nuoširdžiai stengiasi toliau tobulėti, po daugybės yogos praktikai skirtų gyvenimų, nusiploves visas nešvarybes, jis galiausiai pasiekia tobulumą ir aukščiausią tikslą.

Žmogus, gimęs labai padorioje, aristokratiškoje ar šventoje šeimoje, suvokia turįs palankias sąlygas praktikuoti *yogą*, todėl ryžtingai imasi savo neužbaigto darbo ir šitaip visiškai apsivalo nuo materijos nešvarybių. Visiškai apsivalęs jis pasiekia aukščiausią tobulumą – Kṛṣṇos sąmonę. Kṛṣṇos sąmonė – tai tobulas nieko neužterštas būvis. Tai patvirtinama „Bhagavad-gītoje" (7.28):

*yeṣāṁ tv anta-gataṁ pāpaṁ · janānāṁ puṇya-karmaṇām
te dvandva-moha-nirmuktā · bhajante māṁ dṛḍha-vratāḥ*

„Po daugybės doringai veiklai paaukotų gyvenimų, visiškai apsivalęs nuo materijos suteptis ir atsikratęs iliuzinių priešybių žmogus atsideda transcendentinei meilės tarnystei Viešpačiui."

तपस्विभ्योऽधिको योगी ज्ञानिभ्योऽपि मतोऽधिकः ।
कर्मिभ्यश्चाधिको योगी तस्माद्योगी भवार्जुन ॥४६॥ **6.46**

*tapasvibhyo 'dhiko yogī · jñānibhyo 'pi mato 'dhikaḥ
karmibhyaś cādhiko yogī · tasmād yogī bhavārjuna*

tapasvibhyaḥ – už asketus; *adhikaḥ* – pranašesnis; *yogī* – yogas; *jñānibhyaḥ* – už išminčius; *api* – taip pat; *mataḥ* – laikomas; *adhikaḥ* – pranašesniu; *karmibhyaḥ* – už tuos, kurie užsiima karmine veikla; *ca* – taip pat; *adhikaḥ* – pranašesnis; *yogī* – yogas; *tasmāt* – todėl; *yogī* – transcendentalistas; *bhava* – būk; *arjuna* – o Arjuna.

Yogas pranašesnis už asketą, empiriką ir už tą, kuris dirba dėl rezultatų, todėl, o Arjuna, bet kokiomis aplinkybėmis būk yogas.

Kalbėdami apie *yogą*, turime galvoje mūsų sąmonės jungtį su Aukščiausiąja Absoliučia Tiesa. Yogos procesas vadinamas įvairiai, priklausomai nuo to, kas jį praktikuoja ir kokį metodą taiko. Kai šiame jungties procese dominuoja karminė veikla, jis vadinamas *karma-yoga*, kai jis labiau empiriškas – *jñāna-yoga*, o kai jo pagrindą sudaro pasiaukojimas Aukščiausiajam Viešpačiui – *bhakti-yoga*, ar Kṛṣṇos sąmonė. *Bhakti-yoga*, ar Kṛṣṇos sąmonė – tai visų *yogų* tobulumo viršūnė, – taip teigia kitas posmas. Šiame posme Viešpats patvirtina aptariamos *yogos* pranašumą, bet nesako, kad ji aukštesnė už *bhakti-yogą*. *Bhakti-yoga* – tai visiškas dvasinis žinojimas, todėl niekas negali jos pranokti. Asketizmas be savęs pažinimo yra netobulas. Netobulas yra ir empirinis mokslas, jeigu jis nepagrįstas atsidavimu Aukščiausiam Viešpačiui. Karminė veikla be Kṛṣṇos sąmonės taip pat yra tuščias laiko švaistymas. Todėl tarp visų paminėtų *yogos* formų labiausiai čia iškeliama *bhakti-yoga* – tai dar akivaizdžiau parodys kitas posmas.

योगिनामपि सर्वेषां मद्गतेनान्तरात्मना ।   6.47
श्रद्धावान् भजते यो मां स मे युक्ततमो मतः ॥४७॥

yoginām api sarveṣām · mad-gatenāntar-ātmanā
śraddhāvān bhajate yo māṁ · sa me yukta-tamo mataḥ

yoginām – iš *yogų; api* – taip pat; *sarveṣām* – visų tipų; *mat-gatena* – gyvenantis Manyje, visada galvojantis apie Mane; *antaḥ-ātmanā* – vidujai; *śraddhā-vān* – su visišku tikėjimu; *bhajate* – atlieka transcendentinę meilės tarnystę; *yaḥ* – tas, kuris; *mām* – Man (Aukščiausiajam Viešpačiui); *saḥ* – jis; *me* – Mano; *yukta-tamaḥ* – didžiausias *yogas; mataḥ* – manymu.

Iš visų yogų tas, kuris su didžiu tikėjimu visad gyvena Manyje, galvoja apie Mane ir tarnauja Man su transcendentine meile, yra artimiausiai susijęs su Manimi yogos ryšiais ir visų aukščiausias. Tokia Mano nuomonė.

Posme svarbi reikšmė tenka žodžiui *bhajate*. Jo šaknis – veiksmažodis *bhaj*, vartojamas, kai norima apibūdinti tarnystę. Žodis „garbinimas" neatspindi tikrosios jo prasmės. Garbinti – tai dievinti ar rodyti pagarbą tam, kuris jos vertas. O tarnystė su meile ir tikėjimu skirta būtent Aukščiausiajam Dievo Asmeniui. Galima neparodyti pagarbos žmogui, kuris jos vertas, arba pusdieviui, ir dėl to būti pavadintam nemandagiu, bet negalima paniekinti tarnystės Aukščiausiajam Viešpačiui ir nesusilaukti už tai kuo griežčiausios bausmės. Kiekviena gyvoji esybė yra neatskiriama Aukščiausiojo Dievo Asmens dalelė, todėl pagal savo prigimtį ji pašaukta tarnauti Aukščiausiajam Viešpačiui. Netarnaudama Aukščiausiajam Viešpačiui, ji patiria nuopuolį. *Bhāgavatam* (11.5.3) liudija:

ya eṣāṁ puruṣaṁ sākṣād · ātma-prabhavam īśvaram
na bhajanty avajānanti · sthānād bhraṣṭāḥ patanty adhaḥ

„Kas netarnauja pirmapradžiam Viešpačiui – visų gyvųjų esybių pradžiai, kas pro pirštus žiūri į šią savo pareigą, tas tikrai neteks savo prigimtinio būvio."

Cituotame posme irgi pavartotas žodis *bhajanti*. Todėl žodis *bhajanti* gali būti vartojamas tiktai kalbant apie Aukščiausiąjį Viešpatį, tuo tarpu žodis „garbinimas" tinka kalbant apie pusdievius ar bet kokią kitą gyvąją esybę. Šiame „Śrīmad-Bhāgavatam" posme pavartotas žodis *avajānanti* sutinkamas ir „Bhagavad-gītoje". *Avajānanti māṁ mūḍhāḥ*: „Tik kvailiai ir niekšai išjuokia Aukščiausiąjį Dievo Asmenį, Viešpatį Kṛṣṇą." Tie kvailiai imasi atsakomybės rašyti „Bhagavad-gītos" komentarus, nė neketindami tarnauti Viešpačiui. Dėl tos priežasties jie aiškiai neskiria žodžio *bhajanti* nuo žodžio „garbinimas".

Visų *yogos* metodų viršūnė – *bhakti-yoga*. Kitos *yogos* – tai tik priemonė pasiekti *bhakti* principą *bhakti-yogoje*. *Yoga* iš tikrųjų reiškia *bhakti-yogą*. Visos kitos *yogos* – tik etapai, artėjant į tikslą – *bhakti-yogą*. Nuo savęs pažinimo proceso pradžios (*karma-yogos*) iki pabaigos (*bhakti-yogos*) – ilgas kelias. Jo pradžia, *karma-yoga* – tai veikla nesisavinant jos rezultatų. Kai *karma-yoga* praturtėja žinojimu ir atsižadėjimu, ji perauga į *jñāną-yogą*. O kai *jñāna-yoga* pasipildo meditacija į Supersielą atliekant įvairius fizinius pratimus, ir į Supersielą sutelkiamas protas, šis *yogos* etapas vadinasi *aṣṭāṅga-yoga.* Praėjus *aṣṭāṅga-yogos* etapą, pasiekiamas Aukščiausiasis Dievo Asmuo, Kṛṣṇa, ir tai vadinasi *bhakti-yoga,* arba kulminacija. Iš tikrųjų, *bhakti-yoga* yra galutinis tikslas, tačiau norint ją gerai išanalizuoti, reikia suprasti ir kitas *yogas.* Todėl *yogas,* kuris siekia aukščiausio tikslo, yra teisingame kelyje į amžiną sėkmę. O kas užsilaiko tam tikrame kelio etape ir nedaro tolimesnės pažangos, tas taip ir vadinamas: *karma-yogu, jñāna-yogu* arba *dhyāna-yogu, rāja-yogu, haṭha-yogu* etc. Kam nusišypso laimė prieiti *bhakti-yogą,* tas, vadinasi, pranoko visas kitas *yogas.* Todėl įsisąmoninti Kṛṣṇą – aukščiausia *yogos* pakopa. Lygiai taip kai kalbame apie Himālayus, galvoje turime aukščiausius pasaulio kalnus, kurių aukščiausias taškas – Everesto viršukalnė.

Didi sėkmė ateiti į Kṛṣṇos sąmonę *bhakti-yogos* keliu ir užimti savo tikrą vietą, atitinkančią Vedų nurodymus. Idealus *yogas* savo dėmesį sutelkia į Kṛṣṇą. Kṛṣṇa vadinamas Śyāmasundara, nes Jis yra gražaus debesų spalvos gymio, Jo lotosinis veidas spindi it saulė, apdarai žaižaruoja brangakmeniais, o kūną puošia gėlių girliandos. Viską aplink nutvieskia Jo akinantis spindesys, vadinamas *brahmajyoti.* Jis nužengia įvairiais pavidalais: Rāmos, Nṛsiṁhos, Varāhos ir Aukščiausiojo Dievo Asmens, Kṛṣṇos, o dar Jis nužengia kaip žmogus, motinos Yaśodos sūnus. Jis žinomas Kṛṣṇos, Govindos ir Vāsudevos vardais. Jis – idealus vaikas, vyras, draugas ir mokytojas. Jis valdo visus turtus ir turi visas transcendentines savybes. Kas visiškai įsisąmonino šiuos Viešpaties bruožus, tas yra aukščiausias *yogas.*

Aukščiausią *yogos* tobulumo pakopą galima pasiekti tik per *bhakti-yogą,* taip teigiama Vedų raštuose:

yasya deve parā bhaktir · yathā deve tathā gurau
tasyaite kathitā hy arthāḥ · prakāśante mahātmanaḥ

„Tik toms didžiosioms sieloms, kurios šventai tiki ir Viešpačiu, ir dvasiniu mokytoju, savaime atsiskleidžia Vedų žinojimo esmė." („Śvetāśvatara Upaniṣada" 6.23)

Bhaktir asya bhajanaṁ tad ihāmutropādhi-nairāsyenāmuṣmin

manaḥ-kalpanam, etad eva naiṣkarmyam. „*Bhakti* – tai pasiaukojimo tarnystė Viešpačiui, neturinti materialių išskaičiavimų nei šį, nei kitą gyvenimą. Atsikračius materialių polinkių, protą reikia visiškai panardinti Aukščiausiajame. Tokia *naiṣkarmyos* esmė." („Gopāla-tāpanī Upaniṣada" 1.15)

Štai keletas būdų praktikuoti *bhakti,* t.y. Kṛṣṇos sąmonę, kuri yra aukščiausia *yogos* sistemos tobulumo pakopa.

Taip Bhaktivedanta baigia komentuoti šeštą „Śrīmad Bhagavad-gītos" skyrių, pavadintą „Dhyāna-yoga".

7 skyrius

Absoliuto pažinimas

श्रीभगवानुवाच
मय्यासक्तमनाः पार्थ योगं युञ्जन्मदाश्रयः ।
असंशयं समग्रं मां यथा ज्ञास्यसि तच्छृणु ॥ १ ॥

śrī-bhagavān uvāca
mayy āsakta-manāḥ pārtha · yogaṁ yuñjan mad-āśrayaḥ
asaṁśayaṁ samagraṁ mām · yathā jñāsyasi tac chṛṇu

śrī-bhagavān uvāca – Aukščiausiasis Viešpats tarė; *mayi* – į Mane; *āsakta-manāḥ* – sutelkdamas protą; *pārtha* – o Pṛthos sūnau; *yogam* – savęs pažinimą; *yuñjan* – praktikuodamas; *mat-āśrayaḥ* – visiškai Mane įsisąmoninęs (pasiekęs Kṛṣṇos sąmonę); *asaṁśa-yam* – be abejonės; *samagram* – visiškai; *mām* – Mane; *yathā* – kaip; *jñāsyasi* – tu gali pažinti; *tat* – tai; *śṛṇu* – pasistenk išklausyti.

Aukščiausiasis Dievo Asmuo tarė: Dabar išgirsi, o Pṛthos sūnau, kaip praktikuodamas yogą visiškai įsisąmoninęs Mane ir nukreipęs į Mane mintis gali atsikratyti abejonių ir pažinti Mane visą.

Septintame „Bhagavad-gītos" skyriuje yra nuodugniai aprašoma Kṛṣṇos sąmonės prigimtis. Kṛṣṇa kupinas turtų ir galybės, ir šis skyrius parodo, kaip Jis tuos turtus atskleidžia. Taip pat čia apibūdinamos keturios grupės laimingų žmonių, kurie savo gyvenimą susieja su Kṛṣṇa, bei keturios grupės nelaimingųjų, kurie niekada į Jį neatsigręžia.

Pirmieji šeši „Bhagavad-gītos" skyriai gyvąją esybę apibūdina kaip nematerialią dvasinę sielą, kuri pajėgi pakilti iki savęs pažinimo įvairių *yogos* tipų pagalba. Šeštojo skyriaus pabaigoje aiškiai pasakyta, kad nuolatinis proto sutelkimas į Kṛṣṇą, kitaip sakant, Kṛṣṇos sąmonė – aukščiausia *yogos* forma. Visiškai suvokti Aukščiausiąją Tiesą galima tik nukreipus protą į Kṛṣṇą, ir niekaip kitaip. Beasmenio *brahmajyoti* arba lokalizuotos *Paramātmos* patyrimas nėra tobulas Aukščiausiosios Tiesos pažinimas, nes jis dalinis. Išsamus, mokslinis žinojimas – tai Pats Kṛṣṇa, todėl Kṛṣṇą įsisąmoninusiam žmogui atsiskleidžia viskas. Žmogus visa savo esybe pasinėręs į Kṛṣṇos sąmonę žino, kad Kṛṣṇa yra galutinis žinojimas ir atsikrato abejonių. Įvairūs *yogos* tipai tėra tik laipteliai kelyje į Kṛṣṇos sąmonę. Tiesiogiai įsijungus į Kṛṣṇos sąmonę savaime iki galo atsiskleidžia *brahmajyoti* ir Paramātmā. Praktikuojant Kṛṣṇos sąmonės *yogą*, pažįstama viskas iki galo: Absoliuti Tiesa, gyvosios esybės, materiali gamta bei jos įvairiausios apraiškos.

Todėl *yogos* praktiką reikia pradėti taip, kaip nurodo paskutinis šeštojo skyriaus posmas. Sutelkti mintis į Kṛṣṇą, Aukščiausiąjį, galima atliekant pasiaukojimo tarnystę, turinčią devynias formas. Pirmoji ir svarbiausia iš jų – *śravaṇam*. Todėl Viešpats sako Arjunai: *tac chṛnu* – „Išklausyk Mane". Negali būti didesnio autoriteto už Kṛṣṇą, todėl kiekvienas, Jo klausydamasis, gauna didžią galimybę tobulai įsisąmoninti Kṛṣṇą. Taigi žinių semtis reikia tiesiogiai iš Kṛṣṇos arba iš tyro Kṛṣṇos bhakto, o ne iš nebhakto išsišokėlio, besipuikuojančio savo akademiniu išsilavinimu.

Štai kaip Kṛṣṇos, Aukščiausiojo Dievo Asmens, Absoliučios Tiesos, pažinimo procesas aprašomas pirmosios „Śrīmad-Bhāgavatam" giesmės antrame skyriuje:

śṛṇvatāṁ sva-kathāḥ kṛṣṇaḥ · puṇya-śravaṇa-kīrtanaḥ
hṛdy antaḥ-stho hy abhadrāṇi · vidhunoti suhṛt satām

naṣṭa-prāyeṣv abhadreṣu · nityaṁ bhāgavat-sevayā
bhagavaty uttama-śloke · bhaktir bhavati naiṣṭhikī

tadā rajas-tamo-bhāvāḥ · kāma-lobhādayaś ca ye
ceta etair anāviddhaṁ · sthitam sattve prasīdati

evaṁ prasanna-manaso · bhagavad-bhakti-yogataḥ
bhagavat-tattva-vijñānaṁ · mukta-saṅgasya jāyate

bhidyate hṛdaya-granthiś · chidyante sarva-saṁśayāḥ
kṣīyante cāsya karmāṇi · dṛṣṭa evātmanīśvare

„Klausytis Vedų raštų pasakojimų ar tiesiogiai Paties Kṛṣṇos žodžių „Bhagavad-gītoje" – jau pats savaime dievotas poelgis. Tam, kuris nuolat klausosi apie Kṛṣṇą, Viešpats Kṛṣṇa, glūdintis kiekvieno širdyje, yra geriausias draugas; Jis apvalo bhaktą, atiduodantį Jam savo klausą. Taip natūraliai atsiskleidžia bhakto širdyje užslėptas transcendentinis žinojimas. Vis daugiau girdint *Bhāgavatam* ir bhaktų pasakojimus apie Kṛṣṇą, pasiaukojimo tarnystė Viešpačiui įgauna pastovumo. Intensyvėjant pasiaukojimo tarnystei, žmogui nebedaro įtakos aistros ir neišmanymo *guṇos,* jo materialūs geismai bei godumas silpsta. Nusiplovęs nešvarybes, mokinys pasiekia stabilų tyros dorybės būvį, jį pagauna pasiaukojimo tarnystės įkvėpimas, ir jis kuo geriausiai suvokia Dievo mokslą. Šitaip *bhakti-yoga* perkerta tvirtą materialių prisirišimų mazgą ir įgalina išsyk pasikelti į *asamśayaṁ samagram* – Aukščiausiosios Absoliučios Tiesos, Dievo Asmens, pažinimo lygmenį." (NŚrīmad-Bhāgavatam" 1.2.17–21)

Todėl tik klausantis Kṛṣṇos arba Jo bhakto, įgijusio Kṛṣṇos sąmonę, žodžių įmanoma suprasti Kṛṣṇos mokslą.

ज्ञानं तेऽहं सविज्ञानमिदं वक्ष्याम्यशेषतः ।   **7.2**
यज्ज्ञात्वा नेह भूयोऽन्यज्ज्ञातव्यमवशिष्यते ॥ २ ॥

jñānaṁ te 'haṁ sa-vijñānam · idaṁ vakṣyāmy aśeṣataḥ
yaj jñātvā neha bhūyo 'nyaj · jñātavyam avaśiṣyate

jñānām – patyrimu prieinamą žinojimą; *te* – tau; *aham* – Aš; *sa* – su; *vijñānam* – dievišku žinojimu; *idam* – šį; *vakṣyāmi* – paaiškinsiu; *aśeṣataḥ* – visiškai; *yat* – kurį; *jñātvā* – žinant; *na* – ne; *iha* – šiame pasaulyje; *bhūyaḥ* – toliau; *anyat* – nieko kito; *jñātavyam* – ką derėtų pažinti; *avaśiṣyate* – liks.

Dabar aš iki galo paskelbsiu tau ir patyrimu prieinamą, ir dievišką žinojimą. Jį gavus daugiau nebus ką pažinti.

Visiškas žinojimas apima reiškinių pasaulio, už jo esančios dvasios ir judviejų šaltinio pažinimą. Toks žinojimas – transcendentinis. Viešpats panoro išaiškinti Arjunai aukščiau aprašytą pažinimo sistemą, nes Arjuna – artimas Kṛṣṇos bhaktas ir draugas. Ketvirto skyriaus pradžioje Viešpats jau aiškino šiuos dalykus, o dabar vėl patvirtina Savo žodžius: visišką žinojimą gali gauti tik Viešpaties bhaktas tiesiogiai iš Jo per mokinių seką. Norint pažinti žinių šaltinį, kuris yra visų priežasčių priežastis ir vienintelis visų *yogos* tipų meditacijos objektas, reikia turėti išminties. Suvokus visų priežasčių priežastį, atsiveria viskas, kas pažinu ir nelieka nieko nepažinta. Vedos („Muṇḍaka Upaniṣada" 1.3) sako: *kasmin bhagavo vijñāte sarvam idaṁ vijñātaṁ bhavati.*

मनुष्याणां सहस्रेषु कश्चिद्यतति सिद्धये ।
यततामपि सिद्धानां कश्चिन्मां वेत्ति तत्त्वतः ॥ ३ ॥

7.3

manuṣyāṇāṁ sahasreṣu · kaścid yatati siddhaye
yatatām api siddhānāṁ · kaścin māṁ vetti tattvataḥ

manuṣyāṇām – žmonių; *sahasreṣu* – iš daugelio tūkstančių; *kaścit* – vienas kitas; *yatati* – siekia; *siddhaye* – tobulumo; *yatatām* – iš tų siekiančiųjų; *api* – tikrai; *siddhānām* – iš tų, kurie pasiekė tobulumą; *kaścit* – vienas kitas; *mām* – Mane; *vetti* – žino; *tattvataḥ* – iš tiesų.

Iš daugelio tūkstančių žmonių galbūt vienas veržiasi į tobulumą, o iš tobulumą pasiekusiųjų vargu ar kuris iš tiesų Mane pažino.

Žmonės labai įvairūs, ir iš daugybės tūkstančių gal tik vienas kuris rimtai susidomi transcendencijos pažinimu, mėgina suprasti, kas yra savasis „aš", kas yra kūnas ir kas Absoliuti Tiesa. O dauguma žmonių paprasčiausiai tenkina gyvuliškus poreikius: valgo, miega, ginasi bei poruojasi, ir beveik niekam nerūpi transcendentinis žinojimas. Pirmieji šeši *Gītos* skyriai skirti tiems, kuriuos domina transcendentinis žinojimas, savo „aš" ir Super „Aš" suvokimas, o taip pat dvasinio susivokimo procesas per *jñāna-yogą, dhyāna-yogą* ir gebėjimą savąjį „aš" skirti nuo materijos. Tačiau Kṛṣṇą pažins tiktai Kṛṣṇą įsisąmoninę žmonės. Kiti transcendentalistai geriausiu atveju suvoks beasmenį Brahmaną, nes tai lengviau, negu suprasti Kṛṣṇą. Kṛṣṇa – Aukščiausiasis Asmuo, ir Jį pažinti žymiai sunkiau, negu Brahmaną ar Paramātmą. *Yogų* bei *jñānių* pastangos pažinti Kṛṣṇą susiduria su neįveikiamais sunkumais. Nors didžiausias iš impersonalistų Śrīpāda Śaṅkarācārya savo *Gītos* komentaruose Kṛṣṇą pripažįsta Aukščiausiuoju Dievo Asmeniu, jo pasekėjai Kṛṣṇos Aukščiausiuoju Dievo Asmeniu nelaiko, mat suvokti Kṛṣṇą – netgi transcendentiškai patyrus beasmenį Brahmaną – be galo sunku.

Kṛṣṇa – Aukščiausiasis Dievo Asmuo, visų priežasčių priežastis, pirmapradis Viešpats Govinda. *Īśvaraḥ paramaḥ kṛṣṇaḥ sac-cid-ānanda-vigrahaḥ/ anādir ādir govindaḥ sarva-kāraṇa-kāraṇam.* Nebhaktams labai sunku Jį pažinti. Nors jie teigia, kad *bhakti* ar pasiaukojimo tarnystės kelias – labai lengvas, tačiau patys juo eiti nesugeba. Jei *bhakti* kelias, anot jų, toks lengvas, kodėl jie patys pasirenka sunkesnį kelią? Iš tikrųjų *bhakti* kelias nėra lengvas. Vadinamoji *bhakti,* kurią praktikuoja neautorizuoti ir apie *bhakti* supratimo neturintys žmonės, gal ir lengvas kelias, tačiau kai praktikuojama pagal visas taisykles, tai spekuliatyviai samprotaujantys eruditai ir filosofai greitai iš jo pasitraukia. „Bhakti-rasāmṛta-sindhu" Śrīla Rūpa Gosvāmis rašo (1.2.101):

śruti-smṛti-purāṇādi-·pañcarātra-vidhiṁ vinā
aikāntikī harer bhaktir·utpātāyaiva kalpate

„Pasiaukojimo tarnystė Viešpačiui, ignoruojant autorizuotus Vedų raštus – *Upaniṣadas, Purāṇas* ir „Nārada-pañcarātrą" – tik be reikalo drumsčia visuomenės ramybę."

Nei Brahmaną patyrusiam impersonalistui, nei Paramātmą suvokusiam *yogui* neįmanoma pažinti Kṛṣṇą, Aukščiausiąjį Dievo Asmenį, kaip motinos Yaśodos sūnų ar Arjunos vežėją. Kartais net ir didieji pusdieviai nesupranta Kṛṣṇos (*muhyanti yat sūrayaḥ*). *Mām tu veda na kaścana* – „Niekas nepažįsta Manęs tokio, koks Aš esu", – sako Viešpats. Jei kas Jį ir suvokia, tai: *sa mahātma su-durlabhaḥ.* „Tokia didi siela labai reta." Taigi net didžiausias eruditas ar filosofas negali pažinti Kṛṣṇos tokio, koks Jis yra (*tat-tvataḥ*), kol su pasiaukojimu netarnauja Viešpačiui. Kṛṣṇa labiau palankus Savo bhaktams, todėl tik tyras bhaktas gali pažinti dalį nesuvokiamų transcendentinių Kṛṣṇos, visų priežasčių priežasties, savybių: dalį Jo visagalybės, turtingumo, šlovės, jėgos, grožio, išminties ir atsižadėjimo. Jis – aukščiausioji Brahmano pažinimo viršūnė, ir tik bhaktai gali suvokti Jį tokį, koks Jis yra. Todėl pasakyta:

ataḥ śrī kṛṣṇa-nāmādi · na bhaved grāhyam indriyaiḥ
sevonmukhe hi jihvādau · svayam eva sphuraty adaḥ

„Ribotomis materialiomis juslėmis neįmanoma suvokti Kṛṣṇos tokio, koks Jis yra. Tačiau Jis atsiskleidžia bhaktams, patenkintas jų transcendentine meilės tarnyste Jam." („Bhakti-rasāmṛta-sindhu" 1.2.234)

भूमिरापोऽनलो वायुः खं मनो बुद्धिरेव च ।   7.4
अहङ्कार इतीयं मे भिन्ना प्रकृतिरष्टधा ॥ ४ ॥

bhūmir āpo 'nalo vāyuḥ · khaṁ mano buddhir eva ca
ahaṅkāra itīyaṁ me · bhinnā prakṛtir aṣṭadhā

bhūmiḥ – žemė; *āpaḥ* – vanduo; *analaḥ* – ugnis; *vāyuḥ* – oras; *kham* – eteris; *manaḥ* – protas; *buddhiḥ* – intelektas; *eva* – tikrai; *ca* – ir; *ahaṅkaraḥ* – klaidinga savimonė; *iti* – taip; *iyam* – visos šios; *me* – Mano; *bhinnā* – atsietos; *prakṛtiḥ* – energijos; *aṣṭadhā* – aštuonios.

Žemė, vanduo, ugnis, oras, eteris, protas, intelektas ir klaidinga savimonė – visi šie aštuoni pradmenys sudaro Mano atsietas materialias energijas.

Dievo mokslas analizuoja Dievo ir įvairių Jo energijų prigimtinį būvį. Materiali gamta vadinama *prakṛti,* arba Viešpaties, egzistuojančio įvairiomis *puruṣos* inkarnacijomis (ekspansijomis), energija. „Sātvata-tantra" apie tai sako:

viṣṇos tu trīṇi rūpāṇi · puruṣākhyāny atho viduḥ
ekaṁ tu mahataḥ sraṣṭṛ · dvitīyaṁ tv aṇḍa-saṁsthitam
tṛtīyaṁ sarva-bhūta-sthaṁ · tāni jñātvā vimucyate

„Materialiam pasauliui kurti pilnutinė Viešpaties Kṛṣṇos ekspansija įgyja tris Viṣṇu pavidalus. Pirmasis Viṣṇu, Mahā-Viṣṇu, kuria visuminę materijos energiją, vadinamą *mahat-tattva.* Antrasis – Garbhodakaśāyī Viṣṇu, įeina į visas visatas, kad kiekvienoje jų sukurtų įvairovę. O trečiasis – Kṣīrodakaśāyī Viṣṇu, pasklinda po visas visatas kaip visa persmelkianti Supersiela, Paramātmā. Ji glūdi netgi atomuose. Tas, kuris suvokia šiuos tris Viṣṇu, ištrūksta iš materijos pinklių."

Šis materialus pasaulis – tai laikinas vienos iš Viešpaties energijų pasireiškimas. Materialaus pasaulio vyksmą valdo trys Viṣṇu – Viešpaties Kṛṣṇos ekspansijos. Tie trys *puruṣos* vadinami inkarnacijomis. Paprastai tas, kuris neišmano Dievo (Kṛṣṇos) mokslo, galvoja, kad materialusis pasaulis skirtas gyvosioms esybėms mėgautis, kad jos yra *puruṣos* – materialios energijos priežastys, valdovės ir ja besimėgaujantys subjektai. Anot „Bhagavad-gītos", tokia ateistinė išvada visiškai neteisinga. Aptariamasis posmas tvirtina, kad pirminė materialaus pasaulio priežastis – tai Kṛṣṇa. Apie tai liudija ir „Śrīmad-Bhāgavatam". Materialaus pasaulio sudedamosios dalys – tai atsietos Viešpaties energijos. Ω *brahma-jyoti,* galutinis impersonalistų tikslas – tai dvasinė energija, veikianti dvasiniame danguje. *Brahmajyoti* nėra dvasinės įvairovės, kuri būdinga Vaikuṇṭhalokoms, bet impersonalistai ją laiko amžinu galutiniu tikslu. Paramātmos manifestacija irgi yra laikina, Ji – visa persmelkiantis Kṣīrodakaśāyī Viṣṇu aspektas. Paramātmos manifestacija neturi amžinos egzistencijos dvasiniame pasaulyje. Todėl tikroji Absoliuti Tiesa yra Aukščiausiasis Dievo Asmuo, Kṛṣṇa. Jis – visų energijų šaltinis, Asmuo, valdantis įvairias atsietas bei vidines energijas.

Jau minėta, kad materialią energiją sudaro aštuonios pagrindinės apraiškos. Iš jų pirmosios penkios – žemė, vanduo, ugnis, oras ir erdvė – vadinamos penkiais gigantiškais, arba grubiaisiais kūriniais; prie tų apraiškų dar reikia priskirti penkis juslių objektus. Tai – materialus garsas, lytėjimas, pavidalas, skonis ir kvapas. Materialus mokslas nagrinėja tik šias dešimt kategorijų ir daugiau nieko, o kitų trijų – proto, intelekto bei klaidingos savimonės – materialistai nepaiso. Protinį darbą dirbančių filosofų žinojimas irgi netobulas, nes jie nepažįsta pirminio šaltinio – Kṛṣṇos. Klaidinga savimonė (besireiškianti sąvokomis „aš", „mano") – fundamentalus materialios būties pagrindas, ji apima dešimt jutimo organų, skirtų materialiai veiklai. Intelektas nurodo visuminę materijos kūriniją, vadinamą *mahat-tattva.* Taigi aštuonios atsietos Viešpaties energijos suformuoja dvidešimt keturis materialaus pasaulio pradmenis, kurie yra ateistinės *sāṅkhyos* filosofijos tyrinėjimo objektas. Šie pradmenys pagal savo kilmę yra nuo Kṛṣṇos atsieti Jo energijų dariniai, o menką žinių kraitį turintys *sāṅkhyos* filosofai ateistai nežino, kad Kṛṣṇa – visų priežasčių priežastis. *Sāṅkhyos* filosofijos tyrinėjimo objektas tėra išorinės Kṛṣṇos energijos apraiškos, kurias aprašo „Bhagavad-gītā".

अपरेयमितस्त्वन्यां प्रकृतिं विद्धि मे पराम् ।
जीवभूतां महाबाहो ययेदं धार्यते जगत् ॥ ५ ॥

7.5

apareyam itas tv anyāṁ · prakṛtiṁ viddhi me parām
jīva-bhūtāṁ mahā-bāho · yayedaṁ dharyate jagat

aparā – žemesnioji; *iyam* – ši; *itaḥ* – be jos; *tu* – tačiau; *anyām* – kita; *prakṛtim* – energija; *viddhi* – pasistenk suprasti; *me* – Mano; *parām* – aukštesnioji; *jīva-bhūtām* – apimanti gyvąsias esybes; *mahā-bāho* – o tvirtaranki; *yayā* – kurių; *idam* – šis; *dhāryate* – vartojamas arba eksploatuojamas; *jagat* – materialus pasaulis.

Be žemesniosios energijos, o tvirtaranki Arjuna, egzistuoja ir kita – aukštesnioji Mano energija, apimanti gyvąsias esybes, kurios naudojasi materialios žemesniosios gamtos ištekliais.

Posme aiškiai pasakyta, kad gyvosios esybės priklauso aukštesnei Aukščiausiojo Viešpaties gamtai ar energijai. Žemesnioji energija – tai materija, besireiškianti skirtingais pradmenimis: žeme, vandeniu, ugnimi, oru, eteriu, protu, intelektu ir klaidinga savimone. Abi materialios gamtos formos – tiek grubioji (žemė etc.), tiek subtilioji (protas etc.) – žemesniosios energijos padariniai. O gyvosios esybės, kurios siekdamos įvairių tikslų naudojasi tom žemesniosiom energijom, yra aukštesnioji Aukščiausiojo Viešpaties energija, ir būtent jų dėka funkcionuoja visas materialus pasaulis. Negaudama impulso iš aukštesnės energijos, t.y. gyvųjų esybių, kosminė kūrinija negali judėti. Energijos visada yra priklausomos nuo energijos šaltinio, todėl ir gyvosios esybės visada priklauso nuo Viešpaties – jos negali egzistuoti savarankiškai. Gyvosios esybės savo galia neprilygs Viešpačiui, nors taip ir galvoja neprotingi žmonės. Štai kaip „Śrīmad- Bhāgavatam" (10.87.30) nurodo skirtumą tarp Viešpaties ir gyvųjų esybių:

aparimitā dhruvās tanu-bhṛto yadi sarva-gatās
tarhi na śāsyateti niyamo dhruva netarathā
ajani ca yan-mayaṁ tad avimucya niyantṛ bhavet
samam anujānātāṁ yad amataṁ mata-duṣṭatayā

„O Amžinas Aukščiausiasis! Jei įkūnytos gyvosios esybės būtų amžinos ir visa persmelkiančios kaip Tu, jos nebūtų Tau pavaldžios. Bet jeigu sutikti su tuo, kad gyvosios esybės yra smulkiausios Tavo Šviesybės energijų dalelės, išsyk tampa aišku, jog jos paklūsta aukščiausiai Tavo valdžiai. Todėl gyvosios esybės iš tikrųjų išsivaduoja atsiduodamos Tavo valiai, toks atsidavimas joms atneš laimę. Tik savo prigimtiniame būvyje jos gali būti valdovės. Taigi žmonės, turintys ribotas žinias ir ginantys monizmo teoriją, pagal kurią Dievas ir gyvosios esybės visais atžvilgiais lygūs, vadovaujasi neteisinga ir ydinga teorija."

Aukščiausiasis Viešpats Kṛṣṇa – vienintelis valdovas; Jam pavaldžios visos gyvosios esybės. Gyvosios esybės yra aukštesnioji Viešpaties energija, nes jų būtis kokybine prasme tapati Aukščiausiojo būčiai, bet jos niekada neprilygsta Jam savo galia. Eksploatuodama žemesniąją – grubiąją ir subtiliąją – energiją (materiją), aukštesnioji energija (gyvoji esybė) užmiršta savo tikrąjį dvasinį protą bei intelektą. Tą užmaršumą sąlygoja materijos poveikis gyvajai esybei. Tačiau kai gyvoji esybė nepasiduoda iliuzinės materialios energijos įtakai, ji pasiekia *mukti* lygį, arba išsivadavimą. Materialios iliuzijos veikiama klaidinga savimonė mąsto: „Aš esu materija, ir tai, ką gaunu materialaus, priklauso man." Gyvoji esybė tikrąją savo padėtį suvokia tik atsikračiusi visų materialių idėjų, tarp jų – ir visiško susivienijimo su Dievu sampratos. Taigi galime daryti išvadą, jog *Gītā* teigia gyvąją esybę esant tik viena iš daugybės Kṛṣṇos energijų. Kai ta energija apsivalo nuo materijos nešvarybių, ji visiškai įsisąmonina Kṛṣṇą, t.y. išsivaduoja.

एतद्योनीनि भूतानि सर्वाणीत्युपधारय । 7.6
अहं कृत्स्नस्य जगतः प्रभवः प्रलयस्तथा ॥ ६ ॥

etad-yonīni bhūtāni · sarvāṇīty upadhāraya
ahaṁ kṛtsnasya jagataḥ · prabhavaḥ pralayas tathā

etat – šios dvi gamtos; *yonīni* – kurių gimimo šaltinis; *bhūtāni* – visko, kas sukurta; *sarvāṇi* – visų; *iti* – taip; *upadhāraya* – žinok; *aham* – Aš; *kṛtsnasya* – visa talpinančio; *jagataḥ* – pasaulio; *prabhavaḥ* – apraiškų versmė; *pralayaḥ* – naikinimas; *tathā* – taip pat.

Tos dvi energijos – visų sukurtų būtybių šaltinis. Aš pradžia ir pabaiga viso to, kas materialu ir kas dvasiška šiame pasaulyje. Būk dėl to tikras.

Viskas kas egzistuoja, sukurta materijos ir dvasios. Dvasia yra kūrimo pagrindas, ji sukuria materiją. Dvasia neatsiranda tam tikrame materijos raidos etape, priešingai, tiktai dvasinė energija gali būti materialaus pasaulio pagrindas. Materialus kūnas vystosi, nes materijoje glūdi dvasia; vaikas palengva išauga į jaunuolį, vėliau į vyrą aukštesnės energijos, dvasinės sielos, buvimo dėka. Taip ir visas gigantiškos visatos kosmoso pasireiškimas vyksta dėl Supersielos, Viṣṇu, buvimo. Todėl dvasia ir materija – tai dvi pirminės Viešpaties energijos, kurios susijungia, sukurdamos gigantišką visatos formą; taigi pirminė visa ko priežastis yra Viešpats. Fragmentinė neatskiriama Viešpaties dalelė, t.y. gyvoji esybė, gali pastatyti didelį dangoraižį, gamyklą ar net didmiestį, tačiau nesugeba sukurti milžiniškos visatos. Milžiniškos visatos priežastis – milžiniška siela, Supersiela. Kṛṣṇa, Aukščiausiasis – ir milžiniškos, ir mažos sielos priežastis, todėl Jis – pirminė visų priežasčių priežastis. Tai patvirtinta ir „Kaṭha Upaniṣadoje" (2.2.13). *Nityo nityānāṁ cetanaś cetanānām.*

मत्तः परतरं नान्यत्किञ्चिदस्ति धनञ्जय ।　　　　　　　7.7
मयि सर्वमिदं प्रोतं सूत्रे मणिगणा इव ॥ ७ ॥

mattaḥ parataraṁ nānyat · kiñcid asti dhanañjaya
mayi sarvam idaṁ protaṁ · sūtre maṇi-gaṇā iva

mattaḥ – už Mane; *para-taram* – aukštesnis; *na* – ne; *anyat kiñcit* – kas nors kitas; *asti* – yra; *dhanañjaya* – o turtų užkariautojau; *mayi* – Manyje; *sarvam* – visa, kas gali būti; *idam* – ką matome; *protam* – suverta; *sūtre* – ant siūlo; *maṇi-gaṇāḥ* – perlai; *iva* – lyg.

O turtų užkariautojau, nėra tiesos, aukštesnės už Mane. Viską laikau Aš, kaip suvertus perlus laiko siūlas.

Dažnai ginčijamasi, ar Aukščiausioji Absoliuti Tiesa yra beasmenė, ar Ji – asmenybė. Kai dėl „Bhagavad-gītos", tai ji teigia, jog Absoliuti Tiesa – Dievo Asmuo, Śrī Kṛṣṇa, ir tai patvirtina kiekviena jos eilutė. Būtent šis posmas pabrėžia, jog Absoliuti Tiesa – asmenybė. Kad Dievo Asmuo yra Aukščiausioji Absoliuti Tiesa, tvirtina ir „Brahma-saṁhitā": *īśvaraḥ paramaḥ kṛṣṇaḥ sac-cid-ānanda-vigrahaḥ*; Aukščiausioji Absoliuti Tiesa, Dievo Asmuo, yra Viešpats Kṛṣṇa. Jis – pirmapradis Viešpats, viso džiaugsmo šaltinis, Govinda, amžinas neišsenkančios palaimos ir žinojimo pavidalas. Šie autoritetingi šaltiniai neleidžia abejoti, kad Absoliuti Tiesa – tai Aukščiausiasis Asmuo, visų priežasčių priežastis. Tačiau impersonalistai ginčija tą teiginį, remdamiesi Vedų tekstu iš „Śvetāśvatara Upaniṣados" (3.10): *tato yad uttarataraṁ tad arūpam anāmayam / ya etad vidur amṛtās te bhavanti athetare duḥkham evāpiyanti.* „Materialiame pasaulyje aukščiausiu tarp pusdievių, žmonių bei žemesniųjų būtybių – gyvūnų yra Brahmā, pirmapradė visatos gyvoji esybė. Tačiau virš Brahmos driekiasi Transcendencija, neturinti materialaus pavidalo ir nesuteršta materijos nešvarybių. Kiekvienas, Ją pažinęs, tampa transcendentalus, tačiau Jos nepažinusieji pasmerkti materialaus pasaulio kančioms."

Impersonalistai ypač akcentuoja žodį *arūpam*. Tačiau *arūpam* nereiškia „beasmenis". Šis žodis nurodo transcendentinį amžinybės, palaimos ir žinojimo pavidalą – kaip jį apibūdina aukščiau pateikta citata iš „Brahma-saṁhitos". Kiti „Śvetāśvatara Upaniṣados" (3.8.9) posmai pagrindžia šį teiginį tokiais žodžiais:

vedāham etaṁ puruṣaṁ mahāntam
   āditya-varṇaṁ tamasaḥ parastāt
tam eva vidvān ati mṛtyum eti
   nānyaḥ panthā vidyate 'yanāya

yasmāt paraṁ nāparam asti kiñcit
   yasmān nāṇīyo no jyāyo 'sti kiñcit
vṛkṣa iva stabdho divi tiṣṭhaty ekas
   tenedaṁ pūrṇaṁ puruṣeṇa sarvam

„Aš pažįstu Aukščiausiąjį Dievo Asmenį, Tą, kuris yra transcendentalus visoms iš tamsybės gimusioms materialioms sampratoms. Tik Jį suvokusieji gali sutraukyti gimimo ir mirties pančius. Vienintelis išsivadavimo kelias – pažinti Aukščiausią Asmenį."

„Nėra tiesos, aukštesnės už Aukščiausią Asmenį, nes Jis – visų aukščiausias. Jis mažiausias iš mažiausių, ir didžiausias iš didžiausiųjų. Jis tarsi nebylus medis. Jis apšviečia transcendentinį dangų. Kaip medis leidžia savo šaknis, taip Jis skleidžia neaprėpiamas Savo energijas."

Remiantis šiais posmais, galima daryti išvadą, kad Aukščiausioji Absoliuti Tiesa – tai Aukščiausiasis Dievo Asmuo, kuris Savo nesuskaičiuojamomis materialiomis ir dvasinėmis energijomis persmelkia viską.

रसोऽहमप्सु कौन्तेय प्रभास्मि शशिसूर्ययो: ।
प्रणव: सर्ववेदेषु शब्द: खे पौरुषं नृषु ॥ ८ ॥   **7.8**

raso 'ham apsu kaunteya · prabhāsmi śaśi-sūryayoḥ
praṇavaḥ sarva-vedeṣu · śabdaḥ khe pauruṣaṁ nṛṣu

rasaḥ – skonis; *aham* – Aš; *apsu* – vandenyje; *kaunteya* – o Kuntī sūnau; *prabhā* – šviesa; *asmi* – Aš esu; *śaśi-sūryayoḥ* – mėnulio ir saulės; *praṇavaḥ* – trys raidės a-u-m; *sarva* – visose; *vedeṣu* – Vedose; *śabdaḥ* – garso virpesiai; *khe* – eteryje; *pauruṣam* – gebėjimas; *nṛṣu* – žmonėse.

O Kuntī sūnau, Aš – vandens skonis, saulės ir mėnulio šviesa, Vedų mantrų skiemuo „oṁ". Aš – garsas eteryje, Aš – žmogaus gebėjimai.

Šis posmas aiškina, kaip Viešpats Savo įvairiomis materialiomis ir dvasinėmis energijomis persmelkia viską. Iš pradžių Aukščiausiąjį Viešpatį galima patirti per skirtingas Jo energijas – šitaip suvokiamas beasmenis Jo aspektas. Kaip Saulės pusdievis – asmenybė, kurios egzistenciją galima suvokti per visur sklindančią energiją –

saulės šviesą, taip ir Viešpats, gyvenantis amžinoje Savo buveinėje, patiriamas per visur pasklidusias ir visa persmelkiančias energijas. Svarbiausia vandens savybė – skonis. Niekam nepatinka jūros vanduo, nes jis turi druskos prieskonį. Kuo grynesnis vandens skonis, tuo vanduo mums labiau patinka, o tas grynas skonis – viena iš Viešpaties energijų. Impersonalistas vandens skonyje patiria Viešpaties buvimą, o personalistas dar ir garbina Viešpatį už maloningai suteiktą skanų vandenį troškuliui numalšinti. Šitaip ir derėtų suvokti Aukščiausiąjį. Iš teisybės, tarp impersonalizmo ir personalizmo nėra jokio konflikto. Kas pažino Dievą, tas žino, kad beasmenė ir asmeniška sampratos yra persipynusios visur ir visiškai neprieštarauja viena kitai. Todėl Viešpats Caitanya iškėlė Savo aukščiausią – vienovės ir skirtybės vienu metu – doktriną: *acintya bheda* ir *abheda-tattva*.

Saulės šviesa ir mėnesiena gauna pradžią *brahmajyoti* – beasmeniame Viešpaties spindėjime. O transcendentinis garsas *praṇava*, arba *oṁkāra*, kuriuo pradedamas kiekvienas Vedų himnas, eina kreipiniu į Aukščiausiąjį Viešpatį. Impersonalistai bijo kreiptis į Aukščiausiąjį Viešpatį Kṛṣṇą vienu iš nesuskaičiuojamų Jo vardų, todėl mieliau taria transcendentinį garsą *oṁkārą*. Bet jie nesuvokia, kad *oṁkāra* – garsinė Kṛṣṇos reprezentacija. Kṛṣṇos sąmonės veikimo sfera apima viską, todėl palaimintas tas, kuris pažino Kṛṣṇos sąmonę. Nepažinusieji Kṛṣṇos skendi iliuzijoje. Taigi pažinti Kṛṣṇą – tai išsivaduoti, o apie Jį neišmanyti – būti nelaisvėje.

पुण्यो गन्धः पृथिव्यां च तेजश्चास्मि विभावसौ ।
जीवनं सर्वभूतेषु तपश्चास्मि तपस्विषु ॥ ९ ॥

7.9

puṇyo gandhaḥ pṛthivyāṁ ca · tejaś cāsmi vibhāvasau
jīvanaṁ sarva-bhūteṣu · tapaś cāsmi tapasviṣu

puṇyaḥ – pirminis; *gandhaḥ* – kvapas; *pṛthivyām* – žemėje; *ca* – taip pát; *tejaḥ* – kaltra; *asmi* – Aš esu; *vibhāvasau* – ugnyje; *jīvanam* –

gyvybė; *sarva* – visose; *bhūteṣu* – gyvosiose esybėse; *tapaḥ* – askezė; *ca* – taip pat; *asmi* – Aš esu; *tapasviṣu* – asketuose.

Aš – pirminis žemės kvapas. Aš – ugnies kaitra. Aš – visų gyvųjų gyvybė ir visų asketų askezė.

Puṇya reiškia tai, kas išliko pirminiu pavidalu, nesuiro. Viskas materialiame pasaulyje turi savitą kvapą, aromatą – ir gėlė, ir žemė, ir vanduo, ir ugnis, ir oras etc. Tas visur prasiskverbiantis grynas kvapas, pirminis aromatas yra Pats Kṛṣṇa. Analogiškai viskas turi ir specifinį pirminį skonį, kurį galima pakeisti, primaišius cheminių medžiagų. Taigi kiekvienam pirminiam daiktui būdingas savitas kvapas, aromatas ir skonis. *Vibhāvasu* – tai ugnis. Be ugnies nedirba gamyklos, be ugnies neparuošime maisto etc. O ugnis – tai Kṛṣṇa. Kṛṣṇa – jos kaitra. Vedų medicina teigia, kad virškinimo sutrikimų priežastis – žema temperatūra skrandyje. Taigi ugnis reikalinga net virškinimui. Puoselėdami Kṛṣṇos sąmonę pradedame įsisąmoninti, jog žemė, vanduo, ugnis, oras ir kiekvienas aktyvus pradas, visos cheminės medžiagos ir visi materijos pradmenys – kilę iš Kṛṣṇos. Žmogaus gyvenimo trukmę irgi lemia Kṛṣṇa – Jo malone gyvenimą galime prailginti arba sutrumpinti. Taigi Kṛṣṇos sąmonė aktyviai reiškiasi visose sferose.

बीजं मां सर्वभूतानां विद्धि पार्थ सनातनम् ।
बुद्धिर्बुद्धिमतामस्मि तेजस्तेजस्विनामहम् ॥१०॥

7.10

bījaṁ māṁ sarva-bhūtānām · viddhi pārtha sanātanam
buddhir buddhimatām asmi · tejas tejasvinām aham

bījam – sėkla; *mām* – Mane; *sarva-bhūtānām* – visų gyvųjų esybių; *viddhi* – pasistenk suprasti; *pārtha* – o Pṛthos sūnau; *sanātanam* – pirminę, amžiną; *buddhiḥ* – intelektas; *buddhi-matām* – išmintingųjų; *asmi* – Aš esu; *tejaḥ* – narsa; *tejasvinām* – stipriųjų; *aham* – Aš esu.

Žinok, o Pṛthos sūnau, kad Aš – pirminė gyvasties sėkla, išmintingųjų išmintis ir galiūnų šaunumas.

Bījam reiškia sėklą. Kṛṣṇa – visa ko sėkla. Gyvosios esybės yra judančios ir nejudančios. Judančios esybės – tai paukščiai, gyvūnai, žmonės ir daugybė kitų gyvių. Medžiai ir augalai yra inertiški – jie negali judėti, o tik stovi vienoje vietoje. Kiekviena esybė priklauso kuriai nors iš 8 400 000 gyvybės rūšių; vienos jų – judančios, o kitos – inertiškos. Bet, šiaip ar taip, visų jų gyvybės sėkla yra Kṛṣṇa. Vedų raštai tvirtina, kad Brahmanas, Aukščiausioji Absoliuti Tiesa, yra tai, iš ko viskas kyla. Kṛṣṇa – Parabrahmanas, Aukščiausioji Dvasia. Brahmanas yra beasmenis, o Parabrahmanas – asmenybė. Beasmenis Brahmanas yra asmenybės aspektas, – taip teigiama „Bhagavad-gītoje". Taigi pagal Savo prigimtį Kṛṣṇa yra visa ko šaltinis. Jis – šaknys. Kaip medžio šaknys palaiko medžio gyvybę, taip ir Kṛṣṇa – pradinė visų daiktų šaknis, palaiko viską, kas egzistuoja materialiame pasaulyje. Apie tai liudija ir Vedų raštai („Kaṭha Upaniṣada" 2.2.13):

nityo nityānāṁ cetanaś cetanānām
eko bahūnāṁ yo vidadhāti kāmān

Jis – pirmutinis amžinasis iš visų amžinųjų. Jis – aukščiausioji gyvoji esybė iš visų gyvųjų esybių. Jis vienas palaiko visa, kas gyva. Be intelekto žmogus nieko negali, o Kṛṣṇa sako, kad Jis yra ir intelekto šaltinis. Išmintimi nepasižymintis žmogus negali suprasti Aukščiausiojo Dievo Asmens, Kṛṣṇos.

बलं बलवतां चाहं कामरागविवर्जितम् ।
धर्माविरुद्धो भूतेषु कामोऽस्मि भरतर्षभ ॥११॥

7.11

balaṁ balavatāṁ cāham · kāma-rāga-vivarjitam
dharmāviruddho bhūteṣu · kāmo 'smi bharatarṣabha

balam – jėga; *bala-vatām* – stipriųjų; *ca* – ir; *aham* – Aš esu; *kāma* – aistros; *rāga* – ir prisirišimų; *vivarjitam* – neturinčių; *dharma-aviruddhaḥ* – neprieštaraujantis religijos principams; *bhūteṣu* – visų būtybių; *kāmaḥ* – lytinis gyvenimas; *asmi* – Aš esu; *bharata-ṛṣabha* – o Bhāratų valdove.

Aš – jėga stipriųjų, kurių nejaudina nei aistros, nei troškimai. Aš – lytinis gyvenimas, neprieštaraujantis religiniams principams, o Bhāratų valdove [Arjuna].

Jėgą stiprieji turi panaudoti silpniesiems apginti, o ne egoistiniams išpuoliams. Lygiai taip ir lytinis gyvenimas pagal religinius principus (*dharma*) neskirtas niekam kitam, kaip tik vaikams pradėti. Gimus vaikui, tėvams tenka atsakomybė padėti savo atžalai pasiekti Kṛṣṇos sąmonę.

ये चैव सात्त्विका भावा राजसास्तामसाश्च ये ।
मत्त एवेति तान् विद्धि न त्वहं तेषु ते मयि ॥१२॥

7.12

ye caiva sāttvikā bhāvā · rājasās tāmasāś ca ye
matta eveti tān viddhi · na tv ahaṁ teṣu te mayi

ye – visa kas; *ca* – ir; *eva* – tikrai; *sāttvikāḥ* – dorybės; *bhāvāḥ* – būsenoje; *rājasāḥ* – aistros *guṇos*; *tāmasāḥ* – neišmanymo *guṇos*; *ca* – taip pat; *ye* – visa kas; *mattaḥ* – iš Manęs; *eva* – tikrai; *iti* – taip; *tān* – tuos; *viddhi* – pasistenk suprasti; *na* – ne; *tu* – tačiau; *aham* – Aš; *teṣu* – juose; *te* – jie; *mayi* – Manyje.

Žinok, visus būties būvius – ar tai būtų dorybė, aistra, ar neišmanymas – apreiškė Mano energijos. Viena vertus, Aš esu viskas, tačiau Aš – nepriklausomas. Manęs nevaldo materialios gamtos guṇos, priešingai – jos glūdi Manyje.

Materialaus pasaulio vyksmą valdo trys materialios gamtos *guṇos*. Nors šios *guṇos* – Aukščiausiojo Viešpaties, Kṛṣṇos, emanacijos, Jis joms nepavaldus. Pavyzdžiui, valstybės įstatymas baudžia visus nusižengusius, tačiau karaliui – įstatymų leidėjui – jis negalioja. Taip ir materialios gamtos *guṇos* – dorybė, aistra ir neišmanymas –

yra Aukščiausiojo Viešpaties Kṛṣṇos emanacijos, tačiau Kṛṣṇa nuo materialios gamtos nepriklauso. Todėl Jis yra *nirguṇa;* tai reiškia, kad *guṇos,* t.y. modusai, nors ir kilo iš Jo, tačiau Jam įtakos neturi. Toks vienas charakteringiausių Bhagavāno – Aukščiausiojo Dievo Asmens bruožų.

त्रिभिर्गुणमयैर्भावैरेभिः सर्वमिदं जगत् ।　　　　　　　7.13
मोहितं नाभिजानाति मामेभ्यः परमव्ययम् ॥१३॥

tribhir guṇa-mayair bhāvair · ebhiḥ sarvam idaṁ jagat
mohitaṁ nābhijānāti · mām ebhyaḥ param avyayam

tribhiḥ – trijų; *guṇa-mayaiḥ* – susidedančių iš *guṇų; bhāvaiḥ* – būties būsenų; *ebhiḥ* – visų šių; *sarvam* – visa; *idam* – ši; *jagat* – visata; *mohitam* – suklaidinta; *na abhijānāti* – nežino; *mām* – Manęs; *ebhyaḥ* – virš šių; *param* – Aukščiausiojo; *avyayam* – neišsenkamo.

Pasaulis, suklaidintas trijų guṇų [dorybės, aistros ir neišmanymo], nepažįsta Manęs – To, kuris yra neišsenkantis ir aukščiau guṇų.

Trys materialios gamtos *guṇos* užkerėjo visą pasaulį. Jų suklaidinti žmonės negali suprasti, kad Aukščiausiasis Viešpats Kṛṣṇa yra transcendentalus materialiai gamtai.

Dėl materialios gamtos įtakos kiekviena gyvoji esybė turi tam tikrą kūną, jai būdinga specifinė psichinė-biologinė veikla. Yra keturios klasės žmonių, kurių veiklą lemia trys materialios gamtos *guṇos.* Žmonės, visiškai valdomi dorybės *guṇos,* vadinami brahmanais. Tie, kuriuos visiškai valdo aistros *guṇa,* vadinami *kṣatriyais.* Tie, kuriuos valdo aistros ir neišmanymo *guṇos,* vadinami *vaiśyais,* o visiški neišmanėliai vadinasi *śūdros.* Žemiau už juos – gyvūnai ar gyvūnijos pasaulio atstovai. Tačiau tie įvardijimai nėra amžini. Nesvarbu, ar esi brahmanas, *kṣatriyas, vaiśyas* ar *śūdra* – gyvenimas laikinas. Ir nors gyvenimas laikinas, nors nežinome kuo būsime kitą gyvenimą, užburti iliuzinės energijos suvokiame save pagal kūnišką būties sampratą, galvojame, kad mes amerikiečiai, indai, rusai ar brahmanai, induistai, musulmonai etc. Patekę į materialios gamtos *gunų* spąstus, užmirštame Aukščiausiąjį Dievo Asmenį, kuris yra už *gunų*. Todėl Viešpats Kṛṣṇa sako, kad gyvosios esybės, suklaidintos trijų gamtos *gunų*, nesuvokia, jog už materijos skraistės yra Aukščiausiasis Dievo Asmuo.

Egzistuoja skirtingų rūšių gyvosios esybės: žmonės, pusdieviai, gyvūnai etc. – juos visus veikia materiali gamta, ir visi jie yra užmiršę transcendentinį Dievo Asmenį. Tie, kuriuos valdo aistros ir neišmanymo *gunos,* ar netgi dorybės *guna,* Absoliučią Tiesą tegali suvokti kaip beasmenį Brahmaną. Aukščiausiojo Viešpaties, kuris valdo visą grožį, turtus, žinojimą, galią, šlovę ir atsižadėjimą, asmeniško aspekto akivaizdoje jie sutrinka. O jeigu Viešpaties asmeniško aspekto negali suprasti ir dorieji, tai ar yra vilties tiems, kuriuos valdo aistros bei neišmanymo *gunos*? Kṛṣṇos sąmonė transcendentali šioms trims materialios gamtos *gunoms,* todėl galutinai išsiugdžiusieji Kṛṣṇos sąmonę iš tiesų išsivadavo.

दैवी ह्येषा गुणमयी मम माया दुरत्यया ।
मामेव ये प्रपद्यन्ते मायामेतां तरन्ति ते ॥१४॥

7.14

daivī hy eṣā guṇa-mayī · mama māyā duratyayā
mām eva ye prapadyante · māyām etāṁ taranti te

daivī – transcendentinė; *hi* – tikrai; *eṣā* – ši; *guṇa-mayī* – sudaryta iš trijų materialios gamtos *gunų; mama* – Mano; *māyā* – energija; *duratyayā* – labai sunkiai įveikiama; *mām* – Man; *eva* – tikrai; *ye* – tie, kurie; *prapadyante* – atsiduoda; *māyām etām* – šią iliuzinę energiją; *taranti* – įveikia; *te* – jie.

Sunku nugalėti šią dievišką Mano energiją, kurią sudaro trys materialios gamtos gunos, bet lengvai ją įveikia tie, kurie atsidavė Man.

Aukščiausiasis Dievo Asmuo turi nesuskaičiuojamą daugybę energijų, ir visos jos – dieviškos. Gyvosios esybės yra Jo energijų dalis, taigi jos taip pat yra dieviškos prigimties, bet dėl sąlyčio su materialia energija jų pirminės, aukštesnės galimybės negali atsiskleisti. Aptraukta materialios energijos, gyvoji esybė neturi jėgų nugalėti jos įtakos. Jau minėta, kad tiek materiali, tiek dvasinė gamta, kaip Aukščiausiojo Dievo Asmens emanacijos, yra amžinos. Gyvosios esybės priklauso amžinai aukštesniajai Viešpaties gamtai, tačiau dėl susiteršimo žemesniąja gamta, materija, jų paklydimas taip pat yra amžinas. Todėl sąlygota siela ir vadinama *nitya-baddha*, t.y. amžinai sąlygota. Materialaus pasaulio istorija neatsako į klausimą, kada ji tapo sąlygota. Todėl, nors materiali gamta ir yra žemesnė energija, išsivaduoti iš materialios gamtos gniaužtų nepaprastai sunku, nes ją galiausiai valdo aukščiausia valia, kuriai pasipriešinti gyvoji esybė nepajėgi. Žemesnė, materiali gamta čia charakterizuojama kaip dieviška dėl savo ryšio su Dievu ir dėl to, kad juda dieviška valia. Valdoma dieviškos valios, materiali gamta, nors ir žemesnė, stebuklingai veikia ir kurdama, ir naikindama materialų kosmosą. Vedos apie tai liudija: *māyāṁ tu prakṛtiṁ vidyān māyinaṁ tu maheśvaram.* „Nors *māyā* [iliuzija] netikra, laikina, jos atspara yra aukščiausias stebukladarys, Dievo Asmuo Maheśvara, aukščiausiasis valdovas." („Śvetāśvatara Upaniṣada" 4.10)

Viena iš žodžio *guṇa* reikšmių – „virvė"; kitaip sakant, sąlygota siela yra tvirtai apraizgyta iliuzijos virvių. Surištomis rankomis ir kojomis žmogus negali išsilaisvinti, jam reikia nesurišto žmogaus pagalbos. Surištasis negali padėti surištam – vaduotojas pats turi būti išsivadavęs. Todėl sąlygotą sielą gali išvaduoti tiktai Viešpats Kṛṣṇa arba Jo *bona fide* atstovas – dvasinis mokytojas. Be tokios aukščiausios pagalbos neįmanoma ištrūkti iš materialios gamtos nelaisvės. Išsivaduoti padeda pasiaukojimo tarnystė, t.y. Kṛṣṇos sąmonė. Kṛṣṇa yra iliuzinės energijos Viešpats, todėl Jis gali paliepti šiai nenugalimai energijai išlaisvinti sąlygotą sielą. Viešpats įsako išvaduoti Jam atsidavusią sielą Savo nepriežastine malone ir iš tėviškos meilės gyvajai esybei, kuri pagal savo kilmę yra mylimas Viešpaties kūdikis. Todėl atsiduoti Viešpaties lotosinėms pėdoms – vienintelis būdas išsigelbėti iš nepermaldaujamos materialios gamtos letenų.

Žodžiai *mām eva* irgi itin svarbūs. *Mām* reiškia „vien Kṛṣṇai (Viṣṇu)". Nei Brahmai, nei Śivai – tik Jam. Nors Brahmos ir Śivos padėtis – labai aukšta, beveik lygi Viṣṇu, tačiau išvaduoti sąlygotą sielą iš *māyos* gniaužtų šios *rajo-guṇos* (aistros) ir *tamo-guṇos* (neišmanymo) inkarnacijos negali. Kitaip sakant, ir Brahmā, ir Śiva taip pat yra *māyos* įtakoje. Viṣṇu yra vienintelis *māyos* valdovas, todėl tik Jis gali išvaduoti sąlygotą sielą. Vedos („Śvetāśvatara Upaniṣada" 3.8) šį teiginį patvirtina tokia fraze: *tam eva viditvā* – „Laisvė įmanoma tik pažinus Kṛṣṇą". Net ir Viešpats Śiva teigia, kad išsivaduoti galima tiktai Viṣṇu malone. Jis sako: *mukti-pradātā sarveṣām viṣṇur eva na samśayaḥ* – „Nėra abejonės, kad Viṣṇu yra tas, kuris visiems dovanoja išvadavimą."

न मां दुष्कृतिनो मूढाः प्रपद्यन्ते नराधमाः ।
मायया अपहृतज्ञाना आसुरं भावमाश्रिताः ॥१५॥

7.15

na mām duṣkṛtino mūḍhāḥ · prapadyante narādhamāḥ
māyayāpahṛta-jñānā · āsuraṁ bhāvam āśritāḥ

na – ne; *mām* – Man; *duṣkṛtinaḥ* – nenaudėliai; *mūḍhāḥ* – kvailiai; *prapadyante* – atsiduoda; *nara-adhamāḥ* – žemiausi iš žmonių; *māyayā* – iliuzinės energijos; *apahṛta* – pasiglemžtas; *jñānāḥ* – kurių išmanymas; *āsuram* – demonišką; *bhāvam* – prigimtį; *āśritāḥ* – priėmę.

Tiktai nenaudėliai – didžiausi kvailiai, žemiausi žmonės, tie, kurių išmanymą pasiglemžė iliuzija, ir tie, kurie pasidavė ateistiškai demonų prigimčiai – Man neatsiduoda.

„Bhagavad-gītoje" teigiama, kad nugalėti nepermaldaujamus materialios gamtos dėsnius galima paprasčiausiai atsidavus Aukščiausiojo Dievo Asmens Kṛṣṇos lotosinėms pėdoms. Tačiau tuoj iškyla klausimas: o kodėl išprusę filosofai, mokslininkai, verslininkai, valdininkai bei paprastų žmonių lyderiai neatsiduoda Śrī Kṛṣṇos, visagalio Dievo Asmens, lotosinėms pėdoms? Daugybę metų ir gyvenimų žmonijos vadovai, kurdami grandiozinius planus, įvairiausiais būdais atkakliai siekia *mukti,* arba išsivadavimo iš materialios gamtos dėsnių. Jei išsivaduoti galima tiesiog atsidavus Aukščiausiojo Dievo Asmens lotosinėms pėdoms, kodėl tuomet šie išmintingi ir intensyviai dirbantys lyderiai nepasinaudoja tokiu paprastu metodu?

Gītā atvirai atsako į šį klausimą. Šviesūs visuomenės vadovai – Brahmā, Śiva, Kapila, Kumārai, Manu, Vyāsa, Devala, Asita, Janaka, Prahlāda, Balis, vėliau – Madhvācārya, Rāmānujācārya, Śrī Caitanya ir daugelis kitų – tikrieji filosofai, politikai, švietėjai, mokslininkai etc. atsiduoda Aukščiausiojo Asmens lotosinėms pėdoms, Jo visagalei valdžiai. Tačiau tie filosofai, mokslininkai, švietėjai, valdininkai etc., kurie tokiais dedasi tik dėl materialios naudos, nepripažįsta Aukščiausiojo Viešpaties nurodyto kelio, Jo plano. Jie nieko nenutuokia apie Dievą – vien kuria savo žemiškus planus ir, bergždžiai stengdamiesi išspręsti materialios būties problemas, jas dar labiau sukomplikuoja. Materiali energija (gamta) tokia galinga, kad gali pasipriešinti savavališkiems ateistų planams ir pasirūpinti, kad „planavimo komisijos" atsidurtų aklavietėje.

Ateistiški planų kūrėjai charakterizuojami žodžiu *duṣkṛtinaḥ* – „nenaudėliai". *Kṛti* – tai žmogus, padaręs vertą pagyrimo darbą. Planus kuriantis ateistas kartais irgi gali parodyti išminties ir būti vertas pagyrimo, nes kiekvienam grandioziniam planui – ar jis būtų geras, ar blogas – įgyvendinti reikia intelekto. Tačiau planus kuriantis ateistas protu naudojasi neteisingai, priešingai Aukščiausiojo Viešpaties planui, todėl jis vadinamas *duṣkṛti.* Tas žodis nurodo, kad jo intelektas ir pastangos nukreipti neteisinga linkme.

Gītoje aiškiai pasakyta, kad materialios energijos veiklą reguliuoja Aukščiausiasis Viešpats. Pati ji neturi valdžios. Materialios energijos veikla yra nelyginant šešelis, atkartojantis objekto judesius. Bet vis dėlto materiali energija labai galinga, ir ateistas, skatinamas savo bedieviško būdo, negali suprasti, kaip ji veikia, ir nežino, ką sumanė Aukščiausiasis Viešpats. Veikiant iliuzijai, aistros ir neišmanymo *guṇoms,* žlunga visi jo planai, – taip sužlugo Hiraṇyakaśipu bei Rāvaṇos planai, nors materialiu požiūriu jie buvo išsilavinę mokslininkai, filosofai, valdytojai bei švietėjai. *Duṣkṛtinos,* t.y. nenaudėliai, skiriami į keturias kategorijas, kurios čia ir aprašytos.

(1) *Mūḍhos.* Tai didžiausi kvailiai, panašūs į sunkiai dirbančius nešulinius gyvulius. Jie nori patys džiaugtis savo darbo vaisiais, niekuo nesidalyti su Aukščiausiuoju. Tipiškas nešulinio gyvulio pavyzdys – asilas. Šeimininkas šį paklusnų gyvulį verčia sunkiai dirbti, o tas netgi dorai nežino, vardan ko šitaip vargsta dieną ir naktį. Asilą visiškai patenkina žolės kuokštas, kuriuo jis prikemša skrandį, kelios valandos neramaus miego, baiminantis šeimininko lazdos, lytinio alkio numalšinimas, rizikuojant būti dar ir partnerės apspardytam. Kartais asilas gieda eiles ir net filosofuoja, tačiau jo bliovimas tik suerzina aplinkinius. Taip pat gyvena ir kvailys darbštuolis, dirbantis vien dėl rezultatų ir nenutuokiantis, vardan ko jis tai turėtų daryti. Jis nežino, kad *karma* (veiksmas) yra skirta *yajñai* (aukojimui) atlikti.

Bet dažniausiai žmonės, kurie išsijuosę dirba ir dieną, ir naktį, norėdami įvykdyti pačių sau susikurtas pareigas, sako, kad neturi laiko klausytis apie gyvosios būtybės nemirtingumą. Laikini materialūs laimėjimai tokiems *mūdhoms* – aukščiausias gyvenimo tikslas, nors jie gauna tik menkutę savo darbo vaisių dalelę. Kartais dėl menkiausios naudos jie nemiega ištisas paras. Nors gali susirgti opalige ar virškinimo sutrikimais, jie beveik nieko nevalgo – dieną naktį apsivertę darbais tarnauja iliuzinių šeimininkų labui. Nieko nenutuokdami apie tikrąjį savo šeimininką, kvaili darbštuoliai švaisto brangų laiką tarnaudami mamonai. Deja, jie neatsiduoda aukščiausiajam visų valdovų valdovui ir netgi neatranda laiko klausytis ką sako apie Jį patikimi šaltiniai. Kiaulė, ėdanti išmatas, yra abejinga skanėstams, pagamintiems iš cukraus ir lydyto sviesto. Taip ir kvailys darbštuolis su malonumu klauso naujienų apie šį laikiną pasaulį, tačiau jam neužtenka laiko išklausyti pasakojimų apie amžinąją gyvybės jėgą, kuri išjudina materialųjį pasaulį.

(2) Antroji *duṣkṛti* (nenaudėlių) kategorija – *narādhamos* – „žemiausi žmonės". *Nara* – „žmogus", o *adhama* – „žemiausias". Iš 8 400 000 gyvųjų būtybių rūšių 400 000 – žmonės, ir nemaža jų dalis yra žemesniosios formos, dažniausiai necivilizuotos. Civilizuoti žmonės yra tie, kurie gyvena pagal reguliuojamus socialinio, politinio bei religinio gyvenimo principus. Žmonės, išprusę socialiai bei politiškai, tačiau nesilaikantys religinių principų, vadinami *narādhamomis*. Religija be Dievo – jokia religija, nes religiniai principai yra skirti Aukščiausiai Tiesai bei žmogaus santykiui su Ja pažinti. *Gītoje* Dievo Asmuo aiškiai sako, kad aukštesnio autoriteto už Jį nėra, kad Jis – Aukščiausia Tiesa. Civilizuoto žmogaus gyvenimo tikslas – *atgaivinti prarastą sąmonę*, t.y. amžiną ryšį su Aukščiausia Tiesa – visagaliu Dievo Asmeniu Śrī Kṛṣṇa. Kas praleidžia šią progą, tas priklauso *narādhamų* kategorijai. Iš apreikštųjų raštų mes sužinome, kad kūdikis motinos įsčiose (itin nepatogi padėtis) meldžia Dievą jį išvaduoti ir žada, kad ištrūkęs iš ten garbins vien tik Jį. Melstis Dievui sunkią valandą – natūralus kiekvienos gyvosios būtybės poreikis, nes ji amžinai susijusi su Dievu. Tačiau išvydęs dienos šviesą ir veikiamas iliuzinės energijos, *māyos*, kūdikis užmiršta ir gimimo kančias, ir savo išvaduotoją.

Auklėtojų pareiga – atgaivinti vaikuose snaudžiančią dievišką sąmonę. *Manu-smṛti*, religinių principų vadovėlyje, nurodyta dešimt apvalomųjų apeigų, kurios skirtos atgaivinti Dievo sąmonę *varṇāśramos* sistemoje. Tačiau nė viename pasaulio kampelyje dabar niekas griežtai nevykdo nė vienos tų apeigų, todėl 99,9 procento gyventojų – *narādhamos*.

O kai visi gyventojai *narādhamos,* visagalė fizinės būties energija, suprantama, pasiglemžia jų tariamąjį išsilavinimą. Pasak *Gītos,* išsilavinęs žmogus yra tas, kuris lygiai žvelgia į mokytą brahmaną, šunį, karvę, dramblį ir sunedą. Toks tikro bhakto matymas. Śrī Nityānanda Prabhu – Dievo inkarnacija, apsireiškusi dieviškuoju mokytoju, išvadavo du tipiškus *narādhamas* – brolius Jagājų ir Mādhājų. Taip Jis parodė, kad tikrasis bhaktas suteikia malonę net žemiausiems žmonėms. Taigi Dievo Asmens pasmerktas *narādhama* gali vėl atgaivinti savo dvasinę sąmonę tiktai bhakto malone.

Śrī Caitanya Mahāprabhu, propaguodamas *bhāgavata-dharmą*, t.y. bhaktų veiklą, pataria žmonėms nuolankiai klausytis Dievo Asmens žinios. Tos žinios esmė – „Bhagavad-gītā". Žemiausieji iš žmonių gali išsivaduoti tik nuolankiai jos klausydamiesi, deja, jie net ir tai atsisako daryti, ką jau kalbėti apie atsidavimą Aukščiausiojo Viešpaties valiai? *Narādhamos* – žemiausieji iš žmonių, jie pamina pirmiausią žmogaus pareigą.

(3) *Māyayāpahṛta-jñānāḥ* – trečioji *duṣkṛtī* kategorija. Tai žmonės, kurių platus žinojimas dėl iliuzinės materialios energijos įtakos prarado bet kokią vertę. Nors dauguma jų labai išsilavinę – garsūs filosofai, poetai, literatai, mokslininkai etc., iliuzinė energija juos supainioja, ir dėl to jie nepaklūsta Aukščiausiajam Viešpačiui.

Dabar *māyayāpahṛta-jñānų* labai daug, net ir tarp „Bhagavadgītos" žinovų. *Gītoje* aiškiai ir paprastai pasakyta, kad Śrī Kṛṣṇa – Aukščiausiasis Dievo Asmuo. Niekas Jam neprilygsta ir niekas Jo nepranoksta. Sakoma, kad Jis – Brahmos, pirminio visos žmonijos protėvio, tėvas. Iš tiesų, pasakyta, Śrī Kṛṣṇa – ne tik Brahmos, bet ir visų gyvybės rūšių tėvas. Jis – beasmenio Brahmano ir Paramātmos pradžia. Supersiela, glūdinti kiekvienoje esybėje, yra Jo pilnatviška dalis. Jis – visa ko pirmasis šaltinis, todėl visiems geriausia būtų atsiduoti Jo lotosinėms pėdoms. Nepaisydami tų aiškių teiginių *māyayāpahṛta-jñānos* išjuokia Aukščiausiojo Viešpaties asmenybę ir telaiko Jį paprastu žmogumi. Jie nežino, kad palaiminta žmogaus gyvybės forma sukurta pagal amžiną transcendentinį Aukščiausiojo Viešpaties pavyzdį.

Māyayāpahṛta-jñānāḥ kategorijos žmonės nepriklauso *paramparos* sistemai, ir neautorizuotos jų *Gītos* interpretacijos – didžiausia kliūtis dvasinio pažinimo kelyje. Paklydę interpretuotojai neatsiduoda Śrī Kṛṣṇos lotosinėms pėdoms ir nemoko kitų joms atsiduoti.

(4) Paskutinioji *duṣkṛtī* kategorija, tai *āsuraṁ bhāvam āśritāḥ,* demoniškų principų žmonės. Jie – atviri ateistai. Dalis jų įrodinėja, kad Aukščiausiasis Viešpats niekad nenužengia į šį materialų pasaulį, tačiau jie nesugeba rasti jokio svaraus argumento tokiam teiginiui pagrįsti. Atsiranda ir tokių, kurie įrodinėja, kad Jis kyla iš beasmenio aspekto, nors *Gītoje* pasakyta priešingai. Iš pavydo Aukščiausiajam Dievo Asmeniui ateistas paskelbia inkarnacijomis nemažai žmonių, kurie yra inkarnacijos tik jo vaizduotėje. Tokie žmonės, kurių gyvenimo principas – menkinti Dievo Asmenį, negali atsiduoti Śrī Kṛṣṇos lotosinėms pėdoms.

Śrī Yāmunācārya Albandaru iš Pietų Indijos sako: „O mano Viešpatie, Tu nepažinus žmonėms, gyvenantiems pagal ateistinius principus. Tu nepažinus, nors turi nepaprastas savybes ir bruožus ir Tavo žygiai nepaprasti. Tu jiems nepažinus, nors Tavo asmenybę pripažįsta visi apreikštieji raštai, priklausantys dorybės *guṇai.* Tu jiems nepažinus, nors Tave pripažįsta įžymūs autoritetai, vertinami už gilų transcendentinio mokslo išmanymą ir dieviškas savybes."

Taigi aukščiau aprašyti – (1) didžiausi kvailiai, (2) žemiausieji iš žmonių, (3) paklydę spekuliatyvūs mąstytojai ir (4) atviri ateistai – niekada neatsiduoda Dievo Asmens lotosinėms pėdoms, nors tai padaryti pataria ir šventraščiai, ir autoritetai.

चतुर्विधा भजन्ते मां जनाः सुकृतिनोऽर्जुन ।   **7.16**
आर्तो जिज्ञासुरर्थार्थी ज्ञानी च भरतर्षभ ॥१६॥

catur-vidhā bhajante mām · janāḥ su-kṛtino 'rjuna
ārto jijñāsur arthārthī · jñānī ca bharatarṣabha

catuḥ-vidhāḥ – keturių rūšių; *bhajante* – tarnauja; *mām* – Man; *janāḥ* – žmonės; *su-kṛtinaḥ* – dorieji; *arjuna* – o Arjuna; *ārtaḥ* – kenčiantis; *jijñāsuḥ* – smalsuolis; *artha-arthī* – trokštantis materialios naudos; *jñānī* – teisingai suvokiantis dalykų esmę; *ca* – taip pat; *bharata-ṛṣabha* – o geriausias iš Bharatos palikuonių.

O geriausias iš Bhāratų, su pasiaukojimu Man ima tarnauti keturių rūšių dorieji žmonės: kenčiantys, geidžiantys turtų, smalsieji ir siekiantys pažinti Absoliutą.

Skirtingai nuo nenaudėlių, šie žmonės ištikimai laikosi šventraščiuose nurodytų reguliuojamųjų principų; jie vadinami *sukṛtinaḥ* – besivadovaujantys šventraščių taisyklėmis, moraliniais bei socialiniais dėsniais ir daugiau ar mažiau pašventę Aukščiausiajam Viešpačiui. Skiriamos keturios jų kategorijos: kenčiantys, stokojantys pinigų, smalsieji ir siekiantys pažinti Absoliučią Tiesą. Šie žmonės ateina pas Aukščiausiąjį Viešpatį ir su pasiaukojimu tarnauja turėdami skirtingus tikslus. Jie nėra tyri bhaktai, nes nori, kad mainais už pasiaukojimo tarnystę būtų išpildytas koks nors jų troškimas. Tyrai pasiaukojimo tarnystei svetimi savanaudiški troškimai ir materialios naudos siekimas. Štai kaip tyrą pasiaukojimą apibūdina „Bhakti-rasāmṛta-sindhu" (1.1.11):

anyābhilāṣitā-śūnyaṁ · jñāna-karmādy-anāvṛtam
ānukūlyena kṛṣṇānu- · śīlanaṁ bhaktir uttamā

„Reikia tarnauti Aukščiausiajam Viešpačiui Kṛṣṇai palankiai nusiteikus, su transcendentine meile, negeidžiant jokios materialios naudos, gaunamos karmine veikla ar filosofuojant. Tokia pasiaukojimo tarnystė vadinama tyra."

Kai šių keturių kategorijų žmonės ima su pasiaukojimu tarnauti Aukščiausiajam Viešpačiui ir, bendraudami su tyrais bhaktais visiškai apsivalo, jie taip pat tampa tyrais bhaktais. O štai nenaudėliams pasiaukojimo tarnystė pernelyg sunki, nes jie gyvena savanaudišką, netvarkingą gyvenimą ir neturi dvasinių tikslų. Tačiau net ir tarp jų pasitaiko tokių, kurie atsitiktinai susitinka su tyru bhaktu ir patys tampa tyrais bhaktais.

Žmonės, kurie be perstojo dirba dėl rezultatų, atsigręžia į Viešpatį ištikus materialiai bėdai; sunkią valandą jie ima bendrauti su tyrais bhaktais ir tampa Viešpaties bhaktais. Nusivylusieji kartais irgi susipažįsta su tyrais bhaktais ir susidomi Dievo pažinimu. Taip ir filosofams, linkusiems į sausus samprotavimus, nusivylus visomis pažinimo sritimis, kartais kyla noras sužinoti ką nors apie Dievą. Jie atsigręžia į Aukščiausiąjį Viešpatį ir ima Jam su pasiaukojimu tarnauti, o tarnaudami – Aukščiausiojo Viešpaties ir Jo tyro bhakto malone – peržengia beasmenio Brahmano bei lokalizuotos Paramātmos pažinimo ribas ir priartėja prie Dievo asmenybės sampratos. Kai ir nusivylusieji, ir smalsieji, ir siekiantys žinojimo bei stokojantys pinigų atsikrato visų materialių troškimų ir visiškai įsisąmonina, kad materiali nauda neturi nieko bendra su dvasiniu tobulėjimu, jie tampa tyrais bhaktais. Kol bhaktai nepasiekia tokio apsivalymo lygio, jų transcendentinė tarnystė Viešpačiui turi karminės veiklos žymę, jie siekia pasaulietinių žinių etc. Taigi reikia visa tai peržengti, norint pasiekti tyros pasiaukojimo tarnystės pakopą.

तेषां ज्ञानी नित्ययुक्त एकभक्तिर्विशिष्यते । 7.17
प्रियो हि ज्ञानिनोऽत्यर्थमहं स च मम प्रियः ॥१७॥

teṣāṁ jñānī nitya-yukta · eka-bhaktir viśiṣyate
priyo hi jñānino 'tyartham · ahaṁ sa ca mama priyaḥ

teṣām – iš jų; *jñānī* – turintis visišką žinojimą; *nitya-yuktaḥ* – nuolatos atliekantis; *eka* – vien tiktai; *bhaktiḥ* – pasiaukojimo tarnystę; *viśiṣyate* – yra ypatingas; *priyaḥ* – labai brangus; *hi* – tikrai; *jñāninaḥ* – žmogui, turinčiam žinojimą; *atyartham* – labai; *aham* – Aš; *saḥ* – jis; *mama* – Man; *priyaḥ* – brangus.

Iš jų geriausias tas, kuris turi visišką žinojimą ir nuolatos tarnauja Man su tyru pasiaukojimu. Aš esu Jam labai brangus, o jis – brangus Man.

Nusiplovę materialių troškimų nešvarybes, kenčiantys, smalsieji, skurstantys ir aukščiausio žinojimo ieškotojai gali tapti tyrais bhaktais. Tačiau iš tikrųjų tyru Viešpaties bhaktu tampa tik tas, kuris pažino Absoliučią Tiesą ir neturi materialių troškimų. Viešpats sako, kad iš šių keturių grupių žmonių geriausias tas, kuris turi visišką žinojimą ir tuo pat metu su pasiaukojimu Jam tarnauja.

Siekdamas žinojimo žmogus suvokia, kad jo „aš" skiriasi nuo jo materialaus kūno, o toliau pažengęs jis pažįsta beasmenį Brahmaną ir Paramātmą. Visiškai apsivalęs jis įsisąmonina, kad jo prigimtinis būvis – būti amžinu Dievo tarnu. Taigi bendraudami su tyrais bhaktais, smalsieji, kenčiantys, materialios gerovės ieškotojai ir turintieji žinojimą patys tampa tyri. Vis dėlto kas jau pačioje pradžioje visiškai įsisąmonina Aukščiausiąjį Viešpatį ir tuo pačiu metu pasiaukojęs Jam tarnauja, tas Viešpačiui yra brangiausias. Jis suvokia transcendentinę Aukščiausiojo Dievo Asmens padėtį ir atlikdamas pasiaukojimo tarnystę yra visiškai apsaugotas nuo bet kokios materijos suapties.

उदाराः सर्व एवैते ज्ञानी त्वात्मैव मे मतम् ।   7.18
आस्थितः स हि युक्तात्मा मामेवानुत्तमां गतिम् ॥१८॥

udārāḥ sarva evaite · jñānī tv ātmaiva me matam
āsthitaḥ sa hi yuktātmā · mām evānuttamāṁ gatim

udārāḥ – kilniadvasiai; *sarve* – visi; *eva* – tikrai; *ete* – šie; *jñānī* – žinantis; *tu* – tačiau; *ātmā eva* – kaip Aš; *me* – Mano; *matam* – nuomonė; *āsthitaḥ* – esantis; *saḥ* – jis; *hi* – tikrai; *yukta-ātmā* – atliekantis pasiaukojimo tarnystę; *mām* – Manyje; *eva* – tikrai; *anuttamām* – į aukščiausią; *gatim* – tikslą.

Visi tie bhaktai, be abejonės, yra taurios sielos, bet tą, kuris pažino Mane, branginu kaip Patį Save. Transcendentiškai tarnaudamas Man, jis tikrai pasieks Mane – patį aukščiausią ir tobuliausią tikslą.

Iš to, kas pasakyta, nereikia daryti išvados, kad bhaktai, neturintys tokio išsamaus žinojimo, Viešpačiui nėra brangūs. Viešpats sako, kad visi jie – kilniadvasiai, nes kiekvienas, kuris atsisuka į Dievą, nepaisant jo tikslų, vadinamas *mahātma*, didžia siela. Viešpats neatstumia bhaktų, kurie siekdami tam tikros naudos tarnauja su pasiaukojimu, nes taip pasireiškia abipusiai meilės mainai. Iš meilės jie prašo Viešpaties materialių dovanų ir, gavę jas, būna tokie patenkinti, kad tarnauja su dar didesniu pasišventimu. Bet tas bhaktas, kuris turi visišką žinojimą, itin brangus Viešpačiui, nes vienintelis jo tikslas – su meile ir pasiaukojimu tarnauti Aukščiausiajam Viešpačiui. Toks bhaktas nė akimirkos neišbūna nebendravęs su Aukščiausiuoju ar Jam netarnavęs, o Aukščiausiasis Viešpats irgi labai myli Savo bhaktą ir negali išsiskirti su juo.

„Śrīmad-Bhāgavatam" (9.4.68) Viešpats sako:

sādhavo hṛdayaṁ mahyaṁ · sādhūnāṁ hṛdayaṁ tv aham
mad-anyat te na jānanti · nāhaṁ tebhyo manāg api

„Bhaktai visada yra Mano širdyje, ir Aš esu jų širdyse. Bhaktui rūpiu tiktai Aš, ir niekas daugiau, o ir Aš negaliu jo pamiršti. Mane ir tyrus bhaktus sieja be galo artimi saitai. Visišką žinojimą turintys tyri bhaktai niekada nepraranda šio dvasinio ryšio, todėl jie Man labai brangūs."

बहूनां जन्मनामन्ते ज्ञानवान्मां प्रपद्यते ।
वासुदेवः सर्वमिति स महात्मा सुदुर्लभः ॥१९॥

7.19

bahūnāṁ janmanām ante · jñānavān māṁ prapadyate
vāsudevaḥ sarvam iti · sa mahātmā su-durlabhaḥ

bahūnām – daugelio; *janmanām* – besikartojančių gimimų ir mirčių; *ante* – po; *jñāna-vān* – tas, kuris turi visišką žinojimą; *mām* – Man; *prapadyate* – atsiduoda; *vāsudevaḥ* – Dievo Asmuo, Kṛṣṇa; *sarvam* – viskas; *iti* – taip; *saḥ* – ta; *mahā-ātmā* – didi siela; *su-durlabhaḥ* – labai retai sutinkama.

Po daugybės gimimų ir mirčių tas, kuris iš tikrųjų žino, atsiduoda Man, nes suvokia, kad Aš – visų priežasčių priežastis ir visa, kas egzistuoja. Bet tokia didi siela labai reta.

Gyvoji esybė, daugybę gyvenimų pašventusi dvasinei praktikai ir pasiaukojimo tarnystei, gali įgyti transcendentinį gryną žinojimą, kurio esmę sudaro tai, kad galutinis dvasinio pažinimo tikslas –

Aukščiausiasis Dievo Asmuo. Kai dvasinio pažinimo pradžioje žmogus stengiasi nugalėti potraukį materializmui, jis linksta į impersonalizmą, tačiau darydamas pažangą supranta, kad dvasinis gyvenimas – tai veikla, o ta veikla yra pasiaukojimo tarnystė. Tai suvokęs žmogus pajunta potraukį Aukščiausiajam Dievo Asmeniui ir atsiduoda Jam. Tuomet jis jau supranta, kad viskas – Viešpaties Śrī Kṛṣṇos malonė, kad Kṛṣṇa – visų priežasčių priežastis, ir kad šis materialus pasaulis negali egzistuoti nepriklausomai nuo Jo. Toks žmogus supranta, kad materialus pasaulis – tai iškreiptas dvasinio pasaulio įvairovės atspindys, suvokia, kad viskas susiję su Aukščiausiuoju Viešpačiu Kṛṣṇa. Todėl jis visur mato ryšį su Vāsudeva, t.y. Śrī Kṛṣṇa. Toks visapusiškas Vāsudevos matymas paskatina žmogų visiškai atsiduoti Aukščiausiajam Viešpačiui Śrī Kṛṣṇai kaip aukščiausiam tikslui. Tokia atsidavusi didi siela labai reta.

Šis posmas puikiai paaiškintas trečiame „Śvetāśvatara Upaniṣados" skyriuje (14 ir 15 tekstai):

sahasra-śīrṣā puruṣaḥ · sahasrākṣaḥ sahasra-pāt
sa bhūmiṁ viśvato vṛtvā· · tyātiṣṭhad daśāṅgulam

puruṣa evedaṁ sarvaṁ · yad bhūtaṁ yac ca bhavyam
utāmṛtatvasyeśāno · yad annenātirohati

„Chāndogya Upaniṣadoje" (5.1.15) pasakyta: *na vai vāco na cakṣūṁṣi na śrotrāṇi na manāṁsīty ācakṣate prāṇa iti evācakṣate prāṇo hy evaitāni sarvāṇi bhavanti* – „Nei gebėjimas kalbėti, nei regėti, nei girdėti, nei mąstyti nėra pagrindinis gyvosios būtybės kūno veiksnys; gyvybė – štai kas visos veiklos centras." Taip ir Viešpats Vāsudeva arba Dievo Asmuo, Viešpats Śrī Kṛṣṇa, yra pagrindinė visur esanti esybė. Materialus kūnas turi gebėjimą kalbėti, regėti, girdėti, protauti etc. Bet kai gebėjimai nesusiję su Aukščiausiuoju Viešpačiu, jie netenka savo svarbos. O kadangi Vāsudeva yra visa persmelkiantis ir viskas yra Vāsudeva, bhaktas, turintis visišką žinojimą, Jam atsiduoda (žr. „Bhagavad-gītā" 7.17 ir 11.40).

कामैस्तैस्तैर्हृतज्ञानाः प्रपद्यन्तेऽन्यदेवताः । 7.20
तं तं नियममास्थाय प्रकृत्या नियताः स्वया ॥२०॥

kāmais tais tair hṛta-jñānāḥ · prapadyante 'nya-devatāḥ
taṁ taṁ niyamam āsthāya · prakṛtyā niyatāḥ svayā

kāmaiḥ – dėl troškimų; *taiḥ taiḥ* – įvairių; *hṛta* – netekę;
jñānāḥ – žinojimo; *prapadyante* – atsiduoda; *anya* – kitiems; *deva-*
tāḥ – pusdieviams; *tam tam* – atitinkamų; *niyamam* – taisyklių;
āsthāya – laikydamiesi; *prakṛtyā* – prigimties; *niyatāḥ* – valdomi;
svayā – savos.

**Tie, kurių intelektą pasiglemžė materialūs troškimai, atsiduoda
pusdieviams ir laikosi garbinimo taisyklių, atitinkančių jų pačių
prigimtį.**

Žmonės, neužsiteršę materija, atsiduoda Aukščiausiajam Viešpačiui ir atsideda pasiaukojimo tarnystei. Kol žmogus visiškai nenusiplauna materijos nešvaros, pagal savo prigimtį jis – nebhaktas. Jeigu žmogus, nors ir turėdamas troškimų, kreipiasi į Aukščiausiąjį Viešpatį, jis nejaučia tokio stipraus potraukio išorinei gamtai. Siekdamas teisingo kelio, jis netrukus atsikrato materialaus geismo. „Śrīmad-Bhāgavatam" pataria kiekvienam – ir tyram bhaktui, įveikusiam materialius troškimus, ir žmogui, kupinam jų, ir siekiančiam išsivaduoti iš materijos nešvarybių – atsiduoti Vāsudevai ir garbinti Jį. *Bhāgavatam* (2.3.10) pasakyta:

akāmaḥ sarva-kāmo vā · mokṣa-kāma udāra-dhīḥ
tīvreṇa bhakti-yogena · yajeta puruṣaṁ param

Menkos nuovokos žmonės, praradę dvasinį supratimą, ieško pusdievių globos ir laukia, kad jų materialūs troškimai tuojau pat išsipildytų. Paprastai jie nesikreipia į Aukščiausiąjį Dievo Asmenį, nes juos veikia žemesnės gamtos *guṇos* (neišmanymas ir aistra), ir todėl jie garbina įvairius pusdievius. Jie laikosi garbinimo taisyklių, ir to jiems pakanka. Pusdievių garbintojus valdo menki troškimai, jie nežino, kaip pasiekti aukščiausiąjį tikslą, bet Aukščiausiojo Viešpaties bhaktas neišklysta iš kelio. Vedų raštai pataria garbinti tam tikrus dievus tam tikram tikslui pasiekti (pvz.: ligoniui patariama garbinti Saulę), todėl neatsidavę Viešpačiui žmonės mano, kad kai kuriais atvejais pusdieviai reikšmingesni už Aukščiausiąjį Viešpatį. Tačiau tyras bhaktas žino, kad Aukščiausiasis Viešpats Kṛṣṇa – visa ko šeimininkas. „Caitanya-caritāmṛtoje" (Ādi 5.142) pasakyta: *ekale īśvara kṛṣṇa, āra saba bhṛtya* – vienintelis šeimininkas yra Aukščiausiasis Dievo Asmuo, Kṛṣṇa, visi kiti yra tarnai. Todėl tyras bhaktas niekada nesikreipia į pusdievius prašydamas patenkinti savo materialius poreikius. Jis pasikliauja Aukščiausiuoju Viešpačiu ir pasitenkina tuo, ką jam duoda Viešpats.

यो यो यां यां तनुं भक्तः श्रद्धयार्चितुमिच्छति ।　　　　7.21
तस्य तस्याचलां श्रद्धां तामेव विदधाम्यहम् ॥२१॥

yo yo yāṁ yāṁ tanuṁ bhaktaḥ · śraddhayārcitum icchati
tasya tasyācalāṁ śraddhāṁ · tām eva vidadhāmy aham

yaḥ yaḥ – kas tik; *yām yām* – kokį tik; *tanum* – pusdievio pavidalą; *bhaktaḥ* – garbintojas; *śraddhayā* – su tikėjimu; *arcitum* – garbinti; *icchati* – trokšta; *tasya tasya* – jam; *acalām* – tvirtą; *śraddhām* – tikėjimą; *tām* – tą; *eva* – tikrai; *vidadhāmi* – duodu; *aham* – Aš.

Aš esu kiekvieno širdy Supersielos pavidalu. Kai tik kam kyla noras garbinti kokį pusdievį, Aš įkvepiu tvirtą tikėjimą, kad jis galėtų pasišvęsti pasirinktai dievybei.

Dievas visiems suteikė nepriklausomybę, ir jei žmogus trokšta materialių malonumų, nuoširdžiai jų laukdamas iš materialaus pasaulio pusdievių, Aukščiausiasis Viešpats, kuris Supersielos pavidalu glūdi kiekvieno širdyje, tuojau suvokia žmogaus norus ir sudaro sąlygas juos išpildyti. Kaip aukščiausias visų gyvųjų esybių tėvas Jis nevaržo jų nepriklausomybės ir net sudaro sąlygas įgyvendinti jų materialius troškimus. Gali kilti klausimas: kodėl visagalis Dievas gyvosioms esybėms suteikia galimybę džiaugtis materialiu pasauliu ir tuo pačiu leidžia joms įkliūti į iliuzinės energijos spąstus? Atsakymas toks: jei Supersielos pavidalo Aukščiausiasis Viešpats nesudarytų tokių sąlygų, tai negalima būtų kalbėti apie jokią nepriklausomybę. Todėl Viešpats kiekvienam suteikia visišką nepriklausomybę – daryk ką nori, tačiau „Bhagavad-gītoje" randame aukščiausią Jo nurodymą: mesk visus užsiėmimus ir visiškai atsiduok Man – tai žmogų padarys laimingą.

Ir gyvosios esybės, ir pusdieviai pavaldūs Aukščiausiojo Dievo Asmens valiai: gyvoji esybė negali vien savo noru garbinti pusdievio, o pusdievis be aukščiausios valios negali dovanoti malonių nė vienai gyvajai esybei. Sakoma: be Aukščiausiojo Dievo Asmens valios ir žolelė nesujudės. Paprastai materialiame pasaulyje kenčiantys žmonės sekdami Vedų raštų pamokymais kreipiasi į pusdievius. Žmogus, norintis vieno ar kito dalyko, garbina atitinkamą pusdievį, pvz.: ligoniui rekomenduojama garbinti Saulės dievą, siekiančiam mokslų – mokslo deivę Sarasvatī, o norinčiam gražios žmonos – Umą, Viešpaties Śivos žmoną. Taigi *śāstros* (Vedų raštai) rekomenduoja skirtingus būdus skirtingiems pusdieviams garbinti. Kadangi konkreti gyvoji esybė trokšta tam tikrų materialių gėrybių, Viešpats įkvepia jai stiprų troškimą siekti šių malonių iš tam tikro pusdievio, ir ji gauna tai, ko troško. Gyvosios esybės religinį jausmą tam tikram pusdieviui irgi įkvepia Aukščiausiasis Viešpats. Patys pusdieviai negali pažadinti gyvųjų esybių simpatijų, impulsą garbinti atitinkamus pusdievius žmogui duoda Kṛṣṇa, Aukščiausiasis Viešpats, arba Supersiela, esanti visų gyvųjų esybių širdyse. Iš esmės, pusdieviai – skirtingos Aukščiausio Viešpaties visatos kūno dalys, todėl jie nėra nepriklausomi. Vedų raštuose pasakyta: „Aukščiausiasis Dievo Asmuo Supersielos pavidalu taip pat yra ir pusdievio širdyje; tad gyvosios esybės troškimą Jis išpildo per pusdievį. Tačiau ir pusdievis, ir gyvoji esybė priklauso nuo aukščiausios valios – jie nėra savarankiški."

स तया श्रद्धया युक्तस्तस्याराधनमीहते ।
लभते च ततः कामान्मयैव विहितान् हि तान् ॥२२॥

sa tayā śraddhayā yuktas · tasyārādhanam īhate
labhate ca tataḥ kāmān · mayaiva vihitān hi tān

saḥ – jis; *tayā* – tuo; *śraddhayā* – įkvėpimu; *yuktaḥ* – apdovanotas; *tasya* – to pusdievio; *ārādhanam* – garbinimo; *īhate* – siekia; *labhate* – gauna; *ca* – ir; *tataḥ* – iš to; *kāmān* – savo norus; *mayā* – Mano; *eva* – tiktai; *vihitān* – suteikiami; *hi* – tikrai; *tān* – tie.

Apdovanotas tokiu tikėjimu, jis stengiasi garbinti tam tikrą pusdievį ir jo norai išsipildo. Nors iš tikrųjų tas malones suteikiu tiktai Aš.

Be Aukščiausiojo Viešpaties leidimo pusdieviai negali apdalinti malonėmis savo garbintojų. Gyvoji esybė gali pamiršti, kad viskas yra Aukščiausiojo Viešpaties nuosavybė, tačiau pusdieviai to nepamiršta. Taip jau sutvarkyta, kad ir pusdievių garbinimas, ir pageidaujami rezultatai priklauso ne nuo pusdievių, bet nuo Aukščiausiojo Dievo Asmens. Menkos nuovokos gyvoji esybė šito nežino, todėl daro kvailystę ir kreipiasi į pusdievius, prašydama gėrybių. O štai tyras bhaktas, ko nors pristigęs, meldžia Aukščiausiąjį Viešpatį, bet jis niekada neprašo materialių gėrybių. Dažniausiai gyvoji esybė kreipiasi į pusdievius, nes ji beprotiškai trokšta patenkinti savo aistrą. Taip atsitinka, kai gyvoji esybė geidžia ko nors nederamo, ir Patsai Viešpats jos troškimo neišpildo. „Caitanya-caritāmṛtoje" sakoma, kad žmogaus, garbinančio Aukščiausiąjį Viešpatį ir tuo pačiu svajojančio apie materialius malonumus, norai – prieštaringi. Pasiaukojimo tarnystė Aukščiausiajam Viešpačiui ir pusdievio garbinimas negali būti lygiaverčiai, nes pusdievio garbinimas – materiali veikla, o pasiaukojimo tarnystė Aukščiausiajam Viešpačiui – visiškai dvasinė veikla.

Gyvajai esybei, trokštančiai grįžti pas Dievą, materialūs troškimai yra didelė kliūtis. Todėl tyras Viešpaties bhaktas neapdovanojamas tomis materialiomis malonėmis, kurių siekia menkesnio intelekto gyvosios esybės. Štai kodėl siekiantieji materialių malonių garbina materialiame pasaulyje viešpataujančius pusdievius ir nenori pasiaukojamai tarnauti Aukščiausiajam Viešpačiui.

अन्तवत्तु फलं तेषां तद्भवत्यल्पमेधसाम् ।   7.23
देवान्देवयजो यान्ति मद्भक्ता यान्ति मामपि ॥२३॥

antavat tu phalaṁ teṣāṁ · tad bhavaty alpa-medhasām
devān deva-yajo yānti · mad-bhaktā yānti mām api

anta-vat – netvarūs; *tu* – tačiau; *phalam* – vaisiai; *teṣām* – jų; *tat* – tie; *bhavati* – tampa; *alpa-medhasām* – tų, kurių menka nuovoka; *devān* – pas pusdievius; *deva-yajaḥ* – pusdievių garbintojai; *yānti* – eina; *mat* – Mano; *bhaktāḥ* – bhaktai; *yānti* – eina; *mām* – pas Mane; *api* – taip pat.

Menkos nuovokos žmonės garbina pusdievius, o to garbinimo vaisiai – riboti bei laikini. Pusdievių garbintojai eina į pusdievių planetas, bet Mano bhaktai galiausiai pasiekia aukščiausiąją Mano planetą.

Kai kurie „Bhagavad-gītos" komentatoriai tvirtina, kad žmogus, garbinantis pusdievį, gali pasiekti Aukščiausiąjį Viešpatį, tačiau čia aiškiai pasakyta, kad pusdievių garbintojai eina į skirtingas pusdievių planetų sistemas, kuriose gyvena įvairūs pusdieviai, pvz.: Saulės garbintojas eina į Saulę, Mėnulio garbintojas – į Mėnulį. O štai norintieji garbinti kurį nors kitą pusdievį, pvz. Indrą, patenka į jo planetą. Negalima pasakyti, jog nesvarbu, kokį pusdievį garbintum, vis tiek pasieksi Aukščiausiąjį Dievo Asmenį. Posmas paneigia tokį teiginį, nes juk aiškiai pasakyta, kad pusdievių garbintojai eina į skirtingas materialaus pasaulio planetas, o Aukščiausiojo Viešpaties bhaktai eina tiesiog į aukščiausiąją Dievo Asmens planetą.

Gali būti pateiktas toks argumentas: jei pusdieviai – skirtingos Aukščiausiojo Viešpaties kūno dalys, tai garbinant juos turėtų būti pasiekiamas tas pats tikslas, kaip ir garbinant Aukščiausiąjį Viešpatį. Tačiau pusdievių garbintojai yra menkos nuovokos, nes nežino, kuriai kūno daliai reikia tiekti maistą. Kai kurie jų tokie kvaili, jog net tvirtina, kad yra daug kūno dalių, kurias galima pamaitinti, ir kad tam yra daug būdų. Bet tie būdai nepatikimi. Ar galima pamaitinti kūną per ausis ar akis? Tokie žmonės nežino, kad pusdieviai – skirtingos Aukščiausiojo Viešpaties visatos kūno dalys, ir dėl savo neišmanymo tiki, kad kiekvienas pusdievis yra savarankiškas Dievas ir Aukščiausiojo Viešpaties varžovas.

Ne tik pusdieviai, bet ir paprastos gyvosios esybės yra Aukščiausiojo Viešpaties dalys. „Śrīmad-Bhāgavatam" pasakyta, kad brahmanai yra Aukščiausiojo Viešpaties galva, *kṣatriyai* – rankos, *vaiśyai* – juosmuo, *śūdros* – kojos, kad kiekviena dalis atlieka jai skirtą funkciją. Jeigu žmogus, nepaisant jo užimamos padėties, žino, kad ir pusdieviai, ir jis pats – neatskiriamos Aukščiausiojo Viešpaties dalelės, tai jo žinojimas tobulas. Bet šito nesuvokiantis pasiekia planetas, kuriose gyvena įvairūs pusdieviai. Bhaktas pasiekia kitą tikslą.

Pusdievių palaiminimų rezultatai – netvarūs, nes ir materialaus pasaulio planetos, ir patys pusdieviai, ir jų garbintojai nėra amžini. Todėl posme aiškiai pasakyta, kad viskas, kas gaunama garbinant pusdievius – laikina, kad pusdievius garbina tik menkos nuovokos gyvoji esybė. Kadangi tyras Kṛṣṇą įsisąmoninęs bhaktas pasiaukojęs tarnauja Aukščiausiajam Viešpačiui, jis pasiekia amžiną, palaimingą ir kupiną visiško žinojimo būtį. Taigi, tikslai, kuriuos pasiekia jis ir pusdievių garbintojas – skirtingi. Aukščiausiasis Viešpats beribis. Jo malonė – neišsenkanti, o gailestingumas – begalinis. Todėl malonė, kurią Jis teikia Savo tyriems bhaktams, neturi ribų.

अव्यक्तं व्यक्तिमापन्नं मन्यन्ते मामबुद्धयः ।
परं भावमजानन्तो ममाव्ययमनुत्तमम् ॥२४॥

7.24

avyaktaṁ vyaktim āpannaṁ · manyante mām abuddhayaḥ
paraṁ bhāvam ajānanto · mamāvyayam anuttamam

avyaktam – neišreikštas; *vyaktim* – asmenybę; *āpannam* – gavau;
manyante – galvoja; *mām* – apie Mane; *abuddhayaḥ* – menkos
nuovokos žmonės; *param* – transcendentinės; *bhāvan* – būties;
ajānantaḥ – nepažįstantys; *mama* – Mano; *avyayam* – amžinos;
anuttamam – aukščiausios.

**Nedidelio proto, gerai Manęs nepažinę žmonės mano, kad Aš,
Aukščiausiasis Dievo Asmuo, Kṛṣṇa, anksčiau buvau beasme-
nis, o dabar įgavau šį asmenišką pavidalą. Menkas išmanymas
neleidžia jiems pažinti transcendentinės, amžinos ir aukščiausios
Mano prigimties.**

Pusdievių garbintojai *Gītoje* apibūdinti kaip menkos nuovokos
žmonės. Taip posmas charakterizuoja ir impersonalistus. Čia Vieš-
pats Kṛṣṇa, būdamas asmeniško pavidalo, kalbasi su Arjuna, ir vis
tiek impersonalistai per savo neišmanymą įrodinėja, kad Aukščiau-
siasis Viešpats galiausiai neturi jokio pavidalo. Didis Viešpaties
bhaktas Yāmunācārya, atstovaująs Rāmānujācāryos mokinių sekai,
parašė du posmus, labai tinkančius šiuo atveju. Jis sako:

tvāṁ śīla-rūpa-caritaiḥ parama-prakṛṣṭaiḥ
sattvena sāttvikatayā prabalaiś ca śāstraiḥ
prakhyāta-daiva-paramārtha-vidāṁ mataiś ca
naivāsura-prarṭayaḥ prabhavanti boddhum

„Brangus mano Viešpatie, tokie bhaktai, kaip Vyāsadeva ir
Nārada, žino, kad Tu esi Dievo Asmuo. Išstudijavus įvairius Vedų
raštus, galima pažinti Tavo savybes, Tavo pavidalą, Tavo veiklą ir
suprasti, kad Tu – Aukščiausiasis Dievo Asmuo. Tačiau demonai
ir nebhaktai, valdomi aistros ir neišmanymo *guṇų,* Tavęs pažinti
negali – jie neapdovanoti šiuo sugebėjimu. Kad ir kaip gerai
nebhaktai išmanytų *Vedāntą, Upaniṣadas* bei kitus Vedų raštus, jie
niekaip nesugebės suvokti Dievo Asmenį." („Stotra-ratna" 12)

„Brahma-saṁhitoje" tvirtinama, kad neįmanoma suvokti Dievo Asmenį, apsiribojus vien tik *Vedāntos* studijomis. Aukščiausią Asmenybę galima pažinti tiktai Aukščiausiojo Viešpaties malone. Todėl posmas aiškiai sako, kad menkos nuovokos yra ne tik pusdievių garbintojai, bet ir nebhaktai, studijuojantys *Vedāntą* ir spekuliatyviai, be menkiausios tikros Kṛṣṇos sąmonės žymės trak- tuojantys Vedų raštus. Jiems tiesiog neįmanoma suvokti Dievo kaip asmenybės. Žmonės, įsivaizduojantys, kad Absoliuti Tiesa – beasmenė, vadinami *abuddhayaḥ;* šis žodis reiškia, kad jie nežino galutinio Absoliučios Tiesos aspekto. „Śrīmad–Bhāgavatam" tvir- tinama, kad Aukščiausiojo pažinimas prasideda nuo beasmenio Brahmano, tolesnė pažinimo pakopa – lokalizuota Supersiela, o Absoliučios Tiesos pažinimo aukščiausia viršūnė – Dievo Asme- nybė. Šiuolaikiniai impersonalistai dar siauresnio proto, nes jie net neseka didžiuoju savo pirmtaku Śaṅkarācārya, akcentavusiu, kad Kṛṣṇa – Aukščiausiasis Dievo Asmuo. Todėl Aukščiausios Tiesos nepažinę impersonalistai mano, kad Kṛṣṇa – paprastas Devakī ir Vāsudevos sūnus, ar karalaitis, o gal šiaip galinga gyvoji esybė. Toks požiūris „Bhagavad-gītoje" irgi smerkiamas (9.11). *Avajā- nanti māṁ mūḍhā mānuṣīṁ tanum āśritam:* „Tik kvailiai laiko Mane paprastu žmogumi."

Iš tikrųjų niekas negalės suvokti Kṛṣṇos, jei pasiaukojamai Jam netarnaus ir neugdys Kṛṣṇos sąmonės. *Bhāgavatam* (10.14.29) patvirtina šią mintį:

athāpi te deva padāmbuja-dvaya-
*   prasāda-leśānugṛhīta eva hi*
jānāti tattvaṁ bhagavan mahimno
*   na cānya eko 'pi ciraṁ vicinvan*

„Mano Viešpatie, kam tenka laimė patirti nors trupinėlį Tavo malonės, kurią skleidžia Tavo lotosinės pėdos, tas gali suvokti Tavo asmenybės didybę. Tačiau tie, kurie samprotavimais nori per- prasti Aukščiausiąjį Dievo Asmenį, net metų metais studijuodami Vedas, neįstengs Tavęs pažinti." Neįmanoma pažinti Aukščiausiojo Dievo Asmens, Kṛṣṇos, Jo pavidalo, savybių bei vardo vien tik spekuliatyviais samprotavimais ar aptarinėjant Vedų raštus. Viešpatį pažinti reikia per pasiaukojimo tarnystę. Tik visiškai atsidėjus Kṛṣṇos sąmonei, ėmus kartoti *mahā-mantrą* – Hare Kṛṣṇa, Hare Kṛṣṇa, Kṛṣṇa Kṛṣṇa, Hare Hare/ Hare Rāma, Hare Rāma, Rāma Rāma, Hare Hare – galima suvokti Aukščiausiąjį Dievo Asmenį. Nebhaktai impersonalistai mano, kad Kṛṣṇos kūnas sudarytas iš materialios gamtos, kad visa Jo veikla, Jo pavidalas, – viskas yra *māyā.* Tokie impersonalistai vadinami *māyāvādžiais.* Jie nepažįsta galutinės tiesos.

Dvidešimtas posmas aiškiai sako: *kāmais tais tair hṛta-jñānāḥ prapadyante 'nya-devatāḥ.* „Geidulių apakintieji atsiduoda įvairiems pusdieviams." Žinotina, kad egzistuoja ne tik Aukščiausiasis Dievo Asmuo, bet ir įvairias planetas valdantys pusdieviai. Viešpats irgi turi Savo planetą. Dvidešimt trečiame posme pasakyta: *devān deva-yajo yānti mad-bhaktā yānti mām api* – pusdievių garbintojai patenka į pusdievių planetas, o Viešpaties Kṛṣṇos bhaktai eina į Kṛṣṇalokos planetą. Nepaisydami tų teiginių aiškumo, kvaili impersonalistai tebetvirtina, kad Viešpats pavidalo neturi, kad visi tie pavidalai – įsivaizduojami. Argi studijuojant *Gītą* galima padaryti išvadą, kad pusdieviai ir jų buveinės – kažkas neasmeniška? Neabejotina tai, kad nei pusdieviai, nei Kṛṣṇa, Aukščiausiasis Dievo Asmuo, nėra beasmeniai. Visi jie – asmenybės; Viešpats Kṛṣṇa yra Aukščiausiasis Dievo Asmuo, Jis turi Savo planetą, o pusdieviai – savąsias.

Taigi monistų teigimas, kad aukščiausioji tiesa neturi jokio pavidalo, kad turimas pavidalas jai tik primestas, yra neteisingas. Čia aiškiai pasakyta, kad Kṛṣṇos pavidalas nėra išgalvotas. Studijuodami „Bhagavad-gītą" suprasime, kad ir pusdieviai, ir Aukščiausiasis Viešpats turi pavidalus ir kad Viešpats Kṛṣṇa – tai *sac-cid-ānanda,* amžinas palaimingas žinojimas. Vedos irgi teigia, kad Aukščiausioji Absoliuti Tiesa yra *ānanda-mayo 'bhyāsāt* – iš prigimties kupina palaimingo džiaugsmo, ir kad Ji yra nesuskaičiuojamų dorybių šaltinis. *Gītoje* Viešpats sako, kad Jis apsireiškia, nors Jis ir yra *aja* (negimęs). Štai šias „Bhagavad-gītos" tiesas mes turime įsisąmoninti. Mums nesuprantama, kaip Aukščiausiasis Dievo Asmuo gali būti beasmenis. *Gītos* teiginiai parodo, jog impersonalistų monistų teorija, skelbianti, kad pavidalas Viešpačiui primestas – klaidinga. Šis posmas išaiškina, kad Aukščiausioji Absoliuti Tiesa, Viešpats Kṛṣṇa, turi ir pavidalą, ir yra asmenybė.

नाहं प्रकाशः सर्वस्य योगमायासमावृतः । 7.25
मूढोऽयं नाभिजानाति लोको मामजमव्ययम् ॥२५॥

nāhaṁ prakāśaḥ sarvasya · yoga-māyā-samāvṛtaḥ
mūḍho 'yaṁ nābhijānāti · loko mām ajam avyayam

na – ne; *aham* – Aš; *prakāśaḥ* – apsireiškiu; *sarvasya* – kiekvienam; *yoga-māyā* – vidine galia; *samāvṛtaḥ* – apgaubtas; *mūḍhaḥ* – kvaili; *ayam* – šie; *na* – ne; *abhijānāti* – gali suprasti; *lokaḥ* – žmonės; *mām* – Mane; *ajam* – negimusį; *avyayam* – neišsenkamą.

Aš niekada neapsireiškiu kvailiams ir neišmanėliams. Nuo jų Mane slepia Mano vidinė galia, todėl jie nežino, kad Aš esu negimstantis ir neišsenkantis.

Gali kilti klausimas, kodėl dabar Kṛṣṇa nepasirodo žmonėms, jei buvo matomas visiems, kai gyveno Žemėje. Bet net ir tada Jis neapsireiškė visiems; kad Jis – Aukščiausiasis Dievo Asmuo, suprato vos keletas žmonių. Kauravų susirinkime Śiśupālai pasisakant prieš Kṛṣṇos išrinkimą susirinkimo vyriausiuoju, Bhīṣma palaikė Kṛṣṇą ir paskelbė Jį Aukščiausiuoju Dievu. Kad Kṛṣṇa – Aukščiausiasis, žinojo ir Pāṇḍavai, ir dar kai kas, bet ne visi. Jis neatskleidė Savęs nebhaktams, o taip pat eiliniams žmonėms. Todėl „Bhagavad-gītoje" Kṛṣṇa ir sako, kad, išskyrus tyrus Jo bhaktus, visi laiko Jį lygiu sau. Tik Savo bhaktams Jis atsiskleidė kaip visų malonumų šaltinis. Nuo kitų, nesupratingų nebhaktų, Jį slėpė vidinė Jo galia.

Kuntī maldose „Śrīmad-Bhāgavatam" (1.8.19) pasakyta, kad

Viešpatį slepia *yoga-māyos* skraistė, todėl paprasti žmonės nesugeba Jo pažinti. Apie šią skraistę kalbama ir „Īśopaniṣadoje" (15 *mantra*), kurioje bhaktas meldžia:

hiraṇmayena pātreṇa · satyasyāpihitaṁ mukham
tat tvaṁ pūṣann apāvṛṇu · satya-dharmāya dṛṣṭaye

„O mano Viešpatie, Tu palaikai visą visatą, o pasiaukojimo tarnystė Tau – aukščiausias religijos principas. Todėl meldžiu Tavęs – globoki ir mane. Transcendentinį Tavo pavidalą slepia *yoga-māyā*. *Brahmajyoti* – tai Tavo vidinės galios skraistė. Būk maloningas ir išsklaidyk tą akinantį spindėjimą, kuris man trukdo išvysti *sac-cid-ānanda-vigrahą* – Tavo amžinąjį žinojimo ir palaimos pavidalą." Transcendentinį Aukščiausiojo Dievo Asmens pavidalą, kupiną palaimos ir žinojimo, yra aptraukusi Jo vidinė galia – *brahmajyoti,* todėl menkos nuovokos impersonalistai negali regėti Aukščiausiojo.

„Śrīmad-Bhāgavatam" (10.14.7) pateikiama tokia Brahmos malda: „O Aukščiausiasis Dievo Asmuo, o Supersiela, o visų paslapčių šeimininke, ar gali kas šiame pasaulyje protu aprėpti Tavo galią ir Tavo pramogas? Tavo vidinė galia visą laiką plečiasi, todėl Tavęs niekas negali suvokti. Mokslininkai ir eruditai gali ištirti atominę materialaus pasaulio ir net planetų struktūrą, tačiau Tavo energijos bei galios jiems nepavyks išmatuoti, nors Tu – visada jiems prieš akis." Aukščiausiasis Dievo Asmuo, Viešpats Kṛṣṇa, ne tik kad yra negimusis, bet ir *avyaya* – neišsenkantis. Amžinas Jo pavidalas – tai palaima ir žinojimas, o visos Jo energijos – neišsenkančios.

वेदाहं समतीतानि वर्तमानानि चार्जुन ।
भविष्याणि च भूतानि मां तु वेद न कश्चन ॥२६॥

7.26

vedāhaṁ samatītāni · vartamānāni cārjuna
bhaviṣyāṇi ca bhūtāni · māṁ tu veda na kaścana

veda – žinau; *aham* – Aš; *samatītāni* – visą praeitį; *vartamānāni* – dabartį; *ca* – ir; *arjuna* – o Arjuna; *bhaviṣyāṇi* – ateitį; *ca* – taip pat;

bhūtāni – visas gyvąsias esybes; *mām* – Mane; *tu* – tačiau; *veda* – žino; *na* – ne; *kaścana* – kas nors.

O Arjuna, Aš – Aukščiausiasis Dievo Asmuo ir žinau viską, kas buvo praeityje, kas vyksta dabar ir kas bus ateityje. Aš pažįstu visas gyvąsias esybes, bet Manęs nepažįsta niekas.

Posme gerai atskleista asmeniškumo ir beasmeniškumo problema. Jeigu Kṛṣṇa – Aukščiausiojo Dievo Asmens pavidalas – būtų *māyā*, materialus, kaip mano impersonalistai, tai Jis kaip ir gyvoji esybė turėtų pakeisti Savo kūną ir pamiršti viską, kas vyko Jo praeitame gyvenime. Kas turi materialų kūną, tas nei atsimena praeitą savo gyvenimą, nei numano kitą, nei gali numatyti dabartinio gyvenimo pasekmes, – todėl jis negali žinoti, kas vyko praeityje, kas vyksta dabar ir kas vyks ateityje. Kol neapsivalysime nuo materijos nešvarybių, negalėsime pažinti praeities, dabarties ir ateities.

Viešpats Kṛṣṇa aiškiai sako, kad Jis, priešingai negu paprastas žmogus, žino viską, kas vyko praeityje, kas vyksta dabar ir kas nutiks ateityje. Ketvirtas skyrius parodė, kad Viešpats Kṛṣṇa atsimena, kaip prieš milijonus metų Jis mokė Vivasvāną – Saulės dievą. Kṛṣṇa pažįsta kiekvieną gyvąją esybę, nes Jis glūdi visų jų širdyse Supersielos pavidalu. Tačiau nepaisant to, kad Kṛṣṇa esti kiekvienoje gyvojoje esybėje Supersielos pavidalu ir egzistuoja kaip Aukščiausiasis Dievo Asmuo, nenuovokūs žmonės – net jeigu jie sugeba pažinti beasmenį Brahmaną – negali patirti Śrī Kṛṣṇos kaip Aukščiausiosios Asmenybės. Be abejonės, transcendentinis Śrī Kṛṣṇos kūnas – nemarus. Jis tartum saulė, o *māyā* – lyg debesis. Materialiame pasaulyje mes matome saulę, debesis, žvaigždes bei planetas. Debesys šiuos dangaus kūnus gali laikinai paslėpti, ir netobulos mūsų akys jų nematys. Realybėje saulės, mėnulio ir žvaigždžių jokie debesys neaptraukia, lygiai taip ir *māyā* negali aptraukti Aukščiausiojo Viešpaties. Vidinės Savo galios padedamas Jis neapsireiškia menkos nuovokos žmonėms. Trečiame šio skyriaus posme pasakyta, kad iš daugybės milijonų žmonių vos keletas siekia tobulumo, o iš daugelio tūkstančių tobulųjų vargu ar kuris suvokia, kas yra Viešpats Kṛṣṇa. Net ir tas, kuris pasiekė aukštą tobulumo lygį – patyrė beasmenį Brahmaną ar lokalizuotą Paramātmą, nesuvoks Aukščiausiojo Dievo Asmens Śrī Kṛṣṇos, jei nebus įsisąmoninęs Kṛṣṇos.

इच्छाद्वेषसमुत्थेन द्वन्द्वमोहेन भारत ।　　　　　　7.27
सर्वभूतानि सम्मोहं सर्गे यान्ति परन्तप ॥२७॥

icchā-dveṣa-samutthena · dvandva-mohena bhārata
sarva-bhūtāni sammohaṁ · sarge yānti paran-tapa

icchā – iš troškimo; *dveṣa* – ir iš neapykantos; *samutthena* – kilusio; *dvandva* – dualizmo; *mohena* – suklaidintos; *bhārata* – o Bharatos aini; *sarva* – visos; *bhūtāni* – gyvosios esybės; *sammoham* – į paklydimą; *sarge* – gimdamos; *yānti* – eina; *parantapa* – o priešų nugalėtojau.

O Bharatos aini, o priešų nugalėtojau, visos gyvosios esybės gimsta apimtos iliuzijos, suklaidintos priešybių, kylančių iš troškimo ir neapykantos.

Tikroji, prigimtinė gyvosios esybės padėtis – paklusti Aukščiausiajam Viešpačiui, kuris įkūnija gryną žinojimą. Suklaidintą ir atsitraukusią nuo gryno žinojimo gyvąją būtybę užvaldo iliuzinė energija ir ji nebegali suvokti Aukščiausiojo Dievo Asmens. Iliuzinė energija pasireiškia troškimo ir neapykantos dualizmu. Troškimų ir neapykantos valdomi neišmanėliai užsigeidžia susivienyti su Aukščiausiuoju Viešpačiu ir pavydi Kṛṣṇai Aukščiausiojo Dievo Asmens padėties. Tyri bhaktai, kurių nepaklaidino ir neužteršė troškimas ir neapykanta, supranta, kad Viešpats Kṛṣṇa apsireiškia per Savo vidines galias, bet dualizmo ir nežinojimo paklaidintieji mano, kad Aukščiausiąjį Dievo Asmenį sukūrė materialios energijos. Štai čia jų bėda. Būdinga, kad paklydėliai gyvena draskomi priešybių: garbė ir nešlovė, vargas ir laimė, moteris ir vyras, gėris ir blogis, malonumas ir skausmas etc. Jie galvoja: „Štai mano žmona, štai mano namai, aš esu šių namų šeimininkas, aš tos moters vyras." Tokių priešybių forma ir reiškiasi iliuzija. Priešybių suklaidinti žmonės visai sukvailėja ir todėl negali suvokti Aukščiausiojo Dievo Asmens.

येषां त्वन्तगतं पापं जनानां पुण्यकर्मणाम् ।   7.28
ते द्वन्द्वमोहनिर्मुक्ता भजन्ते मां दृढव्रताः ॥२८॥

yeṣāṁ tv anta-gataṁ pāpaṁ · janānāṁ puṇya-karmaṇām
te dvandva-moha-nirmuktā · bhajante māṁ dṛḍha-vratāḥ

yeṣām – kurių; *tu* – tačiau; *anta-gatam* – su šaknimis išrauta; *pāpam* – nuodėmė; *janānām* – žmonių; *puṇya* – doringa; *karmaṇām* – kurių ankstesnė veikla; *te* – jie; *dvandva* – iš dualizmo; *moha* – iliuzijos; *nirmuktāḥ* – ištrūkę; *bhajante* – su pasiaukojimu tarnauja; *mām* – Man; *dṛḍha-vratāḥ* – su ryžtu.

Žmonės, kurie atliko dorus darbus praeituose gyvenimuose ir šį gyvenimą gyvena dorai, tie, kurie su šaknimis išrovė nuodėmes, nepasiduoda priešybių iliuzijai ir ryžtingai atsideda tarnauti Man.

Posmas kalba apie tuos, kurie jau verti pakilti į transcendentinį lygį. Nusidėjėliams, ateistams, kvailiams ir apgavikams labai sunku įveikti troškimo ir neapykantos dualizmą. Tik tie, kurie visą gyvenimą laikėsi reguliuojamų religijos principų, gyveno dorai ir nugalėjo atoveikį už nuodėmes, gali pasiaukoję tarnauti ir palengva pasikelti iki gryno Aukščiausiojo Dievo Asmens pažinimo. Medituodami Aukščiausiąjį Dievo Asmenį, tolydžio jie panyra į transą. Taip kylama į dvasinį lygmenį. Tai įmanoma pasiekti atliekant Kṛṣṇos sąmonės veiklą ir bendraujant su tyrais bhaktais, nes bendravimas su tyrais bhaktais padeda atsikratyti iliuzijos.

„Śrīmad-Bhāgavatam" (5.5.2) teigiama, jog nuoširdžiai norintis išsivaduoti turi tarnauti bhaktams (*mahat-sevāṁ dvāram āhur vimukteḥ*), o tas, kuris bendrauja su materialistais, eina į tamsiausią egzistencijos sritį (*tamo-dvāraṁ yoṣitāṁ saṅgi-saṅgam*). Turėdami vieną tikslą – išgydyti sąlygotas sielas nuo iliuzijos, Viešpaties bhaktai išvaikšto žemę skersai ir išilgai. Impersonalistai nežino, kad užmiršę savo prigimtinį būvį – savo pavaldumą Aukščiausiajam Viešpačiui, jie smarkiai nusižengia Dievo įstatymams. Kol vėl neužimsime savo prigimtinės padėties, tol neįstengsime suvokti Aukščiausiojo Asmens ir ryžtingai atsidėti transcendentinei meilės tarnystei.

जरामरणमोक्षाय मामाश्रित्य यतन्ति ये । 7.29
ते ब्रह्म तद्विदुः कृत्स्नमध्यात्मं कर्म चाखिलम् ॥२९॥

jarā-maraṇa-mokṣāya · mām āśritya yatanti ye
te brahma tad viduḥ kṛtsnam · adhyātmaṁ karma cākhilam

jarā – nuo senatvės; *maraṇa* – ir mirties; *mokṣāya* – tam, kad išsivaduotų; *mām* – Manyje; *āśritya* – radę prieglobstį; *yatanti* – siekia; *ye* – visi, kurie; *te* – tokie žmonės; *brahma* – Brahmanas; *tat* – iš tikro, tai; *viduḥ* – jie žino; *kṛtsnam* – viską; *adhyātmam* – transcendentinę; *karma* – veiklą; *ca* – taip pat; *akhilam* – visiškai.

Išmintingieji, kurie stengiasi išsivaduoti nuo senatvės ir mirties, prieglobstį randa Manyje, su pasiaukojimu Man tarnaudami. Iš teisybės, jie – Brahmanas, nes viską išmano apie transcendentinę veiklą.

Gimimas, mirtis, senatvė ir ligos turi įtakos materialiam, bet ne dvasiniam kūnui. Dvasinis kūnas negimsta, nemiršta, nesensta ir neserga. Kas jį įgyja, tampa Aukščiausiojo Dievo Asmens patikėtiniu ir amžinai su pasiaukojimu Jam tarnauja. Jis yra iš tiesų išsivadavęs. *Ahaṁ brahmāsmi:* „Aš esu dvasia". Pasakyta, kad žmogus turi suvokti esąs Brahmanas – dvasinė siela. Posmas nurodo, kad tokia „aš – Brahmanas" būties samprata būdinga ir pasiaukojimo tarnystei. Tyri bhaktai egzistuoja transcendentiniu Brahmano lygmeniu ir viską išmano apie transcendentinę veiklą.

Netyri bhaktai skiriami į keturias kategorijas. Transcendentiškai tarnaudami Viešpačiui jie pasiekia tai, ko trokšta, ir, Aukščiausiojo Viešpaties malone visiškai įsisąmoninę Kṛṣṇą, iš tiesų

dvasiškai bendrauja su Aukščiausiuoju Viešpačiu. Tuo tarpu pus-
dievių garbintojai niekuomet neateina pas Aukščiausiąjį Viešpatį į
Jo aukščiausią planetą. Aukščiausios Kṛṣṇos planetos, vadinamos
Goloka Vṛndāvana, negali pasiekti ir menkos nuovokos žmonės,
kurie apsiriboja Brahmano pažinimu. Tik tie, kurie veikia su
Kṛṣṇos sąmone (mām āśritya), nusipelnė Brahmano vardo, nes jie
iš tikro stengiasi pasiekti Kṛṣṇos planetą. Jie neturi abejonių dėl
Kṛṣṇos, ir iš tiesų yra Brahmanas.

Tie, kurie garbina Viešpaties arcą, arba pavidalą, ar medituoja
Viešpatį, kad išsivaduotų iš materijos nelaisvės, Viešpaties malone
suvokia ir Brahmano, adhibhūtos etc. esmę. Apie tai Viešpats
aiškina kitame skyriuje.

साधिभूताधिदैवं मां साधियज्ञं च ये विदुः ।
प्रयाणकालेऽपि च मां ते विदुर्युक्तचेतसः ॥३०॥

7.30

sādhibhūtādhidaivaṁ mām · sādhiyajñaṁ ca ye viduḥ
prayāṇa-kāle 'pi ca mām · te vidur yukta-cetasaḥ

sa-adhibhūta – materialios kūrinijos esminį pradą; adhidaivam –
vadovaujantį visiems pusdieviams; mām – Mane; sa-adhiyajñam –
ir vadovaujantį visiems aukojimams; ca – taip pat; ye – tie, kurie;
viduḥ – žino; prayāṇa – mirties; kāle – metu; api – net; ca – ir;
mām – Mane; te – jie; viduḥ – žino; yukta-cetasaḥ – protu panirę į
Mane.

**Kas visiškai įsisąmonino Mane ir žino, jog Aš, Aukščiausiasis
Viešpats, esu materialios kūrinijos, pusdievių ir visų aukojimo
būdų esminis pradas, tas gali pažinti Mane – Aukščiausiąjį Dievo
Asmenį – net ir mirties valandą.**

Žmonės, veikiantys su Kṛṣṇos sąmone, niekada neišklysta iš kelio,
vedančio į visišką Aukščiausiojo Dievo Asmens suvokimą. Bendra-
vimas su tais, kurie įsisąmonino Kṛṣṇą, padeda suvokti, kad Aukš-
čiausiasis Viešpats yra materialios kūrinijos ir net pusdievių
esminis pradas. Transcendentinio bendravimo procese žmogus

pamažu įtiki Aukščiausiąjį Dievo Asmenį, ir mirties metu toks Kṛṣṇą įsisąmoninęs žmogus jau nebegali pamiršti Kṛṣṇos. Savaime suprantama, jis eina į Aukščiausiojo Viešpaties planetą, Goloka Vṛndāvaną.

Septintas skyrius konkrečiai aiškina, kaip visiškai įsisąmoninti Kṛṣṇą. Kṛṣṇos sąmonė užsimezga bendraujant su tais, kurie jau įsisąmonino Kṛṣṇą. Toks bendravimas yra dvasinis ir jis įgalina žmogų sueiti į tiesioginį sąlytį su Aukščiausiuoju Viešpačiu, kurio malone kiekvienas gali suprasti, jog Kṛṣṇa yra Aukščiausiasis Dievo Asmuo. Tuo pačiu realiai suvokiamas gyvosios esybės prigimtinis būvis ir tai, kaip ji, užmiršusi Kṛṣṇą, įsivelia į materialią veiklą. Laipsniškai ugdydama Kṛṣṇos sąmonę deramoje draugijoje, gyvoji esybė supranta, jog materialios gamtos dėsniai sąlygoja ją todėl, kad ji užmiršo Kṛṣṇą. Ji supranta, kad žmogaus gyvybės forma – tai galimybė atgauti Kṛṣṇos sąmonę, tad reikia pasinaudoti ta galimybe nepriežastinei Aukščiausiojo Viešpaties malonei laimėti.

Šis skyrius aptaria daug temų. Jis kalba apie kenčiantį, smalsų, materialiu požiūriu skurstantį žmogų, Brahmano ir Paramātmos pažinimą, išsivadavimą iš gimimo, mirties ir ligų bei Aukščiausiojo Viešpaties garbinimą. Tačiau aukšto Kṛṣṇos sąmonės lygio žmogus nesidomi jokiais kitais keliais. Jis tiesiog atsideda Kṛṣṇos sąmonės veiklai ir atgauna savo prigimtinę amžino Viešpaties Kṛṣṇos tarno padėtį. Pasinėręs į tyrą pasiaukojimo tarnystę jis su džiaugsmu klausosi apie Aukščiausiąjį Viešpatį ir Jį šlovina. Jis įsitikinęs, kad taip pasieks visus savo tikslus. Toks tvirtas tikėjimas vadinamas *dṛḍha-vrata*, ir juo prasideda *bhakti-yoga*, arba transcendentinė meilės tarnystė. Tokia visų šventraščių nuomonė. Septintasis „Bhagavad-gītos" skyrius – tokio įsitikinimo kvintesencija.

Taip Bhaktivedanta baigia komentuoti septintą „Śrīmad Bhagavad-gītos" skyrių, pavadintą „Absoliuto pažinimas".

8 skyrius

Aukščiausiojo pasiekimas

अर्जुन उवाच   8.1
किं तद् ब्रह्म किमध्यात्मं किं कर्म पुरुषोत्तम ।
अधिभूतं च किं प्रोक्तमधिदैवं किमुच्यते ॥ १ ॥

arjuna uvāca
kiṁ tad brahma kim adhyātmaṁ · kiṁ karma puruṣottama
adhibhūtaṁ ca kiṁ proktam · adhidaivaṁ kim ucyate

arjuna uvāca – Arjuna tarė; *kim* – kas; *tat* – tas; *brahma* – Brahmanas; *kim* – kas; *adhyātmam* – savasis „aš"; *kim* – kas; *karma* – karminė veikla; *puruṣa-uttama* – o Aukščiausiasis Asmuo; *adhibhūtam* – materiali kūrinija; *ca* – ir; *kim* – kas; *proktam* – yra vadinama; *adhidaivam* – pusdieviais; *kim* – ką; *ucyate* – vadina.

Arjuna paklausė: O mano Viešpatie, o Aukščiausiasis Asmuo, kas yra Brahmanas? Kas yra savasis „aš"? Kas yra karminė veikla? Kas yra materiali kūrinija ir kas pusdieviai? Prašau man tai paaiškinti.

Šiame skyriuje Viešpats Kṛṣṇa atsako į įvairius Arjunos klausimus. Pirmasis jų – „Kas yra Brahmanas?" Viešpats taip pat paaiškina, kas yra *karma* (karminė veikla), pasiaukojimo tarnystė, *yogos* pagrindai, o taip pat gryna pasiaukojimo tarnystė. „Śrīmad-Bhāgavatam" aiškina, kad Aukščiausioji Absoliuti Tiesa žinoma kaip Brahmanas, Paramātmā ir Bhagavānas. Be to, Brahmanu vadinama dar ir gyvoji esybė – individuali siela. Arjuna teiraujasi ir apie *ātmą*. Žodis *ātmā* nurodo kūną, sielą ir protą. Pasak Vedų žodyno, *ātmā* reiškia protą, sielą, kūną, o taip pat jusles.

Į Aukščiausiąjį Viešpatį Arjuna kreipėsi kaip į Puruṣottamą – Aukščiausiąją Asmenybę, o tai reiškia, kad klausimus jis pateikia ne šiaip draugui, bet Aukščiausiajam Asmeniui, suprasdamas, kad Jis yra aukščiausias autoritetas, galintis tiksliai į juos atsakyti.

अधियज्ञः कथं कोऽत्र देहेऽस्मिन्मधुसूदन ।　　　　　　　　8.2
प्रयाणकाले च कथं ज्ञेयोऽसि नियतात्मभिः ॥ २ ॥

adhiyajñaḥ katham ko 'tra · dehe 'smin madhusūdana
prayāṇa-kāle ca katham · jñeyo 'si niyatātmabhiḥ

adhiyajñaḥ – aukos Viešpats; *katham* – kaip; *kaḥ* – kuris; *atra* – čia; *dehe* – kūne; *asmin* – šiame; *madhusūdana* – o Madhusūdana; *prayāṇa-kāle* – mirties metu; *ca* – ir; *katham* – kaip; *jñeyaḥ asi* – Tave gali pažinti; *niyata-ātmabhiḥ* – save suvaldęs.

Kas yra aukos Viešpats ir kaip Jis gyvena kūne, o Madhusūdana? Kaip su pasiaukojimu tarnaujantys gali pažinti Tave mirties valandą?

„Aukos Viešpats" nurodo Indrą arba Viṣṇu. Viṣṇu vadovauja pagrindiniams pusdieviams, įskaitant Brahmą ir Śivą, o Indra – pusdieviams, kurie turi vykdomąją valdžią. Tiek Indra, tiek Viṣṇu garbinamas atliekant *yajñas*. Tačiau čia Arjuna klausia, kas yra tikrasis *yajños* (aukos) Viešpats ir kaip Jis gyvena gyvosios esybės kūne.

Kartą Kṛṣṇa nukovė demoną vardu Madhu, todėl Arjuna kreipiasi į Viešpatį „Madhusūdana". Iš tikrųjų Arjunai neturėjo kilti tie klausimai, išreiškią abejones, nes jis – Kṛṣṇa įsisąmoninęs bhaktas. Todėl tos abejonės tarytum demonai. Kṛṣṇa geral išmano, kaip

susidoroti su demonais, todėl Arjuna čia kreipiasi į Jį „Madhusū-
dana", kad Jis sunaikintų Arjunos protą apsėdusias demoniškas
abejones.

Labai svarbus šio posmo žodis *prayāna-kāle*, nes mirties
valandą bus patikrinta, ką mes nuveikėme per visą gyvenimą. Arju-
nai rūpi sužinoti apie tuos, kurie visą laiką yra Kṛṣṇos sąmo-
nės. Kas jiems atsitiks paskutinę akimirką? Mirties metu sutrinka
visos kūno funkcijos, protas atsiduria nenormalioje būklėje. Sutri-
kus kūno funkcijoms, žmogus gali nepajėgti prisiminti Aukščiau-
siąjį Viešpatį. Didis bhaktas Mahārāja Kulaśekhara meldžiasi:
„Mano brangus Viešpatie, verčiau leiski man numirti tuojau pat,
kol esu sveikas, kad mano minties gulbė galėtų atrasti Tavo pėdų
lotoso stiebą." Ši metafora vartojama todėl, kad gulbės, van-
dens paukščio, mėgiama pramoga – įsirausti tarp lotosų, tarsi ji
norėtų pasinerti į juos visa. Mahārāja Kulaśekhara sako Viešpačiui:
„Dabar mano protas ramus, aš visiškai sveikas. Jeigu numirčiau
tą patį mirksnį, mąstydamas apie Tavo lotosines pėdas, be abe-
jonės pasiekčiau pasiaukojimo tarnystės tobulumą. Bet jeigu turė-
siu laukti, kol mirsiu sava mirtimi, nežinau, kas gali nutikti; juk
mirštant kūno funkcijos sutriks, mano gerklę surakins dusulys ir
neaišku, ar bepajėgsiu kartoti Tavo vardą. Geriau leisk man
numirti tuojau pat." Arjuna klausia, kaip mirštančiam žmogui
sutelkti mintis į Kṛṣṇos lotosines pėdas.

श्रीभगवानुवाच   **8.3**
अक्षरं ब्रह्म परमं स्वभावोऽध्यात्ममुच्यते ।
भूतभावोद्भवकरो विसर्गः कर्मसंज्ञितः ॥ ३ ॥

śrī-bhagavān uvāca
akṣaraṁ brahma paramaṁ · svabhāvo 'dhyātmam ucyate
bhūta-bhāvodbhava-karo · visargaḥ karma-saṁjñitaḥ

śrī-bhagavān uvāca – Aukščiausiasis Dievo Asmuo tarė; *akṣaram* –
nesunaikinamas; *brahma* – Brahmanas; *paramam* – transcenden-
talus; *svabhāvaḥ* – amžinoji prigimtis; *adhyātmam* – savuoju „aš";

ucyate – yra vadinama; *bhūta-bhāva-udbhava-karaḥ* – sukuriantis gyvųjų esybių materialius kūnus; *visargaḥ* – kūrimas; *karma* – karmine veikla; *saṁjñitaḥ* – vadinamas.

Aukščiausiasis Dievo Asmuo tarė: Nesunaikinama transcendentinė gyvoji esybė vadinama Brahmanu, o amžinoji jos prigimtis – adhyātma, savuoju „aš". Veiksmas, kuriuo gyvoji esybė lemia savo būsimus materialius kūnus, vadinamas karma, arba karmine veikla.

Brahmanas nesunaikinamas – jis egzistuoja amžinai, jo prigimtis niekada nekinta. Tačiau be Brahmano yra dar ir Parabrahmanas. Brahmanas – tai gyvoji esybė, o Parabrahmanas – Aukščiausiasis Dievo Asmuo. Prigimtinė gyvosios esybės padėtis skiriasi nuo tos, kurią ji užima materialiame pasaulyje. Turėdama materialią sąmonę, ji stengiasi užvaldyti materiją, tačiau būdama dvasinės, Kṛṣṇos, sąmonės, ji stengiasi tarnauti Aukščiausiajam. Būdama materialios sąmonės, gyvoji esybė gauna įvairius kūnus ir gyvena materialiame pasaulyje. Tai vadinasi *karma,* arba materialios sąmonės pagimdyta kūrinijos įvairovė.

Vedų raštuose gyvoji esybė vadinama *jīvātma* ir Brahmanu, bet niekada – Parabrahmanu. Gyvosios esybės *(jīvātmos)* padėtis būna skirtinga: kartais ji panyra į materialios energijos tamsybes ir tapatina save su materija, o kartais ji tapatina save su aukštesne, dvasine gamta. Todėl ji ir vadinama Aukščiausiojo Viešpaties ribine energija. Gyvoji būtybė gauna materialų arba dvasinį kūną pagal tai, su kokia gamta – materialia ar dvasine – ji save tapatina. Materiali gamta duoda jai bet kurį kūną iš 8 400 000 gyvybės rūšių, tuo tarpu dvasinėje gamtoje ji turi vieną vienintelį kūną. Materialioje gamtoje ji būna žmogus ar pusdievis, gyvūnas ar žvėris, paukštis etc. – tai priklauso nuo jos *karmos.* Norėdama patekti į materialias dangaus planetas ir naudotis jų gėrybėmis ji kartais atlieka aukas *(yajñas),* tačiau, nuopelnams išsekus, vėl sugrįžta į Žemę žmogaus pavidalu. Šis procesas vadinamas *karma.*

„Chāndogya Upaniṣada" aprašo vediškąjį aukos procesą. Ant

aukuro penkių rūšių ugnims aukojamos penkių rūšių aukos. Penkių rūšių ugnys simbolizuoja dangaus planetas, debesis, Žemę, vyrą ir moterį, o penkių rūšių aukos – tikėjimą, Mėnulyje gyvenančią būtybę (besimėgaujantį subjektą), lietų, grūdus ir vyro sėklą.

Norėdama patekti į tam tikras dangaus planetas, gyvoji esybė aukojimo metu degina atitinkamas aukas ir patenka į tas planetas. Kai nuopelnai už aukas išsenka, gyvoji esybė su lietumi nusileidžia į Žemę ir įgauna grūdo pavidalą; vyro suvalgyti grūdai pavirsta sėkla, sėkla apvaisina moterį – ir taip gyvoji esybė atgauna žmogaus formą. Ji vėl atnašauja aukas ir kartoja tą patį ciklą. Šitaip gyvoji esybė amžinai eina materialiu keliu. Tačiau Kṛṣṇą įsisąmoninęs žmogus vengia minėtų aukų. Jis tiesiogiai įsijungia į Kṛṣṇos sąmonę ir tokiu būdu rengiasi grįžti pas Dievą.

Komentuodami „Bhagavad-gītą" impersonalistai nepagrįstai laikosi nuomonės, kad materialiame pasaulyje Brahmanas įgauna *jīvos* formą. Norėdami tai pagrįsti, jie cituoja penkiolikto *Gītos* skyriaus 7-ą posmą. Tačiau šiame posme, kalbėdamas apie gyvąją esybę, Viešpats sako: „Mano amžinoji dalelė." Į materialųjį pasaulį nupulti gali tik gyvoji esybė – Dievo dalelė, o Aukščiausiasis Viešpats (Acyuta) niekad nenupuola. Todėl prielaida, kad Aukščiausiasis Brahmanas įgauna *jīvos* pavidalą, yra nepriimtina. Svarbu atminti, kad Vedų raštai rodo esant skirtumą tarp Brahmano (gyvosios esybės) ir Parabrahmano (Aukščiausiojo Viešpaties).

अधिभूतं क्षरो भावः पुरुषश्चाधिदैवतम् ।
अधियज्ञोऽहमेवात्र देहे देहभृतां वर ॥ ४ ॥

8.4

adhibhūtaṁ kṣaro bhāvaḥ · puruṣaś cādhidaivatam
adhiyajño 'ham avātra · dehe deha-bhṛtāṁ vara

adhibhūtam – materiali kūrinija; *kṣaraḥ* – nuolat kintanti; *bhāvaḥ* – gamta; *puruṣaḥ* – visatos pavidalas, apimantis visus pusdievius, tarp jų Saulės ir Mėnulio; *ca* – ir; *adhidaivatam* – vadinamas *adhidaiva; adhiyajñaḥ* – Supersiela; *aham* – Aš (Kṛṣṇa); *eva* –

tikrai; *atra* – šiame; *dehe* – kūne; *deha-bhṛtām* – įkūnyto; *vara* – o geriausiasis.

O geriausias iš įkūnytų būtybių, materiali gamta, kuri nuolat kinta, vadinama adhibhūta [materiali kūrinija]. Viešpaties visatos pavidalas, apimantis visus pusdievius, tarp jų Saulės ir Mėnulio, vadinamas adhidaiva. O Mane, Aukščiausiąjį Viešpatį, esantį kiekvienos įkūnytos būtybės širdyje kaip Supersielą, vadina adhiyajña [aukos Viešpačiu].

Materiali gamta nuolat kinta. Paprastai, materialūs kūnai pergyvena šešis raidos etapus: jie gimsta, auga, kurį laiką egzistuoja, sukuria šalutinius produktus, vysta ir pagaliau išnyksta. Materiali gamta vadinama *adhibhūta*. Ji sukuriama tam tikru laiko momentu ir tam tikru metu bus sunaikinta. Aukščiausiojo Viešpaties visatos pavidalo, apimančio visus pusdievius su jų skirtingomis planetomis, samprata vadinama *adhidaivata*. Kartu su individualia siela kūne glūdi ir Supersiela – pilnutinė Viešpaties Kṛṣṇos reprezentacija. Supersiela vadinasi Paramātma, arba *adhiyajña*, ir glūdi širdyje. Šio posmo kontekste ypač reikšmingas žodis *eva,* nes juo Viešpats pabrėžia, kad Paramātmā nesiskiria nuo Jo Paties. Supersiela, Aukščiausiasis Dievo Asmuo, esąs šalia individualios sielos, yra pastarosios poelgių liudininkas ir jos įvairių sąmonės formų šaltinis. Supersiela suteikia individualiai sielai veiklos laisvę ir stebi jos poelgius. Visos Aukščiausiojo Viešpaties apraiškų funkcijos savaime tampa aiškios tyram, Kṛṣṇą įsisąmoninusiam bhaktui, kuris transcendentiškai tarnauja Viešpačiui. Neofitas, kuriam dar neprieinama Supersiela, Aukščiausiojo Viešpaties skleidinys, mąsto apie milžinišką Viešpaties visatos pavidalą, vadinamą *adhidaivata*. Neofitui patariama mąstyti apie visatos pavidalą, t.y. *virāṭ-puruṣą,* kurio kojos simbolizuoja žemesniąsias planetas, akys – Saulę ir Mėnulį, o galva – aukštesniąją planetų sistemą.

अन्तकाले च मामेव स्मरन्मुक्त्वा कलेवरम् ।
यः प्रयाति स मद्भावं याति नास्त्यत्र संशयः ॥ ५ ॥

8.5

anta-kāle ca mām eva · smaran muktvā kalevaram
yaḥ prayāti sa mad-bhāvaṁ · yāti nāsty atra saṁśayaḥ

anta-kāle – gyvenimo pabaigoje; *ca* – taip pat; *mām* – Mane; *eva* – tikrai; *smaran* – atmindamas; *muktvā* – palikdamas; *kalevaram* – kūną; *yaḥ* – tas, kuris; *prayāti* – išeina; *saḥ* – jis; *mat-bhāvam* – Mano gamtą; *yāti* – pereina į; *na* – ne; *asti* – yra; *atra* – čia; *saṁśayaḥ* – abejonė.

Kas savo gyvenimo pabaigoje palieka kūną atmindamas vien tik Mane, tas išsyk pereina į Mano gamtą. Tuo galima neabejoti.

Posmas pabrėžia Kṛṣṇos sąmonės svarbą. Kiekvienas žmogus, su Kṛṣṇos sąmone paliekantis kūną, išsyk pereina į transcendentinę Aukščiausiojo Viešpaties gamtą. Aukščiausiasis Viešpats yra tyrų tyriausias. Todėl tas, kurio mintyse visada viešpatauja Kṛṣṇa, irgi yra tyriausias iš tyriausiųjų. Svarbus posmo žodis – *smaram* (atmindamas). Netyra siela, nepraktikavusi Kṛṣṇos sąmonės, pasiaukojimo tarnystės, neprisimins Kṛṣṇos. Taigi Kṛṣṇos sąmonę reikia praktikuoti nuo pat gyvenimo pradžios. Jei žmogus gyvenimo pabaigoje nori susilaukti sėkmės, jam būtina atminti Kṛṣṇą. Todėl reikia visada be atvangos kartoti *mahā-mantrą* – Hare Kṛṣṇa, Hare Kṛṣṇa, Kṛṣṇa Kṛṣṇa, Hare Hare/ Hare Rāma, Hare Rāma, Rāma Rāma, Hare Hare. Viešpats Caitanya patarė būti kantriam kaip medis (*taror iva sahiṣṇunā*). Žmogus, kartojantis Hare Kṛṣṇa, susidurs su daugybe kliūčių, tačiau jas visas įveikdamas jis turi nesiliauti kartojęs: Hare Kṛṣṇa, Hare Kṛṣṇa, Kṛṣṇa Kṛṣṇa, Hare Hare/ Hare Rāma, Hare Rāma, Rāma Rāma, Hare Hare. Tik šitaip gyvenimo pabaigoje jis galės iki galo pasinaudoti Kṛṣṇos sąmonės teikiama nauda.

यं यं वापि स्मरन् भावं त्यजत्यन्ते कलेवरम् ।
तं तमेवैति कौन्तेय सदा तद्भावभावितः ॥ ६ ॥ 8.6

yaṁ yaṁ vāpi smaran bhāvaṁ · tyajaty ante kalevaram
taṁ tam evaiti kaunteya · sadā tad-bhāva-bhāvitaḥ

yam yam – kokią tik; *vā api* – išvis; *smaran* – atmindamas; *bhā-vam* – būseną; *tyajati* – palieka; *ante* – gale; *kalevaram* – šį kūną; *tam tam* – panašią; *eva* – tikrai; *eti* – gauna; *kaunteya* – o Kuntī sūnau; *sadā* – visada; *tat* – tą; *bhāva* – būties būseną; *bhāvitaḥ* – atmindamas.

Kokią būseną atsimins paliekantis kūną žmogus, o Kuntī sūnau, į tokią būtinai ir pateks.

Čia aiškinama, kaip lemiamą mirties akimirką kinta žmogaus būtis. Žmogus, kuris gyvenimo pabaigoje palieka savo kūną galvodamas apie Kṛṣṇą, pasiekia transcendentinę Aukščiausiojo Viešpaties gamtą. Netiesa, jog tas, kuris galvoja ne apie Kṛṣṇą, irgi pasiekia tyrą transcendentinį būvį. Tai reikia labai gerai įsidėmėti. Kaip mirties metu išlaikyti tinkamą proto būklę? Mahārāja Bharata buvo didi asmenybė, tačiau mirties akimirką galvojo apie elnią, ir kitą gyvenimą gavo elnio kūną. Būdamas elniu Mahārāja Bharata prisiminė savo ankstesnį gyvenimą, tačiau elnio kūno jau negalėjo atsikratyti. Žinoma, mūsų mintys, susikaupusios per visą gyvenimą, lems tai, apie ką mes mąstysime mirties akimirką – taigi šiame gyvenime kuriame sau kitą. Jei dabar žmogus gyvena valdomas dorybės *guṇos,* nuolatos galvoja apie Kṛṣṇą, tai ir prieš mirtį Jį atsimins. Tatai padės jam persikelti į transcendentinę Kṛṣṇos būtį. Jei žmogus pasinėręs į transcendentinę tarnystę Kṛṣṇai, kitas jo kūnas bus transcendentinis (dvasinis), o ne materialus. Todėl kartoti Hare Kṛṣṇa, Hare Kṛṣṇa, Kṛṣṇa Kṛṣṇa, Hare Hare/ Hare Rāma, Hare Rāma, Rāma Rāma, Hare Hare yra geriausias būdas sėkmingai pakeisti būties būvį gyvenimo pabaigoje.

तस्मात्सर्वेषु कालेषु मामनुस्मर युध्य च ।
मय्यर्पितमनोबुद्धिर्मामेवैष्यस्यसंशयः ॥ ७ ॥ 8.7

tasmāt sarveṣu kāleṣu · mām anusmara yudhya ca
mayy arpita-mano-buddhir · mām evaiṣyasy asaṁśayaḥ

tasmāt – todėl; *sarveṣu* – visais; *kāleṣu* – laikais; *mām* – Mane; *anu-smara* – prisimink; *yudhya* – kovok; *ca* – taip pat; *mayi* – Man; *arpita* – atiduodamas; *manaḥ* – protą; *buddhiḥ* – intelektą; *mām* – Mane; *eva* – tikrai; *eṣyasi* – tu pasieksi; *asaṁśayaḥ* – be abejonės.

Todėl, Arjuna, visada galvok apie Mane, kaip Kṛṣṇą, ir tuo pačiu metu kovok – vykdyk tau nurodytą pareigą. Paskyręs Man savo veiklą ir į Mane sutelkęs protą bei intelektą, tu be abejonės pasieksi Mane.

Nurodymas, duotas Arjunai, labai svarbus visiems, kurie užsiima materialia veikla. Viešpats neliepia nevykdyti nurodytų pareigų ar atsisakyti savo užsiėmimų. Galima dirbti kaip dirbus ir tuo pačiu metu mąstyti apie Kṛṣṇą kartojant Hare Kṛṣṇa. Taip išvengsime materialaus susiteršimo, o protą ir intelektą pajungsime Kṛṣṇai. Kas kartoja Kṛṣṇos vardus, tas neabejotinai persikels į aukščiausią planetą – Kṛṣṇaloką.

अभ्यासयोगयुक्तेन चेतसा नान्यगामिना ।   **8.8**
परमं पुरुषं दिव्यं याति पार्थानुचिन्तयन् ॥ ८ ॥

abhyāsa-yoga-yuktena · cetasā nānya-gāminā
paramaṁ puruṣaṁ divyam · yāti pārthānucintayan

abhyāsa-yoga – meditacijos praktika; *yuktena* – užsiimdamas; *cetasā* – protu ir intelektu; *na anya-gāminā* – nenuklysdamas kitur; *paramam* – Aukščiausiąjį; *puruṣam* – Dievo Asmenį; *divyam* – transcendentinį; *yāti* – tas pasiekia; *pārtha* – o Pṛthos sūnau; *anucintayan* – nuolat galvodamas apie.

Kas medituoja Mane, kaip Aukščiausiąjį Dievo Asmenį, nuolatos sutelkęs protą prisimena Mane ir neišklysta iš šito kelio, tasai, o Pārtha, tikrai Mane pasieks.

Šiame posme Viešpats Kṛṣṇa pabrėžia, kaip svarbu Jį prisiminti. Prisiminimai apie Kṛṣṇą atgyja kartojant Hare Kṛṣṇa *mahā-mantrą.* Kartojant Aukščiausiojo Viešpaties vardus ir klausantis jų keliamų garso virpesių, darbo gauna mūsų ausys, liežuvis ir protas. Šią mistinę meditaciją praktikuoti labai lengva, Ji padeda ateiti pas Aukščiausiąjį Viešpatį. *Puruṣam* reiškia besimėgaujantį subjektą. Nors gyvosios esybės priklauso Aukščiausiojo Viešpaties ribinei energijai, materialia prasme jos – susiteršusios. Jos laiko save besimėgaujančiais subjektais, bet nėra aukščiausias besimėgaujantis subjektas. Čia aiškiai nurodoma, kad aukščiausias besimėgaujantis subjektas – tai Aukščiausiasis Dievo Asmuo, tokiais Savo pavidalais ir pilnutiniais skleidiniais, kaip Nārāyaṇa, Vāsudeva etc.

Bhaktas, kartodamas Hare Kṛṣṇa, nepaliaujamai mąsto apie savo garbinimo objektą – Aukščiausiąjį Viešpatį bet kuriuo Jo aspektu: Nārāyaṇą, Kṛṣṇą, Rāmą etc. Nuolatinė Hare Kṛṣṇa kartojimo praktika jį apvalo, ir jos dėka gyvenimo pabaigoje jis eina į Dievo karalystę. *Yogos* praktika – tai meditacija į širdyje glūdinčią Supersielą. Kartojant Hare Kṛṣṇa mūsų mintys irgi bus visada sutelktos į Aukščiausiąjį Viešpatį. Protas nepastovus ir permainingas, todėl jį reikia jėga priversti mąstyti apie Kṛṣṇą. Dažnai pateikiamas toks pavyzdys: vikšras nori tapti drugeliu ir dar šį gyvenimą juo tampa. Taip ir mes, jei nuolat mąstysime apie Kṛṣṇą, be abejonės, po mirties gausime tokios pat prigimties kūną, kaip ir Kṛṣṇos.

कविं पुराणमनुशासितार-　　　　　　　　　　　　**8.9**
　　मणोरणीयांसमनुस्मरेद्यः ।
सर्वस्य धातारमचिन्त्यरूप-
　　मादित्यवर्णं तमसः परस्तात् ॥ ९ ॥

kaviṁ purāṇam anuśāsitāram
　aṇor aṇīyāṁsam anusmared yaḥ
sarvasya dhātāram acintya-rūpam
　āditya-varṇaṁ tamasaḥ parastāt

kavim – visa žinantis; *purāṇam* – seniausias; *anuśāsitāram* – valdovas; *aṇoḥ* – už atomą; *aṇīyāṁsam* – mažesnis; *anusmaret* –

nuolat galvoja taip; *yaḥ* – tas, kuris; *sarvasya* – visa ko; *dhātāram* – palaikytojas; *acintya* – nesuvokiamas; *rūpam* – kurio pavidalas; *āditya-varṇam* – švytintis lyg saulė; *tamasaḥ* – tamsai; *parastāt* – transcendentalus.

Apie Aukščiausiąjį Viešpatį reikia mąstyti kaip apie visa žinantį, seniausią, valdovą, mažesnį už mažiausiąjį, visa ko palaikytoją, esantį aukščiau materialių sampratų, nesuvokiamą ir tą, kuris visada yra asmuo. Jis šviesus tarsi saulė ir būdamas transcendentalus yra anapus materialios gamtos.

Posmas nurodo, kaip mąstyti apie Aukščiausiąjį. Svarbiausia tai, jog Jis ne beasmenis ir nėra tuštuma. Žmogus negali medituoti tuštumą arba kažką neasmeniška, nes tai labai sunku. O štai mąstyti apie Kṛṣṇą visai nesunku, ir čia kaip tik apie tai kalbama. Visų pirma, Viešpats yra *puruṣa* – asmuo; kaip apie asmenį mes mąstome ir apie Rāmą, ir apie Kṛṣṇą. Šis „Bhagavad-gītos" posmas aprašo koks iš tikrųjų yra Viešpats, ar mes galvotume apie Kṛṣṇą ar apie Rāmą. Viešpats yra *kavi,* t.y. Jis pažįsta praeitį, dabartį ir ateitį, todėl yra visažinantis. Jis – seniausioji asmenybė, nes yra visa ko pradžių pradžia, viskas kilo iš Jo. Be to, Jis aukščiausias visatos valdovas, žmonijos globėjas ir mokytojas. Jis mažų mažiausias. Gyvoji esybė yra didumo sulig viena dešimttūkstantąja plauko galiuko dalim, tačiau Viešpats toks nesuvokiamai mažas, kad įeina ir į šios dalelės širdį. Todėl Jis ir vadinamas mažų mažiausiu. Kaip Aukščiausiasis, Jis gali įeiti į atomą ar pačios mažiausios būtybės širdį ir, būdamas Supersiela, ją kontroliuoti. Nors labai mažas, Jis viską persmelkia ir viską palaiko. Jis palaiko visas planetų sistemas. Dažnai stebimės, kaip tokios milžiniškos planetos plauko erdvėje. Čia teigiama, kad Aukščiausiasis Viešpats Savo nesuvokiama energija palaiko visas šias milžiniškas planetas ir galaktikų sistemas. Šiuo atveju itin svarbus žodis *acintya* (nesuvokiamas). Dievo energija yra už mūsų patyrimo ir mąstymo ribų, todėl ir vadinama nesuvokiama (*acintya*). Kas tai užginčys? Viešpats persmelkia materialų pasaulį ir vis dėlto yra anapus jo. Mes nepajėgiame suvokti net materialaus pasaulio – tokio menko, lyginant jį su dvasiniu, tad kaip galima suvokti tai, kas driekiasi anapus? *Acintya* reiškia tai, kas yra anapus materialaus pasaulio, ko mūsų argumentai, logika ir filosofavimas nepasiekia, tai, kas nesuvokiama. Todėl išmintingi žmonės, vengdami beprasmių ginčų ir samprotavimų, turėtų pripažinti šventraščių – Vedų, „Bhagavad-gītos" ir „Śrīmad-Bhāgavatam" teiginius ir laikytis jų nustatytų principų. Taip žmogus įgytų supratimą.

प्रयाणकाले मनसाचलेन 8.10
भक्त्या युक्तो योगबलेन चैव ।
भ्रुवोर्मध्ये प्राणमावेश्य सम्यक्
स तं परं पुरुषमुपैति दिव्यम् ॥१०॥

prayāṇa-kāle manasācalena
 bhaktyā yukto yoga-balena caiva
bhruvor madhye prāṇam āveśya samyak
 sa taṁ paraṁ puruṣam upaiti divyam

prayāṇa-kāle – mirties metu; *manasā* – protu; *acalena* – nesiblaškančiu; *bhaktyā* – su visišku pasiaukojimu; *yuktaḥ* – užsiėmęs; *yoga-balena* – mistinės *yogos* išgalėmis; *ca* – taip pat; *eva* – tikrai; *bhruvoḥ* – antakių; *madhye* – tarp; *prāṇam* – gyvybės orą; *āveśya* – sutelkęs; *samyak* – visiškai; *saḥ* – jis; *tam* – tą; *param* – transcendentinį; *puruṣam* – Dievo Asmenį; *upaiti* – pasiekia; *divyam* – dvasinėje karalystėje.

Kas mirties metu sutelkia tarp antakių gyvybės orą ir yogos išgalėmis, nesiblaškančiu protu, visiškai pasiaukojęs prisimena Aukščiausiąjį Viešpatį, tas tikrai ateis pas Aukščiausiąjį Dievo Asmenį.

Posmas aiškiai kalba, kad mirties metu protą reikia su pasiaukojimu sutelkti į Aukščiausiąjį Dievo Asmenį. Turintiems *yogos* įgūdžių patariama gyvybės jėgą pakelti į tašką tarp antakių (į *ājñā cakrą*). Posmas siūlo *ṣaṭ-cakra-yogos* praktiką – medituoti šešias *cakras*. Tačiau tyras bhaktas nepraktikuoja tokios *yogos*, nes jis visada yra paniręs į Kṛṣṇos sąmonę ir mirties valandą Viešpaties malone prisimena Aukščiausiąjį Dievo Asmenį. Tai paaiškinta keturioliktame posme.

Ypač reikšmingas yra posmo žodis *yoga-balena*, nes nepraktikuojant *yogos* – *ṣaṭ-cakra-yogos* ar *bhakti-yogos*, neįmanoma mirties metu pasiekti tokią transcendentinę būseną. Nepraktikavus kurios nors *yogos* sistemos, o ypač *bhakti-yogos*, neįmanoma mirštant staiga prisiminti Aukščiausiąjį Viešpatį. Mirties valandą proto funkcijos sutrinka, todėl visą gyvenimą per *yogos* praktiką reikia būti susijusiu su transcendencija.

यदक्षरं वेदविदो वदन्ति   8.11
  विशन्ति यद्यतयो वीतरागाः ।
यदिच्छन्तो ब्रह्मचर्यं चरन्ति
  तत्ते पदं सङ्ग्रहेण प्रवक्ष्ये ॥११॥

yad akṣaraṁ veda-vido vadanti
  viśanti yad yatayo vīta-rāgāḥ
yad icchanto brahma-caryaṁ caranti
  tat te padaṁ saṅgraheṇa pravakṣye

yat – tą, kurį; *akṣaram* – skiemenį *oṁ*; *veda-vidaḥ* – Vedų žinovai; *vadanti* – sako; *viśanti* – įeina; *yat* – į kurį; *yatayaḥ* – didieji išminčiai; *vīta-rāgāḥ* – atsisakę materialių potraukių; *yat* – tą, kurio; *icchantaḥ* – trokšdami; *brahmacaryam* – celibato; *caranti* – laikosi; *tat* – tą; *te* – tau; *padam* – padėtį; *saṅgraheṇa* – glaustai; *pravakṣye* – Aš paaiškinsiu.

Didieji išminčiai, išmanantys Vedas, tariantys oṁkarą ir atsisakę materialių potraukių, įžengia į Brahmaną. Siekiantys šio tobulumo laikosi celibato. O dabar Aš glaustai tau paaiškinsiu procesą, kuris padeda išsivaduoti.

Viešpats Śrī Kṛṣṇa patarė Arjunai praktikuoti ṣaṭ-cakra-yogą, kai gyvybės oras sutelkiamas tarp antakių. Manydamas, jog Arjuna nežinos, kaip praktikuoti ṣaṭ-cakrą-yogą, Viešpats kituose posmuose aiškina šį kelią. Viešpats sako, kad Brahmanas, nors ir vienabūtis, turi įvairias apraiškas ir aspektus. Tai, kad akṣara, arba oṁkāra (skiemuo oṁ), tapatus Brahmanui, dažniausiai teigia impersonalistai. Čia Kṛṣṇa kalba apie beasmenį Brahmaną, į kurį įeina pasaulio atsižadėję išminčiai.

Pagal Vedų mokslo sistemą, mokiniai, gyvenantys su dvasiniu mokytoju ir besilaikantys visiško celibato, nuo pat pradžių mokomi tarti oṁ ir pažinti aukščiausią beasmenį Brahmaną. Taip jie suvokia du Brahmano aspektus. Ši praktika labai svarbi tam, kad mokinys darytų pažangą dvasiniame gyvenime, tačiau mūsų laikais toks brahmacārio (nevedusio, lytiškai susilaikiusio mokinio) gyvenimas vargu ar įmanomas. Visuomenės struktūra labai pakito, ir besimokantys jaunuoliai neturi galimybės laikytis celibato. Visame pasaulyje yra daug įvairiausių švietimo įstaigų, tačiau nėra nė vienos, kurioje mokiniai būtų mokomi brahmacaryos principų. Nesilaikant celibato, labai sunku tobulėti dvasiškai. Todėl Viešpats Caitanya, remdamasis šventraščių paliepimais šiam amžiui, skelbė, kad šiame Kali amžiuje pažinti Aukščiausiąjį įmanoma tiktai kartojant Viešpaties Kṛṣṇos šventuosius vardus: Hare Kṛṣṇa, Hare Kṛṣṇa, Kṛṣṇa Kṛṣṇa, Hare Hare/ Hare Rāma, Hare Rāma, Rāma Rāma, Hare Hare.

सर्वद्वाराणि संयम्य मनो हृदि निरुध्य च । 8.12
मूर्ध्न्याधायात्मनः प्राणमास्थितो योगधारणाम् ॥१२॥

sarva-dvārāṇi saṁyamya · mano hṛdi nirudhya ca
mūrdhny ādhāyātmanaḥ prāṇam · āsthito yoga-dhāraṇām

sarva dvārāṇi – visus kūno vartus; *saṁyamya* – suvaldžius; *manaḥ* – protą; *hṛdi* – širdyje; *nirudhya* – uždarius; *ca* – taip pat; *mur-*

dhni – viršugalvyje; *ādhāya* – sutelkus; *ātmanaḥ* – sielos; *prāṇam* – gyvybės orą; *āsthitaḥ* – esama; *yoga-dhāraṇām* – yogos būsenoje.

Yogos būsena – tai atsiribojimas nuo juslinės veiklos. Užvėrus visus juslių vartus ir sutelkus protą širdyje, o gyvybės orą – viršugalvyje, panyrama į yogą.

Norint praktikuoti *yogą*, kurią siūlo šis posmas, visų pirma reikia atsitverti nuo visų juslinių malonumų. Šis metodas vadinamas *pratyāhāra*, t.y. juslių atitraukimu nuo jų objektų. Jutimo organus, kurie skirti pažinimui – akis, ausis, nosį, liežuvį ir lytėjimo organus – reikia tvirtai suimti į rankas ir neleisti jiems tenkintis. Tokiu būdu protas sutelkiamas į širdyje glūdinčią Supersielą, o gyvybės jėga pakeliama į viršugalvį. Šeštame skyriuje šis procesas aprašytas išsamiai, bet kaip jau minėta, mūsų laikais ši praktika vargu ar įgyvendinama. Geriausias metodas – tai Kṛṣṇos sąmonė. Jei žmogus sugeba visą laiką išlaikyti į Kṛṣṇą sutelktą protą ir pasiaukojęs Jam tarnauja, jam nesunku išbūti nesudrumsčiamame transcendentiniame transe, arba *samādhi*.

ॐ इत्येकाक्षरं ब्रह्म व्याहरन्मामनुस्मरन् ।
यः प्रयाति त्यजन्देहं स याति परमां गतिम् ॥१३॥ 8.13

oṁ ity ekākṣaraṁ brahma · vyāharan mām anusmaran
yaḥ prayāti tyajan deham · sa yāti paramāṁ gatim

oṁ – raidžių junginį *oṁ* (*oṁkārą*); *iti* – taip; *eka-akṣaram* – vieną skiemenį; *brahma* – absoliutų; *vyāharan* – tardamas; *mām* – Mane (Kṛṣṇą); *anusmaran* – atmindamas; *yaḥ* – kas tik; *prayāti* – išeina; *tyajan* – palikdamas; *deham* – šį kūną; *saḥ* – jis; *yāti* – pasiekia; *paramām* – aukščiausią; *gatim* – tikslą.

Jeigu žmogus praktikuoja šią yogą ir taria šventą skiemenį oṁ – tobuliausią raidžių junginį, o atsiskirdamas nuo kūno galvoja apie Aukščiausiąjį Dievo Asmenį, jis tikrai pasieks dvasines planetas.

Čia aiškiai pasakyta, kad *oṁ*, Brahmanas ir Viešpats Kṛṣṇa nėra kažkas skirtinga. *Oṁ* – tai beasmenė garsinė Kṛṣṇos reprezentacija, tuo tarpu Hare Kṛṣṇa garsas apima ir garsą *oṁ*. Šventraščiai kuo aiškiausiai rekomenduoja šiame amžiuje kartoti Hare Kṛṣṇa *mantrą*. Tad jei žmogus gyvenimo pabaigoje paliks kūną kartodamas Hare Kṛṣṇa, Hare Kṛṣṇa, Kṛṣṇa Kṛṣṇa, Hare Hare/ Hare Rāma, Hare Rāma, Rāma Rāma, Hare Hare, jis tikrai pasieks vieną iš dvasinių planetų. Kokia bus toji planeta, priklauso nuo jo pasirinktos praktikos. Kṛṣṇos bhaktai eina į Kṛṣṇos planetą, Goloką Vṛndāvaną. Personalistų laukia begalinė daugybė kitų dvasinio dangaus planetų, vadinamų Vaikuṇṭhos planetomis, tuo tarpu impersonalistai pasilieka *brahmajyoti*.

अनन्यचेताः सततं यो मां स्मरति नित्यशः । 8.14
तस्याहं सुलभः पार्थ नित्ययुक्तस्य योगिनः ॥१४॥

ananya-cetāḥ satataṁ · yo māṁ smarati nityaśaḥ
tasyāhaṁ su-labhaḥ pārtha · nitya-yuktasya yoginaḥ

ananya-cetāḥ – nenukrypstančiu protu; *satatam* – nuolatos; *yaḥ* – kas tik; *mām* – Mane (Kṛṣṇą); *smarati* – prisimena; *nitya-śaḥ* – reguliariai; *tasya* – jam; *aham* – Aš esu; *su-labhaḥ* – labai lengvai pasiekiamas; *pārtha* – o Pṛthos sūnau; *nitya* – reguliariai; *yuktasya* – užsiėmusiam; *yoginaḥ* – bhaktui.

Lengva Mane laimėti tam, kuris visada atmena Mane ir negalvoja apie nieką kita, nes jis, o Pṛthos sūnau, be paliovos su pasiaukojimu Man tarnauja.

Posmas nusako galutinį tikslą, kurį pasiekia besąlygiškai Aukščiausiajam Dievo Asmeniui pasiaukoję bhaktai, tarnaujantys Jam pagal *bhakti-yogos* sistemą. Ankstesniuose posmuose buvo paminėti keturi bhaktų tipai: kenčiantys, smalsūs, ieškantys materialios naudos ir spekuliatyvūs filosofai. Ten buvo nusakyti ir skirtingi išsivadavimo keliai: *karma-yoga, jñāna-yoga* ir *haṭha-yoga*. Šios *yogos* sistemos iš dalies grindžiamos *bhakti,* tačiau šiame posme kalbama būtent apie gryną *bhakti-yogą,* be jokių *jñānos, karmos* ar *haṭhos* priemaišų. Žodis *ananya-cetāḥ* pažymi, kad tyras *bhakti-yogas* netrokšta nieko, išskyrus Kṛṣṇą. Tyras bhaktas nenori pakilti į dangaus planetas, nesiekia vienovės su *brahmajyoti* – išvadavimo iš materijos pinklių. Tyras bhaktas netrokšta nieko. „Caitanya-caritāmṛtoje" jis vadinamas *niṣkāma* – neturinčiu jokių asmeninių išskaičiavimų. Visiška ramybė – tai jo privilegija, ji nepriklauso tiems, kurie vaikosi asmeninės naudos. *Jñāna-yogas, karma-yogas, haṭha-yogas* turi savanaudiškų tikslų, tuo tarpu tobulas bhaktas tenori tik suteikti malonumo Aukščiausiajam Dievo Asmeniui ir netrokšta nieko kito. Todėl Viešpats sako, kad kiekvienas, kuris besąlygiškai pasiaukojo Jam, lengvai Jį laimi.

Tyras bhaktas visuomet su pasiaukojimu tarnauja Kṛṣṇai, vienam iš įvairių Jo asmeniškų pavidalų. Kṛṣṇa apsireiškia įvairiomis pilnutinėmis ekspansijomis ir inkarnacijomis, pavyzdžiui, Rāma ar Nṛsiṁha. Bhaktas gali pasirinkti bet kurį iš šių transcendentinių Aukščiausio Viešpaties pavidalų ir, su meile Jam tarnaudamas, sutelkti į Jį savo protą. Tokiam bhaktui nekyla problemų, kurios kamuoja praktikuojančius kitas *yogas. Bhakti-yoga* labai paprasta ir skaisti, ją lengva atlikti. Pradėti galima tiesiog Hare Kṛṣṇa kartojimu. Viešpats maloningas visiems, tačiau, kaip minėjome, Jis ypač palankus tiems, kurie nuolatos ir nenukrypstamai Jam tarnauja. Tokiems bhaktams Viešpats įvairiapusiškai padeda. Vedose („Kaṭha Upaniṣada" 1.2.23) teigiama: *yam evaiṣa vṛṇute tena labhyas/ tasyaiṣa ātmā vivṛṇute tanuṁ svām* – kas yra visiškai atsidavęs Aukščiausiajam Viešpačiui ir su pasiaukojimu Jam tarnauja, tas pažįsta Jį tokį, koks Jis yra. O „Bhagavad-gītoje" (10.10) sakoma: *dadāmi buddhi-yogaṁ tam* – tokiam bhaktui Viešpats duoda tiek išminties, kad šis galėtų ateiti pas Jį į dvasinę karalystę.

Išskirtinė tyro bhakto savybė ta, kad jis visada, nepriklausomai nuo laiko ir vietos, mąsto tiktai apie Kṛṣṇą ir apie nieką daugiau. Tam niekas neturi kliudyti. Jis turi būti pasiryžęs tarnauti bet kur ir bet kada. Kai kas teigia, kad bhaktas turįs gyventi šventose vietose: Vṛdāvanoje ar kokiame nors šventame mieste, kur gyveno Viešpats. Tačiau tyras bhaktas gali gyventi bet kur ir pasiaukojimo tarnyste Viešpačiui sukurti Vṛndāvanos atmosferą. Śrī Advaita kartą taip tarė Viešpačiui Caitanyai: „Kur Tu, o Viešpatie – ten Vṛndāvana."

Žodžiai *satatam* ir *nityaśah*, reiškiantys „visada", „reguliariai" ar „kasdien", rodo, kad tyras bhaktas visą laiką prisimena Kṛṣṇą ir Jį medituoja. Tokiom savybėm pasižyminčiam tyram bhaktui Viešpats labai lengvai pasiekiamas. *Bhakti-yoga* – tai sistema, kuriai *Gītā* teikia pirmenybę. Paprastai *bhakti-yogai* tarnauja penkiais skirtingais būdais: (1) *śānta-bhakta* atlieka neutralią pasiaukojimo tarnystę; (2) *dāsya-bhakta* pasiaukojęs tarnauja, atlikdamas tarno vaidmenį; (3) *sākhya-bhakta* tarnauja, atlikdamas draugo vaidmenį; (4) *vātsalya-bhakta* tarnauja, atlikdamas vieno iš tėvų vaidmenį; (5) *mādhurya-bhakta* tarnauja Aukščiausiajam Viešpačiui kaip mylimam sutuoktiniui. Bet kuriuo iš šių atvejų tyras bhaktas nuolatos su transcendentine meile tarnauja Aukščiausiajam Viešpačiui ir negali Jo pamiršti, taigi Viešpats jam lengvai pasiekiamas. Kaip tyras bhaktas nė akimirkai negali pamiršti Aukščiausiojo Viešpaties, taip ir Aukščiausiasis Viešpats nė akimirkai neužmiršta Savo tyro bhakto. Šį didį palaiminimą teikia Kṛṣṇos įsisąmoninimo procesas, *mahā-mantros* kartojimas: Hare Kṛṣṇa, Hare Kṛṣṇa, Kṛṣṇa Kṛṣṇa, Hare Hare/ Hare Rāma, Hare Rāma, Rāma Rāma, Hare Hare.

मामुपेत्य पुनर्जन्म दुःखालयमशाश्वतम् । 8.15
नाप्नुवन्ति महात्मानः संसिद्धिं परमां गताः ॥१५॥

mām upetya punar janma · duḥkhālayam aśāśvatam
nāpnuvanti mahātmānaḥ · saṁsiddhiṁ paramāṁ gatāḥ

mām – pas Mane; *upetya* – atėjusios; *punaḥ* – vėl; *janma* – gimimą; *duḥkha ālayam* – kančių vietą, *aśāśvatam* – laikiną; *na* – niekada;

āpnuvanti – gauna; *mahā-ātmānaḥ* – didžiosios sielos; *saṁsid-dhim* – tobulumą; *paramām* – aukščiausią; *gataḥ* – pasiekusios.

Pas Mane atėjusios didžiosios sielos, pasiaukoję Man yogai, nie-kada nebegrįžta į šį laikiną, kančių perpildytą pasaulį, nes jie pasiekė aukščiausią tobulumą.

Laikinas materialus pasaulis – tai kančių, kurias sukelia gimimas, senatvė, ligos ir mirtis, viešpatija, todėl suprantama, kad pasie-kusiam tobulumą ir atėjusiam į aukščiausią planetą, Kṛṣṇaloką, Goloką Vṛndāvaną, nekyla noras sugrįžti. Vedų raštuose aukš-čiausia planeta vadinama *avyakta, akṣara* ir *paramā gati,* kitaip sakant, ši planeta yra anapus materialaus matymo ir nenusakoma, tačiau ji yra aukščiausias tikslas ir vieta, skirta *mahātmoms* (didžiosioms sieloms). Transcendentinę žinią *mahātmos* gauna iš dvasiškai susivokusių bhaktų ir, įsisąmonindamos Kṛṣṇą, tolydžio plėtoja pasiaukojimo tarnystę. Jos taip pasineria į transcendentinę tarnystę, kad jau nebenori nei pasikelti į kurią iš materialių pla-netų, nei eiti į kokią nors dvasinę planetą. Jos ilgisi vien tik Kṛṣṇos, trokšta bendrauti su Juo ir nenori nieko daugiau. Toks yra aukščiausias gyvenimo tobulumas. Posmas kalba būtent apie per-sonalistus – Aukščiausiojo Viešpaties Kṛṣṇos bhaktus. Kṛṣṇą įsi-sąmoninę bhaktai pasiekia aukščiausią gyvenimo tobulumą. Kitaip sakant, jie – pačios iškiliausios sielos.

आब्रह्मभुवनाल्लोकाः पुनरावर्तिनोऽर्जुन ।
मामुपेत्य तु कौन्तेय पुनर्जन्म न विद्यते ॥१६॥

8.16

ā-brahma-bhuvanāl lokāḥ · punar āvartino 'rjuna
mām upetya tu kaunteya · punar janma na vidyate

ā-brahma-bhuvanāt – iki pat Brahmalokos planetos; *lokāḥ* – į pla-netų sistemas; *punaḥ* – vėl; *āvartinaḥ* – grįžimas; *arjuna* – o Arjuna; *mām* – pas Mane; *upetya* – atėjus; *tu* – tačiau; *kaunteya* – o Kuntī sūnau; *punaḥ janma* – naujas gimimas; *na* – niekada; *vidyate* – įvyksta.

Visos materialaus pasaulio planetos – nuo aukščiausios iki pat žemiausios – tai kančių kraštas, kur kartojasi gimimas ir mirtis. Tačiau atėję į Mano buveinę, o Kuntī sūnau, niekada daugiau nebegimsta.

Norėdami patekti į transcendentinę Kṛṣṇos buveinę ir niekada negrįžti, visi *yogai: karma, jñāna, haṭha* etc. – galų gale turi prieiti pasiaukojimo tarnystę, t.y. *bhakti-yogą,* arba Kṛṣṇos sąmonę. Pasiekusieji aukščiausias materialias planetas (pusdievių planetas) vėlei priversti gimti ir mirti. Iš Žemės žmonės kyla į aukštesnes planetas, o gyvenantys aukštesnėse planetose – Brahmalokoje, Candralokoje ir Indralokoje, leidžiasi į Žemę. „Chāndogya Upaniṣadoje" rekomenduotas *pañcāgni-vidyos* aukų atnašavimas įgalina patekti į Brahmaloką, tačiau jei ten patekus toliau neugdoma Kṛṣṇos sąmonė, tenka grįžti į Žemę. Kas aukštesnėse planetose gilina Kṛṣṇos sąmonę, tas pamažu kopia vis į aukštesnes planetas, o visatos naikinimo metu eina į amžiną dvasinę karalystę. Śrīdhara Svāmis savo „Bhagavad-gītos" komentaruose cituoja tokį posmą:

brahmaṇā saha te sarve · samprāpte pratisañcare
parasyānte kṛtātmānaḥ · praviśanti paraṁ padam

„Materialios visatos naikinimo metu Brahmā ir visi tie, kurie jam yra atsidavę ir nuolatos užsiima Kṛṣṇos sąmonės praktika, persikelia į dvasinę visatą – į tas dvasines planetas, kurias norėjo pasiekti."

सहस्रयुगपर्यन्तमहर्यद् ब्रह्मणो विदुः ।   8.17
रात्रिं युगसहस्रान्तां तेऽहोरात्रविदो जनाः ॥१७॥

sahasra-yuga-paryantam · ahar yad brahmaṇo viduḥ
rātriṁ yuga-sahasrāntāṁ · te 'ho-rātra-vido janāḥ

sahasra – tūkstantį; *yuga* – epochų; *paryantam* – talpinančią; *ahaḥ* – dieną; *yat* – tą, kurią, *brahmaṇaḥ* – Brahmos; *viduḥ* – jie žino;

rātrim – naktį; *yuga* – epochų; *sahasra-antām* – taip pat besibaigiančią po vieno tūkstančio; *te* – jie; *ahaḥ-rātra* – dieną ir naktį; *vidaḥ* – žinantys; *janāḥ* – žmonės.

Žmonių skaičiavimais, viena Brahmos diena trunka tūkstantį amžių. Tiek pat tęsiasi ir jo naktis.

Materialios visatos egzistavimo trukmė – ribota. Ji matuojama *kalpų* periodais. *Kalpa* – tai Brahmos diena, o vieną jo dieną sudaro tūkstantį kartų pasikartojančios keturios *yugos,* arba amžiai: Satya, Tretā, Dvāpara ir Kali. Satyos periodui būdinga dorybė, išmintis bei religingumas, o neišmanymo ir ydų beveik nepasitaiko; ši *yuga* tęsiasi 1 728 000 metų. Tretā-yugoje ima reikštis ydos, o tęsiasi ji 1 296 000 metų. Dvāpara-yugoje dorybė bei religingumas toliau smunka, ydų gausėja; jos trukmė – 864 000 metų. Paskutinis periodas – Kali-yuga (*yuga,* kurioje mes gyvename pastaruosius 5 000 metų), ją charakterizuoja gausūs kivirčiai, neišmanymas, bedievystė ir ydos, o tikroji dorovė praktiškai išnykusi; šios *yugos* trukmė – 432 000 metų. Kali-yugoje blogis tiek iškeroja, kad, jai baigiantis, Pats Aukščiausiasis Viešpats ateina kaip Kalki *avatāra,* išnaikina demonus, gelbsti Savo bhaktus ir pradeda kitą Satyą-yugą. Tuomet ciklas prasideda vėl iš naujo. Šios keturios *yugos,* pasikartojančios tūkstantį kartų, sudaro vieną Brahmos dieną; tiek pat trunka ir jo naktis. Brahmā gyvena šimtą tokių „metų", o po to miršta. Žemiškais skaičiavimais, tie „šimtas metų" sudaro 311 trilijonų ir 40 milijardų metų. Pažvelgus į šiuos skaičius, Brahmos gyvenimas atrodo esąs fantastiškas ir begalinis, tačiau, amžinybės požiūriu, jis trumpas lyg žaibo blyksnis. Priežasčių Vandenyne egzistuoja nesuskaičiuojama daugybė Brahmų, kurie čia atsiranda, čia vėl išnyksta – lyg burbulai Atlanto vandenyne. Brahmā ir jo kūrinija nuolatos kinta, nes yra neatskiriama materialios visatos dalis.

Materialioje visatoje net ir Brahmā neišvengia gimimo, senatvės, ligų ir mirties. Tačiau Brahmā, kaip visatos valdytojas, tiesiogiai tarnauja Aukščiausiajam Viešpačiui, todėl jis išsivaduoja.

8 skyrius

Iškilnūs *sannyāsiai* pasikelia į Brahmos planetą, Brahmaloką, aukščiausią materialios visatos planetą, egzistuojančią ilgiau už visas dangaus planetas aukštutinėje planetų sistemos sferoje. Tačiau pagal materialios gamtos dėsnį, atėjus laikui, ir Brahmā su visais Brahmalokos gyventojais turi mirti.

अव्यक्ताद्व्यक्तयः सर्वाः प्रभवन्त्यहरागमे ।
रात्र्यागमे प्रलीयन्ते तत्रैवाव्यक्तसंज्ञके ॥१८॥

8.18

avyaktād vyaktayaḥ sarvāḥ · prabhavanty ahar-āgame
rātry-āgame pralīyante · tatraivāvyakta-saṁjñake

avyaktāt – iš neišreikšto; *vyaktayaḥ* – gyvosios esybės; *sarvāḥ* – visos; *prabhavanti* – gauna išraišką; *ahaḥ-āgame* – dienai išaušus; *rātri-āgame* – nakčiai atėjus; *pralīyante* – sunaikinamos; *tatra* – į tą; *eva* – tikrai; *avyakta* – neišreikštu; *saṁjñake* – kuris vadinamas.

Auštant Brahmos dienai, visos gyvosios esybės iš neišreikšto būvio pereina į išreikštąjį, o kai sutemsta naktis, jos vėl nugrimzta į neišreikštą būvį.

भूतग्रामः स एवायं भूत्वा भूत्वा प्रलीयते ।
रात्र्यागमेऽवशः पार्थ प्रभवत्यहरागमे ॥१९॥

8.19

bhūta-grāmaḥ sa evāyaṁ · bhūtvā bhūtvā pralīyate
rātry-āgame 'vaśaḥ pārtha · prabhavaty ahar-āgame

bhūta-grāmaḥ – visų gyvųjų esybių visuma; *saḥ* – šių; *eva* – tikrai; *ayam* – ši; *bhūtva bhūtva* – pakartotinai gimdama; *pralīyate* – yra sunaikinama; *rātri* – nakčiai; *āgame* – atėjus; *avaśaḥ* – savaime; *pārtha* – o Pṛthos sūnau; *prabhavati* – apsireiškia; *ahaḥ* – dienai; *āgame* – išaušus.

Kaskart iš naujo auštant Brahmos dienai atsiranda visos gyvosios esybės, o nusileidus Brahmos nakčiai, jos, bejėgės, sunaikinamos.

Menkos nuovokos būtybės, kurios stengiasi pasilikti materialiame pasaulyje, iškopia į aukštesniąsias planetas, bet paskui vėl priverstos grįžti į Žemės planetą. Kol trunka Brahmos diena, jos atlieka veiklą aukštesnėse ar žemesnėse materialaus pasaulio planetose, bet atėjus Brahmos nakčiai, visos jos vėl sunaikinamos. Dieną jos gauna įvairiausius kūnus, kad galėtų materialiai veikti, o naktį, jų netekusios, suslėgtos glūdi Višnu kūne. Paskui vėl, kai aušta Brahmos diena, jos išvysta šviesą. *Bhūtvā bhūtvā pralīyate:* dieną jos turi išreikštą būvį, o naktį yra sunaikinamos. Pasibaigus Brahmos gyvenimui, visos jos sunaikinamos ir milijonų milijonus metų būna neišreikštos, o vėl apsireiškia kitoje epochoje po Brahmos gimimo. Taip jas apžavi materialaus pasaulio kerai. Tačiau išmintingi žmonės, įsijungę į Kršnos sąmonę, teisingai panaudoja žmogaus gyvenimą pasiaukojimo tarnystei, kartodami Hare Kršna, Hare Kršna, Kršna Kršna, Hare Hare/ Hare Rāma, Hare Rāma, Rāma Rāma, Hare Hare. Tokiu būdu jie dar šį gyvenimą persikelia į dvasinę Kršnos planetą, ten patiria amžiną palaimą ir jau nebeprivalo atgimti.

परस्तस्मात्तु भावोऽन्योऽव्यक्तोऽव्यक्तात्सनातनः ।   **8.20**
यः स सर्वेषु भूतेषु नश्यत्सु न विनश्यति ॥२०॥

paras tasmāt tu bhāvo 'nyo · 'vyakto 'vyaktāt sanātanaḥ
yaḥ sa sarveṣu bhūteṣu · naśyatsu na vinaśyati

paraḥ – transcendentinė; *tasmāt* – šiai; *tu* – tačiau; *bhāvaḥ* – gamta; *anyaḥ* – kita; *avyaktaḥ* – neišreikšta; *avyaktāt* – neišreikštai; *sanātanaḥ* – amžina; *yaḥ saḥ* – ta, kuri; *sarveṣu* – visą; *bhūteṣu* – kūriniją; *naśyatsu* – sunaikinus; *na* – niekada; *vinaśyati* – yra sunaikinama.

Bet yra ir kita neišreikšta gamta, ji amžina ir transcendentali šios išreikštos ir neišreikštos materijos atžvilgiu. Ji aukščiausia ir niekad nesunaikinama. Kai viskas šiame pasaulyje sunaikinama, toji dalis išlieka kaip buvus.

Kṛṣṇos aukštesnioji dvasinė energija yra transcendentinė ir amžina. Jai nedaro įtakos Brahmos dieną kuriamos, o naktį naikinamos materialios gamtos pokyčiai. Aukštesniosios Kṛṣṇos energijos savybės yra visiškai priešingos materialiai gamtai. Aukštesnioji ir žemesnioji gamta paaiškintos septintame skyriuje.

अव्यक्तोऽक्षर इत्युक्तस्तमाहुः परमां गतिम् ।
यं प्राप्य न निवर्तन्ते तद्धाम परमं मम ॥२१॥

8.21

avyakto 'kṣara ity uktas · tam āhuḥ paramāṁ gatim
yaṁ prāpya na nivartante · tad dhāma paramaṁ mama

avyaktaḥ – neišreikšta; *akṣaraḥ* – nenykstanti; *iti* – taip; *uktaḥ* – sakoma; *tam* – ta; *āhuḥ* – vadinama; *paramām* – aukščiausiu; *gatim* – tikslu; *yam* – kurį; *prāpya* – pasiekę; *na* – niekada; *nivartante* – sugrįžta atgal; *tat* – ta; *dhāma* – buveinė; *paramam* – aukščiausia; *mama* – Mano.

Tai, ką vedāntistai apibūdina kaip neišreikštą ir nenykstantį, kas vadinama aukščiausiuoju tikslu, kurį pasiekus niekada negrįžtama atgalios, yra Mano aukščiausioji buveinė.

Dievo Asmens Kṛṣṇos aukščiausiąją buveinę „Brahma-saṁhitā" vadina *cintāmaṇi-dhāma* – šalis, kur išsipildo visi troškimai. Aukščiausia Viešpaties Kṛṣṇos buveinė vadinama Goloka Vṛndāvana; joje daugybė rūmų, pastatytų iš filosofinio akmens. Ten auga vadinamieji „troškimų medžiai", kurie paliepus patiekia kokių tik nori valgių, ganosi *surabhi* karvės, duodančios pieną neribotais kiekiais. Toje buveinėje Viešpačiui tarnauja šimtai tūkstančių sėkmės deivių (Lakṣmī), o vadinasi Jis – Govinda, pirmapradis Viešpats ir visų priežasčių priežastis. Viešpats meistriškai groja Savo fleita (*veṇuṁ kvaṇantam*). Jo transcendentinė išvaizda – pati patraukliausia visuose pasauliuose: akys primena lotoso žiedlapius, o kūno spalva kaip debesies. Jis toks žavus, kad Savo grožiu nustelbia tūkstančius

Kupidonų. Jis dėvi šafrano rūbą, Jo kaklą puošia girlianda, o į plaukus įsegta povo plunksna. „Bhagavad-gītoje" Viešpats Kṛṣṇa tik užsimena apie Savo asmenišką buveinę – Goloka Vṛndāvaną, pačią aukščiausią dvasinės karalystės planetą. Vaizdingas jos aprašymas pateiktas „Brahma-saṁhitoje". Vedų raštai („Kaṭha Upaniṣada" 1.3.11) teigia, kad nėra nieko aukščiau už tą Aukščiausiojo Viešpaties buveinę ir kad ji – galutinis tikslas (*puruṣān na paraṁ kiñcit sā kāṣṭhā paramā gatiḥ*). Kas jį pasiekia, niekada negrįžta į materialųjį pasaulį. Pats Kṛṣṇa ir Jo aukščiausioji buveinė nesiskiria; kokybės prasme jie tapatūs. Mūsų planetoje, šimtą keturiasdešimt kilometrų į pietryčius nuo Delio, plyti Vṛndāvana – tikslus aukščiausios dvasinio dangaus planetos Goloka Vṛndāvanos atspindys. Nužengęs į mūsų planetą, Kṛṣṇa pramogavo būtent toje Žemės vietoje, kuri vadinasi Vṛndāvana. Ji išsidriekusi maždaug du šimtai penkiolikos kvadratinių kilometrų plote Mathuros rajone, Indijoje.

पुरुषः स परः पार्थ भक्त्या लभ्यस्त्वनन्यया । 8.22
यस्यान्तःस्थानि भूतानि येन सर्वमिदं ततम् ॥२२॥

puruṣaḥ sa paraḥ pārtha · bhaktyā labhyas tv ananyayā
yasyāntaḥ-sthāni bhūtāni · yena sarvam idaṁ tatam

puruṣaḥ – Aukščiausiasis Asmuo; *saḥ* – Jis; *paraḥ* – Aukščiausiasis, už kurį nėra nieko aukštesnio; *pārtha* – o Pṛthos sūnau; *bhaktya* – pasiaukojimo tarnyste; *labhyaḥ* – gali būti pasiektas; *tu* – tačiau; *ananyayā* – besąlygiška, nenukrypstama; *yasya* – kurio; *antaḥ-sthāni* – viduje; *bhūtāni* – visa ši materiali kūrinija; *yena* – kurio; *sarvam* – visa; *idam* – ką tik mes galime pamatyti; *tatam* – persmelkta.

Aukščiausiąjį Dievo Asmenį, už kurį nieko nėra aukštesnio, galima pasiekti tik per besąlygišką pasiaukojimą. Nors Jis ir neapleidžia Savo buveinės, Jis persmelkia viską ir viskas glūdi Jame.

Posmas aiškiai sako, kad aukščiausias tikslas – Aukščiausiojo Asmens Kṛṣṇos buveinė, iš kurios negrįžtama. „Brahma-saṁhitā" aukščiausią buveinę vadina *ānanda-cinmaya-rasa* kraštu, kur viskas trykšta dvasine palaima. Visa jos įvairovė turi dvasinės palaimos kokybę – joje nėra nieko materialaus. Ta įvairovė – tai Paties Aukščiausiojo Dievo dvasinė ekspansija, nes, kaip jau buvo aiškinta septintame skyriuje, ji sudaryta tik iš dvasinės energijos. O materialųjį pasaulį Viešpats persmelkia Savo materialia energija, nors Savo aukščiausios buveinės Jis niekada neapleidžia. Taigi Savo dvasinės ir materialios energijos dėka Jis esti visur – tiek materialiose, tiek dvasinėse visatose. *Yasyāntaḥ-sthāni* reiškia, kad Jis palaiko viską, kas egzistuoja Jo dvasinėje ir materialioje energijose. Tomis dviem energijomis Viešpats persmelkia viską.

Posmo žodis *bhaktyā* nurodo, kad įžengti į aukščiausią Kṛṣṇos buveinę arba į nesuskaitomas Vaikuṇṭhos planetas galima tik *bhakti* – pasiaukojimo tarnystės dėka. Joks kitas procesas nepadės pasiekti tos aukščiausios buveinės. Vedos („Gopāla-tāpanī Upaniṣada" 3.2) irgi aprašo Aukščiausiąjį Dievo Asmenį ir aukščiausią buveinę. *Eko vaśī sarva-gaḥ kṛṣṇaḥ.* Toje buveinėje viešpatauja vienas vienintelis Aukščiausiasis Dievo Asmuo, Jo vardas – Kṛṣṇa. Jis – visų maloningiausia Dievybė, ir nors Jis ten vienas, tačiau išsiskleidžia milijonais pilnaverčių skleidinių. Vedos lygina Viešpatį su medžiu, kuris išlikdamas vienoje vietoje nokina daugybę vaisių, žydi ir keičia lapus. Pilnutinės Viešpaties ekspansijos, valdančios Vaikuṇṭhos planetas, yra keturrankės ir žinomos daugeliu vardų – Puruṣottama, Trivikrama, Keśava, Mādhava, Aniruddha, Hṛṣīkeśa, Saṅkarṣaṇa, Pradyumna, Śrīdhara, Vāsudeva, Dāmodara, Janārdana, Nārāyaṇa, Vāmana, Padmanābha etc.

„Brahma-saṁhitā" (5.37) taip pat liudija, kad Viešpats, nors ir visada yra aukščiausioje buveinėje, Goloka Vṛndāvanoje, persmelkia viską, todėl viskas eina savo vaga (*goloka eva nivasaty akhilātma-bhūtaḥ*). Kaip sakoma Vedose („Śvetāśvatara Upaniṣada" 6.8): *parāsya śaktir vividhaiva śrūyate/ svābhāvikī jñāna-bala-kriyā ca* – nors Aukščiausiasis Viešpats yra labai toli, per

Savo plačiai išsidriekusias energijas Jis sistemingai ir be mažiausio trūkumo tvarko visą materialų kosmosą.

यत्र काले त्वनावृत्तिमावृत्तिं चैव योगिनः ।   **8.23**
प्रयाता यान्ति तं कालं वक्ष्यामि भरतर्षभ ॥२३॥

yatra kāle tv anāvṛttim · āvṛttiṁ caiva yoginaḥ
prayātā yānti taṁ kālaṁ · vakṣyāmi bharatarṣabha

yatra – kuriuo; *kāle* – laiku; *tu* – ir; *anāvṛttim* – negrįžimą; *āvṛttim* – sugrįžimą; *ca* – taip pat; *eva* – tikrai; *yoginaḥ* – įvairūs mistikai; *prayātāḥ* – išėję; *yānti* – gauna; *tam* – tą; *kālam* – laiką; *vakṣyāmi* – Aš apibūdinsiu; *bharata-ṛṣabha* – o geriausias iš Bhāratų.

O geriausias iš Bhāratų, dabar Aš tau paaiškinsiu apie skirtingus laikotarpius, kurių metu iš šito pasaulio išėjęs yogas grįžta atgal arba nebegrįžta.

Besąlygiškai pasiaukojusiems Aukščiausiajam Viešpačiui bhaktams, visiškai Jam atsidavusioms sieloms, nerūpi kada ir kaip išeiti iš kūno. Jie viską palieka Kṛṣṇos valiai, todėl lengvai ir džiugiai grįžta pas Dievą. Tačiau besąlygiškai nepasiaukoję bhaktai, kurie labiau pasikliauja tokiais dvasinio pažinimo metodais, kaip *karma-yoga, jñāna-yoga* ir *haṭha-yoga,* turi atsiskirti nuo kūno palankiu laiku, kad būtų tikri, grįš ar negrįš jie į gimimo ir mirties pasaulį.

Tobulumą pasiekęs *yogas* gali pats pasirinkti laiką ir sąlygas išeiti iš materialaus pasaulio, tačiau jei *yogas* nelabai prityręs, jo sėkmė priklausys nuo atsitiktinumo, nuo to, ar tinkamu metu jis išeis. Kitame posme Viešpats nurodo tą laiką, kada geriausia palikti pasaulį, kad nebegrįžtum. Pasak *ācāryos* Baladevos Vidyābhūṣanos, čia pavartotas sanskrito žodis *kāla* nurodo viešpataujančią laiko dievybę.

अग्निर्ज्योतिरहः शुक्लः षण्मासा उत्तरायणम् ।   **8.24**
तत्र प्रयाता गच्छन्ति ब्रह्म ब्रह्मविदो जनाः ॥२४॥

agnir jyotir ahaḥ śuklaḥ · ṣaṇ-māsā uttarāyaṇam
tatra prayātā gacchanti · brahma brahma-vido janāḥ

agniḥ – ugnis; *jyotiḥ* – šviesa; *ahaḥ* – diena; *śuklaḥ* – kai mėnulis pilnėja; *ṣaṭ-māsāḥ* – šeši mėnesiai; *uttara-ayanam* – saulei krypstant į šiaurę; *tatra* – tada; *prayātāḥ* – tie išėjusieji; *gacchanti* – eina; *brahma* – į Absoliutą; *brahma-vidaḥ* – žinantys Absoliutą; *janāḥ* – žmonės.

Pažinusieji Aukščiausiąjį Brahmaną pasiekia Jį išeidami iš pasaulio viešpataujant ugnies dievui, šviesoje, palankiu dienos metu, kai mėnulis pilnėja, arba per tuos šešetą mėnesių, kai saulė krypsta į šiaurę.

Kai kalbama apie ugnį, šviesą, dieną ir dviejų savaičių mėnulio periodą, tai reiškia, kad visus šiuos reiškinius valdo įvairios dievybės, besirūpinančios sielos iškeliavimu. Mirties metu žmogaus mintys nutiesia jam kelią į naują gyvenimą. Jei žmogus atsitiktinai arba specialiai tam pasiruošęs palieka kūną aukščiau minėtu laiku, jis gali pasiekti beasmenį *brahmajyoti*. Mistikai, gerai įvaldę *yogos* praktiką, pasirenka laiką ir vietą kūnui palikti. Tačiau tie, kurie tam neturi įtakos ir tik atsitiktinai išėjo palankiu metu, vis tiek negrįš į gimimo ir mirties ratą. Priešingu atveju sugrįžimas labai tikėtinas. Tačiau tyram, Kṛṣṇą įsisąmoninusiam bhaktui dėl sugrįžimo nėra ko baimintis. Jo atveju nesvarbu, ar jis paliks kūną palankiu ar nepalankiu momentu, atsitiktinai ar tam pasiruošęs.

धूमो रात्रिस्तथा कृष्णः षण्मासा दक्षिणायनम् ।
तत्र चान्द्रमसं ज्योतिर्योगी प्राप्य निवर्तते ॥२५॥

8.25

dhūmo rātris tathā kṛṣṇaḥ · ṣaṇ-māsā dakṣiṇāyanam
tatra cāndramasaṁ jyotir · yogī prāpya nivartate

dhūmaḥ – dūmai; *rātriḥ* – naktis; *tathā* – taip pat; *kṛṣṇaḥ* – kai mėnulis dyla; *ṣaṭ māsāḥ* – šeši mėnesiai; *dakṣiṇa ayanam* – saulei krypstant į pietus; *tatra* – tada; *cāndra-masam* – Mėnulio planetą; *jyotiḥ* – šviesą; *yogī* – mistikas; *prāpya* – pasiekęs; *nivartate* – sugrįžta atgal.

Mistikas, išeinantis iš pasaulio migloje, naktį, kai mėnulis dyla, ar per tuos šešis mėnesius, kai saulė krypsta į pietus, pasiekia Mėnulio planetą, tačiau ir vėl grįžta atgal.

Trečioje „Śrīmad-Bhāgavatam" giesmėje Kapila Munis užsimena apie tai, kad žmonės, sukaupę karminės veiklos patirtį ir išmanantys aukojimą, po mirties iš Žemės patenka į Mėnulį. Tos iškilnios sielos gyvena Mėnulyje apie 10 000 metų (pusdievių skaičiavimais) ir džiaugiasi tenykščiu gyvenimu, gerdamos *soma-rasą*. Bet galų gale jos sugrįžta į Žemę. Tai reiškia, kad Mėnulyje gyvena aukštesnio lygio gyvosios būtybės, kurių gali ir nepatirti mūsų grubios juslės.

शुक्लकृष्णे गती ह्येते जगतः शाश्वते मते ।
एकया यात्यनावृत्तिमन्ययावर्तते पुनः ॥२६॥   8.26

śukla-kṛṣṇe gatī hy ete · jagataḥ śāśvate mate
ekayā yāty anāvṛttim · anyayāvartate punaḥ

śukla – šviesa; *kṛṣṇe* – ir tamsa; *gatī* – išėjimo keliai; *hi* – tikrai; *ete* – šie du; *jagataḥ* – iš materialaus pasaulio; *śāśvate* – Vedų; *mate* – nuomone; *ekayā* – vienu; *yāti* – eina; *anāvṛttim* – į negrįžtamybę; *anyayā* – kitu; *āvartate* – sugrįžta atgal; *punaḥ* – vėl.

Vedų nuomone iš šio pasaulio išeinama dviem keliais – šviesoje arba tamsoje. Kas iškeliauja šviesoje, tas negrįžta, o išėjęs tamsoje – grįžta.

Ācārya Baladeva Vidyābhūṣaṇa cituoja analogiškus „Chāndogya Upaniṣados" (5.10.3–5) posmus, apibūdinančius išėjimą iš šio pasaulio ir grįžimą. Ir tie, kurie atlieka karminę veiklą, ir spekuliatyviai mąstantys filosofai jau nuo neatmenamų laikų tai išeina iš šio pasaulio, tai vėl į jį sugrįžta. Tiesa, jie nepasiekia galutinio išsivadavimo, nes neatsiduoda Kṛṣṇai.

नैते सृती पार्थ जानन् योगी मुह्यति कश्चन ।   8.27
तस्मात्सर्वेषु कालेषु योगयुक्तो भवार्जुन ॥२७॥

naite sṛtī pārtha jānan · yogī muhyati kaścana
tasmāt sarveṣu kāleṣu · yoga-yukto bhavārjuna

na – niekada; *ete* – šie du; *sṛtī* – skirtingi keliai; *pārtha* – o Pṛthos sūnau; *jānan* – net žinantį; *yogī* – Viešpaties bhaktą; *muhyati* – suklaidina; *kaścana* – bet kuris; *tasmāt* – todėl; *sarveṣu kāleṣu* – visada; *yoga-yuktaḥ* – užimtas Kṛṣṇos sąmone; *bhava* – būk; *arjuna* – o Arjuna.

Nors bhaktai ir žino šiuos du kelius, o Arjuna, jie nesiblaško. Todėl visada tebūna tvirtas tavo pasiaukojimas.

Čia Kṛṣṇa Arjunai pataria nesijaudinti dėl skirtingų kelių, kuriuos gali pasirinkti materialų pasaulį paliekanti siela – Aukščiausiojo Viešpaties bhaktui neturi rūpėti, ar pasaulį jis paliks tam pasiruošęs, ar atsitiktinai. Jis turi būti tvirtos Kṛṣṇos sąmonės ir kartoti Hare Kṛṣṇa, o taip pat žinoti, kad domėjimasis šiais dviem keliais – daug rūpesčių kainuojantis užsiėmimas. Geriausias būdas būti pasinėrus į Kṛṣṇos sąmonę – visada Jam tarnauti, tada kelias į dvasinę karalystę bus saugus, patikimas ir tiesus. Ypač svarbus šiame posme yra žodis *yoga-yukta*. Tvirtas *yogas* visada veikia Kṛṣṇos sąmonės dvasia. Śrī Rūpa Gosvāmis pataria: *anāsaktasya viṣayān yathārham upayuñjataḥ* – reikia tvarkyti materialius reikalus prie jų neprisirišant ir viską daryti su Kṛṣṇos sąmone. Ši sistema vadinasi *yukta-vairāgya,* ji padeda pasiekti tobulumą. Taigi bhaktas nesijaudina, skaitydamas apie tuos du kelius, nes jis žino, kad pasiaukojimo tarnystė garantuoja, jog jis pateks į aukščiausiąją buveinę

वेदेषु यज्ञेषु तपःसु चैव   **8.28**
  दानेषु यत्पुण्यफलं प्रदिष्टम् ।
अत्येति तत्सर्वमिदं विदित्वा
  योगी परं स्थानमुपैति चाद्यम् ॥२८॥

vedeṣu yajñeṣu tapaḥsu caiva
  dāneṣu yat puṇya-phalaṁ pradiṣṭam
atyeti tat sarvam idaṁ viditvā
  yogī paraṁ sthānam upaiti cādyam

vedeṣu – studijuojant Vedas; *yajñeṣu* – *yajña,* atnašaujant aukas; *tapaḥsu* – atliekant įvairias askezes; *ca* – taip pat; *eva* – tikrai; *dāneṣu* – teikiant labdarą; *yat* – tai, kas; *puṇya-phalam* – kaip doringų darbų rezultatas; *pradiṣṭam* – nurodyta; *atyeti* – pranoksta; *tat sarvam* – visa tai; *idam* – tai; *viditvā* – žinodamas; *yogī* – bhaktas; *param* – aukščiausią; *sthānam* – buveinę; *upaiti* – pasiekia; *ca* – taip pat; *ādyam* – pirminę.

Kas stoja į pasiaukojimo tarnystės kelią, nepraranda rezultatų, kurie gaunami studijuojant Vedas, atnašaujant aukas, atliekant askezes, teikiant labdarą ar užsiimant filosofine bei karmine veikla. Vien tiktai su pasiaukojimu tarnaudamas, jis pasiekia viską, ką teikia šie keliai ir galiausiai eina į aukščiausią amžinąją buveinę.

Posmas susumuoja septintą ir aštuntą skyrius, daugiausia dėmesio skyrusius Kṛṣṇos sąmonei ir pasiaukojimo tarnystei. Reikia studijuoti Vedas, vadovaujant dvasiniam mokytojui, ir jo globojamam atlikti daugelį askezių. *Brahmacāris* gyvena savo dvasinio mokytojo namuose, jam tarnauja, taip pat į kiekvienas duris beldžiasi išmaldos ir surinktas aukas parneša dvasiniam mokytojui. Valgo jis tik dvasiniam mokytojui leidus, o tą dieną, kai mokytojas nepakviečia jo valgiui, mokinys pasninkauja. Štai keletas Vedose nurodytų principų, kurių laikosi *brahmacāris*.

Mokytojo padedamas mokinys tam tikrą laikotarpį, bent jau

nuo penkerių iki dvidešimties metų amžiaus, studijuoja Vedas ir turi visas sąlygas tapti idealaus būdo žmogumi. Vedų studijos skirtos ne tam, kad užauginti kabinetinius mąstytojus, bet charakteriui formuoti. Baigus šiuos mokslus *brahmacāriui* leidžiama vesti ir pradėti šeimos žmogaus gyvenimą. Būdamas šeimos žmogumi, jis turi atnašauti daug aukų, kad dar daugiau prašviesėtų. Jis taip pat privalo teikti labdarą atsižvelgdamas į vietos sąlygas, laiką ir prašantįjį, skirdamas, kokia labdara priklauso „Bhagavad-gītoje" aprašytoms dorybės, kokia – aistros, o kokia – neišmanymo *guņoms*. Vėliau, atsisakęs šeimos žmogaus gyvenimo ir davęs *vānaprasthos* įžadus, jis atlieka rūsčias askezes – gyvena miškuose, dėvi medžio ževės apdarą, nesiskuta etc. Vykdydamas *brahmacāriams,* šeimos žmonėms, *vānaprasthoms* ir pagaliau *sannyāsiams* skirtus nurodymus žmogus galiausiai pasiekia gyvenimo tobulumo pakopą. Kai kas pasikelia į dangaus karalystes, o ten dar labiau patobulėję išsivaduoja, t.y. patenka į dvasinį dangų: arba į beasmenį *brahmajyoti,* arba į Vaikuņțhos planetas, arba į Kŗṣṇaloką. Toks Vedų raštų nubrėžtas kelias.

O štai Kŗṣṇos sąmonė patraukli tuo, kad atliekant pasiaukojimo tarnystę, vienu šuoliu galima iškilti aukščiau ritualų, kurių laikosi skirtingų *varnų* ir *āśramų* atstovai.

Žodžiai *idam viditvā* pažymi tai, kad būtina suvokti Śrī Kŗṣṇos pamokymus, pateiktus šiame ir septintame „Bhagavad-gītos" skyriuose. Reikia stengtis jas suprasti ne per akademines studijas ar spekuliatyvius samprotavimus, bet jų klausantis bhaktų draugijoje. Skyriai nuo šešto iki dvylikto – tai „Bhagavat-gītos" esmė. Pirmieji ir paskutiniai šeši skyriai tarsi saugo iš abiejų pusių šešis vidurinius, kuriems Viešpats teikia ypatingą dėmesį. Jei žmogui nusišypso laimė bhaktų draugijoje suvokti „Bhagavad-gītą", o ypač šiuos šešis vidurinius skyrius, tai jo gyvenimas vertas tokių pagyrimų, kurie toli pranoksta šlovę, užsitarnaujamą askezėmis, aukomis, labdara, samprotavimais etc. – mat visus rezultatus, kurie pasiekiami šia veikla, iš karto dovanoja Kŗṣṇos sąmonė.

Kas nors kiek tiki „Bhagavad gīta", turi jos mokytis iš bhakto, nes ketvirto skyriaus pradžioje aiškiai sakoma, kad perprasti „Bhagavad-gītą" gali tik bhaktai – niekas kitas teisingai nesupras jos keliamo tikslo. Todėl „Bhagavad-gītos" reikia mokytis iš Kṛṣṇos bhakto, o ne iš spekuliatyvių mąstytojų. Toks yra tikėjimo požymis. Žmogus iš tiesų pradeda studijuoti „Bhagavad-gītą" ir ją suvokti, kai jis siekia bendrauti su bhaktu. Bendraujant su bhaktu ir tobulėjant, įsitraukiama į pasiaukojimo tarnystę, kuri išsklaido visas abejones dėl Kṛṣṇos, ar Dievo, dėl Kṛṣṇos veiklos, Jo pavidalo, pramogų, vardo ir kitų ypatybių. Kai abejonių visiškai nelieka, imama giliau studijuoti „Bhagavad-gītą". Tai suteikia malonumą ir pasiekiamas nuolatinis Kṛṣṇos sąmonės būvis. Pasiekus aukštą dvasinį lygį, karštai pamilstamas Kṛṣṇa. Aukščiausia gyvenimo tobulumo pakopa suteikia bhaktui galimybę persikelti į Kṛṣṇos buveinę dvasiniame danguje – Goloka Vṛndāvaną, kur bhaktas patiria amžiną laimę.

Taip Bhaktivedanta baigia komentuoti aštuntą „Śrīmad Bhagavad-gītos" skyrių, pavadintą „Aukščiausiojo pasiekimas".

9 skyrius

Slaptingiausias žinojimas

श्रीभगवानुवाच

इदं तु ते गुह्यतमं प्रवक्ष्याम्यनसूयवे ।
ज्ञानं विज्ञानसहितं यज्ज्ञात्वा मोक्ष्यसेऽशुभात् ॥ १ ॥

śrī-bhagavān uvāca
idaṁ tu te guhya-tamaṁ · pravakṣyāmy anasūyave
jñānaṁ vijñāna-sahitaṁ · yaj jñātvā mokṣyase 'śubhāt

śrī-bhagavān uvāca – Aukščiausiasis Dievo Asmuo tarė; *idam* – šį; *tu* – bet; *te* – tau; *guhya-tamam* – slaptingiausią; *pravakṣyāmi* – Aš sakau; *anasūyave* – nepavydžiam; *jñānam* – žinojimą; *vijñāna* – su įsisavintu žinojimu; *sahitam* – kartu; *yat* – kuriuos; *jñātvā* – suvokdamas; *mokṣyase* – tu išsivaduosi; *aśubhāt* – iš šios varganos materialios būties.

Aukščiausiasis Dievo Asmuo tarė: Mano brangus Arjuna, tu niekados man nepavydi, todėl Aš perteiksiu tau slaptingiausią žinojimą ir patyrimą, kurie padės tau išsivaduoti iš materialios būties negandų.

Kuo daugiau bhaktas išgirsta apie Aukščiausiąjį Viešpatį, tuo labiau jis prašviesėja. Toks klausymosi procesas rekomenduojamas "Śrīmad-Bhāgavatam": "Aukščiausiojo Dievo Asmens žodžiai kupini galybės, kuri patiriama, jei su Aukščiausiuoju Viešpačiu susiję dalykai yra aptariami tarp bhaktų. Tai nepasiekiama bendraujant su spekuliatyviais mąstytojais ar su akademiniais mokslininkais, mat tas žinojimas gaunamas per patyrimą."

Bhaktai be atvangos tarnauja Aukščiausiajam Viešpačiui. Viešpats supranta su kokiomis mintimis ir kaip nuoširdžiai viena ar kita gyvoji esybė atsideda Kṛṣṇos sąmonei, ir suteikia jai intelektą, kad bendraudama su bhaktais, ji suprastų mokslą apie Kṛṣṇą. Pokalbiai apie Kṛṣṇą turi didelę galią, ir jeigu žmogui nusišypso laimė bendrauti su bhaktais, jeigu jis stengiasi įsisavinti žinias – jis tikrai padarys pažangą dvasinio pažinimo kelyje. Viešpats Kṛṣṇa, norėdamas paskatinti Arjuną su vis didesniu pasiaukojimu tarnauti Viešpačiui, devintame skyriuje kalba apie dalykus, slaptingesnius už tuos, kuriuos jis atskleidė anksčiau.

"Bhagavad-gītos" pradžia, pirmasis jos skyrius – tai savotiškas įvadas į likusią knygos dalį. Antrame ir trečiame skyriuje pateiktas dvasinis žinojimas vadinamas slaptingu. Dalykai, kurie aptariami septintame ir aštuntame skyriuose, labai glaudžiai susiję su pasiaukojimo tarnyste, o kadangi jie teikia prašviesėjimą per Kṛṣṇos sąmonę, tai vadinami dar slaptingesniais. O štai devintame skyriuje liečiamos temos siejasi su besąlyginiu, tyru pasiaukojimu, todėl jos vadinasi slaptingiausios. Kas turi slaptingiausią žinojimą apie Kṛṣṇą, savaime yra transcendentalus, todėl jo nebevargina materialios kančios, nors jis ir gyvena materialiame pasaulyje. "Bhakti-rasāmṛta-sindhu" sakoma, kad žmogus, trokštantis nuoširdžiai su meile tarnauti Aukščiausiajam Viešpačiui, laikytinas išsivadavusiu, nors jis ir yra sąlygotoje materialioje būtyje. Panašų teiginį – kad kiekvienas tokiu būdu tarnaujantis Viešpačiui yra išsivadavęs – randame "Bhagavad-gītos" dešimtame skyriuje.

Pirmajame posme slypi ypatinga prasmė. Žodžiai *idaṁ jñānam* ("šis žinojimas") nurodo tyrą pasiaukojimo tarnystę, kurią sudaro devynios skirtingos veiklos formos: klausymasis, kartojimas, atsiminimas, tarnavimas, garbinimas, malda, Viešpaties nurodymų vykdymas, draugystė ir visko aukojimas. Atliekant pasiaukojimo tarnystę, turinčią devynias veiklos formas, pakylama į dvasinę sąmonę – Kṛṣṇos sąmonę. Kai pasiaukojimo tarnystė apvalo širdį nuo materijos nešvarybių, tampa aiškus Kṛṣṇos mokslas. Nepakanka suprasti, kad gyvoji esybė yra nemateriali. Tas supratimas gali būti dvasinio pažinimo pradžia, bet būtina skirti kūno veiklą nuo dvasinės veiklos, kai suvokiama, kad nesi kūnas.

Septintame skyriuje jau aptarėme Aukščiausiojo Dievo Asmens neaprėpiamą galybę, Jo įvairias energijas, žemesniąją ir aukštesniąją gamtą ir visą materialią kūriniją. O štai devintas skyrius skelbia Viešpaties šlovę.

Posme taip pat labai svarbus sanskrito žodis *anasūyave*. Paprastai net ir labai išsimokslinę komentatoriai pavydi Kṛṣṇai – Aukščiausiajam Dievo Asmeniui. Net ir patys didžiausi eruditai labai netiksliai komentuoja „Bhagavad-gītą". Jie pavydi Kṛṣṇai, todėl jų komentarai neturi vertės. *Bona fide* yra tie komentarai, kuriuos pateikia Viešpaties bhaktai. Jei žmogų graužia pavydas, jis negali nei paaiškinti „Bhagavad-gītos", nei pateikti tobulas žinias apie Kṛṣṇą. Kas kritikuoja Kṛṣṇą Jo nepažinęs – stačiai kvailys. Taigi tokių komentarų reikia itin vengti. O tam, kuris žino, kad Kṛṣṇa yra Aukščiausiasis Dievo Asmuo, tyra ir transcendentinė Asmenybė, šie skyriai bus labai naudingi.

राजविद्या राजगुह्यं पवित्रमिदमुत्तमम् । 9.2
प्रत्यक्षावगमं धर्म्यं सुसुखं कर्तुमव्ययम् ॥ २ ॥

rāja-vidyā rāja-guhyaṁ · pavitram idam uttamam
pratyakṣāvagamaṁ dharmyaṁ · su-sukhaṁ kartum avyayam

rāja-vidyā – mokslų valdovas; *rāja-guhyam* – slaptingo žinojimo valdovas; *pavitram* – tyriausias; *idam* – šis; *uttamam* – transcendentinis; *pratyakṣa* – tiesioginiu patyrimu; *avagamam* – suvokiamas; *dharmyam* – religijos principas; *su-sukham* – labai džiaugsmingai; *kartum* – atliekamas; *avyayam* – amžinas.

Šis žinojimas – mokslų valdovas, paslapčių paslaptis. Jis – tyriausias, o kadangi per patyrimą leidžia tiesiogiai suvokti savąjį „aš", jis yra religijos tobulybė. Jis amžinas ir praktikuojamas džiaugsmingai.

Devintas „Bhagavad-gītos" skyrius vadinamas mokslų valdovu, nes jis – visų anksčiau išaiškintų doktrinų ir filosofijų esmė. Pagrindiniai Indijos filosofai yra Gautama, Kaṇāda, Kapila, Yājñavalkya, Śāṇḍilya, Vaiśvānara ir, pagaliau, Vyāsadeva – „Vedānta-sūtros" autorius. Taigi filosofijos ar transcendentinio žinojimo srityje žinių nestinga. Dabar Viešpats sako, kad devintas skyrius – tai visų tų mokslų valdovas, esmė viso žinojimo, kuris įgyjamas studijuojant Vedas ir vieną ar kitą filosofijos rūšį. Jis slaptingiausias, nes slaptingas arba transcendentinis žinojimas paaiškina skirtumą tarp sielos ir kūno, o visų slaptingų mokslų viršūnė – pasiaukojimo tarnystė.

Paprastai žmonės neturi slaptingo žinojimo, jų išsimokslinimas susijęs su išoriniu pasauliu. Įprastoje švietimo sistemoje žmonės gilinasi į daugybę sričių: politiką, sociologiją, fiziką, chemiją, matematiką, astronomiją, technikos mokslus etc. Pasaulyje daug mokslo įstaigų ir solidžių universitetų, tačiau, deja, nėra universiteto ar kokios nors švietimo įstaigos, kur būtų dėstomas mokslas apie dvasinę sielą. O juk siela – pati svarbiausia kūno dalis, be jos kūnas bevertis. Vis dėlto didžiausią dėmesį žmonės skiria kūno poreikiams, nesirūpindami siela, įkvepiančia kūnui gyvybę.

„Bhagavad-gītā", ypač nuo antro jos skyriaus, akcentuoja sielos svarbą. Juk iš pat pradžių Viešpats sako, kad kūnas yra netvarus, o siela – amžina (*antavanta ime dehā nityasyoktāḥ śarīriṇaḥ*). Slaptingoji žinojimo dalis – tai supratimas, kad dvasinė siela skiriasi nuo kūno ir kad ji pagal savo prigimtį nekintama, nesunaikinama ir amžina. Bet toks žinojimas dar neatskleidžia tikrosios sielos prigimties. Siela skiriasi nuo kūno, ir žmonėms kartais susidaro įspūdis, kad tada, kai kūnui ateina galas arba kai iš jo išsivaduojama, siela pakimba tuštumoje ir tampa beasmene. Tačiau taip nėra. Kaip siela, tokia aktyvi kūne, išsivadavusi iš jo gali būti pasyvi? Ji visada aktyvi. Ji amžina, todėl ir amžinai aktyvi, o jos veikla dvasinėje karalystėje sudaro slaptingiausią dvasinio žinojimo dalį. Todėl čia sakoma, kad dvasinės sielos veikla – visų mokslų valdovas, slaptingiausia viso žinojimo dalis.

Vedų raštuose aiškinama, kad šis žinojimas yra pati tyriausia bet kokios veiklos forma. „Padma Purāṇoje" po nuodėmingų žmogaus poelgių nagrinėjimo teigiama, kad jie yra viena paskui kitą sekančių nuodėmių padariniai. Karminę veiklą atliekantys žmonės įstringa skirtingose atoveikio už nuodėmes stadijose, juos apraizgo skirtingos to atoveikio formos. Pavyzdžiui, pasodinus kokio nors medžio sėklą, reikia šiek tiek palaukti, kol išaugs medis. Iš pradžių išdygsta mažas daigas, kuris vėliau išauga į medį, po to jis žydi ir nokina vaisius; pagaliau žmogus, pasodinęs šio medžio sėklą, sulaukia jo žiedų ir vaisių. Taip ir veikiantysis padaro nuodėmingą poelgį, o šis, kaip sėkla, tik po kurio laiko subrandina vaisius. Yra įvairūs sėklos brendimo etapai. Žmogus gali nustoti daręs nuodėmes, tačiau tos veiklos padarinys, arba vaisius, vis tiek turės būti paragautas. Vienos nuodėmės vis dar sėklos pavidalo, kitos jau užsimezgusios ir duoda vaisių, kurį patiriame kaip kančią ar skausmą.

Kaip buvo aiškinta septinto skyriaus dvidešimt aštuntame posme, žmogus, kurio nuodėmingų poelgių atoveikis išseko, kuris yra pasinėręs į doringą veiklą ir išsivadavęs iš materialaus pasaulio dualizmo, atsideda tarnauti Aukščiausiajam Dievo Asmeniui, Kṛṣṇai. Kitaip sakant, su pasiaukojimu tarnaujantys Aukščiausiajam Viešpačiui jau išvengė atoveikio už visas nuodėmes. Šis teiginys patvirtintas „Padma Purāṇoje":

aprārabdha-phalaṁ pāpaṁ · kūṭaṁ bījaṁ phalonmukham
krameṇaiva pralīyeta · viṣṇu-bhakti-ratātmanām

Tiems, kurie su pasiaukojimu tarnauja Aukščiausiajam Dievo Asmeniui, atoveikis už visas nuodėmes – ar užmegzto, ar subrandinto vaisiaus, ar sėklos pavidalo – pamažu išnyksta. Taigi pasiaukojimo tarnystė turi labai stiprią apvalomąją galią, ji vadinama *pavitram uttamam* – tyriausia. *Uttama* reiškia „transcendentalus". *Tamas* – tai materialus pasaulis, arba tamsybė, o *uttama* – tai, kas transcendentalu materialiai veiklai. Pasiaukojimo veiklos nereikia laikyti materialia, nors kartais ir atrodo, kad bhaktai daro tą patį, ką ir paprasti žmonės. Pasiaukojimo tarnystę suprantantis ir gerai su ja susipažinęs žmogus žino, kad tai ne materiali, o dvasinė, Viešpačiui skirta veikla, nesutepta materialios gamtos *gunų*.

Sakoma, kad pasiaukojimo tarnystės praktika yra tokia tobula, jog jos rezultatas patiriamas tiesiogiai. Tiesioginis poveikis gerai jaučiamas, ir mūsų praktinė patirtis rodo, kad kiekvienas žmogus, be nusižengimų kartojantis šventuosius Kṛṣṇos vardus – Hare Kṛṣṇa, Hare Kṛṣṇa, Kṛṣṇa Kṛṣṇa, Hare Hare/ Hare Rāma, Hare Rāma, Rāma Rāma, Hare Hare – pajunta transcendentinę palaimą ir netrukus apsivalo nuo visų materijos nešvarybių. Tai iš tikro galima pastebėti. Jeigu žmogus ne tiktai klausosi, bet ir stengiasi skelbti žinią apie transcendentinę veiklą ar prisideda prie misionieriškos Kṛṣṇos sąmonės veiklos, jis pajunta, jog tolydžio dvasiškai tobulėja. Tokia dvasinė raida nepriklauso nuo anksčiau įgyto išsilavinimo ar kitų savybių. Pats metodas toks tyras, kad vien jo pakanka apsivalyti.

„Vedānta-sūtroje" (3.2.26) ši mintis išreikšta tokiais žodžiais: *prakāśaś ca karmaṇy abhyāsāt.* „Pasiaukojimo tarnystė tokia galinga, kad tiesiog ją atlikdamas, žmogus prašviesėja. Dėl to nereikia abejoti." Geru pavyzdžiu čia gali būti praeitas Nārados gyvenimas, kai jis buvo tarnaitės sūnus. Nārada nebuvo nei išsilavinęs, nei aukštos kilmės. Kai jo motina patarnaudavo didiems bhaktams, Nārada jai padėdavo, o kartais, kai motinos nebūdavo, didiems bhaktams jis patarnaudavo pats. Nārada sako:

Jo Dieviškoji Kilnybė
A.C. Bhaktivedanta Svamis Prabhupāda
Tarptautinės Krišnos sąmonės bendrijos įkūrėjas-ācārya

Śrīla Bhaktisiddhānta Sarasvatis Ṭhākura,
Śrī Śrīmad A.C. Bhaktivedantos Svamio
Prabhupādos dvasinis mokytojas

Śrīla Gaurakiśora dāsa Bābājis,
Śrīlos Bhaktisiddhāntos Sarasvačio
dvasinis mokytojas

Śrīla Bhaktivinoda Ṭhākura,
pirmasis pradėjo skleisti Kṛṣṇos
sąmonę anglų kalba

Śrī Rūpa ir Śrī Sanātana Gosvāmiai,
ištikimiausi Viešpaties Caitanyos
bhaktai

Pañca-tattva
Śrī Kṛṣṇa Caitanya su Savo artimiausiais palydovais

Išmintingieji neaprauda nei gyvųjų, nei mirusiųjų. (p. 87)

š visų *yogų* tas, kuris su didžiu tikėjimu visad gyvena Manyje,
galvoja apie Mane ir tarnauja Man su transcendentine
neile, yra artimiausiai susijęs su Manimi *yogos* ryšiais ir visų
ukščiausias. (p. 349)

Jei žmogus išsiugdo gyvuliškas savybes, nėra abejonių, kad kitą gyvenimą jis gaus gyvulio kūną ir galės atitinkamai džiaugtis. Sąmonė, kurią išsiugdėme gyvendami, mirties metu pagal *karmos* dėsnį perneša mus į kitą kūną. (p. 701)

„Visada galvok apie Mane, tapk Mano bhaktu, garbink Mane ir lenkis Man. Aš pažadu – taip tu tikrai ateisi pas Mane, nes esi labai brangus Mano draugas." (p. 821)

ucchiṣṭa-lepān anumodito dvijaiḥ
  sakṛt sma bhuñje tad-apāsta-kilbiṣaḥ
evaṁ pravṛttasya viśuddha-cetasas
  tad-dharma evātma-ruciḥ prajāyate

Šiame „Śrīmad-Bhāgavatam" (1.5.25) posme Nārada pasakoja savo mokiniui Vyāsadevai apie praeitą gyvenimą. Jis sako, kad vaikystėje patarnaudavo tyriems bhaktams ir keturis mėnesius, kol jie svečiuodavosi jo namuose, artimai su jais bendraudavo. Kartais išminčių lėkštėse likdavo maisto, ir jas plovęs berniukas užsimanė jo paragauti. Jis paprašė didžių bhaktų leidimo paragauti maisto likučių, ir išminčiai jam leido. Taip Nārada išsivadavo nuo atoveikio už visas nuodėmes. Bevalgant maisto likučius, jo širdis tolydžio skaistėjo ir tapo tokia pat tyra, kaip išminčių. Klausydamiesi apie Viešpatį ir Jį šlovindami didieji bhaktai mėgavosi tuo skoniu, kurį teikė nuolatinė pasiaukojimo tarnystė Viešpačiui. Polinkį klausytis apie Viešpatį ir Jį šlovinti pamažu išsiugdė ir Nārada. Toliau Nārada sako:

tatrānvahaṁ kṛṣṇa-kathāḥ pragāyatām
  anugraheṇāśṛṇavaṁ manoharāḥ
tāḥ śraddhayā me 'nupadaṁ viśṛṇvataḥ
  priyaśravasy aṅga mamābhavad ruciḥ

Bendraujant su išminčiais, Nāradai atsirado polinkis klausytis apie Viešpatį ir Jį šlovinti, ir jis išsiugdė didžiulį norą pasiaukojamai tarnauti. Todėl, kaip sakoma „Vedānta-sūtroje": *prakāśāś ca karmaṇy abhyāsāt* – jei atliekami pasiaukojimo tarnystės veiksmai, to užtenka, kad viskas atsiskleistų savaime ir viskas taptų aišku. Tai vadinama *pratyakṣa* – tiesioginiu patyrimu.

Žodis *dharmyam* reiškia „religijos kelias". Nārada buvo tarnaitės sūnus ir neturėjo galimybės lankyti mokyklos. Jis tiktai padėdavo savo motinai, kuri, laimė, patarnavo bhaktams. Nārada gavo galimybę patarnauti ir vien tik bendravimo dėka pasiekė aukščiausią visos religijos tikslą. „Śrīmad-Bhāgavatam" teigiama: *sa vai puṁsāṁ paro dharmo yato bhaktir adhokṣaje* – aukščiausias visos religijos tikslas yra pasiaukojimo tarnystė. Religingi žmonės dažnai nežino, kad pasiaukojimo tarnystė yra aukščiausias religijos tobulumas. Kaip jau buvo kalbėta, aptariant aštunto skyriaus paskutinį posmą (*vedeṣu yajñeṣu tapaḥsu caiva*) – siekiant dvasinės savivokos Vedų išmintis dažniausiai būna reikalinga. Bet šiuo atveju Nārada, nors ir nelankė mokyklos, kuriai vadovauja dvasinis mokytojas, ir nesimokė Vedų priesakų, įgijo pačius aukščiausius Vedų studijų rezultatus. Šis procesas toks galingas, kad net reguliariai neatliekant religinės veiklos, galima pasiekti aukščiausią tobulumą. Kaip tai įmanoma? Tai paaiškinta Vedų raštuose: *ācāryavān puruṣo veda*. Bendraudamas su didžiausiais *ācāryomis,* žmogus, net jei jis nėra išsilavinęs ir niekad nestudijavęs Vedų, įgyja dvasinei savivokai reikalingą išmanymą.

Pasiaukojimo tarnystės kelias yra labai džiaugsmingas (*susukham*). Kodėl? Pasiaukojimo tarnystę sudaro *śravaṇaṁ kīrtanaṁ viṣṇoḥ* – taigi pakanka klausytis, kaip šlovinamas Viešpats, ar lankyti autorizuotų *ācāryų* skaitomas filosofines paskaitas apie transcendentinį žinojimą. Vien dalyvaujant jose jau yra mokomasi, be to, galima valgyti Dievui paaukoto maisto likučius, gardžius patiekalus. Pasiaukojimo tarnystė visada teikia džiaugsmo. Su pasiaukojimu tarnauti gali net didžiausias varguolis. Viešpats sako: *patraṁ puṣpaṁ phalaṁ toyam* – Jis pasiruošęs iš bhakto priimti kiekvieną auką, nesvarbu kokia ji būtų. Lapelis, gėlė, vaisius ar truputis vandens – visa tai bet kuriame pasaulio kampelyje gali pasiūlyti *kiekvienas* žmogus, nepriklausomai nuo jo socialinės padėties, ir, jeigu aukojama su meile, auka bus priimta. Istorija žino daug tokių pavyzdžių. Paragavę Viešpaties lotosinėms pėdoms paaukotų *tulasī* lapelių, tokie didieji išminčiai, kaip Sanat-kumāra, tapo didžiais bhaktais. Taigi pasiaukojimo tarnystė yra nuostabi ir atliekama pakilia nuotaika. Aukoje Dievas priima tik meilę.

Čia sakoma, kad pasiaukojimo tarnystė amžina. Tai prieštarauja *māyāvādžių* filosofų teiginiams. Nors kartais jie ir įsijun-

gia į vadinamąją pasiaukojimo tarnystę, bet galvoja, kad tęs ją tik
tol, kol išsivaduos, o po to „susivienys su Dievu". Tokia laikina
pasiaukojimo tarnystė nelaikytina tyra. Tikroji pasiaukojimo tar-
nystė tęsiasi ir išsivadavus. Kai bhaktas įžengia į dvasinę planetą
Dievo karalystėje, ten jis irgi tarnauja Aukščiausiajam Viešpačiui ir
nesistengia su Juo susivienyti.

Kaip rodo „Bhagavad-gītā", tikroji pasiaukojimo tarnystė prasi-
deda išsivadavus. Kai išsivadavus yra pasiekiamas Brahmano būvis
(*brahma-bhūta*), prasideda pasiaukojimo tarnystė (*samaḥ sarveṣu
bhūteṣu mad-bhaktiṁ labhate parām*). Niekas nesugebės suprasti
Aukščiausiojo Dievo Asmens praktikuodamas tik *karma-yogą,
jñāna-yogą, aṣṭāṅga-yogą* ar kurią nors kitą *yogą*. Šie *yogos* meto-
dai leidžia tik truputį priartėti prie *bhakti-yogos,* tačiau nepa-
siekus pasiaukojimo tarnystės lygio, neįmanoma suprasti, kas yra
Dievo Asmuo. „Śrīmad-Bhāgavatam" pritaria tam, kad kai žmo-
gus apsivalo atlikdamas pasiaukojimo tarnystę, ypač klausydamasis
„Śrīmad-Bhāgavatam" arba „Bhagavad-gītos" iš dvasiškai susivo-
kusių sielų, tada jis suvokia Kṛṣṇos mokslą – mokslą apie Dievą.
Evaṁ prasanna-manaso bhagavad-bhakti-yogataḥ. Kas yra Dievas,
suprasime tik tada, kai širdis apsivalys nuo visokio šlamšto. Taigi
pasiaukojimo tarnystės, Kṛṣṇos sąmonės, procesas yra visų mokslų
ir slaptingo žinojimo valdovas. Jis – gryniausia religijos forma, o
praktikuojamas lengvai ir džiaugsmingai. Todėl reikia praktikuoti
šį procesą.

अश्रद्दधानाः पुरुषा धर्मस्यास्य परन्तप ।   **9.3**
अप्राप्य मां निवर्तन्ते मृत्युसंसारवर्त्मनि ॥ ३ ॥

*aśraddadhānāḥ puruṣā · dharmasyāsya paran-tapa
aprāpya māṁ nivartante · mṛtyu-saṁsāra-vartmani*

aśraddadhānāḥ – netikintys; *puruṣāḥ* – šie žmonės; *dharmasya* –
religijos procesu; *asya* – šiuo; *parantapa* – o priešų baudėjau; *aprā-*

pya – nepasiekę; *mām* – Manęs; *nivartante* – sugrįžta atgal; *mṛtyu* – mirties; *saṁsāra* – materialioje būtyje; *vartmani* – keliu.

Netikintys pasiaukojimo tarnyste negali ateiti pas Mane, o priešų nugalėtojau. Todėl jie sugrįžta į gimimo ir mirties ratą materialiame pasaulyje.

Netikintieji negali pasiekti tobulumo pasiaukojimo tarnystėje – tokia posmo prasmė. Tikėjimas gimsta bendraujant su bhaktais. Nelaimingi žmonės, net išklausę iš didžių asmenybių visus Vedų raštų pateikiamus įrodymus, vis tiek netiki Dievą. Jie neryžtingi ir jų pasiaukojimo tarnystė Viešpačiui nėra tvirta. Taigi tikėjimas – pats svarbiausias Kṛṣṇos sąmonės puoselėjimo veiksnys. „Caitanya-caritāmṛtoje" sakoma, kad tikėjimas – tai įsitikinimas, kad vien tik tarnaujant Aukščiausiajam Viešpačiui Śrī Kṛṣṇai galima tapti tobulu. Tai tikras tikėjimas. „Śrīmad-Bhāgavatam" (4.31.14) teigiama:

yathā taror mūla-niṣecanena
  tṛpyanti tat-skandha-bhujopaśākhāḥ
prāṇopahārāc ca yathendriyāṇāṁ
  tathaiva sarvārhaṇam acyutejyā

„Laistant medžio šaknis, vandens gauna jo šakos, šakelės ir lapai, o tiekiant skrandžiui maistą, patenkinamos visos kūno juslės. Taip ir atliekant transcendentinę tarnystę Aukščiausiajam Viešpačiui, savaime patenkinami visi pusdieviai ir kitos gyvosios esybės." Taigi perskaičius „Bhagavad-gītą", derėtų visiškai pripažinti jos pagrindinę išvadą – reikia atmesti visą kitą veiklą ir tiesiog atsidėti tarnystei Aukščiausiajam Viešpačiui Kṛṣṇai, Dievo Asmeniui. Įsitikinimas, kad ši gyvenimo filosofija teisinga, ir yra tikėjimas.

  Tokio tikėjimo ugdymas ir yra Kṛṣṇos sąmonės procesas. Kṛṣṇą įsisąmoninę žmonės yra dalijami į tris kategorijas. Trečiai kategorijai priklauso netikintys. Net jeigu formaliai jie ir praktikuoja pasiaukojimo tarnystę, jie negali pasiekti aukščiausios tobulumo pakopos. Veikiausiai po kurio laiko jie pasitrauks. Jie gali prakti kuoti Kṛṣṇos sąmonę, tačiau neturint visiško tikėjimo jiems sunku ją tęsti. Iš misionieriškos veiklos patirties žinome, kad yra žmonių, kurie ateina į Kṛṣṇos sąmonę turėdami kokius nors užslėptus motyvus, tačiau vos pagerėja jų ekonominė padėtis, jie meta Kṛṣṇos sąmonę ir vėl nueina senais keliais. Tik tikėjimas leidžia žmogui tobulėti Kṛṣṇos sąmonės srityje. O dėl tikėjimo ugdymo, tai tas, kuris gerai susipažinęs su literatūra apie pasiaukojimo tarnystę ir išsiugdė tvirtą tikėjimą, priskiriamas pirmajai Kṛṣṇos sąmonės žmonių kategorijai. Antrajai kategorijai priklauso nelabai gerai išmanantys religinius raštus, tačiau tvirtai tikintys, kad *kṛṣṇa-bhakti*, tarnystė Kṛṣṇai, yra geriausias kelias, ir todėl be svyravimų jį pasirinkę. Taigi jie pranašesni už trečios kategorijos atstovus, kurie gerai neišmano šventraščių ir nepasižymi dideliu tikėjimu, bet dėl bendravimo su bhaktais ir iš dvasios paprastumo stengiasi praktikuoti šį procesą. Trečios kategorijos žmogus gali pulti, bet antrai kategorijai priklausantis nepuola, o pirmos kategorijos – juo labiau. Kas priklauso pirmai kategorijai, tas tikrai padarys pažangą ir galų gale pasieks tikslą. Bet kalbant apie trečios Kṛṣṇos sąmonės kategorijos žmogų, reikia pasakyti, kad jis dar negavo atitinkamų žinių apie Kṛṣṇą iš tokių šventraščių, kaip „Śrīmad-Bhāgavatam" ir „Bhagavad-gītā", nors ir yra įsitikinęs, jog pasiaukojimo tarnystė Kṛṣṇai – didelis gėris. Kartais trečios kategorijos atstovai turi polinkį *karma-yogai* ir *jñānai-yogai*, o būna, kad jie susipainioja; tačiau, kai tik praeina *karma-yogos* ir *jñāna-yogos* infekcija, jie tampa antros arba pirmos kategorijos žmonėmis, įsisąmoninusiais Kṛṣṇą. Skiriami trys tikėjimo Kṛṣṇa lygmenys. Jie aprašomi „Śrīmad-Bhāgavatam". Vienuoliktoje „Śrīmad-Bhāgavatam" giesmėje taip pat aiškinama apie pirmos, antros ir trečios kategorijos prisirišimą. Neįtikėjusiems net po to, kai išgirsta apie Kṛṣṇą ir pasiaukojimo tarnystės išskirtinumą, ir manantiems, jog tai vien panegirika, pasiaukojimo tarnystės kelias rodosi sunkus, nors formaliai juo ir einama. Mažai tikėtina, kad jie sugebės pasiekti tobulumą. Taigi atliekant pasiaukojimo tarnystę, labai svarbu tikėti.

मया ततमिदं सर्वं जगदव्यक्तमूर्तिना । 9.4
मत्स्थानि सर्वभूतानि न चाहं तेष्ववस्थितः ॥ ४ ॥

mayā tatam idaṁ sarvaṁ · jagad avyakta-mūrtinā
mat-sthāni sarva-bhūtāni · na cāhaṁ teṣv avasthitaḥ

mayā – Mano; *tatam* – persmelkta; *idam* – ši; *sarvam* – visa; *jagat* – kosminis pasaulis; *avyakta-mūrtinā* – neišreikštu pavidalu; *mat-sthāni* – Manyje; *sarva-bhūtani* – visos gyvosios esybės; *na* – ne; *ca* – taip pat; *aham* – Aš; *teṣu* – jose; *avasthitaḥ* – esantis.

Neišreikštuoju pavidalu Aš persmelkiu ištisą visatą. Visos būtybės yra Manyje, bet Aš nesu jose.

Aukščiausiasis Dievo Asmuo nepatiriamas grubiom materialiom juslėm. Pasakyta:

ataḥ śrī-kṛṣṇa-nāmādi · na bhaved grāhyam indriyaiḥ
sevonmukhe hi jihvādau · svayam eva sphuraty adaḥ

(„Bhakti-rasāmṛta-sindhu" 1.2.234)

Materialiomis juslėmis negalima suprasti Viešpaties Śrī Kṛṣṇos vardo, šlovės, pramogų etc. Jis atsiskleidžia tik tam, kuris atlieka tyrą pasiaukojimo tarnystę ir turi tinkamą tam vadovą. „Brahma-saṁhitoje" (5.38) sakoma: *premāñjana-cchurita-bhakti-vilocanena santaḥ sadaiva hṛdayeṣu vilokayanti* – Aukščiausiąjį Dievo Asmenį, Govindą, visada galima regėti savyje ir išorėje, jeigu išsiugdomas transcendentinės meilės jausmas Jam. Taigi paprastiems žmonėms Jis yra nematomas. Čia sakoma, kad nors Jis ir yra visa persmelkiantis ir visur esantis, materialiom juslėm Jo negalima patirti. Tą rodo šio posmo žodis *avyakta-mūrtinā*. Tačiau iš tikro, nors mes ir negalime Jo pamatyti, viskas glūdi Jame. Visas materialus kosminis pasaulis, kaip mes jau išsiaiškinome septintajame skyriuje, tėra Jo dviejų skirtingų energijų – aukštesnės (dvasinės) ir žemesnės (materialios) – derinys. Kaip Saulės spinduliai pasklinda po visatą, taip ir Viešpaties energija, kurioje viskas glūdi, yra pasklidusi po visą kūriniją.

Tačiau nereiktų manyti, kad visur pasklisdamas Jis netenka Savo asmeniškumo. Paneigdamas šį argumentą, Viešpats sako: „Aš visur ir viskas Manyje, bet vis dėlto Aš esu nuošaly." Pavyzdžiui, karalius vadovauja savo vyriausybei, kuri yra jo valdžios išraiška. Įvairiausios valstybinės įstaigos yra karaliaus energijos, ir kiekviena jų remiasi jo valdžia, bet vis dėlto negalime tikėtis kiekvienoje įstaigoje pamatyti patį karalių. Čia pateiktas grubus pavyzdys. Lygiai taip visi regimi reiškiniai ir visa tai, kas egzistuoja tiek materialiame, tiek dvasiniame pasaulyje, egzistuoja Aukščiausiojo Dievo Asmens energijos pagrindu. Kūrinija gimsta plečiantis Jo įvairiausioms energijoms ir, kaip sakoma „Bhagavad-gītoje": *viṣṭabhyāham idaṁ kṛtsnam* – Jis yra visur Savo skleidinio, Supersielos, pavidalu.

न च मत्स्थानि भूतानि पश्य मे योगमैश्वरम् ।
भूतभृन्न च भूतस्थो ममात्मा भूतभावनः ॥ ५ ॥   9.5

na ca mat-sthāni bhūtāni · paśya me yogam aiśvaram
bhūta-bhṛn na ca bhūta-stho · mamātmā bhūta-bhāvanaḥ

na – niekada; *ca* – taip pat; *mat-sthāni* – esanti Manyje; *bhūtāni* – visa kūrinija; *paśya* – išvysk; *me* – Mano; *yogam aiśvaram* – nesuvokiamą mistinę galią; *bhūta-bhṛt* – palaikantis visas gyvąsias esybes; *na* – niekada; *ca* – taip pat; *bhūta-sthaḥ* – materialiame kosmose; *mama* – Mano; *ātmā* – „Aš"; *bhūta-bhāvanaḥ* – visų kūrinių šaltinis.

Vis dėlto visa, kas sukurta, glūdi ne Manyje. Regėk Mano mistinę galybę! Nors Aš palaikau visas gyvąsias esybes ir esu visur, nesu materialaus kosmoso dalis, nes Manasis „Aš" ir yra kūrinijos versmė.

Viešpats sako, kad Jis visa ko ramstis (*mat-sthāni sarva-bhūtāni*). Nesupraskime šio teiginio neteisingai. Viešpats nėra tiesiogiai atsakingas už materialios kūrinijos palaikymą ir aprūpinimą. Dažnam

yra tekę matyti piešinį, vaizduojantį Atlantą, kuris ant savo pečių
laiko Žemės rutulį. Iš pažiūros, jam tikrai nelengva nulaikyti
didžiulę Žemės planetą. Tokio įvaizdžio nereikia susieti su Kṛṣṇa –
su tuo, kuris palaiko sukurtą visatą. Jis sako, kad nors ir yra
visa ko ramstis, Jis – nuošalyje. Planetų sistemos plauko erdvėje,
kuri yra Aukščiausiojo Viešpaties energija. Tačiau Jis skiriasi nuo
erdvės. Jo padėtis kita. Todėl Viešpats sako: „Nors nesuvokiama
Mano energija ir palaiko jas, Aš, Aukščiausiasis Dievo Asmuo, esu
nuošaly jų." Tokia nesuvokiama Viešpaties galybė.

Vediškajame *Nirukti* žodyne sakoma: *yujyate 'nena durghaṭeṣu
kāryeṣu* – „Skleisdamas Savo energiją, Aukščiausiasis Viešpats
atlieka neįmanomas ir nuostabias pramogas." Jo asmenybė skli-
dina visagalių energijų, o Jo sprendimai – jau įvykęs faktas. Būtent
taip reikia suprasti Dievo Asmenį. Sumanę kažką padaryti savo
kelyje sutinkame tiek kliūčių, jog kartais tai, ko mes siekiame, yra
neįgyvendinama. O kai Kṛṣṇa panori ką nuveikti, pakanka tik Jo
noro, ir viskas įvyksta taip tobulai, kad žmogui tai tiesiog neį-
sivaizduojama. Šį faktą Viešpats aiškina taip: nors Jis palaiko ir
aprūpina visą materialią kūriniją, tačiau prie jos ir pirštu nepri-
siliečia. Viskas kuriama, aprūpinama, palaikoma ir sunaikinama
aukščiausia Jo valia. Tarp Jo proto ir Jo Paties nėra skirtumo, nes
Jis absoliuti dvasia (tuo tarpu mes skiriamės nuo mūsų dabar-
tinio materialaus proto). Viešpats vienu metu yra visuose daik-
tuose, tačiau paprastam žmogui nesuprantama, kaip Viešpats gali
būti dar ir asmenybė. Jis nėra tapatus materialiai kūrinijai, bet
vis dėlto Viešpats yra jos ramstis. Posmas aiškina tai kaip *yogam
aiśvaram* – Aukščiausiojo Dievo Asmens mistinė galia.

यथाकाशस्थितो नित्यं वायुः सर्वत्रगो महान् ।
तथा सर्वाणि भूतानि मत्स्थानीत्युपधारय ॥ ६ ॥ 9.6

*yathākāśa-sthito nityaṁ · vāyuḥ sarvatra-go mahān
tathā sarvāṇi bhūtāni mat-sthānīty upadhāraya*

yathā – kaip kad; *ākāśa-sthitaḥ* – esantis danguje; *nityam* – visada; *vāyuḥ* – vėjas; *sarvatra-gaḥ* – visur pučiantis; *mahān* – stiprus; *tathā* – lygiai taip; *sarvāṇi bhūtāni* – visos sukurtos būtybės; *mat-sthāni* – yra Manyje; *iti* – taip; *upadhāraya* – pasistenk suprasti.

Supraski, lygiai kaip galingas visur siaučiantis vėjas visad lieka danguje, taip ir visos sukurtos būtybės glūdi Manyje.

Eiliniam žmogui beveik nesuvokiama, kaip Viešpatyje gali išsitekti milžiniška materiali kūrinija. Tačiau Jis pateikia pavyzdį, padedantį mums tai suprasti. Dangus, gal būt, pati didžiausia apraiška, kurią aprėpia mūsų protas. O šiame danguje yra didžiausia materialaus pasaulio stichija – vėjas, arba oras. Oro srovės lemia bet kokį judėjimą. Nors vėjas galingas, jis vis dėlto pučia danguje, iš jo neištrūksta. Taip ir visos stebuklingos kosmoso apraiškos egzistuoja aukščiausia Dievo valia, jai paklūsta. Kaip dažnai sakoma: net žolelė nesujudės be Aukščiausiojo Dievo Asmens valios. Taigi Jo valia viską judina. Jo valia viskas kuriama, palaikoma ir naikinama. Vis dėlto Jis yra nuošalyje nuo visko, kaip dangus visada nuošaly nuo vėjo.

Upaniṣadose yra teigiama: *yad-bhīṣā vātaḥ pavate* – „Tiktai iš baimės prieš Aukščiausiąjį Viešpatį pučia vėjas." („Taittirīya Upaniṣada" 2.8.1) „Bṛhad-āraṇyaka Upaniṣadoje" (3.8.9) irgi sakoma: *etasaya vā akṣarasya praśāsane gārgi sūrya-candramasau vidhṛtau tiṣṭhata etasya vā akṣarasya praśāsane gārgi dyāv-āpṛthivyau vidhṛtau tiṣṭhataḥ.* „Paklusdami aukščiausiajam įsakymui, Aukščiausiojo Dievo Asmens prižiūrimi, juda Mėnulis, Saulė ir kitos didelės planetos." „Brahma-saṁhitoje" (5.52) taip pat yra sakoma:

yac-cakṣur eṣa savitā sakala-grahāṇāṁ
   rājā samasta-sura-mūrtir aśeṣa-tejāḥ
yasyājñayā bhramati sambhṛta-kāla-cakro
   govindam ādi-puruṣaṁ tam ahaṁ bhajāmi

Čia aprašomas Saulės judėjimas. Sakoma, jog Saulė yra viena iš Aukščiausiojo Viešpaties akių, ji spinduliuoja neišsenkamą šilumą ir šviesą. Bet, paklusdama Govindos įsakymui ir aukščiausiai Jo valiai, ji skrieja nustatyta orbita. Taigi Vedų raštuose randame įrodymų, kad materiali kūrinija, kuri mums atrodo nuostabi ir milžiniška, yra visiškoje Aukščiausiojo Dievo Asmens valdžioje. Plačiau tuos dalykus nušvies kiti šio skyriaus posmai.

सर्वभूतानि कौन्तेय प्रकृतिं यान्ति मामिकाम् ।   9.7
कल्पक्षये पुनस्तानि कल्पादौ विसृजाम्यहम् ॥ ७ ॥

sarva-bhūtāni kaunteya · prakṛtiṁ yānti māmikām
kalpa-kṣaye punas tāni · kalpādau visṛjāmy aham

sarva-bhūtāni – visos sukurtos esybės; *kaunteya* – o Kuntī sūnau; *prakṛtim* – į gamtą; *yānti* – patenka; *māmikām* – Mano; *kalpa-kṣaye* – epochos pabaigoje; *punaḥ* – vėl; *tāni* – visas jas; *kalpa-ādau* – epochos pradžioje; *visṛjāmi* – kuriu; *aham* – Aš.

O Kuntī sūnau, epochos pabaigoje visos materialios apraiškos įeina į Mano gamtą, o kitos epochos pradžioje Aš vėl jas kuriu Savo galia.

Materialaus kosminio pasaulio kūrimas, palaikymas ir naikinimas visiškai priklauso nuo Dievo Asmens aukščiausios valios. „Epochos pabaigoje" reiškia mirus Brahmai. Brahmā gyvena šimtą metų, o viena jo diena trunka 4 300 000 000 mūsų Žemės metų. Tiek pat trunka ir jo naktis. Jo mėnesį sudaro trisdešimt tokių dienų ir naktų, o metus – dvylika mėnesių. Praėjus šimtui Brahmos metų ir jam mirus, pradedamas naikinimas – tai reiškia, kad Aukščiausiojo Viešpaties apreikšta energija vėlei grįžta į Jį. Kai vėl iškyla poreikis apreikšti kosminį pasaulį, Jo valia šis pasaulis gauna išraišką. *Bahu syām*: „Nors Aš esu vienas, tapsiu daugeliu." Šis aforizmas iš Vedų („Chāndogya Upaniṣada" 6.2.3). Viešpats sukuria Savo ekspansijas materialioje energijoje, ir kosminis pasaulis atsiranda iš naujo.

प्रकृतिं स्वामवष्टभ्य विसृजामि पुनः पुनः । **9.8**
भूतग्राममिमं कृत्स्नमवशं प्रकृतेर्वशात् ॥ ८ ॥

prakṛtiṁ svām avaṣṭabhya · visṛjāmi punaḥ punaḥ
bhūta-grāmam imaṁ kṛtsnam · avaśaṁ prakṛter vaśāt

prakṛtim – į materialią gamtą; *svām* – Savo; *avaṣṭabhya* – įeidamas; *visṛjāmi* – Aš kuriu; *punaḥ punaḥ* – kaskart; *bhūta-grāmam* – kosminius kūrinius; *imam* – šiuos; *kṛtsnam* – visus; *avaśam* – savaime; *prakṛteḥ* – gamtos galiai; *vaśāt* – pavaldžius.

Aš lemiu kosmoso tvarką. Mano valia kaskart savaimingai kyla pasauliai, ir atėjus laikui Mano valia jie vėl sunaikinami.

Materialus pasaulis – tai Aukščiausiojo Dievo Asmens žemesniosios energijos apraiška. Apie tai keletą kartų jau buvo kalbėta. Kūrimo metu materiali energija išlaisvinama ir gauna *mahat-tattvos* pavidalą; į ją Viešpats įeina Savo pirmąja Puruṣos inkarnacija – Mahā-Viṣṇu. Jis guli Priežasčių vandenyne ir iškvepia nesuskaičiuojamą daugybę visatų. Į kiekvieną jų Viešpats įžengia kaip Garbhodakaśāyī Viṣṇu. Šitaip kuriamos visatos. Po to Viešpats apsireiškia kaip Kṣīrodakaśāyī Viṣṇu, o šis Viṣṇu įsiskverbia visur – net į mažiausią atomą. Tai paaiškinta šiame posme. Aukščiausiasis įeina į viską.

Materiali gamta apvaisinama gyvosiomis esybėmis, ir dėl savo praeitų poelgių jos atsiduria skirtingose padėtyse. Taip pradeda judėti materialus pasaulis. Įvairios gyvosios būtybės sukrunta jau pirmąją pasaulio kūrimo akimirką. Netiesa, kad viskas atsiranda evoliucijos procese. Drauge su visata sukuriamos ir gyvybės rūšys. Žmonės, gyvūnai, žvėrys, paukščiai – viskas kuriama sykiu, nes ko gyvosios esybės norėjo, kai praeitą kartą buvo naikinamas pasaulis, tą jos ir gauna. Posmo žodis *avaśam* aiškiai sako, kad gyvosios esybės su šiuo procesu neturi nieko bendra. Tiesiog atkuriamas jų ankstesniojo gyvenimo, kai paskutinį sykį egzistavo pasaulis, būvis; o kad tai įvyktų, pakanka Aukščiausiojo valios. Tokia yra nesuvokiama Aukščiausiojo Dievo Asmens galia. Po to, kai Jis sukuria įvairias gyvybės rūšis, Jis nebeturi su jomis jokio ryšio. Pasaulis kuriamas tam, kad būtų sudarytos sąlygos gyvųjų esybių polinkiams patenkinti; tad, sukūręs pasaulį, Jis nebesikiša į jo reikalus.

न च मां तानि कर्माणि निबध्नन्ति धनञ्जय ।   9.9
उदासीनवदासीनमसक्तं तेषु कर्मसु ॥ ९ ॥

na ca māṁ tāni karmāṇi · nibadhnanti dhanañjaya
udāsīna-vad āsīnam · asaktaṁ teṣu karmasu

na – niekada; *ca* – taip pat; *mām* – Mane; *tāni* – visa ši; *karmāṇi* – veikla; *nibadhnanti* – supančioja; *dhanañjaya* – o turtų užkariautojau; *udāsīna-vat* – neutralus; *āsīnam* – esantis; *asaktam* – be potraukio; *teṣu* – tai; *karmasu* – veiklai.

O Dhanañjaya, visi šie darbai Manęs nesupančioja. Būdamas nuošalyje nuo šios materialios veiklos, Aš jos atžvilgiu išlieku neutralus.

Iš to, kas pasakyta, nereikia spręsti, kad Aukščiausiasis Dievo Asmuo neturi ką veikti. Savo dvasiniame pasaulyje jis nuolat ką nors veikia. „Brahma-saṁhitoje" (5.6) sakoma: *ātmārāmasya tasyāsti prakṛtyā na samāgamaḥ* – „Jis nuolatos užsiėmęs Savo amžina, palaiminga, dvasine veikla ir nieko bendro neturi su materialia veikla." Materialią veiklą atlieka įvairiausios Jo galios. Viešpats visada išlieka neutralus materialios veiklos, kuri vyksta sukurtajame pasaulyje, atžvilgiu. Apie Jo neutralumą byloja posmo žodis *udāsīna-vat.* Viešpats nešališkas, nors ir kontroliuoja materialius reikalus iki mažiausių smulkmenų. Galima būtų pateikti aukščiausiojo teismo teisėjo pavyzdį. Jo nuosprendis daug ką lemia: vienas pakariamas, kitas įkalinamas, trečias gauna didžiulius turtus, tačiau pats teisėjas vis dėlto išlieka neutralus. Jis neturi nieko bendra nei su įgijimu, nei su praradimu. Taip ir Viešpats yra visada neutralus, nors visos veiklos sferos yra Jo rankose. „Vedānta-sūtroje" (2.1.34) teigiama: *vaiṣamya-nairghṛṇye na* – Jo nekamuoja materialaus pasaulio priešybės. Jis transcendentalus joms. Jis taip pat neturi potraukio materialaus pasaulio kūrimui ir naikinimui. Gyvosios esybės, pagal jų ankstesnius darbus, gauna įvairius kūnus, priklausančius įvairioms gyvybės rūšims, ir Viešpats į tai nesikiša.

मयाध्यक्षेण प्रकृतिः सूयते सचराचरम् ।   9.10
हेतुनानेन कौन्तेय जगद्विपरिवर्तते ॥१०॥

mayādhyakṣeṇa prakṛtiḥ · sūyate sa-carācaram
hetunānena kaunteya · jagad viparivartate

mayā – Mano; *adhyakṣeṇa* – prižiūrima; *prakṛtiḥ* – materiali gamta; *sūyate* – suteikia išraišką; *sa* – kartu; *cara-acaram* – judantiems ir nejudantiems; *hetunā* – dėl priežasties; *anena* – tos; *kaunteya* – o Kuntī sūnau; *jagat* – kosminis pasaulis; *viparivartate* – veikia.

Materiali gamta – viena iš Mano energijų – veikia Man prižiūrint, o Kuntī sūnau, sukurdama visas judančias ir nejudančias būtybes. Ji kaskart kuria ir naikina šį pasaulį.

Posmas aiškina, kad Aukščiausiasis Viešpats, nors ir laikosi atokiau nuo materialaus pasaulio reikalų, visada yra aukščiausias valdovas. Aukščiausiasis Viešpats – tai aukščiausioji valia ir materialios kūrinijos pagrindas, o tvarkdario funkcijas atlieka materiali gamta. „Bhagavad-gītoje" Kṛṣṇa teigia, kad Jis esąs visų rūšių gyvųjų būtybių, apsireiškiančių įvairiausiais pavidalais, tėvas. Kad gimtų kūdikis, tėvas apvaisina moters įsčias sėkla. Lygiai taip ir Aukščiausiojo Viešpaties žvilgsnis siunčia gyvąsias esybes į materialios gamtos įsčias. O jos išeina iš ten įvairių rūšių ir formų – priklausomai nuo to, kokie buvo ankstesni jų norai ir poelgiai. Nors ir pagimdytos Aukščiausiojo Viešpaties žvilgsniu, gyvosios esybės gauna įvairius kūnus pagal jų ankstesnius darbus ir norus. Taigi Viešpats tiesiogiai nėra susijęs su materialia kūrinija. Pakanka Jam nužvelgti materialią gamtą, kad ji būtų sužadinta, ir viskas tuoj pat imtų kurtis. Aukščiausiasis Viešpats, be abejo, yra aktyvus, nes Jis nužvelgia materialią gamtą, tačiau tiesiogiai su materialaus pasaulio apraiška neturi nieko bendra. Toks pavyzdys pateikiamas *smṛti*: kai priešais žmogų yra kvapni gėlė, jo uoslę pasiekia aromatas, nors šiaip uoslė ir gėlė nėra susiję. Tokio pobūdžio ryšys yra tarp materialaus pasaulio ir Aukščiausiojo Dievo Asmens: Jis neturi nieko bendra su materialiu pasauliu, tačiau Savo žvilgsniu kuria ir valdo jį. Apibendrinant reikia pasakyti, kad materiali gamta nepajėgi ką nors veikti be Aukščiausiojo Dievo Asmens priežiūros. Vis dėlto Aukščiausioji Asmenybė lieka nuošalyje bet kokios materialios veiklos.

अवजानन्ति मां मूढआ मानुषीं तनुमाश्रितम् ।
परं भावमजानन्तो मम भूतमहेश्वरम् ॥११॥

9.11

avajānanti māṁ mūḍhā · mānuṣīṁ tanum āśritam
paraṁ bhāvam ajānanto · mama bhūta-maheśvaram

avajānanti – išjuokia; *mām* – Mane; *mūḍhāḥ* – kvailiai; *mānuṣīm* – žmogaus išvaizdos; *tanum* – kūną; *āśritam* – įgavusį; *param* – transcendentinės; *bhāvam* – prigimties; *ajānantaḥ* – nežinantys; *mama* – Mano; *bhūta* – viso, kas gali būti; *mahā-īśvaram* – aukščiausias valdovas.

Kvailiai išjuokia Mane, kai nužengiu žmogaus pavidalu. Jie nesuvokia Mano transcendentinės, visa ko Aukščiausiojo Viešpaties prigimties ir nepažįsta Manęs.

Ankstesni šio skyriaus posmų komentarai rodo, kad Aukščiausiasis Dievo Asmuo nėra paprastas žmogus, nors ir panašus į žmogų. Dievo Asmuo, kuriantis, palaikantis ir naikinantis visą materialų kosmosą, negali būti žmogus. Vis dėlto yra daug kvailių, kurie laiko

Kṛṣṇą tiesiog galingu žmogumi. Iš tiesų Jis yra pirmapradis Aukščiausiasis Asmuo, ką liudija „Brahma-saṁhitā" (*īśvaraḥ paramaḥ kṛṣṇaḥ*); Jis – Aukščiausiasis Viešpats.

Yra daug valdovų – *īśvarų*, ir vienas pranašesnis už kitą. Įprasta, kad kasdieninius materialius pasaulio reikalus tvarko pareigūnas arba valdytojas, aukštesnę padėtį užima sekretorius, kuris pavaldus ministrui, o pastarasis – prezidentui. Kiekvienas jų vadovauja, bet vieną kontroliuoja kitas. „Brahma-saṁhitoje" sakoma, kad aukščiausias valdovas – tai Kṛṣṇa. Be abejo, tiek materialus, tiek dvasinis pasaulis turi daug valdovų, tačiau Kṛṣṇa yra aukščiausias (*īśvaraḥ paramaḥ kṛṣṇaḥ*), o Jo kūnas yra *sac-cid-ānanda,* nematerialus.

Materialūs kūnai negali atlikti tokių stebuklingų veiksmų, kuriuos aprašo ankstesnieji posmai. Kṛṣṇos kūnas amžinas, palaimingas ir kupinas žinojimo. Kvailiai šaiposi ir laiko Jį žmogumi, nors Jis nėra paprastas žmogus. Čia Kṛṣṇos kūnas vadinamas *mānuṣīm,* kadangi Jis elgiasi kaip žmogus, Arjunos draugas ir politinis veikėjas, dalyvaujantis Kurukṣetros mūšyje. Daugeliu atveju Jis elgiasi kaip paprastas žmogus, tačiau iš tikrųjų Jo kūnas yra *sac-cid-ānanda-vigraha* – amžina palaima ir absoliutus žinojimas. Tai liudija citatos iš Vedų. *Sac-cid-ānanda-rūpāya kṛṣṇāya:* „Pagarbiai lenkiuosi Aukščiausiajam Dievo Asmeniui, Kṛṣṇai – amžino palaimingo žinojimo pavidalui." („Gopāla-tāpanī Upaniṣada" 1.1) Vedose sutinkame ir kitokius aprašymus. *Tam ekaṁ govindam:* „Tu esi Govinda – juslių ir karvių džiaugsmas." *Sac-cid-ānanda-vigraham:* „O tavo pavidalas yra transcendentalus, kupinas žinojimo, palaimos ir amžinybės." („Gopāla-tāpanī Upaniṣada" 1.35)

Nors Viešpaties Kṛṣṇos kūnas yra transcendentinis, kupinas palaimos ir žinojimo, begalės vadinamųjų „Bhagavad-gītos" žinovų ir komentatorių tyčiojasi iš Kṛṣṇos, vadindami Jį paprastu žmogumi. Žinoma, jie gal ir gimė su nepaprastais sugebėjimais, kuriuos lėmė geri ankstesnių gyvenimų darbai, tačiau tokią Śrī Kṛṣṇos sampratą sąlygoja menkas žinių kraitis. Todėl jie vadinasi *mūdhos,* nes tik kvailiai gali laikyti Kṛṣṇą paprastu žmogumi. Kvailiai laiko Kṛṣṇą paprastu žmogumi, nes nieko nežino apie slėpiningą Aukščiausiojo Viešpaties ir Jo įvairių energijų veiklą. Jie nesuvokia, kad Kṛṣṇos kūnas yra visiško žinojimo ir palaimos simbolis, kad Jis – savininkas visko, kas egzistuoja, ir gali kiekvieną išvaduoti. Nežinodami, kad Kṛṣṇa turi tiek daug transcendentinių savybių, jie pašiepia Jį.

Be to, jie neišmano, kad Aukščiausiojo Dievo Asmens pasirodymas materialiame pasaulyje yra Jo vidinės energijos apraiška. Jis – materialios energijos šeimininkas. Kaip jau ne kartą aiškinta (*mama māyā duratyayā*), Viešpats sako, kad materiali energija, nors ir labai galinga, yra Jam pavaldi, o atsiduodantis Jam ištrūksta iš jos įtakos. Tad ar gali Aukščiausiasis Viešpats, kuriantis, palaikantis, naikinantis visą materialų kosmosą, turėti tokį pat materialų kūną, kaip mes, jei net Kṛṣṇai atsidavusi siela gali ištrūkti iš materialios gamtos įtakos? Taigi tokie samprotavimai apie Kṛṣṇą yra absoliuti kvailystė. Tačiau kvailiai nepajėgia suvokti, kad Dievo Asmuo, Kṛṣṇa, pasirodantis paprasto žmogaus išvaizda, gali būti visų atomų ir gigantiškos visatos pavidalo apraiškos valdovas. Ir didžiausia, ir mažiausia – už jų supratimo ribų, todėl jie negali įsivaizduoti, kaip Viešpats, turintis žmogaus išvaizdą, tuo pat metu gali valdyti ir begalybę, ir baigtybę. Nors Jis valdo ir begalybę, ir baigtybę, iš tikrųjų Jis yra nuošaly nuo šios apraiškos. Dėl Viešpaties *yogam aiśvaram,* Jo nesuvokiamos transcendentinės energijos, Vedose aiškiai pasakyta, kad Jis vienu metu gali valdyti ir begalybę, ir baigtybę, likdamas jų nuošaly. Nors kvailiai neįsivaizduoja, kaip Kṛṣṇa, būdamas panašus į žmogų, tai daro, tyri bhaktai šį teiginį laiko tiesa, nes žino, kad Kṛṣṇa – Aukščiausiasis Dievo Asmuo, todėl jie visiškai atsiduoda Jam ir atsideda Kṛṣṇos sąmonei, pasiaukojimo tarnystei Viešpačiui.

Dėl Viešpaties pasirodymo žmogaus pavidalu impersonalistų ir personalistų nuomonės daugeliu atvejų susikerta. Tačiau į pagalbą pasitelkę „Bhagavad-gītą" ir „Śrīmad-Bhāgavatam" – autoritetingus tekstus, skirtus Kṛṣṇos mokslui suprasti, įsitikinsime, kad

Kṛṣṇa yra Aukščiausiasis Dievo Asmuo. Į žemę nužengęs kaip paprastas žmogus, Jis nėra toks. „Śrīmad-Bhāgavatam" pirmosios giesmės pirmame skyriuje išminčiai, vadovaujami Śaunakos, klausdami apie Kṛṣṇos žygius, sako:

kṛtavān kila karmāṇi · saha rāmeṇa-keśavaḥ
ati-martyāni bhagavān · gūḍhaḥ kapaṭa-māṇuṣaḥ

„Viešpats Śrī Kṛṣṇa, Aukščiausias Dievo Asmuo, kaip ir Balarāma, vaizdavo žmogų ir pasislėpęs po žmogaus kauke atliko daug antžmogiškų žygių." („Śrīmad-Bhāgavatam" 1.1.20). Viešpaties pasirodymas žmogaus pavidalu supainioja kvailius. Joks žmogus negalėtų atlikti tų nuostabių žygių, kuriuos Kṛṣṇa atliko Žemėje. Savo tėvams, Vasudevai ir Devakī, Kṛṣṇa apsireiškė keturrankiu pavidalu, tačiau tėvų prašomas jis pasivertė paprastu vaiku. *Bhāgavatam* (10.3.46) sakoma: *babhūva prākṛtaḥ śiśuḥ* – Jis virto tikrų tikriausiu vaiku, paprastu žmogumi. Ta frazė pažymi, kad Viešpaties atsimainymas į žmogų yra viena iš transcendentinių Jo kūno ypatybių. Vienuoliktame „Bhagavad-gītos" skyriuje sakoma, jog Arjuna meldė Kṛṣṇos, kad Jis pasirodytų savo keturrankiu pavidalu (*tenaiva rūpeṇa catur-bhujena*). Apsireiškęs tokiu pavidalu, Kṛṣṇa, Arjunos prašomas, vėliau vėl įgavo pirminį žmogišką pavidalą (*mānuṣaṁ rūpam*). Paprastam žmogui nebūdingos tokios Aukščiausiojo Viešpaties savybės.

Kai kas iš pašiepiančių Kṛṣṇą ir tų, kurie yra užsikrėtę *māyāvādos* filosofija, cituoja „Śrīmad-Bhāgavatam" (3.29.21) posmą, kuriuo siekia įrodyti, kad Kṛṣṇa tėra paprastas žmogus. *Ahaṁ sarveṣu bhūteṣu bhūtātmāvasthitaḥ sadā*: „Aukščiausiasis yra kiekvienoje gyvojoje esybėje." Užuot vadovavęsi neautorizuotų komentatorių, kurie tyčiojasi iš Kṛṣṇos, interpretacija, verčiau pasidomėkime, kaip šį posmą aiškina *vaiṣṇavų ācāryos*: Jīva Gosvāmis ar Viśvanātha Cakravartis Ṭhākura. Komentuodamas cituotą posmą Jīva Gosvāmis sako, kad Kṛṣṇa Savo pilnutine Paramātmos ekspansija glūdi judančiose ir nejudančiose esybėse Supersielos pavidalu. Todėl kiekvienas neofitas bhaktas, kuris visą savo dėmesį sutelkia tik į *arcā-mūrti* (Aukščiausiojo Viešpaties pavidalą šventykloje) ir nejaučia pagarbos kitoms gyvosioms esybėms, bergždžiai Jį garbina. Viešpaties bhaktai yra trijų lygių, neofitas – žemiausio. Jis daugiau dėmesio skiria Dievybei šventykloje, o ne kitiems bhaktams, todėl Viśvanātha Cakravartis Ṭhākura perspėja, kad tokia mąstysena taisytina. Kadangi Kṛṣṇa, kaip Paramātmā, yra kiekvieno širdyje, bhaktas privalo žvelgti į kiekvieną kaip į Aukščiausiojo Viešpaties įsikūnijimą arba šventyklą. Jei žmogus gerbia Viešpaties šventyklą, jis turi tinkamai pagerbti ir kiekvieną be išimties kūną, kuriame glūdi Paramātmā. Todėl visiems reikia rodyti deramą pagarbą ir nieko neignoruoti.

Daugelis impersonalistų pašaipiai žiūri į Dievo garbinimą šventykloje. Jie sako: girdi, kam apsiriboti garbinimu šventykloje, jei Dievas yra visur? Bet jeigu Dievas yra visur, nejau šventykloje ar Dievybėje Jo nėra? Kova tarp personalistų ir impersonalistų gali tęstis amžiais, tačiau tobulas Kṛṣṇos sąmonės bhaktas žino, kad Kṛṣṇa persmelkia viską, nes Jis – Aukščiausioji Asmenybė. Tai patvirtinama „Brahma-saṁhitoje". Nors Jo Paties buveinė – Goloka Vṛndāvana, kur Jis amžinai viešpatauja, Savo energijos apraiškomis ir Savo pilnutine ekspansija Jis esti visur – kiekviename materialios ir dvasinės kūrinijos kampelyje.

मोघाशा मोघकर्माणो मोघज्ञाना विचेतसः ।   9.12
राक्षसीमासुरीं चैव प्रकृतिं मोहिनीं श्रिताः ॥१२॥

moghāśā mogha-karmāṇo · mogha-jñānā vicetasaḥ
rākṣasīm āsurīṁ caiva · prakṛtiṁ mohinīṁ śritāḥ

mogha-āśāḥ – žlugusios viltys; *mogha-karmāṇaḥ* – nesėkmė karminėje veikloje; *mogha-jñānāḥ* – nesėkmė pažinimo srityje; *vicetasaḥ* – paklydę; *rākṣasīm* – demoniškos; *āsurīm* – bedieviškos; *ca* – ir; *eva* – tikrai; *prakṛtim* – gamtos; *mohinīm* – klaidinančios; *śritāḥ* – radę prieglobstį.

Tokie paklydę žmonės susižavi demoniška, ateistine pasaulėžiūra. Žlunga paklydėlių viltys išsivaduoti, nieko neduoda karminė veikla ir niekais virsta pastangos gilinti žinojimą.

Yra daug bhaktų, kurie mano turį Kṛṣṇos sąmonę ir tarnaują su pasiaukojimu, tačiau širdyje jie nepripažįsta Aukščiausiojo Dievo Asmens, Kṛṣṇos, kaip Absoliučios Tiesos. Jie niekada nepragaus pasiaukojimo tarnystės vaisiaus – negriš pas Dievą. Nesėkmę patirs ir tie, kurie pasineria į doringą karminę veiklą ir viliasi pagaliau išsivaduoti iš materialios vergijos, nes jie menkina Aukščiausiąjį Dievo Asmenį, Kṛṣṇą. Kitaip sakant, asmenys, išjuokiantys Kṛṣṇą, suprantama, yra demonai ir ateistai. Septintame „Bhagavad-gītos" skyriuje sakoma, kad tokie demoniškos prigimties nenaudėliai niekada neatsiduoda Kṛṣṇai. Spekuliatyvūs samprotavimai apie Absoliučią Tiesą veda juos prie klaidingos išvados, kad gyvoji esybė ir Kṛṣṇa yra viena ir tas pat. Jie klaidingai mano, kad kiekvieno žmogaus kūnas yra apvalkalas, sukurtas materialios gamtos, ir anot jų, pakanka išsivaduoti iš materialaus kūno, kad neliktų skirtumo tarp Dievo ir savojo „aš". Tokios klaidinga nuomone grindžiamos pastangos susilieti su Kṛṣṇa yra pasmerktos nesėkmei. Gilinti dvasines žinias laikantis tokių ateistinių ir demoniškų pažiūrų – beprasmis darbas. Apie tai ir kalba posmas. Vedų raštų – „Vedānta-sūtros", Upaniṣadų etc. – studijos tokiems demoniškiems žmonėms visada nueina pemiek.

Todėl laikyti Kṛṣṇą, Aukščiausiąjį Dievo Asmenį, paprastu žmogumi yra didelis nusižengimas. Darantys tokią šventvagystę tikrai yra paklydę, nes nepajėgia suprasti amžino Kṛṣṇos pavidalo. „Bṛhad-viṣṇu-smṛti" skelbia:

yo vetti bhautikaṁ dehaṁ · kṛṣṇasya paramātmanaḥ
sa sarvasmād bahiṣ-kāryaḥ · śrauta-smārta-vidhānataḥ
mukhaṁ tasyāvalokyāpi · sa-celaṁ snānam ācaret

„Kas Kṛṣṇos kūną laiko materialiu, turi būti nušalintas nuo ritualų atlikimo ir *śruti* bei *smṛti* aprašytos veiklos, o jei atsitiktinai išvystum jo veidą, tuoj pat reikia išsimaudyti Gangos vandenyse, kad nusiplautum susiteršimą. Žmonės šaiposi iš Kṛṣṇos – Aukščiausiojo Dievo Asmens, nes Jam pavydi. Jiems tikrai lemta kaskart gimti tarp ateistinių ir demoniškų gyvybės rūšių atstovų. Per amžius jų žinojimas bus užgožtas iliuzijos, ir palengva jie nusileis į tamsiausią kūrinijos sritį."

महात्मानस्तु मां पार्थ दैवीं प्रकृतिमाश्रिताः ।   9.13
भजन्त्यनन्यमनसो ज्ञात्वा भूतादिमव्ययम् ॥१३॥

mahātmānas tu māṁ pārtha · daivīṁ prakṛtim āśritāḥ
bhajanty ananya-manaso · jñātvā bhūtādim avyayam

mahā-ātmānaḥ – didžiosios sielos; *tu* – tačiau; *mām* – Man; *pārtha* – o Pṛthos sūnau; *daivīm* – dieviškos; *prakṛtim* – gamtos; *āśritāḥ* – radusios prieglobstį; *bhajanti* – tarnauja; *ananya-manasaḥ* – nenukrypstančiu protu; *jñātvā* – žinodamos; *bhūta* – kūrinijos; *ādim* – šaltinį; *avyayam* – neišsenkantį.

O Pṛthos sūnau, nepaklydusias, didžiąsias sielas, globoja dieviškoji gamta. Jos visiškai atsidėjo pasiaukojimo tarnystei, nes žino, kad Aš esu Aukščiausiasis Dievo Asmuo, pirmapradis ir neišsenkantis.

Posmas aiškiai apibūdina *mahātmą*. Pirmasis *mahātmos* požymis tas, kad jis jau priklauso dieviškai gamtai ir nėra pavaldus materialiai. Kaip tai įmanoma? Septintas skyrius aiškina: kas atsiduoda Aukščiausiajam Dievo Asmeniui, Śrī Kṛṣṇai, tas išsyk ištrūksta iš materialios gamtos valdžios. Tokia išsivadavimo sąlyga. Kad išsivaduotum iš materialios gamtos, pakanka visa siela atsiduoti Aukščiausiajam Dievo Asmeniui. Tai pirmasis reikalavimas. Vos tik ištrūkusi iš materialios gamtos valdžios, gyvoji esybė (ribinė energija) pakliūna į dvasinės gamtos rankas, jos vadovavimą. Ją veda *daivī prakṛti* – dieviškoji gamta. Taigi atsidavus Aukščiausiajam Dievo Asmeniui iškylama iki didžios sielos, *mahātmos,* lygio.

Mahātmos dėmesys nukreiptas tiktai į Kṛṣṇą, nes jis labai

gerai žino, jog Kṛṣṇa yra pirminis Dievo Asmuo, visų priežasčių priežastis. Tuo nereikia abejoti. *Mahātma,* didžia siela, tampama bendraujant su kitais *mahātmomis,* tyrais bhaktais. Tyrų bhaktų nedomina net ir kiti Kṛṣṇos aspektai, pvz.: keturrankis Mahā-Viṣṇu. Juos žavi tik dvirankis Kṛṣṇos pavidalas. Kiti Kṛṣṇos aspektai jų netraukia, taip pat jų nedomina joks pusdievis ar žmogus. Tyri bhaktai medituoja tik Kṛṣṇą, mintimis pasinėrę į Kṛṣṇą tarnauja Jam, ir niekas negali jų atitraukti nuo tarnystės.

सततं कीर्तयन्तो मां यतन्तश्च दृढव्रताः ।
नमस्यन्तश्च मां भक्त्या नित्ययुक्ता उपासते ॥१४॥

9.14

satataṁ kīrtayanto mām · yatantaś ca dṛḍha-vratāḥ
namasyantaś ca māṁ bhaktyā · nitya-yuktā upāsate

satatam – visada; *kīrtayantaḥ* – šlovindamos; *mām* – Mane; *yatantaḥ* – besistengdamos; *ca* – taip pat; *dṛḍha-vratāḥ* – ryžtingai; *namasyantaḥ* – lenkdamosi; *ca* – ir; *mām* – Mane; *bhaktyā* – su pasiaukojimu; *nitya-yuktāḥ* – nuolat užsiėmusios; *upāsate* – garbina.

Visad šlovindamos Mane, ryžtingai siekdamos tikslo, nusilenkdamos Man, didžiosios sielos be paliovos su pasiaukojimu garbina Mane.

Paprasto žmogaus nepadarysi *mahātma,* nors ir paženklintum jį tokiu antspaudu. Čia išvardintos *mahātmos* savybės: jis visada šlovina Dievo Asmenį, Aukščiausiąjį Viešpatį Kṛṣṇą, ir neturi kito užsiėmimo. Jis visada šlovina Viešpatį, nes nėra impersonalistas. Šlovinant Aukščiausiąjį Viešpatį reikia aukštinti Jo šventąjį vardą, amžiną pavidalą, transcendentines savybes ir Jo nepaprastas pramogas. Visa tai reikia šlovinti; vadinasi, tai darantis *mahātmā* yra prisiriśęs prie Aukščiausiojo Dievo Asmens.

Kas turi polinkį beasmeniam Aukščiausiojo Viešpaties aspektui, *brahmajyoti,* tas „Bhagavad-gītoje" nėra vadinamas *mahātma.* Kitame posme jis apibūdintas visai kitaip. „Śrīmad-Bhāgavatam" sakoma, kad *mahātmā* nuolatos atlieka įvairius pasiaukojimo veiksmus, klausosi apie Viṣṇu ir šlovina Jį, o ne pusdievius ar žmones. *Śravaṇaṁ kīrtanaṁ viṣṇoḥ* ir *smaraṇam,* atminti Jį – štai kas yra pasiaukojimas. Toks *mahātmā* tvirtai pasiryžęs užmegzti ryšį su Aukščiausiuoju Viešpačiu viena iš penkių transcendentinių *rasų.* Norėdamas pasiekti šį tikslą jis savo protą, kūną, kalbą, visą savo esybę paskiria Aukščiausiojo Viešpaties Śrī Kṛṣṇos tarnystei. Tai vadinasi visiška Kṛṣṇos sąmonė.

Tam tikri pasiaukojimo tarnystės veiksmai vadinami nurodytais, pavyzdžiui, badavimas nustatytom dienom: vienuoliktą dieną po mėnulio pilnaties ir jaunaties (*ekādaśis*) ir Viešpaties atėjimo dieną. Didieji *ācāryos* šių taisyklių siūlo laikytis tiems, kurie iš tikro siekia gauti galimybę bendrauti su Aukščiausiuoju Dievo Asmeniu transcendentiniame pasaulyje. *Mahātmos,* didžiosios sielos, griežtai laikosi šių taisyklių, todėl jos tikrai pasieks trokštamą rezultatą.

Šio skyriaus antrasis posmas byloja, kad pasiaukojimo tarnystė yra ne tik lengva, bet ir atliekama pakilia nuotaika. Rūsčios askezės anaiptol nėra būtinos. Galima atlikti pasiaukojimo tarnystę, vadovaujant prityrusiam dvasiniam mokytojui, ir būti šeimos žmogumi, *sannyāsiu* arba *brahmaсāriu.* Nepaisant, kur gyveni ir kokią padėtį užimi – visur ir visada galima su pasiaukojimu tarnauti Aukščiausiajam Dievo Asmeniui ir tapti *mahātma* – didžia siela.

ज्ञानयज्ञेन चाप्यन्ये यजन्तो मामुपासते ।
एकत्वेन पृथक्त्वेन बहुधा विश्वतोमुखम् ॥१५॥ 9.15

jñāna-yajñena cāpy anye · yajanto mām upāsate
ekatvena pṛthaktvena · bahudhā viśvato-mukham

jñāna-yajñena – gilindami žinojimą; *ca* – taip pat; *api* – tikrai; *anye* – kiti; *yajantaḥ* – atnašauja auką; *mām* – Mane; *upāsate* – garbina; *ekatvena* – kaip vienovę; *pṛthaktvena* – kaip dualybę; *bahudhā* – kaip įvairovę; *viśvataḥ mukham* – kaip visatos pavidalą.

Kiti, kurie atnašauja auką gilindami žinojimą, garbina Aukščiausiąjį Viešpatį kaip vienabūtį, kaip skirtingą daugelyje pavidalų ir kaip visatos pavidalą.

Šis posmas apibendrina ankstesniuosius. Viešpats sako Arjunai, kad tie, kurių Kṛṣṇos sąmonė tyra, ir kuriems be Kṛṣṇos niekas daugiau nebeegzistuoja, vadinami *mahātmomis*. Tačiau yra žmonių, kurie dar nepasiekė *mahātmų* lygio, bet irgi garbina Kṛṣṇą įvairiais būdais. Apie kai kuriuos iš jų jau kalbėta. Tai kenčiantys, turintys finansinių sunkumų, smalsieji ir išminties ieškotojai. Tačiau yra užimančių dar žemesnę padėtį. Jie skirstomi į tris grupes: (1) garbinantys save kaip vieną su Aukščiausiuoju Viešpačiu; (2) garbinantys pačių išgalvotą Aukščiausiojo Viešpaties pavidalą; (3) pripažįstantys ir garbinantys *viśva-rūpą* – Aukščiausiojo Dievo Asmens visatos pavidalą. Iš jų žemiausi yra tie, kurie garbina save, kaip Aukščiausiąjį Viešpatį, ir laiko save monistais. Jų yra daugiausia. Tokie žmonės mano, kad jie – Aukščiausiasis Viešpats ir taip manydami garbina save. Tai irgi vienas iš Dievo garbinimo būdų, nes monistai suvokia, kad jie yra dvasinės sielos, o ne materialūs kūnai. Gerai, kad vyrauja bent tokia mintis. Būtent taip dažniausiai Aukščiausiąjį Viešpatį garbina impersonalistai. Antrai grupei priklauso pusdievių garbintojai, kurie įsivaizduoja, kad kiekviena forma yra Aukščiausiojo Viešpaties forma. Trečiai grupei priklauso tie, kurių mintys neišsiveržia už materialios visatos ribų. Visatą jie laiko aukščiausiu organizmu, esybe, ir ją garbina. Bet ir visata yra viena Viešpaties formų.

अहं क्रतुरहं यज्ञः स्वधाहमहमौषधम् ।
मन्त्रोऽहमहमेवाज्यमहमग्निरहं हुतम् ॥१६॥

9.16

ahaṁ kratur aham yajñaḥ · svadhāham aham auṣadham
mantro 'ham aham evājyam · aham agnir ahaṁ hutam

aham – Aš; *kratuḥ* – vediškasis ritualas; *aham* – Aš; *yajñaḥ* – smṛti aprašytas aukų atnašavimas; *svadhā* – atnaša; *aham* – Aš; *auṣa-*

dham – vaistažolė; *mantraḥ* – transcendentinė giesmė; *aham* – Aš; *aham* – Aš; *eva* – tikrai; *ājyam* – lydytas sviestas; *aham* – Aš; *agniḥ* – ugnis; *aham* – Aš; *hutam* – aukojimas.

Aš – ritualas, Aš – aukų atnašavimas, duoklė protėviams, vaistažolė ir transcendentinė giesmė. Aš – sviestas, ugnis ir aukojimas.

Vediškasis aukų atnašavimas, žinomas *jyotiṣtomos* vardu, yra Kṛṣṇa; Kṛṣṇa yra ir *mahā-yajña,* apie kurią kalba *smṛti.* Duoklė Pitṛlokai, ar aukų atnašavimas Pitṛlokos gyventojams patenkinti – savotiški vaistai, turintys lydyto sviesto išvaizdą – tai irgi Kṛṣṇa. Tuo metu giedamos *mantros* – vėlgi Kṛṣṇa, ir daugelis iš pieno produktų pagamintų atnašaujamų aukų yra Kṛṣṇa. Ugnis yra Kṛṣṇa, nes ji – vienas iš penkių materialiųjų pradmenų, todėl sakoma, kad ji – atsietoji Kṛṣṇos energija. Visi vediškieji aukų atnašavimai, kuriuos rekomenduoja Vedų *karma-kāṇḍos* skyrius, kartu paėmus, taip pat yra Kṛṣṇa. Kitaip sakant, tie, kurie pasiaukojamai tarnauja Kṛṣṇai, tikrai atliko visus Vedų nurodytus aukų atnašavimus.

पिताहमस्य जगतो माता धाता पितामहः ।
वेद्यं पवित्रमोंकार ऋक्साम यजुरेव च ॥१७॥

9.17

pitāham asya jagato · mātā dhātā pitāmahaḥ
vedyaṁ pavitram oṁkāra · ṛk sāma yajur eva ca

pitā – tėvas; *aham* – Aš: *asya* – šios; *jagataḥ* – visatos; *mātā* – motina; *dhātā* – ramstis; *pitāmahaḥ* – senelis; *vedyam* – kas pažinu; *pavitram* – tas, kas skaistina; *oṁ-kāra* – skiemuo oṁ; *ṛk* – „Ṛg Veda"; *sāma* – „Sāma Veda"; *yajuḥ* – „Yajur Veda"; *eva* – tikrai; *ca* – ir.

Aš esu šios visatos tėvas, motina, ramstis ir prosenis. Aš esu pažinimo objektas, skaistintojas ir skiemuo oṁ. Aš taip pat Ṛg, Sāma ir Yajur Vedos.

Visas judančias ir nejudančias kosmoso apraiškas gimdo įvairialypė Kṛṣṇos energijų veikla. Gyvendami materialiame pasaulyje, užmezgame ryšius su gyvosiomis esybėmis, kurios yra ne kas kita, kaip Kṛṣṇos ribinė energija. *Prakṛti* kūrybos dėka kai kurios iš jų tampa mūsų tėvu, motina, seneliu, kūrėju etc., tačiau iš tikrųjų jos yra neatskiriamos Kṛṣṇos dalelės. Todėl tos gyvosios esybės, kurios tariamai yra mūsų tėvas, motina etc., yra niekas kitas, kaip Kṛṣṇa. Posmo žodis *dhātā* reiškia „kūrėjas". Ne tik mūsų tėvas ir motina, bet ir tėvai, senelis ir senelė etc. – neatskiriamos Kṛṣṇos dalelės – irgi yra Kṛṣṇa. Iš tikrųjų kiekviena gyvoji esybė, būdama neatskiriama Kṛṣṇos dalelė, yra Kṛṣṇa. Taigi Kṛṣṇa – vienintelis visų Vedų tikslas. Visa tai, ką norime sužinoti iš Vedų, yra ne kas kita, kaip žingsnis Kṛṣṇos pažinimo link. Tai, kas mums padeda apsivalyti ir suvokti savo prigimtinį būvį, yra tikrų tikriausias Kṛṣṇa. Smalsi gyvoji esybė, norinti suprasti visus Vedų principus, irgi yra neatskiriama Kṛṣṇos dalelė, ir todėl ji – taip pat Kṛṣṇa. Vedų *mantrose* dažnai sutinkamas žodis *oṁ*. Jis vadinasi *praṇava* – transcendentiniai garso virpesiai; jis irgi yra Kṛṣṇa. Kadangi *praṇava*, arba *oṁkāra*, labai dažnai kartojasi visų keturių Vedų – *Sāma, Yajur, Ṛg* ir *Atharva* – himnuose, tai suprantama, kad jos yra Kṛṣṇa.

गतिर्भर्ता प्रभुः साक्षी निवासः शरणं सुहृत् ।   9.18
प्रभवः प्रलयः स्थानं निधानं बीजमव्ययम् ॥१८॥

gatir bhartā prabhuḥ sākṣī · nivāsaḥ śaraṇaṁ suhṛt
prabhavaḥ pralayaḥ sthānaṁ · nidhānaṁ bījam avyayam

gatiḥ – tikslas; *bhartā* – globėjas; *prabhuḥ* – Viešpats; *sākṣī* – liudininkas; *nivāsaḥ* – buveinė; *śaraṇam* – prieglobstis; *su-hṛt* – artimiausias draugas; *prabhavaḥ* – kūrimas; *pralayaḥ* – naikinimas; *sthānam* – pagrindas; *nidhānam* – atilsio vieta; *bījam* – sėkla; *avyayam* – amžina.

Aš esu tikslas, globėjas, šeimininkas, liudininkas, buveinė, prieglobstis ir pats brangiausias draugas. Aš – kūrimas ir naikinimas, visa ko pagrindas, atilsio vieta ir amžinoji sėkla.

Gati – tai tikslas, kurį norime pasiekti. Nors žmonės to nežino, aukščiausias tikslas yra Kṛṣṇa. Nepažįstantis Kṛṣṇos yra paklydęs, o jo vadinamasis žengimas į priekį yra arba vienpusiškas, arba įsivaizduojamas. Daug kas kelia sau tikslą pasiekti pusdievius. Griežtai laikydamiesi atitinkamų reikalavimų, norintieji pasiekia įvairias planetas. Tai Candraloka, Sūryaloka, Indraloka, Maharloka etc. Tačiau visas šias *lokas,* arba planetas, sukūrė Kṛṣṇa – todėl jos vienu metu yra ir Kṛṣṇa, ir ne Kṛṣṇa. Jos, kaip Kṛṣṇos energijos apraiška, yra Kṛṣṇa, bet iš tikrųjų tai – tik laiptelis Kṛṣṇos suvokimo link. Kreiptis į Kṛṣṇos energijas, reiškia kreiptis į Kṛṣṇą netiesiogiai. Pas Kṛṣṇą reikia eiti tiesiogiai – taip sutaupysime laiko ir jėgų. Pavyzdžiui, kam laiptais, žingsnis po žingsnio lipti į pastato viršų, jei ten galima pasikelti liftu? Be Kṛṣṇos globos niekas negali egzistuoti, nes Jo energija viską palaiko. Kṛṣṇa yra aukščiausias valdovas, nes viskas priklauso Jam ir viskas egzistuoja Jo energijos pagrindu. Kadangi Kṛṣṇa glūdi kiekvieno širdyje, Jis – aukščiausias liudininkas. Namai, šalys, planetos, kuriose gyvename, taip pat yra Kṛṣṇa. Kṛṣṇa yra aukščiausias prieglobstis, todėl ieškant užtarimo ar norint nugalėti vargus, reikia siekti Kṛṣṇos prieglobsčio. Jeigu ieškome užtarimo, turime žinoti, kad apsaugoti mus gali gyva jėga. Kṛṣṇa – aukščiausia gyvoji esybė. Kṛṣṇa yra mūsų kilmės pradžia, aukščiausias tėvas, todėl nėra geresnio draugo už Kṛṣṇą, ir niekas labiau už Jį negali mums linkėti gera. Kṛṣṇa – pirminis kūrinijos šaltinis, o po sunaikinimo – galutinė atilsio vieta. Vadinasi, Kṛṣṇa yra amžina visų priežasčių priežastis.

तपाम्यहमहं वर्षं निगृह्णाम्युत्सृजामि च । 9.19
अमृतं चैव मृत्युश्च सदसच्चाहमर्जुन ॥१९॥

tapāmy aham ahaṁ varṣam · nigṛhṇāmy utsṛjāmi ca
amṛtaṁ caiva mṛtyuś ca · sad asac cāham arjuna

tapāmi – suteikiu šilumą; *aham* – Aš; *aham* – Aš; *varṣam* – lietų; *nigṛhṇāmi* sulaikau; *utsṛjāmi* – siunčiu; *ca* – ir; *amṛtam* – nemirtingumas; *ca* – ir; *eva* – tikrai; *mṛtyuḥ* – mirtis; *ca* – ir; *sat* – dvasia; *asat* – materija; *ca* – ir; *aham* – Aš; *arjuna* – o Arjuna.

O Arjuna, Aš suteikiu šilumą, siunčiu ir sulaikau lietų. Aš – nemirtingumas ir pati mirtis. Manyje slypi ir dvasia, ir materija.

Kṛṣṇa įvairių Savo energijų dėka, tarpininkaujant elektrai ir saulei, skleidžia šilumą bei šviesą. Vasaros metu Jis sulaiko danguje lietų, o liūčių sezono metu siunčia nesiliaujančias liūtis. Energija, palaikanti ir prailginanti mūsų gyvenimą, yra Kṛṣṇa, o gyvenimo pabaigoje mus pasitinkanti mirtis – irgi Kṛṣṇa. Ištyrę visas šias skirtingas Kṛṣṇos energijas, įsitikinsime, kad Kṛṣṇa nedaro skirtumo tarp dvasios ir materijos, arba, kitaip sakant, Jis – ir materija, ir dvasia. Todėl, pasiekęs aukštą Kṛṣṇos sąmonės lygį, žmogus jau nebemato šių skirtumų. Visuose daiktuose jis regi tiktai Kṛṣṇą.

Kadangi Kṛṣṇa – ir materija, ir dvasia, tai visas materialias apraiškas apimantis milžiniškas visatos pavidalas irgi yra Kṛṣṇa. Jo, fleita grojančio dvirankio Śyāmasundaros, pramogos Vṛndāvanoje – tai Aukščiausiojo Dievo Asmens žaidimai.

त्रैविद्या मां सोमपाः पूतपापा   9.20
  यज्ञैरिष्ट्वा स्वर्गतिं प्रार्थयन्ते ।
ते पुण्यमासाद्य सुरेन्द्रलोक-
  मश्नन्ति दिव्यान्दिवि देवभोगान् ॥२०॥

trai-vidyā māṁ soma-pāḥ pūta-pāpā
  yajñair iṣṭvā svar-gatiṁ prārthayante
te puṇyam āsādya surendra-lokam
  aśnanti divyān divi deva-bhogān

trai-vidyāḥ – trijų Vedų žinovai; *mām* – Mane; *soma-pāḥ* – geriantys *somos* syvus; *pūta* – apsivalę; *pāpāḥ* – nuo nuodėmių; *yajñaiḥ* – aukų atnašavimais; *iṣṭvā* – garbindami; *svaḥ-gatim* – kelionės į dangų; *prārthayante* – meldžia; *te* – jie; *puṇyam* – doringą; *āsā-dya* – pasiekia; *sura-indra* – Indros; *lokam* – pasaulį; *aśnanti* –

mėgaujasi; *divyān* – dieviškais; *divi* – danguje; *deva-bhogān* – dievų malonumais.

Tie, kurie siekdami dangaus planetų studijuoja Vedas ir geria somos syvus, garbina Mane netiesiogiai. Apsivalę nuo atoveikio už nuodėmes, jie gimsta Indros doringoje dangaus planetoje, kur patiria dieviškus džiaugsmus.

Žodis *trai-vidyaḥ* nurodo tris Vedas – *Sāma, Yajur* ir *Ṛg*. Brahmanas, išstudijavęs šias tris Vedas, vadinamas *tri-vedžiu*. Tų Vedų žinojimui ištikimas žmogus yra visuomenės gerbiamas. Deja, dar daug didžių Vedų žinovų nesupranta, koks galutinis Vedų studijų tikslas. Todėl Kṛṣṇa čia skelbia, kad Jis yra galutinis *tri-vedžių* tikslas. Tikri *tri-vedžiai* randa prieglobstį prie Kṛṣṇos lotosinių pėdų ir, siekdami patenkinti Viešpatį, su tyru pasiaukojimu Jam tarnauja. Pasiaukojimo tarnystė prasideda Hare Kṛṣṇa *mantros* kartojimu ir pastangomis suvokti Kṛṣṇą tokį, koks Jis yra. Deja, mokiniai, paviršutiniškai studijuojantys Vedas, labiau susidomi aukomis įvairiems pusdieviams, pvz., Indrai ir Candrai. Šios pastangos pusdievių garbintojus apvalo nuo juos teršiančio žemesniųjų gamtos savybių poveikio, ir jie pakyla į aukštesniąsias planetų sistemas arba į dangaus planetas, pavyzdžiui, Maharloką, Janoloką, Tapoloką etc. Patekus į aukštesnes planetų sistemas, jusles galima patenkinti šimtus tūkstančių kartų geriau, negu Žemėje.

ते तं भुक्त्वा स्वर्गलोकं विशालं
　　क्षीणे पुण्ये मर्त्यलोकं विशन्ति ।
एवं त्रयीधर्ममनुप्रपन्ना
　　गतागतं कामकामा लभन्ते ॥२१॥

9.21

te taṁ bhuktvā svarga-lokaṁ viśālaṁ
kṣīṇe puṇye martya-lokaṁ viśanti
evaṁ trayī-dharmam anuprapannā
gatāgataṁ kāma-kāmā labhante

te – jie; *tam* – tuo; *bhuktvā* – pasimėgavę; *svarga-lokam* – rojum; *viśalam* – plačiu; *kṣīṇe* – išeikvoję; *puṇye* – savo doringos veiklos rezultatus; *martya-lokam* – į mirtingųjų žemę; *viśanti* – nupuola; *evam* – taip; *trayī* – trijų Vedų; *dharmam* – doktriną; *anuprapan-nāḥ* – laikydamiesi; *gata-āgatam* – mirtį ir gimimą; *kāma-kāmāḥ* – trokšdami juslinių malonumų; *labhante* – gauna.

Atsidžiaugę gausybe dangiškų juslinių malonumų ir išeikvoję savo doringos veiklos rezultatus, jie vėl grįžta į šią mirtingųjų planetą. Taigi tie, kurie ieškodami juslinių malonumų laikosi trijose Vedose nurodytų principų, telaimi pasikartojančius gimimą ir mirtį.

Pasikėlusieji į aukštesniąsias planetų sistemas ilgiau gyvena ir turi geresnes galimybes tenkinti jusles, tačiau amžinai likti ten negali. Kai doringos veiklos užtarnauti vaisiai pasibaigia, jie vėl siunčiami į šią žemę. Tam, kuris nepasiekia žinojimo tobulumo, kaip tai nurodo „Vedānta-sūtra" (*janmādy asya yataḥ*), arba, kitaip sakant, nesuprantančiam, jog Kṛṣṇa yra visų priežasčių priežastis, nepavyksta pasiekti aukščiausio gyvenimo tikslo: jis kaskart iš naujo kyla į aukštesnes planetas ir po to leidžiasi žemyn, tarsi suktųsi apžvalgos rate – tai jis viršuje, tai vėl apačioje. Užuot pasikėlęs į dvasinį pasaulį, iš kurio nebėra pavojaus grįžti, jis paprasčiausiai sukasi gimimo ir mirties rate, papuldamas tai į aukštesnes, tai į žemesnes planetų sistemas – tokia posmo prasmė. Todėl geriau sugrįžti į dvasinį pasaulį, gyventi ten amžiną, kupiną palaimos bei žinojimo gyvenimą ir niekuomet nebegrįžti į perpildytą kančių materialų pasaulį.

अनन्याश्चिन्तयन्तो मां ये जनाः पर्युपासते ।
तेषां नित्याभियुक्तानां योगक्षेमं वहाम्यहम् ॥२२॥

9.22

ananyāś cintayanto mām · ye janāḥ paryupāsate
teṣāṁ nityābhiyuktānāṁ · yoga-kṣemaṁ vahāmy aham

ananyāḥ – neturintys jokio kito objekto; *cintayantaḥ* – susitelkę; *mām* – į Mane; *ye* – tie, kurie; *janāḥ* – žmonės; *paryupāsate* – tinkamai garbina; *teṣām* – jų; *nitya* – visada; *abhiyuktānām* – tvirtai pasiaukojusių; *yoga* – poreikius; *kṣemam* – apsaugą; *vahāmi* – atnešu; *aham* – Aš.

Tačiau tiems, kurie visad su ypatingu pasiaukojimu garbina Mane, medituoja Mano transcendentinį pavidalą, Aš atnešu viską, ko jiems trūksta, ir išsaugau tai, ką jie turi.

Kas neišgyvena nė minutės be Kṛṣṇos sąmonės, tas galvoja apie Kṛṣṇą dvidešimt keturias valandas per parą – pasiaukojamai Jam tarnauja: klausosi, šlovina, atmena, meldžiasi, garbina, tarnauja Viešpaties lotosinėms pėdoms, atlieka kitokią tarnystę, draugauja su Viešpačiu, visiškai Jam atsiduoda. Tokia visapusiškai palanki ir dvasinių galių kupina veikla padeda bhaktui pasiekti tobulumą savęs pažinimo srityje, ir tada jis tenori vieno – užmegzti ryšį su Aukščiausiuoju Dievo Asmeniu. Nėra abejonės, kad toks bhaktas lengvai priartėja prie Viešpaties. Tai vadinasi *yoga.* Viešpaties malone toks bhaktas negrįžta į materialaus gyvenimo būvį. *Kṣema* nurodo maloningą Viešpaties globą. Viešpats padeda bhaktui pasiekti Kṛṣṇos sąmonę per *yogą,* ir kai bhaktas visiškai įsisąmonina Kṛṣṇą, Viešpats jį saugo, kad jis nenupultų į perpildytą kančių sąlygotą gyvenimą.

येऽप्यन्यदेवताभक्ता यजन्ते श्रद्धयान्विताः ।   **9.23**
तेऽपि मामेव कौन्तेय यजन्त्यविधिपूर्वकम् ॥२३॥

ye 'py anya-devatā-bhaktā · yajante śraddhayānvitāḥ
te 'pi mām eva kaunteya · yajanty avidhi-pūrvakam

ye – tie, kurie; *api* – taip pat; *anya* – kitų; *devatā* – dievų; *bhaktāḥ* – pasišventę tarnai; *yajante* – garbina; *śraddhayā anvitāḥ* – su tikėjimu; *te* – jie; *api* – taip pat; *mām* – Mane; *eva* – vienintelį; *kaunteya* – o Kuntī sūnau; *yajanti* – garbina; *avidhi-pūrvakam* – neteisingai.

Tie, kurie pasišventę tarnauja kitiems dievams ir su tikėjimu juos garbina, iš tikro garbina tik Mane vieną, o Kuntī sūnau, bet daro tai neteisingai.

Kṛṣṇa sako: „Pusdievius garbinantys žmonės nėra itin išmintingi, nors netiesiogiai jie garbina Mane." Pavyzdžiui, kai žmogus lieja vandenį ant medžio lapų, bet nelaisto šaknų, tai jis daro per savo neišmanymą ar nesilaikydamas nurodymų. Taip ir norint palaikyti gyvybę visose kūno dalyse, maistu reikia aprūpinti skrandį. Pusdieviai, taip sakant, yra Aukščiausiojo Viešpaties vyriausybės valdininkai ir viršininkai. Reikia laikytis įstatymų, kuriuos išleidžia vyriausybė, o ne valdininkai bei viršininkai. Lygiai taip kiekvienas turi garbinti tik Aukščiausiąjį Viešpatį. Toks garbinimas savaime patenkins įvairius Viešpaties valdininkus ir viršininkus. Valdininkai ir viršininkai yra vyriausybės atstovai, todėl duoti jiems kyšius – antiįstatymiška. Šiame posme tai vadinama *avidhi-pūrvakam.* Kitaip sakant, Kṛṣṇa nepritaria tam, kad būtų garbinami pusdieviai – tai visai nereikalinga.

अहं हि सर्वयज्ञानां भोक्ता च प्रभुरेव च ।
न तु मामभिजानन्ति तत्त्वेनातश्च्यवन्ति ते ॥२४॥

9.24

ahaṁ hi sarva-yajñānāṁ · bhoktā ca prabhur eva ca
na tu mām abhijānanti · tattvenātaś cyavanti te

aham – Aš; *hi* – iš tikrųjų; *sarva* – visų; *yajñānām* – aukų; *bhoktā* – besimėgaujantis subjektas; *ca* – ir; *prabhuḥ* – Viešpats; *eva* – taip pat; *ca* – ir; *na* – ne; *tu* – tačiau; *mām* – Mane; *abhijānanti* – jie žino; *tattvena* – iš tiesų; *ataḥ* – todėl; *cyavanti* – nupuola; *te* – jie.

Tik Aš mėgaujuosi visomis aukomis ir tik Aš esu jų šeimininkas. Todėl tie, kurie nepripažįsta Mano tikrosios, transcendentinės prigimties, patiria nuopuolį.

Posmas sako, kad yra daug *yajños* rūšių, kurias rekomenduoja Vedų raštai, bet iš tikro visos jos skirtos patenkinti Aukščiausiąjį

Viešpatį. *Yajña* – tai Viṣṇu. Antrajame „Bhagavad-gītos" skyriuje aiškinama, jog kiekvienas privalo dirbti, kad patenkintų Yajñą, arba Viṣṇu. Tobula žmonių civilizacijos forma, kuri vadinasi *varṇāśrama-dharma,* būtent ir skirta patenkinti Viṣṇu. Todėl posme Kṛṣṇa sako: „Aš mėgaujuosi visomis aukomis, nes esu visa ko aukščiausias šeimininkas." Tačiau šios tiesos neišmanantys menkos nuovokos žmonės dėl laikinos naudos garbina pusdievius. Todėl jie puola į materialią būtį ir nepasiekia išsvajoto gyvenimo tikslo. Tačiau jei kas ir turi kokį materialų norą, jo išsipildymo geriau melsti Aukščiausiąjį Viešpatį (nors tai ne tyras pasiaukojimas) ir taip jis galės pasiekti trokštamą rezultatą.

यान्ति देवव्रता देवान् पितॄन् यान्ति पितृव्रताः ।
भूतानि यान्ति भूतेज्या यान्ति मद्याजिनोऽपि माम् ॥२५॥

9.25

yānti deva-vratā devān · pitṝn yānti pitṛ-vratāḥ
bhūtāni yānti bhūtejyā · yānti mad-yājino 'pi mām

yānti – eina; *deva-vratāḥ* – pusdievių garbintojai; *devān* – pas pusdievius; *pitṝn* – pas protėvius; *yānti* – eina; *pitṛ-vratāḥ* – protėvių garbintojai; *bhūtāni* – pas šmėklas ir dvasias; *yānti* – eina; *bhūtaijyāḥ* – vaiduoklių ir dvasių garbintojai; *yānti* – eina; *mat* – Mano; *yājinaḥ* – bhaktai; *api* – tačiau; *mām* – pas Mane.

Garbinantys pusdievius gims tarp pusdievių, garbinantys protėvius eis pas protėvius, šmėklų ir dvasių garbintojai gims tarp šių būtybių, o tie, kurie garbina Mane – gyvens su Manimi.

Įsigeidęs nukeliauti į Mėnulį, Saulę ar kokią kitą planetą gali pasiekti išsvajotą tikslą, laikydamasis tam tikslui skirtų Vedų principų, pavyzdžiui, atlikdamas veiksmus, vadinamus specialiu terminu *darśa-paurṇamāsī.* Jie plačiai aprašyti Vedų karminės veiklos skyriuje, rekomenduojančiame garbinti įvairių dangaus planetų pusdievius. Aukojant atitinkamas *yajñas* galima pasiekti Pitos planetas. Galima nukeliauti į daugelį šmėklų planetų ir tapti Yakṣa,

Rakṣa ar Piśāca. Piśācos garbinimas vadinamas „juoduoju menu" arba „juodąja magija". Daugelis žmonių, praktikuojančių juodąjį meną, galvoja, kad tai dvasinė veikla, tačiau ta veikla – absoliučiai materiali. Tyras bhaktas, garbinantis vien Aukščiausiąjį Dievo Asmenį, pasiekia Vaikuṇṭhos ir Kṛṣṇalokos planetas – tuo nereikia abejoti. Šis svarbus posmas leidžia suprasti, kad garbindamas pusdievius, žmogus pasiekia dangaus planetas, garbindamas Pitas – Pitos planetas, užsiimdamas juoduoju menu – šmėklų planetas. Tad kodėl gi tyras bhaktas negali pasiekti Kṛṣṇos ar Viṣṇu planetos? Deja, daugelis žmonių nežino apie šias didingas planetas, kuriose gyvena Kṛṣṇa ir Viṣṇu, o per savo nežinojimą – puola. Net impersonalistai puola iš *brahmajyoti*. Todėl Kṛṣṇos sąmonės judėjimas neša didžią žinią žmonių visuomenei – nurodo, kad tiesiog kartojant Hare Kṛṣṇa *mantrą* dar šį gyvenimą galima pasiekti tobulumą ir sugrįžti namo, atgal pas Dievą.

पत्रं पुष्पं फलं तोयं यो मे भक्त्या प्रयच्छति ।   9.26
तदहं भक्त्युपहृतमश्नामि प्रयतात्मनः ॥२६॥

patraṁ puṣpaṁ phalaṁ toyaṁ · yo me bhaktyā prayacchati
tad ahaṁ bhakty-upahṛtam · aśnāmi prayatātmanaḥ

patram – lapelį; *puṣpam* – gėlę; *phalam* – vaisių; *toyam* – vandens; *yaḥ* – kuris; *me* – Man; *bhaktyā* – su pasiaukojimu; *prayacchati* – siūlo; *tat* – tą; *aham* – Aš; *bhakti-upahṛtam* – su pasiaukojimu pasiūlytą; *aśnāmi* – priimu; *prayata-ātmanaḥ* – iš turinčio tyrą sąmonę.

Jeigu kas su meile ir pasiaukojimu pasiūlys man lapelį, gėlę, vaisių ar vandens, Aš priimsiu šią dovaną.

Svarbiausia protingam žmogui – įsisąmoninti Kṛṣṇą ir su transcendentine meile tarnauti Viešpačiui, idant jis patektų į amžiną, palaimingą buveinę ir patirtų amžiną laimę. Tokį nuostabų tikslą pasiekti visiškai nesunku, o išbandyti save gali net ir didžiausias bėdžius, neturintis jokio pasiruošimo. Reikalinga tik viena savybė: būti tyru Viešpaties bhaktu. Nesvarbu, kas esi ir kur gyveni. Metodas labai paprastas: pakanka lapelį, vaisių ar truputį vandens nuoširdžiai su meile pasiūlyti Aukščiausiajam Viešpačiui, ir Viešpats mielai priims auką. Kṛṣṇos sąmonė paprasta ir universali, todėl kelias atviras visiems. Ar atsiras kvailys, kuris nenorėtų įsisąmoninti Kṛṣṇą šiuo paprastu metodu ir pasiekti aukščiausią tobulumą – amžinybę, palaimą ir žinojimą? Kṛṣṇa pageidauja tik meilės tarnystės ir nieko daugiau. Iš Savo tyro bhakto Kṛṣṇa priima net ir mažą gėlytę, o iš nebhakto jokios dovanos Jam nereikia. Jam nieko netrūksta, nes Jis – Pats Sau pakankamas, ir vis dėlto iš Savo bhakto Jis priima auką, į meilę atsakydamas tuo pačiu. Išsiugdyti Kṛṣṇos sąmonę – aukščiausias gyvenimo tobulumas. Norint pabrėžti, kad *bhakti,* pasiaukojimo tarnystė, yra vienintelė priemonė priartėti prie Kṛṣṇos, žodis *bhakti* posme pakartojamas du kartus. Jokios kitos aplinkybės, pavyzdžiui, jei žmogus taptų brahmanu ar eruditu, turtuoliu ar žymiu filosofu, nepaskatins Kṛṣṇą priimti aukos. Trūkstant pagrindinio elemento – *bhakti,* niekas nepalenks Kṛṣṇos, kad Jis priimtų auką. *Bhakti* niekad neturi išskaičiavimų. Tai amžinas procesas – tiesioginė tarnystė absoliučiai visumai.

Viešpats Kṛṣṇa, paskelbęs Save vieninteliu besimėgaujančiu subjektu, pirmapradžiu Viešpačiu ir visų aukų tikruoju objektu, šiame posme nurodo, kokių aukų Jis laukia. Jei žmogus nori pasiaukojamai tarnauti Aukščiausiajam, kad apsivalytų ir pasiektų gyvenimo tikslą – transcendentinę meilės tarnystę Dievui, jis turi sužinoti, ko Viešpats iš jo nori. Kas myli Kṛṣṇą, duos Jam tai, ko Jis panorės, ir vengs Jam siūlyti tai, ko Jis neprašo ir nepageidauja. Todėl mėsos, žuvies ir kiaušinių negalima aukoti Kṛṣṇai. Jei Jis norėtų tokios aukos, apie ją būtų pasakęs. Bet ne, Jis kuo aiškiausiai prašo duoti Jam lapelį, vaisių, gėlių ir vandens, ir apie tokią auką sako: „Aš priimsiu ją". Todėl mums turėtų būti aišku, jog mėsos, žuvies ir kiaušinių Jis nepriims. Daržovės, grūdai, vaisiai, pienas ir vanduo – žmogui tinkamas maistas, nurodytas Paties

Viešpaties Kṛṣṇos. Jeigu norime maitintis kitokiu maistu, jo negalima aukoti Viešpačiui, nes Jis nepriims. Jei tokį maistą aukojame, vadinasi darome tai ne iš meilės ir pasiaukojimo.

Trečio skyriaus tryliktame posme Śrī Kṛṣṇa aiškina, kad tik aukos atnašos likučiai yra švarūs ir tinka valgyti tiems, kurie siekia padaryti pažangą gyvenime ir trokšta išsivaduoti iš materijos gniaužtų. Tame pačiame posme Jis sako, kad neaukojantys maisto minta vien nuodėme. Kitaip sakant, su kiekvienu nurytu kąsniu, jie vis labiau įsivelia į materialios gamtos raizgalynę. Gardžių ir paprastų valgių iš daržovių ruošimas, jų aukojimas Viešpaties Kṛṣṇos atvaizdui ar Dievybei nusilenkiant ir meldžiant Jį priimti kuklią auką – visa tai įgalina stabiliai tobulėti ir apvalyti kūną, skatina subtiliųjų smegenų audinių, gimdančių švarią mintį, formavimąsi. Tačiau svarbiausia – aukoti su meile. Kṛṣṇai netrūksta maisto, nes Jam priklauso viskas, kas egzistuoja, ir vis dėlto Jis priims auką iš to, kuris nori Jam suteikti džiaugsmo. Ruošiant, patiekiant ir aukojant maistą, svarbu viską daryti su meile Kṛṣṇai.

Filosofai impersonalistai, tvirtinantys, kad Absoliuti Tiesa yra bejausmė, nesuvokia šio „Bhagavad-gītos" posmo. Jiems jis arba metafora, arba įrodymas, kad „Bhagavad-gītą" išsakęs Kṛṣṇa – paprastas žemės žmogus. Tačiau iš tikro Aukščiausiasis Dievas, Kṛṣṇa, turi jusles, kurios, kaip teigiama, gali pakeisti viena kitą. Kitaip sakant, viena Jo juslė gali atlikti bet kurios kitos funkciją. Tai ir turima galvoje, kai kalbama, jog Kṛṣṇa yra absoliutus. Vargu ar galima būtų laikyti Jį visų turtų ir galybės savininku, jeigu Jis neturėtų juslių. Septintame skyriuje Kṛṣṇa aiškina, kad Jis, nužvelgęs materialią gamtą, apvaisina ją gyvosiomis esybėmis. O šiuo atveju Kṛṣṇa klausosi bhakto, su meilės sklidinais žodžiais aukojančio maistą, ir tai *visiškai tas pats,* ar Jis ragautų ar valgytų. Reikėtų štai ką pabrėžti: Jis – absoliutas, todėl kai jis klauso, tolygu, kad Jis ragauja ar valgo. Tiktai bhaktas, kuris pripažįsta Kṛṣṇą tokį, kaip Jis Pats Save apibūdina, nieko nuo savęs nepridėdamas, supranta, kad Aukščiausioji Absoliuti Tiesa gali valgyti ir mėgautis valgiu.

यत्करोषि यदश्नासि यज्जुहोषि ददासि यत् ।   **9.27**
यत्तपस्यसि कौन्तेय तत्कुरुष्व मदर्पणम् ॥२७॥

yat karoṣi yad aśnāsi · yaj juhoṣi dadāsi yat
yat tapasyasi kaunteya · tat kuruṣva mad-arpaṇam

yat – ką; *karoṣi* – darai; *yat* – ką; *aśnāsi* – valgai; *yat* – ką;
juhoṣi – atnašauji; *dadāsi* – atiduodi; *yat* – ką; *yat* – kokias; *tapas-yasi* – askezes atlieki; *kaunteya* – o Kuntī sūnau; *tat* – tai; *kuruṣva* –
atlik; *mat* – Man; *arpaṇam* – kaip auką.

**O Kuntī sūnau, kad ir ką tu darytum, valgytum, atnašautum ar
atiduotum, kokias askezes tu atliktum – daryk tai kaip auką Man.**

Taigi kiekvieno žmogaus pareiga tvarkyti savo gyvenimą taip,
kad jokiomis aplinkybėmis jis neužmirštų Kṛṣṇos. Kiekvienas turi
dirbti, kad palaikytų gyvybę, todėl šiame posme Kṛṣṇa siūlo dirbti
Jam. Kad gyventum, reikia valgyti, ir tas valgis turi būti Kṛṣṇai
paaukoto maisto likučiai. Kiekvienas civilizuotas žmogus privalo
atlikti tam tikrus religinius ritualus, todėl Kṛṣṇa siūlo: „Daryki-
te tai vardan Manęs." Tai vadinasi *arcana*. Kiekvienas turi polinkį
aukoti. Kṛṣṇa sako: „Aukok Man", o tai reiškia, kad sutaupytų
pinigų perteklių reikia skirti Kṛṣṇos sąmonės judėjimui remti.
Dabar žmonės labai domisi meditacija, o ji neparanki šiame
amžiuje, tačiau tas, kuris dvidešimt keturias valandas per parą
medituoja Kṛṣṇą, su maldos karoliais kartodamas Hare Kṛṣṇa
mantrą, iš tiesų yra didžiausias meditatoujas ir *yogas;* šią mintį
patvirtina šeštasis „Bhagavad-gītos" skyrius.

शुभाशुभफलैरेवं मोक्ष्यसे कर्मबन्धनैः ।   **9.28**
संन्यासयोगयुक्तात्मा विमुक्तो मामुपैष्यसि ॥२८॥

śubhāśubha-phalair evaṁ · mokṣyase karma-bandhanaiḥ
sannyāsa-yoga-yuktātmā · vimukto mām upaiṣyasi

śubha – iš palankių; *aśubha* – ir nepalankių; *phalaiḥ* – rezultatų; *evam* – taip; *mokṣyase* – tu išsivaduosi; *karma* – darbo; *bandha-naiḥ* – pančių; *sannyāsa* – atsižadėjimo; *yoga* – yoga; *yukta-ātmā* – užėmęs protą; *vimuktaḥ* – išsivadavęs; *mām* – pas Mane; *upaiṣyasi* – tu ateisi.

Šitaip tu sutraukysi veiklos pančius ir išvengsi jos palankių ir nepalankių rezultatų. Sutelkęs į Mane protą ir veikdamas atsižadėjimo dvasia, tu išsivaduosi ir ateisi pas Mane.

Kas veikia su Kṛṣṇos sąmone, paklusdamas vadovavimui iš aukš-čiau, vadinamas *yukta*. Specialus terminas tam pažymėti – *yukta-vairagya*. Plačiau šį terminą Rūpa Gosvāmis aiškina taip:

anāsaktasya viṣayān · yathārham upayuñjataḥ
nirbandhaḥ kṛṣṇa-sambandhe · yuktaṁ vairāgyam ucyate

(„Bhakti-rasāmṛta-sindhu" 2.255)

Rūpa Gosvāmis sako, kad gyvendami materialiame pasaulyje esame priversti veikti, negalime nutraukti veiklos. Jei veikiame, bet veiklos vaisius atiduodame Kṛṣṇai, tai tokia veikla vadinasi *yukta-vairāgya*. Kadangi tai tikras atsižadėjimas, veikėjo proto veidrodis apsivalo, ir tolygiai tobulėdamas dvasiškai jis galiausiai visiškai atsiduoda Aukščiausiajam Dievo Asmeniui. Taip jis išsiva-duoja, ir čia nurodyta, kas tai per išsivadavimas – jis nesusivienija su *brahmajyoti,* bet įžengia į Aukščiausiojo Viešpaties planetą. Čia aiškiai pasakyta: *mām upaiṣyasi* – „jis ateina pas Mane", sugrįžta namo, pas Dievą. Yra penkios išsivadavimo pakopos, ir čia ypač pabrėžiama, kad bhaktas, kuris nugyveno gyvenimą paklusdamas Aukščiausiojo Viešpaties valiai, pasiekia tokį lygį, kad palikęs kūną grįžta pas Dievą ir tiesiogiai bendrauja su Aukščiausiuoju Viešpačiu.

Kas visą gyvenimą nori pašvęsti Viešpačiui ir kam nieko dau-giau nereikia, tas iš tikrųjų yra *sannyāsis*. Toks žmogus save visada suvokia kaip amžiną tarną, esantį Viešpaties aukščiausioje valioje.

Todėl, kad ir ką jis darytų, daro tai Viešpaties labui. Bet kokią veiklą jis atlieka kaip tarnystę Viešpačiui. Jis neskiria daug dėmesio karminei veiklai ar Vedų nurodytoms pareigoms. Eiliniam žmogui privalu atlikti Vedose nurodytas pareigas. Nors kartais atrodo, kad tyras bhaktas, su atsidėjimu tarnaujantis Viešpačiui, veikia prieš Vedų nurodytas pareigas, iš tikrųjų taip nėra.

Todėl *vaiṣṇavų* autoritetai sako, kad net protingiausias žmogus negali suprasti tyro bhakto planų ir poelgių. Štai tie žodžiai: *tāṅra vākya, kriyā, mudrā vijñeha nā bujhaya* („Caitanya-caritāmṛta", *Madhya* 23.39). Žmogus, kurio nuolatinis užsiėmimas yra tarnystė Viešpačiui, arba kuris visada galvoja ir kuria planus, kaip Jam patarnauti, turi būti laikomas jau dabar išsivadavusiu, o ateityje jam garantuotas grįžimas namo, atgal pas Dievą. Jis aukščiau materialistinės kritikos, kaip Kṛṣṇa visada aukščiau bet kokios kritikos.

समोऽहं सर्वभूतेषु न मे द्वेष्योऽस्ति न प्रियः ।
ये भजन्ति तु मां भक्त्या मयि ते तेषु चाप्यहम् ॥२९॥

9.29

samo 'haṁ sarva-bhūteṣu · na me dveṣyo 'sti na priyaḥ
ye bhajanti tu māṁ bhaktyā · mayi te teṣu cāpy aham

samaḥ – nešališkas; *aham* – Aš; *sarva-bhūteṣu* – visoms gyvoms esybėms; *na* – nė viena; *me* – Man; *dveṣyaḥ* – neapkenčiama; *asti* – yra; *na* – nei; *priyaḥ* – miela; *ye* – tie, kurie; *bhajanti* – atlieka transcendentinę tarnystę; *tu* – tačiau; *mām* – Man; *bhaktyā* – su pasiaukojimu; *mayi* – yra Manyje; *te* – šie žmonės; *teṣu* – juose; *ca* – taip pat; *api* – tikrai; *aham* – Aš.

Aš niekam nepavydžiu ir niekam nesu šališkas. Aš lygus visiems. Tačiau pasiaukojamai Man tarnaujantis yra Manyje. Jis mano draugas, ir Aš esu jo draugas.

Čia gali kilti klausimas: jei Kṛṣṇa lygus visiems ir niekas nėra Jo išskirtinis draugas, kodėl Jis ypač rūpinasi bhaktais, kurie nuolatos transcendentiškai Jam tarnauja? Toks elgesys nėra diskriminacija, jis natūralus. Materialaus pasaulio žmogus gali būti labai dosnus, ir vis dėlto savo vaikais jis rūpinsis ypatingai. Viešpats skelbia, kad kiekviena gyvoji esybė (nepaisant jos formos) yra Jo vaikas, ir todėl kiekvieną jis dosniai aprūpina visom gyvenimo reikmėmis. Jis tarsi debesis, pilantis lietų kur pakliūva: ar tai būtų uola, žemė, ar vanduo. Tačiau Savo bhaktams Viešpats skiria ypatingą dėmesį. Apie tokius bhaktus kalba posmas: jie niekuomet neužmiršta Kṛṣṇos, ir todėl visuomet įsisąmoninę Kṛṣṇą transcendentaliai egzistuoja Jame. Pats posakis „Kṛṣṇos sąmonė" perša mintį, kad įsisąmoninę Kṛṣṇą transcendentalistai egzistuoja Jame. Viešpats aiškiai sako: *mayi te* – „Jie Manyje". Todėl natūralu, kad Viešpats irgi yra juose. Toks ryšys – abipusis. Tai paaiškina Viešpaties žodžius: *ye yathā māṁ prapadyante tāṁs tathaiva bhajāmy aham* – „Kiek žmogus Man atsidavęs, tiek Aš Juo ir rūpinuosi." Transcendentinis abipusis ryšys egzistuoja, nes ir Viešpats, ir bhaktas sąmoningi. Aukso žiede esantis deimantas atrodo labai gražus. Iš tokio derinio laimi ir auksas, ir deimantas. Tiek Viešpats, tiek gyvoji esybė visuomet skleidžia švytėjimą, o kai gyvoji esybė palinksta tarnauti Aukščiausiajam Viešpačiui, ji sušvinta kaip auksas. Viešpats – tai deimantas, o deimantas su auksu labai dera. Gyvosios esybės savo gryname būvyje vadinasi bhaktais. Aukščiausiasis Viešpats tampa Savo bhaktų tarnu. Jeigu nėra abipusio ryšio tarp bhaktų ir Viešpaties, negalima kalbėti apie personalinę filosofiją. Impersonali filosofija nepripažįsta abipusio ryšio tarp Aukščiausiojo ir gyvosios esybės, o personalistinė filosofija jį pripažįsta.

Dažnai pateikiamas toks pavyzdys: Viešpats yra lyg troškimų medis, išpildantis visus norus. Bet šis posmas pateikia dar aiškesnį vaizdą. Jame teigiama, kad Viešpats yra šališkas bhaktams. Tai ypatingos Viešpaties malonės pasireiškimas. Nereikia manyti, kad Viešpaties atsakomojo jausmo atsiradimą lemia *karmos* dėsnis. Viešpaties ir bhaktų jausmų abipusiškumas būdingas transcendentinei aplinkai, kurioje jie veikia. Pasiaukojimo tarnystė Viešpačiui –

ne materialaus pasaulio veikla, ji yra dalis dvasinio pasaulio, kur viešpatauja amžinybė, palaima ir žinojimas.

अपि चेत्सुदुराचारो भजते मामनन्यभाक् ।　　　　　9.30
साधुरेव स मन्तव्यः सम्यग्व्यवसितो हि सः ॥३०॥

api cet su-durācāro · bhajate mām ananya-bhāk
sādhur eva sa mantavyaḥ · samyag vyavasito hi saḥ

api – net; *cet* – jeigu; *su-durācāraḥ* – bjauriausiai besielgiantis; *bhajate* – su pasiaukojimu tarnauja; *mām* – Man; *ananya-bhāk* – nenukrypdamas; *sādhuḥ* – šventuoju; *eva* – tikrai; *saḥ* – jį; *mantavyaḥ* – reikia laikyti; *samyak* – visiškai; *vyavasitaḥ* – kupinas ryžto; *hi* – tikrai; *saḥ* – jis.

Net jeigu žmogus padaro didžiausio pasibjaurėjimo vertą poelgį, bet atlieka pasiaukojimo tarnystę, jį reikia laikyti šventuoju, nes jo siekiai teisingi.

Žodžiui *su-durācāraḥ,* kuris vartojamas posme, tenka didelė reikšmė, todėl turime teisingai jį suprasti. Kol gyvoji esybė yra sąlygota, ji atlieka dvejopus veiksmus: vieni jos veiksmai sąlygoti, kiti – atitinkantys jos prigimtinį būvį. O dėl rūpinimosi kūnu ir visuomenės bei valstybės įstatymų laikymosi, tai, suprantama, net ir bhaktai turi pareigų, kurias lemia sąlygotas gyvenimas, ir tos pareigos vadinasi sąlygota veikla. Tuo tarpu veikla, kai gyvoji esybė visiškai suvokia savo dvasišką prigimtį ir praktikuoja Kṛṣṇos sąmonę, atlieka Viešpačiui skirtą pasiaukojimo tarnystę, yra transcendentinė. Tokia prigimtinį būvį atitinkanti veikla vadinama specialiu terminu – pasiaukojimo tarnystė. Sąlygotame būvyje pasiaukojimo tarnystė ir sąlygota veikla, susijusi su kūno reikmių patenkinimu, gali būti atliekamos lygiagrečiai, bet nutinka ir taip, kad jos kertasi. Bhaktas kiek įmanydamas elgiasi atidžiai ir stengiasi nedaryti to, kas pakenktų jo Kṛṣṇos sąmonei. Jis žino, kad jo veiksmai tobuli tiek, kiek sparčiai įsisavinama Kṛṣṇos sąmonė. Tačiau kartais galima pastebėti, kad Kṛṣṇą įsisąmoninęs žmogus padaro tai, kas socialiai ar politiškai gali būti suprasta kaip kažkas smerktina. Toks laikinas suklupimas nepašalina galimybės tobulėti. Jeigu patyręs nuopuolį žmogus visa širdimi atsideda transcendentiškai tarnauti Aukščiausiajam Viešpačiui, – teigiama „Śrīmad-Bhāgavatam", – širdyje esantis Viešpats apvalo jį ir atleidžia bjaurų poelgį. Užsiteršimas materija yra toks stiprus, kad įvilioja į pinkles net su atsidėjimu Viešpačiui tarnaujantį *yogą*. Bet Kṛṣṇos sąmonė tokia galinga, kad jis netrukus pakyla iš atsitiktinio nuopuolio. Todėl pasiaukojimo tarnystę visada lydi sėkmė. Nevalia niekinti bhaktą, atsitiktinai išklydusį iš teisingo kelio, nes kitas posmas aiškina, kad bhaktui visa esybe pasinėrus į Kṛṣṇos sąmonę, nuopuoliai daugiau nepasikartos.

Taigi Kṛṣṇą įsisąmoninusio žmogaus, ryžtingai kartojančio Hare Kṛṣṇa, Hare Kṛṣṇa, Kṛṣṇa Kṛṣṇa, Hare Hare/ Hare Rāma, Hare Rāma, Rāma Rāma, Hare Hare, padėtis turi būti laikoma transcendentine, net jeigu jis netyčia ar dėl kokios nesėkmės patyrė nuopuolį. Ypač išraiškingi žodžiai *sādhur eva* – „jis yra šventas". Jie perspėja nebhaktus nesišaipyti iš bhakto dėl jo atsitiktinio nuopuolio – net jei jis atsitiktinai puolė, jį reikia laikyti šventu. Dar išraiškingesnis žodis *mantavyaḥ*. Kas nevykdo šios nuostatos ir pašiepia bhaktą dėl atsitiktinio nuopuolio, nesilaiko Aukščiausiojo Viešpaties įsakymo. Vienintelė būtina bhaktui savybė – būti atkakliam ir atlikti vien tiktai pasiaukojimo tarnystę.

„Nṛsiṁha Pūraṇoje" teigiama:

bhagavati ca harāv ananya-cetā
bhṛśa-malino 'pi virājate manuṣyaḥ
na hi śaśa-kaluṣa-cchabiḥ kadācit
timira-parābhavatām upaiti candraḥ

Jei su visišku pasiaukojimu Viešpačiui tarnaujantis žmogus bjauriai pasielgia, jo poelgius derėtų vertinti kaip dėmes mėnulyje, primenančias triušio siluetą. Tos dėmės netrukdo sklisti mėnesienai – tokia pacituoto posmo prasmė. Panašiai yra, kai bhaktas atsitiktinai išklysta iš šventųjų kelio – tai nedaro jo atstumtuoju.

Kita vertus, klaidinga būtų manyti, kad atlikdamas transcendentinę pasiaukojimo tarnystę bhaktas turi teisę bjauriai elgtis. Posmas kalba tik apie atsitiktinumą, kurį lemia labai stiprūs materialūs ryšiai. Stodamas į pasiaukojimo tarnystės kelią žmogus tarsi skelbia karą iliuzinei energijai. Kol dar nepakanka jėgų kautis su iliuzine energija, galimi atsitiktiniai nuopoliai. Tačiau kai jėgų užtenka, daugiau nebesuklumpama, kaip jau buvo anksčiau aiškinta. Nevalia, prisidengiant šiuo posmu, krėsti kvailystes ir laikyti save bhaktu. Jei pasiaukojimo tarnystė netaiso tavo būdo, vadinasi nesi pažengęs bhaktas.

क्षिप्रं भवति धर्मात्मा शश्वच्छान्तिं निगच्छति ।
कौन्तेय प्रतिजानीहि न मे भक्तः प्रणश्यति ॥३१॥

9.31

kṣipraṁ bhavati dharmātmā · śaśvac-chāntiṁ nigacchati
kaunteya pratijānīhi · na me bhaktaḥ praṇaśyati

kṣipram – labai greitai; *bhavati* – tampa; *dharma-ātmā* – teisuoliu; *śaśvat-śāntim* – amžiną ramybę; *nigacchati* – pasiekia; *kaunteya* – o Kuntī sūnau; *pratijānīhi* – skelbk; *na* – niekada; *me* – Mano; *bhaktaḥ* – bhaktas; *praṇaśyati* – pražūva.

Greitai jis tampa teisuoliu ir suranda amžiną ramybę. O Kuntī sūnau, drąsiai skelbk, kad Mano bhaktas niekada nepražūva.

Šį posmą reikia suprasti teisingai. Septintajame skyriuje Viešpats sako, kad piktus darbus darantis žmogus negali tapti Viešpaties bhaktu. Neatsidavęs Viešpačiui žmogus neturi jokių gerų savybių. Tuomet neaišku, kaip bjauriai besielgiantis žmogus – ar jis darytų tai atsitiktinai, ar su tam tikrais kėslais, gali būti tyras bhaktas? Toks klausimas visiškai teisėtas. Septintas skyrius skelbia, kad nenaudėliai niekada neatsideda pasiaukojimo tarnystei, ir, kaip teigiama „Śrīmad-Bhāgavatam", neturi gerų savybių. Paprastai bhaktas, atliekantis devynių rūšių pasiaukojimo tarnystę, apvalo širdį nuo visų materijos nešvarybių. Visa širdimi atsidavus Aukščiausiajam Dievo Asmeniui visos iš nuodėmių kylančios nešvarybės savaime nusiplauna, o nepaliaujamai mąstant apie Aukščiausiąjį Viešpatį jo prigimtis tampa skaisti. Pasak Vedų, iš aukštos padėties puolęs žmogus turi atlikti tam tikrus ritualus, kad apsivalytų. Tačiau šiuo atveju to daryti nereikia, nes bhakto širdis skaistėja savaime, kadangi jis nuolatos prisimena Aukščiausiąjį Dievo Asmenį. Todėl Hare Kṛṣṇa, Hare Kṛṣṇa, Kṛṣṇa Kṛṣṇa, Hare Hare/ Hare Rāma, Hare Rāma, Rāma Rāma, Hare Hare reikia kartoti be perstojo. Tai apsaugos bhaktą nuo atsitiktinio nuopuolio. Materijos nešvarybės jo niekada nepalies.

मां हि पार्थ व्यपाश्रित्य येऽपि स्युः पापयोनयः । 9.32
स्त्रियो वैश्यास्तथा शूद्रास्तेऽपि यान्ति परां गतिम् ॥३२॥

māṁ hi pārtha vyapāśritya · ye 'pi syuḥ pāpa-yonayaḥ
striyo vaiśyās tathā śūdrās · te 'pi yānti parāṁ gatim

mām – Manyje; *hi* – tikrai; *pārtha* – o Pṛthos sūnau; *vyapāśritya* – atranda prieglobstį; *ye* – tie, kurie; *api* – taip pat; *syuḥ* – yra; *pāpa-yonayaḥ* – gimę nekilmingoje šeimoje; *striyaḥ* – moterys; *vaiśyāḥ* – prekijai; *tathā* – taip pat; *śūdrāḥ* – žemos klasės žmonės; *te api* – net jie; *yānti* – eina; *parām* – į aukščiausią; *gatim* – tikslą.

O Pṛthos sūnau, atradusieji prieglobstį Manyje, tegu jie ir žemos kilmės žmonės – moterys, vaiśyai [prekijai] ar śūdros [darbininkai], gali pasiekti aukščiausią tikslą.

Aukščiausiasis Viešpats čia skelbia, kad pasiaukojimo tarnystė neskirsto žmonių į žemesnes ir aukštesnes klases. Materiali būties samprata daro tokius skirtumus, tačiau su transcendentiniu pasiaukojimu Viešpačiui tarnaujantiems žmonėms jie neegzistuoja. Aukščiausią tikslą pasiekti gali kiekvienas. „Śrīmad-Bhāgavatam" (2.4.18) tvirtinama, kad net patys žemiausi – *caṇḍālos* (šunėdos), bendraudami su tyrais bhaktais, apsivalo. Taigi pasiaukojimo tarnystė ir tyro bhakto vadovavimas turi tokią didžiulę galią, kad skirtumų tarp žemesnės ir aukštesnės klasės žmonių jau nebedaroma:

visi gali atlikti pasiaukojimo tarnystę. Kiekvienas prastuolis, atsidavęs tyro bhakto globai, tinkamai jo vadovaujamas gali apsivalyti. Pagal įvairias materialios gamtos *gunas* žmonės priskiriami dorybės *gunai* (brahmanai), aistros *gunai* (*kṣātriyai,* arba valdytojai), mišriai aistros ir neišmanymo *gunai* (*vaiśyai,* arba prekijai) ir neišmanymo *gunai* (*śūdros,* arba darbininkai). Žemesni už juos vadinami *caṇḍālomis.* Jie gimę nusidėjėlių šeimose. Aukštesnės klasės paprastai nebendrauja su gimusiais nusidėjėlių šeimose. Tačiau pasiaukojimo tarnystė tokia galinga, jog tyras Aukščiausiojo Viešpaties bhaktas suteikia galimybę visų žemesnių klasių žmonėms pasiekti aukščiausią gyvenimo tobulumą. Tik atsidavus Kṛṣṇos globai tai tampa įmanoma. Žodis *vyapāśritya* išreiškia mintį, kad reikia visiškai atsiduoti Kṛṣṇos globai. Taip galima tapti didesniu už didžiausius *jñānius* ir *yogus.*

किं पुनर्ब्राह्मणाः पुण्या भक्ता राजर्षयस्तथा ।
अनित्यमसुखं लोकमिमं प्राप्य भजस्व माम् ॥३३॥

9.33

kiṁ punar brāhmaṇāḥ puṇyā · bhaktā rājarṣayas tathā
anityam asukhaṁ lokam · imaṁ prāpya bhajasva mām

kim – kiek labiau; *punaḥ* – vėlgi; *brāhmaṇāḥ* – brahmanai; *puṇyāḥ* – teisieji; *bhaktāḥ* – bhaktai; *rāja-ṛṣayaḥ* – šventieji karaliai; *tathā* – taip pat; *anityam* – laikiną; *asukham* – kupiną kančių; *lokam* – planetą; *imam* – šią; *prāpya* – pasiekęs; *bhajasva* – su meile tarnauk; *mām* – Man.

O ką jau kalbėti apie teisiuosius brahmanus, bhaktus ir šventuosius karalius! Todėl patekęs į šį laikiną, kančių perpildytą pasaulį, su meile tarnauk Man.

Materialiame pasaulyje yra įvairių klasių žmonės, tačiau galų gale šis pasaulis visiems yra nelaimių šalis. Posmas aiškiai sako: *anityam asukhaṁ lokam* – šis pasaulis laikinas ir kupinas negandų, jis ne vieta gyventi blaiviai mąstančiam džentelmenui. Aukščiausiasis

Dievo Asmuo skelbia, jog šis pasaulis laikinas ir kupinas kančių. Kai kurie filosofai, o ypač *māyāvādžiai*, teigia, kad šis pasaulis netikras, tačiau „Bhagavad-gītos" posmai rodo, jog jis nėra netikras, o tik laikinas. Laikinas ir netikras – skirtingi dalykai. Šis pasaulis yra laikinas, bet egzistuoja kitas, amžinas pasaulis. Šis pasaulis perpildytas kančių, o kitas – amžinas ir palaimingas.

Arjuna gimė šventųjų karalių šeimoje. Bet ir jam Viešpats sako: „Tarnauk Man su pasiaukojimu, skubinkis grįžti namo, atgal pas Dievą." Nevalia pasilikti kančių perpildytame, laikiname pasaulyje. Visi turime siekti Aukščiausiojo Dievo Asmens prieglobsčio, kad taptume amžinai laimingi. Pasiaukojimo tarnystė Aukščiausiajam Viešpačiui – vienintelis kelias, leidžiantis išspręsti visas visų žmonių klasių problemas. Todėl visi turi įsijungti į Kṛṣṇos sąmonę ir savo gyvenimą padaryti tobulą.

मन्मना भव मद्भक्तो मद्याजी मां नमस्कुरु ।   9.34
मामेवैष्यसि युक्त्वैवमात्मानं मत्परायणः ॥३४॥

man-manā bhava mad-bhakto · mad-yājī māṁ namaskuru
mām evaiṣyasi yuktvaivam · ātmānaṁ mat-parāyaṇaḥ

mat-manāḥ – visada galvodamas apie Mane; *bhava* – tapk; *mat* – Mano; *bhaktaḥ* – bhaktu; *mat* – Mano; *yājī* – garbintoju; *māṁ* – Man; *namaskuru* – lenkis; *mām* – pas Mane; *eva* – visiškai; *eṣyasi* – tu ateisi; *yuktvā* – pasinėręs; *evam* – taip; *ātmānam* – tavo siela; *mat-parāyaṇaḥ* – pasiaukojusi Man.

Visada mąstyk apie Mane, tapk Mano bhaktu, lenkis Man ir garbink Mane. Visiškai pasinėręs į Mane, tu tikrai pas Mane ateisi.

Posmas akivaizdžiai parodo, kad vienintelė priemonė, leidžianti ištrūkti iš nešvaraus materialaus pasaulio gniaužtų, yra Kṛṣṇos sąmonė. Kartais nesąžiningi komentatoriai iškraipo esmę to, kas čia aiškiai pasakyta: visą pasiaukojimo tarnystę reikia paskirti

Aukščiausiajam Dievo Asmeniui – Kṛṣṇai. Deja, skaitytojų dėmesys nukreipiamas į nereikšmingus dalykus. Nesąžiningi komentatoriai nežino, kad tarp Kṛṣṇos ir Jo proto nėra jokio skirtumo. Kṛṣṇa nėra paprastas žmogus, Jis – Absoliuti Tiesa. Jo kūnas, protas ir Jis Pats sudaro absoliučią vienybę. Bhaktisiddhānta Sarasvatis Gosvāmis savo „Caitanya-caritāmṛtos" (*Ādi-līlā*, penkto skyriaus, 41–48 posmai) komentaruose, pavadintuose „Anubhāṣya", cituoja „Kūrma Purāṇą": *deha-dehi-vibhedo 'yaṁ neśvare vidyate kvacit.* Tai reiškia, kad Aukščiausiasis Viešpats Kṛṣṇa – vienalytis, Jis Pats nesiskiria nuo Savo kūno. Tačiau minėti komentatoriai, nesuprasdami Kṛṣṇos mokslo, Kṛṣṇą dangsto nuo skaitytojo, atskiria Jo asmenybę nuo Jo proto ir kūno. Nors tai yra pats tikriausias Kṛṣṇos mokslo neišmanymas, vis dėlto, kai kurie žmonės, apgaudinėdami kitus, iš to pelnosi.

Yra demoniškų žmonių, kurie mąsto apie Kṛṣṇą, bet su neapykanta. Toks buvo karalius Kaṁsa, Kṛṣṇos dėdė. Jis irgi nuolat mąstė apie Kṛṣṇą, tačiau matė Jame savo priešą. Jis visada su nerimu laukė, kada Kṛṣṇa ateis jo nužudyti. Toks mąstymo būdas mūsų neišgelbės. Apie Kṛṣṇą reikia galvoti su pasiaukojimu ir meile. Tai ir yra *bhakti*. Reikia nuolat gilinti savo žinias apie Kṛṣṇą. Kaip teisingai tai daryti? Jų turime semtis iš *bona fide* dvasinio mokytojo. Kṛṣṇa – Aukščiausiasis Dievo Asmuo, ir mes keletą kartų aiškinome, kad Jo kūnas nėra materialus, Jo kūnas – amžinas, palaimingas žinojimas. Taip kalbant apie Kṛṣṇą galima tapti bhaktu. Kitoks Kṛṣṇos suvokimas, gautas iš neteisingo šaltinio, visada bus bevaisis.

Taigi savo mintis reikia nukreipti į amžiną, pirminį Kṛṣṇos pavidalą. Reikia garbinti Kṛṣṇą širdim, pilna tikėjimo, kad Jis yra Aukščiausiasis. Indijoje yra šimtai tūkstančių šventyklų, kuriose garbinamas Kṛṣṇa ir kur praktikuojama pasiaukojimo tarnystė. Praktikuojantys lenkiasi Kṛṣṇai. Žmogus turi lenkti galvą prieš Dievybę ir aukoti Jai viską: savo protą, kūną, veiksmus. Tai leidžia niekur kitur nenukrypstant visiškai pasinerti į Kṛṣṇą ir padeda persikelti į Kṛṣṇaloką. Nedera leistis klaidinamam nesąžiningų komentatorių. Reikia atlikti devynių veiklos formų pasiaukojimo tarnystę, o jos pradžia yra klausymasis apie Kṛṣṇą ir Jo šlovinimas. Tyra pasiaukojimo tarnystė – aukščiausias žmonių visuomenės pasiekimas.

Septintas ir aštuntas „Bhagavad-gītos" skyriai aiškino apie tyrą pasiaukojimo tarnystę Viešpačiui, neturinčią jokių spekuliatyvaus žinojimo, mistinės *yogos* ir karminės veiklos priemaišų. Tuos, kurie nėra skaisčios dvasios, gali vilioti įvairūs Viešpaties aspektai: beasmenis *brahmajyoti* ir lokalizuota Paramātmā, tačiau tyras bhaktas tarnauja tik Aukščiausiajam Viešpačiui.

Vienoje nuostabioje poemoje apie Kṛṣṇą parašyta, kad žmogus, garbinantis pusdievius, yra didžiausias neišmanėlis, kuriam niekada nelemta pelnyti aukščiausios dovanos – Kṛṣṇos. Pradžioje bhaktas gali ir neišlaikyti reikiamo lygio, bet vis dėlto jį reikia laikyti pranašesniu už visus filosofus bei *yogus.* Žmogų, nuolat praktikuojantį Kṛṣṇos sąmonę, dera laikyti tobulu ir šventu. Jo atsitiktiniai ir nedori poelgiai taps vis retesni, ir, be abejo, jis greitai pasieks visišką tobulumą. Tyras bhaktas negali pulti, nes Pats Aukščiausiasis Dievas asmeniškai rūpinasi Savo tyrais bhaktais. Todėl išmintingam žmogui derėtų stoti į Kṛṣṇos sąmonės kelią ir laimingai gyventi materialiame pasaulyje. Galų gale jis pelnys aukščiausią dovaną – Kṛṣṇą.

Taip Bhaktivedanta baigia komentuoti devintą „Śrīmad Bhagavad-gītos" skyrių, pavadintą „Slaptingiausias žinojimas".

10 skyrius

Absoliuto turtingumas

श्रीभगवानुवाच

भूय एव महाबाहो शृणु मे परमं वचः ।

यत्तेऽहं प्रीयमाणाय वक्ष्यामि हितकाम्यया ॥ १ ॥

śrī-bhagavān uvāca

bhūya eva mahā-bāho · śṛṇu me paramaṁ vacaḥ

yat te 'haṁ prīyamāṇāya · vakṣyāmi hita-kāmyayā

śrī-bhagavān uvāca – Aukščiausiasis Dievo Asmuo tarė; *bhūyaḥ* – vėl; *eva* – tikrai; *mahā-bāho* – o tvirtaranki; *śṛṇu* – išgirsk; *me* – Mano; *paramam* – aukščiausią; *vacaḥ* – pamokymą; *yat* – tą, kurį; *te* – tau; *aham* – Aš; *prīyamāṇāya* – laikydamas tave brangiu Sau; *vakṣyāmi* – sakau; *hita-kāmyayā* – tavo labui.

Aukščiausiasis Dievo Asmuo tarė: Vėl klausyk, o tvirtaranki Arjuna. Esi Mano brangus draugas, todėl toliau kalbėsiu tavo labui ir suteiksiu tau žinias, dar vertingesnes, negu lig šiolei bylojau.

Žodį „Bhagavān" Parāśara Munis aiškina taip: Bhagavānas arba Aukščiausiasis Dievo Asmuo – tai tas, kuris valdo šešias vertenybes: absoliučią jėgą, šlovę, turtus, žinojimą, grožį ir atsižadėjimą. Gyvendamas žemėje, Kṛṣṇa pademonstravo visas šias vertenybes, todėl tokie didieji išminčiai, kaip Parāśara Munis, laikė Kṛṣṇą Aukščiausiuoju Dievo Asmeniu. Dabar Kṛṣṇa atskleidžia Arjunai dar slaptingesnes žinias, pasakoja apie Savo turtus ir darbus. Jau nuo septinto skyriaus Viešpats aptaria įvairias Savo energijas ir aiškina, kaip jos veikia. O šiame skyriuje Jis pasakoja Arjunai apie ypatingas Savo vertenybes. Ankstesniame skyriuje Viešpats apibūdino Savo energijas tam, kad pasiaukojimui padėtų tvirtą tikėjimo pagrindą. Vėlgi šiame skyriuje Jis pasakoja Arjunai apie Savo apraiškas ir vertenybes.

Kuo daugiau išgirstama apie Aukščiausiąjį Dievą, tuo tvirtesnė tampa pasiaukojimo tarnystė. Reikia nuolat klausyti pasakojimų apie Viešpatį bhaktų draugijoje, ir tai padės vis geriau Jam tarnauti. Tačiau pokalbiai bhaktų draugijoje mezgasi tik tarp tokių žmonių, kurie iš tiesų nori puoselėti Kṛṣṇos sąmonę, kiti dalyvauti tokiuose pokalbiuose negali. Viešpats pareiškia Arjunai, jog dabar kalbama jo labui, kadangi Arjuna Jam labai brangus.

न मे विदुः सुरगणाः प्रभवं न महर्षयः । **10.2**
अहमादिर्हि देवानां महर्षीणां च सर्वशः ॥ २ ॥

na me viduḥ sura-gaṇāḥ · prabhavaṁ na maharṣayaḥ
aham ādir hi devānām · maharṣīṇām ca sarvaśaḥ

na – niekada; *me* – Mano; *viduḥ* – žino; *sura-gaṇāḥ* – pusdieviai; *prabhavam* – kilmę, turtus ir galybę; *na* – niekada; *mahā-ṛṣayaḥ* – didieji išminčiai; *aham* – Aš esu; *ādiḥ* – pradžia; *hi* – tikrai; *devānām* – pusdievių; *mahā-ṛṣīṇām* – didžiųjų išminčių; *ca* – taip pat; *sarvaśaḥ* – visais atžvilgiais.

Nei pusdievių pulkai, nei didieji išminčiai nežino Mano kilmės, turtų ir galybės, nes kad ir kaip žvelgsi, Aš esu pusdievių ir išminčių pradžia.

„Brahma-saṁhitoje" teigiama, kad Viešpats Kṛṣṇa – Aukščiausiasis Viešpats. Nėra už Jį didingesnio, Jis – visų priežasčių priežastis. Šiame posme Pats Viešpats pareiškia, kad Jis – visų pusdievių ir išminčių priežastis. Net pusdieviai ir didieji išminčiai negali pažinti Kṛṣṇos, negali suprasti Kṛṣṇos vardo, suvokti Jo asmenybės, o ką jau kalbėti apie šios menkutės planetos vadinamuosius mokslininkus? Niekas nesuvokia, kodėl Aukščiausiasis Dievas nužengia lyg paprastas žmogus ir atlieka Savo stebuklingus, antžmogiškus žygius. Žinotina, erudicija nėra būtina sąlyga norint suvokti Kṛṣṇą. Jo suvokti nepavyko net ir pusdieviams bei išminčiams, kurie bandė pažinti Kṛṣṇą spekuliatyviais samprotavimais. „Śrīmad-Bhāgavatam" irgi aiškiai sakoma, kad net didieji pusdieviai neįstengia pažinti Aukščiausiojo Dievo Asmens. Jų mintis tepakyla tiek, kiek leidžia netobulos juslės, ir prieina priešingą sampratą – impersonalizmą, kurio objektas – kažkas, kam trys materialios gamtos *guṇos* nėra suteikusios išraiškos; arba dar – spekuliatyvių samprotavimų pagalba jie gali kažin ką išgalvoti, tačiau tokiais paikais samprotavimais neįmanoma pažinti Kṛṣṇos.

Norintiems pažinti Absoliučią Tiesą Viešpats posme daro užuominą: „Štai Aš – Aukščiausiasis Dievo Asmuo. Aš esu Aukščiausiasis." Tai reikia žinoti. Nors neįmanoma perprasti nesuvokiamo Viešpaties Jam asmeniškai apsireiškus – Jis egzistuoja. Iš tiesų Kṛṣṇą, kuris yra amžinas, kupinas palaimos ir žinojimo, galime pažinti gilindamiesi į Jo žodžius „Bhagavad-gītoje" ir „Śrīmad-Bhāgavatam". Dievą, kaip valdančiąją jėgą ar beasmenį Brahmaną gali suvokti ir tie, kuriuos valdo žemesnė Viešpaties energija, tačiau nepasiekus transcendentinės padėties, Dievo Asmens pažinti neįmanoma.

Kadangi daugelis žmonių neįstengia suvokti, kas yra Kṛṣṇa ir kokia Jo tikroji padėtis, iš nepriežastinės Savo malonės Jis nužengia parodyti Savo palankumą spekuliatyviems mąstytojams. Nors Aukščiausiojo Viešpaties žygiai yra antžmogiški, tie mąstytojai, susiteršę materialia energija, vis tiek mano, kad beasmenis Brahmanas yra Aukščiausiasis. Tik bhaktai, visiškai atsidavę Aukščiausiajam Viešpačiui, Aukščiausiojo Asmens malone gali suprasti, kad Aukščiausiasis Viešpats yra Kṛṣṇa. Viešpaties bhaktai nesidomi impersonalia Dievo kaip beasmenio Brahmano sąvoka, jų tikėjimas ir pasiaukojimas leidžia jiems išsyk atsiduoti Aukščiausiajam Viešpačiui, ir nepriežastinė Kṛṣṇos malonė suteikia jiems galimybę suvokti Kṛṣṇą. Niekas kitas pažinti Jo negali. Net ir didieji išminčiai yra vieningos nuomonės: „Kas yra *ātmā*, kas yra Aukščiausiasis? Tasai, kurį mes turime garbinti."

यो मामजमनादिं च वेत्ति लोकमहेश्वरम् ।   10.3
असम्मूढः स मर्त्येषु सर्वपापैः प्रमुच्यते ॥ ३ ॥

yo mām ajam anādiṁ ca · vetti loka-maheśvaram
asammūḍhaḥ sa martyeṣu · sarva-pāpaiḥ pramucyate

yaḥ – tas, kuris; *mām* – Mane; *ajam* – negimusį; *anādim* – bepradį; *ca* – taip pat; *vetti* – pažįsta; *loka* – planetų; *mahā-īśvaram* – aukščiausią valdovą; *asammūḍhaḥ* – nepaklydęs; *saḥ* – jis; *martyeṣu* – tarp mirtingųjų; *sarva-pāpaiḥ* – nuo atoveikio už visas nuodėmes; *pramucyate* – yra išvaduotas.

Kas žino Mane kaip negimusį, bepradį, Aukščiausiąjį visų pasaulių Viešpatį, tas vienintelis iš žmonių yra nepaklydęs ir išsivaduoja iš visų nuodėmių.

Septintame skyriuje (7.3) pasakyta: *manuṣyāṇāṁ sahasreṣu kaścid yatati siddhaye* – siekiantieji dvasinės savivokos yra nepaprasti žmonės. Jie pranoksta milijonus paprastų žmonių, neturinčių dvasinio žinojimo. O tarp žmonių, kurie tikrai stengiasi suvokti savo dvasinę padėtį, didžiausią sėkmę dvasinės savivokos kelyje yra patyręs tas, kuriam pavyksta suprasti, jog Kṛṣṇa yra Aukščiausiasis Dievo Asmuo, visa ko savininkas ir negimstantis. Tik visiškai suvokus aukščiausią Kṛṣṇos padėtį galima išsivaduoti nuo atoveikio už visas nuodėmes.

Viešpats posme apibūdinamas žodžiu *aja*, reiškiančiu „negimęs", tačiau Jis skiriasi nuo gyvųjų esybių, kurios antrame skyriuje irgi vadinamos *aja*. Viešpats kitoks, nei gyvosios esybės, kurias materialūs potraukiai verčia gimti ir mirti. Sąlygotos sielos keičia savo kūnus, o Jo kūnas – nekinta. Net ir nužengdamas į šį materialų pasaulį, Viešpats yra toks pats, negimęs, todėl ketvirtame skyriuje sakoma, kad Savo vidinės galios dėka Jis nėra žemesnės materialios energijos įtakoje ir visad egzistuoja aukštesnėje energijoje.

Posmo žodžiai *vetti loka-maheśvaram* pažymi, kad turime žinoti, jog Viešpats Kṛṣṇa – aukščiausias visatos planetų valdovas. Jis egzistavo prieš sukuriant pasaulį ir skiriasi nuo Savo kūrinijos. Visi pusdieviai buvo sukurti jau materialiame pasaulyje, bet apie Kṛṣṇą pasakyta, kad Jis nėra sukurtas, todėl skiriasi netgi nuo didžiųjų pusdievių – Brahmos ir Śivos. Jis Pats sukūrė Brahmą, Śivą bei visus kitus pusdievius, todėl ir yra Aukščiausioji visų planetų Asmenybė.

Śrī Kṛṣṇa skiriasi nuo visos kūrinijos, ir kas Jį tokį pažįsta, tas tučtuojau išsivaduoja nuo atoveikio už visas nuodėmes. Norėdami pažinti Aukščiausiąjį Viešpatį, turime nusiplauti visas nuodėmes. „Bhagavad-gītoje" teigiama, kad suvokti Viešpatį galima tik pasiaukojimo tarnystės dėka – kito būdo nėra.

Nemėginkime pamatyti Kṛṣṇoje žmogų. Jau buvo sakyta, kad tik neišmanėliai laiko Jį žmogumi. Dabar tai išreikšta kitais žodžiais. Nekvailas žmogus, kuriam pakanka išminties suprasti tikrąją Dievo padėtį, visada laisvas nuo atoveikio už nuodėmes.

Tačiau jei Kṛṣṇa yra Devakī sūnus, kaip Jis gali būti negimstantis? Tai taip pat paaiškinta „Śrīmad-Bhāgavatam": Devakī ir Vasudevai Jo pasirodymas buvo neįprastas. Iš pradžių Jis apsireiškė pirminiu Savo pavidalu, o tik paskui atsimainė į paprastą vaiką.

Visi poelgiai, kai vadovauja Kṛṣṇa, yra transcendentalūs, jų neteršia materialios reakcijos, kurios gali būti palankios ir nepalankios. Iš tikrųjų tai protas pagimdo mintį, kad materialiame pasaulyje egzistuoja kažkas palanku ir nepalanku, nes materialiame pasaulyje nieko, kas būtų palanku, nėra. Viskas jame nepalanku, kadangi pati materiali būtis lemia bloga. Mums tik atrodo, kad ji ką nors gera gali suteikti. Tikrąjį gėrį teikia veikla su Kṛṣṇos sąmone, visiškas pasiaukojimas ir tarnystė. Todėl jei išties norime,

kad veikla būtų mums palanki, ji turi būti atliekama pagal Aukš-
čiausiojo Viešpaties nurodymus. Viešpaties nurodymai patei-
kiami autoritetinguose šventraščiuose – „Śrīmad-Bhāgavatam" ir
„Bhagavad-gītoje", taip pat juos galima perimti iš *bona fide* dva-
sinio mokytojo. Dvasinis mokytojas yra Aukščiausiojo Viešpaties
atstovas, tad jo nurodymai išeina tiesiog iš Aukščiausiojo Viešpa-
ties. Dvasinis mokytojas, šventieji ir šventraščiai kreipia tuo pačiu
keliu, šie trys šaltiniai vienas kitam neprieštarauja. Tokiais nuro-
dymais paremta veikla nesukelia atoveikio, kurį sukeltų doringa
ar nedora materialaus pasaulio veikla. Transcendentinė bhakto
nuostata, su kuria atliekama veikla, turi atsižadėjimo bruožą
ir vadinama *sannyāsa*. Šešto „Bhagavad-gītos" skyriaus pirmame
posme teigiama, kad tikrai atsižadėjęs yra tas žmogus, kuris veikia
iš pareigos, vykdydamas Aukščiausiojo Viešpaties paliepimą, ir
nesiekia savo veiklos vaisių (*anāśritaḥ karma-phalam*). Tikras *san-
nyāsis* ir *yogas* yra žmogus, besivadovaujantis savo veikloje Aukš-
čiausiojo Viešpaties nurodymais, o ne tas, kuris rengiasi kaip
sannyāsis arba *yogas*.

बुद्धिर्ज्ञानमसम्मोहः क्षमा सत्यं दमः शमः ।
सुखं दुःखं भवोऽभावो भयं चाभयमेव च ॥ ४ ॥

अहिंसा समता तुष्टिस्तपो दानं यशोऽयशः ।
भवन्ति भावा भूतानां मत्त एव पृथग्विधाः ॥ ५ ॥

10.4–5

buddhir jñānam asammohaḥ · kṣamā satyaṁ damaḥ śamaḥ
sukhaṁ duḥkhaṁ bhavo 'bhāvo · bhayaṁ cābhayam eva ca

ahiṁsā samatā tuṣṭis · tapo dānaṁ yaśo 'yaśaḥ
bhavanti bhāvā bhūtānāṁ · matta eva pṛthag-vidhāḥ

buddhiḥ – intelektas; *jñānam* – žinojimas; *asammohaḥ* – abejonių
nebuvimas; *kṣamā* – atlaidumas; *satyam* – teisingumas; *damaḥ* –
juslių valdymas, *śamaḥ* – proto valdymas; *sukham* – laimė; *duḥ*

kham – kančia; *bhavaḥ* – gimimas; *abhāvaḥ* – mirtis; *bhayam* – baimė; *ca* – taip pat; *abhayam* – bebaimiškumas; *eva* – taip pat; *ca* – ir; *ahiṁsā* – prievartos atsisakymas; *samatā* – pusiausvyra; *tuṣ- ṭiḥ* – pasitenkinimas; *tapaḥ* – askezė; *dānam* – labdara; *yaśaḥ* – šlovė; *ayaśaḥ* – nešlovė; *bhavanti* – atsirado; *bhāvāḥ* – prigim- tys; *bhūtānām* – gyvųjų esybių; *mattaḥ* – iš Manęs; *eva* – tikrai; *pṛthak-vidhāḥ* – skirtingų rūšių.

Intelektą, žinojimą, abejonių ir iliuzijos nebuvimą, atlaidumą, teisingumą, juslių ir proto valdymą, laimę ir kančią, gimimą ir mirtį, baimę ir bebaimiškumą, prievartos atsisakymą, pusiau- svyrą, pasitenkinimą, asketiškumą, labdaringumą, šlovę ir nešlo- vę – visas tas įvairiausias gyvųjų būtybių savybes sukūriau Aš vienas.

Geras ir blogas gyvųjų esybių savybes sukūrė Kṛṣṇa. Jos ir apibū- dintos šiuose posmuose.

Intelektas – tai sugebėjimas teisingai įvertinti dalykus, o žino- jimas – tai sugebėjimas suprasti, kas yra dvasia ir kas – mate- rija. Įprastinis išsimokslinimas, gautas universitetuose, teaprėpia materiją, todėl „Bhagavad-gītā“ jo nelaiko žinojimu. Žinojimas – tai sugebėjimas skirti dvasią nuo materijos. Šiuolaikinis švietimas nepateikia žinių apie dvasią, jo objektas – materijos pradmenys ir kūno poveikiai. Todėl akademinės žinios nėra pilnavertės.

Pasiekti *asammoḥa,* išsivaduoti iš abejonių ir iliuzijos, tegali ryžtingas ir transcendentinę filosofiją suprantantis žmogus. Jis lėtai, bet užtikrintai atsikrato iliuzijos. Nevalia niekuo aklai tikėti – viską reikia rūpestingai ir apdairiai pasverti. Žmogus privalo ugdyti *kṣamą* – pakantumą ir atlaidumą, jis turi pakęsti ir atleisti nereikš- mingus įžeidimus. *Satyam,* teisingumas – tai sugebėjimas žmonių labui pateikti tiesą tokią, kokia ji yra. Jos nevalia iškreipti. Visuo- meniniai papročiai reikalauja sakyti tiesą tik tuo atveju, jeigu ji maloni kitiems. Bet tai nėra teisingumas. Teisybę reikia sakyti tie- siai ir atvirai, kad kiti sužinotų, kokia tikroji padėtis. Kai vagis vadinamas vagimi, ir apie tai, kad jis vagis, perspėjami kiti žmonės, tai ir yra teisybė. Nors tiesa kartais yra nemaloni, jos slėpti nedera. Teisingumas reikalauja, kad visų labui faktai būtų pateikiami tikri. Taip apibūdinama tiesos sąvoka.

Juslių valdymas reiškia, kad juslės neturėtų būti naudojamos nebūtinam asmeniniam pasitenkinimui. Tenkinti normalius poreikius nedraudžiama, tačiau nebūtinų juslinių malonumų siekimas stabdo dvasinį tobulėjimą. Todėl jusles tenkinti reikia su saiku. Tai pasakytina ir apie protą. Jo atitraukimas nuo nereikalingų minčių vadinamas *śama*. Negalima švaistyti laiko, galvojant tik apie tai, kaip užsidirbti pinigų. Galvoti vien apie pinigus – neteisingas proto sugebėjimų panaudojimas. Protą turėtume panaudoti, kad suprastume, kas visų svarbiausia žmogui, ir tai reikia padaryti taip, kaip moko autoritetai. Sugebėjimą mąstyti reikėtų ugdyti bendraujant su autoritetingais šventraščių žinovais, šventaisiais, dvasiniais mokytojais bei aukšto mąstymo asmenybėmis. *Sukham*, malonumas ir laimė, mums visada turėtų būti tai, kas padeda gilinti dvasines Kṛṣṇos sąmonės žinias. O tai, kas nepalanku Kṛṣṇos sąmonei plėtoti, turėtume vertinti kaip skausmo ir kančios šaltinį. Visa, kas padeda ugdyti Kṛṣṇos sąmonę, reikia sveikinti, o visa, kas trukdo – atmesti.

Bhava, gimimas, priskirtinas kūnui. O dėl sielos, tai ji nei gimsta, nei miršta – mes jau aptarėme tai „Bhagavad-gītos" pradžioje. Sąvokos „gimimas" ir „mirtis" taikomos įsikūnijimui materialiame pasaulyje pažymėti. Baimė atsiranda todėl, kad mums kelia nerimą ateitis. Kṛṣṇą įsisąmoninęs žmogus nieko nebijo, nes jo veikla laiduoja jam sugrįžimą į dvasinį dangų – namo, atgal pas Dievą. Tad jo ateitis labai šviesi. Tačiau kiti nežino, kas jų laukia, koks bus jų kitas gyvenimas. Todėl juos nuolat kankina nerimas. Jei norime jo atsikratyti, stenkimės suprasti Kṛṣṇą ir visada jį prisiminti. Taip mes atsikratysime visų baimių. „Śrīmad-Bhāgavatam" (11.2.37) pasakyta: *bhayaṁ dvitīyābhiniveśataḥ syāt,* – baimės priežastis yra pasinėrimas į iliuzinę energiją. Tačiau tiems, kurie nepavaldūs iliuzinei energijai ir įsitikino, jog jie – ne materialūs kūnai, o Aukščiausiojo Dievo Asmens dvasinės dalelės, todėl transcendentaliai tarnauja Aukščiausiajam Viešpačiui, tiems nėra ko bijoti. Jų ateitis labai šviesi. Baimė – tai būsena žmonių, neturinčių Kṛṣṇos sąmonės. *Abhayam,* bebaimiškumas, pasiekiamas tiktai tam, kuris įsisąmonino Kṛṣṇą.

Ahiṁsā, prievartos atsisakymas, reiškia, kad nereikia daryti to, kas kitam sukeltų sumaištį ar skausmą. Daugelio politikų, sociologų, filantropų etc. žadėtos materialios priemonės beveik neduoda teigiamų rezultatų, nes nei politikai, nei filantropai neturi transcendentinio matymo, jie net nežino, kas iš tiesų naudinga žmonių visuomenei. *Ahiṁsā* reiškia, jog reikia išmokti panaudoti visas žmogaus kūno galimybes. Žmogaus kūnas – dvasiniam pažinimui skirtas instrumentas, todėl bet koks su dvasiniu pažinimu nesuderinamas žingsnis ar poelgis jau yra prievarta kūno atžvilgiu. Tai, kas priartina dvasinę visų žmonių laimę, vadinasi prievartos atsisakymu.

Samatā, pusiausvyra, nurodo prisirišimo ir pasibjaurėjimo nebuvimą. Negerai ir labai prie ko prisiriši, ir labai nuo ko atsiriboti. Materialų pasaulį reikėtų suvokti nesižavint ir nesibjaurint juo. Turėtume sveikinti tai, kas palanku Kṛṣṇos sąmonės praktikai, ir atmesti tai, kas jai trukdo. Tai ir yra *samatā,* pusiausvyra. Įsisąmoninęs Kṛṣṇą žmogus nei ką atmeta, nei ką sveikina, viską vertindamas pagal tai, ar tai naudinga Kṛṣṇos sąmonės praktikai.

Tuṣṭi, pasitenkinimas, reiškia, kad nedera be reikalo švaistyti energijos ir be saiko kaupti materialius turtus. Reikia pasitenkinti tuo, kas gaunama Aukščiausiojo Viešpaties malone – tatai vadinasi pasitenkinimas. *Tapas* reiškia askezę. Vedos pateikia daug taisyklių, kurios su ja tiesiogiai susijusios, pavyzdžiui, nurodymas keltis anksti ryte ir apsiplauti. Kai kada anksti atsikelti nelengva, tačiau *tapas* ir yra savanoriškas sunkumų įveikimas. Be to, Vedos nurodo, kad reikia pasninkauti tam tikromis mėnesio dienomis. Gali ir nebūti noro pasninkauti, tačiau jeigu pasiryžtama daryti pažangą įsisavinant Kṛṣṇos sąmonės mokslą, reikia iškęsti ir rekomenduojamus fizinius sunkumus. Bet nereikia badauti, kai nebūtina arba kai badavimas prieštarauja Vedų priesakams. Nevalia badauti politiniais tikslais. „Bhagavad-gītoje" teigiama, kad toks badavimas padiktuotas neišmanymo, o veikla, paskatinta neišmanymo ar aistros, nepadeda dvasiškai tobulėti. Tuo tarpu dorybės *guṇos* paskatinti veiksmai daro mus tobulesnius, todėl pasninkavimas pagal Vedų priesakus padeda įgyti dvasinį žinojimą.

O dėl labdaros, tai pusę savo pajamų reikėtų paaukoti kokiems nors kilniems tikslams. Kas yra kilnus tikslas? Kilnu tai, kas atliekama vadovaujantis Kṛṣṇos sąmonės reikalavimais. Toks darbas ne tik kilnus, bet ir pats kilniausias. Kadangi Pats Kṛṣṇa – gėris, tai ir su Juo susijusi veikla kilni. Taigi šalpa teiktina tam, kuris yra įsijungęs į Kṛṣṇos sąmonę. Pasak Vedų raštų, šelpti reikia brahmanus. Šios taisyklės laikomasi ir dabar, nors ne visiškai taip, kaip to reikalauja Vedos. Kodėl nurodoma aukoti brahmanams? Todėl, kad jie dirba kilnų darbą – plėtoja dvasinį žinojimą. Visą savo gyvenimą brahmanas turėtų skirti Brahmanui pažinti. *Brahma jānātīti brāhmaṇaḥ:* brahmanas yra tas, kuris pažino Brahmaną. Tad brahmanus reikia šelpti, nes jie atlieka aukščiausią dvasinę tarnystę ir neturi laiko užsidirbti pragyvenimui. Vedų raštai ragina teikti labdarą ir tiems, kurie davė atsižadėjimo įžadus – *sannyāsiams.* *Sannyāsiai* į kiekvienas duris išmaldos beldžiasi ne dėl pinigų, o misionieriškais tikslais. Jie beldžiasi į kiekvienas duris ir žadina šeimos žmones iš neišmanymo snaudulio. Kadangi per šeimos rūpesčius žmonės pamiršta tikrąjį gyvenimo kelią – žadinti savyje Kṛṣṇos sąmonę, *sannyāsių* užduotis kaip elgetoms lankyti šeimos žmones ir skatinti juos įsisąmoninti Kṛṣṇą. Vedose pasakyta, kad žmogus turi pabusti ir padaryti tai, kas jam skirta padaryti turint žmogaus gyvybės formą. *Sannyāsiai* skleidžia šį žinojimą, taigi šalpa teiktina tiems, kurie davė atsižadėjimo įžadus, brahmanams arba kitiems kilniems tikslams, o ne kvailystėms.

Kas yra šlovė (*yaśas*), galime suvokti pagal Viešpaties Caitanyos pateiktą apibrėžimą: žmogų šlovė apgaubia tada, kai jis pagarsėja kaip didis bhaktas. Tokia šlovė – tikroji. Jei žmogus pagarsėja pažanga Kṛṣṇos sąmonės srityje, tai jis iš tikrųjų garsus. Kas nepatyrė tokios šlovės – šlovės nepažino.

Minėtosios savybės būdingos įvairiose visatos vietose gyvenantiems žmonėms ir pusdieviams. Kitose planetose taip pat egzistuoja daugybė žmogaus išvaizdos būtybių, kurios pasižymi tokiomis savybėmis. Kṛṣṇa sukuria šias savybes, bet norintis pažengti Kṛṣṇos sąmonės srityje privalo pats jas ugdytis. Pasiaukojamai tarnaujantis Aukščiausiajam Viešpačiui išsiugdo visas kilniausias savybes – taip sutvarkyta Aukščiausiojo Viešpaties.

Iš Kṛṣṇos kyla visa, kas yra gera ar bloga. Materialiame pasaulyje niekas iš niekur neatsiranda, jeigu to neturi Kṛṣṇa. Tai žinojimas; nors mes ir žinome, kad egzistuoja daiktų įvairovė, turime suvokti, jog viskas kyla iš Kṛṣṇos.

महर्षयः सप्त पूर्वे चत्वारो मनवस्तथा ।   **10.6**
मद्भावा मानसा जाता येषां लोक इमाः प्रजाः ॥ ६ ॥

maharṣayaḥ sapta pūrve · catvāro manavas tathā
mad-bhāvā mānasā jātā · yeṣāṁ loka imāḥ prajāḥ

mahā-ṛṣayaḥ – didieji išminčiai; *sapta* – septyni; *pūrve* – prieš tai; *catvāraḥ* – keturi; *manavaḥ* – Manu; *tathā* – taip pat; *mat-bhāvāḥ* – gimę iš Manęs; *mānasāḥ* – iš proto; *jātāḥ* – gimę; *yeṣām* – iš jų; *loke* – pasaulyje; *imāḥ* – visi šie; *prajāḥ* – gyventojai.

Septynetas didžiųjų išminčių ir dar keturi didieji išminčiai prieš juos bei Manu [žmonijos protėviai] gimė iš Manęs, juos sukūrė Mano protas, o iš jų kilo gyvosios būtybės, gyvenančios įvairiose planetose.

Viešpats trumpai apžvelgia visatos gyventojų genealogiją. Pirmoji Aukščiausiojo Viešpaties energijos pagimdyta būtybė yra Brahmā, kuris dar vadinamas Hiraṇyagarbha. Iš Brahmos kilo septyni išminčiai (prieš juos kilo dar keturi didieji išminčiai – Sanaka, Sananda, Sanātana ir Sanat-kumāra) bei keturiolika Manu. Šie dvidešimt penki didieji išminčiai vadinami visatos gyvųjų esybių patriarchais. Egzistuoja galybė visatų, o kiekvienoje jų – nesuskaičiuojama daugybė planetų, gausiai apgyvendintų įvairiausiomis būtybėmis. Visas jas pradėjo šie dvidešimt penkeri patriarchai. Brahmā atliko askezę, kuri (pusdievių laiku) truko tūkstantį metų, kol Kṛṣṇos malone suvokė kaip reikia kurti. Tada iš Brahmos atsirado Sanaka, Sananda, Sanātana ir Sanat-kumāra, po to – Rudra bei septyni išminčiai; šitaip Aukščiausiojo Dievo Asmens energija pagimdė visus brahmanus ir kṣatriyus. Brahmā vadinamas Pitāmaha, seneliu, o Kṛṣṇa – Prapitāmaha, senelio tėvu. Taip teigiama vienuoliktame „Bhagavad-gītos" skyriuje (11.39).

एतां विभूतिं योगं च मम यो वेत्ति तत्त्वतः ।   10.7
सोऽविकल्पेन योगेन युज्यते नात्र संशयः ॥ ७ ॥

etāṁ vibhūtiṁ yogaṁ ca · mama yo vetti tattvataḥ
so 'vikalpena yogena · yujyate nātra saṁśayaḥ

etām – visus šiuos; *vibhūtim* – turtus; *yogam* – mistinę galią; *ca* – taip pat; *mama* – Mano; *yaḥ* – tas, kuris; *vetti* – žino; *tattvataḥ* – tikrai; *saḥ* – jis; *avikalpena* – nenukrypstančią; *yogena* – pasiaukojimo tarnystę; *yujyate* – atlieka; *na* – niekada; *atra* – čia; *saṁśayaḥ* – abejonė.

Kas iš tiesų žino Mano turtus ir mistinę galią, tas atsideda tyrai pasiaukojimo tarnystei – tuo nereikia abejoti.

Aukščiausioji dvasinio tobulumo pakopa – Aukščiausiojo Dievo Asmens pažinimas. Kol žmogus galutinai neįsitikina, kad Aukščiausiasis Viešpats kupinas turtų ir galybės, tol jis negali pasiaukojamai Jam tarnauti. Paprastai žmonės žino, kad Dievas didis, tačiau smulkesnių žinių apie Jo didybę jie neturi. Šis skyrius jas pateikia. Patyrus Dievo didybę, savaime tampama atsidavusia siela ir pasiaukojamai tarnaujama Viešpačiui. Kai žmogus sužino apie Aukščiausiojo turtus ir galybę, nieko kito nebelieka kaip tik atsiduoti Aukščiausiajam. Tokios tikros žinios pateikia mos „Śrīmad-Bhāgavatam", „Bhagavad-gītos" ir analogiškų knygų tekstuose.

Visatą valdyti patikėta daugybei pusdievių, kurie gyvena įvairiose planetose, svarbiausieji jų – Brahmā, Śiva, keturi didieji Kumārai bei kiti patriarchai. Visatos gyventojai turi daugybę protėvių, o jie atsirado iš Aukščiausiojo Viešpaties, Kṛṣṇos. Aukščiausiasis Dievo Asmuo Kṛṣṇa – pirminis visų protėvių protėvis.

Štai tik kelios Aukščiausiojo Viešpaties vertenybės. Gerai jas pažinusieji su karštu tikėjimu, neabejodami pripažįsta Kṛṣṇą ir pasiaukoję Jam tarnauja. Šios konkrečios žinios reikalingos paskatinti susidomėjimą meilės ir pasiaukojimo tarnyste Viešpačiui. Nevalia numoti ranka į Kṛṣṇos didybės suvokimą, nes tik visiškai įsisąmoninus, koks didis Kṛṣṇa, galima ištikimai ir su nuoširdžiu pasiaukojimu Jam tarnauti.

अहं सर्वस्य प्रभवो मत्तः सर्वं प्रवर्तते ।   10.8
इति मत्वा भजन्ते मां बुधा भावसमन्विताः ॥ ८ ॥

aham sarvasya prabhavo · mattaḥ sarvam pravartate
iti matvā bhajante mām · budhā bhāva-samanvitāḥ

aham – Aš; *sarvasya* – visa ko; *prabhavaḥ* – šaltinis; *mattaḥ* – iš Manęs; *sarvam* – viskas; *pravartate* – sklinda; *iti* – taip; *matvā* – žinodamas; *bhajante* – pasiaukoja; *mām* – Man; *budhāḥ* – išmintingasis; *bhāva-samanvitāḥ* – su dideliu dėmesiu.

Aš – visų dvasinių ir materialių pasaulių pradžia. Viskas kyla iš Manęs. Išmintingieji, kurie gerai tai supranta, pasiaukojamai Man tarnauja ir garbina Mane iš visos širdies.

Mokslininkas, gerai išstudijavęs Vedas, susipažinęs su tokių autoritetų, kaip Viešpats Caitanya, pamokymais ir išmanantis, kaip juos taikyti, supranta, jog Kṛṣṇa yra ir materialių, ir dvasinių pasaulių šaltinis. Puikiai tai suvokdamas, jis su nepalaužiamu pasiaukojimu ima tarnauti Aukščiausiajam Viešpačiui. Jokie kvailiai ir jokie absurdiški komentarai neiškreips jo iš kelio. Visi Vedų raštai yra vieningos nuomonės, kad Kṛṣṇa – Brahmos, Śivos bei kitų pusdievių pradžia. „Atharva Vedoje" („Gopāla-tāpanī Upaniṣada" 1.24) pasakyta: *yo brahmāṇaṁ vidadhāti pūrvaṁ yo vai vedāṁś ca gāpayati sma kṛṣṇaḥ* – „Būtent Kṛṣṇa pradžioje perteikė Brahmai Vedų išmintį. Tai Jis paskleidė Vedų išmintį praeityje." Arba štai „Nārāyaṇa Upaniṣada" (1) sako: *atha puruṣo ha vai nārāyaṇo 'kāmayata prajāḥ sṛjeyeti* – „Tada Aukščiausiasis Asmuo, Nārāyaṇa, panūdo sukurti gyvąsias esybes." „Nārāyaṇa Upaniṣada" tęsia: *nārāyaṇād brahmā jāyate, nārāyaṇād prajāpatiḥ prajāyate, nārāyaṇād indro jāyate, nārāyaṇād aṣṭau vasavo jāyante, nārāyaṇād ekādaśa rudrā jāyante, nārāyaṇād dvādaśādityāḥ* – „Iš Nārāyaṇos gimė Brahmā, iš Nārāyaṇos gimė ir patriarchai. Iš Nārāyaṇos gimė Indra, iš Nārāyaṇos gimė aštuoni Vasu, iš Nārāyaṇos gimė vienuolika Rudrų, iš Nārāyaṇos gimė dvylika Ādityų." Šis Nārāyaṇa yra Kṛṣṇos ekspansija.

Vedose taip pat sakoma: *brahmaṇyo devakī-putraḥ* – „Devakī sūnus, Kṛṣṇa, yra Aukščiausiasis Asmuo." („Nārāyaṇa Upaniṣada" 4) Toliau teigiama: *eko vai nārāyaṇa āsīn na brahmā na īśāno nāpo nāgni-samau neme dyāv-āpṛthivī na nakṣatrāṇi na sūryaḥ* – „Kūrimo pradžioje tebuvo Aukščiausiasis Asmuo, Nārāyaṇa. Nebuvo nei Brahmos, nei Śivos, nei ugnies, nei Mėnulio, nei žvaigždžių danguje, nebuvo Saulės." („Mahā Upaniṣada" 1) „Mahā Upaniṣadoje" taip pat pasakyta, kad Viešpats Śiva gimė iš Aukščiausiojo Viešpaties kaktos. Taigi Vedos ragina garbinti Aukščiausiąjį Viešpatį, Brahmos ir Śivos kūrėją.

„Mokṣa-dharmoje" Kṛṣṇa sako:

prajāpatiṁ ca rudraṁ cāpy · aham eva sṛjāmi vai
tau hi māṁ na vijānīto · mama māyā-vimohitau

„Aš sukūriau patriarchus, Śivą ir kitus, nors jie ir nežino, kad Aš jų kūrėjas, nes juos klaidina Mano iliuzinė energija." „Varāha Purāṇoje" taip pat pasakyta:

nārāyaṇaḥ paro devas · tasmāj jātaś caturmukhaḥ
tasmād rudri 'bhavad devaḥ · sa ca sarva-jñatāṁ gataḥ

„Nārāyaṇa – Aukščiausiasis Dievo Asmuo. Iš Jo gimė Brahmā, o iš Brahmos – Śiva."

Viešpats Kṛṣṇa – visų kartų pradžia. Jį vadina svarbiausiąja visa ko priežastimi. Jis sako: „Viskas atsirado iš Manęs, todėl Aš – pirminė visa ko priežastis. Viskas paklūsta Man, nėra nieko aukštesnio už Mane." Be Kṛṣṇos nėra kito aukščiausiojo valdovo. Žmogus, kuris remdamasis *bona fide* dvasinio mokytojo nurodymais ir Vedų raštų citatomis, taip suprato Kṛṣṇą, visą savo energiją skiria Kṛṣṇos sąmonei ir pasiekia tikrąjį išsilavinimą. Lyginant su juo, visi kiti, kurie teisingai nesupranta Kṛṣṇos – paprasčiausi kvailiai. Tik kvailys gali laikyti Kṛṣṇą paprastu žmogumi. Kṛṣṇą įsisąmoninęs žmogus neturėtų leisti, kad kvailiai jį klaidintų, jis turėtų vengti neautorizuotų „Bhagavad-gītos" komentarų bei interpretacijų ir praktikuoti Kṛṣṇos sąmonę ryžtingai ir kryptingai.

मच्चित्ता मद्गतप्राणा बोधयन्तः परस्परम् ।
कथयन्तश्च मां नित्यं तुष्यन्ति च रमन्ति च ॥ ९ ॥

10.9

mac-cittā mad-gata-prāṇā · bodhayantaḥ parasparam
kathayantaś ca māṁ nityaṁ · tuṣyanti ca ramanti ca

mat-cittāḥ – visos jų mintys Manyje; *mat-gata-prāṇāḥ* – jų gyvenimai skirti Man; *bodhayantaḥ* – pamokslaudami; *parasparam* – tarpusavyje; *kathayantaḥ* – kalbėdami; *ca* – taip pat; *mām* – apie Mane; *nityam* – nuolatos; *tuṣyanti* – patiria pasitenkinimą; *ca* – taip pat; *ramanti* – mėgaujasi transcendentine palaima; *ca* – taip pat.

Mano tyri bhaktai mintimis pasinėrę į Mane, visas jų gyvenimas paskirtas tarnauti Man, jie patiria didžiulį pasitenkinimą ir palaimą, nuolat šviesdami vienas kitą ir kalbėdami apie Mane.

Tyri bhaktai, kurių būdingus bruožus apibūdina posmas, visiškai atsideda transcendentinei meilės tarnystei Viešpačiui. Niekas negali atitraukti jų minčių nuo Kṛṣṇos lotosinių pėdų. Jie kalba tik apie transcendentinius dalykus. Posme būtent ir nusakyti tyrų bhaktų požymiai. Aukščiausiojo Viešpaties bhaktai dvidešimt keturias valandas per parą šlovina Aukščiausiojo savybes bei pramogas. Visa savo esybe jie pasineria į Kṛṣṇą ir su malonumu kalba apie Jį su kitais bhaktais.

Pradinėje pasiaukojimo tarnystės stadijoje transcendentinį pasitenkinimą bhaktams teikia pati tarnystė, o pasiekę brandumo pakopą jie iš tikrųjų pamilsta Dievą. Pasiekę transcendentinę būseną, jie džiaugiasi aukščiausia būties tobulybe, kurią Viešpats apreiškia Savo buveinėje. Viešpats Caitanya transcendentinę pasiaukojimo tarnystę lygina su sėklos pasėjimu gyvosios esybės širdyje. Po įvairias visatos planetas klajoja milijardai gyvųjų esybių, tačiau tik keletui nusišypso laimė sutikti tyrą bhaktą ir suvokti pasiaukojimo tarnystės esmę. Pasiaukojimo tarnystė – tarsi sėkla. Jeigu ji pasėjama gyvosios esybės širdyje, ir jeigu žmogus nuolat klausosi bei kartoja Hare Kṛṣṇa, Hare Kṛṣṇa, Kṛṣṇa Kṛṣṇa, Hare Hare/ Hare Rāma, Hare Rāma, Rāma Rāma, Hare Hare – toji sėkla sudygsta, kaip ir medžio sėkla, ją reguliariai laistant. Dvasinis pasiaukojimo tarnystės augalas iš lėto auga ir auga, kol prasiskverbia pro materialios visatos kiautą ir pasiekia *brahmajyoti* spindėjimą dvasiniame danguje. Jis stiebiasi vis aukštyn į dvasinį dangų, kol pasiekia aukščiausią planetą, vadinamą Goloka Vṛndāvana – aukščiausiąją Kṛṣṇos planetą. Galiausiai augalas priglunda prie Kṛṣṇos lotosinių pėdų ir gauna atilsį. Pasiaukojimo tarnystės augalas, lygiai kaip ir kiti augalai, atėjus laikui žydi ir sunokina vaisius, o jo laistymas – kartojimas ir klausymasis – nenutrūksta. Pasiaukojimo tarnystės augalas smulkiai aprašytas „Caitanya-caritāmṛtos" *Madhya-līlos* devynioliktame skyriuje. Šiame skyriuje aiškinama, jog tada, kai subrendęs augalas priglunda prie Aukščiausiojo Viešpaties lotosinių pėdų, gyvąją esybę visiškai užvaldo meilė Dievui. Tuomet ji nė akimirkos negali išbūti nebendravusi su Aukščiau siuoju Viešpačiu, be kurio ji – kaip žuvis be vandens. Šioje būsenoje bhaktas, bendraudamas su Aukščiausiuoju Viešpačiu, įgauna transcendentinių savybių.

„Śrīmad-Bhāgavatam" taip pat daug vietos skiria pasakojimams apie Aukščiausiojo Viešpaties ir Jo bhaktų santykius, tad bhaktai labai brangina „Śrīmad-Bhāgavatam", – tai pažymėta ir pačioje *Bhāgavatam* (12.13.18). *Śrīmad-bhāgavataṁ purāṇaṁ amalaṁ yad vaiṣṇavānāṁ priyam.* Šiame veikale kalbama ne apie materialią veiklą, ekonomikos vystymą, juslinį pasitenkinimą ar išsivadavimą. „Śrīmad-Bhāgavatam"– vienintelė knyga, kuri kuo nuodugniausiai aptaria transcendentinę Aukščiausiojo Viešpaties ir Jo bhaktų esmę. Todėl save pažinusios sielos, įsisąmoninusios Kṛṣṇą, negali atsidžiaugti klausydamosis šio transcendentinio kūrinio pasakojimų, kaip kad jaunuolis ir mergina džiaugiasi, būdami kartu.

तेषां सततयुक्तानां भजतां प्रीतिपूर्वकम् ।
ददामि बुद्धियोगं तं येन मामुपयान्ति ते ॥१०॥

10.10

teṣāṁ satata-yuktānāṁ · bhajatāṁ prīti-pūrvakam
dadāmi buddhi-yogaṁ taṁ · yena māṁ upayānti te

teṣām – jiems; *satata-yuktānām* – visada atliekantiems; *bhajatām* – pasiaukojimo tarnystę; *prīti-pūrvakam* – meilės ekstazėje; *dadāmi* – Aš duodu; *buddhi-yogam* – tikrą intelektą; *tam* – tą; *yena* – kurio dėka; *mām* – pas Mane; *upayānti* – ateina; *te* – jie.

Tiems, kurie su pasiaukojimu ir meile visada Man tarnauja, Aš suteikiu supratimą, kuris atveda juos pas Mane.

Šiame posme ypač svarbus žodis *buddhi-yogam*. Prisiminkim, antrajame skyriuje Viešpats, mokydamas Arjuną, sakė, jog Jis jau daug ką papasakojo, bet dar išmokys ir *buddhi-yogos*. Dabar Jis tęsi Savo žodį. *Buddhi-yoga* – tai veikla įsisąmoninus Kṛṣṇą; tai aukščiausia intelekto išraiška. *Buddhi* reiškia „intelektas", o *yoga* – „mistinė veikla" arba „mistinis tobulėjimas". Veikla žmogaus, kuris stengiasi sugrįžti namo, atgal pas Dievą, ir praktikuodamas pasiaukojimo tarnystę visiškai atsideda Kṛṣṇos sąmonei, vadinasi *buddhi-yoga*. Kitaip sakant, *buddhi-yoga* – tai metodas, kaip išsivaduoti iš materialaus pasaulio pinklių. Galutinis tobulėjimo tikslas – Kṛṣṇa. Žmonės to nežino, todėl svarbu bendrauti su bhaktais ir *bona fide* dvasiniu mokytoju. Reikia žinoti, kad tikslas yra Kṛṣṇa. Kai galutinis tikslas aiškus, nors ir lėtai, bet tvirtai žengdami pirmyn, į jį artėsime.

Kas žino gyvenimo tikslą, tačiau negali atsižadėti savo darbo vaisių, atlieka *karma-yogą*. Kai suprantame, kad tikslas – Kṛṣṇa, tačiau negalime atsisakyti spekuliatyviųjų samprotavimų ir šitaip bandome pažinti Kṛṣṇą – tai *jñāna-yoga*. Tačiau kai tikslas aiškus, ir Kṛṣṇos tesiekiama per Kṛṣṇos sąmonę bei pasiaukojimo tarnystę, tai yra *bhakti-yoga,* arba *buddhi-yoga*. Tai pilnavertė *yoga* – aukščiausioji gyvenimo tobulumo pakopa.

Jei žmogus turi *bona fide* dvasinį mokytoją ir priklauso dvasinei organizacijai, bet jam tobulėti nepakanka intelekto, Kṛṣṇa iš vidaus duoda nurodymus, kurių dėka jis galiausiai be didelio vargo įstengtų pasiekti Kṛṣṇą. Tik yra viena sąlyga: žmogus visuomet turi prisiminti Kṛṣṇą ir su meile bei pasiaukojimu visais įmanomais būdais tarnauti Viešpačiui. Bhaktas turi atlikti kokį nors darbą Kṛṣṇai, ir dirbti jį su meile. Net jei bhaktas ir nelabai supranta, kaip daryti pažangą dvasinės savivokos kelyje, tačiau yra nuoširdus ir su atsidėjimu vykdo pasiaukojimo tarnystės pareigas, Viešpats suteikia jam galimybę tobulėti ir galų gale ateiti pas Jį.

तेषामेवानुकम्पार्थमहमज्ञानजं तमः ।   **10.11**
नाशयाम्यात्मभावस्थो ज्ञानदीपेन भास्वता ॥११॥

teṣām evānukampārtham · aham ajñāna-jaṁ tamaḥ
nāśayāmy ātma-bhāva-stho · jñāna-dīpena bhāsvatā

teṣām – jiems; *eva* – tikrai; *anukampā-artham* – parodydamas ypatingą malonę, *aham* – Aš; *ajñāna-jam* – dėl neišmanymo kilusią;

tamaḥ – tamsybę; *nāśayāmi* – išsklaidau; *ātma-bhāva* – jų šir-
dyse; *sthaḥ* – glūdintis; *jñāna* – žinių; *dīpena* – žibintu; *bhāsvatā* –
šviečiančiu.

**Norėdamas suteikti jiems ypatingą malonę, Aš, glūdėdamas jų
širdyse, švytinčiu žinių žibintu išsklaidau iš neišmanymo kylančią
tamsybę.**

Kai Viešpats Caitanya Benarese kvietė visus giedoti Hare Kṛṣṇa,
Hare Kṛṣṇa, Kṛṣṇa Kṛṣṇa, Hare Hare/ Hare Rāma, Hare Rāma,
Rāma Rāma, Hare Hare, Juo sekė tūkstančiai žmonių. Labai įta-
kingas to meto Benareso eruditas Prakāśānanda Sarasvatis išjuokė
Viešpatį Caitanyą, prikišdamas Jam sentimentalumą. Kartais filo-
sofai kritikuoja bhaktus, tvirtindami, kad pastarieji – tamsūs neiš-
manėliai, o jų mąstymas naiviai sentimentalus. Iš tikrųjų taip nėra.
Tarp jų yra žymių mokslininkų, kurie aukščiau kitų iškėlė pasiau-
kojimo Viešpačiui filosofiją. Bet jeigu bhaktas nesinaudoja jų raš-
tais ar savo dvasinio mokytojo pagalba, tačiau nuoširdžiai atlieka
pasiaukojimo tarnystę, jam padeda Pats Kṛṣṇa, kuris glūdi jo šir-
dyje. Taigi veikiantis su Kṛṣṇos sąmone, nuoširdus bhaktas neliks
be žinių. Vienintelė sąlyga – atlikti pasiaukojimo tarnystę visiškai
įsisąmoninus Kṛṣṇą.

Šių laikų filosofai mano, jog grynasis pažinimas neįmanomas be
kritinio mąstymo. Jiems Aukščiausiasis Viešpats atsako, kad Jis,
kaip ir nurodoma posme, padeda tiems, kurie tyrai ir pasiaukoja-
mai Jam tarnauja, nors gal ir nėra pakankamai išprusę ir deramai
neišmano Vedų pagrindų.

Viešpats pareiškia Arjunai, jog iš esmės Aukščiausiosios
Tiesos, Absoliučios Tiesos, Aukščiausiojo Dievo Asmens, neįma-
noma pažinti vien filosofuojant, nes Aukščiausioji Tiesa tokia
didinga, kad Jai suvokti neužtenka vien proto pastangų. Žmogus
gali samprotauti milijonus metų, bet jeigu jis neatsidavė Viešpa-
čiui ir nemyli Aukščiausiosios Tiesos, tai Aukščiausiosios Tiesos,
Kṛṣṇos, niekada nesuvoks. Aukščiausiąją Tiesą, Kṛṣṇą, tegalima
patenkinti pasiaukojimo tarnyste, tada Jis nesuvokiamos Savo

energijos padedamas atsiskleidžia tyro bhakto širdyje. Tyras bhaktas širdyje visada turi Kṛṣṇą, kuris lyg saulė išsklaido neišmanymo tamsybę. Tuo pasireiškia ypatinga Kṛṣṇos malonė tyram bhaktui.

Ne vieną milijoną kartų žmogui teko gimti ir susiteršti materija, todėl jo širdis yra sutepta materijos, tačiau pasiaukojamai tarnaujant ir nuolatos kartojant Hare Kṛṣṇa, ta suteptis greitai išnyksta, ir jis pasiekia grynojo žinojimo lygį. Galutinis tikslas, Viṣṇu, pasiekiamas tiktai kartojant šventąjį vardą ir pasiaukojamai tarnaujant, o ne spekuliatyviais samprotavimais ar ginčais. Tyram bhaktui nereikia rūpintis materialių gyvenimo poreikių patenkinimu, jam nėra dėl ko nerimauti, nes kai išsisklaido jo širdį gaubusi tamsybė, bhakto meile ir pasiaukojimo tarnyste patenkintas Aukščiausiasis Viešpats jį viskuo aprūpina. Tokia „Bhagavad-gītos" mokymo esmė. „Bhagavad-gītos" studijos padeda tapti visiškai atsidavusia Aukščiausiajam Viešpačiui siela ir atsidėti tyrai pasiaukojimo tarnystei. Kai Viešpats ima rūpintis atsidavusia siela, ji visiškai atsikrato bet kokių materialistinių siekių.

अर्जुन उवाच   10.12–13
परं ब्रह्म परं धाम पवित्रं परमं भवान् ।
पुरुषं शाश्वतं दिव्यमादिदेवमजं विभुम् ॥१२॥

आहुस्त्वामृषयः सर्वे देवर्षिर्नारदस्तथा ।
असितो देवलो व्यासः स्वयं चैव ब्रवीषि मे ॥१३॥

arjuna uvāca
paraṁ brahma paraṁ dhāma · pavitraṁ paramaṁ bhavān
puruṣaṁ śāśvataṁ divyam · ādi-devam ajaṁ vibhum

āhus tvām ṛṣayaḥ sarve · devarṣir nāradas tathā
asito devalo vyāsaḥ · svayaṁ caiva bravīṣi me

arjunaḥ uvāca – Arjuna tarė; *param* – aukščiausia; *brahma* – tiesa; *param* aukščiausia; *dhāma* buvoinė; *pavitram* tyras; *para mam* – aukščiausias; *bhavān* – Tu; *puruṣam* – asmuo; *śāśvatam* – pirminis; *divyam* – transcendentinis; *ādi-devam* – pirminis Viešpats; *ajam* – negimęs; *vibhum* – didžiausias; *āhuḥ* – sako; *tvām* – apie Tave; *ṛṣayaḥ* – išminčiai; *sarve* – visi; *deva-ṛṣiḥ* – išminčius tarp pusdievių; *nāradaḥ* – Nārada; *tathā* – taip pat; *asitaḥ* – Asita; *devalaḥ* – Devala; *vyāsaḥ* – Vyāsa; *svayam* – asmeniškai; *ca* – taip pat; *eva* – tikrai; *bravīṣī* – Tu aiškini; *me* – man.

Arjuna tarė: Tu esi Aukščiausiasis Dievo Asmuo, galutinė buveinė, skaisčiausias, Absoliuti Tiesa. Tu – amžina, transcendentinė, pirminė asmenybė, negimęs, didžiausias. Visi didieji išminčiai, tarp jų – Nārada, Asita, Devala ir Vyāsa, patvirtina šią tiesą apie Tave, o dabar ir Tu Pats ją man skelbi.

Šiais dviem posmais Aukščiausiasis Viešpats suteikia šių laikų filosofui galimybę aiškiai suprasti Aukščiausiojo ir individualios sielos skirtybes. Išgirdęs keturis esminius „Bhagavad-gītos" posmus, Arjuna atsikratė visų abejonių ir pripažino Kṛṣṇą Aukščiausiuoju Dievo Asmeniu. Jis drąsiai pareiškia: „Tu esi *paraṁ brahma,* Aukščiausiasis Dievo Asmuo." Jau anksčiau Kṛṣṇa nurodė, kad Jis – viso kas gyva ir negyva kūrėjas. Visi pusdieviai ir žmonės Jo išlaikomi. Neišmanymo veikiami žmonės ir pusdieviai tariasi esą absoliutūs ir nepriklausą nuo Aukščiausiojo Dievo Asmens. Tas neišmanymas visiškai išsisklaido atliekant pasiaukojimo tarnystę. Tai jau buvo Viešpaties paaiškinta ankstesniame posme. Jo malone Arjuna pripažįsta, kad Viešpats – Aukščiausioji Tiesa. Tai atitinka Vedų priesakus. Nors Arjuna – artimas Kṛṣṇos draugas, tačiau pavadindamas Kṛṣṇą Aukščiausiuoju Dievo Asmeniu, Absoliučia Tiesa, jis nepataikauja. Arjunos žodžius, pasakytus šiuose dviejuose posmuose, patvirtina Vedų tiesos. Vedų priesakai patvirtina, kad Aukščiausiąjį Viešpatį tegali suvokti tas, kuris įsijungia į pasiaukojimo tarnystės procesą, kiti to padaryti negali. Kiekvieną šio Arjunos pasakyto posmo žodį patvirtina Vedos.

„Kena Upaniṣadoje" yra sakoma, kad Aukščiausiasis Brahmanas yra būties ramstis, o Kṛṣṇa jau aiškino, jog Jis viską palaiko.

„Muṇḍaka Upaniṣada" pritaria tam, kad Aukščiausiasis Viešpats, kuriame glūdi viskas, pažinus tik tiems, kurie nuolat mąsto apie Jį. Toks nuolatinis mąstymas apie Kṛṣṇą vadinasi *smaranam*, tai – vienas pasiaukojimo tarnystės būdų. Tik per pasiaukojimo tarnystę Kṛṣṇai galima suvokti savo padėtį ir atsikratyti materialaus kūno.

Vedose Aukščiausiasis Viešpats apibūdintas kaip skaisčiausių skaisčiausias. Supratusieji, kad Kṛṣṇa – skaisčių skaisčiausias, apsivalo nuo visų nuodėmių. Neatsidavus Aukščiausiajam Viešpačiui, išvengti nuodėmingų poelgių neįmanoma. Tai, kad Arjuna pripažįsta Kṛṣṇą pačiu skaisčiausiu, visiškai atitinka Vedų raštų priesakus. Šį požiūrį patvirtina ir didžiosios asmenybės, kurių svarbiausias – Nārada.

Reikia nuolatos medituoti į Kṛṣṇą ir semtis džiaugsmo iš transcendentinių santykių su Juo, nes Kṛṣṇa – Aukščiausiasis Dievo Asmuo. Jis – aukščiausioji būtis. Jis neturi kūno poreikių, negimsta ir nemiršta. Tai patvirtina ne tik Arjuna, bet ir visi Vedų raštai, *Purāṇos* ir istoriniai metraščiai. O ketvirtame skyriuje Patsai Aukščiausiasis Viešpats pareiškia: „Nors Aš ir negimęs, bet ateinu į šią Žemę, kad nustatyčiau religijos principus." Jis – pirminis šaltinis. Jis – be priežasties, nes Pats yra visų priežasčių priežastis, viskas kyla iš Jo. Toks tobulas žinojimas įgyjamas Aukščiausiojo Viešpaties malone.

Kṛṣṇos malone Arjuna čia išreiškia savo mintis. Norėdami suprasti „Bhagavad-gītą", turėtume pripažinti šių dviejų posmų teisingumą. Tai vadinasi *paramparos* sistema, mokinių sekos pripažinimas. Kas nepriklauso mokinių sekai, tas „Bhagavad-gītos" nesuvoks. Taigi akademinis išsilavinimas šiuo atveju nepadės. Gaila, tačiau žmonės, kurie puikuojasi akademiniu išsilavinimu ir nepaiso gausybės liudijimų Vedų raštuose, užsispyrę tebetvirtina, kad Kṛṣṇa – paprastas žmogus.

सर्वमेतदृतं मन्ये यन्मां वदसि केशव ।
न हि ते भगवन् व्यक्तिं विदुर्देवा न दानवाः ॥१४॥

10.14

sarvam etad ṛtaṁ manye · yan māṁ vadasi keśava
na hi te bhagavan vyaktiṁ · vidur devā na dānavāḥ

sarvam – visą; *etat* – šią; *ṛtam* – tiesą; *manye* – aš pripažįstu; *yat* – ką; *mām* – man; *vadasi* – Tu sakai; *keśava* – o Kṛṣṇa; *na* – niekada; *hi* – tikrai; *te* – Tavo; *bhagavan* – o Dievo Asmenie; *vyaktim* – apreiškimą; *viduḥ* – gali pažinti; *devāḥ* – pusdieviai; *na* – nei; *dānavāḥ* – demonai.

O Kṛṣṇa, viską, ką Tu bylojai, aš laikau gryniausia tiesa. Nei pusdieviai, nei demonai, o Viešpatie, negali perprasti Tavo asmenybės.

Arjuna šiuo posmu patvirtina, kad netikintieji ir demoniški žmonės negali suvokti Kṛṣṇos. Jo nesuvokia net pusdieviai, o ką jau kalbėti apie šiuolaikinius „mokslininkus"? Aukščiausiojo Viešpaties malone Arjuna suprato, kad Aukščiausioji Tiesa – Kṛṣṇa, ir kad Jis – tobulas. Todėl reikia sekti Arjuna, nes jis yra pripažintas ir autoritetingas „Bhagavad-gītos" žinovas. Ketvirtame skyriuje buvo kalbama, jog būtina sąlyga „Bhagavad-gītai" suvokti nebuvo išlaikyta – *paramparos* sistema (mokinių seka) nutrūko, todėl Kṛṣṇa atkūrė ją Arjunai padedant, nes laikė jį artimu draugu ir didžiu bhaktu. Todėl, kaip teigiama mūsų *Gīto-paniṣados* įvade, „Bhagavad-gītā" turi būti suvokiama *paramparos* sistemos pagrindu. Kai *paramparos* sistema nutrūko, ją atnaujinti Kṛṣṇa pasirinko Arjuną. Reikia sekti Arjunos pavyzdžiu, ir sutikti su visais Kṛṣṇos žodžiais, tada mums atsiskleis „Bhagavad-gītos" esmė ir tik tuomet suvoksime, kad Kṛṣṇa – Aukščiausiasis Dievo Asmuo.

स्वयमेवात्मनात्मानं वेत्थ त्वं पुरुषोत्तम ।
भूतभावन भूतेश देवदेव जगत्पते ॥१५॥   **10.15**

svayam evātmanātmānam · vettha tvaṁ puruṣottama
bhūta-bhāvana bhūteśa · deva-deva jagat-pate

svayam – asmeniškai; *eva* – tikrai; *ātmanā* – per Save; *ātmānam* – Save; *vettha* – pažįsti; *tvam* – Tu; *puruṣa-uttama* – o didžiausias iš visų asmenybių; *bhūta-bhāvana* – o visa ko šaltini; *bhūta-īśa* – o visa ko Viešpatie; *deva-deva* – o visų pusdievių Viešpatie; *jagat-pate* – o visos visatos Viešpatie.

Iš tiesų, tik Tu vienas per Savo vidinę galią pažįsti Save, o Aukščiausioji Asmenybe, visa ko šaltini, visų būtybių Valdove, dievų Dieve, visatos Viešpatie!

Aukščiausiąjį Viešpatį Kṛṣṇą patiria tie, kurie užmezgė su Juo ryšį pasiaukojamai tarnaudami taip, kaip tarnavo Arjuna bei jo pasekėjai. Demoniškos ir ateistinės mąstysenos žmonės nepažįsta Kṛṣṇos. Spekuliatyvūs samprotavimai, atitolinantys mus nuo Aukščiausiojo Viešpaties, yra rimta nuodėmė, todėl nepažįstantys Kṛṣṇos tenesiima komentuoti „Bhagavad-gītos". „Bhagavad-gītą" pateikė Kṛṣṇa, ir kadangi ji – Kṛṣṇos mokslas, tai ir perimti ją reikia iš Kṛṣṇos, kaip tai padarė Arjuna. Nevalia jos perimti iš ateistų.

„Śrīmad- Bhāgavatam" (1.2.11) teigiama:

vadanti tat tattva-vidas · tattvaṁ yaj jñānam advayam
brahmeti paramātmeti · bhagavān iti śabdyate

Aukščiausioji Tiesa suvokiama trimis aspektais: kaip beasmenis Brahmanas, lokalizuota Paramātmā ir pagaliau kaip Aukščiausiasis Dievo Asmuo. Taigi pasiekus paskutinę Absoliučios Tiesos suvokimo pakopą, prieinamas Aukščiausiasis Dievo Asmuo. Paprastas ar net išsivadavęs žmogus, kuris patyrė beasmenį Brahmaną ar lokalizuotą Paramātmą, Dievo Asmens gali ir nesuvokti. Šie žmonės turėtų stengtis pažinti Aukščiausiąją Asmenybę iš „Bhagavad-gītos" posmų, kuriuos išsakė Pats Dievo Asmuo – Kṛṣṇa. Kartais impersonalistai laiko Kṛṣṇą Bhagavānu arba pripažįsta Jo autoritetą. Vis dėlto daug išsivadavusiųjų nesuvokia Kṛṣṇos, kaip Puruṣottamos – Aukščiausiojo Asmens. Todėl Arjuna ir kreipėsi į Jį pavadindamas „Puruṣottama". Tačiau gali likti nesuprasta tai, kad Kṛṣṇa – visų gyvųjų esybių tėvas. Todėl Arjuna vadina Jį „Bhūta-bhāvana". Bet jeigu ir įsisąmoninome Jį esant visų gyvųjų esybių tėvu, galime dar nesuvokti, kad Jis yra aukščiausias valdovas. Todėl šiame posme Arjuna į Jį kreipiasi „Bhūteśa" – „aukščiausias visų valdove". Tačiau net ir tasai, kuris suvokė, kad Kṛṣṇa – visų gyvųjų esybių valdovas, gali nežinoti, kad Jis yra pusdievių šaltinis, todėl posme į Jį kreipiamasi „Deva-deva" – „visų pusdievių garbinamas Dieve". Tačiau net ir žinant, kad Jis – pusdievių garbinamas Dievas, galime nesuvokti Jį esant aukščiausią visa ko savininką, todėl Jis pavadinamas dar ir „Jagat-pati". Taip per Arjunos patyrimą posmas patvirtina tiesą apie Kṛṣṇą, o mes turime sekti Arjunos pėdomis, jeigu norime suprasti Kṛṣṇą Tokį, koks Jis yra.

वक्तुमर्हस्यशेषेण दिव्या ह्यात्मविभूतयः ।
याभिर्विभूतिभिर्लोकानिमांस्त्वं व्याप्य तिष्ठसि ॥१६॥ 10.16

vaktum arhasy aśeṣeṇa · divyā hy ātma-vibhūtayaḥ
yābhir vibhūtibhir lokān · imāṁs tvaṁ vyāpya tiṣṭhasi

vaktum – pasakyti; *arhasi* – Tu vertas; *aśeṣeṇa* – smulkiai; *divyāḥ* – dieviškas; *hi* – tikrai; *ātma* – Savo; *vibhūtayaḥ* – vertenybes; *yābhiḥ* – kuriomis; *vibhūtibhiḥ* – vertenybėmis; *lokān* – visas planetas; *imān* – šias; *tvam* – Tu; *vyāpya* – persmelkdamas; *tiṣṭhasi* – lieki.

Prašau, papasakok man smulkiai apie Savo dieviškąsias vertenybes, kuriomis Tu persmelki visus šiuos pasaulius.

Posmas rodo, kad Arjuną jau patenkina įgytasis Aukščiausiojo Dievo Asmens, Kṛṣṇos, supratimas. Per Kṛṣṇos malonę Arjuna sukaupė patirties, įgijo išminties, žinių bei visko, ką šios savybės teikia žmogui, ir suvokė, kad Kṛṣṇa – Aukščiausiasis Dievo Asmuo. Arjunos nebekamuoja abejonės, ir vis dėlto jis prašo, kad Kṛṣṇa paaiškintų Savo visa persmelkiančią prigimtį. Paprasti žmonės, o ypač impersonalistai, labiausiai domisi visa persmelkiančia Aukščiausiojo prigimtimi. Todėl Arjuna ir klausia Kṛṣṇos, kaip Jis egzistuoja Savo visa persmelkiančiu aspektu per skirtingas Savo energijas. Reikia nepamiršti, kad šito Arjuna klausia visų žmonių labui.

कथं विद्यामहं योगिंस्त्वां सदा परिचिन्तयन् ।　　　　　**10.17**
केषु केषु च भावेषु चिन्त्योऽसि भगवन्मया ॥१७॥

katham vidyām aham yogims · tvām sadā paricintayan
keṣu keṣu ca bhāveṣu · cintyo 'si bhagavan mayā

katham – kaip; *vidyām aham* – man pažinti; *yogin* – o didžiausias mistike; *tvām* – Tave; *sadā* – visada; *paricintayan* – galvojant; *keṣu* – kokios; *keṣu* – kokios; *ca* – taip pat; *bhāveṣu* – būsenos; *cintyaḥ asi* – Tave reikėtų atminti; *bhagavan* – o Aukščiausiasis; *mayā* – man.

O Kṛṣṇa, o aukščiausias mistike, kaip man nuolatos mąstyti apie Tave ir kaip pažinti Tave? Kuriais iš gausybės Tavo pavidalų atsiminti Tave, o Aukščiausioji Dievo Asmenybe?

Kaip buvo nurodyta ankstesniame skyriuje, Aukščiausiąjį Dievo Asmenį slepia Jo *yoga-māyā*. Jį pamatyti tegali Jam atsidavusios sielos ir Jo bhaktai. Dabar Arjuna įsitikinęs, kad jo draugas Kṛṣṇa – Aukščiausiasis Dievas, bet nori sužinoti bendrus principus, kuriais vadovaudamiesi paprasti žmonės suvoktų visa persmelkiantį Viešpatį. Paprasti žmonės, tarp jų demonai ir ateistai, negali pažinti Kṛṣṇos, nes Kṛṣṇą nuo jų saugo Jo *yoga-māyos* energija. Šiuos klausimus Arjuna kelia vėlgi jų labui. Didis bhaktas ieško tiesos ne tik sau, bet ir visai žmonijai. Arjuna yra *vaiṣṇavas,* bhaktas, todėl jis maloningai atveria paprastam žmogui kelią į visa persmelkiančio Aukščiausiojo Viešpaties pažinimą. Jis neatsitiktinai kreipiasi į Kṛṣṇą žodžiu *yogin,* nes Kṛṣṇa valdo *yoga-māyos* energiją, kuri slepia Kṛṣṇą nuo paprasto žmogaus arba Jį jam parodo. Kas nemyli Kṛṣṇos, tas negali nuolat galvoti apie Jį, todėl jis priverstas mąstyti materialiai. Arjuna atsižvelgia į šio pasaulio materialistų mąstyseną. Žodžiai *keṣu keṣu ca bhāveṣu* nurodo materialią

gamtą (žodis *bhāva* reiškia „fiziniai daiktai"). Materialistai nesu-
vokia Kṛṣṇos Jo dvasiniu aspektu, todėl jiems patariama sukaupti
mintis į fizinius daiktus ir stengtis suvokti Kṛṣṇą per fizines
reprezentacijas.

विस्तरेणात्मनो योगं विभूतिं च जनार्दन ।   **10.18**
भूयः कथय तृप्तिर्हि शृण्वतो नास्ति मेऽमृतम् ॥१८॥

vistareṇātmano yogaṁ · vibhūtiṁ ca janārdana
bhūyaḥ kathaya tṛptir hi · śṛṇvato nāsti me 'mṛtam

vistareṇa – smulkiai; *ātmanaḥ* – Savo; *yogam* – mistinę galią; *vibhū-
tim* – vertenybes; *ca* – taip pat; *jana-ardana* – o ateistų naikinto-
jau; *bhūyaḥ* – vėl; *kathaya* – apibūdink; *tṛptiḥ* – pasitenkinimo; *hi* –
tikrai; *śṛṇvataḥ* – klausantis; *na asti* – negana; *me* – man; *amṛtam* –
nektaro.

**O Janārdana, dar kartą išsamiai papasakok apie Savo vertenybes
ir jų mistinę galią. Man nepabosta klausytis apie Tave, nes kuo
daugiau išgirstu, tuo labiau trokštu Tavo žodžių nektaro.**

Naimiṣāraṇyos ṛṣiai, vadovaujami Śaunakos, panašiais žodžiais
kreipėsi į Sūtą Gosvāmį:

vayaṁ tu na vitṛpyāma · uttama-śloka-vikrame
yac chṛṇvatāṁ rasa-jñānāṁ · svādu svādu pade pade

„Galima be atvangos klausytis pasakojimų apie Kṛṣṇos, kuris šlo-
vinamas nuostabiomis maldomis, transcendentines pramogas ir
niekada tais pasakojimais nepasisotinti. Kas užmezgė transcen-
dentinius santykius su Kṛṣṇa, tas sulig kiekviena akimirka jaučia
džiaugsmą, kurį jam teikia pasakojimai apie Viešpaties pramogas."
(„Śrīmad-Bhāgavatam" 1.1.19) Taigi Arjuna trokšta išgirsti apie
Kṛṣṇą, o labiausiai apie tai, kokiu būdu Jis yra visa persmelkiantis
Aukščiausiasis Viešpats.

Žodis *amṛtam* (nektaras), reiškia, kad bet koks su Kṛṣṇa susijęs pasakojimas ar žodis yra tarsi nektaras. To nektaro skonį galima praktiškai patirti. Šiuolaikiniai apsakymai, romanai ir istorijos skiriasi nuo pasakojimų apie transcendentines Viešpaties pramogas tuo, kad pirmieji yra kažkas žemiška, jie įgrysta, o pasakojimai apie Kṛṣṇą niekados nepabosta. Tik dėl šios priežasties visatos istorijoje tiek daug vietos tenka Dievo inkarnacijų pramogoms. Pavyzdžiui, *Purānos* – tai praeities amžių istorijos, kurios pasakoja apie įvairių Viešpaties inkarnacijų pramogas. Todėl ir daug kartų skaitomos, jos niekada nepabosta.

श्रीभगवानुवाच 10.19
हन्त ते कथयिष्यामि दिव्या ह्यात्मविभूतयः ।
प्राधान्यतः कुरुश्रेष्ठ नास्त्यन्तो विस्तरस्य मे ॥१९॥

śrī-bhagavān uvāca
hanta te kathayiṣyāmi · divyā hy ātma-vibhūtayaḥ
prādhānyataḥ kuru-śreṣṭha · nāsty anto vistarasya me

śrī bhagavān uvāca – Aukščiausiasis Dievo Asmuo tarė; *hanta* – taip; *te* – tau; *kathayiṣyāmi* – Aš papasakosiu apie; *divyāḥ* – dieviškas; *hi* – tikrai; *ātma-vibhūtayaḥ* – asmeniškas vertenybes; *prādhānyataḥ* – pagrindines; *kuru-śreṣṭha* – o geriausias iš Kuru; *na asti* – nėra; *antaḥ* – galo; *vistarasya* – mąstui; *me* – Mano.

Aukščiausiasis Dievo Asmuo tarė: Gerai, Arjuna, Aš papasakosiu tau apie nuostabias Savo apraiškas, tačiau paminėsiu tik svarbiausias, nes Mano turtingumas bekraštis.

Neįmanoma protu aprėpti Kṛṣṇos didybės ir Jo turtų. Individualios sielos juslės ribotos, todėl ji negali suvokti Kṛṣṇos veiksmų visumos. Kṛṣṇos bhaktai bando pažinti Kṛṣṇą, tačiau jie neturi iliuzijos, kad kažkokiu konkrečiu laiko momentu ar konkrečiame būvyje įstengs Jį pilnai pažinti. Tikriau sakant patys pasakojimai apie Kṛṣṇą tokie patrauklūs, kad bhaktams jie – tarsi nektaras, ir bhaktai mėgaujasi tuo nektaru. Kalbėdami apie Kṛṣṇos turtus ir galybę bei įvairias Jo energijas, tyri bhaktai patiria transcendentinį džiaugsmą, todėl jie nori apie juos klausytis ir kalbėti. Kṛṣṇa žino, kad gyvosios esybės negali protu aprėpti Jo turtų ir galybės mąsto, todėl sutinka išvardinti tik svarbiausias savo įvairių energijų apraiškas. Labai reikšmingas posmo žodis *prādhānyataḥ* („pagrindinės"). Jis pažymi, kad mes tegalime suprasti kelis svarbiausius Aukščiausiojo Viešpaties bruožus, nes Jo savybės neribotos. Jų visų pažinti neįmanoma. Žodis *vibhūti* šiame posme nurodo Viešpaties galybę, kuria Jis valdo visą pasaulį. „Amara-kośa" žodyne tvirtinama, kad žodis *vibhūti* reiškia „ypatingas turtingumas".

Impersonalistai ir panteistai negali suvokti nei ypatingų Aukščiausiojo Viešpaties turtų ir galybės, nei Jo dieviškų energijų apraiškų. Ir materialiame, ir dvasiniame pasaulyje Jo energijos aprėpia visas apraiškų atmainas. Dabar Kṛṣṇa papasakos apie apraiškas, kurias gali suvokti paprasti žmonės; taigi bus apibūdinta dalis Jo įvairialypės energijos.

अहमात्मा गुडाकेश सर्वभूताशयस्थितः ।   **10.20**
अहमादिश्च मध्यं च भूतानामन्त एव च ॥२०॥

aham ātmā guḍākeśa · sarva-bhūtāśaya-sthitaḥ
aham ādiś ca madhyaṁ ca · bhūtānām anta eva ca

aham – Aš; *ātmā* – siela; *guḍākeśa* – o Arjuna; *sarva-bhūta* – visų gyvųjų esybių; *āśaya-sthitaḥ* – širdyje glūdinti; *aham* – Aš; *ādiḥ* – pradžia; *ca* – taip pat; *madhyam* – vidurys; *ca* – taip pat; *bhūtānām* – visų gyvųjų esybių; *antaḥ* – pabaiga; *eva* – tikrai; *ca* – ir.

O Arjuna, Aš – Supersiela, glūdinti visų gyvųjų esybių širdyse. Aš – visų būtybių pradžia, vidurys ir pabaiga.

Posme Arjuna pavadinamas Guḍākeśa – „nugalėjusiu miego tamsybę". Miegantieji neišmanymo tamsybėje nesuvokia, kaip Aukščiausiasis Dievo Asmuo reiškiasi ir materialiame, ir dvasiniame pasaulyje, nesuvokia to reiškimosi įvairovės. Todėl Kṛṣṇos kreipinys labai svarbus. Arjuna nugalėjo neišmanymo tamsybę, ir dėl to Dievo Asmuo sutinka apibūdinti įvairius Savo turtus.

Pirmiausiai Kṛṣṇa sako Arjunai, kad Jis per Savo pirminę eks-
pansiją egzistuoja kaip viso kosminio pasaulio siela. Prieš materia-
laus pasaulio sukūrimą, Savo pilnutine ekspansija Aukščiausiasis
Viešpats sukuria *puruṣos* inkarnacijas, ir iš Jo viskas gauna pra-
džią. Todėl jis yra *ātmā* – visatos pradmenų, *mahat-tattvos,* siela.
Visuminė materijos energija nėra kūrimo priežastis. Tai Mahā-
Viṣṇu įeina į *mahāt-tatvą* – visuminę materijos energiją ir yra jos
siela. Mahā-Viṣṇu įėjus į jau gavusias išraišką visatas, Jis Savo
ekspansija, Supersiela, apsireiškia kiekvienoje be išimties esy-
bėje. Mūsų patirtis rodo, kad individualus gyvosios esybės kūnas
gyvuoja dvasinės kibirkšties dėka. Be jos kūnas negali vystytis.
Lygiai taip ir materiali kūrinija negali plėtotis tol, kol į ją neįžengia
Aukščiausioji Siela, Kṛṣṇa. „Subala Upaniṣadoje" sakoma: *prakṛty-
ādi-sarva-bhūtāntar-yāmī sarva-śeṣī ca nārāyaṇaḥ* – „Aukščiausia-
sis Dievo Asmuo egzistuoja visose išreikštose visatose Supersielos
pavidalu."

Trys *puruṣa-avatāros* yra aprašytos „Śrīmad-Bhāgavatam". Jie
aprašyti ir „Sātvata-tantroje". *Viṣṇos tu trīṇi rūpāṇi puruṣākhyāny
atho viduḥ* – materialioje kūrinijoje Aukščiausiasis Dievo Asmuo
pasireiškia trimis aspektais: kaip Kāraṇodakaśāyī Viṣṇu, Gar-
bhodakaśāyī Viṣṇu ir Kṣīrodakaśāyī Viṣṇu. Māhā-Viṣṇu, arba
Kāraṇodakaśāyī Viṣṇu, apibūdintas „Brahma-saṁhitoje" (5.47):
yaḥ kāraṇārṇava-jale bhajati sma yoga-nidrām – Aukščiausiasis
Viešpats, Kṛṣṇa, visų priežasčių priežastis, guli kosmoso vande-
nyne Mahā-Viṣṇu pavidalu. Taigi Aukščiausiasis Dievo Asmuo yra
visatos pradžia, visa ko palaikytojas ir visos energijos pabaiga.

आदित्यानामहं विष्णुर्ज्योतिषां रविरंशुमान् ।
मरीचिर्मरुतामस्मि नक्षत्राणामहं शशी ॥२१॥   10.21

ādityānām ahaṁ viṣṇur · jyotiṣāṁ ravir aṁśumān
marīcir marutām asmi · nakṣatrāṇām ahaṁ śaśī

ādityānām – iš Ādityų; *aham* – Aš; *viṣṇuḥ* – Aukščiausiasis Vieš-
pats; *jyotiṣām* – iš visų dangaus šviesulių; *raviḥ* – Saulė, *aṁśu-*

mān – spindulingoji; *marīciḥ* – Marīcis; *marutām* – iš Marutų; *asmi* – Aš esu; *nakṣatrāṇām* – iš žvaigždžių; *aham* – Aš esu; *śaśī* – Mėnulis.

Iš Ādityų esu Viṣṇu, iš šviesulių – spindulingoji Saulė, iš Marutų Aš – Marīcis, o iš žvaigždžių esu Mėnulis.

Ādityų – dvylika, iš jų svarbiausias – Kṛṣṇa. Pagrindinis dangaus šviesulys – Saulė, „Brahma-saṁhitoje" ji pavadinta spindulingąja Aukščiausiojo Viešpaties akimi. Erdvėje pučia penkiasdešimt įvairių vėjų, ir juos valdanti dievybė, Marīcis, atstovauja Kṛṣṇai.

Žvaigždėtą naktį ryškiausiai šviečia Mėnulis, todėl jis atstovauja Kṛṣṇai. Posmas rodo, kad Mėnulis – žvaigždė, todėl danguje tviskančios žvaigždės irgi atspindi Saulės šviesą. Vedų raštai atmeta teoriją, teigiančią, kad visatoje egzistuoja daug Saulių. Saulė – viena, o Mėnulis ir žvaigždės tik atspindi jos šviesą. Kadangi „Bhagavad-gītā" nurodo, kad Mėnulis – viena iš žvaigždžių, tai danguje tviskančios žvaigždės nėra Saulės, jos panašios į Mėnulį.

वेदानां सामवेदोऽस्मि देवानामस्मि वासवः ।   10.22
इन्द्रियाणां मनश्चास्मि भूतानामस्मि चेतना ॥२२॥

vedānāṁ sāma-vedo 'smi · devānām asmi vāsavaḥ
indriyāṇāṁ manaś cāsmi · bhūtānām asmi cetanā

vedānām – iš visų Vedų; *sāma-vedaḥ* – Sāma Veda; *asmi* – Aš esu; *devānām* – iš visų pusdievių; *asmi* – Aš esu; *vāsavaḥ* – dangaus valdovas; *indriyāṇām* – iš visų juslių; *manaḥ* – protas; *ca* – taip pat; *asmi* – Aš esu; *bhūtānām* – iš visų gyvųjų esybių; *asmi* – Aš esu; *cetanā* – gyvybės jėga.

Iš Vedų Aš – Sāma Veda, iš pusdievių Aš – Indra, dangaus valdovas, iš juslių Aš – protas. Aš – gyvųjų būtybių gyvybės jėga [sąmonė].

Dvasia ir materija skiriasi tuo, kad materija neturi sąmonės, o gyvoji būtybė – turi. Todėl sąmonė aukščiausia ir amžina. Sąmonė negali atsirasti materijos pradmenų jungimosi procese.

रुद्राणां शङ्करश्चास्मि वित्तेशो यक्षरक्षसाम् ।   10.23
वसूनां पावकश्चास्मि मेरुः शिखरिणामहम् ॥२३॥

rudrāṇāṁ śaṅkaraś cāsmi · vitteśo yakṣa-rakṣasām
vasūnāṁ pāvakaś cāsmi · meruḥ śikhariṇām aham

rudrāṇām – iš visų Rudrų; *śaṅkaraḥ* – Viešpats Śiva; *ca* – taip pat; *asmi* – Aš esu; *vitta-īśāḥ* – pusdievių lobių saugotojas; *yakṣa-rakṣasām* – Yakṣų ir Rākṣasų; *vasūnām* – iš Vasu; *pāvakaḥ* – ugnis; *ca* – taip pat; *asmi* – Aš esu; *meruḥ* – Meru; *śikhariṇām* – iš visų kalnų; *aham* – Aš esu.

Iš Rudrų Aš – Viešpats Śiva, iš Yakṣų ir Rākṣasų – lobių valdovas [Kuvera], iš Vasų Aš – ugnis [Agnis], iš kalnų – Meru.

Iš vienuolikos Rudrų, vyriausias – Śaṅkara, Viešpats Śiva. Viešpats Śiva – Aukščiausiojo Viešpaties inkarnacija, valdanti visatoje neišmanymo *guṇą*. Yakṣoms ir Rākṣasoms vadovauja Kuvera, vyriausias pusdievių lobių saugotojas – jis atstovauja Aukščiausiajam Viešpačiui. O kalnas Meru garsėja gausiais gamtos ištekliais.

पुरोधसां च मुख्यं मां विद्धि पार्थ बृहस्पतिम् ।   10.24
सेनानीनामहं स्कन्दः सरसामस्मि सागरः ॥२४॥

purodhasāṁ ca mukhyaṁ māṁ · viddhi pārtha bṛhaspatim
senānīnām ahaṁ skandaḥ · sarasām asmi sāgaraḥ

purodhasām – iš visų šventikų; *ca* – taip pat; *mukhyam* – pagrindinį; *mām* – Mane; *viddhi* – žinoki; *pārtha* – o Pṛthos sūnau; *bṛhaspatim* – Bṛhaspatį; *senānīnām* – iš visų karvedžių; *aham* – Aš esu; *skandaḥ* – Kārtikeya; *sarasām* – iš visų vandens telkinių; *asmi* – Aš esu; *sāgaraḥ* – vandenynas.

O Arjuna, žinok, kad iš šventikų Aš esu vyriausias, Bṛhaspatis, iš karvedžių Aš – Kārtikeya, o iš vandens telkinių Aš – vandenynas.

Indra – vyriausias dangaus planetų pusdievis, garsėjantis dangaus valdovo vardu. Jo valdoma planeta – Indraloka. Bṛhaspatis – Indros šventikas, o kadangi Indra – vyriausias iš visų karalių, tai Bṛhaspatis – vyriausias iš visų šventikų. Kaip Indra – vyriausias iš visų karalių, taip ir Skanda, arba Kārtikeya (Pārvatī ir Viešpaties Śivos sūnus) – vyriausias karvedys. O visų didžiausias vandens telkinys – vandenynas. Šios Kṛṣṇos reprezentacijos – tik menka Jo didybės dalelė.

महर्षीणां भृगुरहं गिरामस्म्येकमक्षरम् ।   10.25
यज्ञानां जपयज्ञोऽस्मि स्थावराणां हिमालयः ॥२५॥

maharṣīṇāṁ bhṛgur ahaṁ · girām asmy ekam akṣaram
yajñānāṁ japa-yajño 'smi · sthāvarāṇāṁ himālayaḥ

mahā-ṛṣīṇām – iš didžių išminčių; *bhṛguḥ* – Bhṛgu; *aham* – Aš esu; *girām* – iš garso virpesių; *asmi* – Aš esu; *ekam akṣaram* – *praṇava*; *yajñānām* – iš aukų atnašavimų; *japa-yajñaḥ* – kartojimas; *asmi* – Aš esu; *sthāvarāṇām* – iš nejudamų kūnų; *himālayaḥ* – Himālayų kalnai.

Iš didžių išminčių Aš – Bhṛgu, iš garso virpesių – transcendentinis oṁ. Iš aukų atnašavimų Aš – šventųjų vardų kartojimas [japa], o iš nejudamų kūnų – Himālayai.

Pirma gyvoji visatos būtybė Brahmā sukūrė kelis sūnus įvairioms gyvybės rūšims gausinti. Bhṛgu tarp šių sūnų – didžiausias išminčius. Iš visų transcendentinių garso virpesių Kṛṣṇai atstovauja *oṁ* (*oṁkāra*). Iš visų aukų atnašavimų kartojimas: Hare Kṛṣṇa, Hare Kṛṣṇa, Kṛṣṇa Kṛṣṇa, Hare Hare/ Hare Rāma, Hare Rāma, Rāma Rāma, Hare Hare – tyriausia Kṛṣṇos reprezentacija. Kartais patariama aukoti gyvulius, o štai „Hare Kṛṣṇa, Hare Kṛṣṇa" aukoje smurto nėra. Šis metodas pats paprasčiausias ir tyriausias. Visa, ką pasauliai turi iškilnaus, yra Kṛṣṇos reprezentacija. Todėl ir didžiausi pasaulio kalnai Himālayai atstovauja Kṛṣṇai. Ankstesnis posmas minėjo kalną Meru, tačiau Meru kartais juda, o Himālayai – niekada. Taigi Himālayai pranoksta Meru.

अश्वत्थः सर्ववृक्षाणां देवर्षीणां च नारदः ।
गन्धर्वाणां चित्ररथः सिद्धानां कपिलो मुनिः ॥२६॥

10.26

aśvatthaḥ sarva-vṛkṣāṇām · devarṣīṇāṁ ca nāradaḥ
gandharvāṇāṁ citrarathaḥ · siddhānāṁ kapilo muniḥ

aśvatthaḥ – banjano medis; *sarva-vṛkṣāṇām* – iš visų medžių; *devarṣīṇām* – iš visų išminčių tarp pusdievių; *ca* – ir; *nāradaḥ* – Nārada; *gandharvāṇām* – iš Gandharvų planetos gyventojų; *citrarathaḥ* – Citraratha; *siddhānām* – iš tobulųjų; *kapilaḥ muniḥ* – Kapila Munis.

Iš medžių Aš – banjanas, iš išminčių tarp pusdievių – Nārada. Iš Gandharvų esu Citraratha ir iš tobulybę pasiekusių būtybių Aš – išminčius Kapila.

Banjanas, *aśvattha* – vienas aukščiausių ir gražiausių medžių. Dažnas indas jį garbina – tai kasdienio rytmetinio ritualo dalis. Iš pusdievių Indijoje garbinamas Nārada, kuris laikomas didžiausiu visatos bhaktu. Taigi iš bhaktų jis atstovauja Kṛṣṇai. Gandharvų planetoje gyvena įstabiai dainuojančios esybės, o geriausias dainininkas iš jų – Citraratha. Iš tobulų gyvųjų esybių Kṛṣṇai atstovauja Kapila, Devahūtī sūnus. Jis laikomas Kṛṣṇos inkarnacija, Jo filosofija pateikta „Śrīmad-Bhāgavatam". Vėliau išgarsėjo kitas Kapila, tačiau pastarojo filosofija ateistinė. Tad jie skiriasi kaip diena ir naktis.

उच्चैःश्रवसमश्वानां विद्धि माममृतोद्भवम् ।
ऐरावतं गजेन्द्राणां नराणां च नराधिपम् ॥२७॥

10.27

uccaiḥśravasam aśvānāṁ · viddhi māṁ amṛtodbhavam
airāvataṁ gajendrāṇāṁ · narāṇāṁ ca narādhipam

uccaiḥśravasam – kaip Uccaiḥśravą; *aśvānām* – iš žirgų; *viddhi* –
žinoki; *mām* – Mane; *amṛta-udbhavam* – gimusį plakant vande-
nyną; *airāvatam* – kaip Airāvatą; *gaja-indrāṇām* – iš kilmingųjų
dramblių; *narāṇām* – iš žmonių; *ca* – ir; *nara-adhipam* – kaip
karalių.

**Žinok, kad iš žirgų Aš esu Uccaiḥśravā, kuris išniro iš vandenyno,
kai tas buvo plakamas, siekiant gauti nektarą. Iš kilmingųjų
dramblių Aš – Airāvata, o iš žmonių Aš – karalius.**

Kartą dievotieji pusdieviai ir demonai (*asurai*) plakė vandenyną.
Plakamas vandenynas išskyrė nuodus bei nektarą, ir Viešpats Śiva
tuos nuodus išgėrė. Iš nektaro išniro daugybė visokių esybių, tarp
jų – ir žirgas vardu Uccaiḥśravā. Iš nektaro gimė dar vienas gyvū-
nas, dramblys Airāvata. Abu šie gyvūnai išniro iš nektaro, tuo jie
ypatingi ir todėl atstovauja Kṛṣṇai.

Tarp žmonių Kṛṣṇai atstovauja karalius. Kaip Kṛṣṇa palaiko
visatą, taip ir karalius, kuris skiriamas atsižvelgiant į jo dieviš-
kas savybes, palaiko savo karalystę. Karaliai Mahārāja Yudhiṣṭhira,
Mahārāja Parīkṣitas ir Viešpats Rāma – teisiausi iš teisiausiųjų,
jie nuolat rūpinosi savo pavaldinių gerove. Vedų raštuose karalius
yra laikomas Dievo atstovu. Tačiau šiais laikais religiniai principai
išsigimė, o monarchija smuko ir sunyko visiškai. Akivaizdu, kad
anksčiau žmonės buvo laimingesni, nes juos valdė teisieji karaliai.

आयुधानामहं वज्रं धेनूनामस्मि कामधुक् ।
प्रजनश्चास्मि कन्दर्पः सर्पाणामस्मि वासुकिः ॥२८॥

10.28

āyudhānām ahaṁ vajraṁ · dhenūnām asmi kāma-dhuk
prajanaś cāsmi kandarpaḥ · sarpāṇām asmi vāsukiḥ

āyudhānām – iš visų ginklų; *aham* – Aš esu; *vajram* – žaibas; *dhe-
nūnām* – iš karvių; *asmi* – Aš esu; *kāma-dhuk* – *surabhi* karvė;

prajanaḥ – giminės pratęsimo priežastis; *ca* – ir; *asmi* – Aš esu; *kandarpaḥ* – Kupidonas; *sarpāṇām* – iš gyvačių; *asmi* – Aš esu; *vāsukiḥ* – Vāsukis.

Iš ginklų Aš – žaibas, tarp karvių – surabhi, iš giminės pratęsimo priežasčių Aš – Kandarpa, meilės dievas, o iš gyvačių – Vāsukis.

Žaibas – iš tiesų galingas ginklas, jis reprezentuoja Kṛṣṇos galią. Kṛṣṇalokoje, dvasiniame danguje, gyvena karvės, kurias galima melžti bet kada, ir jos duoda tiek pieno, kiek širdis geidžia. Žinoma, materialiame pasaulyje tokių karvių nėra, bet jos paminėtos aprašant Kṛṣṇaloką. Viešpats laiko didžiules tokių karvių, vadinamų *surabhi,* bandas ir net Pats jas gano. Kandarpa – tai toks lytinis potraukis, kai norima pradėti dorus sūnus. Todėl Kandarpa – Kṛṣṇos atstovas. Kartais iš lytinių santykių tenorima gauti juslinį pasitenkinimą; tokie lytiniai santykiai neatstovauja Kṛṣṇai. Tik lytiniai santykiai, skirti doriems vaikams pradėti, vadinami Kandarpa ir atstovauja Kṛṣṇai.

अनन्तश्चास्मि नागानां वरुणो यादसामहम् ।
पितॄणामर्यमा चास्मि यमः संयमतामहम् ॥२९॥

10.29

anantaś cāsmi nāgānāṁ · varuṇo yādasām aham
pitṝṇām aryamā cāsmi · yamaḥ saṁyamatām aham

anantaḥ – Ananta; *ca* – taip pat; *asmi* – Aš esu; *nāgānām* – iš daugiagalvių gyvačių; *varuṇaḥ* – vandenis valdantis pusdievis; *yādasām* – iš vandens gyvių; *aham* – Aš esu; *pitṝṇām* – iš protėvių; *aryamā* – Aryamā; *ca* – taip pat; *asmi* – Aš esu; *yamaḥ* – mirties dievas; *saṁyamatām* – iš visų valdytojų; *aham* – Aš esu.

Iš daugiagalvių Nāgų Aš – Ananta, iš vandenų gyventojų Aš – pusdievis Varuṇa. Iš išėjusių protėvių Aš – Aryamā, o iš teisingumo valdytojų esu Yama, mirties dievas.

Iš daugiagalvių gyvačių Nāgų visų didžiausia – Ananta, o visų didžiausias iš vandenų gyventojų – pusdievis Varuṇa. Jiedu atstovauja Kṛṣṇai. Pitų, protėvių, planetą valdo Aryamā, kuris irgi atstovauja Kṛṣṇai. Yra daug gyvųjų esybių, kurios baudžia piktadarius, o iš bausmės vykdytojų svarbiausias – Yama. Yama gyvena šalia Žemės esančioje planetoje, į kurią po mirties patenka didžiausi nusidėjėliai, ir Yama jiems skiria įvairias bausmes.

प्रह्लादश्चास्मि दैत्यानां कालः कलयतामहम् ।　　　　　　　　10.30
मृगाणां च मृगेन्द्रोऽहं वैनतेयश्च पक्षिणाम् ॥३०॥

prahlādaś cāsmi daityānāṁ · kālaḥ kalayatām aham
mṛgāṇāṁ ca mṛgendro 'haṁ · vainateyaś ca pakṣiṇām

prahlādaḥ – Prahlāda; *ca* – taip pat; *asmi* – Aš esu; *daityānām* – iš demonų; *kālaḥ* – laikas; *kalayatām* – iš naikinančių jėgų; *aham* – Aš esu; *mṛgāṇām* – iš gyvūnų; *ca* – ir; *mṛga-indraḥ* – liūtas; *aham* – Aš esu; *vainateyaḥ* – Garuḍa; *ca* – taip pat; *pakṣiṇām* – iš paukščių.

Iš demonų Daityų Aš – dievotasis Prahlāda, iš naikinančių jėgų Aš – laikas, iš žvėrių esu liūtas, o iš paukščių Aš – Garuḍa.

Diti ir Aditi – seserys. Aditi sūnūs vadinasi Ādityos, o Diti sūnūs – Daityos. Visi Ādityos – Viešpaties bhaktai, o Daityos – ateistai. Nors Prahlāda ir gimė Daityų šeimoje, jis nuo mažumos buvo didis bhaktas. Dėl savo pasiaukojamo tarnavimo Viešpačiui ir dieviško būdo, jis laikomas Kṛṣṇos atstovu.

　　　Yra daug naikinančių principų, tačiau tarp jų Kṛṣṇą atstovauja laikas, nes dėl jo įtakos viskas materialioje visatoje sunyksta. Stipriausias ir nuožmiausias tarp gausybės žvėrių – liūtas, o iš milijonų įvairiausių paukščių visų didžiausias – Garuḍa, Viešpaties Viṣṇu nešėjas.

पवनः पवतामस्मि रामः शस्त्रभृतामहम् ।　　　　　　　　10.31
झषाणां मकरश्चास्मि स्रोतसामस्मि जाह्नवी ॥३१॥

pavanaḥ pavatām asmi · rāmaḥ śastra-bhṛtām aham
jhaṣāṇāṁ makaraś cāsmi · srotasām asmi jāhnavī

pavanaḥ – vėjas; *pavatām* – iš visų valančių jėgų; *asmi* – Aš esu; *rāmaḥ* – Rāma; *śastra-bhṛtām* – iš valdančių ginklą; *aham* – Aš esu; *jhaṣāṇām* – iš visų žuvų; *makaraḥ* – ryklys; *ca* – taip pat; *asmi* – Aš esu; *srotasām* – iš tekančių upių; *asmi* – Aš esu; *jāhnavī* – upė Ganga.

Iš valančių jėgų Aš – vėjas, iš valdančių ginklą Aš – Rāma, iš žuvų esu ryklys, o iš tekančių upių – Ganga.

Ryklys yra vienas didžiausių ir, be abejonės, vienas pavojingiausių žmogui vandens gyvūnų. Todėl ryklys atstovauja Kṛṣṇai.

सर्गाणामादिरन्तश्च मध्यं चैवाहमर्जुन ।   **10.32**
अध्यात्मविद्या विद्यानां वादः प्रवदतामहम् ॥३२॥

sargāṇām ādir antaś ca · madhyaṁ caivāham arjuna
adhyātma-vidyā vidyānām · vādaḥ pravadatām aham

sargāṇām – iš visų kūrinių; *ādiḥ* – pradžia; *antaḥ* – pabaiga; *ca* – ir; *madhyam* – vidurys; *ca* – taip pat; *eva* – tikrai; *aham* – Aš esu; *arjuna* – o Arjuna; *adhyātma-vidyā* – dvasinės žinios; *vidyānām* – iš viso išsilavinimo; *vādaḥ* – natūrali išvada; *pravadatām* – iš argumentų; *aham* – Aš esu.

Aš – visų kūrinių pradžia, pabaiga ir vidurys, o Arjuna. Iš mokslų Aš – dvasinis mokslas apie savąjį „aš", iš logikos Aš – galutinė tiesa.

Iš sukurtų apraiškų pirmiausiai sukuriama materijos pradmenų visybė. Buvo aiškinta, kad kosminį pasaulį kuria ir jo reikalus tvarko Mahā-Viṣṇu, Garbhodakaśāyī Viṣṇu ir Kṣīrodakaśāyī Viṣṇu, o paskui Viešpats Śiva jį sunaikina. Brahmā – antrinis kūrėjas. Visi šie kūrimo, palaikymo ir naikinimo vykdytojai – tai Aukščiausiojo Viešpaties materialiųjų savybių inkarnacijos. Taigi Jis visos kūrinijos pradžia, vidurys ir pabaiga.

Išsilavinimui gilinti skirta daug mokslo knygų – keturios Vedos,

šeši jų priedai, „Vedānta-sūtra", veikalai logikos ir religijos klausi-
mais, *Purāṇos*. Taigi, lavinimuisi skirtos literatūros iš viso yra ketu-
riolika rūšių. Tarp jų Kṛṣṇai atstovauja „Vedānta-sūtra" – knyga,
perteikianti *adhyātma-vidyą*, dvasinį žinojimą.

Logikai naudojasi įvairių tipų argumentais. Teiginio pagrindi-
mas įrodymu, kuris patvirtina ir oponento argumentaciją, vadi-
nasi *jalpa*. Paprastas oponento argumentų paneigimas – *vitaṇḍā*.
O galutinė išvada vadinasi *vāda*. Taigi galutinė tiesa – Kṛṣṇos
reprezentacija.

अक्षराणामकारोऽस्मि द्वन्द्वः सामासिकस्य च ।　　　　　**10.33**
अहमेवाक्षयः कालो धाताहं विश्वतोमुखः ॥३३॥

akṣarāṇām a-kāro 'smi · dvandvaḥ sāmāsikasya ca
aham evākṣayaḥ kālo · dhātāhaṁ viśvato-mukhaḥ

akṣarāṇām – iš raidžių; *a-kāraḥ* – pirmoji raidė; *asmi* – Aš esu;
dvandvaḥ – dvinaris; *sāmāsikasya* – iš sudėtinių; *ca* – ir; *aham* – Aš
esu; *eva* – tikrai; *akṣayaḥ* – amžinas; *kālaḥ* – laikas; *dhātā* – kūrėjas;
aham – Aš esu; *viśvataḥ-mukhaḥ* – Brahmā.

Iš raidžių Aš – raidė „A", o iš sudėtinių žodžių Aš – dvinaris. Aš
esu nesibaigiantis laikas, o iš kūrėjų Aš – Brahmā.

A-kāra – tai pirmoji sanskrito abėcėlės raidė, kuria prasideda Vedų
raštai. Be *a-kāros* nieko neištarsi, todėl ji – garso pradžia. San-
skritas turi daug sudėtinių žodžių. Tokie sudėtiniai žodžiai, kaip
rāma-kṛṣṇa, kuriuos sudaro du nariai, vadinasi *dvandva*. Jungda-
miesi į vieną žodį, *rāma* ir *kṛṣṇa* išlaiko nepakitusią formą, todėl
toks sudėtinis žodis vadinasi dvinariu.

Iš visų naikintojų didžiausias – laikas, nes jis sunaikina viską.
Laikas – Kṛṣṇos atstovas, kadangi numatytą valandą įsiliepsnos
didysis gaisras ir viską praris jo liepsnos.

Iš kuriančių gyvųjų esybių svarbiausias – keturgalvis Brahmā.
Todėl jis atstovauja Aukščiausiajam Viešpačiui, Kṛṣṇai.

मृत्युः सर्वहरश्चाहमुद्भवश्च भविष्यताम् ।   10.34
कीर्तिः श्रीर्वाक्च नारीणां स्मृतिर्मेधा धृतिः क्षमा ॥३४॥

mṛtyuḥ sarva-haraś cāham · udbhavaś ca bhaviṣyatām
kīrtiḥ śrīr vāk ca nārīṇām · smṛtir medhā dhṛtiḥ kṣamā

mṛtyuḥ – mirtis; *sarva-haraḥ* – visa ryjanti; *ca* – taip pat; *aham* – Aš esu; *udbhavaḥ* – gimimas; *ca* – taip pat; *bhaviṣyatām* – viso to, kas bus; *kīrtiḥ* – šlovė; *śrīḥ* – vertenybė arba grožis; *vāk* – grakšti kalba; *ca* – taip pat; *nārīṇām* – moterų; *smṛtiḥ* – atmintis; *medhā* – išmintis; *dhṛtiḥ* – pastovumas; *kṣamā* – kantrybė.

Aš – viską ryjanti mirtis, bet Aš ir kuriantis pradas viso to, kas bus. Iš moterų Aš – šlovė, sėkmė, grakšti kalba, atmintis, išmintis, pastovumas bei kantrybė.

Žmogus miršta nuo tos akimirkos, kai išvysta pasaulį. Taip mirtis kas sekundę ėda kiekvieną gyvąją esybę, tačiau mirtimi tikrąja to žodžio prasme vadinamas paskutinysis jos kirtis. Toji mirtis – Kṛṣṇa. Visos gyvosios esybės vystosi ir patiria šešis esminius pokyčius: gimsta, auga, kurį laiką egzistuoja, dauginasi, vysta ir pagaliau išnyksta. Pirmasis pokytis – gimimas iš motinos įsčių – yra Kṛṣṇa. Atėjimas į pasaulį – visos gyvenimo veiklos pradžia.

Septynios išvardintos vertenybės – šlovė, sėkmė, grakšti kalba, atmintis, nuovoka, pastovumas ir kantrybė sudaro moteriškąjį pradą. Jas arba dalį jų turintis pelno šlovę. Teisuolio reputaciją užsitarnavęs žmogus išgarsėja. Sanskritas – tobula, todėl labai garsi kalba. Jeigu žmogus greitai įsidėmi tai, ką studijuoja, vadinasi, jis apdovanotas atmintimi, arba *smṛti*. O sugebėjimas ne tiktai skaityti įvairiausio pobūdžio knygas, bet ir suprasti jas bei praktiškai panaudoti yra dar viena vertenybė – nuovoka (*medhā*). Sugebėjimas įveikti nepastovumą vadinamas pastovumu, arba charakterio tvirtumu (*dhṛti*). O jeigu žmogus pasižymi daugeliu dorybių, tačiau yra nuolankus ir romus, jeigu tiek liūdesio, tiek džiaugsmo akimirką sugeba neprarasti savitvardos, jis pasižymi kantrybe (*kṣamā*).

बृहत्साम तथा साम्नां गायत्री छन्दसामहम् ।
मासानां मार्गशीर्षोऽहमृतूनां कुसुमाकरः ॥३५॥

10.35

bṛhat-sāma tathā sāmnām · gāyatrī chandasām aham
māsānāṁ mārga-śīrṣo 'ham · ṛtūnāṁ kusumākaraḥ

bṛhat-sāma – „Bṛhat-sāma"; *tathā* – taip pat; *sāmnām* – iš „Sāma Vedos" giesmių; *gāyatrī* – Gāyatrī himnai; *chandasām* – iš visos poezijos; *aham* – Aš esu; *māsānām* – iš mėnesių; *mārga-śīrṣaḥ* – lapkričio-gruodžio mėnuo; *aham* – Aš esu; *ṛtūnām* – iš visų metų laikų; *kusuma-ākaraḥ* – pavasaris.

Iš Sāma Vedos himnų Aš – Bṛhat-sāma, iš poezijos posmų – Gāyatrī. Iš mėnesių Aš – Mārgaśīrṣa [lapkritis-gruodis], o iš metų laikų Aš – žydintis pavasaris.

Viešpats jau kalbėjo, kad iš Vedų Jis – „Sāma Veda". „Sāma Vedoje" gausu puikių giesmių, kurias gieda įvairūs pusdieviai. „Bṛhat-sāma" – viena šių giesmių, jos melodija labai subtili, o giedama ji vidurnaktį.

Sanskrito poezijos normos griežtos: rimo ir metro pagal užgaidą nepasirinksi, kaip šiuolaikinėje poezijoje. Iš eilių, sudėtų pagal šias taisykles, geriausia – Gāyatrī *mantra,* kurią gieda prityrę brahmanai. Gāyatrī *mantra* minima „Śrīmad-Bhāgavatam". Gāyatrī *mantra* atstovauja Aukščiausiajam Viešpačiui, nes ji skirta Dievui suvokti. Ši *mantra* skiriama dvasiškai pažengusiems žmonėms, ir sėkmingai ją kartojantis suvokia transcendentinę Aukščiausiojo Viešpaties padėtį. Norintysis kartoti Gāyatrī *mantrą* pirmiausiai turi išsiugdyti kilnios asmenybės savybes, būdingas žmogui, kuriame vyrauja dorybės *guṇa.* Gāyatrī *mantra* vediškoje civilizacijoje užima ypač svarbią vietą, ji laikoma garsine Brahmano inkarnacija. Pirmasis ją ištarė Brahmā, o toliau ją persakė mokinių seka.

Lapkričio-gruodžio mėnesiai laikomi geriausiais mėnesiais, nes tada Indijos laukuose nuimamas grūdų derlius ir žmonės būna labai laimingi. Pavasarį, be abejonės, mėgsta visi, nes pavasarį nei per karšta, nei per šalta, žydi gėlės ir sprogsta medžių pumpurai. Be to, pavasarį vyksta daug švenčių, skirtų Kṛṣṇos pramogoms paminėti, todėl šis metų laikas laikomas pačiu džiaugsmingiausiu ir jis atstovauja Aukščiausiajam Viešpačiui, Kṛṣṇai.

द्यूतं छलयतामस्मि तेजस्तेजस्विनामहम् ।
जयोऽस्मि व्यवसायोऽस्मि सत्त्वं सत्त्ववतामहम् ॥३६॥

10.36

dyūtaṁ chalayatām asmi · tejas tejasvinām aham
jayo 'smi vyavasāyo 'smi · sattvaṁ sattvavatām aham

dyūtam – azartinis lošimas; *chalayatām* – iš visų suktybių; *asmi* – Aš esu; *tejaḥ* – spindesys; *tejasvinām* – to kas spindi; *aham* – Aš esu; *jayaḥ* – pergalė; *asmi* – Aš esu; *vyavasāyaḥ* – ryžtingumas arba nuotykis; *asmi* – Aš esu; *sattvam* – jėga; *sattva-vatām* – stipriųjų; *aham* – Aš esu.

Iš suktybių Aš – azartinis lošimas, Aš – spindesys to, kas spindi, Aš – pergalė, Aš – nuotykis ir stipruolio jėga.

Visatoje pilna įvairiausių rūšių sukčių. Visų suktybių suktybė – azartinis lošimas, todėl jis atstovauja Kṛṣṇai. Kṛṣṇa – Aukščiausiasis, tad gali apgauti geriau negu bet kuris žmogus. Nevykęs komentatorius, kuris nori apgauti Kṛṣṇą ir skaitytojus, teigdamas, kad kažkas yra pranašesnis už Kṛṣṇą, pats yra apgaunamas Kṛṣṇos, tad taip ir neįstengia Jo suprasti. Jeigu Kṛṣṇa nusprendė ką nors apgauti, Jo klastos niekas nepranoks. Jo didybė ne vienapusė, ji įvairialypė.

Tarp nugalėtojų Jis – pati pergalė. Jis – spindesys to, kas spindi. Iš sumaniausių ir dalykiškiausių Jis – pats sumaniausias ir dalykiškiausias. Tarp nuotykių ieškotojų Jis – labiausiai linkęs rizikuoti, o iš stipruolių Jis – pats stipriausias. Kai Kṛṣṇa buvo žemėje, Jo niekas nepranoko jėga. Dar vaikas būdamas, jis pakėlė Govardhanos kalvą. Jis – nepralenkiamas gudruolis, niekas negali nustelbti Jo spindesio, Jis neįveikiamas kaip pati pergalė, už Jį nėra sumanesnio, Jo jėga nepranokstama.

वृष्णीनां वासुदेवोऽस्मि पाण्डवानां धनञ्जयः । 10.37
मुनीनामप्यहं व्यासः कवीनामुशना कविः ॥३७॥

vṛṣṇīnāṁ vāsudevo 'smi · pāṇḍavānāṁ dhanañjayaḥ
munīnām apy ahaṁ vyāsaḥ · kavīnām uśanā kaviḥ

vṛṣṇīnām – iš Vṛṣnio palikuonių; *vāsudevaḥ* – Kṛṣṇa Dvārakoje; *asmi* – Aš esu; *pāṇḍavānām* – iš Pāṇḍavų; *dhanañjayaḥ* – Arjuna; *munīnām* – iš išminčių; *api* – taip pat; *aham* – Aš esu; *vyāsaḥ* – Vyāsa, visų Vedų raštų sudarytojas; *kavīnām* – iš visų didžių mąstytojų; *uśanā* – Uśanā; *kaviḥ* – mąstytojas.

Iš Vṛṣnio ainių esu Vāsudeva, iš Pāṇḍavų – Arjuna. Iš išminčių Aš – Vyāsa, o iš didžių mąstytojų Aš – Uśanā.

Kṛṣṇa – pirminis Aukščiausiasis Dievo Asmuo, o Baladeva – tiesioginė Kṛṣṇos ekspansija. Ir Viešpats Kṛṣṇa, ir Baladeva nužengė Vasudevos sūnumis, taigi juodu galima vadinti Vāsudeva. Kita vertus, Kṛṣṇa niekada neapleidžia Vṛndāvanos, todėl visi kitur pasireiškiantys Jo pavidalai yra Jo ekspansijos. Vāsudeva – tiesioginė Kṛṣṇos ekspansija, todėl Vāsudeva nesiskiria nuo Kṛṣṇos. Vāsudeva, apie kurį kalba šis „Bhagavad-gītos" posmas – tai Baladeva, arba Balarāma, mat Jis – pirminis visų inkarnacijų šaltinis, taigi ir vienintelis Vāsudevos šaltinis. Tiesioginės Viešpaties ekspansijos vadinasi *svāṁśa* (asmeniškos ekspansijos); yra dar ir atsietos ekspansijos, vadinamos *vibhinnāṁśa*.

Iš Pāṇḍu sūnų garsiausias – Arjuna, jis žinomas Dhanañjayos vardu. Jis geriausias iš žmonių, todėl ir atstovauja Kṛṣṇai. Iš *munių*, Vedas pažinusių mokslo vyrų, žymiausias – Vyāsa, palikęs įvairius Vedų mokslo aiškinimus, prieinamus paprastiems Kali amžiaus žmonėms. Be to, Vyāsa žinomas kaip Kṛṣṇos inkarnacija, ir jis taip pat atstovauja Kṛṣṇai. *Kaviai* – tai tie, kas sugeba giliai išanalizuoti bet kurį klausimą. Ryškiausias iš *kavių* – Uśanā, Śukrācārya, demonų dvasinis mokytojas, jis buvo nepaprastai protingas ir toliaregis politikas. Todėl Śukrācārya – tai dar viena Kṛṣṇos turtingumo apraiška.

दण्डो दमयतामस्मि नीतिरस्मि जिगीषताम् ।
मौनं चैवास्मि गुह्यानां ज्ञानं ज्ञानवतामहम् ॥३८॥

daṇḍo damayatām asmi · nītir asmi jigīṣatām
maunaṁ caivāsmi guhyānāṁ · jñānaṁ jñānavatām aham

daṇḍaḥ – bausmė; *damayatām* – iš visų malšinimo priemonių;
asmi – Aš esu; *nītiḥ* – dorovė; *asmi* – Aš esu; *jigīṣatām* – iš sie-
kiančių pergalės; *maunam* – tyla; *ca* – ir; *eva* – taip pat; *asmi* – Aš
esu; *guhyānām* – iš paslapčių; *jñānam* – žinojimas; *jñāna-vatām* –
išminčių; *aham* – Aš esu.

**Iš savivalės numalšinimo priemonių Aš – bausmė, o iš siekian-
čių pergalės Aš – dorovė. Iš paslapčių Aš – tyla, iš išminčių Aš –
išmintis.**

Yra daug bausmės priemonių, ir tarp jų svarbiausios tos, kurios
sutramdo piktadarius. Kai baudžiami nenaudėliai, bausmės įrankis atstovauja Kṛṣṇai. Dorovė greičiausiai suteikia pergalę tiems,
kurie nori sėkmės kurioje nors veiklos srityje. Iš slėpiningų
veiksmų – klausymosi, mąstymo ir meditavimo, svarbiausias – tylė-
jimas, nes jis padeda ypač sparčiai tobulėti. Išmintingasis skiria
materiją ir dvasią, aukštesniąją ir žemesniąją Dievo gamtą. Toks
žinojimas – Patsai Kṛṣṇa.

यच्चापि सर्वभूतानां बीजं तदहमर्जुन ।
न तदस्ति विना यत्स्यान्मया भूतं चराचरम् ॥३९॥

yac cāpi sarva-bhūtānāṁ · bījaṁ tad aham arjuna
na tad asti vinā yat syān · mayā bhūtaṁ carācaram

yat – kokia; *ca* – taip pat; *api* – gali būti; *sarva-bhūtānām* – visų
kūrinių; *bījam* – sėkla; *tat* – ta; *aham* – Aš esu; *arjuna* – o Arjuna;
na – ne; *tat* – ta; *asti* – yra; *vinā* – be; *yat* – kurios; *syāt* – egzistuoja;
mayā – Mano; *bhūtam* – sukurta būtybė; *cara-acaram* – judanti ir
nejudanti.

Maža to, o Arjuna, Aš – sėkla, pradedanti visas būtybes. Nė viena būtybė – judanti ar nejudanti – negali gyvuoti be Manęs.

Viskas turi priežastį, ir ta priežastis, arba sėkla, yra Kṛṣṇa. Be Kṛṣṇos energijos niekas negali egzistuoti, todėl Jį vadina visagaliu. Be Jo galybės negali egzistuoti nei judantys, nei nejudantys objektai. Visa tai, kas nesusiję su Kṛṣṇos energija, yra *māyā* – „tai, ko nėra".

नान्तोऽस्ति मम दिव्यानां विभूतीनां परन्तप ।
एष तूद्देशतः प्रोक्तो विभूतेर्विस्तरो मया ॥४०॥

10.40

nānto 'sti mama divyānāṁ · vibhūtīnāṁ parantapa
eṣa tūddeśataḥ prokto · vibhūter vistaro mayā

na – ne; *antaḥ* – riba; *asti* – yra; *mama* – Mano; *divyānām* – dieviškų; *vibhūtīnām* – vertenybių; *parantapa* – o priešų nugalėtojau; *eṣaḥ* – visos; *tu* – tačiau; *uddeśataḥ* – kaip pavyzdžiai; *proktaḥ* – išsakytos; *vibhūteḥ* – vertenybės; *vistaraḥ* – ekspansija; *mayā* – Mano.

O galingasis priešų nugalėtojau, Mano dieviškoms apraiškoms nėra nei galo, nei krašto. Tos, apie kurias tau kalbėjau – tik maža begalinių Mano turtų ir galybės dalis.

Vedų raštuose tvirtinama, kad įvairiais būdais suvokiami Aukščiausiojo turtai ir energijos yra beribiai, todėl visus juos apibūdinti neįmanoma. Viešpats pateikė Arjunai tik keletą pavyzdžių, norėdamas patenkinti jo smalsumą.

यद्यद्विभूतिमत्सत्त्वं श्रीमदूर्जितमेव वा ।
तत्तदेवावगच्छ त्वं मम तेजोंऽशसम्भवम् ॥४१॥

10.41

yad yad vibhūtimat sattvaṁ · śrīmad ūrjitam eva vā
tat tad evāvagaccha tvaṁ · mama tejo-'ṁśa-sambhavam

yat yat – kokia tik; *vibhūti* – vertenybes; *mat* – turinti; *sattvam* – būtis; *śrī-mat* – graži; *ūrjitam* – šlovinga; *eva* – tikrai; *vā* – arba; *tat tat* – visa tai; *eva* – tikrai; *avagaccha* – žinoki; *tvam* – tu; *mama* – Mano; *tejaḥ* – iš didybės; *aṁśa* – dalies; *sambhavam* – gimę.

Žinok, jog visi turtingi, puikūs ir šlovingi kūriniai kyla iš vienui vienos Mano didybės kibirkštėlės.

Reikia žinoti, kad visi šlovingi ir puikūs dvasinio bei materialaus pasaulio dalykai – tik menkutė Kṛṣṇos turtingumo išraiška. Tai, kas nepaprastai vertinga, reikia laikyti Kṛṣṇos vertenybių atšvaitu.

अथ वा बहुनैतेन किं ज्ञातेन तवार्जुन ।   10.42
विष्टभ्याहमिदं कृत्स्नमेकांशेन स्थितो जगत् ॥४२॥

atha vā bahunaitena · kiṁ jñātena tavārjuna
viṣṭabhyāham idaṁ kṛtsnam · ekāṁśena sthito jagat

atha vā – arba; *bahunā* – daug; *etena* – tos rūšies; *kim* – ką; *jñātena* – žinodamas; *tava* – tu; *arjuna* – o Arjuna; *viṣṭabhya* – persmelkiu; *aham* – Aš; *idam* – šią; *kṛtsnam* – visą; *eka* – viena; *aṁśena* – dalimi; *sthitaḥ* – esantis; *jagat* – visatą.

Tačiau ar būtina, Arjuna, taip nuodugniai viską žinoti? Juk viena mažyte dalele Savęs Aš persmelkiu ir palaikau visą šią visatą.

Aukščiausiasis Viešpats yra visose materialiose visatose, nes Supersielos pavidalu įžengia į visus daiktus. Šiame posme Viešpats sako Arjunai, jog neverta nagrinėti visų egzistuojančių daiktų turtingumo ir didingumo atskirai. Tereikia žinoti, jog jie egzistuoja todėl, kad Kṛṣṇa įžengia į juos Supersielos pavidalu. Visi – nuo didžiausios būtybės Brahmos iki mažytės skruzdės – gyvena tik todėl, kad Viešpats įžengia į kiekvieną ir kiekvieną jų palaiko.

Yra misionierių, skelbiančių, jog pusdievių garbinimas atves pas Aukščiausiąjį Dievo Asmenį, į aukščiausią tikslą. Tačiau šis sky-rius neskatina garbinti pusdievių, nes ir didžiausi pusdieviai, tokie, kaip Brahmā ir Śiva, teatspindi dalelę Aukščiausiojo Viešpaties turtingumo. Jis – kiekvieno kilmės šaltinis, ir nėra nieko didingesnio už Jį. Jis – *asamaurdhva,* tai reiškia, kad nėra už Jį aukštesnio ar Jam lygaus. „Padma Purāṇoje" teigiama, kad tas, kuris Aukščiausiąjį Viešpatį Kṛṣṇą prilygina pusdieviams (Brahmai, Śivai ar kuriam kitam), akimoju tampa ateistu. Tačiau visapusiškai išstudijavus Kṛṣṇos turtų bei Jo energijos ekspansijų aprašymus, be abejonės, galima suvokti Viešpaties Śrī Kṛṣṇos padėtį ir sukaupus protą nenukrypstant garbinti Kṛṣṇą. Viešpats persmelkia viską Savo dalinio skleidinio dalimi, Supersiela, kuri įeina į viską, kas tik egzistuoja. Todėl tyri bhaktai sutelkia protą į Kṛṣṇos sąmonę, visiškai atsidėdami pasiaukojimo tarnystei, taigi jie nuolatos yra transcendentinės būklės. Aštuntas-vienuoliktas skyriaus posmai aiškiai nurodo, kad reikia pasiaukojus tarnauti ir garbinti Kṛṣṇą. Toks yra tyros pasiaukojimo tarnystės kelias. Šis skyrius išsamiai paaiškino, kaip pasiekti pasiaukojimo tobulumą – bendravimą su Aukščiausiuoju Dievo Asmeniu. Śrīla Baladeva Vidyābhūṣana – didysis *ācārya,* priklausantis Kṛṣṇos pradėtai mokinių sekai, baigdamas komentuoti šį skyrių sako:

yac-chakti-leśāt suryādyā · bhavanty aty-ugra-tejasaḥ
yad-aṁśena dhṛtaṁ viśvaṁ · sa kṛṣṇo daśame 'rcyate

Galingoji saulė, ir toji stiprybės semiasi iš neišsenkamos Viešpaties Kṛṣṇos energijos, o dalinė Kṛṣṇos ekspansija palaiko visą pasaulį. Todėl Viešpats Śrī Kṛṣṇa išties vertas garbinimo.

Taip Bhaktivedanta baigia komentuoti dešimtą „Śrīmad Bhagavadgītos" skyrių, pavadintą „Absoliuto turtingumas".

Visatos pavidalas

अर्जुन उवाच 11.1

मदनुग्रहाय परमं गुह्यमध्यात्मसंज्ञितम् ।
यत्त्वयोक्तं वचस्तेन मोहोऽयं विगतो मम ॥ १ ॥

arjuna uvāca
mad-anugrahāya paramaṁ · guhyam adhyātma-saṁjñitam
yat tvayoktaṁ vacas tena · moho 'yaṁ vigato mama

arjunaḥ uvāca – Arjuna tarė; *mat-anugrahāya* – tik tam, kad parodytum man palankumą; *paramam* – aukščiausi; *guhyam* – slaptingi dalykai; *adhyātma* – dvasine; *saṁjñitam* – tema; *yat* – kurie; *tvayā* – Tavo; *uktam* – išsakyti; *vacaḥ* – žodžiais; *tena* – jų dėka; *mohaḥ* – iliuzija; *ayam* – ši; *vigataḥ* – išsisklaidė; *mama* – mano.

Arjuna tarė: Dabar, kai išklausiau Tavo maloningus pamokymus apie pačius slaptingiausius dvasinius dalykus, mane apėmusi iliuzija išsisklaidė.

Šis skyrius atskleidžia, jog Kṛṣṇa yra visų priežasčių priežastis. Maža to, Jis – priežastis Mahā-Viṣṇu, iš kurio kyla materialios visatos. Kṛṣṇa nėra inkarnacija, Jis – visų inkarnacijų šaltinis. Išsamiai tai aiškina ankstesnis skyrius.

O dėl Arjunos, tai jis čia pareiškia, kad jį apėmusi iliuzija išsisklaidė. Taigi jis daugiau nebelaiko Kṛṣṇos paprastu žmogumi, savo draugu, suvokia, kad Kṛṣṇa – visa ko šaltinis. Apšviestas Arjuna džiaugiasi, kad turi tokį draugą – Kṛṣṇą, tačiau mano, kad nors jis ir pripažino Kṛṣṇą visa ko šaltiniu, tačiau kiti gali ir nepripažinti. Taigi norėdamas, kad Kṛṣṇos dieviškumas taptų visiems akivaizdus, Arjuna šiame skyriuje prašo Kṛṣṇos apsireikšti Savo visatos pavidalu. Tiesą sakant, žmogus, išvydęs Kṛṣṇos visatos pavidalą, išsigąsta, kaip išsigando Arjuna, tačiau Kṛṣṇa toks maloningas, kad jį atskleidęs, vėl atsimaino į pirminį Savo pavidalą. Arjuna sutinka su tuo, apie ką jau ne kartą Kṛṣṇos užsiminta: Kṛṣṇa kalba jo paties labui. Taigi Arjuna pripažįsta, kad visa, kas jam nutinka, įvyksta per Kṛṣṇos malonę. Dabar jis įsitikinęs, kad Kṛṣṇa – visų priežasčių priežastis ir glūdi kiekvieno širdyje kaip Supersiela.

भवाप्ययौ हि भूतानां श्रुतौ विस्तरशो मया । **11.2**
त्वत्तः कमलपत्राक्ष माहात्म्यमपि चाव्ययम् ॥ २ ॥

bhavāpyayau hi bhūtānāṁ · śrutau vistaraśo mayā
tvattaḥ kamala-patrākṣa · māhātmyam api cāvyayam

bhava – atsiradimas; *apyayau* – išnykimas; *hi* – tikrai; *bhūtānām* – visų gyvųjų esybių; *śrutau* – išklausytas; *vistaraśaḥ* – smulkiai; *mayā* – mano; *tvattaḥ* – iš Tavęs; *kamala-patra-akṣa* – o lotosaaki; *māhātmyam* – šlovė; *api* – taip pat; *ca* – ir; *avyayam* – neišsenkanti.

O lotosaaki, aš išklausiau išsamų Tavo aiškinimą apie tai, kaip atsiranda ir išnyksta visos gyvosios esybės ir suvokiau Tavo neišsenkančią didybę.

Arjuna kreipiasi į Viešpatį Kṛṣṇą iš džiaugsmo Jį vadindamas lotosaakiu (Kṛṣṇos akys panašios į lotoso žiedlapius), nes ankstesniame skyriuje Kṛṣṇa užtikrino Jį: *ahaṁ kṛtsnasya jagataḥ prabhavaḥ pralayas tathā* – „Aš esu viso materialaus pasaulio atsiradimo ir išnykimo šaltinis." Viešpats tai išsamiai paaiškino Arjunai. Šis toliau sužino, kad nors Kṛṣṇa ir yra viso to, kas atsiranda ir išnyksta, šaltinis, Jis Pats lieka nuošalyje. Devintame skyriuje Vieš pats nurodė, kad Jis visa persmelkiantis, tačiau tai dar nereiškia, kad Jis kaip asmenybė yra visur. Tokia yra nesuvokiama Kṛṣṇos galybė, ir Arjuna patvirtina, kad gerai ją suprato.

एवमेतद्यथात्थ त्वमात्मानं परमेश्वर ।   **11.3**
द्रष्टुमिच्छामि ते रूपमैश्वरं पुरुषोत्तम ॥ ३ ॥

evam etad yathāttha tvam · ātmānaṁ parameśvara
draṣṭum icchāmi te rūpam · aiśvaraṁ puruṣottama

evam – taip; *etat* – šį; *yathā* – kaip yra; *āttha* – išsakei; *tvam* – Tu; *ātmānam* – apie Save Patį; *parama-īśvara* – o Aukščiausiasis Viešpatie; *draṣṭum* – matyti; *icchāmi* – aš noriu; *te* – Tavo; *rūpam* – pavidalą; *aiśvaram* – dievišką; *puruṣa-uttama* – o geriausias iš visų asmenybių.

O didžiausias iš visų asmenybių, o aukščiausias pavidale, nors priešais regiu Tave tokį, koks esi ir kaip Pats Save apibūdinai, norėčiau pamatyti, koks įžengei į šį kosminį pasaulį. Noriu išvysti šį Tavo pavidalą.

Viešpats sakė, kad kosminis pasaulis atsiranda ir egzistuoja todėl, kad Jis įžengė į materialią visatą Savo asmens reprezentacija. Kṛṣṇos teiginiai įtikina Arjuną, tačiau norėdamas įtikinti kitus, tuos, kurie ateityje gali palaikyti Kṛṣṇą paprastu žmogumi, jis trokšta išvysti Viešpaties visatos pavidalą ir suprasti, kaip Jis veikia visatoje, nors yra už jos. Arjuna į Viešpatį kreipiasi vadindamas Jį *puruṣottama*. Toks kreipinys irgi reikšmingas. Kadangi Viešpats yra Aukščiausiasis Dievo Asmuo, jis glūdi ir Arjunos širdyje, todėl žino jo troškimą ir supranta, kad šis ne smalsumo vedinas nori pamatyti Viešpaties visatos pavidalą, jam visiškai pakanka regėti Kṛṣṇą Jo asmenišku pavidalu. Kṛṣṇa taip pat supranta, kad Arjuna nori pamatyti Jo visatos pavidalą tam, kad įtikintų kitus – jam pačiam nebereikia jokių įrodymų. Be to, Kṛṣṇa supranta, kad Arjunos troškimas regėti Jo visatos pavidalą kilo iš noro nustatyti autentiškumo kriterijų, mat ateityje būsią labai daug apsišaukėlių,

kurie dėsis Dievo inkarnacijomis. Taigi žmonėms reikėtų būti ati-
diems. Kas skelbiasi esąs Kṛṣṇa, tas turi būti pasiruošęs tai įrodyti,
atskleisdamas savo visatos pavidalą.

मन्यसे यदि तच्छक्यं मया द्रष्टुमिति प्रभो ।   **11.4**
योगेश्वर ततो मे त्वं दर्शयात्मानमव्ययम् ॥ ४ ॥

manyase yadi tac chakyaṁ · mayā draṣṭum iti prabho
yogeśvara tato me tvaṁ · darśayātmānam avyayam

manyase – manai; *yadi* – jeigu; *tat* – tą; *śakyam* – galima; *mayā* –
man; *draṣṭum* – išvysti; *iti* – taip; *prabho* – o Viešpatie; *yoga-īśvara* –
o visų mistinių jėgų valdove; *tataḥ* – tada; *me* – man; *tvam* – Tu;
darśaya – parodyk; *ātmānām* – Savąjį „Aš"; *avyayam* – amžiną.

**Jei manai, kad galiu regėti Tavo kosminį pavidalą, o mano Vieš-
patie, o visų mistinių jėgų valdove, būk maloningas, parodyk man
tą beribį visatos „Aš".**

Pasakyta, kad materialiomis juslėmis Aukščiausiojo Viešpaties,
Kṛṣṇos, neįmanoma nei pamatyti, nei išgirsti, nei suvokti ar patirti.
Tačiau tam, kuris nieko nelaukdamas atsidėjo transcendentinei
meilės tarnystei Viešpačiui, Viešpats apreiškia Save. Kiekviena
gyvoji esybė tėra dvasinė kibirkštis, tad pamatyti ar suvokti Aukš-
čiausiąjį Viešpatį jai neįmanoma. Būdamas bhaktu, Arjuna nepa-
sikliauja savo mąstymo galimybėmis. Priešingai, jis pripažįsta savo,
kaip gyvosios esybės, ribotumą ir suvokia aukščiausią Kṛṣṇos
padėtį. Arjuna supranta, kad gyvoji esybė negali suvokti to, kas
neribota. Neribotojo prigimtį suvokti tegalima tuomet, kai Jis Pats
maloningai apreiškia Save. Labai reikšmingas posmo žodis *yogeś-
vara,* nes Viešpats turi nesuvokiamą galią. Panorėjęs Jis gali malo-
ningai apsireikšti, nors yra beribis. Todėl Arjuna prašo Kṛṣṇos
suteikti jam tą neįtikėtiną malonę. Jis neįsakinėja Kṛṣṇai. Kṛṣṇa
neprivalo apsireikšti žmogui, kol šis visiškai neatsidavė Jam ir pasi-
aukojęs netarnauja. Taigi žmonės, kurie tepasikliauja savo proto
galia, negali išvysti Kṛṣṇos.

श्रीभगवानुवाच 11.5
पश्य मे पार्थ रूपाणि शतशोऽथ सहस्रशः ।
नानाविधानि दिव्यानि नानावर्णाकृतीनि च ॥ ५ ॥

śrī-bhagavān uvāca
paśya me pārtha rūpāṇi · śataśo 'tha sahasraśaḥ
nānā-vidhāni divyāni · nānā-varṇākṛtīni ca

śrī-bhagavān uvāca – Aukščiausiasis Dievo Asmuo tarė; *paśya* – regėk; *me* – Mano; *pārtha* – o Pṛthos sūnau; *rūpāṇi* – pavidalų; *śataśaḥ* – šimtus; *atha* – taip pat; *sahasraśaḥ* – tūkstančius; *nānā-vidhāni* – įvairius; *divyāni* – dieviškus; *nānā* – įvairias; *varṇa* – spalvas; *ākṛtīni* – formas; *ca* – taip pat.

Aukščiausiasis Dievo Asmuo tarė: Mano brangus Arjuna, o Pṛthos sūnau, regėk Mano didybę – šimtus tūkstančių įvairiausių daugiaspalvių dieviškų pavidalų.

Arjuna norėjo pamatyti Kṛṣṇos visatos pavidalą, kuris nors ir transcendentalus, pasireiškia tik kosminiame pasaulyje ir todėl yra priklausomas nuo materialios gamtos laikinumo. Kaip materiali gamta, taip ir Kṛṣṇos visatos pavidalas gali būti išreikštas ir neišreikštas. Jis neegzistuoja amžinai dvasiniame danguje kaip kiti Kṛṣṇos pavidalai. Viešpaties bhaktas netrokšta išvysti visatos pavidalą, bet Arjunai panorėjus išvysti būtent šį Kṛṣṇos pavidalą, Kṛṣṇa jį apreiškia. Paprastas žmogus negali matyti visatos pavidalo. Pirmiausiai jis turėtų gauti iš Kṛṣṇos tokį sugebėjimą.

पश्यादित्यान् वसून् रुद्रानश्विनौ मरुतस्तथा । 11.6
बहून्यदृष्टपूर्वाणि पश्याश्चर्याणि भारत ॥ ६ ॥

paśyādityān vasūn rudrān · aśvinau marutas tathā
bahūny adṛṣṭa-pūrvāṇi · paśyāścaryāṇi bhārata

paśya – žvelk į; *ādityān* – dvylika Aditi sūnų; *vasūn* – aštuonis Vasu; *rudrān* – vienuolika Rudros pavidalų; *aśvinau* – du Aśvinius; *marutaḥ* – keturiasdešimt devynis Marutus (vėjo pusdievius); *tathā* –

taip pat; *bahūni* – daugelį; *adṛṣṭa* – tau nematytų; *pūrvāṇi* – anks-
čiau; *paśya* – regėk; *āścaryāṇi* – stebuklų; *bhārata* – o geriausias iš
Bhāratų.

**O geriausias iš Bhāratų, žvelk į įvairiausias Ādityų, Vasu, Rudrų,
Aśvini-kumārų ir kitų pusdievių apraiškas. Žvelk į daugybę
stebuklingų niekieno negirdėtų ir neregėtų dalykų.**

Nors Arjuna buvo artimas Kṛṣṇos draugas ir labiausiai išsilavinęs
iš visų mokytų vyrų, tačiau net ir jis nežinojo apie Kṛṣṇą visko. Čia
sakoma, kad žmonės ir žinot nežinojo apie visus šiuos pavidalus ir
apraiškas. Dabar Kṛṣṇa apreiškia Savo stebuklingus pavidalus.

इहैकस्थं जगत्कृत्स्नं पश्याद्य सचराचरम् ।   **11.7**
मम देहे गुडाकेश यच्चान्यद्द्रष्टुमिच्छसि ॥ ७ ॥

*ihaika-sthaṁ jagat kṛtsnaṁ · paśyādya sa-carācaram
mama dehe guḍākeśa · yac cānyad draṣṭum icchasi*

iha – šioje; *eka-stham* – vienoje vietoje; *jagat* – visatą; *kṛtsnam* –
visą; *paśya* – regėk; *adya* – tuojau pat; *sa* – su; *cara* – viskuo, kas
juda; *acaram* – ir nejuda; *mama* – Mano; *dehe* – šiame kūne; *guḍā-
keśa* – o Arjuna; *yat* – tą, kurį; *ca* – taip pat; *anyat* – kitką; *draṣṭum* –
pamatyti; *icchasi* – tu nori.

**O Arjuna, šiame Mano kūne tu tuojau pat išvysi visa, ką tik nori!
Visatos pavidalas parodys tau visa tai, ką panorėsi išvysti ne tik
dabar, bet ir ateityje. Visa – ir tai, kas juda, ir tai, kas nejuda –
yra štai čia, vienoje vietoje.**

Iš vienos vietos neįmanoma pamatyti visos visatos. Net ir didžiau-
sias mokslininkas nemato visko, kas vyksta kitose visatos dalyse.
Tačiau toks bhaktas, kaip Arjuna, mato viską, kas vyksta bet
kuriame visatos kampelyje. Kṛṣṇa suteikia jam galios regėti viską,
ko tik jisai geidžia – praeitį, dabartį ir ateitį. Taigi Kṛṣṇos malone
Arjuna regi viską.

न तु मां शक्यसे द्रष्टुमनेनैव स्वचक्षुषा ।   **11.8**

दिव्यं ददामि ते चक्षुः पश्य मे योगमैश्वरम् ॥ ८ ॥

na tu mām śakyase draṣṭum · anenaiva sva-cakṣuṣā
divyaṁ dadāmi te cakṣuḥ · paśya me yogam aiśvaram

na – niekada; *tu* – bet; *mām* – Manęs; *śakyase* – gali; *draṣṭum* –
matyti; *anena* – šiomis; *eva* – tikrai; *sva-cakṣuṣā* – akimis; *divyam* –
dievišką; *dadāmi* – Aš duosiu; *te* – tau; *cakṣuḥ* – regėjimą; *paśya* –
pažvelk; *me* – į Mano; *yogam aiśvaram* – nesuvokiamą mistinę jėgą.

**Tačiau tu negali matyti Manęs savo dabartinėmis akimis, todėl
Aš suteikiu tau dievišką regėjimą. Regėk Mano mistinę galybę!**

Tyras bhaktas nori matyti Kṛṣṇą tiktai dvirankiu pavidalu ir jokiu
kitu. Viešpaties malone, bhaktas mato Viešpaties visatos pavidalą
ne protu, o dvasinėmis akimis. Arjunai, kad jis išvystų Kṛṣṇos
visatos pavidalą, patariama keisti ne mąstymą, o regėjimą. Kṛṣṇos
visatos pavidalas nėra pats svarbiausias – tai paaiškės iš kitų
posmų. Bet Arjuna panoro jį pamatyti, todėl Viešpats suteikia jam
ypatingą regėjimą, būtiną tam pavidalui išvysti.

Bhaktus, kurių transcendentiniai santykiai su Kṛṣṇa teisingi,
patraukia ne materialios Jo didybės demonstracija, o meilę Kṛṣṇai
žadinantys bruožai. Nei Kṛṣṇos bičiuliai, Kṛṣṇos žaidimų drau-
gai, nei Kṛṣṇos tėvai niekada nesiveržia, kad Kṛṣṇa parodytų
jiems Savo turtus ir galybę. Jie pagauti tokios tyros meilės, kad
net nežino, jog Kṛṣṇa – Aukščiausiasis Dievo Asmuo. Abipusė
meilė priverčia juos užmiršti, kad Kṛṣṇa – Aukščiausiasis Vieš-
pats. „Śrīmad-Bhāgavatam" sakoma, kad berniukai, žaidžiantys su
Kṛṣṇa – didžiai dorovingos sielos, ir po daugybės gimimų jiems
suteikta tokia galimybė žaisti su Kṛṣṇa. Tie berniukai nežino, kad
Kṛṣṇa – Aukščiausiasis Dievo Asmuo. Jie laiko Jį savo artimu
draugu. Todėl Śukadeva Gosvāmis ir sako:

itthāṁ satāṁ brahma-sukhānubhūtyā
dāsyaṁ gatānāṁ para-daivatena

māyāśritānāṁ nara-dārakeṇa
sākaṁ vijahruḥ kṛta-puṇya-puñjāḥ

„Štai Aukščiausioji Asmenybė, kurią didieji išminčiai laiko beasmeniu Brahmanu, bhaktai – Aukščiausiuoju Dievo Asmeniu, o paprasti žmonės – materialios gamtos padariniu. O šie berniukai, ankstesniuose gyvenimuose atlikę daugybę doringų poelgių, dabar žaidžia su Juo – Aukščiausiuoju Dievo Asmeniu." („Śrīmad-Bhāgavatam" 10.12.11)

Taigi bhaktai ne itin siekia išvysti *viśva-rūpą*, visatos pavidalą, bet Arjuna nori jį pamatyti, kad ateityje žmonės neabejotų Kṛṣṇos teiginiais ir žinotų, kad Kṛṣṇa ne tik teoriškai ir filosofiškai įrodė esąs Aukščiausiasis, bet realiai toks apsireiškė Arjunai. Arjuna turi tai patvirtinti, nes juo prasideda *paramparos* sistema. Norintiems suvokti Aukščiausiąjį Dievo Asmenį, Kṛṣṇą, ir sekantiems Arjunos pėdomis, žinotina, kad Kṛṣṇa ne tik teoriškai įrodė esąs Pats Aukščiausiasis, bet ir tiesiogiai apsireiškė kaip Aukščiausiasis.

Viešpats suteikė Arjunai galią regėti Savo visatos pavidalą, nes žinojo, kad pats Arjuna, kaip jau minėjom, nelabai troško jį pamatyti.

सञ्जय उवाच 11.9
एवमुक्त्वा ततो राजन्महायोगेश्वरो हरिः ।
दर्शयामास पार्थाय परमं रूपमैश्वरम् ॥ ९ ॥

sañjaya uvāca
evam uktvā tato rājan · mahā-yogeśvaro hariḥ
darśayām āsa pārthāya · paramaṁ rūpam aiśvaram

sañjayaḥ uvāca – Sañjaya tarė; *evam* – taip; *uktvā* – sakydamas; *tataḥ* – po to; *rājan* – o valdove; *mahā-yoga-īśvaraḥ* – pats galingiausias mistikas; *hariḥ* – Aukščiausiasis Dievo Asmuo, Kṛṣṇa; *darśayām āsa* – parodė; *pārthāya* – Arjunai; *paramam* – dievišką; *rūpam aiśvaram* – visatos pavidalą.

Sañjaya tarė: O valdove, tai taręs, visų mistinių jėgų Aukščiausiasis Viešpats, Dievo Asmuo, apreiškė Arjunai Savo visatos pavidalą.

अनेकवक्त्रनयनमनेकाद्भुतदर्शनम् ।
अनेकदिव्याभरणं दिव्यानेकोद्यतायुधम् ॥१०॥

दिव्यमाल्याम्बरधरं दिव्यगन्धानुलेपनम् ।
सर्वाश्चर्यमयं देवमनन्तं विश्वतोमुखम् ॥११॥

11.10–11

aneka-vaktra-nayanam · anekādbhuta-darśanam
aneka-divyābharaṇaṁ · divyānekodyatāyudham

divya-mālyāmbara-dharaṁ · divya-gandhānulepanam
sarvāścarya-mayaṁ devam · anantaṁ viśvato-mukham

aneka – įvairias; *vaktra* – burnas; *nayanam* – akis; *aneka* – įvairius; *adbhuta* – nuostabius; *darśanam* – reginius; *aneka* – daugelį; *divya* – dieviškų; *ābharaṇam* – papuošalų; *divya* – dieviškus; *aneka* – įvairius; *udyata* – iškeltus; *āyudham* – ginklus; *divya* – dieviškas; *mālya* – girliandas; *ambara* – drabužiais; *dharam* – dėvintį; *divya* – dieviškais; *gandha* – kvapniais aliejais; *anulepanam* – pateptą; *sarva* – visą; *āścarya-mayam* – nuostabų; *devam* – švytintį; *anantam* – beribį; *viśvataḥ-mukham* – visa persmelkiantį.

Visatos pavidale Arjuna išvydo daugybę burnų, aibes akių ir begalę stebuklingų reginių! Viešpaties pavidalas buvo padabintas nežemiškais papuošalais. Jis laikė iškėlęs dieviškuosius ginklus ir vilkėjo dievišku rūbu, o kūnas, dvelkiantis įvairiausiais dieviškais aliejais, buvo padabintas įstabiausiomis girliandomis. Visa tai atrodė stebuklinga, švytėjo, neturėjo ribų, sklido į visas puses.

Žodis „daugelis", kuris kartojasi šiuose dviejuose posmuose, nurodo, kad nebuvo galo Viešpaties rankoms, burnoms, kojoms, viskam, ką regėjo Arjuna. Šios apraiškos buvo išplitusios po visatą, bet Viešpaties Kṛṣṇos malone ir Jo nesuvokiamos galybės dėka Arjuna jas matė, tebesėdėdamas toje pačioje vietoje.

दिवि सूर्यसहस्रस्य भवेद्युगपदुत्थिता ।   **11.12**
यदि भाः सदृशी सा स्याद्भासस्तस्य महात्मनः ॥१२॥

divi sūrya-sahasrasya · bhaved yugapad utthitā
yadi bhāḥ sadṛśī sā syād · bhāsas tasya mahātmanaḥ

divi – danguje; *sūrya* – saulių; *sahasrasya* – daugel tūkstančių; *bhavet* – būtų; *yugapat* – vienu metu; *utthitā* – pakilę; *yadi* – jeigu; *bhāḥ* – šviesa; *sadṛśī* – kaip ta; *sā* – šis; *syāt* – būtų; *bhāsaḥ* – spindėjimas; *tasya* – Jo; *mahā-ātmanaḥ* – didžiojo Viešpaties.

Jei danguje būtų patekėję išsyk šimtai tūkstančių saulių, jų šviesa gal ir prilygtų tam spindesiui, kurį skleidė Aukščiausiojo Asmens visatos pavidalas.

Reginys, kurį išvydo Arjuna, žodžiais neapsakomas, tačiau Sañjaya bando suteikti Dhṛtarāṣṭrai galimybę protu suvokti šio didingo apreiškimo vaizdą. Nei Sañjayos, nei Dhṛtarāṣṭros mūšio lauke nebuvo, tačiau Vyāsos malone Sañjaya matė visa, kas vyko. Todėl jis palygina tą reginį, kiek jis įmanomas įsivaizduoti, su tuo, kas įsivaizduojama (t.y. tūkstančiais saulių).

तत्रैकस्थं जगत्कृत्स्नं प्रविभक्तमनेकधा ।   **11.13**
अपश्यद्देवदेवस्य शरीरे पाण्डवस्तदा ॥१३॥

tatraika-sthaṁ jagat kṛtsnaṁ · pravibhaktam anekadhā
apaśyad deva-devasya · śarīre pāṇḍavas tadā

tatra – ten; *eka-stham* – vienoje vietoje; *jagat* – visatą; *kṛtsnam* – visą; *pravibhaktam* – padalintą; *anekadhā* – į daugybę; *apaśyat* – galėjo regėti; *deva-devasya* – Aukščiausiojo Dievo Asmens; *śarīre* – visatos pavidale; *pāṇḍavaḥ* – Arjuna; *tadā* – tuo metu.

Tuo metu Viešpaties visatos pavidale Arjuna išvydo begalybę visatos skleidinių, sutelktų į vieną vietą, nors jų buvo tūkstančiai tūkstančių.

Žodis *tatra* („ten") – labai reikšmingas. Jis nurodo, kad tuo momentu, kai Arjuna išvydo visatos pavidalą, ir Arjuna, ir Kṛṣṇa sėdėjo kovos vežime. Kiti, buvę mūšio lauke, šio pavidalo matyti negalėjo, nes regėjimą Kṛṣṇa tesuteikė Arjunai. Kṛṣṇos kūne jis regėjo tūkstančius planetų. Iš Vedų raštų sužinome, kad egzistuoja daugybė visatų ir planetų. Vienos jų sukurtos iš žemės, kitos – iš aukso, o trečios – iš brangakmenių. Kai kurios yra labai didelės, kitos – mažesnės etc. Sėdėdamas kovos vežime, Arjuna matė jas visas. Tačiau niekas nesuprato, kas vyko tarp Arjunos ir Kṛṣṇos.

ततः स विस्मयाविष्टो हृष्टरोमा धनञ्जयः ।   **11.14**
प्रणम्य शिरसा देवं कृताञ्जलिरभाषत ॥१४॥

tataḥ sa vismayāviṣṭo · hṛṣṭa-romā dhanañjayaḥ
praṇamya śirasā devam · kṛtāñjalir abhāṣata

tataḥ – tada; *saḥ* – jis; *vismaya-āviṣṭaḥ* – nuostabos apimtas; *hṛṣṭa-romā* – iš didelės ekstazės ant kūno pasišiaušusiais plaukais; *dhanañjayaḥ* – Arjuna; *praṇamya* – lenkdamas; *śirasā* – galvą; *devam* – Aukščiausiajam Dievo Asmeniui; *kṛta-añjaliḥ* – sudėtomis rankomis; *abhāṣata* – ėmė kalbėti.

Tuomet, suglumęs ir nustebęs, piestu stojusiais plaukais, Arjuna nulenkė galvą reikšdamas pagarbą ir sudėjęs rankas ėmė melstis Aukščiausiajam Viešpačiui.

Dieviškas regėjimas iš karto pakeitė Arjunos ir Kṛṣṇos santykius. Jei anksčiau jie buvo paremti draugyste, tai dabar, po apreiškimo, Arjuna su didžia pagarba lenkiasi ir sudėjęs rankas meldžiasi Kṛṣṇai. Jis šlovina visatos pavidalą. Taigi Arjunos draugiški jausmai Kṛṣṇai dabar virto gilia nuostaba. Didiesiems bhaktams Kṛṣṇa – visų santykių šaltinis. Šventraščiai nurodo dvylika svarbiausių savitarpio santykių rūšių, ir visi jie būdingi Kṛṣṇai. Pasakyta, kad Jis – vandenynas visų santykių, užsimezgančių tarp

gyvųjų esybių, tarp dievų, bei tarp Aukščiausiojo Viešpaties ir
Jo bhaktų.

Arjuną pagavo nuostaba, ir nors iš prigimties jis buvo nuosaikus, santūrus bei ramus, jo nuostaba virto ekstaze, piestu stojosi plaukai, ir sudėjęs rankas maldai, jis ėmė garbinti Aukščiausiąjį Viešpatį. Žinoma, tai nebuvo baimė – jis buvo sužavėtas Aukščiausiojo Viešpaties stebuklais. Lemiantis jo elgseną veiksnys šiuo atveju – nuostaba. Natūralų jam meilės kupiną draugystės jausmą išstūmė nuostaba, kuri užvaldė Arjuną ir lėmė tokią jo reakciją.

अर्जुन उवाच   **11.15**
पश्यामि देवांस्तव देव देहे
    सर्वांस्तथा भूतविशेषसङ्घान् ।
ब्रह्माणमीशं कमलासनस्थ-
    मृषींश्च सर्वानुरगांश्च दिव्यान् ॥१५॥

arjuna uvāca
paśyāmi devāṁs tava deva dehe
*   sarvāṁs tathā bhūta-viśeṣa-saṅghān*
brahmāṇam īśaṁ kamalāsana-stham
*   ṛṣīṁś ca sarvān uragāṁś ca divyān*

arjunaḥ uvāca – Arjuna tarė; *paśyāmi* – aš matau; *devān* – visus pusdievius; *tava* – Tavo; *deva* – o Viešpatie; *dehe* – kūne; *sarvān* – visas; *tathā* – taip pat; *bhūta* – gyvąsias esybes; *viśeṣa-saṅghān* – ypatingu būdu susirinkusius; *brahmāṇam* – Viešpatį Brahmą; *īśam* – Viešpatį Šivą; *kamala-āsana-stham* – sėdintį lotoso žiede; *ṛṣīn* – didžius išminčius; *ca* – taip pat; *sarvān* – visas; *uragān* – gyvates; *ca* – taip pat; *divyān* – dieviškas.

Arjuna tarė: Mano brangus Viešpatie Kṛṣṇa, Tavo kūne drauge regiu visus pusdievius ir kitas gyvąsias esybes. Matau lotoso žiede sėdintį Brahmą, regiu Viešpatį Šivą ir visus išminčius bei dieviškas gyvates.

Arjuna išvydo viską, kas egzistuoja visatoje. Taigi jis mato Brahmą – pirmąją visatos būtybę, taip pat dangaus gyvatę, ant kurios žemesnėse visatos srityse guli Garbhodakašāyī Višnu. Į guolį susirangiusi gyvatė vadinasi Vāsuki. Yra ir daugiau gyvačių, vadinamų Vāsuki. Arjunos žvilgsnis aprėpia visatą nuo Garbhodakašāyī Višnu iki aukščiausios jos dalies, lotoso žiedo – planetos, kurioje gyvena pirmoji visatos būtybė Brahmā. Taigi Arjuna, sėdėdamas kovos vežime, iš vieno taško matė viską nuo pradžios iki galo. Tai tebuvo įmanoma Aukščiausiojo Viešpaties, Kŗšņos, malone.

अनेकबाहूदरवक्त्रनेत्रं **11.16**
पश्यामि त्वां सर्वतोऽनन्तरूपम् ।
नान्तं न मध्यं न पुनस्तवादिं
पश्यामि विश्वेश्वर विश्वरूप ॥१६॥

aneka-bāhūdara-vaktra-netraṁ
paśyāmi tvāṁ sarvato 'nanta-rūpam
nāntaṁ na madhyaṁ na punas tavādiṁ
paśyāmi viśveśvara viśva-rūpa

aneka – daug; *bāhu* – rankų; *udara* – pilvų; *vaktra* – burnų; *netram* – akių; *paśyāmi* – aš matau; *tvām* – Tave; *sarvataḥ* – iš visų pusių; *ananta-rūpam* – beribį pavidalą; *na antam* – nei pabaigos; *na madhyam* – nei vidurio; *na punaḥ* – nei vėl; *tava* – Tavo; *ādim* – pradžios; *paśyāmi* – aš matau; *viśva-īśvara* – o visatos Viešpatie; *viśva-rūpa* – visatos pavidale.

O visatos Viešpatie, o visatos pavidale, Tavo kūne aš regiu daugybę rankų, pilvų, burnų ir akių – jos visur, ir nėra tam nei galo, nei krašto. Nematau Tavyje nei pabaigos, nei vidurio, nei pradžios.

Kŗšņa yra Aukščiausiasis Dievo Asmuo. Jis – beribis, todėl Jame galima pamatyti viską.

किरीटिनं गदिनं चक्रिणं च 11.17
तेजोराशिं सर्वतो दीप्तिमन्तम् ।
पश्यामि त्वां दुर्निरीक्ष्यं समन्ताद्
दीप्तानलार्कद्युतिमप्रमेयम् ॥१७॥

kirīṭinaṁ gadinaṁ cakriṇaṁ ca
  tejo-rāśiṁ sarvato dīptimantam
paśyāmi tvāṁ durnirīkṣyaṁ samantād
  dīptānalārka-dyutim aprameyam

kirīṭinam – su šalmais; *gadinam* – su vėzdais; *cakriṇam* – su diskais; *ca* – ir; *tejaḥ-rāśim* – spindesį; *sarvataḥ* – iš visų pusių; *dīpti-mantam* – žėrintį; *paśyāmi* – aš regiu; *tvām* – Tave; *durnirīkṣyam* – į kurį sunku žvelgti; *samantāt* – visur; *dīpta-anala* – liepsnojančią ugnį; *arka* – saulės; *dyutim* – saulės šviesą; *aprameyam* – neaprėpiamą.

Sunku žvelgti į Tavo pavidalą, akinantis švytėjimas nuo jo sklinda į visas šalis, tarsi liepsnotų ugnis ar akinamai spindėtų saulė. Vis dėlto aš visur regiu tą žėrintį pavidalą, vainikuotą karūnomis, ginkluotą vėzdais ir diskais.

त्वमक्षरं परमं वेदितव्यं 11.18
  त्वमस्य विश्वस्य परं निधानम् ।
त्वमव्ययः शाश्वतधर्मगोप्ता
  सनातनस्त्वं पुरुषो मतो मे ॥१८॥

tvam akṣaraṁ paramaṁ veditavyaṁ
  tvam asya viśvasya paraṁ nidhānam
tvam avyayaḥ śāśvata-dharma-goptā
  sanātanas tvaṁ puruṣo mato me

tvam – Tu; *akṣaram* – nekintantis; *paramam* – aukščiausias; *veditavyam* – kurį reikia suprasti; *tvam* – Tu; *asya* – šios; *viśvasya* – visatos; *param* – aukščiausias; *nidhānam* – pamatas; *tvam*

Tu; *avyayaḥ* – neišsenkamas; *śāśvata-dharma-goptā* – amžinosios religijos globėjas; *sanātanaḥ* – amžinas; *tvam* – Tu; *puruṣaḥ* – Aukščiausioji Asmenybė; *mataḥ me* – tokia mano nuomonė.

Tu – aukščiausias pažinimo tikslas. Tu – visos visatos pamatas. Tu esi neišsenkamas ir seniausias. Tu – Dievo Asmuo, amžinosios religijos globėjas. Tokia mano nuomonė.

अनादिमध्यान्तमनन्तवीर्य-   11.19
    मनन्तबाहुं शशिसूर्यनेत्रम् ।
पश्यामि त्वां दीप्तहुताशवक्त्रं
    स्वतेजसा विश्वमिदं तपन्तम् ॥१९॥

anādi-madhyāntam ananta-vīryam
    ananta-bāhuṁ śaśi-sūrya-netram
paśyāmi tvāṁ dīpta-hutāśa-vaktraṁ
    sva-tejasā viśvam idaṁ tapantam

anādi – be pradžios; *madhya* – vidurio; *antam* – ar pabaigos; *ananta* – beribė; *vīryam* – šlovė; *ananta* – be galo daug; *bāhum* – rankų; *śaśi* – mėnulis; *sūrya* – ir saulė; *netram* – akys; *paśyāmi* – aš regiu; *tvām* – Tave; *dīpta* – liepsnojančią; *hutāśa-vaktram* – ugnį, sklindančią iš Tavo burnos; *sva-tejasā* – Savo spindesiu; *viśvam* – visatą; *idam* – šią; *tapantam* – kaitinantį.

Tu be pradžios, be vidurio ir be pabaigos. Beribė Tavo šlovė. Tavo rankų – nesuskaičiuojama daugybė, o saulė ir mėnuo – Tavo akys. Aš regiu iš Tavo burnos plūstančią liepsną ir matau kaip Savo spinduliais Tu degini visą visatą.

Šešioms Aukščiausiojo Dievo Asmens vertenybėms nėra nei galo, nei krašto. Šiame posme, kaip ir daugelyje kitų, kartojami tie patys žodžiai, tačiau pasak šventraščių, nuolatinis Kṛṣṇos šlovinimas nėra literatūrinis trūkumas. Sakoma, kad suglumus, pagavus nuostabai ar didelei ekstazei, vis kartojami tie patys žodžiai. Taigi kartojimasis nėra joks trūkumas.

द्यावापृथिव्योरिदमन्तरं हि   **11.20**
  व्याप्तं त्वयैकेन दिशश्च सर्वाः ।
दृष्ट्वाद्भुतं रूपमुग्रं तवेदं
  लोकत्रयं प्रव्यथितं महात्मन् ॥२०॥

dyāv ā-pṛthivyor idam antaraṁ hi
  vyāptaṁ tvayaikena diśaś ca sarvāḥ
dṛṣṭvādbhutaṁ rūpam ugraṁ tavedaṁ
  loka-trayaṁ pravyathitaṁ mahātman

dyau – nuo dangaus; *ā-pṛthivyoḥ* – iki žemės; *idam* – šios; *antaram* – tarp; *hi* – tikrai; *vyāptam* – persmelktos; *tvayā* – Tavo; *ekena* – vieno; *diśaḥ* – kryptys; *ca* – ir; *sarvāḥ* – visos; *dṛṣṭvā* – matydamos; *adbhutam* – nuostabų; *rūpam* – pavidalą; *ugram* – baisų; *tava* – Tavo; *idam* – šį; *loka* – planetų sistemos; *trayam* – trys; *pravyathitam* – išgąsdintos; *mahā-ātman* – o didysis.

Nors esi vienas, Savimi Tu užpildai dangų, planetas ir visą erdvę. O didysis, išvydus stebuklingą ir siaubingą Tavo pavidalą, visose planetų sistemose kyla sąmyšis.

Dyāv ā-pṛthivyoḥ („erdvė tarp dangaus ir žemės") ir *loka-trayam* („trys pasauliai") – reikšmingi posmo žodžiai, nes kaip matyti, Viešpaties visatos pavidalą regėjo ne tik Arjuna, bet ir kitos būtybės, kitų planetų sistemų gyventojai. Arjunos matytas visatos pavidalas nebuvo sapnas. Visi, ką Viešpats apdovanojo dievišku regėjimu, mūšio lauke matė visatos pavidalą.

अमी हि त्वां सुरसङ्घा विशन्ति   **11.21**
  केचिद्भीताः प्राञ्जलयो गृणन्ति ।
स्वस्तीत्युक्त्वा महर्षिसिद्धसङ्घाः
  स्तुवन्ति त्वां स्तुतिभिः पुष्कलाभिः ॥२१॥

amī hi tvāṁ sura-saṅghā viśanti
  kecid bhītāḥ prāñjalayo gṛṇanti

svastīty uktvā maharṣi-siddha-saṅghāḥ
  stuvanti tvāṁ stutibhiḥ puṣkalābhiḥ

amī – visi; *hi* – tikrai; *tvām* – į Tave; *sura-saṅghāḥ* – pusdievių pulkai; *viśanti* – patenka; *kecit* – kai kurie jų; *bhītāḥ* – iš baimės; *prāñjalayaḥ* – sudėję rankas; *gṛṇanti* – meldžiasi; *svasti* – ramybės, ramybės; *iti* – taip; *uktvā* – sakydami; *mahā-ṛṣi* – didieji išminčiai; *siddha-saṅghāḥ* – tobulos būtybės; *stuvanti* – šlovina; *tvām* – Tave; *stutibhiḥ* – maldomis; *puṣkalābhiḥ* – ir Vedų himnais.

Pusdievių pulkai lenkiasi Tau ir į Tave sueina. Kai kurie jų labai išsigandę sudėtomis rankomis meldžiasi Tau. Giedodami Vedų himnus ir šaukdami „Ramybės! Ramybės!" Tau meldžiasi pulkai didžių išminčių ir tobulų būtybių.

Visų planetų sistemų pusdieviai išsigando siaubingo visatos pavidalo reginio bei jo akinančio spindėjimo ir meldė Viešpaties globos.

रुद्रादित्या वसवो ये च साध्या 11.22
विश्वेऽश्विनौ मरुतश्चोष्मपाश्च ।
गन्धर्वयक्षासुरसिद्धसङ्घा
वीक्षन्ते त्वां विस्मिताश्चैव सर्वे ॥२२॥

rudrādityā vasavo ye ca sādhyā
  viśve 'śvinau marutaś coṣmapāś ca
gandharva-yakṣāsura-siddha-saṅghā
  vīkṣante tvāṁ vismitāś caiva sarve

rudra – Viešpaties Śivos pasireiškimai; *ādityāḥ* – Ādityos; *vasavaḥ* – Vasu; *ye* – visi šie; *ca* – ir; *sādhyāḥ* – Sādhyos; *viśve* – Viśvedevos; *aśvinau* – Aśvinī-kumārai; *marutaḥ* – Marutai; *ca* – ir; *uṣma-pāḥ* – protėviai; *ca* – ir; *gandharva* – Gandharvų; *yakṣa* – Yakṣų; *asura* – demonų; *siddha* – ir tobulų pusdievių; *saṅghāḥ* – pulkai; *vīkṣante* – regi; *tvām* – Tave; *vismitāḥ* – nustebę; *ca* – taip pat; *eva* – tikrai; *sarve* – visi.

Įvairiausi Viešpaties Šivos pasireiškimai, Ādityos, Vasu, Sādhyos, Viśvedevos, abu Aśviai, Marutai, protėviai, Gandharvai, Yakṣai, Asurai ir tobulieji pusdieviai žvelgia į Tave apstulbę.

रूपं महत्ते बहुवक्त्रनेत्रं   **11.23**
महाबाहो बहुबाहूरुपादम् ।
बहूदरं बहुदंष्ट्राकरालं
   दृष्ट्वा लोकाः प्रव्यथितास्तथाहम् ॥२३॥

rūpaṁ mahat te bahu-vaktra-netraṁ
  mahā-bāho bahu-bāhūru-pādam
bahūdaraṁ bahu-daṁṣṭrā-karālaṁ
  dṛṣṭvā lokāḥ pravyathitās tathāham

rūpam – pavidalą; *mahat* – labai didingą; *te* – Tavo; *bahu* – daug; *vaktra* – veidų; *netram* – ir akių; *mahā-bāho* – o tvirtaranki; *bahu* – daug; *bāhu* – rankų; *ūru* – šlaunų; *pādam* – ir kojų; *bahu-udaram* – daug pilvų; *bahu-daṁṣṭrā* – daug dantų; *karālam* – baisių; *dṛṣṭvā* – regėdamos; *lokāḥ* – visos planetos; *pravyathitāḥ* – sunerimusios; *tathā* – taip pat; *aham* – aš.

O tvirtaranki, daugybės didingojo Tavo pavidalo veidų, akių, rankų, šlaunų, kojų, pilvų ir Tavo baisių dantų vaizdas sukėlė sąmyšį visose planetose, sunerimo visi jose viešpataujantys pusdieviai. Man irgi neramu.

नभःस्पृशं दीप्तमनेकवर्णं   **11.24**
व्यात्ताननं दीप्तविशालनेत्रम् ।
दृष्ट्वा हि त्वां प्रव्यथितान्तरात्मा
   धृतिं न विन्दामि शमं च विष्णो ॥२४॥

nabhaḥ-spṛśaṁ dīptam aneka-varṇaṁ
  vyāttānanaṁ dīpta-viśāla-netram
dṛṣṭvā hi tvāṁ pravyathitāntar-ātmā
  dhṛtiṁ na vindāmi śamaṁ ca viṣṇo

nabhaḥ-spṛśam – siekiantį dangų; *dīptam* – švytinčių; *aneka* – daugybe; *varṇam* – spalvų; *vyātta* – pražiotas; *ānanam* – burnas; *dīpta* – spindinčias; *viśāla* – labai dideles; *netram* – akis; *dṛṣṭvā* – matydamas; *hi* – tikrai; *tvām* – Tave; *pravyathita* – sunerimusi; *antaḥ* – vidujai; *ātmā* – siela; *dhṛtim* – tvirtybės; *na* – ne; *vindāmi* – aš turiu; *śamam* – dvasios ramybės; *ca* – taip pat; *viṣṇo* – o Viešpatie Viṣṇu.

O visa persmelkiantis Viṣṇu, regiu Tave siekiantį dangų ir švytintį visomis spalvomis. Matau Tavo praviras burnas, didžiules spindinčias Tavo akis, ir iš siaubo temsta mano protas. Negaliu daugiau išlaikyti tvirtybės bei dvasios pusiausvyros.

दंष्ट्राकरालानि च ते मुखानि 11.25
दृष्ट्वैव कालानलसन्निभानि ।
दिशो न जाने न लभे च शर्म
प्रसीद देवेश जगन्निवास ॥२५॥

daṃṣṭrā-karālāni ca te mukhāni
  dṛṣṭvaiva kālānala-sannibhāni
diśo na jāne na labhe ca śarma
  prasīda deveśa jagan-nivāsa

daṃṣṭrā – dantis; *karālāni* – baisius; *ca* – taip pat; *te* – Tavo; *mukhāni* – veidus; *dṛṣṭvā* – regėdamas; *eva* – tokiu būdu; *kāla-anala* – mirties ugnis; *sannibhāni* – lyg; *diśaḥ* – krypties; *na* – ne; *jāne* – aš žinau; *na* – ne; *labhe* – aš gaunu; *ca* – ir; *śarma* – malonę; *prasīda* – būk maloningas; *deva-īśa* – o viešpačių Viešpatie; *jagat-nivāsa* – o pasaulių prieglobsti.

O visų viešpačių Viešpatie, o pasaulių prieglobsti, būk man maloningas. Regėdamas liepsnojančius, mirtimi dvelkiančius Tavo veidus ir siaubingus dantis, prarandu pusiausvyrą. Aš visiškai sutrikęs.

अमी च त्वां धृतराष्ट्रस्य पुत्राः 11.26–27
सर्वे सहैवावनिपालसङ्घैः ।

भीष्मो द्रोणः सूतपुत्रस्तथासौ
सहास्मदीयैरपि योधमुख्यैः ॥२६॥

वक्त्राणि ते त्वरमाणा विशन्ति
दंष्ट्राकरालानि भयानकानि ।
केचिद्विलग्ना दशनान्तरेषु
सन्दृश्यन्ते चूर्णितैरुत्तमाङ्गैः ॥२७॥

amī ca tvāṁ dhṛtarāṣṭrasya putrāḥ
sarve sahaivāvani-pāla-saṅghaiḥ
bhīṣmo droṇaḥ sūta-putras tathāsau
sahāsmadīyair api yodha-mukhyaiḥ

vaktrāṇi te tvaramāṇā viśanti
daṁṣṭrā-karālāni bhayānakāni
kecid vilagnā daśanāntareṣu
sandṛśyante cūrṇitair uttamāṅgaiḥ

amī – šie; *ca* – taip pat; *tvām* – Tave; *dhṛtarāṣṭrasya* – Dhṛtarāṣṭros; *putrāḥ* – sūnūs; *sarve* – visi; *saha* – su; *eva* – tikrai; *avani-pāla* – kariaujančių karalių; *saṅghaiḥ* – pulkais; *bhīṣmaḥ* – Bhīṣmadeva; *droṇaḥ* – Droṇācārya; *sūta-putraḥ* – Karṇa; *tathā* – taip pat; *asau* – tai; *saha* – su; *asmadīyaiḥ* – mūsų; *api* – taip pat; *yodha-mukhyaiḥ* – karžygių vadais; *vaktrāṇi* – į burnas; *te* – Tavo; *tvaramāṇāḥ* – skubėdami; *viśanti* – patenka; *daṁṣṭrā* – į dantis; *karālāni* – siaubingus; *bhayānakāni* – labai baisius; *kecit* – kai kurie jų; *vilagnāḥ* – įstrigę; *daśana-antareṣu* – tarp dantų; *sandṛśyante* – matomi; *cūrṇitaiḥ* – sumaitotomis; *uttama-aṅgaiḥ* – galvomis.

Visi Dhṛtarāṣṭros sūnūs ir jų pusėje kovojantys karaliai, taip pat Bhīṣma, Droṇa, Karṇa ir visi mūsų vyriausieji kariai lekia į siaubingas Tavo burnas. Kai kuriuos jų, sumaitotomis galvomis, matau įstrigusius tarp Tavo dantų.

Anksčiau Viešpats žadėjo Arjunai parodyti tai, ką jis labiausiai norėtų išvysti, ir dabar Arjuna mato, kaip sunaikinami priešininkų vadai (Bhīṣma, Droṇa, Karṇa, visi Dhṛtarāṣṭros sūnūs), o taip pat

Arjunos bei priešininkų kariai. Tai ženklas, kad žus beveik visi Kurukṣetros mūšio dalyviai, o Arjuna laimės mūšį. Be to, čia buvo sakyta, kad Bhīṣma, kuris laikytas nenugalimu, taip pat bus nukautas. Toks likimas laukė ir Karṇos. Bus sutriuškinti ne tik didieji priešo kariai, tokie kaip Bhīṣma, bet ir kai kurie įžymūs kariai Arjunos pusėje.

यथा नदीनां बहवोऽम्बुवेगाः
   समुद्रमेवाभिमुखा द्रवन्ति ।
तथा तवामी नरलोकवीरा
   विशन्ति वक्त्राण्यभिविज्वलन्ति ॥२८॥

11.28

yathā nadīnāṁ bahavo 'mbu-vegāḥ
   samudram evābhimukhā dravanti
tathā tavāmī nara-loka-vīrā
   viśanti vaktrāṇy abhivijvalanti

yathā – kaip; *nadīnām* – upių; *bahavaḥ* – daug; *ambu-vegāḥ* – vandenų bangos; *samudram* – vandenyno; *eva* – tikrai; *abhimukhāḥ* – link; *dravanti* – teka; *tathā* – taip; *tava* – Tavo; *amī* – visi šie; *nara-loka-vīrāḥ* – žmonijos valdovai; *viśanti* – patenka; *vaktrāṇi* – į burnas; *abhivijvalanti* – ir sudega.

Kaip upių vandenys teka į vandenyną, taip liepsnų apimti į Tavo burnas plūste plūsta visi didieji karžygiai.

यथा प्रदीप्तं ज्वलनं पतङ्गा
   विशन्ति नाशाय समृद्धवेगाः ।
तथैव नाशाय विशन्ति लोका-
   स्तवापि वक्त्राणि समृद्धवेगाः ॥२९॥

11.29

yathā pradīptaṁ jvalanaṁ pataṅgā
   viśanti nāśāya samṛddha-vegāḥ
tathaiva nāśāya viśanti lokās
   tavāpi vaktrāṇi samṛddha-vegāḥ

yathā – kaip; *pradīptam* – į liepsnojančią; *jvalanam* – ugnį; *pataṅ-gāḥ* – drugiai; *viśanti* – patenka; *nāśāya* – pražūčiai; *samṛddha* – visu; *vegāḥ* – greičiu; *tathā eva* – taip; *nāśāya* – pražūčiai; *viśanti* – patenka; *lokāḥ* – visi žmonės; *tava* – į Tavo; *api* – taip pat; *vaktrāṇi* – burnas; *samṛddha-vegāḥ* – visu greičiu.

Aš matau žmones, visu greičiu lekiančius į Tavo burnas, tarsi į liepsnojančią ugnį pražūčiai lėktų drugiai.

लेलिह्यसे ग्रसमानः समन्ता-   **11.30**
ल्लोकान् समग्रान् वदनैर्ज्वलद्भिः ।
तेजोभिरापूर्य जगत्समग्रं
भासस्तवोग्राः प्रतपन्ति विष्णो ॥३०॥

lelihyase grasamānaḥ samantāl
lokān samagrān vadanair jvaladbhiḥ
tejobhir āpūrya jagat samagram
bhāsas tavograḥ pratapanti viṣṇo

lelihyase – Tu laižai; *grasamānaḥ* – rydamas; *samantāt* – iš visų pusių; *lokān* – žmones; *samagrān* – visus; *vadanaiḥ* – burnomis; *jvaladbhiḥ* – liepsnojančiomis; *tejobhiḥ* – švytėjimu; *āpūrya* – užliedamas; *jagat* – visatą; *samagram* – visą; *bhāsaḥ* – spinduliai; *tava* – Tavo; *ugrāḥ* – baisūs; *pratapanti* – degina; *viṣṇo* – o visa persmelkiantis Viešpatie.

O Viṣṇu, matau, kaip Tu liepsnojančiomis burnomis iš visų pusių ryji žmones. Savo švytėjimu Tu užlieji visatą, ir baisūs deginantys spinduliai sklinda iš Tavęs.

आख्याहि मे को भवानुग्ररूपो   **11.31**
नमोऽस्तु ते देववर प्रसीद ।
विज्ञातुमिच्छामि भवन्तमाद्यं
न हि प्रजानामि तव प्रवृत्तिम् ॥३१॥

ākhyāhi me ko bhavān ugra-rūpo
  namo 'stu te deva-vara prasīda
vijñātum icchāmi bhavantam ādyaṁ
  na hi prajānāmi tava pravṛttim

ākhyāhi – prašau paaiškinti; *me* – man; *kaḥ* – kas; *bhavān* – Tu; *ugra-rūpaḥ* – nuožmus pavidale; *namaḥ astu* – lenkiuosi; *te* – Tau; *deva-vara* – o didžiausias iš pusdievių; *prasīda* – būk maloningas; *vijñātum* – pažinti; *icchāmi* – aš noriu; *bhavantam* – Tave; *ādyam* – pirminį; *na* – ne; *hi* – tikrai; *prajānāmi* – aš žinau; *tava* – Tavo; *pravṛttim* – misiją.

O viešpačių Viešpatie, gąsdinantis Savo išvaizda, pasakyk man, kas esi. Pagarbiai Tau lenkiuosi, būk maloningas man. Tu – pirminis Viešpats. Aš noriu Tave pažinti, nes nesuprantu Tavo misijos.

श्रीभगवानुवाच   11.32
कालोऽस्मि लोकक्षयकृत्प्रवृद्धो
    लोकान् समाहर्तुमिह प्रवृत्तः ।
ऋतेऽपि त्वां न भविष्यन्ति सर्वे
    येऽवस्थिताः प्रत्यनीकेषु योधाः ॥३२॥

śrī-bhagavān uvāca
kālo 'smi loka-kṣaya-kṛt pravṛddho
  lokān samāhartum iha pravṛttaḥ
ṛte 'pi tvāṁ na bhaviṣyanti sarve
  ye 'vasthitāḥ praty-anīkeṣu yodhāḥ

śrī-bhagavān uvāca – Dievo Asmuo tarė; *kālaḥ* – laikas; *asmi* – Aš esu; *loka* – pasaulių; *kṣaya-kṛt* – griovėjas; *pravṛddhaḥ* – didysis; *lokān* – visus žmones; *samāhartum* – sunaikinti; *iha* – šiame pasaulyje; *pravṛttaḥ* – užsiėmęs; *ṛte* – išskyrus; *api* – net; *tvām* – tave; *na* – ne; *bhaviṣyanti* – bus; *sarve* – visi; *ye* – kurie; *avasthitāḥ* – yra; *prati-anīkeṣu* – priešingose pusėse; *yodhāḥ* – kariai.

Aukščiausiasis Dievo Asmuo tarė: Aš – laikas, didysis pasaulių griovėjas, ir atėjau, kad sunaikinčiau visus žmones. Išskyrus jus [Pāṇḍavus], visi kariai iš abiejų pusių žus.

Nors Arjuna ir žinojo, kad Kṛṣṇa – jo draugas ir Aukščiausiasis Dievo Asmuo, jį suglumino Kṛṣṇos atskleistų pavidalų įvairovė, ir todėl jis klausia, kokia tikroji griaunančios Jo jėgos paskirtis. Vedose rašoma, kad Aukščiausioji Tiesa sunaikina viską, netgi brahmanus. „Kaṭha Upaniṣadoje" (1.2.25) tvirtinama:

yasya brahma ca kṣatraṁ ca · ubhe bhavata odanaḥ
mṛtyur yasyopasecanaṁ · ka itthā veda yatra saḥ

Galų gale visus brahmanus, kṣatriyus bei visa, kas gyva, tarsi maistą praryja Aukščiausiasis. Šis Aukščiausiojo Viešpaties pavidalas – tarsi visa ryjantis milžinas. Šiame epizode Kṛṣṇa pasirodo visa naikinančio laiko pavidalu. Visi dalyvavusieji tame mūšyje bus Jo sunaikinti, išgyvens tik Pāṇḍavai.

Arjuna nenorėjo kautis ir manė, kad geriau pasitraukti iš mūšio lauko – tada neteks ir nusivilti. Atsakydamas į tai, Viešpats paaiškina, kad jei Arjuna ir atsisakys kovos, vis tiek visi mūšio dalyviai žus, nes taip Jo sumanyta. Jei Arjuna nesikaus, jie žus kitokiomis aplinkybėmis. Mirtis neišvengiama, net jei jis ir nekovos. Iš tikrųjų jie jau mirę. Laikas – griovėjas, ir, Aukščiausiojo valia, visa, kas išreikšta, turi būti sunaikinta. Toks gamtos dėsnis.

तस्मात्त्वमुत्तिष्ठ यशो लभस्व   **11.33**
जित्वा शत्रून् भुङ्क्ष्व राज्यं समृद्धम् ।
मयैवैते निहताः पूर्वमेव
निमित्तमात्रं भव सव्यसाचिन् ॥३३॥

tasmāt tvam uttiṣṭha yaśo labhasva
jitvā śatrūn bhuṅkṣva rājyaṁ samṛddham
mayaivaite nihatāḥ pūrvam eva
nimitta-mātraṁ bhava savya-sācin

tasmāt – todėl; *tvam* – tu; *uttiṣṭha* – pakilki; *yaśaḥ* – šlovę; *labha-sva* – laimėki; *jitvā* – nugalėdamas; *śatrūn* – priešus; *bhuṅkṣva* – džiaukis; *rājyam* – karalyste; *samṛddham* – klestinčia; *mayā* – Mano; *eva* – tikrai; *ete* – visi šie; *nihatāḥ* – nužudyti; *pūrvam eva* – išankstiniu sumanymu; *nimitta-mātram* – tik priežastis; *bhava* – būk; *savya-sācin* – o Savyasāci.

Tad pakilki. Ruoškis kovoti ir laimėti šlovę. Nugalėk savo priešus ir džiaukis klestinčia karalyste. Mano sumanymu jie jau mirę, ir tu, o Savyasāci, tegali būti įrankiu šiame mūšyje.

Žodis *savya-sācin* nurodo tą, kuris taikliai šaudo iš lanko mūšio lauke. Kṛṣṇa kreipiasi į Arjuną, kaip į patyrusį karį, galintį strėlėmis žudyti savo priešus. „Tebūki įrankiu“: *nimitta-mātram*. Šis žodis taip pat labai reikšmingas. Viskas pasaulyje vyksta pagal Aukščiausiojo Dievo Asmens planą. Stokojantys žinių kvailiai mano, jog gamtoje viskas vyksta chaotiškai, ir kad visos jos apraiškos susidaro atsitiktinai. Daugybė tariamųjų mokslininkų teigia: „Galimas daiktas, viskas vyko taip, o galbūt – šitaip“, tačiau apie jokius „galimas daiktas“ ar „galbūt“ negali būti ir kalbos. Materialiame pasaulyje įgyvendinamas konkretus planas. Koks jis? Kosminis pasaulis – tai galimybė sieloms sugrįžti namo, atgal pas Dievą. Sielos yra sąlygotos tol, kol jų mąstysena verčia jas stengtis viešpatauti materialioje gamtoje. Tačiau žmogus, suprantantis Aukščiausiojo Viešpaties sumanymą ir išsiugdęs Kṛṣṇos sąmonę, yra pats išmintingiausias. Kosminio pasaulio kūrimas ir naikinimas vyksta aukščiausiąja Dievo valia. Taigi Kurukṣetros mūšis įvyko Jo sumanymu. Arjuna norėjo atsisakyti kovos, tačiau Viešpats išaiškino, kad jis privalo kautis, nes toks yra Jo, Aukščiausiojo Viešpaties, noras. Tik vykdydamas Jo norą jis taps laimingas. Visiškai Kṛṣṇą įsisąmoninęs žmogus, visą savo gyvenimą skyręs transcendentinei tarnystei Viešpačiui, yra tobulas.

द्रोणं च भीष्मं च जयद्रथं च
कर्णं तथान्यानपि योधवीरान् ।

11.34

मया हतांस्त्वं जहि मा व्यथिष्ठा
युध्यस्व जेतासि रणे सपत्नान् ॥३४॥

droṇaṁ ca bhīṣmaṁ ca jayadrathaṁ ca
karṇaṁ tathānyān api yodha-vīrān
mayā hatāṁs tvaṁ jahi mā vyathiṣṭhā
yudhyasva jetāsi raṇe sapatnān

droṇam ca – ir Droṇa; *bhīṣmam ca* – ir Bhīṣma; *jayadratham ca* –
ir Jayadratha; *karṇam* – Karṇa; *tathā* – taip pat; *anyān* – kiti; *api* –
tikrai; *yodha-vīrān* – didieji karžygiai; *mayā* – Mano; *hatān* – jau
nužudyti; *tvam* – tu; *jahi* – sunaikink; *mā* – ne; *vyathiṣṭhāḥ* – jau-
dinkis; *yudhyasva* – kovok; *jetā asi* – tu nugalėsi; *raṇe* – kovoje;
sapatnān – priešus.

**Droṇa, Bhīṣmā, Jayadrathą, Karṇą bei kitus didžiuosius karžy-
gius Aš jau sunaikinau. Todėl nukauk juos ir nesijaudink. Stok į
kovą ir mūšyje sutriuškinsi savo priešus.**

Aukščiausiasis Dievo Asmuo yra visų sumanymų autorius, tačiau
tiems bhaktams, kurie įgyvendina Jo sumanymus pagal Jo norą, Jis
toks geras ir maloningas, kad atiduoda visą šlovę. Tad gyvenimą
žmogus turėtų sutvarkyti taip, kad veiktų su Kṛṣṇos sąmone ir,
tarpininkaujant dvasiniam mokytojui, suvoktų Aukščiausiąjį Dievo
Asmenį. Aukščiausiojo Dievo Asmens sumanymus suprasti tega-
lima Jo malone. Bhaktų ketinimai kilnūs, kaip ir Paties Viešpaties.
Taigi savo veikloje reikia vadovautis šiais sumanymais ir nugalėti
kovoje už būvį.

सञ्जय उवाच **11.35**
एतच्छ्रुत्वा वचनं केशवस्य
कृताञ्जलिर्वेपमानः किरीती ।
नमस्कृत्वा भूय एवाह कृष्णं
सगद्गदं भीतभीतः प्रणम्य ॥३५॥

sañjaya uvāca
    etac chrutvā vacanaṁ keśavasya
krtāñjalir vepamānaḥ kirītī
        namaskrtvā bhūya evāha krsnaṁ
sa-gadgadaṁ bhīta-bhītaḥ praṇamya

sañjayaḥ uvāca – Sañjaya tarė; *etat* – taip; *śrutvā* – išgirdęs; *vacanam* – kalbą; *keśavasya* – Krsnos; *krta-añjaliḥ* – sudėtom rankom; *vepamānaḥ* – virpėdamas; *kirītī* – Arjuna; *namaskrtvā* – nusilenkdamas; *bhūyaḥ* – vėl; *eva* – taip pat; *āha* – tarė; *krsnam* – Krsnai; *sa-gadgadam* – virpančiu balsu; *bhīta-bhītaḥ* – išgąstingu; *praṇamya* – nusilenkdamas.

Sañjaya tarė Dhrtarāṣṭrai: O valdove, išgirdęs šiuos Aukščiausiojo Dievo Asmens žodžius, Arjuna, visas virpėdamas iš baimės, sudėjęs rankas vis lenkėsi Viešpačiui Krsnai ir pagaliau virpančiu balsu prabilo.

Kaip jau aiškinta, Arjuna, išvydęs Aukščiausiojo Dievo Asmens visatos pavidalą, apstulbsta iš nuostabos, tad daug kartų pagarbiai lenkiasi Krsnai ir virpančiu balsu pradeda melstis – ne kaip draugas, o kaip nuostabos apimtas bhaktas.

अर्जुन उवाच   11.36
स्थाने हृषीकेश तव प्रकीर्त्या
    जगत्प्रहृष्यत्यनुरज्यते च ।
रक्षांसि भीतानि दिशो द्रवन्ति
    सर्वे नमस्यन्ति च सिद्धसङ्घाः ॥३६॥

arjuna uvāca
sthāne hrṣīkeśa tava prakīrtyā
    jagat prahrṣyaty anurajyate ca
rakṣāṁsi bhītāni diśo dravanti
    sarve namasyanti ca siddha-saṅghāḥ

arjunaḥ uvāca – Arjuna tarė; *sthāne* – teisingai; *hṛṣīka-īśa* – o visų juslių valdove; *tava* – Tavo; *prakīrtyā* – šlove; *jagat* – visas pasaulis; *prahṛṣyati* – džiūgauja; *anurajyate* – susižavi; *ca* – ir; *rakṣāṁsi* – demonai; *bhītāni* – iš baimės; *diśaḥ* – į visas puses; *dravanti* – išsilaksto; *sarve* – visi; *namasyanti* – reiškia pagarbą; *ca* – taip pat; *siddha-saṅghāḥ* – tobuli žmonės.

Arjuna tarė: O juslių valdove, išgirdęs Tavo vardą, džiūgauja pasaulis, kiekvienas žavisi Tavimi. Nors tobulos būtybės pagarbiai Tau lenkiasi, demonai Tavęs bijo ir bėga į šalis. Taip ir turi būti.

Išgirdęs iš Kṛṣṇos apie Kurukṣetros mūšio baigtį, Arjuna prašviesėjo, ir būdamas didis Aukščiausiojo Dievo Asmens bhaktas bei draugas pasakė, kad visa tai, ką daro Kṛṣṇa – labai teisinga. Arjuna patvirtino tą mintį, kad Kṛṣṇa yra bhaktų globėjas ir jų garbinimo objektas, Jis naikina visas blogybes. Jo veiksmai vienodai geri visiems. Arjuna suprato, kad Kurukṣetros mūšį stebėjo daugybė kosminėje erdvėje susirinkusių pusdievių, *siddhos* ir išmintingos aukštesniųjų planetų būtybės, nes jame dalyvavo Pats Kṛṣṇa. Kai Arjuna išvydo Viešpaties visatos pavidalą, pusdieviai irgi jį matė ir džiaugėsi, o štai demonams ir ateistams Viešpaties šlovinimas buvo nepakenčiamas. Jiems įprasta bijoti visa naikinančio Aukščiausiojo Dievo Asmens pavidalo, tad išsigandę jie pasileido bėgti. Arjuna giria Kṛṣṇos elgesį su bhaktais ir ateistais. Bhaktas visuomet šlovina Viešpatį, nes žino, kad visa, ką Jis bedarytų, išganinga visiems.

कस्माच्च ते न नमेरन्महात्मन्   11.37
गरीयसे ब्रह्मणोऽप्यादिकर्त्रे ।
अनन्त देवेश जगन्निवास
त्वमक्षरं सदसत्तत्परं यत् ॥३७॥

kasmāc ca te na nameran mahātman
garīyase brahmaṇo 'py ādi-kartre

ananta deveśa jagan-nivāsa
tvam akṣaraṁ sad-asat tat paraṁ yat

kasmāt – kodėl; *ca* – taip pat; *te* – Tau; *na* – ne; *nameran* – jie turi reikšti tinkamą pagarbą; *mahā-ātman* – o didysis; *garī-yase* – kuris esi geresnis; *brahmaṇaḥ* – už Brahmą; *api* – nors; *ādi-kartre* – aukščiausiam kūrėjui; *ananta* – o beribi; *deva-īśa* – o dievų Dieve; *jagat-nivāsa* – o visatos prieglobsti; *tvam* – Tu esi; *akṣa-ram* – neišsenkantis; *sat-asat* – priežasčiai ir pasekmei; *tat param* – transcendentalus; *yat* – kadangi.

O didysis, didingesnis ir už Brahmą, Tu – pirminis kūrėjas, tad kodėl jie neturėtų Tau pagarbiai lenktis? O beribi, dievų Dieve, visatos prieglobsti! Tu – neišsenkanti versmė, visų priežasčių priežastis, Tu transcendentalus šiai materialiai kūrinijai.

Išreikšdamas pagarbą Kṛṣṇai tokiais žodžiais Arjuna parodo, kad kiekvienas turi garbinti Kṛṣṇą. Jis – visa persmelkiantis ir Jis – visų sielų siela. Arjuna kreipiasi į Kṛṣṇą, vadindamas Jį *mahātma* ir tuo sakydamas, kad Kṛṣṇa – pats didžiadvasiškiausias ir beribis. Žodis *ananta* reiškia, kad absoliučiai viskas yra Aukščiausiojo Viešpaties valdžioje, ir kad nėra nieko, ko neapimtų Jo energija, o žodis *deveśa* reiškia, kad Jo valdžioje yra visi pusdieviai, ir Jis yra aukščiau jų. Jis – visos visatos prieglobstis. Be to, Arjunos manymu, natūralu, jog visos tobulos gyvosios esybės ir visi galingieji pusdieviai pagarbiai lenkiasi Kṛṣṇai, kadangi nieko nėra už Jį didingesnio. Arjuna ypač pabrėžia tai, kad Kṛṣṇa didingesnis už Brahmą, nes Jis – Brahmos kūrėjas. Brahmā gimė iš lotoso, kurio stiebas išaugo iš Garbhodakaśāyī Viṣṇu, pilnutinės Kṛṣṇos ekspansijos, bambos. Todėl ir Brahmā, ir iš Brahmos gimęs Viešpats Śiva bei kiti pusdieviai turi su pagarba lenktis Kṛṣṇai. „Śrīmad-Bhāgavatam" sakoma, kad Viešpatį gerbia ir Viešpats Śiva, ir Brahmā, ir kiti pusdieviai. Žodis *akṣaram* labai reikšmingas, nes materiali kūrinija pasmerkta sunaikinimui, tačiau Viešpats anapus jos. Jis – visų priežasčių priežastis, ir todėl yra aukštesnis už visas

materialios gamtos sąlygotas sielas bei už patį materialų kosminį
pasaulį. Todėl Jis – visų aukščiausių Aukščiausias.

त्वमादिदेवः पुरुषः पुराण-   **11.38**
   स्त्वमस्य विश्वस्य परं निधानम् ।
वेत्तासि वेद्यं च परं च धाम
   त्वया ततं विश्वमनन्तरूप ॥३८॥

tvam ādi-devaḥ puruṣaḥ purāṇas
   tvam asya viśvasya paraṁ nidhānam
vettāsi vedyaṁ ca paraṁ ca dhāma
   tvayā tataṁ viśvam ananta-rūpa

tvam – Tu; *ādi-devaḥ* – pirminis Aukščiausiasis Dievas; *puruṣaḥ* –
asmuo; *purāṇaḥ* – senas; *tvam* – Tu; *asya* – šios; *viśvasya* – visatos;
param – transcendentalus; *nidhānam* – prieglobstis; *vettā* – žinan-
tis; *asi* – Tu esi; *vedyam* – pažinimo objektas; *ca* – ir; *param* – trans-
cendentalus; *ca* – ir; *dhāma* – prieglobstis; *tvayā* – Tavimi; *tatam* –
persmelkta; *viśvam* – visata; *ananta-rūpa* – o beribis pavidale.

**Tu – pirminis Dievo Asmuo, seniausiasis, galutinė išreikšto kos-
minio pasaulio prieglauda. Tu žinai viską ir esi viso pažinimo
objektas. Tu – aukščiausias prieglobstis, iškilęs virš materialiųjų
guṇų. O beribi pavidale! Tu persmelki visą kosminį pasaulį.**

Viskas priklauso nuo Aukščiausiojo Dievo Asmens, todėl Jis –
visa ko pagrindas. *Nidhānam* reiškia, kad viskas, netgi Brahmano
spindėjimas, kyla iš Aukščiausiojo Dievo Asmens, Kṛṣṇos. Jis žino
viską, kas vyksta pasaulyje, ir jei pažinimas apskritai turi pabaigą,
tai Jis – viso pažinimo pabaiga. Todėl Jis – pažinimo objektas
ir jo turinys, Jis – pažinimo objektas, kadangi persmelkia viską.
Jis – dvasinio pasaulio priežastis, todėl yra transcendentalus; Jis –
aukščiausia transcendentinio pasaulio asmenybė.

वायुर्यमोऽग्निर्वरुणः शशाङ्कः   **11.39**
   प्रजापतिस्त्वं प्रपितामहश्च ।

नमो नमस्तेऽस्तु सहस्रकृत्वः
पुनश्च भूयोऽपि नमो नमस्ते ॥३९॥

vāyur yamo 'gnir varuṇaḥ śaśāṅkaḥ
prajāpatis tvaṁ prapitāmahaś ca
namo namas te 'stu sahasra-kṛtvaḥ
punaś ca bhūyo 'pi namo namas te

vāyuḥ – oras; *yamaḥ* – valdovas; *agniḥ* – ugnis; *varuṇaḥ* – vanduo; *śaśa-aṅkaḥ* – mėnulis; *prajāpatiḥ* – Brahmā; *tvam* – Tu; *prapitāmahaḥ* – prosenelis; *ca* – taip pat; *namaḥ* – mano pagarba; *namaḥ* – vėl mano pagarba; *te* – Tau; *astu* – tebūnie; *sahasra-kṛtvaḥ* – tūkstančius kartų; *punaḥ ca* – ir vėl; *bhūyaḥ* – dar karta; *api* – taip pat; *namaḥ* – reiškiu pagarbą; *namaḥ te* – reiškiu Tau savo pagarbą.

Tu – oras, Tu – aukščiausias valdovas! Tu – ugnis, vanduo ir mėnulis! Tu – Brahmā, pirmoji gyvoji būtybė, Tu – prosenelis. Todėl pagarbiai lenkiuosi Tau tūkstančius kartų, ir dar, ir dar.

Čia Viešpats vadinamas oru, nes būdamas visa persmelkiančiu oras ryškiausiai atstovauja pusdieviams. Be to, Arjuna kreipiasi į Kṛṣṇą kaip į prosenelį, nes Jis – Brahmos, pirmos visatoje gyvosios būtybės, tėvas.

नमः पुरस्तादथ पृष्ठतस्ते   **11.40**
नमोऽस्तु ते सर्वत एव सर्व ।
अनन्तवीर्यामितविक्रमस्त्वं
सर्वं समाप्नोषि ततोऽसि सर्वः ॥४०॥

namaḥ purastād atha pṛṣṭhatas te
namo 'stu te sarvata eva sarva
ananta-vīryāmita-vikramas tvaṁ
sarvaṁ samāpnoṣi tato 'si sarvaḥ

namaḥ – lenkiuosi; *purastāt* – iš priekio; *atha* – taip pat; *pṛṣṭhataḥ* – iš nugaros; *te* – Tau; *namaḥ astu* – aš reiškiu savo pagarbą; *te* –

Tau; *sarvataḥ* – iš visų pusių; *eva* – tikrai; *sarva* – nes Tu esi viskas; *ananta-vīrya* – beribė galia; *amita-vikramaḥ* – ir neribota stiprybė; *tvam* – Tu; *sarvam* – viską; *samāpnoṣi* – Tu apimi; *tataḥ* – todėl; *asi* – Tu esi; *sarvaḥ* – viskas.

Lenkiuosi Tau iš priekio, iš nugaros ir iš visų pusių! O nevaržoma galybe, Tu – beribės stiprybės valdovas! Tu persmelki viską ir todėl Tu – viskas.

Pagautas meilės Kṛṣṇai, savo draugui, ekstazės, Arjuna pagarbiai lenkiasi Jam iš visų pusių. Jis pripažįsta, kad Kṛṣṇa – šauniausias visų galių valdovas, daug pranašesnis už visus mūšio lauke susirinkusius didžiuosius karius. „Viṣṇu Purāṇoje" (1.9.69) pasakyta:

ya 'yaṁ tavāgato deva · samīpaṁ devatā-gaṇaḥ
sa tvam eva jagat-sraṣṭā · yataḥ sarva-gato bhavān

„Kad ir kas stotų priešais Tave, net jei tai būtų pusdievis, Tu jį sukūrei, o Aukščiausiasis Dievo Asmuo."

सखेति मत्वा प्रसभं यदुक्तं 11.41–42
  हे कृष्ण हे यादव हे सखेति ।
अजानता महिमानं तवेदं
  मया प्रमादात्प्रणयेन वापि ॥४१॥

यच्चावहासार्थमसत्कृतोऽसि
  विहारशय्यासनभोजनेषु ।
एकोऽथ वाप्यच्युत तत्समक्षं
  तत्क्षामये त्वामहमप्रमेयम् ॥४२॥

sakheti matvā prasabhaṁ yad uktaṁ
  he kṛṣṇa he yādava he sakheti
ajānatā mahimānaṁ tavedaṁ
  mayā pramādāt praṇayena vāpi

yac cāvahāsārtham asat-kṛto 'si
vihāra-śayyāsana-bhojaneṣu
eko 'tha vāpy acyuta tat-samakṣaṁ
tat kṣāmaye tvām aham aprameyam

sakhā – draugas; *iti* – taip; *matvā* – galvojant; *prasabham* – įžūliai; *yat* – kas tiktai; *uktam* – pasakyta; *he kṛṣṇa* – o Kṛṣṇa; *he yādava* – o Yādava; *he sakhe* – o mano brangus bičiuli; *iti* – taip; *ajānatā* – nežinant; *mahimānam* – šlovės; *tava* – Tavo; *idam* – šios; *mayā* – man; *pramādāt* – iš kvailumo; *praṇayena* – iš meilės; *vā api* – arba; *yat* – ko tiktai; *ca* – taip pat; *avahāsa-artham* – juoko dėlei; *asat-kṛtaḥ* – pažemintas; *asi* – Tu buvai; *vihāra* – ilsintis; *śayyā* – gulint; *āsana* – sėdint; *bhojaneṣu* – ar kartu valgant; *ekaḥ* – vienu-moje; *atha vā* – arba; *api* – taip pat; *acyuta* – o Patikimasis; *tat-samakṣam* – tarp draugų; *tat* – visa tai; *kṣāmaye* – prašau atleisti; *tvām* – Tavęs; *aham* – aš; *aprameyam* – neišmatuojamo.

Matydamas Tavyje savo draugą ir Tavo šlovės nepažinęs, aš neapdairiai sakydavau Tau: „O Kṛṣṇa", „O Yādava", „O mano bičiuli". Prašau atleisti visą tai, ką praradęs protą ar iš meilės padariau. Daugybę kartų įžeidžiau Tave juokaudamas, kai ilsė-jomės ar tuo pačiu guoliu dalijomės, sėdėjome kartu ar valgėme, kartais dviese, o kartais ir tarp daugelio draugų. O Patikimasis, prašau, atleisk visus mano įžeidimus.

Nors Kṛṣṇa dabar apsireiškęs Arjunai visatos pavidalu, Arjuna pri-simena savo draugiškus santykius su Juo, todėl atsiprašo ir mel-džia atleisti už visus perdėm laisvus gestus, kilusius iš draugystės. Jis pripažįsta, kad anksčiau nežinojo, jog Kṛṣṇa gali įgauti visa-tos pavidalą, nors Kṛṣṇa papasakojo jam apie tai kaip artimas jo draugas. Arjuna nežinojo, kiek kartų, nesuvokdamas Kṛṣṇos didy-bės, nepagarbiai kreipėsi į Jį: „O mano drauge", „O Kṛṣṇa", „O Yādava" etc. Tačiau Kṛṣṇa toks geras ir maloningas, kad nepai-sant Savo didybės, elgėsi su Arjuna bičiuliškai. Tokia transcenden-tinė abipusė meilė tarp bhakto ir Viešpaties. Gyvosios esybės ryšys su Kṛṣṇa išlieka amžiams, jis neužmirštamas. Tai atsispindi Arjunos elgesyje. Nors Arjuna matė visatos pavidalo turtingumą, tačiau pamiršti savo draugystės su Kṛṣṇa negalėjo.

पितासि लोकस्य चराचरस्य **11.43**
  त्वमस्य पूज्यश्च गुरुर्गरीयान् ।
न त्वत्समोऽस्त्यभ्यधिकः कुतोऽन्यो
  लोकत्रयेऽप्यप्रतिमप्रभाव ॥४३॥

pitāsi lokasya carācarasya
  tvam asya pūjyaś ca gurur garīyān
na tvat-samo 'sty abhyadhikaḥ kuto 'nyo
  loka-traye 'py apratima-prabhāva

pitā – tėvas; *asi* – Tu esi; *lokasya* – viso pasaulio; *cara* – judančio; *acarasya* – ir nejudančio; *tvam* – Tu esi; *asya* – šio; *pūjyaḥ* – vertas garbinimo; *ca* – taip pat; *guruḥ* – mokytojas; *garīyān* – šlovingas; *na* – niekada; *tvat-samaḥ* – Tau lygus; *asti* – yra; *abhyadhikaḥ* – didesnis; *kutaḥ* – ar gali būti; *anyaḥ* – kitas; *loka-traye* – trijose planetų sistemose; *api* – taip pat; *apratima-prabhāva* – o neaprėpiama galia.

Tu – viso kosminio pasaulio, viso to, kas juda ir nejuda, tėvas. Tu – jo garbinamas vadovas, vyriausias dvasinis mokytojas. Nėra Tau lygių ir niekas negali Tau prilygti. Tad ar gali būti kas nors didingesnis už Tave trijuose pasauliuose, o neaprėpiamos galios Viešpatie?

Aukščiausiasis Dievo Asmuo, Kṛṣṇa, vertas pagarbos, lygiai kaip tėvas vertas savo sūnaus pagarbos. Jis – dvasinis mokytojas, nes Jis pirma perteikė Vedų tiesas Brahmai, o dabar dėsto „Bhagavad-gītą" Arjunai. Todėl Jis ir yra pirminis dvasinis mokytojas, ir kiekvienas šių laikų *bona fide* dvasinis mokytojas turi priklausyti mokinių sekai, siekiančiai Kṛṣṇą. Kas nėra Kṛṣṇos atstovas, tas negali tapti transcendentinių dalykų mokytoju ar dvasiniu vadovu.

Viešpats bet kuriuo atžvilgiu yra vertas garbinimo. Jo didybė neišmatuojama. Aukščiausiojo Dievo Asmens, Kṛṣṇos, niekas negali pranokti didybe, nes nei dvasiniame, nei materialiame pasaulyje nėra Jam lygaus ar už Jį viršesnio. Visi yra menkesni už Jį. Niekas negali Jo pranokti. Taip teigiama „Śvetāśvatara Upaniṣadoje" (6.8):

na tasya kāryaṁ karaṇaṁ ca vidyate
  na tat-samaś cābhyadhikaś ca dṛśyate

Kaip ir paprastas žmogus, Aukščiausiasis Viešpats Kṛṣṇa turi jusles ir kūną, tačiau tarp Jo jutlių, Jo kūno, Jo proto ir Jo Paties nėra skirtumo. Kvailiai, kurie gerai nepažino Kṛṣṇos, sako, kad Jis skiriasi nuo Savo sielos, proto, širdies ir viso kito. Kṛṣṇa – absoliutas, todėl Jo veiksmai ir galybė – aukščiausi. Be to, pasakyta, kad nors Jo juslės ne tokios kaip mūsų, Jis gali atlikti bet kokią juslinę veiklą, todėl Jo juslės tobulos ir neribotos. Nėra už Jį didingesnio ar Jam lygaus – visi menkesni už Jį.

Aukščiausiojo Dievo Asmens žinojimas, jėga ir veikla yra transcendentiški. „Bhagavad-gītoje" (4.9) sakoma:

janma karma ca me divyam · evaṁ yo vetti tattvataḥ
tyaktvā dehaṁ punar janma · naiti mām eti so 'rjuna

Kas pažįsta transcendentinį Kṛṣṇos kūną, veiklą ir tobulumą, tas, palikęs savo kūną, eina pas Jį ir daugiau nebegrįžta į šį kančių pasaulį. Taigi reikia žinoti, kad Kṛṣṇos veikla skiriasi nuo kitų. Geriausia šiuo atveju – laikytis Kṛṣṇos nurodymų, taip žmogus taps tobulas. Be to, pasakyta, kad niekas negali tapti Kṛṣṇos valdovu – visi yra Jo tarnai. „Caitanya-caritāmṛta" (*Ādi* 5.142) patvirtina šią mintį: *ekale īśvara kṛṣṇa, āra saba bhṛtya* – tiktai Kṛṣṇa yra Dievas, visi kiti – Jo tarnai. Visi vykdo Jo įsakymus, ir niekas negali jiems nepaklusti. Visi veikia Jo nurodymu ir Jam prižiūrint. Kaip teigiama „Brahma-saṁhitoje", Jis yra visų priežasčių priežastis.

तस्मात्प्रणम्य प्रणिधाय कायं 11.44
  प्रसादये त्वामहमीशमीड्यम् ।

पितेव पुत्रस्य सखेव सख्युः
प्रियः प्रियायार्हसि देव सोढअुम् ॥४४॥

tasmāt praṇamya praṇidhāya kāyaṁ
  prasādaye tvām aham īśam īḍyam
piteva putrasya sakheva sakhyuḥ
  priyaḥ priyāyārhasi deva soḍhum

tasmāt – todėl; *praṇamya* – nusilenkdamas; *praṇidhāya* – guldy-
damas; *kāyam* – kūną; *prasādaye* – prašau malonės; *tvām* – Tave;
aham – aš; *īśam* – Aukščiausiąjį Viešpatį; *īḍyam* – vertą garbi-
nimo; *pitā iva* – kaip tėvas; *putrasya* – sūnų; *sakhā iva* – kaip drau-
gas; *sakhyuḥ* – draugą; *priyaḥ* – mylimasis; *priyāyāḥ* – brangiausią;
arhasi – Tu turi; *deva* – Mano Viešpatie; *soḍhum* – pakęsti.

**Tu Aukščiausiasis Viešpats, ir kiekviena gyvoji būtybė turi gar-
binti Tave. Todėl krentu Tau po kojų išreikšti pagarbą ir mel-
džiu Tavo malonės. Kaip tėvas pakenčia sūnaus įžūlumą, kaip
draugas atleidžia draugui akiplėšiškumą, kaip vyras pakenčia
žmonos familiarumą, taip meldžiu atleisti tai, ką galėjau bloga
Tau padaryti.**

Kṛṣṇą ir Jo bhaktus sieja įvairūs santykiai: vienas gali matyti Jame
sūnų, kiti – vyrą, draugą ar mokytoją. Kṛṣṇą ir Arjuną sieja drau-
gystė. Kṛṣṇa pakantus, kaip pakantus yra tėvas, sutuoktinis ar
mokytojas.

अदृष्टपूर्वं हृषितोऽस्मि दृष्ट्वा   **11.45**
  भयेन च प्रव्यथितं मनो मे ।
तदेव मे दर्शय देव रूपं
  प्रसीद देवेश जगन्निवास ॥४५॥

adṛṣṭa-pūrvaṁ hṛṣito 'smi dṛṣṭvā
  bhayena ca pravyathitaṁ mano me
tad eva me darśaya deva rūpaṁ
  prasīda deveśa jagan-nivāsa

adṛṣṭa-pūrvam – niekada anksčiau neregėtą; *hṛṣitaḥ* – nudžiugęs; *asmi* – aš; *dṛṣṭvā* – regėdamas; *bhayena* – iš baimės; *ca* – taip pat; *pravyathitam* – sutrikęs; *manaḥ* – protas; *me* – mano; *tat* – tą; *eva* – tikrai; *me* – man; *darśaya* – parodyk; *deva* – o Viešpatie; *rūpam* – pavidalą; *prasīda* – būk maloningas; *deva-īśa* – o viešpačių Viešpatie; *jagat-nivāsa* – o visatos prieglobsti.

Aš džiaugiuosi išvydęs niekada anksčiau neregėtą visatos pavidalą, tačiau tuo pat metu mano protą kausto ir baimė. Todėl, o viešpačių Viešpatie, o visatos prieglobsti, būk man maloningas ir vėl apreikški Savąjį Dievo Asmens pavidalą.

Arjuna visada pasitiki Kṛṣṇa, nes yra brangiausias Jo draugas. Kaip brangus draugas džiaugiasi savo bičiulio galybe, taip ir Arjunai labai džiugu matyti, kad Jo draugas Kṛṣṇa – Aukščiausiasis Dievo Asmuo, kuris gali apreikšti tokį stebuklingą visatos pavidalą. Tačiau išvydęs visatos pavidalą, Arjuna išsigąsta, kad vien iš bičiuliškų jausmų Kṛṣṇai daugybe kartų Jį yra įžeidęs. Jo protą kausto baimė, nors jam nėra ko bijoti. Todėl Arjuna prašo Kṛṣṇos apsireikšti kaip Nārāyaṇa, nes žino, kad Jis gali pasirodyti bet kokiu pavidalu. Visatos pavidalas – toks pat materialus ir laikinas, kaip ir materialus pasaulis. Tačiau Vaikuṇṭhos planetose Viešpats egzistuoja transcendentiniu keturrankiu Nārāyaṇos pavidalu. Dvasiniame danguje – aibės planetų. Kiekvienoje jų viešpatauja pilnutinis Kṛṣṇos skleidinys, turintis įvairius vardus. Taigi Arjuna troško pamatyti vieną iš Kṛṣṇos pavidalų Vaikuṇṭhos planetose. Žinoma, Nārāyaṇos pavidalas kiekvienoje Vaikuṇṭhos planetoje yra keturrankis, tačiau Jo rankos skirtinga tvarka laiko simbolius: kriauklę, vėzdą, lotosą ir diską. Kiekvieno Nārāyaṇos vardas priklauso nuo to, kurioje rankoje laikomas kuris simbolis. Kiekviena šių formų yra tapati Kṛṣṇai, todėl Arjuna trokšta išvysti Jo keturrankį pavidalą.

किरीटिनं गदिनं चक्रहस्त-
मिच्छामि त्वां द्रष्टुमहं तथैव ।

11.46

तेनैव रूपेण चतुर्भुजेन
  सहस्रबाहो भव विश्वमूर्ते ॥४६॥

kirīṭinaṁ gadinaṁ cakra-hastam
  icchāmi tvāṁ draṣṭum ahaṁ tathaiva
tenaiva rūpeṇa catur-bhujena
  sahasra-bāho bhava viśva-mūrte

kirīṭinam – su šalmu; *gadinam* – su vėzdu; *cakra-hastam* – disku rankoje; *icchāmi* – trokštu; *tvām* – Tave; *draṣṭum* – regėti; *aham* – aš; *tathā eva* – taip; *tena eva* – tuo; *rūpeṇa* – pavidalu; *catuḥ-bhujena* – keturrankiu; *sahasra-bāho* – o tūkstantranki; *bhava* – tapk; *viśva-mūrte* – o visatos pavidale.

O visatos pavidale, o tūkstantranki Viešpatie, aš noriu regėti Tave keturrankį su šalmu ant galvos, su vėzdu, disku, kriaukle ir lotoso žiedu rankose. Trokštu išvysti Tave tokį.

„Brahma-saṁhitoje" (5.39) sakoma: *rāmādi mūrtiṣu kalā-niyamena tiṣṭhan* – Viešpats amžinai egzistuoja šimtais tūkstančių Savo pavidalų, kurių svarbiausi – Rāma, Nṛsiṁha, Nārāyaṇa etc. Jų yra nesuskaičiuojama daugybė. Tačiau Arjuna žinojo, kad Kṛṣṇa – pirminis Dievo Asmuo, įgavęs Savo laikiną visatos pavidalą. Dabar jis nori išvysti Nārāyaṇą, dvasinį Jo pavidalą. Posmas visiškai aiškiai patvirtina „Śrīmad-Bhāgavatam" teiginį, kad Kṛṣṇa yra pirminis Dievo Asmuo, o visi kiti pavidalai kyla iš Jo. Jis nesiskiria nuo Savo pilnutinių skleidinių. Bet kuriuo iš nesuskaičiuojamų Savo pavidalų Jis – Dievas. Kiekvienu jų Jis spindi jaunyste. Tai nekintamas Aukščiausiojo Dievo Asmens bruožas. Kas pažįsta Kṛṣṇą, tas iškart apsivalo nuo visų materialaus pasaulio nešvarybių.

श्रीभगवानुवाच   11.47
मया प्रसन्नेन तवार्जुनेदं
  रूपं परं दर्शितमात्मयोगात् ।

तेजोमयं विश्वमनन्तमाद्यं
यन्मे त्वदन्येन न दृष्टपूर्वम् ॥४७॥

śrī-bhagavān uvāca
mayā prasannena tavārjunedaṁ
   rūpaṁ paraṁ darśitam ātma-yogāt
tejo-mayaṁ viśvam anantam ādyaṁ
   yan me tvad anyena na dṛṣṭa-pūrvam

śrī-bhagavān uvāca – Aukščiausiasis Dievo Asmuo tarė; *mayā* – Mano; *prasannena* – su džiaugsmu; *tava* – tau; *arjuna* – o Arjuna; *idam* – šis; *rūpam* – pavidalas; *param* – transcendentinis; *darśitam* – parodytas; *ātma-yogāt* – pasitelkus Mano vidinę galią; *tejaḥ-mayam* – pilnas spindesio; *viśvam* – visa visata; *anantam* – begalinė; *ādyam* – pradinė; *yat* – ta, kurios; *me* – Mano; *tvat anyena* – be tavęs; *na dṛṣṭa-pūrvam* – niekas anksčiau nematė.

Aukščiausiasis Dievo Asmuo tarė: Mano brangus Arjuna, pasitelkęs Savo vidinę galią, su džiaugsmu atskleidžiau tau aukščiausią materialiame pasaulyje visatos pavidalą. Iki šiol niekas neregėjo šio pirminio, beribio ir akinamai spindinčio pavidalo.

Arjuna norėjo pamatyti Aukščiausiojo Viešpaties visatos pavidalą, todėl Viešpats Kṛṣṇa iš malonės Savo bhaktui Arjunai apreiškė Savo spinduliuojantį ir didingą visatos pavidalą. Jis akino tarsi saulė ir be paliovos mainėsi daugybe vaizdų. Kṛṣṇa atskleidė jį tik tam, kad patenkintų Savo draugo Arjunos troškimą. Jis apreiškė visatos pavidalą Savo vidine galia, kuri nesuvokiama žmogaus protui. Niekas iki Arjunos nebuvo matęs Viešpaties visatos pavidalo, bet apreiškus jį Arjunai, šį pavidalą pamatė ir kiti bhaktai, gyvenantys dangaus ir kitose planetose atviroje erdvėje. Anksčiau jie nebuvo matę visatos pavidalo, bet Arjunos dėka jis jiems atsivėrė. Kitaip sakant, visi bhaktai, susiję su Viešpačiu per mokinių seką, Kṛṣṇos malone išvydo Arjunai apreikštą visatos pavidalą. Kai kas teigia, kad šis pavidalas buvo apreikštas ir Duryodhanai, kai

Kṛṣṇa buvo atvykęs pas jį taikos derybų. Deja, Duryodhana nepri-
ėmė taikaus pasiūlymo, ir tada Kṛṣṇa apreiškė keletą Savo visatos
pavidalų. Tačiau jos skiriasi nuo to pavidalo, kurį matė Arjuna. Čia
aiškiai pasakyta, kad to pavidalo dar niekas nebuvo matęs.

न वेदयज्ञाध्ययनैर्न दानै-   **11.48**
    र्न च क्रियाभिर्न तपोभिरुग्रैः ।
एवंरूपः शक्य अहं नृलोके
    द्रष्टुं त्वदन्येन कुरुप्रवीर ॥४८॥

na veda-yajñādhyayanair na dānair
    na ca kriyābhir na tapobhir ugraiḥ
evaṁ-rūpaḥ śakya ahaṁ nṛ-loke
    draṣṭuṁ tvad anyena kuru-pravīra

na – niekada; *veda-yajña* – aukomis; *adhyayanaiḥ* – ar Vedų stu-
dijavimu; *na* – niekada; *dānaiḥ* – labdara; *na* – niekada; *ca* – taip
pat; *kriyābhiḥ* – doringa veikla; *na* – niekada; *tapobhiḥ* – dide-
lėmis askezėmis; *ugraiḥ* – rūsčiomis; *evam-rūpaḥ* – šiuo pavidalu;
śakyaḥ – galiu; *aham* – Aš; *nṛ-loke* – šiame materialiame pasau-
lyje; *draṣṭum* – būti regimas; *tvat* – be tavęs; *anyena* – kito;
kuru-pravīra – o geriausias Kuru dinastijos kary.

**O geriausias Kuru dinastijos kary, dar niekas niekada iki tavęs
neregėjo šio Mano visatos pavidalo, nes šį Mano pavidalą pama-
tyti materialiame pasaulyje neįmanoma nei studijuojant Vedas,
nei aukojant aukas ar teikiant labdarą, nei atliekant doringus
darbus ar rūsčias askezes.**

Šiuo atveju reikia teisingai suprasti, kas yra dieviškas regėjimas.
Kas jį galėtų turėti? Dieviškas – tai šventas. Nepasiekus pusdie-
vių šventumo, neįmanoma įgyti dieviško regėjimo. O kas yra pus-
dievis? Vedų raštuose nurodoma, kad pusdieviai – tai Viešpaties
Viṣṇu bhaktai (*viṣṇu-bhaktāḥ smṛtā devāḥ*). Ateistai, t.y. tie, kurie
netiki Viṣṇu, arba Aukščiausiuoju tepripažįsta beasmenį Kṛṣṇos

aspektą, neturi dieviško regėjimo. Neįmanoma menkinti Kṛṣṇą ir tuo pat metu turėti dievišką regėjimą. Dieviško regėjimo neturėsi, netapęs dieviška asmenybe. Žodžiu, turintieji dievišką regėjimą irgi gali matyti tai, ką matė Arjuna.

"Bhagavad-gītoje" aprašytas visatos pavidalas. Nors iki Arjunos jo niekas nematė, po šio įvykio kiekvienas apie *viśva-rūpą* gali susidaryti kažkokį vaizdą. Tiktai tikri šventieji regi Viešpaties visatos pavidalą. Bet neįmanoma tapti šventu, jei nesi tyras Kṛṣṇos bhaktas. Dieviškos prigimties bhaktai, net ir turėdami dievišką regėjimą, nelabai geidžia pamatyti Viešpaties visatos pavidalą. Ankstesniame posme sakoma, kad Arjuna troško pamatyti Viešpatį Kṛṣṇą keturrankiu Viṣṇu, nes visatos pavidalas jį baugino.

Posme yra keletas reikšmingų žodžių: *veda-yajñādyayanaiḥ*, kurie nurodo "Vedų raštų ir aukojimo taisyklių studijavimą". Žodis *veda* nurodo visus Vedų raštus, būtent keturias Vedas (*Ṛg, Yajur, Sāma ir Atharva*), aštuoniolika *Purāṇų, Upaniṣadas* ir "Vedānta-sūtrą". Šiuos šaltinius galima studijuoti namuose ar kur kitur. Prie Vedų raštų taip pat priskiriamos ir *sūtros, Kalpa-sūtros* ir *Mīmāṁsa-sūtros,* kurios nagrinėja aukojimo būdus. Žodis *dānaiḥ* nurodo labdarą, skirtą jos vertiems asmenims – brahmanams ir *vaiṣṇavams,* kurie iš transcendentinės meilės tarnauja Viešpačiui. "Doringa veikla" reiškia *agni-hotrą* bei įvairiems luomams nurodytas pareigas. O savanoriškas sutikimas pakęsti kokius nors kūno skausmus vadinasi *tapasya.* Taigi galima atlikinėti visus čia minėtus veiksmus: alinti kūną, teikti labdarą, studijuoti Vedas etc., tačiau jei žmogus nėra toks bhaktas, koks buvo Arjuna, visatos pavidalo jis neišvys. Impersonalistai įsivaizduoja regį Viešpaties visatos pavidalą, tačiau "Bhagavad-gītā" byloja, kad jie – nebhaktai, todėl jie negali matyti Viešpaties visatos pavidalo.

Yra daugybė žmonių, "kuriančių" inkarnacijas. Jie paskelbia Dievo įsikūnijimu paprastą žmogų, tačiau tai – kvailystė. Mes turėtume remtis "Bhagavad-gītos" principais, nes kitaip tobulų dvasinių žinių neįgysime. Nors "Bhagavad-gītā" laikoma Dievo pažinimo pradžiamoksliu, ji tokia tobula, kad kiekvienam padės atskirti, kas yra kas. Pseudoinkarnacijų pasekėjai gali tvirtinti, kad ir jie matė transcendentinę Dievo inkarnaciją, visatos pavidalą, tačiau nereikia jais tikėti, nes čia aiškiai pasakyta, jog netapus Kṛṣṇos bhaktu, Dievo visatos pavidalo nepamatysi. Taigi visų pirma reikia tapti tyru Kṛṣṇos bhaktu, ir tik tada galima tvirtinti kad sugebėsi apibūdinti visatos pavidalą, kurį pats matei. Kṛṣṇos bhaktas netikrų inkarnacijų ir jų pasekėjų nepripažįsta.

मा ते व्यथा मा च विमूढअभावो $\qquad$ **11.49**
दृष्ट्वा रूपं घोरमीदृङ् ममेदम् ।
व्यपेतभीः प्रीतमनाः पुनस्त्वं
तदेव मे रूपमिदं प्रपश्य ॥४९॥

mā te vyathā mā ca vimūḍha-bhāvo
  dṛṣṭvā rūpaṁ ghoram īdṛṅ mamedam
vyapeta-bhīḥ prīta-manāḥ punas tvaṁ
  tad eva me rūpam idaṁ prapaśya

mā – tenebūna; *te* – tau; *vyathā* – baimės; *mā* – tenebūna; *ca* – taip pat; *vimūḍha-bhāvaḥ* – sumišimo; *dṛṣṭvā* – regint; *rūpam* – pavidalą; *ghoram* – siaubingą; *īdṛk* – tokį, koks jis yra; *mama* – Mano; *idam* – šį; *vyapeta-bhīḥ* – praėjus baimei; *prīta-manāḥ* – patenkintu protu; *punaḥ* – vėl; *tvam* – tu; *tat* – tą; *eva* – taip; *me* – Mano; *rūpam* – pavidalą; *idam* – šį; *prapaśya* – išvysk.

Regėdamas Mane tokį siaubingą, suglumai ir pasimetei. Tebūnie tam galas. Mano bhakte, užmirški bet kokią baimę ir nurimusiu protu žvelk į tavo taip trokštamą pavidalą.

„Bhagavad-gītos" pradžioje Arjuna išsigąsta, kad jam teks žudyti Bhīṣmą ir Droṇą – pagarbos vertus senelį ir mokytoją. Tačiau Kṛṣṇa pasakė, kad neverta dėl to baimintis. Kai Dhṛtarāṣṭros sūnūs Kauravų susirinkime bandė išrengti Draupadī, Bhīṣma ir Droṇa nepratarė nė žodžio. Už tokį pareigos nepaisymą jie nusipelnė mirties. Apreiškęs Savo visatos pavidalą, Kṛṣṇa tuo parodė Arjunai, kad už savo nederamą elgesį šie žmonės jau nužudyti. Mirties scena buvo apreikšta Arjunai todėl, kad bhaktai visada taikūs ir negali taip šiurpiai pasielgti. Kai visatos pavidalo apreiškimo tikslas tapo aiškus, Arjuna panoro išvysti keturrankį Kṛṣṇos pavidalą, ir Viešpats parodė jį. Bhaktą ne itin domina visatos pavidalas, nes jis neleidžia gauti meilės atsako. Bhaktas trokšta arba išreikšti savo pagarbą bei susižavėjimą Viešpačiui, arba matyti Kṛṣṇą dvirankį, kad galėtų su meile tarnauti Aukščiausiajam Dievo Asmeniui ir sulauktų atsako į savo meilę.

सञ्जय उवाच   11.50

इत्यर्जुनं वासुदेवस्तथोक्त्वा
   स्वकं रूपं दर्शयामास भूयः ।
आश्वासयामास च भीतमेनं
   भूत्वा पुनः सौम्यवपुर्महात्मा ॥५०॥

sañjaya uvāca
ity arjunaṁ vāsudevas tathoktvā
  svakaṁ rūpaṁ darśayām āsa bhūyaḥ
āśvāsayām āsa ca bhītam enaṁ
  bhūtvā punaḥ saumya-vapur mahātmā

sañjayaḥ uvāca – Sañjaya tarė; *iti* – taip; *arjunam* – Arjunai; *vāsudevaḥ* – Kṛṣṇa; *tathā* – taip; *uktvā* – kalbėdamas; *svakam* – Savo; *rūpam* – pavidalą; *darśayām āsa* – parodė; *bhūyaḥ* – vėl; *āśvāsayām āsa* – padrąsino; *ca* – taip pat; *bhītam* – išsigandusį; *enam* – jį; *bhūtvā* – tapdamas; *punaḥ* – vėl; *saumya-vapuḥ* – gražiu pavidalu; *mahā-ātmā* – didysis.

Sañjaya tarė Dhṛtarāṣṭrai: Taip pasakęs Arjunai Aukščiausiasis Dievo Asmuo, Kṛṣṇa, atskleidė Savo tikrą keturrankį pavidalą, o paskui pasirodė Savo dvirankiu pavidalu, padrąsindamas nusigandusį Arjuną.

Kai Kṛṣṇa pasirodė Vasudevos ir Devakī sūnaus asmenyje, Jis pirmiausia apsireiškė keturrankiu Nārāyaṇa, tačiau tėvų prašomas atsimainė į paprastą vaiką. Taigi ir šiuo atveju Kṛṣṇa žinojo, kad Arjuna nelabai trokšta išvysti keturrankį Jo pavidalą, tačiau Arjunos prašomas Kṛṣṇa atskleidė jį, o paskui pasirodė dvirankis. Žodis *saumya-vapuḥ* labai svarbus. *Saumya-vapuḥ* – tai labai gražus pavidalas, jis laikomas pačiu gražiausiu. Kai Kṛṣṇa buvo nužengęs į Žemę, žmones žavėjo vien pati Kṛṣṇos išvaizda. Kadangi Kṛṣṇa yra visatos valdovas, Jis lengvai išsklaidė Savo bhakto Arjunos baimę vėl pasirodydamas nuostabiu Kṛṣṇos pavidalu. „Brahma-saṁhitoje" (5.38) sakoma: *premāñjana-cchurita-bhakti-vilocanena* – šį nuostabų Śrī Kṛṣṇos pavidalą gali regėti tik tas, kurio akys suvilgytos meilės balzamu.

अर्जुन उवाच   **11.51**

दृष्ट्वेदं मानुषं रूपं तव सौम्यं जनार्दन ।

इदानीमस्मि संवृत्तः सचेताः प्रकृतिं गतः ॥५१॥

arjuna uvāca

dṛṣṭvedaṁ mānuṣaṁ rūpaṁ · tava saumyaṁ janārdana

idānīm asmi saṁvṛttaḥ · sa-cetāḥ prakṛtiṁ gataḥ

arjunaḥ uvāca – Arjuna tarė; *dṛṣṭvā* – regėdamas; *idam* – šį; *mānuṣam* – žmogaus; *rūpam* – pavidalą; *tava* – Tavo; *saumyam* – labai gražų; *janārdana* – o priešų baudėjau; *idānīm* – dabar; *asmi* – aš esu; *saṁvṛttaḥ* – nurimusios; *sa-cetāḥ* – sąmonės; *prakṛtim* – į savo paties prigimtį; *gataḥ* – sugrįžęs.

Išvydęs Kṛṣṇą pirminiu Jo pavidalu, Arjuna tarė: O Janārdana, regėdamas Tave nuostabios žmogaus išvaizdos, atgavau dvasios ramybę ir atsitokėjau.

Žodžiai *mānuṣaṁ rūpam* aiškiai kalba apie tai, kad pirminis Aukščiausiojo Dievo Asmens pavidalas – dvirankis. Kas pajuokia Kṛṣṇą laikydamas Jį paprastu žmogumi, tas nepažįsta Jo dieviškos prigimties. Jeigu Kṛṣṇa būtų paprastas žmogus, argi Jis galėtų apreikšti visatos pavidalą, o po to vėl tapti keturrankiu Nārāyaṇa? Todėl „Bhagavad-gītoje" aiškiai pasakyta, kad tas, kuris laiko Kṛṣṇą paprastu žmogumi ir klaidina skaitytoją tvirtindamas, kad Kṛṣṇos vardu kalba beasmenis Brahmanas, daro didžiausią neteisybę. Kṛṣṇa juk atskleidė visatos bei keturrankį Viṣṇu pavidalą – tad ar gali Jis būti paprastas žmogus? Tyro bhakto nesupainioja klaidingi „Bhagavad-gītos" komentarai, nes jis žino, kas yra kas. Autentiški „Bhagavad-gītos" posmai skaistūs kaip saulė – jiems netrūksta blyškios lempų šviesos, kuria taip nori juos apšviesti kvaili komentatoriai.

श्रीभगवानुवाच   11.52
सुदुर्दर्शमिदं रूपं दृष्टवानसि यन्मम ।
देवा अप्यस्य रूपस्य नित्यं दर्शनकाङ्क्षिणः ॥५२॥

śrī-bhagavān uvāca
su-durdarśam idaṁ rūpam · dṛṣṭavān asi yan mama
devā apy asya rūpasya · nityaṁ darśana-kāṅkṣiṇaḥ

śrī-bhagavān uvāca – Aukščiausiasis Dievo Asmuo tarė; *su-dur-darśam* – labai sunku pamatyti; *idam* – šį; *rūpam* – pavidalą; *dṛṣṭavān asi* – kaip tu regėjai; *yat* – kurį; *mama* – Mano; *devāḥ* – pusdieviai; *api* – taip pat; *asya* – šį; *rūpasya* – pavidalą; *nityam* – amžinai; *darśana-kāṅkṣiṇaḥ* – trokšta pamatyti.

Aukščiausiasis Dievo Asmuo tarė: Mano brangus Arjuna, labai sunku išvysti šį Mano pavidalą, kurį tu dabar regi. Net ir pusdieviai visada ieško galimybės pamatyti tą artimą širdžiai pavidalą.

Keturiasdešimt aštuntame šio skyriaus posme pasakojama, kaip baigėsi Viešpaties Kṛṣṇos visatos pavidalo apreiškimas, ir kaip Viešpats pranešė Arjunai, kad pamatyti tą pavidalą neįmanoma nei doringos veiklos pagalba, nei atnašaujant aukas etc. O žodis *su-durdarśam*, ištartas šiame posme, pažymi, kad dvirankis Kṛṣṇos pavidalas – dar slaptingesnis. Kṛṣṇos visatos pavidalą galima pamatyti, kai įvairiai veiklai – askezei, Vedų studijoms, filosofavimui – suteikiamas nors mažiausias pasiaukojimo tarnystės atspalvis. Taigi jį regėti įmanoma. Tačiau nesant jokio *bhakti* atspalvio, jis nematomas – tai jau buvo aiškinta. Sunku išvysti Kṛṣṇą visatos pavidalu, tačiau pamatyti Kṛṣṇą dvirankį – dar sunkiau, net ir tokiems pusdieviams kaip Brahmā bei Viešpats Śiva. Jie trokšta Jį matyti, ir apie tai liudija „Śrīmad-Bhāgavatam". Pasak jos, kai buvo spėjama, kad Kṛṣṇa yra Savo motinos Devakī įsčiose, pažiūrėti šio stebuklo, Kṛṣṇos, iš dangaus nusileido pusdieviai. Jie aukojo Viešpačiui gražiausias maldas, nors tada Jo ir neregėjo. Jie laukė, norėdami Jį pamatyti. Tik kvailiai gali Jį pajuokti, laikydami paprastu žmogumi, ir gerbti ne Jį, o „kažką" beasmenį Jame. Toks požiūris yra visiška kvailystė. Iš tikrųjų pamatyti Kṛṣṇą dvirankiu pavidalu trokšta net pusdieviai Brahmā ir Śiva.

„Bhagavad-gītoje" (9.11) dar sakoma: *avajānanti māṁ mūḍhā mānuṣīṁ tanum āśritaḥ* – Jis nematomas tiems kvailiams, kurie Jį pajuokia. Kṛṣṇos kūnas, kaip liudija „Brahma-saṁhitā" ir Pats Kṛṣṇa patvirtina „Bhagavad-gītoje", yra visiškai dvasinis, kupinas palaimos ir amžinas. Jo kūnas neturi nieko bendro su materialiu kūnu. Tačiau tiems, kurie nori pažinti Kṛṣṇą, skaitydamas „Bhagavad-gītą" ir kitus Vedų raštus, Kṛṣṇa – mįslė. Taikantieji materialų pažinimo metodą mano, kad Jis yra didi istorinė asmenybė ir labai mokytas filosofas, bet vis dėlto paprastas žmogus, kad Jis, nors ir labai galingas, tačiau turėjo materialų kūną. Jie mano, kad Absoliuti Tiesa galiausiai yra beasmenė, ir todėl iš beasmenio aspekto kilo Jo asmeniškas aspektas, susijęs su materialia gamta. Toks samprotavimas apie Aukščiausiąjį Dievo Asmenį – materialistinis. Yra ir kita – spekuliatyvi išvada. Žmonės, ieškantys žinių, taip pat samprotauja apie Kṛṣṇą ir laiko Jį menkiau svarbiu už Aukščiausiojo visatos pavidalą. Todėl kai kas mano, jog Arjunai apreikštas Kṛṣṇos visatos pavidalas – daug svarbesnis už asmeniška. Jų nuomone, Aukščiausiojo asmeniškas pavidalas – tai vaizduotės padarinys. Jie tiki, kad Absoliuti Tiesa galų gale nėra asmuo. Tuo tarpu ketvirtame „Bhagavad-gītos" skyriuje transcendentinis procesas aprašytas taip: klausytis apie Kṛṣṇą iš autoritetų. Toks tikrasis Vedų kelias, ir tie, kurie išties laikosi vediškosios tradicijos, klausosi apie Kṛṣṇą iš autoriteto. Kas daugsyk girdi apie Kṛṣṇą, tam Jis tampa mielas. Jau ne kartą minėjome, kad Kṛṣṇą gaubia Jo galia *yoga-māyā*. Ne kiekvienam Jis matomas ir ne kiekvienam Jis atsiskleidžia. Jį mato tik tas, kuriam Jis Pats atsiskleidžia. Šis teiginys patvirtinamas Vedų raštuose: tik atsidavusi siela ir tegali visiškai suprasti Absoliučią Tiesą. Transcendentalistas, kuris nuolat prisimena Kṛṣṇą ir pasiaukojamai tarnauja Kṛṣṇai, įgyja dvasinį regėjimą ir regi apsireiškiant Kṛṣṇą. Išvysti tokį apsireiškimą negali net pusdieviai, todėl ir jiems sunku suvokti Kṛṣṇą. Toli pažengę pusdieviai visada viliasi pamatyti Kṛṣṇą dvirankiu pavidalu. Iš čia išplaukia tokia išvada: jeigu nepaprastai sunku išvysti Kṛṣṇos visatos pavidalą – mat jis atsiskleidžia ne kam pakliuvo – tai patirti asmenišką Jo pavidalą, Śyāmasundarą, yra nepalyginamai sunkiau.

नाहं वेदैर्न तपसा न दानेन न चेज्यया ।
शक्य एवंविधो द्रष्टुं दृष्टवानसि मां यथा ॥५३॥

11.53

nāhaṁ vedair na tapasā · na dānena na cejyayā
śakya evaṁ-vidho draṣṭuṁ · dṛṣṭavān asi māṁ yathā

na – niekada; *aham* – Aš; *vedaiḥ* – Vedų studijavimu; *na* – niekada; *tapasā* – rūsčiomis askezėmis; *na* – niekada; *dānena* – labdara; *na* – niekada; *ca* – taip pat; *ijyayā* – garbinimu; *śakyaḥ* – įmanoma; *evam-vidhaḥ* – kaip šį; *draṣṭum* – regėti; *dṛṣṭavān* – regintis; *asi* – tu esi; *mām* – Mane; *yathā* – kaip.

Pavidalo, kurį dabar regi transcendentinėmis akimis, neįmanoma suvokti vien studijuojant Vedas ar atliekant rūsčias askezes, teikiant labdarą ar garbinimu. Tai ne tos priemonės, kurios padėtų išvysti Mane tokį, koks Aš esu.

Savo tėvams Devakī ir Vasudevai Kṛṣṇa iš pradžių pasirodė ketur-rankis, o po to atsimainė į dvirankį pavidalą. Atsimainymo paslaptį itin sunku suprasti ateistams ir tiems, kurie neatlieka pasiaukojimo tarnystės. Eruditai, kurie išstudijavo Vedų raštus, pasitelkę grama-tikos metodą arba grynai iš akademinio susidomėjimo, nepajėgs suprasti Kṛṣṇos. Jo nesuvokia ir tie, kurie garbina Jį tik parodomai, lankydami šventyklą. Nors jie ir lanko šventyklas, tačiau suvokti Kṛṣṇos tokio, koks Jis yra, negali. Kitame posme Kṛṣṇa aiškina, kad Jį pažinti galima tiktai pasiaukojimo tarnystės būdu.

भक्त्या त्वनन्यया शक्य अहमेवंविधोऽर्जुन ।   11.54
ज्ञातुं द्रष्टुं च तत्त्वेन प्रवेष्टुं च परन्तप ॥५४॥

bhaktyā tv ananyayā śakya · aham evaṁ-vidho 'rjuna
jñātuṁ draṣṭuṁ ca tattvena · praveṣṭuṁ ca paran-tapa

bhaktyā – pasiaukojimo tarnyste; *tu* – tačiau; *ananyayā* – neuž-teršta karmine veikla ar spekuliatyviu pažinimu; *śakyaḥ* – galimas; *aham* – Aš; *evam-vidhaḥ* – kaip šis; *arjuna* – o Arjuna; *jñātum* – pažinti; *draṣṭum* – pamatyti; *ca* – ir; *tattvena* – iš tiesų; *praveṣṭum* – patekti į; *ca* – taip pat; *parantapa* – o priešų baudėjau.

Mano brangus Arjuna, tiktai su pasiaukojimu tarnaujant Man ir į nieką kitą nenukrypstant, galima pažinti Mane tokį, koks stoviu priešais tave, ir tiesiogiai Mane išvysti. Tik taip galima atskleisti Mano pažinimo paslaptį.

Suvokti Kṛṣṇą galima tiktai su pasiaukojimu Jam tarnaujant ir į nieką kitą nenukrypstant. Šiame posme Jis Pats aiškiai išsako tą mintį, kad neturintys įgaliojimų komentatoriai, kurie bando suvokti „Bhagavad-gītą" spekuliatyviais samprotavimais, žinotų tuščiai gaištą laiką. Niekas negali suvokti Kṛṣṇos ar to, kaip Jis, apsireiškęs Savo tėvams keturrankiu pavidalu, netrukus atsimainė į dvirankį. Neįmanoma to suvokti studijuojant Vedas arba filosofuo-

jant. Todėl čia aiškiai sakoma, kad niekas negali Jo pamatyti arba
suvokti tuos dalykus. Tačiau turintys didžiulę patirtį Vedų literatū-
ros tyrinėtojai labai daug sužino apie Kṛṣṇą iš Vedų raštų. Auto-
ritetingoje literatūroje pateikta daug taisyklių, ir kas nori suprasti
Kṛṣṇą, turi jų laikytis. Rūsti askezė gali būti atliekama pagal tas
taisykles. Pavyzdžiui, galima pasninkauti per Janmāṣṭamį (Kṛṣṇos
apsireiškimo dieną) ir per Ekādaśį (vienuoliktą dieną po mėnulio
jaunaties ir vienuoliktą dieną po mėnulio pilnaties). Kalbant apie
šalpą, aišku, kad ji skirtina Kṛṣṇos bhaktams, pasiaukojamai Jam
tarnaujantiems ir skleidžiantiems Kṛṣṇos filosofiją arba Kṛṣṇos
sąmonę visame pasaulyje. Kṛṣṇos sąmonė – tai žmonijos palaimi-
nimas. Rūpa Gosvāmis pripažino Viešpatį Caitanyą pačia labda-
ringiausia asmenybe, nes Jis dosniai dalijo žmonėms meilę Kṛṣṇai,
kurią taip sunku pelnyti. Taigi jei žmogus aukoja tam tikrą pinigų
sumą Kṛṣṇos sąmonę skleidžiantiems žmonėms, jo teikiama lab-
dara, skirta Kṛṣṇos sąmonei skleisti, yra didžiausia pasaulyje. Kai
žmogus garbina Dievą pagal garbinimo šventykloje reikalavimus
(Indijos šventyklose visada stovi kokia nors skulptūra – dažniausiai
Viṣṇu ar Kṛṣṇos), tai šitaip pagerbdamas ir šlovindamas Aukš-
čiausiąjį Dievo Asmenį, jis gauna galimybę tobulėti. Pradedan-
tiems pasiaukojimo Viešpačiui tarnystę garbinimas šventykloje itin
svarbus. Apie tai liudija ir Vedų raštai („Śvetāśvatara Upaniṣada"
6.23):

yasya deve parā bhaktir · yathā deve tathā gurau
tasyaite kathitā hy arthāḥ · prakāśante mahātmanaḥ

Kas beatodairiškai atsidavė Aukščiausiajam Viešpačiui ir kam
vadovauja dvasinis mokytojas, kuriuo jis taip pat šventai tiki, tas
per apreiškimą gali išvysti Aukščiausiąjį Dievo Asmenį. Kṛṣṇa spe-
kuliatyviais samprotavimais nesuvokiamas. Kas nesimokė pas *bona
fide* dvasinį mokytoją, tas net iš tolo nesuvoks Kṛṣṇos. Čia sąmo-
ningai pavartotas žodis *tu,* kuris ir parodo, kad joks kitas Kṛṣṇos
pažinimo būdas netinka, negali būti rekomenduojamas ir neatneš
sėkmės.

Kṛṣṇos asmeniškas dvirankis ir keturrankis pavidalai iš esmės skiriasi nuo Arjunai apreikšto laikino visatos pavidalo. Keturrankis Nārāyaṇos ir dvirankis Kṛṣṇos pavidalai yra amžini ir transcendentiniai, o Arjunai apreikštas visatos pavidalas – laikinas. Pats žodis *su-durdarśam,* kuris reiškia „sunku matyti", pažymi, kad niekas anksčiau šio visatos pavidalo nebuvo matęs. Taip pat jis leidžia suprasti, kad nebuvo būtinybės apreikšti jį bhaktams. Tą pavidalą Kṛṣṇa apreiškė Arjunos prašomas, kad ateityje, kam nors pasiskelbus Dievo inkarnacija, žmonės galėtų pareikalauti, kad apsišaukėlis apreikštų visatos pavidalą.

Ankstesniame posme ne kartą vartotas žodis *na* pažymi, kad žmogui nederėtų labai didžiuotis akademiniu Vedų raštų išmanymu. Reikia įsijungti į pasiaukojimo tarnystę Kṛṣṇai ir tik tuomet galima mėginti rašyti „Bhagavad-gītos" komentarus.

Iš visatos pavidalo Kṛṣṇa atsimaino į keturrankį Nārāyaṇą, o po to įgauna Savo tikrąjį dvirankį pavidalą. Tai rodo, kad keturrankiai ir kiti pavidalai, minimi Vedų raštuose, yra pirminio dvirankio Kṛṣṇos skleidiniai. Jis – visų skleidinių šaltinis. Jis skiriasi net ir nuo šių pavidalų, nekalbant jau apie beasmenį aspektą. Apie keturrankius Kṛṣṇos pavidalus Vedose aiškiai pasakyta, kad net artimiausias Kṛṣṇai keturrankis Jo pavidalas – Mahā-Viṣṇu, gulintis kosmoso vandenyne ir įkvepiantis bei iškvepiantis aibes visatų, taip pat yra Aukščiausiojo Viešpaties ekspansija. „Brahma-saṁhitoje" (5.48) sakoma:

yasyaika-niśvasita-kālam athāvalambya
jīvanti loma-vila-jā jagad-aṇḍa-nāthāḥ
viṣṇur mahān sa iha yasya kalā-viśeṣo
govindam ādi-puruṣaṁ tam ahaṁ bhajāmi

„Mahā-Viṣṇu, į kurį Jam alsuojant įeina ir išeina nesuskaičiuojama daugybė visatų, yra pilnutinė Kṛṣṇos ekspansija. Štai kodėl aš garbinu Govindą, Kṛṣṇą – visų priežasčių priežastį." Tad reikia garbinti asmenišką Kṛṣṇos pavidalą, kaip Aukščiausiąjį Dievo Asmenį, kupiną amžinos palaimos ir žinojimo. Jis   visų Viṣṇu, visų inkarnacijų šaltinis ir, „Bhagavad-gītos" tvirtinimu, pirminis Aukščiausiasis Asmuo.

Vedų raštuose („Gopāla-tāpanī Upaniṣada" 1.1) randame šiuos žodžius:

sac-cid-ānanda-rūpāya · kṛṣṇāyākliṣṭa-kāriṇe
namo vedānta-vedyāya · gurave buddhi-sākṣiṇe

„Pagarbiai lenkiuosi Kṛṣṇai, kurio pavidalas transcendentinis, palaimingas, amžinas ir kupinas žinojimo. Reiškiu Jam savo pagarbą, nes suprasti Jį – vadinasi, suprasti Vedas, todėl Jis – vyriausias dvasinis mokytojas." Toliau sakoma, kad: *kṛṣṇo vai paramaṁ daivatam* – „Kṛṣṇa – Aukščiausiasis Dievo Asmuo." („Gopāla-tāpanī Upaniṣada" 1.3) *Eko vaśī sarva-gaḥ kṛṣṇa īḍyaḥ:* „Tiktai Kṛṣṇa yra Aukščiausiasis Dievo Asmuo, tasai, kurį reikia garbinti." *Eko 'pi san bahudhā yo 'vabhāti:* „Kṛṣṇa – vienas, tačiau sukuria nesuskaičiuojamą daugybę Savo formų ir inkarnacijų." („Gopāla-tāpanī Upaniṣada" 1.21)

„Brahma-saṁhitoje" (5.1) pasakyta:

īśvaraḥ paramaḥ kṛṣṇaḥ · sac-cid-ānanda-vigrahaḥ
anādir ādir govindaḥ · sarva-kāraṇa-kāraṇam

„Kṛṣṇa – Aukščiausiasis Dievo Asmuo, Jo kūnas amžinas, kupinas žinojimo ir palaimos. Jis neturi pradžios, nes Jis – visko pradžia. Jis yra visų priežasčių priežastis."

Kitoje vietoje sakoma: *yatrāvatīrṇaṁ kṛṣṇākhyaṁ paraṁ brahma narākṛti* – „Aukščiausioji Absoliuti Tiesa yra asmuo. Jo vardas – Kṛṣṇa, ir kartais Jis nužengia į šią žemę." „Śrīmad-Bhāgavatam" mes randame aprašytas visas Aukščiausiojo Dievo Asmens inkarnacijas ir jų sąraše minimas Kṛṣṇos vardas. Bet toliau sakoma, kad Kṛṣṇa – ne Dievo inkarnacija, o Patsai pirminis Aukščiausiasis Dievo Asmuo (*ete cāṁśa-kalāḥ puṁsaḥ kṛṣṇas tu bhagavān svayam*).

„Bhagavad-gītoje" Viešpats taip pat sako: *mattaḥ parataraṁ nānyat* – „Nieko nėra aukščiau už Mano, Dievo Asmens, Kṛṣṇos, pavidalą." Kitoje „Bhagavad-gītos" vietoje Jis pareiškia: *aham ādir hi devānām* – „Aš esu visų pusdievių pradžia." Iš Kṛṣṇos supratęs „Bhagavad-gītos" esmę, Arjuna irgi patvirtina tą mintį šiais žodžiais: *param brahma param dhāma pavitraṁ paramaṁ bhavān* – „Dabar aš visiškai supratau, kad Tu – Aukščiausiasis Dievo Asmuo, Absoliuti Tiesa, ir kad Tu – visa ko prieglobstis." Todėl Arjunai apreikštas Kṛṣṇos visatos pavidalas nėra pirminė Dievo forma. Pirminis yra Kṛṣṇos pavidalas. O visatos pavidalas su tūkstančiais tūkstančių galvų ir rankų buvo apreikštas tik tam, kad patrauktų Dievo nemylinčių žmonių dėmesį. Jis nėra pirminis Dievo pavidalas.

Tyrų bhaktų, kurių meilė Viešpačiui reiškiasi įvairiais transcendentiniais ryšiais, visatos pavidalas nevilioja. Aukščiausiasis Viešpats atsako į transcendentinę meilę Savo pirminiu Kṛṣṇos pavidalu. Todėl Arjunai, kurį su Kṛṣṇa siejo artimi draugystės saitai, visatos pavidalas teikė ne džiaugsmą, o veikiau baugino. Arjuna, kaip nuolatinis Kṛṣṇos palydovas, turėjo transcendentinį regėjimą, jis buvo neeilinis žmogus. Todėl visatos pavidalas jo nesužavėjo. Visatos pavidalas gali stebinti tuos, kurie karmine veikla siekia aukštesnės padėties. Tačiau su pasiaukojimu tarnaujantiems dvirankis Kṛṣṇa – pats brangiausias.

मत्कर्मकृन्मत्परमो मद्भक्तः सङ्गवर्जितः ।   11.55
निर्वैरः सर्वभूतेषु यः स मामेति पाण्डव ॥५५॥

mat-karma-kṛn mat-paramo · mad-bhaktaḥ saṅga-varjitaḥ
nirvairaḥ sarva-bhūteṣu · yaḥ sa mām eti pāṇḍava

mat-karma-kṛt – atlikdamas darbą skirtą Man; *mat-paramaḥ* – laikydamas Mane Aukščiausiuoju; *mat-bhaktaḥ* – atlikdamas pasiaukojimo tarnystę Man; *saṅga-varjitaḥ* – nesusitepęs karmine veikla ir spekuliatyviais samprotavimais; *nirvairaḥ* – be priešiškumo; *sarva-bhūteṣu* – visoms gyvosioms esybėms; *yaḥ* – tas, kuris; *saḥ* – jis; *mām* — pas Mane; *eti* – ateina; *pāṇḍava* – Pāṇḍu sūnau.

Visatos pavidalas

Mano brangus Arjuna, kas tyrai atlieka pasiaukojimo tarnystę Man, kas nesusitepęs karmine veikla bei spekuliatyviais samprotavimais, kas darbuojasi Man, kam Aš esu aukščiausias gyvenimo tikslas ir kas yra draugiškas visoms gyvosioms būtybėms, tas tikrai ateina pas Mane.

Kas nori prisiartinti prie aukščiausio iš visų Dievo Asmenų Kṛṣṇalokos planetoje, kuri yra dvasiniame danguje, ir užmegzti su Aukščiausiuoju Asmeniu, Kṛṣṇa, artimą ryšį, tas turi pasinaudoti šia, Paties Aukščiausiojo pateikta formule. Todėl šis posmas laikomas „Bhagavad-gītos" esme. „Bhagavad-gītā" – knyga, skirta sąlygotoms sieloms, kurios gyvena materialiame pasaulyje ir siekia viešpatauti gamtoje, nieko nežinodamos apie tikrą dvasinį gyvenimą. „Bhagavad-gītos" uždavinys – parodyti, kaip turėtume suprasti savo dvasinę būtį ir amžiną santykį su aukščiausia dvasine asmenybe, bei pamokyti, kaip sugrįžti namo, atgal pas Dievą. Posmas aiškiai nusako procesą, kuris padės pasiekti sėkmę dvasinėje veikloje – pasiaukojimo tarnystę.

Kalbant apie veiklą pažymima, kad visą savo energiją reikia nukreipti į Kṛṣṇos sąmonės veiklą. „Bhakti-rasāmṛta-sindhu" (2.255) teigiama:

anāsaktasya viṣayān · yathārham upayuñjataḥ
nirbandhaḥ kṛṣṇa-sambandhe · yuktaṁ vairāgyam ucyate

Žmogus teturėtų dirbti darbą, kuris siejasi su Kṛṣṇa. Toks darbas vadinasi *kṛṣṇa-karma.* Galima užsiimti įvairiausia veikla, tačiau nereikia prisirišti prie jos rezultato – jį reikia skirti tik Kṛṣṇai. Pavyzdžiui, žmogus gali verstis komercine veikla, tačiau turėtų ją transformuoti į Kṛṣṇos sąmonę: paskirti ją Kṛṣṇai. Jei Kṛṣṇa yra verslo savininkas, tai turi naudotis ir jo pelnu. Jei komersantui priklauso tūkstančiai tūkstančių dolerių, ir jis gali paaukoti juos Kṛṣṇai, tai šitaip jis ir turėtų pasielgti. Tokia yra veikla Kṛṣṇai. Užuot statęs didžiulį namą, kad patenkintų jusles, jis gali pastatyti puikią šventyklą Kṛṣṇai, instaliuoti joje Kṛṣṇos Dievybę ir pasirūpinti, kad Jai būtų tarnaujama taip, kaip nurodo autorizuotos knygos apie pasiaukojimo tarnystę. Visa tai yra *kṛṣṇa-karma*. Nereikia prisirišti prie savo darbo rezultatų, reikia aukoti juos Kṛṣṇai ir pasitenkinti *prasādam* – aukos Kṛṣṇai likučiais. Pastačius Kṛṣṇai didingą pastatą ir instaliavus jame Kṛṣṇos Dievybę, galima tenai ir gyventi, tačiau pastato savininku reikia laikyti Kṛṣṇą. Tai ir vadinasi Kṛṣṇos sąmonė. Kas neišgali pastatyti Kṛṣṇai šventyklos, tegu ją bent tvarko. Tokia veikla taip pat yra *kṛṣṇa-karma*. Galima užsiimti sodininkyste. Kas turi žemės (bent jau Indijoje kiekvienas vargšas turi nedidelį žemės sklypelį), tegu augina gėles ir jas aukoja Kṛṣṇai. Galima sodinti *tulasī*, labai vertinamą už jos lapelius. Tai daryti Kṛṣṇa rekomenduoja „Bhagavad-gītoje". *Patraṁ puṣpaṁ phalaṁ toyam*. Kṛṣṇa nori, kad Jam aukotume lapelį, gėlę, vaisių ar truputį vandens – tokia auka Jį patenkina. Čia kalbama būtent apie *tulasī* lapelius. Taigi galima pasodinti *tulasī* ir laistyti medelį vandeniu. Šitaip tarnauti Kṛṣṇai gali net pats didžiausias vargšas. Štai keletas pavyzdžių, nurodančių kaip dirbti Kṛṣṇai.

Žodis *mat-paramaḥ* nurodo žmogų, kuriam bendravimas su Kṛṣṇa Jo aukščiausioje buveinėje – gyvenimo tobulumo viršūnė. Toks žmogus netrokšta pasikelti nei į aukštesnes planetas – Mėnulį ar Saulę, nei į dangaus planetas, nei į aukščiausią visatos planetą – Brahmaloką. Jo tai nevilioja. Vienintelis jo siekis – dvasinis dangus. Net ir įsiliejimas į akinantį *brahmajyoti* spindesį dvasiniame danguje jam neteikia džiaugsmo, nes jis trokšta patekti į pačią aukščiausią dvasinę planetą – Kṛṣṇaloką, Goloką Vṛndāvaną. Jis viską žino apie šią planetą, ir jokia kita planeta jo nedomina. Žodžiu *mad-bhaktaḥ* pažymima, kad jis visiškai pasišventęs tarnauja devyniais pasiaukojimo veiklos būdais: klausosi apie Viešpatį, pasakoja apie Jį, prisimena Jį, garbina Jį, tarnauja Jo lotosinėms pėdoms, aukoja Jam maldas, vykdo Jo įsakymus, draugauja su Juo ir viską Jam atiduoda. Galima praktikuoti visus devynis pasiaukojimo būdus, galima – tik aštuonis, septynis ar nors vieną jų. Taip žmogus taps išties tobulas.

Labai reikšmingas terminas *saṅga-varjitaḥ*. Nereikia bendrauti su Kṛṣṇai priešiškais žmonėmis. Prieš Kṛṣṇą nusiteikę ne tik ateistai, bet ir tie, kuriuos traukia karminė veikla bei spekuliatyvūs samprotavimai. Todėl tyra pasiaukojimo tarnystė taip apibūdinta „Bhakti-rasāmṛta-sindhu" (1.1.11):

anyābhilāṣitā-śūnyaṁ · jñāna-karmādy-anāvṛtam
ānukūlyena kṛṣṇānu- śīlanaṁ bhaktir uttamā

Šiame posme Śrīla Rūpa Gosvāmis aiškiai pareiškia, kad kiekvienas, kas nori atsidėti besąlyginei pasiaukojimo tarnystei, privalo nusiplauti bet kokias materijos nešvarybes. Jis neturi bendrauti su žmonėmis, linkusiais į karminę veiklą bei spekuliatyvius samprotavimus. Kas atsisako tokio nepageidaujamo bendravimo ir nusiplauna nešvarybes – materialius norus, tas sėkmingai eina Kṛṣṇos pažinimo keliu. Tai ir yra gryna pasiaukojimo tarnystė. *Ānukūlyasya saṅkalpaḥ prātikūlyasya varjanam* („Hari-bhakti-vilāsa" 11.676). Reikia galvoti apie Kṛṣṇą ir veikti ne priešiškai, o palankiai nusiteikus Kṛṣṇos atžvilgiu. Kaṁsa buvo Kṛṣṇos priešas. Nuo pat Kṛṣṇos gimimo jis kūrė įvairiausius planus kaip Jį nužudyti, bet kadangi jam nesisekdavo, jis nuolat galvojo apie Kṛṣṇą. Dirbdamas, valgydamas, miegodamas – jis visada buvo įsisąmoninęs Kṛṣṇą. Tačiau tokio pobūdžio Kṛṣṇos sąmonė nebuvo palanki. Taigi nors Kaṁsa nuolatos, dvidešimt keturias valandas per parą galvojo apie Kṛṣṇą, jis buvo demonas ir galų gale Kṛṣṇa jį nukovė. Žinoma, kiekvienas, kurį Kṛṣṇos nužudytasis tuoj pat gauna išsivadavimą, tačiau tyras bhaktas to nesiekia. Tyras bhaktas išsivadavimo net nenori. Jis netrokšta persikelti ir į pačią aukščiausią planetą – Goloką Vṛndāvaną. Kad ir kur jis būtų, vienintelis jo tikslas – tarnauti Kṛṣṇai.

Kṛṣṇos bhaktas draugiškas visiems. Todėl posme pasakyta, kad jis neturi priešų (*nirvairaḥ*). Kaip tai įmanoma? Kṛṣṇą įsisąmoninęs bhaktas supranta, kad tik pasiaukojimo tarnystė Kṛṣṇai tegali išvaduoti žmogų iš visų gyvenimo rūpesčių. Jis tai žino iš savo patirties, todėl ir nori žmonių visuomenėje įdiegti Kṛṣṇos sąmonės sistemą. Istorija žino daug pavyzdžių, kai Viešpaties bhaktai rizikavo savo gyvybe, skleisdami Dievo sąmonę. Geriausias pavyzdys – Viešpats Jėzus Kristus. Nebhaktai jį nukryžiavo, bet savo gyvybę jis paaukojo, kad plistų Dievo sąmonė. Žinoma, naivu būtų manyti, kad jis buvo nužudytas. Indijoje taip pat yra daug tokių pavyzdžių, tarkim, Ṭhākura Haridāsa ir Prahlāda Mahārāja. Kodėl jie rizikavo? Todėl, kad norėjo skleisti Kṛṣṇos sąmonę, o tai nėra lengva. Kṛṣṇą įsisąmoninęs žmogus žino, kad jei kas kenčia, tai kenčia todėl, kad užmiršo savo amžiną ryšį su Kṛṣṇa. Taigi didžiausia nauda, kokią tik galima duoti žmonijai – išvaduoti savo artimą iš visų materialių rūpesčių. Taip tyras bhaktas tarnauja Viešpačiui. Galima tik įsivaizduoti, koks maloningas Kṛṣṇa Jam tarnaujantiems ir viskuo dėl Jo rizikuojantiems. Todėl atsiskyrę nuo kūno, jie, be abejonės, pasiekia aukščiausią planetą.

Trumpai tariant, visatos pavidalą (kuris yra laikina apraiška), visa naikinantį laiko pavidalą ir keturrankį Viṣṇu pavidalą – visus juos apreiškė Kṛṣṇa. Todėl Kṛṣṇa yra šių apraiškų šaltinis. Kṛṣṇa nėra pirminio *viśva-rūpos*, arba Viṣṇu, apraiška. Jis – visų formų pradžia. Egzistuoja šimtai tūkstančių Viṣṇu, tačiau bhaktui iš visų Kṛṣṇos pavidalų brangiausias yra pirminis pavidalas – dvirankis Śyāmasundara. „Brahma-saṁhitoje" teigiama, kad būtybės, mylinčios Śyāmasundaros pavidalo Kṛṣṇą ir Jam pasiaukojusios, savo širdy visada regi tik Jį ir nieką kitą. Todėl turėtų būti aišku, kad vienuolikto skyriaus tikslas – parodyti, jog Kṛṣṇos pavidalas yra svarbiausias ir aukščiausias.

Taip Bhaktivedanta baigia komentuoti vienuoliktą „Śrīmad Bhagavad-gītos" skyrių, pavadintą „Visatos pavidalas".

Pasiaukojimo tarnystė

अर्जुन उवाच 12.1
एवं सततयुक्ता ये भक्तास्त्वां पर्युपासते ।
ये चाप्यक्षरमव्यक्तं तेषां के योगवित्तमाः ॥ १ ॥

arjuna uvāca
evaṁ satata-yuktā ye · bhaktās tvāṁ paryupāsate
ye cāpy akṣaram avyaktaṁ · teṣāṁ ke yoga-vittamāḥ

arjunaḥ uvāca – Arjuna tarė; *evam* – taip; *satata* – visada; *yuktāḥ* – užsiėmę; *ye* – tie, kurie; *bhaktāḥ* – bhaktai; *tvām* – Tave; *paryupāsate* – teisingai garbina; *ye* – tie, kurie; *ca* – taip pat; *api* – vėl; *akṣaram* – virš juslių; *avyaktam* – neišreikštą; *teṣām* – iš jų; *ke* – kas; *yoga-vit-tamāḥ* – tobuliausi *yogos* žinovai.

Arjuna paklausė: Kuriuos laikyti tobulesniais – ar visada deramai, su pasiaukojimu tarnaujančius Tau, ar garbinančius beasmenį Brahmaną, neišreikštąjį?

Kṛṣṇa jau kalbėjo apie asmenišką, beasmenį ir kosminį aspektus bei apibūdino bhaktų ir *yogų* kategorijas. Įprasta transcendentalistus skirstyti į dvi grupes: impersonalistus ir personalistus. Bhaktas personalistas visas savo jėgas skiria tarnauti Aukščiausiajam

Viešpačiui. Impersonalistas taip pat tarnauja Viešpačiui, tačiau netiesiogiai: jis medituoja beasmenį Brahmaną, neišreikštąjį.

Iš šio skyriaus sužinosime, jog iš įvairiausių Absoliučios Tiesos suvokimo metodų *bhakti-yoga*, pasiaukojimo tarnystė, yra aukščiausia. Jei žmogus nori užmegzti ryšius su Aukščiausiuoju Dievo Asmeniu, jis turi įsijungti į pasiaukojimo tarnystę.

Žmonės, tiesiogiai garbinantys Aukščiausiąjį Viešpatį per pasiaukojimo tarnystę, vadinami personalistais, o medituojantys beasmenį Brahmaną – impersonalistais. Taigi Arjuna ir klausia, kuris kelias geresnis. Absoliučiai Tiesai pažinti yra įvairių būdų, ir šiame skyriuje Kṛṣṇa nurodo, kad *bhakti-yoga,* arba pasiaukojimo tarnystė Jam – visų aukščiausia. Tai pats tiesiausias ir lengviausias kelias bendrauti su Dievu.

Antrame „Bhagavad-gītos" skyriuje Aukščiausiasis Viešpats aiškino, kad gyvoji esybė – ne materialus kūnas, o dvasinė kibirkštis. O Absoliuti Tiesa – tai dvasinė visuma. Septintame skyriuje Jis kalbėjo apie gyvąją esybę, kaip apie neatskiriamą aukščiausios visumos dalelę, ir patarė skirti visą dėmesį visumai. Aštuntame skyriuje vėlgi sakoma, kad kiekvienas, kas palieka kūną galvodamas apie Kṛṣṇą, tuoj pat patenka į dvasinį dangų, į Kṛṣṇos buveinę, o šešto skyriaus pabaigoje Viešpats aiškiai sako, kad tas, kuris visada galvoja apie Kṛṣṇą, yra tobuliausias iš visų *yogų.* Tad, iš esmės, kiekvienas skyrius daro išvadą, kad reikia būti prisirišus prie Kṛṣṇos asmeniško pavidalo, nes tai – aukščiausias dvasinis pažinimas.

Vis dėlto yra tokių, kurie nejunta potraukio Kṛṣṇos asmeniškam pavidalui. Jie tokie abejingi Kṛṣṇos asmeniškam pavidalui, kad rengdami komentarus „Bhagavad-gītai" stengiasi ir kitus atitraukti nuo Jo, nukreipti jų pasiaukojimą į beasmenį *brahmajyoti.* Jie mieliau medituoja beasmenį, juslėms nepasiekiamą, neišreikštą Absoliučios Tiesos pavidalą.

Taigi yra dvi transcendentalistų grupės. Arjuna stengiasi suprasti, kuris jų pasirinktų kelių lengvesnis ir kuri grupė – tobulesnė. Kitaip sakant, jis stengiasi išsiaiškinti savo padėtį, nes jam malonesnis Kṛṣṇos asmeniškas pavidalas, o ne beasmenis Brahmanas. Jis nori įsitikinti, ar jo padėtis yra patikima. Labai sunku medituoti beasmenę Aukščiausiojo Viešpaties apraišką, egzistuojančią materialiame ir dvasiniame pasaulyje. Iš tikrųjų tobulai suvokti beasmenį Aukščiausiosios Tiesos aspektą neįmanoma. Todėl Arjuna tarsi nori pasakyti: „Kam veltui gaišti laiką?" Vienuoliktame skyriuje rašoma, kad Arjuna patiria, jog geriausia prisirišti prie Kṛṣṇos asmeniško pavidalo, kadangi taip savaime pažįstami kiti pavidalai ir niekas netrukdo mylėti Kṛṣṇą. Šis svarbus klausimas, kurį Arjuna uždavė Kṛṣṇai, padeda išsiaiškinti skirtumą tarp impersonalios ir personalios Absoliučios Tiesos sampratų.

श्रीभगवानुवाच   12.2
मय्यावेश्य मनो ये मां नित्ययुक्ता उपासते ।
श्रद्धया परयोपेतास्ते मे युक्ततमा मताः ॥ २ ॥

śrī-bhagavān uvāca
mayy āveśya mano ye mām · nitya-yuktā upāsate
śraddhayā parayopetās · te me yukta-tamā matāḥ

śrī-bhagavān uvāca – Aukščiausiasis Dievo Asmuo tarė; *mayi* – į Mane; *āveśya* – sutelkdami; *manaḥ* – protą; *ye* – tie, kurie; *mām* – Mane; *nitya* – visada; *yuktāḥ* – užsiėmę; *upāsate* – garbina; *śraddhayā* – tikėjimu apdovanoti; *parayā* – transcendentiniu; *upetāḥ* – apdovanoti; *te* – jie; *me* – Mano; *yukta-tamāḥ* – pasiekę *yogos* tobulumą; *matāḥ* – laikomi.

Aukščiausiasis Dievo Asmuo tarė: Tuos, kurie savo protą sutelkia į Mano asmenišką pavidalą ir visada garbina Mane su didžiu transcendentiniu tikėjimu, Aš laikau pačiais tobuliausiais.

Atsakydamas į Arjunos klausimą, Kṛṣṇa aiškiai sako, kad tas, kuris protą sutelkia į Jo asmenišką pavidalą ir tikėdamas bei pasiaukojęs Jį garbina, laikomas pačiu tobuliausiu *yogu*. Visiškai Kṛṣṇą įsisąmoninęs žmogus neatlieka jokios materialios veiklos, nes viską

skiria Kṛṣṇai. Tyras bhaktas visada tarnauja: kartoja ar gieda Vieš-
paties vardus, klausosi ar skaito knygas apie Kṛṣṇą, gamina *prasā-
dam* ar eina nupirkti ką nors Kṛṣṇai, tvarko šventyklą ar plauna
indus – kad ir ką jis darytų, viską skiria Kṛṣṇai ir nepraleidžia nė
akimirkos Jam netarnaudamas. Tai visiškas *samādhi*.

ये त्वक्षरमनिर्देश्यमव्यक्तं पर्युपासते ।
सर्वत्रगमचिन्त्यं च कूटस्थमचलं ध्रुवम् ॥ ३ ॥

12.3–4

सन्नियम्येन्द्रियग्रामं सर्वत्र समबुद्धयः ।
ते प्राप्नुवन्ति मामेव सर्वभूतहिते रताः ॥ ४ ॥

ye tv akṣaram anirdeśyam · avyaktaṁ paryupāsate
sarvatra-gam acintyaṁ ca · kūṭa-stham acalaṁ dhruvam

sanniyamyendriya-grāmaṁ · sarvatra sama-buddhayaḥ
te prāpnuvanti mām eva · sarva-bhūta-hite ratāḥ

ye – tie, kurie; *tu* – tačiau; *akṣaram* – tai, kas juslėmis nepati-
riama; *anirdeśyam* – nenusakomą; *avyaktam* – neišreikštą; *paryupā-
sate* – visiškai atsidėję garbina; *sarvatra-gam* – visa persmelkiantį;
acintyam – nesuvokiamą; *ca* – taip pat; *kūṭa-stham* – nekintamą;
acalam – nejudamą; *dhruvam* – pastovų; *sanniyamya* – valdydami;
indriya-grāmam – visas jusles; *sarvatra* – visur; *sama-buddhayaḥ* –
lygiai nusiteikę; *te* – jie; *prāpnuvanti* – pasiekia; *mām* – Mane;
eva – tikrai; *sarva-bhūta-hite* – visų gyvųjų esybių gerovei; *ratāḥ* –
užsiėmę.

**Tačiau tie, kurie garbina neišreikštąjį, juslėms nepatiriamą, visa
persmelkiantį, nesuvokiamą, nekintamą, pastovų bei nejudamą –
beasmenį Absoliučios Tiesos aspektą – tie, valdydami jusles,
lygiai nusiteikę kitų atžvilgiu ir dirbdami visų gerovei, galiausiai
pasiekia Mane.**

Kas tiesiogiai negarbina Aukščiausiojo Dievo, Kṛṣṇos, o stengiasi
siekti šio tikslo (Śrī Kṛṣṇos) aplinkiniu keliu, galiausiai taip pat Jį

pasiekia. „Po daugybės gimimų išmintingas žmogus pradeda ieškoti prieglobsčio Manyje, nes supranta, kad Vāsudeva yra viskas." Kai po daugybės gimimų žmogus pasiekia visišką žinojimą, jis atsiduoda Viešpačiui Kṛṣṇai. Jeigu jis siekia Dievo šiame posme aprašytu būdu, jis turi valdyti jusles, tarnauti visoms būtybėms ir dirbti jų gerovei. Iš čia kyla išvada: reikia kreiptis į Viešpatį Kṛṣṇą, nes kitaip tobulas pažinimas neįmanomas. Prieš visiškai atsiduodant Jam, dažnai tenka atlikti dideles askezes.

Tam, kad patirtume individualioje sieloje glūdint Supersielą, turime sustabdyti juslių aktyvumą: nematyti, negirdėti, nejusti skonio, neveikti etc. Tik tuomet suprasime, kad Aukščiausioji Siela yra visur. Suvokus tai, nejaučiama priešiškumo nė vienai gyvajai esybei – neskirstoma tarp žmogaus ir gyvūno, nes matoma tiktai siela, o ne viršutinis apvalkalas. Tačiau paprastam žmogui beasmenio aspekto pažinimo metodas yra pernelyg sudėtingas.

क्लेशोऽधिकतरस्तेषामव्यक्तासक्तचेतसाम् ।   12.5
अव्यक्ता हि गतिर्दुःखं देहवद्भिरवाप्यते ॥ ५ ॥

kleśo 'dhika-taras teṣām · avyaktāsakta-cetasām
avyaktā hi gatir duḥkham · dehavadbhir avāpyate

kleśaḥ – sunkumai; *adhika-taraḥ* – labai dideli; *teṣām* – tų; *avyakta* – prie neišreikšto; *āsakta* – prisirišusios; *cetasām* – kurių mintys; *avyaktā* – į neišreikštą; *hi* – tikrai; *gatiḥ* – pažanga; *duḥkham* – su vargu; *deha-vadbhiḥ* – įkūnytų; *avāpyate* – pasiekiama.

Labai sunku tobulėti tiems, kurių protas prisirišęs prie neišreikšto, beasmenio Aukščiausiojo aspekto. Pažengti šio mokslo srityje visada nelengva tiems, kurie yra įkūnyti.

Transcendentalistai, stoję į nesuvokiamo, neišreikšto beasmenio Aukščiausiojo Viešpaties pažinimo kelią, vadinami *jñāna-yogais,* o žmonės, kurie yra visiškai įsisąmoninę Kṛṣṇą ir atlieka pasiaukojimo tarnystę Viešpačiui – *bhakti-yogais.* Šie posmai aiškiai nusako skirtumą tarp *jñāna-yogos* ir *bhakti-yogos. Jñāna-yogos* kelias, nors ir veda į tą patį tikslą, yra labai varginantis, o *bhakti-yogos* kelias, arba tiesioginė tarnystė Aukščiausiajam Dievo Asmeniui, įkūnytai sielai yra natūralus ir lengvas. Individuali siela yra įkūnyta nuo neatmenamų laikų. Jai net teoriškai labai sunku suprasti, kad ji – ne kūnas. Todėl *bhakti-yogas* garbina Kṛṣṇos Dievybę, nes jo prote dar įsitvirtinusi kūniška samprata, kurią jis šitokiu būdu gali pritaikyti. Žinoma, šventykloje įrengtų Aukščiausiojo Dievo Asmens formų garbinimas – ne stabmeldystė. Vedų raštuose yra nuorodų, kad garbinimas gali būti dvejopas: *saguṇa* ir *nirguṇa* – t.y. garbinimas Aukščiausiojo su atributais ir be atributų. Šventykloje įrengtos Dievybės garbinimas yra *saguṇa*, nes čia Viešpatį reprezentuoja materialūs elementai. Nors Viešpatį ir reprezentuoja materija: akmuo, medis ar aliejiniai dažai, tačiau Viešpaties pavidalas nėra materialus. Tokia yra absoliuti Aukščiausiojo Viešpaties prigimtis.

Čia galima pateikti grubų pavyzdį. Gatvėse įrengtos pašto dėžutės, ir jeigu įmesime laišką į vieną iš jų, tai, suprantama, jis nesunkiai pasieks adresatą. O jei įmesime į kokią seną ar netikrą pašto dėžutę, nepriklausančią ryšių skyriui – laiškas nenueis. Lygiai taip Dievą reprezentuoja autorizuota Dievybės forma, kuri vadinasi *arcā-vigraha*. *Arcā-vigraha* – tai Aukščiausiojo Viešpaties inkarnacija. Šia forma Dievas priima tarnystę Jam. Viešpats visagalis, todėl bhakto tarnystę Jis priima per *arcā-vigrahos* inkarnaciją, tuo palengvindamas tarnystę sąlygotą gyvenimą gyvenančiam žmogui.

Taigi bhaktui nesudaro sunkumų tiesiogiai ir iš karto prisiartinti prie Aukščiausiojo, o dvasinio pažinimo kelias tiems, kurie siekia beasmenio Absoliuto, labai sunkus. Studijuodami Vedų raštus – *Upaniṣadas* – impersonalistai turi suvokti neišreikštą Aukščiausiojo aspektą, išmokti šventraščių kalbą, įsivaizduoti nepatiriamus pojūčius ir dar visą tai įgyvendinti. Paprastam žmogui tai nelengva. O Kṛṣṇą įsisąmoninęs žmogus – pasiaukojamai tarnaudamas, *bona fide* dvasinio mokytojo vadovaujamas, nuolat lenkdamasis Dievybei pagal nustatytas taisykles, klausydamasis pasakojimų apie Viešpaties šlovę ir valgydamas Viešpačiui aukoto maisto likučius – labai lengvai patiria Aukščiausiąjį Dievo Asmenį. Nėra abejonės, kad impersonalistai be reikalo renkasi kelią, kuris kupinas pavojų, kartu rizikuodami prieiti jo galą ir visiškai nepatirti Aukščiausiosios Tiesos. Personalistas be jokios rizikos, vargo ir sunkumų tiesiogiai eina į Aukščiausiąjį Asmenį. Analogišką fragmentą rasime ir „Śrīmad-Bhāgavatam": jei žmogui lemta galiausiai atsiduoti Aukščiausiajam Dievo Asmeniui (šis atsidavimo procesas vadinamas *bhakti*), bet užuot tai daręs jis mėgina aiškintis, kas yra Brahmanas ir kas nėra Brahmanas, ir tam paaukoja gyvenimą – jis patiria vien vargą. Todėl čia ir patariama vengti šio kupino pavojų dvasinės savivokos kelio, kadangi neaišku, kas laukia jo gale.

Gyvoji esybė yra amžina individuali siela, ir jeigu ji nori įsilieti į dvasinę visumą, tai gali patirti savo pirminės prigimties amžinumo ir žinojimo aspektus, tačiau nepatirs palaimos aspekto. Kurio nors bhakto malone toks transcendentalistas, gerai įvaldęs *jñāna-yogos* metodą, gali prieiti bhakti-yogą, arba pasiaukojimo tarnystę. Tačiau tada ilga impersonalizmo praktika vėl tampa rūpesčių šaltiniu, kadangi nepajėgiama atsikratyti impersonalizmo idėjos. Taigi ir impersonalizmo praktika, ir neišreikštojo patyrimas, sudaro rimtų sunkumų įkūnytai sielai. Kiekviena gyvoji siela tam tikru mastu yra nepriklausoma, ir būtina įsisąmoninti, kad neišreikštojo patyrimas svetimas jos dvasinio palaimingojo „aš" prigimčiai. Todėl nereikėtų pasirinkti šį procesą. Kiekvienai individualiai gyvajai esybei pats geriausias kelias yra Kṛṣṇos sąmonė, kuri skatina pasiaukojimo tarnystei. Ignoruojančiam pasiaukojimo tarnystę kyla pavojus tapti ateistu. Todėl, kaip buvo sakyta posme, niekuomet, o juo labiau šiais laikais, nepatartina dėmesį telkti į tai, kas neišreikšta ir nesuvokiama, į tai, kas nepasiekiama juslėms. Viešpats Kṛṣṇa nepataria to daryti.

ये तु सर्वाणि कर्माणि मयि सन्न्यस्य मत्पराः ।
अनन्येनैव योगेन मां ध्यायन्त उपासते ॥ ६ ॥

12.6–7

तेषामहं समुद्धर्ता मृत्युसंसारसागरात् ।
भवामि न चिरात्पार्थ मय्यावेशितचेतसाम् ॥ ७ ॥

ye tu sarvāṇi karmāṇi · mayi sannyasya mat-parāḥ
ananyenaiva yogena · māṁ dhyāyanta upāsate

teṣām ahaṁ samuddhartā · mṛtyu-saṁsāra-sāgarāt
bhavāmi na cirāt pārtha · mayy āveśita-cetasām

ye – tie, kurie; *tu* – bet; *sarvāṇi* – visą; *karmāṇi* – veiklą; *mayi* –
Man; *sannyasya* – atiduodami; *mat-parāḥ* – prisirišę prie Manęs;
ananyena – nenukrypdami; *eva* – tikrai; *yogena* – praktikuodami
tokią *bhakti-yogą; māṁ* – Mane; *dhyāyantaḥ* – medituodami; *upā-
sate* – garbina; *teṣām* – jų; *aham* – Aš; *samuddhartā* – išvaduotojas;
mṛtyu – iš mirties; *saṁsāra* – materialioje būtyje; *sāgarāt* – iš vande-
nyno; *bhavāmi* – Aš tampu; *na* – ne; *cirāt* – po ilgo laiko; *pārtha* – o
Pṛthos sūnau; *mayi* – į Mane; *āveśita* – sutelkti; *cetasām* – tų, kurių
protai.

**Tačiau tuos, kurie garbina Mane, skiria Man visą savo veiklą ir
yra nenukrypstamai Man atsidavę, kas atlieka pasiaukojimo tar-
nystę ir visą laiką medituoja Mane, sutelkę į Mane visas savo
mintis, tuos, o Pṛthos sūnau, Aš greitai gelbėju iš gimimo ir
mirties vandenyno.**

Posmas aiškiai sako, kad bhaktus lydi didžiulė sėkmė, nes Viešpats
labai greitai juos išvaduoja iš materialios būties. Tyra pasiaukojimo
tarnystė padeda žmogui patirti Dievo didybę ir suvokti, kad indi-
viduali siela yra Jam pavaldi. Sielos pareiga tarnauti Viešpačiui, ir
jeigu ji to nedarys, jai teks tarnauti *māyai*.

Kaip jau buvo sakyta, Aukščiausiąjį Viešpatį galima deramai
įvertinti tik per pasiaukojimo tarnystę. Todėl reikia visiškai atsi-
dėti Dievui. Norint priartėti prie Kṛṣṇos, į Jį reikia sutelkti visas
savo mintis ir dirbti tik Jam. Kad ir kokį darbą dirbtume, jis
turi būti skirtas tik Kṛṣṇai. Tokia pasiaukojimo tarnystės norma.
Bhaktas netrokšta nieko kito, tik patenkinti Aukščiausiąjį Dievo

Asmenį. Jo gyvenimo tikslas – patenkinti Kṛṣṇą, ir tam jis pasiry-
žęs paaukoti viską, kaip kad Kurukṣetros mūšyje pasielgė Arjuna.
Aukotis labai paprasta: galima dirbti savo darbą pagal veiklos
pobūdį ir tuo pat metu kartoti: Hare Kṛṣṇa, Hare Kṛṣṇa, Kṛṣṇa
Kṛṣṇa, Hare Hare/ Hare Rāma, Hare Rāma, Rāma Rāma, Hare
Hare. Toks transcendentinis kartojimas priartina bhaktą prie
Dievo Asmens.

Šiame posme Aukščiausiasis Viešpats pažada, kad taip Jam tar-
naujantį tyrą bhaktą Jis nedelsdamas išgelbės iš materialios būties
vandenyno. Pasiekusieji *yogos* praktikos aukštumų, jei tik nori,
yogos pagalba gali perkelti savo sielą į bet kurią planetą. Kiti nau-
dojasi kitokiais būdais. O apie bhaktą čia aiškiai pasakyta: jį pasi-
ima Pats Viešpats. Bhaktui nereikia laukti, kol jis sukaups tokią
didelę patirtį, kad pats galėtų pasikelti į dvasinį dangų.

„Varāha Purāṇoje" sutinkame tokį posmą:

nayāmi paramaṁ sthānam · arcir-ādi-gatiṁ vinā
garuḍa-skandham āropya · yatheccham anivāritaḥ

Posmo prasmė ta, kad bhaktui nereikia praktikuoti *aṣṭāṅga-yogos*
savo sielai į dvasines planetas nukreipti. Atsakomybę už ją prisi-
ima Pats Aukščiausiasis Viešpats. Čia Jis aiškiai sako, kad Jis Pats
imsis vaduotojo vaidmens. Tėvai visapusiškai rūpinasi vaiku, todėl
jis saugus. Taip pat ir bhaktui nereikia dėti pastangų, kad *yogos*
praktikos dėka persikeltų į kitas planetas. Veikiau Aukščiausia-
sis Viešpats iš didžios Savo malonės nedelsdamas atvyksta neša-
mas paukščio Garuḍos ir tučtuojau išvaduoja bhaktą iš materialios
būties. Jeigu žmogus – net ir labai geras plaukikas – atsidūrė van-
denyne, vienas jis neišsigelbės, nors ir labai stengtųsi. Tačiau jis
lengvai bus išgelbėtas, jei kas ateis į pagalbą ir ištrauks jį iš van-
dens. Taip Viešpats ištraukia bhaktą iš materialios būties. Terei-
kia praktikuoti nesunkų Kṛṣṇos sąmonės metodą ir visiškai atsidėti
pasiaukojimo tarnystei. Bet kuris protingas žmogus visada mie-
liau pasirinks pasiaukojimo tarnystę, o ne kokį kitą kelią. Apie tai
liudijama ir *Nārāyaṇīyoje*:

yā vai sādhana-sampattiḥ · puruṣārtha-catuṣṭaye
tayā vinā tad āpnoti · naro nārāyaṇāśrayaḥ

Šio posmo esmė ta, kad nedera užsiimti įvairia karmine veikla ar siekti žinių spekuliatyviais samprotavimais. Kas pasiaukojo Aukščiausiajam Asmeniui, tas gauna visas malones, kurias teikia kiti *yogos* procesai, filosofiniai apmąstymai, ritualų atlikimas, aukos, labdara etc. Tokia yra ypatinga pasiaukojimo tarnystės malonė.

Vien tik giedodamas šventąjį Kṛṣṇos vardą – Hare Kṛṣṇa, Hare Kṛṣṇa, Kṛṣṇa Kṛṣṇa, Hare Hare/ Hare Rāma, Hare Rāma, Rāma Rāma, Hare Hare – Viešpaties bhaktas lengvai ir džiaugsmingai pasiekia aukščiausią tikslą, kuris jokiais kitais religiniais keliais nepasiekiamas.

Aštuonioliktame skyriuje pateikiama „Bhagavad-gītos" išvada:

sarva-dharmān parityajya · mām ekaṁ śaraṇaṁ vraja
ahaṁ tvāṁ sarva-pāpebhyo · mokṣayiṣyāmi mā śucaḥ

Reikia atmesti visus kitus dvasinės savivokos būdus ir tiesiog mintis sutelkus į Kṛṣṇą, tarnauti Jam su meile ir atsidavimu. Tai leis pasiekti aukščiausią gyvenimo tobulumą. Neverta krimstis dėl anksčiau gyvenime padarytų nuodėmių, nes Pats Aukščiausiasis Viešpats imasi mus globoti. Nedėkime bergždžių pastangų išsivaduoti, klaidžiodami įvairiais dvasinio pažinimo keliais. Tegu kiekvienas kreipiasi prieglobsčio į Aukščiausiąjį visagalį Dievą, Kṛṣṇą. Toks yra aukščiausias gyvenimo tobulumas.

मय्येव मन आधत्स्व मयि बुद्धिं निवेशय ।   **12.8**
निवसिष्यसि मय्येव अत ऊर्ध्वं न संशयः ॥ ८ ॥

mayy eva mana ādhatsva · mayi buddhiṁ niveśaya
nivasiṣyasi mayy eva · ata ūrdhvaṁ na saṁśayaḥ

mayi – į Mane; *eva* – tikrai; *manaḥ* – protą; *ādhatsva* – sutelk; *mayi* – į Mane, *buddhim* – intelektą; *niveśaya* nukreipk; *nivasi-*

ṣyasi – tu gyvensi; *mayi* – Manyje; *eva* – tikrai; *ataḥ ūrdhvam* – nuo to laiko; *na* – nėra; *saṁśayaḥ* – abejonės.

Sutelk savo protą į Mane – Aukščiausiąjį Dievo Asmenį ir skirk Man savo intelektą. Taip tu visada gyvensi Manyje – tuo nereikia abejoti.

Pasiaukojamai tarnaujantis Viešpačiui Kṛṣṇai palaiko tiesioginius ryšius su Aukščiausiuoju Viešpačiu, todėl jo padėtis, be jokios abejonės, jau iš pat pradžių yra transcendentinė. Bhaktas neegzistuoja materialiu lygiu – jis gyvena Kṛṣṇoje. Šventasis Viešpaties vardas ir Patsai Viešpats nesiskiria vienas nuo kito, todėl bhaktui kartojant „Hare Kṛṣṇa", Kṛṣṇa ir Jo vidinė galia šoka ant bhakto liežuvio. Kai bhaktas aukoja Kṛṣṇai maistą, Kṛṣṇa Pats jį priima, o valgydamas paaukoto maisto likučius, bhaktas persipildo Kṛṣṇa. Nors šį kelią rekomenduoja „Bhagavad-gītā" bei kiti Vedų raštai, netarnaujant Kṛṣṇai neįmanoma suprasti, kaip visa tai vyksta.

अथ चित्तं समाधातुं न शक्नोषि मयि स्थिरम् ।
अभ्यासयोगेन ततो मामिच्छाप्तुं धनञ्जय ॥ ९ ॥   12.9

atha cittaṁ samādhātuṁ · na śaknoṣi mayi sthiram
abhyāsa-yogena tato · mām icchāptuṁ dhanañjaya

atha – todėl, jeigu; *cittam* – protą; *samādhātum* – sutelkti; *na* – ne; *śaknoṣi* – tu sugebi; *mayi* – į Mane; *sthiram* – tvirtai; *abhyāsa-yogena* – praktikuodamas pasiaukojimo tarnystę; *tataḥ* – tada; *mām* – Mane; *icchā* – norą; *āptum* – gauti; *dhanam-jaya* – o turtų laimėtojau, Arjuna.

Mano brangus Arjuna, o turtų laimėtojau, jeigu negali išlaikyti protą visad sutelktą į Mane, tuomet laikykis reguliuojamų bhakti-yogos principų. Šitaip išsiugdysi norą Mane pasiekti.

Posme nurodyti du skirtingi *bhakti-yogos* procesai. Pirmuoju naudojasi tie, kurie transcendentinės meilės dėka jau išsiugdė realų potraukį Kṛṣṇai, Aukščiausiajam Dievo Asmeniui, o kitu – tie, kurie dar neišsiugdė potraukio Aukščiausiajam Asmeniui per transcendentinę meilę. Antrai grupei žmonių nurodytos įvairios taisyklės, kurių laikydamiesi jie galiausiai pasiekia atsidavimo Kṛṣṇai lygį.

Bhakti-yoga – tai juslių apvalymas. Šiuo metu materialioje būtyje juslės nėra tyros, nes jos naudojamos jusliniam pasitenkinimui. Tačiau praktikuojant *bhakti-yogą* juslės apvalomos, o kai jos apvalytos – tiesiogiai susija su Aukščiausiuoju Viešpačiu. Tarkim, gyvendamas materialų gyvenimą aš tarnauju šeimininkui, tačiau darau tai be meilės, tik dėl užmokesčio. Šeimininkas irgi manęs nemyli. Už tarnystę jis atlygina pinigais. Taigi šiuo atveju apie meilę negali būti nė kalbos. O norint gyventi dvasiškai, reikia pasiekti tyros meilės lygį. Tai padarysime pasiaukojimo tarnystės praktika, panaudodami savo jusles.

Dabar meilė Dievui snaudžia mūsų širdyse. Ji reiškiasi įvairiais būdais, tačiau ją teršia materialūs ryšiai. Todėl reikia apvalyti nuo jų širdį ir pažadinti snaudžiančią, prigimtą meilę Kṛṣṇai. Štai ir visas procesas.

Norėdami praktikuoti *bhakti-yogą,* turėtume patyrusio dvasinio mokytojo vadovaujami laikytis tam tikrų nuostatų: keltis anksti rytą, maudytis, eiti į šventyklą melstis ir kartoti „Hare Kṛṣṇa", rinkti bei aukoti Dievybei gėles, gaminti ir aukoti Jai maistą, valgyti *prasādam* ir t.t. Reikia ne tik laikytis įvairių taisyklių, bet ir nuolatos iš tyrų bhaktų klausytis „Bhagavad-gītos" ir „Śrīmad-Bhāgavatam". Tokia praktika padės pasiekti meilės Dievui lygį, ir tuomet žmogus bus tikras, kad eina į dvasinę Dievo karalystę. *Bhakti-yogos* praktika, kai laikomasi taisyklių ir kai jai vadovauja dvasinis mokytojas, būtinai leis mums pasiekti meilės Dievui lygį.

अभ्यासेऽप्यसमर्थोऽसि मत्कर्मपरमो भव । **12.10**
मदर्थमपि कर्माणि कुर्वन् सिद्धिमवाप्स्यसि ॥१०॥

abhyāse 'py asamartho 'si · mat-karma-paramo bhava
mad artham api karmāṇi · kurvan siddhim avāpsyasi

abhyāse – praktikuoti; *api* – net jei; *asamarthaḥ* – nepajėgus; *asi* – tu esi; *mat-karma* – darbui dėl Manęs; *paramaḥ* – pasiaukojęs; *bhava* – būk; *mat-artham* – dėl Manęs; *api* – net; *karmāṇi* – darbą; *kurvan* – atlikdamas; *siddhim* – tobulumą; *avāpsyasi* – tu pasieksi.

Jei negali laikytis bhakti-yogos regulų, tai bent pasistenk dirbti Mano labui, nes Man dirbdamas pasieksi tobulumą.

Net ir nesugebantis laikytis reguliuojamųjų *bhakti-yogos* principų, dvasiniam mokytojui vadovaujant, vis dėlto gali pasiekti tobulumą, jei darbuojasi Aukščiausiajam Viešpačiui. Kaip dirbti tokį darbą, jau buvo aiškinta vienuolikto skyriaus penkiasdešimt penktame posme. Reikia remti Kṛṣṇos sąmonės propagavimą. Kṛṣṇos sąmonę propaguoja daug bhaktų, ir jiems reikalinga pagalba. Taigi kas nesugeba tiesiogiai laikytis reguliuojamų *bhakti-yogos* principų, tas gali prisidėti šiame darbe. Bet kokiam sumanymui įgyvendinti reikalinga žemė, pinigai, organizacija ir darbas. Norint organizuoti komercinę veiklą, reikalinga patalpa, vartojamasis kapitalas, darbo jėga ir tam tikras organizacinis darbas, kad ta veikla plėstųsi. To paties reikia ir tarnaujant Kṛṣṇai. Vienintelis skirtumas tas, kad materialiame gyvenime žmogus dirba dėl juslinio pasitenkinimo. Tačiau tas pats darbas gali būti atliktas Kṛṣṇai patenkinti – o tai jau dvasinė veikla. Kas turi pakankamai lėšų, tas gali prisidėti statant įstaigą ar šventyklą, skirtą propaguoti Kṛṣṇos sąmonę. Arba galima padėti leisti knygas. Veiklos laukas labai platus, ir reikia būti suinteresuotam tokia veikla. Jei žmogus nepajėgia aukoti savo veiklos rezultatų, gali aukoti dalį savo pajamų Kṛṣṇos sąmonės propagavimui. Tokia savanoriška tarnystė Kṛṣṇos sąmonės reikalui padės pasiekti aukščiausią meilės Dievui būvį, o tai – tobulumas.

अथैतदप्यशक्तोऽसि कर्तुं मद्योगमाश्रितः ।
सर्वकर्मफलत्यागं ततः कुरु यतात्मवान् ॥११॥

12.11

athaitad apy aśakto 'si · kartuṁ mad-yogam āśritaḥ
sarva-karma-phala-tyāgaṁ · tataḥ kuru yatātmavān

atha – jeigu net; *etat* – tai; *api* – taip pat; *aśaktaḥ* – nepajėgus; *asi* – tu esi; *kartum* – atlikti; *mat* – Man; *yogam* – pasiaukojimo tarnystėje; *āśritaḥ* – radęs prieglobstį; *sarva-karma* – visos veiklos; *phala* – rezultatų; *tyāgam* – atsižadėjimą; *tataḥ* – tada; *kuru* – atlik; *yata-ātma-vān* – radęs atsparą savyje.

Tačiau jei tu nepajėgi dirbti Man su tokia sąmone, tada pasistenk veikti atsisakydamas visų savo darbo rezultatų ir atrask atsparą savyje.

Gali atsitikti taip, kad dėl socialinių, šeimyninių, religinių išskaičiavimų ar dėl kitų kliūčių žmogus negali prisidėti prie Kṛṣṇos sąmonės veiklos. Tam, kuris tiesiogiai užsiima Kṛṣṇos sąmonės veikla, gali nepritarti šeimos nariai ar gali iškilti kitų sunkumų. Susidūrus su šiomis kliūtimis, patariama savo veiklos rezultatus aukoti kokiam nors kilniam tikslui. Tokį kelią siūlo Vedų taisyklės. Vedos plačiai aprašo aukas ir specialias *puṇyos* funkcijas, arba tam tikrą veiklą, kurioje gali būti panaudoti ankstesnės veiklos rezultatai. Taip žingsnis po žingsnio pasiekiamas žinojimo būvis. Pasitaiko, kad žmogus, net nesidomintis Kṛṣṇos sąmonės veikla, šelpia ligoninę ar kitą visuomeninę įstaigą, atsisako savo sunkaus darbo vaisių. Vedos irgi pataria taip elgtis, nes atsisakant darbo vaisių palengva apsivalo protas, o apvalytam protui tampa suprantama Kṛṣṇos sąmonė. Žinoma, Kṛṣṇos sąmonė yra nepriklausoma nuo kitos patirties, nes ji pati apvalo protą. Tačiau, jei priimdamas Kṛṣṇos sąmonę žmogus susiduria su kliūtimis, jis gali pamėginti atsisakyti savo veiklos rezultatų. Šiuo požiūriu tarnystė visuomenei, bendrijai, tautai, pasiaukojimas savo kraštui etc. – visai priimtini, nes gali išaušti diena, kai žmogus pasieks tyros pasiaukojimo tarnystės Aukščiausiajam Viešpačiui lygį. „Bhagavad-gītoje" (18.46) sutiksime tokius žodžius: *yataḥ pravṛttir bhūtānām* – jei žmogus nusprendžia kažką paaukoti aukščiausiam reikalui, tai net

nežinodamas, kad aukščiausias reikalas – Kṛṣṇa, aukodamas jis
ilgainiui suvoks tai.

श्रेयो हि ज्ञानमभ्यासाज्ज्ञानाद्ध्यानं विशिष्यते ।
ध्यानात्कर्मफलत्यागस्त्यागाच्छान्तिरनन्तरम् ॥१२॥   12.12

śreyo hi jñānam abhyāsāj · jñānād dhyānaṁ viśiṣyate
dhyānāt karma-phala-tyāgas · tyāgāc chāntir anantaram

śreyaḥ – geriau; *hi* – tikrai; *jñānam* – pažinimas; *abhyāsāt* – negu
praktika; *jñānāt* – negu pažinimas; *dhyānam* – meditacija; *viśi-
ṣyate* – laikoma geresne; *dhyānāt* – už meditaciją; *karma-phala-
tyāgāḥ* – karminės veiklos rezultatų atsižadėjimas; *tyāgāt* – iš tokio
atsižadėjimo; *śāntiḥ* – ramybė; *anantaram* – paskui.

**Jei ir to neįstengi, tai gilink žinojimą. Vis dėlto, meditacija –
geriau negu pažinimas, o už meditaciją geriau – veiklos vaisių
atsižadėjimas, nes jų atsižadėjus, pasiekiama proto ramybė.**

Kaip jau minėta ankstesniuose posmuose, yra du pasiaukojimo tar-
nystės būdai: reguliuojamų principų laikymasis ir visiško potrau-
kio Aukščiausiajam Dievo Asmeniui išsiugdymas per meilę. Tiems,
kurie nesugeba laikytis Kṛṣṇos sąmonės principų, geriau gilinti
žinojimą, nes žinojimas padės suvokti savo tikrąją padėtį. Ilgai-
niui žinojimas peraugs į meditaciją, kurios dėka žmogus tolyd-
džio suvoks Aukščiausiąjį Dievo Asmenį. Esama procesų, kuriuose
medituotojas ima tapatinti save su Aukščiausiuoju, bet jei jis nepa-
jėgia atsidėti pasiaukojimo tarnystei, pirmenybė teiktina net ir
tokiai meditacijos rūšiai. Jei jis negali medituoti, Vedų raštai reko-
menduoja vykdyti pareigas, nurodytas brahmanams, *kṣatriyams,*
vaiśyams ir *śūdroms,* apie kurias pasakoja paskutinis „Bhagavad-
gītos" skyrius. Tačiau bet kuriuo atveju būtina atsisakyti savo
darbo rezultatų, ar vaisių. Tai reiškia, kad *karmos* rezultatus reikia
panaudoti kokiam nors kilniam tikslui.

Apibendrinant reikia pasakyti, kad yra du keliai Aukščiausiajam Dievo Asmeniui, aukščiausiam tikslui, pasiekti. Vienas – nuoseklaus tobulėjimo kelias, kitas – tiesioginis. Tiesioginis kelias – tai Kṛṣṇai skirta pasiaukojimo tarnystė. Kitas metodas – veiklos vaisių atsižadėjimas. Taip prieinamas žinojimo lygis, dar tolesnis žingsnis – meditacija, paskui – Supersielos, ir pagaliau – Aukščiausiojo Dievo Asmens suvokimo lygis. Galima pasirinkti ir nuoseklų, ir tiesioginį kelią. Tiesioginis procesas ne visiems įgyvendinamas, todėl netiesioginis procesas irgi tinka. Tačiau turėtų būti aišku, kad netiesioginis kelias nerekomenduojamas Arjunai, nes jis jau pasiekė meilės ir atsidavimo Aukščiausiajam Viešpačiui lygį. Aplinkinis kelias skirtas nepasiekusiems meilės Aukščiausiajam Viešpačiui lygio. Jiems siūlomas nuoseklus procesas: atsižadėjimas, žinojimo gilinimas, meditacija, Supersielos ir Brahmano pažinimas. Tačiau pirmenybę „Bhagavad-gītā" teikia tiesioginiam metodui. Visiems patariama pasirinkti tiesioginį metodą ir atsiduoti Aukščiausiajam Dievo Asmeniui, Kṛṣṇai.

अद्वेष्टा सर्वभूतानां मैत्रः करुण एव च ।
निर्ममो निरहङ्कारः समदुःखसुखः क्षमी ॥१३॥

12.13–14

सन्तुष्टः सततं योगी यतात्मा दृढनिश्चयः ।
मय्यर्पितमनोबुद्धिर्यो मद्भक्तः स मे प्रियः ॥१४॥

adveṣṭā sarva-bhūtānāṁ · maitraḥ karuṇa eva ca
nirmamo nirahaṅkāraḥ · sama-duḥkha-sukhaḥ kṣamī

santuṣṭaḥ satataṁ yogī · yatātmā dṛḍha-niścayaḥ
mayy arpita-mano-buddhir · yo mad-bhaktaḥ sa me priyaḥ

adveṣṭā – nepavydus; *sarva-bhūtānām* – visoms gyvosioms esybėms; *maitraḥ* – draugiškas; *karuṇaḥ* – maloningas; *eva* – tikrai; *ca* – taip pat; *nirmamaḥ* – be nuosavybės jausmo; *nirahaṅkāraḥ* – atsikratęs klaidingos savimonės; *sama* – vienodas; *duḥkha* – kančioje;

sukhaḥ – ir laimėje; *kṣamī* – atlaidus; *santuṣṭaḥ* – patenkintas;
satatam – visuomet; *yogī* – kas atlieka pasiaukojimo veiklą; *yata-
ātmā* – susitvardęs; *dṛḍha-niścayaḥ* – su ryžtu; *mayi* – Manimi;
arpita – užėmęs; *manaḥ* – protą; *buddhiḥ* – ir intelektą; *yaḥ* – tas,
kuris; *mat-bhaktaḥ* – Mano bhaktas; *saḥ* – jis; *me* – Man; *priyaḥ* –
brangus.

Bhaktas, kuris niekam nepavydi ir yra maloningas visų gyvųjų
esybių draugas, kuris nemano, kad jam kas nors priklauso ir
neturi klaidingos savimonės, yra vienodas ir laimėje, ir kan-
čioje, kuris pakantus, visada patenkintas bei susitvardęs, kuris į
Mane sutelkęs protą bei intelektą ryžtingai atlieka pasiaukojimo
tarnystę, toks bhaktas labai brangus Man.

Šiuose dviejuose posmuose Viešpats, dar kartą sugrįždamas prie
tyros pasiaukojimo tarnystės, apibūdina tyro bhakto transcenden-
tines savybes. Tyras bhaktas nesutrinka pakliuvęs į bet kokias
aplinkybes. Jis niekam nepavydi. Bhaktas nepriešiškas netgi savo
priešui. Pasak jo: „Dėl mano paties praeities piktadarysčių tas
žmogus elgiasi taip, tarsi būtų mano priešas, tad verčiau paken-
tėti negu priešintis." „Śrīmad-Bhāgavatam" (10.14.8) teigiama: *tat
te 'nukampāṁ susamīkṣamāṇo bhuñjāna evātma-kṛtaṁ vipākam.*
Kai bhaktas susiduria su kančiomis ir sunkumais, mano, jog tai yra
Viešpaties malonė. Jis galvoja: „Dėl savo praeities piktadarysčių aš
turėčiau kentėti kur kas labiau, negu dabar. Tik Aukščiausiojo gai-
lestingumu išvengiu bausmės, kurios esu nusipelnęs. Tik dėl Aukš-
čiausiojo Dievo Asmens malonės man teko labai menka bausmė."
Tad nepaisant daugelio sunkių aplinkybių, jis visada ramus, santū-
rus ir kantrus. Bhaktas visada visiems geras, net ir savo priešams.
Nirmama reiškia, kad bhaktas neteikia daug dėmesio skausmui ir
negalavimams, kurie tenka kūnui, nes puikiausiai žino, kad jis pats
nėra materialus kūnas. Jis netapatina savęs su kūnu, tad neturi
klaidingos savimonės ir vienodai sutinka ir laimę, ir kančią. Jis
yra pakantus ir pasitenkina tuo, kas gaunama Aukščiausiojo Vieš-
paties malone. Jis nekelia sau sunkiai įgyvendinamų tikslų, todėl

visada yra linksmas. Jis – tobuliausias mistikas, nes tvirtai laikosi dvasinio mokytojo nurodymų, o kadangi jis valdo savo jusles, jis ryžtingas. Jo neišmuša iš vėžių klaidingi argumentai, nes niekas negali palaužti jo tvirto pasiryžimo atlikti pasiaukojimo tarnystę. Jis gerai įsisąmonino, kad Kṛṣṇa – amžinas Viešpats, todėl niekas negali jo sutrikdyti. Visos šios ypatybės leidžia jam sutelkti protą ir intelektą į Aukščiausiąjį Viešpatį. Žinoma, toks pasiaukojimo tarnystės lygis labai retas, tačiau bhaktas, laikydamasis reguliuojamų pasiaukojimo tarnystės principų, jį pasiekia. Maža to, Viešpats sako, kad toks bhaktas Jam labai brangus, nes Viešpačiui visada teikia pasitenkinimą visi jo veiksmai, kuriuos jis atlieka mintimis visiškai paniręs į Kṛṣṇą.

यस्मान्नोद्विजते लोको लोकान्नोद्विजते च यः ।
हर्षामर्षभयोद्वेगैर्मुक्तो यः स च मे प्रियः ॥१५॥

12.15

yasmān nodvijate loko · lokān nodvijate ca yaḥ
harṣāmarṣa-bhayodvegair · mukto yaḥ sa ca me priyaḥ

yasmāt – dėl kurio; *na* – niekada; *udvijate* – sunerimsta; *lokaḥ* – žmonės; *lokāt* – žmonių; *na* – niekada; *udvijate* – sutrikdomas; *ca* – taip pat; *yaḥ* – tas, kuris; *harṣa* – iš džiaugsmo; *amarṣa* – kančios; *bhaya* – baimės; *udvegaiḥ* – ir nerimo; *muktaḥ* – išsivadavęs; *yaḥ* – kas; *saḥ* – tas; *ca* – taip pat; *me* – Man; *priyaḥ* – labai brangus.

Kas niekam nesukelia rūpesčių ir kurio niekas netrikdo, kas vienodai sutinka džiaugsmą ir kančią, baimę ir nerimą, tas labai brangus Man.

Toliau apibūdinamos kitos bhakto savybės. Tyras bhaktas niekam nekelia rūpesčių, nerimo, baimės ir nepasitenkinimo. Kadangi bhaktas kiekvienam malonus, savo elgesiu jis niekam nesukelia rūpesčių. Net jeigu aplinkiniai ir stengiasi jam trukdyti, jis lieka nesudrumsčiamas. Viešpaties malone bhaktas išmoko nepasiduoti jokiems išorės trikdymams. Bhaktas visad pasinėręs į Kṛṣṇos sąmonę ir pasiaukojimo tarnystę, todėl materialios aplinkybės negali išmušti jį iš pusiausvyros. Paprastai materialistas labai nudžiunga gavęs tai, kas teikia pasitenkinimą jo juslėms ir kūnui, o kai mato kitus turint tokią juslinio pasitenkinimo galimybę, kurios jis pats neturi, jį apima liūdesys ir graužia pavydas. Laukdamas priešo keršto jis dreba iš baimės, o kai jam nesiseka įgyvendinti savo sumanymų – liūdi. Bhaktas, kuris visada transcendentalus tokiems išgyvenimams, yra labai brangus Kṛṣṇai.

अनपेक्षः शुचिर्दक्ष उदासीनो गतव्यथः ।
सर्वारम्भपरित्यागी यो मद्भक्तः स मे प्रियः ॥१६॥

12.16

anapekṣaḥ śucir dakṣa · udāsīno gata-vyathaḥ
sarvārambha-parityāgī · yo mad-bhaktaḥ sa me priyaḥ

anapekṣaḥ – abejingas; *śuciḥ* – tyras; *dakṣaḥ* – išmaningas; *udā-sīnaḥ* – nuošalyje visų rūpesčių; *gata-vyathaḥ* – išsivadavęs nuo skausmo; *sarva-ārambha* – visų siekių; *parityāgī* – atsižadėjęs; *yaḥ* – tas, kuris; *mat-bhaktaḥ* – Mano bhaktas; *saḥ* – jis; *me* – Man; *priyaḥ* – labai brangus.

Mano bhaktas, kurio nenusineša kasdieninių darbų tėkmė, kuris yra tyras, išmaningas, nepriklausomas nuo rūpesčių ir skausmų ir nesiekia veiklos rezultatų, labai brangus Man.

Bhaktą galima šelpti pinigais, tačiau pats jis neturi pernelyg stengtis jų įgyti. Jeigu Aukščiausiojo malone pinigai jam ateina savaime, jie jo nesujaudina. Paprastai bhaktas maudosi ne rečiau kaip du kartus per dieną ir keliasi anksti rytą su pasiaukojimu tarnauti Viešpačiui, todėl jis švarus tiek viduje, tiek išoriškai. Bhaktas išmaningas, nes gerai suvokia bet kokios gyvenimo veiklos esmę ir neabejoja autoritetingais šventraščiais. Bhaktas niekada nestoja į kieno nors pusę, todėl neturi jokių rūpesčių. Jo nekankina skausmai, nes jis laisvas nuo bet kokių įvardijimų. Jis žino, kad kūnas – tai tik pavadinimas, todėl kūnui kenčiant jis pats nesikankina.

Tyras bhaktas nesiveržia prie to, kas prieštarautų pasiaukojimo tarnystės principams. Antai, norint pastatyti didžiulį pastatą, reikia daug jėgų, todėl bhaktas nesiims tokio darbo, jeigu tai nepaspartins jo pasiaukojimo tarnystės. Jis gali pakelti didžiulius rūpesčius, susijusius su šventyklos Viešpačiui statyba, tačiau nesiims statyti didelio namo asmeniniams tikslams.

यो न हृष्यति न द्वेष्टि न शोचति न काङ्क्षति ।   12.17
शुभाशुभपरित्यागी भक्तिमान् यः स मे प्रियः ॥१७॥

yo na hṛṣyati na dveṣṭi · na śocati na kāṅkṣati
śubhāśubha-parityāgī · bhaktimān yaḥ sa me priyaḥ

yaḥ – tas, kuris; *na* – niekada; *hṛṣyati* – džiūgauja; *na* – niekada; *dveṣṭi* – liūdi; *na* – niekada; *śocati* – dejuoja; *na* – niekada; *kāṅkṣati* – trokšta; *śubha* – palankaus; *aśubha* – ir nepalankaus; *parityāgī* – atsižadėjęs; *bhakti-mān* – bhaktas; *yaḥ* – tas, kuris; *saḥ* – jis yra; *me* – Man; *priyaḥ* – brangus.

Toks bhaktas, kuris nei džiūgauja, nei liūdi, kuris dėl nieko nedejuoja ir nieko netrokšta, kuris atsižada ir palankių, ir nepalankių dalykų, yra labai brangus Man.

Tiek gavęs, tiek praradęs ką nors materialaus, tyras bhaktas nei džiūgauja, nei sielvartauja. Jis ne itin trokšta turėti sūnų ar mokinį, ir jeigu jų neturi, nesikremta. Jis nesisieloja, jeigu praranda tai, kas jam brangu, ir neliūdi, jei negauna to, ko nori. Jis transcendentalus visai palankiai ir nepalankiai, nuodėmingai veiklai. Jis pasiryžęs susidurti su bet kokiais pavojais – kad tik patenkintų Aukščiausiąjį Viešpatį. Niekas negali sukliudyti jam atlikti pasiaukojimo tarnystę. Toks bhaktas labai brangus Kṛṣṇai.

समः शत्रौ च मित्रे च तथा मानापमानयोः ।   12.18–19
शीतोष्णसुखदुःखेषु समः सङ्गविवर्जितः ॥१८॥

तुल्यनिन्दास्तुतिर्मौनी सन्तुष्टो येन केनचित् ।
अनिकेतः स्थिरमतिर्भक्तिमान्मे प्रियो नरः ॥१९॥

samaḥ śatrau ca mitre ca · tathā mānāpamānayoḥ
śītoṣṇa-sukha-duḥkheṣu · samaḥ saṅga-vivarjitaḥ

tulya-nindā-stutir maunī · santuṣṭo yena kenacit
aniketaḥ sthira-matir · bhaktimān me priyo naraḥ

samaḥ – santūrus su; *śatrau* – priešais; *ca* – taip pat; *mitre* – drau-
gais; *ca* – taip pat; *tathā* – taip; *māna* – garbėje; *apamānayoḥ* –
negarbėje; *śīta* – šaltyje; *uṣṇa* – karštyje; *sukha* – laimėje; *duḥ-
kheṣu* – kančioje; *samaḥ* – išlaikąs pusiausvyrą; *saṅga-vivarjitaḥ* –
atsikratęs visų prisirišimų; *tulya* – vienodas; *nindā* – šmeižtui; *stu-
tiḥ* – ir šlovinimui; *maunī* – tylus; *santuṣṭāḥ* – patenkintas; *yena
kenacit* – viskuo; *aniketaḥ* – neprisirišęs prie pastogės; *sthira* – tvir-
tas; *matiḥ* – ryžtas; *bhakti-mān* – atliekantis pasiaukojimo veiklą;
me – Man; *priyaḥ* – brangus; *naraḥ* – žmogus.

**Kas santūrus su draugais ir priešais, kas vienodai sutinka garbę
ir negarbę, karštį ir šaltį, laimę ir kančią, šlovę ir panieką, kas
nesusideda su bloga draugija, visada tylus ir viskuo patenkin-
tas, kas nesirūpina pastoge, kieno žinojimas tvirtas, ir kas atlieka
pasiaukojimo tarnystę, tas labai brangus Man.**

Bhaktas niekuomet nesusideda su bloga draugija. Kartais žmogus
giriamas, o kartais peikiamas. Tokia žmonių prigimtis, tačiau bhak-
tas visada transcendentalus tuščios šlovės ir paniekos, sielvarto ir
džiaugsmo atžvilgiu. Jis labai kantrus. Jis kalba tik apie tai, kas
susiję su Kṛṣṇa, todėl jį vadina nešnekiu. Tylėjimas nėra tolygus
nekalbėjimui, tylėti – tai netaukšti niekų. Kalbėti reikia tik tai, kas
esminga, o bhaktui esmingiausia tema – Aukščiausiasis Viešpats.
Bhaktas laimingas bet kuriomis aplinkybėmis; kartais jam tenka
valgyti labai skanų maistą, kartais ne, tačiau jis viskuo patenkin-
tas. Jis nesirūpina pastoge. Kartais jam tenka gyventi po medžiu,
o kartais labai ištaiginguose namuose, tačiau nei viena, nei kita jo

nevilioja. Jį vadina tvirtuoliu, nes jo ryžtas ir žinojimas tvirti. Gali kristi į akis pasikartojimai bhakto savybių apibūdinime, tačiau tai daroma norint pabrėžti, kad bhaktui būtina jas visas įgyti. Neturint gerų savybių neįmanoma būti tyru bhaktu. *Harāv abhaktasya kuto mahad-guṇāḥ:* kas nėra bhaktas, tas neturi gerų savybių. Norint būti bhaktu, reikia ugdyti geras savybes. Žinoma, tam nereikia dėti papildomų pastangų: Kṛṣṇos sąmonės veikla, pasiaukojimo tarnystė, savaime jas išugdo.

ये तु धर्मामृतमिदं यथोक्तं पर्युपासते ।   **12.20**
श्रद्दधाना मत्परमा भक्तास्तेऽतीव मे प्रियाः ॥२०॥

ye tu dharmāmṛtam idam · yathoktaṁ paryupāsate
śraddadhānā mat-paramā · bhaktās te 'tīva me priyāḥ

ye – tie, kurie; *tu* – tačiau; *dharma* – religijos; *amṛtam* – nektarą; *idam* – šį; *yathā* – kaip; *uktam* – išsakytas; *paryupāsate* – visiškai atsidėję; *śraddadhānāḥ* – su tikėjimu; *mat-paramāḥ* – laikydami Mane, Aukščiausiąjį Viešpatį, visa kuo; *bhaktāḥ* – bhaktai; *te* – jie; *atīva* – ypatingai; *me* – Man; *priyāḥ* – brangūs.

Kas su tikėjimu eina šiuo amžinu pasiaukojimo tarnystės keliu ir tam atiduoda visas savo jėgas, kas mato Manyje aukščiausią tikslą, tie ypatingai brangūs Man.

Šiame skyriuje, pradedant nuo antrojo teksto žodžių *mayy āveśya mano ye mām* ("sutelkdami protą į Mane") iki paskutiniojo posmo žodžių *ye tu dharmāmṛtam* ("ši amžinosios veiklos religija"), Aukščiausiasis Viešpats aiškino transcendentinės tarnystės metodus, leidžiančius ateiti pas Jį. Tuos metodus Viešpats labai vertina, ir Jis sveikina juos pasirenkančius. Į Arjunos klausimą, kas geriau, ar eiti beasmenio Brahmano pažinimo keliu, ar asmeniškai tarnauti Aukščiausiajam Dievo Asmeniui, Viešpats labai aiškiai, nepalikdamas jokių abejonių, atsakė, kad pats geriausias iš visų dvasinio pažinimo metodų pasiaukojimo tarnystė Dievo Asmeniui. Kitaip sakant, šis skyrius parodo, kad žmogus geroje draugijoje išsiugdo tyros pasiaukojimo tarnystės poreikį ir todėl kreipiasi į *bona fide* dvasinį mokytoją, pradeda jo klausytis ir šlovinti Viešpatį bei su tikėjimu, meile ir pasišventimu laikytis pasiaukojimo tarnystės reguliuojamų principų. Taip jis įsijungia į transcendentinę tarnystę Viešpačiui. Toks kelias siūlomas šiame skyriuje, todėl nėra jokios abejonės, kad pasiaukojimo tarnystė yra vienintelis absoliutus savęs pažinimo kelias, skirtas Aukščiausiajam Dievo Asmeniui pasiekti. Kaip rašoma šiame skyriuje, impersonalus Aukščiausiosios Tiesos suvokimas gali būti rekomenduojamas tik tol, kol žmogus visų savo jėgų neatidavė dvasinei savivokai. Žodžiu tol, kol nėra progos bendrauti su tyru bhaktu, gali būti naudinga ir impersonali samprata. Kai žmogus impersonaliai traktuoja Absoliučią Tiesą, jis dirba atsisakydamas savo veiklos rezultatų, medituoja ir gilina žinojimą, idant pažintų dvasią ir materiją. Tai reikalinga iki užsimezga bendravimas su tyru bhaktu. Laimei, jeigu išsiugdomas noras tiesiogiai atlikti tyrą Kṛṣṇos sąmonės pasiaukojimo tarnystę, tuomet jau nereikia pereiti laipsniško dvasinio pažinimo proceso. Pasiaukojimo tarnystė, kaip ją aprašo šeši viduriniai „Bhagavadgītos" skyriai, labiau atitinka žmogaus prigimtį. Nebereikia rūpintis materialiais gyvenimo poreikiais, Viešpaties malone visa tai ateina savaime.

Taip Bhaktivedanta baigia komentuoti dvyliktą „Śrīmad Bhagavadgītos" skyrių, pavadintą „Pasiaukojimo tarnystė".

13 skyrius

Gamta, besimėgaujantis subjektas ir samonė

अर्जुन उवाच
प्रकृतिं पुरुषं चैव क्षेत्रं क्षेत्रज्ञमेव च ।
एतद्वेदितुमिच्छामि ज्ञानं ज्ञेयं च केशव ॥ १ ॥

श्रीभगवानुवाच
इदं शरीरं कौन्तेय क्षेत्रमित्यभिधीयते ।
एतद्यो वेत्ति तं प्राहुः क्षेत्रज्ञ इति तद्विदः ॥ २ ॥

arjuna uvāca
prakṛtiṁ puruṣaṁ caiva · kṣetraṁ kṣetra-jñam eva ca
etad veditum icchāmi · jñānaṁ jñeyaṁ ca keśava

śrī-bhagavān uvāca
idaṁ śarīraṁ kaunteya · kṣetram ity abhidhīyate
etad yo vetti taṁ prāhuḥ · kṣetra-jña iti tad-vidaḥ

arjunaḥ uvāca – Arjuna tarė; *prakṛtim* – gamtą; *puruṣam* – besimė-gaujantį subjektą; *ca* – taip pat; *eva* – tikrai; *kṣetram* – lauką; *kṣetra-jñam* – lauką pažįstantį subjektą; *eva* – tikrai; *ca* – taip pat; *etat* –

617

visa tai; *veditum* – suprasti; *icchāmi* – aš noriu; *jñānam* – pažinimą; *jñeyam* – pažinimo objektą; *ca* – taip pat; *keśava* – o Kṛṣṇa; *śrī-bhagavān uvāca* – Aukščiausiasis Dievo Asmuo tarė; *idam* – šį; *śarīram* – kūną; *kaunteya* – o Kuntī sūnau; *kṣetram* – lauku; *iti* – taip; *abhidhīyate* – vadina; *etat* – tą; *yaḥ* – tas, kuris; *vetti* – žino; *tam* – jis; *prāhuḥ* – vadinamas; *kṣetra-jñaḥ* – lauką pažįstančiu subjektu; *iti* – taip; *tat-vidaḥ* – tų, kurie žino.

Arjuna tarė: Mano brangus Kṛṣṇa, noriu sužinoti, kas yra prakṛti [gamta], puruṣa [besimėgaujantis subjektas], laukas ir lauką pažįstantis subjektas. Taip pat norėčiau žinoti, kas yra pažinimas bei pažinimo objektas.

Aukščiausiasis Dievo Asmuo tarė: Kūnas, o Kuntī sūnau, vadinamas lauku, o tas, kuris kūną pažįsta, vadinamas lauką pažįstančiu subjektu.

Arjunai buvo smalsu sužinoti, kas yra *prakṛti* (gamta), *puruṣa* (besimėgaujantis subjektas), *kṣetra* (laukas), *kṣetra-jña* (lauką pažįstantis subjektas), pažinimas ir pažinimo objektas. Išklausęs Arjunos klausimus, Kṛṣṇa paaiškino, kad kūnas vadinamas lauku, o jį pažįstantis – lauką pažįstančiu subjektu. Kūnas – tai sąlygotos sielos veiklos laukas. Materialios būties surakinta sąlygota siela mėgina viešpatauti materialioje gamtoje. Todėl pagal savo sugebėjimą viešpatauti joje, ji gauna veiklos lauką. Kūnas ir yra tas veiklos laukas. O kas yra kūnas? Kūną sudaro juslės. Sąlygota siela trokšta patirti juslinius malonumus, ir, atsižvelgiant į jos sugebėjimą mėgautis, jai suteikiamas kūnas, t.y. veiklos laukas. Todėl kūnas ir vadinamas *kṣetra*, sąlygotos sielos veiklos lauku. Asmuo, kuris tapatina save su kūnu, vadinamas *kṣetra-jña* – lauką pažįstančiu subjektu. Suvokti skirtumą tarp lauko ir jį pažįstančio subjekto, tarp kūno ir kūną pažįstančio subjekto, visai nesunku. Kiekvienas pastebi, kad nuo vaikystės iki senatvės jo kūnas smarkiai pakinta, tačiau jis išlieka tas pats asmuo. Taigi tarp veiklos lauką pažįstančio subjekto ir paties veiklos lauko yra skirtumas. Taip gyva sąlygota siela supranta, kad ji skiriasi nuo kūno. „Bhagavad-gītos" pradžioje sakoma: *dehino 'smin* – gyvoji esybė glūdi kūne, o kūnas kinta: vaikas išauga į paauglį, paauglys – į jaunuolį, jaunuolis tampa seniu, ir asmuo, kuriam priklauso kūnas, mato tuos pokyčius. Kūno savininkas, be abejonės, ir yra *kṣetra-jña*. Kartais pagalvojame: „aš esu laimingas", „aš vyras", „aš moteris", „aš šuo", „aš katė". Visa tai – kūniškieji pažįstančiojo subjekto įvardijimai, tačiau jis ir kūnas – netapatūs. Nors mes naudojamės įvairiais daiktais: dėvime drabužius etc. – žinome, kad nuo jų skiriamės. Taip pat kiek įtempę protą suvoksime, kad skiriamės ir nuo kūno. Aš, jūs, ar bet kuris kitas kūno savininkas yra *kṣetra-jña* – veiklos lauką pažįstantis subjektas, o kūnas – *kṣetra,* veiklos laukas.

Šeši pirmieji „Bhagavad-gītos" skyriai aprašo kūną pažįstantį subjektą (gyvąją esybę) ir nusako tą būvį, kuriame ji gali suprasti Aukščiausiąjį Viešpatį. Šeši viduriniai „Bhagavad-gītos" skyriai aprašo Aukščiausiąjį Dievo Asmenį ir individualios sielos bei Supersielos savitarpio santykius pasiaukojimo tarnystės požiūriu. Šie skyriai aiškiai nurodo aukštesnę Aukščiausiojo Dievo Asmens ir pavaldžią individualios sielos padėtį. Gyvosios esybės bet kuriomis aplinkybėmis Jam pavaldžios, o tai užmiršusios jos kenčia. Prašviesėjusios per doringą veiklą, jos kreipiasi į Aukščiausiąjį Viešpatį iš įvairių paskatų – nelaimėje, stokodamos pinigų, iš smalsumo ar siekdamos žinojimo. Apie tai irgi buvo kalbėta. Tryliktame ir tolesniuose skyriuose aiškinama, kaip gyvoji esybė susiliečia su materialiąja gamta, kaip Aukščiausiasis Viešpats ją gelbsti per įvairius metodus: karminę veiklą, žinojimo gilinimą bei pasiaukojimo tarnystę. Nors gyvoji esybė visiškai skiriasi nuo materialaus kūno, tačiau kažkokiu būdu su juo susyja. Tai irgi aiškinama.

क्षेत्रज्ञं चापि मां विद्धि सर्वक्षेत्रेषु भारत ।
क्षेत्रक्षेत्रज्ञयोर्ज्ञानं यत्तज्ज्ञानं मतं मम ॥ ३ ॥

13.3

kṣetra-jñaṁ cāpi māṁ viddhi · sarva-kṣetreṣu bhārata
kṣetra-kṣetrajñayor jñānaṁ · yat taj jñānaṁ mataṁ mama

kṣetra-jñam – lauką pažįstančiu subjektu; *ca* – taip pat; *api* – tikrai; *mām* – Mane; *viddhi* – žinoki; *sarva* – visuose; *kṣetreṣu* – kūnuose; *bhārata* – o Bharatos sūnau; *kṣetra* – veiklos lauko (kūno); *kṣetra-jñayoḥ* – ir lauką pažįstančio subjekto; *jñānam* – pažinimas; *yat* – tas, kuris; *tat* – tai; *jñānam* – žinojimas; *matam* – nuomonė; *mama* – Mano.

O Bharatos aini, žinok, kad būdamas visuose kūnuose, Aš irgi esu lauką pažįstantis subjektas. Kūno ir jį pažįstančio subjekto supratimas vadinasi žinojimu. Tokia Mano nuomonė.

Aptariant kūno ir jį pažįstančio subjekto, sielos bei Supersielos klausimus, išryškėja trys temos, reikalaujančios studijavimo: Viešpats, gyvoji esybė ir materija. Kiekviename veiklos lauke, kiekviename kūne, glūdi dvi sielos – individuali siela ir Supersiela. Kadangi Supersiela – pilnutinė Aukščiausiojo Dievo Asmens, Kṛṣṇos, ekspansija, Kṛṣṇa sako: „Aš irgi esu kūną pažįstantis subjektas, tik ne individualus, o aukščiausias. Kiekviename kūne Aš esu kaip Paramātmā, Supersiela.“

Kas remdamasis „Bhagavad-gīta“ kruopščiai aiškinasi kas yra veiklos laukas ir jį pažįstantis subjektas, tas įgis žinojimą.

Viešpats sako: „Aš esu veiklos lauką pažįstantis subjektas, glūdintis kiekviename individualiame kūne.“ Individas gali pažinti savo kūną, tačiau kitų kūnų jis nepažįsta. Aukščiausiasis Dievo Asmuo, Supersielos pavidalu esantis visuose kūnuose, apie juos žino viską. Jis pažįsta visus įvairiausioms gyvybės rūšims priklausančius kūnus. Kurios nors šalies gyventojas gali gerai pažinti savo žemės sklypelį, tuo tarpu karalius pažįsta ne tik savo rūmus, bet taip pat žino, kokios yra kiekvieno jo pavaldinio valdos. Taip ir žmogus yra individualaus kūno savininkas, tuo tarpu Aukščiausiajam Viešpačiui priklauso visi kūnai. Karalius – pirmutinis karalystės savininkas, o piliečiai – antraeiliai. Aukščiausiasis Viešpats yra aukščiausias visų kūnų savininkas.

Kūną sudaro juslės. Aukščiausiasis Viešpats yra Hṛṣīkeśa, „juslių valdovas“. Jis toks pats pirmutinis juslių valdovas, kaip karalius – pirmutinis valstybės reikalų tvarkytojas, o piliečiai – tik antraeiliai. Viešpats sako: „Aš irgi esu pažįstantis subjektas". Tai reiškia, kad Jis yra aukščiausias pažįstantis subjektas, tuo tarpu individuali siela pažįsta tiktai savo kūną. Vedų raštuose teigiama:

kṣetrāṇi hi śarīrāṇi · bījaṁ cāpi śubhāśubhe
tāni vetti sa yogātmā · tataḥ kṣetra-jña ucyate

Kūnas vadinamas *kṣetra*; jame gyvena jo savininkas bei Aukščiausiasis Viešpats, pažįstantis ir kūną, ir jo šeimininką. Todėl Viešpats vadinamas visus laukus pažįstančiu subjektu. Toliau kalbama, kuo skiriasi veiklos laukas, veiklą pažįstantis subjektas ir aukščiausias veiklą pažįstantis subjektas. Tobulas kūno, individualios sielos ir Supersielos prigimties pažinimas Vedų raštų terminologija yra *jñāna*. Tokia Kṛṣṇos nuomonė. Žinojimas – tai supratimas, jog ir siela, ir Supersiela yra vienodos, tačiau kartu ir skirtingos. Žmogaus, kuris nesuvokia veiklos lauko ir veiklą pažįstančio subjekto, žinojimas netobulas. Reikėtų suprasti padėtį *prakṛti* (gamtos), *puruṣos* (gamta besimėgaujančio subjekto) ir *īśvaros* (pažįstančio subjekto, kuris viešpatauja arba valdo gamtą ir individualią sielą). Nederėtų suplakti vienon krūvon gamtos, *puruṣos* ir *īśvaros,* nes jų požymiai – skirtingi. Nereikia painioti tapytojo, paveikslo ir molberto. Materialus pasaulis (veiklos laukas) – tai gamta, kuria naudojasi gyvoji esybė, o virš jų abiejų yra aukščiausias valdovas – Dievo Asmuo. Pasak Vedų („Švetāśvatara Upaniṣada" 1.12), – *bhoktā bhogyaṁ preritāraṁ ca matvā/ sarvaṁ proktaṁ tri-vidhaṁ brahmam etat.* Skiriamos trys Brahmano sampratos: *prakṛti* – Brahmanas, kaip veiklos laukas; *jīva* (individuali siela) – Brahmanas, kuris stengiasi valdyti materialią gamtą; *prakṛti* ir *jīvą* taip pat valdo Brahmanas, tačiau Jis – tikrasis valdovas.

Be to, šiame skyriuje aiškinama, kad vienas iš dviejų pažįstančių subjektų klysta, o kitas – ne. Vienas – aukštesnis, o kitas – jam pavaldus. Kas mano, kad abu lauką pažįstantys subjektai yra viena ir tas pat, tas prieštarauja Aukščiausiajam Dievo Asmeniui, kuris čia labai aiškiai sako: „Aš irgi esu veiklos lauką pažįstantis subjektas." Kas virvę laiko gyvate, tas nieko neišmano. Egzistuoja įvairūs kūnai ir įvairūs jų savininkai. Kūnai įvairūs todėl, kad kiekviena individuali siela turi tik jai būdingą sugebėjimą viešpatauti materialioje gamtoje. Tačiau Aukščiausiasis glūdi visuose juose kaip valdovas. Reikšmingas posmo žodis *ca,* mat jis nurodo bendrą kūnų visumą. Tokios nuomonės yra Śrīla Baladeva Vidyābhūṣaṇa. Kiekviename be išimties kūne glūdi ne tik individuali siela, bet ir Kṛṣṇa – Supersiela. Todėl Kṛṣṇa kuo aiškiausiai sako, kad Supersiela valdo ir veiklos lauką, ir ribotąjį besimėgaujantį subjektą.

तत्क्षेत्रं यच्च यादृक्च यद्विकारि यतश्च यत् ।
स च यो यत्प्रभावश्च तत्समासेन मे शृणु ॥ ४ ॥

13.4

tat kṣetraṁ yac ca yādṛk ca · yad-vikāri yataś ca yat
sa ca yo yat-prabhāvaś ca · tat samāsena me śṛṇu

tat – tą; *kṣetram* – veiklos lauką; *yat* – kuris; *ca* – taip pat; *yādṛk* – koks jis yra; *ca* – taip pat; *yat* – kokie; *vikāri* – pokyčiai; *yataḥ* – iš kur; *ca* – taip pat; *yat* – kas; *saḥ* – jo; *ca* – taip pat; *yaḥ* – kuris; *yat* – turi kurį; *prabhāvaḥ* – įtaka; *ca* – taip pat; *tat* – tai; *samāsena* – glaustai; *me* – iš Manęs; *śṛṇu* – išgirsk.

O dabar išklausyk mane – Aš glaustai apibūdinsiu tą veiklos lauką, nusakysiu kaip jis sudarytas, kaip kinta ir kaip atsiranda, kas yra veiklos lauką pažįstantis subjektas ir kokia jo įtaka.

Viešpats apibūdina veiklos lauko ir veiklos lauką pažįstančio subjekto prigimtį. Būtina žinoti, kaip sudėtas mūsų kūnas, iš kokių medžiagų sudarytas, kieno valdomas jis funkcionuoja, kaip vyksta pokyčiai, kas juos sukelia, kokios jų priežastys ir dingstys, koks galutinis individualios sielos tikslas, kokia individualios sielos tikroji forma. Taip pat reikia žinoti, kuo skiriasi individuali siela ir Supersiela, žinoti jų daromą įtaką, skirtingas jų galimybes etc.

„Bhagavad-gītą" reikia suvokti tiesiogiai, taip kaip ją perteikia Aukščiausiasis Dievo Asmuo, ir tada viskas bus aišku. Taip pat reikia saugotis, kad nepalaikytume Aukščiausiojo Dievo Asmens (glūdinčio kiekviename kūne) individualia siela, *jīva*. Tai būtų tas pat, kas sulyginti visagalį su bejėgiu.

ऋषिभिर्बहुधा गीतं छन्दोभिर्विविधैः पृथक् ।
ब्रह्मसूत्रपदैश्चैव हेतुमद्भिर्विनिश्चितैः ॥ ५ ॥

13.5

ṛṣibhir bahudhā gītam · chandobhir vividhaiḥ pṛthak
brahma-sūtra-padaiś caiva · hetumadbhir viniścitaiḥ

ṛṣibhiḥ – išminčių; *bahudhā* – įvairiais būdais; *gītam* – aprašyta; *chandobhiḥ* – Vedų himnuose; *vividhaiḥ* – įvairiuose; *pṛthak* – skirtingai; *brahma-sūtra* – Vedāntos; *padaiḥ* – aforizmuose; *ca* – taip pat; *eva* – tikrai; *hetu-madbhiḥ* – su priežasties ir pasekmės; *viniścitaiḥ* – patvirtinimais.

Žinias apie veiklos lauką ir veiklą pažįstantį subjektą daug išminčių perteikė įvairiuose Vedų raštuose. Ypač išsamiai jas pateikia Vedānta-sūtra, išsamiai aiškindama priežastį ir pasekmę.

Aukščiausiasis Dievo Asmuo, Kṛṣṇa, yra didžiausias autoritetas žinių apie veiklos lauką ir veiklą pažįstantį subjektą srityje. Vis dėlto eruditai ir pripažinti autoritetai visada remiasi pirmtakais – taip jau yra įprasta. Kṛṣṇa, aiškindamas šį daug ginčų keliantį sielos ir Supersielos vienovės ir skirtybės klausimą, remiasi šventraščiais, *Vedānta,* kurios autoritetingumas pripažintas. Iš pradžių Jis sako: „Ši nuomonė sutampa su daugelio išminčių nuomone." O iš išminčių, be Jo Paties, didžiu išminčiumi laikomas Vyāsadeva („Vedānta-sūtros" autorius). „Vedānta-sūtra" kuo geriausiai išaiškina dualizmą. Vyāsadevos tėvas Parāśara – irgi didis išminčius. Savo religinėse knygose jis rašo: *aham tvaṁ ca tathānye...* – „Visi mes – ir tu, ir aš, bei visos kitos gyvosios esybės – transcendentalūs, nors ir gyvename materialiuose kūnuose. Skirtingos *karmos* lemia mums klaidžioti trijų materialios gamtos *gunų* keliais. Todėl kai kurios gyvosios esybės yra aukštesnio lygio, o kitos gyvena žemesnėje gamtoje. Aukštesnioji ir žemesnioji gamta egzistuoja dėl neišmanymo ir gauna išraišką per nesuskaičiuojamą daugybę gyvųjų esybių. Tačiau Supersiela nepuola, Jos neužteršia trys materialios gamtos *gunos,* ir Ji visada transcendentali." Skirtumą tarp sielos, Supersielos ir kūno atskleidžia ir pradinės Vedos, ypač „Kaṭha Upaniṣada". Daugelis didžiųjų išminčių aiškino šiuos klausimus, ir Parāśara laikomas svarbiausiu jų.

Žodis *chandobhiḥ* nurodo įvairius Vedų raštus. Pavyzdžiui, „Taittirīya Upaniṣada", „Yajur-Vedos" atšaka, aprašo gamtą, gyvąją esybę ir Aukščiausiąjį Dievo Asmenį.

Jau buvo minėta, kad *kṣetra* – tai veiklos laukas, o *kṣetra-jña* yra dviejų tipų: individuali gyvoji esybė ir aukščiausia gyvoji esybė. „Taittirīya Upaniṣadoje" (2.9) teigiama: *brahma pucchaṁ pratiṣ-ṭhā.* Viena Aukščiausiojo Viešpaties energijos apraiškų vadinama *anna-maya* – gyvybės priklausomybė nuo maisto. Tai materialistinis Aukščiausiojo suvokimas. Tolimesnė pakopa – *prāṇa-maya.* Suvokus Aukščiausiąją Absoliučią Tiesą per maistą, ją galima patirti gyvybės požymiuose, jos formose. *Jñāna-mayos* stadijoje suvokimas prasiplečia, nuo gyvybės požymių pakylama iki minties, jausmo, noro. Po to pažįstamas Brahmanas. Ši pakopa vadinama *vijñāna-maya* – kai suvokiama, kad gyvosios esybės protas ir gyvybės požymiai skiriasi nuo pačios gyvosios esybės. Paskutinė ir aukščiausia pakopa – *ānanda-maya,* palaimingiausios gamtos (prigimties) pažinimas. Taigi yra penkios Brahmano pažinimo pakopos, kurios vadinamos *brahma puccham.* Pirmosios trys jų (*anna-maya, prāṇa-maya, jñāna-maya*) apima gyvųjų esybių veiklos laukus. Aukščiausiasis Viešpats, kuris vadinamas *ānanda-maya,* yra tiems laukams transcendentalus. Aukščiausiąjį apibūdina ir „Vedānta-sūtra". Ji sako: *ānanda-mayo 'bhyāsāt* – Aukščiausiojo Dievo Asmens prigimtis kupina džiugesio. Norėdamas gauti transcendentinę palaimą, Jis išsiplečia sukurdamas *vijñāna mayą, prāṇa-mayą, jñāna-mayą* ir *anna-mayą.* Veiklos lauke besimėgaujančiu subjektu laikoma gyvoji esybė, bet *ānanda-maya* nuo jos visiškai skiriasi. Tuo norima pasakyti, kad gyvajai esybei nusprendus džiaugsmo semtis santarvėje su *ānanda-maya,* ji tampa tobula. Toks yra tikrasis paveikslas: Aukščiausiasis Viešpats – aukščiausias lauką pažįstantis subjektas, gyvoji esybė – pavaldus pažįstantis subjektas, o gamta – veiklos laukas. Šių tiesų reikia semtis iš „Vedānta-sūtros", dar vadinamos „Brahma-sūtra".

Šis posmas minėjo, jog „Brahma-sūtros" aforizmai užrašyti nuosekliai priežasties ir pasekmės principu. Štai keletas *sūtrų* (aforizmų): *na viyad aśruteḥ* (2.3.2), *nātmā śruteḥ* (2.3.18) ir *parāt tu tac chruteḥ* (2.3.40). Pirmasis aforizmas nurodo veiklos lauką, antrasis – gyvąją esybę, o trečiasis – Aukščiausiąjį Viešpatį, *summum bonum* tarp visų esybių.

महाभूतान्यहङ्कारो बुद्धिरव्यक्तमेव च ।
इन्द्रियाणि दशैकं च पञ्च चेन्द्रियगोचराः ॥ ६ ॥

इच्छा द्वेषः सुखं दुःखं सङ्घातश्चेतना धृतिः ।
एतत्क्षेत्रं समासेन सविकारमुदाहृतम् ॥ ७ ॥

13.6–7

mahā-bhūtāny ahaṅkāro · buddhir avyaktam eva ca
indriyāṇi daśaikaṁ ca · pañca cendriya-gocarāḥ

icchā dveṣaḥ sukhaṁ duḥkhaṁ · saṅghātaś cetanā dhṛtiḥ
etat kṣetraṁ samāsena · sa-vikāram udāhṛtam

mahā-bhūtāni – didieji pradmenys; *ahaṅkāraḥ* – klaidinga savimonė; *buddhiḥ* – intelektas; *avyaktam* – neišreikštybė; *eva* – tikrai; *ca* – taip pat; *indryāṇi* – jutimo organų; *daśa-ekam* – vienuolika; *ca* – taip pat; *pañca* – penki; *ca* – taip pat; *indriya-go-carāḥ* – juslių objektai; *icchā* – noras; *dveṣaḥ* – neapykanta; *sukham* – laimė; *duḥkham* – kančia; *saṅghātaḥ* – visuma; *cetanā* – gyvybės požymiai; *dhṛtiḥ* – įsitikinimas; *etat* – visa tai; *kṣetram* – veiklos laukas;

samāsena – glaustai; *sa-vikāram* – su sąveikomis; *udāhṛtam* – pateiktas.

Penki didieji pradmenys, klaidinga savimonė, intelektas, neiš-reikštybė, dešimt jutimo ir vykdomųjų organų bei protas, penki juslių objektai, noras, neapykanta, laimė, kančia, visuma, gyvy-bės požymiai ir įsitikinimai – visa tai drauge sudaro veiklos lauką ir jo sąveikas.

Didžiųjų išminčių autoritetingi teiginiai, Vedų himnai ir „Vedānta-sūtros" aforizmai padeda suprasti, kad sudedamosios šio pasaulio dalys visų pirma yra žemė, vanduo, ugnis, oras ir eteris. Tai penki didieji pradmenys (*mahā bhūta*). Toliau – klaidinga savimonė, inte-lektas ir trijų gamtos *guṇų* neišreikštas būvis. Po to – penkios pažinimo juslės: akys, ausys, nosis, liežuvis ir oda. Toliau – penki vykdomieji organai: balso stygos, kojos, rankos, šalinimo ir lytiniai organai. Virš jų – protas, kuris yra mumyse, ir kurį galime pava-dinti vidine jusle. Taigi, kartu su protu, iš viso yra vienuolika jutimo ir vykdomųjų organų. Be to, egzistuoja penki juslių objek-tai: kvapas, skonis, forma, lytėjimas ir garsas. Šių dvidešimt keturių pradmenų visuma vadinama veiklos lauku. Analitiškai patyrinėję šiuos dvidešimt keturis pradmenis, labai gerai suvoktume veiklos lauką. Toliau seka troškimas, neapykanta, džiaugsmas ir sielvar-tas, atsirandantys tarpusavyje sąveikaujant didiesiems pradmenims ir atstovaujantys juos grubiajame kūne. Gyvybės požymiai repre-zentuojami sąmonės ir įsitikinimo – tai subtilaus kūno (proto, savimonės ir intelekto) pasireiškimas. Šie subtilūs pradmenys irgi priskirtini veiklos laukui.

Penki didieji pradmenys – tai grubus klaidingos savimonės pasireiškimas. O jis savo ruožtu reprezentuoja pradinę klaidin-gos savimonės stadiją, vadinamą specialiu terminu – materialis-tine samprata – *tāmasa-buddhi* (neišmanymo paveiktu intelektu). O neišmanymo paveiktas intelektas reprezentuoja neišreikštą trijų materialios gamtos *guṇų* būvį. Neišreikštos materialios gamtos *guṇos* vadinamos *pradhana*.

Norint smulkiau sužinoti apie dvidešimt keturis pradmenis bei jų sąveikas, reikia nuodugniau pastudijuoti filosofiją – „Bhagavad-gītoje" pateikiama tik šio žinojimo santrauka.

Kūnas – visų šių faktorių reprezentacija. Jis patiria šešių tipų pokyčius: gimsta, auga, kurį laiką egzistuoja, sukuria šalutinius produktus, vysta ir galų gale išnyksta. Todėl laukas materialus ir laikinas. Tuo tarpu *kṣetra-jña*, lauką pažįstantis subjektas bei savininkas, yra kažkas kito.

अमानित्वमदम्भित्वमहिंसा क्षान्तिरार्जवम् ।
आचार्योपासनं शौचं स्थैर्यमात्मविनिग्रहः ॥ ८ ॥

इन्द्रियार्थेषु वैराग्यमनहङ्कार एव च ।
जन्ममृत्युजराव्याधिदुःखदोषानुदर्शनम् ॥ ९ ॥

असक्तिरनभिष्वङ्गः पुत्रदारगृहादिषु ।
नित्यं च समचित्तत्वमिष्टानिष्टोपपत्तिषु ॥१०॥

मयि चानन्ययोगेन भक्तिरव्यभिचारिणी ।
विविक्तदेशसेवित्वमरतिर्जनसंसदि ॥११॥

अध्यात्मज्ञाननित्यत्वं तत्त्वज्ञानार्थदर्शनम् ।
एतज्ज्ञानमिति प्रोक्तमज्ञानं यदतोऽन्यथा ॥१२॥

13.8–12

amānitvam adambhitvam · ahiṁsā kṣāntir ārjavam
ācāryopāsanaṁ śaucam · sthairyam ātma-vinigrahaḥ

indriyārtheṣu vairāgyam · anahaṅkāra eva ca
janma-mṛtyu-jarā-vyādhi- · duḥkha-doṣānudarśanam

asaktir anabhiṣvaṅgaḥ · putra-dāra-gṛhādiṣu
nityaṁ ca sama-cittatvam · iṣṭāniṣṭopapattiṣu

mayi cānanya-yogena · bhaktir avyabhicāriṇī
vivikta-deśa-sevitvam · aratir jana-saṁsadi

adhyātma-jñāna-nityatvaṁ · tattva-jñānārtha-darśanam
etaj jñānam iti proktam · ajñānaṁ yad ato 'nyathā

amānitvam – nuolankumą; *adambhitvam* – nesikėlimą į puikybę; *ahiṁsā* – prievartos atsisakymą; *kṣāntiḥ* – pakantumą; *ārjavam* – paprastumą; *ācārya-upāsanam* – kreipimąsi į *bona fide* dvasinį mokytoją; *śaucam* – švarumą; *sthairyam* – kantrybę; *ātma-vinigrahaḥ* – savitvardą; *indriya-artheṣu* – juslių atžvilgiu; *vairāgyam* – atsižadėjimą; *anahaṅkāraḥ* – klaidingos savimonės neturėjimą; *eva* – tikrai; *ca* – taip pat; *janma* – gimimo; *mṛtyu* – mirties; *jarā* – senatvės; *vyādhi* – ir ligų; *duḥkha* – kančios; *doṣa* – ydos; *anudarśanam* – matymą; *asaktiḥ* – atsižadėjimą; *anabhiṣvaṅgaḥ* – neprisirišimą prie; *putra* – sūnaus; *dāra* – žmonos; *gṛha-ādiṣu* – namų etc; *nityam* – nuolatinę; *ca* – taip pat; *sama-cittatvam* – pusiausvyrą; *iṣṭa* – pageidautino; *aniṣṭa* – ir nepageidautino; *upapattiṣu* – akivaizdoje; *mayi* – Man; *ca* – taip pat; *ananya-yogena* – besąlyginei pasiaukojimo tarnystei; *bhaktiḥ* – pasiaukojimą; *avyabhicāriṇī* – nuolatinis; *vivikta* – nuošalios; *deśa* – vietos; *sevitvam* – siekimą; *aratiḥ* – neprisirišimą; *jana-saṁsadi* – prie žmonių bendrijos; *adhyātma* – susijusio su savuoju „aš"; *jñāna* – pažinimo; *nityatvam* – pastovumą; *tattva-jñāna* – žinių apie tiesą; *artha* – tikslu; *darśanam* – filosofiją; *etat* – visa tai; *jñānam* – pažinimas; *iti* – taip; *proktam* – skelbiama; *ajñānam* – neišmanymas; *yat* – tai, kas; *ataḥ* – nuo to; *anyathā* – kita.

Nuolankumą, nesikėlimą į puikybę, prievartos atsisakymą, pakantumą, paprastumą; kreipimąsi į bona fide dvasinį mokytoją; švarumą, pastovumą, savitvardą; juslinio pasitenkinimo objektų atsisakymą; klaidingos savimonės neturėjimą; suvokimą, jog gimimas, mirtis, senatvė ir ligos yra blogis; atsižadėjimą, neprisirišimą prie vaikų, žmonos, namų ir kitų panašių dalykų; pusiausvyrą malonių ir nemalonių dalykų akivaizdoje; nuolatinį

ir besąlyginį pasiaukojimą **Man; siekimą gyventi nuošalioje vietoje; šalinimąsi žmonių minios; dvasinės savivokos svarbos pripažinimą; filosofinį Absoliučios Tiesos ieškojimą – visa tai Aš skelbiu pažinimu, o visa kita, kad ir kas tai būtų, yra neišmanymas.**

Menkos nuovokos žmonės kartais klaidingai mano, kad toks pažinimo kelias – veiklos lauko sąveikų išdava. Tačiau iš tiesų tai – tikrasis pažinimo procesas. Pripažįstant šį kelią atsiranda galimybė priartėti prie Absoliučios Tiesos. Tas kelias nėra anksčiau minėtų dvidešimt keturių pradmenų sąveikos rezultatas. Tai priemonė išsivaduoti iš tų pradmenų nelaisvės. Įkūnytoji siela yra įkalinta kūne – apvalkale, sudarytame iš dvidešimt keturių pradmenų. Šiuose posmuose nurodytas pažinimo kelias – tai būdas iš jo ištrūkti. Aprašant pažinimo būdus, svarbiausia mintis išreikšta vienuolikto posmo pirmoje eilutėje. *Mayi cānanya-yogena bhaktir avyabhicāriṇī*: pažinimo kelias baigiasi besąlygine pasiaukojimo tarnyste Viešpačiui. Taigi nesugebant ar nenorint transcendentiškai tarnauti Viešpačiui, likusios devyniolika pozicijų nebus vertingos. Bet jeigu visuomet atsimindami Kṛṣṇą įsijungiame į pasiaukojimo tarnystę, tos devyniolika savybių atsiranda savaime. „Śrīmad-Bhāgavatam" (5.18.12) sakoma: *yasyāsti bhaktir bhagavaty akiñcanā sarvair guṇais tatra samāsate surāḥ.* Visas gerąsias, pažinimą sudarančias savybes išsiugdo tas, kuris pasiekia pasiaukojimo tarnystės pakopą. Aštuntas posmas primena, jog labai svarbu kreiptis į dvasinį mokytoją. Tai ypatingai svarbu net ir tam, kuris imasi praktikuoti pasiaukojimo tarnystę. Transcendentinis gyvenimas prasideda nuo tada, kai kreipiamasi į *bona fide* dvasinį mokytoją. Aukščiausiasis Dievo Asmuo, Śrī Kṛṣṇa, čia aiškiai sako, jog toks pažinimo procesas – tikras kelias. Visi kiti su juo nesusiję prasimanymai yra gryni niekai.

Jei kalbėsime apie pažinimą, kuris aprašytas šiuose posmuose, tai jo elementus galime taip analizuoti. Nuolankumas (kuklumas) – tai nereikalavimas iš kitų pagarbos sau norint pasitenkinti. Materiali būties samprata verčia mus trokšti aplinkinių pripažinimo, tačiau žmogui, kuris įgijo tobulą žinojimą ir suvokė nesąs šis kūnas, su kūnu susijusi šlovė ar nešlovė neturi jokios prasmės. Nedera vaikytis materialaus pripažinimo, nes jis – tik apgaulė. Žmonės aistringai trokšta garsėti savo religingumu ir, nesuprasdami religijos principų, kartais prisijungia prie kokios nors grupės, kuri iš esmės religijos principų nesilaiko, o po to skelbiasi religiniais vadovais. Siekiant tikrojo tobulėjimo dvasinio mokslo srityje, būtina turėti pažangos įvertinimo kriterijus. Įvertinti savo pažangą galima, pasirinkus kriterijumi šiuose posmuose išvardintas savybes.

Prievartos nenaudojimas dažniausiai suprantamas kaip draudimas žudyti ar žaloti kūną, nors iš tiesų ši sąvoka reiškia, kad negalima kelti kančių kitiems. Paprasti žmonės dėl savo neišmanymo papuola į materialios būties sampratos pinkles ir amžinai kenčia materialias kančias. Taigi kas neskatina kitų eiti dvasinio pažinimo keliu, tas naudoja prievartą. Todėl derėtų dėti visas pastangas tikrajam žinojimui skleisti, kad žmonės prašviesėtų ir galėtų ištrūkti iš materijos pančių. Štai kas yra prievartos nenaudojimas.

Pakantumas – tai mokėti pakęsti aplinkinių įžeidinėjimus ir pažeminimus. Puoselėjantis dvasinį žinojimą patirs daugybę įžeidimų ir bus aplinkinių žeminamas. Šito ir reikia tikėtis, nes taip yra sutvarkyta materiali gamta. Prisiminkime, kokiame pavojuje dėl tėvo priešiškumo atsidūrė dvasinį žinojimą puoselėjęs Prahlāda, nors jam tebuvo tik penkeri metai. Tėvas visaip stengėsi jį nužudyti, tačiau Prahlāda buvo jam pakantus. Taigi dvasinio pažinimo kelyje gali iškilti daugybė kliūčių, tačiau turime būti pakantūs ir ryžtingai žengti į priekį.

Būti paprastam, reiškia atmesti diplomatiškumą ir turėti tiek atvirumo, kad net priešui galėtum pasakyti visą tiesą. Ypatingai svarbu kreiptis į dvasinį mokytoją, nes be *bona fide* dvasinio mokytojo nurodymų padaryti pažangą dvasinio mokslo srityje neįmanoma. Kreiptis į dvasinį mokytoją reikia labai nuolankiai ir visaip jam tarnauti, kad patenkintas mokytojas laimintų mokinį. Kadangi *bona fide* dvasinis mokytojas – Kṛṣṇos atstovas, kiekvienas jo palaiminimas mokiniui suteikia galimybę padaryti staigią pažangą – netgi tada, kai mokinys nesilaiko reguliuojamųjų principų. Antra vertus, reguliuojamųjų principų laikytis lengviau, kai mokinys negailėdamas jėgų tarnauja dvasiniam mokytojui.

Švarumas – būtina sąlyga siekiant pažangos dvasiniame gyvenime. Švara gali būti dvejopa: išorinė ir vidinė. Išorinė švara – tai dažnas apsiplovimas, o siekiant vidinės švaros reikia nuolat galvoti apie Kṛṣṇą ir kartoti Hare Kṛṣṇa, Hare Kṛṣṇa, Kṛṣṇa Kṛṣṇa, Hare Hare/ Hare Rāma, Hare Rāma, Rāma Rāma, Hare Hare. Šis procesas nuo proto nubraukia dulkes, kurias sunešė anksčiau sukaupta *karma*.

Pastovumu pasižymi tas, kuris pilnas ryžto padaryti pažangą dvasiniame gyvenime. Ryškesnė pažanga be tokio ryžto neįmanoma. Savitvarda pasireiškia tuo, kad atmetama tai, kas nepalanku dvasinei pažangai. Reikia išsiugdyti įprotį atmesti viską, kas priešinga dvasinei pažangai. Toks yra tikrasis atsižadėjimas. Juslės yra labai stiprios ir nuolatos trokšta juslinių malonumų. Tačiau nereikia pataikauti tiems juslių poreikiams, kurie nėra būtini. Juslių poreikiai tenkintini tiek, kiek reikalinga, kad būtų sveikas kūnas, ir galėtume atlikti savo pareigą – daryti pažangą dvasiniame gyvenime. Pati svarbiausia ir sunkiausiai suvaldoma juslė – liežuvis. Kas suvaldo liežuvį, tas visada galės suvaldyti kitas jusles. Liežuvio funkcija – patirti skonį ir sukelti garsus. Todėl liežuvį reikia nuolat reguliuoti – kad jis ragautų tiktai Kṛṣṇai paaukoto maisto likučius ir giedotų „Hare Kṛṣṇa". O akims nederėtų leisti matyti nieko kito, kaip nuostabų Kṛṣṇos pavidalą. Taip suvaldysime akis. Ausys turi klausyti pasakojimų apie Kṛṣṇą, o nosis – uostyti Kṛṣṇai paaukotas gėles. Toks yra pasiaukojimo tarnystės kelias ir šie posmai rodo, kad „Bhagavad-gītā" moko tik pasiaukojimo tarnystės mokslo, kad svarbiausias ir vienintelis jos tikslas – pasiaukojimo tarnystė. Neišmintingi „Bhagavad-gītos" komentatoriai stengiasi nukreipti skaitytojo mintis į kitus dalykus, tačiau be pasiaukojimo tarnystės nieko kito „Bhagavad-gītā" nenagrinėja.

Klaidinga savimonė – tai laikyti kūną savimi. Suprasdami, kad esame ne kūnas, o dvasinė siela, atgauname savo tikrąją savimonę. Savimonė egzistuoja visada, tačiau smerktina yra klaidinga savimonė, o ne tikroji. Vedų raštuose („Bṛhad-āraṇyaka Upaniṣada" 1.4.10) sakoma: *ahaṁ brahmāsmi* – Aš esu Brahmanas, aš esu dvasia. „Aš esu", savojo „aš" pojūtis, išlieka net suvokus save, kai pasiekiama išsivadavimo stadija. „Aš esu" pojūtis – tai savimonė, tačiau kai ji taikoma mūsų netikram kūnui, ji yra klaidinga savimonė. Kai savojo „aš" pojūtis siejamas su realybe, savimonė – tikra. Kai kurie filosofai teigia, kad mes turime atsisakyti savimonės, tačiau to padaryti neįmanoma, nes savimonė reiškia identiškumą. Žinoma, mes neturime klaidingai save tapatinti su kūnu.

Reikėtų pasistengti suprasti, kad gimimas, mirtis, senatvė ir ligos sukelia kančias. Gimimo aprašymų galima sutikti plačioje Vedų raštijoje. „Śrīmad-Bhāgavatam" labai vaizdžiai apibūdina negimusio vaiko pasaulį: jo buvimą motinos įsčiose, jo kančias etc. Gimimas yra kančia, ir tai derėtų gerai įsisąmoninti. Užmiršę, kiek prisikentėjome motinos įsčiose, net nebandome išspręsti gimimo ir mirties pasikartojimo problemos. O juk ir mirdami patiriame įvairių kančių, apie kurias irgi kalbama autoritetinguose šventraščiuose. Šiuos klausimus būtina aptarti. O apie ligas ir senatvę kiekvienas sužinome iš savo patirties. Niekas nenori susirgti ar pasenti, tačiau ligos ir senatvė – neišvengiami. Jei atsižvelgę į gimimo, mirties, ligų ir senatvės kančias materialaus gyvenimo nevertinsime pesimistiškai, nebus akstino daryti pažangą dvasiniame gyvenime.

Neprisirišimas prie vaikų, žmonos ir namų nereiškia, kad turėtume atsisakyti savo jausmų jiems, kadangi jie yra natūralūs meilės objektai. Tačiau jeigu jie trukdo dvasiškai tobulėti, prisiriši prie jų neverta. Geriausias būdas sukurti palankią aplinką namuose – Kṛṣṇos sąmonė. Jei žmogus iki galo išsiugdė Kṛṣṇos sąmonę, jis atneša namams džiaugsmą, nes Kṛṣṇos sąmonės procesas yra labai lengvas. Tereikia kartoti Hare Kṛṣṇa, Hare Kṛṣṇa, Kṛṣṇa Kṛṣṇa, Hare Hare/ Hare Rāma, Hare Rāma, Rāma Rāma, Hare Hare, valgyti Kṛṣṇai paaukoto maisto likučius, studijuoti tokias knygas, kaip „Bhagavad-gītā" bei „Śrīmad-Bhāgavatam", ir garbinti Dievybę. Šie keturi veiklos būdai padarys žmogų laimingą. To reikia mokyti ir savo šeimos narius. Rytą ir vakarą visa šeima gali drauge giedoti Hare Kṛṣṇa, Hare Kṛṣṇa, Kṛṣṇa Kṛṣṇa, Hare Hare/ Hare Rāma, Hare Rāma, Rāma Rāma, Hare Hare. Kas laikosi šių keturių principų ir gali sutvarkyti šeimyninį gyvenimą taip, kad šeimoje būtų ugdoma Kṛṣṇos sąmonė, tam atsižadėti šeimyninio gyvenimo nebūtina. Tačiau jeigu šeimyninis gyvenimas nepalankus dvasiškai tobulėti, jo reikia atsisakyti. Kas nori patirti Kṛṣṇą ir Jam tarnauti, turi paaukoti viską, kaip kad pasielgė Arjuna. Arjuna nenorėjo žudyti savo šeimos narių, tačiau suprates, kad jie kliudo patirti Kṛṣṇą, paklausė Kṛṣṇos pamokymo ir mūšyje juos nukovė. Šiaip ar taip, nereikia prisirišti prie šeimyninio gyvenimo džiaugsmų ir sielvartų, nes šiame pasaulyje žmogus negali būti nei visiškai laimingas, nei visiškai nelaimingas.

Laimė ir kančia – materialaus gyvenimo palydovai. „Bhagavadgītā" pataria mokytis kantrumo. Neįmanoma sulaikyti ateinant bei pranykstant laimę ir kančią, todėl reikia atsisakyti materialistinės gyvensenos, išlaikyti pusiausvyrą ir laimėje, ir nelaimėje. Dažniausiai, gavę ko troškome, labai džiaugiamės, o susidūrę su tuo, kas nepageidautina, kenčiame. Tačiau nei laimė, nei kančia mūsų nejaudins, jei būsime pasiekę dvasinį lygį, o kad jį pasiektume, turime nepertraukiamai praktikuoti pasiaukojimo tarnystę. Nenukrypstamai su pasiaukojimu tarnauti Kṛṣṇai – tai vykdyti devynis pasiaukojimo tarnystės procesus: giedoti, klausytis, garbinti, pagarbiai lenktis etc. – apie tai rašoma paskutiniame devinto skyriaus posme. Šiuo keliu ir reikėtų eiti.

Kai žmogus įpranta gyventi dvasiškai, suprantama, jis nenori būti drauge su materialistais, nes tokia bendrija jam ne prie širdies. Save patikrinti galėtume atkreipdami dėmesį į tai, ar linkstame gyventi nuošalioje vietoje, atsisakę nepageidautinos draugijos. Natūralu, kad bhaktas nelinkęs vaikščioti į kiną ar į priėmimus, nelinkęs sportuoti, jei tai nėra būtina, nes jis supranta, kad tai tuščias laiko švaistymas. Daugelis mokslininkų tyrinėtojų ir filosofų nagrinėja lytinį gyvenimą ar kitas problemas, tačiau, pasak „Bhagavad-gītos", tokio pobūdžio tyrimai ir samprotavimai beverčiai. Šiaip ar taip, tai gryniausi niekai. Pasak „Bhagavad-gītos", pasitelkus filosofinę įžvalgą reikia tirti sielos prigimtį. Tyrimus reikia atlikti stengiantis suprasti savąjį „aš". Štai kas čia rekomenduojama.

O dėl dvasinės savivokos, tai šiuose posmuose aiškiai pasakyta, kad šiuo požiūriu *bhakti-yoga* itin paranki. Iškilus klausimui dėl pasiaukojimo, turi būti įvertinamas Supersielos ir individualios sielos savitarpio ryšys. Supersiela ir individuali siela negali būti viena, bent jau pagal *bhakti,* pasiaukojimo tarnystės, sampratą. Čia aiškiai sakoma, kad individualios sielos tarnystė Aukščiausiajai Sielai yra amžina – *nityam.* Taigi *bhakti,* pasiaukojimo tarnystė, yra amžina. Reikia būti filosofiškai tuo įsitikinus.

Tai paaiškinama „Śrīmad-Bhāgavatam" (1.2.11): *vadanti tat tattva-vidas tatvaṁ yaj jñānam advayam.* „Tie, kurie iš tikrųjų pažino Absoliučią Tiesą, supranta, kad Aukščiausiasis pažįstamas trimis aspektais: kaip Brahmanas, Paramātmā ir Bhagavānas." Bhagavāno pažinimas – aukščiausia Absoliučios Tiesos pažinimo viršūnė, tad reikėtų pasiekti šį Aukščiausiojo Dievo Asmens suvokimo lygmenį ir atsidėti pasiaukojimo tarnystei Viešpačiui. Toks yra žinojimo tobulumas.

Aukščiausiosios Tiesos pažinimo procesas yra tartum laiptai, kurie prasideda pirmuoju aukštu – nuolankumo praktika, ir baigiasi paskutiniuoju – Absoliutaus Dievo Asmens suvokimu. Daugelis, kopdami Aukščiausiosios Tiesos pažinimo laiptais, pasiekė pirmąjį, antrąjį, trečiąjį etc. aukštus, tačiau kol neužkopiama į paskutinį aukštą, kuris reiškia Kṛṣṇos suvokimą, tol žinojimo lygis žemas. Kas nori varžytis su Dievu ir tuo pat metu daryti pažangą dvasinio gyvenimo srityje, tas patirs nesėkmę. Čia aiškiai pasakyta, kad be nuolankumo pažinimas išties neįmanomas. Save laikyti Dievu – didžiausias išpuikimas. Nors gyvoji esybė nuolat patiria griežtų materialios gamtos dėsnių smūgius, vis dėlto per savo neišmanymą vis dar galvoja: „aš – Dievas". Todėl žino jimas prasideda nuolankumu – *amānitva*. Reikia būti nuolankiam ir suprasti, kad esi pavaldus Aukščiausiajam Viešpačiui. Kas sukyla prieš Aukščiausiąjį Viešpatį, tas pakliūva materialios gamtos valdžion. Šią tiesą reikia suprasti ir būti tvirtai ja įsitikinus.

ज्ञेयं यत्तत्प्रवक्ष्यामि यज्ज्ञात्वामृतमश्नुते ।   13.13
अनादि मत्परं ब्रह्म न सत्तन्नासदुच्यते ॥१३॥

jñeyaṁ yat tat pravakṣyāmi · yaj jñātvāmṛtam aśnute
anādi mat-paraṁ brahma · na sat tan nāsad ucyate

jñeyam – pažinimo objektą; *yat* – kurį; *tat* – tą; *pravakṣyāmi* – Aš dabar paaiškinsiu; *yat* – kurį; *jñātvā* – pažinęs; *amṛtam* – nektarą; *aśnute* – ragauja; *anādi* – neturinti pradžios; *mat-param* – pavaldi Man; *brahma* – dvasia; *na* – nei; *sat* – priežastis; *tat* – ta; *na* – nei; *asat* – pasekmė; *ucyate* – sakoma, yra.

Dabar Aš tau paaiškinsiu, kas yra pažinimo objektas, kurį pažinęs tu patirsi amžinybę. Brahmanas, dvasia, neturinti pradžios ir pavaldi Man, plyti anapus šio materialaus pasaulio priežasčių bei pasekmių.

Viešpats jau nusakė veiklos lauką ir lauką pažįstantį subjektą. Jis taip pat išaiškino ir veiklos lauką pažįstančio subjekto pažinimo procesą. Dabar Jis prabyla apie pažinimo objektą, visų pirma apie sielą, o vėliau – ir apie Supersielą. Žinios apie pažįstantį subjektą – sielą ir Supersielą – suteikia galimybę paragauti gyvybės nektaro. Kaip buvo aiškinta antrame skyriuje, gyvoji esybė yra amžina. Tai patvirtina ir šis posmas. Neįmanoma nustatyti *jīvos* tikslios gimimo datos. Niekas negali atsekti istorijoje ir to momento, kai *jīvātmā* atsirado iš Aukščiausiojo Viešpaties. Taigi ji neturi pradžios. Vedų raštai apie tai liudija: *na jāyate mriyate vā vipaścit* („Kaṭha Upaniṣada" 1.2.18). Kūną pažįstantis subjektas niekada negimsta ir nemiršta, jis kupinas žinojimo.

Vedų raštai („Śvetāśvatara Upaniṣada" 6.16) dar nurodo, kad

Aukščiausias Viešpats, kaip Supersiela, yra *pradhāna-kṣetrajña-patir guṇeśaḥ* – svarbiausias kūną pažįstantis subjektas ir trijų materialios gamtos *guṇų* valdovas. *Smṛti* sako: *dāsa-bhūto harer eva nānyasvaiva kadācana*. Gyvosios esybės – amžini Aukščiausiojo Viešpaties tarnai. Tai Savo pamokymuose skelbia ir Viešpats Caitanya. Todėl šiame posme pateiktas Brahmano apibūdinimas siejasi su individualia siela. O kai žodis Brahmanas taikomas gyvajai esybei, reikia suprasti, kad ji yra *vijñāna-brahma*, o ne *ānanda-brahma*. *Ānanda-brahma* – tai Aukščiausiasis Brahmanas, Dievo Asmuo.

सर्वतः पाणिपादं तत्सर्वतोऽक्षिशिरोमुखम् ।   **13.14**
सर्वतः श्रुतिमल्लोके सर्वमावृत्य तिष्ठति ॥१४॥

sarvataḥ pāṇi-pādaṁ tat · sarvato 'kṣi-śiro-mukham
sarvataḥ śrutimal loke · sarvam āvṛtya tiṣṭhati

sarvataḥ – visur; *pāṇi* – rankos; *pādam* – kojos; *tat* – Jos; *sarvataḥ* – visur; *akṣi* – akys; *śiraḥ* – galvos; *mukham* – veidai; *sarvataḥ* – visur; *śruti-mat* – turėdama ausis, *loke* – pasaulyje; *sarvam* – viską; *āvṛtya* – apimdama; *tiṣṭhati* – egzistuoja.

Visur Jos rankos ir kojos. Visur Jos akys, galvos ir veidai. Visur Jos ausys. Taip viską persmelkdama egzistuoja Supersiela.

Supersiela, arba Aukščiausiasis Dievo Asmuo – tartum saulė, kuri skleidžia į visas puses savo spindulius. Ji egzistuoja visa persmelkiančiu pavidalu, ir visos gyvosios esybės nuo pirmo didžiojo mokytojo, Brahmos, iki mažiausios skruzdės glūdi Jame. Aibės galvų, kojų, rankų ir akių, ir aibės gyvųjų esybių – visa tai egzistuoja Supersieloje ir yra jos palaikoma. Taigi Supersiela yra visa persmelkianti, tuo tarpu individuali siela negali teigti, kad jos rankos, kojos ir akys yra visur. Tai neįmanoma. Jeigu individuali siela mano, kad tik neišmanymas trukdo jai suvokti, jog jos rankos ir kojos yra išplitę visur, ir kad įgijusi teisingų žinių, ji šitai suvoks, –

toks jos mąstymas prieštaringas. Tuo norėta pasakyti, kad materialios gamtos sąlygota individuali siela nėra aukščiausia. Aukščiausiasis yra visai kas kita nei individuali siela. Aukščiausiasis Viešpats gali ištiesti Savo ranką be galo toli, o individuali siela to padaryti negali. „Bhagavad-gītoje" Viešpats sako, kad jei kas aukoja Jam gėlę, vaisių ar trupučį vandens, jis priima auką. Kaipgi Viešpats, būdamas labai toli, gali paimti šias aukas? Bet štai kur Viešpaties visagalybė: nors Jis gyvena Savo buveinėje, be galo toli nuo žemės, Jis gali ištiesti ranką ir paimti Jam siūlomą auką. Jis toks galingas. „Brahma-saṁhitoje" (5.37) teigiama: *goloka eva nivasaty akhilātma-bhūtaḥ* – nepaisant to, kad Jis visad pramogauja Savo transcendentinėje planetoje, Jis persmelkia viską. Individuali siela negali teigti, kad ji – visa persmelkianti. Todėl posme kalbama ne apie individualią sielą, o apie Aukščiausiąją Sielą, Dievo Asmenį.

सर्वेन्द्रियगुणाभासं सर्वेन्द्रियविवर्जितम् ।
असक्तं सर्वभृच्चैव निर्गुणं गुणभोक्तृ च ॥१५॥ 13.15

sarvendriya-guṇābhāsaṁ · sarvendriya-vivarjitam
asaktaṁ sarva-bhṛc caiva · nirguṇaṁ guṇa-bhoktṛ ca

sarva – visų; *indriya* – juslių; *guṇa* – ypatybių; *ābhāsam* – pirminis šaltinis; *sarva* – visų; *indriya* – juslių; *vivarjitam* – neturinti; *asaktam* – neprisirišusi; *sarva-bhṛt* – visus palaikanti; *ca* – taip pat; *eva* – tikrai; *nirguṇam* – be materialių ypatybių; *guṇa-bhoktṛ* – guṇų valdovė; *ca* – taip pat.

Supersiela – pirminis juslių šaltinis, tačiau Ji Pati jų neturi. Ji yra nieko nesaistoma, nors ir palaiko visas gyvąsias būtybes. Ji – anapus materialios gamtos guṇų ir kartu yra jų valdovė.

Aukščiausiasis Viešpats, nors ir yra visų gyvųjų esybių juslių šaltinis, Pats materialių juslių neturi. Iš tikrųjų individualios sielos turi dvasines jusles, tačiau sąlygotame gyvenime jas gaubia materijos pradmenys, tad jutiminė veikla vyksta per materiją. Materija nėra aptraukusi Aukščiausiojo Viešpaties juslių. Jo juslės transcendentinės, todėl vadinamos *nirguṇa. Guṇa* – tai materialios gamtos savybės, tačiau Viešpaties juslės neturi materialaus apvalkalo. Reikia suprasti, kad Jo juslės ne tokios kaip mūsų. Jis turi transcendentines neužterštas jusles, nors ir yra visos mūsų jutiminės veiklos šaltinis. Tai puikiai paaiškinta „Śvetāśvatara Upaniṣados" (3.19) posme: *apāṇi-pādo javano grahītā*. Aukščiausiasis Dievo Asmuo neturi materija supurvintų rankų, bet turi tokias rankas, kuriomis priima bet kokią Jam keliamą auką. Tuo Supersiela ir skiriasi nuo sąlygotos sielos. Ji neturi materialių akių, bet akis Ji turi, nes kaip kitaip Ji galėtų regėti? Ji mato viską: praeitį, dabartį ir ateitį. Ji gyvena gyvosios būtybės širdyje ir žino, ką mes veikėme praeityje, ką darome dabar, ir kas mūsų laukia ateityje. Tai liudija ir „Bhagavad-gītā": Jis pažįsta viską, bet Jo nepažįsta niekas. Pasakyta, kad Aukščiausiasis Viešpats neturi tokių kojų, kaip mes, tačiau Jis gali keliauti erdve, nes turi dvasines kojas. Kitaip sakant, Viešpats nėra beasmenis. Jis turi akis, kojas, rankas ir visas kitas kūno dalis, o kadangi mes esame neatskiriamos Aukščiausiojo Viešpaties dalelės, irgi visa tai turime. Tačiau Jo rankos, kojos, akys ir kitos juslės nesuterštos materialios gamtos.

„Bhagavad-gītā" liudija ir tai, kad Viešpats Savo vidinės galios dėka nužengia toks, koks Jis yra. Jo neteršia materiali energija, nes Jis – jos Valdovas. Vedų raštuose teigiama, jog Pati jo kūno būtis – visiškai dvasinė. Amžinasis Jo pavidalas vadinamas *sac-cid-ānanda-vigraha*. Viešpats sklidinas turtų ir galybės. Jis – visų turtų ir visos energijos savininkas. Jis – pats protingiausias ir kupinas žinojimo. Tai tik keletas Aukščiausiojo Dievo Asmens požymių. Jis palaiko visas gyvąsias esybes ir yra visos veiklos liudininkas. Vedų raštai leidžia mums suprasti, jog Aukščiausiasis Viešpats visada transcendentalus. Nors mes ir nematome Jo galvos, veido, rankų ir kojų, Jis visa tai turi. Tik pasiekę transcendentinę būklę galėsime išvysti Viešpaties pavidalą. Materijos užterštos juslės trukdo mums regėti Jo pavidalą. Todėl impersonalistai, kurie vis dar yra veikiami materijos, negali suvokti Dievo Asmens.

बहिरन्तश्च भूतानामचरं चरमेव च ।
सूक्ष्मत्वात्तदविज्ञेयं दूरस्थं चान्तिके च तत् ॥१६॥

13.16

bahir antaś ca bhūtānām · acaraṁ caram eva ca
sūkṣmatvāt tad avijñeyaṁ · dūra-sthaṁ cāntike ca tat

bahiḥ – išorėje; *antaḥ* – viduje; *ca* – taip pat; *bhūtānām* – visų gyvųjų esybių; *acaram* – nejudančių; *caram* – judančių; *eva* – taip pat; *ca* – ir; *sūkṣmatvāt* – dėl subtilumo; *tat* – ta; *avijñeyam* – nepažini; *dūra-stham* – labai toli; *ca* – taip pat; *antike* – arti; *ca* – ir; *tat* – ta.

Aukščiausioji Tiesa egzistuoja visose judančiose ir nejudančiose gyvosiose būtybėse ir anapus jų. Kadangi Ji yra subtili, materialios juslės negali Jos nei pamatyti, nei pažinti. Nors Ji be galo toli nuo mūsų, kartu yra ir labai arti.

Iš Vedų raštų sužinome, kad Nārāyaṇa, Aukščiausiasis Dievo Asmuo, gyvena kiekvienoje gyvojoje esybėje ir anapus jos. Vienu metu Jis yra ir dvasiniame, ir materialiame pasauliuose. Būdamas be galo toli nuo mūsų, Jis vis dėlto yra čia pat, šalia. Taip teigia Vedų raštai. *Āsīno dūraṁ vrajati śayāno yāti sarvataḥ* („Kaṭha Upaniṣada" 1.2.21). Mes negalime suvokti, kaip Jis mėgaujasi Savo begaliniais turtais ir galybe, nes Jis nuolat skendi transcendentinėje palaimoje. Savo materialiomis juslėmis mes negalime to nei pamatyti, nei suprasti. Todėl Vedų raštai ir teigia, kad mūsų materialus protas ir juslės nesugeba Jo suvokti. Tačiau kas per pasiaukojimo tarnystę, Kṛṣṇos sąmonės puoselėjimu išgrynino protą ir jusles, tas regi Jį nuolatos. „Brahma-saṁhitā" liudija, kad bhaktas, kuris išsiugdė meilę Aukščiausiajam Dievui, visada, kiekvieną mirksnį Jį regi. „Bhagavad-gītā" (11.54) taip pat liudija, kad tik pasiaukojimo tarnystės dėka galima Jį išvysti ir suvokti. *Bhaktyā tv ananyayā śakyaḥ.*

अविभक्तं च भूतेषु विभक्तमिव च स्थितम् ।
भूतभर्तृ च तज्ज्ञेयं ग्रसिष्णु प्रभविष्णु च ॥१७॥

13.17

avibhaktaṁ ca bhūteṣu · vibhaktam iva ca sthitam
bhūta-bhartṛ ca taj jñeyaṁ · grasiṣṇu prabhaviṣṇu ca

avibhaktam – nepadalinta; *ca* – taip pat; *bhūteṣu* – visose gyvosiose
būtybėse; *vibhaktam* – padalinta; *iva* – lyg; *ca* – taip pat; *sthitam* – glūdi; *bhūta-bhartṛ* – palaikanti visas gyvąsias būtybes; *ca* –
taip pat; *tat* – tą; *jñeyam* – reikia suprasti; *grasiṣṇu* – naikinanti;
prabhaviṣṇu – auginanti; *ca* – taip pat.

**Nors atrodo, kad Supersiela išskaidyta, padalinta visoms būty-
bėms, Ji – nedaloma ir vientisa. Ji ne tik palaiko kiekvieną gyvąją
esybę, bet, reikia suprasti ir tai – Ji viską naikina ir augina.**

Viešpats glūdi kiekvieno širdyje, kaip Supersiela. Ar tai reiškia,
kad Jis išskaidytas? Ne. Jis yra vientisas. Čia tiktų saulės pavyzdys.
Vidurdienį saulė pasiekia zenitą. Tačiau jei kas nors nukeliautų
penkis tūkstančius mylių bet kuria kryptimi ir paklaustų, kur saulė,
kiekvienas jam atsakytų: „Štai ji, šviečia virš mano galvos." Šį
pavyzdį Vedų raštai pateikia parodyti, kad nors Viešpats ir neda-
lus, tačiau atrodo išskaidytas. Be to, Vedų raštuose sakoma, kad
vienas ir tas pats Viṣṇu Savo visagalybės dėka yra visur, kaip
ir viena saulė šviečia visų kraštų žmonėms. Nors Aukščiausiasis
Viešpats palaiko kiekvieną gyvąją esybę, visatos naikinimo metu
Jis viską sunaikina. Apie tai buvo kalbėta vienuoliktame skyriuje:
Viešpats pasiskelbė atėjęs sunaikinti visus į Kurukṣetrą susirin-
kusius karius. Be to, pridūrė, kad naikina viską laiko pavidalu.
Jis – visa ko griovėjas ir naikintojas. Kurdamas pasaulį, Jis išau-
gina būtybes iš pradinio būvio, o naikindamas suima jas į Save.
Vedų himnai patvirtina tą tiesą, kad Jis – visų gyvųjų esybių pra-
džia ir visa ko atilsio vieta. Po sukūrimo viskas palaikoma Jo visa-
galybe, o po sunaikinimo vėl viskas sueina atilsio į Jį. Taip liudija
Vedų himnai. *Yato vā imāni bhūtāni jāyante yena jātāni jīvanti yat*

prayanty abhisaṁviśanti tad brahma tad vijijñāsasva („Taittirīya Upaniṣada" 3.1).

ज्योतिषामपि तज्ज्योतिस्तमसः परमुच्यते ।   **13.18**
ज्ञानं ज्ञेयं ज्ञानगम्यं हृदि सर्वस्य विष्ठितम् ॥१८॥

*jyotiṣām api taj jyotis · tamasaḥ param ucyate
jñānaṁ jñeyaṁ jñāna-gamyaṁ · hṛdi sarvasya viṣṭhitam*

jyotiṣām – visų šviesulių; *api* – taip pat; *tat* – ta; *jyotiḥ* – šviesos šaltinis; *tamasaḥ* – tamsybės; *param* – anapus; *ucyate* – sakoma, yra; *jñānam* – pažinimas; *jñeyam* – tai, kas pažįstama; *jñāna-gamyam* – pažinimo tikslas; *hṛdi* – širdyje; *sarvasya* – visų; *viṣṭhitam* – esanti.

Ji – visų šviesulių šviesos šaltinis. Ji – anapus materijos tamsybės ir yra neišreikšta. Ji – pažinimas, pažinimo objektas ir pažinimo tikslas. Ji glūdi kiekvieno širdyje.

Supersiela, Aukščiausiasis Dievo Asmuo – visų šviesulių, tokių kaip saulė, mėnuo, žvaigždės, šviesos šaltinis. Iš Vedų raštų sužinome, jog dvasinėje karalystėje nereikalinga nei saulė, nei mėnulis, nes viską ten nutvieskia Aukščiausiojo Viešpaties spindesys. Dvasinį Viešpaties spindesį, *brahmajyoti,* materialiame pasaulyje gaubia *mahat-tattva* – materijos pradmenys. Todėl materialiame pasaulyje mums reikia saulės, mėnulio, elektros bei kitų šviesos šaltinių. Dvasiniame pasaulyje to visai nereikia. Vedų raštuose aiškiai pasakyta, kad akinantis Jo spindesys nutvieskia viską. Todėl akivaizdu, kad Jis – ne materialaus pasaulio gyventojas. Jis gyvena dvasiniame pasaulyje, kuris yra be galo toli – dvasiniame danguje. Apie tai irgi liudija Vedų raštai. *Āditya-varṇaṁ tamasaḥ parastāt* („Śvetāśvatara Upaniṣada" 3.8). Jis visad skaistus tarsi saulė, bet yra be galo toli, anapus šio materialaus pasaulio tamsybės.

Jo žinojimas – transcendentinis. Vedų raštai liudija, kad Brahmanas – tai koncentruota transcendentinio žinojimo išraiška. Tam, kuris nori patekti į dvasinį pasaulį, Aukščiausiasis Viešpats, kuris glūdi kiekvienoje širdyje, suteikia žinių. Viena Vedų *mantrų* („Śve-tāśvatara Upaniṣada" 6.18) sako: *taṁ ha devam ātma-buddhi-prakāśaṁ mumukṣur vai śaraṇam ahaṁ prapadye.* Jei žmogus nori išsivaduoti, jis turi atsiduoti Aukščiausiajam Dievo Asmeniui. O apie galutinį pažinimo tikslą Vedų raštai tvirtina: *tam eva viditvāti mṛtyum eti.* „Tik pažinus Jį, galima peržengti gimimo ir mirties ribas." („Śvetāśvatara Upaniṣada" 3.8)

Kiekvieno širdyje Jis glūdi kaip aukščiausias valdovas. Aukš-čiausiojo rankos ir kojos yra visur, ko negalime pasakyti apie indi-vidualią sielą. Todėl tenka pripažinti, kad veiklos lauką pažįstantys subjektai yra du: individuali siela ir Supersiela. Žmogaus rankos ir kojos lokalizuotos, o Kṛṣṇos rankos ir kojos yra visur. Tai patvir-tinta „Śvetāśvatara Upaniṣadoje" (3.17): *sarvasya prabhum īśānam sarvasya śaraṇaṁ bṛhat.* Aukščiausiasis Dievo Asmuo, Supersiela, yra *prabhu* – visų gyvųjų esybių šeimininkas. Todėl Jis – galutinis jų prieglobstis. Taigi nepaneigiamas yra tas faktas, kad Aukščiausioji Supersiela ir individuali siela visada skirtingos.

इति क्षेत्रं तथा ज्ञानं ज्ञेयं चोक्तं समासतः ।   **13.19**
मद्भक्त एतद्विज्ञाय मद्भावायोपपद्यते ॥१९॥

iti kṣetraṁ tathā jñānaṁ · jñeyaṁ coktaṁ samāsataḥ
mad-bhakta etad vijñāya · mad-bhāvāyopapadyate

iti – taip; *kṣetram* – veiklos laukas (kūnas); *tathā* – taip pat; *jñā-nam* – pažinimas; *jñeyam* – pažinimo objektas; *ca* – taip pat; *uktam* – apibūdintas; *samāsataḥ* – glaustai; *mat-bhaktaḥ* – Mano bhaktas; *etat* – visa tai; *vijñāya* – suvokęs; *mat-bhāvāya* – Mano gamtą; *upapadyate* – pasiekia.

Taigi Aš glaustai apibūdinau veiklos lauką [kūną], pažinimą bei pažinimo objektą. Tik Mano bhaktai gali tai visiškai suprasti, o suprstę – pasiekti Mano gamtą.

Viešpats glaustai apibūdino kūną, pažinimą ir pažinimo objektą. Šis žinojimas apima tris dalykus: pažįstantį subjektą, pažinimo objektą ir pažinimo procesą. Drauge paėmus, visi jie vadinami *vijñāna* – pažinimo mokslu. Besąlygiškai pasiaukoję Viešpaties bhaktai gali tiesiogiai suvokti tobulą žinojimą. Kiti tai padaryti nepajėgs. Monistai teigia, jog galutiniame etape pažįstantis subjektas, pažinimo objektas ir pažinimo procesas susilieja, tačiau bhaktai šito nepripažįsta. Žinojimas ir žinojimo vystymas – tai savęs pažinimas per Kṛṣṇos sąmonę. Mums vadovauja materiali sąmonė, tačiau kai visą sąmonę pašvęsime Kṛṣṇai ir suvoksime, kad Kṛṣṇa yra viskas, įgysime tikrąjį žinojimą. Kitaip sakant, žinojimas – ne kas kita, kaip pirmasis pasiaukojimo tarnystės suvokimo etapas. Tai bus labai išsamiai paaiškinta penkioliktame skyriuje.

Apibendrinant galima pasakyti, kad 6-as ir 7-as posmai nuo žodžių *mahā-bhūtāni* iki žodžių *cetanā dhṛtiḥ* analizuoja materijos pradmenis bei kai kuriuos gyvybės požymių pasireiškimus. Visa tai drauge sudaro kūną – veiklos lauką. Posmai nuo 8-o iki 12-o, nuo žodžio *amānitvam* iki žodžių *tattva-jñānārtha-darśanam,* nusako pažinimo procesą, leidžiantį suprasti abu veiklos lauką pažįstančius subjektus – sielą ir Supersielą. Posmai nuo 13-o iki 18-o, nuo žodžių *anādi mat-param* iki *hṛdi sarvasya viṣṭhitam,* aprašo sielą ir Aukščiausiąjį Viešpatį, arba Supersielą.

Taigi buvo kalbėta apie tris dalykus: veiklos lauką (kūną), pažinimo procesą, sielą bei Supersielą. Posmas akcentuoja, kad tik besąlygiškai Viešpačiui pasiaukoję bhaktai gali aiškiai suvokti šiuos tris dalykus. Taigi „Bhagavad-gītā" jiems didžiai naudinga. Tik jie ir tegali pasiekti aukščiausiąjį tikslą – Aukščiausiojo Viešpaties, Kṛṣṇos, gamtą. Žodžiu, niekas kitas, tik bhaktai tegali suprasti „Bhagavad-gītą" ir gauti norimą rezultatą.

प्रकृतिं पुरुषं चैव विद्ध्यनादी उभावपि ।   13.20
विकारांश्च गुणांश्चैव विद्धि प्रकृतिसम्भवान् ॥२०॥

prakṛtiṁ puruṣaṁ caiva · viddhy anādī ubhāv api
vikāraṁś ca guṇāṁś caiva · viddhi prakṛti-sambhavān

prakṛtim – materiali gamta; *puruṣam* – gyvosios esybės; *ca* – taip pat; *eva* – tikrai; *viddhi* – žinoki; *anādī* – be pradžios; *ubhau* – abu; *api* – taip pat; *vikārān* – virsmas; *guṇān* – trys materialios gamtos *guṇos; ca* – taip pat; *eva* – tikrai; *viddhi* – žinoki; *prakṛti* – iš materialios gamtos; *sambhavān* – kilę.

Žinok, kad materiali gamta ir gyvosios esybės pradžios neturi. Jų virsmai bei materijos guṇos yra materialios gamtos padarinys.

Šiame skyriuje pateiktos žinios leidžia suvokti kūną (veiklos lauką) bei kūną pažįstančius subjektus (tiek individualią sielą, tiek Super-sielą). Kūnas – veiklos laukas, jį sudaro materiali gamta. Įkūnyta individuali siela, kuri gauna pasitenkinimą iš kūno veiklos, vadinasi *puruṣa,* arba gyvoji esybė. Ji yra viena iš pažįstančių subjektų, kitas yra Supersiela. Be abejo, reikia suprasti, kad ir Supersiela, ir indi-viduali esybė – tai Aukščiausiojo Dievo Asmens skirtingos apraiš-kos. Gyvoji esybė priklauso Aukščiausiojo Viešpaties energijos kategorijai, o Supersiela – Jo asmens ekspansijų kategorijai.

Ir materiali gamta, ir gyvoji esybė – amžinos. Tai reiškia, kad jos egzistavo prieš pasaulio sukūrimą. Materialus pasaulis kyla iš Aukščiausiojo Viešpaties energijos, kaip, beje, ir gyvosios esybės, tik jos – aukštesnioji energija. Ir gyvosios esybės, ir materiali gamta egzistavo dar prieš tai, kol gavo išraišką kosmosas. Materiali gamta glūdėjo Aukščiausiajame Dievo Asmenyje, Mahā Viṣṇu, o kai pri-reikė, tarpininkaujant *mahat-tattvai,* ji gavo išreikštą būvį. Glūdi Jame ir gyvosios esybės, bet jos yra sąlygotos, todėl yra nelinku-sios tarnauti Aukščiausiajam Viešpačiui. Štai kodėl joms užginta įeiti į dvasinį dangų. Tačiau, kai materiali gamta gauna išraišką, gyvosios esybės vėl turi galimybę veikti materialiame pasaulyje ir tapti tinkamomis įeiti į dvasinį pasaulį. Čia ir slypi materialios kūrinijos paslaptis. Iš tikrųjų, pagal kilmę, gyvoji esybė – neat-skiriama Aukščiausiojo Viešpaties dvasinė dalelė, tačiau dėl savo maištingumo ji įkalinta materialioje gamtoje. Tiesą sakant, visai nesvarbu, kaip gyvosios būtybės, aukštesnės Aukščiausiojo Vieš-paties esybės, suėjo į sąlytį su materialia gamta. Tačiau Aukščiausiasis Dievo Asmuo žino, kaip ir kodėl tai įvyko. Šventraščiuose Viešpats sako, kad apžavėtiesiems materialios gamtos tenka nuožmiai grumtis už būvį. Tačiau iš šių kelių posmų mes turėtume įsitikinti, kad visi trijų *gunų* sąlygojami materialios gamtos virsmai ir poveikiai taip pat yra materialios gamtos padariniai. Gyvųjų esybių įvairovę ir kitus kitimus lemia tai, kad egzistuoja kūnas. Dvasine prasme, visos gyvosios esybės yra lygiavertės.

कार्यकारणकर्तृत्वे हेतुः प्रकृतिरुच्यते ।
पुरुषः सुखदुःखानां भोक्तृत्वे हेतुरुच्यते ॥२१॥

13.21

kārya-kāraṇa-kartṛtve · hetuḥ prakṛtir ucyate
puruṣaḥ sukha-duḥkhānāṁ · bhoktṛtve hetur ucyate

kārya – pasekmę; *kāraṇa* – ir priežastį; *kartṛtve* – kuriant; *hetuḥ* – įrankis; *prakṛtiḥ* – materiali gamta; *ucyate* – sakoma, yra; *puruṣaḥ* – gyvoji esybė; *sukha* – laimę; *duḥkhānām* – ir kančią; *bhoktṛtve* – patiriant; *hetuḥ* – įrankis; *ucyate* – sakoma, yra.

Sakoma, kad gamta – visų materialių priežasčių ir pasekmių priežastis, o gyvoji esybė – kančių bei malonumų, patiriamų šiame pasaulyje, priežastis.

Materiali gamta lemia gyvųjų esybių kūnų ir juslių įvairovę. Iš viso egzistuoja 8 400 000 gyvybės rūšių. Šią įvairovę sukūrė materiali gamta. Rūšys atsiranda dėl įvairiausių gyvosios esybės jutiminių troškimų. Noras turėti kurį nors juslinį malonumą lemia jos kūno tipą. Patekusi į kurį nors kūną, ji patiria įvairiausius džiaugsmus ir kančias. Materialų džiaugsmą ar kančią sukelia kūnas, o ne ji pati ar jos tikroji prigimtis. Be abejo, pirminis jos būvis yra kupinas džiaugsmo, todėl šis būvis – tikrasis. Trokšdama viešpatauti materialioje gamtoje, gyvoji esybė patenka į materialų pasaulį. Dvasiniame pasaulyje nėra troškimo viešpatauti. Dvasinis pasaulis tyras, o materialiame pasaulyje kūno malonumus kiekvienas pelnosi nuožmia kova. Tiksliau sakant, kūnas – tai juslių paseka. Juslės –

įrankis norams tenkinti. Taigi materiali gamta gyvajai esybei suteikia kompleksą priemonių – kūną ir jusles tarnaujančias kaip įrankiai. Kitas posmas paaiškins, kad gyvoji esybė gauna aplinkybių palaiminimą ar prakeikimą, atsižvelgiant į jos ankstesnius norus ir poelgius. Pagal norus ir poelgius materiali gamta suteikia vienokią ar kitokią gyvenimo aplinką. Priežastis, dėl kurios gyvoji būtybė patenka į vienokią ar kitokią gyvenimo aplinką su jos džiaugsmais ir kančiomis, yra pati būtybė. Kai ji tik patenka į kokios nors rūšies individualų kūną, tuoj pat paklūsta gamtai, nes kūnas materialus ir veikia pagal gamtos dėsnius. Tokia gyvoji esybė jau nebegali keisti gamtos dėsnių. Tarkim, ji patenka į šuns kūną; vos tik į jį patekusi, ji ima elgtis šuniškai, kitaip elgtis ji negali. Patekusi į kiaulės kūną, ji priversta ėsti išmatas ir būti kiaule. Jei ji patenka į pusdievio kūną, jos elgesį lemia pusdievio kūnas. Toks jau gamtos dėsnis. Tačiau visomis aplinkybėmis individualią sielą lydi Supersiela. Vedos („Muṇḍaka Upaniṣada" 3.1.1) šią mintį aiškina taip: *dvā suparṇā sayujā sakhāyaḥ.* Aukščiausiasis Viešpats toks maloningas gyvajai esybei, jog visada ir bet kokiomis aplinkybėmis lydi individualią sielą kaip Supersiela, ar Paramātmā.

पुरुषः प्रकृतिस्थो हि भुङ्क्ते प्रकृतिजान् गुणान् ।
कारणं गुणसङ्गोऽस्य सदसद्योनिजन्मसु ॥२२॥   **13.22**

puruṣaḥ prakṛti-stho hi · bhuṅkte prakṛti-jān guṇān
kāraṇaṁ guṇa-saṅgo 'sya · sad-asad-yoni-janmasu

puruṣaḥ – gyvoji esybė; *prakṛti-sthaḥ* – esanti materialioje energijoje; *hi* – tikrai; *bhuṅkte* – mėgaujasi; *prakṛti-jān* – materialios gamtos pagimdytomis; *guṇān* – gamtos guṇomis; *kāraṇam* – priežastis; *guṇa-saṅgaḥ* – ryšys su gamtos guṇomis; *asya* – gyvosios esybės; *sat-asat* – gerose ir blogose; *yoni* – gyvybės rūšyse; *janmasu* – gimstant.

Materialioje gamtoje gyvenanti esybė eina gyvenimo keliais, megaudamasi trimis materlallos gamtos guṇomis. Įvairiuose gyvy-

bės rūšyse ji susiduria su gėriu ir blogiu, o atsitinka tai dėl jos sąlyčio su materialia gamta.

Posmas ypač svarbus suprasti, kaip gyvosios esybės persikelia iš vieno kūno į kitą. Antras skyrius aiškino, kad gyvoji esybė keičia vieną kūną į kitą taip, kaip mes drabužius. Keisti kūno drabužius mus verčia prisirišimas prie materialios būties. Kol gyvoji esybė žavisi šiuo laikinu pasauliu, tol ji priversta persikelti iš kūno į kūną. Į tas nepageidaujamas sąlygas ją įstumia noras viešpatauti materialioje gamtoje. Paveikta materialių norų esybė gimsta tai pusdieviu, tai žmogumi, o kartais – žvėrimi, paukščiu, kirminu, vandens gyviu, šventuoju ar vabzdžiu. Tam nėra galo. Nors iš tikrųjų gyvąją esybę veikia materiali gamta, ji visada laiko save padėties šeimininke.

Posmas aiškina kaip gyvoji esybė patenka į skirtingus kūnus. Tai atsitinka dėl sąlyčio su skirtingomis gamtos *guṇomis*. Taigi reikia pakilti virš trijų materijos *guṇų* ir pasiekti transcendentinį būvį. Šis būvis – tai Kṛṣṇos sąmonė. Kol žmogus jo nepasiekia, materiali sąmonė verčia jį persikelti iš kūno į kūną, nes nuo neatmenamų laikų jame liepsnoja materialūs troškimai. Reikia keisti mąstyseną. O tai padaryti tegalima klausantis, ką sako autoritetingi šaltiniai. Geriausias pavyzdys – kaip Arjuna iš Kṛṣṇos išgirsta mokslą apie Dievą. Gyvoji esybė, atsidėdama šiam klausymosi metodui, praranda nuo seno puoselėtą norą viešpatauti materialioje gamtoje. Tolydžio ir nuosekliai silpnindama seniai esantį troškimą viešpatauti, ji patiria dvasinę palaimą. Vedų *mantroje* sakoma, kad kuo daugiau gyvoji esybė įgyja žinių bendraudama su Aukščiausiuoju Dievo Asmeniu, tuo didesnį amžino ir palaimingo gyvenimo džiaugsmą ji patiria.

उपद्रष्टानुमन्ता च भर्ता भोक्ता महेश्वरः ।
परमात्मेति चाप्युक्तो देहेऽस्मिन् पुरुषः परः ॥२३॥

13.23

upadraṣṭānumantā ca · bhartā bhoktā maheśvaraḥ
paramātmeti cāpy ukto · dehe 'smin puruṣaḥ paraḥ

upadraṣṭā – liudininkas; *anumantā* – leidžiantysis; *ca* – taip pat; *bhartā* – šeimininkas; *bhoktā* – aukščiausias besimėgaujantis subjektas; *mahā-īśvaraḥ* – Aukščiausiasis Viešpats; *parama-ātmā* – Supersiela; *iti* – taip pat; *ca* – ir; *api* – tikrai; *uktaḥ* – sakoma; *dehe* – kūne; *asmin* – šiame; *puruṣaḥ* – besimėgaujantis subjektas; *paraḥ* – transcendentalus.

Šiame kūne glūdi dar ir kitas, transcendentalus besimėgaujantis subjektas – Viešpats, aukščiausias savininkas, kuris stebi ir leidžia. Jis vadinasi Supersiela.

Posmas teigia, kad Supersiela, nuolat lydinti individualią sielą, yra Aukščiausiojo Viešpaties reprezentacija. Supersiela – ne paprasta gyvoji esybė. Filosofai monistai pripažįsta tik vieną subjektą, pažįstantį kūną, ir mano, kad individuali siela nesiskiria nuo Supersielos. Norėdamas nušviesti šį klausimą, Viešpats sako, kad kiekviename kūne Jį atstovauja Paramātmā. Jis skiriasi nuo individualios sielos. Jis – *para,* transcendentalus. Individuali siela mėgaujasi tam tikrame veiklos lauke, tuo tarpu Supersiela egzistuoja kūne ne kaip ribotas besimėgaujantis subjektas ar kūno veiklos dalyvis, bet kaip aukščiausias besimėgaujantis subjektas, kuris stebi, prižiūri ir leidžia. Ji vadinasi ne *ātmā,* o Paramātmā. Ji – transcendentali. Taigi visiškai aišku, kad *ātmā* ir Paramātmā visiškai skirtingos. Supersielos, Paramātmos, rankos ir kojos yra visur, o individualios sielos – ne. Kadangi Paramātmā – Aukščiausiasis Viešpats, ji glūdi individualioje sieloje ir sankcionuoja jos norus gauti materialius malonumus. Be Aukščiausiosios Sielos leidimo individuali siela negali nieko. Individą vadina *bhukta,* globotiniu, o Viešpatį – *bhokta,* globėju. Gyvųjų esybių – nesuskaičiuojama daugybė, ir visose jose Viešpats glūdi kaip draugas.

Iš tikrųjų, kiekviena individuali gyvoji esybė – amžina neatskiriama Aukščiausiojo Viešpaties dalelė ir abu juos sieja labai artimos draugystės saitai. Tačiau gyvoji esybė linkusi nepaisyti Aukščiausiojo Viešpaties leidimų ir veikti savarankiškai, siekdama viešpatauti gamtoje. Ji turi šį polinkį, todėl vadinama Aukščiausiojo Viešpaties ribine energija. Gyvoji esybė gali egzistuoti ir materialioje, ir dvasinėje energijose. Kol ją sąlygoja materiali energija, Aukščiausiasis Viešpats, kaip draugas, Supersiela, būna su gyvąja esybe tam, kad padėtų jai sugrįžti į dvasinę energiją. Viešpats visada labai nori sugrąžinti ją į dvasinę energiją. Tačiau turėdama šiokią tokią nepriklausomybę, individuali esybė atsisakinėja kontaktų su dvasine šviesa. Piktnaudžiavimas nepriklausomybe ir yra priežastis, dėl kurios ji kovoja su sąlygojančia materialia gamta. Todėl Viešpats visada jai teikia nurodymus ir iš vidaus, ir iš išorės. Jo nurodymai iš išorės – „Bhagavad-gītos" tiesos, o iš vidaus Jis stengiasi įtikinti gyvąją esybę, jog materiali veikla nesuteiks jai tikro džiaugsmo. „Mesk visa tai ir savo tikėjimą nukreipk į Mane. Tada būsi laimingas," – sako Jis. Taigi protingas žmogus, savo tikėjimą nukreipiantis į Paramātmą, Aukščiausiąjį Dievo Asmenį, eina į palaimingą ir kupiną žinojimo amžiną gyvenimą.

य एवं वेत्ति पुरुषं प्रकृतिं च गुणैः सह ।
सर्वथा वर्तमानोऽपि न स भूयोऽभिजायते ॥२४॥

13.24

ya evaṁ vetti puruṣaṁ · prakṛtiṁ ca guṇaiḥ saha
sarvathā vartamāno 'pi · na sa bhūyo 'bhijāyate

yaḥ – tas, kuris; *evam* – taip; *vetti* – supranta; *puruṣam* – gyvąją esybę; *prakṛtim* – materialią gamtą; *ca* – ir; *guṇaiḥ* – materialios gamtos *guṇomis; saha* – su; *sarvathā* – bet kokią padėtį; *vartamā-naḥ* – užimtų; *api* – nepaisant to; *na* – niekada; *saḥ* – jis; *bhūyaḥ* – vėl; *abhijāyate* – gimsta.

Kas supranta šią filosofiją apie materialią gamtą, gyvąją esybę ir gamtos guṇų tarpusavio sąveiką, tas tikrai išsivaduos. Jis niekada daugiau čia nebegims, kad ir kokia būtų jo dabartinė padėtis.

Aiškus materialios gamtos, Supersielos, individualios sielos bei jų savitarpio ryšio supratimas daro žmogų vertą išsivaduoti ir įžengti į dvasinę atmosferą, iš kur jam nebereikės grįžti į šią materialią gamtą. Tokį rezultatą teikia žinojimas, kurio tikslas – aiškiai suprasti, jog gyvoji esybė į materialią būtį puolė atsitiktinai. Bendraudamas su autoritetais, šventaisiais ir dvasiniu mokytoju, žmogus pats turi suprasti savo padėtį ir, suvokdamas „Bhagavadgītą" taip, kaip ją perteikė Dievo Asmuo, atgauti dvasinę sąmonę – Kṛṣṇos sąmonę. Tada jis tikrai nebegrįš į materialią būtį, o persikels į dvasinį pasaulį, kur gyvens palaimingą, kupiną žinojimo ir amžiną gyvenimą.

ध्यानेनात्मनि पश्यन्ति केचिदात्मानमात्मना ।
अन्ये साङ्ख्येन योगेन कर्मयोगेन चापरे ॥२५॥

13.25

dhyānenātmani paśyanti · kecid ātmānam ātmanā
anye sāṅkhyena yogena · karma-yogena cāpare

dhyānena – meditacija; *ātmani* – savyje; *paśyanti* – mato; *kecit* – kai kurie; *ātmānam* – Supersielą; *ātmanā* – protu; *anye* – kiti; *sāṅkhyena* – filosofinėmis diskusijomis; *yogena* – yogos sistemos dėka; *karma-yogena* – per veiklą, neprisirišant prie jos rezultatų; *ca* – taip pat; *apare* – kiti.

Vieni savyje patiria Supersielą medituodami, kiti – gilindami žinojimą, o treti – atlikdami darbą, neprisirišant prie jo rezultatų.

Viešpats kalba Arjunai, kad sąlygotas sielas pagal jų norą pažinti save galima suskirstyti į dvi grupes. Ateistams, agnostikams ir skeptikams yra svetimas dvasinio suvokimo jausmas. Tačiau yra ir tikinčiųjų, ištikimų savom dvasinio gyvenimo sampratom. Tai – į save besigilinantys bhaktai, filosofai, ir tie, kurie dirba atsižadėję savo veiklos rezultatų. Tie, kurie visą laiką stengiasi įtvirtinti monizmo doktriną, taip pat priskiriami prie ateistų ir agnostikų. Kitaip sakant, tik Aukščiausiojo Dievo Asmens bhaktai geriausiai išmano dvasinius dalykus, nes jie suvokia, kad be materialios gamtos egzistuoja dvasinis pasaulis bei Aukščiausiasis Dievo

Asmuo, kuris, kaip visa persmelkiančios Paramātmos, Supersielos, ekspansija, glūdi visose būtybėse. Žinia, yra ir tokių, kurie Aukščiausiąją Absoliučią Tiesą mėgina suprasti gilindami žinojimą. Juos irgi galima priskirti prie tikinčiųjų. Sāṅkhyos mokyklos filosofai materialų pasaulį skaido į dvidešimt keturis pradmenis, o individualią sielą laiko dvidešimt penktuoju pradmeniu. Supratę, kad pagal savo prigimtį individuali siela materialių pradmenų atžvilgiu yra transcendentali, jie taip pat supranta, kad be individualios sielos egzistuoja ir Aukščiausiasis Dievo Asmuo. Jis – dvidešimt šeštasis pradmuo. Palengva jie irgi pasiekia reikiamą pasiaukojimo tarnystės lygį. Žmonių, kurie dirba, neprisirišdami prie rezultatų, siekiai irgi kilnūs. Jiems suteikta galimybė pakilti iki Kṛṣṇai skirtos pasiaukojimo tarnystės lygio. Posmas teigia, jog kai kurie tyros sąmonės žmonės Supersielą stengiasi pažinti medituodami, ir ją savyje atradę, pasiekia transcendenciją. Kiti Aukščiausiąją Sielą stengiasi suprasti gilindami žinojimą, o dar kiti praktikuoja haṭhayogos sistemą ir tokiom vaikiškom išdaigom bando patenkinti Aukščiausiąjį Dievo Asmenį.

अन्ये त्वेवमजानन्तः श्रुत्वान्येभ्य उपासते ।
तेऽपि चातितरन्त्येव मृत्युं श्रुतिपरायणाः ॥२६॥

13.26

anye tv evam ajānantaḥ · śrutvānyebhya upāsate
te 'pi cātitaranty eva · mṛtyuṁ śruti-parāyaṇāḥ

anye – kiti; *tu* – tačiau; *evam* – taip; *ajānantaḥ* – neturintys dvasinių žinių; *śrutvā* – klausydami; *anyebhyaḥ* – kitų; *upāsate* – ima garbinti; *te* – jie; *api* – taip pat; *ca* – ir; *atitaranti* – peržengia; *eva* – tikrai; *mṛtyum* – mirties kelią; *śruti-parāyaṇāḥ* – linkę įsiklausyti.

Yra ir tokių, kurie net neturėdami dvasinių žinių, ima garbinti Aukščiausiąjį Asmenį, išgirdę apie Jį iš kitų. Jie irgi ištrūksta iš gimimo ir mirties rato, nes yra linkę įsiklausyti, ką kalba autoritetai.

Šis posmas tiesiogiai liečia šiuolaikinę visuomenę, nes iš esmės ji nesudaro sąlygų dvasiniam švietimui. Kai kas iš pažiūros gali pasirodyti esąs ateistas, agnostikas ar filosofas, bet iš tikrųjų filosofijos žinių jis neturi. Tačiau paprastas, geros širdies žmogus gali tobulėti klausydamasis apie Aukščiausiąjį Viešpatį. Tas klausymosi metodas labai svarbus. Viešpats Caitanya, skelbęs Kṛṣṇos sąmonę šiuolaikiniam pasauliui, pabrėžė šio metodo svarbą, nes eilinis žmogus gali tobulėti klausydamasis, ką sako autoritetingi šaltiniai; ypač sparčiai jis tobulėja, pasak Viešpaties Caitanyos, jei klausosi transcendentinių virpesių: Hare Kṛṣṇa, Hare Kṛṣṇa, Kṛṣṇa Kṛṣṇa, Hare Hare/ Hare Rāma, Hare Rāma, Rāma Rāma, Hare Hare. Todėl posmas ir teigia, kad visiems žmonėms derėtų pasinaudoti proga išgirsti, ką apie Dievą sako save suvokusios sielos, ir žodis po žodžio jiems viskas atsiskleis. O tada, be abejonės, jie ims garbinti Aukščiausiąjį Viešpatį. Viešpats Caitanya sakydavo, kad mūsų laikų žmogui nereikia keisti savo padėties, tačiau būtina atmesti pastangas suvokti Aukščiausiąją Tiesą spekuliatyvių argumentų dėka. Reikia išmokti tarnauti asmenybėms, kurios pažino Aukščiausiąjį Viešpatį. Kam pasisekė rasti tyro bhakto prieglobstį, išgirsti iš jo apie dvasinės savivokos kelią ir sekti jo pėdomis, tas palengva pasieks tyro bhakto lygį. Šiame posme ypač rekomenduojamas klausymosi metodas, ir tai labai teisinga. Nors dažnai eilinis žmogus ir neturi tokių sugebėjimų, kaip tariamieji filosofai, tačiau jeigu jis su tikėjimu klausysis autoritetingo asmens, galės ištrūkti iš materialios būties ir sugrįžti namo, atgal pas Dievą.

यावत्सञ्जायते किञ्चित्सत्त्वं स्थावरजङ्गमम् ।
क्षेत्रक्षेत्रज्ञसंयोगात्तद्विद्धि भरतर्षभ ॥२७॥

13.27

*yāvat sañjāyate kiñcit · sattvaṁ sthāvara-jaṅgamam
kṣetra-kṣetrajña-saṁyogāt · tad viddhi bharatarṣabha*

yāvat – kas tik; *sañjāyate* – atsiranda; *kiñcit* – visa; *sattvam* – kas egzistuoja; *sthāvara* – nejudančio; *jaṅgamam* – judančio; *kṣetra* –

kūnui; *kṣetra-jña* – kūną pažįstančiam subjektui; *saṁyogāt* – susijungus; *tat viddhi* – žinok tai; *bharata-ṛṣabha* – o geriausias iš Bhāratų.

O geriausias iš Bhāratų, žinok – visa, kas egzistuoja, visa, ką matai judant ar nejudant – tėra veiklos lauko ir lauką pažįstančio subjekto jungtis.

Posmas kalba apie materialią gamtą ir apie gyvąją esybę, kurios egzistavo prieš sukuriant kosmosą. Bet koks kūrinys tėra gyvosios esybės ir materialios gamtos jungtis. Medžiai, kalvos ir kalnai nejuda, bet yra daug judančių būtybių, ir visos šios apraiškos yra ne kas kita, kaip materialios gamtos ir aukštesnės gamtos, gyvųjų esybių, jungtis. Be sąlyčio su aukštesne gamta, gyvąja esybe, niekas negali augti. Savitarpio ryšys tarp materijos ir aukštesnės gamtos – amžinas, o jas vieną su kita jungia Aukščiausiasis Viešpats. Todėl Jis yra ir aukštesnės, ir žemesnės gamtos valdovas. Jis sukuria materialią gamtą, į kurią patalpina aukštesnę gamtą. Taip gimsta įvairios materialaus pasaulio apraiškos ir jame prasideda veikla.

समं सर्वेषु भूतेषु तिष्ठन्तं परमेश्वरम् ।   **13.28**
विनश्यत्स्वविनश्यन्तं यः पश्यति स पश्यति ॥२८॥

samaṁ sarveṣu bhūteṣu · tiṣṭhantaṁ parameśvaram
vinaśyatsv avinaśyantaṁ · yaḥ paśyati sa paśyati

samam – vienodai; *sarveṣu* – visose; *bhūteṣu* – gyvosiose esybėse; *tiṣṭhantam* – gyvenančią; *parama-īśvaram* – Supersielą; *vinaśyatsu* – sunaikinamame; *avinaśyantam* – nesunaikinamą; *yaḥ* – tas, kuris; *paśyati* – mato; *saḥ* – jis; *paśyati* – regi teisingai.

Kas mato, kad visuose kūnuose individualią sielą lydi Supersiela, ir kas supranta, jog nei siela, nei Supersiela, slypinčios mirtingame kūne, niekada nežūva, tas regi teisingai.

Kas bendraudamas su bhaktais mato susijus tarpusavyje tris dalykus: kūną, jo savininką, t.y. individualią sielą, ir individualios sielos draugą, tas iš tikrųjų žino. Tos trejybės neįmanoma išvysti, nebendraujant su tikru dvasinių dalykų žinovu. Nebendraujantys su dvasinių dalykų žinovu yra neišmanėliai. Jiems egzistuoja tiktai kūnas; jie mano, kad kai kūno nelieka, viskam ateina galas. Iš tikrųjų taip nėra. Kai kūnas miršta, niekur nedingsta nei siela, nei Supersiela – jos amžinai egzistuoja įvairiose judančiose ir nejudančiose formose. Sanskrito žodis *parameśvara* kartais verčiamas kaip „individuali siela", nes siela – tai kūno šeimininkas, kuris, kai nelieka vieno kūno, pereina į kitą kūną. Šia prasme ji – šeimininkas. Tačiau kiti žodžiui *parameśvara* suteikia „Supersielos" reikšmę. Bet kuriuo atveju ir Supersiela, ir individuali siela išlieka. Jos – nesunaikinamos. Sugebantis tai suvokti gali aiškiai matyti, kas išties vyksta.

समं पश्यन् हि सर्वत्र समवस्थितमीधरम् ।　　　　　　13.29
न हिनस्त्यात्मनात्मानं ततो याति परां गतिम् ॥२९॥

samaṁ paśyan hi sarvatra · samavasthitam īśvaram
na hinasty ātmanātmānaṁ · tato yāti parāṁ gatim

samam – vienodai; *paśyan* – matydamas; *hi* – tikrai; *sarvatra* – visur; *samasvasthitam* – vienodai esančią; *īśvaram* – Supersielą; *na* – ne; *hinasti* – žlugdo; *ātmanā* – protu; *ātmānam* – sielą; *tataḥ* – tada; *yāti* – pasiekia; *parām* – transcendentinį; *gatim* – tikslą.

Kas mato Supersielą vienodai esančią visur, kiekvienoje gyvoje būtybėje, tas nepatiria nuopuolio per savo protą. Taip jis artėja į transcendentinį tikslą.

Gyvosios esybės, patekusios į materialią būtį, padėtis kitokia, negu dvasinėje būtyje. Tačiau jei žmogus supranta, kad Aukščiausiasis, kaip Paramātmā, yra visur, jei jis sugeba kiekviename gyvyje įžvelgti Aukščiausiąjį Dievo Asmenį, tai jis nepatiria nuopuolio dėl pragaištingos mąstysenos ir palaipsniui žengia į dvasinį pasaulį. Paprastai protas trokšta juslinių malonumų, tačiau kai jis atsigręžia į Supersielą, pasiekiamas aukštas dvasinio pažinimo lygis.

प्रकृत्यैव च कर्माणि क्रियमाणानि सर्वशः ।
यः पश्यति तथात्मानमकर्तारं स पश्यति ॥३०॥

13.30

prakṛtyaiva ca karmāṇi · kriyamāṇāni sarvaśaḥ
yaḥ paśyati tathātmānam · akartāraṁ sa paśyati

prakṛtyā – materialios gamtos; *eva* – tikrai; *ca* – taip pat; *karmāṇi* – veiklą; *kriyamāṇāni* – atliekamą; *sarvaśaḥ* – visais atžvilgiais; *yaḥ* – tas, kuris; *paśyati* – mato; *tathā* – taip pat; *ātmānam* – save; *akartāram* – neveiklų; *saḥ* – jis; *paśyati* – regi tobulai.

Kas mato, kad visą veiklą atlieka materialios gamtos sukurtas kūnas, ir kad savasis „aš" nedaro nieko, tas regi teisingai.

Materiali gamta sukuria kūną Supersielos nurodymu, ir visa veikla, susijusi su kūnu, nėra savojo „aš" darbai. Ką tik žmogus daro – savo laimei, ar nelaimei – tai daryti jį verčia jo kūno konstitucija. Tačiau savasis „aš" yra anapus kūno veiklos. Kūną gauname pagal savo praeities norus. Kad galėtume tuos norus įgyvendinti, mes gauname atitinkamą kūną, kuriuo atitinkamai naudojamės. Galima sakyti, kad kūnas – tai Aukščiausiojo Viešpaties sukurtas norų pildymo įrankis. Per savo norus patenkame į sudėtingas aplinkybes, kur tenka patirti kančią ar džiaugsmą. Išlavinusi transcendentinį regėjimą, gyvoji esybė gali atsieti save nuo kūno veiklos. Kas taip regi – regi tiesą.

यदा भूतपृथग्भावमेकस्थमनुपश्यति ।
तत एव च विस्तारं ब्रह्म सम्पद्यते तदा ॥३१॥

13.31

yadā bhūta-pṛthag-bhāvam · eka-stham anupaśyati
tata eva ca vistāram · brahma sampadyate tadā

yadā – kai; *bhūta* – gyvųjų esybių; *pṛthak-bhāvam* – atskiras esybes; *eka-stham* – esančias vienoje vietoje; *anupaśyati* – kas stengiasi pamatyti autoriteto dėka; *tataḥ eva* – nuo to laiko; *ca* – taip pat; *vistāram* – ekspansiją; *brahma* – Absoliutą; *sampadyate* – jis pasiekia; *tadā* – tada.

Kai išmintingasis nebemato tarp būtybių jokių skirtumų, kuriuos sąlygoja skirtingi materialūs kūnai, ir regi, kaip būtybės yra pasklidusios visur, jis suvokia Brahmaną.

Žmogus, matantis, kad skirtingus gyvųjų esybių kūnus sukuria įvairūs individualios sielos norai, ir kad kūnai iš tikrųjų nesusiję su siela, regi tiesą. Vadovaudamiesi materialia būties samprata, kažką mes laikome pusdieviu, žmogumi, šunimi, kate etc. Toks regėjimas – materialus ir nėra teisingas, jį gimdo materiali būties samprata. Žuvus materialiam kūnui, dvasinė siela nepakinta. Įvairių tipų kūnus ji gauna dėl sąlyčio su materialia gamta. Pajėgus tai pamatyti įgyja dvasinį regėjimą. Nieko neskirstydamas pagal principą „žmogus", „gyvūnas", „aukštas", „žemas" etc., žmogus apvalys sąmonę ir išsiugdys Kṛṣṇos sąmonę, kuri atitinka jo dvasinį identiškumą. Kaip jis tuomet suvokia pasaulį, paaiškins kitas posmas.

अनादित्वान्निर्गुणत्वात्परमात्मायमव्ययः ।   13.32
शरीरस्थोऽपि कौन्तेय न करोति न लिप्यते ॥३२॥

anāditvān nirguṇatvāt · paramātmāyam avyayaḥ
śarīra-stho 'pi kaunteya · na karoti na lipyate

anāditvāt – dėl amžinumo; *nirguṇatvāt* – dėl transcendentalumo; *parama* – anapus materialios gamtos; *ātmā* – dvasia; *ayam* – ši; *avyayaḥ* – neišsenkama; *śarīra-sthaḥ* – esanti kūne; *api* – nors; *kaunteya* – o Kuntī sūnau; *na karoti* – nieko neveikia; *na lipyate* – nei įsipainioja.

Turintys amžinybės regėjimą supranta, kad nemari siela yra transcendentali, amžina ir nepavaldi gamtos guṇoms. Net ir susilietusi su materialiu kūnu, o Arjuna, siela nieko neveikia ir niekas jos nesaisto.

Iš pažiūros gyvoji esybė gimsta kartu su materialiu kūnu, tačiau iš tikrųjų ji yra amžina, negimstanti, ir nors glūdi materialiame kūne, yra transcendentali. Todėl jos negalima sunaikinti. Ji yra palaimingos prigimties. Pati ji neatlieka jokios materialios veiklos, todėl veiksmai, kuriuos žadina jos sąlytis su materialiais kūnais, jos nesaisto.

यथा सर्वगतं सौक्ष्म्यादाकाशं नोपलिप्यते ।
सर्वत्रावस्थितो देहे तथात्मा नोपलिप्यते ॥३३॥

13.33

yathā sarva-gataṁ saukṣmyād · ākāśaṁ nopalipyate
sarvatrāvasthito dehe · tathātmā nopalipyate

yathā – kaip; *sarva-gatam* – visa persmelkianti; *saukṣmyāt* – būdama subtili; *ākāśam* – erdvė; *na* – niekada; *upalipyate* – susimaišo; *sarvatra* – visur; *avasthitaḥ* – esanti; *dehe* – kūne; *tathā* – taip; *ātmā* – siela; *na* – niekada; *upalipyate* – susimaišo.

Būdama subtilios prigimties, erdvė su niekuo nesimaišo, nors persmelkia viską. Taip ir sielai, kuri regi Brahmaną, nedaro įtakos kūnas, nors ji ir glūdi jame.

Oro yra vandenyje, purve, išmatose ir dar labai daug kur, tačiau jis su niekuo nesusimaišo. Taip ir gyvoji esybė, nors ji glūdi įvairiuose kūnuose, dėl savo subtilios prigimties yra nuošaly kūno. Todėl materialios akys negali pastebėti, kaip gyvoji esybė kontaktuoja su kūnu ir kaip kūnui žuvus jį palieka. Šio reiškinio negali išaiškinti joks mokslininkas.

यथा प्रकाशयत्येकः कृत्स्नं लोकमिमं रविः ।
क्षेत्रं क्षेत्री तथा कृत्स्नं प्रकाशयति भारत ॥३४॥

13.34

yathā prakāśayaty ekaḥ · kṛtsnaṁ lokam imaṁ raviḥ
kṣetraṁ kṣetrī tathā kṛtsnam · prakāśayati bhārata

yathā – kaip; *prakāśayati* – apšviečia; *ekaḥ* – viena; *kṛtsnam* – visą; *lokam* – visatą; *imam* – šią; *raviḥ* – saulė; *kṣetram* – šį kūną;

kṣetrī – siela; *tathā* – lygiai taip; *kṛtsnam* – visą; *prakāśayati* – apšviečia; *bhārata* – o Bharatos sūnau.

O Bharatos sūnau, kaip viena saulė apšviečia visą mūsų visatą, taip ir kūne esanti viena gyvoji esybė sąmone apšviečia visą kūną.

Sąmonę aiškina įvairiausios teorijos. Šiame „Bhagavad-gītos" posme pateiktas saulės ir jos šviesos pavyzdys. Kaip saulė iš vienos vietos šviesdama nutvieskia visą visatą, taip ir maža dalelė – dvasinė siela, nors ir glūdi širdyje, sąmone apšviečia visą kūną. Taigi sąmonė yra sielos buvimo įrodymas, lygiai kaip saulės šviesa – saulės. Kol siela kūne, tol kūnas turi sąmonę, o kai siela iš jo išeina, užgesta ir sąmonė. Tai lengvai suvokia bet koks protingas žmogus. Taigi sąmonė nėra materijos elementų jungimosi padarinys. Ji – gyvosios esybės požymis. Nors kokybiškai gyvosios esybės sąmonė ir prilygsta aukščiausiajai sąmonei, jos sąmonė nėra aukščiausia, nes vieno konkretaus kūno sąmonė neapima kitų kūnų. Tačiau visuose kūnuose glūdinti Supersiela, individualios sielos draugas, Savo sąmone aprėpia visus kūnus. Ši savybė aukščiausiąją sąmonę ir skiria nuo individualios.

क्षेत्रक्षेत्रज्ञयोरेवमन्तरं ज्ञानचक्षुषा ।
भूतप्रकृतिमोक्षं च ये विदुर्यान्ति ते परम् ॥३५॥

13.35

kṣetra-kṣetrajñayor evam · antaraṁ jñāna-cakṣuṣā
bhūta-prakṛti-mokṣaṁ ca · ye vidur yānti te param

kṣetra – kūno; *kṣetra-jñayoḥ* – kūno savininko; *evam* – taip; *antaram* – skirtumą; *jñāna-cakṣuṣā* – žinojimo apšviestomis akimis; *bhūta* – gyvosios esybės; *prakṛti* – iš materialios gamtos; *mokṣam* – išsivadavimą; *ca* – taip pat; *ye* – tie, kurie; *viduḥ* – žino; *yānti* – eina; *te* – jie; *param* – į Aukščiausiąjį.

Tie, kurie žinojimo apšviestomis akimis regi skirtumą tarp kūno ir jį pažįstančio subjekto, o taip pat žino, kaip išsivaduoti iš materialios gamtos vergijos, pasiekia aukščiausią tikslą.

Reikia suprasti, kuo skiriasi kūnas, jo savininkas ir Supersiela – tokia trylikto skyriaus esmė. Išsivadavimo kelią, kuris nusakomas posmuose nuo aštunto iki dvylikto, reikėtų pripažinti kaip tikrą kelią ir eiti juo į aukščiausią tikslą.

Tikintysis visų pirma turėtų stengtis bendrauti su tais, iš kurių girdėtų tiesą apie Dievą ir šitaip nuosekliai šviestųsi. Kas kreipiasi į dvasinį mokytoją, tas išmoks skirti materiją nuo dvasios. Tai taps jo tolimesnio dvasinio tobulėjimo pagrindu. Duodamas įvairius nurodymus, dvasinis mokytojas moko savo mokinius atsikratyti materialios būties sampratos. Pavyzdžiui, „Bhagavad-gītoje" Kṛṣṇa moko Arjuną atsisakyti materialistinių motyvų.

Kiekvienas supras, jog kūnas – materija, ir jį galima suskaidyti į dvidešimt keturis pradmenis. Kūnas – grubi apraiška, o protas ir psichinė veikla – subtili apraiška. Sąveikaujant grubiai ir subtiliai apraiškoms atsiranda gyvybės požymiai. Be to, dar egzistuoja siela ir Supersiela. Jos – dvi. Materialaus pasaulio judėjimui pradžią duoda sielos ir dvidešimt keturių materijos pradmenų jungtis. Tas, kuris materialų pasaulį mato kaip sielos ir materijos pradmenų jungtį ir supranta Aukščiausiosios Sielos padėtį, vertas dvasinio pasaulio. Šiuos klausimus reikia apmąstyti ir suvokti, todėl, padedant dvasiniam mokytojui, derėtų šį skyrių labai gerai išsiaiškinti.

Taip Bhaktivedanta baigia komentuoti tryliktą „Śrīmad Bhagavad-gītos" skyrių, pavadintą „Gamta, besimėgaujantis subjektas ir sąmonė".

Trys materialios gamtos guṇos

श्रीभगवानुवाच   **14.1**
परं भूयः प्रवक्ष्यामि ज्ञानानां ज्ञानमुत्तमम् ।
यज्ज्ञात्वा मुनयः सर्वे परां सिद्धिमितो गताः ॥ १ ॥

śrī-bhagavān uvāca
param bhūyaḥ pravakṣyāmi · jñānānāṁ jñānam uttamam
yaj jñātvā munayaḥ sarve · parāṁ siddhim ito gatāḥ

śrī-bhagavān uvāca – Aukščiausiasis Dievo Asmuo tarė; *param* – apie transcendentinį; *bhūyaḥ* – vėl; *pravakṣyāmi* – Aš kalbėsiu; *jñānānām* – iš viso žinojimo; *jñānam* – žinojimą; *uttamam* – aukščiausią; *yat* – kurį; *jñātvā* – žinodami; *munayaḥ* – išminčiai; *sarve* – visi; *parām* – transcendentinį; *siddhim* – tobulumą; *itaḥ* – iš šio pasaulio; *gatāḥ* – pasiekė.

Aukščiausiasis Dievo Asmuo tarė: Dar kartą Aš paskelbsiu tau aukščiausią išmintį, visų geriausią žinojimą, kurį perpratę išminčiai pasiekė aukščiausią tobulumą.

Nuo septinto skyriaus iki dvylikto skyriaus pabaigos Śrī Kṛṣṇa nuodugniai atskleidžia Absoliučią Tiesą, Aukščiausiąjį Dievo

Asmenį. O šiame skyriuje Pats Viešpats toliau šviečia Arjuną. Jei žmogus supras šį skyrių filosofiškai jį apmąstydamas, jis suvoks ir pačią pasiaukojimo tarnystę. Tryliktame skyriuje buvo aiškiai pasakyta, kad nuolankus, žinojimą vystantis žmogus gali išsivaduoti iš materijos pančių. Be to, ten buvo aiškinta, kad dėl ryšio su gamtos *guṇomis* gyvoji esybė pateko į materialaus pasaulio pinkles. Šiame skyriuje Aukščiausiasis Asmuo aiškina tų *guṇų* esmę, jų veikimą, nusako, kaip jos susaisto ir išvaduoja žmogų. Aukščiausiasis Viešpats teigia, kad šiame skyriuje pateiktos žinios yra aukštesnės už tas, kurios pateiktos ankstesniuose skyriuose. Daugelis jas suvokusių didžių išminčių pasiekė tobulumą ir pateko į dvasinį pasaulį. Dabar Viešpats tas žinias dar geriau išaiškina. Jos gerokai pranoksta visus kitus anksčiau aprašytus pažinimo kelius ir jas įsisavinę daugelis jau pasiekė tobulumą. Todėl tas, kuris suprato keturioliktą skyrių, turėtų pasiekti tobulumą.

इदं ज्ञानमुपाश्रित्य मम साधर्म्यमागताः ।
सर्गेऽपि नोपजायन्ते प्रलये न व्यथन्ति च ॥ २ ॥

14.2

idaṁ jñānam upāśritya · mama sādharmyam āgatāḥ
sarge 'pi nopajāyante · pralaye na vyathanti ca

idam – šio; *jñānam* – žinojimo; *upāśritya* – rasdami prieglobstį; *mama* – Mano; *sādharmyam* – tokią pat prigimtį; *āgatāḥ* – pasiekę; *sarge api* – ir kūrimo metu; *na* – niekada; *upajāyante* – gimsta; *pralaye* – naikinimo metu; *na* – nei; *vyathanti* – kenčia; *ca* – taip pat.

Gerai įsitvirtinęs šiame pažinimo kelyje, žmogus gali pasiekti transcendentinę būtį, tokią, kaip Mano. Ją pasiekęs jis nebegims kūrimo metu ir visatos naikinimas neturės jam įtakos.

Tobulą transcendentinį žinojimą gavęs žmogus tampa kokybine prasme vienodas su Aukščiausiuoju Dievo Asmeniu ir išsivaduoja iš pasikartojančių gimimo ir mirties. Tačiau jis nepraranda savo individualios sielos identiškumo. Vedų raštai rodo, kad išsivadavusios sielos, kurios pasiekė transcendentines dvasinio dangaus planetas, visad žvelgia į Viešpaties lotosines pėdas, su meile ir transcendentaliai Jam tarnaudamos. Taigi net po išsivadavimo bhaktai nepraranda savo individualybės.

Dažniausiai materialiame pasaulyje įgytą žinojimą teršia trys materialios gamtos *gunos*. Jomis nesuteptas žinojimas vadinamas transcendentiniu. Žmogus, gerai įsisąmoninęs transcendentinį žinojimą, pasiekia Aukščiausiojo Asmens lygmenį. O žmonės, nieko nežinantys apie dvasinį dangų, mano, kad išsilaisvinusi iš materialiai būčiai būdingos materialios veiklos dvasinė siela tampa beforme, be jokių individualybės bruožų. Tačiau įvairovė, egzistuojanti materialiame pasaulyje, būdinga ir dvasiniam pasauliui. To nežinantys mano, jog dvasinė būtis yra visiška materialios įvairovės priešingybė. Bet iš tikrųjų dvasiniame danguje gaunamas dvasinis pavidalas, vyksta dvasinė veikla ir tokia dvasinė situacija vadinasi pasiaukojimo tarnystė. Dvasinio pasaulio atmosfera neužteršta, todėl gyvoji esybė tampa kokybiškai tapati Aukščiausiajam Viešpačiui. Žmogus privalo ugdyti visas savo dvasines savybes, kad galėtų įgyti tokį žinojimą. Žmogui, kuris šitaip ugdo dvasines savybes, neturi įtakos nei materialaus pasaulio kūrimas, nei jo naikinimas.

मम योनिर्महद् ब्रह्म तस्मिन् गर्भं दधाम्यहम् ।
सम्भवः सर्वभूतानां ततो भवति भारत ॥ ३ ॥

14.3

mama yonir mahad brahma · tasmin garbhaṁ dadhāmy aham
sambhavaḥ sarva-bhūtānām · tato bhavati bhārata

mama – Mano; *yoniḥ* – įsčios; *mahat* – visa materiali kūrinija; *brahma* – aukščiausiasis; *tasmin* – ten; *garbham* – nėštumą; *dadhāmi* – sukuriu; *aham* – Aš; *sambhavaḥ* – galimybė; *sarva-*

bhūtānām – visų gyvųjų esybių; *tataḥ* – nuo to laiko; *bhavati* – tampa; *bhārata* – o Bharatos sūnau.

Visuminė materijos substancija, vadinama Brahmanu, yra gimimo šaltinis, ir būtent šį Brahmaną, o Bharatos sūnau, Aš apvaisinu, kad galėtų gimti visos gyvosios būtybės.

Pasaulis aiškinamas taip: viską gimdo kūno (*kṣetra*) ir dvasinės sielos (*kṣetra-jña*) jungtis. Materialios gamtos ir gyvosios esybės jungtis įmanoma tik Paties Aukščiausiojo Dievo dėka. *Mahat-tattva* – viso kosminio pasaulio visuminė priežastis, ir ta materialios priežasties visuminė substancija, kurioje veikia trys gamtos *guṇos,* kartais vadinama Brahmanu. Aukščiausiasis Asmuo apvaisina šią visuminę substanciją, ir taip atsiranda nesuskaičiuojama daugybė visatų. Vedų raštuose („Muṇḍaka Upaniṣada" 1.1.9) visuminė materijos substancija, *mahat-tattva,* apibūdinta kaip Brahmanas: *tasmād etad brahma nāma-rūpam annaṁ ca jāyate.* Aukščiausiasis Asmuo apvaisina šį Brahmaną gyvųjų esybių sėkla. Dvidešimt keturi pradmenys: žemė, vanduo, ugnis, oras ir kt. – visa tai yra materiali energija. Šie pradmenys sudaro tai, kas vadinasi *mahad brahma,* arba didysis Brahmanas, materiali gamta. Septintame skyriuje aiškinama, kad be jos egzistuoja kita, aukštesnioji gamta – gyvoji esybė. Aukščiausiojo Dievo Asmens valia materiali gamta jungiasi su aukštesniąja, ir taip materialioje gamtoje gimsta visos gyvosios esybės.

Skorpionas deda kiaušinėlius į ryžių krūveles, todėl kartais sakoma, kad skorpionai gimsta iš ryžių. Tačiau ne ryžiai yra skorpiono gimimo priežastis: kiaušinius deda skorpiono patelė. Lygiai taip ir materiali gamta nėra gyvųjų esybių gimimo priežastis. Ją apvaisina Aukščiausiasis Dievo Asmuo, ir tik iš pažiūros atrodo, kad gyvąsias esybes gimdo materiali gamta. Taip kiekviena gyvoji esybė pagal savo ankstesnę veiklą turi kūną, kurį sukūrė materiali gamta, idant gyvoji esybė patirtų džiaugsmą ar kančią – ko nusipelnė pagal savo ankstesnius darbus. Viešpats yra tikroji gyvųjų esybių apsireiškimo materialiame pasaulyje priežastis

सर्वयोनिषु कौन्तेय मूर्तयः सम्भवन्ति याः ।   14.4
तासां ब्रह्म महद्योनिरहं बीजप्रदः पिता ॥ ४ ॥

sarva-yoniṣu kaunteya · mūrtayaḥ sambhavanti yāḥ
tāsāṁ brahma mahad yonir · ahaṁ bīja-pradaḥ pitā

sarva-yoniṣu – visose gyvybės rūšyse; *kaunteya* – o Kuntī sūnau; *mūrtayaḥ* – pavidaluose; *sambhavanti* – atsiranda; *yāḥ* – kurios; *tāsām* – visų jų; *brahma* – aukščiausiasis; *mahat yoniḥ* – gimimo materialioje gamtoje šaltinis; *aham* – Aš; *bīja-pradaḥ* – sėklą duodantis; *pitā* – tėvas.

Reikia suprasti, kad visos gyvybės rūšys, o Kuntī sūnau, todėl ir pradeda egzistuoti, kad gimsta materialioje gamtoje ir kad Aš esu sėklą duodantis tėvas.

Posmas aiškiai sako, kad Kṛṣṇa, Aukščiausiasis Dievo Asmuo, yra pirminis visų gyvųjų esybių tėvas. Gyvosios esybės – tai materialios ir dvasinės gamtos jungtis. Jos gyvena ne tik mūsų, bet ir visose kitose planetose, net ir aukščiausioje jų – Brahmos buveinėje. Gyvųjų esybių yra visur – žemėje, vandenyje ir net ugnyje. Visos jos atsiranda iš motinos, materialios gamtos, apvaisintos Kṛṣṇos sėkla. Materiali gamta apvaisinama gyvųjų esybių sėkla, ir pasaulio kūrimo metu jos įgauna įvairias formas pagal ankstesnius savo darbus. Tokia posmo prasmė.

सत्त्वं रजस्तम इति गुणाः प्रकृतिसम्भवाः ।   14.5
निबध्नन्ति महाबाहो देहे देहिनमव्ययम् ॥ ५ ॥

sattvaṁ rajas tama iti · guṇāḥ prakṛti-sambhavāḥ
nibadhnanti mahā-bāho · dehe dehinam avyayam

sattvam – dorybės guṇa; *rajaḥ* – aistros guṇa; *tamaḥ* – neišmanymo guṇa; *iti* – taigi; *guṇāḥ* – savybės; *prakṛti* – iš materialios gamtos;

sambhavāḥ – kilusios; *nibadhnanti* – sąlygoja; *mahā-bāho* – o tvirtaranki; *dehe* – šiame kūne; *dehinam* – gyvąją esybę; *avyayam* – amžiną.

Materialią gamtą sudaro trys guṇos – dorybė, aistra ir neišmanymas. Kai amžina gyvoji esybė susiliečia su gamta, o tvirtaranki Arjuna, guṇos ją susaisto.

Gyvoji esybė – transcendentali, todėl su materialia gamta ji neturi nieko bendra. Vis dėlto materialus pasaulis susaisto gyvąją esybę, ir ji, trijų materialių gamtos *guṇų* užburta, ima veikti. Kadangi gyvųjų esybių kūnai būna įvairių tipų, atitinkančių skirtingus gamtos aspektus, jos priverstos veikti taip, kaip jas skatina jų prigimtis. Čia ir glūdi džiaugsmo bei kančios įvairovės priežastis.

तत्र सत्त्वं निर्मलत्वात्प्रकाशकमनामयम् ।   14.6
सुखसङ्गेन बध्नाति ज्ञानसङ्गेन चानघ ॥ ६ ॥

tatra sattvaṁ nirmalatvāt · prakāśakam anāmayam
sukha-saṅgena badhnāti · jñāna-saṅgena cānagha

tatra – čia; *sattvam* – dorybės *guṇa; nirmalatvāt* – pati tyriausia materialiame pasaulyje; *prakāśakam* – apšviečianti; *anāmayam* – be atoveikio už nuodėmes; *sukha* – laimės; *saṅgena* – saitais; *badhnāti* – sąlygoja; *jñāna* – žinojimo; *saṅgena* – saitais; *ca* – taip pat; *anagha* – o nesusitepęs nuodėme.

O nesusitepęs nuodėme, dorybės guṇa, kuri yra skaistesnė už kitas, apšviečia ir atleidžia nuo atoveikio už visas nuodėmes. Dorybės guṇos veikiamą žmogų sąlygoja laimės ir žinojimo jausmas.

Materialios gamtos sąlygojamos gyvosios esybės yra labai įvairios. Vienos jų – laimingos, kitos labai aktyvios, trečios – bejėgės. Tie psichologinių būsenų tipai nulemia sąlygotos esybės statusą gamtoje. Šioje „Bhagavad gītos" dalyje aiškinami sąlygoto būvio variantai. Pirmiausiai nagrinėjama dorybės *guṇa*. Materialiame pasaulyje dorybės *guṇą* puoselėjantis žmogus tampa išmintingesnis už kitų *guṇų* įtakoje esančius žmones. Dorybės *guṇos* veikiamą žmogų mažiau veikia materialaus pasaulio nelaimės, jis pasijunta daręs pažangą materialaus žinojimo srityje. Šiam tipui atstovauja brahmanai, kurie turėtų būti valdomi dorybės *guṇos*. Laimės jausmas, apie kurį kalbama posme, atsiranda supratus, kad dorybės *guṇos* veikiamas žmogus yra didesniu ar mažesniu mastu laisvas nuo atoveikio už nuodėmes. Iš teisybės, Vedų raštuose rašoma, kad dorybės *guṇa* – tai platesnės žinios ir stipresnis laimės jausmas.

Tačiau štai kur problema – dorybės *guṇos* veikiama gyvoji esybė linkusi manyti, jog ji toli pažengusi žinojimo srityje ir yra geresnė už kitus. Taip ji susaistoma. Akivaizdus pavyzdys – mokslininkai ir filosofai. Ir vieni, ir kiti puikuojasi savo žiniomis, o kadangi jie dažnai pagerina savo gyvenimo sąlygas, tai patiria savotišką materialios laimės jausmą. Sąlygotos būties aplinkybėmis patiriamas stipresnis laimės jausmas susaisto juos su materialios gamtos dorybės *guṇa*. Dėl to juos traukia dorybės *guṇos* veikla, ir kol jiems tokia veikla patinka, tol jie pagal gamtos *guṇas* gauna tam tikro tipo kūną. Tokioje situacijoje jiems nelieka šansų išsivaduoti ir patekti į dvasinį pasaulį. Nuolat gimdamas filosofu, mokslininku ar poetu, toks žmogus kaskart patenka į tas pačias pinkles – patiria gimimo ir mirties nepatogumus. Tačiau paveiktas materialios energijos iliuzijos, jis mano, kad toks gyvenimas malonus.

रजो रागात्मकं विद्धि तृष्णासङ्गसमुद्भवम् ।   **14.7**
तन्निबध्नाति कौन्तेय कर्मसङ्गेन देहिनम् ॥ ७ ॥

rajo rāgātmakaṁ viddhi · tṛṣṇā-saṅga-samudbhavam
tan nibadhnāti kaunteya · karma-saṅgena dehinam

rajaḥ – aistros *guṇa*; *rāga-ātmakam* – gimusi iš potraukio ar geismo; *viddhi* – žinok; *tṛṣṇā* – iš troškimų; *saṅga* – saitų; *samudbhavam* – kilusi; *tat* – ta; *nibadhnāti* – supančioja; *kaunteya* – o

Kuntī sūnau; *karma-saṅgena* – karminės veiklos saitais; *dehinam* – įkūnytą.

Aistros guṇą, o Kuntī sūnau, gimdo nežaboti geiduliai ir norai, ir dėl to įkūnyta gyvoji esybė būna priversta atlikti materialią karminę veiklą.

Aistros *guṇą* charakterizuoja potraukis tarp vyro ir moters. Moterį traukia vyras, o vyrą – moteris. Tai aistros *guṇa.* Kai aistros *guṇos* poveikis stiprėja, išsivysto materialų malonumų troškimas. Žmogus nori džiaugtis tenkindamas jusles. Aistros *guṇos* veikiamas žmogus, norėdamas jusliškai pasitenkinti, siekia būti garbinamas visuomenės ar tautos, nori šeimyninės laimės su puikiais vaikais, žmona ir namais. Tokie aistros *guṇos* padariniai. Kol žmogus to trokšta, tol turi išsijuosęs dirbti. Todėl posmas aiškiai sako, kad toks žmogus prisiriša prie savo veiklos vaisių, o karminė veikla jį supančioja. Norint suteikti malonumą žmonai, vaikams ir visuomenei ir išlaikyti savo prestižą, reikia dirbti. Taigi visas materialus pasaulis yra daugiau ar mažiau paveiktas aistros *guṇos.* Imant kriterijumi aistros *guṇą,* šiuolaikinę civilizaciją galėtume laikyti pažangia. Kitados pažangia buvo laikoma dorybės *guṇos* civilizacija. Jeigu išsivaduoti neįmanoma net žmonėms, kurie yra dorybės *guṇos,* tai ką kalbėti apie tuos, kuriuos užvaldo aistros *guṇa?*

तमस्त्वज्ञानजं विद्धि मोहनं सर्वदेहिनाम् । 14.8
प्रमादालस्यनिद्राभिस्तन्निबध्नाति भारत ॥ ८ ॥

tamas tv ajñāna-jaṁ viddhi · mohanaṁ sarva-dehinām
pramādālasya-nidrābhis · tan nibadhnāti bhārata

tamaḥ – neišmanymo *guṇa; tu* – bet; *ajñāna-jam* – kilusi iš neišmanymo; *viddhi* – žinok; *mohanam* – paklydimas; *sarva-dehinām* – visų įkūnytų esybių; *pramāda* – beprotybė; *ālasya* – tingumu; *nidrābhiḥ* – ir mieguistumu; *tat* – ta; *nibadhnāti* – supančioja; *bhārata* – o Bhāratos sūnau.

O Bharatos sūnau, žinok, kad neišmanymo pagimdyta tamsos guna – visų įkūnytų gyvųjų esybių paklydimo priežastis. Šios gunos pasekmės – beprotybė, tingumas ir mieguistumas, kurie susaisto sąlygotą sielą.

Šiame posme specifiškai pavartotam žodžiui *tu* tenka didelė reikšmė. Jis nurodo, kad neišmanymo *guna* – būdinga įkūnytos sielos savybė. Neišmanymo *guna* yra visiška dorybės *gunos* priešingybė. Vystydamas žinojimą, dorybės *gunos* veikiamas žmogus gali suvokti kas yra kas, o neišmanymo *gunos* atveju viskas yra atvirkščiai. Visi, kurie yra neišmanymo *gunos,* pameta protą, o beprotis nesuvokia kas yra kas. Užuot žengęs į priekį, jis degraduoja. Neišmanymo *gunos* apibrėžimas pateiktas Vedų raštuose. *Vastu-yāthātmya-jñānāvarakaṁ viparyaya-jñāna-janakaṁ tamaḥ:* „neišmanymo užburtam neįmanoma suvokti tikrosios dalykų esmės." Antai kiekvienam akivaizdu, kad mirė jo seneliai, mirs ir jis. Žmogus mirtingas. Mirs ir jo palikuonys. Mirtis neišvengiama. Nepaisant to žmonės kaip pamišę kaupia pinigus ir dieną naktį išsijuosę dirba, nesirūpindami savo amžina siela. Tai beprotybė. Pametę protą, jie nesiekia pažangos dvasinio pažinimo srityse. Tokie žmonės labai tingūs. Kviečiami bendrauti, plėsti savo dvasinį akiratį, didelio susidomėjimo jie nereiškia. Jiems trūksta netgi aistros *gunos* veikiamų žmonių veiklumo. Kitas neišmanymo *gunos* veikiamo žmogaus požymis – jis miega daugiau negu reikia. Miegui visiškai pakanka šešių valandų per parą, tačiau neišmanymo *gunos* veikiamas žmogus miega mažų mažiausiai dešimt-dvylika valandų. Jis visada atrodo prislėgtas, linkęs vartoti svaigalus ir persimiegoti. Tokie yra neišmanymo *gunos* sąlygojamo žmogaus požymiai.

सत्त्वं सुखे सञ्जयति रजः कर्मणि भारत ।
ज्ञानमावृत्य तु तमः प्रमादे सञ्जयत्युत ॥ ९ ॥

14.9

sattvaṁ sukhe sañjayati · rajaḥ karmaṇi bhārata
jñānam āvṛtya tu tamaḥ · pramāde sañjayaty uta

sattvam – dorybės *guṇa; sukhe* – laime; *sañjayati* – saisto; *rajaḥ* – aistros *guṇa; karmaṇi* – karmine veikla; *bhārata* – o Bharatos sūnau; *jñānam* – žinojimą; *āvṛtya* – užgoždama; *tu* – bet; *tamaḥ* – neišmanymo *guṇa; pramāde* – beprotybe; *sañjayati* – susaisto; *uta* – yra sakoma.

O Bharatos sūnau, dorybės guṇa žmogų susaisto laime, aistros guṇa – karmine veikla, o neišmanymo guṇa, užgoždama gyvosios būtybės žinojimą, pasmerkia ją beprotybei.

Žmogus, kuris yra dorybės *guṇos,* pasitenkinimą gauna iš darbo arba intelektualių užsiėmimų. Pavyzdžiui, filosofas, mokslininkas ar pedagogas patiria pasitenkinimą, gilindami savo srities žinias. Aistros *guṇos* veikiamas žmogus atsideda karminei veiklai – kiek išgali jis kaupia lėšas ir eikvoja jas kilniems tikslams. Kartais jis steigia ligonines, šelpia labdaringas įstaigas etc. Tokie yra aistros *guṇos* valdomo žmogaus požymiai. O neišmanymo *guṇa* užgožia žinojimą. Kad ir ką darytų neišmanymo *guṇos* veikiamas žmogus, viskas bus blogis – ir jam pačiam, ir kitiems.

रजस्तमश्चाभिभूय सत्त्वं भवति भारत । **14.10**
रजः सत्त्वं तमश्चैव तमः सत्त्वं रजस्तथा ॥१०॥

rajas tamaś cābhibhūya · sattvaṁ bhavati bhārata
rajaḥ sattvaṁ tamaś caiva · tamaḥ sattvaṁ rajas tathā

rajaḥ – aistros *guṇą; tamaḥ* – neišmanymo *guṇą; ca* – taip pat; *abhibhūya* – pranokdama; *sattvam* – dorybės *guṇa; bhavati* – tampa pastebima; *bhārata* – o Bharatos sūnau; *rajaḥ* – aistros *guṇa; sattvam* – dorybės *guṇą; tamaḥ* – neišmanymo *guṇą; ca* – taip pat; *eva* – kaip kad; *tamaḥ* – neišmanymo *guṇa; sattvam* – dorybės *guṇą; rajaḥ* – aistros *guṇą; tathā* – taip.

Kartais, o Bharatos sūnau, ima vyrauti dorybės guṇa, nugalėdama aistros ir neišmanymo guṇas. Kartais aistros guṇa nugali

dorybę ir neišmanymą, o kitąsyk neišmanymas nugali ir dorybę, ir aistrą. Taip vyksta nuolatinė kova dėl pirmenybės.

Kai ima įsigalėti aistros *guṇa,* dorybės ir neišmanymo *guṇos* traukiasi. Kai padidėja dorybės *guṇos* įtaka, pralaimi aistra ir neišmanymas, o kai ima viešpatauti neišmanymo *guṇa,* ji nustelbia ir aistros, ir dorybės *guṇas.* Ši kova nenutrūksta. Todėl tas, kuris tvirtai nutarė puoselėti Kṛṣṇos sąmonę, turėtų iškilti aukščiau šių trijų *guṇų.* Kurios nors *guṇos* įsigalėjimas atsispindi žmogaus elgsenoje, veikloje, mityboje etc. Tai bus paaiškinta kituose skyriuose. Norint galima tam tikra praktika išsiugdyti savyje dorybės *guṇą* ir nugalėti neišmanymą bei aistrą. Lygiai taip norint galima išsiugdyti aistros *guṇą,* nugalint dorybę bei neišmanymą, arba neišmanymo *guṇą,* priverčiant pasitraukti dorybę ir aistrą. Nors egzistuoja tos trys materialios gamtos *guṇos,* ryžtingas žmogus gali įgyti dorybės *guṇos* palaiminimą ir, išsivadavus iš jos, atsidurti grynos dorybės būvyje, kuris vadinamas *vasudevos* būviu. Šiame būvyje tampa aiškus Dievo mokslas. Žmogaus poelgiai parodo, kokia gamtos *guṇa* jį valdo.

सर्वद्वारेषु देहेऽस्मिन् प्रकाश उपजायते ।   14.11
ज्ञानं यदा तदा विद्याद्विवृद्धं सत्त्वमित्युत ॥११॥

sarva-dvāreṣu dehe 'smin · prakāśa upajāyate
jñānaṁ yadā tadā vidyād · vivṛddhaṁ sattvam ity uta

sarva-dvāreṣu – visuose vartuose; *dehe asmin* – šiame kūne; *prakāśaḥ* – savybė apšviesti; *upajāyate* – išsivysto; *jñānam* – žinojimas; *yadā* – kai; *tadā* – tuomet; *vidyāt* – žinok; *vivṛddham* – sustiprėjusi; *sattvam* – dorybės *guṇa; iti uta* – taip sakoma.

Kai visus kūno vartus apšviečia žinojimas, žinoki, vyrauja dorybės guṇa.

Kūnas turi devynis vartus: dvi akis, dvi ausis, dvi šnerves, burną, lytinius organus ir išeinamąją angą. Kai visi kūno vartai šviečia dorybės požymiais, sakoma, kad išsiugdyta dorybės *guṇa*. Dorybės *guṇa* leidžia žmogui matyti tikrąją dalykų esmę, teisingai girdėti ir justi tikrąjį skonį. Žmogus apsivalo viduje ir išoriškai. Visuose vartuose ryškėja laimės požymiai – tai būdinga dorybei.

लोभः प्रवृत्तिरारम्भः कर्मणामशमः स्पृहा । 14.12
रजस्येतानि जायन्ते विवृद्धे भरतर्षभ ॥१२॥

lobhaḥ pravṛttir ārambhaḥ · karmaṇām aśamaḥ spṛhā
rajasy etāni jāyante · vivṛddhe bharatarṣabha

lobhaḥ – godumas; *pravṛttiḥ* – veikla; *ārambhaḥ* – pastangos; *karmaṇām* – veikloje; *aśamaḥ* – nesuvaldomas; *spṛhā* – troškimas; *rajasi* – aistros guṇos; *etāni* – visi tie; *jāyante* – išsivysto; *vivṛddhe* – sustiprėjusios; *bharata-ṛṣabha* – o geriausias Bharatos palikuoni.

O geriausias iš Bhāratų, sustiprėjus aistros guṇai ryškėja stipraus prisirišimo, karminės veiklos, didelių pastangų ir nesuvaldomų troškimų bei geidulių požymiai.

Aistros *guṇos* veikiamas žmogus visada yra nepatenkintas savo padėtimi. Jis aistringai trokšta ją pagerinti. Jeigu jis nori pasistatyti namą, tai kiek įmanydamas stengiasi įsirengti rūmus, tarytum gyvens juose amžinai. Jo troškimas tenkinti jusles smarkiai padidėja. Jusliniams malonumams nėra ribų. Jis visuomet nori gyventi savo namuose su šeima ir be atvangos tenkinti jusles. Tam nėra galo. Visi minėti požymiai yra būdingi aistros *guṇai*.

अप्रकाशोऽप्रवृत्तिश्च प्रमादो मोह एव च । 14.13
तमस्येतानि जायन्ते विवृद्धे कुरुनन्दन ॥१३॥

aprakāśo 'pravṛttiś ca · pramādo moha eva ca
tamasy etāni jāyante · vivṛddhe kuru-nandana

aprakāśaḥ – tamsumas; *apravṛttiḥ* – neveiklumas; *ca* – ir; *pramā-daḥ* – beprotybė; *mohaḥ* – iliuzija; *eva* – tikrai; *ca* – taip pat; *tamasi* – neišmanymo *guṇa; etāni* – šie; *jāyante* – pasireiškia; *vivṛddhe* – kai išsivysto; *kuru-nandana* – o Kuru sūnau.

Sustiprėjus neišmanymo guṇai, o Kuru sūnau, pasireiškia tamsumas, neveiklumas, beprotybė ir iliuzija.

Jei nėra švietimo, nėra ir žinių. Neišmanymo valdomas žmogus elgiasi nepaklusdamas reguliuojamiems principams. Jis nori pataikauti savo įgeidžiams ir nesiekia jokio tikslo. Nors ir galėtų dirbti, jis nesistengia to daryti. Tai vadinasi iliuzija. Nors jo sąmonė aktyvi, gyvenimas apmiręs. Tokie yra neišmanymo *guṇos* veikiamo žmogaus požymiai.

यदा सत्त्वे प्रवृद्धे तु प्रलयं याति देहभृत् ।
तदोत्तमविदां लोकानमलान् प्रतिपद्यते ॥१४॥

14.14

yadā sattve pravṛddhe tu · pralayaṁ yāti deha-bhṛt
tadottama-vidāṁ lokān · amalān pratipadyate

yadā – kai; *sattve* – dorybės *guṇai; pravṛddhe* – išsivysčius; *tu* – bet; *pralayam* – į sunaikinimą; *yāti* – eina; *deha-bhṛt* – įkūnytas; *tadā* – tada; *uttama-vidām* – didžių išminčių; *lokān* – planetas; *amalān* – tyras; *pratipadyate* – pasiekia.

Kas miršta apimtas dorybės guṇos, tas pasiekia tyras aukštesniąsias didžiųjų išminčių planetas.

Doringasis pasiekia aukštesniąsias planetų sistemas – Brahmaloką ar Janaloką, ir ten patiria dieviškus džiaugsmus. Svarbus posmo žodis *amalān;* jis reiškia „laisvas nuo aistros ir neišmanymo *guṇų*". Materialus pasaulis kupinas visokiausių nešvarybių, o pati tyriausia materialiame pasaulyje būties forma – dorybės *guṇa.* Įvairių rūšių gyvosioms esybėms yra skirtos įvairios planetos. Tie, kurie miršta dorybėje, pasikelia į planetas, kuriose gyvena didieji išminčiai ir bhaktai.

रजसि प्रलयं गत्वा कर्मसङ्गिषु जायते ।
तथा प्रलीनस्तमसि मूढयोनिषु जायते ॥१५॥   **14.15**

rajasi pralayaṁ gatvā · karma-saṅgiṣu jāyate
tathā pralīnas tamasi · mūḍha-yoniṣu jāyate

rajasi – aistroje; *pralayam* – sunaikinimą; *gatvā* – pasiekęs; *karma-saṅgiṣu* – tarp tų, kurie atlieka karminę veiklą; *jāyate* – gimsta; *tathā* – taip pat; *pralīnaḥ* – sunaikintas; *tamasi* – neišmanyme; *mūḍha-yoniṣu* – gyvūnų rūšyse; *jāyate* – gimsta.

Kas miršta apimtas aistros guṇos, tas gimsta tarp tų, kurie atlieka karminę veiklą, o kas miršta apimtas neišmanymo guṇos, tas gimsta gyvūnų karalystėje.

Kai kas mano, kad jeigu siela pasiekia žmogaus gyvybės formą, tai jau niekada nepuls žemiau. Tai neteisinga mintis. Pasak šio posmo, žmogus su išryškėjusiais neišmanymo *guṇos* požymiais po mirties degraduoja iki gyvūno gyvybės formos. Nuo šio lygmens jam vėl reikia evoliucionuoti, kad pasiektų žmogaus gyvybės formą. Todėl suvokusiems žmogaus gyvenimo svarbą reikėtų išsiugdyti dorybės *guṇą*, o po to tikro bendravimo dėka iškilti aukščiau visų *guṇų* ir pasiekti Kṛṣṇos sąmonę. Toks žmogaus gyvenimo tikslas. Antraip nėra jokių garantijų, kad žmogus vėl gims žmogumi.

कर्मणः सुकृतस्याहुः सात्त्विकं निर्मलं फलम् ।
रजसस्तु फलं दुःखमज्ञानं तमसः फलम् ॥१६॥   **14.16**

karmaṇaḥ sukṛtasyāhuḥ · sāttvikaṁ nirmalaṁ phalam
rajasas tu phalaṁ duḥkham · ajñānaṁ tamasaḥ phalam

karmaṇaḥ – veiklos; *su-kṛtasya* – doringos; *āhuḥ* – sakoma; *sāttvi-kam* – dorybės guṇos; *nirmalam* – ir apvalytas; *phalam* – rezultatas; *rajasaḥ* – aistros guṇos; *tu* – tačiau; *phalam* – rezultatas;

duḥkham – kančia; *ajñānam* – kvailybė; *tamasaḥ* – neišmanymo *guṇos; phalam* – rezultatas.

Doringos veiklos padariniai tyri ir priskiriami dorybės guṇai. Tuo tarpu veiklos, atliktos vyraujant aistros guṇai, pasekmė – kančia, o veikla, atlikta vyraujant neišmanymo guṇai, gimdo kvailystes.

Doringos veiklos, kurią sąlygoja dorybės *guṇa*, pasekmė tyra, todėl visiškai iliuzijos atsikratę išminčiai yra laimingi. Aistros *guṇos* sąlygojama veikla tesukelia kančias. Bet koks poelgis ieškant materialios laimės yra pasmerktas nesėkmei. Pavyzdžiui, kas nors panori pastatyti dangoraižį. Kiek žmonių vargo pareikalauja jo statyba! Kiek rūpesčių kainuoja šį projektą finansuojančiam žmogui uždirbti milžinišką pinigų sumą! Nemažiau triūso turi įdėti ir statybininkai. Iš to kyla tik vienos bėdos. Todėl „Bhagavad-gītā" sako, kad bet kokia veikla, atliekama vyraujant aistros *guṇai*, be abejonės – didžiulis vargas. Aistros *guṇos* veikla teikia tik įsivaizduojamą laimę: „Šis namas ar pinigai priklauso man", – tačiau kokia netikra ta laimė!

O kalbant apie žmogų, kuris yra neišmanymo *guṇos,* tai jis neturi žinojimo, todėl visi jo poelgiai baigiasi kančia; jis kenčia jau dabar, o ateity jam teks nusileisti į gyvūno gyvybės formą. Gyvūno gyvenimas visuomet kupinas kančių, nors iliuzinės energijos, *māyos,* pakerėti gyvūnai to ir nesupranta. Nekaltų gyvūnų žudymas – taip pat neišmanymo *guṇos* pasekmė. Gyvūno žudikas nežino, kad ateity jo auka gaus tokį kūną, kad galės jį patį nužudyti. Toks gamtos dėsnis. Žmonių visuomenėje, žmogų nužudęs nusikaltėlis pakariamas. Toks valstybės įstatymas. Per savo neišmanymą žmonės nežino, kad egzistuoja visuotinė valstybė, kurią valdo Aukščiausiasis Viešpats. Kiekvienas gyvis – Aukščiausiojo Viešpaties vaikas. Viešpats neleidžia nužudyti net skruzdėlės. Už žudymą visų laukia atpildas. Todėl žudyti gyvūnus pataikaujant liežuviui – tamsybių tamsybė. Žmogui nėra jokio reikalo juos žudyti, nes Dievas davė tiek puikių produktų. Tačiau jei žmogus vis dėlto valgo mėsą – tai reiškia, kad jį yra apėmęs neišmanymas ir kad jis kuria sau niūrią ateitį. Karvių žudymas iš gyvūnų naikinimo būdų yra pats baisiausias, nes karvės aprūpina mus pienu, taip suteikdamos daug džiaugsmo. Skersti karvę – tai paties tamsiausio neišmanymo aktas. Žodžiai iš Vedų raštų („Ṛg Veda" 9.4.64) – *gobhiḥ prīṇita matsaram* – nurodo, kad didžiausias neišmanėlis yra tas, kuris skerdžia karves, nors pieno jam visiškai pakanka. Vedų raštuose yra tokia malda:

namo brahmaṇya-devāya · go-brāhmaṇa-hitāya ca
jagad-dhitāya kṛṣṇāya · govindāya namo namaḥ

„Mano Viešpatie, Tu linki gero karvėms ir brahmanams, o taip pat visai žmonijai ir pasauliui." („Viṣṇu Purāṇa" 1.19.65) Ši malda ypač pabrėžia, kad reikia globoti karves bei brahmanus. Brahmanai – tai dvasinio švietimo simbolis, o karvės – paties vertingiausio maisto, pieno, simbolis. Šios dvi gyvųjų būtybių rūšys – brahmanai ir karvės – turi būti ypatingai globojamos. Būtent tai byloja apie tikrąją civilizacijos pažangą. Šiuolaikinė žmonių visuomenė apleido dvasinį pažinimą ir skatina karvių žudymą. Vadinasi žmonių visuomenė eina neteisinga kryptimi – tiesia sau kelią į pražūtį. Civilizacijos, kuri verčia savo narius kitą gyvenimą tapti gyvūnais, negalima pavadinti žmonių civilizacija. Nėra abejonės, kad šiuolaikinę žmonių civilizaciją visiškai suklaidino aistros ir neišmanymo *guṇos*. Gyvename labai pavojingame amžiuje, ir visos tautos turėtų pasirūpinti tuo, kad būtų diegiama Kṛṣṇos sąmonė – pats lengviausias būdas gelbėti žmoniją nuo didžiausio pavojaus.

सत्त्वात्सञ्जायते ज्ञानं रजसो लोभ एव च ।
प्रमादमोहौ तमसो भवतोऽज्ञानमेव च ॥१७॥

14.17

sattvāt sañjāyate jñānam · rajaso lobha eva ca
pramāda-mohau tamaso · bhavato 'jñānam eva ca

sattvāt – iš dorybės *guṇos; sañjāyate* – kyla; *jñānam* – pažinimas; *rajasaḥ* – iš aistros *guṇos; lobhaḥ* – godumas; *eva* – tikrai; *ca* – taip pat; *pramāda* – beprotybė; *mohau* – ir iliuzija; *tamasaḥ* – iš neišmanymo *gunos; bhavataḥ* – išsivysto; *ajñānam* – kvailybė; *eva* – tikrai; *ca* – taip pat.

Iš dorybės gunos kyla tikrasis pažinimas, iš aistros gunos – godumas, o iš neišmanymo gunos kyla kvailybė, beprotybė ir iliuzija.

Šiuolaikinė civilizacija nėra palanki gyvosioms esybėms, todėl joms rekomenduojama Kṛṣṇos sąmonė. Per Kṛṣṇos sąmonę visuomenėje ima reikštis dorybės *guna*. Kai žmonės išsiugdo dorybės *guną*, jie regi dalykus tokius, kokie jie yra. Neišmanymo *gunos* apakinti žmonės yra tarsi gyvūnai. Jie nesuvokia kas vyksta aplink. Būdami neišmanymo *gunos* valdžioje, jie, pavyzdžiui, nesupranta, jog žudydami gyvūną rizikuoja kitą gyvenimą būti nužudyti to paties gyvūno. Žmonės negauna tikro išsilavinimo, todėl praranda atsakomybės jausmą. Jei norime užkirsti kelią neatsakingumui, turime visiems žmonėms skiepyti dorybės *gunos* bruožus. Gavę tinkamą dorybės *gunos* išsilavinimą, žmonės taps blaiviai mąstantys ir suvoks dalykus tokius, kokie jie yra. Tuomet jie bus laimingi ir klestės. Net jeigu didžioji žmonių dauguma nežinos kas yra laimė ir klestėjimas, tačiau nors keletas iš jų išsiugdys Kṛṣṇos sąmonę ir pasieks dorybės *guną*, pasaulis gaus taikos ir gerovės galimybę. Priešingu atveju, jei pasaulis yra valdomas aistros ir neišmanymo *gunų*, taika ir gerovė neįmanomos. Aistros *gunos* veikiami žmonės tampa godūs, o jų juslinių malonumų troškimai neturi ribų. Galima pastebėti, jog net ir turint pakankamai pinigų bei galimybių tenkinti jusles, laimė ir dvasios ramybė – nepasiekiamos. Žmogus negali pasiekti laimės bei dvasios ramybės, nes jį valdo aistros *guna*. Jei jis nori laimės, pinigai jam nepadės. Reikia Kṛṣṇos sąmonės praktika pakilti į dorybės *guną*. Kai žmogų veikia aistros *guna,* jis nepatenkintas ne tik dvasiškai – vien rūpesčius jam kelia ir jo profesinė veikla. Jis kuria begalinius planus ir ieško būdų, kaip įsigyti pakankamai pinigų, kad išlaikytų savąjį *status quo*. Visas jo gyvenimas – vienas vargas. Neišmanymo *gunos* paveikti žmonės praranda protą. Slegiami aplinkybių jie griebiasi įvairiausių svaiginančių priemonių ir tik dar labiau panyra į neišmanymą. Jų ateitis labai niūri.

ऊर्ध्वं गच्छन्ति सत्त्वस्था मध्ये तिष्ठन्ति राजसाः ।   **14.18**
जघन्यगुणवृत्तिस्था अधो गच्छन्ति तामसाः ॥१८॥

ūrdhvaṁ gacchanti sattva-sthā · madhye tiṣṭhanti rājasāḥ
jaghanya-guṇa-vṛtti-sthā · adho gacchanti tāmasāḥ

ūrdhvam – aukštyn; *gacchanti* – eina; *sattva-sthāḥ* – veikiami dorybės *guṇos; madhye* – viduryje; *tiṣṭhanti* – lieka; *rājasāḥ* – veikiami aistros *guṇos; jaghanya* – bjaurių; *guṇa* – savybių; *vṛtti-sthāḥ* – kurių darbai; *adhaḥ* – žemyn; *gacchanti* – eina; *tāmasāḥ* – neišmanymo *guṇos* žmonės.

Tie, kuriuos veikia dorybės guṇa, palaipsniui kyla į aukštesnes planetas. Aistros guṇos įtakoje esantieji gyvena žemės tipo planetose, o tie, kuriuos užvaldė atstumianti neišmanymo guṇa, leidžiasi į pragaro pasaulius.

Posmas aiškiai nusako veiklos pagal tris gamtos *guṇas* rezultatus. Egzistuoja aukštesnė planetų sistema, kurią sudaro dangaus planetos. Jose gyvena iškilnios būtybės. Atsižvelgiant į dorybės *guṇos* išsivystymo laipsnį, gyvoji esybė gali persikelti į atitinkamas tos sistemos planetas. Aukščiausia planeta yra Satyaloka, arba Brahmaloka, kur gyvena svarbiausioji šios visatos asmenybė, Viešpats Brahmā. Kaip jau įsitikinome, mums labai sunku įsivaizduoti nuostabias gyvenimo Brahmalokoje sąlygas, tačiau pats aukščiausias būties būvis – dorybės *guṇa* – gali atverti mums kelią į ją.

Aistros *guṇa* nevienalytė. Ji užima tarpinę padėtį tarp dorybės ir neišmanymo *guṇų*. Žmogus niekada nėra kokios nors vienos *guṇos* įtakoje; net jei jį valdytų vien tik aistros *guṇa*, šioje žemėje jis tegalėtų būti karalius ar turtuolis. O kadangi mus veikia įvairios *guṇos,* galime ir degraduoti. Žemės gyventojai, kuriuos veikia aistros ir neišmanymo *guṇos,* negali jėga, technikos priemonėmis, nukeliauti į aukštesnes planetas. Be to aistros *gunos* veikiamas žmogus turi visas galimybes kitą gyvenimą gimti bepročiu.

Žemiausią ypatybę, neišmanymo *guną*, posmas vadina atstumiančia. Neišmanymo didėjimo pasekmės yra nepaprastai pavojingos. Neišmanymo *gunos* lygmuo pats žemiausias materialioje gamtoje. Žemiau žmogaus lygio yra dar aštuoni milijonai gyvybės rūšių. Tai paukščiai, žvėrys, ropliai, medžiai etc. Kuo labiau žmonėse dominuoja neišmanymo *guna*, tuo į siaubingesnes sąlygas jie pakliūva. Labai reikšmingas posmo žodis *tāmasāḥ*. *Tāmasāḥ* nurodo tuos, kurie neištrūksta iš neišmanymo ir kurie nepakyla iki aukštesnės *gunos*. Jų ateitis labai niūri.

Žmonės, kuriuos veikia aistros ir neišmanymo *gunos*, turi galimybę pakilti į dorybės *guną*. Ta galimybė – Kṛṣṇos sąmonė. Bet ja nepasinaudojęs žmogus, be abejonės, liks žemesniųjų *gunų* valdžioje.

नान्यं गुणेभ्यः कर्तारं यदा द्रष्टानुपश्यति ।   **14.19**
गुणेभ्यश्च परं वेत्ति मद्भावं सोऽधिगच्छति ॥१९॥

nānyaṁ guṇebhyaḥ kartāram · yadā draṣṭānupaśyati
guṇebhyaś ca paraṁ vetti · mad-bhāvaṁ so 'dhigacchati

na – ne; *anyam* – ką kitą; *guṇebhyaḥ* – nei ypatybės; *kartāram* – veikiantįjį; *yadā* – kai; *draṣṭā* – stebėtojas; *anupaśyati* – mato teisingai; *guṇebhyaḥ* – gamtos *gunoms; ca* – ir; *param* – transcendentinį; *vetti* – žino; *mat-bhāvam* – Mano dvasinę gamtą; *saḥ* – jis; *adhigacchati* – pereina į.

Teisingai matant, kad niekas kitas, o tik gamtos gunos atlieka visą veiklą, ir suvokiant Aukščiausiąjį Viešpatį, transcendentalų toms gunoms, pereinama į Mano dvasinę gamtą.

Galima iškilti aukščiau materialios gamtos *gunų* veiklos, jei teisingai jas suvokiame, mokydamiesi iš save suvokusių sielų. Tikras dvasinis mokytojas yra Kṛṣṇa, ir Jis perteikia Arjunai tą dvasinį žinojimą. Taip ir mes turime studijuoti mokslą apie gamtos *gunų* sąlygojamą veiklą, padedant asmenybėms, kurios iki galo išsiugdė Kṛṣṇos sąmonę. Kitaip gyvenimas pakryps neteisinga vaga. *Bona fide* dvasinio mokytojo pamokymai atskleidžia gyvajai esybei jos dvasinę padėtį, papasakoja apie jos materialų kūną, jusles, apie tai, kaip ji pakliuvo į spąstus ir kaip ją užburia materialios gamtos *guṇos*. *Guṇų* pinklėse ji bejėgė, tačiau suvokusi savo tikrąją padėtį ji gali pasiekti transcendentinį lygį, kur jai atsivers dvasinio gyvenimo galimybė. Iš tikrųjų pati gyvoji esybė nėra veiklos atlikėja. Ji priversta veikti, nes turi tam tikro tipo kūną, kurį valdo tam tikra materialios gamtos *guṇa*. Kol žmogui nepadės dvasinis autoritetas, jis nesuvoks savo tikrosios padėties. Bendraudamas su *bone fide* dvasiniu mokytoju, žmogus pamato tikrąją savo padėtį ir gali pasiekti tvarią Kṛṣṇos sąmonę. Kṛṣṇą įsisąmoninusio žmogaus neveikia materialios gamtos *guṇų* kerai. Septintame skyriuje jau buvo pasakyta, kad Kṛṣṇai atsidavęs žmogus jau nebeatlieka veiksmų, kuriuos diktuoja materiali gamta. Todėl tas, kuris mato tikrąją dalykų esmę, palengva išsivaduoja iš materialios gamtos įtakos.

गुणानेतानतीत्य त्रीन्देही देहसमुद्भवान् ।   **14.20**
जन्ममृत्युजरादुःखैर्विमुक्तोऽमृतमश्नुते ॥२०॥

guṇān etān atītya trīn · dehī deha-samudbhavān
janma-mṛtyu-jarā-duḥkhair · vimukto 'mṛtam aśnute

guṇān – ypatybių; *etān* – visų tų; *atītya* – iškildamas aukščiau; *trīn* – trijų; *dehī* – įkūnytasis; *deha* – iš kūno; *samudbhavān* – kilusių; *janma* – iš gimimo; *mṛtyu* – mirties; *jarā* – ir senatvės; *duḥkhaiḥ* – kančių; *vimuktaḥ* – išsivadavęs; *amṛtam* – nektarą; *aśnute* – jis ragauja.

Kai tik įkūnyta būtybė iškils aukščiau trijų guṇų, susijusių su materialiu kūnu, ji išsivaduos iš gimimo, mirties, senatvės ir jų keliamų kančių ir dar šiame gyvenime paragaus nemirtingumo nektaro.

Posmas aiškina, kaip gyvoji esybė, galutinai išsiugdžiusi Kṛṣṇos sąmonę, dar šiame kūne gali pasiekti transcendentinę padėtį. Sanskrito žodis *dehī* reiškia „įkūnytas". Nors gyvoji esybė glūdi materialiame kūne, gilindama dvasinį žinojimą ji gali išsivaduoti iš gamtos *guṇų* įtakos. Ji gali patirti dvasinio gyvenimo džiaugsmą dar šiame kūne, kadangi atsiskyrusi nuo kūno ji tikrai eis į dvasinį dangų. Dar būdamas šiame kūne žmogus gali patirti dvasinį džiaugsmą. Kitaip sakant, Kṛṣṇai skirta pasiaukojimo tarnystė pranašauja išsivadavimą iš materijos pančių. Tai bus paaiškinta aštuonioliktame skyriuje. Kai žmogus išsivaduoja iš materialios gamtos *guṇų* įtakos, jis pradeda pasiaukojimo tarnystę.

अर्जुन उवाच   14.21
कैर्लिङ्गैस्त्रीन् गुणानेतानतीतो भवति प्रभो ।
किमाचारः कथं चैतांस्त्रीन् गुणानतिवर्तते ॥२१॥

arjuna uvāca
kair liṅgais trīn guṇān etān · atīto bhavati prabho
kim-ācāraḥ kathaṁ caitāṁs · trīn guṇān ativartate

arjunaḥ uvāca – Arjuna tarė; *kaiḥ* – kokiais; *liṅgaiḥ* – požymiais; *trīn* – trijų; *guṇān* – ypatybių; *etān* – visų tų; *atītaḥ* – iškilęs aukščiau; *bhavati* – yra; *prabho* – o mano Viešpatie; *kim* – kokia; *ācāraḥ* – elgsena; *katham* – kaip; *ca* – taip pat; *etān* – tų; *trīn* – trijų; *guṇān* – ypatybių; *ativartate* – iškyla aukščiau.

Arjuna paklausė: O mano brangus Viešpatie, iš ko pažinti tą, kuris yra transcendentalus šių trijų guṇų atžvilgiu? Kaip jis elgiasi ir kaip iškyla aukščiau gamtos guṇų?

Šiame posme Arjuna pateikia labai tinkamus klausimus. Jis nori žinoti išskirtinius bruožus asmenybės, jau iškilusios aukščiau materijos *guṇų*. Pirmiausiai jis klausia, kokie transcendentalisto požymiai. Iš ko galima spręsti, kad jis ištrūko iš materialios gamtos *guṇų* įtakos? Antras klausimas – kaip jis gyvena ir kaip elgiasi. Ar savo poelgiuose jis vadovaujasi reguliuojamais principais, ar ne? Po to Arjuna teiraujasi, kaip jam pasiekti transcendentinę gamtą. Tai labai svarbus momentas. Kol žmogus nežino tiesioginio būdo, kaip visada būti transcendentiškam, transcendentiniai požymiai neišryškėja. Todėl visi Arjunos klausimai yra labai svarbūs, ir Viešpats į juos atsako.

श्रीभगवानुवाच   **14.22–25**
प्रकाशं च प्रवृत्तिं च मोहमेव च पाण्डव ।
न द्वेष्टि सम्प्रवृत्तानि न निवृत्तानि काङ्क्षति ॥२२॥

उदासीनवदासीनो गुणैर्यो न विचाल्यते ।
गुणा वर्तन्त इत्येवं योऽवतिष्ठति नेङ्गते ॥२३॥

समदुःखसुखः स्वस्थः समलोष्टाश्मकाञ्चनः ।
तुल्यप्रियाप्रियो धीरस्तुल्यनिन्दात्मसंस्तुतिः ॥२४॥

मानापमानयोस्तुल्यस्तुल्यो मित्रारिपक्षयोः ।
सर्वारम्भपरित्यागी गुणातीतः स उच्यते ॥२५॥

śrī-bhagavān uvāca
prakāśaṁ ca pravṛttiṁ ca · moham eva ca pāṇḍava
na dveṣṭi sampravṛttāni · na nivṛttāni kāṅkṣati

udāsīna-vad āsīno · guṇair yo na vicālyate
guṇā vartanta ity evaṁ · yo 'vatiṣṭhati neṅgate

sama-duḥkha-sukhaḥ sva-sthaḥ · sama-loṣṭāśma-kāñcanaḥ
tulya-priyāpriyo dhīras · tulya-nindātma-saṁstutiḥ

mānāpamānayos tulyas · tulyo mitrāri-pakṣayoḥ
sarvārambha-parityāgī · guṇātītaḥ sa ucyate

śrī-bhagavān uvāca – Aukščiausiasis Dievo Asmuo tarė; *prakā-śam* – prašviesėjimo; *ca* – ir; *pravṛttim* – prisirišimo; *ca* – ir; *moham*   iliuzijos; *eva ca* – taip pat; *pāṇḍava* – o Paṇḍu sūnau;

na dveşti – nei neapkenčia; *sampravŗttāni* – nors iššivysčiusių; *na nivŗttāni* – nei pranykstančių; *kāṅkşati* – trokšta; *udāsīna-vat* – tarsi neutralus; *āsīnaḥ* – esantis; *guņaiḥ* – ypatybių; *yaḥ* – tas, kuris; *na* – niekada; *vicālyate* – sujaudinamas; *guņāḥ* – ypatybės; *vartante* – veikia; *iti evam* – tai žinodamas; *yaḥ* – tas, kuris; *avatişthati* – lieka; *na* – niekada; *iṅgate* – blaškosi; *sama* – vienodas; *duḥkha* – kančioje; *sukhaḥ* – ir laimėje; *sva-sthaḥ* – susitelkęs savyje; *sama* – vienodas; *loşţa* – žemės grumstui; *aśma* – akmeniui; *kāñcanaḥ* – auksui; *tulya* – vienodas; *priya* – brangiam; *apriyaḥ* – ir nepageidautinam; *dhīraḥ* – tvirtas; *tulya* – vienodas; *nindā* – pajuokai; *ātma-saṁstutiḥ* – pagyrimams; *māna* – garbėje; *apamānayoḥ* – ir negarbėje; *tulyaḥ* – vienodas; *tulyaḥ* – vienodas; *mitra* – draugų; *ari* – ir priešų; *pakşayoḥ* – grupėms; *sarva* – visų; *ārambha* – pastangų; *parityāgī* – atsižadėjęs; *guņa-atītaḥ* – virš materialios gamtos *guņų; saḥ* – jis; *ucyate* – sakoma, yra.

Aukščiausiasis Dievo Asmuo tarė: O Pāņdu sūnau, kas nejaučia neapykantos prašviesėjimui, prisirišimui ar iliuzijai, kai jie pasireiškia, ir kas nesiilgi jų, kai jie išnyksta; kas veikiant materialioms guņoms nepalūžta ir nesutrinka, išlieka neutralus ir transcendentiškas, žinodamas, kad iš tiesų veikia tik guņos; kas susitelkęs savajame „aš" ir vienodai vertina tiek laimę, tiek kančią; kas vienodai žvelgia į žemės grumstą, akmenį ir auksą; kas vienodai vertina tai, kas pageidautina ir kas nepageidautina; kas yra tvirtas, vienodai priimdamas pagyrimus bei patyčias, garbę ir gėdą; kas vienodai elgiasi su draugu ir priešu; kas atsižadėjo bet kokios materialios veiklos – tas laikomas iškilusiu aukščiau materialios gamtos guņų.

Arjuna pateikė tris klausimus, ir Viešpats iš eilės į juos atsako. Šiuose posmuose Kŗşņa visų pirma nurodo, kad transcendentinį lygmenį pasiekęs žmogus niekam nepavydi ir nieko netrokšta. Materialų kūną materialiame pasaulyje įgijusią gyvąją esybę valdo viena iš trijų materialios gamtos *guņų.* Kai gyvoji esybė atsiskiria nuo kūno, ji ištrūksta iš materialios gamtos *guņų* gniaužtų. Tačiau kol ji dar čia, materialiame kūne, ji turi būti neutrali. Gyvoji esybė turi atsidėti pasiaukojimo tarnystei Viešpačiui, kad galiausiai liautųsi tapatinusi save su materialiu kūnu. Kol ji suvokia save kaip materialų kūną, ji siekia tik juslinių malonumų, o kai tik nukreipia sąmonę į Kṛṣṇą, juslių tenkinimas savaime nutrūksta. Materialus kūnas nereikalingas, ir nėra jokio reikalo paklusti jo diktatui. Materialios *guṇos* kūne veiks kaip veikusios, tačiau savasis „aš", kaip dvasinė siela, liks nuošaly. Kaip gyvoji esybė atsiriboja nuo *guṇų* veiklos? Nenorėdama iš kūno semtis džiaugsmo ir nenorėdama kūno atsikratyti. Todėl bhaktas, pasiekęs tokią transcendentinę būseną, savaime išsivaduoja. Jam nereikia dėti papildomų pastangų kad išsivaduotų iš materialios gamtos *guṇų* įtakos.

Kitas klausimas susijęs su transcendentinį lygmenį pasiekusiojo elgsena. Materialistas neabejingas vadinamai šlovei ir nešlovei, kuri rodoma jo kūnui, tuo tarpu transcendentinį lygį pasiekusio žmogaus tokia netikra šlovė ir nešlovė nejaudina. Savo pareigą Kṛṣṇos sąmonės srityje jis atlieka nekreipdamas dėmesio į žmonių pagyras ar patyčias. Jis pasinaudoja tuo, kas padeda atlikti pareigą su Kṛṣṇos sąmonės dvasia, o šiaip jam nereikia jokių materialių dalykų – nesvarbu, ar tai akmuo, ar auksas. Kiekvieną, kuris padeda jam veikti Kṛṣṇos sąmonės srityje, jis laiko brangiu savo draugu, o vadinamiesiems priešams jis nejaučia jokios neapykantos. Jis lygiai vertina viską, kas jį supa, nes puikiai žino, kad jis ir materiali būtis neturi nieko bendra. Transcendentalisto nejaudina socialiniai ir politiniai ginčai, nes jis suvokia laikinų perversmų ir suiručių esmę. Sau jis nieko netrokšta. Jis viską daro dėl Kṛṣṇos, bet asmeniškai sau nesiekia nieko. Taip elgdamasis žmogus pasiekia tikrą transcendentinę padėtį.

मां च योऽव्यभिचारेण भक्तियोगेन सेवते ।
स गुणान् समतीत्यैतान् ब्रह्मभूयाय कल्पते ॥२६॥

14.26

māṁ ca yo 'vyabhicāreṇa · bhakti-yogena sevate
sa guṇān samatītyaitān · brahma-bhūyāya kalpate

mām – Man; *ca* – taip pat; *yaḥ* – tas, kuris; *avyabhicāreṇa* – nenu-
krypdamas; *bhakti-yogena* – pasiaukojimo veiksmais; *sevate* – tar-
nauja; *saḥ* – jis; *guṇān* – materialios gamtos *guṇų; samatītya* –
iškildamas aukščiau; *etān* – visų šių; *brahma-bhūyāya* – Brahmano
lygmenį pasiekusiu; *kalpate* – tampa.

**Kas visiškai atsideda pasiaukojimo tarnystei nenukrypdamas
jokiomis aplinkybėmis, tas išsyk iškyla aukščiau materialios
gamtos gunų ir pasiekia Brahmano lygmenį.**

Posmas atsako į trečiąjį Arjunos klausimą, kaip galima pasiekti
transcendentinę padėtį. Jau buvo aiškinta, kad materialus pasaulis
juda apkerėtas materialios gamtos *guṇų.* Žmogaus neturėtų trik-
dyti gamtos *guṇų* veikla. Užuot kreipęs savo sąmonę į materia-
lią veiklą, jis gali kreipti ją į veiklą, susijusią su Kṛṣṇa. Veikla,
susijusi su Kṛṣṇa, vadinama *bhakti-yoga* – nuolatine veikla Kṛṣṇos
labui. Ji gali būti skirta ne tik Kṛṣṇai, bet ir įvairioms pilnutinėms
Jo ekspansijoms: Rāmai, Nārāyaṇai ir t.t. Jo ekspansijų yra nesu-
skaičiuojama daugybė. Žmogus, tarnaujantis bet kuriam Kṛṣṇos
pavidalui ar pilnutinei Jo ekspansijai, laikomas pasiekusiu trans-
cendentinę padėtį. Be to, būtina pažymėti, kad visi Kṛṣṇos pavi-
dalai – absoliučiai transcendentalūs, sklidini palaimos bei žinojimo
ir amžini. Dievo Asmens ekspansijos visagalės, visa žinančios ir
turi visas transcendentines savybes. Taigi, jei žmogus su neišsen-
kamu ryžtu tarnauja Kṛṣṇai ar pilnutinėms Jo ekspansijoms, jis
lengvai iškyla aukščiau materialios gamtos *guṇų,* nors šiaip jau
pakilti virš jų labai sunku. Tai jau buvo aiškinta septintame sky-
riuje. Kas atsiduoda Kṛṣṇai, tas išsyk iškyla aukščiau materialios
gamtos *guṇų* poveikio. Įsisąmoninti Kṛṣṇą, arba pasiaukojamai tar-
nauti – tai prilygti Kṛṣṇai. Viešpats sako, kad Jo prigimtis – amžina,
palaiminga ir kupina žinojimo, o gyvoji esybė yra neatskiriama
Aukščiausiojo dalelė, lygiai kaip gabalėlis aukso – aukso rūdyno
dalis. Todėl gyvoji esybė pagal savo dvasinę padėtį yra gryna kaip
auksas ir kokybiškai tapati Kṛṣṇai. Aukščiausiasis Dievo Asmuo ir
gyvoji esybė visada yra skirtingos individualybės, kitaip negalėtų

būti nė kalbos apie *bhakti-yogą*. *Bhakti-yoga* reiškia, kad egzistuoja Viešpats, egzistuoja Jo bhaktas ir kad tarp jų vyksta abipusiai meilės mainai. Taigi išlieka ir Aukščiausiojo Asmens, ir bhakto individualumas, antraip *bhakti-yoga* neturėtų prasmės. Jei žmogaus transcendentinė padėtis ne tokia pati, kaip Viešpaties, tarnauti Aukščiausiajam jis negalėtų. Norint tapti karaliaus asmeniniu tarnu, reikia įgyti tam tikrą kvalifikaciją. Šiuo atveju, įgyti kvalifikaciją – tai tapti Brahmanu, nusiplauti visas materijos nešvarybes. Vedų raštuose sakoma: *brahmaiva san brahmāpy eti*. Aukščiausiasis Brahmanas pasiekiamas tapus Brahmanu. Tai reiškia, kad kokybės prasme reikia susivienyti su Brahmanu. Pasiekę Brahmano lygį mes neprarandame savo amžino dvasinio identiškumo, visada liekame individualios sielos.

ब्रह्मणो हि प्रतिष्ठाहममृतस्याव्ययस्य च ।　　　　　**14.27**
शाश्वतस्य च धर्मस्य सुखस्यैकान्तिकस्य च ॥२७॥

brahmaṇo hi pratiṣṭhāham · amṛtasyāvyayasya ca
śāśvatasya ca dharmasya · sukhasyaikāntikasya ca

brahmaṇaḥ – beasmenio *brahmajyoti*; *hi* – tikrai; *pratiṣṭhā* – pagrindas; *aham* – Aš esu; *amṛtasya* – nemirtingo; *avyayasya* – nenykstančio; *ca* – taip pat; *śāśvatasya* – amžino; *ca* – ir; *dharmasya* – prigimtinės padėties; *sukhasya* – laimės; *aikāntikasya* – aukščiausios; *ca* – taip pat.

Aš esu pagrindas beasmenio Brahmano, kuris yra nemirtingas, nenykstantis ir amžinas, ir kuris yra prigimtinė aukščiausiosios laimės padėtis.

Brahmano prigimtis – nemirtingumas, nenykstamumas, amžinumas ir laimė. Brahmanas – tai transcendentinio pažinimo pradžia. Paramātmā, Supersiela – tarpinis, antrasis pažinimo etapas, o Aukščiausiasis Dievo Asmuo – galutinis Absoliučios Tiesos pažinimas. Todėl Aukščiausiasis Asmuo – tai ir Paramātma, ir beasmenis Brahmanas. Septintame skyriuje buvo aiškinta, kad materiali gamta – žemesnės Aukščiausiojo Viešpaties energijos apraiška. Viešpats apvaisina žemesnę materialią gamtą aukštesnės gamtos dalelėmis – taip dvasia susiliečia su materialia gamta. Kai materialios gamtos sąlygota gyvoji esybė pradeda gilinti dvasinį žinojimą, ji iškyla aukščiau materialios būties lygmens ir palengva priartėja prie Aukščiausiojo, kaip Brahmano, sampratos. Brahmano suvokimas – pirmasis dvasinės savivokos etapas. Šiame etape Brahmaną suvokusi asmenybė yra transcendentali materialios padėties atžvilgiu, tačiau iš tiesų ji dar netobulai suvokia Brahmaną. Panorėjusi ji gali likti Brahmano lygyje ir palaipsniui pakilti iki Paramātmos bei galiausiai iki Aukščiausiojo Dievo Asmens pažinimo. Vedų raštai pateikia daug tai patvirtinančių pavyzdžių. Iš pradžių keturi Kumārai tiesą suvokė kaip beasmenį Brahmaną, o ilgainiui pakilo iki pasiaukojimo tarnystės lygmens. Kas negali žengti toliau beasmenio Brahmano sampratos, tas rizikuoja patirti nuopuolį. „Śrīmad-Bhāgavatam" teigiama: jei beasmenio Brahmano lygį pasiekęs žmogus netobulėja toliau ir nepažįsta Aukščiausiojo Asmens, tai jo intelektas dar nėra visiškai grynas. Todėl net ir pasiekus Brahmano lygmenį dar galima pulti, jei neatliekama pasiaukojimo tarnystė Viešpačiui. Vedos nurodo: *raso vai saḥ, rasaṁ hy evāyaṁ labdhvānandī bhavati* – „Suvokus Dievo Asmenį – visų malonumų šaltinį, Kṛṣṇą – pajuntama tikra transcendentinė palaima." („Taittirīya Upaniṣada" 2.7.1) Aukščiausiasis Viešpats valdo visas šešias vertenybes, ir kai bhaktas kreipiasi į Jį, Viešpats keičiasi jomis su bhaktu. Karaliaus tarnas patiria beveik tiek pat malonumų, kiek ir jo valdovas. Todėl pasiaukojimo tarnystę lydi amžina laimė, nesibaigiantis džiaugsmas ir amžinasis gyvenimas. Taigi pasiaukojimo tarnystė turi savyje ir Brahmano, arba amžinybės, nenykstamumo suvokimą. Visa tai jau turi žmogus, atliekantis pasiaukojimo tarnystę.

Nors gyvoji esybė iš prigimties – Brahmanas, ji trokšta valdyti materialų pasaulį ir todėl patiria nuopuolį. Savo prigimtinėje padėtyje gyvoji esybė yra virš trijų materialios gamtos *guṇų*, tačiau kontaktai su materialia gamta susaisto ją dorybės, aistros ir neišmanymo *guṇomis,* būdingomis materialiai gamtai. Dėl šių trijų *guṇų* įtakos atsiranda noras valdyti materialų pasaulį. Sutelkusi mintis į Kṛṣṇą ir tarnaudama Jam su meile bei atsidavimu, gyvoji esybė tuojau pat pasiekia transcendentinę būklę, ir neteisėtas jos noras valdyti materialią gamtą išnyksta. Todėl pasiaukojimo tarnystę, kuri prasideda nuo klausymosi, kartojimo, prisiminimo (devyni nurodyti būdai pasiaukojimo tarnystės praktikai įgyvendinti), reikia atlikti bhaktų bendrijoje. Bendravimas su bhaktais ir dvasinio mokytojo įtaka tolydžio naikina materialų troškimą valdyti ir žmogus pradeda su transcendentine meile ryžtingai tarnauti Viešpačiui. Šis metodas siūlomas keturioliktame skyriuje nuo dvidešimt antro iki paskutinio skyriaus posmo. Pasiaukojimo tarnystė Viešpačiui labai paprasta: reikia visą laiką Jam tarnauti, valgyti Dievybei pasiūlyto maisto likučius, uostyti Viešpaties lotosinėms pėdoms paaukotas gėles, lankyti transcendentinių Viešpaties pramogų vietas, skaityti knygas apie įvairiausius Viešpaties žygius, apie Jo ir bhaktų abipusę meilę, visada kartoti transcendentinius garsus: Hare Kṛṣṇa, Hare Kṛṣṇa, Kṛṣṇa Kṛṣṇa, Hare Hare/ Hare Rāma, Hare Rāma, Rāma Rāma, Hare Hare; pasninkauti dienomis, žyminčiomis Viešpaties ir Jo bhaktų apsireiškimą bei išėjimą. Praktikuojant šį metodą, visiškai atsižadama bet kokios materialios veiklos. Kas taip pasiekia *brahmajyoti,* arba pažįsta Brahmaną įvairiais Jo aspektais, tas kokybiškai prilygsta Aukščiausiajam Dievo Asmeniui.

Taip Bhaktivedanta baigia komentuoti keturioliktą „Śrīmad Bhagavad-gītos“ skyrių, pavadintą „Trys materialios gamtos guṇos“.

15 skyrius

Aukščiausiojo
Asmens yoga

श्रीभगवानुवाच
ऊर्ध्वमूलमधःशाखमश्वत्थं प्राहुरव्ययम् ।
छन्दांसि यस्य पर्णानि यस्तं वेद स वेदवित् ॥ १ ॥

śrī-bhagavān uvāca
ūrdhva-mūlam adhaḥ-śākham · aśvatthaṁ prāhur avyayam
chandāṁsi yasya parṇāni · yas taṁ veda sa veda-vit

śrī-bhagavān uvāca – Aukščiausiasis Dievo Asmuo tarė; *ūrdhva-mūlam* – šaknimis į viršų; *adhaḥ* – žemyn; *śākham* – šakomis; *aśvattham* – banjano medis; *prāhuḥ* – yra sakoma; *avyayam* – amžinas; *chandāṁsi* – Vedų himnai; *yasya* – kurio; *parṇāni* – lapai; *yaḥ* – kiekvienas, kuris; *tam* – tą; *veda* – žino; *saḥ* – jis; *veda-vit* – Vedų žinovas.

Aukščiausiasis Dievo Asmuo tarė: Pasakyta, kad yra toks nemirtingas banjano medis, kurio šaknys auga viršun, o šakos – žemyn. Jo lapai – tai Vedų himnai. Kas pažįsta tą medį, yra Vedų žinovas.

Aptarus *bhakti-yogos* svarbą, gali kilti klausimas: „O kuo vertingos Vedos?" Šiame skyriuje aiškinama, kad Vedų studijavimo tikslas – suprasti Kṛṣṇą. Todėl tas, kuris įsisąmonino Kṛṣṇą ir atlieka pasiaukojimo tarnystę, jau suvokia Vedas.

Materialaus pasaulio pančiai čia palyginami su banjano medžiu. Žmogui, įsitraukusiam į karminę veiklą, banjano medis neturi pabaigos. Žmogus klajoja nuo vienos šakos ant kitos, nuo antros – ant trečios, nuo trečios – ant ketvirtos ir t.t. Materialaus pasaulio medis neturi pabaigos, ir kas prie jo prisirišęs, tas negali išsivaduoti. Vedų himnai, skirti žmogaus tobulėjimui – tai banjano medžio lapai. Šio medžio šaknys auga į viršų, nes jų pradžia – aukščiausioje visatos planetoje, kur gyvena Brahmā. Suvokęs šio nemirtingo iliuzijos medžio esmę, žmogus galės ištrūkti iš jo nelaisvės.

Būtina perprasti išsivadavimo iš iliuzijos procesą. Ankstesniuose skyriuose aiškinta, kad yra daugybė būdų, kurie leidžia išsivaduoti iš materijos pančių. Visuose skyriuose iki tryliktojo buvo teigiama, kad pasiaukojamai tarnauti Aukščiausiajam Viešpačiui – pats geriausias būdas. Pagrindinis pasiaukojimo tarnystės principas – materialios veiklos atsižadėjimas ir noro transcendentaliai tarnauti Viešpačiui ugdymas. Šio skyriaus pradžioje aiškinama, kaip atsikratyti potraukio materialiam pasauliui. Materialios būties šaknys auga į viršų. Tai reiškia, kad jos gauna pradžią visuminėje materijos substancijoje, aukščiausioje visatos planetoje. Iš čia po visatą išsiskleidžia daugybė šakų, kurios simbolizuoja įvairiausias planetų sistemas. Medžio vaisiai simbolizuoja gyvosios esybės veiklos rezultatus: religiją, ekonomikos vystymą, juslinius malonumus ir išsivadavimą.

Nėra tiesioginės patirties, kad šiame pasaulyje egzistuotų toks medis, kurio šakos augtų į apačią, o šaknys į viršų, ir vis dėlto toks medis egzistuoja. Jį galima pamatyti prie vandens telkinio. Vandenyje atsispindinčių medžių šakos – apačioje, o šaknys – viršuje. Kitaip sakant, materialųjį pasaulį simbolizuojantis medis tėra tikrojo medžio   dvasinio pasaulio – atspindys. Medis atsispindi vandenyje, dvasinis pasaulis – noruose. Noras – tai priežastis, dėl kurios daiktus matome materialioje šviesoje, dvasinio pasaulio atspindyje. Žmogui, norinčiam išsivaduoti iš materialios būties, būtina gerai pažinti šį medį, analitiškai jį išstudijavus. Tada bus galima nutraukti ryšį su materialiu pasauliu, kurį simbolizuoja tas medis.

Materialaus pasaulio medis, būdamas tikrojo medžio atspindys, yra tiksli jo kopija. Ten, dvasiniame pasaulyje, yra viskas. Impersonalistai laiko Brahmaną materialaus medžio šaknimis, o pasak *sāṅkhyos* filosofijos, nuo šaknų prasideda *prakṛti, puruṣa*, trys *guṇos,* penki grubūs pradmenys (*pañca-mahā-bhūta*), dešimt juslių (*daśendriya*), protas etc. *Sāṅkhyos* filosofija dalija visą materialųjį pasaulį į dvidešimt keturis pradmenis. Jeigu visų apraiškų centras – Brahmanas, tai Jį supančią visų apraiškų sferą galima padalinti į dvi puses; viena pusė – materialus pasaulis, kita – dvasinis. Materialus pasaulis – tai iškreiptas atspindys, todėl dvasinis pasaulis turėtų būti toks pat įvairus, kaip ir materialus, tik to pasaulio įvairovė – reali. *Prakṛti* – Aukščiausiojo Viešpaties išorinė energija, o *puruṣa* – Pats Aukščiausiasis Viešpats, – taip aiškinama „Bhagavad-gītoje". Mus supantis pasaulis yra materialus, todėl laikinas. Atspindys – laikinas, nes kartais jis matomas, o kartais ne. Tačiau pirmavaizdis, nuo kurio atsispindi vaizdas – amžinas. Tikrojo medžio materialųjį atspindį reikia nukirsti. Kai sakoma, kad žmogus išmano Vedas, turima omeny, jog jis žino, kaip nutraukti saitus su materialiu pasauliu. Kas tą būdą žino, tas išties suprato Vedas. Kas susižavėjo Vedose aprašytais aukų atnašavimais, tas žavisi gražiais žaliuojančiais medžio lapais. Jis nežino Vedų tikslo. Vedų tikslas, kaip sako Pats Aukščiausiasis Viešpats – nukirsti atspindėtąjį medį ir pasiekti dvasinį pasaulį – tikrąjį medį.

अधश्चोर्ध्वं प्रसृतास्तस्य शाखा   15.2
गुणप्रवृद्धा विषयप्रवालाः ।

अधश्च मूलान्यनुसन्ततानि
　कर्मानुबन्धीनि मनुष्यलोके ॥ २ ॥

adhaś cordhvaṁ prasṛtās tasya śākhā
　guṇa-pravṛddhā viṣaya-pravālāḥ
adhaś ca mūlāny anusantatāni
　karmānubandhīni manuṣya-loke

adhaḥ – žemyn; *ca* – ir; *ūrdhvam* – aukštyn; *prasṛtāḥ* – nusidrie-
kusios; *tasya* – jo; *śākhāḥ* – šakos; *guṇa* – iš materialios gamtos
guṇų; pravṛddhāḥ – išaugusios; *viṣaya* – juslių objektai; *pravā-*
lāḥ – šakelės; *adhaḥ* – žemyn; *ca* – ir; *mūlāni* – šaknys; *anusanta-*
tāni – nusidriekusios; *karma* – su darbu; *anubandhīni* – susijusios;
manuṣya-loke – žmonių pasaulyje.

**Šio medžio šakos tiesiasi žemyn ir aukštyn, jas maitina trys mate-
rialios gamtos guṇos. Medžio šakelės – tai juslių objektai. Turi
tas medis ir žemyn augančias šaknis, kurios siejasi su karmine
veikla žmonių pasaulyje.**

Posmas toliau apibūdina banjano medį. Jo šakos driekiasi visomis
kryptimis. Medžio apačioje – įvairiausios gyvųjų esybių apraiš-
kos: žmonės, gyvūnai, arkliai, karvės, šunys, katės etc. Jie – apa-
tinėse medžio šakose, tuo tarpu viršūnėse – aukštesnės gyvųjų
esybių formos: pusdieviai, *gandharvai* ir daug kitų aukštesnių
gyvybės rūšių. Kaip paprastą medį maitina vanduo, taip materia-
laus pasaulio medį maitina trys materialios gamtos *guṇos.* Vienas
žemės sklypas yra nederlingas, nes jame trūksta vandens, o kitas
vešliai žaliuoja. Taip ir stipriau dominuojant tam tikroms *guṇoms,*
atitinkamai daugiau atsiranda tam tikrų gyvybės rūšių.

　　Medžio šakelės laikomos juslių objektais. Priklausomai nuo to,
kaip mus veikia gamtos *guṇos,* gauname atitinkamas jusles, o per
jas mes patiriame pasitenkinimą įvairiais juslių objektais. Šakų vir-
šūnėlės yra juslės – ausys, nosis, akys etc. Jos junta potraukį malo-
numams, kuriuos teikia įvairūs juslių objektai. Šakelės – garsas,
forma, lytėjimas etc. – juslių objektai. Šalutinės šaknys – tai simpa-

tijos ir antipatijos, įvairiausių kančių ir jutiminių malonumų šalutiniai produktai. Manoma, kad polinkis į dorą ir nedorybę išsivysto iš šių antrinių, visomis kryptimis išsidriekusių šaknų. Tikrosios medžio šaknies pradžia – Brahmalokoje, o kitos šaknys prasideda žmonių gyvenamose planetų sistemose. Pasitenkinusi savo doringų darbų rezultatais aukštesnėse planetų sistemose, gyvoji esybė leidžiasi į Žemę ir atnaujina savo *karmą,* ar karminę veiklą, kad vėl pakiltų į aukštesnes planetų sistemas. Žmonių gyvenama planeta laikoma veiklos lauku.

न रूपमस्येह तथोपलभ्यते 15.3–4
    नान्तो न चादिर्न च सम्प्रतिष्ठा ।
अश्वत्थमेनं सुविरूढअमूल-
    मसङ्गशस्त्रेण दृढेअन छित्त्वा ॥ ३ ॥

ततः पदं तत्परिमार्गितव्यं
    यस्मिन् गता न निवर्तन्ति भूयः ।
तमेव चाद्यं पुरुषं प्रपद्ये
    यतः प्रवृत्तिः प्रसृता पुराणी ॥ ४ ॥

na rūpam asyeha tathopalabhyate
    nānto na cādir na ca sampratiṣṭhā
aśvattham enaṁ su-virūḍha-mūlam
    asaṅga-śastreṇa dṛḍhena chittvā

tataḥ padaṁ tat parimārgitavyaṁ
    yasmin gatā na nivartanti bhūyaḥ
tam eva cādyaṁ puruṣaṁ prapadye
    yataḥ pravṛttiḥ prasṛtā purāṇī

na – ne; *rūpam* – forma; *asya* – šio medžio; *iha* – šiame pasaulyje; *tathā* – taip pat; *upalabhyate* – gali būti suvokta; *na* – niekada; *antaḥ* – pabaiga; *na* – niekada; *ca* – taip pat; *ādiḥ* – pradžia; *na* – niekada; *ca* – taip pat; *sampratiṣṭhā* – pagrindas; *aśvattham* – banjano medį; *enam* – šį; *su-virūḍha* – stipriai; *mūlam* – įsišaknijusį;

asaṅga-śastreṇa – atsižadėjimo ginklu; *dṛdhena* – tvirtu; *chittvā* – nukirtus; *tataḥ* – paskui; *padam* – padėtį; *tat* – tą; *parimārgita-vyam* – reikia surasti; *yasmin* – kur; *gatāḥ* – nuėjus; *na* – niekada; *nivartanti* – grįžtama atgal; *bhūyaḥ* – vėl; *tam* – Jam; *eva* – tikrai; *ca* – taip pat; *ādyam* – pirminiam; *puruṣam* – Dievo Asmeniui; *pra-padye* – turi atsiduoti; *yataḥ* – iš kurio; *pravṛttiḥ* – pradžia; *prasṛtā* – išsiplėtė; *purāṇī* – labai senai.

Tikrosios šio medžio formos materialiame pasaulyje patirti neįmanoma. Niekas nesupranta, kur jis baigiasi ir kur prasideda, ir kur yra jo pagrindas. Tačiau reikia ryžtingai, atsižadėjimo ginklu nukirsti šį giliai įsišaknijusį medį, o po to surasti tą vietą, į kurią patekus niekada negrįžtama, ir ten atsiduoti Aukščiausia-jam Dievo Asmeniui – tam, iš kurio viskas kilo ir iš kurio visa kas plinta nuo neatmenamų laikų.

Čia aiškiai nurodyta, kad materialiame pasaulyje neįmanoma suprasti, kaip iš tikrųjų atrodo tas banjano medis. Jo šaknys yra viršuje. Vadinasi, tikrasis medis keroja priešingame gale. Susipai-niojęs materialaus medžio šakų tankmėje, žmogus nemato, kaip plačiai jis išsišakojęs ir iš kur auga. Vis dėlto reikia rasti pirminę priežastį: „Aš esu savo tėvo sūnus, o mano tėvas ano žmogaus sūnus etc." Taip besiaiškinant, prieinama iki Brahmos, kurį sukūrė Garbhodakaśāyī Viṣṇu. Kai tokiu būdu prieinamas Aukščiausia-sis Dievo Asmuo, ieškojimai baigiasi. Ieškoti materialųjį pasaulį simbolizuojančio medžio pradžios, Aukščiausiojo Dievo Asmens, reikia bendraujant su tais, kurie Jį pažino. Pažinimo procese žmo-gus palengva atsižada šio netikro realybės atspindžio, o ilgainiui ir visiškai nutraukia visus ryšius su juo ir atsiduria tikrajame medyje.

Šiuo atveju labai svarbus žodis *asaṅga,* nes polinkis tenkinti savo jusles ir viešpatauti materialioje gamtoje yra labai stiprus. Todėl reikia mokytis atsižadėti aptariant dvasinio mokslo, pagrįsto autoritetingais šventraščiais, klausimus ir klausytis, ką sako išties išmanantys. Dvasinių temų aptarimai bhaktų draugijoje leis prisi-artinti prie Aukščiausiojo Dievo Asmens. Priartėjus prie Jo, pirmiausia reikia atsiduoti. Posme kalbama apie tą šalį, kur patekęs žmogus niekad nebegrįžta atgal, prie netikro, atspindėto medžio. Aukščiausiasis Dievo Asmuo, Kṛṣṇa – pirmoji šaknis, iš kurios viskas išaugo. Kad pelnytume Dievo Asmens malonę, tereikia Jam atsiduoti, o tai galima padaryti atliekant pasiaukojimo tarnystę: klausantis apie Viešpatį, kartojant Jo vardą etc. Jis yra materialaus pasaulio atsiradimo priežastis. Tai jau aiškino Pats Viešpats. *Aham sarvasya prabhavaḥ*: „Aš esu visa ko pradžia." Taigi tam, kad išsigautume iš materialų gyvenimą simbolizuojančio banjano medžio tankynės, reikia atsiduoti Kṛṣṇai. Atsiduodamas Kṛṣṇai žmogus tuo pat metu savaime atsižada šio materialaus pasaulio.

निर्मानमोहा जितसङ्गदोषा   15.5
  अध्यात्मनित्या विनिवृत्तकामाः ।
द्वन्द्वैर्विमुक्ताः सुखदुःखसंज्ञै-
  र्गच्छन्त्यमूढाः पदमव्ययं तत् ॥ ५ ॥

nirmāna-mohā jita-saṅga-doṣā
  adhyātma-nityā vinivṛtta-kāmāḥ
dvandvair vimuktāḥ sukha-duḥkha-saṁjñair
  gacchanty amūḍhāḥ padam avyayaṁ tat

niḥ – be; *māna* – netikro prestižo; *mohāḥ* – ir iliuzijos; *jita* – nugalėję; *saṅga* – bendravimo; *doṣāḥ* – ydas; *adhyātma* – dvasiniame pažinime; *nityāḥ* – nuolat; *vinivṛtta* – atsikratę; *kāmāḥ* – geismų; *dvandvaiḥ* – iš priešybių; *vimuktāḥ* – išsivadavę; *sukha-duḥkha* – laime ir kančia; *saṁjñaiḥ* – vadinamų; *gacchanti* – pasiekia; *amūḍhāḥ* – nesuklaidinti; *padam* – padėtį; *avyayam* – amžiną; *tat* – tą.

Kas atsisakė netikro prestižo, iliuzijos ir netikros draugijos, kas perprato amžinybę ir atsikratė materialių geismų, kas išsivadavo iš laimės ir kančios priešybių, ir kas neklystamai žino, kaip atsiduoti Aukščiausiajam Asmeniui, tas pasiekia tą amžinąją karalystę.

Šiame posme labai gerai paaiškintas atsidavimo Viešpačiui procesas. Visų pirma reikia nesileisti apgaunamam išdidumo. Kadangi sąlygota siela puikuojasi manydama, jog yra materialios gamtos valdovė, jai labai sunku atsiduoti Aukščiausiajam Dievo Asmeniui. Gilindamas tikrąjį žinojimą, žmogus turi suprasti, kad ne jis yra materialios gamtos valdovas – ją valdo Aukščiausiasis Dievo Asmuo. Atsikratęs iliuzijos, kurią sukelia išdidumas, žmogus gali žengti pirmuosius atsidavimo žingsnius. Kas materialiame pasaulyje visada laukia šlovės, tas negali atsiduoti Aukščiausiajam Viešpačiui. Išdidumas – iliuzijos pasekmė, nes nors žmogus ateina į šią Žemę, o trumpai pabuvęs vėl išeina – jis paikai mano esąs pasaulio valdovas. Taip jis viską tik komplikuoja ir visada yra prislėgtas rūpesčių. Noras valdyti išjudina visą pasaulį. Žmonės mano, jog Žemė, visa planeta, priklauso žmonių visuomenei. Jie pasidalijo pasaulį, klaidingai laikydami save jo šeimininkais. Reikia atsikratyti klaidingos minties, esą pasaulis priklauso žmonių visuomenei. Jos atsikratę išvengsime ir netikrų ryšių, kuriuos lemia šeiminės, socialinės ir tautinės sampratos. Tie netikri ryšiai susaisto žmogų su materialiu pasauliu. Praėjus šį etapą, būtina plėtoti dvasinį žinojimą. Reikia išsiaiškinti, kas išties mums priklauso ir kas yra ne mūsų. Žmogus, supratęs tikrąją dalykų padėtį, išsivaduoja iš priešybių – laimės ir kančios, malonumo ir skausmo. Jis pasiekia visišką žinojimą ir tuo pačiu sugebėjimą atsiduoti Aukščiausiajam Dievo Asmeniui.

न तद्भासयते सूर्यो न शशाङ्को न पावकः ।
यद्गत्वा न निवर्तन्ते तद्धाम परमं मम ॥ ६ ॥

15.6

na tad bhāsayate sūryo · na śaśāṅko na pāvakaḥ
yad gatvā na nivartante · tad dhāma paramaṁ mama

na – ne; *tat* – tą; *bhāsayate* – apšviečia; *sūryaḥ* – saulė; *na* – nei; *śaśāṅkaḥ* – mėnulis; *na* – nei; *pavakaḥ* – ugnis, elektra; *yat* –

kur; *gatvā* – nuėjus; *na* – niekada; *nivartante* – jie grįžta atgal; *tat dhāma* – ta buveinė; *paramam* – aukščiausia; *mama* – Mano.

Ne saulė, mėnulis, ugnis ar elektra apšviečia šią aukščiausiąją Mano buveinę. Kas ją pasiekia, tas niekada nebegrįžta į materialų pasaulį.

Posmas aprašo dvasinį pasaulį – Aukščiausiojo Dievo Asmens, Kṛṣṇos, buveinę, kuri vadinasi Kṛṣṇaloka, Goloka Vṛndāvana. Dvasiniame danguje nereikia saulės, mėnulio, ugnies ar elektros šviesos, nes visos planetos švyti pačios. Šioje visatoje yra tik viena planeta, kuri šviečia pati – tai Saulė, o dvasiniame danguje taip šviečia visos planetos. Iš tų Vaikuṇṭhomis vadinamų planetų sklindančio spindėjimo susidaro švytintis dangus – *brahmajyoti*. Iš tikrųjų, spindėjimą skleidžia Kṛṣṇos planeta – Goloka Vṛndāvana. Dalį spindėjimo užgožia *mahat-tattva* – materialus pasaulis. Kita, didesnė švytinčio dangaus dalis sklidina dvasinių planetų, vadinamų Vaikuṇṭhomis, kurių svarbiausia – Goloka Vṛndāvana.

Kol gyvoji esybė yra tamsiame materialiame pasaulyje, jos gyvenimas sąlygotas, tačiau, kai prasiskverbusi pro netikrą, iškreiptą realybę – materialaus pasaulio medį – ji pasiekia dvasinį dangų, iššyk išsivaduoja. Tada jai nebegresia pavojus grįžti atgal. Sąlygotame gyvenime gyvoji esybė laiko save materialaus pasaulio valdove, tačiau išsivadavusi ji įžengia į dvasinę karalystę ir tampa Aukščiausiojo Viešpaties palydovu. Ten ji patiria amžiną palaimą, amžiną gyvenimą ir visišką žinojimą.

Šios žinios turėtų įkvėpti žmogų. Jis turėtų užsimanyti persikelti į tą amžinąjį pasaulį ir ištrūkti iš netikro realybės atspindžio valdžios. Žmogui, kuris labai stipriai prisirišęs prie materialaus pasaulio, be galo sunku nutraukti saitus su juo, tačiau stojęs į Kṛṣṇos sąmonės kelią jis gauna galimybę palengva išsivaduoti iš šio pasaulio. Būtina bendrauti su bhaktais, su tais, kurie įsisąmonino Kṛṣṇą. Reikia rasti bendriją, pasišventusią Kṛṣṇos sąmonei, ir mokytis pasiaukojamai tarnauti. Taip galima sutraukyti saitus, rišančius su materialiu pasauliu. Norint atsikratyti potraukio materialiam

pasauliui nepakanka persirengti šafrano spalvos rūbais. Būtina išsi-
ugdyti norą pasiaukojamai tarnauti Viešpačiui. Todėl reikia labai
rimtai žiūrėti į tai, apie ką kalba dvyliktas skyrius: pasiaukojimo
tarnystė – tai vienintelis būdas išsipainioti iš materialaus pasaulio,
kuris yra nelyginant apgaulingas tikrojo medžio atspindys. Keturio-
liktame skyriuje aprašytas materialios gamtos teršiamas poveikis
įvairiems procesams. Tik pasiaukojimo tarnystė vadinama grynai
transcendentalia.

Žodžiai *paramaṁ mama* labai svarbūs šiame posme. Kiekvie-
nas, net ir tolimiausias pasaulio kampelis yra Aukščiausiojo Vieš-
paties nuosavybė, bet dvasinis pasaulis yra *paramam,* jis sklidinas
šešių vertenybių. „Kaṭha Upaniṣada" (2.2.15) irgi liudija, kad dva-
siniam pasauliui nereikia saulės, mėnulio ar žvaigždžių šviesos (*na
tatra sūryo bhāti na candra-tārakam*), kadangi visą dvasinį dangų
apšviečia vidinė Aukščiausiojo Viešpaties galia. Tik atsidavus
Viešpačiui galima pasiekti aukščiausią buveinę, kito kelio nėra.

ममैवांशो जीवलोके जीवभूतः सनातनः ।
मनःषष्ठानीन्द्रियाणि प्रकृतिस्थानि कर्षति ॥ ७ ॥

15.7

mamaivāṁśo jīva-loke · jīva-bhūtaḥ sanātanaḥ
manaḥ-ṣaṣṭhānīndriyāṇi · prakṛti-sthāni karṣati

mama – Mano; *eva* – tikrai; *aṁśaḥ* – fragmentinė dalelė; *jīva-loke* –
sąlygoto gyvenimo pasaulyje; *jīva-bhūtaḥ* – sąlygota gyvoji esybė;
sanātanaḥ – amžina; *manaḥ* – su protu; *ṣaṣṭhāni* – šešiom; *indri-
yāṇi* – juslėm; *prakṛti* – materialioje gamtoje; *sthāni* – esanti;
karṣati – sunkiai grumiasi.

**Sąlygotame pasaulyje esančios gyvosios esybės yra amžinos frag-
mentinės Mano dalelės. Sąlygotas gyvenimas verčia jas nuožmiai
grumtis su šešiomis juslėmis, kurių viena – protas.**

Posmas aiškiai nusako gyvosios būtybės identiškumą. Gyvoji esybė
amžinai yra fragmentinė Aukščiausiojo Viešpaties dalelė. Tai

nereiškia, jog savo sąlygotame būvyje ji yra individuali, o išsiva-
davusi susivienija su Aukščiausiuoju Viešpačiu. Ji amžinai yra tik
dalis. Čia aiškiai pasakyta: *sanātanaḥ*. Pasak Vedų, Aukščiausiasis
Viešpats suteikia Sau išraišką ir sukuria begales Savo ekspansijų,
kurių pirminės vadinamos *viṣṇu-tatvomis*, o antrinės – gyvosio-
mis esybėmis. Kitaip sakant, *viṣṇu-tattva* yra asmeniška Jo eks-
pansija, o gyvosios esybės – atsietos ekspansijos. Savo asmeniškos
ekspansijos būdu Jis įgauna įvairius pavidalus: Viešpaties Rāmos,
Nṛsiṁhadevos, Viṣṇumūrti ir visų kitų dievybių, kurios viešpatauja
Vaikuṇṭhų planetose. Atsietos ekspansijos, gyvosios esybės, yra
amžini tarnai. Asmeniškos Aukščiausiojo Dievo Asmens ekspan-
sijos amžinai egzistuoja, kaip identiškos Dievo Asmeniui indivi-
dualybės. Atsietoms ekspansijoms, gyvosioms esybėms, taip pat
būdingas individualumas. Gyvosios esybės, kurios yra fragmenti-
nės Aukščiausiojo Viešpaties dalelės, taip pat turi dalį Jo savy-
bių, viena iš kurių – nepriklausomybė. Kiekviena gyvoji esybė – tai
individuali siela, pasižyminti savitomis, individualiomis savybėmis
ir turinti ribotą nepriklausomybę. Piktnaudžiaudama ta nepriklau-
somybe, gyvoji esybė tampa sąlygota siela, o teisingai ja naudoda-
masi ji yra visada išsivadavusi. Ir šiuo, ir kitu atveju savo prigimtimi
gyvoji esybė yra amžina, kaip ir Aukščiausiasis Viešpats. Išva-
duotame būvyje materialios aplinkybės jos nevaržo ir ji atlieka
transcendentinę tarnystę Viešpačiui. Sąlygotame gyvenime ją valdo
materialios gamtos *guṇos*, ir ji užmiršta apie transcendentinę
meilės tarnystę Viešpačiui. Todėl norint išgyventi materialiame
pasaulyje jai tenka nuožmiai grumtis.

Visos gyvosios esybės – ne tik žmonės, katės ir šunys, bet ir
aukštesniosios būtybės, materialaus pasaulio valdytojai – Brahmā,
Viešpats Śiva ir Pats Viṣṇu – yra neatskiriamos Aukščiausiojo
Viešpaties dalelės. Jos yra ne laikinos, o amžinos apraiškos. Žodis
karṣati („kovoti" arba „grumtis") čia labai svarbus. Sąlygota siela
yra suvaržyta, tarsi ją būtų surakinusios geležinės grandinės. Ją
kausto klaidinga savimonė, o protas – tai pagrindinė jėga, kuri
rodo kelią materialioje būtyje. Kai protas yra dorybės *guṇos*, gyvo-

sios esybės darbai doringi, kai protas yra aistros *guṇos,* jos veikla kelia vien rūpesčius, o protui patekus neišmanymo *guṇos* valdžion, siela eina į žemesnes gyvybės rūšis. Taigi posmas aiškina, kad sąlygotą sielą gaubia materialus kūnas, kurį sudaro protas ir juslės, o kai ji išsivaduoja, tas materialus apvalkalas žūva ir tada išryškėja jos dvasinis kūnas su jam būdingais individualiais sugebėjimais. „Mādhyandināyana-śruti" teigiama: *sa vā eṣa brahma-niṣṭha idaṁ śarīraṁ martyam atisṛjya brahmābhisampadya brahmaṇā paśyati brahmaṇā śṛṇoti brahmaṇaivedaṁ sarvam anubhavati.* Ten sakoma, kad nusimetus materialų kūną ir įžengus į dvasinį pasaulį, gyvoji esybė atgauna savo dvasinį kūną, kurio dėka ji gali tiesiogiai pamatyti Aukščiausiąjį Dievo Asmenį, gali Jį girdėti, kalbėtis su Juo akis į akį, suvokti Aukščiausiąjį Asmenį tokį, koks Jis yra. Iš *smṛti* sužinome ir tai, kad *vasanti yatra puruṣāḥ sarve vaikuṇṭha-mūrtayaḥ:* dvasinėse planetose visi turi kūnus, kuriems būdingi tokie pat bruožai, kaip ir Aukščiausiajam Dievo Asmeniui. Savo kūno sandara neatskiriamos dalelės, gyvosios esybės, ir *viṣṇu-mūrti* ekspansijos niekuo nesiskiria. Kitaip sakant, išsivadavusi gyvoji esybė Aukščiausiojo Dievo Asmens malone gauna dvasinį kūną.

Labai svarbūs ir žodžiai *mamaivāṁśaḥ* („fragmentinės Aukščiausiojo Viešpaties dalelės"). Aukščiausiojo Viešpaties fragmentinė dalis – tai ne atskilusi kokio nors materialaus daikto dalis. Kaip jau išsiaiškinome antrame skyriuje, dvasia nedali. Materialiai jos suvokti neįmanoma. Dvasia – ne materija, kurią galima suskaidyti į dalis ir vėl surinkti. Toks įsivaizdavimas šiuo atveju netinka, nes posme yra pavartotas sanskrito kalbos žodis *sanātana* („amžinas"). Fragmentinė dalis – amžina. Antro skyriaus pradžioje taip pat sakoma, kad kiekviename atskirame kūne yra fragmentinė Aukščiausiojo Viešpaties dalis (*dehino 'smin yathā dehe*). Išsivadavusi iš kūno pančių, fragmentinė dalis atkuria savo pirminį dvasinį kūną dvasiniame danguje, dvasinėje planetoje, ir semiasi džiaugsmo bendraudama su Aukščiausiuoju Viešpačiu. Tačiau posmas nurodo, kad gyvoji esybė, būdama fragmentinė Aukščiausiojo Viešpaties dalelė, yra kokybiškai tapati Viešpačiui, lygiai kaip aukso smiltys – tas pats auksas.

शरीरं यद्वाप्नोति यच्चाप्युत्क्रामतीश्वरः ।   15.8
गृहीत्वैतानि संयाति वायुर्गन्धानिवाशयात् ॥ ८ ॥

śarīraṁ yad avāpnoti · yac cāpy utkrāmatīśvaraḥ
gṛhītvaitāni saṁyāti · vāyur gandhān ivāśayāt

śarīram – kūną; *yat* – kaip; *avāpnoti* – gauna; *yat* – kaip; *ca api* – taip pat; *utkrāmati* – palieka; *īśvaraḥ* – kūno valdovas; *gṛhītvā* – paimdamas; *etāni* – visus juos; *saṁyāti* – keliauja kitur; *vāyuḥ* – oras; *gandhān* – kvapus; *iva* – kaip; *āśayāt* – iš jų šaltinio.

Kaip vėjas nešioja kvapus, taip gyvoji esybė, būdama materialiame pasaulyje, perneša iš vieno kūno į kitą savo įvairias gyvenimo sampratas. Taip ji gauna vienos rūšies kūną, o po to jį palieka, kad įgytų kitą.

Šiame posme gyvoji esybė apibūdinama kaip *īśvara* – savo kūno valdovė. Panorėjusi ji gali pakeisti savo kūną į tobulesnį arba pereiti į mažiau tobulą. Ji turi labai ribotą nepriklausomybę. Kitimas, kurį patiria jos kūnas, priklauso nuo jos pačios. Mirties metu jos susikurta sąmonė perneša ją į kito tipo kūną. Jeigu gyvosios esybės sąmonė tesiekia katės ar šuns lygį, ji būtinai gaus katės ar šuns kūną. O jeigu sąmonė sutelkta į dieviškas savybes, tada ji pakeis savo pavidalą ir taps pusdieviu. Jeigu ji įsisąmonino Kṛṣṇą, tada persikels į dvasinį pasaulį – Kṛṣṇaloką, ir bendraus su Kṛṣṇa. Neteisinga tvirtinti, kad žuvus materialiam kūnui, viskam ateina galas. Individuali siela persikelia iš vieno kūno į kitą, o jos kitą kūną nulemia dabartinis jos kūnas bei dabartinė veikla. Kūną gauname pagal *karmą* ir po kurio laiko jį teks palikti. Posmas pabrėžia, kad subtilus kūnas, kuriame glūdi būsimo kūno samprata, kitą gyvenimą formuoja kitą kūną. Persikėlimo iš kūno į kūną procesas ir gyvosios esybės jungas, kurį ji velka, būdama kūne, vadinasi *karṣati*, arba kova už buvį.

श्रोत्रं चक्षुः स्पर्शनं च रसनं घ्राणमेव च । 15.9
अधिष्ठाय मनश्चायं विषयानुपसेवते ॥ ९ ॥

śrotraṁ cakṣuḥ sparśanaṁ ca · rasanaṁ ghrāṇam eva ca
adhiṣṭhāya manaś cāyam · viṣayān upasevate

śrotram – ausyse; *cakṣuḥ* – akyse; *sparśanam* – lytėjime; *ca* – taip pat; *rasanam* – liežuvyje; *ghrāṇam* – uoslėje; *eva* – taip pat; *ca* – ir; *adhiṣṭhāya* – būdama; *manaḥ* – prote; *ca* – taip pat; *ayam* – ji; *viṣayān* – juslių objektais; *upasevate* – mėgaujasi.

Gavusi kitą grubų kūną, gyvoji esybė įgyja ir atitinkamo tipo ausis, akis, liežuvį, nosį ir lytėjimo organus, kurie telkiasi aplink protą. Taip ji mėgaujasi tam tikra juslių objektų grupe.

Kitaip sakant, jei gyvoji esybė savo sąmonę užteršia tokiomis savybėmis, kurios būdingos katėms ar šunims, kitą gyvenimą ji gauna šuns ar katės kūną ir mėgaujasi jo teikiamais malonumais. Pirminiame būvyje sąmonė yra tyra kaip vanduo. Tačiau į vandenį įmaišius dažų, jo spalva pasikeičia. Analogiškai, sąmonė yra tyra, nes siela yra tyra. Tačiau jos sąmonė kinta priklausomai nuo to, su kokiomis materialiomis *guṇomis* ji sąveikauja. Tikroji sąmonė yra Kṛṣṇos sąmonė. Todėl, kai žmogus įsisąmonino Kṛṣṇą, jo gyvenimas yra tyras. Tačiau sąmonei užsiteršus tam tikro tipo materialia mąstysena, kitą gyvenimą žmogaus siela gaus kūną, atitinkantį tą sąmonę. Nebūtinai tai vėl bus žmogaus kūnas; siela gali gauti katės, šuns, kiaulės, pusdievio kūną ar vieną iš daugybės kitų formų, juk gyvybės rūšių yra 8 400 000.

उत्क्रामन्तं स्थितं वापि भुञ्जानं वा गुणान्वितम् । 15.10
विमूढा नानुपश्यन्ति पश्यन्ति ज्ञानचक्षुषः ॥१०॥

utkrāmantaṁ sthitaṁ vāpi · bhuñjānaṁ vā guṇānvitam
vimūḍhā nānupaśyanti · paśyanti jñāna-cakṣuṣaḥ

utkrāmantam – paliekančios kūną; *sthitam* – esančios kūne; *vā api* – arba; *bhuñjānam* – besimėgaujančios; *vā* – arba; *guṇa-*

anvitam – materialios gamtos *guṇų* apkerėtos; *vimūḍhāḥ* – kvailiai; *na* – niekada; *anupaśyanti* – gali matyti; *paśyanti* – gali regėti; *jñāna-cakṣuṣaḥ* – kas turi žinojimo apšviestas akis.

Kvailiai nesupranta, kaip gyvoji esybė gali palikti kūną, ir nesuvokia, kokio tipo kūnu ji mėgaujasi, veikiama gamtos guṇų. Tačiau visa tai išmano tas, kuris turi žinojimo apšviestas akis.

Labai svarbus posmo žodis *jñāna-cakṣuṣaḥ*. Neturint žinių, neįmanoma suprasti, kaip gyvoji esybė palieka savo kūną, kokio pavidalo kūną ji gaus kitą gyvenimą ir netgi kodėl dabar jos kūnas toks, o ne kitoks. Tam reikia giliai išmanyti „Bhagavad-gītą" bei analogišką literatūrą, išgirstą iš *bona fide* dvasinio mokytojo. Laimingas tas, kuris išmoko tuos dalykus suvokti. Kiekviena gyvoji esybė palieka savo kūną tam tikromis aplinkybėmis, tam tikromis aplinkybėmis ji gyvena ir, materialios gamtos užburta, tam tikromis aplinkybėmis patiria pasitenkinimą. Juslinių malonumų iliuzijos paveikta, ji patiria įvairius džiaugsmus ir kančias. Žmonės, kuriuos nuolat apgaudinėja geismas ir norai, praranda bet kokią galimybę suprasti, kaip kinta jų kūnas ir kodėl jie gyvena šiame, o ne kitame kūne. Tai jiems nesuvokiama. Tačiau žmogus, išvystęs dvasinį žinojimą, supranta, kad siela skiriasi nuo kūno, kad ji keičia kūnus ir įvairiais būdais gauna pasitenkinimą. Tokį žinojimą turintis žmogus supranta, kaip sąlygotos gyvosios esybės kenčia materialiame pasaulyje. Todėl turintys aukštai išvystytą sąmonę ieško visų įmanomų būdų, kaip šias žinias perteikti paprastiems žmonėms, nes sąlygotas gyvenimas kupinas rūpesčių. Žmonės turi padaryti galą sąlygotam gyvenimui, įsisąmoninti Kṛṣṇą ir išsivadavę pereiti į dvasinį pasaulį.

यतन्तो योगिनश्चैनं पश्यन्त्यात्मन्यवस्थितम् ।
यतन्तोऽप्यकृतात्मानो नैनं पश्यन्त्यचेतसः ॥११॥

15.11

yatanto yoginaś cainaṁ · paśyanty ātmany avasthitam
yatanto 'py akṛtātmāno · nainaṁ paśyanty acetasaḥ

yatantaḥ – stengdamiesi; *yoginaḥ* – transcendentalistai; *ca* – taip pat; *enam* – tą; *paśyanti* – gali matyti; *ātmani* – savajame „aš"; *avasthitam* – būdami; *yatantaḥ* – stengdamiesi; *api* – net jei; *akṛta-ātmānaḥ* – dvasiškai nesusivokę; *na* – ne; *enam* – tai; *paśyanti* – mato; *acetasaḥ* – turintys neišlavintą protą.

Atsidėję savo reikalui ir dvasiškai susivokę transcendentalistai visa tai aiškiai mato. Tačiau neišlavėjusio proto ir dvasiškai nesusivokę žmonės net ir labai stengdamiesi nesupras to, kas vyksta.

Dvasinės savivokos keliu žengia daug transcendentalistų, tačiau tik dvasiškai susivokusieji gali suprasti, kaip gyvosios esybės kūne vyksta pokyčiai. Šiuo atveju labai svarbus žodis *yoginaḥ*. Pastaruoju metu atsirado labai daug *yogų* ir nemažai tokių pat *yogos* draugijų, tačiau dvasinės savivokos dalykuose jie iš tikrųjų akli. Juos tedomina tam tikri gimnastikos pratimai ir jie visiškai pasitenkina tuo, kad jų kūnas gerai sudėtas ir sveikas. Kitokių žinių jie neturi. Jie vadinami *yatanto 'py akṛtātmānaḥ*. Nors jie ir siekia vadinamosios *yogos* aukštumų, tačiau nesuvokė savojo „aš". Tokie žmonės nepajėgia perprasti sielos persikėlimo proceso. Tik tie, kurie praktikuoja tikrą *yogą* ir suvokė savąjį „aš", pasaulį ir Aukščiausiąjį Viešpatį, kitaip sakant, *bhakti-yogai*, mintis sutelkę į Kṛṣṇą ir tarnaujantys Jam su besąlyginiu atsidavimu – tik jie gali suprasti, kaip viskas vyksta.

यदादित्यगतं तेजो जगद्भासयतेऽखिलम् ।
यच्चन्द्रमसि यच्चाग्नौ तत्तेजो विद्धि मामकम् ॥१२॥

15.12

yad āditya-gataṁ tejo · jagad bhāsayate 'khilam
yac candramasi yac cāgnau · tat tejo viddhi māmakam

yat – tas, kuris; *āditya-gatam* – iš saulės sklindantis; *tejaḥ* – spindesys; *jagat* – pasaulį; *bhāsayate* – apšviečia; *akhilam* – visą; *yat* – tas, kuris; *candramasi* – mėnulyje; *yat* – tas, kuris; *ca* – taip pat; *agnau* –

ugnyje; *tat* – tas; *tejaḥ* – spindesys; *viddhi* – žinok; *māmakam* – iš Manęs.

Saulės spindesys, išsklaidantis pasaulio tamsybę, kyla iš Manęs. Iš Manęs sklinda ir mėnesiena bei ugnies šviesa.

Nedidelio proto žmogus nesupranta, kaip viskas vyksta, tačiau jis gali daug sužinoti, mėgindamas suvokti tai, apie ką čia aiškina Viešpats. Visi matome saulę, mėnulį, ugnį ir elektros šviesą. Reikia pasistengti suprasti, kad saulės, mėnulio, elektros ar ugnies šviesa sklinda iš Aukščiausiojo Dievo Asmens. Materialiame pasaulyje gyvenančiai sąlygotai sielai tokia būties samprata, kuri yra Kṛṣṇos sąmonės pradžia, jau yra didžiulis žingsnis į priekį. Gyvosios esybės iš esmės yra neatskiriamos Aukščiausiojo Viešpaties dalelės, ir šiame posme Viešpats leidžia suprasti, kaip joms sugrįžti namo, atgal pas Dievą.

Posmas nurodo, kad Saulė apšviečia visą Saulės sistemą. Egzistuoja skirtingos visatos ir Saulės sistemos, o jose šviečia skirtingos Saulės, Mėnuliai ir planetos, tačiau kiekviena visata turi tiktai vieną Saulę. Pasak „Bhagavad-gītos" (10.21), Mėnulis tėra viena iš žvaigždžių (*nakṣatrāṇām ahaṁ śaśī*). Saulės šviesos šaltinis – tai Aukščiausiojo Viešpaties dvasinis spindėjimas dvasiniame danguje. Saulei patekėjus, žmonės pradeda darbą – užkuria ugnį, kad pagamintų maisto, kad pradėtų darbus gamyklose etc. Labai daug kam reikia ugnies. Dėl to saulės patekėjimas, ugnies šviesa ir mėnesiena tokia maloni gyvosioms esybėms. Be jų nė viena gyvoji esybė negalėtų gyventi. Žodžiu, kai žmogus supranta, jog saulės, mėnulio ir ugnies šviesos šaltinis yra Aukščiausiasis Dievo Asmuo, Kṛṣṇa, tai yra jo Kṛṣṇos sąmonės pradžia. Mėnesiena maitina visas daržoves. Mėnesienos vėsa yra tokia maloni, kad žmonės gali lengvai suprasti, jog gyvena Aukščiausiojo Dievo Asmens, Kṛṣṇos, malone. Be Jo malonės nebūtų saulės, be Jo malonės nebūtų mėnulio, be Jo malonės nebūtų ugnies, o be saulės, mėnulio ir ugnies nebūtų gyvybės. Štai keletas minčių, kurios gali pažadinti sąlygotos sielos Kṛṣṇos sąmonę.

गामाविश्य च भूतानि धारयाम्यहमोजसा ।   15.13
पुष्णामि चौषधीः सर्वाः सोमो भूत्वा रसात्मकः ॥१३॥

gām āviśya ca bhūtāni · dhārayāmy aham ojasā
puṣṇāmi cauṣadhīḥ sarvāḥ · somo bhūtvā rasātmakaḥ

gām – į planetas; *āviśya* – įeidamas; *ca* – taip pat; *bhūtāni* – gyvąsias esybes; *dhārayāmi* – palaikau; *aham* – Aš; *ojasā* – Savo energija; *puṣṇāmi* – maitinu; *ca* – ir; *auṣadhīḥ* – daržoves; *sarvāḥ* – visas; *somaḥ* – mėnuliu; *bhūtvā* – tapdamas; *rasa-ātmakaḥ* – duodančiu syvus.

Aš įeinu į kiekvieną planetą ir Mano energijos dėka jos neiškrypsta iš orbitos. Aš tampu mėnuliu ir gyvybės syvais maitinu visas daržoves.

Visos planetos plauko erdvėje tiktai Viešpaties energijos dėka. Viešpats įeina į kiekvieną atomą, kiekvieną planetą ir kiekvieną gyvąją būtybę. Tai aptariama „Brahma-saṁhitoje". Ten sakoma, kad viena Aukščiausiojo Dievo Asmens pilnutinių dalių, Paramātmā, įeina į planetas, į visatą, į gyvąsias esybes ir net į atomus. Dėl Jos buvimo viskas stoja į savo vietas. Kai kūne yra dvasinė siela, žmogus laikosi vandens paviršiuje, tačiau pakanka gyvybės kibirkščiai išeiti iš kūno – kūnas miršta ir skęsta. Žinoma, kai kūnas suiręs, jis plauko vandens paviršiuje, kaip plauko šiaudas ar panašūs daiktai, tačiau ką tik mirusio žmogaus lavonas tuoj pat skęsta. Taip ir planetos Aukščiausiojo Dievo Asmens aukščiausios energijos dėka plauko erdvėje. Jo energija laiko visas planetas tarsi dulkių saują. Jeigu dulkes laikysime saujoj, jos neišbyrės, tačiau svieskime jas į orą, ir jos ims byrėti žemėn. Taip ir erdvėje plaukančios planetos laikosi Aukščiausiojo Viešpaties visatos pavidalo delne. Jo galios ir energijos dėka visi judantys ir nejudantys daiktai yra savo vietose. Vedų himnuose skelbiama: Aukščiausiojo Dievo Asmens dėka šviečia saulė ir nesustoja planetų judėjimas. Jeigu ne Jis, visos planetos išsisklaidytų kaip dulkės ore ir išnyktų. Lygiai taip Aukščiausiojo Dievo Asmens dėka mėnulis maitina daržoves. Mėnulio veikiamos daržovės įgauna nuostabų skonį. Jei nebūtų mėnesienos, daržovės nei augtų, nei būtų sultingos. Žmonių visuomenė dirba, patogiai gyvena ir skaniai valgo todėl, kad viskuo ją aprūpina Aukščiausiasis Viešpats. Be Jo globos žmonija negalėtų išlikti. Žodis *rasātmakaḥ* labai reikšmingas. Visi vaisiai ir daržovės įgauna malonų skonį Aukščiausiojo Viešpaties dėka, šviečiant mėnuliui.

अहं वैश्वानरो भूत्वा प्राणिनां देहमाश्रितः ।
प्राणापानसमायुक्तः पचाम्यन्नं चतुर्विधम् ॥१४॥   **15.14**

ahaṁ vaiśvānaro bhūtvā · prāṇināṁ deham āśritaḥ
prāṇāpāna-samāyuktaḥ · pacāmy annaṁ catur-vidham

aham – Aš; *vaiśvānaraḥ* – Mano pilnutiniu skleidiniu, virškinimo ugnimi; *bhūtvā* – tapdamas; *prāṇinām* – visų gyvųjų esybių; *deham* – kūnuose; *āśritaḥ* – glūdintis; *prāṇa* – išeinančio oro; *apāna* – žemyn einančio oro; *samāyuktaḥ* – išlaikydamas pusiausvyrą; *pacāmi* – Aš virškinu; *annam* – maistą; *catuḥ-vidham* – keturių rūšių.

Aš – virškinimo ugnis visų gyvųjų esybių kūnuose ir kartu su įkvėpiamu bei iškvėpiamu gyvybės oru Aš virškinu keturių rūšių maistą.

Āyur-vedos śāstra pasakoja apie skrandyje esančią ugnį, kuri virškina į skrandį patekusį maistą. Kol ji nedega, alkio nejuntame, o kai dega – norime valgyti. Kartais, kai ugnis vos rusena, reikalingas gydymas. Bet kuriuo atveju ši ugnis – Aukščiausiojo Dievo Asmens atstovas. Vedų mantros („Bṛhad-āraṇyaka Upaniṣada" 5.9.1) taip pat liudija, kad Aukščiausiasis Viešpats, arba Brahmanas, ugnies pavidalu yra skrandyje ir virškina visų rūšių maistą (*ayam agnir vaiśvānaro yo 'yam antaḥ puruṣe yenedam annaṁ pacyate*). O kadangi jis padeda virškinti įvairų maistą, gyvoji esybė mitybos procese nėra nepriklausoma. Jeigu Aukščiausiasis Viešpats nepadėtų virškinti, gyvoji esybė negalėtų valgyti. Tad Jis parūpina ir virškina maistą, ir Jo malone mes galime džiaugtis gyvenimu. Tai patvirtinama ir „Vedānta-sūtroje" (1.2.27). *Śabdādibhyo 'ntaḥ pratiṣṭhānāc ca:* Viešpats glūdi garse ir kūne, ore ir netgi skrandyje virškinimo jėgos pavidalu. Maistas yra keturių rūšių: ryjamas, kramtomas, laižomas ir čiulpiamas. O Viešpats – tai jėga, kuri virškina visų rūšių maistą.

सर्वस्य चाहं हृदि सन्निविष्टो **15.15**
मत्तः स्मृतिर्ज्ञानमपोहनं च ।
वेदैश्च सर्वैरहमेव वेद्यो
वेदान्तकृद्वेदविदेव चाहम् ॥१५॥

sarvasya cāhaṁ hṛdi sanniviṣṭo
 mattaḥ smṛtir jñānam apohanaṁ ca
vedaiś ca sarvair aham eva vedyo
 vedānta-kṛd veda-vid eva cāham

sarvasya – visų gyvųjų būtybių; *ca* – ir; *aham* – Aš; *hṛdi* – širdyje; *sanniviṣṭaḥ* – esantis; *mattaḥ* – iš Manęs; *smṛtiḥ* – atmintis; *jñānam* – žinojimas; *apohanam* – užmarštis; *ca* – ir; *vedaiḥ* – Vedų; *ca* – taip pat; *sarvaiḥ* – visų; *aham* – Aš esu; *eva* – tikrai; *vedyaḥ* – pažinimo objektas; *vedānta-kṛt* – Vedāntos sudarytojas; *veda-vit* – Vedų žinovas; *eva* – tikrai; *ca* – ir; *aham* – Aš.

Aš esu visų širdyse, ir iš Manęs ateina atmintis, žinojimas bei užmarštis. Aš esu visų Vedų pažinimo objektas. Iš tikrųjų Aš – Vedāntos sudarytojas ir Vedų žinovas.

Aukščiausiasis Viešpats Paramātmos pavidalu glūdi visų širdyse ir būtent Jis yra visos veiklos iniciatorius. Gyvoji esybė užmiršta savo praeitą gyvenimą, ir jai tenka veikti pagal Aukščiausiojo Viešpaties – visos jos veiklos liudininko – nurodymą. Todėl priklausomai nuo praeities darbų, ji ir pradeda savo veiklą. Jai suteikiamos reikalingos žinios, duodama atmintis, bet ji užmiršta apie savo praėjusį gyvenimą. Taigi Viešpats ne tik visa persmelkiantis, bet ir lokalizuotas kiekvieno individo širdy. Jis atlygina gyvajai būtybei karminės veiklos rezultatais. Jis garbintinas ne tik kaip beasmenis Brahmanas, Aukščiausiasis Dievo Asmuo ir lokalizuota Paramātma, bet ir kaip inkarnacija Vedų forma. Vedos nurodo žmonėms teisingą kryptį, kad jie galėtų teisingai sutvarkyti savo gyvenimą ir sugrįžti namo, atgal pas Dievą. Vedos teikia žinių apie Aukščiausiąjį Dievo Asmenį, Kṛṣṇą, o Kṛṣṇa, apsireiškęs Vyāsadevos pavidalu, yra „Vedānta-sūtros" sudarytojas. „Śrīmad-Bhāgavatam", Vyāsadevos pateikti „Vedānta-sūtros" komentarai, leidžia teisingai suvokti „Vedāntą-sūtrą". Aukščiausiasis Viešpats toks visapusiškas, kad siekdamas išvaduoti sąlygotą sielą, tiekia jai maistą ir jį viṛškina, stebi jos veiklą, suteikia žinojimą Vedų pavidalu, o kaip Aukščiausiasis Dievo Asmuo, Śrī Kṛṣṇa, yra dar ir „Bhagavad-gītos" mokytojas. Sąlygotai sielai Jis yra garbinimo objektas. Taigi Dievas – visų geriausias ir visų gailestingiausias.

Antaḥ-praviṣṭaḥ śāstā janānām. Kai tik gyvoji esybė atsiskiria nuo kūno, ji užmiršta praeitį, tačiau Aukščiausiojo Viešpaties paskatinta, vėl pradeda veikti. Nors siela užmarši, Viešpats jai duoda intelektą, kad ji atnaujintų veiklą nuo ten, kur toji veikla nutrūko praeitą gyvenimą. Taip Aukščiausiojo Viešpaties, esančio jos širdyje, valia, gyvoji esybė šiame pasaulyje gauna galimybę ne tik džiaugtis ar kentėti, bet ir suvokti Vedas. Jei žmogus rimtai ketina suprasti Vedų žinojimą, Kṛṣṇa suteikia jam reikiamą intelektą. Kodėl Jis perteikia Vedų žinojimą? Todėl, kad kiekvienai individualiai gyvajai esybei būtina suvokti Kṛṣṇą. Tai patvirtina Vedų raštai: *yo 'sau sarvair vedair gīyate.* Visuose Vedų raštuose – keturiose Vedose, „Vedānta-sūtroje", *Upaniṣadose* ir *Purāṇose,* šlovinamas Aukščiausiasis Viešpats. Viešpats pasiekiamas atliekant Vedose numatytas apeigas, aptariant Vedų filosofiją ir garbinant Jį pasiaukojimo tarnyste. Taigi Vedų tikslas – pažinti Kṛṣṇą. Vedos nurodo, kaip Jį pažinti, ir aprašo Jo pažinimo procesą. Aukščiausiasis Dievo Asmuo – galutinis tikslas. „Vedānta-sūtroje" (1.1.4) ta mintis patvirtinama šiais žodžiais: *tat tu samanvayāt.* Tobulumas pasiekiamas trimis etapais. Studijuojant Vedų raštus, suvokiamas ryšys su Aukščiausiuoju Dievo Asmeniu; praktikuojant įvairius procesus, prie Jo priartėjama; ir galų gale pasiekiamas aukščiausias tikslas – Aukščiausiasis Dievo Asmuo. Šis posmas aiškiai nusako Vedų paskirtį, Vedų pažinimo metodą ir galutinį Vedų tikslą.

द्वाविमौ पुरुषौ लोके क्षरश्चाक्षर एव च ।
क्षरः सर्वाणि भूतानि कूटस्थोऽक्षर उच्यते ॥१६॥

15.16

dvāv imau puruṣau loke · kṣaraś cākṣara eva ca
kṣaraḥ sarvāṇi bhūtāni · kūṭa-stho 'kṣara ucyate

dvau – dvi; *imau* – šios; *puruṣau* – gyvosios esybės; *loke* – pasaulyje; *kṣaraḥ* – linkusios pulti; *ca* – ir; *akṣaraḥ* – nepuolančios; *eva* – tikrai; *ca* – ir; *kṣaraḥ* – linkusios pulti; *sarvāṇi* – visos; *bhūtāni* – gyvosios esybės; *kūṭa-sthaḥ* – vienovėje; *akṣaraḥ* – nepuolančios; *ucyate* – yra sakoma.

Gyvosios būtybės yra dviejų kategorijų: linkusios pulti ir nepuolančios. Materialiame pasaulyje kiekviena gyvoji esybė yra linkusi pulti, o dvasiniame pasaulyje visos yra nepuolančios.

Kaip jau aiškinta anksčiau, Viešpaties inkarnacija, Vyāsadeva, sudarė „Vedānta-sūtrą". Šiame posme Viešpats glaustai išdėsto „Vedānta-sūtros" turinį. Jis sako, kad gyvosios esybės, o jų yra nesuskaičiuojama daugybė, gali būti suskirstytos į dvi kategorijas: linkusias pulti ir nepuolančias. Gyvosios esybės yra amžinos atsietos Aukščiausiojo Dievo Asmens dalelės. Kai jos sąveikauja su materialiu pasauliu, vadinasi *jīva-bhūta*. Šiame posme pavartoti sanskrito žodžiai *kṣaraḥ sarvāṇi bhūtāni* reiškia, kad jos yra linkusios pulti. Tačiau tos, kurios sudaro vienovę su Aukščiausiuoju Dievo Asmeniu, vadinamos nepuolančiomis. Vienovė nereiškia individualybės nebuvimą, o reiškia tikslų bendrumą. Jų visų egzistavimas atitinka kūrimo tikslus. Žinoma, dvasiniame pasaulyje kūrimas nevyksta, tačiau Aukščiausiasis Dievo Asmuo, kaip teigia

„Vedānta-sūtra", yra visų emanacijų šaltinis, todėl kūrimo sąvoka ir yra aptariama.

Kaip teigia Aukščiausiasis Dievo Asmuo, Viešpats Kṛṣṇa, yra dvi gyvųjų esybių kategorijos. Apie tai liudija Vedos, tad abejoti čia netenka. Gyvosios esybės, kurios grumiasi šiame pasaulyje su protu ir penkiomis juslėmis, turi materialius kūnus, kurie nuolat kinta. Kol gyvoji esybė yra sąlygota, jos kūnas kinta dėl sąlyčio su materija. Iš tikrųjų kinta materija, tad atrodo, kad kinta ir pati gyvoji esybė. Tačiau dvasiniame pasaulyje kūnas nesudarytas iš materijos, todėl jis nekinta. Materialiame pasaulyje gyvoji esybė patiria šešis pokyčius: gimsta, auga, kurį laiką egzistuoja, dauginasi, vysta ir išnyksta. Tokie yra materialaus kūno pokyčiai. O dvasiniame pasaulyje kūnas nekinta: ten nėra nei senatvės, nei gimimo, nei mirties. Ten viskas egzistuoja vienovėje. *Kṣaraḥ sarvāṇi bhū-tāni*: kiekviena gyvoji esybė, nuo pirmosios sukurtos gyvosios būtybės, Brahmos, iki mažiausios skruzdės, susilietusi su materija keičia kūną, todėl visos jos – linkusios pulti. Tačiau dvasiniame pasaulyje jos visuomet yra išsivadavusios ir egzistuoja vienovėje.

उत्तमः पुरुषस्त्वन्यः परमात्मेत्युदाहृतः ।
यो लोकत्रयमाविश्य बिभर्त्यव्यय ईश्वरः ॥१७॥

15.17

uttamaḥ puruṣas tv anyaḥ · paramātmety udāhṛtaḥ
yo loka-trayam āviśya · bibharty avyaya īśvaraḥ

uttamaḥ – geriausia; *puruṣaḥ* – asmenybė; *tu* – tačiau; *anyaḥ* – kita; *parama* – aukščiausias; *ātmā* – savasis „aš"; *iti* – taip; *udāhṛtaḥ* – yra sakoma; *yaḥ* – kuris; *loka* – į visatos; *trayam* – tris dalis; *āviśya* – įeidamas; *bibharti* – palaiko; *avyayaḥ* – neišsenkamas; *īśvaraḥ* – Viešpats.

Be šių dviejų kategorijų būtybių egzistuoja dar ir didžiausia gyvoji asmenybė, Aukščiausioji Siela, Patsai amžinasis Viešpats, kuris įeina į tris pasaulius ir juos palaiko.

Posmo idėja labai gerai išreikšta „Kaṭha Upaniṣadoje" (2.2.13) ir „Śvetāśvatara Upaniṣadoje" (6.13). Ten yra aiškiai pasakyta, kad už gyvąsias esybes, kurių yra nesuskaičiuojama daugybė (vienos jų sąlygotos, o kitos išsivadavusios), aukštesnė yra Aukščiausioji Asmenybė, Parāmātma. Upaniṣadų posmas skelbia: nityo nityānāṁ cetanaś cetanānām. Jo prasmė ta, kad tarp visų gyvųjų esybių, sąlygotų ir išsivadavusių, yra viena aukščiausia gyvoji asmenybė, Aukščiausiasis Dievo Asmuo, kuris jas palaiko ir sudaro joms galimybę gauti pasitenkinimą priklausomai nuo jų veiklos. Šis Aukščiausiasis Dievo Asmuo glūdi kiekvieno širdy Parāmātmos pavidalu. Tik išminčius, galintis Jį suvokti, tėra vertas visiškos ramybės.

यस्मात्क्षरमतीतोऽहमक्षरादपि चोत्तमः ।
अतोऽस्मि लोके वेदे च प्रथितः पुरुषोत्तमः ॥१८॥ 15.18

yasmāt kṣaram atīto 'ham · akṣarād api cottamaḥ
ato 'smi loke vede ca · prathitaḥ puruṣottamaḥ

yasmāt – kadangi; kṣaram – linkusioms pulti; atītaḥ – transcendentalus; aham – Aš esu; akṣarāt – aukščiau nepuolančių; api – taip pat; ca – ir; uttamaḥ – geriausias; ataḥ – todėl; asmi – Aš esu; loke – pasaulyje; vede – Vedų raštuose; ca – ir; prathitaḥ – šlovinamas; puruṣa-uttamaḥ – kaip Aukščiausiasis Asmuo.

Aš – transcendentalus, esu aukščiau linkusių pulti ir nepuolančių. Aš – didžiausias, todėl pasaulis ir Vedos šlovina Mane, kaip tą Aukščiausiąjį Asmenį.

Niekas – nei sąlygota, nei išsivadavusi siela – negali pranokti Aukščiausiojo Dievo Asmens, Kṛṣṇos. Todėl Jis didžiausias iš visų asmenybių. Posmas aiškiai rodo, kad ir gyvosios esybės, ir Aukščiausiasis Dievo Asmuo yra individualios esybės. Skirtumas tik tas, kad ir sąlygotos, ir išsivadavusios gyvosios esybės kiekybės požiūriu negali pranokti nesuvokiamos Aukščiausiojo Dievo Asmens galybės. Neteisinga būtų manyti, kad Aukščiausiasis Viešpats ir gyvosios esybės yra to paties lygio arba visais atžvilgiais vienodos. Gyvosios esybės visuomet yra pavaldžios, o Aukščiausiasis Viešpats – valdovas. Žodis *uttama* labai reikšmingas. Niekas negali pranokti Aukščiausiojo Dievo Asmens.

Žodis *loke* reiškia „*pauruṣa āgamoje* (*smṛti* raštuose)". Kaip liudija „Nirukti" žodynas, *lokyate vedārtho 'nena:* „Vedų tikslas paaiškintas *smṛti* raštuose."

Aukščiausiasis Viešpats lokalizuotu Parāmātmos aspektu aprašytas ir pačiose Vedose („Chāndogya Upaniṣada" 8.12.3): *tāvad eṣa samprasādo 'smāc charīrāt samutthāya paraṁ jyoti-rūpaṁ sampadya svena rūpeṇābhiniṣpadyate sa uttamaḥ puruṣaḥ.* „Išėjusi iš kūno, Supersiela patenka į beasmenį *brahmajyoti,* kur išlieka Savo pavidalu ir išlaiko Savo dvasinį identiškumą. Tas Aukščiausiasis vadinasi Aukščiausias Asmuo." Tai reiškia, kad Aukščiausiasis Asmuo apreiškia ir skleidžia Savo dvasinį spindesį, kuris yra pirminė šviesa. Tas Aukščiausiasis Asmuo turi ir lokalizuotą aspektą – Parāmātmą. Nužengęs Satyavatī ir Parāśaros sūnumi, kaip Vyāsadeva, Jis aiškina Vedų žinojimą.

यो मामेवमसम्मूढओ जानाति पुरुषोत्तमम् ।
स सर्वविद्भजति मां सर्वभावेन भारत ॥१९॥

yo mām evam asammūḍho · jānāti puruṣottamam
sa sarva-vid bhajati mām · sarva-bhāvena bhārata

yaḥ – tas, kuris; *mām* – Mane; *evam* – taip; *asammūḍhaḥ* – neabejodamas; *jānāti* – pažįsta; *puruṣa-uttamam* – Aukščiausiąjį Dievo Asmenį; *saḥ* – jis; *sarva-vit* – visa žinantis; *bhajati* – atlieka pasiaukojimo tarnystę; *mām* – Man; *sarva-bhāvena* – visais atžvilgiais; *bhārata* – o Bharatos sūnau.

Kas žino, kad Aš esu Aukščiausiasis Dievo Asmuo, ir tuo neabejoja, tas išmano viską. Todėl, o Bharatos sūnau, jis visiškai pasiaukojęs Man tarnauja.

Daug filosofuojama dėl gyvųjų esybių ir Aukščiausiosios Absoliučios Tiesos prigimtinio būvio. Šiame posme Aukščiausiasis Viešpats aiškiai sako, kad kiekvienas, kas žino, kad Viešpats Kṛṣṇa yra Aukščiausiasis Asmuo, iš tikrųjų išmano viską. Neturintis išsamaus žinojimo tuščiai filosofuoja apie Absoliučią Tiesą, o tas, kuris gerai pažįsta Aukščiausiąjį Viešpatį, negaišdamas brangaus laiko tiesiogiai įsijungia į Kṛṣṇos sąmonę ir su pasiaukojimu Jam tarnauja. „Bhagavad-gītoje" visur pabrėžiama ši mintis. Tačiau yra dar daug kietasprandžių „Bhagavad-gītos" komentatorių, kurie mano, kad Aukščiausioji Absoliuti Tiesa ir gyvosios esybės yra viena ir tas pat.

Vedų išmintis vadinasi *śruti* – mokymasis klausantis garso. Vedų žinią reikia perimti iš tokių autoritetų, kaip Kṛṣṇa ir Jo atstovai. Šiame posme Kṛṣṇa viską sudėsto į savo vietas, todėl reikia klausyti, ką sako šis šaltinis. Tačiau nepakanka bukai klausytis, tarsi kiaulei. Vedų žinojimą būtina suprasti padedant autoritetams ir nesivelti į akademinius samprotavimus. Būtina nuolankiai išklausyti „Bhagavad-gītos" mokymą, kuris sako, kad gyvosios esybės visada pavaldžios Aukščiausiajam Dievo Asmeniui. Kas supranta, kad gyvosios esybės visada Jam pavaldžios, tas, pasak Aukščiausiojo Dievo Asmens, Śrī Kṛṣṇos, žino Vedų paskirtį. Niekam kitam Vedų paskirtis nežinoma.

Labai reikšmingas posmo žodis *bhajati*. Jis vartojamas daugelyje „Bhagavad-gītos" vietų ir siejamas su tarnyste Aukščiausiajam Viešpačiui. Jei žmogus pasiekė tvarią Kṛṣṇos sąmonę ir pasiaukojęs tarnauja Viešpačiui, aišku, kad jis suvokė visą Vedų išmintį. *Vaiṣṇavų paramparoje* sakoma: jeigu žmogus atlieka pasiaukojimo tarnystę Kṛṣṇai, tai šio dvasinio proceso pakanka, kad jis suvoktų Aukščiausiąją Absoliučią Tiesą. Toks žmogus jau suvokė Absoliučią Tiesą, nes jis pasiaukojęs tarnauja Viešpačiui. Jis jau išėjo visus parengiamuosius pažinimo procesus. Tačiau jei po šimtų tūkstančių gyvenimų neįsitikiname, kad Kṛṣṇa yra Aukščiausiasis Dievo Asmuo, kuriam reikia atsiduoti – visi apmąstymai, trukę tiek daug metų ir gyvenimų, tėra tuščias laiko švaistymas.

इति गुह्यतमं शास्त्रमिदमुक्तं मयानघ ।   15.20
एतद् बुद्ध्वा बुद्धिमान् स्यात्कृतकृत्यश्च भारत ॥२०॥

iti guhya-tamaṁ śāstram · idam uktaṁ mayānagha
etad buddhvā buddhimān syāt · kṛta-kṛtyaś ca bhārata

iti – taip; *guhya-tamam* – slaptingiausias; *śāstram* – apreikštasis šventraštis; *idam* – šis; *uktam* – atvertas; *mayā* – Mano; *anagha* – o nesusitepęs nuodėme; *etat* – tą; *buddhvā* – suprasdamas; *buddhimān* – protingu; *syāt* – žmogus tampa; *kṛta-kṛtyaḥ* – tuo, kurio pastangas vainikuoja sėkmė; *ca* – ir; *bhārata* – o Bharatos sūnau.

O nesusitepęs nuodėme, tos tiesos – slaptingiausioji Vedų raštų dalis, ir Aš atvėriau jas tau. Kas jas suvoks – taps išmintingas, ir jo pastangas apvainikuos tobulumas.

Posme Viešpats aiškiai sako, kad atskleistos tiesos – tai visų apreikštųjų raštų esmė. Jas reikia suprasti taip, kaip perteikė Aukščiausiasis Dievo Asmuo. Taip žmogus taps išmintingas ir tobulas transcendentinio žinojimo srities žinovas. Kitaip sakant, kiekvienas, kuris suvokė šią Aukščiausiojo Dievo Asmens filosofiją ir transcendentaliai Jam tarnauja, nusiplauna visas materialios gamtos *guṇų* nešvarybes. Pasiaukojimo tarnystė – tai dvasinio pažinimo procesas. Kai atliekama pasiaukojimo tarnystė, nelieka materijos nešvarybių. Pasiaukojimo tarnystė Viešpačiui ir Pats Viešpats – tai viena ir tas pat, nes jų prigimtis dvasinė. Pasiaukojimo tarnystė vyksta vidinės Aukščiausiojo Viešpaties energijos lygiu. Sakoma, kad Viešpats – saulė, o neišmanymas – tamsa. Ten, kur šviečia saulė, nėra tamsos. Todėl, kai pasiaukojimo tarnystė atliekama tinkamai vadovaujant *bona fide* dvasiniam mokytojui – apie neišmanymą negali būti ir kalbos.

Žmogus, norėdamas būti protingas ir tyras, turi įsijungti į Kṛṣṇos sąmonę ir atsidėti pasiaukojimo tarnystei. Kol jis nepasieks tokio Kṛṣṇos suvokimo lygmens ir neatsidės pasiaukojimo tarnystei, kad ir koks jis būtų protingas eilinio žmogaus vertinimu, jis vis dėl to nėra iki galo protingas.

Žodis *anagha,* kuriuo šiame posme kreiptasi į Arjuną, labai reikšmingas. *Anagha,* „o nesusitepęs nuodėme", reiškia, kad kol neišsivaduojama iš atoveikio už visas nuodėmes, labai sunku suvokti Kṛṣṇą. Reikia apsivalyti nuo visų nešvarybių ir nutraukti bet kokią nuodėmingą veiklą, tik tada galima pažinti Viešpatį. Tačiau pasiaukojimo tarnystė tokia tyra ir galinga, kad ėmus ją praktikuoti savaime pasiekiamas toks lygis, kai jau nebenusidedama.

Pasiaukojamai tarnaujant ir bendraujant su tyrais bhaktais, kurie pasiekė tvarią Kṛṣṇos sąmonę, turime pasistengti atsikratyti kai kurių savybių. Visų svarbiausia nugalėti dvasios silpnumą. Pirmojo gyvosios esybės nuopuolio priežastis – noras viešpatauti materialioje gamtoje. Įsigeidę viešpatauti materialioje gamtoje, apleidžiame transcendentinę meilės tarnystę Aukščiausiajam Viešpačiui. Kitas dvasios silpnumo požymis yra tai, kad stiprėjant polinkiui viešpatauti materialioje gamtoje, stipriau prisirišame prie materijos ir materialios nuosavybės. Šis dvasios silpnumas ir yra materialios būties problemų priežastis. Pirmieji penki šio skyriaus posmai aprašo, kaip to silpnumo atsikratoma, o kiti, nuo šešto iki paskutinio, aptaria *puruṣottama-yogą.*

Taip Bhaktivedanta baigia komentuoti penkioliktą „Śrīmad Bhagavad-gītos" skyrių, pavadintą „Puruṣottama-yoga, Aukščiausiojo Asmens yoga".

Dieviškos ir demoniškos prigimtys

श्रीभगवानुवाच

16.1–3

अभयं सत्त्वसंशुद्धिर्ज्ञानयोगव्यवस्थितिः ।
दानं दमश्च यज्ञश्च स्वाध्यायस्तप आर्जवम् ॥ १ ॥

अहिंसा सत्यमक्रोधस्त्यागः शान्तिरपैशुनम् ।
दया भूतेष्वलोलुप्त्वं मार्दवं ह्रीरचापलम् ॥ २ ॥

तेजः क्षमा धृतिः शौचमद्रोहो नातिमानिता ।
भवन्ति सम्पदं दैवीमभिजातस्य भारत ॥ ३ ॥

śrī-bhagavān uvāca
abhayaṁ sattva-saṁśuddhir · jñāna-yoga-vyavasthitiḥ
dānaṁ damaś ca yajñaś ca · svādhyāyas tapa ārjavam

ahiṁsā satyam akrodhas · tyāgaḥ śāntir apaiśunam
dayā bhūteṣv aloluptvaṁ · mārdavaṁ hrīr acāpalam

tejaḥ kṣamā dhṛtiḥ śaucam · adroho nāti-mānitā
bhavanti sampadaṁ daivīm · abhijātasya bhārata

śrī-bhagavān uvāca – Aukščiausiasis Dievo Asmuo tarė; *abhayam* – bebaimiškumas; *sattva-saṁśuddhiḥ* – savo būties apvalymas; *jñāna* – žinojimo; *yoga* – apie ryšį; *vyavasthitiḥ* – padėtis; *dānam* – labdaringumas; *damaḥ* – proto suvaldymas; *ca* – ir; *yajñaḥ* – aukų atnašavimas; *ca* – ir; *svādhyāyaḥ* – Vedų raštų studijavimas; *tapaḥ* – asketiškumas; *ārjavam* – paprastumas; *ahiṁsā* – prievartos atsisakymas; *satyam* – teisingumas; *akrodhaḥ* – pykčio neturėjimas; *tyāgaḥ* – atsižadėjimas; *śāntiḥ* – ramumas; *apaiśunam* – nenoras ieškoti ydų; *dayā* – gailestingumas; *bhūteṣu* – visoms gyvosioms esybėms; *aloluptvam* – godumo nebuvimas; *mārdavam* – geraširdiškumas; *hrīḥ* – kuklumas; *acāpalam* – ryžtingumas; *tejaḥ* – energingumas; *kṣamā* – atlaidumas; *dhṛtiḥ* – tvirtybė; *śaucam* – švara; *adrohaḥ* – pagiežos neturėjimas; *na* – ne; *ati-mānitā* – šlovės siekimas; *bhavanti* – yra; *sampadam* – savybės; *daivīm* – transcendentinės prigimties; *abhijātasya* – gimusio; *bhārata* – o Bharatos sūnau.

Aukščiausiasis Dievo Asmuo tarė: Bebaimiškumas, būties apvalymas, dvasinio žinojimo gilinimas, labdaringumas, savitvarda, aukų atnašavimas, Vedų studijavimas, asketiškumas, paprastumas, prievartos atsisakymas, teisingumas, pykčio neturėjimas, atsižadėjimas, ramumas, nenoras ieškoti ydų, užuojauta visoms gyvosioms esybėms, godumo nebuvimas, geraširdiškumas, kuklumas, ryžtingumas, energingumas, atlaidumas, tvirtybė, švara, pagiežos bei šlovės siekimo neturėjimas – šios transcendentinės savybės, o Bharatos sūnau, būdingos dievotam, dieviška prigimtimi apdovanotam žmogui.

Penkiolikto skyriaus pradžioje buvo apibūdintas banjano medis, simbolizuojantis materialųjį pasaulį. Šalutinės jo šaknys lygintos su gyvųjų esybių veikla, palankia ir nepalankia. Devintame skyriuje buvo kalbėta apie dievotas asmenybes (*devas*) bei apie bedievius, arba demonus (*asurus*). Pasak Vedų, dorybės *guṇos* veikla padeda gyvajai esybei žengti į priekį išsivadavimo keliu. Tokia veikla vadinasi *daivī prakṛti* – transcendentinės prigimties. Transcendentinės prigimties žmonės žengia pirmyn išsivadavimo keliu. Kita vertus, tie, kurie veikia valdomi aistros ir neišmanymo *gunų*, neturi jokios galimybės išsivaduoti. Jie arba liks materialiame pasaulyje žmonėmis, arba eis į gyvūnų rūšis, ar dar žemesnes gyvybės formas. Šiame šešioliktame skyriuje Viešpats apibūdina transcendentinę ir demonišką prigimtį, nusako jų būdingas savybes, nurodo šių savybių pranašumus ir trūkumus.

Labai svarbus posmo žodis *abhijātasya*. Jis nurodo tą, kuris gimė turėdamas transcendentinių savybių ar dieviškų polinkių. Norintiems pradėti vaiką dievotoje aplinkoje Vedų raštai nurodo atlikti *garbhādhāna-saṁskāros* apeigas. Tėvai, norėdami susilaukti dieviškomis savybėmis apdovanoto vaiko, privalo laikytis dešimties žmonių visuomenės gyvenimo principų. Iš „Bhagavad-gītos" mes jau sužinojome, kad lytinis gyvenimas, skirtas doriems vaikams pradėti, yra Patsai Kṛṣṇa. Lytinis gyvenimas pateisinamas, jei jis grindžiamas Kṛṣṇos sąmonės principais. Bent tie, kurie įsisąmonino Kṛṣṇą, neturėtų pradėti vaikų kaip katės ar šunys. Jiems dera vaikus pradėti taip, kad gimę vaikai galėtų išsiugdyti Kṛṣṇos sąmonę. Gimti panirusių į Kṛṣṇos sąmonę tėvų šeimoje – ypatingas privalumas.

Socialinė institucija, vadinama *varṇāśrama-dharma*, kuri dalina visuomenę į keturis socialinio gyvenimo skyrius ir keturis skyrius pagal veiklos pobūdį, ar *kastas* – nesiekia suskirstyti žmonių visuomenę pagal gimimą. Toks suskirstymas turi atspindėti išsilavinimo lygį ir užtikrinti visuomenei taiką bei gerovę. Šiame posme suminėtos savybės pavadintos transcendentinėmis. Jos padeda žmogui žengti į priekį dvasinio pažinimo keliu į išsivadavimą iš materialaus pasaulio.

Varṇāśramos institucijoje *sannyāsis* – žmogus, atsižadėjęs pasaulio, laikomas visų socialinių luomų ir skyrių vadovu arba dvasiniu mokytoju. Brahmanas laikomas likusių trijų luomų – *kṣatriyų, vaiśyų* ir *śūdrų* – dvasiniu mokytoju, bet *sannyāsis* – viršiausias šios institucijos narys – yra taip pat ir brahmanų dvasinis mokytojas. Svarbiausia *sannyāsio* savybė – bebaimiškumas. Kadangi jis turi gyventi visiškai vienas, be jokios paramos ar garantijų ją gauti, jis turi pasikliauti tik Aukščiausiojo Dievo Asmens malone. Tas, kuriam kyla mintis: „Kas man padės, jei nutrauksiu visus ryšius su pasauliu" – geriau tegu neatsižada pasaulio. Nereikia abejoti, kad Kṛṣṇa, Aukščiausiasis Dievo Asmuo, visada yra mūsų širdyje lokalizuotos Parāmātmos pavidalu, kad Jis viską mato ir žino, kas ir ką rengiasi daryti. Todėl reikia tvirtai tikėti, kad Kṛṣṇa, būdamas Parāmātma, pasirūpins Jam atsidavusia siela, ir galvoti: „Aš niekada nebūsiu vienišas. Net gūdžiausioje miško tankmėje su manimi bus Kṛṣṇa ir Jis visada saugos mane." Toks tikėjimas vadinasi *abhayam,* bebaimiškumas. Ši dvasios būsena būtina žmogui, atsižadėjusiam pasaulio.

Sannyāsiui taip pat reikia apvalyti savo būtį. Žmogus, atsižadėjęs pasaulio, turi laikytis daugybės taisyklių. Svarbiausia jų – griežtas draudimas artimai bendrauti su moterimi. Nuošalioje vietoje su moterimi *sannyāsiui* net kalbėti draudžiama. Idealus *sannyāsis* buvo Viešpats Caitanya. Kai Jis gyveno Puryje, bhaktės moterys negalėjo prie Jo net prisiartinti, kad išreikštų savo pagarbą. Jos turėjo lenktis iš tolo. Toks elgesys nėra moterų niekinimas – tai tik griežtas priesakas, įpareigojantis *sannyāsį* neturėti artimų ryšių su moterimis. Norint apvalyti savo būtį, reikia laikytis taisyklių, atitinkančių tam tikrą gyvenimo statusą. Antai *sannyāsiui* griežtai draudžiama artimai bendrauti su moterimis ir kaupti turtą juslėms patenkinti. Idealus *sannyāsis* buvo Pats Viešpats Caitanya. Jo gyvenimas rodo, kad Jis griežtai laikėsi įsipareigojimų dėl bendravimo su moterimis. Nors Jis laikomas kilniaširdiškiausia Dievo inkarnacija, kuri neatstumia net žemiausiai puolusių sąlygotų sielų, *sannyāsio* įžadų dėl bendravimo su moterimis Jis laikėsi griežtai. Viešpaties Caitanyos asmens palydovas Choṭa Haridāsa buvo vienas artimiausių Jo pasekėjų, tačiau kai jis kartą aistringai pažvelgė į jauną moterį, Viešpats Caitanya tuoj pat parodė Savo griežtumą ir nedelsdamas pašalino jį iš Savo asmens palydovų tarpo. Viešpats Caitanya pasakė: „*Sannyāsiui,* ar bet kuriam kitam, kuris bando ištrūkti iš materialios gamtos gniaužtų ir stengiasi pasikelti į dvasinę būtį, t.y. grįžti namo, atgal pas Dievą, dairymasis į materialias vertybes ar moteris geidžiant juslinių malonumų – jau vien žvilgtelėjimas jų pusėn turint tokių užmačių yra toks smerktinas, jog geriau nusižudyti, negu leisti įsiliepsnoti savyje nedoram troškimui." Toksai apsivalymo kelias.

Kita pozicija – *jñāna-yoga-vyavasthiti*, žinojimo gilinimas. *Sannyāsio* gyvenimas skirtas skleisti žinojimą šeimos žmonėms ir visiems tiems, kurie užmiršo savo tikrąjį gyvenimą – dvasinį tobulėjimą. *Sannyāsis* turėtų gyventi iš išmaldos, belsdamas į kiekvienas duris, tačiau tai nereiškia, kad jis – elgeta. Nuolankumas – taip pat viena transcendentinį lygmenį pasiekusio asmens savybių. Nuolankumas, ir tik nuolankumas, verčia *sannyāsį* belsti į kiekvienas duris ne tiek dėl išmaldos, kiek dėl to, kad susitiktų su šeimos žmonėmis ir pabudintų jų Kṛṣṇos sąmonę. Tokia *sannyāsio* pareiga. Jei *sannyāsis* išties yra padaręs pažangą ir gavęs dvasinio mokytojo paliepimą, vadovaudamasis logika ir išmanymu, jis turi skleisti Kṛṣṇos sąmonės mokslą. O jeigu jis nėra taip pažengęs, duoti *sannyāsio* įžadų neturėtų. *Sannyāsio* įžadus davęs, bet dar stokojantis reikiamų žinių žmogus privalo atsidėjęs klausytis, ką sako *bona fide* dvasinis mokytojas, ir gilinti žinojimą. *Sannyāsis*, pasaulio atsižadėjęs žmogus, turi būti bebaimis, pasižymėti tyrumu (*sattva-saṁśuddhi*) ir išmanymu (*jñāna-yoga*).

Kita savybė – labdaringumas. Labdaringa veikla skirta šeimos žmonėms. Jie privalo dorai užsidirbti pragyvenimui ir pusę pajamų skirti Kṛṣṇos sąmonės propagavimui visame pasaulyje. Kitaip sakant, šeimos žmogus turi šelpti šioje srityje besidarbuojančias organizacijas. Labdarą reikia teikti tiems, kurie jos verti. Toliau bus aiškinama, kad labdara yra kelių rūšių: labdara iš dorybės, labdara iš aistros, ir labdara iš neišmanymo. Šventraščiai rekomenduoja dorybės *guṇos* labdarą, aistros ir neišmanymo *guṇų* labdara nerekomenduotina, kadangi tai tėra tuščias lėšų švaistymas. Labdara teiktina tiktai Kṛṣṇos sąmonės propagavimui visame pasaulyje. Tokia labdara priklauso dorybės *guṇai*.

O *dama* (savitvarda) būtina visiems pagal religijos principus gyvenančios visuomenės sluoksniams, tačiau ji ypač svarbi šeimos žmonėms. Nors šeimos žmogus ir turi žmoną, tačiau lytinį gyvenimą jis turėtų riboti. Lytinio gyvenimo, kurio paskirtis – pradėti vaikus, apribojimai būtini ir šeimos žmogui. Kas nenori turėti vaikų, kartu su žmona privalo susilaikyti nuo lytinių santykių. Šiuolaikinė visuomenė be saiko mėgaujasi lytiniu gyvenimu, saugodamasi nuo pastojimo kontraceptinėmis priemonėmis ar dar bjauresniais būdais, tuo norėdama išvengti atsakomybės už vaikų auklėjimą. Ši savybė ne transcendentinė, o grynai demoniška. Norint dvasiškai tobulėti, netgi jeigu esi šeimos žmogus, reikėtų riboti lytinį gyvenimą ir nepradėti vaikų, jei tuo nebus pasitarnauta Kṛṣṇai. Jei sugebėsi pradėti vaiką kuris įsisąmonins Kṛṣṇą, gali turėti kad ir šimtus vaikų, bet jei to padaryti nepajėgi, tai lytiškai santykiauti, teieškant juslinių malonumų, nevalia.

Aukojimas – dar vienas principas, kurio privalo laikytis šeimos žmogus, nes aukoms reikia daug lėšų. Kitų socialinių sluoksnių atstovai, t.y. *brahmacāriai, vānaprasthos* ir *sannyāsiai,* pinigų neturi. Jie gyvena išmalda. Taigi aukų atnašavimas – šeimos žmogaus priedermė. Šeimos žmogus privalo atnašauti *agni-hotros* aukas – tai daryti įpareigoja Vedų raštai, tačiau dabar jos atsieina labai brangiai ir vargu ar šeimos žmogui įgyvendinamos. Pati geriausia auka, rekomenduojama šiam amžiui, yra *saṅkīrtana-yajña* – kartoti Hare Kṛṣṇa, Hare Kṛṣṇa, Kṛṣṇa Kṛṣṇa, Hare Hare/ Hare Rāma, Hare Rāma, Rāma Rāma, Hare Hare. Tai geriausia ir pigiausia auka. Bet kuris gali ją atlikti ir gauti didelę naudą. Taigi tie trys dalykai: labdaringa veikla, juslių suvaldymas ir aukų atnašavimas – skirti šeimos žmonėms.

Studijuoti Vedas, *svadhyāya* – tai brahmacārių, t.y. mokinių, uždavinys. *Brahmacāriams* draudžiami bet kokie ryšiai su moterimis. Jie turi laikytis celibato ir mintis nukreipti tik į Vedų raštų studijas, gilinti dvasinį žinojimą. Tai vadinasi *svādhyāya.*

Tapas, asketiškumas, ypač rekomenduojamas tiems, kurie pasitraukė iš šeimos. Neturėtume visą gyvenimą būti šeimos žmonės, reikia nepamiršti, jog yra keturi socialiniai sluoksniai: *brahma*

carya, gṛhastha, vānaprastha ir *sannyāsa*. Pasibaigus *gṛhasthos* –
gyvenimo šeimoje etapui, reikėtų nutraukti šeiminius ryšius.
Jei gyvename šimtą metų, tai dvidešimt penkis metus reikia
paskirti mokymuisi, dvidešimt penkis – gyvenimui šeimoje, dvide-
šimt penkis metus gyventi, atsisakius šeiminių ryšių, ir dvidešimt
penkis – gyventi, atsižadėjus pasaulio. Tokias regulas numato Vedų
religinė disciplina. Šeimos gyvenimo atsisakęs žmogus turi tram-
dyti kūną, protą ir liežuvį. Tai yra *tapasya*. Visa *varṇāśrama-
dharmos* institucija skirta atlikti *tapasyą*. Nė vienas žmogus neiš-
sivaduos, neatlikdamas askezės, ar *tapasyos*. Teorija, teigianti,
kad savitramda nebūtina, kad pakanka vien filosofuoti ir viskas
bus puiku, nerekomenduojama nei Vedų raštų, nei „Bhagavad-
gītos". Šias teorijas kuria apsimetėliai pamokslautojai, norintys
pavilioti kuo daugiau pasekėjų. Apribojimai ir taisyklės atbaido
žmones. Todėl tie, kurie dangstydamiesi religija mėgina prisivilioti
pasekėjų, sužavėti aplinkinius, nekelia griežtų reikalavimų nei
mokiniams, nei sau. Tačiau Vedos nepritaria tokiems metodams.

O paprastumo principo, kuris laikomas brahmaniška savybe,
turi laikytis ne vienas kuris socialinis sluoksnis, bet visi *āśra-
mai*: *brahmacāriai, gṛhasthos, vānaprasthos, sannyāsiai*. Reikia būti
paprastam ir tiesiam.

Ahiṁsā reiškia, kad nevalia sukliudyti nė vienos gyvosios
esybės evoliucijai. Nors dvasinė kibirkštis neužgęsta net sunaiki-
nus kūną, nemanykime, kad nėra nieko bloga užmušti gyvulį jusli-
nių malonumų tikslu. Mūsų laikais žmonės priprato valgyti gyvulių
mėsą, nors turi pakankamai grūdų, vaisių ir pieno. Taigi žudyti
gyvulius nėra jokios būtinybės. Šis nurodymas skirtas visiems. Tik
tada, kai nelieka kitos išeities, žmogus turi teisę užmušti gyvulį,
tačiau pirmiausiai gyvulys paaukojamas. Ten, kur žmonija turi
pakankamai maisto, siekiantieji padaryti pažangą dvasinio paži-
nimo srityje neturėtų naudoti smurto gyvulių atžvilgiu. Tikroji
ahiṁsā reiškia „nesutrukdyti nė vienai gyvajai būtybei gyvenimo
evoliucijos". Gyvūnai taip pat evoliucionuoja, sielai pereinant iš
vienos gyvybės rūšies į kitą. Užmušus gyvūną, jo evoliucija sustab-

doma. Prieš laiką nužudytas gyvūnas – gyvoji būtybė, turėjusi tam tikrą skaičių dienų ar metų ištūnoti tame kūne, vėl turės sugrįžti į tą pačią gyvybės formą, kad nugyvenusi visas skirtas jai dienas pereitų į kitą gyvybės rūšį. Todėl nevalia stabdyti šios evoliucijos, siekiant patenkinti savo liežuvį. Tai vadinasi *ahimsā*.

Satyam reiškia, kad negalima iškreipti tiesos dėl asmeninių interesų. Vedų raštuose yra sudėtingų vietų, ir jų prasmę reikia sužinoti iš *bona fide* dvasinio mokytojo. Taip suprantamos Vedos. *Śruti* reiškia „klausytis, ką sako autoritetas". Nevalia dėl asmeninių interesų kurti savas interpretacijas. Sukurta labai daug „Bhagavad-gītos" komentarų, kurie klaidingai aiškina jos autentiškus tekstus. Būtina perteikti tikrąją jos žodžių prasmę, o tą prasmę reikia sužinoti iš *bona fide* dvasinio mokytojo.

Akrodha – tai pykčio sutramdymas. Mes turime išlikti pakantūs net tada, kai kažkas mus provokuoja, nes kai mus užvaldo pyktis, jis tuoj pat užteršia visą kūną. Pyktį gimdo aistros *guṇa* ar geismas, todėl transcendentinę būklę pasiekęs žmogus privalo sutramdyti savyje pyktį. *Apaiśunam* reiškia, kad nedera ieškoti kituose žmonėse ydų ar be jokio reikalo taisyti žmones. Be abejo, jei vagį pavadinsime vagimi, tai nebus trūkumų ieškojimas, tačiau apšaukti vagimi dorą žmogų – didelis nusižengimas tam, kuris siekia dvasinio tobulumo. *Hrī* reiškia, kad žmogus turi būti labai kuklus ir bjauriai nesielgti. *Acāpalam* – ryžtas. Tai reiškia, kad siekiant tikslo, negalima prarasti savitvardos ar pulti į neviltį. Jei pastangos nuėjo perniek – nesigailėk, priešingai, kantriai ir ryžtingai siek tikslo.

Žodis *tejas* šiuose posmuose skirtas *kṣatriyams. Kṣatriyas* visada turi būti stiprus, kad pajėgtų apginti silpnuosius. Jis neturi dėtis nenaudoja̧s prievartos. Jei prievarta reikalinga, jis privalo ją panaudoti. Tačiau žmogus, pajėgiantis įveikti priešą, kartais atsižvelgdamas į aplinkybes gali parodyti kilniaširdiškumą ir atleisti nereikšmingus įžeidimus.

Śaucam – tai švara. Švarūs turėtų būti ne tik protas ir kūnas, bet ir poelgiai. Ypač ši savybė būtina verslo žmonėms, kurie neturėtų įsivelti į machinacijas juodojoje rinkoje. *Nāti-mānita* – nereikalavimas garbės, taikytinas *śūdroms,* darbininkų klasei, kuri anot Vedų priesakų yra žemiausia iš visų keturių klasių. Jiems nepridera pūstis ar siekti šlovės, jų pareiga – būti savo vietoje, gerbti aukštesniąsias klases vardan tvarkos visuomenėje.

Visos išvardintos dvidešimt šešios savybės yra transcendentinės. Žmogus privalo puoselėti šias savybes, atsižvelgiant į savo visuomeninę padėtį ir veiklos pobūdį. Jų ugdymas net ir sunkiomis materialios būties sąlygomis padės visų klasių žmonėms pasiekti aukščiausią transcendentinio pažinimo lygmenį. Štai tokia jų puoselėjimo prasmė.

दम्भो दर्पोऽभिमानश्च क्रोधः पारुष्यमेव च । 16.4
अज्ञानं चाभिजातस्य पार्थ सम्पदमासुरीम् ॥ ४ ॥

dambho darpo 'bhimānaś ca · krodhaḥ pāruṣyam eva ca
ajñānaṁ cābhijātasya · pārtha sampadam āsurīm

dambhaḥ – išdidumas; *darpaḥ* – pasipūtimas; *abhimānaḥ* – tuštybė; *ca* – ir; *krodhaḥ* – pyktis; *pāruṣyam* – šiurkštumas; *eva* – tikrai; *ca* – ir; *ajñānam* – neišmanymas; *ca* – ir; *abhijātasya* – gimusio; *pārtha* – o Pṛthos sūnau; *sampadam* – savybės; *āsurīm* – demoniškos prigimties.

Išdidumas, pasipūtimas, tuštybė, pyktis, šiurkštumas ir neišmanymas – tai savybės, kurios būdingos demoniškos prigimties žmonėms, o Pṛthos sūnau.

Posmas aprašo tiesų kelią į pragarą. Demonai nori pasirodyti religingi ir pažengę dvasinio mokslo srityje, tačiau jokių principų nesilaiko. Jie visada pasipūtę ir puikuojasi savo išsimokslinimu bei turtais. Jie trokšta būti garbinami aplinkinių ir reikalauja sau pagarbos, kurios visai neverti. Jie niršta dėl menkniekių ir kalba šiurkščiai, nemandagiai. Demonai nežino kas dera daryti ir kas nedera. Jie paiso tik savo norų ir pataikauja savo užgaidoms, nepripažindami jokių autoritetų. Demoniškas savybes jie įgyja vos pradėjus vystytis jų kūnui, dar motinos įsčiose, ir jiems augant, visos šios nepalankios savybės išryškėja.

दैवी सम्पद्विमोक्षाय निबन्धायासुरी मता ।
मा शुचः सम्पदं दैवीमभिजातोऽसि पाण्डव ॥ ५ ॥ 16.5

daivī sampad vimokṣāya · nibandhāyāsurī matā
mā śucaḥ sampadaṁ daivīm · abhijāto 'si pāṇḍava

daivī – transcendentinės; *sampat* – savybės; *vimokṣāya* – skirtos išsivadavimui; *nibandhāya* – vergijai; *āsurī* – demoniškos savybės; *matā* – yra manoma; *mā* – ne; *śucaḥ* – jaudinkis; *sampadam* – su savybėmis; *daivīm* – transcendentinėm; *abhijātaḥ* – gimęs; *asi* – tu esi; *pāṇḍava* – o Pāṇḍu sūnau.

Transcendentinės savybės veda į išsivadavimą, o demoniškosios pavergia. Tačiau nesijaudink, o Pāṇḍu sūnau, nes tu gimei su dieviškomis savybėmis.

Viešpats Kṛṣṇa padrąsina Arjuną, pranešdamas, kad jis gimė neturėdamas demoniškų savybių. Arjunos dalyvavimas mūšyje nebuvo demoniškas poelgis, nes jis pasvėrė visus „už" ir „prieš". Jis svarstė, ar turįs teisę žudyti tokius pagarbos vertus žmones, kaip Bhīṣma ir Droṇa, todėl jis veikė ne pykčio, netikro prestižo ar grubumo paskatintas. Jis nepasižymėjo demoniškomis savybėmis. Laidydamas į priešą strėles, *kṣatriyas* (karžygys) atlieka transcendentinį veiksmą, o vengdamas savo pareigos, jis elgtųsi demoniškai. Todėl Arjunai nebuvo dėl ko sielotis. Kas laikosi savo socialiniam sluoksniui nurodytų reguliuojamųjų principų, tas yra transcendentinėje padėtyje.

द्वौ भूतसर्गौ लोकेऽस्मिन्दैव आसुर एव च ।
दैवो विस्तरशः प्रोक्त आसुरं पार्थ मे शृणु ॥ ६ ॥ 16.6

dvau bhūta-sargau loke 'smin · daiva āsura eva ca
daivo vistaraśaḥ prokta · āsuraṁ pārtha me śṛṇu

dvau – dvi; *bhūta-sargau* – sukurtosios gyvosios būtybės; *loke* – pasaulyje; *asmin* – šiame; *daivaḥ* – dieviškos; *āsuraḥ* – demoniškos; *eva* – tikrai; *ca* – ir; *daivaḥ* – dieviškos; *vistaraśaḥ* – plačiai; *proktaḥ* – apsakytos; *āsuram* – apie demoniškas; *pārtha* – o Pṛthos sūnau; *me* – iš Manęs; *śṛṇu* – išgirsk.

O Pṛthos sūnau, šiame pasaulyje egzistuoja dviejų rūšių sukurtosios būtybės – vienos jų dieviškos, o kitos demoniškos. Dieviškas savybes Aš tau plačiai nušviečiau. Dabar paklausyk, ką Aš papasakosiu apie demoniškąsias.

Užtikrinęs Arjuną, kad jis gimė su dieviškomis savybėmis, Viešpats Kṛṣṇa prabyla apie demonišką būdą. Šio pasaulio sąlygotos gyvosios esybės skiriamos į dvi kategorijas. Gyvosios esybės, gimusios su dieviškomis savybėmis, gyvena reglamentuotą gyvenimą, laikosi šventraščių ir autoritetų priesakų. Pareigas reikia atlikti vadovaujantis autoritetingais šventraščiais. Tokia mąstysena vadinama dieviška. O nesilaikantieji šventraščiuose pateiktų reguliuojamųjų principų ir pataikaujantys savo užgaidoms vadinami demonais, arba *asurais*. Vienintelis žmogaus prigimtį nusakantis kriterijus – ar jis laikosi reguliuojamų principų, nurodytų šventraščiuose. Vedų raštai sako, kad ir demonai, ir pusdieviai gimė iš Prajāpačio; jie tesiskiria tik tuo, kad vieni laikosi Vedų priesakų, o kiti – ne.

प्रवृत्तिं च निवृत्तिं च जना न विदुरासुराः ।
न शौचं नापि चाचारो न सत्यं तेषु विद्यते ॥ ७ ॥

16.7

pravṛttim ca nivṛttim ca · janā na vidur āsurāḥ
na śaucaṁ nāpi cācāro · na satyaṁ teṣu vidyate

pravṛttim – kaip elgtis tinkamai; *ca* – taip pat; *nivṛttim* – kaip nesielgti netinkamai; *ca* – ir; *janāḥ* – žmonės; *na* – niekada; *viduḥ* – žino; *āsurāḥ* – demoniški; *na* – niekada; *śaucam* – švara; *na* – nei;

api – taip pat; *ca* – ir; *ācāraḥ* – elgesys; *na* – niekada; *satyam* – tiesa; *teṣu* – juose; *vidyate* – yra.

Demonai nežino, kas dera daryti ir kas nedera. Jiems nebūdingi nei švara, nei tinkamas elgesys, nei teisingumas.

Kiekviena civilizuota žmonių visuomenė turi tam tikrus šventraščių taisyklių sąvadus, kuriais buvo vadovaujamasi nuo amžių. Ypač tai būdinga arijams – žmonėms, kurie laikosi Vedų priesakų ir garsėja kaip pažangiausios civilizacijos atstovai. Tuos, kurie nesilaiko šventraščių nurodymų, arijai laiko demonais. Todėl šis posmas sako, kad demonai nežino šventraščių taisyklių ir neturi nė mažiausio noro jų laikytis. Dauguma demonų nežino *śastrų* taisyklių, o jei kuris ir žino, tai jų nepaiso. Tokie žmonės neturi tikėjimo ir nenori elgtis taip, kaip nurodo Vedos. Demonai nepasižymi nei išorės, nei vidaus švara. Kūno švara reikia nuolatos rūpintis: maudytis, valyti dantis, skustis, keisti drabužius etc. O kalbant apie vidaus švarą, tai visados reikia atsiminti šventuosius Dievo vardus ir kartoti: Hare Kṛṣṇa, Hare Kṛṣṇa, Kṛṣṇa Kṛṣṇa, Hare Hare/ Hare Rāma, Hare Rāma, Rāma Rāma, Hare Hare. Demonai nemėgsta visų šių išorės bei vidaus švaros taisyklių ir jų nesilaiko.

O kas dėl elgesio, tai yra daug jį reguliuojančių taisyklių. Jos pateikiamos, pavyzdžiui, „Manu-saṁhitoje" – žmonijos įstatymų kodekse. „Manu-saṁhitos" indai laikosi iki šiol. Iš šios knygos paimtas paveldėjimo įstatymas ir kitos teisinės normos. „Manu-saṁhitoje" aiškiai pasakyta, kad moteriai negalima duoti laisvės. Tai nereiškia, kad su ja reikia elgtis kaip su verge – tiesiog moteris yra lyg vaikas. Vaikams nesuteikiama visa laisvė, tačiau tai nereiškia, kad jie vergai. Šiais laikais demonai šių paliepimų nepaiso. Jie mano, kad moterys turi būti tokios pat laisvos, kaip ir vyrai. Tačiau toks požiūris nė kiek nepagerino pasaulio socialinės padėties. Iš tikrųjų, moterį reikia globoti visuose gyvenimo etapuose. Vaikystėje ja turi rūpintis tėvas, jaunystėje – vyras, o senatvėje – suaugę sūnūs. Tokios, pasak „Manu-saṁhitos", teisingos visuomeninio elgesio normos. Tačiau šiuolaikinis švietimas dirbtinai sukūrė naują „išdidžios" moters įvaizdį, todėl santuoka žmonių visuomenėje iš esmės teliko fikcija. O ir moterų moralė ne itin aukšta. Taigi demonai nepripažįsta jokių visuomenei naudingų pamokymų. Jie nesiremia didžiųjų išminčių patirtimi bei jų pateiktomis taisyklėmis, todėl demoniškos visuomenės padėtis labai apgailėtina.

असत्यमप्रतिष्ठं ते जगदाहुरनीश्वरम् ।   16.8
अपरस्परसम्भूतं किमन्यत्कामहैतुकम् ॥ ८ ॥

asatyam apratiṣṭhaṁ te · jagad āhur anīśvaram
aparaspara-sambhūtaṁ · kim anyat kāma-haitukam

asatyam – nerealus; *apratiṣṭham* – be pagrindo; *te* – jie; *jagat* – kosminis pasaulis; *āhuḥ* – sako; *anīśvaram* – be valdovo; *aparaspara* – be priežasties; *sambhūtam* – atsiradęs; *kim anyat* – nėra kitos priežasties; *kāma-haitukam* – vien tik iš geismo.

Jie sako, kad šis pasaulis – nerealus, kad jis neturi jokio pagrindo ir joks Dievas jo nevaldo. Jie sako, kad pasaulį pagimdė lytinis troškimas ir kad geismas – vienintelė šio pasaulio priežastis.

Demonai mano, kad pasaulis yra fantasmagorija. Nėra jokios priežasties, jokios pasekmės, jokio valdovo, jokio tikslo – viskas nerealu. Jie tvirtina, kad šis kosminis pasaulis apsireiškia atsitiktinai, kaip materijos pradmenų sąveikos rezultatas, ir netiki, kad pasaulį sukūrė Dievas tam tikram tikslui. Demonai turi savo teoriją: pasaulis atsirado pats savaime, ir nėra jokio pagrindo manyti, kad už jo slypi Dievas. Jie nemato skirtumo tarp dvasios ir materijos ir nepripažįsta Aukščiausiosios Dvasios. Viskas tėra materija, o kosmosas – tai tamsybės sankaupa. Anot jų, viskas – tuštuma, ir bet koks daiktas – tai mūsų netobulo patyrimo padarinys. Jie laiko savaime suprantama, jog bet kokia įvairovė yra neišmanymo požymis. Viskas yra tarsi sapnas. Miegodami susapnuojame visokiausių neegzistuojančių dalykų, o kai nubundame, matome, kad visa tai tik sapnas. Nors demonai sako, kad gyvenimas – sapnas, tačiau, kaip tyčia, iš to sapno moka puikiausiai išgauti kuo daugiau malonumų. Todėl užuot bandę įgyti žinių, jie tampa vis didesniais savo sapnų karalystės vergais. Jie daro tokią išvadą: kaip vaikas yra vyro ir moters lytinių santykių pasekmė, taip ir pasaulis atsirado nedalyvaujant jokiai dvasiai. Pasaulis jiems – tik materijos pradmenų junginys, davęs pradžią gyvosioms esybėms, todėl apie jokį sielos buvimą negali būti ir kalbos. Kaip daugelis gyvųjų būtybių be jokios priežasties atsiranda su prakaitu ar iš lavono, taip ir jungiantis materialiems kosminio pasaulio pradams atsirado visas gyvasis pasaulis. Todėl materiali gamta yra vienintelė šio pasaulio priežastis ir esą jokios kitos priežasties nėra. Demonai netiki Kṛṣṇos žodžiais, pasakytais „Bhagavad-gītoje": *mayādhyakṣeṇa prakṛtiḥ sūyate sa-carācaram.* „Visas materialus pasaulis juda Mano nurodymu." Kitaip sakant, tobulų žinių apie pasaulio sukūrimą demonai neturi. Kiekvienas jų vadovaujasi savo teorija. Pasak demonų, visos šventraščių interpretacijos vienodai geros, mat jie netiki, kad yra vieninga ir autoritetinga šventraščių samprata.

एतां दृष्टिमवष्टभ्य नष्टात्मानोऽल्पबुद्धयः ।   **16.9**
प्रभवन्त्युग्रकर्माणः क्षयाय जगतोऽहिताः ॥ ९ ॥

etāṁ dṛṣṭim avaṣṭabhya · naṣṭātmāno 'lpa-buddhayaḥ
prabhavanty ugra-karmāṇaḥ · kṣayāya jagato 'hitāḥ

etām – šį; *dṛṣṭim* – požiūrį; *avaṣṭabhya* – pripažindami; *naṣṭa* – praradę; *ātmānaḥ* – save; *alpa-buddhayaḥ* – menkos nuovokos; *prabhavanti* – klesti; *ugra-karmāṇaḥ* – atlikdami skausmą sukeliančią veiklą; *kṣayāya* – sunaikinimui; *jagataḥ* – pasaulio; *ahitāḥ* – neteikiančią naudos.

Vadovaudamiesi tokiomis išvadomis, praradę save ir neturintys nuovokos, demonai atlieka piktybinius, siaubingus darbus, kurių tikslas – sunaikinti pasaulį.

Demonai atlieka veiklą, kuri pražudys pasaulį. Šiame posme Viešpats pareiškia, kad jie yra menkos nuovokos. Materialistai, nieko nenutuokiantys apie Dievą, mano, kad jie tobulėja. Tačiau anot „Bhagavad-gītos", jie yra sveiką protą praradę kvailiai. Demonai pasišovę iki pamišimo mėgautis materialaus pasaulio malonumais ir vis stengiasi išgalvoti ką nors nauja juslėms patenkinti. Tokios materialistinės naujovės laikomos žmonių civilizacijos pažangos rodikliu, tačiau jos padaro žmogų vis agresyvesnį bei žiauresnį. Žmonės tampa žiauresni gyvūnams, žiauresni žmonėms, jie neišmano, kaip elgtis tarpusavyje. Demoniškų žmonių tarpe ypač paplitęs gyvulių žudymas. Tokius žmones reikia laikyti pasaulio priešais, nes jie neišvengiamai išras ką nors tokio, kas sunaikins viską. Šiame posme netiesiogiai pranašaujamas branduolinių ginklų, kuriais šiandien labai didžiuojasi pasaulis, išradimas. Bet kurią akimirką gali kilti karas, ir šie branduoliniai ginklai sunaikins viską. Tokie dalykai išrandami vienu tikslu – sunaikinti pasaulį. Posmas apie tai ir kalba. Tokių ginklų sukūrimas žmonių visuomenėje – bedievystės išdava, jie nėra skirti pasaulio taikai ir gerovei.

काममाश्रित्य दुष्पूरं दम्भमानमदान्विताः ।
मोहाद् गृहीत्वासद्ग्राहान् प्रवर्तन्तेऽशुचिव्रताः ॥१०॥

kāmam āśritya duṣpūraṁ · dambha-māna-madānvitāḥ
mohād gṛhītvāsad-grāhān · pravartante 'śuci-vratāḥ

kāmam – geisme; *āśritya* – rasdami prieglobstį; *duṣpūram* – nepasotinamame; *dambha* – išdidumo; *māna* – netikro prestižo; *mada-anvitāḥ* – ir tuštybės apimti; *mohāt* – dėl iliuzijos; *gṛhītvā* – imdami; *asat* – laikinus; *grāhān* – dalykus; *pravartante* – jie klesti; *aśuci* – nešvarai; *vratāḥ* – davę įžadus.

Atradusius paguodą nepasotinamame geisme, apimtus tuštybės bei netikro prestižo, demoniškus žmones užvaldė iliuzija,

todėl jie visuomet susigundo nešvariais darbais, susižavi tuo, kas laikina.

Posmas kalba apie demonų mąstyseną. Demonų aistra nepasotinama. Nepasotinamas jų troškimas patirti materialius malonumus nuolatos didėja. Nors besivaikant laikinų dalykų juos visad persekioja rūpesčiai, iliuzijos užvaldyti jie vėl daro savo. Jie neturi žinių ir nepajėgia suprasti, kad eina klaidingu keliu. Vaikydamiesi to, kas laikina, demoniški žmonės susikuria savo Dievą, savo himnus ir savaip juos gieda. Tas vaikymasis pasibaigia tuo, kad juos vis labiau ima traukti du dalykai: lytiniai džiaugsmai ir materialių turtų kaupimas. Šiuo atveju labai reikšmingi posmo žodžiai *aśuci-vratāḥ* – „nešvarūs įžadai". Demonus traukia tik vynas, moterys, azartiniai lošimai ir mėsa – tokie jų nešvarūs įpročiai, *aśuci*. Skatinami išdidumo ir netikro prestižo, jie sukuria savus religijos principus, kurie prasilenkia su Vedų priesakais. Nors demonai yra patys žemiausi žmonės visame pasaulyje, pasaulis dirbtinai sukuria jiems visai nepelnytą šlovę. Demonai tiesiausiu keliu eina į pragarą, tačiau jie įsitikinę, jog yra labai pažangūs.

चिन्तामपरिमेयां च प्रलयान्तामुपाश्रिताः ।   16.11–12
कामोपभोगपरमा एतावदिति निश्चिताः ॥११॥

आशापाशशतैर्बद्धाः कामक्रोधपरायणाः ।
ईहन्ते कामभोगार्थमन्यायेनार्थसञ्चयान् ॥१२॥

cintām aparimeyāṁ ca · pralayāntām upāśritāḥ
kāmopabhoga-paramā · etāvad iti niścitāḥ

āśā-pāśa-śatair baddhāḥ · kāma-krodha-parāyaṇāḥ
īhante kāma-bhogārtham · anyāyenārtha-sañcayān

cintām – baimės ir rūpesčių; *aparimeyām* – begalinių; *ca* – ir; *pralaya-antām* – iki pat mirties; *upāśritāḥ* – radę prieglobstį; *kāma-upabhoga* – jusliniai malonumai; *paramāḥ* – aukščiausias gyvenimo tikslas; *etavat* – tiek; *iti* – tuo, *niścitāḥ* – įsitikinę; *āśā-pāśa* –

vilties virvių; *śataiḥ* – šimtų; *baddhāḥ* – supančioti; *kāma* – geismo; *krodha* – ir pykčio; *parāyaṇāḥ* – kurių mintys visada užvaldytos; *īhante* – jie siekia; *kāma* – geismo; *bhoga* – juslinių malonumų; *artham* – vardan; *anyāyena* – neteisėto; *artha* – turtų; *sañcayān* – kaupimo.

Jie įsitikinę, kad tenkinti jusles – pirmiausias žmonių civiliza-cijos poreikis, todėl iki pat gyvenimo pabaigos juos persekioja begaliniai rūpesčiai. Šimtų tūkstančių troškimų supančioti, apimti geismo bei pykčio, jie neleistinais būdais kaupia pinigus jusliniams malonumams.

Demonai mano, kad juslių tenkinimas yra aukščiausias gyvenimo tikslas, ir šį įsitikinimą jie išsaugo iki pat mirties. Demonai netiki nei pomirtiniu gyvenimu, nei tuo, kad žmogus pagal *karmą,* t.y. veiklą šiame pasaulyje, įgauna įvairius kūnus. Jie nenuilsdami kuria vis naujus gyvenimo planus, kurių niekada taip ir neįgyvendina. Mes asmeniškai pažinojome demoniškos mąstysenos žmogų, kuris net mirties patale meldė gydytoją jo gyvenimą pratęsti dar ket-veriems metams, kad baigtų įgyvendinti tai, ką buvo sumanęs. Kvailiai nesupranta, kad gydytojas negali net akimirksniui pratęsti gyvenimo. Kai ateina laikas, žmogaus norų nepaisoma. Gamtos dėsniai neleidžia gyventi nė sekundės ilgiau, negu skirta.

Demoniškas žmogus, netikintis nei Dievą, nei širdyje glūdinčią Supersielą, atlieka įvairiausius nuodėmingus darbus vien dėl jus-linių malonumų. Jis nežino, kad jo širdyje yra liudininkas. Indivi-dualios sielos veiklą stebi Supersiela. *Upaniṣadose* teigiama, kad viename medyje tupi du paukščiai: vienas jų veikia – ragauja tai sal-džius, tai karčius šio medžio vaisius, o kitas stebi. Tačiau demoniš-kos prigimties žmogus yra nesusipažinęs su Vedų raštais ir neturi jokio tikėjimo, todėl mano, jog juslėms patenkinti galįs daryti ką tik užsigeidžia, nepaisydamas jokių pasekmių.

इदमद्य मया लब्धमिमं प्राप्स्ये मनोरथम् ।
इदमस्तीदमपि मे भविष्यति पुनर्धनम् ॥१३॥

16.13–15

असौ मया हतः शत्रुर्हनिष्ये चापरानपि ।
ईश्वरोऽहमहं भोगी सिद्धोऽहं बलवान् सुखी ॥१४॥

आढ्यऽअघोऽभिजनवानस्मि कोऽन्योऽस्ति सदृशो मया ।
यक्ष्ये दास्यामि मोदिष्य इत्यज्ञानविमोहिताः ॥१५॥

idam adya mayā labdham · imaṁ prāpsye manoratham
idam astīdam api me · bhaviṣyati punar dhanam

asau mayā hataḥ śatrur · haniṣye cāparān api
īśvaro 'ham ahaṁ bhogī · siddho 'haṁ balavān sukhī

āḍhyo 'bhijanavān asmi · ko 'nyo 'sti sadṛśo mayā
yakṣye dāsyāmi modiṣya · ity ajñāna-vimohitāḥ

idam – šis; *adya* – šiandien; *mayā* – mano; *labdham* – gautas;
imam – šitą; *prāpsye* – aš gausiu; *manaḥ-ratham* – pagal savo norus;
idam – šis; *asti* – yra; *idam* – šis; *api* – taip pat; *me* – mano; *bha-
viṣyati* – padidės ateityje; *punaḥ* – dar; *dhanam* – turtas; *asau* –
tas; *mayā* – mano; *hataḥ* – nužudytas; *śatruḥ* – priešas; *haniṣye* –
aš nužudysiu; *ca* – taip pat; *aparān* – kitus; *api* – tikrai; *īśvaraḥ* –
viešpats; *aham* – aš esu; *aham* – aš esu; *bhogī* – besimėgaujantis
subjektas; *siddhaḥ* – tobulas; *aham* – aš esu; *bala-vān* – galingas;
sukhī – laimingas; *āḍhyaḥ* – turtingas; *abhijana-vān* – supamas kil-
mingų giminaičių; *asmi* – aš esu; *kaḥ* – kas; *anyaḥ* – kitas; *asti* – yra;
sadṛśaḥ – panašus; *mayā* – į mane; *yakṣye* – aš aukosiu; *dāsyāmi* –
teiksiu labdarą, *modiṣye* – patirsiu džiaugsmą; *iti* – šitaip; *ajñāna* –
neišmanymo; *vimohitāḥ* – suklaidintas.

**Demoniškas žmogus galvoja: „Jau dabar esu labai turtingas, bet
įgyvendinęs savo sumanymus pralobsiu dar labiau. Kiek mano
sukaupta! Tačiau ateity savo turtus dar labiau padidinsiu. Jis
buvo mano priešas ir aš jį nužudžiau. Susidorosiu ir su kitais savo
priešais. Aš esu visa ko viešpats, aš – besimėgaujantis subjektas.
Aš esu tobulas, galingas ir laimingas. Aš – turtingiausias žmogus,
supamas kilmingų giminaičių. Nėra už mane galingesnio ir lai-**

mingesnio. Aš atnašausiu aukas, teiksiu labdarą ir taip patirsiu džiaugsmą." Šitaip neišmanymas suklaidina tokius žmones.

अनेकचित्तविभ्रान्ता मोहजालसमावृताः ।
प्रसक्ताः कामभोगेषु पतन्ति नरकेऽशुचौ ॥१६॥

16.16

aneka-citta-vibhrāntā · moha-jāla-samāvṛtāḥ
prasaktāḥ kāma-bhogeṣu · patanti narake 'śucau

aneka – daugybės; *citta* – rūpesčių; *vibhrāntāḥ* – sugluminti; *moha* – iliuzijų; *jāla* – tinklais; *samāvṛtāḥ* – apsupti; *prasaktāḥ* – prisirišę; *kāma-bhogeṣu* – prie juslinių malonumų; *patanti* – jie slysta žemyn; *narake* – į pragarą; *aśucau* – nešvarūs.

Įvairiausių rūpesčių kamuojami, įsipainioję iliuzijų tinkle, jie pernelyg prisiriša prie juslinių malonumų ir garma į pragarą.

Demoniško žmogaus noras kaupti pinigus neturi ribų. Kaupimui nėra galo. Demonas temąsto apie sukauptus turtus ir kuria planus, kaip dar labiau juos padidinti. Dėl turtų jis nedvejodamas nusideda ir norėdamas paragauti uždrausto vaisiaus įsivelia į juodosios rinkos machinacijas. Jis dievina jam priklausantį turtą: žemę, šeimą, namus, banko sąskaitą, ir visą laiką kuria planus, kaip dar daugiau jo susikrauti. Demonas pasitiki savo jėgomis. Jis nežino, kad sukauptieji turtai – tai dorų jo praeities darbų išdava. Dabar jam suteikta galimybė juos kaupti, tačiau jis nesuvokia, kad taip lemia praeitis. Jis mano, kad visi jo turtai – tik jo paties pastangų rezultatas. Demoniški žmonės tiki savo darbų galia, o ne *karmos* dėsniu. Pagal *karmos* dėsnį, žmogaus gimimą kilmingoje šeimoje, turtus, puikų išsilavinimą ar grožį nulemia doringi ankstesnio gyvenimo darbai. Tačiau demonas mano, kad visi tie dalykai yra atsitiktiniai, kad jie – tik jo asmeninių sugebėjimų rezultatas. Jis nejunta tvarkdario rankos, kuri lemia žmonių padermės įvairovę, grožį ir išprusimą. Bet kuris, išdrįsęs varžytis su demonu, tampa jo priešu. Demoniškų žmonių yra daug, ir visi jie – vienas kitam priešiški. Priešiškumo praraja nuolat gilėja. Iš pradžių priešiškumas atsiranda tarp pavienių asmenų, po to persimeta į šeimas, į visuomenę ir galų gale užvaldo tautas. Todėl pasaulyje nesibaigia rietenos, karai ir nesantaika.

Visi demonai mano, kad galima gyventi kitų sąskaita. Dažniausiai tokios demoniškos asmenybės laiko save Aukščiausiuoju Dievu. Demonai moko savo pasekėjus: „Kam ieškoti kito Dievo? Jūs patys esate Dievas. Darykite kas patinka. Netikėkite Dievu. Velniop Dievą. Dievas miręs." Tokios demonų skelbiamos tiesos.

Nors demonas mato, kad kiti yra tiek pat įtakingi ar turtingi, arba net šiuo požiūriu jį pranokstą, vis dėlto jis įsitikinęs, kad nėra už jį įtakingesnio ir turtingesnio. Jis netiki, kad atliekant *yajñas*, t.y. atnašaujant aukas, galima patekti į aukštesnę planetų sistemą. Demonai tikisi sukurti savąjį *yajños* procesą ir sukonstruoti mechanizmą, kuris leis pasiekti bet kurią aukštesnę planetą. Geriausias tokio demono pavyzdys – Rāvaṇa. Jis pasiūlė žmonėms planą: pastatyti laiptus, kuriais kiekvienas galėtų patekti į dangaus planetas, neatlikdamas jokių Vedose nurodomų aukų. Lygiai taip ir mūsų laikais demonai visaip stengiasi pasiekti aukštesnes planetų sistemas, pasinaudodami mechaniniais įtaisais. Tokie yra paklydimų pavyzdžiai. O viskas baigiasi tuo, kad patys to nesuprasdami, jie garma į pragarą. Šiame posme labai didelė reikšmė tenka sanskrito žodžiui *moha-jāla*. *Jāla* – tai tinklas. Tarsi į tinklą įkliuvusios žuvys, demonai negali ištrūkti iš savo iliuzijų.

आत्मसम्भाविताः स्तब्धा धनमानमदान्विताः ।
यजन्ते नामयज्ञैस्ते दम्भेनाविधिपूर्वकम् ॥१७॥

ātma-sambhāvitāḥ stabdhā · dhana-māna-madānvitāḥ
yajante nāma-yajñais te · dambhenāvidhi-pūrvakam

ātma-sambhāvitāḥ – patenkinti savimi; *stabdhāḥ* – įžūlūs; *dhana-māna* – turtų ir netikro prestižo; *mada* – iliuzijoje; *anvitāḥ* – panirę; *yajante* – atnašauja; *nāma* – vien dėl vardo; *yajñaiḥ* – aukas; *te* – jie; *dambhena* – iš puikybės; *avidhi-pūrvakam* – nesilaikydami taisyklių.

Patenkinti savimi begėdžiai, apgauti turtų ir netikro prestižo, jie kartais iš puikybės vien dėl akių aukoja aukas, nesilaikydami jokių taisyklių.

Laikydami save pasaulio centru ir nepaisydami jokių autoritetų bei šventraščių, demoniški žmonės kartais atlieka vadinamąsias religines arba aukojimo apeigas. Nepripažindami jokių autoritetų, jie elgiasi labai iššaukiančiai. Dėl to kalta iliuzija, kurią gimdo turtų kaupimas ir netikras prestižas. Kartais tokie demonai imasi pamokslautojų vaidmens, klaidina žmones ir pagarsėja kaip religijos reformatoriai arba kaip Dievo inkarnacijos. Jie dėl akių atnašauja aukas arba garbina pusdievius, ar net išgalvoja savo pačių Dievą. Minia paskelbia tokį apsišaukėlį Dievu ir ima jį garbinti. Kvailiai jį laiko labai religingu ir dideliu dvasinio mokslo žinovu. O jis, apsirengęs rūbais, kuriais rengiasi davusieji atsižadėjimo įžadus, krečia visokiausias kvailystes. Tikrasis atsižadėjimas reikalauja laikytis daugybės apribojimų, tačiau demonai nė nemano jų laikytis. Jie galvoja, kad žmogus gali eiti bet kokiu savo paties išgalvotu keliu, ir kad bendro, visiems nustatyto kelio nėra. Šiame posme ypač pabrėžiamas žodis *avidhi-pūrvakam*, reiškiantis taisyklių ignoravimą. Tokios yra neišvengiamos neišmanymo ir iliuzijos pasekmės.

अहङ्कारं बलं दर्पं कामं क्रोधं च संश्रिताः ।
मामात्मपरदेहेषु प्रद्विषन्तोऽभ्यसूयकाः ॥१८॥   16.18

*ahaṅkāraṁ balaṁ darpaṁ · kāmaṁ krodhaṁ ca saṁśritāḥ
mām ātma-para-deheṣu · pradviṣanto 'bhyasūyakāḥ*

ahaṅkāram – klaidingos savimonės; *balam* – jėgos; *darpam* – pasipūtimu; *kāmam* – geismo; *krodham* – pykčio; *ca* – taip pat; *saṁśritāḥ* – radę prieglobstį; *mām* – Mane; *ātma* – savo; *para* – ir kitų; *deheṣu* – kūnuose; *pradviṣantaḥ* – piktžodžiaujantys prieš; *abhyasūyakāḥ* – pavydūs.

Suklaidinti klaidingos savimonės, jėgos, pasipūtimo, geismo ir pykčio, demonai užsiplieskia pavydu Aukščiausiajam Dievo Asmeniui, kuris glūdi ir jų pačių, ir kitų kūnuose, piktžodžiauja prieš tikrąją religiją.

Demoniškas žmogus visada nusiteikęs prieš Dievo viršenybę, nenori tikėti šventraščiais. Ir šventraščiai, ir pats Aukščiausiojo Dievo Asmens buvimas kelia jam pavydą, o to pavydo priežastis – „prestižas", turtai ir jėga. Demonas nežino, kad šis gyvenimas – tai pasirengimas kitam, todėl kenkia ir kitiems, ir net pats sau. Jis prievartauja ir kitus, ir savo kūną. Jam nė motais aukščiausia Dievo Asmens valdžia, nes jis neturi žinių. Iš pavydo šventraščiams ir Aukščiausiajam Dievo Asmeniui jis pateikia melagingus argumentus, neigiančius Dievo buvimą, ir atmeta šventraščių autoritetą. Jis laiko save nepriklausomu ir lemiančiu kiekvieną savo poelgį. Demonas įsitikinęs, kad niekas negali lygintis su juo jėga, valdžia ir turtais, todėl mano, kad gali elgtis kaip užsigeidžia, ir niekas jo nesustabdys. O jei atsiranda priešas, galintis sukliudyti jam siekti vis didesnių juslinių malonumų, jis kuria planus, kaip jį pražudyti panaudojant savo jėgą.

तानहं द्विषतः क्रूरान् संसारेषु नराधमान् ।
क्षिपाम्यजस्रमशुभानासुरीष्वेव योनिषु ॥१९॥

16.19

tān ahaṁ dviṣataḥ krūrān · saṁsāreṣu narādhamān
kṣipāmy ajasram aśubhān · āsurīṣv eva yoniṣu

tān – tuos; *aham* – Aš; *dviṣataḥ* – pavyduolius; *krūrān* – piktavalius; *saṁsāreṣu* – į materialios būties vandenyną; *nara-adhamān* – žemiausius iš žmonių; *kṣipāmi* – Aš nubloškiu; *ajasram* – visiems laikams; *aśubhān* – nepalankias; *āsurīṣu* – demoniškas; *eva* – tikrai; *yoniṣu* – į įsčias.

Pavyduolius ir piktavalius, žemiausius iš žmonių, Aš kaskart nubloškiu į materialios būties vandenyną, į įvairiausias demoniškas gyvybės rūšis.

Posmas aiškiai sako, kad siųsti individualią sielą į vienokį ar kitokį kūną – Aukščiausiojo valioje. Demonas gali ir nenorėti pripažinti Viešpaties viršenybės ir veikti pataikaudamas savo užgaidoms, tačiau kitas jo gimimas priklauso nuo Aukščiausiojo Dievo Asmens sprendimo, o ne nuo jo paties norų. Trečioje „Śrīmad-Bhāgavatam" giesmėje pasakyta, kad po mirties aukščiausių jėgų potvarkiu individuali siela pakliūva į motinos įsčias ir gauna tam tikro tipo kūną. Todėl materialiame pasaulyje ir yra tiek daug gyvybės rūšių: gyvūnai, vabzdžiai, žmonės ir t.t. Taip yra neatsitiktinai – toks aukščiausių jėgų potvarkis. O apie demonus šiame posme aiškiai pasakyta: jie nuolat patenka į demonų įsčias, todėl visada yra pavydūs ir žemiausi žmonės. Demoniški žmonės visuomet apimti geismo ir neapykantos, yra agresyvūs ir nešvarūs. Džiunglėse galima sutikti įvairių medžiotojų, ir jie priklauso demoniškoms gyvybės rūšims.

आसुरीं योनिमापन्ना मूढआ जन्मनि जन्मनि ।
मामप्राप्यैव कौन्तेय ततो यान्त्यधमां गतिम् ॥२०॥
16.20

āsurīṁ yonim āpannā · mūḍhā janmani janmani
mām aprāpyaiva kaunteya · tato yānty adhamāṁ gatim

āsurīm – demoniškas; *yonim* – rūšis; *āpannāḥ* – gavę; *mūḍhāḥ* – kvailiai; *janmani janmani* – gimimas po gimimo; *mām* – Manęs; *aprāpya* – nepasiekdami; *eva* – tikrai; *kaunteya* – o Kuntī sūnau; *tataḥ* – po to; *yānti* – eina; *adhamām* – į pasmerktą; *gatim* – tikslą.

Šie žmonės nuolat gimsta tarp demoniškų gyvybės rūšių atstovų, o Kuntī sūnau, todėl jie negali priartėti prie Manęs. Palengva jie ritasi žemyn į bjauriausias gyvybės formas.

Visiems žinoma, kad Dievas yra visų gailestingiausias, tačiau posmas nurodo, kad demonai niekada nepatiria Jo malonės. Posme aiškiai sakoma, kad demoniški žmonės gyvenimas po gyvenimo patenka į tokių pačių demonų, kaip ir jie patys, įsčias ir nepatyrę Aukščiausiojo Viešpaties malonės, ritasi vis žemiau, kol galų gale patenka į šunų, kačių ar kiaulių kūnus. Čia aiškiai pasakyta, kad tokie demonai neturės galimybių pelnyti Dievo malonę jokiame tolesnės būties etape. Vedose taip pat teigiama, kad tokie žmonės palengva nusirita iki to, kad tampa šunimis ir kiaulėmis. Galima būtų paprieštarauti: ar teisinga skelbti begalinį Dievo gailestingumą, jei jis apeina demonus. „Vedānta-sūtra" taip atsako į šį klausimą: Aukščiausiasis Viešpats niekam nejaučia neapykantos. O tai, kad *asurus,* demonus, Jis siunčia į žemiausius gyvybės lygius, parodo Jo gailestingumą kitu požiūriu. Kartais Aukščiausiasis Viešpats Pats nužudo kokį nors *asurą,* tačiau *asurui* tai išeina tik į naudą, nes, kaip tvirtina Vedų raštai, tasai, kurį užmuša Aukščiausiasis Viešpats, gauna išsivadavimą. Istorija žino nemaža atvejų, kai *asurams* – Rāvaṇai, Kaṁsai, Hiraṇyakaśipu – Viešpats apsireiškė įvairiomis inkarnacijomis vien tik tam, kad juos užmuštų. Taigi gailestingumą Viešpats parodo ir *asurams,* jei jiems nusišypso laimė žūti nuo Jo rankos.

त्रिविधं नरकस्येदं द्वारं नाशनमात्मनः ।
कामः क्रोधस्तथा लोभस्तस्मादेतत्रयं त्यजेत् ॥२१॥

16.21

tri-vidhaṁ narakasyedaṁ · dvāraṁ nāśanam ātmanaḥ
kāmaḥ krodhas tathā lobhas · tasmād etat trayaṁ tyajet

tri-vidham – trijų rūšių; *narakasya* – pragaro; *idam* – šio; *dvāram* – vartai; *nāśanam* – pražūtingi; *ātmanaḥ* – savajam „aš"; *kāmaḥ* – geismas; *krodhaḥ* – pyktis; *tathā* – o taip pat ir; *lobhaḥ* – godumas; *tasmāt* – todėl; *etat* – šiuos; *trayam* – tris; *tyajet* – turi atmesti.

Trys vartai atveria kelią į šį pragarą. Tai geismas, pyktis ir godumas. Kiekvienas sveikai mąstantis žmogus turi jų atsisakyti, nes jie veda sielą į pražūtį.

Šis posmas apibūdina demoniško gyvenimo užuomazgas. Žmogus stengiasi patenkinti geismą, o kai tai nepavyksta, jam sukyla pyktis ir godumas. Blaiviai mąstantis žmogus, nenorintis nusiristi į demoniškas gyvybės rūšis, turėtų stengtis atsikratyti šių trijų priešų, nes jie gali suluošinti jo „aš" taip, kad išsilaisvinti iš materijos pinklių bus neįmanoma.

एतैर्विमुक्तः कौन्तेय तमोद्वारैस्त्रिभिर्नरः ।
आचरत्यात्मनः श्रेयस्ततो याति परां गतिम् ॥२२॥

16.22

etair vimuktaḥ kaunteya · tamo-dvārais tribhir naraḥ
ācaraty ātmanaḥ śreyas · tato yāti parāṁ gatim

etaiḥ – iš šių; *vimuktaḥ* – ištrūkęs; *kaunteya* – o Kuntī sūnau; *tamaḥ-dvāraiḥ* – iš neišmanymo vartų; *tribhiḥ* – trijų rūšių; *naraḥ* – žmogus; *ācarati* – veikia; *ātmanaḥ* – savojo „aš"; *śreyaḥ* – labui; *tataḥ* – po to; *yāti* – jis eina; *parām* – į aukščiausią; *gatim* – tikslą.

O Kuntī sūnau, iš tų trijų pragaro vartų ištrūkęs žmogus atlieka veiksmus, kurie skatina dvasinę savivoką. Taip jis palengva pasiekia aukščiausią tikslą.

Reikia labai saugotis šių trijų žmogaus gyvenimo priešų – geismo, pykčio ir godumo. Juo mažiau žmogų valdo geismas, pyktis ir godumas, juo tyresnė tampa jo būtis. Apsivalęs jis jau gali laikytis Vedų raštuose nurodytų taisyklių. Laikydamasis žmogaus gyvenimą reguliuojančių principų, jis palengva pasiekia dvasinio pažinimo lygį. Kam nusišypsos laimė taikant tą praktiką pakilti iki Kṛṣṇos sąmonės, tam sėkmė garantuota. Vedų raštai aprašo veiklos būdus ir metodus, padedančius pasiekti apsivalymo būvį. O apsivalymo metodo esmė – atsikratyti pykčio, geismo ir godumo. Gilinantis į šį metodą, pakylama į aukščiausią dvasinės savivokos pakopą. O dvasinę savivoką apvainikuoja pasiaukojimo tarnystė Viešpačiui. Ji garantuoja sąlygotai sielai išsivadavimą. Pagal Vedų sistemą, visuomenė dalijama į keturis luomus ir keturias dvasinio gyvenimo pakopas. Skirtingoms kastoms, ar visuomenės skyriams, nurodomos skirtingos taisyklės, ir jei žmogus jų laikosi, pakyla į aukščiausią dvasinio pažinimo pakopą. Tada, be abejonės, jis gauna išvadavimą.

य: शास्त्रविधिमुत्सृज्य वर्तते कामकारतः ।   **16.23**
न स सिद्धिमवाप्नोति न सुखं न परां गतिम् ॥२३॥

yaḥ śāstra-vidhim utsṛjya · vartate kāma-kārataḥ
na sa siddhim avāpnoti · na sukhaṁ na parāṁ gatim

yaḥ – tas, kuris; *śāstra-vidhim* – šventraščių nurodymus; *utsṛjya* –
atmesdamas; *vartate* – lieka; *kāma-kārataḥ* – veikti iš geismo pagal
savo užgaidas; *na* – niekada; *saḥ* – jis; *siddhim* – tobulumą; *avāp-
noti* – pasiekia; *na* – niekada; *sukham* – laimę; *na* – niekada;
parām – aukščiausią; *gatim* – tobulybės pakopą.

**Kas atmeta šventraščių nurodymus ir elgiasi vadovaudamasis
savo užgaidomis, tas nepasiekia nei tobulumo, nei laimės, nei
aukščiausio tikslo.**

Kaip jau buvo minėta, skirtingų kastų ir gyvenimo skyrių žmonėms
śāstrų nurodymai – *śāstra-vidhi* – nevienodi. Šventraščių taisyklių
turi laikytis kiekvienas žmogus, o jų nesilaikantis ir pataikaujantis
savo užgaidoms, paklūstantis geismui, godumui ir troškimams, nie-
kada nepasieks gyvenimo tobulumo. Kitaip sakant, žmogus, kuris
teoriškai susipažinęs su šventraščių teiginiais, tačiau gyvenime jais
nesivadovauja, laikomas žemiausiu iš žmonių. Žmogaus gyvybės
formoje gyvoji esybė turi sveikai protauti ir laikytis regulų, pade-
dančių pasikelti į aukščiausią būties lygmenį, nes kitaip ji pasmer-
kia save nuopuoliui. Tačiau jei žmogus, laikydamasis regulų bei
moralės principų, Aukščiausiojo Viešpaties pažinimo pakopos taip
ir nepasiekia, visos jo žinios praranda bet kokią vertę. Jei jis pri-
pažįsta egzistuojant Dievą, tačiau Jam netarnauja, jo pastangos
taip pat nieko vertos. Taigi būtina palaipsniui siekti Kṛṣṇos sąmo-
nės ir pasiaukojimo tarnystės lygio, nes kitaip pasiekti aukščiausią
tobulumą yra neįmanoma.

    Labai svarbus yra posmo žodis *kāma-kārataḥ*. Žmogų, kuris
sąmoningai pažeidinėja taisykles, valdo geismas. Jis žino, kad poel-
gis neleistinas, tačiau jį atlieka. Tai reiškia veikti tenkinant savo
užgaidas. Jis žino, ką reikėtų daryti, bet to nedaro. Tai savivalia-

vimas. Tokio žmogaus laukia Aukščiausiojo Viešpaties bausmė. Jis negali pasiekti tobulumo – žmogaus gyvenimo tikslo. Žmogaus gyvenimas visų pirma skirtas apvalyti būtį, tačiau kas nesilaiko *śāstrų* taisyklių, tas neapsivalys ir nepasieks tikros laimės būvio.

तस्माच्छास्त्रं प्रमाणं ते कार्याकार्यव्यवस्थितौ ।
ज्ञात्वा शास्त्रविधानोक्तं कर्म कर्तुमिहार्हसि ॥२४॥

16.24

tasmāc chāstraṁ pramāṇaṁ te · kāryākārya-vyavasthitau
jñātvā śāstra-vidhānoktaṁ · karma kartum ihārhasi

tasmāt – todėl; *śāstram* – šventraščių; *pramāṇam* – liudijimai; *te* – tavo; *kārya* – pareigą; *akārya* – ir uždraustą veiklą; *vyavasthitau* – skirti; *jñātvā* – žinodamas; *śāstra* – šventraščių; *vidhāna* – taisykles; *uktam* – paskelbtas; *karma* – darbą; *kartum* – atlikti; *iha* – šiame pasaulyje; *arhasi* – tu turi.

Todėl iš šventraščių žmogus privalo sužinoti, kas sudaro jo pareigą, ir kas nėra jo pareiga. Išmanydamas šventraščių taisykles, jis turi elgtis taip, kad galiausiai pasiektų tobulumą.

Penkioliktame skyriuje tvirtinama, kad visos Vedų taisyklės – tai priemonė pažinti Kṛṣṇą. Jei žmogus iš „Bhagavad-gītos" suvokia Kṛṣṇą ir su pasiaukojimu tarnaudamas pasiekia Kṛṣṇos sąmonę, tai reiškia, kad jis pasiekė aukščiausią žinojimą, kurį perteikia Vedų raštai. Viešpats Caitanya Mahāprabhu gerokai palengvino tą procesą. Jis teprašė žmonių giedoti: Hare Kṛṣṇa, Hare Kṛṣṇa, Kṛṣṇa Kṛṣṇa, Hare Hare/ Hare Rāma, Hare Rāma, Rāma Rāma, Hare Hare, pasiaukojamai tarnauti Viešpačiui ir valgyti Dievybei paaukoto maisto likučius. Tą, kuris tiesiogiai atlieka visus šiuos pasiaukojimo tarnystės veiksmus, reikia laikyti išstudijavusiu visus Vedų raštus. Jis jau padarė teisingas išvadas. Žinoma, paprasti žmonės, neįsisąmoninę Kṛṣṇos ir neatsidėję pasiaukojimo tarnystei, ką daryti ir ko nedaryti turėtų spręsti vadovaudamiesi Vedų priesakais. Reikia vykdyti šiuos nurodymus neprieštaraujant – tai vadinama *śāstrų*, t.y. šventraščių, principų laikymusi. *Śāstros* neturi keturių svarbiausių sąlygotai sielai būdingų trūkumų: netobulų juslių, polinkių apgaudinėti, neišvengiamai klysti, ir neišvengiamai pasiduoti iliuzijai. Šie keturi svarbiausi sąlygoto gyvenimo trūkumai atima iš žmogaus teisę nustatinėti taisykles. Todėl visi didieji išminčiai, *acāryos* ir didžiosios sielos be jokių pataisymų pripažįsta *śāstrų* nurodytas taisykles, nes *śāstros* yra aukščiau minėtų trūkumų.

Indijoje daug grupių siekia dvasinio pažinimo, jos dažniausiai skiriamos į dvi kryptis: impersonalistinę ir personalistinę. Tačiau ir vienos, ir kitos krypties atstovai gyvena vadovaudamiesi Vedų principais. Nesilaikant šventraščių nustatytų principų, tobulumo pakopa nepasiekiama. Todėl laimingas yra tas, kuris iš tikrųjų suvokia *śāstrų* prasmę.

Visų žmonių visuomenės patiriamų nuopuolių priežastis – atitolimas nuo principų, kurie padeda pažinti Aukščiausiąjį Dievo Asmenį. Tai ir yra didžiausia žmogaus nuodėmė. Todėl materiali Aukščiausiojo Dievo Asmens energija, *māyā*, visą laiką verčia mus kentėti trijų rūšių kančias. Materialią energiją sudaro trys materialios gamtos *guṇos*. Kad atsivertų kelias į Aukščiausiojo Viešpaties pažinimą, reikia pasiekti bent dorybės *guṇą*. Šios *guṇos* nepasiekę, liekame aistros ir neišmanymo valdžioje, o aistra ir neišmanymas – demoniško gyvenimo priežastis. Tie, kuriuos valdo aistros ir neišmanymo *guṇos*, išjuokia šventraščius, šventuosius ir teisingą Aukščiausiojo Dievo Asmens pažinimą. Jie nepaklūsta dvasinio mokytojo nurodymams ir nepaiso šventraščių regulų. Net ir išgirdę apie pasiaukojimo tarnystės didingumą, jie išlieka abejingi jai. Tokie žmonės susikuria savus tobulėjimo būdus. Štai keletas žmonių visuomenės trūkumų, kurie veda ją į demoniško gyvenimo būklę. Tačiau jei žmogus paklūsta tikram *bona fide* dvasiniam mokytojui, sugebančiam vesti tobulėjimo keliu aukščiausio tikslo link, jo gyvenimas bus sėkmingas.

Taip Bhaktivedanta baigia komentuoti šešioliktą „Śrīmad Bhagavad-gītos" skyrių, pavadintą „Dieviškos ir demoniškos prigimtys".

Tikėjimo atmainos

अर्जुन उवाच   17.1

ये शास्त्रविधिमुत्सृज्य यजन्ते श्रद्धयान्विताः ।

तेषां निष्ठा तु का कृष्ण सत्त्वमाहो रजस्तमः ॥ १ ॥

arjuna uvāca

ye śāstra-vidhim utsṛjya · yajante śraddhayānvitāḥ

teṣāṁ niṣṭhā tu kā kṛṣṇa · sattvam āho rajas tamaḥ

arjunaḥ uvāca – Arjuna tarė; *ye* – tie, kurie; *śāstra-vidhim* – šventraščių taisykles; *utsṛjya* – atmetę; *yajante* – garbina; *śraddhayā* – visišką tikėjimą; *anvitāḥ* – turėdami; *teṣām* – jų; *niṣṭhā* – tikėjimas; *tu* – tačiau; *kā* – koks; *kṛṣṇa* – o Kṛṣṇa; *sattvam* – dorybės; *āho* – ar; *rajaḥ* – aistros; *tamaḥ* – neišmanymo.

Arjuna paklausė: O Kṛṣṇa, kokia padėtis tų, kurie nesilaiko šventraščių principų, o garbina pagal savo įsivaizdavimą? Dorybė, aistra ar neišmanymas juos veikia?

Ketvirto skyriaus trisdešimt devintame posme sakoma, kad žmogus, ištikimas kokiam nors garbinimo būdui, palengva įgyja žinojimą ir pasiekia visišką ramybę ir gerovę. Šešioliktame skyriuje padaryta išvada, kad nesilaikantis šventraščių nurodomų principų yra *asura*, demonas, o kas griežtai jų laikosi – *deva*, arba pusdievis. O kokia padėtis to, kuris su tikėjimu laikosi taisyklių, apie kurias šventraščiai neužsimena? Dabar Kṛṣṇa išsklaidys šią Arjunos abejonę. Kas – dorybė, aistra ar neišmanymas lemia garbinimą tų, kurie patys susikuria Dievą, išsirinkę kokį žmogų ir sutelkę į jį savo tikėjimą? Ar tokie žmonės priartėja prie tobulybės? Ar gali jie ugdyti tikrąjį žinojimą ir pakilti į aukščiausią tobulumo pakopą? Ar sėkmingos pastangos tų, kurie nesilaiko šventraščių taisyklių, tačiau kažkuo tiki ir garbina dievus, pusdievius bei žmones? Apie visa tai Arjuna klausia Kṛṣṇos.

श्रीभगवानुवाच 17.2
त्रिविधा भवति श्रद्धा देहिनां सा स्वभावजा ।
सात्त्विकी राजसी चैव तामसी चेति तां शृणु ॥ २ ॥

śrī-bhagavān uvāca
tri-vidhā bhavati śraddhā · dehināṁ sā svabhāva-jā
sāttvikī rājasī caiva · tāmasī ceti tāṁ śṛṇu

śrī-bhagavān uvāca – Aukščiausiasis Dievo Asmuo tarė; *tri-vidhā* – trijų rūšių; *bhavati* – tampa; *śraddhā* – tikėjimas; *dehinām* – įkūnyto; *sā* – tas; *sva-bhāva-jā* – pagal jo materialios gamtos *guṇą; sāttvikī* – dorybės *guṇos; rājasī* – aistros *guṇos; ca* – taip pat; *eva* – tikrai; *tāmasī* – neišmanymo *guṇos; ca* – ir; *iti* – taip; *tām* – tą; *śṛṇu* – išgirsk iš Manęs.

Aukščiausiasis Dievo Asmuo tarė: Pagal tai, kokią prigimtį įkūnyta siela gavo iš gamtos guṇų, jos tikėjimas gali būti trejopas: dorybės, aistros ar neišmanymo. Išgirsk dabar apie tai.

Susipažinusius su šventraščių taisyklėmis, tačiau iš tingumo ar ištižimo jų nevykdančius veikia materialios gamtos *guṇos*. Jiems būdingas prigimties savybes nulemia ankstesnė veikla, atlikta pagal dorybės, aistros ar neišmanymo *guną*. Gyvoji esybė yra amžinai susijusi su skirtingomis gamtos *guṇomis*. Kadangi gyvoji esybė kontaktuoja su materialia gamta, priklausomai nuo jos sąsajų su materialiomis *guṇomis*, susiformuoja tam tikra mąstysena. Tačiau jei žmogus bendrauja su *bona fide* dvasiniu mokytoju ir gyvena vadovaudamasis jo bei šventraščių nurodymais, jo prigimties savybės gali kisti. Palengva jo būklė pakinta, ir iš neišmanymo arba iš aistros jis pakyla į dorybę. Taigi aklas tikėjimas, kurį sąlygoja tam tikra gamtos *guṇa*, negali padėti žmogui pasiekti tobulumo būvio. Reikia nuodugniai išnagrinėti dalyko esmę, pasitelkus intelektą ir bendraujant su *bona fide* dvasiniu mokytoju. Šitaip galime pakeisti savo padėtį ir pakilti į aukštesnę gamtos *guṇą*.

सत्त्वानुरूपा सर्वस्य श्रद्धा भवति भारत ।
श्रद्धामयोऽयं पुरुषो यो यच्छ्रद्धः स एव सः ॥ ३ ॥   **17.3**

sattvānurūpā sarvasya · śraddhā bhavati bhārata
śraddhā-mayo 'yaṁ puruṣo · yo yac-chraddhaḥ sa eva saḥ

sattva-anurūpa – pagal egzistenciją; *sarvasya* – kiekvieno; *śraddhā* – tikėjimas; *bhavati* – tampa; *bhārata* – o Bharatos sūnau; *śraddhā* – tikėjimo; *mayaḥ* – kupina; *ayam* – ši; *puruṣaḥ* – gyvoji esybė; *yaḥ* – kuri; *yat* – turinti, kurį; *śraddhaḥ* – tikėjimo objektą; *saḥ* – tokia; *eva* – tikrai; *saḥ* – ji.

O Bharatos sūnau, vienoks ar kitoks tikėjimas priklauso nuo to, kaip gyvąją būtybę veikia gamtos guṇos. Sakoma, kad gyvoji būtybė išpažįsta tokį tikėjimą, kokios guṇos ją veikia.

Kiekvienas žmogus, kad ir kas jis būtų, išpažįsta vienokį ar kitokį tikėjimą. O jo prigimties savybės nulemia tikėjimo priklausymą dorybės, aistros, ar neišmanymo *guṇai*. Taigi nuo tikėjimo priklauso ratas žmonių, su kuriais jis bendrauja. Iš tiesų, kiekviena gyvoji būtybė, kaip nurodoma penkioliktame skyriuje, pagal kilmę yra fragmentinė neatskiriama Aukščiausiojo Viešpaties dalelė.

Todėl pradinėje būklėje ji yra transcendentali visoms materialios gamtos *guņoms*. Tačiau kai gyvoji esybė užmiršta apie savo ryšį su Aukščiausiuoju Dievo Asmeniu, ji kontaktuoja su materialia gamta ir pradeda gyventi sąlygotą gyvenimą. Dėl ryšių su įvairiais materialios gamtos aspektais ji pati nulemia savo padėtį. Iš to kilusi būtis ir netikras tikėjimas yra visiškai materialūs. Nors gyvoji būtybė gali būti paveikta tam tikro įspūdžio ar būties sampratos, savo pirminiame būvyje ji – *nirguņa*, transcendentali. Taigi, siekdami atkurti savitarpio santykius su Aukščiausiuoju Viešpačiu, turime apsivalyti nuo materijos nešvarybių. Vienintelis kelias atgal pas Dievą, kuriuo galima nieko nebijant eiti – Kṛṣṇos sąmonė. Kṛṣṇos sąmonės kelias garantuoja, jog tobulumo būvis bus pasiektas. Jei žmogus nestoja į dvasinės savivokos kelią, jį, be jokios abejonės, valdys gamtos *guņos*.

Labai reikšmingas posmo žodis *śraddhā*, arba „tikėjimas". *Śraddhos*, tikėjimo, pirminis šaltinis – dorybės *guņa*. Galima tikėti pusdievį, kokį nors išsigalvotą Dievą ar savo proto kūrinį. Manoma, kad tvirtas tikėjimas skatina dorybės *guņos* veiklą. Tačiau materijos sąlygotame gyvenime joks darbas negali būti visiškai tyras, jis visada turi kitų *guņų* priemaišų, nėra gryna dorybė. Grynoji dorybė – transcendentali. Pasiekus grynos dorybės būvį suvokiama tikroji Aukščiausiojo Dievo Asmens prigimtis. Kol tikėjimas nėra grynos dorybės, jį gali suteršti bet kuri materialios gamtos *guņa*. Nešvarios materialios gamtos *guņos* paliečia ir širdį, todėl kokia širdis, koks jos ryšys su tam tikra gamtos *guņa,* toks ir tikėjimas. Doros širdies žmogaus tikėjimą sąlygoja dorybės *guņa,* o kai širdį užvaldo aistros *guņa,* tikėjimas irgi yra aistros *guņos*. Jei širdis apimta tamsos, iliuzijos, tai ir tikėjimą teršia tamsa ir iliuzija. Taigi pasaulyje mes susiduriame su skirtingais tikėjimais, įvairiausiomis religinėmis srovėmis, kurios atitinka tam tikros rūšies tikėjimą. Tikrąjį religinio tikėjimo pagrindą sudaro gryna dorybė, tačiau mūsų širdys netyros, todėl ir sutinkame įvairiausių tipų religinius principus. O tikėjimo įvairovė nulemia įvairius garbinimo būduₛ.

यजन्ते सात्त्विका देवान् यक्षरक्षांसि राजसाः ।   17.4
प्रेतान् भूतगणांश्चान्ये यजन्ते तामसा जनाः ॥ ४ ॥

yajante sāttvikā devān · yakṣa-rakṣāṁsi rājasāḥ
pretān bhūta-gaṇāṁś cānye · yajante tāmasā janāḥ

yajante – garbina; *sāttvikāḥ* – tie, kurie yra dorybės *guṇos; devān* –
pusdievius; *yakṣa-rakṣāṁsi* – demonus; *rājasāḥ* – tie, kurie aistros
guṇos; pretān – vėles; *bhūta-gaṇān* – vaiduoklius; *ca* – ir; *anye* – kiti;
yajante – garbina; *tāmasāḥ* – neišmanymo *guṇos; janāḥ* – žmonės.

**Žmonės, kurie yra dorybės guṇos, garbina pusdievius, tie, kurie
yra aistros guṇos – demonus, o paveiktieji neišmanymo guṇos
garbina vaiduoklius bei dvasias.**

Šiame posme Aukščiausiasis Dievo Asmuo apibūdina įvairius gar-
bintojus pagal jų išorinę veiklą. Šventraščiai nurodo, kad garbinti
reikia tik Aukščiausiąjį Dievo Asmenį, tačiau šventraščius menkai
išmanantys ar jų nurodymais netikintys žmonės, pagal tai, kokia
materialios gamtos *guṇa* juos veikia, garbina įvairius objektus. Tie,
kuriuos sąlygoja dorybė, paprastai garbina pusdievius. Pusdieviai
yra Brahmā, Śiva, o taip pat Indra, Candra, Saulės dievas ir kt. Pus-
dievių yra įvairių. Dorybingieji tam tikru tikslu garbina tam tikrą
pusdievį. Aistros *guṇos* užvaldytieji garbina demonus. Antrojo
pasaulinio karo metais vienas Kalkutos gyventojas garbino Hit-
lerį, nes per karą operacijomis juodojoje rinkoje jis susikrovė
didžiulius turtus. Aistros ir neišmanymo *guṇų* paveiktieji papras-
tai Dievu išsirenka kokį nors galingą žmogų. Jie mano, kad bet ką
galima garbinti kaip Dievą, ir rezultatas bus tas pats.

 Posmas nurodo, kad tokius dievus sukuria ir garbina aistros
guṇos paveikti žmonės, o neišmanymo *guṇos* paveikti tamsuoliai
garbina vėles. Kai kurie žmonės meldžiasi prie mirusiojo kapo.
Seksualinę pakraipą turinčios garbinimo apeigos taip pat priskir-
tinos tamsos *guṇai*. Nuošaliuose Indijos kaimeliuose yra žmonių,
kurie garbina šmėklas. Yra tekę matyti kaip Indijoje žemesniųjų

klasių žmonės kartais eina į mišką prie medžio, kuriame jų žiniomis gyvena šmėkla, garbina tą medį ir atnašauja aukas. Šie įvairūs garbinimo būdai iš tikrųjų nėra Dievo garbinimas. Dievą garbina tie, kurie pasiekė transcendentinį grynos dorybės būvį. „Śrīmad-Bhāgavatam" (4.3.23) sakoma: sattvaṁ viśuddhaṁ vasudeva-śabditam – „Gryną dorybę pasiekęs žmogus garbina Vāsudevą." Šio teiginio prasmė ta, kad Aukščiausiąjį Dievo Asmenį garbina tik tie, kurie visiškai apsivalė nuo materialios gamtos guṇų įtakos ir pasikėlė į transcendentinę padėtį.

Teoriškai impersonalistus turėtų valdyti dorybės guṇa, o penkių tipų pusdieviai turėtų būti jų garbinimo objektas. Impersonalistai garbina beasmenį Viṣṇu, t.y. Viṣṇu formą materialiame pasaulyje, kuri žinoma kaip teoriškai įsivaizduojamas Viṣṇu. Viṣṇu – Aukščiausiojo Dievo Asmens ekspansija, bet impersonalistai iš esmės netiki Aukščiausiąjį Dievo Asmenį. Jie mano Viṣṇu formą esant vienu iš beasmenio Brahmano aspektų. O štai Viešpatį Brahmą jie laiko beasmene aistros guṇos forma. Todėl kartais impersonalistai kalba apie penkių tipų dievų garbinimą, tačiau tikrąja tiesa laikydami beasmenį Brahmaną, jie galų gale visų garbinimo objektų atsisako. Apibendrinant, galima pasakyti, kad bendravimas su transcendentinės prigimties žmonėmis padeda apsivalyti nuo teršiančio materialios gamtos guṇų poveikio.

अशास्त्रविहितं घोरं तप्यन्ते ये तपो जनाः ।   17.5–6
दम्भाहङ्कारसंयुक्ताः कामरागबलान्विताः ॥ ५ ॥

कर्षयन्तः शरीरस्थं भूतग्राममचेतसः ।
मां चैवान्तः शरीरस्थं तान्विद्ध्यासुरनिश्चयान् ॥ ६ ॥

aśāstra-vihitaṁ ghoram · tapyante ye tapo janāḥ
dambhāhaṅkāra-saṁyuktāḥ · kāma-rāga-balānvitāḥ

karṣayantaḥ śarīra-sthaṁ · bhūta-grāmam acetasaḥ
māṁ caivāntaḥ śarīra sthaṁ · tān viddhy āsura-niścayān

aśāstra – ne šventraščiuose; *vihitam* – nurodytas; *ghoram* – kenksmingas kitiems; *tapayante* – atlieka; *ye* – tie, kurie; *tapaḥ* – askezes; *janāḥ* – žmonės; *dambha* – pasipūtimo; *ahaṅkāra* – ir egoizmo; *saṁyuktāḥ* – įtraukti; *kāma* – geismo; *rāga* – ir prisirišimo; *bala* – jėgos; *anvitāḥ* – pastūmėti; *karṣayantaḥ* – kankinantys; *śarīra-stham* – glūdintį kūne; *bhūta-grāmam* – materijos pradmenų junginį; *acetasaḥ* – paklydusio proto; *mām* – Mane; *ca* – taip pat; *eva* – tikrai; *antaḥ* – viduje; *śarīra-stham* – glūdintį kūne; *tān* – jie; *viddhi* – supraski; *āsura-niścayān* – demonai.

Tie, kurie atlieka šventraščių nerekomenduojamą rūsčią askezę ir visa tai daro iš pasipūtimo bei egoizmo, skatinami geismo bei potraukių, kurie yra kvailai ir kankina kūną, sudarytą iš materijos pradmenų, o taip pat ir Supersielą jame, tie yra demonai.

Yra žmonių, kurie susigalvoja įvairias šventraščių nenurodytas askezes. Pavyzdžiui, badavimas kokiu nors slaptu, tarkim vien politiniu, tikslu šventraščiuose neminimas. Šventraščiai pataria badauti dėl dvasinio tobulėjimo, o ne politiniais ar socialiniais tikslais. Tokias askezes atliekantys žmonės, pasak „Bhagavad-gītos", yra tikri demonai. Jų darbai prieštarauja šventraščių nurodymams ir niekam nenaudingi. Iš tikrųjų veikti juos skatina išdidumas, klaidinga savimonė, geismas ir kūniškų malonumų siekimas. Toks elgesys ne tik sutrikdo kūno, sudaryto iš materijos pradmenų, harmoniją, bet ir priverčia nerimauti Patį Aukščiausiąjį Dievo Asmenį, kuris glūdi tame kūne. Autoritetų nepalaikomas badavimas ar askezė politiniais tikslais dargi drumsčia aplinkinių ramybę. Vedose neužsiminta apie tokius askezės būdus. Demonai mano, kad šitaip jie galės priversti savo priešus ar priešiškas grupuotes nusileisti jų norams, tačiau kartais taip badaudami miršta. Aukščiausiasis Dievo Asmuo nepritaria tokiam elgesiui. Jis sako, kad toks elgesys būdingas demonams. Taip elgdamiesi jie įžeidžia Aukščiausiąjį Dievo Asmenį, nes jų elgesys prieštarauja Vedų priesakams. Šiuo atveju reikšmingas žodis *acetasaḥ*. Sveikai mąstantys žmonės turėtų laikytis šventraščių nurodymų. Tie, kurių mąstysena iškreipta, nepaiso šventraščių ir patys išsigalvoja asketizmo būdus. Nereikėtų pamiršti, kas laukia demonų – tai aprašyta ankstesniame skyriuje. Viešpats priverčia juos gimti demonų įsčiose. Todėl gyvenimas po gyvenimo jie gyvena pagal demoniškus principus, nežinodami apie savo ryšį su Aukščiausiuoju Dievo Asmeniu. Tačiau, jei demonams pasiseks ir jie sutiks dvasinį mokytoją, sugebantį nukreipti juos Vedų išminties keliu, jie išsilaisvins iš demoniško gyvenimo pančių ir galų gale pasieks aukščiausiąjį tikslą.

आहारस्त्वपि सर्वस्य त्रिविधो भवति प्रियः ।   **17.7**
यज्ञस्तपस्तथा दानं तेषां भेदमिमं शृणु ॥ ७ ॥

āhāras tv api sarvasya · tri-vidho bhavati priyaḥ
yajñas tapas tathā dānaṁ · teṣāṁ bhedam imaṁ śṛṇu

āhāraḥ – valgis; *tu* – tikrai; *api* – taip pat; *sarvasya* – kiekvieno; *tri-vidhaḥ* – trijų rūšių; *bhavati* – yra; *priyaḥ* – mielas; *yajñaḥ* – aukų atnašavimas; *tapaḥ* – askezė; *tathā* – taip pat; *dānam* – labdara; *teṣām* – apie jų; *bhedam* – skirtumus; *imam* – šiuos; *śṛṇu* – klausyk.

Valgis, kurį išsirenka žmogus – net ir tas yra trijų rūšių ir atitinka tris materialios gamtos guṇas. Tą patį galima pasakyti ir apie aukų atnašavimą, askezes bei labdarą. Dabar paklausyk, kuo jie skiriasi.

Materialios gamtos *guṇos* lemia žmogaus maitinimosi, aukų atnašavimo, askezių ir labdaros skirtumus. Visa tai gali vykti skirtingais lygiais. Kas analitiškai suvokia, kokia materialios gamtos *guṇa* nulemia vieną ar kitą veiklą, tas iš tiesų išmintingas. O tie, kurie mano, kad visų rūšių aukos, valgis bei labdara – lygiaverčiai, yra neįžvalgūs ir kvaili. Kai kurie misionieriai moko: daryk ką nori ir pasieksi tobulumą. Tokių kvailų vadovų elgesys prieštarauja šventraščių nurodymams. Jie patys išsigalvoja tobulėjimo kelius ir klaidina paprastus žmones.

आयुःसत्त्वबलारोग्यसुखप्रीतिविवर्धनाः ।   17.8
रस्याः स्निग्धाः स्थिरा हृद्या आहाराः सात्त्विकप्रियाः ॥ ८ ॥

āyuḥ-sattva-balārogya- · sukha-prīti-vivardhanāḥ
rasyāḥ snigdhāḥ sthirā hṛdyā · āhārāḥ sāttvika-priyāḥ

āyuḥ – gyvenimo trukmę; *sattva* – būtį; *bala* – jėgą; *ārogya* – sveikatą; *sukha* – laimę; *prīti* – ir pasitenkinimą; *vivardhanāḥ* – didinantis; *rasyāḥ* – sultingas; *snigdhāḥ* – riebus; *sthirāḥ* – ilgalaikis; *hṛdyāḥ* – mielas širdžiai; *āhārāḥ* – valgis; *sāttvika* – dorybingam; *priyāḥ* – skanus.

Valgis, patinkantis tiems, kurie yra dorybės gunos, ilgina gyvenimą, apvalo būtį ir suteikia jėgų, sveikatos, laimės bei pasitenkinimo. Toks maistas – sultingas, riebus, sveikas ir mielas širdžiai.

कट्वम्ललवणात्युष्णतीक्ष्णरूक्षविदाहिनः ।   17.9
आहारा राजसस्येष्टा दुःखशोकामयप्रदाः ॥ ९ ॥

kaṭv-amla-lavaṇāty-uṣṇa- · tīkṣṇa-rūkṣa-vidāhinaḥ
āhārā rājasasyeṣṭā · duḥkha-śokāmaya-pradāḥ

kaṭu – kartus; *amla* – rūgštus; *lavaṇa* – sūrus; *ati-uṣṇa* – labai karštas; *tīkṣṇa* – aštrus, pikantiškas; *rūkṣa* – sausas; *vidāhinaḥ* – deginantis; *āhārāḥ* – valgis; *rājasasya* – aistruoliui; *iṣṭāḥ* – skanus; *duḥkha* – kančias; *śoka* – sielvartą; *āmaya* – ligas; *pradāḥ* – sukeliantis.

Pernelyg kartus, rūgštus, sūrus, aštrus, pikantiškas, sausas bei deginantis valgis patinka tiems, kurie yra aistros gunos. Šitoks maistas sukelia kančias, sielvartą ir ligas.

यातयामं गतरसं पूति पर्युषितं च यत् ।   17.10
उच्छिष्टमपि चामेध्यं भोजनं तामसप्रियम् ॥१०॥

yāta-yāmaṁ gata-rasam · pūti paryuṣitaṁ ca yat
ucchiṣṭam api cāmedhyaṁ · bhojanaṁ tāmasa-priyam

yāta-yāmam – tris valandas prieš valgį paruoštas maistas; *gata-rasam* – beskonis; *pūti* – skleidžiantis nemalonų kvapą; *paryuṣi-tam* – sugedęs; *ca* – taip pat; *yat* – tas, kuris; *ucchiṣṭam* – kitų valgyto maisto likučiai; *api* – taip pat; *ca* – ir; *amedhyam* – neliečiamas; *bhojanam* – valgis; *tāmasa* – neišmanėliui; *priyam* – mielas.

Valgis, paruoštas anksčiau kaip prieš tris valandas iki valgant, beskonis, sugedęs ir dvokiantis, susidedantis iš kitų valgyto maisto likučių bei neliečiamų dalykų, patinka tiems, kurie yra tamsos guṇos.

Maistas turi ilginti gyvenimą, valyti protą ir teikti fizinių jėgų. Tai vienintelė jo paskirtis. Kitados didieji autoritetai išrinko maisto produktus, kurie pagerina sveikatą ir prailgina gyvenimą – pieno produktus, cukrų, ryžius, kviečius, vaisius ir daržoves. Tokį maistą labai mėgsta tie, kuriuos veikia dorybės *guṇa*. Kai kurios kitos maisto rūšys, tarkim kepti kukurūzai ar melasa, patys nėra itin ska-nūs, tačiau juos galima pagardinti pienu ar kitais produktais. Tada jie įgyja dorybės *guṇai* būdingų savybių. Pienas, cukrus, ryžiai ir pan. – tai iš esmės švarus maistas, jis labai skiriasi nuo tokių nešva-rių dalykų, kaip mėsa ir alkoholis. Aštuntame posme paminėtas riebus maistas neturi nieko bendra su riebalais, gautais pasker-dus gyvulį. Gyvulinių riebalų yra piene – nuostabiausiame maiste. Pienas, sviestas, sūris ir kiti panašūs produktai suteikia tiek gyvu-linių riebalų, kad nėra jokio reikalo žudyti nekaltas būtybes. Gyvuliai žudomi todėl, kad sugyvulėjusi yra žmonių sąmonė. Civi-lizuotas būdas, reikalingiems riebalams gauti – pieno vartojimas. Skersti gyvulius – tai nužmogėjimas. Baltymų gausu žirniuose, lęšiuose, pupelėse, grūduose etc.

Aistros *guṇai* priskiriamas kartus, persūdytas, pernelyg karštas, persotintas raudonaisiais pipirais maistas, jis mažina gleivių kiekį skrandyje, todėl sukelia kančias ir tampa įvairių ligų priežastimi. Neišmanymo, arba tamsybės, *guṇai* priskiriamo maisto esminis bruožas tas, kad jis nešviežias. Bet koks ilgiau kaip prieš tris valandas iki valgant paruoštas maistas, išskyrus *prasādam* – Viešpačiui paaukotą maistą, yra tamsos *guṇos*. Gesdamas jis skleidžia nemalonų kvapą, kuris patinka tamsos *guṇos* valdomiems žmonėms, bet atstumia tuos, kurie yra dorybės *guṇos*.

Valgyti maisto likučius tegalima tik tada, kai jie yra dalis aukos Aukščiausiajam Viešpačiui, arba jei jie – šventų žmonių, ypač dvasinio mokytojo, valgio likučiai. Kitaip jie priskirtini tamsos *guṇai* ir sudaro sąlygas infekcijai bei ligoms plisti. Nors tokį maistą ir labai mėgsta tamsos *guṇos* sąlygojami žmonės, doringieji juo bjaurisi ir net neliečia. Geriausias maistas – paaukoto Aukščiausiajam Dievo Asmeniui valgio likučiai. „Bhagavad-gītoje" Aukščiausias Viešpats sako, kad priima valgius, paruoštus iš daržovių, miltų bei pieno ir su atsidavimu Jam paaukotus. *Patraṁ puṣpaṁ phalaṁ toyam*. Žinoma, Aukščiausiasis Dievo Asmuo visų pirma priima meilę ir pasiaukojimą. Tačiau pasakyta: *prasādam* reikia gaminti ypatingu būdu. Bet kokį maistą, paruoštą pagal šventraščių reikalavimus ir paaukotą Aukščiausiajam Dievo Asmeniui, galima valgyti net ir tuo atveju, kai jis pagamintas labai seniai, nes jis yra transcendentinis. Jei norime, kad maistas būtų antiseptinis ir tinkamas valgyti, kad jis visiems patiktų, reikia jį paaukoti Aukščiausiajam Dievo Asmeniui.

अफलाकाङ्क्षिभिर्यज्ञो विधिदिष्टो य इज्यते ।
यष्टव्यमेवेति मनः समाधाय स सात्त्विकः ॥११॥   **17.11**

aphalākāṅkṣibhir yajño · vidhi-diṣṭo ya ijyate
yaṣṭavyam eveti manaḥ · samādhāya sa sāttvikaḥ

aphala-ākāṅkṣibhiḥ – tų, kurie netrokšta rezultato sau; *yajñaḥ* – aukų atnašavimas; *vidhi-diṣṭaḥ* – pagal šventraščių nurodymus;

yaḥ – kuris; *ijyate* – yra atliekamas; *yaṣṭavyam* – turi būti atliktas; *eva* – tikrai; *iti* – taip; *manaḥ* – protą; *samādhāya* – sutelkus; *saḥ* – jis; *sāttvikaḥ* – dorybės guṇos.

Iš aukų – tos, kurios atnašaujamos vadovaujantis šventraščių nurodymais, iš pareigos ir netrokštant jokio atpildo, yra dorybės guṇos.

Daugeliu atvejų aukojama turint tam tikrą tikslą, tačiau posmas sako, kad aukoti reikia neturint slaptų norų. Aukoti reikia tik iš pareigos. Pažvelkime, pavyzdžiui, į šventyklose ir bažnyčiose atliekamas apeigas. Paprastai jos atliekamos, ieškant materialios naudos, tačiau tokio pobūdžio apeigos nepriskirtinos dorybės guṇai. Į šventyklą ar bažnyčią reikėtų eiti jaučiant pareigą išreikšti pagarbą Aukščiausiajam Dievo Asmeniui ir paaukoti Jam gėlių bei maisto. Dauguma mano, kad beprasmiška lankyti šventyklą vien tam, kad garbintum Dievą. Tačiau šventraščiai nerekomenduoja garbinti Viešpatį dėl materialios naudos. Šventyklą reikia lankyti, kad išreikštume pagarbą Dievybei. Pagarbos reiškimas Dievybei pakylės žmogų iki dorybės guṇos. Kiekvieno civilizuoto žmogaus pareiga – paklusti šventraščių priesakams ir reikšti pagarbą Aukščiausiajam Dievo Asmeniui.

अभिसन्धाय तु फलं दम्भार्थमपि चैव यत् ।
इज्यते भरतश्रेष्ठ तं यज्ञं विद्धि राजसम् ॥१२॥

17.12

abhisandhāya tu phalaṁ · dambhārtham api caiva yat
ijyate bharata-śreṣṭha · taṁ yajñaṁ viddhi rājasam

abhisandhāya – trokštant; *tu* – tačiau; *phalam* – rezultato; *dambha* – išdidumo; *artham* – vardan; *api* – taip pat; *ca* – ir; *eva* – tikrai; *yat* – tas, kuris; *ijyate* – yra atliekamas; *bharata-śreṣṭha* – o geriausias iš Bhāratų; *tam* – tas; *yajñam* – aukų atnašavimas; *viddhi* – žinoki; *rājasam* – aistros guṇos.

Tačiau žinoki, o geriausias iš Bhāratų – aukos, atnašaujamos laukiant materialios naudos arba paskatintos išdidumo, priklauso aistros guṇai.

Kai kada šiame pasaulyje aukos ir apeigos atliekamos, siekiant patekti į dangaus karalystę arba dėl materialios naudos. Tokios aukos bei apeigos yra aistros *guṇos*.

विधिहीनमसृष्टान्नं मन्त्रहीनमदक्षिणम् ।
श्रद्धाविरहितं यज्ञं तामसं परिचक्षते ॥१३॥   17.13

vidhi-hīnam asṛṣṭānnaṁ · mantra-hīnam adakṣiṇam
śraddhā-virahitaṁ yajñaṁ · tāmasaṁ paricakṣate

vidhi-hīnam – ne pagal šventraščių nurodymus; *asṛṣṭa-annam* – nedalijant *prasādam; mantra-hīnam* – negiedant Vedų himnų; *adakṣiṇam* – be atlyginimo šventikams; *śraddhā* – tikėjimo; *virahitam* – be; *yajñam* – aukų atnašavimas; *tāmasam* – neišmanymo *guṇos; paricakṣate* – turi būti laikoma.

O bet kokia auka, kurią atnašaujant nesilaikoma šventraščių nurodymų, nedalijamas prasādam [dvasinis maistas], negiedami Vedų himnai ir neatlyginama šventikams, ir kuri atnašaujama be tikėjimo – yra neišmanymo guṇos.

Neišmanymo *guṇos* tikėjimas iš tikro nėra joks tikėjimas. Kartais žmonės garbina kurį nors pusdievį tik dėl to, kad užsidirbtų pinigų ir išleistų juos pramogoms, ignoruojant šventraščių priesakus. Toks parodomasis religingumas nėra tikras – jis priskiriamas tamsybės *guṇai*, be to, jis skatina demonišką mąstyseną ir nesuteikia žmonių visuomenei jokios naudos.

देवद्विजगुरुप्राज्ञपूजनं शौचमार्जवम् ।
ब्रह्मचर्यमहिंसा च शारीरं तप उच्यते ॥१४॥   17.14

deva-dvija-guru-prājña- · pūjanaṁ śaucam ārjavam
brahmacaryam ahiṁsā ca · śārīraṁ tapa ucyate

deva – Aukščiausiojo Viešpaties; *dvija* – brahmanų; *guru* – dvasinio mokytojo; *prājña* – ir garbinimo vertų asmenybių; *pūjanam* – garbinimas; *śaucam* – švara; *ārjavam* – paprastumas; *brahmacaryam* – celibatas; *ahiṁsā* – prievartos nenaudojimas; *ca* – taip pat; *śārīram* – su kūnu susijusi; *tapaḥ* – askezė; *ucyate* – sakoma, yra.

Kūno askezė – tai Aukščiausiojo Viešpaties, brahmanų, dvasinio mokytojo, vyresniųjų, pavyzdžiui, tėvo bei motinos, gerbimas, švara, paprastumas, celibatas ir prievartos nenaudojimas.

Šiuo posmu Aukščiausiasis Dievas pradeda aiškinti įvairius askezės būdus. Iš pradžių Jis kalba apie kūno askezę. Reikia reikšti pagarbą ar mokytis ją reikšti Dievui, pusdieviams, tobulumo pasiekusiems ir kompetentingiems brahmanams, dvasiniam mokytojui bei vyresniesiems – tėvui, motinai ar žmogui, kuris gerai išmano Vedų žinojimą. Jiems turi būti rodoma derama pagarba. Reikia laikytis išorinės bei vidinės švaros ir mokytis elgesio paprastumo. Nedera daryti to, kas neleidžiama šventraščiuose. Šventraščiai pritaria tik vedybiniams lytiniams santykiams, nevedybiniai yra draudžiami. Tai ir vadinasi celibatu. Tokios yra kūno askezės rūšys.

अनुद्वेगकरं वाक्यं सत्यं प्रियहितं च यत् ।
स्वाध्यायाभ्यसनं चैव वाङ्मयं तप उच्यते ॥१५॥ 17.15

anudvega-karaṁ vākyaṁ · satyaṁ priya-hitaṁ ca yat
svādhyāyābhyasanaṁ caiva · vāṅ-mayaṁ tapa ucyate

anudvega-karam – kitų netrikdantys; *vākyam* – žodžiai; *satyam* – teisingi; *priya* – mieli; *hitam* – palankūs; *ca* – taip pat; *yat* – kurie; *svādhyāya* – Vedų studijavimo; *abhyasanam* – praktikos; *ca* – taip pat; *eva* – tikrai; *vāk-mayam* – balso; *tapaḥ* – askezė; *ucyate* – sakoma, yra.

Kalbos askezė pasireiškia tuo, kad sakomi teisingi, malonūs, palankūs, kitų netrikdantys žodžiai ir reguliariai cituojami Vedų raštai.

Mūsų kalba neturi trikdyti kitų žmonių. Žinoma, mokinių labui mokytojas sako tiesą, tačiau ne savo mokiniams jis neturėtų jaudinti proto, sakydamas visą tiesą. Tai jau kalbos askezė. Be to, nederėtų šnekėti niekų. Dvasininkų sluoksniuose įprasta kalbėti remiantis šventraščiais. Savo žodžius kalbantysis privalėtų paremti autoritetingo šventraščio citata. Be to, tie pokalbiai turėtų būti malonūs ausiai. Kalbančiajam jie teikia daug naudos ir iškelia žmonių visuomenę į aukštesnį lygį. Vedų raštai yra nepaprastai plačios apimties ir juos reikia studijuoti. Tokia yra kalbos askezė.

मनःप्रसादः सौम्यत्वं मौनमात्मविनिग्रहः ।
भावसंशुद्धिरित्येतत्तपो मानसमुच्यते ॥१६॥   17.16

manaḥ-prasādaḥ saumyatvaṁ · maunam ātma-vinigrahaḥ
bhāva-saṁśuddhir ity etat · tapo mānasam ucyate

manaḥ-prasādaḥ – proto pasitenkinimas; *saumyatvam* – nedviveidiškumas kitų atžvilgiu; *maunam* – rimtis; *ātma* – savojo „aš"; *vinigrahaḥ* – suvaldymas; *bhāva* – savo prigimties; *saṁśuddhiḥ* – apvalymas; *iti* – taip; *etat* – ši; *tapaḥ* – askezė; *mānasam* – proto; *ucyate* – sakoma, yra.

O pasitenkinimas, paprastumas, rimtis, savitvarda ir savo būties apvalymas yra proto askezė.

Disciplinuoti protą – tai atitraukti jį nuo juslinių malonumų. Protą reikia išlavinti taip, kad jis nuolat galvotų apie tai, ką gera padaryti kitiems. Geriausias tokio lavinimo būdas – minčių rimtis. Reikia nenukrypti nuo Kṛṣṇos sąmonės ir visada vengti juslinių malonumų. Apvalyti savąją prigimtį – tai išsiugdyti Krsnos sąmonę. Protas pajunta pasitenkinimą tik tada, kai vengiama minčių apie

juslinius malonumus. Kuo daugiau galvosime apie juslinius malonumus, tuo labiau būsime nepatenkinti. Šiais laikais mes be jokio
reikalo leidžiame protui nevaržomai ieškoti įvairiausių malonumų,
todėl jis negali pajusti pasitenkinimo. Geriausia išeitis šiuo atveju –
užimti protą Vedų raštų studijomis, nes juose, pavyzdžiui, *Purānose* bei „Mahābhāratoje", pasakojama daug teikiančių džiaugsmą
istorijų. Pasinaudojus jų žiniomis, galima apsivalyti. Mintyse neturi
likti vietos dviveidiškumui, reikia galvoti apie kitų gerovę. Tylėti –
tai nuolat mąstyti apie dvasinę savivoką. Šia prasme, Kṛṣṇą įsisąmoninęs žmogus yra visiškai tylus. Suvaldyti protą – tai atitraukti
mintis nuo juslinių malonumų. Turime būti tiesūs savo poelgiais
ir tuo būdu apvalyti savo būtį. Visos tos savybės kartu paėmus ir
sudaro proto veiklos askezę.

श्रद्धया परया तसं तपस्तत्त्रिविधं नरैः ।
अफलाकाङ्क्षिभिर्युक्तैः सात्त्विकं परिचक्षते ॥१७॥   **17.17**

śraddhayā parayā taptaṁ · tapas tat tri-vidhaṁ naraiḥ
aphalākāṅkṣibhir yuktaiḥ · sāttvikaṁ paricakṣate

śraddhayā – su tikėjimu; *parayā* – transcendentiniu; *taptam* – atliekama; *tapaḥ* – askezė; *tat* – ta; *tri-vidham* – trijų rūšių; *naraiḥ* –
žmonių; *aphala-ākāṅkṣibhiḥ* – kurie netrokšta savo veiklos vaisių;
yuktaiḥ – užsiėmusių; *sāttvikam* – dorybės guṇos; *paricakṣate* – yra
vadinama.

**Ši trijų rūšių askezė, kurią su transcendentiniu tikėjimu atlieka
žmonės, nelaukiantys materialios naudos, o siekiantys patenkinti
Aukščiausiąjį – vadinasi dorybės guṇos askezė.**

सत्कारमानपूजार्थं तपो दम्भेन चैव यत् ।
क्रियते तदिह प्रोक्तं राजसं चलमध्रुवम् ॥१८॥   **17.18**

satkāra-māna-pūjārthaṁ · tapo dambhena caiva yat
kriyate tad iha proktaṁ · rājasaṁ calam adhruvam

sat-kāra – pagarbos; *māna* – šlovės; *pūjā* – ir garbinimo; *artham* – vardan; *tapaḥ* – askezė; *dambhena* – iš puikybės; *ca* – taip pat; *eva* – tikrai; *yat* – kuri; *kriyate* – atliekama; *tat* – ta; *iha* – šiame pasaulyje; *proktam* – yra sakoma; *rājasam* – aistros *guṇos; calam* – nepastovi; *adhruvam* – laikina.

Askezė, atliekama iš puikybės, siekiant išsikovoti pagarbą, šlovę ir garbinimą, sakoma, yra aistros guṇos. Ji nėra nei pastovi, nei ilgalaikė.

Kai kada askezė atliekama norint atkreipti į save žmonių dėmesį, susilaukti pagarbos, šlovės ir garbinimo. Aistros *guṇos* pavergti žmonės sudaro tokias situacijas, kad jų pavaldiniai juos garbintų, leidžia jiems plauti savo pėdas ir dovanoti vertingas dovanas. Tokios situacijos, dirbtinai sukurtos atliekant askezes, skiriamos prie aistros *guṇos*. Tokio tipo askezės turi laikiną efektą ir gali būti atliekamos kažkiek laiko, bet ne nuolatos.

मूढअग्राहेणात्मनो यत्पीडया क्रियते तपः ।
परस्योत्सादनार्थं वा तत्तामसमुदाहृतम् ॥१९॥

17.19

mūḍha-grāheṇātmano yat · pīḍayā kriyate tapaḥ
parasyotsādanārthaṁ vā · tat tāmasam udāhṛtam

mūḍha – kvaila; *grāheṇa* – su pastangomis; *ātmanaḥ* – savo „aš"; *yat* – kuri; *pīḍayā* – kankinant; *kriyate* – yra atliekama; *tapaḥ* – askezė; *parasya* – kitų; *utsādana-artham* – sunaikinimo vardan; *vā* – arba; *tat* – ta; *tāmasam* – tamsos *guṇos; udāhṛtam* – sakoma, yra.

Askezė, atliekama iš kvailumo, kankinant save ar norint sunai-kinti kitus ar jiems pakenkti, sakoma yra neišmanymo guṇos.

Kartais demonai atlieka kvailas askezes. Pavyzdžiui, Hiraṇyaka-śipu atliko rūsčią askezę, kad taptų nemirtingas ir sunaikintų pusdievius. Šios malonės jis meldė Brahmą, bet galų gale Aukš-čiausiasis Dievo Asmuo jį patį nudobė. Jeigu askezė atliekama siekiant to, kas neįmanoma, ji yra neišmanymo *guṇos*.

दातव्यमिति यद्दानं दीयतेऽनुपकारिणे ।   **17.20**
देशे काले च पात्रे च तद्दानं सात्त्विकं स्मृतम् ॥२०॥

*dātavyam iti yad dānaṁ · dīyate 'nupakāriṇe
deśe kāle ca pātre ca · tad dānaṁ sāttvikaṁ smṛtam*

dātavyam – verta duoti; *iti* – taip; *yat* – ta, kuri; *dānam* – labdara;
dīyate – yra duodama; *anupakāriṇe* – nepriklausomai nuo atlygio;
deśe – tinkamoje vietoje; *kāle* – tinkamu laiku; *ca* – taip pat; *pātre* –
tinkamai asmenybei; *ca* – ir; *tat* – ta; *dānam* – labdara; *sāttvikam* –
dorybės *guṇos; smṛtam* – yra laikoma.

**Labdara, teikiama iš pareigos, nelaukiant atlygio, tinkamu laiku
ir tinkamoje vietoje bei jos vertam žmogui, yra dorybės guṇos.**

Vedų raštuose rekomenduojama šelpti dvasine praktika užsi-
imantį žmogų, bet neskatinama teikti labdarą visiems iš eilės.
Reikia visada pagalvoti, ar labdara padės dvasiškai tobulėti. Todėl
labdarą rekomenduojama teikti šventoje vietoje arba šventyklose,
mėnulio bei saulės užtemimų metu, mėnesio pabaigoje arba kom-
petentingam brahmanui ar *vaiṣṇavui* (bhaktui). Iš tokios labda-
ros nereikia tikėtis jokio atpildo. Kartais iš užuojautos išmalda
duodama vargšams, tačiau jei žmogus jos nevertas, toks poel-
gis nepaskatins dvasinio tobulėjimo. Kitaip sakant, Vedų raštuose
neapgalvota labdara nerekomenduojama.

यत्तु प्रत्युपकारार्थं फलमुद्दिश्य वा पुनः ।   **17.21**
दीयते च परिक्लिष्टं तद्दानं राजसं स्मृतम् ॥२१॥

*yat tu pratyupakārārthaṁ · phalam uddiśya vā punaḥ
dīyate ca parikliṣṭaṁ · tad dānaṁ rājasaṁ smṛtam*

yat – ta, kuri; *tu* – tačiau; *prati-upakāra-artham* – vardan atly-
gio; *phalam* – rezultato; *uddiśya* – trokštant; *vā* – arba; *punaḥ* –
vėlgi, *dīyate* – yra duodama; *ca* – taip pat; *parikliṣṭam* – neno-

rom; *tat* – ta; *dānam* – labdara; *rājasam* – aistros *guṇos; smṛtam* – suprantama, yra.

Tuo tarpu labdara, teikiama tikintis atlygio ar trokštant jos rezultatų sau, o taip pat jei ji atliekama nenoromis, yra aistros guṇos.

Kartais labdara teikiama siekiant pasikelti į dangaus karalystę ar nenoromis, ir vėliau dėl to apgailestaujama: „Kam aš tiek išleidau tam reikalui?" Kai kada labdara teikiama įsipareigojus ar vyresniems reikalaujant. Tokia labdara yra aistros *guṇos.*

Daug labdaros organizacijų teikia paramą įstaigoms, kurių tikslas – jusliniai malonumai. Tokio pobūdžio labdara nerekomenduojama Vedų raštuose. Rekomenduojama tiktai dorybės *guṇos* labdara.

अदेशकाले यद्दानमपात्रेभ्यश्च दीयते ।　17.22
असत्कृतमवज्ञातं तत्तामसमुदाहृतम् ॥२२॥

*adeśa-kāle yad dānam · apātrebhyaś ca dīyate
asat-kṛtam avajñātaṁ · tat tāmasam udāhṛtam*

adeśa – nešvarioje vietoje; *kāle* – netinkamu laiku; *yat* – ta, kuri; *dānam* – labdara; *apātrebhyaḥ* – nevertoms asmenybėms; *ca* – taip pat; *dīyate* – yra duodama; *asat-kṛtam* – be pagarbos; *avajñātam* – be deramo dėmesio; *tat* – ta; *tāmasam* – tamsos *guṇos; udāhṛtam* – sakoma, yra.

O labdara, suteikta nešvarioje vietoje, netinkamu laiku, nevertoms asmenybėms ar atsainiai ir be pagarbos, yra neišmanymo guṇos.

Posmas smerkia veiklą, kai aukojamos lėšos skatina alkoholizmą, narkomaniją bei azartinius lošimus. Tokia parama yra neišmanymo *guṇos.* Ji nežada nieko gera – veikiau pataikauja blogiui. Panašiai, jei labdara suteikiama vertam žmogui, bet be reikiamos pagarbos ir dėmesio, tokia labdara irgi yra tamsybės *guṇos.*

ॐ तत्सदिति निर्देशो ब्रह्मणस्त्रिविधः स्मृतः ।   **17.23**
ब्राह्मणास्तेन वेदाश्च यज्ञाश्च विहिताः पुरा ॥२३॥

oṁ tat sad iti nirdeśo · brahmaṇas tri-vidhaḥ smṛtaḥ
brāhmaṇās tena vedāś ca · yajñāś ca vihitāḥ purā

oṁ – nuoroda į Aukščiausiąjį; *tat* – tas; *sat* – amžinas; *iti* – taip; *nirdeśaḥ* – požymis; *brahmaṇaḥ* – Aukščiausiojo; *tri-vidhaḥ* – trigubas; *smṛtaḥ* – yra laikomas; *brāhmaṇāḥ* – brahmanai; *tena* – jį; *vedāḥ* – Vedų raštuose; *ca* – taip pat; *yajñāḥ* – atnašaujant aukas; *ca* – taip pat; *vihitāḥ* – naudojo; *purā* – anksčiau.

Nuo tada, kai sukurtas pasaulis, Aukščiausiajai Absoliučiai Tiesai pažymėti vartojami trys žodžiai – oṁ tat sat. Šiais trimis simboliniais įvaizdžiais naudojosi brahmanai, kai giedodavo Vedų himnus ir atnašaudavo aukas Aukščiausiojo patenkinimui.

Jau buvo aiškinta, kad askezės, aukos, labdara ir maistas skirstomi į tris kategorijas pagal tai, kokiai *guṇai* – dorybės, aistros, ar neišmanymo – jie priklauso. Tačiau kiekvieną šių kategorijų: pirmą, antrą, trečią – sąlygoja ir teršiamą įtaką daro materialios gamtos *guṇos*. Kai askezė, aukos, labdara ir maistas skiriami Aukščiausiajam – *oṁ tat sat*, Aukščiausiajam Dievo Asmeniui, amžinajam – jie yra dvasinio tobulėjimo priemonė. Šį tikslą ir nurodo šventraščiai. Trys žodžiai *oṁ tat sat* pažymi Absoliučią Tiesą, Aukščiausiąjį Dievo Asmenį. Žodį *oṁ* visada rasite Vedų himnuose.

    Kas nesilaiko šventraščių nurodymų, Absoliučios Tiesos nepasieks. Jis tegali pasiekti laikiną rezultatą, bet ne galutinį gyvenimo tikslą. Išvada: labdara, aukos ir askezė turi būti atliekamos dorybės *guṇos* lygiu. Aistros ar neišmanymo *guṇų* įtaka, be abejonės, pablogina labdaros, aukų ir askezės kokybę. Trys žodžiai *oṁ tat sat* tariami siejant juos su šventuoju Aukščiausiojo Viešpaties vardu, pvz.: *oṁ tad viṣṇoḥ*. Kai giedamas Vedų himnas, ar ištariamas šventasis Aukščiausiojo Viešpaties vardas, visada pridedamas skiemuo *oṁ*. Taip nurodo Vedų raštai, o tie trys žodžiai – iš Vedų himnų. *Oṁ ity etad brahmaṇo nediṣṭhaṁ nāma*

(„Ṛg Veda") nusako pirmąjį tikslą. *Tat tvam asi* („Chāndogya Upaniṣada" 6.8.7) nurodo antrąjį tikslą. O *sad eva saumya* („Chāndogya Upaniṣada" 6.2.1) nurodo trečiąjį tikslą. Drauge jie sudaro *oṁ tat sat*. Kitados, kai Brahmā, pirmoji sukurta gyvoji esybė, atnašavo aukas, jis šiais trimis žodžiais įvardindavo Aukščiausiąjį Dievo Asmenį. Todėl tuo pačiu principu visada vadovavosi Brahmos mokinių sekos nariai. Žodžiu, šis himnas yra labai svarbus. Todėl „Bhagavad-gītā" pataria bet kurią veiklą skirti *oṁ tat sat*, Aukščiausiajam Dievo Asmeniui. Kas atlieka askezę, atnašauja auką ir teikia labdarą su šiais trimis žodžiais lūpose, veikia įsisąmoninęs Kṛṣṇą. Kṛṣṇos sąmonė – moksliškai pagrįsta transcendentinė veikla, kuri įgalina grįžti namo, atgal pas Dievą. Atliekant tokią transcendentinę veiklą, jėgos veltui neeikvojamos.

तस्मादों इत्युदाहृत्य यज्ञदानतप:क्रियाः ।   17.24
प्रवर्तन्ते विधानोक्ताः सततं ब्रह्मवादिनाम् ॥२४॥

tasmād oṁ ity udāhṛtya · yajña-dāna-tapaḥ-kriyāḥ
pravartante vidhānoktāḥ · satataṁ brahma-vādinām

tasmāt – todėl; *oṁ* – prasidedančiu *oṁ; iti* – taip; *udāhṛtya* – tardami; *yajña* – aukų; *dāna* – labdaros; *tapaḥ* – ir askezės; *kriyāḥ* – atlikimą; *pravartante* – pradeda; *vidhāna-uktāḥ* – pagal šventraščių nurodymą; *satatam* – visada; *brahma-vādinām* – transcendentalistai.

Todėl transcendentalistai, pagal šventraščių nurodymus atnašaudami aukas, teikdami labdarą bei atlikdami askezę, šią veiklą visada pradeda skiemeniu „oṁ", kad pasiektų Aukščiausiąjį.

Oṁ tad viṣṇoḥ paramaṁ padam („Ṛg Veda" 1.22.20). Tarnystė Viṣṇu lotosinėms pėdoms – aukščiausias pasiaukojimo tikslas. Kai viskas daroma vardan Aukščiausiojo Dievo Asmens, veikla tampa tobula.

तदित्यनभिसन्धाय फलं यज्ञतप:क्रियाः । **17.25**
दानक्रियाश्च विविधाः क्रियन्ते मोक्षकाङ्क्षिभिः ॥२५॥

tad ity anabhisandhāya · phalaṁ yajña-tapaḥ-kriyāḥ
dāna-kriyāś ca vividhāḥ · kriyante mokṣa-kāṅkṣibhiḥ

tat – tai; *iti* – taip; *anabhisandhāya* – netrokštant; *phalam* – teikiamų rezultatų; *yajña* – aukos; *tapaḥ* – ir askezės; *kriyāḥ* – veikla; *dāna* – labdaros; *kriyāḥ* – veikla; *ca* – taip pat; *vividhāḥ* – įvairi; *kriyante* – yra atliekama; *mokṣa-kāṅkṣibhiḥ* – tų, kurie tikrai trokšta išsivaduoti.

Įvairių rūšių aukas, askezes ir labdarą reikia atlikti netrokštant jų vaisių sau ir su žodžiu „tat". Šių transcendentinių veiksmų tikslas – išsivaduoti iš materijos pančių.

Jei norime pasiekti dvasinį lygį, turime veikti nesitikėdami jokios materialios naudos. Savo veiksmais būtina siekti galutinio tikslo – patekti į dvasinę karalystę, t.y. sugrįžti namo, atgal pas Dievą.

सद्भावे साधुभावे च सदित्येतत्प्रयुज्यते । **17.26–27**
प्रशस्ते कर्मणि तथा सच्छब्द: पार्थ युज्यते ॥२६॥

यज्ञे तपसि दाने च स्थितिः सदिति चोच्यते ।
कर्म चैव तदर्थीयं सदित्येवाभिधीयते ॥२७॥

sad-bhāve sādhu-bhāve ca · sad ity etat prayujyate
praśaste karmaṇi tathā · sac-chabdaḥ pārtha yujyate

yajñe tapasi dāne ca · sthitiḥ sad iti cocyate
karma caiva tad-arthīyaṁ · sad ity evābhidhīyate

sat-bhāve – Aukščiausiojo prigimties prasme; *sādhu-bhāve* – bhakto prigimties prasme; *ca* – taip pat; *sat* – žodis *sat*; *iti* – taip; *etat* – šis; *prayujyate* – yra vartojamas; *praśaste* – bona fide; *karmaṇi* – veikloje; *tathā* – taip pat; *sat-śabdaḥ* – garsas *sat*; *pārtha* – o Pṛthos sūnau; *yujyate* – yra vartojamas; *yajñe* – aukoje; *tapasi* –

askezėje; *dāne* – labdaroje; *ca* – taip pat; *sthitiḥ* – padėtis; *sat* – Aukščiausiasis; *iti* – taip; *ca* – ir; *ucyate* – yra vadinamas; *karma* – darbas; *ca* – taip pat; *eva* – tikrai; *tat* – tam; *arthīyam* – skirtas; *sat* – Aukščiausiasis; *iti* – taip; *eva* – tikrai; *abhidhīyate* – yra pažymėtas.

Absoliuti Tiesa yra atsidavimo aukos tikslas ir žymima žodžiu „sat". Atnašaujantis šią auką irgi vadinasi „sat", kaip ir visi aukojimo, askezės ir labdaros darbai, kurie atitinka absoliučią prigimtį ir yra skirti Aukščiausiajam Asmeniui patenkinti, o Pṛthos sūnau.

Žodžiai *praśaste karmaṇi,* arba „nurodytosios pareigos", kalba apie Vedų raštų rekomenduojamą labai plačią veiklą, kurią sudaro apsivalymo procesai ir kurią privalu atlikti nuo apvaisinimo momento iki pat mirties. Tų apsivalymo procesų tikslas – galutinis gyvosios esybės išsivadavimas. Visus juos atliekant, siūloma tarti *oṁ tat sat.* Žodžiai *sad-bhāve* bei *sādhu-bhāve* nurodo transcendentinę situaciją. Kṛṣṇos sąmonės veikla vadinama *sattva,* o visiškai Kṛṣṇos sąmonės veiklą įsisąmoninęs žmogus vadinamas *sādhu.* „Śrīmad-Bhāgavatam" (3.25.25) sakoma, kad transcendentiniai dalykai tampa aiškūs bendraujant su bhaktais. Tai pažymi žodžiai *satāṁ prasaṅgāt.* Be bendravimo su bhaktais neįmanoma įgyti transcendentinį žinojimą. Žodžiai *oṁ tat sat* tariami inicijuojant mokinį ar suteikiant šventą brahmano virvelę. Lygiai taip, atliekant bet kurią *yajñą,* objektu visada yra Aukščiausiasis, *oṁ tat sat.* Posmo žodis *tad-arthīyam* reiškia daryti viską, kas susiję su Aukščiausiuoju, pavyzdžiui, gaminti maistą, padėti ruoštis Viešpaties šventykloje ar atlikti kitokį darbą, susijusį su Viešpaties šlovės skleidimu. Aukščiausieji žodžiai *oṁ tat sat* tariami pačiais įvairiausiais atvejais, kai norima, kad veiksmai būtų iki galo sėkmingi.

अश्रद्धया हुतं दत्तं तपस्तप्तं कृतं च यत् ।
असदित्युच्यते पार्थ न च तत्प्रेत्य नो इह ॥२८॥

17.28

aśraddhayā hutaṁ dattaṁ · tapas taptaṁ kṛtaṁ ca yat
asad ity ucyate pārtha · na ca tat pretya no iha

aśraddhayā – be tikėjimo; *hutam* – atnašauta auka; *dattam* – atiduota; *tapaḥ* – askezė; *taptam* – atlikta; *kṛtam* – padaryta; *ca* – taip
pat; *yat* – tai, kas; *asat* – netikra; *iti* – taip; *ucyate* – yra vadinama;
pārtha – o Pṛthos sūnau; *na* – niekada; *ca* – taip pat; *tat* – tai;
pretya – po mirties; *na u* – nei; *iha* – šiame gyvenime.

**O Pṛthos sūnau, bet kokia auka, labdara ar askezė, atlikta netikint Aukščiausiąjį, yra laikina ir vadinasi „asat". Tokia veikla
niekam tikus, iš jos nebus naudos nei šį, nei kitą gyvenimą.**

Bet kokia veikla – auka, labdara ar askezė – nesuteiks jokios
naudos, jei jos tikslas nėra transcendentinis. Todėl posmas skelbia, kad ji nieko verta. Viską reikia atlikti sutelkus mintis į Kṛṣṇą
ir skirti Aukščiausiajam. Jei tokio tikėjimo ir deramo vadovo
nėra, neverta laukti jokių rezultatų. Visi Vedų raštai skatina tikėti
Aukščiausiąjį. Visi Vedų mokymai kreipia į Aukščiausiąjį tikslą –
Kṛṣṇos pažinimą. Nesivadovaujant šiuo principu sėkmės sulaukti
neįmanoma. Todėl geriausias kelias – iš pat pradžių veikti Kṛṣṇos
sąmonės dvasia, *bona fide* dvasiniam mokytojui vadovaujant. Toks
kelias veda į visokeriopą sėkmę.

    Sąlygotos sielos linkusios garbinti pusdievius, dvasias ar Yak
ṣus, pvz. Kuverą. Dorybės *guṇa* geresnė už aistros ir neišmanymo
guṇas, tačiau tas, kuris tiesiogiai kreipiasi į Kṛṣṇos sąmonę, yra
transcendentalus trims materialios gamtos *guṇoms.* Galimas ir
tobulėjimo etapais kelias, tačiau geriausias yra toks metodas, kai
su tyrais bhaktais bendraujantis žmogus kreipiasi tiesiog į Kṛṣṇos
sąmonę. Toks metodas rekomenduojamas šiame skyriuje. Norėdami, kad šiame kelyje mus lydėtų sėkmė, visų pirma turime
surasti tinkamą dvasinį mokytoją ir jam vadovaujant baigti tam
tikrą mokymosi kursą. Tada išsiugdysime tikėjimą Aukščiausiuoju.
Ilgainiui tikėjimas subręs ir tuomet jis vadinsis meile Dievui.
Meilė Dievui – galutinis gyvųjų esybių tikslas. Taigi reikia tiesio-

giai įsijungti į Kṛṣṇos sąmonę. Tokią žinią skelbia septynioliktas skyrius.

Taip Bhaktivedanta baigia komentuoti septynioliktą „Śrīmad Bha-gavad-gītos" skyrių, pavadintą „Tikėjimo atmainos".

18 skyrius

Atsižadėjimo tobulumas

अर्जुन उवाच 18.1
सन्न्यासस्य महाबाहो तत्त्वमिच्छामि वेदितुम् ।
त्यागस्य च हृषीकेश पृथक्केशिनिषूदन ॥ १ ॥

arjuna uvāca
sannyāsasya mahā-bāho · tattvam icchāmi veditum
tyāgasya ca hṛṣīkeśa · pṛthak keśi-niṣūdana

arjunaḥ uvāca – Arjuna tarė; *sannyāsasya* – atsižadėjimo; *mahā-bāho* – o tvirtaranki; *tattvam* – tiesą; *icchāmi* – aš trokštu; *veditum* – suprasti; *tyāgasya* – atsižadėjimo; *ca* – taip pat; *hṛṣīkeśa* – o jusliu valdove; *pṛthak* – atskirai; *keśi-niṣūdana* – o demono Kešio nugalėtojau.

Arjuna tarė: O tvirtaranki, o demono Kešio nugalėtojau, jusliu valdove, aš noriu suvokti atsižadėjimo [tyāgos] ir gyvenimo atsižadėjus [sannyāsos] paskirtį.

Iš esmės „Bhagavad-gītā" baigiasi septynioliktu skyriumi. Aštuonioliktas skyrius – tai papildoma visų aptartų temų apžvalga. Kiekviename „Bhagavad-gītos" skyriuje Viešpats Kṛṣṇa pabrėžia, kad pasiaukojimo tarnystė Aukščiausiajam Dievo Asmeniui yra galutinis gyvenimo tikslas. Pasiaukojimo tarnystė, slaptingiausias pažinimo kelias, glaustai aptariama aštuonioliktame skyriuje. Pirmuose šešiuose *Gītos* skyriuose didžiausias dėmesys buvo skirtas pasiaukojimo tarnystei: *yoginām api sarveṣām*... „Iš visų *yogų* ar transcendentalistų geriausias yra tas, kuris savo širdyje nuolat galvoja apie Mane." Kituose šešiuose skyriuose aptariami tyros pasiaukojimo tarnystės, jos esmės ir veiklos klausimai. Paskutiniuose šešiuose skyriuose aprašytas žinojimas, atsižadėjimas, materialios ir transcendentinės gamtos veikla bei pasiaukojimo tarnystė. Buvo padaryta išvada, kad visa veikla sietina su Aukščiausiuoju Viešpačiu, kuriam atstovauja žodžiai *oṁ tat sat,* nurodantys Viṣṇu – Aukščiausiąjį Asmenį. Trečioje „Bhagavad-gītos" dalyje, pasiremiant praeities *acaryų,* o taip pat „Brahma-sūtros", ar „Vedānta-sūtros" citatomis, parodoma, kad tik pasiaukojimo tarnystė Aukščiausiajam Viešpačiui yra galutinis gyvenimo tikslas. Kai kurie impersonalistai mano turį „Vedānta-sūtros" supratimo monopolį, tačiau iš tikrųjų „Vedānta-sūtra" skirta pasiaukojimo tarnystei suprasti, nes „Vedāntą-sūtrą" sudarė Patsai Viešpats ir Jis yra jos žinovas. Apie tai rašoma penkioliktame skyriuje. Visi šventraščiai, visos Vedos rodo į pasiaukojimo tarnystę. Tai paaiškinta „Bhagavad-gītoje".

„Bhagavad-gītos" antrame skyriuje apžvelgtas jos turinys, o aštuonioliktame pateikta jos mokymo santrauka. Jame nurodoma, kad gyvenimo tikslas – atsižadėti ir pasiekti transcendentinę padėtį anapus trijų materialios gamtos *guṇų.* Arjuna nori išsiaiškinti dvi svarbias „Bhagavad-gītos" temas: atsižadėjimą (*tyāgą*) ir gyvenimą atsižadėjus (*sannyāsą*). Todėl jis klausia, ką reiškia šie du žodžiai.

Posme pavartoti du svarbūs žodžiai, kuriais kreipiamasi į Aukščiausiąjį Viešpatį: „Hṛṣīkeśa" ir „Keśi-niṣūdana". „Hṛṣīkeśa" – tai Kṛṣṇa, visų juslių valdovas, kuris visada gali mums padėti įgyti proto nesudrumsčiamumą. Arjuna prašo Viešpaties apibendrinti visus Savo žodžius taip, kad jis neprarastų dvasios pusiausvyros. Tačiau jis dar abejoja, o abejonės – tarsi demonai. Todėl jis kreipiasi į Kṛṣṇą, pavadindamas Jį Keśi-niṣūdana. Keśis buvo vienas grėsmingiausių Viešpaties užmuštų demonų. Dabar Arjuna tikisi, kad Kṛṣṇa susidoros su jo dvejonių demonu.

श्रीभगवानुवाच 18.2

काम्यानां कर्मणां न्यासं सन्न्यासं कवयो विदुः ।
सर्वकर्मफलत्यागं प्राहुस्त्यागं विचक्षणाः ॥ २ ॥

śrī-bhagavān uvāca

kāmyānāṁ karmaṇāṁ nyāsaṁ · sannyāsaṁ kavayo viduḥ
sarva-karma-phala-tyāgaṁ · prāhus tyāgaṁ vicakṣaṇāḥ

śrī-bhagavān uvāca – Aukščiausiasis Dievo Asmuo tarė; *kām-yānām* – iš noro; *karmaṇām* – veiklos; *nyāsam* – atsižadėjimą; *sannyāsam* – gyvenimu atsižadėjęs; *kavayaḥ* – mokytieji; *viduḥ* – žino; *sarva* – visos; *karma* – veiklos; *phala* – rezultatų; *tyāgam* – atsižadėjimą; *prāhuḥ* – vadina; *tyāgam* – atsižadėjimu; *vicakṣaṇāḥ* – patyrusieji.

Aukščiausiasis Dievo Asmuo tarė: Atsisakyti veiklos, kurios pagrindas – materialūs troškimai, didžiųjų mokslo vyrų nuomone yra gyvenimas atsižadėjus [sannyāsa]. O visos veiklos rezultatų atsisakymą išmintingieji vadina atsižadėjimu [tyāga].

Reikia atsisakyti veiklos dėl rezultatų. Toks „Bhagavad-gītos" nurodymas. Tačiau nereikia atsisakyti tokios veiklos, kuri veda į dvasinį žinojimą. Tai aiškiai parodys kiti posmai. Vedų raštuose aprašyta daug būdų kaip atnašauti aukas, siekiant tam tikrų tikslų. Norintiems gero sūnaus ar trokštantiems pakilti į aukštesnes planetas patariama atnašauti tam tikras aukas, nors apskritai aukų, kurias skatina materialūs norai, reikėtų atsisakyti. Vis dėlto nereikia atsisakyti aukų, kurios apvalo širdį ar padeda daryti pažangą dvasinio mokslo srityje.

त्याज्यं दोषवदित्येके कर्म प्राहुर्मनीषिणः ।
यज्ञदानतपःकर्म न त्याज्यमिति चापरे ॥ ३ ॥ 18.3

tyājyaṁ doṣa-vad ity eke · karma prāhur manīṣiṇaḥ
yajña-dāna-tapaḥ-karma · na tyājyam iti cāpare

tyājyam – turi būti atmestas; *doṣa-vat* – kaip blogis; *iti* – šitaip; *eke* –
vieni; *karma* – darbas; *prāhuḥ* – sako; *manīṣiṇaḥ* – didieji mąsty-
tojai; *yajña* – aukojimo; *dāna* – labdaros; *tapaḥ* – askezės; *karma* –
veiksmai; *na* – niekada; *tyājyam* – turi būti atmesti; *iti* – šitaip; *ca* –
ir; *apare* – kiti.

**Kai kurie mokyti vyrai sako, kad visa karminė veikla ydinga,
todėl reikia jos visiškai atsisakyti, o kiti išminčiai tvirtina, kad
aukojimo, labdaros ir askezės niekada nedera atsisakyti.**

Vedų raštai aprašo įvairias veiklos rūšis, kurios dažnai yra nesan-
taikos objektas. Antai pasakyta, kad žudyti gyvūną aukai galima,
tačiau kai kas tvirtina, kad gyvūnų žudymas visais atvejais yra
smerktinas. Nors Vedų raštai pasisako už gyvūnų aukojimą, paau-
kotas gyvūnas nelaikomas nužudytu. Aukojama tam, kad duotume
gyvūnui naują gyvenimą. Kartais paaukotas gyvūnas įgyja naują
gyvūno kūną, o kartais iš karto pasiekia žmogaus gyvybės formą.
Tačiau šiuo klausimu išminčių nuomonės išsiskiria. Vieni sako, kad
gyvūnų žudymo iš viso reikia vengti, kiti tvirtina, kad atliekant
kai kurias aukas tai yra leistina. Skirtingas nuomones apie aukų
atnašavimą dabar paaiškins Pats Viešpats.

निश्चयं शृणु मे तत्र त्यागे भरतसत्तम ।
त्यागो हि पुरुषव्याघ्र त्रिविधः सम्प्रकीर्तितः ॥ ४ ॥   **18.4**

niścayaṁ śṛṇu me tatra · tyāge bharata-sattama
tyāgo hi puruṣa-vyāghra · tri-vidhaḥ samprakīrtitaḥ

niścayam – tikrai; *śṛṇu* – išgirsk; *me* – iš Manęs; *tatra* – dabar;
tyāge – atsižadėjimo klausimu; *bharata-sat-tama* – o geriausias iš
Bhāratų; *tyāgaḥ* – atsižadėjimas; *hi* – tikrai; *puruṣa-vyāghra* – o
tigre tarp žmonių; *tri-vidhaḥ* – trijų rūšių; *samprakīrtitaḥ* – yra
skelbiamas.

O geriausias iš Bhāratų, dabar išgirsk Mano galutinę nuomonę apie atsižadėjimą. O tigre tarp žmonių, šventraščiai skelbia, jog atsižadėjimas yra trijų rūšių.

Apie atsižadėjimą yra įvairių nuomonių, tačiau Aukščiausiasis Dievo Asmuo, Śrī Kṛṣṇa, dabar pateikia Savo nuomonę, kurią reikėtų laikyti galutine. Šiaip ar taip, juk Vedos – tai įvairūs įstatymai, kuriuos davė Pats Viešpats. Šiuo atveju Viešpats kalba asmeniškai, tad Jo žodis laikytinas galutiniu. Viešpats sako, kad atsižadėjimo procesą reikia vertinti pagal tai, kokių materialios gamtos *guṇų* įtakoje jis yra atliekamas.

यज्ञदानतपःकर्म न त्याज्यं कार्यमेव तत् ।   18.5
यज्ञो दानं तपश्चैव पावनानि मनीषिणाम् ॥ ५ ॥

yajña-dāna-tapaḥ-karma · na tyājyaṁ kāryam eva tat
yajño dānaṁ tapaś caiva · pāvanāni manīṣiṇām

yajña – aukojimo; *dāna* – labdaros; *tapaḥ* – ir askezės; *karma* – veiksmai; *na* – niekada; *tyājyam* – turi būti atmesti; *kāryam* – turi būti atlikti; *eva* – tikrai; *tat* – tie; *yajñaḥ* – aukų atnašavimas; *dānam* – labdara; *tapaḥ* – askezė; *ca* – taip pat; *eva* – tikrai; *pāvanāni* – apvalo; *manīṣiṇām* – net ir didžiąsias sielas.

Nereikia atsisakyti aukojimo, labdaros ir askezės veiksmų – juos privalu atlikti. Nes išties aukų atnašavimas, labdara ir askezė apvalo net ir didžiąsias sielas.

Yogų darbai turi tarnauti žmonių visuomenės pažangai. Egzistuoja daugybė apsivalymo procesų, kurie priartina žmogų prie dvasinio gyvenimo. Viena tokių aukų – vedybų ceremonija, kuri vadinasi *vivāha-yajña.* Ar tinka *sannyāsiui*, atsižadėjusiam pasaulio ir atsisakiusiam šeiminių ryšių, skatinti vedybų ceremoniją? Šiame posme Viešpats sako, kad nereikia atsisakyti nė vienos aukos, kuri skirta žmonių gerovei. *Vivāha-yajños,* vedybų ceremonijos, tikslas –

padėti žmogui išlaikyti ramų protą ir taip suteikti jam galimybę dvasiškai tobulėti. O *vivāha-yajñai* daugumą žmonių turėtų skatinti net ir atsižadėjusieji pasaulio. *Sannyāsis* jokiu būdu neturi bendrauti su moterimis, tačiau tai nereiškia, kad žemesnėje gyvenimo pakopoje esantis jaunuolis negali vesti, atlikęs reikiamas apeigas. Visos nurodytos aukos yra skirtos siekti Aukščiausiojo Viešpaties. Todėl žmonėms, kurie yra žemesnėse gyvenimo pakopose, atsisakyti jų nederėtų. Labdara irgi skirta širdies apvalymui. Jei labdara suteikiama vertai asmenybei, kaip buvo anksčiau sakyta, ji padeda daryti pažangą dvasiniame gyvenime.

एतान्यपि तु कर्माणि सङ्गं त्यक्त्वा फलानि च ।   **18.6**
कर्तव्यानीति मे पार्थ निश्चितं मतमुत्तमम् ॥ ६ ॥

etāny api tu karmāṇi · saṅgaṁ tyaktvā phalāni ca
kartavyānīti me pārtha · niścitaṁ matam uttamam

etāni – visus šiuos; *api* – tikrai; *tu* – tačiau; *karmāṇi* – veiksmus; *saṅgam* – ryšio; *tyaktvā* – atsižadėjus; *phalāni* – rezultatais; *ca* – taip pat; *kartavyāni* – turi būti atlikta, kaip pareiga; *iti* – taip; *me* – Mano; *pārtha* – o Pṛthos sūnau; *niścitam* – aiški; *matam* – nuomonė; *uttamam* – geriausia.

Tuos veiksmus, o Pṛthos sūnau, reikia atlikti be potraukio, nesitikint atpildo ir iš pareigos. Tokia galutinė Mano nuomonė.

Nors visos aukos apvalo, jas atnašaujant nereikia tikėtis jokių rezultatų. Žodžiu, reikėtų atsisakyti bet kokių aukų, kurių tikslas tėra padaryti pažangą materialaus gyvenimo srityje, tačiau nereikia atmesti aukų, kurios apvalo būtį ir padeda pakilti iki dvasinio lygio. Skatintina viskas, kas priartina prie Kṛṣṇos sąmonės. „Śrīmad-Bhāgavatam" taip pat sakoma, kad reikia atlikti bet kokį veiksmą, artinantį prie pasiaukojimo tarnystės Viešpačiui. Toks aukščiausias religijos kriterijus. Viešpaties bhaktas turi imtis bet kokio darbo, aukos ar labdaros, jei ji padeda pasiaukojamai tarnauti Viešpačiui

नियतस्य तु सन्न्यासः कर्मणो नोपपद्यते ।

मोहात्तस्य परित्यागस्तामसः परिकीर्तितः ॥ ७ ॥

18.7

niyatasya tu sannyāsaḥ · karmaṇo nopapadyate

mohāt tasya parityāgas · tāmasaḥ parikīrtitaḥ

niyatasya – nurodytos; *tu* – bet; *sannyāsaḥ* – atsižadėjimas; *karmaṇāḥ* – veiklos; *na* – niekada; *upapadyate* – tinkamas; *mohāt* – iš iliuzijos; *tasya* – jos; *parityāgaḥ* – atsižadėjimas; *tāmasaḥ* – neišmanymo *guṇos; parikīrtitaḥ* – yra skelbiamas.

Nevalia atsisakyti nurodytų pareigų. Kas iliuzijos apimtas atsisako vykdyti nurodytas pareigas, to atsižadėjimas, pasakyta, yra neišmanymo guṇos.

Atsisakyti reikia veiklos, kuria ieškoma materialaus pasitenkinimo. O veiklą, kuri skatina dvasinį aktyvumą, pavyzdžiui, valgių Aukščiausiajam Viešpačiui gaminimą, jų aukojimą Viešpačiui bei ragavimą – tokią veiklą rekomenduojama atlikti. Pasakyta, kad žmogus, atsižadėjęs pasaulio, neturi maisto gamintis sau. Sau gaminti maistą draudžiama, tačiau nedraudžiama jį gaminti Aukščiausiajam Viešpačiui. Lygiai taip *sannyāsis* gali atlikti ir vedybų apeigas, kad padėtų savo mokiniui tobulinti Kṛṣṇos sąmonę. Kas atsisako tokios veiklos, to veikla yra tamsos *guṇos.*

दुःखमित्येव यत्कर्म कायक्लेशभयात्त्यजेत् ।

स कृत्वा राजसं त्यागं नैव त्यागफलं लभेत् ॥ ८ ॥

18.8

duḥkham ity eva yat karma · kāya-kleśa-bhayāt tyajet

sa kṛtvā rājasaṁ tyāgaṁ · naiva tyāga-phalaṁ labhet

duḥkham – nelaimingas; *iti* – taip; *eva* – tikrai; *yat* – kuris; *karma* – darbą; *kāya* – dėl kūno; *kleśa* – vargo; *bhayāt* – iš baimės; *tyajet* – atmeta; *saḥ* – jis; *kṛtvā* – atlikęs; *rājasam* – aistros *guṇos; tyāgam* – atsižadėjimą; *na* – ne; *eva* – tikrai; *tyāga* – atsižadėjimo; *phalam* – rezultatus; *labhet* – gauna.

Kas apleidžia nurodytas pareigas, jei jos vargina, ar bijodamas kūniškų nepatogumų, tas, pasakyta, atsižada veikiamas aistros guņos. Tokie veiksmai niekada neatves į atsižadėjimo aukštumas.

Kṛṣṇą įsisąmoninęs žmogus neturėtų atsisakyti savo darbo iš baimės, jog atlieka karminį veiksmą. Jei uždirbtos lėšos panaudojamos Kṛṣṇos sąmonei arba jei puoselėti transcendentinę Kṛṣṇos sąmonę padeda kėlimasis anksti rytą – tokios veiklos atsižadėti iš baimės ar dėl to, kad ji vargina, nederėtų, nes toks atsižadėjimas yra aistros *guņos*. Aistringa veikla teikia tik kančias. Kas šitaip nusiteikęs atsisako darbo, tas niekada nepasieks atsižadėjimo rezultato.

कार्यमित्येव यत्कर्म नियतं क्रियतेऽर्जुन ।   18.9
सङ्गं त्यक्त्वा फलं चैव स त्यागः सात्त्विको मतः ॥ ९ ॥

kāryam ity eva yat karma · niyataṁ kriyate 'rjuna
saṅgaṁ tyaktvā phalaṁ caiva · sa tyāgaḥ sāttviko mataḥ

kāryam – turi būti atliktas; *iti* – šitaip; *eva* – tikrai; *yat* – kuris; *karma* – darbas; *niyatam* – nurodytas; *kriyate* – yra atliekamas; *arjuna* – o Arjuna; *saṅgam* – potraukį; *tyaktvā* – atmetus; *phalam* – rezultatą; *ca* – taip pat; *eva* – tikrai; *saḥ* – tas; *tyāgaḥ* – atsižadėjimas; *sāttvikaḥ* – dorybės *guņos; mataḥ* – Mano nuomone.

O Arjuna, kas atlieka nurodytas pareigas vien todėl, kad jas reikia atlikti, kas atsisako potraukio materialiai veiklai ir veiklos rezultatams, to atsižadėjimas, pasakyta, yra dorybės guņos.

Nurodytas pareigas reikia atlikti su tokiomis mintimis, kaip čia pataria Viešpats Kṛṣṇa. Reikėtų veikti neprisirišant prie savo darbo srities ir rezultatų. Kṛṣṇos sąmonės žmogus, dirbantis gamykloje, nesieja savęs nei su gamyklos darbu, nei su jos darbuotojais. Jis darbuojasi Kṛṣṇai – štai ir viskas. Aukodamas darbo rezultatus Kṛṣṇai, jis veikia transcendentaliai.

न द्वेष्ट्यकुशलं कर्म कुशले नानुषज्जते ।			18.10
त्यागी सत्त्वसमाविष्टो मेधावी छिन्नसंशयः ॥१०॥

na dveṣṭy akuśalaṁ karma · kuśale nānuṣajjate
tyāgī sattva-samāviṣṭo · medhāvī chinna-saṁśayaḥ

na – niekada; *dveṣṭi* – neapkenčia; *akuśalam* – nepalankaus; *karma* – darbo; *kuśale* – prie palankaus; *na* – ne; *anuṣajjate* – prisiriša; *tyāgī* – atsižadėjęs; *sattva* – dorybės; *samāviṣṭāḥ* – apimtas; *medhāvī* – protingas; *chinna* – nukirtęs; *saṁśayaḥ* – visas abejones.

Protingas, atsižadėjęs, dorybės guṇos veikiamas žmogus nei jaučia neapykantą nepalankiam darbui, nei turi potrauki palankiam, o dėl paties darbo, tai jam nekyla abejonių.

Kṛṣṇą įsisąmoninęs žmogus arba tas, kuris yra dorybės *guṇos,* nejaučia neapykantos niekam, kas teikia rūpesčių jo kūnui, kas tai bebūtų – žmogus ar aplinkybės. Jis atlieka darbą tinkamoje vietoje ir tinkamu laiku, nesibaimindamas dėl nemalonių savo pareigų vykdymo pasekmių. Toks transcendentiškas žmogus – pats išmintingiausias ir neabejoja tuo, ką daro.

न हि देहभृता शक्यं त्यक्तुं कर्माण्यशेषतः ।			18.11
यस्तु कर्मफलत्यागी स त्यागीत्यभिधीयते ॥११॥

na hi deha-bhṛtā śakyaṁ · tyaktuṁ karmāṇy aśeṣataḥ
yas tu karma-phala-tyāgī · sa tyāgīty abhidhīyate

na – niekada; *hi* – tikrai; *deha-bhṛtā* – įkūnytam; *śakyam* – įmanoma; *tyaktum* – atsižadėti; *karmāṇi* – veiklos; *aśeṣataḥ* – visiškai; *yaḥ* – kuris; *tu* – tačiau; *karma* – darbo; *phala* – rezultatų; *tyāgī* – atsižadėjęs; *saḥ* – jis; *tyāgī* – atsižadėjęs; *iti* – taip; *abhidhīyate* – yra sakoma.

Juk išties visiškai atsisakyti veiklos įkūnytai būtybei neįmanoma. Todėl sakoma, jog kas atsižada savo veiklos vaisių, tas iš tiesų yra atsižadėjęs.

„Bhagavad-gītoje" sakoma, kad nieko neveikti neįmanoma. Todėl tas, kas dirba dėl Kṛṣṇos ir nesinaudoja savo veiklos rezultatais, bet viską aukoja Kṛṣṇai, iš tiesų yra atsižadėjęs. Daugelis Tarptautinės Kṛṣṇos sąmonės bendrijos narių įtemptai dirba įstaigose, gamyklose ar kitur ir visą uždarbį aukoja bendrijai. Tokios iškilnios sielos iš tikrųjų jau yra *sannyāsiai*, atsižadėję pasaulio. Posmas aiškiai nurodo, kaip atsižadėti veiklos vaisių ir vardan ko tai reikia daryti.

अनिष्टमिष्टं मिश्रं च त्रिविधं कर्मणः फलम् ।
भवत्यत्यागिनां प्रेत्य न तु सन्न्यासिनां कचित् ॥१२॥

18.12

aniṣṭam iṣṭaṁ miśraṁ ca · tri-vidhaṁ karmaṇaḥ phalam
bhavaty atyāginām pretya · na tu sannyāsināṁ kvacit

aniṣṭam – vedantis į pragarą; *iṣṭam* – vedantis į dangų; *miśram* – mišrus; *ca* – ir; *tri-vidham* – trijų rūšių; *karmaṇaḥ* – darbo; *phalam* – rezultatas; *bhavati* – ateina; *atyāginām* – neatsižadėjusiam; *pretya* – po mirties; *na* – ne; *tu* – tačiau; *sannyāsinām* – atsižadėjusiam pasaulio; *kvacit* – bet kuriuo laiku.

Kas neatsižada, tas po mirties ragauja trijų rūšių veiklos vaisius: geidžiamus, negeidžiamus ir mišrius. O tie, kurie stojo į atsižadėjimo kelią, nepatiria savo veiklos pasekmių nei džiaugsmo, nei kančios forma.

Kṛṣṇą įsisąmoninęs žmogus, kuris veikia suvokdamas savo ryšį su Kṛṣṇa, visada yra išsivadavęs. Todėl po mirties jis nepatiria savo veiklos pasekmių nei džiaugsmo, nei kančios forma.

पञ्चैतानि महाबाहो कारणानि निबोध मे ।
साङ्ख्ये कृतान्ते प्रोक्तानि सिद्धये सर्वकर्मणाम् ॥१३॥

18.13

pañcaitāni mahā-bāho · kāraṇāni nibodha me
sāṅkhye kṛtānte proktāni · siddhaye sarva-karmaṇām

pañca – penkios; *etāni* – visos šios; *mahā-bāho* – o tvirtaranki; *kāraṇāni* – priežastys; *nibodha* – suprask; *me* – iš Manęs; *sāṅkhye* – Vedāntoje; *kṛta-ante* – užbaigiant; *proktāni* – pasakytos; *siddhaye* – tobulumui; *sarva* – visos; *karmaṇām* – veiklos.

O tvirtaranki Arjuna, pasak Vedāntos, yra penkios priežastys, kurios lemia bet kokį veiksmą. Sužinoki dabar jas iš Manęs.

Gali iškilti klausimas: jei bet koks veiksmas neišvengiamai sukelia atoveikį, kaip tad yra, kad Kṛṣṇą įsisąmoninęs žmogus nei kenčia nuo savo veiklos pasekmių, nei patiria dėl jų džiaugsmą. Norėdamas tai paaiškinti, Viešpats kreipiasi į *Vedāntos* filosofiją. Jis sako, kad veikla turi penkias priežastis, ir norint, kad ji būtų sėkminga, šias penkias priežastis reikia žinoti. *Sāṅkhya* reiškia „žinojimo medis", o *Vedānta* – jo viršūnė, tai pripažino visi svarbiausieji *ācāryos,* net ir Śaṅkara. Todėl atsakymo reikia kreiptis į šį autoritetingą šaltinį.

Aukščiausią valdžią turi Supersiela. „Bhagavad-gītoje" sakoma: *sarvasya cāhaṁ hṛdi sanniviṣṭaḥ.* Supersiela paskatina mus veikti primindama kiekvienam jo ankstesnę veiklą. O veiksmai Kṛṣṇos labui, atliekami Jai nurodant iš vidaus, nesukuria jokio atoveikio nei šiame, nei pomirtiniame gyvenime.

अधिष्ठानं तथा कर्ता करणं च पृथग्विधम् ।   18.14
विविधाश्च पृथक्चेष्टा दैवं चैवात्र पञ्चमम् ॥१४॥

adhiṣṭhānaṁ tathā kartā · karaṇaṁ ca pṛthag-vidham
vividhāś ca pṛthak ceṣṭā · daivaṁ caivātra pañcamam

adhiṣṭhānam – vieta; *tathā* – taip pat; *kartā* – veikėjas; *karaṇam* – įrankiai; *ca* – ir; *pṛthak-vidham* – skirtingų rūšių; *vividhāḥ* – įvairios; *ca* – ir; *pṛthak* – atskiros; *ceṣṭāḥ* – pastangos; *daivam* – Aukščiausiasis; *ca* – taip pat; *eva* – tikrai; *atra* – čia; *pañcamam* – penktas.

Veiksmo vieta [kūnas], atlikėjas, skirtingos juslės, įvairių rūšių pastangos ir pagaliau Supersiela – tokie yra penki veiksmo faktoriai.

Žodis *adhiṣṭhānam* nurodo kūną. Siela, esanti kūne, veikia taip, kad sukurtų veiklos rezultatą, ir todėl vadinasi *karta* – „veikiančioji". Apie tai, kad siela yra pažįstantis subjektas ir veikiančioji, pasakyta *śruti*. *Eṣa hi draṣṭā sraṣṭā* („Praśna Upaniṣada" 4.9). Tai liudija ir „Vedānta-sūtros" posmai: *jño 'ta eva* (2.3.18) ir *kartā śāstrārthavattvāt* (2.3.33). Veiklos įrankiai yra juslės, ir siela veikia jų padedama. Kiekvienam veiksmui atlikti reikia tam tikrų pastangų. Tačiau bet kokia veikla priklauso nuo Supersielos – draugo, kuris glūdi širdyje, valios. Aukščiausiasis Viešpats – tai aukščiausioji priežastis. Todėl to, kuris veikia su Kṛṣṇos sąmone, kaip nurodo širdyje esanti Supersiela, savaime nesaisto jokia veikla. Pasiekusieji visišką Kṛṣṇos sąmonę iš tikrųjų jau neatsako už savo veiksmus. Viskas yra Supersielos, Aukščiausiojo Dievo Asmens, aukščiausioje valioje.

शरीरवाङ्मनोभिर्यत्कर्म प्रारभते नरः । 18.15
न्याय्यं वा विपरीतं वा पञ्चैते तस्य हेतवः ॥१५॥

śarīra-vāṅ-manobhir yat · karma prārabhate naraḥ
nyāyyaṁ vā viparītaṁ vā · pañcaite tasya hetavaḥ

śarīra – kūnu; *vāk* – kalba; *manobhiḥ* – ir protu; *yat* – kurią; *karma* – veiklą; *prārabhate* – pradeda; *naraḥ* – žmogus; *nyāyyam* – teisingą; *vā* – ar; *viparītam* – priešingą; *vā* – ar; *pañca* – penkios; *ete* – visos šios; *tasya* – jos; *hetavaḥ* – priežastys.

Ar veiksmas, kurį atlieka žmogus protu, kūnu ir kalba, būtų teisingas, ar neteisingas – jo priežastis visada yra šie penki faktoriai.

Labai svarbūs posmo žodžiai „teisingas" ir „neteisingas". Teisingas darbas yra tas, kuris neprasilenkia su šventraščių nurodymais. O neteisingas – tai darbas, priešingas šventraščių priesakams. Šie penki faktoriai būtini norint, kad bet kuris mūsų atliekamas veiksmas būtų užbaigtas.

तत्रैवं सति कर्तारमात्मानं केवलं तु यः ।
पश्यत्यकृतबुद्धित्वान्न स पश्यति दुर्मतिः ॥१६॥

18.16

tatraivaṁ sati kartāram · ātmānaṁ kevalaṁ tu yaḥ
paśyaty akṛta-buddhivān · na sa paśyati durmatiḥ

tatra – ten; *evam* – taip; *sati* – esantį; *kartāram* – veikėju; *ātmānam* – save; *kevalam* – vieninteliu; *tu* – tačiau; *yaḥ* – tas, kuris; *paśyati* – mato; *akṛta-buddhivāt* – dėl menko proto; *na* – niekada; *saḥ* – jis; *paśyati* – mato; *durmatiḥ* – kvailys.

Todėl tas, kuris mano, jog veikia vienas pats, ir neatsižvelgia į tuos penkis faktorius, be abejonės, nėra itin protingas ir nemato tikrosios dalykų esmės.

Kvailys negali suprasti, kad širdyje glūdi draugas – Supersiela ir vadovauja jo veiklai. Jei vieta, veiksmo atlikėjas, pastangos ir juslės – materialios priežastys, tai Aukščiausiasis, Dievo Asmuo – lemianti priežastis. Todėl būtina matyti ne tik šias keturias materialias priežastis, bet įžvelgti ir aukščiausią, esminę priežastį. Kas nemato Aukščiausiojo, tas mano, kad viską atlieka pats.

यस्य नाहङ्कृतो भावो बुद्धिर्यस्य न लिप्यते ।
हत्वापि स इमाँल्लोकान्न हन्ति न निबध्यते ॥१७॥

18.17

yasya nāhaṅkṛto bhāvo · buddhir yasya na lipyate
hatvāpi sa imāl̐ lokān · na hanti na nibadhyate

yasya – kurio; *na* – niekada; *ahaṅkṛtaḥ* – klaidingos savimonės; *bhāvaḥ* – prigimtis; *buddhiḥ* – intelektas; *yasya* – to, kurio; *na* – niekada; *lipyate* – prisirišęs; *hatvā* – žudydamas; *api* – netgi; *saḥ* – jis;

imān – šiuos; *lokān* – pasaulius; *na* – niekada; *hanti* – žudo; *na* – niekada; *nibadhyate* – susipainioja.

Kas nesivadovauja klaidinga savimone, kieno intelektas neprisiriş̌es, tas ir žudydamas žmones šiame pasaulyje nežudo, o jo veiksmai jo nesupančioja.

Šiame posme Viešpats praneša Arjunai, kad noras atsisakyti kovos kyla iš klaidingos savimonės. Arjuna galvojo, kad jis pats atlieka veiksmą ir nepaisė aukščiausio leidimo, kuris ateina tiek iš vidaus, tiek iš išorės. Jei žmogus apie aukščiausio leidimo egzistavimą net nenutuokia, kam jam apskritai kažką daryti? Tačiau tasai, kuris žino, kokie yra veiklos įrankiai, kad jis pats yra veikėjas, o Aukščiausiasis Viešpats – aukščiausias leidžiantysis, tas tobulai atlieka bet kokį veiksmą. Toks žmogus niekad nepakliūva iliuzijos valdžion. Veiklą asmenine iniciatyva ir atsakomybę gimdo klaidinga savimonė ir bedievystė, arba Kṛṣṇos sąmonės nebuvimas. Kas veikia su Kṛṣṇos sąmone, vadovaujamas Supersielos, ar Aukščiausiojo Dievo Asmens, net žudydamas nežudo, ir tokio žudymo pasekmės jo neliečia. Kareivis, kuris žudo aukštesnio rango pareigūno įsakymu, negali būti teisiamas, tačiau jei jis žudytų savo iniciatyva, be abejonės, jį reikėtų teisti.

ज्ञानं ज्ञेयं परिज्ञाता त्रिविधा कर्मचोदना ।
करणं कर्म कर्तेति त्रिविधः कर्मसङ्ग्रहः ॥१८॥

18.18

jñānaṁ jñeyaṁ parijñātā · tri-vidhā karma-codanā
karaṇaṁ karma karteti · tri-vidhaḥ karma-saṅgrahaḥ

jñānam – žinojimas; *jñeyam* – pažinimo objektas; *parijñātā* – pažįstantis subjektas; *tri-vidhā* – trijų rūšių; *karma* – veiksmo; *codanā* – varomoji jėga; *karaṇam* – juslės; *karma* – darbas; *kartā* – veikėjas; *iti* – taip; *tri-vidhaḥ* – trijų rūšių; *karma* – veiksmo; *saṅgrahaḥ* – visuma.

Žinojimas, pažinimo objektas ir pažįstantis subjektas – trys faktoriai, skatinantys veikti, o juslės, pats darbas ir veikėjas – trys sudedamosios veiksmo dalys.

Kasdienę veiklą skatina trys priežastys: žinojimas, pažinimo objektas ir pažįstantis subjektas. Veiklos įrankiai, pats veiksmas ir jo atlikėjas vadinami sudedamosiomis veiklos dalimis. Bet kuris žmogaus veiksmas susideda iš šių elementų. Veiksmą skatina impulsas, kuris vadinamas įkvėpimu. Bet koks sprendimas, padarytas prieš atliekant darbą, jau yra darbas subtilia forma. Po to darbas gauna veiksmo išraišką. Pirmiausiai žmogus išgyvena psichinį mąstymo, jausmo ir troškimo procesą, vadinamą impulsu. Tokio paties įkvėpimo veiklai galime pasisemti iš šventraščių ar dvasinio mokytojo nurodymų. Esant įkvėpimui ir atlikėjui, juslių ir proto (visų juslių centro) pagalba įvyksta patsai veiksmas. Taigi veiksmo sudedamųjų dalių suma vadinasi veiksmo visuma.

ज्ञानं कर्म च कर्ता च त्रिधैव गुणभेदतः ।
प्रोच्यते गुणसङ्ख्याने यथावच्छृणु तान्यपि ॥१९॥

18.19

jñānaṁ karma ca kartā ca · tridhaiva guṇa-bhedataḥ
procyate guṇa-saṅkhyāne · yathāvac chṛṇu tāny api

jñānam – žinojimas; *karma* – veikla; *ca* – taip pat; *kartā* – veikėjas; *ca* – taip pat; *tridhā* – trijų rūšių; *eva* – tikrai; *guṇa-bhedataḥ* – pagal skirtingas materialios gamtos *guṇas; procyate* – yra sakoma; *guṇa-saṅkhyāne* – pagal skirtingas *guṇas; yathā-vat* – kokie jie yra; *śṛnu* – išgirsk; *tāni* – apie juos visus; *api* – taip pat.

Tris materialios gamtos guṇas atitinka trijų rūšių žinojimas, veikla bei jos atlikėjai. Paklausyk, Aš juos apibūdinsiu.

Trys materialios gamtos *guṇos* buvo išsamiai apibūdintos keturioliktame skyriuje. Ten pasakyta, kad dorybės *guṇa* apšviečia, aistros *guṇa* skatina polinkį į materializmą, o neišmanymo *guṇa* sukelia tingumą ir ištižimą. Visos materialios gamtos *guṇos* saisto, jos neteikia išsivadavimo. Net ir dorybės *guṇa* sąlygoja žmogų. Septynioliktame skyriuje buvo apibūdinti skirtingi garbinimo būdai, kuriuos atlieka atitinkamų materialios gamtos *guṇų* veikiami žmonės. Šiame posme Viešpats sako norįs kalbėti apie įvairių tipų žinojimą, veikėjus ir pačią veiklą pagal tris materialias *guṇas*.

सर्वभूतेषु येनैकं भावमव्ययमीक्षते ।   **18.20**
अविभक्तं विभक्तेषु तज्ज्ञानं विद्धि सात्त्विकम् ॥२०॥

sarva-bhūteṣu yenaikaṁ · bhāvam avyayam īkṣate
avibhaktaṁ vibhakteṣu · taj jñānaṁ viddhi sāttvikam

sarva-bhūteṣu – visose gyvosiose esybėse; *yena* – kurio dėka; *ekam* – vieną; *bhāvam* – padėtį; *avyayam* – amžiną; *īkṣate* – mato; *avibhaktam* – nedalomą; *vibhakteṣu* – gausybėje padalintų; *tat* – tas; *jñānam* – žinojimas; *viddhi* – žinok; *sāttvikam* – dorybės *guṇos*.

Žinojimas, kurio dėka viena nedaloma dvasinė esmė matoma visose gyvosiose esybėse, nors jos yra susiskaidžiusios į daugybę formų, žinok, yra dorybės guṇos.

Žinojimas žmogaus, kuris visose gyvosiose būtybėse – pusdieviuose, žmonėse, žvėryse, paukščiuose, gyvūnuose, vandens gyviuose bei augaluose – mato vieną ir tą pačią dvasinę sielą, yra dorybės *guṇos*. Visose gyvosiose esybėse dvasinė siela ta pati, nors jų kūnai, pelnyti praeities veikla, skirtingi. Septintame skyriuje jau buvo kalbėta, kad gyvybės jėgą kiekvienam kūnui įkvepia aukštesnioji Aukščiausiojo Viešpaties prigimtis. Taigi matyti kiekviename kūne tą aukštesnę prigimtį, gyvybės jėgą, – reiškia matyti dorybės *guṇos* lygiu. Toji gyvybės energija amžina, tuo tarpu kūnai pasmerkti suirti. Skirtumus matome stebėdami kūnus: sąlygotam gyvenimui būdinga materialios būties formų įvairovė, todėl mums ir atrodo, kad gyvybės jėga susiskaidžiusi. Toks impersonalus žinojimas yra vienas dvasinės savivokos aspektų.

पृथक्त्वेन तु यज्ज्ञानं नानाभावान् पृथग्विधान् ।
वेत्ति सर्वेषु भूतेषु तज्ज्ञानं विद्धि राजसम् ॥२१॥

18.21

pṛthaktvena tu yaj jñānaṁ · nānā-bhāvān pṛthag-vidhān
vetti sarveṣu bhūteṣu · taj jñānaṁ viddhi rājasam

pṛthaktvena – dėl skirtumų; *tu* – tačiau; *yat* – kuris; *jñānam* – žinojimas; *nānā-bhāvān* – daugybę situacijų; *pṛthak-vidhān* – skirtingų; *vetti* – žino; *sarveṣu* – visose; *bhūteṣu* – gyvosiose esybėse; *tat* – tas; *jñānam* – žinojimas; *viddhi* – žinok; *rājasam* – aistros *guṇos*.

Žinojimas, kurio dėka atrodo, kad skirtinguose kūnuose yra kitokios gyvosios esybės, žinok, yra aistros guṇos.

Supratimas, kad gyvoji esybė – tai materialus kūnas, o suirus kūnui nelieka ir sąmonės, vadinamas aistros *guṇos* žinojimu. Pagal šį supratimą, kūnų skirtumus nulemia skirtingi sąmonės išsivystymo lygiai, ir nėra jokių atskirų sielų, kurioms būtų būdinga sąmonė. Pats kūnas yra siela, ir be kūno neegzistuoja jokia kita siela. Remiantis šiuo mokymu, sąmonė yra laikina. Arba yra dar ir tokia teorija: jokių individualių sielų nėra, egzistuoja tiktai viena visa persmelkianti, kupina žinojimo siela, o materialus kūnas – laikinas neišmanymo pasireiškimas. Arba tokia: anapus kūno neegzistuoja jokia individuali arba aukščiausia siela. Tokios sampratos yra aistros *guṇos* padarinys.

यत्तु कृत्स्नवदेकस्मिन् कार्ये सक्तमहैतुकम् ।
अतत्त्वार्थवदल्पं च तत्तामसमुदाहृतम् ॥२२॥

18.22

yat tu kṛtsna-vad ekasmin · kārye saktam ahaitukam
atattvārtha-vad alpaṁ ca · tat tāmasam udāhṛtam

yat – tas, kuris; *tu* – bet; *kṛtsna-vat* – visiškai; *ekasmin* – prie vieno; *kārye* – darbo; *saktam* – prisirišęs; *ahaitukam* – be priežasties; *atattva-artha-vat* – be žinių apie tikrovę; *alpam* – labai ribotas; *ca* – ir; *tat* – tas; *tāmasam* – tamsos *guṇos; udāhṛtam* – sakoma, yra.

Žinojimas, dėl kurio žmogus prisiriša prie vienos veiklos rūšies kaip visų svarbiausios, neatspindintis tiesos ir labai skurdus, pasakyta, yra tamsos guṇos.

Paprasto žmogaus „žinojimas" visada priklauso tamsos, arba neišmanymo, *guṇai,* nes sąlygotame gyvenime kiekvienos gyvosios esybės gimimas yra neišmanymo *guṇos.* Kas negilina žinių, remdamasis autoritetais ir šventraščių nurodymais, to žinios yra apribotos kūno pažinimu. Jis nesistengia veikti pagal šventraščių nurodymus. Jo Dievas yra pinigai, o žinojimas susijęs su tuo, kaip patenkinti kūno poreikius. Toks žinojimas niekaip nesusijęs su Absoliučia Tiesa. Jis daugiau ar mažiau panašus į gyvūnų „mokslą" – kaip valgyti, miegoti, poruotis ir gintis. Apibūdindamas tokį žinojimą, posmas jį vadina tamsos *guṇos* padariniu. Kitaip sakant, žinojimas, kad dvasinė siela yra aukščiau kūno, yra dorybės *guṇos.* Žinojimas, skatinantis daugybės teorijų ir doktrinų kūrimą, pasitelkus žemišką logiką ir spekuliatyvius samprotavimus, yra aistros *guṇos,* o žinojimas, kurio vienintelis objektas – kūno patogumai, yra neišmanymo *guṇos.*

नियतं सङ्गरहितमरागद्वेषतः कृतम् ।   **18.23**
अफलप्रेप्सुना कर्म यत्तत्सात्त्विकमुच्यते ॥२३॥

niyataṁ saṅga-rahitam · arāga-dveṣataḥ kṛtam
aphala-prepsunā karma · yat tat sāttvikam ucyate

niyatam – reglamentuojama; *saṅga-rahitam* – be prisirišimo; *arāga-dveṣataḥ* – be meilės ar neapykantos; *kṛtam* – atlikta; *aphala-prepsunā* – nesiekiančio veiklos vaisių sau; *karma* – veikla; *yat* – kuri; *tat* – ta; *sāttvikam* – dorybės *guṇos; ucyate* – yra vadinama.

O veikla, kuri yra reglamentuojama ir atliekama be prisirišimo, meilės ar neapykantos, netrokštant veiklos vaisių sau, pasakyta, yra dorybės guṇos.

Pareigos pagal veiklos pobūdį, atitinkančios šventraščių nustatytus visuomenės skyrius, reglamentuotos, atliekamos be prisirišimo ir nereiškiant nuosavybės teisių, taigi ir be jokios meilės ar neapykantos, atliekamos Kṛṣṇos sąmonės dvasia ir skirtos patenkinti Aukščiausiąjį Viešpatį, nesiekiant sau pasitenkinimo ar malonumo – vadinamos dorybės guṇos veikla.

यत्तु कामेप्सुना कर्म साहङ्कारेण वा पुनः ।
क्रियते बहुलायासं तद्राजसमुदाहृतम् ॥२४॥

18.24

yat tu kāmepsunā karma · sāhaṅkāreṇa vā punaḥ
kriyate bahulāyāsaṁ · tad rājasam udāhṛtam

yat – ta, kuri; *tu* – bet; *kāma-īpsunā* – trokštančio veiklos vaisių sau; *karma* – veikla; *sa-ahaṅkāreṇa* – su klaidinga savimone; *vā* – arba; *punaḥ* – vėlgi; *kriyate* – atlikta; *bahula-āyāsam* – su dideliu vargu; *tat* – ta; *rājasam* – aistros guṇos; *udāhṛtam* – sakoma, yra.

Veikla, atliekama su didelėmis pastangomis patenkinti savo troškimus, kylanti iš klaidingos savimonės, sakoma, yra aistros guṇos.

अनुबन्धं क्षयं हिंसामनपेक्ष्य च पौरुषम् ।
मोहादारभ्यते कर्म यत्तत्तामसमुच्यते ॥२५॥

18.25

anubandhaṁ kṣayaṁ hiṁsām · anapekṣya ca pauruṣam
mohād ārabhyate karma · yat tat tāmasam ucyate

anubandham – ateities vergystės; *kṣayam* – sunaikinimo; *hiṁsām* – ir kitiems sukeltų kančių; *anapekṣya* – neatsižvelgiant į pasekmes;

ca – taip pat; *pauruṣam* – savavališkai; *mohāt* – iš iliuzijos; *āra-bhyate* – pradėta; *karma* – veikla; *yat* – kuri; *tat* – ta; *tāmasam* – neišmanymo *guṇos; ucyate* – sakoma, yra.

Veikla, atliekama iš iliuzijos ir nepaisant šventraščių nurodymų, negalvojant apie tai, kad ateityje ji žada nelaisvę, prievartą, ir kitiems suteiktas kančias, pasakyta, yra neišmanymo guṇos.

Už savo veiksmus teks atsakyti prieš valstybę arba Aukščiausiojo Viešpaties įgaliotinius, kuriuos vadina Yamadūtais. Neatsakinga veikla – destruktyvi, kadangi laužo šventraščių nurodytus reguliuojamuosius principus. Dažnai ši veikla pagrįsta smurtu, ir nuo jos kenčia kitos gyvosios esybės. Tokios neatsakingos veiklos pagrindas – asmeninė patirtis. Tai yra iliuzija, o tokia iliuzinė veikla – neišmanymo *guṇos* padarinys.

मुक्तसङ्गोऽनहंवादी धृत्युत्साहसमन्वितः ।　　　　18.26
सिद्ध्यसिद्ध्योर्निर्विकारः कर्ता सात्त्विक उच्यते ॥२६॥

mukta-saṅgo 'nahaṁ-vādī · dhṛty-utsāha-samanvitaḥ
siddhy-asiddhyor nirvikāraḥ · kartā sāttvika ucyate

mukta-saṅgaḥ – be materialių prisirišimų; *anaham-vādī* – atsikratęs klaidingos savimonės; *dhṛti* – ryžtu; *utsāha* – ir didžiu įkvėpimu; *samanvitaḥ* – apdovanotas; *siddhi* – tobulybėje; *asiddhyoḥ* – nesėkmėje; *nirvikāraḥ* – nesikeičiantis; *kartā* – veikėjas; *sāttvikaḥ* – dorybės *guṇos; ucyate* – sakoma, yra.

Kas atlieka savo pareigą nesiedamas jos su materialios gamtos guṇomis, užmiršęs klaidingą savimonę, su didžiuliu ryžtu ir įkvėpimu, kas vienodai sutinka ir sėkmę, ir nesėkmę, tas, pasakyta, veikia apimtas dorybės guṇos.

Kṛṣṇą įsisąmoninęs žmogus visada transcendentalus materialioms gamtos *guṇoms*. Jis nepuoselėja vilčių apie jam patikėto darbo rezultatus, nes jis yra aukščiau klaidingos savimonės ir išdidumo.

Tačiau įkvėpimas jo neapleidžia tol, kol jis nepabaigia darbo. Jo netrikdo užsikrauti sunkumai, jis visą laiką trykšta entuziazmu. Jis abejingas ir sėkmei, ir nesėkmei, vienodas ir kančioje, ir laimėje. Toks veikėjas yra dorybės *guṇos*.

रागी कर्मफलप्रेप्सुर्लुब्धो हिंसात्मकोऽशुचिः ।   **18.27**
हर्षशोकान्वितः कर्ता राजसः परिकीर्तितः ॥२७॥

rāgī karma-phala-prepsur · lubdho himsātmako 'śuciḥ
harṣa-śokānvitaḥ kartā · rājasaḥ parikīrtitaḥ

rāgī – labai prisirišęs; *karma-phala* – darbo vaisių; *prepsuḥ* – geidžiantis; *lubdhaḥ* – godus; *himsā-ātmakaḥ* – visada piktavalis; *aśuciḥ* – nešvarus; *harṣa-śoka-anvitāḥ* – pasiduodantis džiaugsmui ir liūdesiui; *kartā* – toks veikėjas; *rājasaḥ* – aistros *guṇos*; *parikīrtitaḥ* – yra skelbiamas.

Kas prisirišęs prie darbo ir darbo vaisių, kas trokšta jais naudotis, yra godus, visada piktavalis, nešvarus, ką blaško džiaugsmas ir liūdesys, tas, pasakyta, veikia apimtas aistros guṇos.

Kai žmogus turi perdėm didelį potraukį tam, kas materialu – namų židiniui, žmonai ir vaikams, jis pernelyg prisiriša prie kurio nors darbo ar jo rezultatų. Toks žmogus savo gyvenime nesiekia aukštesnių idealų. Jam terūpi kaip patobulinti pasaulį, kad jis būtų kuo patogesnis materialiu požiūriu. Paprastai jis labai godus ir mano, kad visa, ką jis įgijo – amžina ir neprarandama. Toks žmogus pavydi kitiems ir pasiryžęs padaryti bet ką, kad tik patenkintų savo jusles. Toks žmogus nešvarus, jam nė motais, ar lėšų pragyvenimui užsidirbta dorais, ar nedorais būdais. Jei darbas jam pavyksta, jis jaučiasi labai laimingas, ir labai kremtasi, kai ištinka nesėkmė. Toks veikėjas yra aistros *guṇos*.

अयुक्तः प्राकृतः स्तब्धः शठो नैष्कृतिकोऽलसः ।   **18.28**
विषादी दीर्घसूत्री च कर्ता तामस उच्यते ॥२८॥

ayuktaḥ prākṛtaḥ stabdhaḥ · śaṭho naiṣkṛtiko 'lasaḥ
viṣādī dīrgha-sūtrī ca · kartā tāmasa ucyate

ayuktaḥ – nesiremiantis šventraščių priesakais; *prākṛtaḥ* – materialistiškas; *stabdhaḥ* – užsispyręs; *śaṭhaḥ* – apgaudinėjantis; *naiṣkṛtikaḥ* – greitas įžeisti kitus; *alasaḥ* – tingus; *viṣādī* – niūrus; *dīrgha-sūtrī* – vilkinantis darbus; *ca* – taip pat; *kartā* – veikėjas; *tāmasaḥ* – neišmanymo *guṇos; ucyate* – sakoma, yra.

Tas, kieno visa veikla prieštarauja šventraščių priesakams, kas yra materialistiškas, užsispyręs, apgavikas, greitas įžeisti kitą, kas yra tingus, visada niūrus ir vilkinantis darbus, tas, pasakyta, yra veikėjas, apimtas neišmanymo guṇos.

Šventraščių priesakai nurodo, kokia veikla derėtų užsiimti ir kokia nederėtų. Šių priesakų nepaisantys žmonės dirba darbus, kurių dirbti nederėtų. Paprastai tokie žmonės yra materialistiški, veikia paklusdami ne šventraščių priesakams, o gamtos *guṇoms.* Materialistiškiems žmonėms švelnumas nebūdingas, dažniausiai jie klastingi ir greiti įžeisti kitus. Jie labai tingūs. Nors ir turi pareigų, tačiau deramai jų neatlieka, vis atidėlioja ateičiai. Todėl jie visad paniurę, visad delsia. Valandos darbą jie vilkina metų metus. Tokie veikėjai yra neišmanymo *guṇos.*

बुद्धेर्भेदं धृतेश्चैव गुणतस्त्रिविधं शृणु ।
प्रोच्यमानमशेषेण पृथक्त्वेन धनञ्जय ॥२९॥

18.29

buddher bhedaṁ dhṛteś caiva · guṇatas tri-vidhaṁ śṛṇu
procyamānam aśeṣeṇa · pṛthaktvena dhanañjaya

buddheḥ – intelekto; *bhedam* – skirtumus; *dhṛteḥ* – ryžto; *ca* – taip pat; *eva* – tikrai; *guṇataḥ* – pagal materialios gamtos *guṇas; tri-vidham* – trijų rūšių; *śṛṇu* – išklausyk; *procyamānam* – kaip Aš apibūdinsiu; *aśeṣeṇa* – išsamiai; *pṛthaktvena* – atskirai; *dhanañjaya* – o turtų laimėtojau.

O turtų laimėtojau, dabar prašau paklausyk – Aš tau išsamiai apibūdinsiu skirtingas intelekto ir ryžto rūšis, kurios atitinka tris materialios gamtos guṇas.

Paaiškinęs, kas yra žinojimas, pažinimo objektas ir pažįstantis subjektas, suskirstęs juos pagal tris materialios gamtos *guṇas*, Viešpats tuo pačiu principu nusako veikėjo intelektą ir ryžtą.

प्रवृत्तिं च निवृत्तिं च कार्याकार्ये भयाभये ।
बन्धं मोक्षं च या वेत्ति बुद्धिः सा पार्थ सात्त्विकी ॥३०॥

18.30

pravṛttiṁ ca nivṛttiṁ ca · kāryākārye bhayābhaye
bandhaṁ mokṣaṁ ca yā vetti · buddhiḥ sā pārtha sāttvikī

pravṛttim – kada veikti; *ca* – taip pat; *nivṛttim* – kada neveikti; *ca* – ir; *kārya* – kas dera daryti; *akārye* – ir ko daryti nedera; *bhaya* – baimę; *abhaye* – ir bebaimiškumą; *bandham* – pančius; *mokṣam* – išsivadavimą; *ca* – ir; *yā* – tas, kuris; *vetti* – žino; *buddhiḥ* – intelektas; *sā* – tas; *pārtha* – o Pṛthos sūnau; *sāttvikī* – dorybės *guṇos*.

O Pṛthos sūnau, intelektas, kai žinai ką daryti ir ko nedaryti, ko verta bijoti ir ko bijoti neverta, kas supančioja ir kas išvaduoja, yra dorybės guṇos.

Veiksmai, atliekami vadovaujantis šventraščių nurodymais, vadinami *pravṛtti* arba veiksmais, kuriuos verta atlikti. O veiksmų, kurių šventraščiai nenurodo, atlikti nedera. Nežinantieji šventraščių nurodymų susipainioja veiksmuose ir jų atoveikiuose. Išmanymas, kai intelektu skiriami tie dalykai, yra dorybės *guṇos*.

यया धर्ममधर्मं च कार्यं चाकार्यमेव च ।
अयथावत्प्रजानाति बुद्धिः सा पार्थ राजसी ॥३१॥

18.31

yayā dharmam adharmaṁ ca · kāryaṁ cākāryam eva ca
ayathāvat prajānāti · buddhiḥ sā pārtha rājasī

yayā – kuriuo; *dharmam* – religijos principus; *adharmam* – nepa-
klusnumą Dievo įstatymams; *ca* – ir; *kāryam* – kas dera daryti; *ca* –
taip pat; *akāryam* – ko daryti nedera; *eva* – tikrai; *ca* – taip pat;
ayathā-vat – netiksliai; *prajānāti* – žino; *buddhiḥ* – intelektas, *sā* –
tas; *pārtha* – o Pṛthos sūnau; *rājasī* – aistros *guṇos*.

**O Pṛthos sūnau, intelektas, neskiriantis religijos nuo bedievystės,
deramo veiksmo nuo nederamo, yra aistros guṇos.**

अधर्मं धर्ममिति या मन्यते तमसावृता ।   18.32
सर्वार्थान् विपरीतांश्च बुद्धिः सा पार्थ तामसी ॥३२॥

*adharmaṁ dharmam iti yā · manyate tamasāvṛtā
sarvārthān viparītāṁś ca · buddhiḥ sā pārtha tāmasī*

adharmam – bedievystė; *dharmam* – religija; *iti* – šitaip; *yā* – kuris;
manyate – laiko; *tamasā* – iliuzijos; *āvṛtā* – apimtas; *sarva-arthān* –
visus dalykus; *viparītān* – klaidinga linkme; *ca* – taip pat; *buddhiḥ* –
intelektas; *sā* – tas; *pārtha* – o Pṛthos sūnau; *tāmasī* – neišmanymo
guṇos.

**Intelektas, bedievystę laikantis religija, o religiją – bedievyste,
kuris yra pakerėtas iliuzijos ir apimtas tamsybės, bei visada
krypsta klaidinga linkme, o Pārtha, yra neišmanymo guṇos.**

Neišmanymo *guṇos* sąlygojamas intelektas visada veikia priešingai,
nei turėtų. Jis pripažįsta religijas, kurios nėra religija, ir atmeta tik-
rąją religiją. Tamsūs žmonės didžią sielą laiko paprastu žmogumi, o
paprastą žmogų – didžia siela. Tiesa jiems – melas, o melas – tiesa.
Jie visada pasirenka klaidingą veiklos kryptį, todėl jų intelektas yra
veikiamas neišmanymo *guṇos*.

धृत्या यया धारयते मनःप्राणेन्द्रियक्रियाः ।   18.33
योगेनाव्यभिचारिण्या धृतिः सा पार्थ सात्त्विकी ॥३३॥

*dhṛtyā yayā dhārayate · manaḥ-prāṇendriya-kriyāḥ
yogenāvyabhicāriṇyā · dhṛtiḥ sā pārtha sāttvikī*

dhṛtyā – ryžtas; *yayā* – kurio dėka; *dhārayate* – žmogus palaiko; *manaḥ* – proto; *prāṇa* – gyvybės oro; *indriya* – ir juslių; *kriyāḥ* – veiklą; *yogena* – praktikuojant yogą; *avyabhicāriṇyā* – be jokio pertrūkio; *dhṛtiḥ* – ryžtas; *sā* – tas; *pārtha* – o Pṛthos sūnau; *sāttvikī* – dorybės *guṇos*.

O Pṛthos sūnau, nepalaužiamas ryžtas, kurį nuolat stiprina yogos praktika ir kuris tos praktikos dėka valdo proto, gyvybės oro bei juslių veiklą, yra dorybės guṇos.

Yoga – tai priemonė Aukščiausiajai Sielai pažinti. Kas visada ryžtingai susitelkęs į Aukščiausiąją Sielą, savo proto, gyvybės oro ir juslių veiklą kreipia į Aukščiausiąjį, tas atsideda Kṛṣṇos sąmonei. Tokios rūšies ryžtas yra dorybės *guṇos*. Šiame posme labai svarbus žodis *avyabhicāriṇyā*, mat jis pažymi, kad žmogus, praktikuojantis Kṛṣṇos sąmonę, niekada nenukrypsta į jokią kitą veiklą.

यया तु धर्मकामार्थान्धृत्या धारयतेऽर्जुन ।
प्रसङ्गेन फलाकाङ्क्षी धृतिः सा पार्थ राजसी ॥३४॥

18.34

yayā tu dharma-kāmārthān · dhṛtyā dhārayate 'rjuna
prasaṅgena phalākāṅkṣī · dhṛtiḥ sā pārtha rājasī

yayā – kurio dėka; *tu* – bet; *dharma* – religiją; *kāma* – juslinius malonumus; *arthān* – ir ekonomikos vystymą; *dhṛtyā* – ryžtingai; *dhārayate* – laikosi; *arjuna* – o Arjuna; *prasaṅgena* – nes yra prisirišęs; *phala-ākāṅkṣī* – trokštantis pasisavinti veiklos vaisius; *dhṛtiḥ* – ryžtas; *sā* – tas; *pārtha* – o Pṛthos sūnau; *rājasī* – aistros *guṇos*.

Bet ryžtas, kuris skatina pasisavinti veiklos vaisius religijos, ekonomikos vystymo ar juslinių malonumų srityse, yra aistringos prigimties, o Arjuna.

Kiekvienas, kuris visada geidžia pasisavinti religinės ar ekonominės veiklos rezultatus, kurio vienintelis troškimas – jusliniai malonumai, ir kurio protas, gyvybės oras bei juslės nukreipti į tai, yra veikiamas aistros *guṇos*.

यया स्वप्नं भयं शोकं विषादं मदमेव च ।   18.35
न विमुञ्चति दुर्मेधा धृतिः सा पार्थ तामसी ॥३५॥

yayā svapnaṁ bhayaṁ śokaṁ · viṣādaṁ madam eva ca
na vimuñcati durmedhā · dhṛtiḥ sā pārtha tāmasī

yayā – kurio dėka; *svapnam* – sapnus; *bhayam* – baimę; *śokam* –
sielvartą; *viṣādam* – niūrumą; *madam* – iliuziją; *eva* – tikrai; *ca* –
taip pat; *na* – niekada; *vimuñcati* – atsisako; *durmedhā* – nepro-
tingas; *dhṛtiḥ* – ryžtas; *sā* – tas; *pārtha* – o Pṛthos sūnau; *tāmasī* –
neišmanymo *guṇos*.

**Ryžtas, kuris nesiekia toliau sapnų, baimės, sielvarto, niūrumo ir
iliuzijos – toks kvailas ryžtas, o Pṛthos sūnau, yra neišmanymo
guṇos.**

Nereikia daryti išvados, kad žmogus, kuris yra dorybės *guṇos*,
nesapnuoja. Šiuo atveju „sapnai" reiškia nesaikingą miegą. Sap-
nuoja kiekvienas žmogus, nepaisant to, kokios *guṇos* – dorybės,
aistros ar neišmanymo – jis yra. Tai natūralus reiškinys. Tačiau kas
negali atsisakyti besaikio miego ir didžiuojasi, kad mėgaujasi mate-
rialiais objektais, kas gyvena svajonėmis viešpatauti materialiame
pasaulyje, ir kieno gyvybės oras, protas bei juslės į tai nukreipti, to
ryžtas yra neišmanymo *guṇos*.

सुखं त्विदानीं त्रिविधं शृणु मे भरतर्षभ ।   18.36
अभ्यासाद्रमते यत्र दुःखान्तं च निगच्छति ॥३६॥

sukhaṁ tv idānīṁ tri-vidhaṁ · śṛṇu me bharatarṣabha
abhyāsād ramate yatra · duḥkhāntaṁ ca nigacchati

sukham – apie laimę; *tu* – bet; *idānīm* – dabar; *tri-vidham* – trijų
rūšių; *śṛṇu* – išgirsk; *me* – iš Manęs; *bharata-ṛṣabha* – o geriausias
iš Bhāratų; *abhyāsāt* – praktikuodamas; *ramate* – mėgaujasi; *yatra* –
kur; *duḥkha* – kančių; *antam* – pabaigą; *ca* – taip pat; *nigacchati* –
pasiekia.

O geriausias iš Bhāratų, dabar paklausyk, ką pasakysiu apie trijų rūšių laimę, kuria džiaugiasi sąlygota siela ir dėl kurios kartais baigiasi visos jos kančios.

Sąlygota siela nenuilsdama ieško materialios laimės ir tuo pačiu ji kramto tai, kas jau sukramtyta. Tačiau kartais, perkramtydama tokius džiaugsmus, ji išsivaduoja iš materijos pančių, nes bendrauja su didžiomis sielomis. Kitaip sakant, sąlygota siela visada vienaip ar kitaip tenkina jusles, tačiau kartais, kai palankaus bendravimo dėka ji supranta, kad kartoja vieną ir tą patį, ir kai nubunda tikrajai Kṛṣṇos sąmonei, iš tokios besikartojančios „laimės" ji išsivaduoja.

यत्तदग्रे विषमिव परिणामेऽमृतोपमम् ।
तत्सुखं सात्त्विकं प्रोक्तमात्मबुद्धिप्रसादजम् ॥३७॥

18.37

yat tad agre viṣam iva · pariṇāme 'mṛtopamam
tat sukhaṁ sāttvikaṁ proktam · ātma-buddhi-prasāda-jam

yat – kuri; *tat* – ta; *agre* – pradžioje; *viṣam iva* – lyg nuodai; *pariṇāme* – pabaigoje; *amṛta* – nektaras; *upamam* – palyginus; *tat* – ta; *sukham* – laimė; *sāttvikam* – dorybės guṇos; *proktam* – yra pasakyta; *ātma* – savajame „aš"; *buddhi* – intelekto; *prasāda-jam* – gimusi iš pasitenkinimo.

Kas iš pradžių atrodo nuodai, o pabaigoje – tarytum nektaras, ir kas pažadina žmogų dvasinei savivokai, yra dorybės guṇos laimė.

Siekdami dvasinės savivokos turime laikytis daugybės taisyklių, kad valdytume protą bei jusles ir mintis sutelktume į savąjį „aš". Šis procesas sudėtingas ir kartus tarsi nuodai, tačiau jei sėkmingai laikysimės regulų ir pasieksime transcendentinį lygmenį, paragausime tikrojo nektaro ir patirsime gyvenimo džiaugsmą.

विषयेन्द्रियसंयोगाद्यत्तदग्रेऽमृतोपमम् ।
परिणामे विषमिव तत्सुखं राजसं स्मृतम् ॥३८॥

18.38

viṣayendriya-saṁyogād · yat tad agre 'mṛtopamam
pariṇāme viṣam iva · tat sukhaṁ rājasaṁ smṛtam

viṣaya – juslių objektų; *indriya* – ir juslių; *saṁyogāt* – iš jungties; *yat* – kuri; *tat* – ta; *agre* – pradžioje; *amṛta-upamam* – lyg nektaras; *pariṇāme* – pabaigoje; *viṣam iva* – tarsi nuodai; *tat* – ta; *sukham* – laimė; *rājasam* – aistros *guṇos; smṛtam* – yra laikoma.

Laimė, kuri patiriama, juslėms susilietus su juslių objektais, ir kuri pradžioje yra tarsi nektaras, bet ilgainiui virsta nuodais, pasakyta, yra aistringos prigimties.

Kai jaunuolis sutinka merginą, juslės kursto žvelgti į ją, liesti ir lytiškai su ja santykiauti. Pradžioje tai gali teikti juslėms didelį malonumą, tačiau ilgainiui ryšiai tarp jaunuolio ir merginos tampa tarsi nuodai. Jauni žmonės išsiskiria arba išsituokia, tai sukelia sielvartą, liūdesį etc. Tokia laimė visada yra aistros *guṇos*. Laimė, patiriama dėl juslių ir jų objektų sąlyčio, neišvengiamai gimdo kančią ir jos reikia žūt būt vengti.

यदग्रे चानुबन्धे च सुखं मोहनमात्मनः ।
निद्रालस्यप्रमादोत्थं तत्तामसमुदाहृतम् ॥३९॥

18.39

yad agre cānubandhe ca · sukhaṁ mohanam ātmanaḥ
nidrālasya-pramādotthaṁ · tat tāmasam udāhṛtam

yat – ta, kuri; *agre* – pradžioje; *ca* – taip pat; *anubandhe* – pabaigoje; *ca* – taip pat; *sukham* – laimė; *mohanam* – iliuzinė; *ātmanaḥ* – savajam „aš"; *nidrā* – iš mieguistumo; *ālasya* – tingumo; *pramāda* – ir iliuzijos; *uttham* – kilusi; *tat* – ta; *tāmasam* – neišmanymo *guṇos; udāhṛtam* – sakoma, kad yra.

Laimė, kuri akla dvasinei savivokai, kuri nuo pradžios iki pabaigos yra apgaulė, kuri kyla iš mieguistumo, tingumo ir iliuzijos, yra neišmanymo prigimties.

Kam maloni tinginystė ir miegas, kas neišmano, kaip dera veikti ir kaip nedera, tas neabejotinai yra tamsos, neišmanymo, *guṇos*. Žmogui, kuris yra neišmanymo *guṇos*, viskas yra iliuzija. Jis nelaimingas nuo pradžios iki pabaigos. Žmogus, kuris yra aistros *guṇos*, pradžioje gali patirti kažkokią trumpalaikę laimę, tačiau galų gale jo laukia kančia, o tas, kuris yra neišmanymo *guṇos*, pelno tik kančias – ir pradžioje, ir pabaigoje.

न तदस्ति पृथिव्यां वा दिवि देवेषु वा पुनः ।
सत्त्वं प्रकृतिजैर्मुक्तं यदेभिः स्यात्त्रिभिर्गुणैः ॥४०॥

18.40

na tad asti pṛthivyāṁ vā · divi deveṣu vā punaḥ
sattvaṁ prakṛti-jair muktaṁ · yad ebhiḥ syāt tribhir guṇaiḥ

na – ne; *tat* – ta; *asti* – egzistuoja; *pṛthivyām* – žemėje; *vā* – ar; *divi* – aukštesnėse planetų sistemose; *deveṣu* – tarp pusdievių; *vā* – arba; *punaḥ* – vėlgi; *sattvam* – būtis; *prakṛti-jaiḥ* – gimusių iš materialios gamtos; *muktam* – išsivadavusi; *yat* – kuri; *ebhiḥ* – iš jų įtakos; *syāt* – yra; *tribhiḥ* – trijų; *guṇaiḥ* – materialios gamtos *guṇų*.

Nei žemėje, nei tarp pusdievių aukštesnėse planetų sistemose nėra nė vienos būtybės, laisvos nuo trijų guṇų, kurias pagimdė materiali gamta.

Šiame posme Viešpats apibendrina bendrą trijų materialios gamtos *guṇų* įtaką visai visatai.

ब्राह्मणक्षत्रियविशां शूद्राणां च परन्तप ।
कर्माणि प्रविभक्तानि स्वभावप्रभवैर्गुणैः ॥४१॥

18.41

brāhmaṇa-kṣatriya-viśāṁ · śūdrāṇāṁ ca paran-tapa
karmāṇi pravibhaktāni · svabhāva-prabhavair guṇaiḥ

brāhmaṇa – brahmanų; *kṣatriya* – kṣatriyų; *viśām* – vaiśyų; *śūdrāṇām* – śūdrų; *ca* – ir; *parantapa* – o priešų baudėjau; *karmāṇi* –

veikla; *pravibhaktāni* – yra padalinta; *svabhāva* – iš jų prigimties; *prabhavaiḥ* – gimusias; *guṇaiḥ* – pagal materialios gamtos *guṇas*.

Brahmanai, kṣatriyai, vaiśyai ir śūdros skiriasi prigimties savybėmis, kurias lemia materialios guṇos, o priešų baudėjau.

शमो दमस्तपः शौचं क्षान्तिरार्जवमेव च ।   **18.42**
ज्ञानं विज्ञानमास्तिक्यं ब्रह्मकर्म स्वभावजम् ॥४२॥

śamo damas tapaḥ śaucaṁ · kṣāntir ārjavam eva ca
jñānaṁ vijñānam āstikyaṁ · brahma-karma svabhāva-jam

śamaḥ – ramumas; *damaḥ* – savitvarda; *tapaḥ* – asketiškumas; *śaucam* – švarumas; *kṣāntiḥ* – pakantumas; *ārjavam* – tiesumas, atvirumas; *eva* – tikrai; *ca* – ir; *jñānam* – žinojimas; *vijñānam* – išmintis; *āstikyam* – religingumas; *brahma* – brahmano; *karma* – pareiga; *svabhāva-jam* – jo prigimties pagimdyta.

Ramumas, savitvarda, asketiškumas, švarumas, pakantumas, atvirumas, žinojimas, išmintis ir religingumas – prigimties savybės, lemiančios brahmanų veiklą.

शौर्यं तेजो धृतिर्दाक्ष्यं युद्धे चाप्यपलायनम् ।   **18.43**
दानमीश्वरभावश्च क्षात्रं कर्म स्वभावजम् ॥४३॥

śauryaṁ tejo dhṛtir dākṣyaṁ · yuddhe cāpy apalāyanam
dānam īśvara-bhāvaś ca · kṣātraṁ karma svabhāva-jam

śauryam – didvyriškumas; *tejaḥ* – jėga; *dhṛtiḥ* – ryžtas; *dākṣyam* – sumanumas; *yuddhe* – mūšyje; *ca* – ir; *api* – taip pat; *apalāyanam* – narsa; *dānam* – dosnumas; *īśvara* – siekiančio vadovauti; *bhāvaḥ* – prigimtis; *ca* – ir; *kṣātram* – kṣatriyos; *karma* – pareiga; *svabhāva-jam* – gimusi iš jo prigimties.

Didvyriškumas, jėga, ryžtas, sumanumas, narsa mūšyje, dosnumas ir siekimas vadovauti – štai prigimties savybės, kurios lemia kṣatriyų veiklą.

कृषिगोरक्ष्यवाणिज्यं वैश्यकर्म स्वभावजम् ।
परिचर्यात्मकं कर्म शूद्रस्यापि स्वभावजम् ॥४४॥

18.44

kṛṣi-go-rakṣya-vāṇijyaṁ · vaiśya-karma svabhāva-jam
paricaryātmakaṁ karma · śūdrasyāpi svabhāva-jam

kṛṣi – žemdirbystė; *go* – karvių; *rakṣya* – globa; *vāṇijyam* – prekyba; *vaiśya* – vaišyai; *karma* – pareiga; *svabhāva-jam* – gimusi iš jo prigimties; *paricaryā* – tarnystė; *ātmakam* – kurio; *karma* – pareiga; *śūdrasya* – śūdros; *api* – taip pat; *svabhāva-jam* – gimusi iš jo prigimties.

Žemdirbystė, karvių globa, prekyba – tai veikla, būdinga vaišyų prigimčiai, o śūdrų pašaukimas – tai fizinis darbas ir tarnystė kitiems.

स्वे स्वे कर्मण्यभिरतः संसिद्धिं लभते नरः ।
स्वकर्मनिरतः सिद्धिं यथा विन्दति तच्छृणु ॥४५॥

18.45

sve sve karmaṇy abhirataḥ · saṁsiddhiṁ labhate naraḥ
sva-karma-nirataḥ siddhiṁ · yathā vindati tac chṛnu

sve sve – kiekvienas savo; *karmaṇi* – darbu; *abhirataḥ* – užsiimdamas; *saṁsiddhim* – tobulumą; *lobhate* – pasiekia; *naraḥ* – žmogus; *sva-karma* – savo pareigą; *nirataḥ* – atlikdamas; *siddhim* – tobulumą; *yathā* – kaip; *vindati* – pasiekia; *tat* – tai; *śṛnu* – paklausyk.

Pasirinkdamas darbą pagal savo prigimtį kiekvienas žmogus gali tapti tobulas. Dabar paklausyk, Aš pasakysiu, kaip tai daroma.

यतः प्रवृत्तिर्भूतानां येन सर्वमिदं ततम् ।
स्वकर्मणा तमभ्यर्च्य सिद्धिं विन्दति मानवः ॥४६॥

18.46

yataḥ pravṛttir bhūtānāṁ · yena sarvam idaṁ tatam
sva-karmaṇā tam abhyarcya · siddhiṁ vindati mānavaḥ

yataḥ – iš kurio; *pravṛttiḥ* – kilmė; *bhūtānām* – visų gyvųjų esybių; *yena* – kurio; *sarvam* – visas; *idam* – šis; *tatam* – yra persmelktas; *sva-karmaṇā* – atlikdamas savo pareigas; *tam* – Jį; *abhyarcya* – garbindamas; *siddhim* – tobulumą; *vindati* – pasiekia; *mānavaḥ* – žmogus.

Dirbdamas savo darbą, žmogus gali pasiekti tobulumą garbindamas Viešpatį, kuris yra visų būtybių pradžia ir persmelkia viską.

Kaip jau buvo nurodyta penkioliktame skyriuje, visos gyvosios būtybės yra fragmentinės Aukščiausiojo Viešpaties dalelės. Taigi Aukščiausiasis Viešpats yra visų gyvųjų esybių pradžia. Tai yra patvirtinama ir „Vedānta-sūtroje": *janmādy asya yataḥ.* Todėl Aukščiausiasis Viešpats – kiekvienos gyvosios esybės gyvybės pradžia, ir, kaip pasakyta septintame „Bhagavad-gītos" skyriuje, Aukščiausiasis Viešpats dviem Savo energijomis (išorine bei vidine) persmelkia viską. Todėl Aukščiausiąjį Viešpatį reikia garbinti drauge su Jo energijomis. Paprastai bhaktai *vaiṣṇavai* garbina Aukščiausiąjį Viešpatį drauge su Jo vidine energija. Išorinė Viešpaties energija – tai iškreiptas Jo vidinės energijos atspindys. Išorinė energija yra fonas, tačiau per Savo pilnutinio skleidinio ekspansiją, Paramātmą, Aukščiausiasis Viešpats glūdi visur. Jis yra visų pusdievių, žmonių ir gyvūnų Supersiela, visur esantis. Todėl kiekvienas turime žinoti, kad mūsų pareiga – tarnauti Aukščiausiajam, nes esame neatskiriamos Aukščiausiojo Viešpaties dalelės. Visi turime su pasiaukojimu tarnauti Viešpačiui Kṛṣṇai visuomet jį prisimindami – taip patariama šiame posme.

Reikia galvoti, kad konkretų darbą mums skiria Hṛṣīkeśa, juslių valdovas. Savo darbo rezultatus turime panaudoti tam, kad garbinti Aukščiausiąjį Dievo Asmenį, Śrī Kṛṣṇą. Visada taip mąstantis ir Kṛṣṇą įsisąmoninęs žmogus Viešpaties malone viską suvokia. Tatai – gyvenimo tobulybė. Viešpats sako „Bhagavad-gītoje" (12.7): *teṣām ahaṁ samuddhartā.* Aukščiausiasis Viešpats Pats rūpinasi kaip išgelbėti tokį bhaktą. Tai yra aukščiausia gyvenimo tobulybė. Kokį darbą bedirbtum – jei tarnauji Aukščiausiajam Viešpačiui, pasieksi aukščiausią tobulumą.

श्रेयान् स्वधर्मो विगुणः परधर्मात्स्वनुष्ठितात् ।
18.47
स्वभावनियतं कर्म कुर्वन्नाप्नोति किल्बिषम् ॥४७॥

śreyān sva-dharmo viguṇaḥ · para-dharmāt sv-anuṣṭhitāt
svabhāva-niyataṁ karma · kurvan nāpnoti kilbiṣam

śreyān – geriau; *sva-dharmaḥ* – savo pareiga; *viguṇaḥ* – netobulai atlikta; *para-dharmāt* – nei svetima pareiga; *su-anuṣṭhitāt* – tobulai atlikta; *svabhāva-niyatam* – savai prigimčiai nurodytą; *karma* – darbą; *kurvan* – atliekantis; *na* – niekada; *āpnoti* – gauna; *kilbiṣam* – atoveikį už nuodėmes.

Geriau netobulai atlikti savo pareigą, negu imtis svetimos, net jeigu ir tobulai ją atliktumei. Pareigos, nurodytos atsižvelgiant į prigimtį, niekada nesukelia atoveikio už nuodėmes.

„Bhagavad-gītoje" nurodytos pareigos pagal veiklos pobūdį. Kaip jau kalbėta ankstesniuose posmuose, brahmanų, *kṣatriyų, vaiśyų* ir *śūdrų* pareigos yra nurodomos pagal tą gamtos *guną,* kuri juos valdo. Nereikia imtis svetimų pareigų. Žmogus, iš prigimties linkstąs prie *śūdros* darbo, neturėtų dėtis brahmanu, net jeigu jis gimė brahmano šeimoje. Reikia dirbti tą darbą, kuris atitinka prigimtį. Nė vienas darbas nėra gėdingas, jeigu jį atliekame, stengdamiesi pasitarnauti Aukščiausiajam Viešpačiui. Pagal veiklos pobūdį brahmano pareigos, be abejonės, yra dorybės *guņos,* tačiau jei žmogaus prigimtis nėra dorybės *guņos,* jis neturėtų imituoti brahmano ir atlikti jo pareigą. *Kṣatriyui,* ar valdytojui, tenka nemaža nemalonių pareigų: kad nukautų priešus, jis turi griebtis smurto, o siekdamas diplomatinių tikslų kartais priverstas meluoti. Prievarta ir dviveidiškumas neišvengiami politikoje, tačiau *kṣatriyui* nedera atsisakyti savo pareigų ir stengtis atlikti brahmano pareigas.

Visada turime veikti taip, kad patenkintume Aukščiausiąjį Viešpatį. Pavyzdžiui, Arjuna buvo *kṣatriyas.* Jis svyravo – kautis su priešu, ar ne. Tačiau jei kovojame dėl Kṛṣṇos, Aukščiausiojo Dievo Asmens, bijoti, kad patirsime nuopuolį, nėra pagrindo. Komercinės veiklos srityje pirkliui irgi kartais tenka apgaudinėti, kad gautų pelno, nes neapgavęs pelno negausi. Kartais pirklys sako: „Mano mielas pirkėjau, aš neketinu pasipelnyti jūsų sąskaita", tačiau visi žinome, kad pirklys, nieko nepelnydamas iš prekybos, nepragyventų. Taigi pirklio žodžius, kad jis neketina pasipelnyti mūsų sąskaita, tereikia suprasti kaip paprasčiausią gudrybę. Tačiau pirklys neturėtų manyti, kad privalo imtis brahmano pareigų, atsisakydamas savo profesijos, esą jis dėl savo veiklos pobūdžio priverstas meluoti. Tai nerekomenduojama. Jei savo darbu tarnauji Aukščiausiajam Dievo Asmeniui, neturi reikšmės, kas tu – *kṣatriyas, vaiśyas* ar *śūdra*. Netgi brahmanams, atliekantiems įvairiausius aukų atnašavimus, kartais tenka žudyti gyvulius, nes kartais juos reikia atnašauti kaip auką. Taip ir savo pareigą atliekantis *kṣatriyas* nužudydamas priešą neužsitraukia nuodėmės. Trečiame skyriuje visa tai buvo ryškiai ir išsamiai nušviesta. Reikia dirbti vardan Yajños, ar Viṣṇu, Aukščiausiojo Dievo Asmens. Bet koks darbas dėl asmeninio malonumo yra vergijos priežastis. Taigi kiekvienas žmogus turi imtis veiklos, kurią nulemia jį užvaldžiusi gamtos *guṇa*, ir dirbti neturėdamas vienintelį tikslą – tarnauti aukščiausiajam Aukščiausiojo Viešpaties reikalui.

सहजं कर्म कौन्तेय सदोषमपि न त्यजेत् ।
सर्वारम्भा हि दोषेण धूमेनाग्निरिवावृताः ॥४८॥

18.48

saha-jaṁ karma kaunteya · sa-doṣam api na tyajet
sarvārambhā hi doṣeṇa · dhūmenāgnir ivāvṛtāḥ

saha-jam – gimusio sykiu; *karma* – darbo; *kaunteya* – o Kuntī sūnau; *sa-doṣam* – su trūkumais; *api* – nors; *na* – niekada; *tyajet* – derėtų atsisakyti; *sarva-ārambhāḥ* – bet koks sumanymas; *hi* – tikrai; *doṣeṇa* – trūkumais; *dhūmena* – dūmais; *agniḥ* – ugnis; *iva* – lyg; *āvṛtāḥ* – apgaubta.

Kaip nėra ugnies be dūmų, taip nėra pastangų be trūkumų. Todėl, o Kuntī sūnau, nereikia atsisakyti darbo, kurį lemia prigimtis, net jeigu tas darbas kupinas trūkumų.

Sąlygotame gyvenime bet kokį darbą užteršia materialios gamtos *gunos*. Brahmanas, ir tas, turi atnašauti aukas, kurios reikalauja žudyti gyvulį. *Kṣatriyas,* kad ir koks doringas, privalo kautis su priešais. Tai neišvengiama. Netgi doriausias pirklys kartais priverstas nuslėpti savo pajamas ar prekiauti juodojoje rinkoje, kad nenukentėtų verslas. Tai būtina, ir niekas to neišvengs. O *śūdra,* net kai jo šeimininkas nedoras, privalo vykdyti šeimininko paliepimus, nors šiaip jau to daryti ir nevertėtų. Nepaisant šių negerovių, reikia toliau atlikti savo nurodytas pareigas, nes jos prigimtos.

Posmas pateikia puikų pavyzdį: ugnis gryna, bet ir ji su dūmais. Vis dėlto dūmai ugnies nesuteršia. Nors ugnis leidžia dūmus, ji vis tiek laikoma pačiu tyriausiu materialiu pradmeniu. Tarkim, *kṣatriyas* nutarė atsisakyti savo darbo ir imtis brahmano pareigų, tačiau jis negali būti tikras, kad ir šiuo atveju neturės nemalonių pareigų. Taigi materialiame pasaulyje nėra nieko, ko visiškai nebūtų palietusios materialios gamtos nešvarybės. Ugnies ir dūmų pavyzdys šiuo atveju labai vykęs. Kartais, kai žiemą ištraukiame iš ugnies įkaitintą akmenį, dūmai griaužia akis ir dirgina šnerves, tačiau mes ištveriame tuos nemalonius pojūčius, nes be ugnies negalime išsiversti. Taip ir žmogus neturėtų kratytis prigimtinių pareigų dėl to, kad jos turi tam tikrų nemalonių momentų. Priešingai, reikia būti kupinam ryžto tarnauti Aukščiausiajam Viešpačiui, atliekant savo pareigas su Kṛṣṇos sąmone. Tai tobulumas. Jei tam tikros rūšies veikla skiriama Aukščiausiajam Viešpačiui patenkinti, visi trūkumai, būdingi tai veiklai, išnyksta. Kai pasiaukojimo tarnystė apvalo veiklos rezultatus, įgaunamas tobulas regėjimas – išvystamas savasis „aš". O tai ir yra dvasinė savivoka.

असक्तबुद्धिः सर्वत्र जितात्मा विगतस्पृहः ।
नैष्कर्म्यसिद्धिं परमां संन्यासेनाधिगच्छति ॥४९॥

18.49

asakta-buddhiḥ sarvatra · jitātmā vigata-spṛhaḥ
naiṣkarmya-siddhiṁ paramāṁ · sannyāsenādhigacchati

asakta-buddhiḥ – su intelektu, neturinčiu prisirišimo; *sarvatra* – visuomet; *jita-ātmā* – valdantis protą; *vigata-spṛhaḥ* – be materialių troškimų; *naiṣkarmya-siddhim* – tobulumą, kai nėra atoveikio; *paramām* – aukščiausią; *sannyāsena* – gyvendamas atsižadėjimu; *adhigacchati* – pasiekia.

Kas yra susitvardęs ir nesusaistytas, kas abejingas materialiems malonumams, tas atsižadėjimu gali pasiekti aukščiausią tobulumą – laisvę nuo atoveikio.

Tikrasis atsižadėjimas – tai nuolat prisiminti, kad esi neatskiriama Aukščiausiojo Viešpaties dalelė, taigi neturi teisės naudotis savo darbo rezultatais. Jei jau esame neatskiriamos Aukščiausiojo Viešpaties dalelės, mūsų darbo rezultatais turėtų džiaugtis Aukščiausiasis Viešpats. Tokia tikroji Kṛṣṇos sąmonė. Tas, kuris veikia įsisąmoninęs Kṛṣṇą, yra tikras *sannyāsis* – atsižadėjęs pasaulio. Taip mąstydamas, žmogus jaučia pasitenkinimą, nes iš tikrųjų veikia Aukščiausiojo labui. Todėl jis nelinksta prie to, kas materialu. Jam tampa įprasta negeisti jokios kitos laimės, išskyrus transcendentinę – tą, kuri patiriama tarnaujant Viešpačiui. Yra manoma, kad *sannyāsis* laisvas nuo atoveikio už savo praeities veiklą, tačiau Kṛṣṇą įsisąmoninęs žmogus tą patį tobulumą pasiekia savaime, netgi neduodamas vadinamųjų atsižadėjimo įžadų. Tokia dvasios būsena vadinasi *yogārūḍha,* arba *yogos* tobulybė. Kaip patvirtinta trečiame „Bhagavad-gītos" skyriuje: *yas tv ātma-ratir eva syāt* – kas patenkintas viduje, tas nebijo jokio atoveikio už savo veiklą.

सिद्धिं प्राप्तो यथा ब्रह्म तथाप्नोति निबोध मे । 18.50
समासेनैव कौन्तेय निष्ठा ज्ञानस्य या परा ॥५०॥

siddhiṁ prāpto yathā brahma · tathāpnoti nibodha me
samāsenaiva kaunteya · niṣṭhā jñānasya yā parā

siddhim – tobulumą; *prāptaḥ* – pasiekęs; *yathā* – kaip; *brahma* – Aukščiausiąjį; *tathā* – taip; *āpnoti* – pasiekia; *nibodha* – pasistenk suprasti; *me* – iš Manęs; *samāsena* – glaustai; *eva* – tikrai; *kaunteya* – o Kuntī sūnau; *niṣṭhā* – pakopą; *jñānasya* – žinojimo; *yā* – kuris; *parā* – transcendentinis.

O Kuntī sūnau, išgirsk Mano glaustą žinią apie tai, kaip pasiekęs šį tobulumą, elgdamasis taip, kaip nurodysiu, gali pakilti iki aukščiausio tobulumo, aukščiausio žinojimo pakopos – Brahmano.

Viešpats aiškina Arjunai, kad pakanka atlikti pareigas pagal veiklos pobūdį, skiriant jas Aukščiausiajam Dievo Asmeniui, ir bus pasiekta aukščiausio tobulumo pakopa. Aukščiausias Brahmano būvis pasiekiamas atsižadėjus savo darbo rezultatų vardan Aukščiausiojo Viešpaties patenkinimo. Toks yra dvasinės savivokos kelias. Tikrasis žinojimo tobulumas – pasiekti gryną Kṛṣṇos sąmonę. Tai aprašyta tolesniuose posmuose.

बुद्ध्या विशुद्धया युक्तो धृत्यात्मानं नियम्य च ।
शब्दादीन् विषयांस्त्यक्त्वा रागद्वेषौ व्युदस्य च ॥५१॥

विविक्तसेवी लघ्वाशी यतवाक्कायमानसः ।
ध्यानयोगपरो नित्यं वैराग्यं समुपाश्रितः ॥५२॥

अहङ्कारं बलं दर्पं कामं क्रोधं परिग्रहम् ।
विमुच्य निर्ममः शान्तो ब्रह्मभूयाय कल्पते ॥५३॥

18.51–53

buddhyā viśuddhayā yukto · dhṛtyātmānaṁ niyamya ca
śabdādīn viṣayāṁs tyaktvā · rāga-dveṣau vyudasya ca

vivikta-sevī laghv-āśī · yata-vāk-kāya-mānasaḥ
dhyāna-yoga-paro nityaṁ · vairāgyaṁ samupāśritaḥ

ahaṅkāraṁ balaṁ darpaṁ · kāmaṁ krodhaṁ parigraham
vimucya nirmamaḥ śānto · brahma-bhūyāya kalpate

buddhyā – intelektu; *viśuddhayā* – visiškai apvalytu; *yuktaḥ* – užsi-
ėmęs; *dhṛtyā* – ryžtu; *ātmānam* – savąjį „aš"; *niyamya* – valdo; *ca* –
taip pat; *śabda-ādīn* – tokių kaip garsas; *viṣayān* – juslių objek-
tus; *tyaktvā* – atmeta; *rāga* – prisirišimą; *dveṣau* – ir neapykantą;
vyudasya – atideda į šalį; *ca* – taip pat; *vivikta-sevī* – gyvena nuo-
šalioje vietoje; *laghu-āśī* – mažai valgo; *yata* – yra suvaldęs; *vāk* –
kalbą; *kāya* – kūną; *mānasaḥ* – ir protą; *dhyāna-yoga-paraḥ* –
skendi transe; *nityam* – dvidešimt keturias valandas per parą; *vai-
rāgyam* – atsižadėjime; *samupāśritaḥ* – randa prieglobstį; *ahaṅkā-
ram* – iš klaidingos savimonės; *balam* – netikros jėgos; *darpam* –
netikro išdidumo; *kāmam* – geismo; *krodham* – pykčio; *parigra-
ham* – nuo savininkiškumo; *vimucya* – išsivadavo; *nirmamaḥ* –
neturi nuosavybės jausmo; *śāntaḥ* – ramus; *brahma-bhūyāya* –
dvasinei savivokai; *kalpate* – tinkamas.

**Kas apsivalė intelektu ir ryžtingai valdo protą, atsisakė juslių ten-
kinimo objektų, potraukio ir neapykantos, kas gyvena nuošalioje
vietoje, kas mažai valgo, valdo savo kūną, protą bei kalbą, visada
skendi transe ir neturi materialių prisirišimų, kas išsivadavo iš
klaidingos savimonės, klaidingo noro būti stipresniu, pasipūtimo,
geismo, pykčio ir noro kaupti materialius dalykus, kas atsikratė
netikro nuosavybės jausmo ir yra nurimęs, tas, be abejonės, yra
tinkamas dvasinei savivokai.**

Intelektu apsivalęs žmogus gyvena dorybėje. Taip jis suvaldo protą
ir visada skendi transe. Jis neturi potraukio juslių tenkinimo objek-
tams ir veikdamas nepasiduoda potraukiui ar neapykantai. Supran-
tama, toks atsižadėjęs žmogus labiau linkęs gyventi nuošalioje
vietoje. Jis nevalgo daugiau negu reikia ir kontroliuoja kūną bei
protą. Jis neturi klaidingos savimonės, nes kūno nelaiko savimi. Jis
netrokšta, kad kūnas būtų pamaitintas ir stiprus, ir tam nesiima
jokių materialių priemonių. Atsižadėjęs žmogus neturi kūniškos
būties sampratos, todėl nėra pasipūtęs. Jis patenkintas viskuo, kas
Viešpaties malone tenka jo daliai, ir niekada nepyksta, jei neturi
galimybės patirti juslinių malonumų. Nesivaiko jis ir juslių objektų.

Visiškai išsilaisvinęs nuo klaidingos savimonės, jis praranda potraukį materialiems daiktams. Tai ir yra Brahmano pažinimo lygis, vadinamas *brahma-bhūta*. Atsikratęs materialios būties sampratos, jis nurimsta ir tampa nesujaudinamas. Šitai aprašoma „Bhagavad-gītoje" (2.70):

āpūryamāṇam acala-pratiṣṭhaṁ
   samudram āpaḥ praviśanti yadvat
tadvat kāmā yaṁ praviśanti sarve
   sa śāntim āpnoti na kāma-kāmī

„Ramybę pasieks tik tas, kurio netrikdo troškimai, – be paliovos plūstantys lyg upės į vandenyną, nuolat pasipildantį vandenimis, bet išliekantį ramų, – o ne tas, kuris stengiasi patenkinti tokius troškimus."

ब्रह्मभूतः प्रसन्नात्मा न शोचति न काङ्क्षति ।   **18.54**
समः सर्वेषु भूतेषु मद्भक्तिं लभते पराम् ॥५४॥

brahma-bhūtaḥ prasannātmā · na śocati na kāṅkṣati
samaḥ sarveṣu bhūteṣu · mad-bhaktiṁ labhate parām

brahma-bhūtaḥ – vienovėje su Absoliutu; *prasanna-ātmā* – kupinas džiaugsmo; *na* – niekada; *śocati* – sielojasi; *na* – niekada; *kāṅkṣati* – trokšta; *samaḥ* – lygus; *sarveṣu* – visoms; *bhūteṣu* – gyvosioms esybėms; *mat-bhaktim* – pasiaukojimo tarnystę Man; *labhate* – pasiekia; *parām* – transcendenciją.

Kas pasiekia tokią transcendentinę padėtį, tas išsyk patiria Aukščiausiąjį Brahmaną ir jį užlieja džiaugsmas. Jis niekada nesisieloja, nieko netrokšta ir yra lygus visoms gyvosioms esybėms. Tokiame būvyje jis pradeda su tyru pasiaukojimu tarnauti Man.

Impersonalistui pasiekti *brahma-bhūtos* būvį, susivienyti su Absoliutu – galutinis tikslas. O personalistas, tyras bhaktas, turi žengti dar toliau – atsidėti tyrai pasiaukojimo tarnystei. Taigi žmogus, tyrai ir pasiaukojamai tarnaujantis Aukščiausiajam Viešpačiui, jau yra išvadavimo būvyje, kuris vadinasi *brahma-bhūta,* arba vienovė su Absoliutu. Nepasiekus vienovės su Aukščiausiuoju, arba Absoliutu, tarnauti Jam neįmanoma. Absoliučiu požiūriu, tarp tarnaujančio ir to, kuriam tarnaujama, skirtumo nėra, ir vis dėlto aukštesne, dvasine, prasme jis egzistuoja.

Materialios būties sampratos požiūriu, veikla siekiant juslinių malonumų sukelia kančias, tačiau absoliučiame pasaulyje tiems, kurie tyrai pasiaukoję tarnauja, kančios nežinomos. Kṛṣṇą įsisąmoninusiam bhaktui nėra dėl ko sielotis ir ko trokšti. Kadangi Dievas yra pilnai sau pakankamas, tai ir gyvoji esybė, tarnaujanti Dievui su Kṛṣṇos sąmone, tampa sau pakankama. Ji tarsi upė, apsivaliusi nuo nešvarių vandenų. Tyras bhaktas negalvoja apie nieką, išskyrus Kṛṣṇą, todėl jis iš prigimties visada laimingas. Jis nesielvartauja praradęs kas materialu ir nesiekia materialios naudos, nes tarnaudamas Viešpačiui jaučia pilnatvę. Tyram bhaktui nereikia jokių materialių džiaugsmų, nes jis žino, kad kiekviena gyvoji esybė, kaip fragmentinė Aukščiausiojo Viešpaties dalelė, yra amžinas Jo tarnas. Materialiame pasaulyje jis nemato ką nors esant aukštesnės arba žemesnės padėties. Bet kokia padėtis materialiame pasaulyje tėra trumpalaikė, o bhakto nedomina vienadieniai, tai atsirandantys, tai išnykstantys dalykai. Ir akmuo, ir auksas jam turi lygią vertę. Toks yra *brahma-bhūtos* būvis, ir tyram bhaktui jis labai lengvai pasiekiamas. Šiame būties būvyje mintis apie susiliejimą su Aukščiausiuoju Brahmanu ar savo individualybės sunaikinimą atrodo pragaištinga, pasikėlimo į dangaus karalystę idėja tampa fantasmagorija, o juslės prilygsta gyvatėms su išlaužtais dantimis. Kaip nebaisi gyvatė su išlaužtais dantimis, taip nebaisios ir suvaldytos juslės. Materializmu užsikrėtusiems žmonėms pasaulis kupinas kančių, o bhaktams pasaulis yra beveik toks pat geras, kaip ir Vaikuṇṭha – dvasinis dangus. Didžiausia asmenybė materialioje visatoje bhaktui neatrodo svarbesnė už skruzdę. Pasiekti šį būvį galima Viešpaties Caitanyos, šiame amžiuje mokiusio tyros pasiaukojimo tarnystės, malone.

भक्त्या मामभिजानाति यावान् यश्चास्मि तत्त्वतः ।   **18.55**
ततो मां तत्त्वतो ज्ञात्वा विशते तदनन्तरम् ॥५५॥

bhaktyā mām abhijānāti · yāvān yaś cāsmi tattvataḥ
tato mām tattvato jñātvā · viśate tad-anantaram

bhaktyā – per tyrą pasiaukojimo tarnystę; *mām* – Mane; *abhijā-*
nāti – gali pažinti; *yāvān* – tiek, kiek; *yaḥ ca asmi* – koks Aš esu;
tattvataḥ – iš tiesų; *tataḥ* – po to; *mām* – Mane; *tattvataḥ* – iš tiesų;
jñātvā – pažinęs; *viśate* – jis įžengia; *tat-anantaram* – po to.

Pažinti Mane, Aukščiausiąjį Dievo Asmenį, tokį, koks Aš esu,
galima tik per pasiaukojimo tarnystę. Kai su pasiaukojimu tar-
naudamas žmogus visiškai įsisąmonina Mane, jis gali įžengti į
Dievo karalystę.

Nebhaktai ir spekuliatyvūs mąstytojai negali pažinti Aukščiausiojo
Dievo Asmens, Kṛṣṇos, ir Jo pilnutinių skleidinių. Norintis patirti
Aukščiausiąjį Dievo Asmenį turi pradėti tyrai su pasiaukojimu
tarnauti Viešpačiui, vadovaujamas tyro bhakto. Antraip tikroji
Aukščiausiojo Dievo Asmens prigimtis jam niekada neatsiskleis.
„Bhagavad-gītoje" (7.25) jau buvo pasakyta: *nāhaṁ prakāśaḥ sar-*
vasya – Jis neapsireiškia kiekvienam. Dievui pažinti nepakanka
erudicijos, Jo negalima suvokti spekuliatyviais samprotavimais. Tik
tas, kuris iš tikrųjų įsisąmonino Kṛṣṇą ir pasiaukojęs tarnauja Jam,
supras, kas yra Kṛṣṇa. Mokslo laipsniai šiuo atveju niekuo nepadės.

    Kas gerai išmano Kṛṣṇos mokslą, tas gauna teisę įžengti į dva-
sinę karalystę – Kṛṣṇos buveinę. Tapti Brahmanu – nereiškia
prarasti savo identiškumą. Pasiaukojimo tarnystė išlieka ir *brahma-*
bhūtos lygyje, o pasiaukojimo tarnystei yra būtini Dievas, bhaktai ir
pats pasiaukojimo tarnystės procesas. Toks žinojimas niekada, net
ir išsivadavus, nepradingsta. Išsivaduoti – tai atsikratyti materia-
lios būties sampratos. Tas pats formų skirtingumas ir individualu-
mas yra ir dvasiniame gyvenime, tačiau tyros Kṛṣṇos sąmonės lygiu.
Nereikia klaidingai manyti, kad žodis *viśate* – „įžengia į Mane" –

patvirtina *monistų* teoriją apie susiliejimą su beasmeniu Brahmanu. Jokiu būdu ne. *Viśate* reiškia, kad gyvoji būtybė gali įžengti į Aukščiausiojo Viešpaties buveinę, neprarasdama savos individualybės – kad bendrautų su Juo ir Jam tarnautų. Juk žalias paukštis nutupia žaliame medyje ne susilieti su juo, o paragauti jo vaisių. Impersonalistai paprastai pateikia upės, įtekančios į vandenyną ir susiliejančios su juo, pavyzdį. Tas susiliejimas gali būti didžiausia laimė impersonalistui, tačiau personalistas išsaugo savo individualumą, kaip išsaugo ją vandenyno gyventojai. Panirę į vandenyno gelmes, aptiksime didžiulę daugybę gyvųjų esybių. Nepakanka paviršutiniškai susipažinti su vandenynu, norint jį pilnai pažinti reikia pažinti ir vandenyno gelmių gyventojus.

Tyros pasiaukojimo tarnystės dėka bhaktas suvokia Aukščiausiojo Viešpaties transcendentines savybes, Jo turtus ir galybę, – tokius, kokie jie yra. Vienuoliktame skyriuje nurodyta, kad tai įmanoma tiktai pasiaukojimo tarnystės dėka. Tą patį liudija ir šis posmas. Pažinti Aukščiausiąjį Dievo Asmenį ir įžengti į Jo karalystę tegalima per pasiaukojimo tarnystę.

Pasiekęs *brahma-bhūtos* būvį, arba atsikratęs materialių sampratų, bhaktas pasiaukojimo tarnystę pradeda nuo klausymosi apie Viešpatį. Klausydamiesi apie Aukščiausiąjį Viešpatį, savaime pasiekiame *brahma-bhūtos* būvį, ir materialios nešvarybės – godumas ir noras patenkinti jusles – išnyksta. Geismui ir troškimams nykstant bhakto širdyje, jis pajunta didėjantį potraukį tarnauti Viešpačiui, ir tas potraukis padeda jam nusiplauti materijos nešvarybes. Šiame gyvenimo būvyje jis pažįsta Aukščiausiąjį Viešpatį. Taip sakoma ir „Śrīmad-Bhāgatavam". Išsivadavus *bhakti*, ar transcendentinė tarnystė, tęsiasi toliau. „Vedānta-sūtra" (4.1.12) liudija: *ā-prāyaṇāt tatrāpi hi dṛṣṭam.* Tai reiškia, kad išsivadavus pasiaukojimo tarnystės procesas nenutrūksta. „Śrīmad-Bhāgavatam" tikrą išsivadavimą pasiaukojimo tarnystėje apibūdina kaip gyvosios esybės identiškumo atgavimą, sugrįžimą į jos prigimtinį būvį. Apie prigimtinę gyvosios esybės padėtį jau buvo kalbėta: kiekviena gyvoji esybė – neatskiriama Aukščiausiojo Viešpaties dalelė, todėl

jos prigimtinis būvis – tarnauti. Išsivadavus tarnystė nenutrūksta
nė akimirkai. Tikrasis išsivadavimas – atsikratyti klaidingų būties
sampratų.

सर्वकर्माण्यपि सदा कुर्वाणो मद्व्यपाश्रयः ।
मत्प्रसादादवाप्नोति शाश्वतं पदमव्ययम् ॥५६॥

18.56

sarva-karmāṇy api sadā · kurvāṇo mad-vyapāśrayaḥ
mat-prasādād avāpnoti · śāśvataṁ padam avyayam

sarva – įvairiausią; *karmāṇi* – veiklą; *api* – nors; *sadā* – visada;
kurvāṇaḥ – atlikdamas; *mat-vyapāśrayaḥ* – Mano globojamas; *mat-*
prasādāt – Mano malone; *avāpnoti* – pasiekia; *śāśvatam* – amžiną;
padam – buveinę; *avyayam* – nenykstamą.

Visada Mano globojamas tyras bhaktas, nors ir užsiima įvairiau-
sia veikla, Mano malonės dėka pasiekia amžiną ir nenykstančią
buveinę.

Žodis *mad-vyapāśrayaḥ* reiškia Aukščiausiojo Viešpaties globą.
Kad visiškai nusiplautų materijos nešvarybes, tyras bhaktas veikia
vadovaujamas Aukščiausiojo Viešpaties arba Jo atstovo – dvasinio
mokytojo. Tyro bhakto laikas neriboja. Visą savo laiką, dvide-
šimt keturias paros valandas, jis būna pasinėręs į veiklą, vykdyda-
mas Aukščiausiojo Viešpaties nurodymus. Visa esybe panirusiam
į Kṛṣṇos sąmonę bhaktui Viešpats itin maloningas. Nepaisant
visų sunkumų, bhaktas galų gale patenka į transcendentinę
buveinę – Kṛṣṇaloką. Galimybė ten patekti jam garantuojama –
dėl to nėra abejonių. Ši aukščiausioji buveinė nekinta, viskas ten
amžina, nenyksta, viskas sklidina žinojimo.

चेतसा सर्वकर्माणि मयि सन्न्यस्य मत्परः ।
बुद्धियोगमुपाश्रित्य मच्चित्तः सततं भव ॥५७॥

18.57

cetasā sarva-karmāṇi · mayi sannyasya mat-paraḥ
buddhi-yogam upāśritya · mac-cittaḥ satataṁ bhava

cetasā – intelektu; *sarva-karmāṇi* – visų rūšių veiklą; *mayi* – Man; *sannyasya* – paskirdamas; *mat-paraḥ* – Mano globojamas; *buddhi-yogam* – pasiaukojimo veikloje; *upāśritya* – rasdamas prieglobstį; *mat-cittaḥ* – įsisąmoninęs Mane; *satatam* – dvidešimt keturias valandas per parą; *bhava* – tapk.

Kad ir ką darytum, pasikliauk Manimi ir Mano globa. Taip su pasiaukojimu tarnaudamas, į Mane nukreipk visas mintis.

Veikiantis su Kṛṣṇos sąmone, nesielgia taip, tarsi jis būtų pasaulio šeimininkas. Jis turi elgtis kaip tarnas, vadovaudamasis Aukščiausiojo Viešpaties nurodymais. Tarnas nesielgia kaip panorėjęs, jis daro tai, ką liepia šeimininkas. Tarnas, besidarbuojantis aukščiausiojo šeimininko labui, abejingas ir laimėjimui, ir netekčiai. Jis tiesiog vykdo savo pareigas, būdamas ištikimu Viešpaties įsakymui. Gali kilti toks klausimas: Arjunai vadovavo Pats Kṛṣṇa, o ką daryti, kai Kṛṣṇos nėra šalia? Jeigu elgsimės taip, kaip šioje knygoje moko Kṛṣṇa, ir vykdysime Kṛṣṇos atstovo nurodymus, tuomet irgi pasieksime tokius pačius rezultatus. Šiame posme labai svarbus sanskrito žodis *mat-paraḥ*. Jis pažymi, kad nėra kito gyvenimo tikslo, kaip veikti su Kṛṣṇos sąmone siekiant patenkinti Kṛṣṇą. Taip veikiant reikia galvoti tik apie Kṛṣṇą: „Šią konkrečią pareigą man patikėjo Pats Kṛṣṇa.“ Taip mes savaime galvosime apie Kṛṣṇą ir pasieksime Kṛṣṇos sąmonės tobulumą. Tačiau vertėtų įsidėmėti, kad tuo atveju, kai pataikaujama savo užgaidoms, savo veiklos rezultatus aukoti Aukščiausiajam Viešpačiui nedera. Tokie veiksmai nėra Kṛṣṇai skirta pasiaukojimo tarnystė. Reikia vadovautis Kṛṣṇos įsakymu – tai labai svarbu. Kṛṣṇos nurodymus gauname per mokinių seką iš *bona fide* dvasinio mokytojo, todėl dvasinio mokytojo paliepimą reikia laikyti svarbiausia gyvenimo priederme. Jei žmogus randa *bona fide* dvasinį mokytoją ir veikia taip, kaip jis nurodo, jis tikrai įsisąmonins Kṛṣṇą ir pasieks gyvenimo tobulumą.

मच्चित्तः सर्वदुर्गाणि मत्प्रसादात्तरिष्यसि ।
अथ चेत्त्वमहङ्कारान्न श्रोष्यसि विनङ्क्ष्यसि ॥५८॥

18.58

mac-cittaḥ sarva-durgāṇi · mat-prasādāt tariṣyasi
atha cet tvam ahaṅkārān · na śroṣyasi vinaṅkṣyasi

mat – Mane; *cittaḥ* – nukreipęs mintis; *sarva* – visas; *durgāṇi* – kliū-
tis; *mat-prasādāt* – Mano malone; *tariṣyasi* – įveiksi; *atha* – bet; *cet* –
jeigu; *tvam* – tu; *ahaṅkārāt* – dėl klaidingos savimonės; *na śroṣyasi* –
nepaklausysi; *vinaṅkṣyasi* – tu pražūsi.

**Jei visada galvosi apie Mane, Mano malone įveiksi visas sąlygoto
gyvenimo kliūtis. Tačiau jei negalvosi apie Mane, bet vadovau-
siesi klaidinga savimone neklausydamas Manęs – pražūsi.**

Kṛṣṇą įsisąmoninęs žmogus nesistengia be reikalo tenkinti savo
gyvenimiškus poreikius. Kvailiai niekada neįstengs suvokti, kaip
pasiekti šią laisvę – neturėti rūpesčių. Kas veikia su Kṛṣṇos
sąmone, tam Viešpats Kṛṣṇa tampa artimiausiu draugu. Jis nuolat
rūpinasi draugo gerove ir paaukoja Save draugui, kuris, norėda-
mas patenkinti Viešpatį, atsidėjęs darbuojasi dvidešimt keturias
valandas per parą. Todėl neturime leisti, kad klaidinga savimonė,
kurią pagimdė kūniškoji būties samprata, išvestų mus iš tikrojo
kelio. Nereikia klaidingai manyti, kad esame nepavaldūs materia-
lios gamtos *guṇų* dėsniams ir turime visišką veikimo laisvę. Žmo-
gus yra griežtų materijos dėsnių valdžioje, tačiau pakanka jam
pradėti veikti su Kṛṣṇos sąmone, kai jis išsivaduoja ir jo nebe-
kankina jokios materialios dilemos. Reikia visada atminti, kad tą,
kuris nepuoselėja Kṛṣṇos sąmonės, įtraukia materijos sūkurys, ir jis
nugrimzta į gimimo ir mirties vandenyną. Nė viena sąlygota siela
nežino, kaip iš tikrųjų dera elgtis ir kaip nedera, o štai žmogus, vei-
kiantis su Kṛṣṇos sąmone, įgyja visišką veikimo laisvę, nes Kṛṣṇa
pataria jam iš vidaus, o dvasinis mokytojas Jo patarimus patvirtina.

यदहङ्कारमाश्रित्य न योत्स्य इति मन्यसे ।
मिथ्यैष व्यवसायस्ते प्रकृतिस्त्वां नियोक्ष्यति ॥५९॥

18.59

yad ahaṅkāram āśritya · na yotsya iti manyase
mithyaiṣa vyavasāyas te · prakṛtis tvāṁ niyokṣyati

yat – jeigu; *ahaṅkāram* – klaidingos savimonės; *āśritya* – atradęs prieglobstį; *na yotsye* – aš nekovosiu; *iti* – šitaip; *manyase* – tu manai; *mithyā eṣaḥ* – tai yra netikras; *vyavasāyaḥ* – ryžtas; *te* – tavo; *prakṛtiḥ* – materiali prigimtis; *tvām* – tave; *niyokṣyati* – įtrauks į veiklą.

Jei nesivadovausi Mano nurodymais ir nesikausi – pasirinksi klaidingą kelią. Pati tavo prigimtis privers dalyvauti kare.

Arjuna iš prigimties buvo karys – *kṣatriyas*. Todėl jo priedermė – kova. Tačiau klaidingos savimonės paveiktas jis bijojo, kad nužudęs savo mokytoją, senelį ir draugus, turės atkentėti atoveikį už nuodėmes. Iš esmės Arjuna laikė save savo poelgių lėmėju – tarsi nuo jo priklausytų geri ar blogi veiksmų rezultatai. Jis užmiršo, kad šalia buvo Aukščiausiasis Dievo Asmuo, kuris liepė jam kautis. Tai sąlygotos sielos užmaršumo pavyzdys. Aukščiausiasis Dievo Asmuo nurodo, kas yra gera ir kas – bloga. Kiekvienas turi tiesiog veikti su Kṛṣṇos sąmone, nes tik taip galima pasiekti gyvenimo tobulumą. Niekas negali žinoti savo lemties taip gerai, kaip ją žino Aukščiausiasis Viešpats, todėl geriausia – veikti taip, kaip nurodo Aukščiausiasis. Nevalia ignoruoti Aukščiausiojo Dievo Asmens ar Jo atstovo, dvasinio mokytojo, įsakymo. Reikia nesvyruojant vykdyti Aukščiausiojo Dievo Asmens paliepimą – tai apsaugos žmogų bet kuriomis aplinkybėmis.

स्वभावजेन कौन्तेय निबद्धः स्वेन कर्मणा ।   **18.60**
कर्तुं नेच्छसि यन्मोहात्करिष्यस्यवशोऽपि तत् ॥६०॥

svabhāva-jena kaunteya · nibaddhaḥ svena karmaṇā
kartuṁ necchasi yan mohāt · kariṣyasy avaśo 'pi tat

svabhāva-jena – kilusios iš tavo prigimties; *kaunteya* – o Kuntī sūnau; *nibaddhaḥ* – sąlygotas; *svena* – savo paties; *karmaṇā* – veiklos; *kartum* – atlikti; *na* – ne; *icchasi* – nori tu; *yat* – to, ko; *mohāt* – dėl iliuzijos; *kariṣyasi* – atliksi; *avaśaḥ* – prieš savo valią; *api* – net; *tat* – tą.

Iliuzijos užvaldytas, dabar tu nenori klausyti Mano nurodymo. Bet vis tiek turėsi taip pasielgti – privers tavoji prigimtis, o Kuntī sūnau.

Jeigu žmogus atsisako veikti paklusdamas Aukščiausiojo Viešpaties nurodymams, tada jis veikia verčiamas *gunų,* kurios jį veikia. Kiekvienas yra veikiamas tam tikro gamtos *gunų* derinio ir jo įtakoje atlieka veiksmus. Tačiau tas, kuris laisva valia paklūsta Aukščiausiojo Viešpaties vadovavimui, pelno šlovę.

ईश्वरः सर्वभूतानां हृद्देशेऽर्जुन तिष्ठति ।　　　　　　　　18.61
भ्रामयन् सर्वभूतानि यन्त्रारूढानि मायया ॥६१॥

īśvaraḥ sarva-bhūtānām · hṛd-deśe 'rjuna tiṣṭhati
bhrāmayan sarva-bhūtāni · yantrārūḍhāni māyayā

īśvaraḥ – Aukščiausiasis Viešpats; *sarva-bhūtānām* – visų gyvųjų esybių; *hṛt-deśe* – širdyje; *arjuna* – o Arjuna; *tiṣṭhati* – gyvena; *bhrāmayan* – priversdamas keliauti; *sarva-bhūtāni* – visas gyvąsias esybes; *yantra* – į mašiną; *ārūḍhani* – patalpintas; *māyayā* – materialios energijos kerais.

Aukščiausiasis Viešpats yra visų širdyse, o Arjuna. Jis nurodo klajonių kelius visoms gyvosioms esybėms, kurios tūno kūne tarytum mašinoje, pagamintoje iš materialios energijos.

Arjuna neturėjo aukščiausio žinojimo, ir jo sprendimą kautis ar ne pagimdė ribotas mąstymas. Viešpats Kṛṣṇa nurodė, kad gyvoji būtybė nėra pati sau šeimininkas. Aukščiausiasis Dievo Asmuo, Patsai Kṛṣṇa, lokalizuotos Supersielos pavidalu glūdi gyvosios būtybės širdyje ir jai vadovauja. Keisdama kūnus, gyvoji esybė užmiršta savo ankstesnius darbus, tačiau Supersiela, pažįstanti ir praeitį, ir dabartį, ir ateitį, yra visų jos veiksmų liudininkė. Todėl visai gyvosios esybės veiklai vadovauja Supersiela. Gyvoji esybė gauna tai, ko nusipelno. Ją nešioja materialus kūnas, kuris yra sukurtas iš materialios energijos, vadovaujant Supersielai. Kai tik gyvoji esybė patenka į kurį nors tam tikro tipo kūną, jai tenka veikti tomis sąlygomis, kurias sukuria tas kūnas. Žmogus, vairuojantis greitą automobilį, važiuoja greičiau už tą, kuris vairuoja mažesnio galingumo mašiną, nors patys vairuotojai – gyvosios esybės – gali būti vienodi. Taip ir Aukščiausiajai Sielai liepus, materiali gamta sukuria kiekvienai gyvajai esybei kūną, kad ši galėtų veikti, kaip norėjo praeityje. Gyvoji esybė nėra nepriklausoma. Nereikia manyti, jog esi nepriklausomas nuo Aukščiausiojo Dievo Asmens. Mes visada Viešpaties valdžioje, todėl mūsų pareiga – atsiduoti Viešpačiui. Kitas posmas tai ir ragina padaryti.

तमेव शरणं गच्छ सर्वभावेन भारत ।   18.62
तत्प्रसादात्परां शान्तिं स्थानं प्राप्स्यसि शाश्वतम् ॥६२॥

tam eva śaraṇaṁ gaccha · sarva-bhāvena bhārata
tat-prasādāt parāṁ śāntiṁ · sthānaṁ prāpsyasi śāśvatam

tam – Jam; *eva* – tikrai; *śaraṇam gaccha* – atsiduok; *sarva-bhāvena* – visais atžvilgiais; *bhārata* – o Bharatos sūnau; *tat-prasādāt* – Jo malone; *parām* – transcendentinę; *śāntim* – ramybę; *sthānam* – buveinę; *prāpsyasi* – gausi; *śāśvatam* – amžiną.

Atsiduok Jam visiškai, o Bharatos aini. Jo malone tu pasieksi transcendentinę ramybę ir aukščiausią amžiną buveinę.

Gyvoji esybė turi atsiduoti Aukščiausiajam Dievo Asmeniui, glūdinčiam kiekvieno širdyje. Tada ji išsigelbės nuo visų materialios būties negandų. Atsidavusi Viešpačiui ji ne tik išsigelbės nuo visų gyvenimo kančių, bet galų gale pasieks Aukščiausiąjį Dievą. Transcendentinis pasaulis Vedų raštuose („Ṛg Veda" 1.22.20) aprašomas kaip *tad viṣṇoḥ paramaṁ padam*. Visa kūrinija – Dievo karalystė, todėl visa, kas materialu, iš tiesų yra dvasiška, tačiau žodžiai *paramaṁ padam* nurodo būtent amžiną buveinę, vadinamą dvasiniu dangumi, arba Vaikuṇṭha.

Penkioliktame „Bhagavad-gītos" skyriuje sakoma: *sarvasya*

cāham hṛdi sanniviṣṭaḥ – Viešpats glūdi visų mūsų širdyse. Patarimas atsiduoti Supersielai, glūdinčiai širdyje, reiškia atsiduoti Aukščiausiajam Dievo Asmeniui – Kṛṣṇai. Arjuna jau pripažino Kṛṣṇą Aukščiausiuoju. Dešimtame skyriuje jis vadino Dievą *param brahma param dhāma.* Arjuna pripažino Kṛṣṇą Aukščiausiuoju Dievo Asmeniu ir aukščiausia visų gyvųjų esybių buveine, remdamasis ne tik savo asmeniniu patyrimu, bet ir liudijimais tokių didžių autoritetų, kaip Nārada, Asita, Devala ir Vyāsa.

इति ते ज्ञानमाख्यातं गुह्यादुह्यतरं मया । 18.63
विमृश्यैतदशेषेण यथेच्छसि तथा कुरु ॥६३॥

iti te jñānam ākhyātaṁ · guhyād guhya-taraṁ mayā
vimṛśyaitad aśeṣeṇa · yathecchasi tathā kuru

iti – taigi; *te* – tau; *jñānam* – žinojimas; *ākhyātam* – išdėstytas; *guhyāt* – už slaptingą; *guhya-taram* – dar slaptingesnis; *mayā* – Mano; *vimṛśya* – apsvarstęs; *etat* – jį; *aśeṣeṇa* – visiškai; *yathā* – kaip; *icchasi* – tu nori; *tathā* – taip; *kuru* – elkis.

Taigi Aš atvėriau tau dar slaptingesnį žinojimą. Gerai apgalvok mano žodžius, o paskui elkis kaip išmanai.

Viešpats jau paaiškino Arjunai žinojimą apie *brahma-bhūtą.* Žmogus, pasiekęs *brahma-bhūtos* lygį, visada džiugus; jis niekad nesielvartauja ir nieko netrokšta, nes turi slaptingą žinojimą. Kṛṣṇa atveria ir žinias apie Supersielą, kurios taip pat yra Brahmano žinojimas – žinios apie Brahmaną, tačiau aukštesnio lygio.

Šio posmo žodžiai *yathecchasi tathā kuru* – „Elkis kaip nori" – nurodo, kad Dievas nesuvaržo tos nedidelės nepriklausomybės, kurią turi gyvoji esybė. „Bhagavad-gītoje" Viešpats visapusiškai išaiškino, kaip pasiekti aukštesnį būties lygį. Geriausias patarimas, kurį gavo Arjuna – atsiduoti Supersielai, esančiai jo paties širdyje. Vadovaudamiesi sveika nuovoka, turime sutikti veikti pagal Supersielos nurodymą. Tai padės nuolatos būti Kṛṣṇos sąmonės, o Kṛṣṇos sąmonė – tai aukščiausia žmogaus gyvenimo tobulumo pakopa. Nurodymą kautis Arjuna išgirsta tiesiogiai iš Dievo Asmens. Gyvosios esybės pačios turėtų būti suinteresuotos atsiduoti Aukščiausiajam Dievo Asmeniui, nes tai pasitarnautų jų labui, o ne Aukščiausiajam. Prieš atsiduodamas Viešpačiui, kiekvienas gali savarankiškai, kiek leidžia jo intelektas, tą būtinybę apsvarstyti. Tai geriausias būdas Aukščiausiojo Dievo Asmens nurodymams perimti. Tuos nurodymus taip pat perteikia ir dvasinis mokytojas – Kṛṣṇos *bona fide* atstovas.

सर्वगुह्यतमं भूयः श्रृणु मे परमं वचः ।   **18.64**
इष्टोऽसि मे दृढमिति ततो वक्ष्यामि ते हितम् ॥६४॥

sarva-guhyatamaṁ bhūyaḥ · śṛṇu me paramaṁ vacaḥ
iṣṭo 'si me dṛḍham iti · tato vakṣyāmi te hitam

sarva-guhya-tamam – visų slaptingiausią; *bhūyaḥ* – vėl; *śṛṇu* – išgirsk; *me* – iš Manęs; *paramam* – aukščiausią; *vacaḥ* – pamokymą; *iṣṭaḥ asi* – esi brangus; *me* – Man; *dṛḍham* – labai; *iti* – taip; *tataḥ* – todėl; *vakṣyāmi* – Aš kalbu; *te* – tavo; *hitam* – labui.

Esi labai brangus Mano draugas, todėl skelbiu tau Mano aukščiausią pamokymą, visų slaptingiausią žinojimą. Išklausyk Mane, nes kalbu tavo labui.

Viešpats perteikė slaptingą žinojimą (žinias apie Brahmaną), o po to dar slaptingesnį (žinias apie Supersielą, kuri yra kiekvieno mūsų širdyje). Dabar jis skelbia pačią slaptingiausią žinojimo dalį: tiesiog atsiduok Aukščiausiajam Dievo Asmeniui. Devinto skyriaus pabaigoje Viešpats pasakė: *man-manāḥ* – „Visada galvok apie Mane". Tas pats nurodymas šiame posme pakartojamas, norint pabrėžti „Bhagavad-gītos" mokymo esmę. Paprastas žmogus šios esmės nesuvokia. Ji atsiveria tik tiems, kurie iš tiesų yra labai brangūs Kṛṣṇai – tyriems Kṛṣṇos bhaktams. Tai pati svarbiausia visų Vedų pamoka. Šis Kṛṣṇos nurodymas yra esminė žinojimo dalis. Todėl Jo pamokymą turi įgyvendinti ne tiktai Arjuna, bet ir visos gyvosios esybės.

मन्मना भव मद्भक्तो मद्याजी मां नमस्कुरु ।   18.65
मामेवैष्यसि सत्यं ते प्रतिजाने प्रियोऽसि मे ॥६५॥

man-manā bhava mad-bhakto · mad-yājī māṁ namaskuru
māṁ evaiṣyasi satyaṁ te · pratijāne priyo 'si me

mat-manāḥ – mąstydamas apie Mane; *bhava* – tapk; *mat-bhaktaḥ* – Mano bhaktu; *mat-yājī* – Mano garbintoju; *māṁ* – Man; *namas-kuru* – lenkis; *māṁ* – pas Mane; *eva* – tikrai; *eṣyasi* – tu ateisi; *satyam* – tikrai; *te* – tau; *pratijāne* – Aš pažadu; *priyaḥ* – brangus; *asi* – tu esi; *me* – Man.

Visada galvok apie Mane, tapk Mano bhaktu, garbink Mane ir lenkis Man. Aš pažadu – taip tu tikrai ateisi pas Mane, nes esi labai brangus Mano draugas.

Visų slaptingiausia žinojimo dalis – būtinumas tapti tyru Kṛṣṇos bhaktu, visada galvoti apie Jį ir veikti Jo labui. Nedera būti medituotoju tik dėl vardo. Gyvenimą reikia sutvarkyti taip, kad visada turėtum galimybę mąstyti apie Kṛṣṇą. Visą kasdieninę veiklą reikėtų sieti su Kṛṣṇa ir gyvenimą sutvarkyti taip, kad visas dvidešimt keturias paras valandas negalvotum apie nieką kita, tik apie Kṛṣṇą. Viešpats pažada, kad kiekvienas tokios tyros Kṛṣṇos sąmonės žmogus tikrai sugrįš į Kṛṣṇos buveinę, kurioje galės su Juo tiesiogiai bendrauti. Ta visų slaptingiausia žinojimo dalis skelbiama Arjunai, nes jis – brangus Kṛṣṇos draugas. Kiekvienas, kuris eina Arjunos keliu, gali tapti brangiu Kṛṣṇos draugu ir pasiekti tą patį tobulumą, kaip ir Arjuna.

Posmo žodžiai pabrėžia, kad reikia sutelkti protą į Kṛṣṇą, dvirankį Jo pavidalą, nuostabaus veido melsvaspalvį jaunuolį su fleita rankose ir povo plunksna plaukuose. Kṛṣṇos apibūdinimų randame „Brahma-saṁhitoje" ir kituose raštuose. Reikia sutelkti protą į šį pirminį Kṛṣṇos pavidalą ir neblaškyti dėmesio į kitus Viešpaties pavidalus. Viešpats turi daugybę pavidalų: Viṣṇu, Nārāyaṇa, Rāma, Varāha etc., tačiau bhaktas turi sutelkti mintis į tą Viešpaties pavidalą, kuriuo Jis apsireiškė Arjunai. Proto sutelkimas į Kṛṣṇos pavidalą sudaro visų slaptingiausios žinojimo dalies esmę, ir tas žinojimas buvo atskleistas Arjunai, nes Arjuna – brangiausias Kṛṣṇos draugas.

सर्वधर्मान् परित्यज्य मामेकं शरणं व्रज ।   **18.66**
अहं त्वां सर्वपापेभ्यो मोक्षयिष्यामि मा शुचः ॥६६॥

sarva-dharmān parityajya · mām ekaṁ śaraṇaṁ vraja
ahaṁ tvāṁ sarva-pāpebhyo · mokṣayiṣyāmi mā śucaḥ

sarva-dharmān – visų atmainų religijas; *parityajya* – atmesdamas; *mām* – Man; *ekam* – vienam; *śaraṇam* – atsidavimo; *vraja* – siek; *aham* – Aš; *tvām* – tave; *sarva* – nuo visų; *pāpebhyaḥ* – atoveikių už nuodėmes; *mokṣayiṣyāmi* – išvaduosiu; *mā* – ne; *śucaḥ* – baiminkis.

Atmesk visų atmainų religijas ir tiesiog atsiduok Man. Aš išgelbėsiu tave nuo atoveikio už visas nuodėmes. Nesibaimink.

Viešpats apibūdino įvairius žinojimo ir religijos procesus: žinias apie Aukščiausiąjį Brahmaną, apie Supersielą, apie įvairius luomus ir socialinio gyvenimo skyrius, papasakojo apie *sannyāsą*, atsižadėjimą ir neprisirišimą, apie juslių bei proto valdymą, apie meditaciją etc. Jis visapusiškai apibūdino įvairių tipų religijas. O dabar, apibendrindamas „Bhagavad-gītos" turinį, Viešpats sako, kad Arjuna privalo atmesti visus jam išaiškintus procesus ir tiesiog atsiduoti Kṛṣṇai – tai išgelbės jį nuo atoveikio už visas nuodėmes, nes Viešpats žada Pats jį apsaugoti.

Septintame skyriuje buvo pasakyta, kad garbinti Viešpatį Kṛṣṇą gali tik tas, kuris išsivadavo nuo atoveikio už visas nuodėmes. Gali atrodyti, kad tol, kol neišsivaduoji nuo atoveikio už visas nuodėmes, negalima įsijungti į atsidavimo procesą. Tačiau abejo

nes išsklaido šis posmas: jei kol kas dar neišsivadavai nuo ato-
veikio už visas nuodėmes, atsidavimo Śrī Kṛṣṇai procese savaime
išsivaduosi. Papildomos pastangos, norint išsivaduoti nuo atoveikio
už nuodėmes, nėra būtinos. Tereikia neabejojant pripažinti Kṛṣṇą
aukščiausiu visų gyvųjų esybių išganytoju, ir su tikėjimu bei meile
Jam atsiduoti.

   Atsidavimo Kṛṣṇai procesas aprašytas „Hari-bhakti-vilāsoje"
(11.676):

ānukūlyasya saṅkalpaḥ · prātikūlyasya varjanam
rakṣiṣyatīti viśvāso · goptṛtve varanaṁ tathā
ātma-nikṣepa-kārpaṇye · ṣaḍ-vidhā śaraṇāgatiḥ

Pagal pasiaukojimo proceso reikalavimus reikia išpažinti tuos reli-
ginius principus, kurie ilgainiui atves prie pasiaukojimo tarnys-
tės Viešpačiui. Galima vykdyti tam tikras pareigas pagal veiklos
pobūdį, priklausomai nuo to, kokiai socialinei grupei priklausai,
tačiau veltui darbuojasi tas, kuris vykdydamas pareigas nepriartėja
prie Kṛṣṇos sąmonės. Reikia vengti visko, kas neveda į tobulą
Kṛṣṇos sąmonės būvį, ir tikėti, kad bet kokiomis aplinkybėmis
Kṛṣṇa apsaugos nuo visų sunkumų. Nėra jokio reikalo rūpin-
tis, kaip palaikyti gyvybę – tuo pasirūpins Kṛṣṇa. Mes priva-
lome suvokti savo bejėgiškumą ir vieninteliu gyvenimo pažangos
pagrindu laikyti Kṛṣṇą. Kai tik žmogus rimtai atsideda pasiauko-
jimo tarnystei visiškai suvokdamas Kṛṣṇą, jis tuojau pat nusiplauna
visas materialios gamtos nešvarybes. Egzistuoja įvairūs religijos
keliai ir apsivalymo būdai, pagrįsti žinojimo gilinimu, meditacija
pagal mistinės *yogos* sistemą etc., tačiau tam, kuris atsiduoda
Kṛṣṇai, tiek daug metodų praktikuoti nereikia. Pakanka atsiduoti
Kṛṣṇai ir bus išvengta beprasmio laiko švaistymo. Taip greitai
pažengiama į priekį ir išsivaduojama nuo atoveikio už visas
nuodėmes.

   Mus turėtų žavėti nuostabus Kṛṣṇos pavidalas. Aukščiausiąjį
Dievo Asmenį vadina „Kṛṣṇa", nes Jis yra visų patraukliausias.
Laimingas tas, kuris susižavėjo kupinu grožio, visų galingiausiu

ir visagaliu Kṛṣṇa. Yra įvairių rūšių transcendentalistų: vieni jų ypač žavisi beasmeniu Brahmanu, kitus labiau traukia Supersielos aspektas etc., tačiau tas, kurį traukia asmeniškas Aukščiausiojo Dievo Asmens aspektas ir, visų pirma, Aukščiausiasis Dievo Asmuo, Patsai Kṛṣṇa, yra visų tobuliausias transcendentalistas. Kitaip sakant, sąmoninga pasiaukojimo tarnystė Kṛṣṇai – tai visų slaptingiausia žinojimo dalis, – tokia visos „Bhagavad-gītos" esmė. Transcendentalistais vadinami tiek *karma-yogai* ir filosofai empirikai, tiek mistikai ir bhaktai, tačiau tyras bhaktas – visų geriausias. Labai svarbią reikšmę turi žodžiai *mā śucaḥ*: „Nebijok, nesvyruok, liaukis nerimavęs." Žmogų gali sugluminti tai, kad reikia atmesti visų formų religijas ir tiesiog atsiduoti Kṛṣṇai, tačiau nerimauti nėra pagrindo.

इदं ते नातपस्काय नाभक्ताय कदाचन ।
न चाशुश्रूषवे वाच्यं न च मां योऽभ्यसूयति ॥६७॥

18.67

idaṁ te nātapaskāya · nābhaktāya kadācana
na cāśuśrūṣave vācyaṁ · na ca māṁ yo 'bhyasūyati

idam – tai; *te* – tavo; *na* – niekada; *atapaskāya* – nėra asketiškas; *na* – niekada; *abhaktāya* – nebhaktui; *kadācana* – bet kuriuo metu; *na* – niekada; *ca* – taip pat; *aśuśrūṣave* – tam, kuris neatlieka pasiaukojimo tarnystės; *vācyam* – turi būti sakoma; *na* – niekada; *ca* – taip pat; *mām* – Man; *yaḥ* – tas, kuris; *abhyasūyati* – yra pavydus.

Šio slaptingo žinojimo nereikia atskleisti tam, kuris nėra susilaikęs, nėra Man pasišventęs ir su pasiaukojimu Man netarnauja, o taip pat tam, kuris pavydi Man.

Ši visų slaptingiausio žinojimo dalis neturi būti atskleista tiems, kurie neatliko religinio proceso askezių, kurie niekada nemėgino atlikti Kṛṣṇai skirtos pasiaukojimo tarnystės, nepatarnavo tyram bhaktui, ir ypač tiems, kurie Kṛṣṇą laiko paprasčiausia istorine asmenybe ar pavydi Jam didybės. Kartais net demoniški asmenys, pavydintys Kṛṣṇai ir visiškai kitaip jį garbinantys, imasi savaip aiškinti „Bhagavad-gītą", siekdami iš to naudos, tačiau tas, kas iš tiesų nori suvokti Kṛṣṇą, tokių komentarų privalo vengti. Tikroji „Bhagavad-gītos" prasmė jusliniư malonumư siekiantiems žmonėms nesuvokiama. Net ir tas, kuris suvaldė savo jusles ir griežtai laikosi Vedų raštų nurodymų, bet nėra Viešpaties bhaktas, negali suprasti Kṛṣṇos. Negali Kṛṣṇos pažinti ir tie, kas dedasi bhaktais, bet neatlieka Kṛṣṇos sąmonės veiklos. Nemažai žmonių pavydi Kṛṣṇai, nes „Bhagavad-gītoje" Jis paaiškino, kad Jis – Aukščiausiasis ir kad nieko nėra aukščiau Jo ir niekas Jam neprilygsta. Daug kas to pavydi Kṛṣṇai. Tokiems pavyduoliams nereikia persakinėti „Bhagavad-gītos", nes jie nieko nesupras. Netikintieji negali suprasti „Bhagavad-gītos" ir Kṛṣṇos. Nesuvokus Kṛṣṇos taip, kaip Jį aiškina autoritetas, tyras bhaktas, nereikėtų net ir mėginti komentuoti „Bhagavad-gītos".

य इदं परमं गुह्यं मद्भक्तेष्वभिधास्यति ।
भक्तिं मयि परां कृत्वा मामेवैष्यत्यसंशयः ॥६८॥

18.68

ya idaṁ paramaṁ guhyaṁ · mad-bhakteṣv abhidhāsyati
bhaktiṁ mayi parāṁ kṛtvā · mām evaiṣyaty asaṁśayaḥ

yaḥ – tas, kuris; *idam* – šią; *paramam* – pačią; *guhyam* – didžiausią paslaptį; *mat* – Mano; *bhakteṣu* – bhaktams; *abhidhāsyati* – aiškina; *bhaktim* – pasiaukojimo tarnystę; *mayi* – Man; *parām* – transcendentinę; *kṛtvā* – atlikdamas; *mām* – pas Mane; *eva* – tikrai; *eṣyati* – ateina; *asaṁśayaḥ* – be abejonės.

Tam, kuris šią aukščiausią paslaptį atskleidžia bhaktams, tyra pasiaukojimo tarnystė užtikrinta, ir galiausiai jis grįš pas Mane.

Paprastai patariama aptarti „Bhagavad-gītą" tiktai su bhaktais, nes nebhaktai nesupras nei Kṛṣṇos, nei „Bhagavad-gītos". Nepripažįstantieji Kṛṣṇos ir „Bhagavad-gītos" tokių, kokie jie yra iš tikrųjų, neturėtų kaip jiems patinka aiškinti „Bhagavad-gītos" ir taip daryti įžeidimus. „Bhagavad-gītā" reikia aiškinti tiktai tiems, kas pasiruošę pripažinti Kṛṣṇą Aukščiausiuoju Dievo Asmeniu. Ši knyga yra skirta tiktai bhaktams, o ne spekuliatyviems filosofams. Tačiau kiekvienas, kuris nuoširdžiai mėgina pateikti „Bhagavad-gītą" tokią, kokia ji yra, padarys pažangą pasiaukojimo veiklos srityje ir pasieks tyro pasiaukojimo būvį. Tokio tyro pasiaukojimo dėka jis būtinai grįš namo, atgal pas Dievą.

न च तस्मान्मनुष्येषु कश्चिन्मे प्रियकृत्तमः ।   **18.69**
भविता न च मे तस्मादन्यः प्रियतरो भुवि ॥६९॥

na ca tasmān manuṣyeṣu · kaścin me priya-kṛttamaḥ
bhavitā na ca me tasmād · anyaḥ priya-taro bhuvi

na – nėra; *ca* – ir; *tasmāt* – už jį; *manuṣyeṣu* – tarp žmonių; *kaścit* – kas nors; *me* – Man; *priya-kṛt-tamaḥ* – dar brangesnis; *bhavitā* – bus; *na* – nei; *ca* – ir; *me* – Man; *tasmāt* – už jį; *anyaḥ* – kitas; *priya-taraḥ* – brangesnis; *bhuvi* – šiame pasaulyje.

Nėra Man šiame pasaulyje brangesnio tarno už jį ir niekada nebus.

अध्येष्यते च य इमं धर्म्यं संवादमावयोः ।   **18.70**
ज्ञानयज्ञेन तेनाहमिष्टः स्यामिति मे मतिः ॥७०॥

adhyeṣyate ca ya imaṁ · dharmyaṁ saṁvādam āvayoḥ
jñāna-yajñena tenāham · iṣṭaḥ syām iti me matiḥ

adhyeṣyate – studijuos; *ca* – taip pat; *yaḥ* – tas, kuris; *imam* – šį; *dharmyam* – šventą; *saṁvādam* – pokalbį; *āvayoḥ* – mūsų; *jñāna* – žinojimo; *yajñena* – atnašavimas; *tena* – jo; *aham* – Aš; *iṣṭaḥ* – garbinamas; *syām* – būsiu; *iti* – tokia; *me* – Mano; *matiḥ* – nuomonė.

Aš skelbiu, kad tas, kuris studijuoja šį šventą mudviejų pokalbį, garbina Mane intelektu.

श्रद्धावाननसूयश्च शृणुयादपि यो नरः । 18.71
सोऽपि मुक्तः शुभाँल्लोकान् प्राप्नुयात्पुण्यकर्मणाम् ॥७१॥

śraddhāvān anasūyaś ca · śṛṇuyād api yo naraḥ
so 'pi muktaḥ śubhāl̐ lokān · prāpnuyāt puṇya-karmaṇām

śraddhā-vān – tikintis; *anasūyaḥ* – nepavydus; *ca* – ir; *śṛṇuyāt* –
klausosi; *api* – tikrai; *yaḥ* – kuris; *naraḥ* – žmogus; *saḥ* – jis;
api – taip pat; *muktaḥ* – išsivadavęs; *śubhān* – palankias; *lokān* –
planetas; *prāpnuyāt* – jis pasiekia; *puṇya-karmaṇām* – doringųjų.

**Kas klausosi su tikėjimu ir be pavydo, tas išsivaduoja nuo atovei-
kių už nuodėmes ir pasiekia palankias planetas, kuriose gyvena
doringieji.**

Šešiasdešimt septintajame šio skyriaus posme Viešpats nedvipras-
miškai draudžia persakinėti *Gītą* tiems, kas pavydi Kṛṣṇai. Kitaip
sakant, „Bhagavad-gītā" teskirta bhaktams. Tačiau kartais, kai
Viešpaties bhaktas skaito viešą paskaitą auditorijoje, ne visi yra
bhaktai. Kodėl bhaktai skaito viešas paskaitas? Šis posmas aiškina,
kad nors ir ne visi susirinkusieji klausytis paskaitos yra bhaktai,
tačiau yra daug žmonių, kurie Kṛṣṇai nepavydi, ir tiki, jog Jis yra
Aukščiausiasis Dievo Asmuo. Jei šie žmonės išgirsta pasakojant
apie Jį *bona fide* bhaktą, tuoj pat išsivaduoja nuo atoveikio už visas
nuodėmes ir po mirties pasiekia planetų sistemą, kurioje gyvena
teisieji. Taigi žmogui, net jei jis ir nesistengia tapti tyru bhaktu,
pakanka klausytis „Bhagavad-gītos", ir jis gaus tą patį rezultatą,
kokį gautų, jei būtų didelis teisuolis. Taip tyras Viešpaties bhak-
tas visiems suteikia galimybę išsivaduoti nuo atoveikio už visas
nuodėmes ir tapti Viešpaties bhaktais.

Dažniausiai teisieji, kurių neslegia atoveikis už nuodėmes, labai
lengvai priima Kṛṣṇos sąmonę. Šiame posme paminėti žodžiai
puṇya-karmaṇām yra labai reikšmingi. Jie nurodo Vedų raštuose
aprašytas didžias aukas, tokias, kaip *aśvamedha-yajña*. Pasiauko-
jimo tarnystę atliekantys doringi žmonės, kurie dar netapo tyrais
bhaktais, gali pasiekti Šiaurinės žvaigždės, arba Dhruvalokos,

kurioje viešpatauja Dhruva Mahārāja, planetų sistemą. Dhruva Mahārāja yra didis Viešpaties bhaktas, ir Jam patikėta valdyti ypatinga planeta, vadinama Šiaurine žvaigžde.

कच्चिदेतच्छ्रुतं पार्थ त्वयैकाग्रेण चेतसा ।
कच्चिदज्ञानसम्मोहः प्रणष्टस्ते धनञ्जय ॥७२॥

18.72

kaccid etac chrutaṁ pārtha · tvayaikāgreṇa cetasā
kaccid ajñāna-sammohaḥ · praṇaṣṭas te dhanañjaya

kaccit – ar; *etat* – šis; *śrutam* – išklausytas; *pārtha* – o Pṛthos sūnau; *tvayā* – tavo; *eka-agreṇa* – su didžiausiu dėmesiu; *cetasā* – proto; *kaccit* – ar; *ajñāna* – neišmanymo; *sammohaḥ* – iliuzija; *praṇaṣṭaḥ* – išsklaidyta; *te* – tavo; *dhanañjaya* – o turtų užkariautojau (Arjuna).

O Pṛthos sūnau, o turtų užkariautojau, ar dėmesingai išklausei Mane? Ar išsisklaidė tavo neišmanymas ir iliuzijos?

Viešpats atliko Arjunos dvasinio mokytojo vaidmenį, tad Jo pareiga buvo pasiteirauti, ar Arjuna teisingai suvokė „Bhagavad-gītos" esmę. Jei būtų paaiškėję, jog Arjuna jos nesuvokė, Viešpats buvo pasiryžęs dar kartą paaiškinti bet kurį teiginį ar net visą „Bhagavad-gītą". Iš tikrųjų kiekvienas, kas išgirsta „Bhagavad-gītą" iš *bona fide* dvasinio mokytojo, tokio, kaip Kṛṣṇa, ar iš Jo atstovo, pastebi išsisklaidant savo neišmanymą. „Bhagavad-gītā" nėra paprasta knyga, jos autorius ne poetas ar beletristas. Ją papasakojo Patsai Aukščiausiasis Dievo Asmuo. Kiekvienas, kam nusišypso laimė išgirsti „Bhagavad-gītos" pamokymus iš Kṛṣṇos ar iš Jo *bona fide* dvasinio atstovo lūpų, be abejonės, išsivaduos ir išsiverš iš neišmanymo tamsybių.

अर्जुन उवाच
नष्टो मोहः स्मृतिर्लब्धा त्वत्प्रसादान्मयाच्युत ।
स्थितोऽस्मि गतसन्देहः करिष्ये वचनं तव ॥७३॥

18.73

arjuna uvāca
naṣṭo mohaḥ smṛtir labdhā · tvat-prasādān mayācyuta
sthito 'smi gata-sandehaḥ · kariṣye vacanaṁ tava

arjunaḥ uvāca – Arjuna tarė; *naṣṭaḥ* – išsklaidyta; *mohaḥ* – iliuzija;
smṛtiḥ – atmintis; *labdhā* – atgauta; *tvat-prasādāt* – Tavo malone;
mayā – mano; *acyuta* – o neklystantis Kṛṣṇa; *sthitaḥ* – tvirtas;
asmi – aš esu; *gata* – pranyko; *sandehaḥ* – visos abejonės; *kariṣye* –
vykdysiu; *vacanam* – nurodymą; *tava* – Tavo.

**Arjuna tarė: Mano brangus neklystantis Kṛṣṇa, mane apėmusi
iliuzija išsisklaidė. Tavo malone man grįžo atmintis. Dabar esu
tvirtas ir nedraskomas abejonių. Aš pasiruošęs daryti taip, kaip
Tu nurodysi.**

Prigimtinė gyvosios esybės, šiuo atveju – Arjunos, padėtis – veikti
vadovaujantis Aukščiausiojo Viešpaties įsakymais. Žmogaus užda-
vinys – disciplinuoti save. Śrī Caitanya Mahāprabhu sako, kad
gyvoji esybė yra amžinas Aukščiausiojo Viešpaties tarnas – tokia
jos tikroji padėtis. Kai gyvoji esybė tai užmiršta, ją sąlygoja mate-
riali gamta, o tarnaudama Aukščiausiajam Viešpačiui, ji tampa
išvaduotu Viešpaties tarnu. Prigimtinė gyvosios esybės padėtis –
būti tarnu. Ji tarnauja arba iliuzinei energijai, *māyai,* arba Aukš-
čiausiajam Viešpačiui. Jei gyvoji esybė tarnauja Aukščiausiajam
Viešpačiui, ji yra savo normalioje būklėje, o jei pasirenka tarnauti
iliuzinei, išorinei energijai, be abejonės, patenka nelaisvėn. Apimta
iliuzijos gyvoji esybė vergauja materialiame pasaulyje. Ją kausto
geismas ir troškimai, ir vis dėlto ji galvoja esanti pasaulio valdovė.
Šitai vadinasi iliuzija. Kai žmogus išsivaduoja, iliuzija pradingsta,
ir jis savo noru atsiduoda Aukščiausiajam, veikia, vadovaudamasis
Jo troškimais. Paskutinė iliuzija, paskutiniai gyvajai esybei paspęsti
māyos spąstai – tvirtinimas, kad ji esanti Dievas. Gyvoji esybė laiko
save nebe sąlygota siela, o Dievu. Ji tokia neišmintinga, jog nesu-
vokia paprasčiausio dalyko: jei ji būtų Dievas, ar ją galėtų apnikti
abejonės. Apie tai ji nepagalvoja. Žodžiu, tokie yra paskutiniai

iliuzijos spąstai. Iš tikrųjų, išsivaduoti iš iliuzinės energijos – tai pažinti Kṛṣṇą, Aukščiausiąjį Dievo Asmenį, ir sutikti veikti pagal Jo įsakymus.

Šiame posme svarbi reikšmė tenka žodžiui *moha. Moha* nurodo tai, kas priešinga žinojimui. Tikrasis žinojimas – tai supratimas, jog kiekviena gyvoji būtybė yra amžinas Viešpaties tarnas, tačiau užuot susitaikiusi su šia savo padėtimi, gyvoji būtybė mano esanti ne tarnas, o materialaus pasaulio valdovas, nes geidžia viešpatauti materialioje gamtoje. Tokia jos iliuzija. Tačiau Viešpaties ar jo tyro bhakto malone tą iliuziją galima nugalėti, ir kai ji išsisklaido, gyvoji esybė sutinka veikti su Kṛṣṇos sąmone.

Būti Kṛṣṇos sąmonės – reiškia vykdyti Kṛṣṇos nurodymus. Apgauta išorinės materialios energijos, sąlygota siela nesupranta, kad Aukščiausiasis Viešpats yra valdovas, kupinas žinojimo ir visa ko savininkas. Jis gali dovanoti Savo bhaktams ką tik panori. Jis yra visų draugas, tačiau bhaktui Jis ypač prielankus. Jis valdo materialią gamtą ir visas gyvąsias esybes, yra neišsenkamo laiko valdovas, kupinas visų turtų ir galybės. Aukščiausiasis Dievo Asmuo gali dovanoti bhaktui net Patį Save. Jo nepažįstantis žmogus yra užkerėtas iliuzijos. Toks žmogus netampa bhaktu ir toliau vergauja *māyai.* Tačiau Arjuna, išgirdęs „Bhagavad-gītą" iš Aukščiausiojo Dievo Asmens lūpų, iš karto atsikratė visų iliuzijų. Jis suprato, kad Kṛṣṇa – ne vien jo draugas, bet ir Aukščiausiasis Dievo Asmuo. Jis išties suvokė Kṛṣṇą. Taigi studijuoti „Bhagavad-gītą" – tai suvokti Kṛṣṇą. Kai žmogus įgyja visišką žinojimą, jis savaime atsiduoda Kṛṣṇai. Todėl Arjuna, supratęs, jog Kṛṣṇa sumanė pristabdyti nereikalingą gyventojų gausėjimą, paklusdamas Kṛṣṇos troškimui sutiko kautis. Jis vėl paėmė į rankas ginklą – strėles ir lanką – ir Aukščiausiojo Dievo Asmens įsakymu pasirengė mūšiui.

सञ्जय उवाच   **18.74**

इत्यहं वासुदेवस्य पार्थस्य च महात्मनः ।

संवादमिममश्रौषमद्भुतं रोमहर्षणम् ॥७४॥

sañjaya uvāca
ity ahaṁ vāsudevasya · pārthasya ca mahātmanaḥ
saṁvādam imam aśrauṣam · adbhutaṁ roma-harṣaṇam

sañjayaḥ uvāca – Sañjaya tarė; *iti* – tuo būdu; *aham* – aš; *vāsudeva-sya* – Kṛṣṇos; *pārthasya* – ir Arjunos; *ca* – taip pat; *mahā-ātmanaḥ* – didžios sielos; *saṁvādam* – pokalbį; *imam* – šį; *aśrauṣam* – išgirdau; *adbhutam* – nuostabų; *roma-harṣaṇam* – nuo kurio plaukai šiaušiasi.

Sañjaya tarė: Tokį girdėjau dviejų didžių sielų – Kṛṣṇos ir Arju-nos pokalbį. Tai, ką išgirdau, buvo taip įstabu, kad man šiaušiasi plaukai.

„Bhagavad-gītos" pradžioje Dhṛtarāṣṭra klausė savo patarėją Sañ-jayą: „Kas vyksta Kurukṣetros mūšio lauke?" Visa, kas ten vyko, buvo apreikšta Sañjayos širdžiai jo dvasinio mokytojo, Vyāsos, malone, ir jis galėjo ištisai atpasakoti mūšio eigą. Tai buvo įstabiau-sias pokalbis, nes tokio svarbaus pokalbio tarp dviejų didžių sielų dar niekada nėra buvę ir niekada nebus. Įstabus jis buvo tuo, kad Aukščiausiasis Dievo Asmuo pasakojo apie Save ir Savo energi-jas gyvajai esybei, Arjunai, didžiam Viešpaties bhaktui. Jei mėgin-dami pažinti Kṛṣṇą seksime Arjunos pėdomis, gyvenime mus lydės laimė ir sėkmė. Sañjaya tai numanė, o kai ėmė suprasti, perpasa-kojo pokalbį Dhṛtarāṣṭrai. Išvada turėtų būti tokia: kur Kṛṣṇa ir Arjuna – ten pergalė.

व्यासप्रसादाच्छ्रुतवानेतद्गुह्यमहं परम् ।   **18.75**
योगं योगेश्वरात्कृष्णात्साक्षात्कथयतः स्वयम् ॥७५॥

vyāsa-prasādāc chrutavān · etad guhyam ahaṁ param
yogaṁ yogeśvarāt kṛṣṇāt · sākṣāt kathayataḥ svayam

vyāsa-prasādāt – Vyāsadevos malone; *śrutavān* – išgirdau; *etat* – šį; *guhyam* – slaptingą; *aham* – aš; *param* – aukščiausią; *yogam* –

misticizmą; *yoga-īśvarāt* – iš visų mistinių galių valdovo; *kṛṣṇāt* – iš Kṛṣṇos; *sākṣāt* – tiesiogiai; *kathayataḥ* – kalbančio; *svayam* – asmeniškai.

Vyāsos malone aš išgirdau tą slaptingiausią pokalbį tiesiogiai iš Paties Kṛṣṇos – visų mistinių galių valdovo, kuris asmeniškai kalbėjo su Arjuna.

Vyāsa buvo Sañjayos dvasinis mokytojas, ir Sañjaya pripažįsta, jog būtent Vyāsos malone jis suprato Aukščiausiąjį Dievo Asmenį. Tai reiškia, kad Kṛṣṇą reikėtų suvokti ne tiesiogiai, o tarpininkaujant dvasiniam mokytojui. Dvasinis mokytojas – skaidrus tarpininkas, tas tiesa, tačiau patyrimas vis tiek yra tiesioginis. Tokia mokinių sekos paslaptis. Kai dvasinis mokytojas yra *bona fide*, „Bhagavad-gītą" galima išgirsti tiesiogiai – kaip ją išgirdo Arjuna. Pasaulyje yra daug mistikų ir *yogų*, tačiau Kṛṣṇa – visų *yogos* sistemų valdovas. „Bhagavad-gītoje" aiškiai suformuluotas Kṛṣṇos nurodymas – atsiduoti Kṛṣṇai. Kas atsiduoda Kṛṣṇai, tas yra pats didžiausias *yogas.* Ši mintis patvirtinta ir paskutiniame šešto skyriaus posme. *Yoginām api sarveṣām.*

Nārada yra tiesioginis Kṛṣṇos mokinys ir Vyāsos dvasinis mokytojas. Todėl Vyāsa yra toks pat *bona fide* autoritetas, kaip ir Arjuna, nes jis priklauso mokinių sekai, o štai Sañjaya yra jau tiesioginis Vyāsos mokinys. Todėl Vyāsos malone Sañjayos juslės buvo apvalytos, ir jis galėjo tiesiogiai matyti bei girdėti Kṛṣṇą. Kas tiesiogiai girdi Kṛṣṇą, tas supranta šį slaptingą žinojimą. Tačiau tas, kuris neįsijungia į mokinių seką, negali girdėti Kṛṣṇos, todėl jo žinojimas visada netobulas, bent jau kalbant apie „Bhagavad-gītos" suvokimą.

„Bhagavad-gītoje" aiškinamos visos yogos sistemos: *karma-yoga, jñāna-yoga, bhakti-yoga.* Kṛṣṇa – visų jų valdovas. Arjunai nusišypsojo didžiulė laimė patirti Kṛṣṇą tiesiogiai. Taip pat Vyāsos malone pasisekė ir Sañjayai – jis pats girdėjo Kṛṣṇą. Iš tikrųjų nėra skirtumo, ar žmogus tiesiogiai girdi Kṛṣṇą, ar tiesiogiai girdi, ką Kṛṣṇa sako per *bona fide* dvasinį mokytoją, tokį, kaip Vyāsa.

Dvasinis mokytojas yra Vyāsadevos atstovas. Todėl pagal vediškąją tradiciją, dvasinio mokytojo gimimo dieną jo mokiniai atlieka ceremoniją, vadinamą Vyāsa-pūja.

राजन् संस्मृत्य संस्मृत्य संवादमिममद्भुतम् ।   **18.76**
केशवार्जुनयोः पुण्यं हृष्यामि च मुहुर्मुहुः ॥७६॥

*rājan saṁsmṛtya saṁsmṛtya · saṁvādam imam adbhutam
keśavārjunayoḥ puṇyaṁ · hṛṣyāmi ca muhur muhuḥ*

rājan – o valdove; *saṁsmṛtya* – prisimindamas; *saṁsmṛtya* – ir prisimindamas; *saṁvādam* – pokalbį; *imam* – tą; *adbhutam* – nuostabų; *keśava* – Viešpaties Kṛṣṇos; *arjunayoḥ* – ir Arjunos; *puṇyam* – doringą; *hṛṣyāmi* – aš patiriu malonumą; *ca* – taip pat; *muhuḥ muhuḥ* – kaskart iš naujo.

O valdove, koks džiaugsmas užlieja mane kaskart, kai atsimenu šį nuostabų šventą Kṛṣṇos ir Arjunos pokalbį, – aš visas imu virpėti.

„Bhagavad-gītos" suvokimo procesas yra toks transcendentalus, kad kiekvienas, susipažinęs su Kṛṣṇos ir Arjunos pokalbio turiniu, tampa teisuoliu ir nebegali to pokalbio užmiršti. Tokia yra dvasinio gyvenimo transcendentinė situacija. Kitaip sakant, tas, kuris girdi *Gītą* iš teisingo šaltinio, tiesiogiai iš Kṛṣṇos, įgyja visišką Kṛṣṇos sąmonę. Įsisąmoninęs Kṛṣṇą žmogus kuo toliau tuo labiau prašviesėja ir gyvena su džiugiu virpuliu, kurį patiria ne kartkartėmis, bet kiekvieną akimirksnį.

तच्च संस्मृत्य संस्मृत्य रूपमत्यद्भुतं हरेः ।   **18.77**
विस्मयो मे महान् राजन् हृष्यामि च पुनः पुनः ॥७७॥

*tac ca saṁsmṛtya saṁsmṛtya · rūpam aty-adbhutaṁ hareḥ
vismayo me mahān rājan · hṛṣyāmi ca punaḥ punaḥ*

tat – tą; *ca* – taip pat; *saṁsmṛtya* – prisimenant; *saṁsmṛtya* – ir prisimenant; *rūpam* – pavidalą; *ati* – didžiai; *adbhutam* – įstabų;

hareḥ – Viešpaties Kṛṣṇos; *vismayaḥ* – nuostaba; *me* – mano; *mahān* – didi; *rājan* – o valdove; *hṛṣyāmi* – aš džiūgauju; *ca* – taip pat; *punaḥ punaḥ* – kaskart iš naujo.

O valdove, kaskart, kai prisimenu įstabų Viešpaties Kṛṣṇos pavidalą, mano nuostaba vis didėja ir mano džiaugsmui nėra galo.

Pasirodo, Sañjaya Vyāsos malone taip pat regėjo Kṛṣṇos visatos pavidalą, kuris buvo apreikštas Arjunai. Buvo aiškiai pasakyta, kad Viešpats Kṛṣṇa šio pavidalo niekada anksčiau nebuvo apreiškęs. Jis buvo apreikštas tik Arjunai. Vis dėl to, kai Kṛṣṇa Savo visatos pavidalą apreiškė Arjunai, jį išvydo ir dar keli didieji bhaktai. Vyāsa buvo vienas jų. Vyāsa – vienas didžiausių Viešpaties bhaktų ir jis laikomas galinga Kṛṣṇos inkarnacija. Visatos pavidalą Vyāsa atvėrė savo mokiniui Sañjayai. Kaskart, kai Sañjaya prisimindavo įstabų Arjunai apreikštą Kṛṣṇos pavidalą, jį užliedavo nauja džiaugsmo banga.

यत्र योगेश्वरः कृष्णो यत्र पार्थो धनुर्धरः ।
तत्र श्रीर्विजयो भूतिर्ध्रुवा नीतिर्मतिर्मम ॥१८।७८॥

18.78

yatra yogeśvaraḥ kṛṣṇo · yatra pārtho dhanur-dharaḥ
tatra śrīr vijayo bhūtir · dhruvā nītir matir mama

yatra – kur; *yoga-īśvaraḥ* – visų mistinių galių valdovas; *kṛṣṇaḥ* – Viešpats Kṛṣṇa; *yatra* – kur; *pārthaḥ* – Pṛthos sūnus; *dhanuḥ-dharaḥ* – laikantis lanką ir strėles; *tatra* – ten; *śrīḥ* – turtai; *vijayaḥ* – pergalė; *bhūtiḥ* – ypatinga galia; *dhruvā* – tikrai; *nītiḥ* – dora; *matiḥ mama* – mano nuomone.

Kur yra Kṛṣṇa, visų mistikų valdovas, ir kur didysis lankininkas Arjuna – ten, be abejonės, bus turtai, pergalė, nepaprasta galia ir dora. Tokia mano nuomonė.

„Bhagavad-gītos" tekstas prasideda Dhṛtarāṣṭros klausimu. Dhṛta-rāṣṭra tikėjosi, kad pergalę pasieks jo sūnūs, kurių pusėje kovėsi didieji karžygiai – Bhīṣma, Droṇa ir Karṇa. Jis vylėsi saviškių pergalės. Tačiau nupasakojęs įvykius mūšio lauke, Sañjaya taip prabilo į karalių: „Tu galvoji apie pergalę, o aš manau, kad sėkmė ten, kur yra Kṛṣṇa ir Arjuna." Jis tiesiai pareiškė Dhṛtarāṣṭrai, kad pergalės jam tikėtis neverta. Pergalė neabejotinai laukė Arjunos, nes jo pusėje – Kṛṣṇa. Tai, kad Kṛṣṇa tapo Arjunos vežėju, byloja apie dar vieną Jo vertenybę. Kṛṣṇa kupinas vertenybių, ir viena jų – atsižadėjimas. Yra žinoma daugybė tokio atsižadėjimo pavyzdžių, nes Kṛṣṇa taip pat yra ir labiausiai atsižadėjęs.

Iš tikrųjų kova vyko tarp Duryodhanos ir Yudhiṣṭhiros. Arjuna kovėsi savo vyresniojo brolio Yudhiṣṭhiros pusėje. Yudhiṣṭhiros pergalė buvo neabejotina, nes jo pusėje kovėsi ir Kṛṣṇa, ir Arjuna. Kautynės turėjo nulemti, kas valdys pasaulį, ir Sañjaya išpranašavo, kad valdžia atiteks Yudhiṣṭhirai. Šiame posme išpranašauta ir tai, kad Yudhiṣṭhirą, pelnrusį mūšyje pergalę, lydės nepaprasta sėkmė, nes jis ne tik teisus ir dievotas, bet ir griežtų dorovinių principų žmogus, niekada gyvenime nekalbėjęs melo.

Daugelis menkos nuovokos žmonių „Bhagavad-gītą" laiko dviejų draugų pokalbiu mūšio lauke, tačiau tokia knyga negalėtų būti šventraštis. Kai kas paprieštaraus, esą Kṛṣṇa skatino Arjuną kautis, o tai amoralu, tačiau realią padėtį atskleidžia teiginys: „Bhagavad-gītā" – tai aukščiausias dorovės kodeksas. Aukščiausią dorovės pamoką išgirstame trisdešimt ketvirtame devinto skyriaus posme: *man-manā bhava mad-bhaktaḥ*. Reikia tapti Kṛṣṇos bhaktu, o visos religijos esmė – atsiduoti Kṛṣṇai (*sarva-dharmān parityajya mām ekaṁ śaraṇaṁ vraja*). „Bhagavad-gītos" pamokos – tai tobulas religijos ir dorovės procesas. Gali būti, kad kiti procesai irgi apvalo ir veda į šį procesą, tačiau galutinis „Bhagavad-gītos" nurodymas – atsiduoti Kṛṣṇai – yra bet kokios dorovės ir religijos aukščiausia viršūnė. Tokia aštuoniolikto skyriaus išvada.

„Bhagavad-gītā" rodo, kad dvasinė savivoka filosofinių samprotavimų ir meditacijos pagalba – tai tik vienas kelių, tačiau aukščiausias tobulumas – visiškas atsidavimas Kṛṣṇai. Tokia „Bhagavad-gītos" mokymo esmė. Reguliuojamų principų pagal socialinio gyvenimo skyrius ir įvairias religines kryptis laikymasis galbūt ir yra slaptingas pažinimo kelias. Nors religiniai ritualai kupini slaptingumo, meditacija ir žinojimo gilinimas – dar slaptingesni. O atsiduoti Kṛṣṇai, pasiaukojamai Jam tarnaujant ir sutelkiant į Jį visas mintis – pats slaptingiausias paliepimas. Tokia aštuoniolikto skyriaus esmė.

Dar vienas dalykas, apie kurį kalbama „Bhagavad-gītoje": tikroji tiesa – tai Aukščiausiasis Dievo Asmuo, Kṛṣṇa. Absoliuti Tiesa yra patiriama trimis aspektais: kaip beasmenis Brahmanas, kaip lokalizuota Paramātmā ir galiausiai kaip Aukščiausiasis Dievo Asmuo, Kṛṣṇa. Tobulai pažinti Aukščiausiąją Tiesą – vadinasi, tobulai pažinti Kṛṣṇą. Pažinęs Kṛṣṇą žmogus savaime įgyja ir visas kitas žinias. Kṛṣṇa yra transcendentinis, nes Jis visada egzistuoja Savo amžinoje vidinėje galioje. Gyvosios esybės gimsta iš Jo energijos ir yra skirstomos į dvi kategorijas: amžinai sąlygotas ir amžinai išvaduotas. Gyvųjų esybių nesuskaitoma daugybė, ir jos yra laikomos neatskiriamomis Kṛṣṇos dalimis. Materiali energija reiškiasi dvidešimt keturiomis kategorijomis. Kūrinija yra amžinojo laiko įtakoje – ją kuria bei naikina išorinė energija. Kosminis pasaulis, priklausomai nuo to, ar jis gavęs išraišką, ar ne, yra tai matomas, tai vėl nematomas.

„Bhagavad-gītoje" nagrinėtos penkios svarbiausios temos: Aukščiausiasis Dievo Asmuo, materiali gamta, gyvosios esybės, amžinas laikas ir įvairios veiklos rūšys. Visa tai yra Aukščiausiojo Dievo Asmens, Kṛṣṇos, valdžioje. Visi Absoliučios Tiesos aspektai – būtent beasmenis Brahmanas, lokalizuota Paramātma ar bet kuris kitas transcendentinis aspektas, priklauso Aukščiausiojo Dievo Asmens pažinimo kategorijai. Nors iš pirmo žvilgsnio Aukščiausiasis Dievo Asmuo, gyvosios esybės, materiali gamta ir laikas gali atrodyti skirtingi, nieko nėra skirtingo nuo Aukščiausiojo. Kita vertus Aukščiausiasis yra visuomet skirtingas nuo visa ko. Viešpaties Caitanyos filosofija – tai „nesuvokiamos vienovės ir skirtybės tuo pat metu" filosofija. Ši filosofinė sistema – tai tobulas žinojimas apie Absoliučią Tiesą.

Gyvoji esybė savo pirminiame būvyje yra gryna dvasia. Ji – tarytum Aukščiausiosios Dvasios atomo dydžio dalelė. Todėl Viešpatį Kṛṣṇą galėtume palyginti su saule, o gyvąsias esybes – su šviesa, kurią ji skleidžia. Gyvosios esybės – paribio energija, todėl jos linkusios sueiti į sąlytį arba su materialia, arba su dvasine energija. Kitaip sakant, gyvoji esybė yra tarp dviejų Viešpaties energijų. Ji priklauso Aukščiausiojo Viešpaties aukštesniajai energijai, todėl turi dalinę nepriklausomybę. Teisingai pasinaudojusi savo nepriklausomybe, gyvoji esybė paklūsta tiesioginiam Kṛṣṇos vadovavimui. Taip ji pasiekia savo normalų būvį – atsiduria energijoje, kuri teikia džiaugsmą.

Taip Bhaktivedanta baigia komentuoti aštuonioliktą, baigiamąjį „Śrīmad Bhagavad-gītos" skyrių, pavadintą „Atsižadėjimo tobulumas".

Priedai

Apie antrą angliškąjį leidimą

Jūsų rankose antro angliškojo „Bhagavad-gītos, kokia ji yra" leidimo vertimas. Būtina tarti keletą žodžių skaičiusiems pirmą leidimą anglų kalba arba knygos vertimą į kitas kalbas.

Abu knygos leidimai iš esmės nesiskiria, tiesiog „Bhaktivedanta Book Trust" leidyklos redaktoriai sutikrino tekstą su archyviniu knygos mašinraščiu, kad šis, antras, leidimas dar tiksliau atitiktų Śrīlos Prabhupādos originalų veikalą.

Śrīla Prabhupāda baigė rašyti „Bhagavad-gītą, kokia ji yra" 1967 m., praėjus dvejiems metams po to, kai jis iš Indijos atvyko į Ameriką. „Macmillan" leidykla išspausdino sutrumpintą knygos leidimą 1968 m., o pirmą pilną jos variantą 1972 m.

Knygą publikacijai rengti padėję naujieji Śrīlos Prabhupādos mokiniai amerikiečiai susidūrė su keliais sunkumais. Transkribavusiems įdiktuotą tekstą, kartais sunkiai sekėsi suprasti Śrīlos Prabhupādos anglų kalbą su stipriu akcentu, o cituojami sanskrito tekstai buvo neįprastos ausiai fonetikos. Sanskrito redaktoriai turėjo labai pasistengti, kad užpildytų mašinraščio spragas ir iš klausos apytikriai užrašytų žodžius. Tačiau jų pastangas išleisti Śrīlos Prabhupādos veikalą vainikavo sėkmė, nes „Bhagavad-gītā, kokia ji yra" tapo etalonu specialistams ir bhaktams visame pasaulyje.

Rengdami šį, antrą, leidimą Śrīlos Prabhupādos mokiniai turėjo nemenką privalumą – su jo knygomis jie dirbo jau penkiolika metų. Angliškojo leidimo redaktoriai per tą laiką gerai susipažino

su autoriaus filosofinėmis idėjomis ir kalba, o sanskrito redakto-
riai tapo gerais savo srities specialistais. Dabar jie buvo pasirengę
prasibrauti pro mašinraščio neaiškumų kemsynus, nes galėjo atsi-
žvelgti į tuos sanskrito komentarus, kuriais rašydamas „Bhagavad-
gītą, kokia ji yra", rėmėsi pats Śrīla Prabhupāda.

Šių pastangų vaisius – dar didesnis prasmių sodrumas ir
teksto autentiškumas. Pažodinis vertimas iš sanskrito į anglų kalbą
dabar dar labiau atitinka standartus, kurių laikomasi kitose Śrīlos
Prabhupādos knygose, todėl yra aiškesnis ir tikslesnis. Kai kur iš
esmės teisingas vertimas peržiūrėtas ir labiau priartintas prie pir-
minio sanskrito bei paties Śrīlos Prabhupādos įdiktuoto teksto. Į
savo vietą Bhaktivedantos prasminiuose paaiškinimuose sugrįžo
daug pirmame leidime išleistų fragmentų. Sanskrito citatos, kurių
šaltiniai pirmame leidime nebuvo nurodyti, dabar pateikiamos su
skaitinėmis nuorodomis į atitinkamo veikalo skyrių ir tekstą.

Apie autorių

Jo Dieviškoji Kilnybė A.C. Bhaktivedanta Svamis Prabhupāda į šį pasaulį atėjo 1896 metais Indijoje, Kalkutos mieste. Su savo dvasiniu mokytoju, Śrīla Bhaktisiddhānta Sarasvačiu Gosvāmiu, pirmą kartą susitiko Kalkutoje 1922 metais. Bhaktisiddhāntai Sarasvačiui, garsiam teologui ir šešiasdešimt keturių Gaudīyos Maṭhų (Vedų institutų) įsteigėjui, patiko išsilavinęs jaunuolis, ir jis įtikino pastarąjį skirti savo gyvenimą Vedų žinojimui skleisti. Śrīla Prabhupāda tapo Bhaktisiddhāntos Sarasvačio pasekėju, o 1933 m. – oficialiai inicijuotu mokiniu.

Pirmojo susitikimo metu Śrīla Bhaktisiddhānta Sarasvatis Ṭhākura paprašė Śrīlos Prabhupādos skelbti Vedų žinias anglų kalba. Vėlesniais metais Śrīla Prabhupāda parašo komentarus „Bhagavad-gītai", prisideda prie Gaudīyos Maṭhų veiklos, o 1944 metais pradeda leisti dvisavaitinį žurnalą anglų kalba – „Back to Godhead" („Atgal pas Dievą"). Pats vienas Jis rašo, tikrina, redaguoja ir platina žurnalą gatvėse. Šį darbą dabar Vakaruose toliau tęsia Jo mokiniai.

1950 metais Śrīla Prabhupāda atsisako šeimyninio gyvenimo ir tampa *vānaprastha* – duoda atsiskyrėlio įžadus, daugiau laiko paskirdamas studijoms ir knygų rašymui. Jis išvyksta į šventą Vṛndāvanos miestą ir apsigyvena istorinėje viduramžių Rādhā-Dāmodaros šventykloje. Čia, kuklioje aplinkoje, jis keletą metų atsidėjęs studijuoja ir rašo. 1959 metais Śrīla Prabhupāda duoda *sannyāsos* įžadus. Rādhā-Dāmodaros šventykloje Śrīla Prabhupāda pradeda kurti savo gyvenimo šedevrą – daugiatomį 18 000 posmų „Śrīmad-Bhāgavatam" („Bhāgavata Purāṇos") vertimą su komentarais. Parašo „Easy Journey to Other Planets" (lietuviškai „Anapus laiko ir erdvės").

1965 metais, išleidęs tris „Bhāgavatam" tomus, Śrīla Prabhupāda atvyksta į Jungtines Amerikos Valstijas įgyvendinti misijos, kurią jam pavedė dvasinis mokytojas. Vėliau jis išleidžia daugiau kaip šešiasdešimt tomų autoritetingų vertimų su komentarais bei studijų, kuriose apžvelgia Indijos religijos ir filosofijos klasikinius kūrinius.

1965 metais krovininiu laivu atvykęs į Niujorką, Śrīla Prabhupāda praktiškai neturėjo jokių lėšų. Tik kitų metų liepos mėnesį, patyręs didelius sunkumus, jis įkuria Tarptautinę Krišnos sąmonės organizaciją. Kai 1977 metais Śrīla Prabhupāda paliko šį pasaulį (lapkričio 14 d.), jo vadovaujama organizacija jau buvo išaugusi į pasaulinio masto konfederaciją, kurią sudarė daugiau kaip šimtas *āśramų*, mokyklų, šventyklų, institutų bei žemės ūkio bendruomenių.

1972 m. Jo Dieviškoji Kilnybė įvedė pradinį ir vidurinį išsilavinimą teikiančią Vedinę švietimo sistemą – *gurukulą* Dalase, Teksaso valstijoje, JAV. Vėliau jo mokiniai įkūrė daugybę tokių mokyklų JAV ir kitose viso pasaulio šalyse.

Śrīla Prabhupāda – taip pat ir keleto stambių tarptautinių kultūros centrų Indijoje įkūrimo iniciatorius. Numatyta, kad aplink Śrīdhāma Māyāpuros centrą Vakarų Bengalijoje iškils dvasinis miestas. Šiam grandioziniam užmojui įgyvendinti prireiks daugelio metų. Vṛndāvanoje (Indija) pastatyta didinga Kṛṣṇa-Balarāmos šventykla, viešbutis svečiams iš viso pasaulio, mokykla *gurukula*, ir Śrīlos Prabhupādos memorialinis muziejus. Stambios šventyklos pastatytos Mumbajuje, Naujajame Delyje, Ahmedabade, Siliguryje ir Udžvaine. Daugelyje svarbių Indijos vietų taip pat bus sukurti centrai.

Vis dėlto vertingiausias Śrīlos Prabhupādos indėlis – tai jo knygos. Mokslininkų nepaprastai vertinamos už autoritetingumą, minties gilumą ir aiškumą, jos naudojamos kaip akademiniai vadovėliai daugelyje koledžų. Śrīlos Prabhupādos raštai išversti daugiau kaip į 80 kalbų. Leidykla „The Bhaktivedanta Book Trust", įsteigta 1972 metais Śrīlos Prabhupādos knygoms publikuoti, šiuo metu yra pati stambiausia Indijos religijos bei filosofijos literatūros leidėja pasaulyje.

Jau būdamas garbingo amžiaus, per dvylika metų Śrīla Prabhupāda su paskaitomis keturiolika kartų apkeliavo planetą, pabuvojo šešiuose kontinentuose. Nepaisant to, kad buvo labai užimtas, Śrīla Prabhupāda visą laiką daug rašė. Jo raštai sudaro ištisą Vedų filosofijos, religijos, literatūros bei kultūros biblioteką.

Žodynėlis

Ācārya – idealus mokytojas, mokantis savo pavyzdžiu; dvasinis mokytojas.

Acintya-bhedābheda-tattva – Dievo ir Jo energijų „nesuvokiamos vienovės ir skirtybės" doktrina, kurią skelbia Viešpats Caitanya.

Agnihotra-yajña – iškilminga deginamoji auka, atnašaujama pagal Vedose nurodytus ritualus.

Agnis – ugnies stichiją valdantis pusdievis.

Ahimsā – prievartos nenaudojimas.

Ahaṅkāra – klaidinga savimonė, dėl kurios siela klaidingai tapatina save su materialiu kūnu.

Akarma – „neveikimas"; pasiaukojimo veikla, nesukelianti jokio atoveikio.

Ānanda – dvasinė palaima.

Aparā-prakṛti – Viešpaties žemesnioji, materiali energija (materija).

Arcā-vigraha – per materijos pradmenis (medį, akmenį, metalą) apreikštas Viešpaties pavidalas, garbinamas namuose arba šventykloje.

Arcana – viena iš pasiaukojimo tarnystės rūšių; *arcā-vigrahos* garbinimo metodika.

Arijas – civilizuotas vediškosios kultūros pasekėjas; tas, kurio tikslas – dvasinė pažanga.

Āśramai – keturios dvasinio gyvenimo pakopos pagal vediškąją socialinę sistemą: *brahmacarya* (studijų metai), *gṛhastha* (šeiminis gyvenimas), *vānaprastha* (atsiskyrimas), *sannyāsa* (atsižadėjimas).

Āṣṭāṅga-yoga – „aštuonialypis kelias", kurį sudaro *yama* ir *niyama* (dorovinė praktika), *āsana* (kūno pozos), *prāṇāyāma* (kvėpavimo kontroliavimas), *pratyāhāra* (juslių atitraukimas), *dhārana* (proto nuraminimas), *dhyāna* (meditacija) ir *samādhi* (visiškas susikaupimas į širdyje glūdintį Viṣṇu).

Asura – asmenybė, priešiškai nusistačiusi tarnystės Viešpačiui atžvilgiu.

Ātmā – savasis „aš". *Ātmā* gali nurodyti kūną, protą, intelektą arba Aukščiausiąjį „Aš". Įprastinė šio žodžio prasmė – individuali siela.

Avatāra – „nužengiantis"; visiškus ar dalinius įgaliojimus turinti Dievo inkarnacija, kuri su tam tikra misija nužengia iš dvasinio pasaulio.

Avidyā – neišmanymas.

Bhagavānas – „tas, kas valdo visus turtus ir galybę"; Aukščiausiasis Viešpats – viso grožio, galios, šlovės, turtų, žinojimo ir atsižadėjimo šaltinis.

Bhaktas – atsidavęs Aukščiausiojo Viešpaties pasekėjas.

Bhakti – pasiaukojimo tarnystė Viešpačiui Kṛṣṇai.

Bhakti-yoga – jungtis su Aukščiausiuoju per pasiaukojimo tarnystę.

Bhakti-rasāmṛta-sindhu – pasiaukojimo tarnystės vadovėlis, kurį šešioliktame amžiuje sanskrito kalba parašė Śrīla Rūpa Gosvāmis.

Bharata – senovės Indijos valdovas, kurio palikuonys – Pāṇḍavai.

Bhāva – ekstazė; *bhakti* pakopa, tuoj po kurios pasireiškia tyra meilė Dievui.

Bhīṣma – kilnusis karvedys, garbinamas kaip Kuru dinastijos senolis.

Žodynėlis

Brahmā – pirma visatos būtybė; Viešpaties Viṣṇu nurodymu
Brahmā kuria visas visatos gyvybės formas ir valdo aistros
guṇą.

Brahma-jijñāsa – klausimai iš dvasinio žinojimo srities.

Brahma-saṁhitā – Viešpaties Brahmos maldos, šlovinančios
Aukščiausiąjį Viešpatį.

Brahmacarya – skaistybės įžado besilaikančio mokinio
gyvenimas; pasak Vedų, pirmoji dvasinio tobulėjimo pakopa.

Brahmajyoti – transcendentinio Viešpaties Kṛṣṇos kūno
skleidžiamas dvasinis švytėjimas, apšviečiantis dvasinį pasaulį.

Brahmaloka – aukščiausioji planeta šioje visatoje, pusdievio
Brahmos buveinė.

Brahmanas – 1) individuali siela; 2) beasmenis, visa
persmelkiantis Aukščiausiojo aspektas; 3) Aukščiausiasis
Dievo Asmuo; 4) *mahat-tattva,* visuminė materijos substancija.

Brahmanai (brāhmaṇai) – išminčiai, šventikai; pirmoji Vedų
socialinės sistemos klasė.

Buddhi-yoga – termino *bhakti-yoga* (pasiaukojimo tarnystė
Kṛṣṇai) variantas, kuris rodo, kad tai yra geriausias intelekto
(*buddhi*) panaudojimo būdas.

Caitanya-caritāmṛta – Śrīlos Kṛṣṇadāsos Kavirājos parašyta
autoritetinga Viešpaties Śrī Caitanyos Mahāprabhu biografija,
supažindinanti su Viešpaties mokymu ir pramogomis.

Caitanya Mahāprabhu – (1486–1534) Aukščiausiasis Viešpats,
apsireiškęs Jo Paties iškilaus bhakto pavidalu kad mokytų
meilės Dievui, pagrindinai *saṅkīrtanos,* kolektyvinio šventųjų
Dievo vardų giedojimo, proceso dėka.

Caṇḍāla – neliečiamasis; šunėda.

Candra – mėnulį valdantis pusdievis.

Cāturmāsya – keturi liūčių sezono Indijoje mėnesiai. Tuo metu
bhaktai laikosi papildomų savitramdos įžadų.

Dharma – religija, priedermė; paprastai žymi svarbiausią gyvųjų būtybių prigimtinį bruožą – amžinąją tarnystę Viešpačiui.
Deva – pusdievis arba dieviška asmenybė.
Dhyāna – meditacija.
Dvāpara-yuga – *žr. Yuga.*

Gandharvai – pusdieviai, dangaus dainiai ir muzikantai.
Garbhodakaśāyī Viṣṇu – *žr. Puruṣa-avatāros.*
Garuḍa – amžinas Viešpaties Viṣṇu nešėjas, turintis paukščio kūną.
Goloka (Kṛṣṇaloka) – Kṛṣṇaloka, amžinoji Viešpaties Kṛṣṇos buveinė.
Gosvāmis – *svāmis,* tas, kuris pajėgia visiškai suvaldyti savo jusles.
Gṛhastha – gyvenimas šeimoje vadovaujantis Vedų nurodymais; antroji dvasinio tobulėjimo pakopa.
Guṇos – trys materialaus pasaulio „modusai“, ypatybės: dorybė, aistra ir neišmanymas.
Guru – dvasinis mokytojas.

Indra – svarbiausias iš valdančiųjų pusdievių, dangaus planetų valdovas, lietų valdanti dievybė.

Yajña – aukojimas.
Yakṣai – pusdievio Kuveros palydovai vaiduokliai.
Yamarāja – pusdievis, baudžiantis nuodėmingas gyvąsias esybes po mirties.
Yoga – dvasinis jungties su Aukščiausiuoju procesas.
Yogamāyā – vidinė, dvasinė Aukščiausiojo Viešpaties energija.
Yuga – „epocha“. Yra keturios cikliškai pasikartojančios *yugos*: Satya-yuga, Tretā-yuga, Dvāpara-yuga ir Kali-yuga. Slenkant epochoms nuo Satyos iki Kali, religija ir gerosios žmogaus savybės palengva sunyksta.

Jīva (jīvātmā) – amžina individuali siela.

Jñāna – transcendentinis žinojimas.

Jñāna-yoga – Aukščiausiojo pasiekimo procesas, pagrįstas žinojimo puoselėjimu.

Jñānis – tas, kuris eina *jñāna-yogos* keliu.

Kāla – laikas.

Kali-yuga – „kivirčų ir veidmainystės epocha", prasidėjusi prieš penkis tūkstančius metų ir trunkanti 432 000 metų. *Žr. Yuga.*

Kāraṇodakaśāyī Viṣṇu (Mahā-Viṣṇu) – *žr. Puruṣa-avatāros.*

Karma – materiali veikla, sukurianti pasekmes.

Karma-yoga – Dievo pažinimo kelias paskiriant Jam savo darbo vaisius.

Karminė veikla – veikla, prisirišant prie jos rezultatų; savanaudiška veikla.

Karmis – žmogus, užsiimantis karmine veikla, materialistas.

Kauravai (Kuru dinastija) – Kuru palikuonys, o ypač Pāṇḍavams priešiški Dhṛtarāṣṭros sūnūs.

Kṛṣṇaloka – *žr.* Goloka.

Kṣatriyai – kariai arba valdovai; antroji Vedų socialinės visuomenės klasė.

Kṣīrodakaśāyī Viṣṇu – *žr. Puruṣa-avatāros.*

Līlā – transcendentiniai Aukščiausiojo Viešpaties žaidimai, kuriuos Jis atlieka Savo ir Savo bhaktų malonumui.

Loka – planeta.

Mahā-mantra – didžioji išsivadavimo giesmė: Hare Kṛṣṇa, Hare Kṛṣṇa, Kṛṣṇa Kṛṣṇa, Hare Hare / Hare Rāma, Hare Rāma, Rāma Rāma, Hare Hare.

Mahat-tattva – visuminė materijos energija.

Mahātmā – „didi siela", iškilus Viešpaties Kṛṣṇos bhaktas.

Bhagavad-gītā, kokia ji yra

Māyā – iliuzija; žemesnioji, iliuzinė Aukščiausiojo Viešpaties
  energija, valdanti materialią kūriniją; amžinojo ryšio su Kṛṣṇa
  užmiršimas.
Māyāvādžiai – Māyāvādos filosofijos pasekėjai, impersonalistai.
Mantra – transcendentinis Vedų himno garsas.
Manu – pusdievis, žmonijos protėvis.
Mukti – išsivadavimas iš materialios būties.
Munis – išminčius.

Naiṣkarmya – termino *akarma* variantas.
Nārāyaṇa – keturrankis Viešpaties Kṛṣṇos pavidalas,
  viešpataujantis Vaikuṇthos planetose; Viešpats Viṣṇu.
Nirguṇa – be atributų ir savybių; kalbant apie Aukščiausiąjį
  Viešpatį, terminas pažymi, kad Viešpats neturi materialių
  savybių.
Nirvāṇa – materialios veiklos ir būties nutraukimas, kuris,
  remiantis *vaiṣṇavų* filosofija, nepaneigia dvasinės veiklos ir
  būties.

Oṁ (oṁkāra) – šventas skiemuo, kuris reprezentuoja
  Aukščiausiąjį Viešpatį ir yra daugelio vediškųjų *mantrų*
  pradžia.

Pāṇḍavai – penki karaliaus Pāṇḍu sūnūs: Yudhiṣṭhira, Bhīma,
  Arjuna, Nakula ir Sahadeva.
Pāṇḍu – Dhṛtarāṣṭros brolis ir brolių Pāṇḍavų tėvas.
Paramātmā – Supersiela, lokalizuotas Aukščiausiojo Viešpaties
  aspektas; viduje glūdintis liudininkas ir vadovas, lydintis
  sąlygotą sielą.
Paramparā – mokinių seka.
Prakṛti – energija arba gamta.
Prāṇāyāma – kvėpavimo kontrolė, naudojama *yogos* praktikoje,
  ypatingai *aṣṭāṅga-yogoje*.

Žodynėlis

Prasādam – pašventintas maistas; su pasiaukojimu Viešpačiui Kṛṣṇai pasiūlytas maistas.

Pratyāhāra – juslių atitraukimas kaip *yogos* tobulėjimo priemonė.

Prema – tyra, spontaniška pasiaukojama meilė Dievui.

Pṛthā – Kuntī; karaliaus Pāṇḍu žmona ir Pāṇḍavų motina.

Purāṇos – aštuoniolika istorinių šventraščių, kurie papildo Vedas.

Puruṣa – „besimėgaujantis subjektas"; gyvoji esybė arba Aukščiausiasis Viešpats.

Puruṣa-avatāros – pirminės Viešpaties Viṣṇu ekspansijos, kuriančios, palaikančios ir naikinančios materialias visatas. Kāraṇodakaśāyī Viṣṇu (Mahā-Viṣṇu) guli Priežasčių Vandenyne ir iškvepia nesuskaičiuojamą daugybę visatų; Garbhodakaśāyī Viṣṇu įeina į kiekvieną visatą ir kuria įvairovę; Kṣīrodakaśāyī Viṣṇu (Supersiela) įeina į visų sukurtų būtybių širdis ir į kiekvieną atomą.

Rajo-guṇa – aistros *guṇa.*

Rākṣasai – demonų žmogėdrų rasė.

Rāma – 1) Viešpaties Kṛṣṇos vardas, reiškiantis „visų malonumų šaltinis"; 2) Viešpats Rāmacandra, Kṛṣṇos inkarnacija – idealus teisusis karalius.

Rūpa Gosvāmis – svarbiausias tarp šešių dvasinių mokytojų *vaiṣṇavų,* tiesioginių Viešpaties Śrī Caitanyos Mahāprabhu pasekėjų, metodiškai pateikusių Jo mokymą.

Sac-cid-ānanda – amžinybė, palaima bei visiškas žinojimas.

Sādhu – šventasis, arba Kṛṣṇą įsisąmoninusi asmenybė.

Saguṇa – „turintis atributus arba savybes"; kalbant apie Aukščiausiąjį Viešpatį, terminas pažymi, kad Jis turi dvasines, transcendentines savybes.

Samādhi – transas; visiškas panirimas į Dievo sąmonę.

Saṁsāra – gimimo ir mirties ratas materialiame pasaulyje.

Sanātana-dharma – amžinoji religija, pasiaukojimo tarnystė.

Sāṅkhya – analitinis mokymas kaip atskirti dvasią ir materiją; pasiaukojimo tarnystės kelias, kurį pateikė Devahūti sūnus Viešpats Kapila.

Saṅkīrtana – kolektyvinis Aukščiausiojo Viešpaties Kṛṣṇos šlovinimas, paprastai giedant Viešpaties šventuosius vardus.

Sannyāsa – gyvenimas atsižadėjus; pasak Vedų, ketvirtoji dvasinio tobulėjimo pakopa.

Sannyāsis – žmogus, davęs *sannyāsos* įžadus.

Satya-yuga – žr. *Yuga.*

Sattva-guṇa – dorybės *guṇa.*

Smaraṇam – pasiaukojamas Viešpaties Kṛṣṇos atminimo procesas; viena iš devynių pagrindinių *bhakti-yogos* formų.

Smṛti – apreikštieji šventraščiai, papildantys *śruti,* pirminius Vedų raštus (Vedas ir *Upaniṣadas*); pvz.: *Purāṇos.*

Soma-rasa – dangiškas gėrimas, kuriuo mėgaujasi pusdieviai.

Svāmis – tas, kuris valdo jusles ir protą; atsižadėjimo įžadus davusio žmogaus (*sannyāsio*) titulas.

Svargaloka – materialios dangaus planetos, pusdievių buveinės.

Svarūpa – pirminė dvasinė forma arba prigimtinė sielos padėtis.

Śaṅkara (Śaṅkarācārya) – žymus filosofas, įtvirtinęs *advaitos* (nedualizmo) doktriną, akcentuojančią beasmenę Dievo prigimtį ir visų sielų tapatybę su nediferencijuotu Brahmanu.

Śāstra – apreikštieji šventraščiai; pavyzdžiui, Vedų raštai.

Śiva – ypatinga Viešpaties inkarnacija kaip neišmanymo *guṇą* valdantis ir materialų pasaulį naikinantis pusdievis.

Śravaṇam – klausymasis apie Viešpatį; viena iš devynių pagrindinių pasiaukojimo tarnystės Viešpačiui formų.

Śrīmad-Bhāgavatam – „nepriekaištingoji Purāṇa", nagrinėja tyrą pasiaukojimo tarnystę Aukščiausiajam Viešpačiui.

Śruti – pirminiai Vedų raštai (Vedos ir *Upaniṣados*), kurias apreiškė Patsai Aukščiausiasis Viešpats.

Śūdros – darbininkai; ketvirtoji Vedų socialinės sistemos klasė.

Tamo-guṇa – neišmanymo *guṇa*.
Tretā-yuga – *žr. Yuga.*

Upaniṣados – 108 filosofiniai traktatai, įeinantys į Vedas.

Vaikuṇṭhos – amžinos dvasinio pasaulio planetos.
Vaiśyai – ūkininkai ir prekijai; trečioji Vedų socialinės sistemos
　klasė.
Vaiṣṇava – Aukščiausiojo Viešpaties Viṣṇu, arba Kṛṣṇos,
　atsidavęs pasekėjas; bhaktas.
Vānaprastha – žmogus, atsisakęs šeiminio gyvenimo, kad galėtų
　praktikuoti didesnį atsižadėjimą; pasak Vedų, trečioji dvasinio
　tobulėjimo pakopa.
Varṇāśrama-dharma – vediškoji socialinė sistema, organizuojanti
　visuomenę į keturis luomus pagal veiklos pobūdį (*varṇas*) ir
　keturias dvasinio gyvenimo pakopas (*āśramus*).
Vasudeva – Viešpaties Kṛṣṇos tėvas.
Vāsudeva – Aukščiausiasis Viešpats, Kṛṣṇa, Vasudevos sūnus.
„Vedānta-sūtra" – Vyāsadevos parašytas filosofinis traktatas,
　susidedantis iš trumpų aforizmų ir išreiškiantis *Upaniṣadų*
　esmę.
Vedos – keturi pirminiai šventraščiai (*Ṛg, Sāma, Atharva* ir *Yajur*).
Vidyā – žinojimas.
Vikarma – darbas, prieštaraujantis šventraščių nurodymams;
　nuodėmingas veiksmas.
Virāṭ-rūpa arba **Viśva-rūpa** – Aukščiausiojo Viešpaties visatos
　pavidalas.
Viṣṇu – Aukščiausiasis Viešpats.
Viṣṇu-tattva – Dievo būvis arba kategorija; žymi pirmines
　Aukščiausiojo Viešpaties ekspansijas.
Vyāsadeva – Vedų sudarytojas ir *Purāṇų*, „Mahābhāratos" bei
　„Vedānta-sūtros" autorius.

Vṛndāvana – Kṛṣṇos amžinoji buveinė, kurioje iki galo atsiskleidžia Jo patrauklūs bruožai; kaimelis Indijoje, kuriame prieš 5 000 metų vyko Viešpaties vaikystės žaidimai.

Kaip tarti sanskritą

Įvairiais istorijos tarpsniais sanskritui užrašyti vartotos skirtingos abėcėlės. Labiausiai paplitusi iš jų tebėra *devanāgarī* (pažodžiui „raštas, vartojamas pusdievių miestuose"). *Devanāgarī* abėcėlėje keturiasdešimt aštuonios raidės: trylika balsių ir trisdešimt penkios priebalsės. Senovės sanskritologai sudarė *devanāgarī* abėcėlę atsižvelgdami į praktinius kalbos poreikius, vėliau šią rašto sistemą perėmė Vakarų pasaulio mokslininkai.

Šiame leidime sanskrito žodžiai pateikiami pagal lotyniškąją sanskrito transliteracijos sistemą, kuri tiksliai atkartoja sanskrito rašybą. Kiekvieną *devanāgarī* simbolį žymi atitinkama lotyniška raidė (su diakritiniu ženklu arba be jo) arba šių raidžių junginys. Taigi knygoje rašoma: **Kṛṣṇa** (o tariama *krišna*), **Caitanya** (*Čaitanja*), **Śrīla Prabhupāda** (*Šryla Prabhupada*), **Arjuna** (*Ardžuna*), **ācārya** (*ačarja*), **prakṛti** (*prakriti*), **yoga** (*joga*) ir pan. Žemiau pateikiamas smulkesnis rašybos ir tarimo paaiškinimas.

Balsės

अ a   आ ā   इ i   ई ī   उ u   ऊ ū   ऋ ṛ
ॠ ṝ   ऌ ḷ   ए e   ऐ ai   ओ o   औ au

Bhagavad-gītā, kokia ji yra

Priebalsės

Guturalinės:	क ka	ख kha	ग ga	घ gha	ङ ṅa
Palatalinės:	च ca	छ cha	ज ja	झ jha	ञ ña
Cerebralinės:	ट ṭa	ठ ṭha	ड ḍa	ढ ḍha	ण ṇa
Dentalinės:	त ta	थ tha	द da	ध dha	न na
Labialinės:	प pa	फ pha	ब ba	भ bha	म ma
Pusbalsės:		य ya	र ra	ल la	व va
Sibiliantai:		श śa	ष ṣa	स sa	

Aspirata: ह ha   Anusvāra: ṁ   Visarga: ḥ

Skaitmenys

० – 0   १ – 1   २ – 2   ३ – 3   ४ – 4   ५ – 5   ६ – 6   ७ – 7   ८ – 8   ९ – 9

Balsės, einančios po priebalsių, rašomos taip:

ा ā   ि i   ी ī   ु u   ू ū   ृ ṛ   ॄ ṝ   ॢ ḷ   े e   ै ai   ो o   ौ au

Pavyzdžiui: क ka   का kā   कि ki   की kī   कु ku   कू kū

कृ kṛ   कॄ kṝ   कॢ kḷ   के ke   कै kai   को ko   कौ kau

Paprastai kelios viena po kitos einančios priebalsės susilieja ir virsta nauja raide (vadinamąja ligatūra), pvz.: क्ष kṣa   त्र tra

Jeigu po priebalsės nerašoma jokia balsė, laikoma, kad po šios priebalsės eina balsė **a**.

Virāma (‿) nurodo, kad žodis baigiasi priebalse: क्

Avagraha (ऽ) – apostrofas (').

Kaip tarti sanskritą

Balsiai tariami:

a – kaip trumpasis **a** žodyje „k**a**d"

ā – kaip ilgasis **a** žodyje „l**a**šas"

ai – kaip dvibalsis **ai** žodyje „m**ai**stas"

au – kaip dvibalsis **au** žodyje „**au**ka"

e – kaip ilgasis **e** žodyje „k**e**lias"

i – kaip trumpasis **i** žodyje „t**i**k"

ī – kaip ilgasis **y** žodyje „l**y**ja"

ḷ – kaip junginys **lri**

o – kaip dvibalsis **ou** žemaičių žodyje „d**uo**na" [douna]

ṛ – kaip **ri** žodyje „**ri**mas"

ṝ – kaip **ry** žodyje „**ry**tas"

u – kaip trumpasis **u** žodyje „k**u**r"

ū – kaip ilgasis **ū** žodyje „d**ū**mai"

Priebalsiai tariami:

Guturaliniai
(galinė liežuvio dalis prispaudžiama prie minkštojo gomurio)

g – kaip **g** žodyje „**g**aiva"

k – kaip **k** žodyje „**k**ulti"

ṅ – kaip **n** žodyje „di**n**go"

gh – kaip junginys **gh**

kh – kaip junginys **kh**

Labialiniai
(tariami lūpomis)

b – kaip **b** žodyje „**b**anga"

m – kaip **m** žodyje „**m**ama"

p – kaip **p** žodyje „**p**ora"

bh – kaip junginys **bh**

ph – kaip junginys **ph**

Dentaliniai
(liežuvio priešakinė dalis liečia dantis)

d – kaip **d** žodyje „**d**alia"

n – kaip **n** žodyje „**n**ašta"

t – kaip **t** žodyje „**t**iesa"

dh – kaip junginys **dh**

th – kaip junginys **th**

Palataliniai
(liežuvio vidurys pakeliamas prie kietojo gomurio)

c – kaip **č** žodyje „**č**ia"

j – kaip **dž** žodyje „**dž**ius"

ñ – kaip **n** žodyje „po**n**ia"

ch – kaip junginys **čh**

jh – kaip junginys **džh**

Pusbalsiai

y – kaip **j** žodyje „**j**au"
l – kaip **l** žodyje „**l**inas"
r – kaip **r** žodyje „**r**asa"
v – kaip **v** žodyje „**v**alia"

Sibiliantai

s – kaip **s** žodyje „**s**aulė"
ś – kaip minkštasis **š** žodyje
„**š**iaudas"
ṣ – kaip **š** žodyje „**š**altis"

Aspirata

h – kaip **h** žodyje „**h**alė"

Visarga

ḥ – stipri aspirata, paprastai
stovinti žodžio gale;
eilutės pabaigoje a**ḥ**
tariama kaip a**ha,**
o i**ḥ** kaip i**hi.**

Anusvāra

ṁ – grynas nosinis garsas,
tariamas kaip **n** prancūzų
žodyje „bo**ṅ**".

Cerebraliniai (ṭ, ṭh, ḍ, ḍh, ṇ) tariami panašiai kaip dentaliniai,
tačiau liežuvio smaigalys neliečia dantų, bet užsiriečia į viršų ir
apatine puse liečia priešakinę kietojo gomurio dalį.

Junginys **jñ** tariamas kaip **gj** (pvz.: ya**jñ**a – kaip ja**gj**a).

Skaitant sanskritą nėra griežtų nurodymų, kaip kirčiuoti skieme-
nis, taip pat nereikia daryti pauzių tarp žodžių, esančių vienoje
eilutėje. Paprastai skiemenys skiriami pagal ilgumą. Ilgieji skieme-
nys yra tie, kurių balsis ilgas (**ā, ai, au, e, ī, o, ṛ, ū**) arba kurių
trumpasis balsis stovi prieš kelis priebalsius (įskaitant **ḥ** ir **ṁ**).
Šiuo atveju aspiruoti priebalsiai (po kurių eina **h**) laikomi vienu
priebalsiu.

Abėcėlinė-dalykinė rodyklė

Skaičiai nuorodų pabaigoje nurodo skyrių ir tekstą. Pastorintu šriftu atspausdinti numeriai nurodo posmo vertimą, paprastu – komentarą. Jei antraštės žodis nuorodose kartojasi, vietoj jo rašomas ženklas △.

A

Abejonės, kaip išsivaduoti iš △
    4.41–42, 5.17, 6.39, 10.4–5
Absoliuti Tiesa
    abhyāsāt 7.24
    ānandamaya 7.24
    apibrėžimas p. 14, 7.7, 7.10, 8.78
    asmenybė p. 14, 7.7, 7.24, 18.78
    Dievas 2.48, 10.11, 18.78
    ir saulė, palyg. 2.2
    išbaigta visuma p. 14
    kaip patirti △ 7.1, 7.8, 13.8–12,
        13.25
    nepatiriama samprotavimais 10.11
    pažinimas p. 14, 2.2, **3.3,** 7.7–8,
        10.15, 13.5, 18.78
    trys △ aspektai p. 14, 2.2, 3.28,
        10.15, 13.8–12
    Vedų raštai apie △ 7.10
    žinojimas 3.28, 18.78
Ācārya
    būtinybė kreiptis į △ 2.7, 4.34, 5.16,
        7.14, 9.2, 13.8–12, 16.1–3
    ir mokinys, santykiai 4.34

Ācārya (tęsinys)
    liudija apie gyvųjų esybių
        individualumą 2.12
    pavyzdžiai p. 3, 6.44
    pripažįsta Vedų išmintį p. 3, p. 6
    tobulas mokytojas 3.21
    vaidmuo p. 3
    žr. taip pat Dvasinis mokytojas
Acintya-bhedābheda-tattva 7.8
Advaita Ācārya
    apie Viešpatį Caitanyą 8.14
    priklauso mokinių sekai p. 1
Agnis, santykiai su Arjuna 1.14
Agresoriai, šešios △ rūšys 1.36
Aistros *guṇa* (*rajo-guna*)
    apraiškos 14.7, **14.12,** 16.1–3
    askezė **17.18**
    aukos **17.12**
    intelektas **18.31**
    įtaka **14.7, 14.12–18, 15.7, 17.4**
    labdara **17.21**
    laimė **18.38**
    maistas **17.8–10**
    mirtis **14.15, 14.18**
    padėtis 14.18

Aistros *guṇa* (tęsinys)
   ryžtas **18.34**
   veikėjas **18.27**
   veiksmas **18.24**
   žinojimas **18.21,** 18.22
Āyur-vedos śāstra apie skrandžio
   ugnį 15.14
Ajāmila 2.40
Ambarīṣa Mahārāja 6.18
Analogijos
   antiseptinė vakcina ir *prasādam*
      3.14
   apžvalgos ratas ir gimimo bei
      mirties ratas 9.21
   asilas ir *mūḍhos* 7.15
   augalas ir pasiaukojimo tarnystė
      10.9
   auksas ir Viešpats p. 8
   aukso žiedas ir gyvoji esybė 9.29
   aukso smiltys ir gyvosios esybės
      p. 8
   balutė veršelio pėdsake ir
      materialaus pasaulis 2.51
   banjano lapai ir Vedų himnai **15.1**
   banjano medis ir materialus
      pasaulis **15.1–4**
   banjano šakelės ir juslių objektai
      15.2
   banjano šaknys ir Brahmanas 15.1
   banjano šaknys ir Viešpats Kṛṣṇa
      15.4
   banjano šakų viršūnėlės ir juslės
      15.2
   bitė, iš išorės laižanti medaus
      stiklainį, ir nebhaktas 2.12
   cheminių medžiagų praradimas ir
      mirtis 2.26
   dangus ir siela **13.33**
   darbininkai ir materialistai 4.14

Analogijos (tęsinys)
   debesies atplaiša ir puolęs
      transcendentalistas **6.38**
   debesis ir *māyā* 7.26
   debesis ir materiali gamta p. 9–11
   debesis ir transcendentalistas **6.38**
   debesis ir Viešpats 9.29
   degantis miškas ir materialus
      pasaulis 4.36
   deimantas ir Viešpats 9.29
   demonai ir abejonės 8.2
   dykuma ir materialus pasaulis
      p. 24–27
   drabužiai ir kūnas p. 12, 2.1, 2.28
   drabužių keitimas ir kūno keitimas
      p. 12–13, 13.22
   draugas ir Supersiela 2.22
   drugelis ir išsivadavusi siela 8.8
   drugiai ir žmonės 11.29
   du paukščiai ir siela bei Supersiela
      2.22, 16.11–12
   dulkės ir geismas **3.38**
   dūmai ir geismas **3.38**
   erdvė ir Viešpats **9.6**
   galingesnė jėga ir pasiaukojimo
      tarnystė 2.68
   Ganga ir „Bhagavad-gītā" p. 33–34
   gėlė ir materialus pasaulis 9.10
   gemalas ir gyvoji būtybė **3.38**
   ginklas ir išmintis **4.42**
   gyvačių kerėtojas ir *yogas* arba
      bhaktas 2.58
   gyvatės ir juslės 2.58, 3.42, 18.54
   gyvulys ir bhaktas 4.21
   gyvulys ir šykštuolis 2.7
   grandinės ir lytinis gyvenimas 3.39
   gulbė ir mirtis 8.2
   infekcija ir protas 6.34
   isčios ir geismas **3.38**

Abėcėlinė-dalykinė rodyklė

Analogijos (tęsinys)

    išsigelbėjimas iš vandenyno ir
        išsivadavimas 12.6–7

    jaunuolis ir mergina – bhaktas ir
        transcendentinė literatūra 10.9

    jogurtas ir geismas 3.37

    kalnai ir *yogos* procesas 6.47

    karaliaus tarnas ir bhaktas 14.26

    karalius ir Viešpats 7.12, 9.4, 13.3,
        14.26

    karvė ir „Bhagavad-gītā" p. 34

    kasininkas ir Kṛṣṇą įsisąmoninęs
        žmogus 3.30

    keleivis ir gyvoji būtybė 6.34

    kenksmingi augalai ir Kauravai 1.1

    kiaulės laimė ir juslinių malonumų
        laimė 7.15

    kibirkštis, užgesusi, ir sąlygota
        siela 2.23

    kibirkštys ir sielos 2.23

    kyšininkavimas vyriausybės
        atstovams ir pusdievių
        garbinimas 9.23

    kramtyto perkramtymas ir
        materiali laimė 18.36

    kūnas ir medis 2.20

    kūnas ir Viešpats 3.14, 4.21, 6.1,
        7.23

    kūno dalys ir gyvosios esybės
        p. 14, 5.7, 6.1, 7.23

    kūno dalys ir pusdieviai 3.14

    laiptai ir Dievo patyrimo lygiai
        13.8–12

    laiptai ir *yoga* 6.3

    laivas ir intelektas **2.67**

    laivas ir Kṛṣṇos pėdos 2.51

    laivas ir Kṛṣṇos sąmonė 4.36

    laivas ir transcendentinis žinojimas
        4.36

Analogijos (tęsinys)

    liga ir materialus gyvenimas 4.24

    ligonis ir materialistas 2.59

    liūtas ir Bhīṣmadeva **1.12**

    lotosas ir bhakto kūnas 5.10

    lotosas ir Kṛṣṇos akys **11.2**

    mašina ir materialus kūnas 18.61

    matematika ir religija 4.7

    materiali gamta ir visatos
        pavidalas 11.5

    mechanizmo dalis ir gyvoji esybė
        p. 14

    mechanizmo priežiūra ir
        pasiaukojimo tarnystė 4.21

    medaus stiklainis ir „Bhagavad-
        gītā" 2.12

    medis ir atoveikis už nuodėmę 9.2

    medis ir dvasinis pasaulis p. 23

    medis ir kūnas 2.22, 16.11–12

    medis ir Viešpats 7.7, 8.22, 9.3, 9.23

    medžio dalys ir gyvosios būtybės
        p. 14, 5.7, 9.3

    medžio šaknys ir Viešpats
        p. 14, 7.10

    mėnulio dėmės ir bhakto ydos 9.30

    mėnulis ir bhaktas 9.30

    mėnulis ir Viešpats 2.13

    metų laikai ir gamta p. 11–12

    metų laikai ir laimė bei kančia 2.14

    miestas ir kūnas **5.13**

    miesto vartai ir juslės **5.13**

    miško gaisras ir gyvenimo
        problemos 2.7

    mityba ir pasiaukojimo tarnystė
        2.60, 8.7, 9.3

    motina ir Kṛṣṇa 6.29

    motina ir Vedos 2.25

    nektaras, virstantis nuodais, ir
        aistros *guṇos* laimė **18.38**

Bhagavad-gītā, kokia ji yra

Analogijos (tęsinys)

nuodai, virstantys nektaru, ir
dorybės *guṇos* laimė 18.37

nuodingi augalai ir juslių objektai
2.43

nuodingos gyvatės ir juslės 2.58

nusikaltėlis ir materialistas 3.39

okeano burbulai ir materialistai
4.10

operacija ir leistina prievarta 2.21

pasitenkinimas iš valgio ir
pasitenkinimas iš pasiaukojimo
tarnystės 2.60, 6.35

pašto dėžutė ir Dievybė 12.5

paukštis, tupintis medyje, ir
Arjuna 2.22

pavaldiniai ir gyvosios esybės 13.3

perlų vėriniai ir Kṛṣṇa **7.7**

piemenėlis ir Kṛṣṇa p. 34

pienas ir meilė Dievui 3.37

planetų plaukymas ir žmogaus
plaukymas 15.13

plaukikas vandenyne ir bhaktas
12.6–7

priešai ir juslės 2.68

ranka ir gyvoji esybė 4.21

ryžiai ir materiali gamta 14.3

ryžių laukas ir Kurukṣetra 1.1

rūkstanti ugnis ir darbas su
klaidom 18.48

sapnas ir materialus gyvenimas
2.28

saulė ir „Bhagavad-gītos" posmai
11.51

saulė ir Bhagavāno aspektas 2.2

saulė ir pasiaukojimo tarnystė
15.20

saulė ir siela 2.18, 2.20, 13.34

saulė ir visatos pavidalas **11.12**

Analogijos (tęsinys)

saulėlydis ir Kṛṣṇos išėjimas 4.6

saulės aspektai ir Absoliučios
Tiesos aspektai 2.2

saulės patekėjimas ir Kṛṣṇos
nužengimas 4.6

saulės spinduliai ir Brahmanas
p. 15

saulės šviesa ir gyvosios būtybės
18.78

saulės šviesa ir savivoka 5.16

saulės šviesa ir sielos 2.17

saulės šviesa ir sielos energijos 2.18

saulės šviesa ir Viešpaties
energijos 9.4

saulės šviesa ir žinojimas **5.16**

savasis „aš" ir keleivis 6.34

savininkas ir Viešpats 4.14

sėkla ir pasiaukojimo tarnystė 10.9

sėklos ir nuodėminga veikla 9.2

sėklos laistymas ir pasiaukojimo
tarnystė 10.9

sėklos pasėjimas ir nuodėminga
veikla 9.2

skęstantis žmogus ir puolusi siela
2.1

skorpionas, gimęs iš ryžių, ir gyvoji
esybė, gimusi materialioje
gamtoje 14.3

skrandis ir Viešpats p. 14

surištas žmogus ir sąlygota siela
7.14

šaknų laistymas ir pasiaukojimo
tarnystė 2.41, 5.4, 5.7, 9.3, 9.23

šeimininkas ir Viešpats p. 15

šviesa ir sąmonė p. 13, 2.20

tamsa ir neišmanymas **10.11**

tapytojas, paveikslas, molbertas
ir Viešpats etc. 13.3

Abėcėlinė-dalykinė rodyklė

Analogijos (tęsinys)

tarnas ir gyvoji esybė p. 14

tarnystė ir materialus gyvenimas 12.9

tėvai ir Kṛṣṇa 12.6–7

tėvas ir Viešpats 2.25, 11.43, **11.44**

ugnis, apgaubta dūmų, ir žmogus **3.38**

ugnis ir darbas **18.48**

ugnis ir dvasinis žinojimas **4.19, 4.37**

ugnis ir geismas **3.39**

ugnis ir gyvoji esybė **3.38**

ugnis ir *yoga* 6.36

ugnis ir Viešpats 2.23, 2.61

upė ir bhaktas 18.54

upė, įtekanti į vandenyną, ir impersonalisto išsivadavimas 18.55

upės ir materialūs troškimai 2.70, 18.54

upės vandenys ir karžygiai **11.28**

vadžios ir protas 6.34

vaikai ir moterys 1.40

vaikas ir bhaktas 12.7

vaikas ir neišmanėlis p. 10

vairuotojas ir gyvoji esybė 18.61

vaisiai, žiedai, lapai ir Kṛṣṇos ekspansijos 8.22

vaisių ragavimas ir juslių tenkinimas 2.22

vaistai ir intelektas 6.34

valda ir kūnas 13.3

valdžios atstovas ir Aukščiausiasis Viešpats 3.32

valstybės įstatymai ir Dievo nurodymai 3.15

valstybės įstatymai ir gamtos *guṇos* 7.12

Analogijos (tęsinys)

vandenynas ir materialus pasaulis 4.36, 12.6–7

vandenynas ir transcendentalistas **2.70,** 18.51–53

vandenynas ir Viešpats p. 10

vandenyno burbulai ir Brahmos 8.17

vandenyno gyventojai ir išsivadavęs personalistas 18.55

vandens telkinys ir Vedos **2.46**

vanduo ir gamtos *guṇos* 15.2

vanduo ir jusliniai malonumai 6.36

varškė ir pasiaukojimo veikla 4.24

veidrodis ir gyvoji esybė **3.38**

veidrodis ir protas 3.38

vėjas ir gyvosios būtybės **9.6**

vėjas ir protas **6.34**

veršelis ir Arjuna p. 34

vėžlys ir bhaktas 5.26

vėžlys ir save suvokęs žmogus 2.58

Viešpats ir saulė p. 15, 2.2, 2.13, 2.17, 4.6, 6.31, 7.8, 7.26, 9.4, 13.17–18, 18.78

vikšras ir sąlygota siela 8.8

virvės ir gamtos *guṇos* 7.14

vyras ir Viešpats p. 11

žaibo blyksnis ir Brahmos gyvenimo trukmė 8.17

žibintas užuovėjoje ir transcendentalistas **6.19**

žiburys ir žinios **10.11**

žirgai ir juslės 6.34

žmona ir gamta p. 11

žuvis ir bhaktas 5.26

žuvys tinkle ir demonai 16.16

žvaigždės ir gyvosios būtybės 2.13

žvirblio ryžtas ir bhakto ryžtas 6.24

Bhagavad-gītā, kokia ji yra

Ananta 10.29
Apreikštieji raštai
  apie individualią sielą p. 20
  pavyzdžiai 15.15
Apsivalymas
  aukojant maistą Viešpačiui 3.14,
    9.2, 9.26
  bendraujant su tyru bhaktu 7.16–17,
    9.2, 9.32
  per aukas 4.30–31, 18.6
  per pasiaukojimo tarnystę 7.17, 9.2,
    9.26, 9.32
  procesai 16.1–3
  procesai, padedantys pasiekti △
    16.22, 18.66
  rezultatas 7.17
  sannyāsio △ 3.4, 16.1–3
Arjuna
  abejonės 8.2, 18.1, 18.73
  argumentai prieš karą **1.31,
    1.32–35, 1.39**
  atributai 1.14, 1.20, 1.46, 2.3
  atsidavimas Kṛṣṇai 2.7, 2.10
  baimė 1.29–30, 2.27, 2.30, **11.23–24,
    11.35, 11.45,** 11.48, 18.59
  gailestis, užuojauta 1.28, **1.32–35,
    2.1**
  įrankis Kṛṣṇos rankose 1.32–35,
    11.33
  jusles valdo Kṛṣṇa 1.15
  klausimai apie
    atsižadėjimą ir gyvenimą
      atsižadėjus **18.1**
    atsižadėjimą ir pasiaukojimo
      veiklą **5.1**
    aukos Viešpatį **8.2**
    Brahmaną **8.1**
    gamtą, besimėgaujantį subjektą
      ir sąmonę **13.1–2**

Arjuna
  klausimai apie (tęsinys)
    garbinimą pagal *guṇas* **17.1**
    karminę veiklą **3.1, 8.1**
    kovą **1.32–35, 3.1**
    Kṛṣṇos dieviškąsias vertenybes
      10.16, 10.18
    nevykėlį transcendentalistą **6.37**
    nuodėmės priežastį **3.36**
    pakilimą virš gamtos *guṇų* **14.21**
    pareigą **2.7**
    pasiaukojimo tarnystę ir
      beasmenio Brahmano
      garbinimą **12.1**
    prieštaringus nurodymus **3.2**
    pusdievius **8.1**
    savąjį „aš" 8.1
    transcendentalisto požymius **2.54**
    Viešpaties pažinimą mirties
      metu **8.2**
  kriauklė **1.14–15**
  kṣatriya 2.2, 2.26, 2.30, 2.48, 3.8,
    18.47, 18.59
  lankas 1.29
  lemtis 2.37
  maldos **11.15–31, 11.37–46**
  neišvengs kovos 1.37–38, 2.14
  nėra reikalo liūdėti 2.13, **2.26**
  neužmiršta Kṛṣṇos 1.24
  padėtis 10.14, 11.8
  palyginamas su
    neišalkusiu žmogumi 1.31
    paukščiu medyje 2.22
    veršeliu p. 34
    Viešpačiu 2.13
  pareigos 1.31, 1.36, 2.2, 2.6, 2.14,
    2.27, 2.30, 3.8
  pirmasis išvydo visatos pavidalą
    11.6, 11.47, 11.48, 11.54

Abėcėlinė-dalykinė rodyklė

Arjuna (tęsinys)
  pirmasis naujos *paramparos*
    perėmėjas p. 3, 11.8
  priklauso mokinių sekai 10.14, 11.8
  pripažįsta Kṛṣṇą esant Dievu
    10.12–13, 15,16, 11.45, 11.54
  santykiai su
    Droṇācārya 2.33
    Indra 2.33
    Kṛṣṇa p. 3–5, 1.20–22, 1.24–25,
      2.2–3, 2.9–10, 2.22, **4.3,**
      4.25, 7.2, 9.11, 10.13–14, 11.1,
      11.6, 11.14, 11.36, **11.41–42,**
      11.45, 11.54, **18.64–65**
    Śiva 2.33
  saugomas Rāmos ir Hanumāno
    1.20
  savybės 1.36, 2.6, 3.1, 6.33, 10.16,
    14.4, 16.5
  sielvartas 1.29, 1.46, 2.7, 2.9
  sumišęs **2.6–8, 3.1–2, 6.1**
  tyras bhaktas 1.28, 2.6
  vadinamas
    Bhārata 2.14
    Dhanañjaya 1.15
    Guḍākeśa 1.24, 10.20
    Kaunteya 2.14
    Mahābāhu 2.26
    Parantapa 2.9
    Pārtha 1.25, **2.22, 2.32, 2.55,
      3.23, 18.32**
    Pṛthos sūnumi 2.3
    Savyasāciu **11.33**
  vaidmuo p. 15
  vėliava 1.20
  vežimas 1.14
Asita, apie Kṛṣṇą p. 5–6
Askezės (*tapa,* ar *tapasya*)
  apibrėžimas 10.4–5, 6.1–3

Askezės (tęsinys)
  asurų △ **17.5–6,** 17.18–19
  brahmacārių △ 4.26, 8.28
  brahmaniška savybė 18.42
  cāturmāsyos △ 4.29
  kalbos △ **17.15**
  kūno △ **17.14**
  nereikia atsisakyti 18.5
  pagal *guṇas* **17.17–19**
  pavyzdžiai 10.4–5, 17.5–6
  per auką 4.28
  proto △ **17.16**
  rūsti △ neautorizuota 17.5–6
  skirta pasitraukusiam iš šeimos
    16.1–3
  svarba 2.29, 16.1–3
  šaltinis **10.4–5**
  vadinamos *asat* **17.28**
  valgymo △ 4.29
  vānaprasthos △ 8.28
Āśrama 8.28
Aṣṭāṅga-yoga
  apibrėžimas 6.47
  paskirtis 8.1
  praktikuojant △ neįmanoma
    pažinti Viešpaties 9.2
  sudėtinės dalys 2.59, 5.28–29
Asurai
  apibrėžimas 16.6, **17.5–6**
  askezės **17.5–6**
  ir visatos pavidalas **11.22**
  filosofija **16.8,** 16.13–15
  likimas **16.16, 16.19–20,** 17.5–6
  nepatiria Viešpaties malonės 16.20
  pavyzdžiai 16.16, 16.20
  savybės 4.5, 4.8, 7.15, 16.4, 16.7,
    16.21
Ateizmas 2.28, 7.4, **9.12,** 10.15, 10.42,
  16.8

Atlaidumas (*kṣamā*) 10.4–5
Ātmā 6.5, 8.1
Atsidavimas Kṛṣṇai
  atmetantieji △ **7.15**
  aukščiausias religijos principas
    4.7, 18.78
  didžiausia nauda 1.31
  galia 1.41, 2.38, 7.14–15, 9.11, 9.13,
    15.3–4, 18.62
  galutinis tikslas 6.38, 7.19, 18.78
  geriausias kelias 5.16, 6.38, 6.47,
    7.19, 18.75, 18.78
  gryno žinojimo esmė 12.3–4,
    18.64, 18.73
  išsklaido visas abejones 5.17
  kaip pasiekti △ 15.5
  kelias 15.5
  Kṛṣṇos sąmonės principas 2.8
  pavyzdžiai 2.72, 7.15
  rekomenduojamas kiekvienam
    7.20, 18.64
  rekomenduojamas Viešpaties
    18.62, 18.66
  svarba p. 26, 1.30, 2.8, 2.22, 4.11,
    5.16, 6.8, 7.5, 15.3–4, 18.62, 18.66
Atsižadėjimas (neprisirišimas)
  apibrėžimas 13.8–12, **18.2**
  askezės △ smerktinas **5.13, 18.5**
  darbo vaisių △ 12.12
  galia **3.4**
  ir pasiaukojimo veikla, palyg. 2.63,
    5.2, 5.5–6
  kaip pasiekti △ 3.19, 3.34, 6.35,
    15.3–4
  karminės veiklos △ 5.2
  labdaros △ smerktinas **18.5**
  netikras △ 2.63
  nurodytų pareigų △ **3.8, 18.7**
  pagal *guṇas* 18.7–9

Atsižadėjimas (tęsinys)
  pavyzdžiai 2.52
  svarba 6.35, 13.8–12, 15.3–4
  tikras △ 2.71, 13.8–12, **18.11**, 18.49
  tobulas △ 5.2–3, 6.1–2, 18.49
Aukos
  apibrėžimas 4.23
  apsivalymas per △ 18.5
  atnašaujamos su žinojimu **4.33**
  bhaktų atnašaujamos △ **3.13**
  gyvūnų atnašavimas △ 2.31, 18.3
  ir aukos Viešpats **8.2, 8.4**
  įvairių rūšių △ **4.25**, 4.28, 4.42
  Kṛṣṇos atstovas △ tarpe **10.25**
  materialiai motyvuotos △ 17.11,
    17.12, 18.3, 18.6
  materialių turtų △ **4.28, 4.33**
  pagal *guṇas* **17.11–13**
  pagal *karma-kāṇḍą* 2.42–46, 9.16
  rezultatai **4.30**, 4.31, 8.14–15
  skirtos Viṣṇu **3.9–10**
  svarba 2.29, **3.9**, 3.14, **4.31, 18.3**
  tikslas 3.19, 4.32, 4.42, 8.14
  vadinamos *asat* **17.28**
Aukščiausiasis Dievo Asmuo
  absoliutus 2.48, 12.5
  absoliutus valdovas 1.22, 3.10, 3.22,
    7.14, 9.6, 9.10, 13.3,13.18
  ādi-devam p. 6
  ajam p. 6
  amžinai individualus 2.12
  amžinas p. 9
  anapus materialios kūrinijos p. 6,
    4.12, 4.14, 9.6, 9.9, 13.5, 13.18
  apibrėžimas p. 6, p. 12
  apvaisina *prakṛti* 2.39, 9.10, 14.3–4
  atminimo svarba p. 24–30
  aukščiausias besimėgaujantis
    subjektas p. 6, p. 18, 3.11, 3.14

Abėcėlinė-dalykinė rodyklė

Aukščiausiasis Dievas (tęsinys)
  aukščiausias leidžiantysis 18.13–14,
    18.16–17
  aukščiausias pažįstantis subjektas
    13.3–4, 13.13, 18.73
  aukščiausias savininkas 13.3, 13.15
  Aukščiausiasis Brahmanas p. 5, 8.3
  Aukščiausioji Būtybė p. 5, 3.22
  Aukščiausioji Siela p. 10, 3.30,
    5.18, 6.6, 10.20, 10.42, 13.13,
    15.17, 18.46
  beribis 3.22, 3.37, 7.23, 13.4
  divyam p. 6
  ekspansijos p. 24, 15.7
  energijos p. 9, p. 24, 2.16, **7.4–5,** 7.8,
    7.14, 7.25, 9.4, 9.11, 15.13
  glūdi visų širdyse 2.12, 5.18, 13.17,
    15.15, 18.61–62
  inkarnacijos 6.47, 13.20
  ir individuali siela, santykiai p. 13,
    5.15, 15.15
  īśvara p. 8
  kaip išvysti △ 11.54, 13.16
  kaip pasiekti △ p. 25–30, **8.22,**
    11.55, 12.12, 15.15
  kaip pažinti △ 2.16, 7.8, 9.2, 10.3,
    10.15, 11.34, 12.12
  kūrinijos šaltinis 4.13–14, **9.5,**
    9.6, 9.8
  maloningas p. 7, 2.64–65
  nesuskaičiuojamos daugybės
    esybių globėjas 2.12, 6.29
  nešališkas 5.29
  nužengimas p. 18, 1.1
  padėtis p. 10, 3.10
  palyginamas su
    karaliumi 4.14, 13.3
    saule 2.2, 13.17
    ugnimi 2.61

Aukščiausiasis Dievas (tęsinys)
  param dhāma p. 6
  parama puruṣa 8.8
  pavidalas 11.50–51, 12.5, 13.15, 18.65
  pavitram p. 6
  prapitāmaha p. 15
  pūrṇa p. 15
  puruṣa p. 6, 2.39
  sac-cid-ānanda-vigraha p. 12, 13.15
  sąmonė ir individualios sielos
    sąmonė, palyg. p. 10–12, 2.20
  sanātana p. 16
  santykiai su *māya* 7.14
  santykiai su visomis būtybėmis
    p. 5, p. 18, 11.42
  Śaṅkarācārya apie △ 7.3
  šviesos šaltinis 13.18
  tobulas 15.15
  turi transcendentines jusles 1.15,
    3.22, 13.15
  vadinamas
    Govinda 3.13
    Hṛṣīkeśa 1.15, 1.22, 13.3, **18.1**
    Yajña-puruṣa 3.14
    Kṛṣṇa 3.13
    Maheśvara 7.14
    Mukunda 3.13
  valia 9.5, 9.8
  Vedų išmintis apie △ p. 13, 13.16,
    14.16
  vibhu p. 6, 5.15
  visa persmelkiantis 6.25, 7.7–8,
    8.22, 9.4, 9.11, 10.42, 13.14, 18.46
  visa žinantis 5.15, 13.15
  visagalis 3.15, 9.8, 13.14
  visų šaltinis 6.29, 13.17, 18.46
  žr. taip pat Kṛṣṇa
Avatāros
  misija 4.7, **4.8**

Bhagavad-gītā, kokia ji yra

Avatāros (tęsinys)
  patikrinimo kriterijai 4.7, 11.3,
    11.48, 11.54
  šaltinis 2.2, 4.5, 4.8, 4.35, 11.1, 11.54

B

Baimė (*bhaya*)
  kaip išsivaduoti iš △ 1.19, 1.29,
    2.40, 5.12, **5.27–28**
  priežastys 1.30, 6.13–14, 10.4–5
  šaltinis 1.30, 6.13–14, **10.4–5**
Baladeva Vidyābhūṣaṇa apie
  Dievą 3.14
  juslių suvaldymą 2.61
  pusdievius 3.14
Balarāma, Viešpats 10.37
Bali Mahārāja 4.16, 7.15
Bedievystė (*adharma*), šaltinis **1.39**
„Bhagavad-gītā" (BG)
  apibrėžimas p. 3, p. 32–34, 4.1, 7.24,
    8.28, 9.1, 10.1, 14.1
  esmė 8.28, 10.11–13, 11.55, 18.64,
    18.66, 18.78
  galia p. 32–34
  interpretacija p. 3, 2.29, 10.15, 18.67
  istorija p. 3, 4.1
  išsklaido neišmanymą 2.50
  išvada 4.38
  išvaduoja iš rūpesčių p. 32
  kaip perimti △ pamokymus p. 3,
    p. 5, p. 16, 1.1, 4.1–2, 4.42, 8.28,
    18.67, 18.72, 18.75
  keturi esminiai △ posmai 10.12–13
  „Mahābhāratos" dalis p. 28, 2.45
  mokymas 1.1, 2.50, 2.72, 7.10,
    10.11, 18.78
  nebhaktai nesupranta △ **18.67–68**
  nepataria garbinti pusdievius p. 18

„Bhagavad-gītā" (tęsinys)
  palyginama su
    Ganga p. 33
    karve p. 34
    medaus stiklainiu 2.12
    saule 11.51
    vaistais p. 3
    Vedomis 4.1
  papasakota Arjunai p. 3–7, p. 15
  papasakota Dievo p. 7, 1.1, 2.29,
    4.1, 18.72
  paslaptis p. 30
  persakyta Sañjayai 18.74–75
  perteikta Vivasvānui **4.1**
  prasmė p. 8, p. 12, p. 16, 2.1, 2.16,
    3.30, 4.2, 4.35, 11.55, 13.8–12
  santrauka 18.78
  skirta bhaktams p. 3, 2.12, 8.28,
    13.19, **18.58**, 18.71
  studijos ir suvokimas p. 3, 2.7,
    2.12, 10.11–13, **18.67**, 18.71,
    18.73, 18.78
  svarba p. 16–34, 2.8, 4.42
  teisingas △ supratimas 4.42
  tema p. 8, 18.78
  transcendentali 2.12, 18.76
  turinys p. 9–17, 1.1, 4.7, 10.15,
    12.1, 13.1–2
  vaidmuo 4.1
  visų Vedų raštų esmė p. 30, 1.1
„Bhagavad-gītā" apie
  Arjuną, pripažįstantį Kṛṣṇą savo
    dvasiniu mokytoju 2.39
  atsidavimą Kṛṣṇai p. 30, 5.16,
    12.6–7, 18.78
  atsitiktinumus 6.20–23
  auką Kṛṣṇai 9.2, 11.55, 17.10
  Aukščiausiojo pasiekimą p. 21–32
  banjano medį p. 23

„Bhagavad-gītā" apie (tęsinys)
besąlygišką pasiaukojimą ir dvasinį
lygį 4.29
brangiausią Viešpaties tarną 6.32
didžiausią *yogą* p. 30, 18.1, 18.75
doringą veiklą ir tarnystę
Viešpačiui 6.45
dvasinį pasaulį p. 20–24
Kṛṣṇą p. 5–7, p. 13, p. 16, 5.17, 18.55
Kṛṣṇą ir materialaus pasaulio
judėjimą p. 8, 16.8
Kṛṣṇą kaip visų aukščiausią 5.17,
11.54, 18.62
Kṛṣṇos kūno, veiklos ir tobulumo
pažinimą 11.43
Kṛṣṇos matymą atliekant
pasiaukojimo tarnystę 13.16
Kṛṣṇos suvokimą aukojantis
aukščiausiam reikalui 12.11
kvailius, laikančius Kṛṣṇą paprastu
žmogumi 7.24
Mėnulį ir žvaigždes 15.12
nuopuolį į būties dugną 2.8
ramybės pasiekimą 18.51–53
susilaikymą nuo juslinių
malonumų 6.13–14
transcendentinį žinojimą 5.16
Vāsudevą 2.41, 2.56
vidinį pasitenkinimą 18.49
Viešpatį ir bhaktą 8.14, 18.46
Viešpatį širdyje 18.13, 18.62
visų darbų paskyrimą Kṛṣṇai 5.10
Bhagavānas
Absoliučios Tiesos aspektas 2.2
apibrėžimas p. 3, 10.1
Kṛṣṇa 2.2, 10.1
prasmė 2.2
žr. taip pat Aukščiausiasis Dievo
Asmuo; Kṛṣṇa

Bhāgavata-Purāṇa. Žr. „Śrīmad-
Bhāgavatam"
Bhaktai
atsikratę abejonių 5.17, 10.4–5
atsikratę *karmos* **4.18**, 4.19, 4.23,
5.10–11, 9.2, 9.31, 10.3, **18.66**
aukoja maistą Viešpačiui 2.63,
3.13, 3.14
aukoja veiklos vaisius **5.12**
aukščiau nuosavybės jausmo 6.10
dalinasi savo patyrimu 3.26, 6.32
globojami Kṛṣṇos 1.32–35, 9.22,
9.31, 12.6–7, **18.56**, 18.58
ištrūkę iš dvejybių (dualizmo)
4.22–23, 6.7, 12.17
ištrūkę iš *guṇų* įtakos **4.23**, 9.2,
14.19, 14.22–25, 18.58
išvaduoja savo protėvius 1.41
jau yra išsivadavę 2.39, 5.11–12,
6.31, 8.23
kaip tapti △ 9.34, 18.54
kategorijos **7.16**, 8.14, 9.3
Kṛṣṇa tarnauja △ 1.21–22, 9.29
kūnas 3.14
laikosi Viešpaties nurodymų
1.32–35, 2.64, 9.28
laimė 2.55, 2.70, 6.20–23, 6.32,
9.2, 10.9
laisvi nuo nuodėmių **3.13**, 3.14, 9.30
likimas 4.9, **18.56**
mirties akivaizdoje 8.27
neprisiriśę 2.52, 2.56, **2.64**, **3.19**,
13.8–12
neturi jokių materialių
įsipareigojimų 1.41, 2.38, 2.41,
2.52, 3.26, 9.3, 9.28, 10.11
neturi potraukio jusliniams
malonumams 2.59–60, 2.70–71,
3.17, 5.21, 6.1, 13.8–12

Bhaktai (tęsinys)
 nuolatos šlovina Viešpatį 11.36
 pakantūs 1.32–35, 12.13–14
 palyginami su
  brahmanais 4.13
  materialistais 5.8–12, 12.10,
   12.15, 18.54
  nebhaktais 10.4–5
  neišmanėliais 3.25
  saule 10.11
  vandenynu 2.70
  Viešpačiu 3.29
 panaudoja viską tarnystei
  Viešpačiui 2.63, 5.10–11
 panirę į Kṛṣṇą 5.7, 5.26, 6.3, 9.22,
  9.34, 10.2, 10.9
 panirę į pasiaukojimo tarnystę
  4.30, 5.6, 5.21, 5.26, 6.31, 9.1,
  9.28, 9.30, 12.5, 12.15
 pareigos 1.41
 pasiekia dvasinį pasaulį p. 27, 2.39,
  4.9, 4.29, 5.6, 5.26, **18.56**
 pasiekia *samādhi* 1.24, 2.53, 2.57,
  5.26, 6.7
 požiūris 3.19, 5.7, 5.18, 6.30–31, **6.32**,
  10.2, 18.54
 ramūs 2.55, 2.66, 2.70–71, 5.12, 6.30,
  8.14, **9.31**, 12.13–14
 ryžtas ir jo šaltinis 2.41, 12.13–14
 santykiai su Viešpačiu p. 4,
  1.21–22, 1.24, 1.32–35, 2.10,
  2.16, 4.11, 6.30, 7.18, 8.14, 9.29,
  11.8, 11.14, 11.42, 11.44, 18.58
 savybės p. 4, 1.28, 1.32–35, 1.41,
  2.41, 2.53–58, 2.64, 4.21–22,
  5.7–9, 5.18, 5.26, 6.3, 6.10,
  6.17–18, 6.32, 8.27, 9.29, 9.31,
  11.4, 12.13–15, **12.17–20,**
  13.8–12, 18.26

Bhaktai (tęsinys)
 sugebėjimus dovanoja Kṛṣṇa 2.70,
  9.22, 9.29, 10.11, 18.58
 taikūs 1.44, 11.49
 tobuli *yogai* 4.25, 6.1–2, 6.10,
  6.13–14, 6.16, 6.32
 tobuli mistikai 12.13–14
 tobuli *sannyāsiai* 6.1, 9.28
 transcendentalūs keturioms
  varṇoms 4.13
 užsiima aukščiausiu gerovės darbu
  5.7, 5.25, 6.32
 vadinami *santa* 3.13
 valdo savo jusles 2.58–62, 2.70–71,
  3.34, 4.29, 5.7, 5.26, 6.2, 6.20–23
 valdo savo protą 4.21, 5.7
 veikia pagal Viešpaties nurodymus
  18.56–59
 veikia tik Kṛṣṇos malonumui
  1.32–35, 3.25, 4.18, 5.8–9, 5.12,
  6.1–2, 8.14, 9.28, 12.6–7, 18.58
 veikla p. 11
 Viešpats padeda △ 2.53, 10.11
 visiškai patenkinti 2.60, 2.62,
  2.70–71, 6.4, 8.14, 12.13–14
 žino tiktai Dievą 7.3, 9.34, 10.12–13
 žinojimas 6.32
 žr. taip pat Tyri bhaktai; *Vaiṣṇavai
Bhakti-yoga* 5.29, 6.20–23
 žr. taip pat Pasiaukojimo tarnystė
 „Bhakti-rasāmṛta-sindhu" apie
  atsižadėjimą 2.63, 5.2, 6.10, 9.28,
   11.55
  yukta-vairāgyą 6.10, 8.27, 9.28, 11.55
  Kṛṣṇos sąmonę 2.63, 4.10, 6.31
  materialias jusles ir Kṛṣṇos
   pažinimą 6.8, 7.3, 9.4
  pasiaukojimo tarnystę 4.10, 5.11,
   7.3, 7.11, 11.55

„Bhakti-rasāmṛta-s." apie (tęsinys)
  phalgu-vairāgyą 2.63, 5.2, 6.10
  tyrą pasiaukojimą 7.16, 11.55
  Viešpaties bhaktą kaip
    išsivadavusią asmenybę 5.11,
    6.31, 9.1
Bhaktisiddhānta Sarasvatis
  apie Kṛṣṇą 9.34
  darbai 9.34
  santykiai su Bhaktivedanta 6.42
Bhaktivinoda Thākura, apie
    „Bhagavad-gītą" 2.72
Bharata Mahārāja 6.43, 8.6
Bhārata-varṣa 6.43
Bhāva, apibrėžimas 4.10
Bhīma **1.4, 1.10, 1.15**
Bhīṣma
  kaip mokytojas netenka pagarbos
    2.5, 11.49
  kriauklė **1.12, 1.14**
  likimas 2.13, 2.30, **11.27, 11.34**
  palieka kūną mūšio lauke 11.26–27
  saugoja Kauravus 1.10–11
  užjaučia Duryodhaną 1.12
Bhṛgu 10.25
Brahmā
  aukščiausias tarp visų gyvųjų
    būtybių 7.7
  diena ir naktis **8.17–19,** 9.7
  gyvenimo trukmė 8.17, 8.19, 9.7
  impersonalistai garbina △ 17.4
  istorija 11.37
  kilmė 7.15, 10.3, 10.6, 10.8, 11.37
  likimas 8.16–17
  maldos 7.25
  neatskiriama Viešpaties dalelė 15.7
  nesuteikia išsivadavimo 7.14
  padėtis 7.14, 10.6, 10.25, 15.1, 15.3–4
  pirma gyvoji būtybė visatoje p. 16

Brahmā (tęsinys)
  Pitāmaha p. 16, 10.6
  planeta p. 20, 8.16, 14.14, 15.1–2
  priklauso mokinių sekai p. *xix,*
    p. 16, 2.29, 11.43
  santykiai su Kṛṣṇa 7.15
  turi mirti 8.17–18
Brahmacāriai
  gyvenimas 8.28, 16.1–3
  savybės 4.26, 16.1–3
Brahmacarya
  Yajñavalkya apie △ 6.13–14
  svarba 6.13–14, 8.11
Brahmaloka p. 21, 8.16–17, 14.14,
    14.18, 15.1–2
Brahmanas (Aukščiausiojo Dievo
    Asmens aspektas)
  amžinas ir bepradis **13.13**
  apibrėžimas 6.10, 13.18, 14.26, **14.27**
  apraiškos 5.10
  apvaisinimas **14.3**
  „Brahma-sūtra" apie △ p. 14
  dvasinio ir materialaus pasaulių
    centras 15.1
  gyvoji būtybė kaip △ 8.1, **8.3,** 13.13
  impersonalistai ir △ 4.25, 10.2,
    12.1, 17.4
  ir saulės spinduliai, palyg. 2.2
  įvairūs △ aspektai 8.11, 13.3
  kaip pasiekti △ 14.26
  meditacija į △ 12.1
  patyrimas p. 14, 13.5, 14.27,
    18.51–53
  pavaldus Viešpačiui p. 14, 7.10, 7.15,
    13.13, 14.27
  šaltinis **14.27**
  Viešpaties spindesys 4.35
Brahmanai
  atliekamas vaidmuo 16.1–3

Brahmanai (tęsinys)
　yra dorybės *guṇos* 4.13, 7.13, 9.32,
　　14.6, 18.47
　kaip dvasiniai mokytojai 16.1–3
　palyginami su
　　kṣatriyais 3.35
　　sannyāsiais 16.1–3
　　vaiṣṇavais 4.13
　pareigos 2.3, 3.35, 18.47–48
　savybės 2.7, 3.35, 4.13, 7.13, **18.42,**
　　18.47
„Brahma-saṁhitā" apie
　dvasinį pasaulį 8.21–22
　inkarnacijas 4.5, 4.9, 11.46
　Kṛṣṇą p. 14, 2.2, 4.5, 4.12, 7.3, 7.7,
　　9.11, 11.54
　Mahā-Viṣṇu 10.20, 11.54
　meilę Kṛṣṇai 3.13, 6.30, 9.4, 11.50
　palaimingą Kṛṣṇos veiklą 9.9
　Saulės paklusnumą Kṛṣṇos
　　nurodymui 4.1, 9.6
　transcendentinę Kṛṣṇos buveinę
　　6.15, 8.22, 13.14
„Brahma-sūtra" 13.5
„Bṛhad-āraṇyaka Upaniṣada" apie
　Brahmaną 13.8–12
　brahmaną ir *kṛpaṇą* 2.7
　darbo atoveikį 4.37
　planetų judėjimą paklūstant
　　Kṛṣṇos valiai 9.6
　Vedas, sklindančias iš Dievo
　　Asmens kvėpavimo 13.15
　Viešpatį, ugnies pavidalu esantį
　　skrandyje 15.14
Bṛhaspatis 10.24
Buddha 4.7
Buddhi, apibrėžimas 10.10
Buddhi-yoga 2.39, 2.49, 3.1, 3.3,
　　5.1, 10.10

Budistai 2.26, 2.72
Būtis
　tikslas 3.5, 3.7, 3.12, 5.5, 6.13–14,
　　9.26, 18.1
　tobulumas 12.6–7, 18.46, 18.59

C

Caitanya Mahāprabhu
　apie
　　Absoliučią Tiesą 13.25
　　bona fide dvasinį mokytoją 2.8
　　kantrumą 8.5
　　Kṛṣṇos atminimą p. 29
　　māyāvādžius 2.12
　　svarūpą p. 19
　　širdies apvalymą 6.20–23
　　šventųjų vardų kartojimą
　　　p. 29, 2.46
　atsižadėjimas 2.15, 6.1
　ekstazė 2.46
　filosofija 7.8, 16.24, 18.73, 18.78
　ir moterys 16.1–3
　įvedė *saṅkīrtana-yajñą* 3.10, 3.12,
　　4.8
　misija 4.8, 8.11
　pats labdaringiausias 11.54
　pranašystė 4.8
　priklauso mokinių sekai p. *xviii*
　rekomenduoja pasiaukojimo
　　tarnystę 16.24, 18.54
　santykiai su
　　Choṭa Haridāsa 16.1–3
　　Haridāsa Ṭhākura 6.44
　　Prakāśānanda 2.46, 10.11
　Viešpaties inkarnacija Kali-yugoje
　　4.8
„Caitanya-caritāmṛta" apie
　bhaktą kaip *niṣkāmą* 8.14

Abėcėlinė-dalykinė rodyklė

„Caitanya-caritām.“ apie (tęsinys)
bona fide dvasinį mokytoją 2.8
  inkarnacijas 4.8
  Kṛṣṇą, visų šeimininką 7.20, 11.43
  pasiaukojimo tarnystę 7.22, 10.9
  tikėjimą 9.3
  tikrą dvasinį mokytoją 2.8
  tyrus bhaktus 9.28
  Vedų raštus užmaršioms
    gyvosioms esybėms p. 28
Cānakya Paṇḍita, apie moteris 1.40
Caṇḍālos 9.32
Celibatas. *Žr.* Brahmacarya
„Chāndogya Upaniṣada“ apie
  aukojimo procesą 8.3, 8.16
  gyvybę kaip visos veiklos centrą
    7.19
  išėjimą iš pasaulio ir sugrįžimą
    8.26
  Paramātmą ir *brahmajyoti* 15.18
  Viešpaties ketinimą tapti daugeliu
    9.7
Choṭa Haridāsa 16.1–3
Civilizacija 14.16

D

Dāmodara 8.22
Dangaus planetos
  apibrėžimas 2.42–43, 9.21
  ir nuodingų medžių žiedai, palyg.
    2.42–43
  kaip pasiekti △ p. 21, 2.31, **2.32,
    2.37, 2.42–43,** 8.16, 8.28, **9.20,
    9.25**
  malonumai △ 2.42–43
  pavyzdžiai 8.16, 9.20, 14.18
Demonai. *Žr.* Asurai
Demoniška prigimtis **16.4**

Devakī-nandana. *Žr.* Kṛṣṇa
Devala p. 6
Devos. Žr. Pusdieviai
Dhṛtarāṣṭra
  baimė 1.1
  istorija 1.2
  savybės 1.2
Dhruva Mahārāja 18.71
Dhruvaloka, kaip pasiekti △ 18.71
Dievas, Aukščiausiasis Asmuo.
    Žr. Aukščiausiasis Dievo
    Asmuo; Kṛṣṇa
Dieviška prigimtis 16.1–3
Dievo karalystė
  apibrėžimas **8.20–21,** 8.22, **15.6**
  ir pasiaukojimo tarnystė, palyg.
    2.72
  kaip pasiekti △ p. 23, **2.72,** 3.9–10,
    4.9, **4.24,** 4.30, **6.15, 7.23,
    8.13–14,** 9.25, 9.34, 12.9, **15.5,
    18.55, 18.62**
  žr. taip pat Dvasinis dangus;
    Goloka Vṛndāvana; Kṛṣṇaloka;
    Vaikuṇṭha
Dorybės *guṇa* (*sattva-guṇa*)
  apraiškos **14.11**
  askezė **17.17**
  aukos **17.11**
  galia p. 11
  intelektas **18.30**
  įtaka **14.6, 14.9, 14.11, 14.14,** 14.15,
    14.17, 14.18, 15.7, **17.4**
  kaip išlikti △ 18.51–53
  kaip išvystyti △ 14.17
  labdara **17.20**
  laimė **18.36–37**
  maistas **17.8,** 17.10
  mirtis **14.14, 14.18**
  ryžtas 18.33

Dorybės *guṇa* (tęsinys)
  tyra 17.3–4
  veikėjas **18.26**
  veiksmas **18.23**
  žinojimas 18.20, 18.22
Draugystė, materiali △ lyginant su
    dvasine p. 4
Droṇācārya
  gaus geresnį gimimą 2.13
  istorija 1.3
  santykiai su Arjuna 2.33
  žmona 1.8
Drupada, santykiai su Droṇācārya
    1.3
Duryodhana
  matė kai kuriuos Kṛṣṇos visatos
      pavidalus 11.47
  noras 1.23
  nurodo Droṇācāryos klaidą 1.11
  santykiai su
    Bhīma 1.10
    Bhīṣma 1.11–12
    Droṇācārya 1.11
  savybės 1.11
  tiki savo pergale 1.9
Durvāsā Munis, ir Mahārāja
    Ambarīṣa 2.60–61
Dvasinė energija (*parā-prakṛti*)
  ir materiali energija, palyg.
    2.16, 6.29, 7.5, 7.14, 9.19
  kūrimo pagrindas 7.6
Dvasinė savivoka
  apibrėžimas 2.46, 6.37
  aukščiausias tobulumas 2.46, 2.53,
    4.11, 16.22
  etapai 14.27
  išvaduoja iš baimės 1.29
  yogos tikslas 4.42, 9.2
  kliūtys △ **3,34**

Dvasinė savivoka (tęsinys)
  kaip pasiekti △ p. 24, 2.1, 2.46,
    2.53, 3.7, 3.21, 4.34, 6.37, 9.22,
    12.20, 16.22, 18.20, 18.50
  sąlygos 3.23, 3.34, 6.36, 18.36–37
  trys △ lygiai p. 14, 6.10
Dvasinis kūnas
  jīva-tattvų △ ir *viṣṇu-mūrti,* palyg.
    15.7
  nepatiria pokyčių 15.16
Dvasinis mokytojas
  patenkinimas 2.41, 4.34
  bone fide △ 2.8, 4.34, 4.42
  būtinybė kreiptis į △ 2.41, 2.53,
    2.68, 3.9, 4.10, **4.34**, 4.35, 4.42,
    13.8–12, 14.19, 16.1–3, 16.24,
    17.2, 18.57, 18.75
  laimina mokinį 2.41, 4.34, 13.8–12,
    13.35
  padėtis 18.57, 18.59, 18.63,
    18.75
  pavyzdžiai p. 3, 6.42
  vaidmuo 2.7, 18.58, 18.75
  Viśvanātha Cakravartis Thākura
    apie △ 2.41
  žr. taip pat Ācārya
Dvasinis pasaulis
  anapus materijos **8.20,** 8.22
  apibrėžimas p. 20–24, 6.15, **8.20–21,**
    13.18, 14.2, 15.6, 15.16
  kaip pasiekti △ p. 24, 4.29, 5.19,
    6.15, 7.30, 8.5, 8.7, **8.28,** 13.18,
    13.35, 15.6
  kupinas įvairovės 14.2, 15.1
  Vedų raštai apie △ 18.62
  žr. taip pat Dievo karalystė; Goloka
    Vṛndāvana; Kṛṣṇaloka;
    Vaikuṇṭha
Dvasios silpnumas 15.20

E

Eruditas (*paṇḍita*)
apibrėžimas 4.19, 7.15, 10.8
pavyzdžiai 7.15
požiūris 4.18
savybės 7.25

F

Filosofija, ir religija 3.3

G

Gamtos *guṇos*
apibrėžimas **2.45,** 7.14
apima materialią veiklą p. 11, 2.45,
3.5, 3.29, 3.35, 4.13, 5.14, 7.12,
14.6, 14.19
įtaka p. 24, **3.5, 3.27, 3.29,** 3.33, 3.35,
4.13, 7.13–14, 7.20, **14.5, 14.19,**
14.22–25, 14.27, **17.2–3,** 18.40
kaip išsivaduoti iš △ 3.33, 4.23,
7.14, 14.19, **14.20,** 14.22–27,
15.20, 17.28
kovoja tarpusavyje 14.10
Kṛṣṇa ir △ **7.12,** 7.13, **11.38,** 14.19
sudaro materialią gamtą p. 11, 14.5
šaltinis **13.20**
tikėjimas pagal △ 17.2–4
vadinasi *pradhāna* 13.6–7
valdomos amžino laiko p. 11
varṇos pagal △ 4.13, 7.13, **18.41**
žmogus, kuris iškyla aukščiau △
3.35, **14.22–26**
žr. taip pat Aistros *guṇa*; Dorybės
guṇa; Neišmanymo *guṇa*
Gangos upė p. 24–29
Geismas (*kāma*)
apibrėžimas 3.41

Geismas (tęsinys)
buveinė **3.40,** 3.42
galia p. 24, **3.38–39**
kaip išsivaduoti iš △ 3.38, 3.41, 3.43
padėtis **3.37**
šaltinis 2.62, **3.37**
Gimimas
apsprendžiantys faktoriai:
gamtos *guṇos* **14.14–15, 14.18**
Kṛṣṇa **10.4–5,** 10.34, **14.4**
mintys mirties metu p. 25–28, **8.6**
noras 9.10, 13.22
praeitų gyvenimų *karma* 2.2,
2.18, 2.27
geroje šeimoje **6.41–43,** 6.45
gyvulio kūne 3.14, 8.3, 8.6,
13.21–22, **14.15,** 14.16, 15.8–9,
16.1–3, **16.19**
kančios 13.8–12
lydi mirtis 2.20, **2.27**
Saulės planetoje 1.31
žmogaus kūne 2.40, **14.15**
Gimimo ir mirties ratas
kaip išsivaduoti iš △ 4.9, **5.19,**
6.15, 8.18, 11.43, **12.6–7, 13.26,**
14.2, **14.20**
pančiai, priežastys 2.27, 2.49,
2.51–5.2
Gitopaniṣada. Žr. „Bhagavad-gītā"
Gyvenimas (gyvybė)
apibrėžimas 2.51
dieviškas △ 2.72
materialus △ ir dvasinis, palyg.
2.51
materialus △ kaip vargų šaltinis
2.7
priklauso nuo Viešpaties 3.12, 7.9
šaltinis 2.2, 3.5,7,12, 6.13–14
tobulumas 4.10

Bhagavad-gītā, kokia ji yra

Gyvybės rūšys
  apibrėžimas 2.31, 7.10, 14.18
  kilmė 7.10, 9.8, 13.21
Gyvūnai
  atnašaujami aukose 2.31
  individualios sielos 2.31
  Kṛṣṇos atstovai △ tarpe **10.27–31**
  maistas △ 3.14
  sąmonė 2.20, 3.38, 18.22
  skerdimas p. 17, 2.19, 4.7, 14.16,
    16.1–3, 17.8–10
  Viešpats yra △ širdyje 5.18, 6.29
Goloka Vṛndāvana
  apibrėžimas 6.15, 7.30, 8.13, 8.28
  kaip pasiekti △ 6.15, 7.30, 8.13, 8.28
  žr. taip pat Dievo karalystė;
    Dvasinis pasaulis; Kṛṣṇaloka;
    Vaikuṇṭha
„Gopala-tāpānī Upaniṣada" apie
  Aukščiausiojo Dievo Asmens
  buveinę 8.22
  bhakti 6.47
  Kṛṣṇą, glūdintį visose širdyse
    6.31, 11.54
  Kṛṣṇą, perteikusį Vedį žinojimą
    Brahmai 10.8
  Kṛṣṇą kaip *sac-cid-ānandą* 9.11,
    11.54
Govinda. *Žr.* Kṛṣṇa
Guḍākeśa. *Žr.* Arjuna
Guṇos. Žr. Gamtos *guṇos*

H

Hanumānas 3.37
Hiraṇyagarbha. *Žr.* Aukščiausiasis
  Dievo Asmuo
Hṛṣīkeśa 1.15.21–22, 1.24–25, 6.26,
  13.3, 18.1, 18.46

I

Ikṣvāku **4.1**
Ilāvṛta-varṣa 6.43
Iliuzija (paklydimas, *māyā*)
  apibrėžimas 14.13, 18.25, 18.73
  įtaka 5.29, 7.13, 7.27, **7.28**
  kaip išsivaduoti iš △ 10.4–5, 18.17,
    18.73
  paskutiniai spąstai 18.73
  pavyzdžiai 5.16, 9.12
  šaltinis **2.63**
  žr. taip pat Māyā
Impersonalistai
  apie Absoliučią Tiesą 7.7
  filosofija 4.25, 7.24, 7.26, 8.3, 18.55
  garbinimas 4.25, 17.4
  ir personalistai, palyg. 4.18, 4.25,
    7.8, 9.11, 12.1
  likimas 4.10–11, 8.13, 9.25
  manoma, kad yra dorybės *guṇos* 17.4
  neįvertina juslių 1.15
  padėtis 2.63
  pažinimas 4.9, 6.10
  požiūris į Absoliutą 3.19, 7.24, 9.26
  santykiai su Kṛṣṇa 4.11
  žr. taip pat Māyāvādžiai
Impersonalizmas
  ir personalizmas, palyg. 7.8, 7.25,
    12.5
  materialisto △ 4.10
  sunkus kelias 4.9, **12.5**
  šaltinis 4.10
Indija (Bhārata-varṣa), pagrindiniai
  △ filosofai 9.2
Individuali siela (*ātmā, jīvātmā,*
  aṇu-ātmā)
  amžina ir individuali 2.12–13,
    2,23–24, 2.39, 12.5, 15.7

Abėcėlinė-dalykinė rodyklė

Individuali siela (tęsinys)
amžina p. 11, 2.12, 2.16, **2.18, 2.20–21, 2.24,** 2.28, 2.30, 9.2, 13.13, 13.20, 13.28, 15.7
amžinas △ ryšys su Viešpačiu 2.23, 5.17, 11.42, 13.23
apibrėžimas p. 13, 13.31, 15.7
Brahmanas p. 6, 8.3, **13.13**
buvimo kūne įrodymas 2.17, 2.25
dydis 2.17, 2.25, 2.29
dvi △ kategorijos **15.16**
egzistavimo priežastys p. 13, p. 19
galutinis △ tikslas 2.46, 17.28
glūdi širdyje 2.17, 2.20, 2.25, **13.34**
ir *karma* 8.3
ir Supersiela, palyginamos su dviem paukščiais 2.22
ir Supersiela, santykiai 2.22, 13.28, 13.34
ir Viešpats, santykiai p. 13–16, 8.4, 13.8–12, 15.15
iškyla virš *guṇų* 13.32, 17.3
kaip *īśvara* 15.8
kaip *puruṣa* 13.20
kaip sąmonės šaltinis 2.17, 2.20, 2.25, **13.34**
kaip suprasti △ 3.42
kelia nuostabą **2.29**
kṣara 2.13
kūną pažįstantis subjektas 13.1–3, 13.5, 13.13, 13.20
laimė 13.20
likimas po išsivadavimo 2.13, 2.25
neatskiriama Viešpaties dalelė p. 11, 1.15, 2.13, 2.17, 2.20, 2.23–24, 2.46, 2.71, 3.36, 3.41, 4.35, 5.3, 5.29, 6.1, 6.47, 13.20, 13.23, 14.26, 15.7–8, 17.3, 18.49
neyranti **2.23–24**

Individuali siela (tęsinys)
nekintama 2.13, 2.16, 2.20, **2.21, 2.25,** 2.30
nematoma **2.25**
nepriklausomybė 3.37, 7.21, 13.23, 15.7–8, 18.63, 18.78
nesunaikinama **2.17–18, 2.20–21,** 2.23, 13.13
nesuvokiama **2.25**
nirguṇa 17.3
nuopuolio priežastys 3.37
padėtis 2.16–17, 3.42, 6.29, 7.5, 8.3, 13.20, 13.27, 18.78
paklydimas 7.13–14
palyginama su
dangumi **13.33**
saule **13.34**
Supersiela 2.13, 2.20, 2.22, 2.25, 2.29, 5.16, 5.18, 13.5, 13.8–12, 13.14, 13.22
Viešpačiu p. 19–23, 7.6, 8.3, 14.26, 15.18
pareigos Viešpačiui 1.30, 4.35, 6.1, 6.47, 7.5, 12.6–7, 18.46, 18.62
pasirinkimas 8.3, 18.73
pavaldi *māyos* įtakai 2.23
pirmapradė **2.20**
prigimtis 2.17
ribinė energija 8.3, 13.23, 18.78
sąlygotumo priežastys 14.5
sąlytyje su materialia energija 3.5, 3.36–37, 5.29, 6.29, 8.3, 13.31, 14.5, 15.17, 17.2
sąmonė ir Dievas, palyg. 2.20
sąmonė persmelkia visą kūną 2.17
sanātana p. 17
santykiai su Aukščiausiąja Būtybe p. 11, 2.16, 5.3, 7.8, 7.14, 7.27, 8.3, 13.1–2, 13.8–13, 18.73

Individuali siela (tęsinys)
savybės p. 19, 2.20, 2.23–25, 10.4–5
sklando penkių rūšių ore 2.17
Supersiela išpildo △ troškimus
2.22
Supersiela lydi △ 2.12–13, 2.17,
2.20, 2.22, 5.15, 6.29, 6.31, 8.4,
13.1–3, 13.18, 13.21–22, 13.28,
14.16, 18.61
śāstros apie △ p. 17
teikia gyvybę kūnui 2.17–18, 2.20
tobulumas 8.15
transcendentali gamtos *guņoms*
13.32, 17.3
Vedų raštai apie △ p. 18
visa persmelkianti 2.24, 14.4
visada sąmoninga 2.20
Indraloka 10.24
Intelektas (išmanymas, *buddhi*)
įgijimo procesas 15.20
padėtis juslių, proto ir sielos
atžvilgiu **3.42–43,** 6.34
pagal *guņas* **18.30–32**
svarba 10.10
šaltinis **10.4–5**
tikro △ įgijimas 2.68
tvirtas △ **2.61, 2.68**
vaidmuo **2.63,** 3.42, 6.25
Išminčiai (*ṛṣiai*)
apibrėžimas **2.51, 2.56,** 2.57–58,
2.60–61, 10.38
apsivalymas **5.6**
atsiduoda Viešpačiui **2.51,** 7.20
aukščiau dvejybių **2.57**
ir materialistai, palyg. **2.69**
issivadavę iš gimimo ir mirties
rato **2.51**
išsivaduoja iš materialių kančių
5.29

Išminčiai (tęsinys)
kilmė 10.2
neliūdi **2.11**
nešališkumas **5.18**
pavyzdžiai p. 7
pripažįsta Kṛṣṇą Dievu p. 8, **10.12**
savybės 2.11, 2.69, 5.6
valdo savo jusles **2.58**
verti išsivaduoti **2.15**
žinojimas apie sielą **2.19**
„Īśopaniṣada" apie
yoga-māyos skraistę 7.25
Kṛṣṇą kaip visa ko savininką
2.71, 5.10
Išsivadavimas (*mukti*)
apibrėžimas 4.35, **6.20–23,** 18.55
bhaktų △ 2.39
kaip pasiekti △ p. 13, 2.47, 4.9, 4.11,
4.15, 5.2, 6.5, 6.11–12, 7.13–14,
16.1–3, 16.22, 17.26–27
nėra pats sau pakankamas 6.20–23
padėtis 6.20–23
parengiamosios priemonės △ 3.11
patiriant Aukščiausiąjį 5.27–28
penkios △ pakopos 9.28
tikrasis △ 6.20–23
tobulumas 7.5, 7.29
Išsivadavusi siela (*jīvanmukta*)
apibrėžimas 9.1
pavyzdžiai 4.15
savybės 5.19–21, **5.24,** 5.27–28, 10.9,
14.2, 14.20, **14.22–25**

Y

Yādava. *Žr.* Kṛṣṇa
Yajña (Yajñeśvara) 4.11
Yajñavalkya, apie *brahmacaryą*
6.13–14

Abėcėlinė-dalykinė rodyklė

Yama (Yamarāja) **10.29**

Yamadūtai 18.25

Yamunā, upė 6.11–12

Yamunācārya

  apie tyrą pasiaukojimo tarnystę
    2.60, 5.21

  priklauso mokinių sekai 7.24

Yaśodā-nandana. *Žr.* Kṛṣṇa

Yoga

  apibrėžimas 2.39, **2.48,** 6.38, 6.46,
    8.12, 9.22

  etapai 6.3, 6.47

  geriausia △ šiame amžiuje 6.20–23,
    6.37, 18.75

  įvairios △ rūšys 6.37, 6.46

  kaip puoselėti △ **8.12**

  laisva nuo *karmos* **2.39**

  mistinė △ 4.28

  praktikos sąlygos **6.16,** 6.17, 6.36,
    8.12

  tikroji △ 2.48, 6.6, 6.47

  tikslas 2.39, 2.61, 6.3, 6.5, 6.13–15,
    6.20–23, 6.38

  tobulumas 2.61, 6.15, 6.46, 6.47, 12.2

Yogai

  apsimetėliai △ 3.6, 3.33, 6.20–23

  aukos △ **4.25–29**

  ir *jñāniai* negali pažinti Kṛṣṇos 7.3

  išsivadavimas 4.9

  laimė **6.27–28**

  medituoja Paramātmą 6.6, 6.30–31

  padėtis 6.45

  palyginami su

    bhaktais 4.28, 6.2, 6.31

    paprastais žmonėmis 2.58, 6.18

    tyrais bhaktais 8.24

  pareiga **6.1, 6.10–14, 6.24–25,** 18.5

  pasirenka laiką kada išeiti iš
    pasaulio **8.24, 8.26**

Yogai (tęsinys)

  pavyzdžiai 8.16

  požiūris **6.8, 6.29,** 6.32

  puolusių △ likimas **6.37,** 6.38,
    6.40–42

  sąlygos tapti △ 6.4, **6.16**

  savybės **6.8, 6.27–28**

  savo juslių valdovai 2.58, 6.3, **6.16,**
    6.17, 6.20–23

  tikrieji △ 5.22, **5.23, 6.1, 6.29**

  tikslas **5.11**

  tobuli △ 4.25, 6.1, 6.32, **6.47,** 18.75

  valdo protą 6.3, 6.7, **6.10–15,**
    6.18–19, 6.25, 6.27

  veikia ne dėl juslinių malonumų
    5.22, 6.4

Yudhiṣṭhira Mahārāja

  griežtų dorovinių principų žmogus
    18.78

  laimės pergalę 1.1, 18.78

  padėtis 1.1

  savybės 18.78

J

Jaḍa Bharata 6.43

Jagājus ir Mādhājus 7.15

Jagatpatis 10.15

Janaka 3.20

Janārdana. *Žr.* Kṛṣṇa

Jėzus Kristus 11.55

Jīva Gosvāmis apie
  bhaktą neofitą 9.11
  Kṛṣṇą 9.11

Juslės

  apvalymas 3.6

  dvasinės △ 1.15, 13.15

  galia 2.58, **2.60, 2.67,** 13.8–12

  ir gyvatės, palyg. 2.58, 3.42

Juslės (tęsinys)
  Kṛṣṇą įsisąmoninę žmonės suvaldo
    △ 2.58–60, 2.62, 2.69, **3.7**, 3.34,
    4.29, **5.7**, 5.21–22, 5.26, 12.13–14
  malonumai △ 2.44, 3.35, 3.39, **5.22**
  materialios △ 7.3, 9.4, 13.6
  netikras △ valdymas **3.6**
  netobulos △ p. 23
  objektai 2.62, 3.34, 3.42
  padėtis **3.42–43**
  pažinimo △ 13.6–7
  turi būti suvaldytos 2.58–59, **3.34,**
    3.41, 3.42, 4.30, **5.23, 5.27–28**
  valdymas 2.59, **2.61, 3.7,** 3.41, 3.43,
    4.29, 5.23, 5.26, 6.3–4, 6.26,
    10.4–5, 13.8–12
  veiksmo faktoriai **18.13–14, 18.18**
  visada veiklios 2.62, 6.18

K

Kālī 3.12
Kali amžius (Kali-yuga), trukmė 4.1
Kalkis 8.17
Kaṁsa 9.34, 11.55
Kaṇāda 9.2
Kančios (negandos, vargai, *duḥkha*)
  įsisąmonintos △ 13.8–12
  kaip išsivaduoti iš △ 2.22, 2.29,
    2.65, 4.36, 5.27–29, 9.1, 14.20
  šaltinis 1.30, **5.22,** 5.25, **10.4–5**
  trejopos △ 2.56
Kandarpa **10.8**
Kapila 2.39
Kāraṇodakaśayā Viṣṇu. *Žr.* Mahā-
  Viṣṇu
Karas, priežastys 1.40
Karma
  apibrėžimas p. 11, **8.3**

Karma (tęsinys)
  dėsnis 16.16
  kaip išsivaduoti iš △ p. 12, **2.39,**
    2.50, 3.3, **3.4,** 3.15, **3.31,** 4.9,
    4.14, 4.18–19, **4.21, 4.30, 4.41,**
    5.10–11, 13.8–12, 18.71
  neamžina p. 12
  šaltinis p. 12, 4.14
Karṇa **1.8**
Karvės
  globa 14.16, **18.44**
  Kṛṣṇalokoje 10.28
  Kṛṣṇos atstovas tarp △ **10.28**
  surabhi 10.28
  svarba p. 14
  Vedų raštai apie △ skerdimą 14.16
„Kaṭha Upaniṣada" apie
  Aukščiausiąjį, gyvenantį
    kiekvienoje esybėje ir anapus
    jos 13.16
  Aukščiausiąjį, naikinantį visa, kas
    gyva 11.32
  dvasinį pasaulį ir saulės, mėnulio,
    žvaigždžių šviesą 15.16
  Kṛṣṇą, visa ko globėją p. 14, 2.12,
    7.6, 7.10, 15.17
  Kṛṣṇos buveinę 8.21
  materialų kūną, palyginamą su
    medžiu 2.20
  materialų kūną, palyginamą su
    vežimu 6.34
  sielos nemirtingumą 2.20, 13.13
  sielos prigimtį 2.29
  sielos vadinimą *mahān* 3.42
  Viešpaties pažinimą pasiaukojimo
    tarnystės dėka 8.14
Kaunteya. *Žr.* Arjuna
Kauravai (Kuru dinastija)
  likimas 1.1, 1.9, 1.14–18, 1.32–35

Kauravai (tęsinys)
   pasmerkti 11.32
   suvirpėjo nuo Pāṇḍavų kriauklių
     garso 1.19
Keśava. Žr. Kṛṣṇa
Keśi-niṣūdana 18.1
Keśis 18.1
Klaidinga savimonė (*ahaṅkāra*)
   apibrėžimas 7.4
   įtaka 18.59
   reprezentacijos 13.6–7
   svarba 7.4
   vaidmuo 7.5
Kosminis pasaulis. Žr. Materialus
   pasaulis
Kṛṣṇa
   absoliutas 9.26, **10.12–13, 15.18**
   Absoliuti Tiesa p. 6, p. 13, 2.2,
     4.6, 5.17, 7.4, 7.7, 7.24, 10.11,
     10.12–13, 11.54
   advaita 4.5
   Agnis kaip △ atstovas **10.23**
   Airāvata kaip △ atstovas **10.27**
   amžinai jaunas 4.5–6
   amžinai skirtingas nuo visų
     būtybių 2.12, 2.39, **7.12**
   amžinas **4.6, 10.12–13**
   ananta 11.37
   Ananta kaip △ atstovas **10.29**
   anapus materialių visatų 4.12, 4.14,
     9.5, 10.3, 11.37–38
   apibrėžimas p. 6, 1.15, 1.21–22,
     18.65
   aprūpina Savo bhaktus reikmėmis
     2.70, 9.22, **10.10**
   apvaisina materialią gamtą 9.10,
     9.26
   arcā pavidalas 11.55, 12.5
   Aryamā kaip △ atstovas **10.29**

Kṛṣṇa (tęsinys)
   Arjuna kaip △ atstovas **10.37**
   Asita apie △ p. 6
   atminimas p. 29–32
   atsižadėjimo valdovas 18.78
   aukščiausias autoritetas 2.1, 2.12,
     2.29, 4.4
   aukščiausias besimėgaujantis
     subjektas 5.25, 5.29
   aukščiausias liudininkas **9.18**
   aukščiausias prieglobstis 4.35,
     9.18, 11.38
   aukščiausias savininkas 2.71, 3.30,
     5.2, 5.10, 5.25, 10.15
   Aukščiausiasis Viešpats 1.21–22,
     2.2, 2.13, 3.22, 4.5, **4.6,** 5.17,
     5.29, 9.5–6, 9.11, 9.18, 10.1–3,
     10.8, 10.11, 10.36, **11.39,** 11.40,
     11.43–44
   Aukščiausiasis Brahmanas p. 6,
     5.10, 7.10, **10.12–13**
   banjano medis kaip △ atstovas
     10.26
   bausmė kaip △ atstovas **10.38**
   beribis 7.23, 11.16, **11.37**
   Bhṛgu kaip △ atstovas **10.25**
   Brahmā kaip △ atstovas **10.33**
   brangiausias draugas 5.25, **5.29,**
     9.18
   Bṛhaspatis kaip △ atstovas **10.24**
   „Bṛhat-sāma" kaip △ atstovas
     10.35
   Citraratha kaip △ atstovas **10.26**
   Devala apie △ p. 6
   Dievas p. 5–8, p. 13, 2.2, 4.4, 4.35,
     7.15, 9.11, **10.12–13,** 11.16–17,
     11.38, 11.43–44, 11.46, 18.62,
     18.73
   dorove kaip △ atstovas **10.38**

Bhagavad-gītā, kokia ji yra

Kṛṣṇa (tęsinys)
dvandva (dvinaris žodis) kaip △ atstovas **10.33**
dvasinis mokslas apie savąjį „aš" kaip △ atstovas **10.32**
ekspansijos 8.22, 9.11, 10.37, 14.26, 15.7
elgiasi pagal šventraščius 3.24
energijos **7.4–5**, 7.6, 7.8, **7.14**, 7.25, 9.5, 9.18–19
Gāyatrī kaip △ atstovas **10.35**
galutinė tiesa kaip △ atstovas **10.32**
Ganga kaip △ atstovas **10.31**
Garuḍa kaip △ atstovas **10.30**
gyvybės jėga kaip △ atstovas **10.22**
gyvybės oras kaip △ atstovas **15.14**
globoja Savo bhaktus 1.32–35, 1.41, 9.31, 12.6–7, **18.56**
griaustinis kaip △ atstovas 10.28
Himālayai kaip △ atstovas **10.25**
Indra kaip △ atstovas **10.22**
ir Arjuna, santykiai p. 5–7, 1.21–25, 2.3, 2.9–10, 2.13, 11.14, 11.41–42, 11.45, 11.54, 18.62–66, 18.72
ir bhaktas, santykiai 1.24, 6.30, 7.3, 7.18, 11.44, 12.8, 18.58
iš suktybių △ yra azartinis lošimas **10.36**
išdėstė „Bhagavad-gītą" Vivasvānui **4.1**
išlaisvina sąlygotą sielą 7.14
išmintis kaip △ atstovas **10.38**
Yama kaip △ atstovas **10.29**
juslės 3.22, 9.26, 11.43
juslių valdovas 1.15, 1.22, 1.24
kaip dauginimosi sėkla 9.18, **10.39**
kaip oras **11.39**

Kṛṣṇa (tęsinys)
kaip vanduo **11.39**
Kandarpa kaip △ atstovas **10.28**
Kapila kaip △ atstovas **10.26**
karalius kaip △ atstovas **10.27**
Kartikos mėnuo (lapkritis-gruodis) kaip △ atstovas **10.35**
kontroliuoja materialią gamtą p. 8, **9.10**
kreipinys į △ kaip į *yogą* 10.17
kreipinys į △ kaip į nepuolantį (ištikimą) 1.21–22, 4.5, 8.3
kūnas 2.2, 3.22, 4.5–6, 9.11, 9.34, 10.3, 11.43, 11.52
Kuvera kaip △ atstovas **10.23**
laikas kaip △ atstovas **10.30, 10.33**
liūtas kaip △ atstovas **10.30**
Mādhavendra Puris apie △ atminimą 2.52
mahātma 11.37
malonė 7.14
Marīcis kaip △ atstovas **10.21**
mėgsta tarnauti Savo bhaktams 1.21–22, 9.29
mėnulis kaip △ atstovas **10.21, 11.39**
Meru kaip △ atstovas **10.23**
mirtis kaip △ atstovas **10.34**
moterų savybės kaip △ atstovas **10.34**
Nārada apie △ p. 6
Nārada kaip △ atstovas **10.26**
negimęs **7.25, 10.3, 10.12–13**
nekintamas 4.6, **4.13, 7.24**
nenugalimas 7.25, **11.37**
nepasiekiamas demonams, nebhaktams ir kvailiams 7.3, 7.15, **7.24–25, 9.11**, 10.1, **10.14**, 10.17, 11.52, 18.55, 18.67

Kṛṣṇa (tęsinys)

nepriklausomas 3.32, 4.7

nepritaria Arjunos požiūriui 2.2, **2.11,** 4.15

nesiskiria nuo Savo vardo p. 27, 12.8

nesuklaidintas gamtos *gunų* 7.12–13, **11.39,** 14.19

nesuklaidintas iliuzinės energijos 2.13

nesuvokiamas 11.2, 11.4.

nešališkas visiems **9.29**

neturi priskirtų pareigų **3.22**

neutralus 9.9

nuotykis kaip △ atstovas **10.36**

nurodymai p. 7, 3.31

nužengė kaip Devakī sūnus 4.4, 7.3, 10.3, 10.8, 11.50, 11.52–53

nužengimas p. 16–19, 3.23–24, **4.6–9,** 10.3, 10.12–13, 11.52

palyginamas su

Arjuna 4.5

jīva p. 11

troškimų medžiu 9.29

žmogumi 4.6, 11.43

Parabrahmanas 7.10, **10.12–13**

pasiekimas 7.24, 10.10–11, **11.55, 12.3–4,** 18.68

patenkina visus troškimus 1.31–35, 2.10

pavasaris kaip △ atstovas **10.35**

pavidalas 4.6, 7.25, 9.19, 11.45–46, **11.50–55, 14.26, 18.65–66**

pažinimas 7.3, 7.24–25, 9.1, 10.11, 10.15, 11.52, **11.54, 14.19, 18.55,** 18.67

pažinimo objektas **9.17, 11.38**

pergalė kaip △ atstovas **10.36**

pirmapradė sėkla 7.10

Kṛṣṇa (tęsinys)

pirmapradis asmuo p. 6, 4.5, **9.17, 10.12–13, 11.38–39, 11.43,** 11.46

pradžia, vidurys ir pabaiga **7.6, 10.20, 10.32**

Prahlāda kaip △ atstovas **10.30**

pramogos 10.18–19

prigimtis **7.24**

priima Savo bhaktų atnašaujamas aukas 9.26, 12.8

protas 9.34, 11.43

protas kaip △ atstovas **10.22**

pusdievių pradžia **10.2,** 10.8, 11.54

pusdievių Viešpats 4.12, **5.29,** 7.20, 7.30, **11.31, 11.37, 11.45**

raidė „A" kaip △ atstovas **10.33**

Rāma kaip △ atstovas **10.31**

reikšmė p. 19, 18.66

ryklys kaip △ atstovas **10.31**

sac-cid-ānanda-vigraha p. 13, 4.4–5, 7.24–25, 9.11

santykiai su impersonalistais 4.11

santykiai su pusdieviais 4.12

Saulė kaip △ atstovas **10.21**

Savo bhaktų gelbėtojas **12.6–7**

skaisčiausias **10.12–13**

Skanda kaip △ atstovas **10.24**

skiemuo *oṁ* kaip △ atstovas **8.13, 9.17, 10.25**

spindesys kaip △ atstovas **10.36**

stipruolio jėga kaip △ atstovas **10.36**

Supersiela 1.25, 2.13, **6.31,** 7.15, **7.21,** 8.3, 8.9, 9.11, **10.20,** 13.3

Supersielos šaltinis 2.20

surabhi kaip △ atstovas **10.28**

Śiva kaip △ atstovas **10.23**

šventųjų vardų kartojimas kaip △ atstovas **10.25**

Bhagavad-gītā, kokia ji yra

Kṛṣṇa (tęsinys)
  tyla kaip △ atstovas **10.38**
  Uccaiḥśravā kaip △ atstovas **10.27**
  ugnis **11.39**
  Uśanā kaip △ atstovas 10.37
  vadinamas
    Acyuta 4.5, 8.3
    Bhagavānu p. 3, 2.2
    Bhūteśa 10.15
    Devadeva 10.15
    Devakī-nandana 1.15
    Govinda 1.15, 1.32–35, 2.2, 3.13
    Hṛṣīkeśa 1.15, 1.21–22, 1.24,
      11.36, 18.1, 18.46
    Yajñeśvara 4.11
    Yaśodā-nandana 1.15
    Jagatpačiu 10.15
    Keśi-niṣūdana 18.1
    Mādhava 1.36
    Madhusūdana 1.15, **2.1,** 8.2
    Mukunda 1.41, 2.51, 3.13
    Pārtha-sārathiu 1.15
    Puruṣottama 8.1, 10.15
    Śyāmasundara 6.47
    Vāsudeva 1.15
  vandenynas kaip △ atstovas **10.24**
  Varuṇa kaip △ atstovas **10.29**
  Vāsudeva kaip △ atstovas **10.37**
  Vāsukis kaip △ atstovas 10.28
  veda sąlygotas sielas pas Save 5.15
  Vedos kaip △ atstovas **9.17, 10.22**
  Vedų raštai apie △ 9.11
  Vedų tikslas 2.46, 9.17, **15.15**
  veiklos nesusaistytas **9.9**
  veiklos prigimtis 4.6, **4.9,** 9.11, 11.43
  vėjas kaip △ atstovas **10.31**
  vidinė galia 4.6, **11.47**
  Viešpats Caitanya apie △
    atminimą p. 28

Kṛṣṇa (tęsinys)
  virškinimo ugnis kaip △ atstovas
    15.14
  visa persmelkiantis 6.31, 8.9, **8.22,**
    9.4, **9.5,** 9.11, 10.18, 11.37, **11.38,**
    12.5
  visa žinantis 1.25, **8.9,** 11.38, 14.26
  visada užsiėmęs **3.22,** 9.9
  visagalis 10.39, 12.5
  visatos Viešpats **10.15**
  visko palaikytojas (saugotojas,
    globėjas) 2.12, **8.9, 9.5,** 9.6,
    9.17, 9.18, **10.42**
  Viṣṇu kaip △ atstovas **10.21**
  viso, kas egzistuoja, šaltinis 4.35,
    7.6, 7.10, 10.4–5, **10.8,** 10.12–13,
    10.15, 10.34, 10.42, 11.1, **11.19,**
    15.3–4
  visuomenės socialinių luomų
    kūrėjas **4.13**
  visų *avatārų* šaltinis 2.2, 4.5, 4.8,
    4.35, 11.1, 11.54
  visų energijų priežastis 7.4
  visų priežasčių priežastis p. 13,
    4.35, 7.6, **7.19,** 9.18, 10.2, 10.39,
    11.37
  visų širdyse 1.25, 6.31, **7.21, 10.11,**
    15.15, 18.13–14, 18.61
  visų tėvas p. 17, 7.15, 7.21, 9.10,
    9.17–18, 18.6–7, 11.39, **11.43,**
    14.4
  Vyāsa kaip △ atstovas **10.37**
  Vyāsadeva apie △ p. 6
  vyriausias dvasinis mokytojas
    2.7, 2.32, 4.34
  Kṛṣṇa-karma, apibrėžimas 11.55
  Kṛṣṇaloka
    apibrėžimas p. 19–23, 8.15, **8.20–21**
    ir Brahmaloka, palyg. p. 23

Kṛṣṇaloka (tęsinys)
kaip pasiekti △ **8.7, 8.28, 9.25, 9.34**
žr. taip pat Dievo karalystė
Kṛṣṇos sąmonė
apibrėžimas 3.41, 4.24, 5.29, 6.10,
6.26, 18.33, 18.46, 18.49
galia 2.9, 2.70, 3.5, 3.7, 3.15, 3.41,
3.43, 4.24, 5.13, 6.2, 6.13–14,
9.30
geriausia *yoga* 2.61, 4.28, 5.28, 6.6
ir *aṣṭāṅga-yoga,* palyg. 5.27–29
istorija 4.15–16
išvaduoja iš *guṇų* įtakos 7.13–14,
17.28
išvaduoja iš materialaus gyvenimo
2.43, 2.72, 4.31, 5.13, 7.13–14,
18.13–14
judėjimas p. 17–20, 9.25, 11.54
kaip išsiugdyti △ 2.41, 4.28, 7.30,
14.10, 15.12
kaip visiškai įsitvirtinti △ 2.58,
3.31, 4.10, 4.16, 18.63, 18.76
niekada nenueina veltui 2.40, 6.40
pagrindiniai △ principai 2.8, 4.25
rezultatai 18.76
sąlygos △ pasiekti 3.5, 3.9
suteikia ramybę 2.8, 2.70, 5.29
suteikia tikrąją laimę bei
džiaugsmą 2.60, 2.62, 2.66,
4.31, 18.54, 18.76
svarba 2.8, 3.11, 3.41, 4.31
tobulumas 2.41, 2.71, 5.11
veikla △ išvaduoja iš *karmos* 3.3,
3.9, 5.2, 5.10–11
žr. taip pat Pasiaukojimas;
Pasiaukojimo tarnystė
Kṣatriyai
gali pasiekti dangaus planetas
2.31, **2.32**

Kṣatriyai (tęsinys)
lyginami su brahmanais 3.35
pareigos 1.31, 1.36–38, 1.45, 2.2–3,
2.6, 2.14, 2.26–27, **2.31–33, 3.22,
16.5, 18.47**
paruošimas 2.31
savybės 4.13, 7.13, 16.1–3, **18.43**
verti patekti į Saulę 1.31
Kṣetra
apibrėžimas 13.1–3, **13.6–7**
besimėgaujantis △ subjektas 13.5
pažįstantis subjektas 13.1–3, 13.5–7,
13.18
Kṣīrodakaśāyī Viṣṇu 7.4, 9.8, 10.20
Kulaśekhara Mahārāja, maldos 8.2
Kumārai 10.6
Kuntī, karalienė, maldos 7.25
Kūrimas (kūrinija)
Brahmā ir △ 8.17, 10.6, 10.32
ciklai 8.17, 9.7–8
dažnumas 9.7
evoliucija 9.8
gyvųjų būtybių △ 3.15, 9.8, 9.10,
14.3
ir naikinimas **8.18–19, 9.7, 9.8**
Kṛṣṇa ir △ **7.7–12, 9.4–10, 10.3,
11.2**
materijos pradmenų △ 10.32
procesas 7.4, 10.20
Supersiela ir △ 7.6, 10.20
tikslas **3.10**, 3.37, 9.9
Viešpaties žvilgsniu 9.10
Viešpats transcendentalus △ 11.2
Kurukṣetros mūšis
likimas **11.32**
neišvengiamas 2.27
priežastis 1.16–18
šventos vietos įtaka △ 1.1, 1.20
Kuvera 10.23

L

Labdara
  apibrėžimas ir apibūdinimas
      10.4–5, 16.1–3
  apvalo 12.11, 18.5
  atsižadėjimas **18.3, 18.5**
  be tikėjimo 17.28
  pagal *guṇas* **17.20–22**
  sannyāsiams 10.4–5
  šaltinis 10.4–5
  šeimos žmogaus △ 8.28, 16.1–3
  tikslas 16.1–3, 17.20
  vargšams 17.20
Laikas (*kāla*), įtaka p. 9–10
Laimė ir kančia, priešybė
  lyginamos su metų laikais **2.14**
  priežastys p. 10, 2.13, **2.14,** 13.6–7,
      13.21, 14.3, 14.5
  reikia pakęsti **2.14,** 13.8–12
  šaltinis **10.4–5**
Laimė (džiaugsmas, *sukha*)
  absoliuti △ 4.11, **6.20–23, 6.28,** 6.31
  kaip pasiekti △ p. 23, 3.13, 4.30,
      6.4, 6.27, 10.4–5, 13.8–12, 13.22,
      14.17
  pagal *guṇas* **18.36–37,** 18.38–39

M

Mādhava. *Žr.* Kṛṣṇa
Mādhavendra Puris, apie Viešpaties
      atminimą 2.52
Madhu 1.15, 2.1, 8.2
Madhusūdana. *Žr.* Kṛṣṇa
Mahā-mantra. Žr. Šventųjų vardų
      kartojimas
„Mahābharata" apie
  Gītos istoriją 4.1
  munį 2.56

Mahātmā
  apibrėžimas 7.18, **7.19, 9.13**
  kaip tapti △ **9.13,** 9.14
  savybės **7.19,** 8.15, 9.13–14
Mahā-Viṣṇu
  ekspansijos 10.20
  padėtis 13.54
  priežastis 10.20
Maheśvara 7.14
Maistas (*anna*)
  funkcijos **17.8–10**
  gyvūnų △ 3.14
  keturių rūšių △ 15.14
  mėnulio įtaka △ **15.13**
  pagal *guṇas* 6.16, **17.8–10**
  poveikis, jei jis paaukotas
      Viešpačiui 1.41, 3.14, 9.26
  reguliuojamas △ valgymas 4.29,
      6.16
  šventas △, apibūdintas Vedose 9.2
  turi būti aukojamas 3.12, **3.13–14,**
      17.10
  turi būti paaukotas Kṛṣṇai 1.41,
      6.16
  virškinimas 7.9, **15.14**
  žmogaus △ 3.12, 3.13–14
Māyā
  apibrėžimas 4.35, 10.39
  atskiria gyvąją esybę nuo
      Viešpaties 2.23
  įtaka 2.13, 4.35, 7.15, 16.24
  kaip išsivaduoti iš △ 2.14, 3.33
  paskutiniai △ spąstai 2.39, 18.73
  santykiai su Dievu 7.14, 7.26
  susideda iš *guṇų* 16.24
  žr. taip pat Iliuzija
Māyāvādžiai
  nepritaria sielos vienovės teorijai
      2.12–13

Māyāvādžiai (tęsinys)
  nesupranta Absoliuto 4.35, 7.24
  neteisingai aiškina *Gītą* 2.12
  neteisingai supranta pasiaukojimo
    tarnystę 9.2
  sannyāsiai 5.6
  studijos 5.6
  Viešpats Caitanya apie △ 2.12
  žr. taip pat Impersonalistai
Manu
  padėtis **4.1**
  priklauso mokinių sekai **4.1**
  valdžia **4.1**
„Manu-saṁhīta" („Manu-smṛti"),
  turinys 16.7
Marīcis **10.21**
Materiali būtis
  ir dvasinis gyvenimas, palyg. 12.9
  įsipainiojimas △ p. 8, 3.37, 3.43
  kaip išsivaduoti iš △ 3.38, 3.43,
    4.16, 5.2, 6.15, 12.6–7, 15.1
  priežastis 4.30, 7.4
  problemos 2.7–8
Materiali energija
  amžina p. 9, 13.20
  apibrėžimas p. 9, p. 24–32, **7.4–5,
    7.14, 14.3**
  apraiška p. 10, 7.4, 13.20
  apvaisina Viešpats 2.39, 9.10, 14.3–4
  dėsniai 11.32
  dieviška **7.14**
  ir dvasinė energija, palyg. **2.16,**
    6.29, 7.5, 7.14, 9.19
  įtaka 1.30, 2.39, 3.14, 3.27, 5.29, 6.29,
    7.5, 7.13–14, 7.27, 9.17, 14.5
  kaip išsivaduoti iš △ įtakos 9.34
  nuolat kinta 8.4
  sukuria kūną 3.27, 13.21
  susideda iš trijų *gunų* **14.5**

Materiali energija (tęsinys)
  susijungimas su dvasine energija
    13.27
  šaltinis 7.4
  tvermės dėsnis 2.28
  vadinasi *mahad brahma* 14.3
  valdoma Kṛṣṇos p. 8, 3.27, 7.4, **9.10**
  Viešpaties energijų dalis 7.14, 13.20
Materiali gamta
  apibrėžimas p. 10, p. 23–28
  dėsniai 13.21, 14.16
  dvidešimt keturi △ pradmenys 7.4
  padėtis p. 14
  žr. taip pat Materiali energija
Materialistai (*karmiai*)
  akstinas △ 5.21
  intelektas 7.15
  klaidingos savimonės įtakoje 3.27
  negali suprasti Absoliučios Tiesos
    4.10
  ir bhaktai, palyg. 2.69, 3.25, 3.27,
    5.10, 12.15
  ir impersonalistai, palyg. 4.25
  neišmanymas 3.27, 3.29
  savybės 4.10, 10.17
  vadinami *duṣkṛti* 7.15
Materialus kūnas (*deha*)
  apibrėžimas p22, 5.13, 7.4, 13.1–2,
    13.30
  askezės 17.14
  bhakto △ 3.14
  gimimas 2.20
  gyvulio △ 13.21
  grubus △ ir subtilus 3.42
  gunų įtaka △ 2.31, 5.13, 13.22
  įvardijimai ir △ 3.29
  kaip išsivaduoti iš △ 4.32, 5.13–14,
    5.20, 10.12–13
  Kṛṣṇos nuosavybė 5.10–11

Materialus kūnas (tęsinys)
  laimės ir kančios priežastis 13.21
  likimas 2.11, 2.16, 2.18, 2.20, 3.5
  materialios gamtos pagimdytas
    3.27, 13.21, 13.30
  „neegzistuojantis" **2.16,** 2.28
  negali egzistuoti be sielos 2.18,
    2.20, 3.5
  nulemiantys faktoriai:
    gamtos *guṇos* 7.13, 13.5
    noras 9.10, 13.21, 13.30
    praeities veikla (*karma*) 8.3,
      13.5, 13.21
    Viešpaties sprendimas 16.19
  nuolatos kinta 2.13, 2.16, 2.20, 2.22,
    10.3, 13.1–2
  palaikymas **3.8,** 3.9, **4.21,** 4.22,
    6.20–23, 12.20, 18.66
  palyginamas su
    automobiliu 18.61
    devynių vartų miestu **5.13,** 6.10
    drabužiais 2.1, **2.22,** 2.28, 13.22
    dvasiniu kūnu 8.3, 15.16
    mašina **18.61**
    medžiu 2.20, 2.22, 6.11–12
    siela 2.11, **2.16–30,** 9.2
    žemės sklypu 13.3
  paskirtis 10.4–5
  pažįstantis subjektas 13.3, 13.4,
    13.13, 13.20
  priežastis 2.18
  prigimtis 2.16
  rūšys 8.3, 13.21, 15.9
  sąlygojamas tam tikrų veiksnių
    2.31, 5.2, 13.22, 13.30, 14.4
  savybės 2.28
  subtilus △ 13.6–7
    perneša į kitą kūną įvairias
      gyvenimo sampratas 15.8

Materialus kūnas (tęsinys)
  sudedamosios dalys **13.6–7**
  svarba 2.18
  šaltinis 5.2
  šalutiniai △ produktai 2.20
  šeši △ virsmai 2.20, 8.4, 10.34,
    13.6–7, 13.19
  vaiduoklio subtilus △ 1.41
  valdo gyvąją būtybę 13.21
  vartai 5.13, 14.11
  veiklos laukas 13.1–3, 13.20
  veiklos priežastis 5.14, 14.5
  Viešpaties šventykla 9.11
Materialūs malonumai, atoveikiai
    3.34, 6.2
Materialūs norai
  išpildymas 1.31, 5.15
  kaip išsivaduoti iš △ 2.55, 2.70,
    6.20–23, 13.23
Materialus pasaulis
  analitinio tyrinėjimo tikslas 5.4
  apibrėžimas 7.4
  apibūdinimas 8.4, 8.15, **8.16,** 9.33
  būties priežastis 11.33, 14.3
  dėsniai p. 16
  dvasinio pasaulio atspindys
    p. 21, 15.1
  egzistavimo trukmė 8.17, 9.7
  kaip išsivaduoti iš △ 5.19–20
  Kṛṣṇa nužengia į △ ir palaiko
    10.42
  kūrimas 2.28, 7.4, 9.7–8, 11.34
  naikinimas 9.7, **9.8**
  nėra netikras,bet laikinas 9.33
  padalinimas p. 21
  palyginamas su
    banjano medžiu p. 22, **15.1–4**
    dvasiniu pasauliu p. 23–28
    šešėliu p. 22

Abėcėlinė-dalykinė rodyklė

Materialus pasaulis
  palyginamas su (tęsinys)
    ugnimi 4.36
    vandenynu 4.36
  pats sau išbaigtas p. 14
  sudedamosios △ dalys 13.6–7
  šaltinis 7.6, 9.17, 11.1
  vadinasi *maithuṇya-āgāra* 3.39
  veikia pagal Viešpaties planą
    9.8, 11.33
  viena kūrinijos dalių p. 23–28
Materialūs prisirišimai
  atoveikis 1.30, 2.42–43, 2.47
  ir atsižadėjimas, palyg. 2.56
  kaip išsivaduoti iš △ **2.64**, 4.10
  priežastys 2.56, **2.62**
  trys △ lygiai 4.10
Materija
  amžinai susijusi su aukštesniąja
    gamta 13.27
  apibrėžimas 4.24, 9.8
  ir siela, palyg. 10.22
  įtaka p. 12–15
  padėtis **3.42**
  sudvasinimas 2.63
  žr. taip pat Materiali energija
Materijos pradmenys
  išreikšti ir neišreikšti △ 2.28
  sąrašas 7.4, **13.6–7,** 14.3
  šaltinis 7.4
Meditacija (*dyāna*)
  į beasmenį Brahmaną 12.1
  į Kṛṣṇą 6.47
  į Supersielą 6.31, 6.47
  padėtis **12.12**
  sąlygos praktikuoti △ 6.11–12
Menakā 2.60
Mėnulis (Candraloka)
  gyvosios būtybės △ 8.25

Mėnulis (tęsinys)
  įtaka 15.12, **15.13**
  kaip pasiekti △ 8.25
  spindesys **15.12**
Meru **10.23,** 10.25
Mirtis
  bhaktų △ 8.23–24
  Bharatos Mahārājos △ 8.6
  Brahmos △ 9.7
  egzistuoja ir aukštesnėse planetose
    8.16–17
  įasmeninta △ 9.19
  ir cheminių medžiagų praradimas,
    palyg. 2.26
  yogos praktika △ metu **8.10**
  yogų △ **8.23–25**
  kas laukia po △ **2.13**
  Kṛṣṇa kaip △ 10.34
  Kṛṣṇos pažinimas △ metu **7.30**
  mintys △ metu nulemia ateitį **8.6**
  neišvengiama 2.27
  šaltinis **10.4–5**
  Viešpaties atminimas △ metu **7.30,**
    8.2, **8.5,** 8.6–7, **8.10**
Mokinių seka (*paramparā*)
  paslaptis 18.75
  svarba 7.16, 10.12–13, 18.75
Monizmas 7.5, 9.15, 18.55
Moterys (*strī*), padėtis 1.40, 16.1–3,
  16.7
Mukunda 2.51, 3.13
„Muṇḍaka Upaniṣada" apie
  Aukščiausiojo Viešpaties pažinimą
    per *smaraṇam* 10.12–13
  du paukščius medyje 2.22
  materialų pasaulį ir Brahmaną
    5.10, 14.3
  sielą ir penkių rūšių orą 2.17
  Supersielą ir sielą 13.21

„Muṇḍaka Upaniṣ." apie (tęsinys)
  visa ko priežasties pažinimą 7.2
Mūrti
  apibrėžimas 12.5
  garbinimas 12.5
  svarba 12.5

N

Nāgos **10.29**
Nārada Munis
  apie Kṛṣṇą p. 6
  istorija 9.2
  padėtis 10.26
  priklauso mokinių sekai 18.75
Nārāyaṇa
  anapus visatos 4.12, 11.45
  Dievas 10.8
  pusdievių šaltinis 10.8
Nebhaktai
  ir bhaktai, palyg. 10.4–5
  pareigos 3.34
  savybės 1.28, 2.62–63, 2.66, 2.71,
    6.40, 7.24, 10.4–5
Neišmanymas (*ajñana, avidyā*)
  apraiškos 3.39, 14.16
  įtaka 2.16, 2.51, 4.31, 4.35, **5.15**
  kaip išsivaduoti iš △ **4.42**, 15.20,
    18.72
  šaltinis p. 7
Neišmanymo *guṇa* (*tamo-guṇa*)
  apraiškos 2.1, 3.37, **14.13**
  askezė 17.19
  auka 17.13
  įtaka **14.8–9, 14.13, 14.16–18,** 15.7,
    17.4, 17.13
  labdara 17.22
  laimė **18.39**
  maistas 6.16, 17.8–10

Neišmanymo *guṇa* (tęsinys)
  mirtis **14.15, 14.18**
  ryžtas 18.35
  supratimas **18.32**
  Śiva atsakingas už △ **10.23**
  veikėjas **18.28**
  veikla **14.16, 18.25**
  žinojimas 18.22
Neveikimas
  apibrėžimas 2.47
  ir veiksmas, palyg. 4.16, **4.18**
  neįmanomas dalykas **3.5**
  netobulas 3.4
  Viešpats nepataria △ 2.47
Nityānanda 7.15
Nṛsiṁhadeva 15.7
Nuolankumas 13.8–12
Nuopuolis
  kaip išvengti △ **13.29**
  priežastys 4.42, 9.26
Nuoširdumas, svarba 3.7
Nurodytos pareigos (*svadharma*)
  galia 3.5, 3.8, **3.31**
  materialios △ ir dvasinės, palyg.
    3.35
  pagal prigimtį △ 3.9, 3.35
  šaltinis **3.15**
  tikslas 3.4
  tobulumas atliekant △ **18.46**
  trys △ grupės 2.47
  turi būti atliekamos 2.14, **2.47,**
    3.8–9, **3.35,** 18.6–9, **18.47–48**
  veikiant gamtos *guṇų* kerams 2.47,
    3.35, 18.47

O

Orai (*vayu*)
  dešimt △ rūšių 4.27

Abėcėlinė-dalykinė rodyklė

Orai (tęsinys)
    laiko sielą kūne 2.17
    valdymas **4.29, 5.27–28,** 8.12

P

„Padma Purāṇa" apie
    Absoliučią Tiesą ir
        transcendentinius malonumus
        5.22
    dvasinio mokytojo kvalifikaciją 2.8
    nuodėmių atoveikio panaikinimą
        pasiaukojimo tarnystės dėka
        9.2
Padmanābha 8.22
Pakantumas 13.8–12
Pāñcajanya **1.15**
Pāṇḍavai
    atskirti nuo giminės paveldo 1.1
    galia **1.10**
    kriauklių garsai 1.19
    pergalė buvo užtikrinta 1.1, 1.12,
        1.14–15, 1.20, 1.23, 11.32, 18.78
    saugomi Kṛṣṇos 1.1
    visiškai tiki Kṛṣṇą 1.19
Paprastumas, apibrėžimas 13.8–12
Parabrahmanas 7.10, 10.12–13
Paramātmā
    Absoliučios Tiesos aspektas 2.2
    bhukta 13.23
    individualios sielos liudininkė
        13.23, 18.61
    ir saulės diskas, palyg. 2.2
    yogos tikslas 6.6, 6.13–14
    laikina manifestacija 7.4
    meditacija į △ 6.31
    patyrimas p. 13
    pilnutinis Viešpaties skleidinys
        5.18, 6.13–14, 9.11

Paramātmā (tęsinys)
    skiriasi nuo *ātmos* 13.23
    Supersiela 2.20, 4.11, 5.18, 6.7,
        6.31, 7.4
    vaidmuo 13.23
    visa persmelkianti 4.11, 6.10, 6.31,
        7.4, 13.23, 13.25, 13.29
    visų širdyse 5.18, 6.7, 6.13–14, 6.29,
        15.15, 18.61
    žr. taip pat Supersiela
Paramparā. *Žr.* Mokinių seka
Parantapa 2.9
Parāśara Munis apie
    individualią sielą 13.5
    kṣatriyus 2.32
    Supersielą 13.5
    žodį „Bhagavānas" 2.2
    žodį „parama" 10.1
Paraśurāma 3.35
Pārtha. *Žr.* Arjuna
Pārtha-sārathis. *Žr.* Kṛṣṇa
Pārvatī 2.62, 10.24
Pasiaukojimas (*bhakti*)
    galia 2.14, 11.8
    kaip pasiekti △ 7.16
    tyras △ 7.16, 11.55
    žr. taip pat Kṛṣṇos sąmonė;
        Pasiaukojimo tarnystė
Pasiaukojimo tarnystė
    amžina 9.2, **12.20,** 13.8–12
    atliekama džiugia nuotaika 9.2,
        9.14
    atlikimas p. 28, 3.13, **9.14,** 9.34,
        11.55, 13.8–12, 14.27
    aukščiausia dvasinės savivokos
        forma 2.53, 5.29, 9.2, 12.1, 12.20
    aukščiausias tikslas 18.1
    Baladeva Vidyābhūṣaṇa apie
        △ 2.61

Pasiaukojimo tarnystė (tęsinys)
devynių rūšių veikla 9.1, 11.55,
13.8–12
galia **2.50**, 2,55, 3.4, 3.7–9, 9.2,
9.32–33, 11.54, 15.20, 18.66
išvaduoja iš materialių prisirišimų
4.10, 15.1
kaip pasiekti △ **7.28**, 10.7, 11.55
kaip sutvirtinti △ 10.1, 10.7–8,
12.20, 18.68
leidžia pasiekti Vaikuṇṭhą 2.51
nauda 12.6–7
nesiskiria nuo dvasinio pasaulio
2.72
palyginama su
aṣṭāṅga-yoga 5.27–29
materialia veikla 2.72, 9.2
sėklos pasėjimu 10.9
pavitram uttamam 9.2
po išsivadavimo 9.2, 18.55
svarba p. 5, 12.6–7, 13.8–12, 18.55
tiesioginis metodas pasiekti
Absoliutą 12.12
tyros △ pasiekimas **18.54**
Vedų raštai apie △ 6.47
vienintelis kelias patenkinti Kṛṣṇą
10.11
vyksta vidinės Viešpaties energijos
lygiu 15.20
žr. taip pat Kṛṣṇos sąmonė;
Pasiaukojimas
Pasibjaurėjimas
jusliniais malonumais 2.60
kaip išsivaduoti iš △ 2.64
Paṭāñjalis
apie gyvosios būtybės prigimtį
6.20–23
darbai 4.27
yoga 4.27–28, 6.20–23

Personalistai
apie būtybių individualumą 2.12
ir impersonalistai, palyg. 7.8, 12.1,
12.5, 18.54–55
nebijo veiklos 4.18
Personalizmas, palyginant su
impersonalizmu 4.18, 7.8, 12.5
Pyktis (krodha)
kilmė **2.62**, 16.1–3
rezultatai 16.1–3
Pradyumna p. 26, 8.22
Pragaras, vartai **16.21–22**
Prahlāda Mahārāja
istorija 13.8–12
pakantumas 13.8–12
protėviai 10.30
Prakāśānanda Sarasvatis 2.46, 10.11
Prakṛti. Žr. Materiali energija
Prasādam, poveikis 1.41, 2.63, 3.14
žr. taip pat Maistas
Priešybės (dualizmas)
įtaka 7.27
kaip išsivaduoti iš △ 2.41, 5.3,
6.7, 12.17
pavyzdžiai 7.27
Prievarta
būtina kṣatriyams 2.3, 2.30–32, 16.5
grobikų atžvilgiu 1.36
leistina △ 2.21, 2.27, 2.30–32, 3.20
smerkiama △ 2.19, 2.31
Prievartos atsisakymas (ahiṁsa),
apibrėžimas 10.4–5, 13.8–12,
16.1–3
Protas (manas, ar ātmā)
askezės 17.16
ir vėjas, palyg. 6.34
padėtis 3.42, 6.34
pasekmės, kai △
nekontroliuojamas **6.6, 6.36**

Protas (tęsinys)
  prigimtis **6.26, 6.33–34,** 8.8
  sutelktas į Kṛṣṇą △ p. 26, 5.7, 6.5,
    6.27, 6.47, 8.5–10, **8.13–14,**
    18.65
  vadinasi *ātmā* 6.5, 8.1
  vaidmuo **2.55,** 3.42, 6.5–6, **8.6**
  valdymas p. 25–28, 2.67, **5.7,**
    6.5–7
  visada užimtas 6.18
Protėviai (*pitos*), kultas 1.41
Purāṇos p. 3
Puruṣottama 8.1, 8.22, 10.15
Pusdieviai
  apibrėžimas 11.48
  garbinimas 3.12, 3.14, 3.16, 4.12,
    4.25, 7.20, 7.21, 7.23–24, 9.20,
    9.23, 9.24, 17.4
  ir pasiaukojimo tarnystė, palyg.
    7.22–23, **9.25**
  ir įvairios Viešpaties kūno dalys,
    palyg. 3.11, 3.14, 7.21, 7.23
  kilmė 10.2, 10.8
  pavyzdžiai 1.14, 4.12, 4.25
  vaidmuo 3.11–12, 3.14, 4.12
  valdomi Viešpaties 7.20–23, 9.23,
    11.37

R

Raghu (dinastija) 4.1
Rāma
  istorija 1.36
  reikšmė 5.22
Ramybė (*śānti*) 2.8, 3.13, **5.12,** 8.14,
    10.4–5, **12.12,** 15.17, 18.62
Rāvaṇa 1.20, 1.36, 7.15, 16.16
Reguliuojami principai (*vidhi*)
  pavyzdžiai 12.9

Reguliuojami principai (tęsinys)
  svarba 12.9, 12.13–14
  šaltinis 4.14
Religija
  aukščiausias kriterijus 18.6
  esmė 18.78
  ir *sanātana-dharma,* palyg. p. 18–21
  ryšys su filosofija 3.3
  tikslas 7.15, 9.2
„Ṛg Veda" apie
  karvių žudymą 14.16
  oṁ 17.23
  Viṣṇu lotosines pėdas kaip
    aukščiausią tikslą 17.24, 18.62
Ritualai
  ir bhaktai 2.52
  aukščiausias △ besimėgaujantis
    subjektas 4.25
  nėra pakankami 3.5
  pagal *karma-kāṇḍą* 2.42–43, 2.46
  tikslas 3.19, 3.26, 8.8, 8.14
  Vedose aprašyti △ 2.46
Ryžtas
  apibrėžimas 16.1–3
  pagal *guṇas* **18.33–35**
  pavyzdžiai 6.24
Rudra(os) 10.8, 10.23
Rūpa Gosvāmis apie
  bhaktą 6.31
  bhakti-yogą 6.24, 7.3
  tyrą pasiaukojimo tarnystę 11.55
  Viešpatį Caitanyą 11.54

S

Sādhu, palyginamas su *duṣkṛta* 4.8
Sąlygota siela(os)
  apgaubta materialiu kūnu 15.7
  apsivalymas 3.5, 3.15

Sąlygota siela (tęsinys)
aukščiau už intelektą 3.42
didžiausias △ priešas 3.37, 3.39–40,
3.43
dviejų kategorijų △ 13.25, 15.16,
16.6
gydymas ir dieta △ 6.35
individuali visada 2.12
ir materialus kūnas 7.6
juslės 13.15
keturi △ trūkumai 16.24
klaidinga savimonė 3.40
lauką pažįstantis subjektas 13.1–3,
13.5
likimas p. 11–14, **2.13, 2.22**, 2.39,
2.72, 5.14, 15.8
maištinga △ 13.20
mirties metu 13.31
negali išmokyti ko nors, kas būtų
verta dėmesio 2.12
nepriklausomybė 15.7
nitya-baddha 7.14
padeda Viešpats 3.10, 3.37, 5.15
padėtis, pagal Vedų raštus 6.34
palyginama su
Dievu 4.6, 9.5, 10.3
keleiviu 6.34
kibirkštimi 2.23
paukščiu, tupinčiu medyje 2.22
skęstančiu žmogumi 2.1
surištu žmogumi 7.14
vikšru 8.8
pareigos 3.10, 3.15
pasirinkimas p. 24
paveikta aistros 3.37, 3.40, 15.10
paveikta iliuzijos 1.30–31, 2.39, 2.51,
5.29, 7.5, 7.14
persmelkia kūną sąmone 2.17
priversta veikti **3.5**

Sąlygota siela (tęsinys)
sąlygotumas
amžinas 7.14
priežastys 3.40, 5.14–15, 7.5, 7.14,
11.33, 13.21, 17.3
sąmonė 3.38, 5.15, 8.3
savybės 1.31, 5.29, 13.1–2, 15.7
skiriasi nuo kūno **16.1–2, 16.5**
transcendentali kūno atžvilgiu
13.23, 13.33
trijų *gunų* įtaka △ **3.27,** 13.5,
14.5, 15.10
troškimai 2.22
uždavinys △ 3.41
užmiršta praeitą gyvenimą 4.5
užmiršta Viešpatį 18.59
veikla
nepriklauso nuo △ norų 5.14
prigimtis 4.24
programa 3.10
visada veikli **3.5**
žr. taip pat Individuali siela
Samādhi
apibrėžimas 1.24, 2.44, 2.53, 2.57,
4.24, 6.7
dvi △ rūšys 6.20–23
kaip pasiekti △ 1.24, 2.44, 4.29,
6.10, **6.20–23**
materialistai negali pasiekti △ 2.44
Sąmonė
apibrėžimas 10.22, 13.34
apvalymas p. 12
bhakto △ 5.7
dieviška △ 15.8
gyvūno △ 2.20, 3.38, 15.8, 18.22
individuali △, kai priešinga
Aukščiausiajai 2.20, 13.34
ir saulės šviesa, palyg. **13.34**
ir vanduo, palyg. 15.9

Sąmonė (tęsinys)
  materiali △ p. 11
  medžių △ 3.38
  savybės 15.9
  sielos požymis 2.17, 2.20, 13.34
  transcendentinė △ **2.55**, 2.64, **2.65**
  tvirta △ **2.59**
  užteršta △ **3.38–40**
Sandīpanis Munis 2.4
Sañjaya
  dvasinis mokytojas 18.74, 18.77
  nepalaiko Dhṛtarāṣṭros politikos
    1.16–18
  padrąsina Dhṛtarāṣṭrą 1.2
  reginiai 11.12, 18.77
Saṅkarṣaṇa 8.22
Saṅkīrtana (*saṅkīrtana-yajña*)
  galia 3.10, 3.13
  lengviausia *yajña* 3.12
  pradėjo Viešpats Caitanya 3.10,
    3.12, 4.9
  rekomenduota Kali amžiui 3.10,
    3.15, 4.8, 16.1–3
  žr. taip pat Šventųjų vardų
    kartojimas
Sannyāsa
  reikalavimai △ 2.15, 3.4, 16.1–3
  reta kas gali duoti △ įžadus 2.31
  tikslas 3.5
Sannyāsiai
  apibrėžimas 10.3–5
  bruožai 6.1, 9.28, 16.1–3
  dvi △ kategorijos 5.6
  ir brahmanai, palyg. 16.1–3
  nepavaldūs *karmos* dėsniui **18.12**
  padėtis 16.1–3
  pavyzdžiai 16.1–3, 18.11
  švaros svarba △ 3.4, 16.1–3
  tobuli △ 6.1, 18.49

Sannyāsiai (tęsinys)
  turi būti bebaimiai 16.1–3
Sarasvatī 7.21
Satyavatis 15.17
Saulė (Sūryaloka)
  deva 4.1
  kaip pasiekti △ 1.31
  ir Viešpaties akis, palyg. 4.1, 9.6
  spindesys **15.12**
  svarba 4.1
Save pažinusi siela, savybės **4.34,**
    5.20, **5.24, 6.8, 6.29,** 18.51–53
Savitvarda (*dama*), apibrėžimas
    10.4–5, 13.8–12, 16.1–3
Savyasācis, prasmė 11.33
Sėkmės deivė (Lakṣmī), padėtis 1.14
Siela. *Žr.* Individuali siela; Sąlygota
    siela; Supersiela
Sielų persikėlimas
  kvailiai nesupranta △ **15.10,** 15.11
  nevyksta atsitiktinai p. 23, 13.22,
    16.19
Sītā 6.15
Skanda. *Žr.* Kārtikeya
Supersiela
  adhiyajña 8.4
  amžina 13.28
  anapus *guṇų* **13.15**
  anapus materijos **13.18, 13.23**
  apibrėžimas **13.14–15, 13.17–18**
  aukščiausias besimėgaujantis
    subjektas **13.23**
  ir individuali siela
    lyginamos su dviem paukščiais
      2.22
    lyginamos tarpusavyje 5.18, 6.29,
      8.4, 13.3, 13.14, 13.18, 13.23,
      13.34, 18.65
    santykiai 2.22, 13.8–12, 14.7

Supersiela (tęsinys)
  ir saulė, palyg. 13.14, 13.17
  kiekvienos gyvosios būtybės
    globėja **13.15, 13.17, 13.23**
  kilmė 5.4, 7.16, 8.4, 13.3
  kūną pažįstantis subjektas 13.3,
    13.13, 13.20
  lydi individualią sielą kūne 2.12–13,
    2.17, 2.20, 2.22, 5.15, 6.29, **6.31,**
    8.4, 13.3, 13.18, 13.21, 13.23,
    13.28, 18.61
  nedaloma **13.17**
  padėtis 13.3
  patyrimo metodai 5.27–28, 6.7,
    12.3–4, **13.25**
  pažinimo objektas **13.18**
  šviesos šaltinis **13.18**
  vaidmuo 5.15, 8.4, 13.23, 18.13–14,
    18.17
  Viṣṇu 5.4, 7.4, 7.6
  visa persmelkianti 4.11, 12.3–4,
    13.14, 13.25
  visatos šaltinis 7.6
  visų juslių šaltinis **13.15**
  žr. taip pat Paramātmā
Sūryaloka. *Žr.* Saulė

                    Ś

Śāṇḍilya 9.2
Śaṅkara. *Žr.* Śiva
Śaṅkarācārya
  apie Kṛṣṇą 4.12, 7.3
  darbai 5.6
  impersonalistų pradininkas 7.24
Śaunaka Ṛṣis 10.18
Śiva
  galia 7.14
  kilmė 10.8

Śiva (tęsinys)
  padėtis 7.14, 10.23–24
  vaidmuo 10.32
Śyāmasundara 6.30, 8.21, 9.19,
    11.54–55
Śrīdhara 8.22
„Śrīmad-Bhāgavatam"
  mokymas 7.20, 11.46
  svarba 2.8
  turinys p. 3, 7.20, 10.9, 10.26
„Śrīmad-Bhāgavatam" apie
  Ambarīṣos pasiaukojimo tarnystę
    2.60–61, 6.15, 6.18
  askezės svarbą 5.22
  Aukščiausiąjį Brahmaną kaip visa
    ko pradžią 3.37
  baimę, atsirandančią pamiršus
    savo ryšį su Kṛṣṇa 1.30, 5.12,
    6.13–14, 10.4–5
  bendravimą su bhaktais ir
    materialistais 7.28
  bhaktą kaip geriausią iš visų,
    siekiančių išsigelbėjimo 5.26
  bhaktą kaip niekam neskolingą
    1.41, 2.38
  bhaktus ir gerąsias pusdievių
    savybes 1.28, 13.8–12
  bhaktus kaip esančius Viešpaties
    širdyje 7.18
  dharmą 4.7, 4.16
  Dievo Asmens pažinimo procesą
    7.1, 9.1
  džiaugsmą, klausantis pasakojimų
    apie Viešpatį 10.18
  gryną dorybę ir Vāsudevos
    garbinimą 17.4
  karminę veiklą kaip materialios
    nelaisvės priežastį 5.2
  Kṛṣṇą kaip Dievą 2.2, 11.54

„Śrīmad-Bhāg." apie (tęsinys)

Kṛṣṇos virtimą tikrų tikriausiu
vaiku 9.11

Kṛṣṇos sąmonę, kurioje nėra
praradimo 2.40, 3.5, 6.40

Kuntī maldas 7.25

materialisto palyginimą su asilu ir
karve 3.40

medžio šaknų laistymą 9.3

mokslo apie Dievą suvokimą 9.2

mukti p. 13, 4.35

Mukundos pėdų laivą 2.51

Nārados gyvenimą 9.2

nuopuolį jei netarnaujama
Viešpačiui 6.47

skirtingą Aukščiausiojo vertinimą
11.8

skirtumą tarp Viešpaties ir gyvųjų
esybių 7.5

svarūpą 6.20–23

šventųjų vardų kartojimą 2.46, 6.44

transcendentinių dalykų pažinimą
bhaktų bendrijos dėka
17.26–27

tris Absoliučios Tiesos aspektus
2.2, 10.15, 13.8–12

troškimus ir Aukščiausiojo Dievo
Asmens šlovinimą 4.11, 7.20

Viešpaties nurodymų laikymąsi ir
Jo mėgdžiojimą 3.24

Viešpaties pasirodymą žmogaus
pavidalu 9.11

Viešpatį kaip *pati* 3.10

Śūdros 16.1–3

„Śvetāśvatara Upaniṣada" apie
Dievo Asmenį – *māyos* atsparą 7.14

du paukščius medyje 2.22

išsivadavimą iš gimimo ir mirties
4.9, 6.15, 7.14, 13.18

„Śvetāśvatara Upaniṣ." apie (tęsinys)

Kṛṣṇą kaip visur esantį 7.19

materialų kūną kaip devynių vartų
miestą 5.13

sielos dydį 2.17

Supersielą 13.13, 13.18

Transcendenciją, besidriekiančią
virš Brahmos 7.7

Transcendenciją kaip neturinčią
materialaus pavidalo 7.7

transcendentinę Viešpaties padėtį
3.22, 5.29, 8.22, 11.43, 13.18,
15.17

transcendentines Viešpaties jusles
13.15

tris Brahmano sampratas 13.3

Vedų žinojimo atsiskleidimą
6.47, 11.54

Š

Šeima

geras pavyzdys △ 13.8–12

pasitraukimo iš △ svarba 13.8–12

tradicijos **1.39–43**

vyresniųjų atsakomybė už △
1.39–40

žlugdymas ir atoveikis už tai
1.39–44

Švara (tyrumas)

apibrėžimas 13.8–12, 16.1–3, 16.7

įgijimo procesas 13.8–12, 16.1–3,
16.7

kūno askezė **17.14**

rūšys 13.8–12, 16.7

stoka 16.7, **16.10**

Šventųjų vardų kartojimas

apsivalymo priemonė 9.31, 10.11,
13.2

Bhagavad-gītā, kokia ji yra

Šventųjų vardų k. (tęsinys)
aukos metu **17.13**
be įžeidimų 2.46
didis palaiminimas 8.14
Gāyatrī *mantra* ir △ 10.35
galia p. 25, 2.46, 8.5–8, 12.6–7
geriausia auka 10.33
ir klausymas 8.8, 9.2, 9.14, 10.9,
        12.20
kaip atlikti △ 2.46, 8.5
lengvas procesas 12.6–7
mahā-mantra ir △ 4.39, 6.34, 7.24,
        8.5–8, 8.11, 8.13–14
mirties metu 8.2, 8.14
padėtis 10.25
pasiaukojimo tarnystės sėklos
        laistymas 10.9
rekomenduotas Viešpaties
        Caitanyos p. 26, 2.46, 8.11
rezultatai 2.46, 3.38, 4.39, 8.13, 9.2,
        9.31, 12.8, 13.8–12, 16.7
saṅkīrtana 3.10, 3.12–14, 4.8
skirtas kiekvienam 16.1–3
suvaldo protą 6.34

T

Tyri bhaktai (*mahā-bhāgavatos*)
gali matyti ir suvokti Viešpaties
        pavidalus 4.5, 11.8
ir saulė, palyg. 10.11
įtaka 7.16, 9.2
kaip atpažinti △ 10.8
kaip tapti △ 7.16, 13.26
laimė 6.20–23, 10.19
laisvi nuo *karmos* 4.20–21
malonė 2.29, 7.15
pavyzdžiai 2.52, 6.18, 11.55
regėjimo laukas 6.30, 7.15

Tyri bhaktai (tęsinys)
santykiai su Viešpačiu 4.11, 7.18
savybės 4.20–21, 7.20, 7.22–23, 8.14,
        8.23, 9.28, **10.9,** 10.42, 11.8,
        11.55, **12.13–14, 12.20**
tiktai △ gali pažinti Viešpatį 7.3
troškimai 8.14, 11.55
turi pusdievių savybes 1.28
visada pasinėrę į Kṛṣṇą 8.14–15
visada pasinėrę į tarnystę
        Viešpačiui 10.8
žr. taip pat Bhaktai; *Vaiṣṇavai*
Tobulumas
atsižadėjimo △ **18.49**
metodas pasiekti △ 4.24, 4.39, 6.18,
        8.27–28, 9.32–33, **12.10,** 13.5,
        14.1, 15.15, 16.23–24, **18.45–46,**
        18.48, 18.50, 18.78
žinojimo △ 18.50
Transcendentalistai
likimas p. 23–26
netikri △ 3.6–8
pareigos p. 13, 5.23, 6.10, 6.40
pavyzdžiai p. 23, 12.1, 18.66
savybės **5.27–28,** 14.22–25
tobuli 6.10, 6.12–14, 18.1,
        18.66

U

Ucchaiḥśravā 10.27
Ugrasena 2.4
Umā 7.21
Upaniṣados
palygina individualią sielą ir
        Supersielą su dviem paukščiais
        2.22
vaidmuo 2.45
Uśanā, padėtis 10.37

Abėcėlinė-dalykinė rodyklė

V

Vaikuṇṭha
apibrėžimas 2.51, 8.22, 15.6
kaip pasiekti △ 2.51, 6.15, 8.22
Viešpaties pavidalas △ 11.45
žr. taip pat Dievo karalystė;
Dvasinis pasaulis
Vaikuṇṭhalokos p. 26, 8.22, 11.45
Vaiṣṇavai
ir *māyāvādžiai*, palyg. 5.6
laikosi *pāñcarātrikī* regulų 5.6
sannyāsiai 5.6
tikri dvasiniai mokytojai 2.8
žr. taip pat Bhaktai; Tyri bhaktai
Vaiśyai, apibrėžimas 4.13, 7.13,
16.1–3, 18.44
Vaiśvānara 9.2
Vāmana 8.22
Vānaprasthos, savybės 16.1–3
Varṇos
apibrėžimas 4.13, 7.13, 16.13
tikslas 16.1–3
Varuṇa 10.29
Vāsudeva. Žr. Kṛṣṇa
Vasudeva 1.25, 2.3, 11.50, 11.53
Vāsukis **10.28**, 11.15
„Vedānta-sūtra"
apibrėžimas 2.46, 18.13–14
studijos stengiantis suvokti kaip
pasiekti tikslą 2.46
sudarytojas 2.46, **15.15**, 15.16, 18.1
tikslas 15.15, 18.1
„Vedānta-sūtra" apie
Aukščiausiąjį Viešpatį kaip visa
ko pradžią 9.21, 18.46
Aukščiausiąjį Viešpatį kaip
nešališką gyvosioms esybėms
4.14, 5.15, 16.20

„Vedānta-sūtra" apie (tęsinys)
Aukščiausiojo Dievo Asmens
prigimtį, kupiną džiaugsmo
13.5
Kṛṣṇą kaip visų Vedų tikslą 15.15
maisto virškinimą 15.14
pasiaukojimo tarnystės galią 9.2
pasiaukojimo tarnystės procesą po
išsivadavimo 18.55
sielą kaip pažįstantį subjektą ir
veikiančiąją 18.14
transcendentinį malonumą p. 19,
6.20–23, 13.5
Vedybos
tikslas 18.5
vaidmuo 4.31
Vedos
amžinos 3.31
gavimo metodas 4.1, 16.1–3
keturios △ 9.17, 11.48
lygina individualią sielą ir
Supersielą su dviem paukščiais
2.22
nurodytos veiklos kodeksas 3.15,
15.15
studijos 2.25, 2.46, **8.28**, 15.1
šaltinis **3.15**
tikslas 2.45, 3.10, 3.15, 4.7, 4.31, 9.17,
15.1, **15.15**, 18.1
žr. taip pat Vedų raštai
Vedų raštai
išvada 2.28
kaip gauti naudos iš △ 4.40
nebhaktai nesupranta △ 2.12
reikia perimti iš *ācāryos* 16.1–3
svarba p. 15–17, p. 26
žr. taip pat Vedos
Vedų raštai apie
Absoliučią Tiesą 7.10

Vedų raštai apie (tęsinys)
Brahmaną 13.3, 14.26
Dievo pažinimą 14.27
dvasinį pasaulį 18.62
individualią sielą ir materialų
kūną 2.28
naiṣkarmyą 6.47
oṁ tat sat 17.23
pasiaukojimo tarnystę 6.47
sąlygotos sielos padėtį 6.34
Veikla (*karma*)
aiškinimas 4.17
asmeninė △ 18.17
bhakti △ p. 11, p. 28
ir samprotavimai, palyg. 5.1
dvi △ rūšys 18.15
galutinis △ tikslas 18.15–16
impulsai △ 18.18
ir klaidinga savimonė 18.24
ir neveikimas, palyg. **3.8, 4.17,** 5.1
įrankiai 18.13–14, 18.18
kilmė p. 10, p. 26
Kṛṣṇos sąmonėje
ir atsižadėjimas, palyg. 5.2, **5.5–6**
ir materiali veikla, palyg. 2.40,
2.72, 3.9, 4.17, 6.40
neturi atoveikio **3.9,** 5.2, 5.7, **5.10**
labdaringa △ 10.4–5, 6.1–3,
17.19–23, 17.28, 18.5–6
laisvė ir kaip ją pasiekti 18.58
laukas 13.1–7, **13.19,** 13.20, 13.27,
14.3
materiali △
apibrėžimas 2.45
atoveikiai 5.2, 9.2, 13.21
guṇų įtakoje 2.45, 3.29, 18.48
ir kaip iš jos išsivaduoti 2.49
nelaisvės priežastis 2.45, **3.9,** 3.39
priežastys 13.21, 18.16

Veikla (tęsinys)
nesutepta materialiom nešvarybėm
△ 18.13–14
neturinti atoveikio p. 11, 3.39,
18.9, 18.17
nuodėminga △
išsivadavimas iš jos atoveikio
10.12–13, 18.66, 18.70
priežastys ir pasekmės 9.2
pagal *guṇas* **18.23–25**
penki △ faktoriai 5.8–9, **18.13–14,**
18.16, 18.18
rezultatai turi būti aukojami
Kṛṣṇai 5.12
sudedamosios △ dalys 18.18
svarba p. 26, 3.8
tobulumas 2.39, 3.9
turi būti atnašaujama kaip auka
3.9
Veiklos laukas. *Žr. Kṣetra*
Viṣṇu
bendras *saṅkhyos* ir *bhakti-yogos*
tikslas 5.4
Dievas 3.10
energijos p. 27
gyvųjų esybių Viešpats 3.10
yajña-puruṣa 3.14–15
kaip pasiekti △ 10.11
pati 3.10
Supersiela 5.4, 6.31, 7.6
suteikia išsivadavimą 7.14
trys △ 7.3
visa persmelkiantis 6.31
visatos kūrėjas 3.10
visom aukom besimėgaujantis
subjektas 3.9, 3.11, 4.25
visų gynėjas 3.10
žr. taip pat Aukščiausiasis Dievo
Asmuo; Kṛṣṇa

„Viṣṇu Purāṇa" apie Dievo Asmenį
    kaip visa ko kūrėją 11.40
Viṣṇumūrti 15.7
Visata. *Žr.* Materialus pasaulis
Visatos pavidalas (*viśva-rūpa*)
  apibrėžimas 11.5–8, **11.10–11, 11.13,**
    11.15–20, 11.26–30
  apreiškimo motyvai 11.1, 11.3, 11.8,
    11.49, 11.54
  Arjuna nustemba išvydęs △ 11.14,
    11.35
  Arjuna pirmasis išvydo △ **11.5,**
    11.47–48, 11.54
  atskleistas Sañjayai 18.77
  iš dalies apreikštas Duryodhanai
    11.47
  laikinas 11.46
  pirmapradė priežastis 7.6, 11.54
  sąlygos regėti △ 11.5–8, 11.20,
    11.48, 11.52
  siaubingas 11.1, **11.20, 11.24–25,**
    11.36–45
  vadinasi *adhidaivata* 8.4
Viśvāmitra Munis 2.60
Viśvanātha Cakravartis, apie dvasinį
    mokytoją 2.41
Vivasvānas 4.1
Vyāsadeva
  apie Kṛṣṇą p. 6
  darbai 9.2, 13.5, 15.5
  misija 15.19
  padėtis 18.77
  priklauso mokinių sekai 18.75
Vyāsa-pūjā 18.75
Vyresnieji giminės nariai
  pareigos 1.39
  pareigos △ atžvilgiu 1.41
  savybės 2.4
Vṛkodara. *Žr.* Bhīma

Ž

Žinojimas (*jñāna, vidyā*)
  apibrėžimas 10.4–5, **13.3,** 13.8–12
  dvasinis △ ir žemiškas, palyg. 6.8
  ir ugnis, palyg. **4.19, 4.37**
  kaip įgyti △ 1.43, 1.46, 2.6, 2.31,
    4.19, 4.35, 4.39, 5.16, 7.2, 9.2,
    10.11, 11.48, 12.11, 13.3, 13.19,
    13.28, 15.19, 17.26–27
  pagal *gunas* 18.20–22
  sudėtinės △ dalys 13.19
  svarba 15.3–4
  tikras △ 1.42, 4.33, 5.16, 5.18, 10.4–5
  tikslas **13.13,** 13.24
  Vedose pateiktas △ p. 14–17
    įrodytas mokslo p. 14
    plačiajai visuomenei 2.45
    šaltinis p. 15
    vadinasi *śruti* 15.19
  visiškas △ p. 14–17, 4.33, 4.38,
    5.16–17, 5.20, 7.2, 9.2, 13.3,
    13.8–12, 13.18, 15.19, 18.50,
    18.64
  žemiškas △ 2.8, 6.8, 10.4–5
Žmogaus gyvenimas
  ir gyvulio gyvenimas, palyg. 4.26
  privalumai 2.7, 4.31, 7.15
  tikslas 3.5, 3.7, 3.12, 3.16, 3.38, 3.41,
    4.26, 7.30, 16.23
  trys priešai △ 16.22
Žmonės (*nara*)
  atmintis 4.6
  aukų apvalyti △ 4.30–31
  civilizuoti △ 7.15
  dvi △ kategorijos 4.3, 4.15, 6.40
  geismas kaip △ priešas **3.37, 3.39,** 6.6
  gyvenimo būtinybės △ 3.12
  ir darbas **18.10**

Žmonės (tęsinys)
  ir Kṛṣṇa, palyg. 4.6
  kančios p. 7
  laisvė p. 7
  likimas p. 13
  maistas 3.12, 3.14, 9.26
  netobulumai p. 14
  niekada negali prilygti Dievui 4.5
  pareigos 2.31, 7.15
  pasirinkimas 6.38
  pirmutinė △ pareiga 4.1, 7.15
  priklausomi nuo Viešpaties 3.12

Žmonės (tęsinys)
  priversti veikti **3.5**
  savybės 4.26, 9.27
  suklaidinti materialios energijos
    2.29
  šventų △ savybės 1.36
  veiksmas p. 8
    pagal *guṇas* **18.23, 18.25**
Žmonių visuomenė
  nuopuolio priežastys 16.24
  skyriai p. 26
  vadovai 7.15